湖南圖書館

古籍普查登記目錄

（一）

全國古籍普查登記目錄

國家圖書館出版社
National Library of China Publishing House

圖書在版編目（CIP）數據

湖南圖書館古籍普查登記目録／湖南圖書館編. --北京：國家圖書館出版社,2014.10
ISBN 978－7－5013－5428－3

Ⅰ.①湖⋯　　Ⅱ.①湖⋯　　Ⅲ.①古籍—圖書館目録—湖南　　Ⅳ.①Z838

中國版本圖書館 CIP 數據核字（2014）第 161326 號

書　　名	湖南圖書館古籍普查登記目録（全四冊）	
編　　者	湖南圖書館　編	
索引編製		
責任編輯	宋志英　趙　嬿	

出　　版	國家圖書館出版社（100034　北京市西城區文津街 7 號）	
	（原書目文獻出版社　北京圖書館出版社）	
發　　行	010－66114536　66126153　66151313　66175620	
	66121706（傳真）,66126156（門市部）	
E-mail	btsfxb@nlc.gov.cn（郵購）	
Website	www.nlcpress.com ──→投稿中心	
經　　銷	新華書店	
印　　裝	河北三河弘翰印務有限公司	
版　　次	2014 年 10 月第 1 版第 1 次印刷	

開　　本	787×1092 毫米　1/16	
印　　張	138.75	
字　　數	2600 千字	

書　　號	ISBN 978－7－5013－5428－3	
定　　價	1300.00 圓	

《全國古籍普查登記目錄》

工作委員會

《全國古籍普查登記目録》

序　言

　　全國古籍普查登記工作是"中華古籍保護計劃"的首要任務,是全面開展古籍搶救、保護和利用工作的基礎,也是有史以來第一次由政府組織、參加收藏單位最多的全國性古籍普查登記工作。

　　2007 年國務院辦公廳發佈《關於進一步加强古籍保護工作的意見》(國辦發〔2007〕6 號),明確了古籍保護工作的首要任務是對全國公共圖書館、博物館和教育、宗教、民族、文物等系統的古籍收藏和保護狀况進行全面普查,建立中華古籍聯合目録和古籍數字資源庫。2011 年 12 月,文化部下發《文化部辦公廳關於加快推進全國古籍普查登記工作的通知》(文辦發〔2011〕518 號),進一步落實了全國古籍普查登記工作。根據文化部 2011 年 518 號文件精神,國家古籍保護中心擬訂了《全國古籍普查登記工作方案》,進一步規範了古籍普查登記工作的範圍、内容、原則、步驟、辦法、成果和經費。目前進行的全國古籍普查登記工作的中心任務是通過每部古籍的身份證——"古籍普查登記編號"和相關信息,建立古籍總臺賬,全面瞭解全國古籍存藏情况,開展全國古籍保護的基礎性工作,加强各級政府對古籍的管理、保護和利用。

　　《全國古籍普查登記工作方案》規定了全國古籍普查登記工作的三個主要步驟:一、開展古籍普查登記工作;二、在古籍普查登記基礎上,編纂出版館藏古籍普查登記目録,形成《全國古籍普查登記目録》;三、在古籍普查登記工作基本完成的前提下,由省級古籍保護中心負責編纂出版本省古籍分類聯合目録《中華古籍總目》分省卷,由國家古籍保護中心負責編纂出版《中華古籍總目》統編卷。

　　在党和政府領導下,在各地區、各有關部門和全社會共同努力下,古籍普查登記工作得以扎實推進。古籍普查已在除臺灣、港澳之外的全國各省級行政區域開展,普查内容除漢文古籍外,還包括各少數民族文字古籍,特別是於 2010 年分別啓動了新疆古籍保護和西藏古籍保護專項,因地制宜,開展古籍普查登記工作;國家古籍保護中心研製的"全國古籍普查登記平臺"已覆蓋到全國各省級古籍保護中心,並進一步研發了"中華古籍索引庫",爲及時展現古籍普查成果提供有力支持;截至目前,已有 11375 部古籍進入《國家珍貴古籍名録》,浙江、江蘇、山東、河北等省公佈了省級《珍貴古籍名録》,古籍分級保護機制初步形成。

　　《全國古籍普查登記目録》是古籍普查工作的階段性成果,旨在摸清家底,揭示館藏,反映古籍的基本信息。原則上每申報單位獨立成冊,館藏量少不能獨立成冊者,則在本省範圍内幾個館目合併成冊。無論獨立成冊還是合併成冊,均編製獨立的書名筆畫索引附於書後。著録的必填基本項目有:古籍普查登記編號、索書號、題名卷數、著者(含著作方式)、版本、冊數及存缺卷數。其他擴展項目有:分類號、批校題跋、版式、裝幀形式、叢書子目、書影、破損狀況等。有條件的收藏單位多著録的一些擴展項目,也反映在《全國古籍普查登記目録》上。目録編排按古籍普查登記編號排序,内在順序給予各古籍收藏單位較大自由度,可按分類排列古籍普查登記編號,也可按排架號、按同書名等排列古籍普查登記編號,以反映各館特色。

　　此次全國古籍普查登記工作,克服了古籍數量多、普查人員少、普查難度大等各種困難,也得到了全國古籍保護工作者的極大支持。在古籍普查登記過程中,國家古籍保護中心、各省古籍保護中心爲此舉辦了多期古籍普查、古籍鑒定、古籍普查目録審校等培訓班,全國共 1600 餘家單位參加了培訓,爲古籍普查登記工作培養了大量人才。同時在古籍普查登記工作中,也鍛煉了普查員的實踐能力,爲將來古籍保護事業發展奠定了良好的基礎。

　　《全國古籍普查登記目録》的出版,將摸清我國古籍家底,爲古籍保護和利用工作提供依據,也將是古籍保護長期工作的一個里程碑。

國家古籍保護中心

2013 年 10 月

《全國古籍普查登記目録》

編纂凡例

一、收録範圍爲我國境内各收藏機構或個人所藏,產生於 1912 年以前,具有文物價值、學術價值和藝術價值的文獻典籍,包括漢文古籍和少數民族文字古籍以及甲骨、簡帛、敦煌遺書、碑帖拓本、古地圖等文獻。其中,部分文獻的收録年限適當延伸。

二、以各收藏機構爲分册依據,篇幅較小者,適當合併出版。

三、一部古籍一條款目,複本亦單獨著録。

四、著録基本要求爲客觀登記、規範描述。

五、著録款目包括古籍普查登記編號、索書號、題名卷數、著者、版本、册數、存缺卷等。古籍普查登記編號的組成方式是:省級行政區劃代碼—單位代碼—古籍普查登記順序號。

六、以古籍普查登記編號順序排序。

七、編製各館藏目録書名筆畫索引附於書後,以便檢索。

《湖南圖書館古籍普查登記目録》

編委會

主　編：張　勇

副主編：雷樹德　尋　霖　劉雪平

編　委（按姓氏筆畫排序）：

于　蕾　　王曉慶　　文紅英　　李　嬌　　吳國穎

何文君　　胡南平　　姜彦稚　　許志雲　　許　莉

章曼純　　楊英紅　　楊　東　　趙小琴　　蔣江龍

廖雯玲　　寧　陽　　劉　冬　　劉雪花　　劉　微

龍玉明　　羅力可　　羅智華

《湖南圖書館古籍普查登記目録》

前　言

　　中華古籍保護計劃是實現中華民族文化復興的一項重要的基礎性工作。2007 年 1 月，國務院辦公廳發佈了《關於進一步加强古籍保護工作的意見》，對全國古籍保護工作進行了精心部署。六年來全國古籍保護工作取得顯著成效，古籍普查在全國範圍内逐步深入開展。

　　在生機勃勃的新形勢和新氣象下，湖南圖書館的古籍保護工作也由此步入一個新的軌道，順利完成了全部館藏古籍的清點分類和編目整理。2008 年湖南圖書館出版發行了《湖南圖書館古籍綫裝書目録》，家底已然釐清，其後《湖南圖書館館藏民國圖書、期刊、報紙目録》《湖南圖書館單幅文獻目録》及其《湖南圖書館古舊文獻目録附編》均陸續面世，湖南圖書館館藏古舊文獻書目井然彰顯，對於從事中國傳統學術的研究者和工作者，確是一整套不可或缺的案頭工具書，定會發揮"學問之眉目，著述之門户"的巨大價值。2012 年湖南圖書館、湖南省古籍保護中心組織人力再次全面普查全館古舊文獻，歷經一百多個日日夜夜的不懈努力，這套凝結着湖南圖書館人心血的《湖南圖書館古籍普查登記目録》終於編纂完成。這是一次較前更徹底、更完善的基礎性整理工作，在湖南圖書館目録編撰史上有着重大意義，在宣傳、揭示和保存湖湘人著述和古舊地方文獻方面將起到特别重要的作用。

　　湖湘文化歷史悠久，廣博精深，源頭可追溯至兩千多年前的楚文化。從宋代周敦頤作《太極圖説》《通書》，湖湘學派正式形成，到清初王夫之纂《船山遺書》，清中晚期陶澍、魏源、曾國藩、左宗棠、郭嵩燾等人的經世思潮和西學探索，再到譚嗣同對"以太"的探索，黃興等人的資産階級民主革命，一直沿承到毛澤東等現代湖湘人物的著述，湖湘文化在歷史發展脈絡中一直生生不息，薪火傳遞。而文獻是文化的重要載體，文化興盛的同時定會帶來文獻的繁榮。千餘年來，湖湘大地上産生的文獻卷帙浩繁，近代湖南的文獻事業更是如朝陽初升，蓬勃發展。

　　湖南圖書館創建於 1904 年，是中國最早以"圖書館"命名的省級公共圖書館。百餘年來湖南圖書館歷經兵燹戰亂,幾經遷徙,飽受磨難,但湖南圖書館人恪守辦館宗旨,辦館之始就一直致力於湖湘歷史文獻的搜求和保護。發展至今,湖南圖書館的古籍總量已蔚爲大觀,其古舊文獻藏量近 80 萬冊(件),古籍達 68 萬冊,3 萬多種,近 8 萬部,占湖南全省古籍總量的三分之一,其收錄範圍廣泛,包括由清上溯至唐的各個時期的刻本、鈔本、稿本、石印本、鉛印本、影印本、鈐印本等。

館藏古籍中善本瑩瑩,達 5 萬多冊,宋元刻本約 27 種 31 部,明刻本 1427 部,清精刻本 1000 餘部,明、清及民國稿本、鈔本 1000 餘部。其中收入《全國古籍善本書目》者凡 1500 部。如北宋開寶八年(975)吳越王錢俶所刻的《一切如來心秘密全身舍利寶篋印陀羅尼經》爲湖南圖書館迄今所藏最早的雕版印刷品,年代較早的刻本有宋刻元修本《説文解字》十五卷,宋槧精帙,墨色朗潤,鈐印燦然,爲諸名家遞藏。

館藏數萬件單幅文獻獨有特色,別具一格,如契據、狀紙、官府告示、奏疏、上諭、功牌、執照、信劄、試卷、照片、貨幣等,尤其是藏有宋代至民國的古舊字畫 7000 餘幅,名家迭出,精品紛呈,其中一級品如南宋佚名團扇、明祝枝山行書卷、明董其昌行書冊頁、清蕭雲從山水立軸、清王原祁山水立軸等等,還有許多歷朝歷代的湖湘名士書畫佳作,或瑰麗雄奇,或妙趣橫生,或筆力剛勁,妙筆丹青,蘸滿墨韻湘情,彰顯了燦爛的湖湘書畫藝術。

作爲湖湘文獻的淵藪之地,湖南圖書館館藏資源建設中最大的特色莫過於豐富的古舊地方文獻資源,具有濃鬱的地域色彩。

1. 湖湘人物著述和湖湘名人手稿琳琅滿目,美不勝收。歷史上流傳至今的湖南人著述約 2000 餘種,而這些著作大部分都能在湖南圖書館館藏中找到,僅清代、民國間湘人的稿本就達 400 餘種,如陶澍《使蜀日記》、郭嵩燾《養知書屋日記》、王先謙《蒙古通鑑長編》等稿本,作者或是名儒耆卿,或是封疆大員,抑或是名臣元勳,皆爲近代中國歷史上舉足輕重的大家,其稿本内容精湛,書法雅致工整,具有很高的原始資料價值。

2. 湖湘名人家譜收藏完備。家譜收藏一直是湖南圖書館文獻資源建設中的一個重要組成部分,是古舊文獻中利用率很高的類型之一,至今收藏家譜有 300 多個姓氏,5000 餘部,60000 餘冊,藏量居全國第三,館藏珍貴的家譜有明正德刻《長沙青山彭氏會宗譜》等。且湖南名人家譜入藏完備,如陶澍、魏源、曾國藩、羅澤南、李續賓、譚嗣同、毛澤東、劉少奇、彭德懷、周揚、周立波、翦伯贊、胡耀邦等人的家譜均收藏在館。

3. 毛澤東著作版本類型豐富。毛著版本是我館特色專藏之一,其數量共有 2600 多種,其中解放前印刷的即多達 200 種。如 1927 年 4 月漢口長江印刷廠印刷的《湖南農民革命》即《湖南農民運動考察報告》,是目前所知最早的毛澤東著作單行本。館藏中還收藏有一套完整的《湘江評論》,該刊係 1919 年 7 月創刊,毛澤東爲其主要編輯及撰稿人,目前存世不多,保存價值很高。

4. 湖南古舊方志入藏堪稱齊備。湖南圖書館收藏的各種湖南省、府、州、縣志 400 餘種,1100 餘部,絕大部分存世的湖南地方志皆囊括在內,如[萬曆]《湖廣總志》、[康熙]《長沙府志》、[乾隆]《湖南通志》等等,涵蓋廣闊,內容精深,括一方之全史,其文化特色和研究價值均不可替代。

5. 湖湘名人信劄獨具特色。湖南圖書館所藏清至民國間書信達數萬頁,多爲晚清民國湘軍將領,如曾國藩、左宗棠、彭玉麟、胡林翼、曾國荃、劉蓉、江忠源、湯鵬、勞崇光、羅澤南、李星沅、郭嵩燾等人的親筆信函,或涉及軍國大事,或談論家庭瑣屑,或友人互訴情懷,內容上具有極高的隱秘性,大多不爲人知,因此可補正史之不足,保存了大量的歷史史料,且書法底蘊深厚,具有精美的藝術欣賞價值。

這套目錄的編撰過程漫長而嚴謹,編撰時編委們立足於原始文本,從版本年代、版式行款、刻寫收藏、紙張裝幀、書牌印鑒、序跋目錄、正文附錄等方面條分縷析,披沙揀金,版本辨析精細入微,版刻源流考證清晰,著錄方式規範統一,古籍定級和古籍破損情況詳錄在案,並前後數次進行校對,有效地保證了這套目錄的內容品質和學術價值。清代前期大學問家王鳴盛説:"目錄之學,學中第一緊要事。必從此問途,方能得其門而入。"可以説,這部編撰精當、體例完整、裝幀優美的大型目錄是湖南圖書館在古籍保護方面做出的一個突出成績,不僅爲圖書館積累了大量目錄校勘經驗,鍛煉了人才隊伍,也爲傳播學術、弘揚中國學術文化發揮了重要作用。

文脈之續傳,人文之弘揚,非假典籍,幾不復存在矣。保護典籍是我們不可推卸的責任和使命。湖南圖書館一直致力於古籍保護這一項重大基礎性工程,不斷加強中華民族優秀文化遺產的系統挖掘、整理、研究、利用,在全省同行中發揮了先鋒帶頭作用,爲傳承中國優秀文化遺產、促進傳統文化學術研究做出了積極的努力。

編者

2014 年 8 月

總 目 録

第一冊

第二冊

第三冊

第四冊

430000－2401－0000001　△11/9

湖廣官書五經　明嘉靖八年（1529）巡按湖廣監察御史張祿刻本　二十一冊　存四十七卷（詩傳一至五、八,禮記集傳三至十,春秋經傳三至三十、三十四至三十八）

430000－2401－0000002　11/21－2

仿宋相臺五經附考證　清乾隆四十八年（1783）武英殿刻本　六十冊

430000－2401－0000003　11/21－2(1)

仿宋相臺五經附考證　清乾隆四十八年（1783）武英殿刻本　三十八冊

430000－2401－0000004　11/21－2(2)

仿宋相臺五經附考證　清乾隆四十八年（1783）武英殿刻本　十二冊　缺二十二卷（毛詩九至二十、春秋二十一至三十）

430000－2401－0000005　11/21

仿宋相臺五經附考證　清光緒二年（1876）江南書局刻本　三十二冊

430000－2401－0000006　11/21(1)

仿宋相臺五經附考證　清光緒二年（1876）江南書局刻本　三十二冊

430000－2401－0000007　11/21－3

仿宋相臺五經附考證　清光緒二年（1876）述古堂刻本　三十八冊

430000－2401－0000008　11/21－4

仿宋相臺五經附考證　清光緒八年（1882）長沙龍氏刻本　四十二冊

430000－2401－0000009　11/21－4(1)

仿宋相臺五經附考證　清光緒八年（1882）長沙龍氏刻本　四十冊

430000－2401－0000010　11/21－4(2)

仿宋相臺五經附考證　清光緒八年（1882）長沙龍氏刻本　三十六冊

430000－2401－0000011　11/21－4(3)

仿宋相臺五經附考證　清光緒八年（1882）長沙龍氏刻本　四十冊

430000－2401－0000012　11/21－4(4)

仿宋相臺五經附考證　清光緒八年（1882）長沙龍氏刻本　四十冊

430000－2401－0000013　11/21－4(5)

仿宋相臺五經附考證　清光緒八年（1882）長沙龍氏刻本　四十冊

430000－2401－0000014　11/21－6

仿宋相臺五經附考證　清刻本　三十二冊

430000－2401－0000015　11/20

御案五經　（清）聖祖玄燁案　清嘉慶十六年（1811）揚州十笏堂刻本　二十四冊

430000－2401－0000016　△11/6

五經四書　清雍正刻本　二十二冊　存六十六卷（周易四卷,書經一、三至六,詩經八卷,春秋左傳一至三十,大學一卷,中庸一卷,論語十卷,孟子七卷）

430000－2401－0000017　11/38

左刻四書五經　清同治三年（1864）浙江撫署刻本　四十冊

430000－2401－0000018　11/22

胡氏重刻五經　清光緒三年（1877）永康胡氏退補齋刻本　三十二冊

430000－2401－0000019　11/22(1)

胡氏重刻五經　清光緒三年（1877）永康胡氏退補齋刻本　二十四冊　缺四卷（周易四卷）

430000－2401－0000020　△11/11

篆文六經　清康熙內府刻本　二十四冊

430000－2401－0000021　△11/11(1)

篆文六經　清康熙內府刻本　十二冊

430000－2401－0000022　11/36

欽定篆文六經四書　清光緒九年（1883）上海同文書局石印本　十冊

430000－2401－0000023　11/36(1)

欽定篆文六經四書　清光緒九年（1883）上海同文書局石印本　十冊

430000－2401－0000024　11/36(2)

欽定篆文六經四書　清光緒九年（1883）上海

同文書局石印本　十冊

430000－2401－0000025　11/36(3)

欽定篆文六經四書　清光緒九年(1883)上海同文書局石印本　十冊

430000－2401－0000026　11/36(4)

欽定篆文六經四書　清光緒九年(1883)上海同文書局石印本　十冊

430000－2401－0000027　11/36－2

欽定篆文六經四書　清光緒九年(1883)上海同文書局石印縮印本　十冊

430000－2401－0000028　11/36－2(1)

欽定篆文六經四書　清光緒九年(1883)上海同文書局石印縮印本　十冊

430000－2401－0000029　11/36－2(2)

欽定篆文六經四書　清光緒九年(1883)上海同文書局石印縮印本　十冊

430000－2401－0000030　11/36－2(3)

欽定篆文六經四書　清光緒九年(1883)上海同文書局石印縮印本　十冊

430000－2401－0000031　11/57

英德堂六經全註　(清)英德堂輯　清刻本三十四冊　缺五卷(周易二至三、左傳四十五至四十七)

430000－2401－0000032　11/24

欽定七經　(清)聖祖玄燁定　清光緒二十年(1894)湖北書局刻本　一百四十八冊

430000－2401－0000033　11/24－4

欽定七經　(清)聖祖玄燁定　清光緒十七年(1891)上海鴻寶齋石印本　二十三冊　缺十六卷(禮記義疏二十七至四十二)

430000－2401－0000034　11/24－2

欽定七經　(清)聖祖玄燁定　清刻本　二百〇一冊　缺一卷(首一卷)

430000－2401－0000035　11/24－3

欽定七經　(清)聖祖玄燁定　清尊經閣刻本一百四十冊

430000－2401－0000036　11/24－3(1)

欽定七經　(清)聖祖玄燁定　清尊經閣刻本一百五十六冊　缺五十八卷(周易折中二十卷、春秋傳記彙纂三十八卷)

430000－2401－0000037　11/46

九經讀本　清刻本　十冊

430000－2401－0000038　△11/40

求古齋訂正九經附大學一卷中庸一卷小學二卷　(明)秦鏌訂正　明崇禎十三年(1640)錫山秦氏求古齋刻本　二十冊

430000－2401－0000039　△11/4

九經　(明)秦鏌訂正　清刻本　十冊

430000－2401－0000040　△11/4(1)

九經　(明)秦鏌訂正　清刻本　一冊　存三卷(孝經一卷、小學二卷)

430000－2401－0000041　△11/1

十三經古註　(明)金蟠　(明)葛鼐校　明崇禎十二年(1639)永懷堂刻本　三十三冊　存一百七十六卷(周易九卷、書經二十卷、詩經二十卷、禮記四十九卷、春秋左傳三十卷、春秋公羊傳二十八卷、春秋穀梁傳二十卷)

430000－2401－0000042　△11/2

十三經註疏　明萬曆北京國子監刻本　九十六冊　存二百二十二卷(周易兼義九卷、尚書註疏二十卷、毛詩註疏十三至十四、周禮註疏四十二卷、儀禮註疏十七卷、春秋左傳註疏三十一至六十、春秋公羊註疏二十八卷、春秋穀梁註疏二十卷、論語註疏解經二十卷、孝經註疏九卷、爾雅註疏十一卷、孟子註疏解經十四卷)

430000－2401－0000043　△11/3

十三經註疏　明崇禎元年至十二年(1628－1639)毛氏汲古閣遞刻本　一百二十冊

430000－2401－0000044　11/29

十三經注疏　清同治十三年(1874)湖南書局刻本　一百六十冊

430000－2401－0000045　11/29(1)

十三經注疏　清同治十三年(1874)湖南書局刻本　一百九十九冊

430000－2401－0000046　11/29(2)

十三經注疏　清同治十三年(1874)湖南書局刻本　一百七十三冊

430000－2401－0000047　11/29(3)

十三經注疏　清同治十三年(1874)湖南書局刻本　一百五十八冊　缺三卷(孟子注疏三至五)

430000－2401－0000048　11/28

重刊宋本十三經注疏附校勘記　(清)阮元校勘　(清)盧宣旬摘錄　清嘉慶二十年(1815)江西南昌府學刻本　一百二十冊

430000－2401－0000049　11/28－2

重刊宋本十三經注疏附校勘記　(清)阮元校勘　(清)盧宣旬摘錄　清嘉慶二十年(1815)江西南昌府學刻道光六年(1826)重校本　一百六十冊　缺三卷(春秋左傳注疏二十一至二十三)

430000－2401－0000050　11/28－5

重刊宋本十三經注疏附校勘記　(清)阮元校勘　(清)盧宣旬摘錄　清光緒十三年(1887)脈望仙館石印本　三十二冊

430000－2401－0000051　11/28－5(1)

重刊宋本十三經注疏附校勘記　(清)阮元校勘　(清)盧宣旬摘錄　清光緒十三年(1887)脈望仙館石印本　三十二冊

430000－2401－0000052　11/28－5(2)

重刊宋本十三經注疏附校勘記　(清)阮元校勘　(清)盧宣旬摘錄　清光緒十三年(1887)脈望仙館石印本　三十二冊

430000－2401－0000053　11/28－3

重刊宋本十三經注疏附校勘記　(清)阮元校勘　(清)盧宣旬摘錄　清光緒十八年(1892)湖南寶慶務本書局刻本　一百六十冊

430000－2401－0000054　11/32

宋本十三經注疏并經典釋文校勘記　(清)阮

元撰　清光緒二十四年(1898)蘇州官書坊刻本　六十冊

430000－2401－0000055　11/33－2

遵阮本重印十三經注疏并校勘記　(清)阮元校勘　清光緒十三年(1887)上海點石齋石印本　二十八冊

430000－2401－0000056　11/33－2(1)

遵阮本重印十三經注疏并校勘記　(清)阮元校勘　清光緒十三年(1887)上海點石齋石印本　二十五冊

430000－2401－0000057　11/33－2(2)

遵阮本重印十三經注疏并校勘記　(清)阮元校勘　清光緒十三年(1887)上海點石齋石印本　二十八冊

430000－2401－0000058　11/33

遵阮本重印十三經注疏并校勘記　(清)阮元校勘　清光緒三十年(1904)上海點石齋石印本　三十二冊

430000－2401－0000059　11/27－2

十三經註疏附考證　清乾隆十二年(1747)武英殿刻本　一百二十冊

430000－2401－0000060　11/27－2(1)

十三經註疏附考證　清乾隆十二年(1747)武英殿刻本　一百二十冊

430000－2401－0000061　11/27

十三經註疏附考證　清同治十年(1871)廣東書局刻本　一百二十冊

430000－2401－0000062　11/27(1)

十三經註疏附考證　清同治十年(1871)廣東書局刻本　一百二十冊

430000－2401－0000063　11/27(2)

十三經註疏附考證　清同治十年(1871)廣東書局刻本　一百二十冊

430000－2401－0000064　11/27(3)

十三經註疏附考證　清同治十年(1871)廣東書局刻本　一百二十冊

430000－2401－0000065　11/30

十三經　清光緒九年至二十二年(1883 - 1896)金陵書局江南書局刻本　五十五冊

430000 - 2401 - 0000066　11/30 - 2

十三經　清光緒湖北崇文書局湖北官書處刻本　五十七冊

430000 - 2401 - 0000067　11/31

袖珍十三經註　清咸豐二年(1852)稽古樓刻本　八十八冊

430000 - 2401 - 0000068　11/31(1)

袖珍十三經註　清咸豐二年(1852)稽古樓刻本　一百二十冊

430000 - 2401 - 0000069　11/31(2)

袖珍十三經註　清咸豐二年(1852)稽古樓刻本　一百二十冊

430000 - 2401 - 0000070　11/31(3)

袖珍十三經註　清咸豐二年(1852)稽古樓刻本　七十八冊　缺六卷(春秋左傳註一至六)

430000 - 2401 - 0000071　11/42

四經精華　(清)魏朝俊輯　清光緒二十年(1894)邵陽學庫山房刻本　二十冊

430000 - 2401 - 0000072　11/58

增補五經備旨萃精　(清)鄒聖脈纂輯　清光緒五年(1879)邵州濯纓山房刻本　二十冊　缺五卷(春秋備旨一至三、十一至十二)

430000 - 2401 - 0000073　11/60

皇朝五經彙解　(清)抉經心室主人輯　清光緒十九年(1893)上海同文書局石印本　十四冊　缺十七卷(禮記彙解三十三至四十九)

430000 - 2401 - 0000074　11/45

七緯附補遺　(清)趙在翰輯　清嘉慶十四年(1809)侯官趙氏小積石山房刻本　七冊

430000 - 2401 - 0000075　11/11 - 2

通志堂經解　(清)納蘭性德輯　清康熙十九年(1680)通志堂刻本　四百冊

430000 - 2401 - 0000076　11/11 - 2(1)

通志堂經解　(清)納蘭性德輯　清康熙十九年(1680)通志堂刻本　四百八十冊　缺十一

卷(周易本義通釋十至十二,周易纂言十一至十三,周易參義十一至十二,春秋集解十五、十九、二十七)

430000 - 2401 - 0000077　11/11 - 2(2)

通志堂經解　(清)納蘭性德輯　清康熙十九年(1680)通志堂刻本　八冊　存三十七卷(四書通證六卷、六經奧論六卷、六經正誤六卷、五經蠡測六卷、儀禮旁通圖一卷、十一經問對五卷、熊氏說經七卷)

430000 - 2401 - 0000078　11/11

通志堂經解　(清)納蘭性德輯　清同治十二年(1873)巴陵鍾謙鈞粵東書局刻本　四百八十冊

430000 - 2401 - 0000079　11/11(1)

通志堂經解　(清)納蘭性德輯　清同治十二年(1873)巴陵鍾謙鈞粵東書局刻本　四百八十冊

430000 - 2401 - 0000080　11/11(2)

通志堂經解　(清)納蘭性德輯　清同治十二年(1873)巴陵鍾謙鈞粵東書局刻本　四百七十五冊　缺二十卷(子夏易傳三至十一、易數鈎隱圖三卷、遺論九事一卷、橫渠易說三卷、童溪易傳二十三至二十六)

430000 - 2401 - 0000081　11/14 - 4

皇清經解　(清)阮元輯　清道光九年(1829)廣東學海堂刻本　三百六十冊

430000 - 2401 - 0000082　11/14 - 4(1)

皇清經解　(清)阮元輯　清道光九年(1829)廣東學海堂刻本　三百六十冊

430000 - 2401 - 0000083　11/14 - 4(2)

皇清經解　(清)阮元輯　清道光九年(1829)廣東學海堂刻本　三百六十冊

430000 - 2401 - 0000084　11/14 - 5

皇清經解　(清)阮元輯　清道光九年(1829)廣東學海堂刻咸豐十年(1860)補刻本　三百六十二冊

430000 - 2401 - 0000085　11/14 - 5(1)

皇清經解　（清）阮元輯　清道光九年(1829)廣東學海堂刻咸豐十年(1860)補刻本　三百六十二冊

430000－2401－0000086　11/14－5(2)

皇清經解　（清）阮元輯　清道光九年(1829)廣東學海堂刻咸豐十年(1860)補刻本　三百六十冊

430000－2401－0000087　11/14－5(3)

皇清經解　（清）阮元輯　清道光九年(1829)廣東學海堂刻咸豐十年(1860)補刻本　三百六十冊

430000－2401－0000088　11/14－5(4)

皇清經解　（清）阮元輯　清道光九年(1829)廣東學海堂刻咸豐十年(1860)補刻本　三百六十冊

430000－2401－0000089　11/14

皇清經解　（清）阮元輯　清光緒十一年(1885)上海點石齋石印本　二十四冊

430000－2401－0000090　11/14(1)

皇清經解　（清）阮元輯　清光緒十一年(1885)上海點石齋石印本　二十四冊

430000－2401－0000091　11/14(2)

皇清經解　（清）阮元輯　清光緒十一年(1885)上海點石齋石印本　二十四冊

430000－2401－0000092　11/14－2

皇清經解　（清）阮元輯　清光緒十三年(1887)上海書局石印本　六十八冊

430000－2401－0000093　11/14－2(1)

皇清經解　（清）阮元輯　清光緒十三年(1887)上海書局石印本　六十八冊

430000－2401－0000094　11/14－3

皇清經解　（清）阮元輯　清光緒十八年(1892)上海古香閣石印本　六十四冊

430000－2401－0000095　11/14－3(1)

皇清經解　（清）阮元輯　清光緒十八年(1892)上海古香閣石印本　六十四冊

430000－2401－0000096　11/16

皇清經解分彙　（清）阮元　王先謙輯　清光緒十七年(1891)上海鴻寶齋石印本　五十七冊　缺三卷(五十八至六十)

430000－2401－0000097　11/17

皇清經解分經彙纂　（清）阮元輯　（清）船山主人彙纂　清光緒十九年(1893)袖海山房石印本　三十二冊

430000－2401－0000098　11/18

皇清經解依經分訂　（清）阮元輯　清光緒十六年(1890)湖南船山書局刻本　四百○一冊

430000－2401－0000099　11/15

皇清經解敬修堂編目十六卷　（清）陶治元編　清光緒十二年(1886)石印本　四冊

430000－2401－0000100　11/15－2

皇清經解縮版編目十六卷　（清）陶治元編　清光緒十七年(1891)石印本　二冊

430000－2401－0000101　11/64

皇清經解橫縮編目十六卷　（清）凌忠照編輯　（清）張紹銘分輯　清光緒十八年(1892)上海古香閣石印本　四冊

430000－2401－0000102　11/65

式古堂目錄十七卷　（清）尤瑩編　清光緒十九年(1893)石印本　二冊

430000－2401－0000103　11/19－2

皇清經解續編　王先謙輯　清光緒十四年(1888)南菁書院刻本　三百四十冊

430000－2401－0000104　11/19－2(1)

皇清經解續編　王先謙輯　清光緒十四年(1888)南菁書院刻本　三百二十冊

430000－2401－0000105　11/19－2(2)

皇清經解續編　王先謙輯　清光緒十四年(1888)南菁書院刻本　三百二十冊

430000－2401－0000106　11/19

皇清經解續編　王先謙輯　清光緒十五年(1889)上海蜚英館石印本　三十二冊

430000－2401－0000107　11/19(1)

皇清經解續編　王先謙輯　清光緒十五年

(1889)上海蜚英館石印本　三十二冊

430000－2401－0000108　11/68
皇清經解續編石印總目　民國許銘彝靜安書室稿本　一冊

430000－2401－0000109　11/10－2
古經解彙函　(清)鍾謙鈞等輯　清同治十二年(1873)粵東書局刻本　六十八冊

430000－2401－0000110　11/10－2(1)
古經解彙函　(清)鍾謙鈞等輯　清同治十二年(1873)粵東書局刻本　六十六冊

430000－2401－0000111　11/10－2(2)
古經解彙函　(清)鍾謙鈞等輯　清同治十二年(1873)粵東書局刻本　七十六冊

430000－2401－0000112　11/10－2(3)
古經解彙函　(清)鍾謙鈞等輯　清同治十二年(1873)粵東書局刻本　三十五冊

430000－2401－0000113　11/10－2(4)
古經解彙函　(清)鍾謙鈞等輯　清同治十二年(1873)粵東書局刻本　二十五冊

430000－2401－0000114　11/10－2(5)
古經解彙函　(清)鍾謙鈞等輯　清同治十二年(1873)粵東書局刻本　三十五冊

430000－2401－0000115　11/10
古經解彙函　(清)鍾謙鈞等輯　清光緒十四年(1888)上海蜚英館石印本　二十冊

430000－2401－0000116　11/10(1)
古經解彙函　(清)鍾謙鈞等輯　清光緒十四年(1888)上海蜚英館石印本　二十冊

430000－2401－0000117　11/10(2)
古經解彙函　(清)鍾謙鈞等輯　清光緒十四年(1888)上海蜚英館石印本　二十冊

430000－2401－0000118　11/10(3)
古經解彙函　(清)鍾謙鈞等輯　清光緒十四年(1888)上海蜚英館石印本　十六冊

430000－2401－0000119　11/10(4)
古經解彙函　(清)鍾謙鈞等輯　清光緒十四

年(1888)上海蜚英館石印本　九冊　缺一百五十八卷(小學彙函一百五十八卷)

430000－2401－0000120　11/10(5)
古經解彙函　(清)鍾謙鈞等輯　清光緒十四年(1888)上海蜚英館石印本　九冊　缺一百五十八卷(小學彙函一百五十八卷)

430000－2401－0000121　11/10－3
古經解彙函　(清)鍾謙鈞等輯　清光緒十五年(1889)湘南書局刻本　四十四冊

430000－2401－0000122　11/10－3(1)
古經解彙函　(清)鍾謙鈞等輯　清光緒十五年(1889)湘南書局刻本　三十六冊

430000－2401－0000123　11/12
石經彙函　(清)王秉恩輯　清光緒十六年(1890)四川尊經書局刻本　十六冊

430000－2401－0000124　11/12(1)
石經彙函　(清)王秉恩輯　清光緒十六年(1890)四川尊經書局刻本　十冊

430000－2401－0000125　11/12(2)
石經彙函　(清)王秉恩輯　清光緒十六年(1890)四川尊經書局刻本　十六冊

430000－2401－0000126　11/12(3)
石經彙函　(清)王秉恩輯　清光緒十六年(1890)四川尊經書局刻本　八冊

430000－2401－0000127　11/12(4)
石經彙函　(清)王秉恩輯　清光緒十六年(1890)四川尊經書局刻本　十冊

430000－2401－0000128　11/1
新鐫經苑　(清)錢儀吉輯　清道光、咸豐刻本　六十二冊

430000－2401－0000129　11/1(1)
新鐫經苑　(清)錢儀吉輯　清道光、咸豐刻本　六十冊

430000－2401－0000130　11/1(2)
新鐫經苑　(清)錢儀吉輯　清道光、咸豐刻本　六十冊

430000－2401－0000131　11/1(3)

新鐫經苑　（清）錢儀吉輯　清道光、咸豐刻本　四十八冊

430000－2401－0000132　11/1(4)

新鐫經苑　（清）錢儀吉輯　清道光、咸豐刻本　七十七冊

430000－2401－0000133　11/1－2

新鐫經苑　（清）錢儀吉輯　清道光、咸豐刻民國十一年(1922)補刻本　八十冊

430000－2401－0000134　11/44

鄭氏遺書　（清）鄭玄撰　（清）王復輯　清嘉慶二年(1797)刻本　一冊

430000－2401－0000135　11/43

鄭氏佚書　（漢）鄭玄撰　（清）袁鈞輯　清光緒十四年(1888)浙江書局刻本　十冊

430000－2401－0000136　11/43(1)

鄭氏佚書　（漢）鄭玄撰　（清）袁鈞輯　清光緒十四年(1888)浙江書局刻本　八冊

430000－2401－0000137　11/43(2)

鄭氏佚書　（漢）鄭玄撰　（清）袁鈞輯　清光緒十四年(1888)浙江書局刻本　八冊

430000－2401－0000138　11/49

通德遺書所見錄　（漢）鄭玄撰　（清）孔廣林輯　清光緒十六年(1890)山東書局刻本　四冊

430000－2401－0000139　11/49(1)

通德遺書所見錄　（漢）鄭玄撰　（清）孔廣林輯　清光緒十六年(1890)山東書局刻本　四冊

430000－2401－0000140　11/49(1)

通德遺書所見錄　（漢）鄭玄撰　（清）孔廣林輯　清光緒十六年(1890)山東書局刻本　四冊

430000－2401－0000141　11/52

公是遺書　（宋）劉敞撰　清乾隆十六年(1751)水西劉氏刻本　八冊

430000－2401－0000142　11/52(1)

公是遺書　（宋）劉敞撰　清乾隆十六年(1751)水西劉氏刻本　六冊

430000－2401－0000143　11/9

石齋先生經傳九種　（明）黃道周撰　清康熙三十二年(1693)晉安鄭肇刻道光二十八年(1848)長洲彭蘊章補刊印本　三十二冊

430000－2401－0000144　11/37

六藝堂詩禮七編　（清）丁晏撰　清咸豐二年(1852)聊城楊以增海源閣刻本　五冊

430000－2401－0000145　11/50

鄂宰四種　（清）王筠撰　清咸豐二年(1852)刻本　二冊

430000－2401－0000146　11/50(1)

鄂宰四種　（清）王筠撰　清咸豐二年(1852)刻本　二冊

430000－2401－0000147　11/50－2

鄂宰四種　（清）王筠撰　清光緒八年(1882)牟山王氏家刻本　二冊

430000－2401－0000148　11/13

孔叢伯說經五稿　（清）孔廣林撰　清光緒十六年(1890)山東書局刻本　四冊

430000－2401－0000149　11/13(1)

孔叢伯說經五稿　（清）孔廣林撰　清光緒十六年(1890)山東書局刻本　五冊

430000－2401－0000150　11/13(2)

孔叢伯說經五稿　（清）孔廣林撰　清光緒十六年(1890)山東書局刻本　五冊

430000－2401－0000151　11/6

皮氏經學叢書　（清）皮錫瑞撰　清光緒長沙思賢書局刻本　十三冊　存十四卷(經學通論五卷、經學歷史一卷、魯禮禘祫義疏證一卷、古文尚書冤詞平議二卷、尚書中候疏證一卷、王制箋一卷、聖證論補評二卷、六藝論疏證一卷)

430000－2401－0000152　11/6(1)

皮氏經學叢書　（清）皮錫瑞撰　清光緒長沙思賢書局刻本　六冊　存六卷(經學歷史一

卷、經學通論五卷)

430000－2401－0000153　11/34

十三經札記　（清）朱亦棟撰　清光緒四年
(1878)武林竹簡齋刻本　十二冊

430000－2401－0000154　11/34(1)

十三經札記　（清）朱亦棟撰　清光緒四年
(1878)武林竹簡齋刻本　八冊

430000－2401－0000155　11/34(2)

十三經札記　（清）朱亦棟撰　清光緒四年
(1878)武林竹簡齋刻本　六冊

430000－2401－0000156　11/34(3)

十三經札記　（清）朱亦棟撰　清光緒四年
(1878)武林竹簡齋刻本　六冊

430000－2401－0000157　11/5

朱氏經學叢書初編　（清）朱記榮輯　清光緒
吳縣朱氏槐廬刻本　十二冊

430000－2401－0000158　11/5(1)

朱氏經學叢書初編　（清）朱記榮輯　清光緒
吳縣朱氏槐廬刻本　十二冊

430000－2401－0000159　11/5(2)

朱氏經學叢書初編　（清）朱記榮輯　清光緒
吳縣朱氏槐廬刻本　十冊

430000－2401－0000160　11/63

李氏成書　（清）李文炤撰　清乾隆善化李氏
四爲堂刻道光二十三年(1843)重修印本　二
十二冊

430000－2401－0000161　11/7

璜川吳氏經學叢書　（清）吳志忠等輯　清嘉
慶十五年(1810)刻本　三十二冊　存五十三
卷(易說六卷、詩說三卷附一卷、禮說十四卷、
大學說一卷、半農先生春秋說十五卷、三正考
二卷、春秋疑義二卷、有竹石軒經句說一至
八、道德真經集註釋文一卷)

430000－2401－0000162　11/51

吳氏遺著五卷　（清）吳淩雲撰　附錄一卷
（清）王宗涑撰　清光緒十七年(1891)廣雅書
局刻本　二冊

430000－2401－0000163　11/51(1)

吳氏遺著五卷　（清）吳淩雲撰　附錄一卷
（清）王宗涑撰　清光緒十七年(1891)廣雅書
局刻本　二冊

430000－2401－0000164　11/3

沈氏經學六種　（清）沈淑撰　清光緒八年
(1882)常熟鮑氏刻後知不足齋叢書本　六冊

430000－2401－0000165　11/3(1)

沈氏經學六種　（清）沈淑撰　清光緒八年
(1882)常熟鮑氏刻後知不足齋叢書本　六冊

430000－2401－0000166　11/3(2)

沈氏經學六種　（清）沈淑撰　清光緒八年
(1882)常熟鮑氏刻後知不足齋叢書本　六冊

430000－2401－0000167　11/48

胡氏四種　（清）胡元玉撰　清光緒長沙梁氏
益智書局刻本　一冊

430000－2401－0000168　11/55

金華文萃　（清）胡鳳丹輯　清同治八年
(1869)退補齋刻本　十二冊

430000－2401－0000169　11/4

南海桂氏經學叢書　（清）桂文燦撰　清咸
豐、光緒刻本　五冊

430000－2401－0000170　11/4(1)

南海桂氏經學叢書　（清）桂文燦撰　清咸
豐、光緒刻本　十冊

430000－2401－0000171　11/62

蜚雲閣淩氏叢書　（清）淩曙撰　清嘉慶、道
光江都淩氏蜚雲閣刻本　五冊

430000－2401－0000172　11/47

味經齋遺書　（清）莊存與撰　清道光莊綬甲
寶研堂刻本　十冊

430000－2401－0000173　11/47(1)

味經齋遺書　（清）莊存與撰　清道光莊綬甲
寶研堂刻本　十二冊

430000－2401－0000174　11/41

五經四書疏略　（清）張沐撰　清康熙十一年
至四十年(1672－1701)上蔡張氏敦臨堂刻本

二十七冊　存七十六卷(周易疏略四卷、書經疏略六卷、詩經疏略八卷、禮記疏略四十七卷、春秋疏略一至十一)

430000－2401－0000175　11/41(1)

五經四書疏略　(清)張沐撰　清康熙十一年至四十年(1672－1701)上蔡張氏敦臨堂刻本　十六冊　存二十四卷(周易疏略四卷、書經疏略六卷、詩經疏略八卷、禮記疏略一至六)

430000－2401－0000176　11/61

張敬堂太史遺書　(清)張錫嶸撰　(清)吳棠輯　清同治九年(1870)望三益齋刻本　二冊

430000－2401－0000177　11/56

遜敏堂叢書　(清)黃秩模輯　清道光、咸豐宜黃黃氏木活字本　一冊　存六卷(周易舉正一卷、古文尚書考一卷、尚書古文辨一卷、章水經流考一卷、詩經協韻考異一卷、讀左漫筆一卷)

430000－2401－0000178　11/25－6

七經精義　(清)黃淦撰　清嘉慶九年(1804)刻本　七冊

430000－2401－0000179　11/25－4

重訂七經精義　(清)黃淦撰　清嘉慶十三年(1808)成錦堂刻本　八冊

430000－2401－0000180　11/25－5

重訂七經精義　(清)黃淦撰　清嘉慶十三年(1808)刻本　七冊

430000－2401－0000181　11/25

七經精義　(清)黃淦撰　清光緒五年(1879)上海掃葉山房刻本　十四冊

430000－2401－0000182　11/25－2

重訂七經精義　(清)黃淦撰　清九如堂刻本　十四冊

430000－2401－0000183　11/25－3

重訂七經精義　(清)黃淦撰　清令德堂刻本　七冊

430000－2401－0000184　11/25－7

重訂七經精義　(清)黃淦撰　清裕德堂刻本

十三冊　缺儀禮精義下冊

430000－2401－0000185　11/59

通藝錄　(清)程瑤田撰　清嘉慶刻本　二十五冊

430000－2401－0000186　11/2

萬充宗先生經學五書　(清)萬斯大撰　清乾隆刻本　六冊

430000－2401－0000187　11/2(1)

萬充宗先生經學五書　(清)萬斯大撰　清乾隆刻本　六冊

430000－2401－0000188　11/2(2)

萬充宗先生經學五書　(清)萬斯大撰　清乾隆刻本　四冊

430000－2401－0000189　11/2(3)

萬充宗先生經學五書　(清)萬斯大撰　清乾隆刻本　四冊

430000－2401－0000190　11/2(4)

萬充宗先生經學五書　(清)萬斯大撰　清乾隆刻本　五冊

430000－2401－0000191　11/2－2

萬充宗先生經學五書　(清)萬斯大撰　清湘陰郭氏岵瞻堂鈔本　五冊　缺二卷(學禮質疑二卷)

430000－2401－0000192　11/26

十一經音訓　(清)楊國楨撰　清道光十年(1830)刻本　二十六冊

430000－2401－0000193　11/26－2

十一經音訓　(清)楊國楨撰　清光緒三年(1877)湖北崇文書局刻本　二十六冊

430000－2401－0000194　11/35

十三經客難　(清)龔元玠撰　清道光二十六年(1846)西城龔氏刻本　十二冊

430000－2401－0000195　11/35(1)

十三經客難　(清)龔元玠撰　清道光二十六年(1846)西城龔氏刻本　十八冊

430000－2401－0000196　12/219

易十家 （明）毛晉輯　明汲古閣刻本　四冊
　存二十二卷（京氏易傳三卷、易釋文一卷、關氏易傳一卷、周易集解略例一卷、蘇氏易傳九卷、元苞數總義二卷、元苞經傳五卷）

430000－2401－0000197　12/229

漢魏二十一家易註 （清）孫堂輯　清嘉慶四年（1799）平湖孫氏映雪草堂刻本　五冊

430000－2401－0000198　12/88

京氏易八卷 （漢）京房撰　（清）王保訓輯　清光緒德化李氏木犀軒刻木犀軒叢書本　佚名眉批　二冊

430000－2401－0000199　12/166

周易乾鑿度二卷 （漢）鄭玄註　清乾隆二十一年（1756）雅雨堂刻本　一冊

430000－2401－0000200　12/128

周易鄭康成註一卷 （漢）鄭玄撰　（宋）王應麟輯　清刻本　一冊

430000－2401－0000201　12/92

易緯稽覽圖二卷 （漢）鄭玄註　清內府刻本　一冊

430000－2401－0000202　12/115

周易九卷 （三國魏）王弼註　（晉）韓康伯補註　清同治十二年（1873）稽古樓刻袖珍十三經註本　四冊

430000－2401－0000203　12/135

周易兼義九卷 （三國魏）王弼注　（唐）孔穎達疏　清嘉慶二十年（1815）江西南昌府學刻本　八冊

430000－2401－0000204　12/134

周易兼義九卷 （三國魏）王弼注　（唐）孔穎達疏　清同治十三年（1874）湖南書局刻本　六冊

430000－2401－0000205　12/82

易傳十七卷 （唐）李鼎祚撰　清乾隆二十一年（1756）雅雨堂刻本　六冊

430000－2401－0000206　12/82(1)

易傳十七卷 （唐）李鼎祚撰　清乾隆二十一

年（1756）雅雨堂刻本　六冊

430000－2401－0000207　12/82(2)

易傳十七卷 （唐）李鼎祚撰　清乾隆二十一年（1756）雅雨堂刻本　八冊

430000－2401－0000208　12/190－2

周易集解十七卷 （唐）李鼎祚撰　明毛氏汲古閣刻津逮秘書本　四冊

430000－2401－0000209　12/190－2(1)

周易集解十七卷 （唐）李鼎祚撰　明毛氏汲古閣刻津逮秘書本　三冊

430000－2401－0000210　12/190

周易集解十七卷 （唐）李鼎祚撰　清嘉慶二十三年（1818）木瀆周氏刻本　三冊

430000－2401－0000211　△12/7

周易四卷 （宋）朱熹本義　清五色鈔本　二冊

430000－2401－0000212　12/118－5

周易四卷 （宋）朱熹本義　清武英殿刻本　二冊

430000－2401－0000213　12/118－19

周易四卷 （宋）朱熹本義　清道光六年（1826）立本齋刻本　二冊

430000－2401－0000214　12/118－18

周易四卷 （宋）朱熹本義　清道光十六年（1836）揚郡二郎廟內片善堂惜字公局刻本　二冊

430000－2401－0000215　12/118－2

周易四卷 （宋）朱熹本義　清光緒五年（1879）刻本　二冊

430000－2401－0000216　12/118－3

周易四卷 （宋）朱熹本義　清同治七年（1868）楚北崇文書局刻本　二冊

430000－2401－0000217　12/118－3(1)

周易四卷 （宋）朱熹本義　清同治七年（1868）楚北崇文書局刻本　二冊

430000－2401－0000218　12/118－3(2)

周易四卷　（宋）朱熹本義　清同治七年
(1868)楚北崇文書局刻本　二冊

430000－2401－0000219　12/118－3(3)
周易四卷　（宋）朱熹本義　清同治七年
(1868)楚北崇文書局刻本　二冊

430000－2401－0000220　12/118－4
周易四卷　（宋）朱熹本義　清同治十年
(1871)刻本　二冊

430000－2401－0000221　12/118－6
周易四卷　（宋）朱熹本義　清同治十一年
(1872)湖南省城尊經閣刻本　二冊

430000－2401－0000222　12/118－6(1)
周易四卷　（宋）朱熹本義　清同治十一年
(1872)湖南省城尊經閣刻本　二冊

430000－2401－0000223　12/118－6(2)
周易四卷　（宋）朱熹本義　清同治十一年
(1872)湖南省城尊經閣刻本　二冊

430000－2401－0000224　12/118－7
周易四卷　（宋）朱熹本義　清同治十三年
(1874)湖南書局刻本　二冊

430000－2401－0000225　12/118－7(1)
周易四卷　（宋）朱熹本義　清同治十三年
(1874)湖南書局刻本　二冊

430000－2401－0000226　12/118－8
周易四卷　（宋）朱熹本義　清同治十三年
(1874)湖南書局刻本　二冊

430000－2401－0000227　12/118－8(1)
周易四卷　（宋）朱熹本義　清同治十三年
(1874)湖南書局刻本　二冊

430000－2401－0000228　12/118－8(2)
周易四卷　（宋）朱熹本義　清同治十三年
(1874)湖南書局刻本　二冊

430000－2401－0000229　12/118－9
周易四卷　（宋）朱熹本義　清刻本　二冊
存二卷(一至二)

430000－2401－0000230　12/118

周易四卷　（宋）朱熹本義　清光緒十二年
(1886)湖北官書處刻本　二冊

430000－2401－0000231　12/118－20
周易四卷　（宋）朱熹本義　清光緒三十年
(1904)崇實書局刻本　二冊

430000－2401－0000232　12/118－16
周易四卷　（宋）朱熹本義　清宣統二年
(1910)上海廣益書局石印本　二冊

430000－2401－0000233　12/118－16(1)
周易四卷　（宋）朱熹本義　清宣統二年
(1910)上海廣益書局石印本　二冊

430000－2401－0000234　12/118－16(2)
周易四卷　（宋）朱熹本義　清宣統二年
(1910)上海廣益書局石印本　二冊

430000－2401－0000235　12/118－10
周易四卷　（宋）朱熹本義　清刻本　二冊

430000－2401－0000236　12/118－13
周易四卷　（宋）朱熹本義　清三讓堂刻本
二冊

430000－2401－0000237　12/118－14
周易四卷　（宋）朱熹本義　清長沙楊氏刻本
　二冊

430000－2401－0000238　12/118－11
周易四卷　（宋）朱熹本義　清經元堂書屋刻
本　二冊

430000－2401－0000239　12/118－12
周易四卷　（宋）朱熹本義　清刻本　二冊

430000－2401－0000240　12/118－15
周易四卷　（宋）朱熹本義　清刻本　二冊

430000－2401－0000241　12/119
易經十二卷首一卷末一卷　（宋）朱熹本義
(宋)呂祖謙音訓　清同治四年(1865)金陵書
局刻本　二冊

430000－2401－0000242　12/119(1)
易經十二卷首一卷末一卷　（宋）朱熹本義
(宋)呂祖謙音訓　清同治四年(1865)金陵書

局刻本　二冊

430000 – 2401 – 0000243　12/119(2)

易經十二卷首一卷末一卷　（宋）朱熹本義
（宋）呂祖謙音訓　清同治四年(1865)金陵書
局刻本　二冊

430000 – 2401 – 0000244　12/119 – 2

易經十二卷首一卷末一卷　（宋）朱熹本義
（宋）呂祖謙音訓　清光緒十九年(1893)江南
書局刻本　二冊

430000 – 2401 – 0000245　12/119 – 2(1)

易經十二卷首一卷末一卷　（宋）朱熹本義
（宋）呂祖謙音訓　清光緒十九年(1893)江南
書局刻本　二冊

430000 – 2401 – 0000246　12/119 – 2(2)

易經十二卷首一卷末一卷　（宋）朱熹本義
（宋）呂祖謙音訓　清光緒十九年(1893)江南
書局刻本　二冊

430000 – 2401 – 0000247　△12/8

周易本義四卷　（宋）朱熹撰　明刻本　佚名
批校　三冊

430000 – 2401 – 0000248　△12/8 – 3

周易本義十二卷易圖一卷五贊一卷筮儀一卷
　（宋）朱熹撰　清康熙內府刻本　四冊

430000 – 2401 – 0000249　12/214

影宋咸淳本周易本義十卷易圖一卷　（宋）朱
熹撰　清光緒九年(1883)刻本　五冊

430000 – 2401 – 0000250　△12/23

易學啟蒙二卷圖一卷　（宋）胡方平通釋　元
刻明修本　四冊

430000 – 2401 – 0000251　12/89

易傳燈四卷　（宋）徐總干撰　清刻本　一冊

430000 – 2401 – 0000252　△12/4

安定先生周易口義十卷繫辭二卷說卦一卷
（宋）胡瑗撰　（宋）倪天隱述　清康熙二十六
年(1687)刻本　七冊

430000 – 2401 – 0000253　△12/13

周易程朱傳義二十四卷上下篇義一卷周易圖

說一卷周易五贊一卷周易筮儀一卷　（宋）程
頤　（宋）朱熹撰　明嘉靖四十三年(1564)黃
希憲、徐節五經集註刻本　清錢士雲過錄查
慎行批註　清陳用光題識　八冊

430000 – 2401 – 0000254　△12/13 – 2

周易程朱傳義二十四卷上下篇義一卷周易圖
說一卷周易五贊一卷周易筮儀一卷　（宋）程
頤　（宋）朱熹撰　明刻本　四冊　存十四卷
（五至十六、二十二至二十三）

430000 – 2401 – 0000255　△12/6 – 3

周易傳義十卷　（宋）程頤傳　（宋）朱熹本義
　明正統司禮監刻本　十六冊

430000 – 2401 – 0000256　△12/6 – 3(1)

周易傳義十卷　（宋）程頤傳　（宋）朱熹本義
　明正統司禮監刻本　五冊

430000 – 2401 – 0000257　△12/6 – 2

周易傳義十卷　（宋）程頤傳　（宋）朱熹本義
　明刻本　五冊

430000 – 2401 – 0000258　△12/6

周易傳義十卷　（宋）程頤傳　（宋）朱熹本義
　明嘉靖三十五年(1556)廣東崇正堂刻本
十二冊

430000 – 2401 – 0000259　12/193

周易傳義音訓八卷首一卷末一卷　（宋）程頤
傳　（宋）朱熹本義　（宋）呂祖謙音訓　清咸
豐六年(1856)浦城祝氏與古齋刻本　八冊

430000 – 2401 – 0000260　12/193(1)

周易傳義音訓八卷首一卷末一卷　（宋）程頤
傳　（宋）朱熹本義　（宋）呂祖謙音訓　清咸
豐六年(1856)浦城祝氏與古齋刻本　八冊

430000 – 2401 – 0000261　12/193 – 2

周易傳義音訓八卷首一卷末一卷　（宋）程頤
傳　（宋）朱熹本義　（宋）呂祖謙音訓　清同
治六年(1867)望三益齋刻本　八冊

430000 – 2401 – 0000262　△12/27

程氏易傳十二卷　（宋）程頤撰　明嘉靖八年
(1529)刻本　四冊

430000 - 2401 - 0000263　12/185 - 2
易經八卷　（宋）程頤撰　清同治五年(1866)
金陵書局刻本　三冊

430000 - 2401 - 0000264　12/185 - 2(1)
易經八卷　（宋）程頤撰　清同治五年(1866)
金陵書局刻本　三冊

430000 - 2401 - 0000265　12/185 - 2(2)
易經八卷　（宋）程頤撰　清同治五年(1866)
金陵書局刻本　三冊

430000 - 2401 - 0000266　12/185 - 2(3)
易經八卷　（宋）程頤撰　清同治五年(1866)
金陵書局刻本　二冊

430000 - 2401 - 0000267　12/185
易經八卷　（宋）程頤撰　清光緒九年(1883)
江南書局刻本　三冊

430000 - 2401 - 0000268　12/185(1)
易經八卷　（宋）程頤撰　清光緒九年(1883)
江南書局刻本　三冊

430000 - 2401 - 0000269　12/185(2)
易經八卷　（宋）程頤撰　清光緒九年(1883)
江南書局刻本　三冊

430000 - 2401 - 0000270　△12/28
楊氏易傳二十卷　（宋）楊簡撰　明萬曆二十
三年(1595)劉日升、陳道亨刻本　二冊

430000 - 2401 - 0000271　△12/31
誠齋先生易傳二十卷　（宋）楊萬里撰　明嘉
靖二十一年(1542)療鶴亭刻本　十冊

430000 - 2401 - 0000272　12/80
誠齋易傳二十卷　（宋）楊萬里撰　清光緒二
十一年(1895)湖北官書處刻本　八冊

430000 - 2401 - 0000273　12/80 - 2
誠齋易傳二十卷　（宋）楊萬里撰　清乾隆武
英殿刻本　八冊

430000 - 2401 - 0000274　12/237
忘筌書十卷　（宋）潘殖撰　清嘉慶十六年
(1811)浦城祝氏留香室刻本　四冊

430000 - 2401 - 0000275　12/163
周易要義十卷首一卷　（宋）魏了翁撰　清光
緒十二年(1886)江蘇書局刻本　四冊

430000 - 2401 - 0000276　12/81 - 3
蘇氏易傳九卷　（宋）蘇軾撰　明崇禎虞山毛
氏汲古閣刻本　二冊　存五卷(一至二、七至
九)

430000 - 2401 - 0000277　△12/81 - 2
易傳八卷　（宋）蘇軾撰　明閔齊伋刻朱墨套
印本　八冊

430000 - 2401 - 0000278　12/81
蘇氏易傳不分卷　（宋）蘇軾撰　（清）李元春
評　清道光十五年(1835)刻青照堂叢書本
二冊

430000 - 2401 - 0000279　12/22
易源奧義一卷　（元）保巴撰　民國二十三年
至二十四年(1934 - 1935)上海商務印書館影
印四庫全書珍本初集本　一冊

430000 - 2401 - 0000280　△12/25
易學變通六卷　（元）曾貫撰　清紅格鈔本
一冊　存四卷(三至六)

430000 - 2401 - 0000281　12/114
玩易意見二卷　（明）王恕撰　清光緒二十二
年(1896)長沙刻惜陰軒叢書本　一冊

430000 - 2401 - 0000282　12/67
新鐫易經玄備十五卷周易圖說一卷　（明）汪
之寶撰　明崇禎五年(1632)黔東撒鳴寧刻本
十五冊

430000 - 2401 - 0000283　12/19
易憲四卷圖說一卷　（明）沈泓撰　清乾隆九
年(1744)刻本　三冊

430000 - 2401 - 0000284　△12/142
古周易訂詁十六卷　（明）何楷撰　清乾隆十
六年(1751)刻朱墨套印本　八冊

430000 - 2401 - 0000285　12/173 - 4
**新刻來瞿唐先生易註十五卷首一卷末一卷圖
像一卷**　（明）來知德撰　清雍正七年(1729)

寧遠堂刻本　十二冊

430000－2401－0000286　12/173－4(1)

新刻來瞿唐先生易註十五卷首一卷末一卷圖像一卷　(明)來知德撰　清雍正七年(1729)寧遠堂刻本　十二冊

430000－2401－0000287　12/173－4(2)

新刻來瞿唐先生易註十五卷首一卷末一卷圖像一卷　(明)來知德撰　清雍正七年(1729)寧遠堂刻本　十八冊

430000－2401－0000288　12/173－2

新刻來瞿唐先生易註十五卷首一卷末一卷圖像一卷　(明)來知德撰　(清)淩夫純圈點清同治十年(1871)刻本　十冊

430000－2401－0000289　12/173－2(1)

新刻來瞿唐先生易註十五卷首一卷末一卷圖像一卷　(明)來知德撰　(清)淩夫純圈點清同治十年(1871)刻本　十冊

430000－2401－0000290　12/173

新刻來瞿唐先生易註十五卷首一卷末一卷圖像一卷　(明)來知德撰　(清)淩夫純圈點清朝爽堂刻本　八冊

430000－2401－0000291　12/173－3

新刻來瞿唐先生易註十五卷首一卷末一卷圖像一卷　(明)來知德撰　(清)淩夫純圈點清同治遞修本　十二冊

430000－2401－0000292　12/173－3(1)

新刻來瞿唐先生易註十五卷首一卷末一卷圖像一卷　(明)來知德撰　(清)淩夫純圈點清同治遞修本　十冊

430000－2401－0000293　12/173－3(2)

新刻來瞿唐先生易註十五卷首一卷末一卷圖像一卷　(明)來知德撰　(清)淩夫純圈點清同治遞修本　十二冊

430000－2401－0000294　12/112

學易記五卷　(明)金賁亨撰　清光緒二十二年(1896)長沙刻本　一冊

430000－2401－0000295　12/112(1)

學易記五卷　(明)金賁亨撰　清光緒二十二年(1896)長沙刻本　一冊　存二卷(一至二)

430000－2401－0000296　△12/15

周易傳義大全二十四卷綱領一卷朱子圖說一卷　(明)胡廣等輯　明刻本　十六冊

430000－2401－0000297　△12/15(1)

周易傳義大全二十四卷綱領一卷朱子圖說一卷　(明)胡廣等輯　明刻本　十冊

430000－2401－0000298　12/235

周易傳義大全二十四卷綱領一卷朱子圖說一卷　(明)胡廣等輯　明末詩瘦閣刻本　十二冊

430000－2401－0000299　12/42

易象正十二卷卷初二卷卷終二卷　(明)黃道周輯　清康熙二十三年(1684)刻本　十二冊

430000－2401－0000300　△12/9

周易全書二十一卷　(明)楊時喬撰　明刻本　四冊　存一卷(古文二)

430000－2401－0000301　12/129

周易六龍解一卷東溟粹言一卷　(明)管志道撰　民國三十三年(1944)復性書院刻復性書院叢刊本　一冊

430000－2401－0000302　12/129(1)

周易六龍解一卷東溟粹言一卷　(明)管志道撰　民國三十三年(1944)復性書院刻復性書院叢刊本　一冊

430000－2401－0000303　12/129(2)

周易六龍解一卷東溟粹言一卷　(明)管志道撰　民國三十三年(1944)復性書院刻復性書院叢刊本　一冊

430000－2401－0000304　12/172

周易圖釋二十卷　(明)劉定之撰　清乾隆二十八年(1763)刻本　三冊

430000－2401－0000305　12/86

易傳撮要一卷　(明)劉髦撰　桂山堂刻劉文安公全集本　一冊

430000－2401－0000306　△12/33

像鈔六卷　（明）錢一本撰　明萬曆四十一年(1613)刻本　四冊

430000－2401－0000307　12/228

清風易註四卷　（明）魏閥撰　清光緒十八年(1892)漢川甄山書院刻本　六冊

430000－2401－0000308　12/228（1）

清風易註四卷　（明）魏閥撰　清光緒十八年(1892)漢川甄山書院刻本　六冊

430000－2401－0000309　12/228－2

清風易註四卷　（明）魏閥撰　清光緒十八年(1892)刻湖北叢書本　六冊

430000－2401－0000310　12/207

生生篇不分卷　（明）蘇濬撰　明萬曆刻本　六冊

430000－2401－0000311　12/68

重鐫紫溪先生易經兒說八卷　（明）蘇濬撰　清乾隆五十六年(1791)刻本　八冊

430000－2401－0000312　△12/37

讀易私記□□卷　（□）葵峰戀明子撰　明刻本　三冊　存三卷(二至三、五)

430000－2401－0000313　12/187

周易解故一卷　（清）丁晏撰　清光緒十九年(1893)廣雅書局刻本　一冊

430000－2401－0000314　12/187（1）

周易解故一卷　（清）丁晏撰　清光緒十九年(1893)廣雅書局刻本　一冊

430000－2401－0000315　12/106

讀易初稿八卷　（清）丁叙忠撰　清同治二年(1863)長沙丁氏白芙堂活字本　八冊

430000－2401－0000316　12/106（1）

讀易初稿八卷　（清）丁叙忠撰　清同治二年(1863)長沙丁氏白芙堂活字本　八冊

430000－2401－0000317　12/102

讀易通解十二卷　（清）丁叙忠撰　清同治十年(1871)白芙堂刻本　十冊

430000－2401－0000318　12/102（1）

讀易通解十二卷　（清）丁叙忠撰　清同治十年(1871)白芙堂刻本　十冊

430000－2401－0000319　12/102（2）

讀易通解十二卷　（清）丁叙忠撰　清同治十年(1871)白芙堂刻本　十冊

430000－2401－0000320　12/102（3）

讀易通解十二卷　（清）丁叙忠撰　清同治十年(1871)白芙堂刻本　十冊

430000－2401－0000321　12/102（4）

讀易通解十二卷　（清）丁叙忠撰　清同治十年(1871)白芙堂刻本　十冊

430000－2401－0000322　12/102（5）

讀易通解十二卷　（清）丁叙忠撰　清同治十年(1871)白芙堂刻本　十冊

430000－2401－0000323　12/155

周易實事十五卷首一卷　（清）文嗣撰　清乾隆五十六年(1791)刻本　十二冊

430000－2401－0000324　12/255

方氏易學五書　（清）方申撰　清道光二十五年(1845)青溪舊屋刻本　二冊

430000－2401－0000325　12/104

讀易筆記二卷　（清）方宗誠撰　清光緒三年(1877)刻柏堂經說本　一冊

430000－2401－0000326　12/184

高等小學堂周易簡明集解四卷首一卷　（清）方宗韓編輯　清宣統元年(1909)昭潭高等小學堂木活字本　三冊

430000－2401－0000327　12/30

易翼述信二十卷　（清）王又樸撰　清乾隆十六年(1751)刻詩禮堂全集本　十二冊

430000－2401－0000328　12/232

周易内傳十三卷　（清）王夫之撰　清道光二十二年(1842)湘潭王氏守遺經書屋刻本　六冊

430000－2401－0000329　12/174

周易外傳七卷　（清）王夫之撰　清光緒二十五年(1899)慎記書莊石印本　一冊

430000－2401－0000330　△12/18

周易講義不分卷 （清）王元啟撰　清嘉慶楊
丕謙鈔本　六冊

430000－2401－0000331　12/18

退思易話八卷 （清）王玉樹撰　清道光五年
(1825)刻本　二冊

430000－2401－0000332　△12/29

虞氏易禮評議二卷周易古註十七卷 （清）王
先博撰　清鈔本　五冊　存十卷(虞氏易禮
評議上,周易古註七至十、十三至十七)

430000－2401－0000333　12/53

漢宋易學解不分卷 （清）王希尹撰　清光緒
九年(1883)維揚徐文德齋刻本　四冊

430000－2401－0000334　△12/3

日講易經解義十八卷 （清）牛鈕等編　清康
熙二十三年(1684)內府刻本　十八冊

430000－2401－0000335　△12/11

周易卦爻取象求似註解六卷首一卷末一卷
(清)石承謹撰　清鈔本　四冊

430000－2401－0000336　12/76

易經通論一卷 （清）皮錫瑞撰　清光緒三十
三年(1907)湖南思賢書局刻本　一冊

430000－2401－0000337　12/76(1)

易經通論一卷 （清）皮錫瑞撰　清光緒三十
三年(1907)湖南思賢書局刻本　一冊

430000－2401－0000338　12/194

周易傳義合訂十二卷 （清）朱軾撰　清咸豐
十年(1860)刻本　四冊

430000－2401－0000339　12/130

周易洗心十卷 （清）任啟運撰　清光緒八年
(1882)一本堂刻本　六冊

430000－2401－0000340　12/69

易經如話十二卷首一卷 （清）汪烜撰　清同
治十二年(1873)曲水書局木活字印汪子遺書
本　六冊

430000－2401－0000341　12/60

易經詮義十四卷首一卷 （清）汪烜撰　清同

治十二年(1873)曲水書局木活字印汪子遺書
本　十五冊

430000－2401－0000342　12/60(1)

易經詮義十四卷首一卷 （清）汪烜撰　清同
治十二年(1873)曲水書局木活字印汪子遺書
本　十五冊

430000－2401－0000343　12/167

周易孔義集說二十卷 （清）沈起元撰　清光
緒八年(1882)江蘇書局刻本　八冊

430000－2401－0000344　12/167(1)

周易孔義集說二十卷 （清）沈起元撰　清光
緒八年(1882)江蘇書局刻本　八冊

430000－2401－0000345　12/212

周易本易拾遺六卷序例一卷拾遺一卷 （清）
李文炤撰　清乾隆善化李氏四爲堂刻李氏成
書本　四冊

430000－2401－0000346　12/212(1)

周易本易拾遺六卷序例一卷拾遺一卷 （清）
李文炤撰　清乾隆善化李氏四爲堂刻李氏成
書本　四冊

430000－2401－0000347　12/212(2)

周易本易拾遺六卷序例一卷拾遺一卷 （清）
李文炤撰　清乾隆善化李氏四爲堂刻李氏成
書本　四冊

430000－2401－0000348　12/118－2

周易集要四卷首一卷 （清）李少甫輯　清光
緒五年(1879)刻本　二冊

430000－2401－0000349　△12/10

御纂周易折中二十二卷首一卷 （清）李光地等
撰　清康熙五十四年(1715)內府刻本　十二冊

430000－2401－0000350　△12/10－2

御纂周易折中二十二卷首一卷 （清）李光地
等撰　清同治八年(1869)刻本　十二冊

430000－2401－0000351　12/157－2

御纂周易折中二十二卷首一卷 （清）李光地
等撰　清同治十年(1871)湖北崇文書局刻本
　十二冊

430000－2401－0000352　12/157－2(1)

御纂周易折中二十二卷首一卷 （清）李光地
等撰　清同治十年(1871)湖北崇文書局刻本
　十二冊

430000－2401－0000353　12/157－4

御纂周易折中二十二卷首一卷 （清）李光地
等撰　清光緒十四年(1888)江南書局刻本
　五冊

430000－2401－0000354　12/157－3

御纂周易折中二十二卷首一卷 （清）李光地
等撰　清光緒二十年(1894)湖北書局刻欽定
七經本　十冊

430000－2401－0000355　12/157－6

御纂周易折中二十二卷首一卷 （清）李光地
等撰　清尊經閣刻本　十二冊

430000－2401－0000356　12/160

周易直解十二卷 （清）李光地等撰　清光緒
二十年(1894)梅照璧刻本　六冊

430000－2401－0000357　12/177

周易觀象十二卷通論四卷大旨二卷 （清）李
光地等撰　清道光七年(1827)刻本　六冊

430000－2401－0000358　12/162

周易通論四卷 （清）李光地等撰　清刻本
二冊

430000－2401－0000359　12/75

易經體註大全合參四卷 （清）李兆賢輯　清
三讓堂刻本　二冊

430000－2401－0000360　12/75－2

易經體註大全合參四卷 （清）李兆賢輯　清
經元堂刻本　二冊

430000－2401－0000361　12/191

周易集要四卷首一卷 （清）李杜撰　（清）熊
鎮南補註　清光緒十三年(1887)龍城官廨刻
本　二冊

430000－2401－0000362　12/107

讀易觀象惺惺錄□□卷 （清）李南暉註　清
鈔本　六冊　存六卷(十九至二十一、二十六

至二十八、三十二)

430000－2401－0000363　△12/24

易學輯本四卷補錄一卷 （清）李爲輯　清鈔
本　五冊

430000－2401－0000364　12/188

周易集解纂疏三十六卷首一卷 （清）李道平
撰　清光緒十七年(1891)思賢講舍刻本
六冊

430000－2401－0000365　12/188(1)

周易集解纂疏三十六卷首一卷 （清）李道平
撰　清光緒十七年(1891)思賢講舍刻本
六冊

430000－2401－0000366　12/188(2)

周易集解纂疏三十六卷首一卷 （清）李道平
撰　清光緒十七年(1891)思賢講舍刻本
六冊

430000－2401－0000367　12/192

周易傳註七卷周易筮考一卷 （清）李塨撰
清道光二十三年(1843)養正堂刻本　四冊

430000－2401－0000368　12/98

讀易辨疑四卷 （清）李開先撰　清乾隆二十
六年(1761)刻本　四冊

430000－2401－0000369　12/164

周易引經通釋十卷 （清）李鈞簡輯註　清嘉
慶十九年(1814)鶴陰書屋刻本　十冊

430000－2401－0000370　12/100

言易錄一卷 （清）李輈撰　清光緒三年
(1877)湘陰李氏刻本　一冊

430000－2401－0000371　△12/39

讀易隨筆三卷 （清）吳大廷撰　清鈔本
三冊

430000－2401－0000372　12/105

讀易隨筆三卷 （清）吳大廷撰　清同治十二
年(1873)刻本　三冊

430000－2401－0000373　△12/21

易經遵朱四卷 （清）吳元默撰　清咸豐五年
(1855)鈔本　五冊

430000－2401－0000374　12/238

周易本義爻徵二卷　（清）吳曰慎撰　清光緒二十二年（1896）長沙刻惜陰軒叢書本　二冊

430000－2401－0000375　12/176

周易闡要四卷　（清）吳尚默撰　清嘉慶八年（1803）刻本　六冊

430000－2401－0000376　12/20

易漢學考二卷易漢學師承表一卷漢置五經博士考一卷　（清）吳翊寅撰　清光緒十九年（1893）廣州陶濬宣署刻本　一冊

430000－2401－0000377　12/20（1）

易漢學考二卷易漢學師承表一卷漢置五經博士考一卷　（清）吳翊寅撰　清光緒十九年（1893）廣州陶濬宣署刻本　一冊

430000－2401－0000378　△12/208

周易象傳消息升降大義述一卷　（清）吳翊寅撰　清光緒二十一年（1895）廣雅書局刻本　一冊

430000－2401－0000379　12/35

易堂問目四卷　（清）吳鼎輯　清乾隆三十七年（1772）刻本　二冊

430000－2401－0000380　12/35（1）

易堂問目四卷　（清）吳鼎輯　清乾隆三十七年（1772）刻本　二冊

430000－2401－0000381　12/74－4

易經大全會解四卷　（清）來爾繩纂輯　清乾隆四十九年（1784）龍江書屋刻本　二冊

430000－2401－0000382　12/74

易經大全會解四卷　（清）來爾繩纂輯　清文光堂刻本　二冊

430000－2401－0000383　12/74－2

易經大全會解四卷　（清）來爾繩纂輯　清道光二十年（1840）古香書屋刻本　二冊

430000－2401－0000384　12/74－3

易經大全會解四卷　（清）來爾繩纂輯　清三讓堂刻本　二冊

430000－2401－0000385　12/77

易解拾遺十卷　（清）周世金撰　清嘉慶二十四年（1819）刻本　七冊

430000－2401－0000386　12/77（1）

易解拾遺十卷　（清）周世金撰　清嘉慶二十四年（1819）刻本　七冊

430000－2401－0000387　12/77（2）

易解拾遺十卷　（清）周世金撰　清嘉慶二十四年（1819）刻本　七冊

430000－2401－0000388　12/77－2

易解拾遺七卷周易讀本四卷　（清）周世金撰　清道光元年（1821）刻本　五冊

430000－2401－0000389　12/77－2（1）

易解拾遺七卷周易讀本四卷　（清）周世金撰　清道光元年（1821）刻本　八冊

430000－2401－0000390　12/77－3

易解拾遺七卷周易讀本四卷　（清）周世金撰　清同治十年（1871）刻朱墨套印本　八冊

430000－2401－0000391　12/77－4

易解拾遺七卷周易讀本四卷　（清）周世金撰　清光緒十年（1884）長碧和義堂刻本　八冊

430000－2401－0000392　12/77－4（1）

易解拾遺七卷周易讀本四卷　（清）周世金撰　清光緒十年（1884）長碧和義堂刻本　四冊

430000－2401－0000393　12/77－5

易解拾遺七卷周易讀本四卷　（清）周世金撰　清光緒十八年（1892）刻朱墨套印本　八冊

430000－2401－0000394　12/77－5（1）

易解拾遺七卷周易讀本四卷　（清）周世金撰　清光緒十八年（1892）刻朱墨套印本　八冊

430000－2401－0000395　△12/26

理象解原四卷　（清）肶圖撰　清乾隆十二年（1747）紫竹齋刻本　六冊

430000－2401－0000396　12/13

易義來源四卷　（清）金士麒撰　清光緒二十三年（1897）刻鵠齋刻本　四冊

430000－2401－0000397　12/145

周易本意四卷　（清）胡先容撰　清光緒十一年（1885）刻本　四冊

430000－2401－0000398　12/34

易圖明辨十卷　（清）胡渭撰　清嘉慶元年（1796）刻本　四冊

430000－2401－0000399　13/34－2

易圖明辨十卷　（清）胡渭撰　清道光二十四年（1844）金山錢氏刻守山閣叢書本　二冊

430000－2401－0000400　12/169

周易函書約存十八卷約註十八卷別集十六卷　（清）胡煦撰　清乾隆刻本　二十六冊

430000－2401－0000401　12/169（1）

周易函書約存十八卷約註十八卷別集十六卷　（清）胡煦撰　清乾隆刻本　十冊

430000－2401－0000402　12/218

大易札記五卷　（清）范爾梅撰　清雍正七年（1729）敬恕堂刻本　三冊　缺一卷（一）

430000－2401－0000403　12/217

婁山易輪一卷易卦考一卷　（清）范爾梅撰　清雍正七年（1729）敬恕堂刻讀書小記本　二冊

430000－2401－0000404　12/181

周易姚氏學十六卷首一卷　（清）姚配中撰　清光緒元年（1875）湖北崇文書局刻本　四冊

430000－2401－0000405　12/181（1）

周易姚氏學十六卷首一卷　（清）姚配中撰　清光緒元年（1875）湖北崇文書局刻本　四冊

430000－2401－0000406　12/6

雙桂堂易說二種十六卷　（清）紀大奎撰　清嘉慶十三年（1808）刻紀慎齋先生全集本　六冊

430000－2401－0000407　12/26

易古興鈔十二卷首一卷　（清）唐學謙撰　清同治七年（1868）邵州刻本　十一冊

430000－2401－0000408　12/96

讀易反身錄一卷讀禮小事記一卷　（清）唐鑑撰　清嘉慶十九年（1814）刻本　一冊

430000－2401－0000409　12/65

易經爻辰貫二卷　（清）馬道立撰　清咸豐八年（1858）刻本　二冊

430000－2401－0000410　12/222

易翼宗六卷　（清）晏斯盛撰　清乾隆七年（1742）新喻晏氏刻楚蒙山房集本　二冊

430000－2401－0000411　12/223

易翼說八卷　（清）晏斯盛撰　清乾隆七年（1742）新喻晏氏刻楚蒙山房集本　二冊

430000－2401－0000412　12/221

學易初津二卷　（清）晏斯盛撰　清乾隆七年（1742）新喻晏氏刻楚蒙山房集本　一冊

430000－2401－0000413　日12/1

周易舊註十二卷　（清）徐鼐撰　清光緒十二年（1886）扶桑使廨刻本　四冊

430000－2401－0000414　△12/5

合訂刪補大易集義粹言八十卷　（清）納蘭性德撰　清康熙十六年（1677）通志堂刻本　二十六冊

430000－2401－0000415　12/103

讀易大旨三卷　（清）孫奇逢撰　清康熙二十七年（1688）刻孫夏峰全集本　三冊

430000－2401－0000416　12/189

孫氏周易集解十卷周易口訣義六卷口訣義補一卷周易集解序註一卷　（清）孫星衍撰　清光緒二年（1876）廣陵雙梧書屋刻本　五冊

430000－2401－0000417　12/72

易經揆一十四卷易學啟蒙補二卷　（清）梁錫璵撰　清乾隆十六年（1751）刻本　十冊

430000－2401－0000418　12/72（1）

易經揆一十四卷易學啟蒙補二卷　（清）梁錫璵撰　清乾隆十六年（1751）刻本　十冊

430000－2401－0000419　12/175

周易人事疏證八卷　（清）章世臣輯　清宣統二年（1910）同文書局鉛印本　八冊

430000－2401－0000420　△12/17

周易翼十卷　（清）凌堃撰　周易翼釋義一卷

（清）安璇珠撰　清道光八年（1828）吳興淩氏傳經堂刻淩氏傳經堂叢書本　四冊

430000－2401－0000421　12/84
八卦觀象解二卷卦氣解一卷　（清）莊存與撰　清道光十八年（1838）刻味經齋遺書本　一冊

430000－2401－0000422　12/84(1)
八卦觀象解二卷卦氣解一卷　（清）莊存與撰　清道光十八年（1838）刻味經齋遺書本　一冊

430000－2401－0000423　12/165
周易卦象六卷　（清）張丙嘉輯　清光緒二十二年（1896）保陽刻本　六冊

430000－2401－0000424　12/210
蔡子洪範皇極名數九卷首二卷　（清）張兆鹿註釋　清光緒二十三年（1897）金陵刻本　十冊

430000－2401－0000425　12/210(1)
蔡子洪範皇極名數九卷首二卷　（清）張兆鹿註釋　清光緒二十三年（1897）金陵刻本　十冊

430000－2401－0000426　12/78
易解經傳證五卷首一卷　（清）張步騫註　清同治十年（1871）刻本　五冊

430000－2401－0000427　12/78(1)
易解經傳證五卷首一卷　（清）張步騫註　清同治十年（1871）刻本　五冊

430000－2401－0000428　12/78(2)
易解經傳證五卷首一卷　（清）張步騫註　清同治十年（1871）刻本　五冊

430000－2401－0000429　12/78(3)
易解經傳證五卷首一卷　（清）張步騫註　清同治十年（1871）刻本　四冊　缺三卷(三至五)

430000－2401－0000430　12/78(4)
易解經傳證五卷首一卷　（清）張步騫註　清同治十年（1871）刻本　四冊　存三卷(三至五)

430000－2401－0000431　12/78(5)
易解經傳證五卷首一卷　（清）張步騫註　清同治十年（1871）刻本　四冊　存三卷(三至五)

430000－2401－0000432　△12/208
易經衷論二卷　（清）張英撰　清乾隆四庫全書本　二冊

430000－2401－0000433　12/63
易經衷論二卷　（清）張英撰　清光緒二十三年（1897）桐城張氏刻本　一冊

430000－2401－0000434　12/55
易學窮原不分卷　（清）張恕撰　清同治十二年（1873）補刻本　三冊

430000－2401－0000435　12/241
讀書所見錄五卷　（清）張曾敏撰　清乾隆五十年（1785）刻本　二冊

430000－2401－0000436　12/206
張皋文箋易詮全集　（清）張惠言撰　清嘉慶、道光刻本　八冊

430000－2401－0000437　12/206(1)
張皋文箋易詮全集　（清）張惠言撰　清嘉慶、道光刻本　十六冊

430000－2401－0000438　12/206(2)
張皋文箋易詮全集　（清）張惠言撰　清嘉慶、道光刻本　十一冊　缺四卷(缺虞氏易候二卷、虞氏易言二卷)

430000－2401－0000439　12/178(1)
周易虞氏義九卷周易虞氏消息二卷　（清）張惠言撰　清嘉慶八年（1803）揚州阮氏琅環仙館刻本　四冊

430000－2401－0000440　12/178
周易虞氏義九卷周易虞氏消息二卷　（清）張惠言撰　清嘉慶八年（1803）揚州阮氏琅環仙館刻本　五冊

430000－2401－0000441　12/137
周易審義四卷　（清）張惠言撰　清咸豐七年（1857）刻本　四冊

430000－2401－0000442　12/158

周易析疑十五卷圖一卷　（清）張蘭皋撰　清
乾隆九年(1744)梅花書屋刻本　六冊

430000－2401－0000443　12/108

師白山房講易六卷　（清）張學尹撰　清道光
九年(1829)刻本　四冊

430000－2401－0000444　12/108（1）

師白山房講易六卷　（清）張學尹撰　清道光
九年(1829)刻本　六冊

430000－2401－0000445　12/108（2）

師白山房講易六卷　（清）張學尹撰　清道光
九年(1829)刻本　五冊

430000－2401－0000446　12/256

師白山房講易二卷　（清）張學尹撰　清刻本
　一冊

430000－2401－0000447　12/203

經笥質疑易義原則六卷首一卷易義附篇四卷
首一卷　（清）張瓚昭撰　清道光七年(1827)
蘭朋堂刻本　六冊

430000－2401－0000448　12/144

周易廓二十四卷　（清）陳世熔撰　清咸豐元
年(1851)刻本　六冊

430000－2401－0000449　12/144（1）

周易廓二十四卷　（清）陳世熔撰　清咸豐元
年(1851)刻本　六冊

430000－2401－0000450　12/144（2）

周易廓二十四卷　（清）陳世熔撰　清咸豐元
年(1851)刻本　六冊

430000－2401－0000451　12/24

易藝舉隅六卷　（清）陳本淦撰　清道光十九
年(1839)刻本　四冊

430000－2401－0000452　12/199

周易象義集成不分卷　（清）陳洪冠輯　清咸
豐八年(1858)群玉書局刻本　三冊

430000－2401－0000453　12/199（1）

周易象義集成不分卷　（清）陳洪冠輯　清咸
豐八年(1858)群玉書局刻本　三冊

430000－2401－0000454　△12/2

天文易貫集補十卷　（清）陳洪道撰　清咸豐
稿本　十冊

430000－2401－0000455　12/16

易義解補十卷　（清）陳洪道註釋　清咸豐十
一年(1861)刻本　八冊

430000－2401－0000456　12/16－2

易義解補十卷　（清）陳洪道註釋　清末鈔本
　一冊　存一卷(二)

430000－2401－0000457　△12/38

讀易漢學私記二卷補鈔一卷　（清）陳壽熊撰
　王先謙鈔本　一冊

430000－2401－0000458　△12/38（1）

讀易漢學私記二卷補鈔一卷　（清）陳壽熊撰
　王先謙鈔本　一冊

430000－2401－0000459　12/109

榰漢學易三卷　（清）陳鼎撰　清同治十三年
(1874)保定蓮花池刻本　二冊

430000－2401－0000460　12/109（1）

榰漢學易三卷　（清）陳鼎撰　清同治十三年
(1874)保定蓮花池刻本　二冊

430000－2401－0000461　12/1

知非齋易註三卷首一卷末一卷知非齋易釋三
卷　（清）陳懋侯輯　清光緒十四年(1888)刻
本　四冊

430000－2401－0000462　12/1（1）

知非齋易註三卷首一卷末一卷知非齋易釋三
卷　（清）陳懋侯輯　清光緒十四年(1888)刻
本　四冊

430000－2401－0000463　12/148

周易三極圖貫八卷　（清）馮道立撰　清咸豐
八年(1858)刻本　八冊

430000－2401－0000464　12/70

易經解註傳義辯正四十四卷首二卷末二卷
（清）彭申甫撰　清光緒十二年(1886)長沙刻
本　十六冊

430000－2401－0000465　12/70（1）

易經解註傳義辯正四十四卷首二卷末二卷
（清）彭申甫撰　清光緒十二年(1886)長沙刻本　十六冊

430000－2401－0000466　12/70(2)

易經解註傳義辯正四十四卷首二卷末二卷
（清）彭申甫撰　清光緒十二年(1886)長沙刻本　十八冊

430000－2401－0000467　12/70(3)

易經解註傳義辯正四十四卷首二卷末二卷
（清）彭申甫撰　清光緒十二年(1886)長沙刻本　二十四冊

430000－2401－0000468　12/28－2

易指事四卷　（清）彭焯南撰　清黃文中鈔本　一冊

430000－2401－0000469　12/28

易指事四卷　（清）彭焯南撰　清光緒二年(1876)古梅草廬刻本　一冊

430000－2401－0000470　12/28(1)

易指事四卷　（清）彭焯南撰　清光緒二年(1876)古梅草廬刻本　一冊

430000－2401－0000471　12/28(2)

易指事四卷　（清）彭焯南撰　清光緒二年(1876)古梅草廬刻本　一冊

430000－2401－0000472　12/248

周易懸象八卷　（清）黃元御撰　鈔本　四冊

430000－2401－0000473　12/202

周易錄要十二卷首一卷　（清）黃思誠輯　清光緒七年(1881)岳陽昭祜堂刻本　六冊

430000－2401－0000474　12/66

新鐫增補周易備旨一見能解六卷　（清）黃淳耀撰　（清）嚴而寬增補　清光緒二十二年(1896)經綸柏記刻本　六冊

430000－2401－0000475　12/66－3

新鐫增補周易備旨一見能解六卷　（清）黃淳耀撰　（清）嚴而寬增補　清令德堂刻本　佚名眉批　三冊

430000－2401－0000476　12/66－4

新鐫增補周易備旨一見能解六卷　（清）黃淳耀撰　（清）嚴而寬增補　清三讓堂刻本　三冊

430000－2401－0000477　12/66－5

新鐫增補周易備旨一見能解六卷　（清）黃淳耀撰　（清）嚴而寬增補　清文光堂刻本　五冊

430000－2401－0000478　12/66－2

新鐫增補周易備旨一見能解六卷　（清）黃淳耀撰　（清）嚴而寬增補　清經元堂刻本　佚名眉批　五冊

430000－2401－0000479　12/205

繫辭傳論二卷　（清）莊存與撰　清道光八年(1828)刻味經齋遺書本　一冊

430000－2401－0000480　12/7

易說六卷　（清）惠士奇撰　清嘉慶十五年(1810)璜川吳氏真意堂刻本　一冊

430000－2401－0000481　12/7(1)

易說六卷　（清）惠士奇撰　清嘉慶十五年(1810)璜川吳氏真意堂刻本　二冊

430000－2401－0000482　12/7(2)

易說六卷　（清）惠士奇撰　清嘉慶十五年(1810)璜川吳氏真意堂刻本　一冊

430000－2401－0000483　12/46

易便二卷　（清）惠棟撰　清光緒刻本　一冊

430000－2401－0000484　12/46(1)

易便二卷　（清）惠棟撰　清光緒刻本　一冊

430000－2401－0000485　12/21

易漢學八卷　（清）惠棟撰　清乾隆四十八年(1783)刻本　一冊

430000－2401－0000486　12/21(1)

易漢學八卷　（清）惠棟撰　清乾隆四十八年(1783)刻本　二冊

430000－2401－0000487　12/213

周易本義辯證五卷　（清）惠棟撰　清常熟劉光德局刻本　二冊

430000－2401－0000488　12/156

周易述二十三卷　（清）惠棟撰　清乾隆二十七年(1762)雅雨堂刻本　六冊　缺二卷(八、二十一)

430000－2401－0000489　12/127

周易訓義七卷首一卷　（清）喻遜撰　清嘉慶十八年(1813)月桂軒刻本　五冊

430000－2401－0000490　12/51

易話二卷易廣記三卷　（清）焦循撰　清道光六年(1826)半九書塾刻焦氏叢書本　一冊

430000－2401－0000491　12/234

易章句十二卷易圖略八卷　（清）焦循撰　清光緒二年(1876)衡陽魏氏刻焦氏叢書本　三冊

430000－2401－0000492　12/49

易餘籥錄二十卷　（清）焦循撰　清光緒十二年(1886)刻木犀軒叢書本　三冊

430000－2401－0000493　△12/19

雕菰樓易學三書　（清）焦循撰　清嘉慶江都焦氏刻本　十九冊

430000－2401－0000494　12/50

雕菰樓易學三書　（清）焦循撰　清光緒二年(1876)衡陽魏氏刻焦氏叢書本　十一冊

430000－2401－0000495　12/150

御纂周易述義十卷　（清）傅恆等撰　清乾隆二十年(1755)刻本　八冊

430000－2401－0000496　12/150(1)

御纂周易述義十卷　（清）傅恆等撰　清乾隆二十年(1755)刻本　四冊

430000－2401－0000497　12/150(2)

御纂周易述義十卷　（清）傅恆等撰　清乾隆二十年(1755)刻本　八冊

430000－2401－0000498　12/150(3)

御纂周易述義十卷　（清）傅恆等撰　清乾隆二十年(1755)刻本　四冊

430000－2401－0000499　12/150(4)

御纂周易述義十卷　（清）傅恆等撰　清乾隆二十年(1755)刻本　八冊

430000－2401－0000500　12/31

易拇十五卷　（清）萬年淳撰　清道光四年(1824)刻本　十冊

430000－2401－0000501　12/31(1)

易拇十五卷　（清）萬年淳撰　清道光四年(1824)刻本　四冊

430000－2401－0000502　12/31－2

易拇十五卷　（清）萬年淳撰　鈔本　一冊　存一卷(二)

430000－2401－0000503　12/143

周易變通解六卷首一卷末一卷　（清）萬裕澐註　清同治十二年(1873)集錦堂刻本　六冊

430000－2401－0000504　12/143(1)

周易變通解六卷首一卷末一卷　（清）萬裕澐註　清同治十二年(1873)集錦堂刻本　六冊

430000－2401－0000505　12/52

易學圖說會通八卷　（清）楊方達撰　清乾隆三年(1738)刻本　五冊

430000－2401－0000506　12/64

易經音訓不分卷　（清）楊國楨撰　清光緒三年(1877)湖北崇文書局刻本　二冊

430000－2401－0000507　12/180

補周易口訣義闕卦一卷　（清）桑宣撰　清光緒二十八年(1902)刻鐵研齋叢書本　一冊

430000－2401－0000508　12/43

易會八卷首一卷　（清）鄒德溥撰　清同治九年(1870)袁州府學副齋活字本　四冊

430000－2401－0000509　12/154

周易指三十八卷易例一卷圖五卷斷辭一卷附後五篇　（清）端木國瑚撰　清道光刻本　二十冊

430000－2401－0000510　12/154(1)

周易指三十八卷易例一卷圖五卷斷辭一卷附後五篇　（清）端木國瑚撰　清道光刻本　二十四冊

430000 – 2401 – 0000511　12/140

周易廣義六卷　（清）潘元懋輯　清康熙刻本
二冊　存二卷（一、四）

430000 – 2401 – 0000512　12/138

周易尊翼五卷　（清）潘相撰　清乾隆四十一
年(1776)刻咸豐遞修本　五冊

430000 – 2401 – 0000513　12/139

周易廣義四卷　（清）鄭敷教撰　清乾隆五十
四年(1789)刻本　朱筆圈點　佚名眉批　三冊

430000 – 2401 – 0000514　12/47

易鑒三十八卷　（清）歐陽厚均撰　清同治三
年(1864)安仁歐陽氏刻本　十冊

430000 – 2401 – 0000515　12/47(1)

易鑒三十八卷　（清）歐陽厚均撰　清同治三
年(1864)安仁歐陽氏刻本　十冊

430000 – 2401 – 0000516　12/47(2)

易鑒三十八卷　（清）歐陽厚均撰　清同治三
年(1864)安仁歐陽氏刻本　十冊

430000 – 2401 – 0000517　12/27

易卦私箋二卷　（清）蔣衡撰　清嘉慶元年
(1796)拙存堂刻本　二冊

430000 – 2401 – 0000518　12/183

周易會歸不分卷　（清）鄧霽撰　（清）鄧嗣禹
輯註　清康熙五十一年(1712)龍南學署刻本
四冊（原書八冊）　存上經、下經

430000 – 2401 – 0000519　12/2

河上易註八卷圖說二卷　（清）黎世序撰　清
道光元年(1821)謙豫齋刻本　六冊

430000 – 2401 – 0000520　12/2(1)

河上易註八卷圖說二卷　（清）黎世序撰　清
道光元年(1821)謙豫齋刻本　六冊

430000 – 2401 – 0000521　12/2(2)

河上易註八卷圖說二卷　（清）黎世序撰　清
道光元年(1821)謙豫齋刻本　六冊

430000 – 2401 – 0000522　12/110

黎氏學易五卷首一卷　（清）黎定攀註　清同
治三年(1864)木活字本　六冊

430000 – 2401 – 0000523　12/141 – 2

周易恆解五卷首一卷　（清）劉沅註釋　清光
緒三十一年(1905)刻本　六冊

430000 – 2401 – 0000524　12/36

易圖解一卷　（清）德沛註釋　清乾隆元年
(1736)刻本　一冊

430000 – 2401 – 0000525　12/124

周易補註十一卷　（清）德沛撰　清乾隆六年
(1741)刻本　八冊

430000 – 2401 – 0000526　12/41

易象闡微五卷大易圖解一卷　（清）蕭寅顯撰
清咸豐二年(1852)長沙丁氏刻本　三冊

430000 – 2401 – 0000527　12/41(1)

易象闡微五卷大易圖解一卷　（清）蕭寅顯撰
清咸豐二年(1852)長沙丁氏刻本　三冊

430000 – 2401 – 0000528　12/41(2)

易象闡微五卷大易圖解一卷　（清）蕭寅顯撰
清咸豐二年(1852)長沙丁氏刻本　三冊

430000 – 2401 – 0000529　12/33

車制考一卷　（清）錢坫撰　清乾隆四十二年
(1777)篆秋草堂刻本　一冊

430000 – 2401 – 0000530　12/197

周易經傳通解十五卷　（清）戴醇撰　清咸豐
元年(1851)刻本　六冊

430000 – 2401 – 0000531　12/12

易義溫知十二卷　（清）薛惕善撰　清末稿本
四冊

430000 – 2401 – 0000532　12/62

易經精華六卷末一卷　（清）薛嘉穎撰　清光
緒九年(1883)上海掃葉山房刻本　六冊

430000 – 2401 – 0000533　△12/32

鄭氏爻辰補六卷　（清）戴棠撰　清道光刻本
二冊

430000 – 2401 – 0000534　12/14

易義選參二卷　（清）魏祥　（清）魏禧
（清）魏禮撰　（清）丘維屏評選　清光緒二年
(1876)刻本　二冊

430000－2401－0000535　12/123

周易初學易知八卷　（清）譚熊沅輯　清道光三年(1823)長沙周會友堂刻本　八冊

430000－2401－0000536　12/123(1)

周易初學易知八卷　（清）譚熊沅輯　清道光三年(1823)長沙周會友堂刻本　十六冊

430000－2401－0000537　12/123(2)

周易初學易知八卷　（清）譚熊沅輯　清道光三年(1823)長沙周會友堂刻本　八冊

430000－2401－0000538　12/45

易例輯略一卷　（清）龐大坤撰　清光緒十四年(1888)江陰南菁書院刻本　一冊

430000－2401－0000539　12/101

凝園讀易管見十卷　（清）羅典撰　清乾隆三十一年(1766)明德堂刻本　五冊

430000－2401－0000540　12/159

周易附說一卷　（清）羅澤南撰　清咸豐九年(1859)長沙刻本　一冊

430000－2401－0000541　12/159(1)

周易附說一卷　（清）羅澤南撰　清咸豐九年(1859)長沙刻本　一冊

430000－2401－0000542　12/159(2)

周易附說一卷　（清）羅澤南撰　清咸豐九年(1859)長沙刻本　一冊

430000－2401－0000543　12/159(3)

周易附說一卷　（清）羅澤南撰　清咸豐九年(1859)長沙刻本　一冊

430000－2401－0000544　12/159(4)

周易附說一卷　（清）羅澤南撰　清咸豐九年(1859)長沙刻本　一冊

430000－2401－0000545　△12/30

萼輝園續輯大易彙纂必讀不分卷　（清）龔天衢撰　清道光二十八年(1848)龔懷清鈔本　四冊

430000－2401－0000546　△12/16

周易說十一卷　王闓運撰　稿本　四冊

430000－2401－0000547　12/122

周易說十一卷　王闓運撰　清光緒三十二年(1906)東洲刻湘綺樓全書本　四冊

430000－2401－0000548　12/122(1)

周易說十一卷　王闓運撰　清光緒三十二年(1906)東洲刻湘綺樓全書本　四冊

430000－2401－0000549　12/122(2)

周易說十一卷　王闓運撰　清光緒三十二年(1906)東洲刻湘綺樓全書本　四冊

430000－2401－0000550　12/4

費氏古易訂文十二卷　王樹枬撰　清光緒十七年(1891)刻本　四冊

430000－2401－0000551　12/4(1)

費氏古易訂文十二卷　王樹枬撰　清光緒十七年(1891)刻本　四冊

430000－2401－0000552　12/4(2)

費氏古易訂文十二卷　王樹枬撰　清光緒十七年(1891)刻本　四冊

430000－2401－0000553　12/39

易象數理分解八卷　謝維岳撰　清宣統三年(1911)中道齋刻龍山叢書本　四冊

430000－2401－0000554　12/39(1)

易象數理分解八卷　謝維岳撰　清宣統三年(1911)中道齋刻龍山叢書本　四冊

430000－2401－0000555　12/39(2)

易象數理分解八卷　謝維岳撰　清宣統三年(1911)中道齋刻龍山叢書本　四冊

430000－2401－0000556　12/245

古遺堂手錄易卦□卷　清咸豐八年(1858)鈔本　一冊　存一卷(三)

430000－2401－0000557　12/83

河洛八卦論一卷回文一卷　清刻本　一冊

430000－2401－0000558　12/83(1)

河洛八卦論一卷回文一卷　清刻本　一冊

430000－2401－0000559　12/83(2)

河洛八卦論一卷回文一卷　清刻本　一冊

430000－2401－0000560　12/83(3)

河洛八卦論一卷回文一卷　清刻本　一冊

430000－2401－0000561　12/22

易疑□□卷　清鈔本　二冊　存下經、十翼

430000－2401－0000562　12/249

易學一卷　清光緒鈔本　一冊

430000－2401－0000563　12/116

篆文周易十卷　清光緒九年(1883)上海同文書局石印篆文六經四書本　二冊

430000－2401－0000564　△12/36

篆書周易　湘潭王氏篆書　三冊

430000－2401－0000565　12/215

讀易雜記　清鈔本　一冊

430000－2401－0000566　13/15

尚書大傳四卷補遺一卷　(漢)伏勝撰　(漢)鄭玄註　清乾隆二十一年(1756)雅雨堂刻本　一冊

430000－2401－0000567　13/15－2

尚書大傳四卷補遺一卷　(漢)伏勝撰　(漢)鄭玄註　清光緒元年(1875)湖北崇文書局刻本　一冊

430000－2401－0000568　13/15－3

尚書大傳四卷補遺一卷　(漢)伏勝撰　(漢)鄭玄註　清光緒三年(1877)湖北崇文書局刻本　一冊

430000－2401－0000569　13/17

尚書大傳五卷辨偽一卷　(漢)伏勝撰　(漢)鄭玄註　(清)陳壽祺輯　清嘉慶、道光刻左海全集本　二冊

430000－2401－0000570　△13/22

書經六卷　(漢)孔安國傳　明初刻本　四冊

430000－2401－0000571　13/1

尚書十三卷附考證　(漢)孔安國傳　(唐)陸德明音義　清乾隆四十八年(1783)武英殿刻仿宋相臺五經附考證本　四冊

430000－2401－0000572　13/1－2

尚書十三卷附考證　(漢)孔安國傳　(唐)陸

德明音義　清刻仿宋相臺五經附考證本　三冊

430000－2401－0000573　13/1－2(1)

尚書十三卷附考證　(漢)孔安國傳　(唐)陸德明音義　清刻仿宋相臺五經附考證本　四冊

430000－2401－0000574　13/1－2(2)

尚書十三卷附考證　(漢)孔安國傳　(唐)陸德明音義　清刻仿宋相臺五經附考證本　三冊

430000－2401－0000575　13/1－2(3)

尚書十三卷附考證　(漢)孔安國傳　(唐)陸德明音義　清刻仿宋相臺五經附考證本　三冊

430000－2401－0000576　13/2

尚書六卷　(漢)孔安國傳　清同治十二年(1873)稽古樓刻袖珍十三經註本　四冊

430000－2401－0000577　13/3

尚書註疏二十卷　(漢)孔安國傳　(唐)陸德明音義　(唐)孔穎達疏　清同治十三年(1874)湖南書局刻本　八冊

430000－2401－0000578　13/4

尚書註疏十九卷附考證　(漢)孔安國傳　(唐)陸德明音義　(唐)孔穎達疏　清乾隆四年(1739)武英殿刻十三經註疏附考證本　六冊

430000－2401－0000579　13/4(1)

尚書註疏十九卷附考證　(漢)孔安國傳　(唐)陸德明音義　(唐)孔穎達疏　清乾隆四年(1739)武英殿刻十三經註疏附考證本　七冊　缺一卷(一)

430000－2401－0000580　13/4－2

尚書註疏十九卷附考證　(漢)孔安國傳　(唐)陸德明音義　(唐)孔穎達疏　清同治十年(1871)刻十三經註疏附考證本　十冊

430000－2401－0000581　13/3－2

附釋音尚書註疏二十卷　(漢)孔安國傳

（唐）陸德明音義　（唐）孔穎達疏　清光緒二十三年（1897）上海點石齋石印本　二冊

430000－2401－0000582　13/3－3

附釋音尚書註疏二十卷　（漢）孔安國傳（唐）孔穎達疏　清嘉慶二十年（1815）江西南昌府學刻本　十冊

430000－2401－0000583　13/114

洪範五行傳三卷　（漢）劉向撰　（清）陳壽祺輯　清道光三年（1823）刻左海全集本　二冊

430000－2401－0000584　13/20－2

尚書正義二十卷　（唐）孔穎達等撰　日本弘化四年（1847）刻本　二十冊

430000－2401－0000585　13/20－2(1)

尚書正義二十卷　（唐）孔穎達等撰　日本弘化四年（1847）刻本　二十冊

430000－2401－0000586　13/20－2(2)

尚書正義二十卷　（唐）孔穎達等撰　日本弘化四年（1847）刻本　十一冊　存十一卷（一至四、六至十二）

430000－2401－0000587　13/33

尚書釋音二卷　（唐）陸德明撰　清光緒遵義黎氏刻古逸叢書本　一冊

430000－2401－0000588　13/92

書疑九卷　（宋）王柏撰　清通志堂刻通志堂經解本　一冊

430000－2401－0000589　△13/21

書疑九卷　（宋）王柏撰　清鈔本　三冊

430000－2401－0000590　13/45

古文尚書十卷　（宋）王應麟撰　（清）孫星衍補　清乾隆六十年（1795）蘭陵孫氏問字堂刻本　佚名朱文批校圈點　六冊

430000－2401－0000591　13/45(1)

古文尚書十卷　（宋）王應麟撰　（清）孫星衍補　清乾隆六十年（1795）蘭陵孫氏問字堂刻本　佚名朱文批校圈點　四冊

430000－2401－0000592　13/45(2)

古文尚書十卷　（宋）王應麟撰　（清）孫星衍補　清乾隆六十年（1795）蘭陵孫氏問字堂刻本　佚名朱文批校圈點　二冊

430000－2401－0000593　13/45－2

古文尚書十卷　（宋）王應麟撰　（清）孫星衍補　清光緒六年（1880）綿竹墨池書舍刻本　佚名朱文批校圈點　二冊

430000－2401－0000594　13/100－3

禹貢指南四卷　（宋）毛晃撰　清刻本　二冊

430000－2401－0000595　13/100－2

禹貢指南四卷　（宋）毛晃撰　清刻本　二冊

430000－2401－0000596　13/100

禹貢指南四卷　（宋）毛晃撰　清光緒九年（1883）成都刻本　一冊

430000－2401－0000597　13/89－2

增修東萊書說三十五卷圖說一卷　（宋）呂祖謙撰　（宋）時瀾修定　清乾隆刻本　七冊　存二十卷（一至七、十一至十九、三十二至三十五）

430000－2401－0000598　13/89

增修東萊書說三十五卷圖說一卷　（宋）呂祖謙撰　（宋）時瀾修定　清同治八年（1869）退補齋刻金華叢書本　八冊

430000－2401－0000599　13/32

三山拙齋林先生尚書全解四十卷　（宋）林之奇撰　清康熙十九年（1680）通志堂刻通志堂經解本　十四冊　缺一卷（三十四）

430000－2401－0000600　13/7

尚書詳解十三卷　（宋）胡士行撰　清同治巴陵鍾謙鈞刻本　二冊

430000－2401－0000601　13/8

尚書說七卷　（宋）黃度撰　清道光九年（1829）刻本　十六冊

430000－2401－0000602　13/115

尚書精義五十卷　（宋）黃倫撰　清刻本　十二冊

430000－2401－0000603　△13/24

書經旁訓二卷　（宋）蔡沈撰　明萬曆三十七

年(1609)程五甫新安刻本　有批校　四冊

430000－2401－0000604　△13/25
書集傳六卷　(宋)蔡沈撰　明刻本　六冊

430000－2401－0000605　△13/19
書集傳六卷圖一卷　(宋)蔡沈撰　**朱子說綱領一卷**　(宋)朱熹撰　明正統十二年(1447)刻本　六冊

430000－2401－0000606　△13/23
書經六卷　(宋)蔡沈撰　清恕堂刻本　姚大慈批校　二冊

430000－2401－0000607　13/59－16
書經六卷　(宋)蔡沈集傳　清珊城三讓堂刻本　六冊

430000－2401－0000608　13/59－16(1)
書經六卷　(宋)蔡沈集傳　清珊城三讓堂刻本　三冊

430000－2401－0000609　13/59－5
書經六卷　(宋)蔡沈集傳　清嘉慶十八年(1813)刻本　四冊

430000－2401－0000610　13/59－20
書經六卷　(宋)蔡沈集傳　清道光二十六年(1846)珊城鄧氏武昌鹺署刻本　六冊

430000－2401－0000611　13/59－6
書經六卷　(宋)蔡沈集傳　清咸豐元年(1851)邵州濂溪講院刻本　三冊

430000－2401－0000612　13/59－19
書經六卷　(宋)蔡沈集傳　清同治三年(1864)浙江撫署刻本　四冊

430000－2401－0000613　13/59－11
書經六卷　(宋)蔡沈集傳　清同治七年(1868)楚北崇文書局刻本　四冊

430000－2401－0000614　13/59－11(1)
書經六卷　(宋)蔡沈集傳　清同治七年(1868)楚北崇文書局刻本　四冊

430000－2401－0000615　13/59－11(2)
書經六卷　(宋)蔡沈集傳　清同治七年(1868)楚北崇文書局刻本　四冊

430000－2401－0000616　13/59－11(3)
書經六卷　(宋)蔡沈集傳　清同治七年(1868)楚北崇文書局刻本　四冊

430000－2401－0000617　13/59－11(4)
書經六卷　(宋)蔡沈集傳　清同治七年(1868)楚北崇文書局刻本　二冊

430000－2401－0000618　13/59－22
書經六卷　(宋)蔡沈集傳　清同治江右潯陽萬氏蓮峰書屋刻朱墨套印本　四冊

430000－2401－0000619　13/59－22(1)
書經六卷　(宋)蔡沈集傳　清同治江右潯陽萬氏蓮峰書屋刻朱墨套印本　四冊

430000－2401－0000620　13/59－13
書經六卷　(宋)蔡沈集傳　清光緒十二年(1886)湖北官書處刻本　四冊

430000－2401－0000621　13/59－13(1)
書經六卷　(宋)蔡沈集傳　清光緒十二年(1886)湖北官書處刻本　四冊

430000－2401－0000622　13/59－15
書經六卷　(宋)蔡沈集傳　清光緒二十一年(1895)湖北官書處刻本　四冊

430000－2401－0000623　13/59－15(1)
書經六卷　(宋)蔡沈集傳　清光緒二十一年(1895)湖北官書處刻本　四冊

430000－2401－0000624　13/59－15(2)
書經六卷　(宋)蔡沈集傳　清光緒二十一年(1895)湖北官書處刻本　四冊

430000－2401－0000625　13/59－3
書經六卷　(宋)蔡沈集傳　清宣統元年(1909)湖南寶慶張太和書莊刻本　三冊

430000－2401－0000626　13/59－7
書經六卷　(宋)蔡沈集傳　清刻本　六冊

430000－2401－0000627　13/59－18
書經六卷首一卷末一卷　(宋)蔡沈集傳　清同治五年(1866)金陵書局刻本　四冊

430000－2401－0000628　13/59－18（1）

書經六卷首一卷末一卷　（宋）蔡沈集傳　清同治五年（1866）金陵書局刻本　四冊

430000－2401－0000629　13/59－18（2）

書經六卷首一卷末一卷　（宋）蔡沈集傳　清同治五年（1866）金陵書局刻本　四冊

430000－2401－0000630　13/59－21

書經六卷首一卷末一卷　（宋）蔡沈集傳　清同治十一年（1872）湖南省城尊經閣刻本　三冊

430000－2401－0000631　13/59－21（1）

書經六卷首一卷末一卷　（宋）蔡沈集傳　清同治十一年（1872）湖南省城尊經閣刻本　三冊

430000－2401－0000632　13/59－14

書經六卷首一卷末一卷　（宋）蔡沈集傳　清同治十三年（1874）湖南書局刻本　三冊

430000－2401－0000633　13/59－14（1）

書經六卷首一卷末一卷　（宋）蔡沈集傳　清同治十三年（1874）湖南書局刻本　三冊

430000－2401－0000634　13/59－14（2）

書經六卷首一卷末一卷　（宋）蔡沈集傳　清同治十三年（1874）湖南書局刻本　三冊

430000－2401－0000635　13/59－17

書經六卷首一卷末一卷　（宋）蔡沈集傳　清光緒七年（1881）金陵書局刻本　四冊

430000－2401－0000636　13/59－17（1）

書經六卷首一卷末一卷　（宋）蔡沈集傳　清光緒七年（1881）金陵書局刻本　四冊

430000－2401－0000637　13/59－17（2）

書經六卷首一卷末一卷　（宋）蔡沈集傳　清光緒七年（1881）金陵書局刻本　四冊

430000－2401－0000638　13/117

監本書經四卷　（宋）蔡沈集傳　清光緒十九年（1893）桂林蔣氏尚友堂刻本　二冊

430000－2401－0000639　13/46

書纂言四卷　（宋）吳澄撰　清康熙十九年

（1680）通志堂刻通志堂經解本　二冊

430000－2401－0000640　13/82

書經音釋六卷首一卷末一卷　（元）鄒季友撰　清光緒十五年（1889）江南書局刻本　七冊

430000－2401－0000641　△13/29

鐫匯附百公帷中啟論書經講義會編十二卷（明）申時行撰　明萬曆書林王應俊刻本四冊

430000－2401－0000642　△13/20

書傳大全十卷綱領一卷圖一卷　（明）胡廣等輯　明初刻本　十冊

430000－2401－0000643　△13/20（1）

書傳大全十卷綱領一卷圖一卷　（明）胡廣等輯　明初刻本　七冊　存六卷（一至三、六至八）

430000－2401－0000644　△13/9

尚書考異六卷　（明）梅鷟撰　清道光五年（1825）立本齋刻本　二冊

430000－2401－0000645　13/25

尚書考異六卷　（明）梅鷟撰　清光緒十八年（1892）浙江書局刻本　四冊

430000－2401－0000646　13/77

精刻書經翼七卷　（明）謝廷贊撰　清刻本三冊

430000－2401－0000647　13/77－2

精刻書經翼七卷　（明）謝廷贊撰　清令德堂刻本　三冊

430000－2401－0000648　△13/15

尚書餘論一卷儀禮釋註二卷　（清）丁晏撰清咸豐山陽丁氏六藝堂刻頤志齋叢書本一冊

430000－2401－0000649　13/106

禹貢水道考異南條五卷北條五卷首一卷（清）方堃撰　清光緒十七年（1891）務本書局刻本　二冊

430000－2401－0000650　△13/5

尚書引義六卷　（清）王夫之撰　清道光二十二年（1842）湘潭王氏守遺經書屋刻本　二冊

430000－2401－0000651　13/112

書經稗疏四卷 （清）王夫之撰　清同治四年(1865)湘鄉曾國荃金陵刻船山遺書本　二冊

430000－2401－0000652　13/123

欽定書經傳說匯纂二十一卷首二卷 （清）王頊齡等撰　清雍正廣西提督刻本　十三冊

430000－2401－0000653　13/63

欽定書經傳說匯纂二十一卷首二卷書序一卷 （清）王頊齡等撰　清同治七年(1868)刻本　十冊

430000－2401－0000654　13/123－2

欽定書經傳說匯纂二十一卷首二卷 （清）王頊齡等撰　清同治八年(1869)湖北崇文書局刻本　十二冊

430000－2401－0000655　13/63－2

欽定書經傳說匯纂二十一卷首一卷書序一卷 （清）王頊齡等撰　清湖南省城尊經閣刻本　十四冊

430000－2401－0000656　13/123－3

欽定書經傳說匯纂二十一卷首二卷 （清）王頊齡等撰　清刻本　十六冊

430000－2401－0000657　13/123－3(1)

欽定書經傳說匯纂二十一卷首二卷 （清）王頊齡等撰　清刻本　十四冊

430000－2401－0000658　13/123－3(2)

欽定書經傳說匯纂二十一卷首二卷 （清）王頊齡等撰　清刻本　十六冊

430000－2401－0000659　13/123－3(3)

欽定書經傳說匯纂二十一卷首二卷 （清）王頊齡等撰　清刻本　十五冊

430000－2401－0000660　△13/12

尚書後案三十卷尚書後辨一卷 （清）王鳴盛撰　清乾隆四十五年(1780)禮堂刻本　五冊

430000－2401－0000661　13/35－2

尚書後案三十卷尚書後辨一卷 （清）王鳴盛撰　清頤志堂刻本　八冊

430000－2401－0000662　13/35－2(1)

尚書後案三十卷尚書後辨一卷 （清）王鳴盛撰　清頤志堂刻本　八冊

430000－2401－0000663　13/53

今文尚書考證三十卷 （清）皮錫瑞撰　清光緒二十三年(1897)師伏堂刻本　六冊

430000－2401－0000664　13/53(1)

今文尚書考證三十卷 （清）皮錫瑞撰　清光緒二十三年(1897)師伏堂刻本　六冊

430000－2401－0000665　13/53(2)

今文尚書考證三十卷 （清）皮錫瑞撰　清光緒二十三年(1897)師伏堂刻本　六冊

430000－2401－0000666　13/53(3)

今文尚書考證三十卷 （清）皮錫瑞撰　清光緒二十三年(1897)師伏堂刻本　六冊

430000－2401－0000667　13/53(4)

今文尚書考證三十卷 （清）皮錫瑞撰　清光緒二十三年(1897)師伏堂刻本　六冊

430000－2401－0000668　13/49

古文尚書冤詞平議二卷 （清）皮錫瑞撰　清光緒二十二年(1896)思賢書局刻本　一冊

430000－2401－0000669　13/49(1)

古文尚書冤詞平議二卷 （清）皮錫瑞撰　清光緒二十二年(1896)思賢書局刻本　一冊

430000－2401－0000670　13/49(2)

古文尚書冤詞平議二卷 （清）皮錫瑞撰　清光緒二十二年(1896)思賢書局刻本　一冊

430000－2401－0000671　13/49(3)

古文尚書冤詞平議二卷 （清）皮錫瑞撰　清光緒二十二年(1896)思賢書局刻本　一冊

430000－2401－0000672　13/49(4)

古文尚書冤詞平議二卷 （清）皮錫瑞撰　清光緒二十二年(1896)思賢書局刻本　一冊

430000－2401－0000673　13/18

尚書大傳疏證七卷札記一卷 （清）皮錫瑞撰　清光緒二十二年(1896)師伏堂刻本　三冊

430000－2401－0000674　13/18(1)

尚書大傳疏證七卷札記一卷　（清）皮錫瑞撰
清光緒二十二年(1896)師伏堂刻本　三冊

430000－2401－0000675　13/18(2)
尚書大傳疏證七卷札記一卷　（清）皮錫瑞撰
清光緒二十二年(1896)師伏堂刻本　四冊

430000－2401－0000676　13/18(3)
尚書大傳疏證七卷札記一卷　（清）皮錫瑞撰
清光緒二十二年(1896)師伏堂刻本　四冊

430000－2401－0000677　13/18(4)
尚書大傳疏證七卷札記一卷　（清）皮錫瑞撰
清光緒二十二年(1896)師伏堂刻本　四冊

430000－2401－0000678　13/18(5)
尚書大傳疏證七卷札記一卷　（清）皮錫瑞撰
清光緒二十二年(1896)師伏堂刻本　四冊

430000－2401－0000679　13/18(6)
尚書大傳疏證七卷札記一卷　（清）皮錫瑞撰
清光緒二十二年(1896)師伏堂刻本　三冊

430000－2401－0000680　13/41
尚書中候疏證一卷　（清）皮錫瑞撰　清光緒
二十五年(1899)刻本　一冊

430000－2401－0000681　13/41(1)
尚書中候疏證一卷　（清）皮錫瑞撰　清光緒
二十五年(1899)刻本　一冊

430000－2401－0000682　13/41(2)
尚書中候疏證一卷　（清）皮錫瑞撰　清光緒
二十五年(1899)刻本　一冊

430000－2401－0000683　13/41(3)
尚書中候疏證一卷　（清）皮錫瑞撰　清光緒
二十五年(1899)刻本　一冊

430000－2401－0000684　13/23
尚書古文疏證辨正二卷　（清）皮錫瑞撰　清
光緒二十二年(1896)長沙思賢書局刻本
一冊

430000－2401－0000685　13/23(1)
尚書古文疏證辨正二卷　（清）皮錫瑞撰　清
光緒二十二年(1896)長沙思賢書局刻本
一冊

430000－2401－0000686　△13/27
尚書集註音疏十二卷末一卷外編一卷　（清）
江聲撰　清乾隆五十八年(1793)江氏近市居
刻本　何紹基批校　六冊

430000－2401－0000687　13/101
禹貢班義述三卷漢糜水入尚龍溪考一卷
（清）成蓉鏡撰　清光緒十一年(1885)刻本
一冊

430000－2401－0000688　13/101(1)
禹貢班義述三卷漢糜水入尚龍溪考一卷
（清）成蓉鏡撰　清光緒十一年(1885)刻本
一冊

430000－2401－0000689　13/43
尚書大全纂序說約合參秘解六卷　（清）朱雲
龍撰　清康熙四十七年(1708)寶旭齋刻本
三冊　存三卷(一、四至五)

430000－2401－0000690　13/69
書經詮義十二卷首二卷　（清）汪烜撰　清光
緒七年(1881)曲水書局刻本　十三冊

430000－2401－0000691　△13/10
尚書考辨四卷　（清）宋鑒撰　清嘉慶四年
(1799)刻本　何紹基手書書根　一冊

430000－2401－0000692　296.1/159
禹貢九州圖考　（清）李少先撰　清光緒二十
三年(1897)稿本　一冊

430000－2401－0000693　13/62
欽定書經圖說五十卷　（清）李希聖等纂　清
光緒三十一年(1905)石印本　十六冊

430000－2401－0000694　13/62(1)
欽定書經圖說五十卷　（清）李希聖等纂　清
光緒三十一年(1905)石印本　十六冊

430000－2401－0000695　13/62(2)
欽定書經圖說五十卷　（清）李希聖等纂　清
光緒三十一年(1905)石印本　十六冊

430000－2401－0000696　13/62(3)
欽定書經圖說五十卷　（清）李希聖等纂　清
光緒三十一年(1905)石印本　十六冊

430000－2401－0000697　13/62(4)

欽定書經圖說五十卷　（清）李希聖等纂　清
光緒三十一年(1905)石印本　十六冊

430000－2401－0000698　13/62(5)

欽定書經圖說五十卷　（清）李希聖等纂　清
光緒三十一年(1905)石印本　十六冊

430000－2401－0000699　13/61

讀書隨筆不分卷　（清）吳大廷撰　清同治刻
本　二冊

430000－2401－0000700　13/54

寫定尚書　（清）吳汝綸校註　清光緒十八年
(1892)桐城吳氏家塾石印本　一冊

430000－2401－0000701　13/54(1)

寫定尚書　（清）吳汝綸校註　清光緒十八年
(1892)桐城吳氏家塾石印本　一冊

430000－2401－0000702　13/54(2)

寫定尚書　（清）吳汝綸校註　清光緒十八年
(1892)桐城吳氏家塾石印本　二冊

430000－2401－0000703　13/12

桐城吳氏尚書讀本二卷　（清）吳汝綸註　清
光緒三十四年(1908)保陽書局鉛印本　一冊

430000－2401－0000704　13/50

古文尚書正辭三十三卷　（清）吳光耀撰　清
光緒十九年(1893)刻本　十八冊

430000－2401－0000705　13/50(1)

古文尚書正辭三十三卷　（清）吳光耀撰　清
光緒十九年(1893)刻本　十八冊

430000－2401－0000706　13/91

書說五卷　（清）吳嘉賓撰　清咸豐十一年
(1861)刻求自得之室讀書說本　三冊

430000－2401－0000707　13/124

禹貢孟義通考二十二卷　（清）吳肇光編　清
道光八年(1828)待園刻本　五冊

430000－2401－0000708　13/58

讀尚書記一卷　（清）宗山撰　清同治刻本
一冊

430000－2401－0000709　13/42

尚書因文六卷首一卷末一卷　（清）武士選撰
清光緒十七年(1891)桂垣書局刻本　二冊

430000－2401－0000710　13/44

古文尚書辨惑十八卷　（清）洪良品撰　清光
緒十三年(1887)刻龍岡山人古文尚書四種本
四冊

430000－2401－0000711　△13/18

禹貢錐指二十卷禹貢圖一卷　（清）胡渭撰
清康熙五十四年(1715)漱六軒刻本　十冊

430000－2401－0000712　13/99－3

禹貢錐指二十卷例略圖一卷　（清）胡渭撰
清咸豐十一年(1861)補刻皇清經解本　九冊

430000－2401－0000713　13/99

禹貢錐指二十卷例略圖一卷　（清）胡渭撰
清光緒二十年(1894)澹雅書局刻皇清經解依
經分訂本　十冊

430000－2401－0000714　13/99(1)

禹貢錐指二十卷例略圖一卷　（清）胡渭撰
清光緒二十年(1894)澹雅書局刻皇清經解依
經分訂本　十冊

430000－2401－0000715　13/55

洪範正論五卷　（清）胡渭撰　清乾隆四年
(1739)胡紹芬刻本　二冊

430000－2401－0000716　13/75

枕薢齋書經問答七卷末一卷　（清）胡嗣運撰
清光緒三十四年(1908)鵬南書局木活字本
一冊

430000－2401－0000717　13/84

新刻書經備旨善本輯要六卷　（清）馬大猷輯
清光緒十九年(1893)澹雅書局刻本　五冊

430000－2401－0000718　13/84－3

新刻書經備旨善本輯要六卷　（清）馬大猷輯
清益元堂刻本　三冊

430000－2401－0000719　13/84－2

新刻書經備旨善本輯要六卷　（清）馬大猷輯
清經國堂刻本　三冊

430000－2401－0000720　13/66
今文尚書授受源流一卷古文尚書授受源流一卷　(清)馬貞榆撰　清末朱印本　一冊

430000－2401－0000721　13/66(1)
今文尚書授受源流一卷古文尚書授受源流一卷　(清)馬貞榆撰　清末朱印本　一冊

430000－2401－0000722　13/66(2)
今文尚書授受源流一卷古文尚書授受源流一卷　(清)馬貞榆撰　清末朱印本　一冊

430000－2401－0000723　13/66(3)
今文尚書授受源流一卷古文尚書授受源流一卷　(清)馬貞榆撰　清末朱印本　一冊

430000－2401－0000724　13/67
書二卷　(清)馬貞榆撰　清末刻兩湖文高等學校經學課程本　二冊

430000－2401－0000725　13/47
古文尚書撰異三十二卷　(清)段玉裁撰　清嘉慶七葉衍祥堂刻本　十冊

430000－2401－0000726　13/14
尚書誼略二十八卷叙錄一卷　(清)姚永樸撰　清光緒集虛草堂刻本　二冊　存十三卷(十七至二十八、叙錄一卷)

430000－2401－0000727　13/83
日講書經解義十三卷　(清)庫勒納等撰　清刻本　十冊

430000－2401－0000728　13/90
書說二卷　(清)郝懿行撰　清光緒八年(1882)東路廳署刻本　二冊

430000－2401－0000729　13/119
楚蒙山房禹貢解八卷　(清)晏斯盛解　清乾隆新喻晏氏刻本　二冊

430000－2401－0000730　13/125
禹貢會箋十二卷　(清)徐文靖撰　清同治十三年(1874)慈溪何氏刻本　三冊　存七卷(六至十二)

430000－2401－0000731　13/30
尚書句解考正不分卷　(清)徐天璋撰　清光

緒二十七年(1901)雲麓山館刻本　六冊

430000－2401－0000732　13/31
尚書今古文註疏三十卷　(清)孫星衍撰　清嘉慶二十年(1815)金陵冶城山館刻本　十六冊

430000－2401－0000733　13/31(1)
尚書今古文註疏三十卷　(清)孫星衍撰　清嘉慶二十年(1815)金陵冶城山館刻本　四冊　存二十卷(一至二十)

430000－2401－0000734　13/79
書經六卷　(清)孫慶甲撰　清末江都孫氏刻本　三冊

430000－2401－0000735　13/73
書經述六卷　(清)許祖京撰　清嘉慶十七年(1812)陔華堂刻本　二冊

430000－2401－0000736　13/11
尚書啟蒙五卷　(清)黃式三撰　清光緒十四年(1888)定海黃氏家塾刻儆居遺書本　四冊

430000－2401－0000737　13/70
書經精義四卷首一卷末一卷　(清)黃淦撰　清嘉慶十三年(1808)刻七經精義本　二冊

430000－2401－0000738　13/70－2
書經精義四卷首一卷末一卷　(清)黃淦撰　清刻本　一冊

430000－2401－0000739　13/26
尚書既見三卷尚書說一卷　(清)莊存與撰　清乾隆五十八年(1793)刻味經齋遺書本　一冊

430000－2401－0000740　△13/16
尚書釋天六卷　(清)盛百二撰　清乾隆十八年(1753)刻本　一冊　存三卷(一至三)

430000－2401－0000741　13/96
經筍質疑書義原古一卷　(清)張壧昭撰　清道光十年(1830)蘭朋堂刻本　一冊

430000－2401－0000742　13/10
古文尚書辨偽二卷　(清)崔述撰　清道光四年(1824)東陽縣署刻本　二冊

430000 － 2401 － 0000743　13/71

書經精義匯鈔六卷　（清）陸錫璞撰　清道光十八年(1838)刻本　八冊

430000 － 2401 － 0000744　13/107

禹貢通釋十三卷　（清）童顏舒撰　民國十二年(1923)洋邑東韓村劉宅刻本　四冊

430000 － 2401 － 0000745　13/48

古文尚書考二卷　（清）惠棟撰　清乾隆五十七年(1792)刻本　一冊

430000 － 2401 － 0000746　13/108 － 2

晚書訂疑三卷　（清）程廷祚撰　民國三年(1914)上元蔣氏慎修書屋鉛印金陵叢書本　二冊

430000 － 2401 － 0000747　13/57

洪範圖說四卷　（清）舒俊鯤撰　清乾隆三十七年(1772)樂道堂刻本　二冊

430000 － 2401 － 0000748　13/57(1)

洪範圖說四卷　（清）舒俊鯤撰　清乾隆三十七年(1772)樂道堂刻本　二冊

430000 － 2401 － 0000749　13/57(2)

洪範圖說四卷　（清）舒俊鯤撰　清乾隆三十七年(1772)樂道堂刻本　二冊

430000 － 2401 － 0000750　13/86 － 2

書傳音釋六卷首一卷末一卷　（清）鄒季友撰　清咸豐五年(1855)浦城祝氏學古齋刻本　六冊

430000 － 2401 － 0000751　13/86

書傳音釋六卷首一卷末一卷　（清）鄒季友撰　清同治五年(1866)望三益齋刻本　六冊

430000 － 2401 － 0000752　13/111

讀書偶識十卷附一卷　（清）鄒漢勛撰　清光緒刻鄒叔子遺書本　四冊

430000 － 2401 － 0000753　13/111(1)

讀書偶識十卷附一卷　（清）鄒漢勛撰　清光緒刻鄒叔子遺書本　四冊

430000 － 2401 － 0000754　13/111(2)

讀書偶識十卷附一卷　（清）鄒漢勛撰　清光

緒刻鄒叔子遺書本　四冊

430000 － 2401 － 0000755　13/95

楊子書繹六卷　（清）楊文彩撰　清光緒二年(1876)刻本　十冊

430000 － 2401 － 0000756　13/118

書經音訓不分卷　（清）楊國楨撰　清道光十一年(1831)刻十一經音訓本　一冊

430000 － 2401 － 0000757　13/104

禹貢新圖說二卷　（清）楊懋建撰　清同治六年(1867)碧靈瓏館刻本　二冊

430000 － 2401 － 0000758　13/104(1)

禹貢新圖說二卷　（清）楊懋建撰　清同治六年(1867)碧靈瓏館刻本　二冊

430000 － 2401 － 0000759　13/127

禹貢九江三江考一卷　（清）榮錫勛撰　清光緒二十六年(1900)刻本　一冊

430000 － 2401 － 0000760　296.1/28

禹貢指掌四卷　（清）趙履和撰　清道光二十九年(1849)琴鶴堂刻本　二冊

430000 － 2401 － 0000761　13/24

尚書可解輯粹二卷　（清）潘相編　清嘉慶四年(1799)刻本　一冊

430000 － 2401 － 0000762　13/24(1)

尚書可解輯粹二卷　（清）潘相編　清嘉慶四年(1799)刻本　二冊

430000 － 2401 － 0000763　13/68

書經恆解六卷　（清）劉沅輯　民國十一年(1922)致福樓刻本　六冊

430000 － 2401 － 0000764　△13/4

尚書今古文集解三十卷　（清）劉逢祿撰　清鈔本　張穆手書書衣書名　佚名圈點　二冊

430000 － 2401 － 0000765　13/19

尚書大傳禮徵五卷　（清）劉鑫耀撰　清宣統三年(1911)湘潭劉氏刻本　一冊

430000 － 2401 － 0000766　13/19(1)

尚書大傳禮徵五卷　（清）劉鑫耀撰　清宣統

三年(1911)湘潭劉氏刻本　一冊

430000－2401－0000767　13/22
尚書古文疏證八卷　（清）閻若璩撰　清乾隆
十年(1745)眷西堂刻本　八冊

430000－2401－0000768　△13/7
尚書古文疏證五卷　（清）閻若璩撰　清沈彤
鈔本　張穆批校題跋　何紹基題寫書根　葉
啟發、葉啟勳題跋　四冊(原書八冊)　缺一
卷(三)

430000－2401－0000769　13/22－2
尚書古文疏證八卷　（清）閻若璩撰　清嘉慶
元年(1796)天津吳氏刻本　八冊

430000－2401－0000770　13/22－2(1)
尚書古文疏證八卷　（清）閻若璩撰　清嘉慶
元年(1796)天津吳氏刻本　八冊

430000－2401－0000771　13/22－2(2)
尚書古文疏證八卷　（清）閻若璩撰　清嘉慶
元年(1796)天津吳氏刻本　八冊

430000－2401－0000772　13/22－3
尚書古文疏證八卷　（清）閻若璩撰　清乾隆
十年(1745)眷西堂刻同治六年(1867)錢塘汪
氏振綺堂補刻本　八冊

430000－2401－0000773　13/22－3(1)
尚書古文疏證八卷　（清）閻若璩撰　清乾隆
十年(1745)眷西堂刻同治六年(1867)錢塘汪
氏振綺堂補刻本　十冊

430000－2401－0000774　13/22－3(2)
尚書古文疏證八卷　（清）閻若璩撰　清乾隆
十年(1745)眷西堂刻同治六年(1867)錢塘汪
氏振綺堂補刻本　八冊

430000－2401－0000775　13/22－3(3)
尚書古文疏證八卷　（清）閻若璩撰　清乾隆
十年(1745)眷西堂刻同治六年(1867)錢塘汪
氏振綺堂補刻本　八冊

430000－2401－0000776　13/9
尚書離句六卷　（清）錢在培輯解　清光緒十
八年(1892)邵陽尚德書局刻本　三冊

430000－2401－0000777　13/9－4
尚書離句六卷　（清）錢在培輯解　清光緒三
十年(1904)邵陽維新書局刻本　三冊

430000－2401－0000778　13/9－3
尚書離句六卷　（清）錢在培輯解　清光緒三
十年(1904)邵陽漢文書局刻本　三冊

430000－2401－0000779　13/9－2
尚書離句六卷　（清）錢在培輯解　清光緒三
十一年(1905)寶慶勸學書舍刻本

430000－2401－0000780　13/9－5
尚書離句六卷　（清）錢在培輯解　清光緒三
十二年(1906)澹雅書局刻本　三冊

430000－2401－0000781　13/78－3
書經體註大全合參六卷　（清）錢希祥纂輯
清道光二十年(1840)刻本　一冊

430000－2401－0000782　13/78－2
書經體註大全合參六卷　（清）錢希祥纂輯
清道光二十年(1840)古香書屋刻本　二冊
缺二卷(三至四)

430000－2401－0000783　13/78－10
書經體註大全合參六卷　（清）錢希祥纂輯
清道光二十六年(1846)刻本　三冊

430000－2401－0000784　13/78－9
書經體註大全合參六卷　（清）錢希祥纂輯
清光緒三十年(1904)經元書室刻本　二冊
存四卷(一至四)

430000－2401－0000785　13/78－8
書經體註大全合參六卷　（清）錢希祥纂輯
清邵陽文光堂刻本　三冊

430000－2401－0000786　13/78－7
書經體註大全合參六卷　（清）錢希祥纂輯
清三讓堂刻本　三冊

430000－2401－0000787　13/78－5
書經體註大全合參六卷　（清）錢希祥纂輯
清邵陽經國堂刻本　三冊

430000－2401－0000788　13/78－4
書經體註大全合參六卷　（清）錢希祥纂輯

清刻本　三册

430000－2401－0000789　13/39

尚書集註述疏三十二卷末一卷　（清）簡朝亮
撰　清刻讀書堂叢刻本　二十四册

430000－2401－0000790　△13/11

尚書協異二卷　（清）戴祖啟撰　清乾隆五十
七年(1792)田畿刻本　二册

430000－2401－0000791　13/5

尚書涉傳四卷　（清）戴祖啟撰　清嘉慶元年
(1796)汾陽田畿刻本　四册

430000－2401－0000792　13/5(1)

尚書涉傳四卷　（清）戴祖啟撰　清嘉慶元年
(1796)汾陽田畿刻本　四册

430000－2401－0000793　13/87

書傳補商十七卷　（清）戴鈞衡撰　清咸豐刻
本　六册

430000－2401－0000794　13/87(1)

書傳補商十七卷　（清）戴鈞衡撰　清咸豐刻
本　六册

430000－2401－0000795　13/87(2)

書傳補商十七卷　（清）戴鈞衡撰　清咸豐刻
本　六册

430000－2401－0000796　13/87(3)

書傳補商十七卷　（清）戴鈞衡撰　清咸豐刻
本　六册

430000－2401－0000797　13/87(4)

書傳補商十七卷　（清）戴鈞衡撰　清咸豐刻
本　五册　缺二卷(十一至十二)

430000－2401－0000798　13/80

書經集句文稿續選一卷續編選本二卷　（清）
戴槃撰　清同治八年(1869)賜禮堂刻本
二册

430000－2401－0000799　13/81

書經集句賦稿選本一卷　（清）戴槃撰　清咸
豐十一年(1861)賜禮堂刻本　一册

430000－2401－0000800　13/72

書經精華六卷　（清）薛嘉穎撰　清光緒五年
(1879)刻本　佚名批註　二册

430000－2401－0000801　13/102

禹貢說二卷　（清）魏源撰　清同治六年
(1867)碧靈瓏館刻本　一册

430000－2401－0000802　13/102(1)

禹貢說二卷　（清）魏源撰　清同治六年
(1867)碧靈瓏館刻本　一册

430000－2401－0000803　13/109

書古微十二卷首一卷　（清）魏源撰　清光緒
四年(1878)淮南書局刻本　四册

430000－2401－0000804　13/109(1)

書古微十二卷首一卷　（清）魏源撰　清光緒
四年(1878)淮南書局刻本　四册

430000－2401－0000805　13/109(2)

書古微十二卷首一卷　（清）魏源撰　清光緒
四年(1878)淮南書局刻本　四册

430000－2401－0000806　13/109(3)

書古微十二卷首一卷　（清）魏源撰　清光緒
四年(1878)淮南書局刻本　四册

430000－2401－0000807　13/109(4)

書古微十二卷首一卷　（清）魏源撰　清光緒
四年(1878)淮南書局刻本　四册

430000－2401－0000808　13/76

禹貢發蒙一卷　（清）曠敏本撰　清道光二年
(1822)刻本　一册

430000－2401－0000809　13/110

禹貢章句四卷禹貢圖說一卷　（清）譚澐撰
清光緒二十年(1894)文彬閣刻本　三册

430000－2401－0000810　△13/14

尚書質疑三卷　（清）顧棟高撰　清道光六年
(1826)張氏眉壽堂刻本　二册

430000－2401－0000811　13/97

大誓答問一卷　（清）龔自珍撰　清道光十二
年(1832)杭州愛日軒刻本　一册

430000－2401－0000812　13/28

尚書孔傳參正三十六卷　王先謙撰　清光緒
三十年(1904)虛受堂刻本　六冊

430000－2401－0000813　13/28(1)

尚書孔傳參正三十六卷　王先謙撰　清光緒
三十年(1904)虛受堂刻本　六冊

430000－2401－0000814　13/28(2)

尚書孔傳參正三十六卷　王先謙撰　清光緒
三十年(1904)虛受堂刻本　六冊

430000－2401－0000815　13/28(3)

尚書孔傳參正三十六卷　王先謙撰　清光緒
三十年(1904)虛受堂刻本　六冊

430000－2401－0000816　13/28(4)

尚書孔傳參正三十六卷　王先謙撰　清光緒
三十年(1904)虛受堂刻本　六冊

430000－2401－0000817　13/37

尚書箋三十卷　王闓運撰　清光緒二十九年
(1903)東洲講舍刻湘綺樓全書本　四冊

430000－2401－0000818　13/37(1)

尚書箋三十卷　王闓運撰　清光緒二十九年
(1903)東洲講舍刻湘綺樓全書本　四冊

430000－2401－0000819　13/37(2)

尚書箋三十卷　王闓運撰　清光緒二十九年
(1903)東洲講舍刻湘綺樓全書本　四冊

430000－2401－0000820　13/37(3)

尚書箋三十卷　王闓運撰　清光緒二十九年
(1903)東洲講舍刻湘綺樓全書本　四冊

430000－2401－0000821　△14/4

古今儒毛詩解　(明)鍾惺輯　明擁萬堂刻本
　二冊

430000－2401－0000822　14/32

皇清詩經解一百二十卷　(清)阮元輯　清光
緒十六年(1890)刻本　三十冊

430000－2401－0000823　14/32(1)

皇清詩經解一百二十卷　(清)阮元輯　清光
緒十六年(1890)刻本　四十冊

430000－2401－0000824　14/155

玉函山房輯佚書:詩類　(清)馬國翰輯　清
光緒九年(1883)長沙瑯環館刻玉函山房輯佚
書本　五冊

430000－2401－0000825　14/158

詩傳孔氏傳一卷　(春秋)端木賜撰　明崇禎
虞山毛氏汲古閣刻津逮秘書本　一冊

430000－2401－0000826　14/86－4

毛詩二十卷附考證　(漢)毛亨傳　(漢)鄭玄
箋　(唐)陸德明音義　清刻仿宋相臺五經附
考證本　七冊

430000－2401－0000827　14/86－4(1)

毛詩二十卷附考證　(漢)毛亨傳　(漢)鄭玄
箋　(唐)陸德明音義　清刻仿宋相臺五經附
考證本　六冊

430000－2401－0000828　14/86－4(2)

毛詩二十卷附考證　(漢)毛亨傳　(漢)鄭玄
箋　(唐)陸德明音義　清刻仿宋相臺五經附
考證本　八冊

430000－2401－0000829　14/86－4(3)

毛詩二十卷附考證　(漢)毛亨傳　(漢)鄭玄
箋　(唐)陸德明音義　清刻仿宋相臺五經附
考證本　六冊

430000－2401－0000830　14/86－5

毛詩二十卷附考證　(漢)毛亨傳　(漢)鄭玄
箋　(唐)陸德明音義　清乾隆武英殿刻仿宋
相臺五經附考證本　六冊

430000－2401－0000831　14/86－5(1)

毛詩二十卷附考證　(漢)毛亨傳　(漢)鄭玄
箋　(唐)陸德明音義　清乾隆武英殿刻仿宋
相臺五經附考證本　六冊

430000－2401－0000832　14/87

毛詩註二十卷詩譜一卷　(漢)毛亨傳　(漢)
鄭玄箋并撰詩譜　清咸豐二年(1852)稽古樓
刻袖珍十三經註本　十冊

430000－2401－0000833　14/94

毛詩註疏二十卷　(漢)鄭玄箋　(唐)陸德明
音義　(唐)孔穎達疏　明崇禎三年(1630)古

虞毛氏汲古閣刻十三經註疏本　十二冊　存十八卷(三至二十)

430000－2401－0000834　14/95－2

毛詩註疏三十卷　(漢)鄭玄箋　(唐)陸德明音義　(唐)孔穎達疏　清乾隆四年(1739)刻本　十二冊

430000－2401－0000835　14/95

毛詩註疏三十卷　(漢)鄭玄箋　(唐)陸德明音義　(唐)孔穎達疏　清同治十年(1871)刻本　十四冊

430000－2401－0000836　14/95(1)

毛詩註疏三十卷　(漢)鄭玄箋　(唐)陸德明音義　(唐)孔穎達疏　清同治十年(1871)刻本　十四冊

430000－2401－0000837　14/95(2)

毛詩註疏三十卷　(漢)鄭玄箋　(唐)陸德明音義　(唐)孔穎達疏　清同治十年(1871)刻本　十九冊　缺一卷(三)

430000－2401－0000838　14/105

毛詩故訓傳三十卷　(漢)鄭玄撰　清同治十一年(1872)五雲堂刻本　六冊

430000－2401－0000839　△14/10

毛詩傳箋三十卷鄭氏詩譜一卷　(漢)鄭玄註并撰詩譜　清道光七年(1827)立本齋刻本　四冊

430000－2401－0000840　△14/10(1)

毛詩傳箋三十卷鄭氏詩譜一卷　(漢)鄭玄註并撰詩譜　清道光七年(1827)立本齋刻本　二冊　缺十七卷(六至二十二)

430000－2401－0000841　14/120

毛詩傳箋三十卷鄭氏詩譜一卷　(漢)鄭玄箋并撰詩譜　清光緒十七年(1891)緯蕭草堂刻本　六冊

430000－2401－0000842　△14/23

詩外傳十卷　(漢)韓嬰撰　明吳郡沈氏野竹齋刻本　葉德輝、葉啟勳題跋批校并錄黃丕烈、顧廣圻、瞿中溶題跋　四冊

430000－2401－0000843　14/76

詩外傳十卷　(漢)韓嬰撰　明崇禎虞山毛氏汲古閣刻津逮秘書本　二冊

430000－2401－0000844　△14/40

韓詩外傳十卷　(漢)韓嬰撰　明嘉靖十八年(1539)薛來芙蓉泉書屋刻本　四冊

430000－2401－0000845　△14/127

韓詩外傳七卷　(漢)韓嬰撰　明萬曆二十年(1592)刻廣漢魏叢書本　四冊

430000－2401－0000846　△14/42

韓詩外傳十卷補逸一卷　(漢)韓嬰撰　校補一卷　(清)趙懷玉撰　清乾隆五十五年(1790)趙氏亦有生齋刻本　葉啟勳題識　四冊

430000－2401－0000847　14/127－2

韓詩外傳十卷　(漢)韓嬰撰　清乾隆五十六年(1791)金溪王氏刻增訂漢魏叢書本　二冊

430000－2401－0000848　14/127－5

韓詩外傳十卷補遺一卷　(漢)韓嬰撰　(清)周廷寀校註　清光緒元年(1875)望三益齋刻本　四冊

430000－2401－0000849　14/127－5(1)

韓詩外傳十卷補遺一卷　(漢)韓嬰撰　(清)周廷寀校註　清光緒元年(1875)望三益齋刻本　二冊

430000－2401－0000850　14/127－5(2)

韓詩外傳十卷補遺一卷　(漢)韓嬰撰　(清)周廷寀校註　清光緒元年(1875)望三益齋刻本　四冊

430000－2401－0000851　14/127－6

韓詩外傳十卷　(漢)韓嬰撰　清光緒元年(1875)湖北崇文書局刻本　二冊

430000－2401－0000852　14/127－3

韓詩外傳十卷　(漢)韓嬰撰　(明)鍾惺評　清刻本　有朱筆圈點　二冊

430000－2401－0000853　14/110－3

毛詩草木鳥獸蟲魚疏二卷　(三國吳)陸璣撰　明崇禎虞山毛氏汲古閣刻津逮秘書本　三冊

430000－2401－0000854　14/110－2

毛詩草木鳥獸蟲魚疏二卷　（三國吳）陸璣撰
清咸豐七年(1857)刻本　一冊

430000－2401－0000855　14/115

毛詩草木鳥獸蟲魚疏廣要二卷　（三國吳）陸
璣撰　明崇禎虞山毛氏汲古閣刻津逮秘書本
二冊

430000－2401－0000856　14/115(1)

毛詩草木鳥獸蟲魚疏廣要二卷　（三國吳）陸
璣撰　明崇禎虞山毛氏汲古閣刻津逮秘書本
二冊

430000－2401－0000857　△14/37

詩疑二卷　（宋）王柏撰　清初鈔本　一冊

430000－2401－0000858　△14/1

三家詩異文疏證六卷補遺三卷　（宋）王應麟
撰　（清）馮登府補釋　清道光十年(1830)四
明學舍刻本　一冊

430000－2401－0000859　△14/24

詩考一卷　（宋）王應麟撰　明汲古閣刻本
一冊

430000－2401－0000860　14/65－2

詩地理考六卷　（宋）王應麟撰　明崇禎虞山
毛氏汲古閣刻津逮秘書　二冊

430000－2401－0000861　14/65

詩地理考六卷　（宋）王應麟撰　清刻本
一冊

430000－2401－0000862　△14/13－2

呂氏家塾讀詩記三十二卷　（宋）呂祖謙撰
明嘉靖十年(1531)刻本　清許瀚題識批校
民國徐楨立題識　一冊　存三卷(十七至十
九)

430000－2401－0000863　△14/13

呂氏家塾讀詩記三十二卷　（宋）呂祖謙撰
明刻本　二冊　存六卷(一至四、二十六至二
十七)

430000－2401－0000864　14/136－2

呂氏家塾讀詩記三十二卷　（宋）呂祖謙撰

清嘉慶十六年(1811)刻本　十二冊

430000－2401－0000865　14/136－2(1)

呂氏家塾讀詩記三十二卷　（宋）呂祖謙撰
清嘉慶十六年(1811)刻本　八冊

430000－2401－0000866　14/136

呂氏家塾讀詩記三十二卷　（宋）呂祖謙撰
清道光刻本　十冊

430000－2401－0000867　14/136(1)

呂氏家塾讀詩記三十二卷　（宋）呂祖謙撰
清道光刻本　十冊

430000－2401－0000868　△14/29

**詩集傳二十卷詩傳綱領一卷詩圖一卷詩序辨
說一卷**　（宋）朱熹撰　明正統十二年(1447)
司禮監刻本　十冊

430000－2401－0000869　△14/29(1)

**詩集傳二十卷詩傳綱領一卷詩圖一卷詩序辨
說一卷**　（宋）朱熹撰　明正統十二年(1447)
司禮監刻本　六冊

430000－2401－0000870　△14/29(2)

**詩集傳二十卷詩傳綱領一卷詩圖一卷詩序辨
說一卷**　（宋）朱熹撰　明正統十二年(1447)
司禮監刻本　二十四冊

430000－2401－0000871　14/1－10

詩八卷　（宋）朱熹集傳　清筆花樓刻本
四冊

430000－2401－0000872　14/84

詩集傳音釋二十卷　（宋）朱熹集傳　（元）許
謙音釋　（明）羅復輯　清咸豐五年至七年
(1855－1857)海昌蔣氏衍芬草堂刻本　五冊
缺二卷(十九至二十)

430000－2401－0000873　14/5

監本詩經五卷　（宋）朱熹集傳　清同治三年
(1864)桂林谷經縕堂刻本　四冊

430000－2401－0000874　14/1－18

詩經八卷　（宋）朱熹集傳　清道光四年
(1824)崇讓堂刻本　四冊

430000－2401－0000875　14/1－5

詩經八卷　（宋）朱熹集傳　清道光十六年（1836）揚州惜字公局刻本　四冊

430000－2401－0000876　14/1－7

詩經八卷　（宋）朱熹集傳　清咸豐元年（1851）邵州濂溪講院刻本　四冊

430000－2401－0000877　14/1－16

詩經八卷　（宋）朱熹集傳　清同治七年（1868）楚北崇文書局刻本　二冊

430000－2401－0000878　14/1－16（1）

詩經八卷　（宋）朱熹集傳　清同治七年（1868）楚北崇文書局刻本　四冊

430000－2401－0000879　14/1－16（2）

詩經八卷　（宋）朱熹集傳　清同治七年（1868）楚北崇文書局刻本　四冊

430000－2401－0000880　14/1－9

詩經八卷　（宋）朱熹集傳　清同治江左潯陽萬氏蓮峰書局刻本　四冊

430000－2401－0000881　14/1－9（1）

詩經八卷　（宋）朱熹集傳　清同治江左潯陽萬氏蓮峰書局刻本　四冊

430000－2401－0000882　14/1－11

詩經八卷　（宋）朱熹集傳　清光緒十二年（1886）湖北官書處刻本　六冊

430000－2401－0000883　14/1－17

詩經八卷　（宋）朱熹集傳　清光緒二十年（1894）邵陽澹雅書局刻本　四冊

430000－2401－0000884　14/1－17（1）

詩經八卷　（宋）朱熹集傳　清光緒二十年（1894）邵陽澹雅書局刻本　四冊

430000－2401－0000885　14/1－17（2）

詩經八卷　（宋）朱熹集傳　清光緒二十年（1894）邵陽澹雅書局刻本　四冊

430000－2401－0000886　14/1－6

詩經八卷　（宋）朱熹集傳　清光緒二十一年（1895）湖北官書處刻本　四冊

430000－2401－0000887　14/1－6（1）

詩經八卷　（宋）朱熹集傳　清光緒二十一年（1895）湖北官書處刻本　四冊

430000－2401－0000888　14/1－6（2）

詩經八卷　（宋）朱熹集傳　清光緒二十一年（1895）湖北官書處刻本　四冊

430000－2401－0000889　14/1－14

詩經八卷　（宋）朱熹集傳　毛詩品物圖考一卷　（日本）岡元鳳撰　清宣統三年（1911）上海文盛書局石印本　一冊

430000－2401－0000890　14/1－19

詩經八卷　（宋）朱熹集傳　清末江都孫氏刻本　四冊

430000－2401－0000891　14/1－19（1）

詩經八卷　（宋）朱熹集傳　清末江都孫氏刻本　六冊

430000－2401－0000892　14/1－24

詩經八卷　（宋）朱熹集傳　詩序辨說一卷（宋）朱熹撰　清同治五年（1866）金陵書局刻本　五冊

430000－2401－0000893　14/1－24（1）

詩經八卷　（宋）朱熹集傳　詩序辨說一卷（宋）朱熹撰　清同治五年（1866）金陵書局刻本　五冊

430000－2401－0000894　14/1－23

詩經八卷　（宋）朱熹集傳　詩序辨說一卷（宋）朱熹撰　清同治十一年（1872）湖南省城尊經閣刻本　四冊

430000－2401－0000895　14/1－23（1）

詩經八卷　（宋）朱熹集傳　詩序辨說一卷（宋）朱熹撰　清同治十一年（1872）湖南省城尊經閣刻本　二冊　存三卷（一至三）

430000－2401－0000896　14/1－21

詩經八卷　（宋）朱熹集傳　詩序辨說一卷（宋）朱熹撰　清同治十三年（1874）湖南書局刻本　四冊

430000－2401－0000897　14/1－21（1）

詩經八卷　（宋）朱熹集傳　詩序辨說一卷

（宋）朱熹撰　清同治十三年(1874)湖南書局
刻本　四冊

430000－2401－0000898　14/1－21(2)
詩經八卷　（宋）朱熹集傳　詩序辨說一卷
（宋）朱熹撰　清同治十三年(1874)湖南書局
刻本　四冊

430000－2401－0000899　14/1－21(3)
詩經八卷　（宋）朱熹集傳　詩序辨說一卷
（宋）朱熹撰　清同治十三年(1874)湖南書局
刻本　四冊

430000－2401－0000900　14/1－21(4)
詩經八卷　（宋）朱熹集傳　詩序辨說一卷
（宋）朱熹撰　清同治十三年(1874)湖南書局
刻本　四冊

430000－2401－0000901　14/1－22
詩經八卷　（宋）朱熹集傳　詩序辨說一卷
（宋）朱熹撰　清光緒九年(1883)湖南文昌書
局刻本　四冊

430000－2401－0000902　14/1－20
詩經八卷　（宋）朱熹集傳　詩序辨說一卷
（宋）朱熹撰　清光緒二十二年(1896)金陵書
局刻本　四冊

430000－2401－0000903　14/1－20(1)
詩經八卷　（宋）朱熹集傳　詩序辨說一卷
（宋）朱熹撰　清光緒二十二年(1896)金陵書
局刻本　五冊

430000－2401－0000904　14/1－20(2)
詩經八卷　（宋）朱熹集傳　詩序辨說一卷
（宋）朱熹撰　清光緒二十二年(1896)金陵書
局刻本　五冊

430000－2401－0000905　14/37
詩序辨說一卷　（宋）朱熹撰　明毛氏汲古閣
刻清補刻津逮秘書本　一冊

430000－2401－0000906　14/82
詩傳遺說六卷　（宋）朱鑒撰　清康熙十九年
(1680)通志堂刻通志堂經解本　一冊

430000－2401－0000907　14/122

絜齋毛詩經筵講義四卷　（宋）袁燮撰　清刻
本　一冊

430000－2401－0000908　14/122－2
絜齋毛詩經筵講義四卷　（宋）袁燮撰　民國
三十四年(1945)復性書院刻復性書院叢刊本
　一冊

430000－2401－0000909　14/109
毛詩本義十六卷　（宋）歐陽修撰　清道光十
四年(1834)進賢梅明古齋刻本　四冊

430000－2401－0000910　14/109(1)
毛詩本義十六卷　（宋）歐陽修撰　清道光十
四年(1834)進賢梅明古齋刻本　四冊

430000－2401－0000911　14/109(2)
毛詩本義十六卷　（宋）歐陽修撰　清道光十
四年(1834)進賢梅明古齋刻本　四冊

430000－2401－0000912　14/109(3)
毛詩本義十六卷　（宋）歐陽修撰　清道光十
四年(1834)進賢梅明古齋刻本　二冊

430000－2401－0000913　14/172
詩說十二卷　（宋）劉克撰　清道光八年
(1828)藝芸書舍刻本　四冊

430000－2401－0000914　14/137－3
續呂氏家塾讀詩記三卷　（宋）戴溪撰　清刻
本　二冊

430000－2401－0000915　14/108
毛詩要義二十卷譜序一卷　（宋）魏了翁撰
清光緒八年(1882)上海刻本　十二冊

430000－2401－0000916　14/108(1)
毛詩要義二十卷譜序一卷　（宋）魏了翁撰
清光緒八年(1882)上海刻本　十二冊

430000－2401－0000917　14/83
穎濱先生詩集傳十九卷　（宋）蘇轍撰　明刻
本　四冊

430000－2401－0000918　△14/38
詩緝三十六卷　（宋）嚴粲撰　明嘉靖趙府居
敬堂刻本　十二冊

430000－2401－0000919　14/79

詩緝三十六卷　（宋）嚴粲撰　清嘉慶十五年
(1810)刻本　十二冊

430000－2401－0000920　14/79(1)

詩緝三十六卷　（宋）嚴粲撰　清嘉慶十五年
(1810)刻本　十二冊

430000－2401－0000921　14/79(2)

詩緝三十六卷　（宋）嚴粲撰　清嘉慶十五年
(1810)刻本　十二冊

430000－2401－0000922　△14/30

詩集傳名物鈔八卷　（元）許謙撰　明張應文
怡顏堂鈔本　八冊

430000－2401－0000923　14/93

涇野先生詩說序六卷　（明）呂柟撰　清光緒
二十二年(1896)長沙刻惜陰軒全書本　一冊

430000－2401－0000924　14/34

詩經世本古義二十八卷首一卷末一卷　（明）
何楷撰　明崇禎十四年(1641)刻本　十冊

430000－2401－0000925　14/18

詩經世本古義二十八卷首一卷末一卷　（明）
何楷撰　清嘉慶二十四年(1819)溪邑謝氏文
林堂刻本　二十冊

430000－2401－0000926　△14/27

詩志二十六卷　（明）范王孫撰　明末刻本
佚名批校圈點　十二冊　存二十六卷(一至
九、十三至二十九)

430000－2401－0000927　△14/31

詩傳大全二十卷　（明）胡廣等輯　**詩經考異
一卷**　（宋）王應麟撰　明詩瘦閣刻本　八冊

430000－2401－0000928　△14/32

詩傳大全二十卷綱領一卷圖一卷　（明）胡廣
等輯　**詩序辨說一卷**　（宋）朱熹撰　明刻本
十二冊

430000－2401－0000929　△14/32(1)

詩傳大全二十卷綱領一卷圖一卷　（明）胡廣
等輯　**詩序辨說一卷**　（宋）朱熹撰　明刻本
五冊　存八卷(三至四、七至八、十一至十

二、十八,詩序一卷)

430000－2401－0000930　△14/19

聖門傳詩嫡冢十六卷　（明）凌濛初輯　**申公
詩說一卷**　題（漢）申培撰　明崇禎刻本
四冊

430000－2401－0000931　△14/17

張氏詩紀不分卷　（明）張次仲撰　清康熙十
六年(1677)一經堂刻本　佚名批校　四冊

430000－2401－0000932　14/53－3

鄭氏詩譜考正一卷　（清）丁晏撰　清揚州碧
山堂刻本　二冊

430000－2401－0000933　14/53－2

鄭氏詩譜考正一卷詩考補註三卷　（清）丁晏
撰　清道光八年(1828)刻本　一冊

430000－2401－0000934　14/53

鄭氏詩譜考正一卷　（清）丁晏撰　清光緒九
年(1883)刻花雨樓叢鈔本　一冊

430000－2401－0000935　14/14－2

詩經原始十八卷首一卷　（清）方玉潤撰　清
同治十年(1871)隴東分署刻鴻蒙室叢書本
五冊　缺九卷(一至二、五至六、九至十、十七
至十八,首一卷)

430000－2401－0000936　14/44－2

朱子詩義補正八卷　（清）方苞撰　（清）單作
哲編　清乾隆刻本　四冊

430000－2401－0000937　14/44

朱子詩義補正八卷　（清）方苞撰　（清）單作
哲編　清光緒三年(1877)南海馮氏刻本
二冊

430000－2401－0000938　△14/14

詩金聲玉振集一卷　（清）王子容輯　清紅蘭
館主人鈔本　一冊

430000－2401－0000939　△14/45

詩廣傳五卷　（清）王夫之撰　清康熙衡陽劉
氏鈔本　四冊

430000－2401－0000940　14/63

詩問七卷　（清）王照圓撰　清光緒八年

(1882)東路廳署刻本　六冊

430000－2401－0000941　14/48

詩說二卷　（清）王照圓撰　清光緒八年
(1882)東路廳署刻本　二冊

430000－2401－0000942　14/123

毛詩重言一卷　（清）王筠撰　清道光刻本
一冊

430000－2401－0000943　14/31

欽定詩經傳說彙纂二十一卷首二卷詩序二卷
　（清）王鴻緒等撰　清同治七年(1868)閩浙
總督馬新貽刻本　十二冊

430000－2401－0000944　14/31(1)

欽定詩經傳說彙纂二十一卷首二卷詩序二卷
　（清）王鴻緒等撰　清同治七年(1868)閩浙
總督馬新貽刻本　十六冊

430000－2401－0000945　14/31－3

欽定詩經傳說彙纂二十一卷首二卷詩序二卷
　（清）王鴻緒等撰　清同治十年(1871)湖北
崇文書局刻本　十八冊

430000－2401－0000946　14/31－2

欽定詩經傳說彙纂二十一卷首二卷詩序二卷
　（清）王鴻緒等撰　清尊經閣刻本　二十
四冊

430000－2401－0000947　14/31－2(1)

欽定詩經傳說彙纂二十一卷首二卷詩序二卷
　（清）王鴻緒等撰　清尊經閣刻本　十八冊

430000－2401－0000948　14/31－4

欽定詩經傳說彙纂二十一卷首二卷詩序二卷
　（清）王鴻緒等撰　清刻本　十六冊

430000－2401－0000949　14/31－4(1)

欽定詩經傳說彙纂二十一卷首二卷詩序二卷
　（清）王鴻緒等撰　清刻本　二十四冊

430000－2401－0000950　14/31－4(2)

欽定詩經傳說彙纂二十一卷首二卷詩序二卷
　（清）王鴻緒等撰　清刻本　二十四冊

430000－2401－0000951　14/59

重訂空山堂詩志八卷　（清）牛運震撰　清刻

本　二冊

430000－2401－0000952　△14/16

詩辨坻四卷　（清）毛先舒撰　清初刻本
一冊

430000－2401－0000953　14/64

詩地理考略二卷詩地理圖一卷　（清）尹繼美
撰　清同治三年(1864)鼎吉堂刻本　一冊

430000－2401－0000954　14/64(1)

詩地理考略二卷詩地理圖一卷　（清）尹繼美
撰　清同治三年(1864)鼎吉堂刻本　一冊

430000－2401－0000955　14/75

詩管見七卷首一卷　（清）尹繼美撰　清咸豐
十一年(1861)鼎吉堂刻本　二冊

430000－2401－0000956　14/98

毛詩禮徵十卷　（清）包世榮撰　道光七年
(1827)小倦游閣刻本　六冊

430000－2401－0000957　14/38

詩序集說二卷　（清）匡慶榆撰　清宣統二年
(1910)木活字本　一冊

430000－2401－0000958　△14/36

詩說考略十二卷　（清）成僎撰　清道光十年
(1830)王氏信芳閣木活字本　六冊

430000－2401－0000959　△14/12

毛詩質疑二十四卷　（清）牟應震撰　清咸豐
五年(1855)刻本　何紹基題定書根　二冊

430000－2401－0000960　14/22－7

詩經體註大全合參八卷　（清）沈世階輯　清
道光二十年(1840)古香書屋刻本　四冊

430000－2401－0000961　14/22－6

詩經體註大全合參八卷　（清）沈世階輯　清
道光二十年(1840)刻本　一冊

430000－2401－0000962　14/22－11

詩經體註大全合參八卷　（清）沈世階輯　清
道光二十六年(1846)刻本　三冊　缺二卷
(一至二)

430000－2401－0000963　14/22－4

詩經體註大全合參八卷　（清）沈世階輯　清
光緒三十一年（1905）邵陽經元書室刻本
四冊

430000－2401－0000964　14/22

詩經體註大全合參八卷　（清）沈世階輯　清
光緒三十二年（1906）邵陽經綸森寶刻本
四冊

430000－2401－0000965　14/22－5

詩經體註大全合參八卷　（清）沈世階輯　清
寶翰樓刻本　四冊

430000－2401－0000966　14/22－10

詩經體註大全合參八卷　（清）沈世階輯　清
邵陽尚德堂刻本　四冊

430000－2401－0000967　14/22－8

詩經體註大全合參八卷　（清）沈世階輯　清
邵陽文光堂刻本　四冊

430000－2401－0000968　14/22－2

詩經體註大全合參八卷　（清）沈世階輯　清
邵陽經元堂刻本　四冊

430000－2401－0000969　14/22－2（1）

詩經體註大全合參八卷　（清）沈世階輯　清
邵陽經元堂刻本　四冊

430000－2401－0000970　14/22－9

詩經體註大全合參八卷　（清）沈世階輯　清
邵陽益元堂刻本　四冊

430000－2401－0000971　14/26

增補詩經衍義體註大全合參八卷　（清）沈李
龍輯　清刻本　四冊

430000－2401－0000972　14/36

詩序辨正八卷　（清）汪大任撰　清光緒十二
年（1886）錢塘汪氏長沙刻叢睦汪氏遺書本
三冊

430000－2401－0000973　△14/26

詩所八卷　（清）李光地撰　清鈔本　四冊

430000－2401－0000974　14/30

詩經傳註八卷　（清）李塨撰　清道光二十四
年（1844）刻本　四冊

430000－2401－0000975　14/30（1）

詩經傳註八卷　（清）李塨撰　清道光二十四
年（1844）刻本　四冊

430000－2401－0000976　14/119

毛詩紬義二十四卷　（清）李黼平撰　清道光
七年（1827）刻本　七冊

430000－2401－0000977　14/20

詩經申義十卷　（清）吳士模撰　清光緒十七
年（1891）刻本　四冊

430000－2401－0000978　14/69

詩國風原指二卷　（清）吳敏樹撰　清鈔本
一冊

430000－2401－0000979　14/118

毛詩復古錄十二卷首一卷　（清）吳懋清撰
清光緒二十年（1894）廣州學使者署刻本
六冊

430000－2401－0000980　14/50

詩說四卷　（清）吳嘉賓撰　清同治元年
（1862）南豐吳氏刻本　一冊

430000－2401－0000981　14/50（1）

詩說四卷　（清）吳嘉賓撰　清同治元年
（1862）南豐吳氏刻本　一冊

430000－2401－0000982　14/49

詩說七卷　（清）吳嘉賓撰　清咸豐十一年
（1861）木活字求自得之室讀書說本　二冊

430000－2401－0000983　14/49（1）

詩說七卷　（清）吳嘉賓撰　清咸豐十一年
（1861）木活字求自得之室讀書說本　二冊

430000－2401－0000984　14/49（2）

詩說七卷　（清）吳嘉賓撰　清咸豐十一年
（1861）木活字求自得之室讀書說本　二冊

430000－2401－0000985　14/68

詩小學三十卷補一卷　（清）吳樹聲撰　清同
治七年（1868）壽光官廨刻鼎堂七種本　十
四冊

430000－2401－0000986　14/68（1）

詩小學三十卷補一卷　（清）吳樹聲撰　清同

治七年（1868）壽光官廨刻鼎堂七種本　十二冊

430000－2401－0000987　14/68（2）
詩小學三十卷補一卷　（清）吳樹聲撰　清同治七年（1868）壽光官廨刻鼎堂七種本　十二冊

430000－2401－0000988　14/46
三家詩補遺三卷　（清）阮元撰　清光緒長沙葉氏郎園刻觀古堂匯刻書本　一冊

430000－2401－0000989　14/46（1）
三家詩補遺三卷　（清）阮元撰　清光緒長沙葉氏郎園刻觀古堂匯刻書本　一冊

430000－2401－0000990　14/46（2）
三家詩補遺三卷　（清）阮元撰　清光緒長沙葉氏郎園刻觀古堂匯刻書本　一冊

430000－2401－0000991　14/126
毛詩註疏校勘記二十卷　（清）阮元撰　清同治十三年（1874）湖南書局刻本　四冊

430000－2401－0000992　14/106
毛詩通考三十卷　（清）林伯桐撰　清同治二年（1863）南海伍氏粵雅堂文字觀娛室刻嶺南叢書本　一冊　存十九卷（一至十九）

430000－2401－0000993　14/43
詩義擇從四卷　（清）易佩紳撰　清光緒十四年（1888）刻本　二冊

430000－2401－0000994　14/43（1）
詩義擇從四卷　（清）易佩紳撰　清光緒十四年（1888）刻本　二冊（合訂一冊）

430000－2401－0000995　△14/41
韓詩外傳校註十卷　（清）周廷寀撰　**拾遺一卷**　（清）周宗杭撰　清乾隆五十六年（1791）刻本　一冊

430000－2401－0000996　14/164
毛詩天文考一卷　（清）洪亮吉撰　清光緒廣雅書局刻廣雅書局叢書本　一冊

430000－2401－0000997　14/171
詩序補義二十四卷　（清）姜炳璋撰　清嘉慶

二十年（1815）刻本　八冊

430000－2401－0000998　14/121
毛詩後箋三十卷　（清）胡承珙撰　（清）陳奐補　清道光十七年（1837）歙縣胡氏刻求是堂全集本　二十四冊

430000－2401－0000999　14/121（1）
毛詩後箋三十卷　（清）胡承珙撰　（清）陳奐補　清道光十七年（1837）歙縣胡氏刻求是堂全集本　十六冊

430000－2401－0001000　14/121－3
毛詩後箋三十卷　（清）胡承珙撰　（清）陳奐補　清光緒七年（1881）方氏奇園刻本　二十冊

430000－2401－0001001　14/121－4
毛詩後箋三十卷　（清）胡承珙撰　（清）陳奐補　清光緒十六年（1890）廣雅書局刻本　十二冊

430000－2401－0001002　14/121－4（1）
毛詩後箋三十卷　（清）胡承珙撰　（清）陳奐補　清光緒十六年（1890）廣雅書局刻本　十二冊

430000－2401－0001003　14/121－4（2）
毛詩後箋三十卷　（清）胡承珙撰　（清）陳奐補　清光緒十六年（1890）廣雅書局刻本　十八冊

430000－2401－0001004　14/121－4（3）
毛詩後箋三十卷　（清）胡承珙撰　（清）陳奐補　清光緒十六年（1890）廣雅書局刻本　二十冊

430000－2401－0001005　14/121－2
毛詩後箋三十卷　（清）胡承珙撰　（清）陳奐補　清刻本　十二冊

430000－2401－0001006　14/19
枕葄齋詩經問答八卷　（清）胡嗣運撰　清光緒三十四年（1908）鵬南書屋活字本　一冊

430000－2401－0001007　14/66
重訂三家詩拾遺十卷　（清）范家相撰　清道

光三十年(1850)南海伍氏粵雅堂刻嶺南遺書本 二冊

430000－2401－0001008 14/66(1)

重訂三家詩拾遺十卷 （清)范家相撰 清道光三十年(1850)南海伍氏粵雅堂刻嶺南遺書本 一冊 存五卷(一至五)

430000－2401－0001009 14/55

詩瀋二十卷 （清)范家相撰 清乾隆三十九年(1774)古趣亭刻本 四冊

430000－2401－0001010 14/112

毛詩韻訂十卷 （清)苗夔撰 清咸豐元年(1851)刻本 四冊

430000－2401－0001011 14/112(1)

毛詩韻訂十卷 （清)苗夔撰 清咸豐元年(1851)刻本 四冊

430000－2401－0001012 14/117－2

毛詩傳箋通釋三十二卷 （清)馬瑞辰撰 清道光十五年(1835)學古堂刻本 十二冊

430000－2401－0001013 14/117

毛詩傳箋通釋三十二卷 （清)馬瑞辰撰 清光緒十四年(1888)廣雅書局刻本 十冊

430000－2401－0001014 14/117(1)

毛詩傳箋通釋三十二卷 （清)馬瑞辰撰 清光緒十四年(1888)廣雅書局刻本 十二冊

430000－2401－0001015 14/104

毛詩故訓傳定本小箋三十卷 （清)段玉裁撰 清嘉慶二十一年(1816)七葉衍祥堂刻經韻樓叢書本 四冊

430000－2401－0001016 14/39

詩音十五卷 （清)高澍然撰 清嘉慶十七年(1812)木活字本 八冊

430000－2401－0001017 14/72

詩匯說不分卷 （清)唐昭鈺撰 清宣統三年(1911)衡州鉛印琪園叢書本 二冊

430000－2401－0001018 14/157

讀詩札記八卷 （清)夏炘撰 清咸豐三年(1853)景紫堂刻本 三冊

430000－2401－0001019 △14/3

三百篇原聲七卷 （清)夏味堂撰 清嘉慶十二年(1807)刻本 二冊

430000－2401－0001020 14/74

鄭氏詩箋禮註異義考一卷 （清)桂文燦撰 清咸豐七年(1857)粵東省城富文齋刻經學叢書本 一冊

430000－2401－0001021 14/15

詩經拾遺一卷 （清)郝懿行撰 清光緒八年(1882)東路廳署刻本 一冊

430000－2401－0001022 14/15(1)

詩經拾遺一卷 （清)郝懿行撰 清光緒八年(1882)東路廳署刻本 一冊

430000－2401－0001023 △14/35

詩經廣詁不分卷 （清)徐璈輯 清道光刻本 何紹基題寫書根 葉啟勳題識 四冊

430000－2401－0001024 14/60

詩故考異三十二卷 （清)徐華嶽輯 清道光十二年(1832)咫聞齋刻本 八冊

430000－2401－0001025 14/113

毛詩名物圖說九卷 （清)徐鼎輯 清乾隆三十六年(1771)刻本 二冊

430000－2401－0001026 14/113(1)

毛詩名物圖說九卷 （清)徐鼎輯 清乾隆三十六年(1771)刻本 二冊

430000－2401－0001027 14/113(2)

毛詩名物圖說九卷 （清)徐鼎輯 清乾隆三十六年(1771)刻本 二冊

430000－2401－0001028 14/25

酌雅齋詩經體註合講八卷 （清)翁復編 清乾隆四十八年(1783)龍江書屋刻本 四冊

430000－2401－0001029 14/91

毛詩說三十卷 （清)孫喬撰 清嘉慶二十年(1815)孫氏世德堂刻本 四冊

430000－2401－0001030 14/159

變雅斷章衍義一卷 （清)郭柏蔭撰 清咸豐十年(1860)刻本 一冊

430000－2401－0001031　14/7

詩經精義集鈔四卷　（清）梁中孚輯　清道光七年(1827)刻本　四冊

430000－2401－0001032　14/10

詩經精義四卷首一卷末一卷傳序一卷　（清）黃淦撰　清嘉慶七年(1802)刻本　二冊

430000－2401－0001033　14/90

毛詩說四卷　（清）莊存與撰　清道光七年(1827)莊綬甲寶研堂刻味經齋遺書本　一冊

430000－2401－0001034　14/81

詩傳名物集覽十二卷　（清）陳大章撰　清康熙刻本　十二冊

430000－2401－0001035　14/16

新訂詩經備旨附考八卷附圖說一卷　（清）陳抒孝撰　清雍正十三年(1735)敬堂刻本　四冊

430000－2401－0001036　△14/20

詩毛氏傳疏三十卷　（清）陳奐撰　清道光二十七年(1847)陳氏掃葉山莊刻本　何紹基題寫書根　五冊

430000－2401－0001037　14/71

詩毛氏傳疏三十卷毛詩說一卷　（清）陳奐撰　清道光二十七年(1847)武林愛日軒刻本　六冊

430000－2401－0001038　14/71(1)

詩毛氏傳疏三十卷毛詩說一卷　（清）陳奐撰　清道光二十七年(1847)武林愛日軒刻本　六冊

430000－2401－0001039　14/71(2)

詩毛氏傳疏三十卷毛詩說一卷　（清）陳奐撰　清道光二十七年(1847)武林愛日軒刻本　十二冊

430000－2401－0001040　14/71－2

詩毛氏傳疏三十卷　（清）陳奐撰　清光緒刻本　十六冊

430000－2401－0001041　14/71－2(1)

詩毛氏傳疏三十卷　（清）陳奐撰　清光緒刻

本　十二冊

430000－2401－0001042　14/71－2(2)

詩毛氏傳疏三十卷　（清）陳奐撰　清光緒刻本　十二冊

430000－2401－0001043　14/71－3

釋毛詩音四卷　（清）陳奐撰　清咸豐元年(1851)蘇州漱芳齋刻本　一冊

430000－2401－0001044　14/71－3(1)

釋毛詩音四卷　（清）陳奐撰　清咸豐元年(1851)蘇州漱芳齋刻本　一冊

430000－2401－0001045　14/71－3(2)

釋毛詩音四卷　（清）陳奐撰　清咸豐元年(1851)蘇州漱芳齋刻本　二冊

430000－2401－0001046　14/71－3(3)

釋毛詩音四卷　（清）陳奐撰　清咸豐元年(1851)蘇州漱芳齋刻本　四冊

430000－2401－0001047　14/133

讀詩商二十八卷　（清）陳保真撰　清光緒二十三年(1897)永興捕署刻讀書商務叢書本　十二冊

430000－2401－0001048　14/133(1)

讀詩商二十八卷　（清）陳保真撰　清光緒二十三年(1897)永興捕署刻讀書商務叢書本　十二冊

430000－2401－0001049　14/133(2)

讀詩商二十八卷　（清）陳保真撰　清光緒二十三年(1897)永興捕署刻讀書商務叢書本　十二冊

430000－2401－0001050　14/114

毛詩稽古編三十卷　（清）陳啟源撰　清嘉慶十八年(1813)刻本　五冊

430000－2401－0001051　14/114(1)

毛詩稽古編三十卷　（清）陳啟源撰　清嘉慶十八年(1813)刻本　八冊

430000－2401－0001052　14/114(2)

毛詩稽古編三十卷　（清）陳啟源撰　清嘉慶十八年(1813)刻本　六冊

430000 – 2401 – 0001053　14/114 – 2

毛詩稽古編三十卷　（清）陳啟源撰　清光緒
九年(1883)上海同文書局石印本　八冊

430000 – 2401 – 0001054　14/114 – 2(1)

毛詩稽古編三十卷　（清）陳啟源撰　清光緒
九年(1883)上海同文書局石印本　八冊

430000 – 2401 – 0001055　14/99

毛詩鄭箋改字說四卷　（清）陳喬樅撰　清道
光十年(1830)小瑯環館刻本　一冊

430000 – 2401 – 0001056　14/99(1)

毛詩鄭箋改字說四卷　（清）陳喬樅撰　清道
光十年(1830)小瑯環館刻本　一冊

430000 – 2401 – 0001057　14/21

詩經四家異文考五卷　（清）陳喬樅撰　清道
光二十三年(1843)刻左海續集本　六冊

430000 – 2401 – 0001058　14/21(1)

詩經四家異文考五卷　（清）陳喬樅撰　清道
光二十三年(1843)刻左海續集本　五冊

430000 – 2401 – 0001059　14/77

詩緯集證四卷　（清）陳喬樅撰　清道光二十
六年(1846)小瑯環館刻本　二冊

430000 – 2401 – 0001060　14/130

齊詩翼氏學疏證二卷叙錄一卷　（清）陳喬樅
撰　清道光刻本　一冊

430000 – 2401 – 0001061　14/130(1)

齊詩翼氏學疏證二卷叙錄一卷　（清）陳喬樅
撰　清道光刻本　一冊

430000 – 2401 – 0001062　14/132

齊詩遺說考四卷叙錄一卷　（清）陳壽祺撰
（清）陳喬樅述　清咸豐刻左海續集本　四冊

430000 – 2401 – 0001063　14/131

魯詩遺說考六卷叙錄一卷　（清）陳壽祺撰
（清）陳喬樅述　清咸豐刻左海續集本　四冊

430000 – 2401 – 0001064　14/129

韓詩遺說考五卷叙錄一卷附錄一卷補逸一卷
　（清）陳壽祺撰　（清）陳喬樅述　清咸豐刻
左海續集本　五冊

430000 – 2401 – 0001065　14/153

詩經類編合考七卷　（清）張金麟撰　清末刻
本　三冊　缺一卷(一)

430000 – 2401 – 0001066　14/156

讀詩鈔說四卷　（清）張澍撰　清光緒十三年
(1887)蓉城刻本　四冊

430000 – 2401 – 0001067　14/42

師白山房詩義鈔八卷　（清）張學尹撰　清道
光二十三年(1843)師白山房刻本　四冊

430000 – 2401 – 0001068　14/42(1)

師白山房詩義鈔八卷　（清）張學尹撰　清道
光二十三年(1843)師白山房刻本　四冊

430000 – 2401 – 0001069　14/42 – 2

詩義鈔八卷　（清）張學尹撰　清同治九年
(1870)師白山房刻本　四冊

430000 – 2401 – 0001070　14/42 – 2(1)

詩義鈔八卷　（清）張學尹撰　清同治九年
(1870)師白山房刻本　四冊

430000 – 2401 – 0001071　14/42 – 2(2)

詩義鈔八卷　（清）張學尹撰　清同治九年
(1870)師白山房刻本　四冊

430000 – 2401 – 0001072　14/169

詩經箋釋不分卷　（清）曾紀鴻撰　稿本
一冊

430000 – 2401 – 0001073　14/154

詩達詁首卷二卷　（清）彭焯南撰　清光緒二
十三年(1897)二玉山館刻本　一冊

430000 – 2401 – 0001074　14/41 – 2

御纂詩義折中二十卷　（清）傅恆等撰　清乾
隆刻本　十冊

430000 – 2401 – 0001075　14/41 – 2(1)

御纂詩義折中二十卷　（清）傅恆等撰　清乾
隆刻本　十冊

430000 – 2401 – 0001076　14/41 – 2(2)

御纂詩義折中二十卷　（清）傅恆等撰　清乾
隆刻本　八冊

430000 - 2401 - 0001077　14/41 - 3

御纂詩義折中二十卷　（清）傅恆等撰　清道光長蘆鹽運使如山刻本　六冊

430000 - 2401 - 0001078　14/33

詩觸六卷　（清）賀貽孫撰　清咸豐二年(1852)敕書樓刻本　六冊

430000 - 2401 - 0001079　14/33(1)

詩觸六卷　（清）賀貽孫撰　清咸豐二年(1852)敕書樓刻本　十冊

430000 - 2401 - 0001080　14/161

棣華書屋集毛詩詩一卷　（清）賈學閎撰　清嘉慶二十五年(1820)刻本　一冊

430000 - 2401 - 0001081　14/9

詩經音訓不分卷　（清）楊國楨撰　清光緒三年(1877)湖北崇文書局刻十一經音訓本　二冊

430000 - 2401 - 0001082　14/9(1)

詩經音訓不分卷　（清）楊國楨撰　清光緒三年(1877)湖北崇文書局刻十一經音訓本　二冊

430000 - 2401 - 0001083　14/162

詩序韻語一卷　（清）楊恩壽撰　清光緒元年(1875)長沙楊氏刻坦園全集本　一冊

430000 - 2401 - 0001084　14/28 - 2

御案詩經備旨八卷　（清）鄒聖脈纂輯　清光緒三十年(1904)上海文盛書局石印本　四冊

430000 - 2401 - 0001085　14/28 - 5

御案詩經備旨八卷　（清）鄒聖脈纂輯　清濟陽貽經別墅刻本　四冊

430000 - 2401 - 0001086　14/116

毛詩草木疏校正二卷　（清）趙佐撰　清乾隆刻本　一冊

430000 - 2401 - 0001087　14/135

讀詩知柄二卷　（清）蔣紹宗撰　清嘉慶十二年(1807)刻本　二冊

430000 - 2401 - 0001088　14/6 - 3

詩經恆解六卷　（清）劉沅輯註　清嘉慶虛受

齋刻本　六冊

430000 - 2401 - 0001089　14/80

嚴氏詩輯補義八卷　（清）劉燦撰　清嘉慶十六年(1811)劉氏墨莊刻本　八冊

430000 - 2401 - 0001090　14/29

詩經繹參四卷　（清）鄧翔撰　清同治六年(1867)刻朱墨套印本　四冊

430000 - 2401 - 0001091　14/29(1)

詩經繹參四卷　（清）鄧翔撰　清同治六年(1867)刻朱墨套印本　二冊　存二卷(二至三)

430000 - 2401 - 0001092　14/97

毛詩補正二十五卷　（清）龍起濤撰　清光緒二十五年(1899)刻本　十二冊

430000 - 2401 - 0001093　14/97(1)

毛詩補正二十五卷　（清）龍起濤撰　清光緒二十五年(1899)刻本　十二冊

430000 - 2401 - 0001094　14/97(2)

毛詩補正二十五卷　（清）龍起濤撰　清光緒二十五年(1899)刻本　十二冊

430000 - 2401 - 0001095　14/97(3)

毛詩補正二十五卷　（清）龍起濤撰　清光緒二十五年(1899)刻本　十二冊

430000 - 2401 - 0001096　△14/22

詩古微十六卷　（清）魏源撰　清道光二十年(1840)刻本　何紹基題識圈點并題寫書根　六冊

430000 - 2401 - 0001097　14/58

詩古微二卷　（清）魏源撰　清道光修吉堂刻本　二冊

430000 - 2401 - 0001098　14/58(1)

詩古微二卷　（清）魏源撰　清道光修吉堂刻本　二冊

430000 - 2401 - 0001099　14/58(2)

詩古微二卷　（清）魏源撰　清道光修吉堂刻本　二冊

430000－2401－0001100　14/58（3）

詩古微二卷　（清）魏源撰　清道光修吉堂刻本　二冊

430000－2401－0001101　14/57

詩古微十五卷首一卷　（清）魏源撰　清光緒十一年（1885）楊氏飛青閣黃岡學署刻本　八冊

430000－2401－0001102　14/57（1）

詩古微十五卷首一卷　（清）魏源撰　清光緒十一年（1885）楊氏飛青閣黃岡學署刻本　八冊

430000－2401－0001103　14/57（2）

詩古微十五卷首一卷　（清）魏源撰　清光緒十一年（1885）楊氏飛青閣黃岡學署刻本　八冊

430000－2401－0001104　14/57－3

詩古微十五卷首一卷　（清）魏源撰　清光緒十三年（1887）掃葉山房補刻本　十冊

430000－2401－0001105　14/57－2

詩古微十五卷首一卷　（清）魏源撰　清光緒十三年（1887）梁溪浦氏刻本　八冊

430000－2401－0001106　14/57－2（1）

詩古微十五卷首一卷　（清）魏源撰　清光緒十三年（1887）梁溪浦氏刻本　八冊

430000－2401－0001107　14/57－（2）

詩古微十五卷首一卷　（清）魏源撰　清光緒十三年（1887）梁溪浦氏刻本　八冊

430000－2401－0001108　14/40

詩音表一卷　（清）錢坫撰　清乾隆四十二年（1777）刻本　一冊

430000－2401－0001109　14/125

毛鄭詩考正四卷首一卷　（清）戴震撰　清乾隆四十二年（1777）曲阜孔氏刻微波榭叢書本　二冊

430000－2401－0001110　14/8－2

詩經精華十卷　（清）薛嘉穎撰　清道光七年（1827）姑蘇步月樓刻本　二冊

430000－2401－0001111　14/8

詩經精華十卷首一卷　（清）薛嘉穎撰　清光緒十一年（1885）魏氏古香閣刻四經精華本　五冊

430000－2401－0001112　14/134

讀詩質疑三十一卷首十五卷末一卷　（清）嚴虞惇撰　清乾隆嚴有禧刻本　十二冊

430000－2401－0001113　14/134（1）

讀詩質疑三十一卷首十五卷末一卷　（清）嚴虞惇撰　清乾隆嚴有禧刻本　十二冊

430000－2401－0001114　△14/25

詩考異補二卷　（清）嚴蔚撰　清乾隆四十九年（1784）嚴氏二西齋刻本　一冊

430000－2401－0001115　14/92

毛詩訂詁八卷附錄二卷　（清）顧棟高撰　清光緒二十二年（1896）江蘇書局刻本　四冊

430000－2401－0001116　14/92（1）

毛詩訂詁八卷附錄二卷　（清）顧棟高撰　清光緒二十二年（1896）江蘇書局刻本　四冊

430000－2401－0001117　14/92（2）

毛詩訂詁八卷附錄二卷　（清）顧棟高撰　清光緒二十二年（1896）江蘇書局刻本　四冊

430000－2401－0001118　14/139

學詩詳說三十卷學詩正詁五卷　（清）顧廣譽撰　清光緒三年（1877）刻本　十冊

430000－2401－0001119　14/128

韓詩遺說續考四卷　（清）顧震福撰　清光緒十九年（1893）刻本　一冊

430000－2401－0001120　14/12－2

詩經補箋二十卷　王闓運撰　清光緒十九年（1893）東洲刻本　十冊

430000－2401－0001121　14/12－2（1）

詩經補箋二十卷　王闓運撰　清光緒十九年（1893）東洲刻本　十冊

430000－2401－0001122　14/12－2（2）

詩經補箋二十卷　王闓運撰　清光緒十九年（1893）東洲刻本　八冊　缺三卷（十八至二十）

430000－2401－0001123　14/12－2(3)

詩經補箋二十卷　王闓運撰　清光緒十九年(1893)東洲刻二十三年(1897)印本　二冊

430000－2401－0001124　14/12－4

詩經補箋二十卷　王闓運撰　清光緒三十一年(1905)江西官書局木活字本　八冊

430000－2401－0001125　14/12

詩經補箋二十卷　王闓運撰　清光緒三十二年(1906)衡陽東洲刻本　七冊

430000－2401－0001126　14/12(1)

詩經補箋二十卷　王闓運撰　清光緒三十二年(1906)衡陽東洲刻本　八冊

430000－2401－0001127　14/12(2)

詩經補箋二十卷　王闓運撰　清光緒三十二年(1906)衡陽東洲刻本　八冊

430000－2401－0001128　151/40

玉函山房輯佚書:周官禮類　(清)馬國翰輯　清光緒九年(1883)長沙瑯環館刻本　三冊

430000－2401－0001129　151/1－7

篆文周禮六卷　(漢)鄭玄註　清康熙內府刻篆文六經四書本　一冊　存二卷(三至四)

430000－2401－0001130　151/1－3

周禮六卷　(漢)鄭玄註　(唐)陸德明音義　清嘉慶十一年(1806)清芬閣刻本　六冊

430000－2401－0001131　151/1－3(1)

周禮六卷　(漢)鄭玄註　(唐)陸德明音義　清嘉慶十一年(1806)清芬閣刻本　六冊

430000－2401－0001132　151/1－3(2)

周禮六卷　(漢)鄭玄註　(唐)陸德明音義　清嘉慶十一年(1806)清芬閣刻本　六冊

430000－2401－0001133　151/1－3(3)

周禮六卷　(漢)鄭玄註　(唐)陸德明音義　清嘉慶十一年(1806)清芬閣刻本　六冊

430000－2401－0001134　151/1－3(4)

周禮六卷　(漢)鄭玄註　(唐)陸德明音義　清嘉慶十一年(1806)清芬閣刻本　五冊　缺一卷(二)

430000－2401－0001135　151/2

周禮十二卷　(漢)鄭玄註　清嘉慶二十三年(1818)士禮居刻本　四冊

430000－2401－0001136　151/2－2

周禮十二卷　(漢)鄭玄註　(唐)陸德明音義　清同治七年(1868)湖北崇文書局刻本　六冊

430000－2401－0001137　151/1

周禮六卷首一卷　(漢)鄭玄註　清同治十二年(1873)稽古樓刻袖珍十三經註本　八冊

430000－2401－0001138　151/1－2

周禮六卷　(漢)鄭玄註　(唐)陸德明音義　清同治十三年(1874)湖南書局刻本　六冊

430000－2401－0001139　151/1－2(1)

周禮六卷　(漢)鄭玄註　(唐)陸德明音義　清同治十三年(1874)湖南書局刻本　六冊

430000－2401－0001140　151/1－2(2)

周禮六卷　(漢)鄭玄註　(唐)陸德明音義　清同治十三年(1874)湖南書局刻本　六冊

430000－2401－0001141　151/1－2(3)

周禮六卷　(漢)鄭玄註　(唐)陸德明音義　清同治十三年(1874)湖南書局刻本　六冊

430000－2401－0001142　151/1－2(4)

周禮六卷　(漢)鄭玄註　(唐)陸德明音義　清同治十三年(1874)湖南書局刻本　六冊

430000－2401－0001143　151/1－2(5)

周禮六卷　(漢)鄭玄註　(唐)陸德明音義　清同治十三年(1874)湖南書局刻本　六冊

430000－2401－0001144　151/1－8

篆文周禮六卷　(漢)鄭玄註　清光緒九年(1883)上海同文書局石印本　四冊

430000－2401－0001145　151/1－8(1)

篆文周禮六卷　(漢)鄭玄註　清光緒九年(1883)上海同文書局石印本　二冊

430000－2401－0001146　151/1－8(2)

篆文周禮六卷　(漢)鄭玄註　清光緒九年(1883)上海同文書局石印本　二冊

430000－2401－0001147　151/2－3

周禮十二卷　（漢）鄭玄註　（唐）陸德明音義
清光緒十二年(1886)湖北官書處刻本
六冊

430000－2401－0001148　151/1－4

周禮六卷　（漢）鄭玄註　（唐）陸德明音義
清光緒二十年(1894)金陵書局刻本　六冊

430000－2401－0001149　151/2－5

拓本周禮十二卷　（漢）鄭玄註　清拓本　十
二冊

430000－2401－0001150　151/1－5

周禮六卷　（漢）鄭玄註　（唐）陸德明音義
清金陵李光明莊刻本　六冊

430000－2401－0001151　151/1－6

周禮六卷　（漢）鄭玄註　（唐）陸德明音義
清福禮堂刻本　六冊

430000－2401－0001152　△151/6－2

周禮註疏四十二卷　（漢）鄭玄註　（唐）陸德
明音義　（唐）賈公彥疏　明崇禎元年(1628)
汲古閣刻本　十二冊

430000－2401－0001153　151/3

周禮註疏四十二卷　（漢）鄭玄註　（唐）陸德
明音義　（唐）賈公彥疏　清乾隆四年(1739)
刻本　十六冊

430000－2401－0001154　151/3－2(1)

周禮註疏四十二卷　（漢）鄭玄註　（唐）陸德
明音義　（唐）賈公彥疏　清乾隆四年(1739)
刻本　十六冊

430000－2401－0001155　151/3－2

周禮註疏四十二卷　（漢）鄭玄註　（唐）陸德
明音義　（唐）賈公彥疏　清同治十年(1871)
刻本　十四冊

430000－2401－0001156　151/4

周禮註疏十八卷　（漢）鄭玄註　清刻本
六冊

430000－2401－0001157　151/11－2

周禮折衷六卷　（漢）鄭玄註　（唐）賈公彥疏

清乾隆五年(1740)刻本　三冊

430000－2401－0001158　151/11

周禮折衷六卷　（漢）鄭玄註　（唐）賈公彥疏
清同治五年(1866)尚德堂刻本　六冊

430000－2401－0001159　151/11－5

周禮折衷六卷　（漢）鄭玄註　（唐）賈公彥疏
清晚翠堂刻本　四冊

430000－2401－0001160　151/11－3

周禮折衷六卷　（漢）鄭玄註　（唐）賈公彥疏
清長沙楊文盛刻本　六冊

430000－2401－0001161　151/11－4

周禮折衷六卷　（漢）鄭玄註　（唐）賈公彥疏
清刻本　六冊

430000－2401－0001162　151/11－4(1)

周禮折衷六卷　（漢）鄭玄註　（唐）賈公彥疏
清刻本　一冊

430000－2401－0001163　△151/9

周官新義十六卷附二卷　（宋）王安石撰　清
鈔本　四冊

430000－2401－0001164　151/24

周官新義十六卷附考工記二卷　（宋）王安石
撰　清刻本　四冊

430000－2401－0001165　△151/10

東巖周禮訂義八十卷首一卷　（宋）王與之撰
（清）納蘭性德校訂　清康熙十五年(1676)
通志堂刻本　二十冊

430000－2401－0001166　△151/10－2

東巖周禮訂義八十卷　（宋）王與之撰　清康
熙十五年(1676)通志堂刻本　三冊　存六卷
（七十二至七十三、七十七至八十）

430000－2401－0001167　151/35－2

膚齋考工記解二卷　（宋）林希逸撰　清康熙
十九年(1680)通志堂刻通志堂經解本　二冊

430000－2401－0001168　151/35

膚齋考工記解二卷　（宋）林希逸撰　清同治
十二年(1873)粵東書局刻通志堂經解本
二冊

430000 – 2401 – 0001169　151/21

周禮總義六卷　（宋）易祓撰　清道光六年
(1826)刻本　十三冊

430000 – 2401 – 0001170　△151/1

太平經國之書十一卷首一卷　（宋）鄭伯謙撰
清康熙通志堂刻本　三冊

430000 – 2401 – 0001171　12/17

太平經國之書十一卷首一卷　（宋）鄭伯謙撰
清刻本　四冊

430000 – 2401 – 0001172　△151/6－2

周禮註疏三十卷　（明）王志飛輯　明崇禎十
二年(1639)刻本　十二冊

430000 – 2401 – 0001173　△151/3

考工記述註二卷首一卷圖一卷　（明）林兆珂
撰　明萬曆三十一年(1603)刻本　二冊

430000 – 2401 – 0001174　△151/11

註釋古周禮五卷註釋古周禮考工記一卷
（明）郎兆玉撰　明天啟六年(1626)堂策檻刻
本　佚名圈點　六冊

430000 – 2401 – 0001175　△151/11(1)

註釋古周禮五卷註釋古周禮考工記一卷
（明）郎兆玉撰　明天啟六年(1626)堂策檻刻
本　佚名圈點　三冊

430000 – 2401 – 0001176　△151/2

考工記二卷　（明）郭正域批點　明末刻朱墨
套印本　一冊

430000 – 2401 – 0001177　△151/5

周禮訓雋二十卷　（明）陳深撰　明萬曆刻本
四冊

430000 – 2401 – 0001178　151/20

周禮釋註二卷　（清）丁晏撰　清咸豐刻頤志
齋叢書本　一冊

430000 – 2401 – 0001179　151/26

周官辨一卷　（清）方苞撰　清雍正三年
(1725)刻本　一冊

430000 – 2401 – 0001180　151/30

周官集註十二卷　（清）方苞撰　清刻本　五冊

430000 – 2401 – 0001181　151/28－3

欽定周官義疏四十八卷首一卷　（清）允祿等
撰　清乾隆十九年(1754)刻本　三十二冊

430000 – 2401 – 0001182　151/28－4

欽定周官義疏四十八卷首一卷　（清）允祿等
撰　清同治七年(1868)浙江撫署摹刻本　二
十二冊

430000 – 2401 – 0001183　151/28

欽定周官義疏四十八卷首一卷　（清）允祿等
撰　清光緒十四年(1888)江南書局刻本　二
十四冊

430000 – 2401 – 0001184　151/28－2

欽定周官義疏四十八卷首一卷　（清）允祿等
撰　清光緒十九年(1893)湖南寶慶漱芳閣刻
本　八冊

430000 – 2401 – 0001185　151/28－5

欽定周官義疏四十八卷首一卷　（清）允祿等
撰　清尊經閣刻本　四十六冊

430000 – 2401 – 0001186　151/28－6

欽定周官義疏四十八卷首一卷　（清）允祿等
撰　清刻本　三十三冊　缺五卷(一至四、首
一卷)

430000 – 2401 – 0001187　△151/7

周禮補註八卷　（清）呂飛鵬撰　清道光二十
九年(1849)旌德呂氏立誠軒刻本　何紹基題
寫書根　二冊

430000 – 2401 – 0001188　151/37

井田圖考二卷　（清）朱克己撰　清光緒十六
年(1890)山東書局刻本　二冊

430000 – 2401 – 0001189　151/43

周官祿田考三卷　（清）沈彤撰　清乾隆十六
年(1751)果堂刻本　一冊

430000 – 2401 – 0001190　151/17

周禮集傳六卷　（清）李文炤撰　清道光二十
三年(1843)重修本　六冊

430000 – 2401 – 0001191　151/14

周禮述註二十四卷　（清）李光坡撰　清光緒

三年(1877)刻本　八冊

430000－2401－0001192　151/19

周禮纂訓二十一卷　(清)李鍾倫撰　清乾隆二十二年(1757)成雲山房刻本　八冊

430000－2401－0001193　151/19－2

周禮纂訓二十一卷　(清)李鍾倫撰　清道光六年(1826)刻本　六冊

430000－2401－0001194　151/32

考工記車制圖解二卷　(清)阮元撰　清刻本　二冊

430000－2401－0001195　151/32(1)

考工記車制圖解二卷　(清)阮元撰　清刻本　二冊

430000－2401－0001196　151/50

考工記二卷　(清)吳熙註　清光緒二十二年(1896)鈔本　二冊

430000－2401－0001197　151/45

鄹學齋周禮淺說不分卷　(清)吳熙錄　清鈔本　二冊

430000－2401－0001198　151/15－2

周禮輯義十二卷　(清)姜兆錫撰　清雍正九年(1731)寅清樓刻本　六冊

430000－2401－0001199　151/15

周禮輯義十二卷　(清)姜兆錫撰　清素位堂刻本　六冊

430000－2401－0001200　151/16

周禮會通六卷　(清)胡翹撰　清乾隆五十二年(1787)刻本　三冊

430000－2401－0001201　151/8

周禮三家佚註一卷　(清)孫詒讓集　清光緒二十年(1894)瑞安孫氏刻本　一冊

430000－2401－0001202　151/9－3

周禮政要二卷　(清)孫詒讓集　清光緒二十八年(1902)瑞安普通學堂刻本　二冊

430000－2401－0001203　151/9

周禮政要四卷　(清)孫詒讓集　清光緒二十

八年(1902)上海廣雅書局鉛印本　四冊

430000－2401－0001204　151/9(1)

周禮政要四卷　(清)孫詒讓集　清光緒二十八年(1902)上海廣雅書局鉛印本　一冊

430000－2401－0001205　151/9－4

周禮政要二卷　(清)孫詒讓集　清光緒二十八年(1902)上海廣雅書局鉛印本　二冊

430000－2401－0001206　151/9－2

周禮政要二卷　(清)孫詒讓集　清光緒二十九年(1903)瑞安普通學堂刻本　二冊

430000－2401－0001207　151/10－2

周禮正義八十六卷　(清)孫詒讓集　清光緒三十一年(1905)鉛印本　十八冊

430000－2401－0001208　151/10－2(1)

周禮正義八十六卷　(清)孫詒讓集　清光緒三十一年(1905)鉛印本　十八冊

430000－2401－0001209　151/22

周官說五卷　(清)莊存與撰　清嘉慶八年(1803)刻道光七年(1827)補刻味經齋遺書本　二冊

430000－2401－0001210　151/29

周官指掌五卷　(清)莊有可撰　清道光九年(1829)刻本　二冊

430000－2401－0001211　151/25

周官精義十二卷　(清)連斗山撰　清道光七年(1827)刻本　六冊

430000－2401－0001212　151/25－2

周官精義十二卷　(清)連斗山撰　清宣統三年(1911)衡州府中學堂木活字本　六冊

430000－2401－0001213　151/25－3

周官精義十二卷　(清)連斗山撰　清刻本　六冊

430000－2401－0001214　151/7

周禮精華六卷　(清)陳龍標輯　清嘉慶十三年(1808)刻本　六冊

430000－2401－0001215　151/7－2

周禮精華六卷　（清）陳龍標輯　清道光十二年(1832)刻本　三冊

430000－2401－0001216　151/7－3
周禮精華六卷　（清）陳龍標輯　清刻本　四冊

430000－2401－0001217　151/18
周禮節訓六卷　（清）黃叔琳輯　清雍正十年(1732)古音堂刻本　八冊

430000－2401－0001218　△151/12
禮說十四卷　（清）惠士奇撰　清乾隆吳縣惠氏紅豆齋刻本　佚名批校　四冊

430000－2401－0001219　151/44
周官彙鈔六卷　（清）喻子孚編輯　鈔本　一冊

430000－2401－0001220　151/38
遂人匠人溝洫異同考一卷　（清）程瑤田撰　清鈔本　一冊

430000－2401－0001221　151/27
周官辨非一卷　（清）萬斯大撰　清刻本　一冊

430000－2401－0001222　151/39
周禮音訓不分卷　（清）楊國楨撰　清光緒三年(1877)湖北崇文書局刻十一經音訓本　二冊

430000－2401－0001223　151/12
周禮撮要三卷　（清）潘相撰　清乾隆十八年(1753)安鄉潘氏刻本　一冊

430000－2401－0001224　151/36
輪輿私箋二卷附圖一卷　（清）鄭珍撰　清同治七年(1868)獨山莫氏金陵刻本　一冊

430000－2401－0001225　151/36(1)
輪輿私箋二卷附圖一卷　（清）鄭珍撰　清同治七年(1868)獨山莫氏金陵刻本　一冊

430000－2401－0001226　151/36－2
輪輿私箋二卷附圖一卷　（清）鄭珍撰　清光緒十七年(1891)廣雅書局刻本　一冊

430000－2401－0001227　151/33
考工記圖二卷　（清）戴震撰　清乾隆四十四年(1779)刻微波榭叢書本　一冊

430000－2401－0001228　151/31
周官箋六卷　王闓運撰　清光緒二十二年(1896)東洲講舍刻本　六冊

430000－2401－0001229　151/31(1)
周官箋六卷　王闓運撰　清光緒二十二年(1896)東洲講舍刻本　六冊

430000－2401－0001230　151/31(2)
周官箋六卷　王闓運撰　清光緒二十二年(1896)東洲講舍刻本　六冊

430000－2401－0001231　151/31(3)
周官箋六卷　王闓運撰　清光緒二十二年(1896)東洲講舍刻本　三冊

430000－2401－0001232　151/31(4)
周官箋六卷　王闓運撰　清光緒二十二年(1896)東洲講舍刻本　三冊

430000－2401－0001233　151/31(5)
周官箋六卷　王闓運撰　清光緒二十二年(1896)東洲講舍刻本　三冊

430000－2401－0001234　151/48
考工記圖解稿不分卷附深衣圖解一卷　鈔本　一冊

430000－2401－0001235　152/49
玉函山房輯佚書：儀禮類　（清）馬國翰輯　清光緒九年(1883)長沙瑯環館刻本　二冊

430000－2401－0001236　△152/3
儀禮十七卷　（漢）鄭玄註　明刻本　四冊

430000－2401－0001237　△152/3－3
儀禮十七卷　（漢）鄭玄註　清初刻本　三冊

430000－2401－0001238　152/2－2
儀禮十七卷　（漢）鄭玄註　清康熙內府刻纂文六經四書本　二冊

430000－2401－0001239　152/1－6
儀禮十七卷　（漢）鄭玄註　清道光十四年

（1834）立本齋刻本　四冊

430000－2401－0001240　152/1－6(1)

儀禮十七卷　（漢）鄭玄註　清道光十四年（1834）立本齋刻本　四冊

430000－2401－0001241　152/1－3

儀禮十七卷　（漢）鄭玄註　清同治九年（1870）楚北崇文書局刻本　二冊

430000－2401－0001242　152/1－3(1)

儀禮十七卷　（漢）鄭玄註　清同治九年（1870）楚北崇文書局刻本　二冊

430000－2401－0001243　152/1－3(2)

儀禮十七卷　（漢）鄭玄註　清同治九年（1870）楚北崇文書局刻本　二冊

430000－2401－0001244　152/1－3(3)

儀禮十七卷　（漢）鄭玄註　清同治九年（1870）楚北崇文書局刻本　二冊

430000－2401－0001245　152/1－3(4)

儀禮十七卷　（漢）鄭玄註　清同治九年（1870）楚北崇文書局刻本　二冊

430000－2401－0001246　152/1－4

儀禮十七卷　（漢）鄭玄註　清同治十二年（1873）稽古樓刻袖珍十三經註本　八冊

430000－2401－0001247　152/1－2

儀禮十七卷　（漢）鄭玄註　（唐）陸德明音義　清同治七年（1868）湖北崇文書局刻本　四冊

430000－2401－0001248　152/1－2(1)

儀禮十七卷　（漢）鄭玄註　（唐）陸德明音義　清同治七年（1868）湖北崇文書局刻本　四冊

430000－2401－0001249　152/1－2(2)

儀禮十七卷　（漢）鄭玄註　（唐）陸德明音義　清同治七年（1868）湖北崇文書局刻本　四冊

430000－2401－0001250　152/2

儀禮十七卷　（漢）鄭玄註　清光緒九年（1883）上海同文書局石印篆文六經四書本　三冊

430000－2401－0001251　152/2(1)

儀禮十七卷　（漢）鄭玄註　清光緒九年（1883）上海同文書局石印篆文六經四書本　二冊

430000－2401－0001252　152/2(2)

儀禮十七卷　（漢）鄭玄註　清光緒九年（1883）上海同文書局石印篆文六經四書本　二冊

430000－2401－0001253　152/1

儀禮十七卷　（漢）鄭玄註　（唐）陸德明音義　清光緒十二年（1886）湖北官書處刻本　四冊

430000－2401－0001254　152/1(1)

儀禮十七卷　（漢）鄭玄註　（唐）陸德明音義　清光緒十二年（1886）湖北官書處刻本　四冊

430000－2401－0001255　152/1(2)

儀禮十七卷　（漢）鄭玄註　（唐）陸德明音義　清光緒十二年（1886）湖北官書處刻本　四冊

430000－2401－0001256　152/1－5

儀禮十七卷　（漢）鄭玄註　清拓本　十二冊

430000－2401－0001257　△152/4

儀禮註疏十七卷　（漢）鄭玄註　（唐）賈公彥疏　（明）聞人詮校正　明嘉靖應檟刻本　葉啟發題識　十二冊

430000－2401－0001258　△152/4－2

儀禮註疏十七卷　（漢）鄭玄註　（唐）賈公彥疏　明嘉靖李元陽江以達刻本　佚名朱筆批校　十一冊　缺一卷(十三)

430000－2401－0001259　152/3－3

儀禮註疏十七卷　（漢）鄭玄註　（唐）賈公彥疏　明崇禎九年（1636）汲古閣刻本　十冊

430000－2401－0001260　152/3－4

儀禮註疏十七卷　（漢）鄭玄註　（唐）陸德明音義　（唐）賈公彥疏　清乾隆四年（1739）刻本　十冊

430000－2401－0001261　152/3

儀禮註疏十七卷附考證　（漢）鄭玄註　（唐）陸德明音義　（唐）賈公彥疏　清同治十年(1871)刻十三經註疏附考證本　十冊

430000－2401－0001262　152/3(1)

儀禮註疏十七卷附考證　（漢）鄭玄註　（唐）陸德明音義　（唐）賈公彥疏　清同治十年(1871)刻十三經註疏附考證本　十冊

430000－2401－0001263　152/3(2)

儀禮註疏十七卷附考證　（漢）鄭玄註　（唐）陸德明音義　（唐）賈公彥疏　清同治十年(1871)刻十三經註疏附考證本　十四冊

430000－2401－0001264　152/3－2

儀禮註疏十七卷　（漢）鄭玄註　（唐）陸德明音義　（唐）賈公彥疏　清同治十三年(1874)湖南書局刻本　十二冊

430000－2401－0001265　152/3－2(1)

儀禮註疏十七卷　（漢）鄭玄註　（唐）陸德明音義　（唐）賈公彥疏　清同治十三年(1874)湖南書局刻本　八冊　缺六卷(九至十四)

430000－2401－0001266　△152/5

儀禮疏五十卷　（唐）賈公彥等撰　清道光十年(1830)汪氏藝芸書舍刻本　六冊　存十九卷(一至三、三十五至五十)

430000－2401－0001267　△152/5(1)

儀禮疏五十卷　（唐）賈公彥等撰　清道光十年(1830)汪氏藝芸書舍刻本　六冊　存四十四卷(一至三十一、三十八至五十)

430000－2401－0001268　152/29

儀禮經傳通解三十七卷續二十九卷　（宋）朱熹撰　（宋）黃榦續　清呂氏寶誥堂刻本　十六冊

430000－2401－0001269　152/29(1)

儀禮經傳通解三十七卷續二十九卷　（宋）朱熹撰　（宋）黃榦續　清呂氏寶誥堂刻本　二十冊

430000－2401－0001270　152/29(2)

儀禮經傳通解三十七卷續二十九卷　（宋）朱熹撰　（宋）黃榦續　清呂氏寶誥堂刻本　二十冊

430000－2401－0001271　152/29(3)

儀禮經傳通解三十七卷續二十九卷　（宋）朱熹撰　（宋）黃榦續　清呂氏寶誥堂刻本　七冊　缺五卷(一至五)

430000－2401－0001272　152/29(4)

儀禮經傳通解三十七卷續二十九卷　（宋）朱熹撰　（宋）黃榦續　清呂氏寶誥堂刻本　十二冊

430000－2401－0001273　△152/1

儀禮經傳通解三十七卷　（宋）朱熹撰　日本寬文九年(1669)刻本　十七冊

430000－2401－0001274　△152/11

雙峰先生內外服制通釋九卷　（宋）車垓撰　清鈔本　二冊　存七卷(一至七)

430000－2401－0001275　152/31

儀禮集釋三十卷附釋宮一卷　（宋）李如圭撰　清刻本　九冊

430000－2401－0001276　152/31(1)

儀禮集釋三十卷附釋宮一卷　（宋）李如圭撰　清刻本　九冊

430000－2401－0001277　152/34

儀禮釋宮一卷　（宋）李如圭撰　清刻本　一冊

430000－2401－0001278　152/51－2

宋葉文康公禮經會元四卷　（宋）葉時撰　清乾隆五十年(1785)刻本　一冊　存一卷(一)

430000－2401－0001279　152/51

宋葉文康公禮經會元節本四卷　（宋）葉時撰　（清）陸隴其點定　（清）許元淮節本　清光緒十一年(1885)掄元堂刻本　四冊

430000－2401－0001280　152/9

儀禮識誤三卷　（宋）張淳撰　清刻本　一冊

430000－2401－0001281　152/9(1)

儀禮識誤三卷　（宋）張淳撰　清刻本　一冊

430000－2401－0001282　152/9（2）

儀禮識誤三卷　（宋）張淳撰　清刻本　一冊

430000－2401－0001283　△152/7

儀禮圖十七卷儀禮旁通圖一卷　（宋）楊復撰
清初刻本　九冊

430000－2401－0001284　152/25

儀禮圖十七卷儀禮旁通圖一卷　（宋）楊復撰
清同治十二年（1873）粵東書局刻通志堂經
解本　六冊

430000－2401－0001285　152/21

儀禮要義五十卷　（宋）魏了翁撰　清光緒十
年（1884）江蘇書局刻本　十二冊

430000－2401－0001286　152/55

喪禮輯略一卷　（清）丁宏會輯　清同治四年
（1865）丁氏白芙堂刻本　一冊

430000－2401－0001287　152/20

儀禮析疑十七卷　（清）方苞撰　清乾隆十一
年（1746）刻本　六冊

430000－2401－0001288　152/20（1）

儀禮析疑十七卷　（清）方苞撰　清乾隆十一
年（1746）刻本　五冊　缺二卷（十三至十四）

430000－2401－0001289　152/27

儀禮訓解十七卷　（清）王士讓撰　清道光二
年（1822）志經堂刻本　十二冊

430000－2401－0001290　152/6

欽定儀禮義疏四十八卷首二卷　（清）允祿等
撰　清光緒十九年（1893）湖南寶慶漱芳閣刻
本　十冊

430000－2401－0001291　152/6－4

欽定儀禮義疏四十八卷首二卷　（清）允祿等
撰　清末刻本　三十六冊

430000－2401－0001292　152/6－2

欽定儀禮義疏四十八卷首二卷　（清）允祿等
撰　清刻本　二十六冊

430000－2401－0001293　152/6－7

欽定儀禮義疏四十八卷首二卷　（清）允祿等
撰　清刻本　三十二冊

430000－2401－0001294　152/6－3

欽定儀禮義疏四十八卷首二卷　（清）允祿等
撰　清刻御纂七經本　四十四冊

430000－2401－0001295　152/6－6

欽定儀禮義疏四十八卷首二卷　（清）允祿等
撰　清尊經閣刻本　三十五冊　缺二卷（四
十七至四十八）

430000－2401－0001296　152/6－5

欽定儀禮義疏四十八卷首二卷　（清）允祿等
撰　清紫陽書院刻本　三十六冊

430000－2401－0001297　152/35

儀禮節貫一卷首一卷末一卷　（清）朱坦甫撰
清道光四年（1824）刻本　二冊

430000－2401－0001298　152/17

儀禮節略二十卷　（清）朱軾撰　清雍正五年
（1727）刻本　二十冊

430000－2401－0001299　152/17（1）

儀禮節略二十卷　（清）朱軾撰　清雍正五年
（1727）刻本　二十冊

430000－2401－0001300　152/17（2）

儀禮節略二十卷　（清）朱軾撰　清雍正五年
（1727）刻本　六冊　存十卷（一至十）

430000－2401－0001301　152/36

儀禮纂錄二卷　（清）李清植撰　清道光十一
年（1831）孫維迪刻本　二冊

430000－2401－0001302　152/14

儀禮古今考二卷　（清）李調元撰　清刻本
一冊

430000－2401－0001303　152/5

儀禮註疏校勘記十七卷　（清）阮元撰　清同
治十三年（1874）湖南書局刻本　四冊

430000－2401－0001304　152/5（1）

儀禮註疏校勘記十七卷　（清）阮元撰　清同
治十三年（1874）湖南書局刻本　三冊　缺三
卷（六至八）

430000－2401－0001305　152/8－3

儀禮章句十七卷　（清）吳廷華撰　清嘉慶三

年(1798)刻本　四冊

430000－2401－0001306　152/8

儀禮章句十七卷　（清）吳廷華撰　清道光二十九年(1849)刻本　四冊

430000－2401－0001307　152/8－4

儀禮章句十七卷　（清）吳廷華撰　清光緒十九年(1893)益元書局刻本　四冊　缺四卷（五至八）

430000－2401－0001308　152/40

喪服會通說四卷　（清）吳嘉賓撰　清咸豐元年(1851)刻本　二冊

430000－2401－0001309　152/40(1)

喪服會通說四卷　（清）吳嘉賓撰　清咸豐元年(1851)刻本　二冊

430000－2401－0001310　152/40－2

求自得之室喪服會通說四卷　（清）吳嘉賓撰　清同治六年(1867)刻本　二冊

430000－2401－0001311　△152/6

儀禮經註疏正譌十七卷　（清）金日追撰　清乾隆五十三年(1788)刻本　四冊

430000－2401－0001312　152/43

制服成誦編不分卷　（清）周保圭撰　清光緒十五年(1889)長沙李氏芋園刻本　一冊

430000－2401－0001313　152/43(1)

制服成誦編不分卷　（清）周保圭撰　清光緒十五年(1889)長沙李氏芋園刻本　一冊

430000－2401－0001314　152/43－2

制服成誦編不分卷　（清）周保圭撰　清光緒十六年(1890)貴州書局刻本　一冊

430000－2401－0001315　△152/9

儀禮釋官九卷首一卷　（清）胡匡衷撰　清嘉慶二十一年(1816)研六閣刻本　何紹基題寫書根　二冊

430000－2401－0001316　152/32

儀禮釋官九卷首一卷　（清）胡匡衷撰　清同治八年(1869)刻本　四冊

430000－2401－0001317　152/32(1)

儀禮釋官九卷首一卷　（清）胡匡衷撰　清同治八年(1869)刻本　四冊

430000－2401－0001318　152/32(2)

儀禮釋官九卷首一卷　（清）胡匡衷撰　清同治八年(1869)刻本　四冊

430000－2401－0001319　152/32(3)

儀禮釋官九卷首一卷　（清）胡匡衷撰　清同治八年(1869)刻本　四冊

430000－2401－0001320　152/15

儀禮古今文疏義十七卷　（清）胡承珙撰　清道光五年(1825)刻本　二冊

430000－2401－0001321　152/15－2

儀禮古今文疏義十七卷　（清）胡承珙撰　清光緒元年(1875)湖北崇文書局刻本　二冊

430000－2401－0001322　152/15－3

儀禮古今文疏義十七卷　（清）胡承珙撰　清光緒三年(1877)湖北崇文書局刻本　四冊

430000－2401－0001323　152/15－3(1)

儀禮古今文疏義十七卷　（清）胡承珙撰　清光緒三年(1877)湖北崇文書局刻本　四冊

430000－2401－0001324　152/19

儀禮正義四十卷　（清）胡培翬撰　清同治七年(1868)蘇州湯晉苑局刻本　二十冊

430000－2401－0001325　152/19(1)

儀禮正義四十卷　（清）胡培翬撰　清同治七年(1868)蘇州湯晉苑局刻本　二十冊

430000－2401－0001326　152/19(2)

儀禮正義四十卷　（清）胡培翬撰　清同治七年(1868)蘇州湯晉苑局刻本　二十冊

430000－2401－0001327　152/19(3)

儀禮正義四十卷　（清）胡培翬撰　清同治七年(1868)蘇州湯晉苑局刻本　二十冊

430000－2401－0001328　152/19(4)

儀禮正義四十卷　（清）胡培翬撰　清同治七年(1868)蘇州湯晉苑局刻本　二十冊

430000－2401－0001329　152/47

禮經釋例十三卷　（清）凌廷堪撰　清嘉慶刻本　六冊

430000－2401－0001330　152/16

儀禮古今文異同疏證五卷　（清）徐養原撰　清光緒十七年(1891)廣雅書局刻本　一冊

430000－2401－0001331　152/48

禮經校釋二十二卷　（清）曹元弼撰　清光緒十八年(1892)刻本　十二冊

430000－2401－0001332　152/48(1)

禮經校釋二十二卷　（清）曹元弼撰　清光緒十八年(1892)刻本　十二冊

430000－2401－0001333　152/22

儀禮喪服輯略一卷喪服雜說一卷　（清）張華理輯　清同治十二年(1873)長沙丁氏荷花池刻本　一冊

430000－2401－0001334　152/22(1)

儀禮喪服輯略一卷喪服雜說一卷　（清）張華理輯　清同治十二年(1873)長沙丁氏荷花池刻本　一冊

430000－2401－0001335　152/22(2)

儀禮喪服輯略一卷喪服雜說一卷　（清）張華理輯　清同治十二年(1873)長沙丁氏荷花池刻本　一冊

430000－2401－0001336　152/22(3)

儀禮喪服輯略一卷喪服雜說一卷　（清）張華理輯　清同治十二年(1873)長沙丁氏荷花池刻本　一冊

430000－2401－0001337　152/22(4)

儀禮喪服輯略一卷喪服雜說一卷　（清）張華理輯　清同治十二年(1873)長沙丁氏荷花池刻本　一冊

430000－2401－0001338　152/22(5)

儀禮喪服輯略一卷喪服雜說一卷　（清）張華理輯　清同治十二年(1873)長沙丁氏荷花池刻本　一冊

430000－2401－0001339　152/39

喪服今制表一卷　（清）張華理輯　清同治十三年(1874)長沙丁氏荷花池刻本　一冊

430000－2401－0001340　152/39(1)

喪服今制表一卷　（清）張華理輯　清同治十三年(1874)長沙丁氏荷花池刻本　一冊

430000－2401－0001341　152/39(2)

喪服今制表一卷　（清）張華理輯　清同治十三年(1874)長沙丁氏荷花池刻本　一冊

430000－2401－0001342　152/39(3)

喪服今制表一卷　（清）張華理輯　清同治十三年(1874)長沙丁氏荷花池刻本　一冊

430000－2401－0001343　152/39(4)

喪服今制表一卷　（清）張華理輯　清同治十三年(1874)長沙丁氏荷花池刻本　一冊

430000－2401－0001344　152/39(5)

喪服今制表一卷　（清）張華理輯　清同治十三年(1874)長沙丁氏荷花池刻本　一冊

430000－2401－0001345　152/39(6)

喪服今制表一卷　（清）張華理輯　清同治十三年(1874)長沙丁氏荷花池刻本　一冊

430000－2401－0001346　152/39(7)

喪服今制表一卷　（清）張華理輯　清同治十三年(1874)長沙丁氏荷花池刻本　一冊

430000－2401－0001347　152/24－2

儀禮圖六卷　（清）張惠言撰　清嘉慶十年(1805)揚州阮氏刻本　二冊

430000－2401－0001348　152/24－2(1)

儀禮圖六卷　（清）張惠言撰　清嘉慶十年(1805)揚州阮氏刻本　二冊

430000－2401－0001349　152/24

儀禮圖六卷　（清）張惠言撰　清同治九年(1870)楚北崇文書局刻本　三冊

430000－2401－0001350　152/24(1)

儀禮圖六卷　（清）張惠言撰　清同治九年(1870)楚北崇文書局刻本　三冊

430000－2401－0001351　152/24(2)

儀禮圖六卷　（清）張惠言撰　清同治九年(1870)楚北崇文書局刻本　四冊

430000－2401－0001352　152/28

儀禮經集註十七卷　（清）張鳳翔撰　清初刻本　七冊

430000－2401－0001353　△152/8

儀禮鄭註句讀十七卷監本正誤一卷石本誤字一卷　（清）張爾岐撰　清乾隆八年(1743)高廷樞刻本　曾國藩批校　六冊

430000－2401－0001354　152/13

儀禮鄭註句讀十七卷　（清）張爾岐撰　清乾隆三十八年(1773)刻本　六冊

430000－2401－0001355　152/13－3(1)

儀禮鄭註句讀十七卷　（清）張爾岐撰　清同治七年(1868)金陵書局刻本　四冊

430000－2401－0001356　152/13－3(2)

儀禮鄭註句讀十七卷　（清）張爾岐撰　清同治七年(1868)金陵書局刻本　四冊

430000－2401－0001357　152/13－3(3)

儀禮鄭註句讀十七卷　（清）張爾岐撰　清同治七年(1868)金陵書局刻本　四冊

430000－2401－0001358　152/13－3

儀禮鄭註句讀十七卷　（清）張爾岐撰　清同治七年(1868)金陵書局刻本　四冊

430000－2401－0001359　152/13－2

儀禮鄭註句讀十七卷　（清）張爾岐撰　清同治十一年(1872)山東書局刻本　六冊

430000－2401－0001360　152/13－5

儀禮鄭註句讀十七卷　（清）張爾岐撰　清同治十三年(1874)湖南書局刻本　四冊

430000－2401－0001361　152/13－5(1)

儀禮鄭註句讀十七卷　（清）張爾岐撰　清同治十三年(1874)湖南書局刻本　四冊

430000－2401－0001362　152/13－5(2)

儀禮鄭註句讀十七卷　（清）張爾岐撰　清同治十三年(1874)湖南書局刻本　四冊

430000－2401－0001363　152/13－5(3)

儀禮鄭註句讀十七卷　（清）張爾岐撰　清同治十三年(1874)湖南書局刻本　四冊

430000－2401－0001364　152/13－5(4)

儀禮鄭註句讀十七卷　（清）張爾岐撰　清同治十三年(1874)湖南書局刻本　四冊

430000－2401－0001365　152/13－6

儀禮鄭註句讀十七卷　（清）張爾岐撰　清江南李光明莊刻本　五冊　缺二卷(十六至十七)

430000－2401－0001366　152/33

儀禮纂要二卷　（清）黃元善撰　清光緒二十年(1894)刻本　二冊

430000－2401－0001367　152/7

儀禮商二卷附錄一卷　（清）萬斯大撰　清乾隆二十六年(1761)刻本　二冊

430000－2401－0001368　152/30

儀禮經傳通解五十八卷　（清）楊丕復撰　清光緒十九年(1893)博約堂刻本　四十冊

430000－2401－0001369　152/11

儀禮音訓不分卷　（清）楊國楨撰　清道光十年(1830)大梁書院刻十一經音訓本　二冊

430000－2401－0001370　152/26

儀禮私箋八卷　（清）鄭珍撰　清同治五年(1866)成山唐氏刻本　二冊

430000－2401－0001371　152/26(1)

儀禮私箋八卷　（清）鄭珍撰　清同治五年(1866)成山唐氏刻本　二冊

430000－2401－0001372　152/26(2)

儀禮私箋八卷　（清）鄭珍撰　清同治五年(1866)成山唐氏刻本　二冊

430000－2401－0001373　152/26(3)

儀禮私箋八卷　（清）鄭珍撰　清同治五年(1866)成山唐氏刻本　一冊

430000－2401－0001374　152/26－2

儀禮私箋八卷　（清）鄭珍撰　清光緒十七年(1891)廣雅書局刻本　一冊

430000 - 2401 - 0001375　152/26 - 2(1)

儀禮私箋八卷　(清)鄭珍撰　清光緒十七年(1891)廣雅書局刻本　二冊

430000 - 2401 - 0001376　152/4

儀禮註疏詳校十七卷　(清)盧文弨輯　清乾隆六十年(1795)刻本　四冊

430000 - 2401 - 0001377　152/4(1)

儀禮註疏詳校十七卷　(清)盧文弨輯　清乾隆六十年(1795)刻本　二冊

430000 - 2401 - 0001378　152/12

儀禮韻言二卷　(清)檀萃撰　清光緒六年(1880)刻本　二冊

430000 - 2401 - 0001379　152/46

禮經箋十七卷　王闓運撰　清光緒二十二年(1896)東洲講舍刻本　六冊

430000 - 2401 - 0001380　152/46(1)

禮經箋十七卷　王闓運撰　清光緒二十二年(1896)東洲講舍刻本　六冊

430000 - 2401 - 0001381　152/46(2)

禮經箋十七卷　王闓運撰　清光緒二十二年(1896)東洲講舍刻本　八冊

430000 - 2401 - 0001382　152/46(3)

禮經箋十七卷　王闓運撰　清光緒二十二年(1896)東洲講舍刻本　三冊

430000 - 2401 - 0001383　152/46(4)

禮經箋十七卷　王闓運撰　清光緒二十二年(1896)東洲講舍刻本　三冊

430000 - 2401 - 0001384　152/52

禮經註箋十七卷　王闓運撰　清光緒三十一年(1905)許銘彝鈔本　六冊

430000 - 2401 - 0001385　152/37

大清通禮品官士庶人喪禮傳二卷　劉人熙撰　清光緒十一年(1885)都門刻本　一冊

430000 - 2401 - 0001386　152/37(1)

大清通禮品官士庶人喪禮傳二卷　劉人熙撰　清光緒十一年(1885)都門刻本　二冊

430000 - 2401 - 0001387　152/53

喪禮辨正一卷　清末木活字本　一冊

430000 - 2401 - 0001388　152/45

精繪服冕圖一卷　清鈔本　一冊

430000 - 2401 - 0001389　152/54

蔡氏月令二卷　(漢)蔡邕撰　清道光四年(1824)王氏刻本　二冊

430000 - 2401 - 0001390　153/64

月令章句四卷　(漢)蔡邕撰　葉德輝輯　清光緒三十年(1904)長沙葉氏刻本　一冊

430000 - 2401 - 0001391　153/1 - 6

禮記二十卷　(漢)鄭玄註　清嘉慶十一年(1806)陽城張氏重刻本　十二冊

430000 - 2401 - 0001392　153/1 - 4

禮記二十卷　(漢)鄭玄註　清同治九年(1870)楚北崇文書局刻本　八冊

430000 - 2401 - 0001393　153/1 - 4(1)

禮記二十卷　(漢)鄭玄註　清同治九年(1870)楚北崇文書局刻本　八冊

430000 - 2401 - 0001394　153/3

禮記二十卷附考證　(漢)鄭玄註　(唐)陸德明音義　清乾隆四十八年(1783)武英殿刻仿宋相臺五經附考證本　十冊

430000 - 2401 - 0001395　153/1 - 5

禮記二十卷附考證　(漢)鄭玄註　清光緒二年(1876)江南書局刻仿宋相臺五經附考證本　清光緒十二年(1886)佚名圈點　十冊

430000 - 2401 - 0001396　153/1 - 5(1)

禮記二十卷附考證　(漢)鄭玄註　清光緒二年(1876)江南書局刻仿宋相臺五經附考證本　清光緒十二年(1886)佚名圈點　十冊

430000 - 2401 - 0001397　153/1 - 3

禮記二十卷附考證　(漢)鄭玄註　(唐)陸德明音義　清光緒八年(1882)長沙龍氏刻本　九冊

430000 - 2401 - 0001398　153/1 - 3(1)

禮記二十卷附考證　(漢)鄭玄註　(唐)陸德

明音義　清光緒八年(1882)長沙龍氏刻本
十冊

430000 － 2401 － 0001399　153／1 － 3(2)
禮記二十卷附考證　(漢)鄭玄註　(唐)陸德
明音義　清光緒八年(1882)長沙龍氏刻本
十冊

430000 － 2401 － 0001400　153／1 － 3(3)
禮記二十卷附考證　(漢)鄭玄註　(唐)陸德
明音義　清光緒八年(1882)長沙龍氏刻本
十二冊

430000 － 2401 － 0001401　153／1 － 3(4)
禮記二十卷附考證　(漢)鄭玄註　(唐)陸德
明音義　清光緒八年(1882)長沙龍氏刻本
十二冊

430000 － 2401 － 0001402　153／1 － 7
禮記二十卷　(漢)鄭玄註　清光緒拓本　二
十冊

430000 － 2401 － 0001403　153／9
禮記四十九卷　(漢)鄭玄註　清永懷堂刻本
一冊　存二卷(一至二)

430000 － 2401 － 0001404　△153／7
禮記註疏六十三卷　(漢)鄭玄註　(唐)陸德
明音義　(唐)孔穎達疏　明萬曆十六年
(1588)田一儁、王祖嫡校刻本　十六冊

430000 － 2401 － 0001405　△153／7 － 2
附釋音禮記註疏六十三卷　(漢)鄭玄註
(唐)陸德明音義　(唐)孔穎達疏　清乾隆六
十年(1795)和珅刻本　十六冊

430000 － 2401 － 0001406　153／6
禮記註疏六十三卷附考證　(漢)鄭玄撰
(唐)陸德明音義　(唐)孔穎達疏　清同治十
年(1871)刻十三經註疏附考證本　二十四冊

430000 － 2401 － 0001407　153／6(1)
禮記註疏六十三卷附考證　(漢)鄭玄撰
(唐)陸德明音義　(唐)孔穎達疏　清同治十
年(1871)刻十三經註疏附考證本　二十八冊

430000 － 2401 － 0001408　153／6 － 3

附釋音禮記註疏六十三卷　(漢)鄭玄註
(唐)陸德明音義　(唐)孔穎達疏　清刻本
二十四冊

430000 － 2401 － 0001409　153／6 － 4
禮記註疏六十三卷　(漢)鄭玄註　(唐)陸德
明音義　(唐)孔穎達疏　清刻本　十六冊
缺三十五卷(一至十七、二十九至三十、四十
至五十五)

430000 － 2401 － 0001410　△153／1 － 2
大戴禮記十三卷　(漢)戴德撰　明刻本　佚
名朱校　一冊　存三卷(七至九)

430000 － 2401 － 0001411　△153／1
大戴禮記十三卷　(漢)戴德撰　清康熙五十
七年(1718)朱氏自修齋刻本　四冊

430000 － 2401 － 0001412　153／36 － 3
大戴禮記十三卷　(漢)戴德撰　(北周)盧辯
註　清宣統三年(1911)刻貴池劉氏玉海堂影
宋叢書本　二冊

430000 － 2401 － 0001413　153／36 － 4
大戴禮記十三卷　(漢)戴德撰　(北周)盧辯
註　清刻本　一冊

430000 － 2401 － 0001414　153／44
夏小正一卷　(漢)戴德撰　清光緒十年
(1884)成都尊經書局刻本　一冊

430000 － 2401 － 0001415　153／51
夏小正戴氏傳四卷　(漢)戴德撰　(宋)傅崧
卿註　清道光元年(1821)吳門黃氏士禮居刻
本　一冊

430000 － 2401 － 0001416　153／55
黃氏讀禮記日鈔十六卷　(宋)黃震撰　清光
緒三十四年(1908)問經精舍刻本　八冊

430000 － 2401 － 0001417　△153／10
禮記集說一百六十卷　(宋)衛湜編　清康熙
十六年(1677)通志堂刻本　四十冊

430000 － 2401 － 0001418　△153／5
檀弓記二卷　(宋)謝枋得評點　(明)楊慎註
明刻本　一冊　存下篇

430000－2401－0001419　153/33

新刊京本禮記纂言三十六卷　（元）吳澄撰
明崇禎二年(1629)刻本　十二冊

430000－2401－0001420　153/33－2

禮記纂言三十六卷　（元）吳澄撰　清刻本
八冊

430000－2401－0001421　△153/8

禮記集註十卷　（元）陳澔撰　明初刻本　一
冊　存一卷(二)

430000－2401－0001422　△153/9

禮記集說十六卷　（元）陳澔撰　明正統十二
年(1447)司禮監刻本　三十二冊

430000－2401－0001423　△153/9－2

禮記集說十六卷　（元）陳澔撰　明刻本　十
五冊　缺一卷(五)

430000－2401－0001424　153/29－9

禮記集說十卷　（元）陳澔撰　清嘉慶十年
(1805)刻本　五冊

430000－2401－0001425　15/29－12

禮記集說十卷　（元）陳澔撰　清咸豐元年
(1851)新化鄧氏邵州濂溪書院刻本　十冊

430000－2401－0001426　153/29－14

禮記集說十卷　（元）陳澔撰　清同治三年
(1864)浙江撫署刻本　十冊

430000－2401－0001427　153/29－3

禮記集說十卷　（元）陳澔撰　清同治五年
(1866)金陵書局刻本　十冊

430000－2401－0001428　153/29－3(1)

禮記集說十卷　（元）陳澔撰　清同治五年
(1866)金陵書局刻本　十冊

430000－2401－0001429　153/29－3(2)

禮記集說十卷　（元）陳澔撰　清同治五年
(1866)金陵書局刻本　十冊

430000－2401－0001430　153/29－6

禮記集說十卷　（元）陳澔撰　清同治七年
(1868)湖北崇文書局刻本　十冊

430000－2401－0001431　153/29－6(1)

禮記集說十卷　（元）陳澔撰　清同治七年
(1868)湖北崇文書局刻本　十冊

430000－2401－0001432　153/29－6(2)

禮記集說十卷　（元）陳澔撰　清同治七年
(1868)湖北崇文書局刻本　十冊

430000－2401－0001433　153/29－2

禮記集說十卷　（元）陳澔撰　清同治十年
(1871)刻本　十冊

430000－2401－0001434　153/29－2(1)

禮記集說十卷　（元）陳澔撰　清同治十年
(1871)刻本　十冊

430000－2401－0001435　153/29－2(2)

禮記集說十卷　（元）陳澔撰　清同治十年
(1871)刻本　九冊　缺一卷(五)

430000－2401－0001436　153/29－7

禮記集說十卷　（元）陳澔撰　清同治十一年
(1872)湖南尊經閣刻本　十冊

430000－2401－0001437　153/29－7(1)

禮記集說十卷　（元）陳澔撰　清同治十一年
(1872)湖南尊經閣刻本　十冊

430000－2401－0001438　153/29－7(2)

禮記集說十卷　（元）陳澔撰　清同治十一年
(1872)湖南尊經閣刻本　十冊

430000－2401－0001439　153/29－7(3)

禮記集說十卷　（元）陳澔撰　清同治十一年
(1872)湖南尊經閣刻本　十冊

430000－2401－0001440　153/29－7(4)

禮記集說十卷　（元）陳澔撰　清同治十一年
(1872)湖南尊經閣刻本　四冊　存四卷(一
至二、四至五)

430000－2401－0001441　153/29－4

禮記集說十卷　（元）陳澔撰　清同治十三年
(1874)湖南書局刻本　十冊

430000－2401－0001442　153/29－4(1)

禮記集說十卷　（元）陳澔撰　清同治十三年
(1874)湖南書局刻本　十冊

430000－2401－0001443　153/29－4（2）

禮記集說十卷　（元）陳澔撰　清同治十三年（1874）湖南書局刻本　十冊

430000－2401－0001444　153/29－5

禮記集說十卷　（元）陳澔撰　清光緒八年（1882）江南書局刻本　十冊

430000－2401－0001445　153/29

禮記集說十卷　（元）陳澔撰　清光緒十二年（1886）湖北官書處刻本　十冊

430000－2401－0001446　153/29（1）

禮記集說十卷　（元）陳澔撰　清光緒十二年（1886）湖北官書處刻本　十冊

430000－2401－0001447　153/29－8

禮記集說十卷　（元）陳澔撰　清光緒十九年（1893）江南書局刻本　十冊

430000－2401－0001448　153/29－11

禮記集說十卷　（元）陳澔撰　清光緒二十一年（1895）澹雅書局刻本　十冊

430000－2401－0001449　153/29－10

禮記集說十卷　（元）陳澔撰　清光緒二十六年（1900）湖南書局刻本　十冊

430000－2401－0001450　153/29－16

禮記集說十卷　（元）陳澔撰　清光緒三十年（1904）寶慶勸學書舍刻本　十冊

430000－2401－0001451　153/29－18

禮記集說十卷　（元）陳澔撰　清令德堂刻本　書名頁題霞光禮　十冊

430000－2401－0001452　153/29－19

禮記集說十卷　（元）陳澔撰　清江南李光明莊刻本　十冊

430000－2401－0001453　153/29－19（1）

禮記集說十卷　（元）陳澔撰　清江南李光明莊刻本　十冊

430000－2401－0001454　153/29－17

禮記集說十卷　（元）陳澔撰　清朱氏崇道堂刻本　十冊

430000－2401－0001455　153/29－12

禮記集說十卷　（元）陳澔撰　清長沙芸香閣刻本　十冊

430000－2401－0001456　153/12

潯陽萬氏禮記讀本十卷　（元）陳澔撰　清西昌鴻文齋刻本　十冊

430000－2401－0001457　△153/3

新刻月林丘先生家傳禮記摘訓十卷　（明）丘橓撰　（明）王懋德校　明王良相刻本　一冊　存二卷（五至六）

430000－2401－0001458　△153/11

禮記集說大全三十卷　（明）胡廣等輯　明刻本　五冊　存十卷（七至十六）

430000－2401－0001459　153/4

禮記疏意二十三卷　（明）秦繼宗集　清刻本　五冊

430000－2401－0001460　153/56

儒行集傳二卷　（明）黃道周撰　清道光二十八年（1848）長洲彭蘊章補刻石齋先生經傳九種本　二冊

430000－2401－0001461　153/35

禮記集傳十卷　（明）黃道周撰　清刻本　十冊

430000－2401－0001462　△153/4

檀弓一卷　（明）閔齊伋輯註　明萬曆四十四年（1616）閔齊伋刻朱墨套印本　一冊

430000－2401－0001463　153/17

禮記釋註四卷　（清）丁晏撰　清刻本　一冊

430000－2401－0001464　153/10

禮記章句四十九卷　（清）王夫之撰　清同治四年（1865）金陵節署刻船山遺書本　十七冊

430000－2401－0001465　153/10－2

禮記章句四十九卷　（清）王夫之撰　清光緒二十三年（1897）潞河滌塵館刻船山遺書本　十六冊

430000－2401－0001466　153/45

夏小正正義一卷　（清）王筠撰　清光緒五年

(1879)刻天壤閣叢書本　一冊

430000－2401－0001467　153/45－2
夏小正正義一卷　（清）王筠撰　清刻本
一冊

430000－2401－0001468　153/42－2
大戴禮記解詁十三卷　（清）王聘珍撰　清咸
豐元年（1851）刻本　四冊

430000－2401－0001469　153/42－3
大戴禮記解詁十三卷　（清）王聘珍撰　清光
緒十三年（1887）廣雅書局刻本　二冊

430000－2401－0001470　153/42－3(1)
大戴禮記解詁十三卷　（清）王聘珍撰　清光
緒十三年（1887）廣雅書局刻本　三冊

430000－2401－0001471　153/42
大戴禮記解詁十三卷　（清）王聘珍撰　清光
緒十九年（1893）刻本　四冊

430000－2401－0001472　154/50
夏小正傳箋四卷大戴禮公符篇考一卷　（清）
王謨撰　清嘉慶十八年（1813）刻本　二冊

430000－2401－0001473　153/37－2
大戴禮記補註十三卷　（清）孔廣森撰　清同
治十三年（1874）淮南書局刻本　四冊

430000－2401－0001474　153/37－2(1)
大戴禮記補註十三卷　（清）孔廣森撰　清同
治十三年（1874）淮南書局刻本　四冊

430000－2401－0001475　153/37－2(2)
大戴禮記補註十三卷　（清）孔廣森撰　清同
治十三年（1874）淮南書局刻本　四冊

430000－2401－0001476　153/37－3
大戴禮記補註十三卷　（清）孔廣森撰　清光
緒九年（1883）刻本　二冊

430000－2401－0001477　153/18
禮記義疏八十二卷首一卷　（清）允祿等撰
清尊經閣刻本　六十四冊

430000－2401－0001478　153/18(1)
禮記義疏八十二卷首一卷　（清）允祿等撰

清尊經閣刻本　四十八冊

430000－2401－0001479　153/18－3
欽定禮記義疏八十二卷首一卷　（清）允祿等
撰　清刻本　五十冊

430000－2401－0001480　153/18－2
欽定禮記義疏八十二卷首一卷　（清）允祿等
撰　清刻本　四十冊

430000－2401－0001481　153/18－2(1)
欽定禮記義疏八十二卷首一卷　（清）允祿等
撰　清刻本　三十八冊

430000－2401－0001482　153/53
王制箋一卷　（清）皮錫瑞撰　清光緒三十四
年（1908）思賢書局刻本　一冊

430000－2401－0001483　153/53(1)
王制箋一卷　（清）皮錫瑞撰　清光緒三十四
年（1908）思賢書局刻本　一冊

430000－2401－0001484　153/53(2)
王制箋一卷　（清）皮錫瑞撰　清光緒三十四
年（1908）思賢書局刻本　一冊

430000－2401－0001485　153/53(3)
王制箋一卷　（清）皮錫瑞撰　清光緒三十四
年（1908）思賢書局刻本　一冊

430000－2401－0001486　153/7
禮記淺說二卷　（清）皮錫瑞撰　清光緒二十
五年（1899）刻本　二冊

430000－2401－0001487　153/7(1)
禮記淺說二卷　（清）皮錫瑞撰　清光緒二十
五年（1899）刻本　二冊

430000－2401－0001488　153/60
曲禮六卷　（清）江永撰　清光緒二十九年
（1903）寶慶勸學書舍刻本　一冊

430000－2401－0001489　153/13
禮記訓義擇言八卷　（清）江永撰　清嘉慶中
海虞張氏刻墨海金壺本　一冊

430000－2401－0001490　153/34
禮記訓纂四十九卷　（清）朱彬輯　清咸豐元

年(1851)刻本　十冊

430000－2401－0001491　153/34(1)

禮記訓纂四十九卷　(清)朱彬輯　清咸豐元
年(1851)刻本　八冊

430000－2401－0001492　153/34(2)

禮記訓纂四十九卷　(清)朱彬輯　清咸豐元
年(1851)刻本　十冊

430000－2401－0001493　153/34－2

禮記訓纂四十九卷　(清)朱彬輯　清宣統元
年(1909)學部圖書局石印本　十冊

430000－2401－0001494　153/34－2(1)

禮記訓纂四十九卷　(清)朱彬輯　清宣統元
年(1909)學部圖書局石印本　十冊

430000－2401－0001495　153/34－2(2)

禮記訓纂四十九卷　(清)朱彬輯　清宣統元
年(1909)學部圖書局石印本　十冊

430000－2401－0001496　152/42

弁服釋例八卷表一卷　(清)任大椿撰　清嘉
慶元年(1796)望賢家塾刻本　二冊

430000－2401－0001497　153/28

禮記約編十卷　(清)汪基撰　清宣統二年
(1910)湖南機器印刷局鉛印本　二冊

430000－2401－0001498　153/11

禮記章句十卷　(清)汪紱撰　清光緒二十一
年(1895)刻汪雙池先生叢書本　十冊

430000－2401－0001499　153/24

禮記或問八卷　(清)汪紱撰　清光緒二十二
年(1896)刻汪雙池先生叢書本　四冊

430000－2401－0001500　153/24(1)

禮記或問八卷　(清)汪紱撰　清光緒二十二
年(1896)刻汪雙池先生叢書本　四冊

430000－2401－0001501　153/38

大戴禮記註補十三卷　(清)汪照撰　清光緒
十四年(1888)南菁書院刻朱印皇清經解續編
本　三冊

430000－2401－0001502　153/21－7

禮記體註四卷　(清)范翔輯　清道光二十六
年(1846)刻本　四冊

430000－2401－0001503　153/21－2

漱芳軒合纂禮記體註四卷　(清)范翔輯　清
光緒二十三年(1897)拾古軒刻本　四冊

430000－2401－0001504　153/21

漱芳軒合纂禮記體註四卷　(清)范翔輯　清
光緒二十四年(1898)漱芳軒刻本　四冊

430000－2401－0001505　153/21－3

漱芳軒合纂禮記體註四卷　(清)范翔輯　清
光緒三十三年(1907)昭陵維新書局刻本
四冊

430000－2401－0001506　153/21－3(1)

漱芳軒合纂禮記體註四卷　(清)范翔輯　清
光緒三十三年(1907)昭陵維新書局刻本
四冊

430000－2401－0001507　153/21－4

漱芳軒合纂禮記體註四卷　(清)范翔輯　清
刻本　四冊

430000－2401－0001508　153/21－6

漱芳軒合纂禮記體註四卷　(清)范翔輯　清
刻本　四冊

430000－2401－0001509　153/21－5

漱芳軒合纂禮記體註四卷　(清)范翔輯　清
刻本　四冊

430000－2401－0001510　153/23－2

全本禮記體註大全合參十卷　(清)范翔輯
(清)徐瑄補輯　清乾隆三十一年(1766)刻本
十冊

430000－2401－0001511　153/23

全本禮記體註大全合參十卷　(清)范翔輯
(清)徐瑄補輯　清光緒二十一年(1895)澹雅
書局刻本　十冊

430000－2401－0001512　153/23－6

全本禮記體註大全合參十卷　(清)范翔輯
(清)徐瑄補輯　清三讓堂刻本　二冊　存二
卷(一至二)

430000－2401－0001513　153/23－4

全本禮記體註大全合參十卷　（清）范翔輯
（清）徐瑄補輯　清邵陽經元堂刻本　十冊

430000－2401－0001514　153/23－4(1)

全本禮記體註大全合參十卷　（清）范翔輯
（清）徐瑄補輯　清邵陽經元堂刻本　十冊

430000－2401－0001515　153/23－5

全本禮記體註大全合參十卷　（清）范翔輯
（清）徐瑄補輯　清邵陽經緯堂刻本　十冊

430000－2401－0001516　153/23－3

全本禮記體註大全合參十卷　（清）范翔輯
（清）徐瑄補輯　清學原堂刻本　十冊

430000－2401－0001517　153/57

檀弓辨誣三卷　（清）夏炘撰　清咸豐四年
(1854)刻本　一冊

430000－2401－0001518　152/38

五服釋例二十卷　（清）夏燮撰　清同治七年
(1868)刻本　六冊

430000－2401－0001519　153/32

禮記集解六十卷尚書顧命解一卷　（清）孫希
旦撰　清咸豐十年至同治三年(1860－1864)
瑞安孫氏盤谷草堂刻本　二十四冊

430000－2401－0001520　153/32(1)

禮記集解六十卷尚書顧命解一卷　（清）孫希
旦撰　清咸豐十年至同治三年(1860－1864)
瑞安孫氏盤谷草堂刻本　二十六冊

430000－2401－0001521　153/32(2)

禮記集解六十卷尚書顧命解一卷　（清）孫希
旦撰　清咸豐十年至同治三年(1860－1864)
瑞安孫氏盤谷草堂刻本　二十冊

430000－2401－0001522　153/32(3)

禮記集解六十卷尚書顧命解一卷　（清）孫希
旦撰　清咸豐十年至同治三年(1860－1864)
瑞安孫氏盤谷草堂刻本　二十冊

430000－2401－0001523　153/32(4)

禮記集解六十卷尚書顧命解一卷　（清）孫希
旦撰　清咸豐十年至同治三年(1860－1864)

瑞安孫氏盤谷草堂刻本　十六冊

430000－2401－0001524　153/32(5)

禮記集解六十卷尚書顧命解一卷　（清）孫希
旦撰　清咸豐十年至同治三年(1860－1864)
瑞安孫氏盤谷草堂刻本　十六冊

430000－2401－0001525　153/63

檀弓論文二卷　（清）孫濩孫撰　清光緒七年
(1881)刻本　二冊

430000－2401－0001526　153/46

夏小正通釋一卷　（清）梁章鉅輯　清光緒十
三年(1887)浙江書局刻本　一冊

430000－2401－0001527　153/31

禮記質疑四十九卷　（清）郭嵩燾撰　清光緒
十六年(1890)思賢講舍刻本　十冊

430000－2401－0001528　153/31(1)

禮記質疑四十九卷　（清）郭嵩燾撰　清光緒
十六年(1890)思賢講舍刻本　十冊

430000－2401－0001529　153/31(2)

禮記質疑四十九卷　（清）郭嵩燾撰　清光緒
十六年(1890)思賢講舍刻本　十冊

430000－2401－0001530　153/31(3)

禮記質疑四十九卷　（清）郭嵩燾撰　清光緒
十六年(1890)思賢講舍刻本　十冊

430000－2401－0001531　153/19

禮記鄭讀考六卷　（清）陳壽祺撰　清道光十
二年(1832)刻本　三冊

430000－2401－0001532　153/48

明堂陰陽夏小正經傳考釋十卷　（清）莊述祖
撰　清光緒九年(1883)刻珍藝宧遺書本　四
冊:冠像

430000－2401－0001533　153/48(1)

明堂陰陽夏小正經傳考釋十卷　（清）莊述祖
撰　清光緒九年(1883)刻珍藝宧遺書本　四
冊:冠像

430000－2401－0001534　153/48(2)

明堂陰陽夏小正經傳考釋十卷　（清）莊述祖
撰　清光緒九年(1883)刻珍藝宧遺書本　四

冊:冠像

430000－2401－0001535　154/9
明堂大道錄八卷　（清）惠棟撰　清乾隆中靈
巖山館刻經訓堂叢書本　四冊

430000－2401－0001536　154/9（1）
明堂大道錄八卷　（清）惠棟撰　清乾隆中靈
巖山館刻經訓堂叢書本　二冊

430000－2401－0001537　154/9（2）
明堂大道錄八卷　（清）惠棟撰　清乾隆中靈
巖山館刻經訓堂叢書本　二冊

430000－2401－0001538　153/20
禮記省度四卷　（清）彭頤撰　清乾隆元年
（1736）武林文治堂刻朱墨套印本　四冊

430000－2401－0001539　153/20－2
禮記省度四卷　（清）彭頤撰　清刻朱墨套印
本　四冊

430000－2401－0001540　153/15
禮記精義六卷　（清）黃淦撰　清嘉慶刻本
二冊

430000－2401－0001541　153/47
夏小正集說四卷　（清）程鴻詔撰　清同治四
年（1865）刻本　二冊

430000－2401－0001542　153/47－2
夏小正集說四卷　（清）程鴻詔撰　清同治十
一年（1872）汪啟蘭等刻有恆心齋集本　一冊

430000－2401－0001543　153/49
夏小正經傳考二卷夏小正本義四卷　（清）雷
學淇撰　清刻本　一冊

430000－2401－0001544　153/40
大戴禮記審議二卷　（清）葉大莊撰　清光緒
玉屏山莊刻本　一冊

430000－2401－0001545　153/16
禮記審義二卷　（清）葉大莊撰　清光緒刻寫
經齋全集本　一冊

430000－2401－0001546　153/8
禮記音訓不分卷　（清）楊國楨撰　清光緒三

年（1877）刻十一經音訓本　四冊

430000－2401－0001547　153/27
禮記鼇編十卷　（清）潘相撰　清乾隆四十年
（1775）安鄉潘氏刻潘相所著書本　八冊

430000－2401－0001548　153/27（1）
禮記鼇編十卷　（清）潘相撰　清乾隆四十年
（1775）安鄉潘氏刻潘相所著書本　八冊

430000－2401－0001549　153/43
大戴禮記集註十三卷　（清）戴禮撰　清宣統
三年（1911）鈔本　四冊

430000－2401－0001550　153/39
校正孔氏大戴禮記補註十三卷　王樹枏撰
清光緒九年（1883）刻本　二冊

430000－2401－0001551　154/6
三禮箋六十九卷　王闓運撰　清光緒二十二
年（1896）東洲講舍刻本　二十二冊

430000－2401－0001552　153/5
禮記箋四十六卷　王闓運撰　清光緒二十二
年（1896）東洲講舍刻本　十二冊

430000－2401－0001553　153/5（1）
禮記箋四十六卷　王闓運撰　清光緒二十二
年（1896）東洲講舍刻本　十冊

430000－2401－0001554　153/5（2）
禮記箋四十六卷　王闓運撰　清光緒二十二
年（1896）東洲講舍刻本　十冊

430000－2401－0001555　153/5（3）
禮記箋四十六卷　王闓運撰　清光緒二十二
年（1896）東洲講舍刻本　六冊

430000－2401－0001556　153/5（4）
禮記箋四十六卷　王闓運撰　清光緒二十二
年（1896）東洲講舍刻本　六冊

430000－2401－0001557　153/52
王制訂一卷　廖平撰　清光緒二十三年
（1897）尊經書局刻四益館經學叢書本　一冊

430000－2401－0001558　154/4－4
新定三禮圖二十卷　（宋）聶崇義集註　清康

熙十九年（1680）通志堂刻通志堂經解本
四冊

430000－2401－0001559　154/4－2
新定三禮圖二十卷　（宋）聶崇義集註　清同
治十二年（1873）粵東書局刻通志堂經解本
二冊

430000－2401－0001560　△154/1
三禮考註六十四卷序錄一卷綱領一卷　（元）
吳澄撰　明成化九年（1473）謝士元刻本　十
八冊

430000－2401－0001561　△154/1(1)
三禮考註六十四卷序錄一卷綱領一卷　（元）
吳澄撰　明成化九年（1473）謝士元刻本
十冊

430000－2401－0001562　△154/1(2)
三禮考註六十四卷序錄一卷綱領一卷　（元）吳
澄撰　明成化九年（1473）謝士元刻本　四冊
存五十六卷(三至二十七、三十四至六十四)

430000－2401－0001563　△154/3
韓氏三禮圖說二卷　（元）韓信同撰　清嘉慶
十八年（1813）王氏麟後山房刻本　二冊

430000－2401－0001564　154/5
三禮便讀九卷　（清）王一清撰　清末刻本
三冊

430000－2401－0001565　154/1
欽定三禮義疏一百八十二卷　（清）允祿等撰
　清刻本　一百五十七冊

430000－2401－0001566　154/7
三禮通論一卷　（清）皮錫瑞撰　清光緒三十
三年（1907）湖南思賢書局刻師伏堂叢書本
一冊

430000－2401－0001567　154/23
天子肆獻祼饋食禮纂四卷朝廟宮室考一卷田
賦考一卷　（清）任啟運撰　清光緒十四年
（1888）家刻任氏遺書本　二冊

430000－2401－0001568　154/22
宮室考十四卷　（清）任啟運撰　清嘉慶九年

（1804）任泰刻本　二冊

430000－2401－0001569　437/398
任釣臺先生遺書四卷　（清）任啟運撰　清嘉
慶十五年（1810）敬修堂刻本　二冊

430000－2401－0001570　154/11
參讀禮志疑二卷　（清）汪紱撰　清乾隆三十
六年（1771）吳門穆大展局刻本　一冊

430000－2401－0001571　154/3
三禮通釋二百八十卷首一卷目錄四卷　（清）
林昌彝撰　清同治三年（1864）廣州刻本　四
十八冊

430000－2401－0001572　154/3(1)
三禮通釋二百八十卷首一卷目錄四卷　（清）
林昌彝撰　清同治三年（1864）廣州刻本　四
十八冊

430000－2401－0001573　154/2
三禮義證十二卷　（清）武億撰　清道光二十
三年（1843）授堂刻本　二冊

430000－2401－0001574　△154/4
禮箋三卷　（清）金榜撰　清乾隆五十九年
（1794）游文齋刻本　一冊

430000－2401－0001575　154/14
求古錄禮說十六卷　（清）金鶚撰　清道光三
十年（1850）木犀香館刻本　八冊

430000－2401－0001576　154/14－2
求古錄禮說十六卷補遺一卷　（清）金鶚撰
清光緒二年（1876）刻本　十冊

430000－2401－0001577　154/14－2(1)
求古錄禮說十六卷補遺一卷　（清）金鶚撰
清光緒二年（1876）刻本　十冊

430000－2401－0001578　154/14－2(2)
求古錄禮說十六卷補遺一卷　（清）金鶚撰
清光緒二年（1876）刻本　十冊

430000－2401－0001579　154/16－2
禮經通論二卷　（清）邵懿辰撰　清同治三年
（1864）望三益齋刻本　一冊　存一卷(上)

430000－2401－0001580　154/16

禮經通論一卷　（清）邵懿辰撰　清宣統三年
(1911)上海國學扶輪社鉛印本　一冊

430000－2401－0001581　154/16(1)

禮經通論一卷　（清）邵懿辰撰　清宣統三年
(1911)上海國學扶輪社鉛印本　一冊

430000－2401－0001582　154/19

禮樂通考三十卷　（清）胡掄撰　清乾隆十四
年(1749)藜照軒刻本　十冊

430000－2401－0001583　154/18

新制祭器樂器圖式一卷　（清）桂良撰　清道
光刻本　一冊

430000－2401－0001584　154/17

禮器釋名十八卷　（清）桑宣撰　清光緒二十
七年(1901)鐵研齋刻鐵研齋叢書本　二冊

430000－2401－0001585　154/17(1)

禮器釋名十八卷　（清）桑宣撰　清光緒二十
七年(1901)鐵研齋刻鐵研齋叢書本　二冊

430000－2401－0001586　154/17(2)

禮器釋名十八卷　（清）桑宣撰　清光緒二十
七年(1901)鐵研齋刻鐵研齋叢書本　二冊

430000－2401－0001587　154/13

禮書通故五十卷　（清）黃以周撰　清光緒十
九年(1893)黃氏試館刻本　三十二冊

430000－2401－0001588　154/13(1)

禮書通故五十卷　（清）黃以周撰　清光緒十
九年(1893)黃氏試館刻本　三十二冊

430000－2401－0001589　154/10－2

讀禮志疑不分卷　（清）陸隴其撰　清嘉慶二
十一年(1816)刻本　一冊

430000－2401－0001590　154/10－2(1)

讀禮志疑不分卷　（清）陸隴其撰　清嘉慶二
十一年(1816)刻本　二冊

430000－2401－0001591　154/10－2(2)

讀禮志疑不分卷　（清）陸隴其撰　清嘉慶二
十一年(1816)刻本　二冊

430000－2401－0001592　154/10－2

讀禮志疑不分卷　（清）陸隴其撰　清嘉慶刻
本　一冊

430000－2401－0001593　154/10

讀禮志疑六卷　（清）陸隴其撰　清同治五年
(1866)福州正誼書局刻正誼堂全書本　二冊

430000－2401－0001594　154/10(1)

讀禮志疑六卷　（清）陸隴其撰　清同治五年
(1866)福州正誼書局刻正誼堂全書本　二冊

430000－2401－0001595　154/10－3

讀禮志疑六卷　（清）陸隴其撰　清刻本
二冊

430000－2401－0001596　154/15－2

禮說十四卷　（清）惠士奇撰　清乾隆紅豆齋
刻本　五冊

430000－2401－0001597　154/15

禮說十四卷大學說一卷　（清）惠士奇撰　清
嘉慶二年(1797)蘭陔書屋刻本　三冊

430000－2401－0001598　154/15(1)

禮說十四卷大學說一卷　（清）惠士奇撰　清
嘉慶二年(1797)蘭陔書屋刻本　六冊

430000－2401－0001599　154/21

群經宮室圖二卷　（清）焦循撰　清嘉慶五年
(1800)江都焦氏半九書塾刻本　二冊

430000－2401－0001600　154/21(1)

群經宮室圖二卷　（清）焦循撰　清嘉慶五年
(1800)江都焦氏半九書塾刻本　二冊

430000－2401－0001601　154/21－2

群經宮室圖二卷　（清）焦循撰　清鈔本
二冊

430000－2401－0001602　154/8

三禮鄭註考三卷　（清）程際盛撰　清木活字
稻香樓雜著本　一冊

430000－2401－0001603　292.1/15

六典通考二百卷　（清）閻鎮珩輯　清光緒二
十九年(1903)北嶽山房刻本　一百冊

430000－2401－0001604　292.1/15(1)

六典通考二百卷　（清）閻鎮珩輯　清光緒二
十九年(1903)北嶽山房刻本　八十冊

430000－2401－0001605　292.1/15(2)

六典通考二百卷　（清）閻鎮珩輯　清光緒二
十九年(1903)北嶽山房刻本　九十四冊

430000－2401－0001606　292.1/15(3)

六典通考二百卷　（清）閻鎮珩輯　清光緒二
十九年(1903)北嶽山房刻本　三十六冊

430000－2401－0001607　292.1/15(4)

六典通考二百卷　（清）閻鎮珩輯　清光緒二
十九年(1903)北嶽山房刻本　一百冊

430000－2401－0001608　292.1/15(5)

六典通考二百卷　（清）閻鎮珩輯　清光緒二
十九年(1903)北嶽山房刻本　一百冊

430000－2401－0001609　△155/1

禮書一百五十卷　（宋）陳祥道撰　明末張溥
刻本　十二冊

430000－2401－0001610　△155/1(1)

禮書一百五十卷　（宋）陳祥道撰　明末張溥
刻本　二十四冊

430000－2401－0001611　△155/1(2)

禮書一百五十卷　（宋）陳祥道撰　明末張溥
刻本　八冊

430000－2401－0001612　△155/1(3)

禮書一百五十卷　（宋）陳祥道撰　明末張溥
刻本　十六冊

430000－2401－0001613　△155/1－2

禮書一百五十卷　（宋）陳祥道撰　清伊蒿學
廬鈔本　十六冊

430000－2401－0001614　155/3－2

禮書一百五十卷　（宋）陳祥道撰　清嘉慶九
年(1804)郭氏刻本　十六冊

430000－2401－0001615　155/3－2(1)

禮書一百五十卷　（宋）陳祥道撰　清嘉慶九
年(1804)郭氏刻本　二十一冊

430000－2401－0001616　155/3

禮書一百五十卷　（宋）陳祥道撰　清光緒二
年(1876)廣州刻本　三十二冊

430000－2401－0001617　155/4

禮書綱目八十五卷首三卷　（清）江永撰　清
嘉慶十五年(1810)刻本　二十冊

430000－2401－0001618　155/4(1)

禮書綱目八十五卷首三卷　（清）江永撰　清
嘉慶十五年(1810)刻本　二十八冊

430000－2401－0001619　155/4(2)

禮書綱目八十五卷首三卷　（清）江永撰　清
嘉慶十五年(1810)刻本　二十四冊

430000－2401－0001620　155/4(3)

禮書綱目八十五卷首三卷　（清）江永撰　清
嘉慶十五年(1810)刻本　二十冊

430000－2401－0001621　155/2－3

讀禮通考一百二十卷　（清）徐乾學撰　清光
緒七年(1881)江蘇書局刻本　三十二冊

430000－2401－0001622　155/2－3(1)

讀禮通考一百二十卷　（清）徐乾學撰　清光
緒七年(1881)江蘇書局刻本　二十四冊

430000－2401－0001623　155/2－3(2)

讀禮通考一百二十卷　（清）徐乾學撰　清光
緒七年(1881)江蘇書局刻本　三十二冊

430000－2401－0001624　155/2－3(3)

讀禮通考一百二十卷　（清）徐乾學撰　清光
緒七年(1881)江蘇書局刻本　三十二冊

430000－2401－0001625　155/2－3(4)

讀禮通考一百二十卷　（清）徐乾學撰　清光
緒七年(1881)江蘇書局刻本　三十二冊

430000－2401－0001626　155/2－3(5)

讀禮通考一百二十卷　（清）徐乾學撰　清光
緒七年(1881)江蘇書局刻本　三十冊

430000－2401－0001627　155/2－3(6)

讀禮通考一百二十卷　（清）徐乾學撰　清光
緒七年(1881)江蘇書局刻本　二十六冊

430000 – 2401 – 0001628　155/2 – 2

讀禮通考一百二十卷　（清）徐乾學撰　清光緒二十四年（1898）新化三昧堂刻本　三十六冊

430000 – 2401 – 0001629　155/1 – 2

五禮通考二百六十二卷首四卷　（清）秦蕙田撰　清乾隆味經窩刻本　六十四冊

430000 – 2401 – 0001630　155/1 – 2(1)

五禮通考二百六十二卷首四卷　（清）秦蕙田撰　清乾隆味經窩刻本　九十六冊

430000 – 2401 – 0001631　155/1 – 2(2)

五禮通考二百六十二卷首四卷　（清）秦蕙田撰　清乾隆味經窩刻本　七十六冊

430000 – 2401 – 0001632　155/1 – 2(3)

五禮通考二百六十二卷首四卷　（清）秦蕙田撰　清乾隆味經窩刻本　八十冊

430000 – 2401 – 0001633　155/1 – 2(4)

五禮通考二百六十二卷首四卷　（清）秦蕙田撰　清乾隆味經窩刻本　一百冊

430000 – 2401 – 0001634　155/1 – 2(5)

五禮通考二百六十二卷首四卷　（清）秦蕙田撰　清乾隆味經窩刻本　九十六冊

430000 – 2401 – 0001635　155/1 – 2(6)

五禮通考二百六十二卷首四卷　（清）秦蕙田撰　清乾隆味經窩刻本　一百二十冊

430000 – 2401 – 0001636　155/1

五禮通考二百六十二卷首四卷　（清）秦蕙田撰　清光緒六年（1880）江蘇書局刻本　一百冊

430000 – 2401 – 0001637　155/1(1)

五禮通考二百六十二卷首四卷　（清）秦蕙田撰　清光緒六年（1880）江蘇書局刻本　一百冊

430000 – 2401 – 0001638　155/1(2)

五禮通考二百六十二卷首四卷　（清）秦蕙田撰　清光緒六年（1880）江蘇書局刻本　一百冊

430000 – 2401 – 0001639　△152/2

司馬氏書儀十卷　（宋）司馬光撰　清雍正二年(1724)汪氏研香書屋刻本　四冊

430000 – 2401 – 0001640　△152/2(1)

司馬氏書儀十卷　（宋）司馬光撰　清雍正二年(1724)汪氏研香書屋刻本　一冊

430000 – 2401 – 0001641　156/7 – 4

司馬氏書儀十卷　（宋）司馬光撰　清同治四年(1865)望三益齋刻本　二冊

430000 – 2401 – 0001642　156/7 – 2

司馬氏書儀十卷　（宋）司馬光撰　清同治七年(1868)江蘇書局刻朱印本　一冊

430000 – 2401 – 0001643　156/7 – 2(1)

司馬氏書儀十卷　（宋）司馬光撰　清同治七年(1868)江蘇書局刻朱印本　一冊

430000 – 2401 – 0001644　156/7 – 2(2)

司馬氏書儀十卷　（宋）司馬光撰　清同治七年(1868)江蘇書局刻朱印本　一冊

430000 – 2401 – 0001645　156/7 – 3

司馬氏書儀十卷　（宋）司馬光撰　清同治七年(1868)江蘇書局刻本　二冊

430000 – 2401 – 0001646　156/7 – 3(1)

司馬氏書儀十卷　（宋）司馬光撰　清同治七年(1868)江蘇書局刻本　二冊

430000 – 2401 – 0001647　156/7 – 3(2)

司馬氏書儀十卷　（宋）司馬光撰　清同治七年(1868)江蘇書局刻本　一冊

430000 – 2401 – 0001648　156/7 – 3(3)

司馬氏書儀十卷　（宋）司馬光撰　清同治七年(1868)江蘇書局刻本　一冊

430000 – 2401 – 0001649　156/7 – 3(4)

司馬氏書儀十卷　（宋）司馬光撰　清同治七年(1868)江蘇書局刻本　一冊

430000 – 2401 – 0001650　156/7 – 3(5)

司馬氏書儀十卷　（宋）司馬光撰　清同治七年(1868)江蘇書局刻本　一冊

430000－2401－0001651　156/7－3(6)

司馬氏書儀十卷　(宋)司馬光撰　清同治七年(1868)江蘇書局刻本　一冊

430000－2401－0001652　156/1

家禮五卷附錄一卷　(宋)朱熹撰　清光緒六年(1880)公善堂刻本　三冊

430000－2401－0001653　156/1－2

朱子家禮五卷　(宋)朱熹撰　(清)郭嵩燾校正　清光緒十七年(1891)思賢講舍刻本　一冊

430000－2401－0001654　156/1－2(1)

朱子家禮五卷　(宋)朱熹撰　(清)郭嵩燾校正　清光緒十七年(1891)思賢講舍刻本　一冊

430000－2401－0001655　156/1－2(2)

朱子家禮五卷　(宋)朱熹撰　(清)郭嵩燾校正　清光緒十七年(1891)思賢講舍刻本　一冊

430000－2401－0001656　156/1－2(3)

朱子家禮五卷　(宋)朱熹撰　(清)郭嵩燾校正　清光緒十七年(1891)思賢講舍刻本　一冊

430000－2401－0001657　156/1－2(4)

朱子家禮五卷　(宋)朱熹撰　(清)郭嵩燾校正　清光緒十七年(1891)思賢講舍刻本　一冊

430000－2401－0001658　156/5－2

文公家禮儀節八卷　(明)丘濬撰　明刻本　八冊

430000－2401－0001659　156/5

文公家禮儀節八卷　(明)丘濬輯　(明)楊廷筠補　清光緒十三年(1887)上海江左書林刻本　四冊

430000－2401－0001660　156/2

朱子家禮八卷附錄一卷　(明)丘濬輯　(明)楊廷筠補　清同治十年(1871)刻本　四冊

430000－2401－0001661　156/2(1)

朱子家禮八卷附錄一卷　(明)丘濬輯　(明)楊廷筠補　清同治十年(1871)刻本　四冊

430000－2401－0001662　156/2(2)

朱子家禮八卷附錄一卷　(明)丘濬輯　(明)楊廷筠補　清同治十年(1871)刻本　四冊

430000－2401－0001663　156/11－4

四禮翼八卷　(明)呂坤撰　清同治二年(1863)刻本　一冊

430000－2401－0001664　156/11－4(1)

四禮翼八卷　(明)呂坤撰　清同治二年(1863)刻本　一冊

430000－2401－0001665　156/11－3

四禮翼八卷　(明)呂坤撰　清光緒十三年(1887)錦江書局刻本　一冊

430000－2401－0001666　156/11

四禮翼八卷　(明)呂坤撰　清光緒二十一年(1895)湖北官書處刻本　一冊

430000－2401－0001667　156/11(1)

四禮翼八卷　(明)呂坤撰　清光緒二十一年(1895)湖北官書處刻本　一冊

430000－2401－0001668　156/11－2

四禮翼八卷　(明)呂坤撰　清光緒二十八年(1902)湖南勸學書舍刻本　一冊

430000－2401－0001669　156/8

泰泉鄉禮七卷　(明)黃佐撰　清道光二十三年(1843)刻本　二冊

430000－2401－0001670　156/13

六禮或問十二卷首一卷末一卷　(清)汪紱撰　清光緒二十一年(1895)刻汪雙池先生叢書本　四冊

430000－2401－0001671　156/13(1)

六禮或問十二卷首一卷末一卷　(清)汪紱撰　清光緒二十一年(1895)刻汪雙池先生叢書本　四冊

430000－2401－0001672　156/3

家禮拾遺五卷　(清)李文炤撰　清乾隆善化李氏四爲堂刻本　二冊

430000－2401－0001673　156/15

讀禮叢鈔十六篇　（清）李輔耀輯　清光緒十七年(1891)湘西李氏鞠園懷翼草廬刻本　六冊

430000－2401－0001674　156/15(1)

讀禮叢鈔十六篇　（清）李輔耀輯　清光緒十七年(1891)湘西李氏鞠園懷翼草廬刻本　六冊

430000－2401－0001675　156/15(2)

讀禮叢鈔十六篇　（清）李輔耀輯　清光緒十七年(1891)湘西李氏鞠園懷翼草廬刻本　六冊

430000－2401－0001676　156/15(3)

讀禮叢鈔十六篇　（清）李輔耀輯　清光緒十七年(1891)湘西李氏鞠園懷翼草廬刻本　六冊

430000－2401－0001677　156/15(4)

讀禮叢鈔十六篇　（清）李輔耀輯　清光緒十七年(1891)湘西李氏鞠園懷翼草廬刻本　三冊

430000－2401－0001678　156/18

求自得之室雜說六卷　（清）吳嘉賓撰　清同治二年(1863)刻本　二冊

430000－2401－0001679　156/18(1)

求自得之室雜說六卷　（清）吳嘉賓撰　清同治二年(1863)刻本　一冊

430000－2401－0001680　156/16

讀禮小事記一卷　（清）唐鑑撰　清咸豐刻本　一冊

430000－2401－0001681　156/10－2

三禮從今三卷　（清）黃本驥撰　清道光二十五年(1845)刻本　一冊

430000－2401－0001682　156/10

三禮從今三卷　（清）黃本驥撰　清光緒二十二年(1896)方上家塾刻本　一冊

430000－2401－0001683　156/10(1)

三禮從今三卷　（清）黃本驥撰　清光緒二十二年(1896)方上家塾刻本　一冊

430000－2401－0001684　156/4

從宜家禮九卷　（清）黃宜中輯　清三讓睦記刻本　四冊

430000－2401－0001685　156/19

重定齊家寶要二卷首一卷圖一卷　（清）張文嘉輯　清刻本　二冊

430000－2401－0001686　162/16

公羊穀梁春秋合編附註疏十二卷　（漢）何休撰　（唐）楊士勛疏　清三讓堂刻本　六冊

430000－2401－0001687　16/108

春秋名號歸一圖二卷　（後蜀）馮繼先撰　（宋）岳珂重編　清乾隆四十八年(1783)武英殿刻本　一冊

430000－2401－0001688　16/84－8

春秋經傳集解附考證三十卷　（晉）杜預撰　（唐）陸德明音義　清乾隆四十八年(1783)武英殿刻本　十六冊

430000－2401－0001689　16/84－9

春秋經傳集解三十卷　（晉）杜預撰　（唐）陸德明音義　清乾隆武英殿刻本　十冊

430000－2401－0001690　16/84－11

春秋經傳集解三十卷　（晉）杜預撰　（唐）陸德明音義　清刻本　佚名圈點　十冊

430000－2401－0001691　16/84－5

春秋經傳集解三十卷　（晉）杜預撰　（唐）陸德明音義　清道光十六年(1836)刻本　八冊

430000－2401－0001692　16/84－4

春秋經傳集解三十卷　（晉）杜預撰　（唐）陸德明音義　清同治八年(1869)楚北書局刻本　十二冊

430000－2401－0001693　16/84－4(1)

春秋經傳集解三十卷　（晉）杜預撰　（唐）陸德明音義　清同治八年(1869)楚北書局刻本　十二冊

430000－2401－0001694　16/84－7

春秋經傳集解三十卷　（晉）杜預撰　（唐）陸德明音義　清刻本　十六冊

430000－2401－0001695　16/84－7(1)

春秋經傳集解三十卷　（晉）杜預撰　（唐）陸德明音義　清刻本　十六冊

430000－2401－0001696　16/84－7(2)

春秋經傳集解三十卷　（晉）杜預撰　（唐）陸德明音義　清刻本　二十二冊

430000－2401－0001697　16/84－6

春秋經傳集解三十卷　（晉）杜預撰　（唐）陸德明音義　清刻本　十四冊

430000－2401－0001698　16/72－2

春秋釋例十五卷　（晉）杜預撰　（唐）陸德明音義　鈔本　一冊　存三卷(三至五)

430000－2401－0001699　16/72

春秋釋例十五卷　（晉）杜預撰　清同治十二年(1873)粤東書局刻古經解彙函本　七冊

430000－2401－0001700　16/66

春秋微旨三卷　（唐）陸淳撰　清同治十二年(1873)粤東書局刻古經解彙函本　一冊

430000－2401－0001701　16/66－2

春秋微旨三卷　（唐）陸淳撰　清刻本　一冊

430000－2401－0001702　16/71

春秋會義二十六卷　（宋）杜諤撰　清光緒十八年(1892)孫氏山淵閣校刻永樂大典本　七冊

430000－2401－0001703　16/71(1)

春秋會義二十六卷　（宋）杜諤撰　清光緒十八年(1892)孫氏山淵閣校刻永樂大典本　十二冊

430000－2401－0001704　16/71(2)

春秋會義二十六卷　（宋）杜諤撰　清光緒十八年(1892)孫氏山淵閣校刻永樂大典本　十一冊　缺二卷(二十五至二十六)

430000－2401－0001705　△175/5

春秋胡傳三十卷　（宋）胡安國撰　（宋）林堯叟音註　明成化十八年(1482)徽州府同知張英退思堂刻本　八冊

430000－2401－0001706　16/2－4

430000－2401－0001707　16/2

春秋胡傳三十卷　（宋）胡安國撰　明末汲古閣刻本　六冊

430000－2401－0001707　16/2

春秋三十卷總目一卷　（宋）胡安國傳　清乾隆三十二年(1767)金閶書業堂刻本　六冊

430000－2401－0001708　16/2－2

春秋三十卷總目一卷　（宋）胡安國傳　清明善堂刻本　八冊

430000－2401－0001709　16/2－5

春秋三十卷　（宋）胡安國傳　清金陵奎壁齋刻本　六冊

430000－2401－0001710　16/79

春秋集註十一卷　（宋）張洽撰　清光緒十七年(1891)求志書屋鉛印本　四冊

430000－2401－0001711　16/79(1)

春秋集註十一卷　（宋）張洽撰　清光緒十七年(1891)求志書屋鉛印本　四冊

430000－2401－0001712　△175/10

春秋權衡十七卷　（宋）劉敞撰　鈔本　三冊

430000－2401－0001713　16/4

春秋辨疑四卷　（宋）蕭楚撰　清刻本　二冊

430000－2401－0001714　16/89

春秋纂言十二卷總例二卷　（元）吳澄撰　清道光十八年(1838)刻本　十冊

430000－2401－0001715　16/63

春秋金鎖匙一卷　（元）趙汸撰　清乾隆曲阜孔氏刻微波榭叢書本　一冊

430000－2401－0001716　16/109

春秋屬詞十五卷春秋左氏傳補註十卷春秋師說三卷附錄三卷　（元）趙汸撰　清康熙二十九年(1690)趙吉士刻本　六冊

430000－2401－0001717　△175/5－2

春秋集傳大全三十七卷序論一卷諸國興廢說一卷列國東坡圖說一卷二十國年表一卷　（明）胡廣等輯　明刻本　十冊

430000－2401－0001718　△175/8

春秋集傳大全三十七卷序論一卷二十國年表一卷諸國興廢說一卷　（明）胡廣等輯　明刻本　二十冊

430000－2401－0001719　△175/8(1)

春秋集傳大全三十七卷序論一卷二十國年表一卷諸國興廢說一卷　（明）胡廣等輯　明刻本　十六冊　缺五卷(三十三至三十七)

430000－2401－0001720　△175/8(2)

春秋集傳大全三十七卷序論一卷二十國年表一卷諸國興廢說一卷　（明）胡廣等輯　明刻本　十四冊　缺六卷(二至三、十四至十五、二十六至二十七)

430000－2401－0001721　16/52

春秋四傳私考二卷　（明）徐浦撰　清嘉慶十六年(1811)浦城祝氏留香室刻本　四冊

430000－2401－0001722　16/22

春秋正傳三十七卷末一卷　（明）湛若水撰　清同治五年(1866)資政堂刻本　十冊

430000－2401－0001723　16/64

春秋歸義十二卷　（明）賀仲軾撰　（清）張縉彥　（清）范印心評　清道光八年(1828)刻本　十二冊

430000－2401－0001724　△175/4

春秋四傳三十八卷綱領一卷提要一卷春秋二十國年表一卷諸國興廢說一卷　明嘉靖吉澄刻樊獻科重訂本　三十卷　缺八卷(春秋四傳三十一至三十八)

430000－2401－0001725　16/51

春秋四傳三十八卷綱領一卷提要一卷春秋二十國年表一卷諸國興廢說一卷　清雍正四年(1726)刻本　五冊

430000－2401－0001726　△172/19

春秋經傳三十八卷綱領一卷提要一卷春秋二十國年表一卷諸國興廢說一卷　明嘉靖九年(1530)湖廣官書局刻本　十六冊

430000－2401－0001727　16/54

春秋比事目錄四卷　（清）方苞撰　清乾隆抗希堂刻抗希堂十六種本　二冊

430000－2401－0001728　16/54(1)

春秋比事目錄四卷　（清）方苞撰　清乾隆抗希堂刻抗希堂十六種本　二冊

430000－2401－0001729　16/54(2)

春秋比事目錄四卷　（清）方苞撰　清乾隆抗希堂刻抗希堂十六種本　二冊

430000－2401－0001730　△175/3

春秋比事總　（清）方苞撰　清鈔本　一冊

430000－2401－0001731　16/43

春秋直解十二卷　（清）方苞撰　清桐城方氏抗希堂刻抗希堂十六種本　佚名眉批　六冊

430000－2401－0001732　16/33

春秋通論四卷　（清）方苞撰　清乾隆九年(1744)刻本　二冊

430000－2401－0001733　16/33(1)

春秋通論四卷　（清）方苞撰　清乾隆九年(1744)刻本　二冊

430000－2401－0001734　16/33－2

春秋通論四卷　（清）方苞撰　清鈔本　一冊

430000－2401－0001735　△175/7

春秋通論四卷　（清）方苞撰　鈔本　一冊

430000－2401－0001736　16/50

春秋四傳質十二卷　（清）王介之撰　清道光二十二年(1842)湘潭王氏守遺經書屋補刻石崖遺書本　二冊

430000－2401－0001737　16/50(1)

春秋四傳質十二卷　（清）王介之撰　清道光二十二年(1842)湘潭王氏守遺經書屋補刻石崖遺書本　二冊

430000－2401－0001738　16/50(2)

春秋四傳質十二卷　（清）王介之撰　清道光二十二年(1842)湘潭王氏守遺經書屋補刻石崖遺書本　二冊

430000－2401－0001739　16/97

春秋世論五卷　（清）王夫之撰　清同治四年

（1865）湘鄉曾氏刻船山遺書本　一冊

430000－2401－0001740　16/97（1）

春秋世論五卷　（清）王夫之撰　清同治四年
（1865）湘鄉曾氏刻船山遺書本　一冊

430000－2401－0001741　16/96

春秋家說三卷　（清）王夫之撰　清同治四年
（1865）湘鄉曾氏刻船山遺書本　三冊

430000－2401－0001742　16/39

豐川春秋原經十六卷　（清）王心敬撰　清刻
本　十四冊

430000－2401－0001743　16/62－2

春秋例表不分卷　（清）王代豐撰　清光緒七
年（1881）刻本　二冊

430000－2401－0001744　16/61

春秋例表不分卷　（清）王代豐撰　清光緒三
十四年（1908）衡陽東洲刻本　二冊

430000－2401－0001745　16/61（1）

春秋例表不分卷　（清）王代豐撰　清光緒三
十四年（1908）衡陽東洲刻本　二冊

430000－2401－0001746　16/61（2）

春秋例表不分卷　（清）王代豐撰　清光緒三
十四年（1908）衡陽東洲刻本　二冊

430000－2401－0001747　16/62

春秋例表不分卷　（清）王代豐撰　清刻本
二冊

430000－2401－0001748　△171/1

欽定春秋傳說彙纂三十八卷　（清）王掞等撰
　清康熙六十年（1721）內府刻本　三冊　存
七卷（二十八至二十九、三十三至三十四、三
十六至三十八）

430000－2401－0001749　16/85－3

欽定春秋傳說彙纂三十八卷首二卷　（清）王
掞等撰　清同治九年（1870）浙江巡撫楊昌浚
摹刻本　十六冊

430000－2401－0001750　16/85－2

欽定春秋傳說彙纂三十八卷首一卷　（清）王
掞等撰　清同治十年（1871）湖北崇文書局刻

本　二十冊

430000－2401－0001751　16/85

欽定春秋傳說彙纂三十八卷首二卷　（清）王
掞等撰　清光緒十四年（1888）上海鴻文書局
石印本　三冊

430000－2401－0001752　16/85－4

欽定春秋傳說彙纂三十八卷首二卷　（清）王
掞等撰　清光緒十九年（1893）湖南寶慶漱芳
閣刻本　八冊

430000－2401－0001753　16/85－5

欽定春秋傳說彙纂三十八卷首二卷　（清）王
掞等撰　清尊經閣刻本　二十二冊

430000－2401－0001754　16/85－5（1）

欽定春秋傳說彙纂三十八卷首二卷　（清）王
掞等撰　清尊經閣刻本　二十二冊

430000－2401－0001755　16/85－5（2）

欽定春秋傳說彙纂三十八卷首二卷　（清）王
掞等撰　清尊經閣刻本　三十二冊

430000－2401－0001756　16/85－6

欽定春秋傳說彙纂三十八卷首二卷　（清）王
掞等撰　清刻本　二十四冊

430000－2401－0001757　16/85－7

欽定春秋傳說彙纂三十八卷首二卷　（清）王
掞等撰　清刻本　二十四冊

430000－2401－0001758　16/85－7（1）

欽定春秋傳說彙纂三十八卷首二卷　（清）王
掞等撰　清刻本　二十四冊

430000－2401－0001759　16/85－7（2）

欽定春秋傳說彙纂三十八卷首二卷　（清）王
掞等撰　清刻本　二十四冊

430000－2401－0001760　16/85－7（3）

欽定春秋傳說彙纂三十八卷首二卷　（清）王
掞等撰　清刻本　二十四冊

430000－2401－0001761　16/8

師伏堂春秋講義二卷　（清）皮錫瑞撰　清宣
統元年（1909）鴻飛印刷局鉛印師伏堂叢刻本
一冊

430000－2401－0001762　16/8（1）

師伏堂春秋講義二卷　（清）皮錫瑞撰　清宣
統元年（1909）鴻飛印刷局鉛印師伏堂叢刻本
　一冊

430000－2401－0001763　16/8（2）

師伏堂春秋講義二卷　（清）皮錫瑞撰　清宣
統元年（1909）鴻飛印刷局鉛印師伏堂叢刻本
　一冊

430000－2401－0001764　16/8（3）

師伏堂春秋講義二卷　（清）皮錫瑞撰　清宣
統元年（1909）鴻飛印刷局鉛印師伏堂叢刻本
　一冊

430000－2401－0001765　16/8（4）

師伏堂春秋講義二卷　（清）皮錫瑞撰　清宣
統元年（1909）鴻飛印刷局鉛印師伏堂叢刻本
　一冊

430000－2401－0001766　16/8（5）

師伏堂春秋講義二卷　（清）皮錫瑞撰　清宣
統元年（1909）鴻飛印刷局鉛印師伏堂叢刻本
　一冊

430000－2401－0001767　16/57

春秋鈔十卷首一卷　（清）朱軾輯　清乾隆元
年（1736）刻本　四冊

430000－2401－0001768　16/75

春秋集傳十六卷首一卷末一卷　（清）汪紱撰
清光緒二十一年（1895）刻本　四冊

430000－2401－0001769　16/53

春秋易簡十一卷　（清）車萬育撰　清康熙三
十四年（1695）懷園刻本　東村主人批校
三冊

430000－2401－0001770　16/74－2

春秋集傳十卷首一卷　（清）李文照輯　清乾
隆刻本　五冊

430000－2401－0001771　16/74－2（1）

春秋集傳十卷首一卷　（清）李文照輯　清乾
隆刻本　五冊

430000－2401－0001772　16/74

春秋集傳十卷首一卷　（清）李文照輯　清道
光二十三年（1843）刻本　五冊

430000－2401－0001773　16/74（1）

春秋集傳十卷首一卷　（清）李文照輯　清道
光二十三年（1843）刻本　四冊　缺二卷（九
至十）

430000－2401－0001774　16/86

春秋傳註四卷　（清）李塨撰　清同治八年
（1869）刻本　四冊

430000－2401－0001775　16/31

春秋取義測十二卷　（清）法坤宏撰　清乾隆
五十九年（1794）粵省六書齋刻本　四冊

430000－2401－0001776　16/31（1）

春秋取義測十二卷　（清）法坤宏撰　清乾隆
五十九年（1794）粵省六書齋刻本　四冊

430000－2401－0001777　16/80

春秋經傳比事十六卷　（清）林春溥撰　清咸
豐元年（1851）竹柏山房刻本　四冊　缺四卷
（五至六、九至十）

430000－2401－0001778　16/110

春秋撮要　（清）易良俶撰　清鈔本　一冊

430000－2401－0001779　16/56

春秋體註大全合參四卷　（清）周熾纂　清光
緒二十四年（1898）漢文書局刻本　四冊

430000－2401－0001780　16/56－2

春秋體註大全合參四卷　（清）周熾纂　清刻
本　四冊

430000－2401－0001781　16/56－3

春秋體註大全合參四卷　（清）周熾纂　清刻
本　二冊

430000－2401－0001782　16/55

春秋比二卷　（清）郝懿行撰　清道光七年
（1827）趙銘彝刻郝氏遺書本　一冊

430000－2401－0001783　16/55（1）

春秋比二卷　（清）郝懿行撰　清道光七年
（1827）趙銘彝刻郝氏遺書本　一冊

430000－2401－0001784　16/11－2

春秋説略十二卷　（清）郝懿行撰　清道光七年(1827)趙銘彝刻郝氏遺書本　三冊

430000－2401－0001785　16/11

春秋説略十二卷　（清）郝懿行撰　清光緒七年(1881)刻本　三冊

430000－2401－0001786　16/11(1)

春秋説略十二卷　（清）郝懿行撰　清光緒七年(1881)刻本　三冊

430000－2401－0001787　16/36

春秋列國圖五卷　（清）桂文燦繪　清咸豐七年(1857)刻本　一冊

430000－2401－0001788　16/98

春秋比事參義十六卷　（清）桂含章輯　清光緒八年(1882)金陵刻本　十六冊

430000－2401－0001789　16/35

春秋或問六卷　（清）邰坦撰　清光緒二年(1876)淮南書局刻本　二冊

430000－2401－0001790　16/68

春秋管窺十二卷　（清）徐廷垣撰　民國二十三年至二十四年(1934－1935)上海商務印書館影印四庫全書珍本初集本　六冊

430000－2401－0001791　16/77

春秋釋地韻編五卷首一卷　（清）徐壽基編輯　清光緒十二年(1886)桓臺官舍刻本　四冊

430000－2401－0001792　16/9

春秋説十六卷　（清）許揚祖撰　清光緒十六年(1890)刻本　六冊

430000－2401－0001793　16/23

春秋正辭十一卷附舉例一卷要指一卷　（清）莊存與撰　清道光七年(1827)刻味經齋遺書本　四冊

430000－2401－0001794　16/7

春秋宗朱辨疑十二卷首一卷末一卷　（清）張自超撰　清光緒七年(1881)刻本　八冊

430000－2401－0001795　16/7(1)

春秋宗朱辨疑十二卷首一卷末一卷　（清）張自超撰　清光緒七年(1881)刻本　八冊

430000－2401－0001796　16/73

春秋周魯纂論八卷　（清）張孝齡撰　清嘉慶十八年(1813)刻本　八冊

430000－2401－0001797　16/73(1)

春秋周魯纂論八卷　（清）張孝齡撰　清嘉慶十八年(1813)刻本　六冊

430000－2401－0001798　16/73(2)

春秋周魯纂論八卷　（清）張孝齡撰　清嘉慶十八年(1813)刻本　六冊

430000－2401－0001799　16/95

左傳折諸二十八卷首一卷公羊折諸六卷首一卷穀梁折諸六卷首一卷　（清）張尚瑗輯　清雍正元年(1723)刻本　十二冊

430000－2401－0001800　16/40－2

春秋屬辭辨例編六十卷首二卷　（清）張應昌撰　清咸豐五年(1855)刻本　三十二冊

430000－2401－0001801　16/40

春秋屬辭辨例編六十卷首一卷　（清）張應昌撰　清同治江蘇書局刻本　三十二冊

430000－2401－0001802　16/40(1)

春秋屬辭辨例編六十卷首一卷　（清）張應昌撰　清同治江蘇書局刻本　三十二冊

430000－2401－0001803　16/40(2)

春秋屬辭辨例編六十卷首一卷　（清）張應昌撰　清同治江蘇書局刻本　三十二冊

430000－2401－0001804　16/103

春秋經義□□卷　（清）張學尹撰　鈔本　十三冊　存二十六卷(二十一至四十六)

430000－2401－0001805　16/20－2

春秋五傳十七卷首一卷　（清）張璞纂　清文光堂刻本　十七冊

430000－2401－0001806　16/20

春秋五傳十七卷首一卷　（清）張璞纂　清桂華樓刻本　二十四冊

430000－2401－0001807　16/13

春秋測義三十五卷　（清）强汝洵撰　清光緒十五年(1889)流芳閣刻本　六冊

430000－2401－0001808　△175/6

春秋長曆十卷　（清）陳厚耀撰　清何紹業傳鈔文淵閣四庫全書本　何紹業批校題跋　四冊　存八卷(一至八)

430000－2401－0001809　16/25

增訂春秋世族源流圖六卷春秋女譜一卷（清）陳厚耀撰　清道光三十年(1850)夷門怡古堂刻本　四冊

430000－2401－0001810　16/26－2

春秋世族譜二卷　（清）陳厚耀撰　清光緒十二年(1886)邵武徐氏刻本　一冊

430000－2401－0001811　16/26

春秋世族譜二卷　（清）陳厚耀撰　清光緒二十五年(1899)兩湖書院正學堂刻朱印本　一冊

430000－2401－0001812　16/27

春秋規過考信三卷　（清）陳熙晉撰　清光緒十五年(1889)廣雅書局刻本　三冊

430000－2401－0001813　16/29

春秋述義拾遺八卷首一卷末一卷　（清）陳熙晉撰　清光緒十七年(1891)廣雅書局刻本　三冊

430000－2401－0001814　16/29(1)

春秋述義拾遺八卷首一卷末一卷　（清）陳熙晉撰　清光緒十七年(1891)廣雅書局刻本　二冊

430000－2401－0001815　16/59

春秋錄要十二卷首五卷　（清）黃思誠輯　清光緒七年(1881)岳陽昭祐堂刻本　四冊

430000－2401－0001816　16/5

春秋精義四卷首一卷　（清）黃淦撰　清嘉慶九年(1804)刻本　二冊

430000－2401－0001817　△175/1

半農先生春秋說十五卷　（清）惠士奇撰　清乾隆十四年(1749)吳氏璜川書屋刻本　八冊

430000－2401－0001818　16/10

春秋說十五卷　（清）惠士奇撰　清嘉慶十五年(1810)刻本　十二冊

430000－2401－0001819　16/32

春秋地名辨異三卷　（清）程廷祚撰　清刻本　一冊

430000－2401－0001820　16/34

此木軒春秋闕如編八卷　（清）焦袁熹撰　清嘉慶十二年(1807)世春堂刻本　四冊

430000－2401－0001821　16/34(1)

此木軒春秋闕如編八卷　（清）焦袁熹撰　清嘉慶十二年(1807)世春堂刻本　二冊

430000－2401－0001822　16/60

春秋逸傳十四卷　（清）傅上瀛撰　清光緒二十二年(1896)刻本　四冊

430000－2401－0001823　16/41－2

御纂春秋直解十二卷　（清）傅恆等撰　清乾隆刻本　八冊

430000－2401－0001824　16/41－2(1)

御纂春秋直解十二卷　（清）傅恆等撰　清乾隆刻本　八冊

430000－2401－0001825　16/41

御纂春秋直解十二卷　（清）傅恆等撰　清刻本　八冊

430000－2401－0001826　16/41(1)

御纂春秋直解十二卷　（清）傅恆等撰　清刻本　四冊

430000－2401－0001827　16/90

學春秋隨筆十卷　（清）萬斯大撰　清刻本　二冊

430000－2401－0001828　16/90(1)

學春秋隨筆十卷　（清）萬斯大撰　清刻本　一冊

430000－2401－0001829　16/83

春秋經傳合編三十卷辨疑二卷　（清）楊丕復撰　清嘉慶四年(1799)刻本　二十冊

430000－2401－0001830　16/83(1)

春秋經傳合編三十卷辨疑二卷 （清）楊丕復撰　清嘉慶四年(1799)刻本　二十冊

430000－2401－0001831　16/70

春秋律身錄不分卷 （清）楊長年撰　民國鈔本　八冊

430000－2401－0001832　222/5

春秋經傳日月考不分卷 （清）鄒伯奇撰　清光緒兩湖書院刻朱印本　三冊

430000－2401－0001833　16/67

御案春秋左傳經解備旨十二卷首一卷 （清）鄒聖脈撰　清光緒刻本　四冊　缺二卷(七至八)

430000－2401－0001834　16/99

春秋比事參義一卷 （清）潘相撰　清嘉慶七年(1802)刻本　一冊

430000－2401－0001835　16/6

春秋尊孟一卷 （清）潘相撰　清乾隆四十三年(1778)刻本　一冊

430000－2401－0001836　16/12

春秋應舉輯要十二卷 （清）潘相撰　清嘉慶四年(1799)刻本　二冊

430000－2401－0001837　16/12(1)

春秋應舉輯要十二卷 （清）潘相撰　清嘉慶四年(1799)刻本　四冊

430000－2401－0001838　16/93

晉文春秋一卷 （清）鄭傑註　清乾隆刻本　一冊

430000－2401－0001839　16/46

春秋目論二卷 （清）鄧顯鶴撰　清道光十九年(1839)刻本　一冊

430000－2401－0001840　16/46(1)

春秋目論二卷 （清）鄧顯鶴撰　清道光十九年(1839)刻本　一冊

430000－2401－0001841　16/24

春秋滕薛杞越莒邾許七國統表六卷 （清）魏翼龍輯　清道光十三年(1833)刻本　四冊

430000－2401－0001842　16/92

凝園讀春秋管見十四卷 （清）羅典撰　清嘉慶九年(1804)刻本　十二冊

430000－2401－0001843　16/92(1)

凝園讀春秋管見十四卷 （清）羅典撰　清嘉慶九年(1804)刻本　十四冊

430000－2401－0001844　156/12

四禮從宜四卷 （清）蘇惇元撰　清道光二十九年(1849)刻本　一冊

430000－2401－0001845　16/47

春秋內傳古註輯存三卷 （清）嚴蔚撰　清乾隆五十二年(1787)二西齋刻本　三冊

430000－2401－0001846　16/15－3

春秋大事表三卷 （清）顧棟高撰　清衡州府中學堂木活字本　三冊

430000－2401－0001847　16/15

春秋大事表六卷 （清）顧棟高撰　清湖南南路師範學堂木活字本　六冊

430000－2401－0001848　16/15－2

春秋大事表六卷 （清）顧棟高撰　清衡州府學堂木活字本　六冊

430000－2401－0001849　16/14－3

春秋大事表五十卷春秋輿圖一卷附錄一卷 （清）顧棟高撰　清乾隆十二年(1747)刻本　十冊

430000－2401－0001850　16/14－3(1)

春秋大事表五十卷春秋輿圖一卷附錄一卷 （清）顧棟高撰　清乾隆十二年(1747)刻本　三十二冊

430000－2401－0001851　16/14－3(2)

春秋大事表五十卷春秋輿圖一卷附錄一卷 （清）顧棟高撰　清乾隆十二年(1747)刻本　十六冊

430000－2401－0001852　16/14－3(3)

春秋大事表五十卷春秋輿圖一卷附錄一卷 （清）顧棟高撰　清乾隆十二年(1747)刻本　二十冊

430000－2401－0001853　16/14－3(4)

春秋大事表五十卷春秋輿圖一卷附錄一卷
(清)顧棟高撰　清乾隆十二年(1747)刻本
十六冊

430000－2401－0001854　16/14－2

春秋大事表五十卷春秋輿圖一卷附錄一卷
(清)顧棟高撰　清同治十二年(1873)平遠丁
稚璜重刻本　二十冊

430000－2401－0001855　16/14－2(1)

春秋大事表五十卷春秋輿圖一卷附錄一卷
(清)顧棟高撰　清同治十二年(1873)平遠丁
稚璜重刻本　二十冊

430000－2401－0001856　16/16

春秋大事表摘要四卷　(清)顧棟高撰　清光
緒二十九年(1903)刻本　四冊

430000－2401－0001857　16/16(1)

春秋大事表摘要四卷　(清)顧棟高撰　清光
緒二十九年(1903)刻本　四冊

430000－2401－0001858　16/16(2)

春秋大事表摘要四卷　(清)顧棟高撰　清光
緒二十九年(1903)刻本　二冊

430000－2401－0001859　16/44－2

春秋董氏學八卷附傳一卷　康有爲撰　清光
緒十九年(1893)刻萬木草堂叢書本　四冊

430000－2401－0001860　16/44－2(1)

春秋董氏學八卷附傳一卷　康有爲撰　清光
緒十九年(1893)刻萬木草堂叢書本　四冊

430000－2401－0001861　16/44－2(2)

春秋董氏學八卷附傳一卷　康有爲撰　清光
緒十九年(1893)刻萬木草堂叢書本　四冊

430000－2401－0001862　16/44

春秋董氏學八卷附傳一卷　康有爲撰　清光
緒二十三年(1897)廣州演孔書局刻朱印萬木
草堂叢書本　六冊

430000－2401－0001863　16/44－3

春秋董氏學八卷附傳一卷　康有爲撰　清光
緒二十四年(1898)上海大同譯書局刻萬木草

堂叢書本　四冊

430000－2401－0001864　16/44－3(1)

春秋董氏學八卷附傳一卷　康有爲撰　清光
緒二十四年(1898)上海大同譯書局刻萬木草
堂叢書本　二冊

430000－2401－0001865　16/44－4

春秋董氏學八卷附傳一卷　康有爲撰　清光
緒上海大同譯書局刻朱印萬木草堂叢書本
六冊

430000－2401－0001866　16/44－4(1)

春秋董氏學八卷附傳一卷　康有爲撰　清光緒
上海大同譯書局刻朱印萬木草堂叢書本　六冊

430000－2401－0001867　16/44－4(2)

春秋董氏學八卷附傳一卷　康有爲撰　清光
緒上海大同譯書局刻朱印萬木草堂叢書本
六冊

430000－2401－0001868　16/44－4(3)

春秋董氏學八卷附傳一卷　康有爲撰　清光
緒上海大同譯書局刻朱印萬木草堂叢書本
六冊

430000－2401－0001869　16/103

春秋經義□□卷　張學尹撰　鈔本　十三冊
存二十六卷(二十一至四十六)

430000－2401－0001870　16/17－2

春秋十六卷首一卷　清嘉慶十年(1805)刻本
佚名圈點　十六冊

430000－2401－0001871　16/17－2(1)

春秋十六卷首一卷　清嘉慶十年(1805)刻本
十六冊

430000－2401－0001872　16/17－3

春秋十六卷首一卷　清同治三年(1864)浙江
撫署刻本　十四冊

430000－2401－0001873　16/17－3(1)

春秋十六卷首一卷　清同治三年(1864)浙江
撫署刻本　十四冊

430000－2401－0001874　16/17－3(2)

春秋十六卷首一卷　清同治三年(1864)浙江

撫署刻本　十二冊

430000－2401－0001875　16/17－5

春秋十六卷首一卷　清光緒二年(1876)刻本
佚名眉批　十三冊　缺二卷(十五至十六)

430000－2401－0001876　16/17

春秋十六卷首一卷　清光緒十六年(1890)蘭
州刻本　十四冊

430000－2401－0001877　16/17－6

春秋十六卷首一卷　清西昌鴻文齋刻本　十
六冊

430000－2401－0001878　16/1

春秋　清光緒九年(1883)上海同文書局石印
篆文六經四書本　二冊

430000－2401－0001879　16/1(1)

春秋　清光緒九年(1883)上海同文書局石印
篆文六經四書本　一冊

430000－2401－0001880　16/1(2)

春秋　清光緒九年(1883)上海同文書局石印
篆文六經四書本　一冊

430000－2401－0001881　16/87

春秋傳說彙要十二卷　清刻本　四冊

430000－2401－0001882　△172/12

春秋左傳三十卷　(晉)杜預註　(明)鍾惺評
明崇禎四年(1631)毛氏汲古閣刻本　八冊

430000－2401－0001883　△172/12(1)

春秋左傳三十卷　(晉)杜預註　(明)鍾惺評
明崇禎四年(1631)毛氏汲古閣刻本　五冊
存十八卷(一至十八)

430000－2401－0001884　161/1

春秋左傳三十卷　(晉)杜預註　(唐)陸德明
音義　(宋)林堯叟附註　(清)馮李驊集解
清同治七年(1868)楚北崇文書局刻本　十
二冊

430000－2401－0001885　161/1(1)

春秋左傳三十卷　(晉)杜預註　(唐)陸德明
音義　(宋)林堯叟附註　(清)馮李驊集解
清同治七年(1868)楚北崇文書局刻本　十二冊

430000－2401－0001886　161/1(2)

春秋左傳三十卷　(晉)杜預註　(唐)陸德明
音義　(宋)林堯叟附註　(清)馮李驊集解
清同治七年(1868)楚北崇文書局刻本　十
二冊

430000－2401－0001887　161/1(3)

春秋左傳三十卷　(晉)杜預註　(唐)陸德明
音義　(宋)林堯叟附註　(清)馮李驊集解
清同治七年(1868)楚北崇文書局刻本　十
二冊

430000－2401－0001888　161/1－2

春秋左傳三十卷　(晉)杜預註　(唐)陸德明
音義　(宋)林堯叟附註　(清)馮李驊集解
清光緒十二年(1886)湖北官書處刻本　十二冊

430000－2401－0001889　161/1－2(1)

春秋左傳三十卷　(晉)杜預註　(唐)陸德明
音義　(宋)林堯叟附註　(清)馮李驊集解
清光緒十二年(1886)湖北官書處刻本　十
二冊

430000－2401－0001890　△172/13

春秋左傳五十卷　(晉)杜預　(宋)林堯叟註
釋　(唐)陸德明音義　清刻本　佚名批校
三冊　存十一卷(一至四、二十一至二十七)

430000－2401－0001891　161/2

春秋左傳五十卷　(晉)杜預註　(宋)林堯叟
補註　(唐)陸德明音義　(明)孫鑛等評點
清光緒十五年(1889)繡谷陳富記書屋刻本
十六冊

430000－2401－0001892　161/2－3

春秋左傳五十卷　(晉)杜預註　(宋)林堯叟
補註　(唐)陸德明音義　(明)孫鑛等評點
清光緒三十四年(1908)上海商務印書館石印
本　十二冊

430000－2401－0001893　161/2－2

春秋左傳五十卷　(晉)杜預註　(宋)林堯叟
補註　(唐)陸德明音義　(明)孫鑛等評點
清末集思堂刻本　徐崇立圈點　二十冊

430000－2401－0001894　161/13

春秋左傳五十卷 （晉）杜預註 （唐）陸德明音義 （明）孫鑛等評點 清道光二十六年(1846)刻本 三冊

430000－2401－0001895 161/3

春秋左傳註六十卷 （晉）杜預註 清同治十二年(1873)稽古樓刻本 二十六冊

430000－2401－0001896 △172/7

附釋音春秋左傳註疏六十卷 （晉）杜預註 （唐）孔穎達疏 （唐）陸德明釋文 元刻明修本 四冊 存十九卷(四十二至六十)

430000－2401－0001897 △172/16

春秋左傳註六十卷 （晉）杜預註 （唐）孔穎達疏 （唐）陸德明釋文 明嘉靖李元陽刻本 二十四冊

430000－2401－0001898 △172/16－4

春秋左傳註六十卷 （晉）杜預註 （唐）孔穎達疏 （唐）陸德明釋文 明嘉靖李元陽刻本 八冊 存二十一卷(十八至三十八)

430000－2401－0001899 △172/16－2

春秋左傳註六十卷 （晉）杜預註 （唐）孔穎達疏 （唐）陸德明釋文 明崇禎十二年(1639)毛晉汲古閣刻十三經註疏本 十冊

430000－2401－0001900 161/6－2

春秋左傳註疏附考證六十卷 （晉）杜預註 （唐）陸德明音義 （唐）孔穎達疏 清乾隆四年(1739)刻本 二十冊

430000－2401－0001901 161/6－3

春秋左傳註疏附考證六十卷 （晉）杜預註 （唐）陸德明音義 （唐）孔穎達疏 清同治十年(1871)刻本 十六冊 存五十卷(一至三十二、四十至五十七)

430000－2401－0001902 161/6

春秋左傳註疏六十卷 （晉）杜預註 （唐）陸德明音義 （唐）孔穎達疏 清同治十三年(1874)湖南書局刻本 二十冊

430000－2401－0001903 △172/18

京本點校重言重意春秋經傳集解三十卷

（晉）杜預撰 （唐）陸德明釋文 宋刻本 七冊 存十五卷(十六至三十)

430000－2401－0001904 △172/20－4

春秋經傳集解三十卷 （晉）杜預撰 春秋名號歸一圖二卷 （後蜀）馮繼先撰 明刻本 二十冊

430000－2401－0001905 △172/20－2

春秋經傳集解三十卷 （晉）杜預撰 （唐）陸德明釋文 明刻本 五冊 存八卷(六至七、十六至十七、二十一、二十四至二十六)

430000－2401－0001906 △172/20－3

春秋經傳集解三十卷 （晉）杜預撰 （唐）陸德明釋文 明刻本 二十冊

430000－2401－0001907 △172/20

春秋經傳集解三十卷 （晉）杜預撰 （唐）陸德明釋文 明刻本 三十冊

430000－2401－0001908 161/14－2

春秋左傳綱目杜林詳註十四卷首一卷 （晉）杜預註 （唐）陸德明音義 （明）孫鑛批點 （明）張岐然輯 清光緒二十四年(1898)益元堂刻本 十一冊

430000－2401－0001909 161/14－3

春秋左傳綱目杜林詳註十四卷首一卷 （晉）杜預註 （唐）陸德明音義 （明）孫鑛批點 （明）張岐然輯 清益元堂刻本 十冊

430000－2401－0001910 161/14－6

春秋左傳綱目杜林詳註十四卷首一卷 （晉）杜預註 （唐）陸德明音義 （明）孫鑛批點 （明）張岐然輯 清刻本 九冊 缺一卷(一)

430000－2401－0001911 161/14－5

春秋左傳綱目杜林詳註十四卷首一卷 （晉）杜預註 （唐）陸德明音義 （明）孫鑛批點 （明）張岐然輯 清光緒二十四年(1898)漢文刻本 十冊

430000－2401－0001912 161/14－4

春秋左傳綱目杜林詳註十四卷首一卷 （晉）杜預註 （唐）陸德明音義 （明）孫鑛批點

(明)張岐然輯　清三讓堂刻本　十冊

430000－2401－0001913　161/14－4(1)
春秋左傳綱目杜林詳註十四卷首一卷　(晉)
杜預註　(唐)陸德明音義　(明)孫鑛批點
(明)張岐然輯　清三讓堂刻本　十冊

430000－2401－0001914　161/14
春秋左傳綱目杜林詳註十四卷首一卷　(晉)
杜預註　(唐)陸德明音義　(明)孫鑛批點
(明)張岐然輯　清尚德堂刻本　十冊

430000－2401－0001915　161/14(1)
春秋左傳綱目杜林詳註十四卷首一卷　(晉)
杜預註　(唐)陸德明音義　(明)孫鑛批點
(明)張岐然輯　清尚德堂刻本　十冊

430000－2401－0001916　161/40
左氏傳說二十卷　(宋)呂祖謙　清康熙十九
年(1680)通志堂刻通志堂經解本　二冊

430000－2401－0001917　△172/1
左氏傳說二十卷　(宋)呂祖謙　清鈔本　一
冊　存二卷(七至八)

430000－2401－0001918　161/49－5
東萊博議四卷　(宋)呂祖謙撰　(清)張文炳
評點　清光緒七年(1881)鳳城官舍刻本
四冊

430000－2401－0001919　161/49－5(1)
東萊博議四卷　(宋)呂祖謙撰　(清)張文炳
評點　清光緒七年(1881)鳳城官舍刻本
四冊

430000－2401－0001920　161/49
東萊博議四卷　(宋)呂祖謙撰　(清)張文炳
評點　清光緒二十二年(1896)新化三味堂刻
本　二冊

430000－2401－0001921　161/49－7
東萊博議四卷　(宋)呂祖謙撰　清光緒二十
八年(1902)尊經書局刻本　四冊

430000－2401－0001922　161/49－8
東萊博議四卷　(宋)呂祖謙撰　清光緒二十
九年(1903)富記書局刻本　四冊

430000－2401－0001923　161/49－2
東萊博議四卷　(宋)呂祖謙撰　(清)張文炳
評點　清光緒二十九年(1903)寶慶勸學書舍
刻本　四冊

430000－2401－0001924　161/49－9
東萊博議四卷　(宋)呂祖謙撰　清光緒二十
九年(1903)瓊賢全記刻本　三冊　存三卷
(一至二、四)

430000－2401－0001925　161/49－3
東萊博議四卷　(宋)呂祖謙撰　(清)張文炳
評點　清光緒三十年(1904)寶慶益元書舍刻
本　四冊

430000－2401－0001926　161/50
增批輯註東萊博議四卷　(宋)呂祖謙撰
(清)劉鍾英輯註　清宣統三年(1911)上海會
文堂書局石印本　一冊

430000－2401－0001927　161/50(1)
增批輯註東萊博議四卷　(宋)呂祖謙撰
(清)劉鍾英輯註　清宣統三年(1911)上海會
文堂書局石印本　一冊

430000－2401－0001928　161/52－2
東萊先生左氏博議二十五卷　(宋)呂祖謙撰
清道光清吟閣刻本　三冊

430000－2401－0001929　161/52－2(1)
東萊先生左氏博議二十五卷　(宋)呂祖謙撰
清道光清吟閣刻本　四冊

430000－2401－0001930　161/52
東萊先生左氏博議二十五卷　(宋)呂祖謙撰
清同治七年(1868)永康胡氏退補齋刻本
八冊

430000－2401－0001931　161/11－2
重訂批點春秋左傳詳節句解六卷首一卷
(宋)朱申註釋　(明)孫鑛批點　清道光十六
年(1836)三讓堂刻本　六冊

430000－2401－0001932　161/11－3
重訂批點春秋左傳詳節句解六卷首一卷
(宋)朱申註釋　(明)孫鑛批點　清光緒十九

年(1893)三讓堂刻本　　六冊

430000－2401－0001933　161/11－6

重訂批點春秋左傳詳節句解六卷首一卷
(宋)朱申註釋　(明)孫鑛批點　清光緒二十年(1894)澹雅書局刻本　四冊　缺二卷(二、四)

430000－2401－0001934　161/11－7

重訂批點春秋左傳詳節句解六卷首一卷
(宋)朱申註釋　(明)孫鑛批點　清光緒新化文翰堂刻本　五冊　缺一卷(六)

430000－2401－0001935　161/11－4

重訂批點春秋左傳詳節句解六卷首一卷
(宋)朱申註釋　(明)孫鑛批點　清刻本　六冊

430000－2401－0001936　161/11－5

重訂批點春秋左傳詳節句解六卷首一卷
(宋)朱申註釋　(明)孫鑛批點　清義和書局刻本　六冊

430000－2401－0001937　161/67

左傳類賦一卷　(宋)徐晉卿撰　**左傳類聯一卷**　(清)王武沂撰　清乾隆二十五年(1760)李逢光刻本　一冊

430000－2401－0001938　161/61

春秋左傳類對賦一卷　(宋)徐晉卿撰　清刻本　一冊

430000－2401－0001939　161/62

醉竹園左傳鈔四卷　(明)王孫雲箋訂　明刻本　一冊　存二卷(三至四)

430000－2401－0001940　△172/15

春秋左傳註評測義七卷世系譜一卷總評一卷名號異稱便覽一卷地名配古籍一卷　(明)凌稚隆撰　明萬曆十六年(1588)刻本　十冊

430000－2401－0001941　△172/15(1)

春秋左傳註評測義七卷世系譜一卷總評一卷名號異稱便覽一卷地名配古籍一卷　(明)凌稚隆撰　明萬曆十六年(1588)刻本　四十冊

430000－2401－0001942　△172/17

春秋左傳屬事二十卷古字奇字音釋一卷春秋左傳註解辨誤二卷辨誤補遺一卷古器圖一卷　(明)傅遜撰　明萬曆十三年(1585)日殖齋刻十七年(1589)二十六年(1598)遞修本　葉啟勳題跋　十一冊

430000－2401－0001943　161/55

春秋左傳屬事目錄一卷列國年表一卷序文一卷　(明)傅遜撰　清刻朱印本　一冊

430000－2401－0001944　△172/22

春秋人物譜十三卷　(明)張事心撰　清鈔本　二冊

430000－2401－0001945　△172/6

左傳義法舉要一卷　(清)方苞述　(清)王兆符　(清)程崟傳述　清雍正六年(1728)貴陽彭昭文堂刻本　一冊

430000－2401－0001946　161/24

左傳義法舉要一卷　(清)方苞述　(清)王兆符　(清)程崟傳述　清光緒十九年(1893)金匱廉氏校刻本　三冊

430000－2401－0001947　161/24(1)

左傳義法舉要一卷　(清)方苞述　(清)王兆符　(清)程崟傳述　清光緒十九年(1893)金匱廉氏校刻本　三冊

430000－2401－0001948　161/57－2

續春秋左氏博議二卷　(清)王夫之撰　清刻船山遺書本　一冊

430000－2401－0001949　161/57－2(1)

續春秋左氏博議二卷　(清)王夫之撰　清刻船山遺書本　一冊

430000－2401－0001950　161/35

左傳分國摘要二十卷　(清)史宗恆輯　清光緒元年(1875)刻本　二冊

430000－2401－0001951　△172/5

左傳評三卷　(清)李文淵撰　清乾隆四十年(1775)刻本　王禮培批校　一冊

430000－2401－0001952　161/26

左傳嘉言善行錄四卷　(清)李庚乾輯　清光

緒二十六年(1900)成都刻本　二冊

430000 - 2401 - 0001953　161/25
新訂左傳快讀十八卷首一卷　(清)李紹崧選訂　清同治五年(1866)三槐書莊刻本　十六冊

430000 - 2401 - 0001954　161/25 - 2
新訂左傳快讀十八卷首一卷　(清)李紹崧選訂　清光緒二十四年(1898)邵陽澹雅書局刻本　十六冊

430000 - 2401 - 0001955　161/25 - 3
新訂左傳快讀十八卷首一卷　(清)李紹崧選訂　清邵陽經元堂刻本　十六冊

430000 - 2401 - 0001956　161/21
春秋左氏傳賈服註輯述二十卷　(清)李貽德撰　清同治五年(1866)刻本　六冊

430000 - 2401 - 0001957　161/21 - 2
春秋左氏傳賈服註輯述二十卷　(清)李貽德撰　清光緒八年(1882)江蘇書局刻本　六冊

430000 - 2401 - 0001958　161/21 - 2(1)
春秋左氏傳賈服註輯述二十卷　(清)李貽德撰　清光緒八年(1882)江蘇書局刻本　六冊

430000 - 2401 - 0001959　161/47
聽園讀左隨筆二十卷　(清)李藝元撰　清同治十二年(1873)長沙李一經堂刻本　十冊

430000 - 2401 - 0001960　161/47(1)
聽園讀左隨筆二十卷　(清)李藝元撰　清同治十二年(1873)長沙李一經堂刻本　十冊

430000 - 2401 - 0001961　161/47(2)
聽園讀左隨筆二十卷　(清)李藝元撰　清同治十二年(1873)長沙李一經堂刻本　十冊

430000 - 2401 - 0001962　△172/21
春秋左傳風俗義例一卷　(清)周受禧撰　稿本　一冊

430000 - 2401 - 0001963　161/7
春秋左傳詁二十卷　(清)洪亮吉撰　清光緒四年(1878)授經堂刻本　十冊

430000 - 2401 - 0001964　161/7(1)
春秋左傳詁二十卷　(清)洪亮吉撰　清光緒四年(1878)授經堂刻本　十冊

430000 - 2401 - 0001965　161/44
讀左補義五十卷首一卷　(清)姜炳璋輯　清乾隆三十七年(1772)刻本　十六冊

430000 - 2401 - 0001966　161/16(1)
春秋左傳釋人十二卷世系一卷年表一卷附錄一卷　(清)范照藜撰　清嘉慶七年(1802)如不及齋刻本　五冊　缺二卷(十一至十二)

430000 - 2401 - 0001967　161/16
春秋左傳釋人十二卷世系一卷年表一卷附錄一卷　(清)范照藜撰　清嘉慶七年(1802)如不及齋刻本　六冊

430000 - 2401 - 0001968　161/4
欽定春秋左傳讀本三十卷　(清)英和等撰　清咸豐元年(1851)邵州濂溪書院刻本　十六冊

430000 - 2401 - 0001969　161/4 - 3
欽定春秋左傳讀本三十卷　(清)英和等撰　清同治八年(1869)江蘇書局刻本　十冊

430000 - 2401 - 0001970　161/4 - 3(1)
欽定春秋左傳讀本三十卷　(清)英和等撰　清同治八年(1869)江蘇書局刻本　十冊

430000 - 2401 - 0001971　161/4 - 2
欽定春秋左傳讀本三十卷　(清)英和等撰　清同治八年(1869)刻本　十六冊

430000 - 2401 - 0001972　161/4 - 2(1)
欽定春秋左傳讀本三十卷　(清)英和等撰　清同治八年(1869)刻本　十六冊

430000 - 2401 - 0001973　161/4 - 2(2)
欽定春秋左傳讀本三十卷　(清)英和等撰　清同治八年(1869)刻本　十六冊

430000 - 2401 - 0001974　161/19
春秋左氏古經十二卷五十凡一卷　(清)段玉裁撰　清道光元年(1821)刻金壇段氏遺書本　二冊

430000 – 2401 – 0001975　161/19 – 2

春秋左氏古經十二卷五十凡一卷　（清）段玉裁撰　清光緒九年(1883)刻後知不足齋叢書本　二冊

430000 – 2401 – 0001976　△172/14

春秋左傳杜註三十卷首一卷　（清）姚培謙撰　清乾隆十一年(1746)陸氏小鬱林刻本　樹珠批校題跋　八冊

430000 – 2401 – 0001977　△172/14(1)

春秋左傳杜註三十卷首一卷　（清）姚培謙撰　清乾隆十一年(1746)陸氏小鬱林刻本　十冊

430000 – 2401 – 0001978　161/12 – 3

春秋左傳杜註三十卷首一卷　（清）姚培謙撰　清嘉慶元年(1796)刻本　十二冊

430000 – 2401 – 0001979　161/12 – 4

春秋左傳杜註三十卷首一卷　（清）姚培謙撰　清道光七年(1827)刻本　十二冊

430000 – 2401 – 0001980　161/12 – 6

春秋左傳杜註三十卷首一卷　（清）姚培謙撰　清同治五年(1866)金陵書局刻本　十冊

430000 – 2401 – 0001981　161/12 – 6(1)

春秋左傳杜註三十卷首一卷　（清）姚培謙撰　清同治五年(1866)金陵書局刻本　十冊

430000 – 2401 – 0001982　161/12 – 6(2)

春秋左傳杜註三十卷首一卷　（清）姚培謙撰　清同治五年(1866)金陵書局刻本　六冊

430000 – 2401 – 0001983　161/12 – 7

春秋左傳杜註三十卷首一卷　（清）姚培謙撰　清同治十一年（1872）湖南尊經閣刻本　十冊

430000 – 2401 – 0001984　161/12 – 7(1)

春秋左傳杜註三十卷首一卷　（清）姚培謙撰　清同治十一年（1872）湖南尊經閣刻本　十冊

430000 – 2401 – 0001985　161/12 – 7(2)

春秋左傳杜註三十卷首一卷　（清）姚培謙撰　清同治十一年（1872）湖南尊經閣刻本　十冊

430000 – 2401 – 0001986　161/12 – 7(3)

春秋左傳杜註三十卷首一卷　（清）姚培謙撰　清同治十一年（1872）湖南尊經閣刻本　十冊

430000 – 2401 – 0001987　161/12 – 7(4)

春秋左傳杜註三十卷首一卷　（清）姚培謙撰　清同治十一年（1872）湖南尊經閣刻本　十冊

430000 – 2401 – 0001988　161/12 – 7(5)

春秋左傳杜註三十卷首一卷　（清）姚培謙撰　清同治十一年（1872）湖南尊經閣刻本　十冊

430000 – 2401 – 0001989　161/12 – 9

春秋左傳杜註三十卷首一卷　（清）姚培謙撰　清光緒九年(1883)江南書局刻本　八冊

430000 – 2401 – 0001990　161/12 – 9(1)

春秋左傳杜註三十卷首一卷　（清）姚培謙撰　清光緒九年(1883)江南書局刻本　八冊

430000 – 2401 – 0001991　161/12 – 9(2)

春秋左傳杜註三十卷首一卷　（清）姚培謙撰　清光緒九年(1883)江南書局刻本　十冊

430000 – 2401 – 0001992　161/12 – 2

春秋左傳杜註三十卷首一卷　（清）姚培謙撰　清光緒三十年(1904)寶慶勸學書舍刻本　十冊

430000 – 2401 – 0001993　161/12 – 2(1)

春秋左傳杜註三十卷首一卷　（清）姚培謙撰　清光緒三十年(1904)寶慶勸學書舍刻本　十三冊　缺二卷(十四至十五)

430000 – 2401 – 0001994　161/8

春秋左氏傳旁訓三十卷　（清）席世安撰　清嘉慶元年(1796)掃葉山房刻本　八冊

430000 – 2401 – 0001995　161/41

左錦四卷　（清）唐曜藻編　清光緒十二年(1886)崇儉堂刻本　四冊

430000－2401－0001996　161/46

讀左傳法不分卷　(清)馬貞榆撰　清刻朱印
兩湖書院經學課程本　佚名眉批　五冊

430000－2401－0001997　161/31

左傳事緯十二卷　(清)馬驌編　清乾隆四十
九年(1784)刻本　六冊

430000－2401－0001998　161/31－2

左傳事緯十二卷　(清)馬驌編　清道光二十
六年(1846)刻本　十冊

430000－2401－0001999　△172/4

左傳事緯十二卷字釋一卷　(清)馬驌編　清
同治七年(1868)朝宗書室木活字本　十二冊

430000－2401－0002000　161/31－3

左傳事緯十二卷　(清)馬驌編　清光緒四年
(1878)吳縣潘氏敏德堂刻本　十二冊

430000－2401－0002001　161/31－3(1)

左傳事緯十二卷　(清)馬驌編　清光緒四年
(1878)吳縣潘氏敏德堂刻本　十二冊

430000－2401－0002002　161/31－5

左傳事緯十二卷　(清)馬驌編　清仁和黃暹
刻本　十冊　缺二卷(十一至十二)

430000－2401－0002003　161/31－4

左傳事緯十二卷　(清)馬驌編　清朝宗書室
木活字本　十二冊

430000－2401－0002004　161/31－4(1)

左傳事緯十二卷　(清)馬驌編　清朝宗書室
木活字本　六冊

430000－2401－0002005　161/31－6

左傳事緯十二卷　(清)馬驌編　清刻本　十
二冊

430000－2401－0002006　161/32

左傳事緯附錄八卷　(清)馬驌編　清嘉慶九
年(1804)六桐書屋刻本　五冊　缺二卷(七
至八)

430000－2401－0002007　△172/2

左通補釋三十二卷　(清)梁履繩撰　清道光
六年(1826)杭州愛日軒刻本　何紹基題寫書

根　六冊

430000－2401－0002008　161/43

左通補釋三十二卷　(清)梁履繩撰　清光緒
元年(1875)錢塘汪氏振綺堂補刻本　十二冊

430000－2401－0002009　161/43(1)

左通補釋三十二卷　(清)梁履繩撰　清光緒
元年(1875)錢塘汪氏振綺堂補刻本　十二冊

430000－2401－0002010　161/43(2)

左通補釋三十二卷　(清)梁履繩撰　清光緒
元年(1875)錢塘汪氏振綺堂補刻本　十二冊

430000－2401－0002011　161/43(3)

左通補釋三十二卷　(清)梁履繩撰　清光緒
元年(1875)錢塘汪氏振綺堂補刻本　十二冊

430000－2401－0002012　161/43(4)

左通補釋三十二卷　(清)梁履繩撰　清光緒
元年(1875)錢塘汪氏振綺堂補刻本　十二冊

430000－2401－0002013　161/68

左氏條貫十八卷　(清)曹基編　清康熙五十
一年(1712)刻本　五冊　缺二卷(一至二)

430000－2401－0002014　161/42－2

左繡三十卷　(清)馮李驊　(清)陸浩評輯
清乾隆三十一年(1766)華川書局刻本　十
六冊

430000－2401－0002015　161/42－4

左繡三十卷　(清)馮李驊　(清)陸浩評輯
清光緒三十一年(1905)三讓堂刻本　十四冊

430000－2401－0002016　161/42－3

左繡三十卷　(清)馮李驊　(清)陸浩評輯
民國上海廣益書局石印本　十二冊

430000－2401－0002017　161/10－2

春秋左傳補註六卷　(清)惠棟撰　清道光二
十四年(1844)金山錢氏重編增刊守山閣叢書
本　一冊

430000－2401－0002018　161/10

春秋左傳補註六卷　(清)惠棟撰　清刻本
二冊

430000－2401－0002019　161/10（1）

春秋左傳補註六卷　（清）惠棟撰　清刻本
二冊

430000－2401－0002020　161/10（2）

春秋左傳補註六卷　（清）惠棟撰　清刻本
二冊

430000－2401－0002021　△172/23

春秋左傳音訓不分卷　（清）楊國楨撰　清道
光十年（1830）大梁書院刻十一經音訓本
八冊

430000－2401－0002022　161/45

左腴三卷　（清）潘希淦撰　清道光二十八年
（1848）藝蘭書局刻本　三冊

430000－2401－0002023　161/27

左傳舊疏考正八卷　（清）劉文淇撰　清道光
十八年（1838）刻本　二冊

430000－2401－0002024　161/27－2

左傳舊疏考正八卷　（清）劉文淇撰　清光緒
三年（1877）湖北崇文書局刻本　四冊

430000－2401－0002025　161/27－2（1）

左傳舊疏考正八卷　（清）劉文淇撰　清光緒
三年（1877）湖北崇文書局刻本　四冊

430000－2401－0002026　161/36

左傳人名辨異三卷　（清）程廷祚撰　清初刻
本　一冊

430000－2401－0002027　161/9

春秋左傳補疏五卷　（清）焦循撰　清嘉慶刻
本　一冊

430000－2401－0002028　161/15－3

如酉所刻諸名家批點春秋綱目左傳句解彙雋
六卷　（清）韓菼撰　清光緒二十年（1894）邵
陽澹雅書局刻本　六冊

430000－2401－0002029　161/15－2

如酉所刻諸名家批點春秋綱目左傳句解彙雋
六卷　（清）韓菼撰　清光緒二十一年（1895）
邵陽學庫山房刻本　六冊

430000－2401－0002030　161/15－5

如酉所刻諸名家批點春秋綱目左傳句解彙雋
六卷　（清）韓菼撰　清文成堂刻本　六冊

430000－2401－0002031　161/15－4

如酉所刻諸名家批點春秋綱目左傳句解彙雋
六卷　（清）韓菼撰　清邵陽益元堂刻本
四冊

430000－2401－0002032　161/30

左傳選十四卷　（清）儲欣評　清乾隆三十八
年（1773）同文堂刻本　四冊　缺二卷（九至
十）

430000－2401－0002033　161/56

左傳經世鈔二十三卷　（清）魏禧評點　清乾
隆十三年（1748）刻本　十二冊

430000－2401－0002034　161/33

左傳杜解補正三卷　（清）顧炎武撰　清初刻
本　一冊

430000－2401－0002035　△172/9

春秋左氏傳古註六卷　王先謙輯　紅格稿本
五冊　缺一卷（四）

430000－2401－0002036　161/22

左傳文法讀本十二卷　劉培極　吳闓生撰
清宣統元年（1909）鉛印本　六冊

430000－2401－0002037　△172/8

參訂左氏始末不分卷　清鈔本　八冊

430000－2401－0002038　161/37

分國春秋左傳不分卷　清鈔本　四冊

430000－2401－0002039　161/48

左腴十二卷　鈔本　七冊

430000－2401－0002040　161/64

左傳口義三卷　清光緒末武昌兩湖書院刻朱
印本　一冊

430000－2401－0002041　162/3

春秋公羊傳十二卷　（漢）何休註　（明）閔齊
伋裁註　清同治十二年（1873）稽古樓刻袖珍
十三經註本　四冊

430000－2401－0002042　162/2－4

春秋公羊傳十一卷　（漢）何休註　（唐）陸德明音義　清同治七年（1868）湖北崇文書局刻本　四冊

430000－2401－0002043　162/2－3

春秋公羊傳十一卷　（漢）何休註　（唐）陸德明音義　清光緒十二年（1886）湖北官書處刻本　四冊

430000－2401－0002044　162/2－3（1）

春秋公羊傳十一卷　（漢）何休註　（唐）陸德明音義　清光緒十二年（1886）湖北官書處刻本　四冊

430000－2401－0002045　162/2－3（2）

春秋公羊傳十一卷　（漢）何休註　（唐）陸德明音義　清光緒十七年（1891）湖南思賢書局刻本　六冊

430000－2401－0002046　162/2－2

春秋公羊傳十一卷　（漢）何休註　（唐）陸德明音義　清光緒十七年（1891）湖南思賢書局刻本　六冊

430000－2401－0002047　162/2－2（1）

春秋公羊傳十一卷　（漢）何休註　（唐）陸德明音義　清光緒十七年（1891）湖南思賢書局刻本　六冊

430000－2401－0002048　162/2－2（2）

春秋公羊傳十一卷　（清）何休註　（唐）陸德明音義　清光緒十七年（1891）湖南思賢書局刻本　六冊

430000－2401－0002049　162/4

春秋公羊傳註疏二十八卷附考證　（漢）何休撰　（唐）陸德明音義　（□）□□疏　清乾隆四年（1739）武英殿刻十三經註疏附考證本　八冊

430000－2401－0002050　162/4－2

春秋公羊傳註疏二十八卷附考證　（漢）何休撰　（唐）陸德明音義　（□）□□疏　清同治十年（1871）刻十三經註疏附考證本　八冊

430000－2401－0002051　162/4－3

春秋公羊傳註疏二十八卷　（漢）何休撰　（唐）陸德明音義　（□）□□疏　清同治十三年（1874）湖南書局刻本　十冊

430000－2401－0002052　△173/4

春秋公羊經傳解詁十二卷　（漢）何休撰　（唐）陸德明音義　清揚州汪氏問禮堂影宋刻本　四冊

430000－2401－0002053　162/10－2

春秋公羊經傳解詁十二卷　（漢）何休撰　（唐）陸德明音義　清同治二年（1863）邵陽魏彥刻本　二冊

430000－2401－0002054　162/10－2（1）

春秋公羊經傳解詁十二卷　（漢）何休撰　（唐）陸德明音義　清同治二年（1863）邵陽魏彥刻本　二冊

430000－2401－0002055　162/10－2（2）

春秋公羊經傳解詁十二卷　（漢）何休撰　（唐）陸德明音義　清同治二年（1863）邵陽魏彥刻本　二冊

430000－2401－0002056　162/10－3

春秋公羊經傳解詁十二卷　（漢）何休撰　（唐）陸德明音義　清光緒金陵李光明莊刻本　四冊

430000－2401－0002057　△175/9

春秋繁露十七卷　（漢）董仲舒撰　明程榮校刻本　三冊

430000－2401－0002058　162/20－8

春秋繁露十七卷題跋附錄一卷　（漢）董仲舒撰　清乾隆十六年（1751）刻本　二冊

430000－2401－0002059　162/20－4

春秋繁露十七卷附錄一卷　（漢）董仲舒撰　清乾隆五十年（1785）盧氏抱經堂刻本　二冊

430000－2401－0002060　162/20－4（1）

春秋繁露十七卷附錄一卷　（漢）董仲舒撰　清乾隆五十年（1785）盧氏抱經堂刻本　二冊

430000－2401－0002061　162/20－4（2）

春秋繁露十七卷附錄一卷　（漢）董仲舒撰

清乾隆五十年(1785)盧氏抱經堂刻本　四冊

430000－2401－0002062　162/20－10
春秋繁露十七卷　(漢)董仲舒撰　清乾隆五十六年(1791)金溪王氏校刻本　二冊

430000－2401－0002063　162/20－5
春秋繁露十七卷附錄一卷　(漢)董仲舒撰　(明)孫鑛評　清乾隆刻本　二冊

430000－2401－0002064　162/20－5(1)
春秋繁露十七卷附錄一卷　(漢)董仲舒撰　(明)孫鑛評　清乾隆刻本　二冊

430000－2401－0002065　162/20－6
春秋繁露十七卷題跋附錄一卷　(漢)董仲舒撰　(清)凌曙註　清嘉慶二十年(1815)刻古經解彙函本　四冊

430000－2401－0002066　162/20－7
春秋繁露十七卷題跋附錄一卷　(漢)董仲舒撰　(清)凌曙註　清嘉慶二十年(1815)刻本　四冊

430000－2401－0002067　162/20－3
春秋繁露十七卷　(漢)董仲舒撰　清光緒元年(1875)湖北崇文書局刻本　二冊

430000－2401－0002068　162/20－3(1)
春秋繁露十七卷　(漢)董仲舒撰　清光緒元年(1875)湖北崇文書局刻本　二冊

430000－2401－0002069　162/20－2
春秋繁露十七卷　(漢)董仲舒撰　清光緒三年(1877)湖北崇文書局刻本　二冊

430000－2401－0002070　162/20－2(1)
春秋繁露十七卷　(漢)董仲舒撰　清光緒三年(1877)湖北崇文書局刻本　二冊

430000－2401－0002071　△173/9－2
春秋繁露十七卷　(漢)董仲舒撰　清湯朝鏞校刻本　二冊

430000－2401－0002072　△173/2
春秋公羊傳十二卷　(明)閔齊伋裁註　明天啟元年(1621)自刻三色套印本　四冊

430000－2401－0002073　△173/2－2(1)
春秋公羊傳十二卷　(明)閔齊伋裁註　明唐錦池文林閣刻本　四冊

430000－2401－0002074　162/8
春秋公羊註疏質疑二卷　(清)何若瑤撰　清光緒八年(1882)何雲旭刻何宮贊遺書本　二冊

430000－2401－0002075　162/8－2
春秋公羊註疏質疑二卷　(清)何若瑤撰　清光緒二十年(1894)廣雅書局刻本　一冊

430000－2401－0002076　162/8－2(1)
春秋公羊註疏質疑二卷　(清)何若瑤撰　清光緒二十年(1894)廣雅書局刻本　一冊

430000－2401－0002077　162/5
公羊禮說一卷　(清)凌曙撰　清嘉慶二十四年(1819)刻本　一冊

430000－2401－0002078　162/6
春秋公羊禮疏十一卷　(清)凌曙撰　清嘉慶二十四年(1819)刻本　三冊

430000－2401－0002079　162/17
張氏公羊二種六卷　(清)張憲和撰　清光緒刻本　四冊

430000－2401－0002080　162/13
公羊逸禮考徵一卷　(清)陳奐撰　清同治刻本　一冊

430000－2401－0002081　162/13(1)
公羊逸禮考徵一卷　(清)陳奐撰　清同治刻本　一冊

430000－2401－0002082　162/13(2)
公羊逸禮考徵一卷　(清)陳奐撰　清同治刻本　一冊

430000－2401－0002083　162/13(3)
公羊逸禮考徵一卷　(清)陳奐撰　清同治刻本　一冊

430000－2401－0002084　△173/3
春秋公羊傳摘鈔一卷春秋穀梁傳摘鈔一卷　(清)賀長齡評選　清道光二十六年(1846)黔

省大盛堂刻本　一冊

430000－2401－0002085　162/7
春秋公羊傳音訓不分卷　（清）楊國楨撰　清光緒三年(1877)湖北崇文書局刻十一經音訓本　二冊

430000－2401－0002086　162/9
春秋公羊何氏釋例十卷公羊春秋何氏解詁箋一卷左氏春秋考證二卷　（清）劉逢祿撰　清光緒二十三年(1897)廣州太清樓刻本　四冊

430000－2401－0002087　162/24
公羊傳選二卷　（清）儲欣評　清乾隆三十八年(1773)同文堂刻本　一冊

430000－2401－0002088　162/11－2
春秋公羊傳箋十一卷　王闓運撰　清光緒十一年(1885)成都尊經閣書局刻本　四冊

430000－2401－0002089　162/11
春秋公羊傳箋十一卷　王闓運撰　清光緒三十四年(1908)刻本　六冊

430000－2401－0002090　162/11－3
春秋公羊傳箋十一卷　王闓運撰　清光緒東洲刻本　三冊

430000－2401－0002091　162/11－4
春秋公羊傳箋十一卷　王闓運撰　清光緒二十四年(1898)東洲鈔本　六冊

430000－2401－0002092　162/11－5
春秋公羊傳箋十一卷　王闓運撰　鈔本　一冊

430000－2401－0002093　162/22
春秋公羊傳考異十一卷　許銘彝撰　清光緒二十四年(1898)澹園鈔本　一冊

430000－2401－0002094　162/15
何氏公羊解詁十論一卷續十論一卷再續十論一卷　廖平撰　清光緒十二年(1886)成都刻四益館經學叢書本　一冊

430000－2401－0002095　162/21
春秋繁露義證十七卷首一卷考證一卷　蘇輿撰　清宣統二年(1910)刻本　四冊

430000－2401－0002096　162/21(1)
春秋繁露義證十七卷首一卷考證一卷　蘇輿撰　清宣統二年(1910)刻本　四冊

430000－2401－0002097　162/21(2)
春秋繁露義證十七卷首一卷考證一卷　蘇輿撰　清宣統二年(1910)刻本　四冊

430000－2401－0002098　△174/2
春秋穀梁傳註疏二十卷　（晉）范甯集解　（唐）楊士勛疏　（唐）陸德明音義　明嘉靖李元陽刻本　六冊

430000－2401－0002099　163/1
春秋穀梁傳不分卷　（晉）范甯集解　（明）閔齊伋裁註　清同治二年(1863)稽古樓刻袖珍十三經註本　四冊

430000－2401－0002100　163/2－8
春秋穀梁傳十二卷　（晉）范甯集解　清同治七年(1868)金陵書局刻本　二冊

430000－2401－0002101　163/2－8(1)
春秋穀梁傳十二卷　（晉）范甯集解　清同治七年(1868)金陵書局刻本　二冊

430000－2401－0002102　163/2－8(2)
春秋穀梁傳十二卷　（晉）范甯集解　清同治七年(1868)金陵書局刻本　二冊

430000－2401－0002103　163/2－6
春秋穀梁傳十二卷　（晉）范甯集解　（唐）陸德明音義　清同治七年(1868)湖北崇文書局刻本　四冊

430000－2401－0002104　163/2－6(1)
春秋穀梁傳十二卷　（晉）范甯集解　（唐）陸德明音義　清同治七年(1868)湖北崇文書局刻本　四冊

430000－2401－0002105　163/2－6(2)
春秋穀梁傳十二卷　（晉）范甯集解　（唐）陸德明音義　清同治七年(1868)湖北崇文書局刻本　四冊

430000－2401－0002106　163/2－9
春秋穀梁傳十二卷　（晉）范甯集解　（唐）陸

德明音義　清光緒九年(1883)遵義黎氏影印
古逸叢書本　二冊

430000－2401－0002107　163/2－9(1)
春秋穀梁傳十二卷　(晉)范甯集解　(唐)陸
德明音義　清光緒九年(1883)遵義黎氏影印
古逸叢書本　二冊

430000－2401－0002108　163/2－9(2)
春秋穀梁傳十二卷　(晉)范甯集解　(唐)陸
德明音義　清光緒九年(1883)遵義黎氏影印
古逸叢書本　二冊

430000－2401－0002109　163/2－2
春秋穀梁傳十二卷　(晉)范甯集解　(唐)陸
德明音義　清光緒十二年(1886)星沙文昌書
局刻本　佚名圈點　四冊

430000－2401－0002110　163/2－2(1)
春秋穀梁傳十二卷　(晉)范甯集解　(唐)陸
德明音義　清光緒十二年(1886)星沙文昌書
局刻本　佚名圈點　三冊　缺三卷(十至十
二)

430000－2401－0002111　163/2－5
春秋穀梁傳十二卷　(晉)范甯集解　(唐)陸
德明音義　清光緒十二年(1886)湖北官書處
刻本　四冊

430000－2401－0002112　163/2－5(1)
春秋穀梁傳十二卷　(晉)范甯集解　(唐)陸
德明音義　清光緒十二年(1886)湖北官書處
刻本　四冊

430000－2401－0002113　163/2－5(2)
春秋穀梁傳十二卷　(晉)范甯集解　(唐)陸
德明音義　清光緒十二年(1886)湖北官書處
刻本　四冊

430000－2401－0002114　163/2－4
春秋穀梁傳十二卷附校勘記　(晉)范甯集解
　(唐)陸德明音義　清光緒十七年(1891)湖
南思賢書院刻本　四冊

430000－2401－0002115　163/2－4(1)
春秋穀梁傳十二卷附校勘記　(晉)范甯集解

(唐)陸德明音義　清光緒十七年(1891)湖
南思賢書院刻本　四冊

430000－2401－0002116　163/2－4(2)
春秋穀梁傳十二卷附校勘記　(晉)范甯集解
　(唐)陸德明音義　清光緒十七年(1891)湖
南思賢書院刻本　四冊

430000－2401－0002117　163/2－7
春秋穀梁傳十二卷　(晉)范甯集解　清光緒
二十一年(1895)金陵書局刻本　二冊

430000－2401－0002118　163/2－7(1)
春秋穀梁傳十二卷　(晉)范甯集解　清光緒
二十一年(1895)金陵書局刻本　二冊

430000－2401－0002119　163/2－3
春秋穀梁傳十二卷　(晉)范甯集解　清光緒
江南城李光明莊刻本　四冊

430000－2401－0002120　163/4
石經春秋穀梁傳十二卷　(晉)范甯集解　清
拓本　十冊

430000－2401－0002121　163/5－3
春秋穀梁傳註疏二十卷　(晉)范甯集解
(唐)陸德明音義　(唐)楊士勛疏　明刻本
四冊

430000－2401－0002122　163/5－2
春秋穀梁傳註疏二十卷附考證　(晉)范甯集
解　(唐)陸德明音義　(唐)楊士勛疏　清同
治十年(1871)刻十三經註疏附考證本　六冊

430000－2401－0002123　△174/1
春秋穀梁傳十二卷　(明)閔齊伋裁註　明天
啟元年(1621)閔氏自刻三色套印本　四冊

430000－2401－0002124　△174/1(1)
春秋穀梁傳十二卷　(明)閔齊伋裁註　明天
啟元年(1621)閔氏自刻三色套印本　四冊
存六卷(隱、桓、莊、昭、定、哀公)

430000－2401－0002125　△174/1－2
春秋穀梁傳十二卷　(明)閔齊伋裁註　明唐
錦池文林閣刻本　四冊

430000－2401－0002126　△174/1－2(1)

春秋穀梁傳十二卷　（明）閔齊伋裁註　明唐錦池文林閣刻本　二冊　存七卷（隱、桓、莊、僖、文、宣、成公）

430000－2401－0002127　163/10

穀梁大義述　（清）柳興恩撰　清道光二十六年(1846)刻本　一冊

430000－2401－0002128　163/10(1)

穀梁大義述　（清）柳興恩撰　清道光二十六年(1846)刻本　一冊

430000－2401－0002129　163/9

穀梁范註闕地釋二卷　（清）彭夢日撰　清光緒二十九年(1903)扶雲山房刻本　一冊

430000－2401－0002130　163/12

春秋穀梁傳音訓不分卷　（清）楊國楨撰　清刻十一經音訓本　二冊

430000－2401－0002131　163/7

春秋穀梁經傳補註二十四卷首一卷末一卷（清）鍾文烝撰　清光緒二年(1876)刻本八冊

430000－2401－0002132　163/14

穀梁申義□□卷　王闓運撰　清光緒十七年(1891)刻本　一冊　存一卷（一）

430000－2401－0002133　163/6

春秋穀梁傳註十五卷　柯劭忞撰　民國十六年(1927)國立北京大學鉛印本　四冊

430000－2401－0002134　163/8

穀梁春秋經傳古義疏十一卷　廖平撰　清光緒二十六年(1900)日新書局刻本　八冊

430000－2401－0002135　△174/1－3

春秋穀梁傳十二卷　清光緒二十三年(1897)劉人熙鈔本　二冊　缺二卷（隱一卷、閔一卷）

430000－2401－0002136　17/24

古文孝經孔氏傳一卷　（漢）孔安國撰　（日本）太宰純音　清乾隆四十一年(1776)長塘鮑氏刻知不足齋叢書本　一冊

430000－2401－0002137　17/4

孝經鄭註一卷　（漢）鄭玄註　（清）嚴可均輯　清光緒三十三年(1907)金陵江楚編譯官書局石印本　一冊

430000－2401－0002138　17/6－5

孝經一卷　（唐）玄宗李隆基註　明天啟刻本一冊

430000－2401－0002139　17/6－8

孝經一卷　（唐）玄宗李隆基註　清同治七年(1868)金陵書局刻本　一冊

430000－2401－0002140　17/6－7

孝經一卷　（唐）玄宗李隆基註　（唐）陸德明音義　清同治七年(1868)湖北崇文書局刻本一冊

430000－2401－0002141　17/6－7(1)

孝經一卷　（唐）玄宗李隆基註　（唐）陸德明音義　清同治七年(1868)湖北崇文書局刻本一冊

430000－2401－0002142　17/6－3

孝經一卷　（唐）玄宗李隆基註　清同治十三年(1874)長沙傳忠書局刻本　一冊

430000－2401－0002143　17/6－6

孝經一卷　（唐）玄宗李隆基註　清光緒十二年(1886)湖北官書處刻本　一冊

430000－2401－0002144　17/6－6(1)

孝經一卷　（唐）玄宗李隆基註　清光緒十二年(1886)湖北官書處刻本　一冊

430000－2401－0002145　17/6－6(2)

孝經一卷　（唐）玄宗李隆基註　清光緒十二年(1886)湖北官書處刻本　一冊

430000－2401－0002146　17/6－6(3)

孝經一卷　（唐）玄宗李隆基註　清光緒十二年(1886)湖北官書處刻本　一冊

430000－2401－0002147　17/6－6(4)

孝經一卷　（唐）玄宗李隆基註　清光緒十二年(1886)湖北官書處刻本　一冊

430000－2401－0002148　17/6－9

孝經一卷　（唐）玄宗李隆基註　（唐）陸德明

音義　清光緒十二年(1886)湖北官書刻本
一冊

430000－2401－0002149　17/6－9(1)
孝經一卷　(唐)玄宗李隆基註　(唐)陸德明
音義　清光緒十二年(1886)湖北官書刻本
一冊

430000－2401－0002150　17/6－4
孝經一卷　(唐)玄宗李隆基註　(唐)陸德明
音義　清光緒十七年(1891)湖南思賢書局刻
本　一冊

430000－2401－0002151　17/6－4(1)
孝經一卷　(唐)玄宗李隆基註　(唐)陸德明
音義　清光緒十七年(1891)湖南思賢書局刻
本　一冊

430000－2401－0002152　17/6
孝經一卷　(唐)玄宗李隆基註　清光緒遵義
黎氏日本東京使署景刻古逸叢書本　一冊

430000－2401－0002153　△18/4
孝經註疏九卷　(唐)玄宗李隆基註　(唐)陸
德明音義　(宋)邢昺疏　明末毛氏汲古閣刻
本　釋夢僧批校　一冊

430000－2401－0002154　17/1
孝經註疏九卷孝經正義一卷　(唐)玄宗李隆
基註　(唐)陸德明音義　(宋)邢昺疏　清咸
豐七年(1857)橦薖書屋刻本　二冊

430000－2401－0002155　17/1－5
重刊宋本孝經註疏九卷　(唐)玄宗李隆基註
　(唐)陸德明音義　(宋)邢昺疏　清嘉慶二
十年(1815)南昌府學刻道光六年(1826)重校
本　一冊

430000－2401－0002156　17/1－5(1)
重刊宋本孝經註疏九卷　(唐)玄宗李隆基註
　(唐)陸德明音義　(宋)邢昺疏　清嘉慶二
十年(1815)南昌府學刻道光六年(1826)重校
本　一冊

430000－2401－0002157　17/1－4
孝經註疏九卷　(唐)玄宗李隆基註　(唐)陸

德明音義　(宋)邢昺疏　清同治十年(1871)
鍾謙鈞刻本　一冊

430000－2401－0002158　17/1－4(1)
孝經註疏九卷　(唐)玄宗李隆基註　(唐)陸
德明音義　(宋)邢昺疏　清同治十年(1871)
鍾謙鈞刻本　二冊

430000－2401－0002159　17/1－3
孝經註疏九卷孝經正義一卷孝經音義一卷
(唐)玄宗李隆基註　(唐)陸德明音義
(宋)邢昺疏　清同治十三年(1874)湖南書局
刻本　一冊

430000－2401－0002160　17/6－10
孝經讀本一卷　(唐)玄宗李隆基註　清光緒
三十三年(1907)衡山勸學所刻本　一冊

430000－2401－0002161　△18/1
孝經大全二十八卷首一卷孝經或問三卷
(明)呂維祺撰　孝經翼一卷　(明)呂維祺撰
　明崇禎刻本　十冊

430000－2401－0002162　17/26
孝經翼一卷　(明)呂維祺撰　清大梁書院刻
經苑本　一冊

430000－2401－0002163　17/22
孝經集註一卷　(清)丁晏撰　清咸豐七年
(1857)山陽丁氏六藝堂刻頤志齋叢書本
一冊

430000－2401－0002164　17/5
孝經鄭註疏二卷　(清)皮錫瑞撰　清光緒二
十一年(1895)師伏堂刻本　一冊

430000－2401－0002165　17/5(1)
孝經鄭註疏二卷　(清)皮錫瑞撰　清光緒二
十一年(1895)師伏堂刻本　一冊

430000－2401－0002166　17/5(2)
孝經鄭註疏二卷　(清)皮錫瑞撰　清光緒二
十一年(1895)師伏堂刻本　一冊

430000－2401－0002167　17/5(3)
孝經鄭註疏二卷　(清)皮錫瑞撰　清光緒二
十一年(1895)師伏堂刻本　一冊

430000－2401－0002168　17/5(4)

孝經鄭註疏二卷　（清）皮錫瑞撰　清光緒二十一年(1895)師伏堂刻本　二冊

430000－2401－0002169　17/5(5)

孝經鄭註疏二卷　（清）皮錫瑞撰　清光緒二十一年(1895)師伏堂刻本　二冊

430000－2401－0002170　17/15

孔聖孝經註釋一卷　（清）李光地註　（清）朱錫谷釋　清刻本　一冊

430000－2401－0002171　17/3

孝經註疏校勘記九卷　（清）阮元撰　清同治十三年(1874)湖南書局刻本　一冊

430000－2401－0002172　17/3(1)

孝經註疏校勘記九卷　（清）阮元撰　清同治十三年(1874)湖南書局刻本　一冊

430000－2401－0002173　17/8－2

孝經古今文傳註輯論一卷　（清）吳大廷撰　清同治四年(1865)刻本　一冊

430000－2401－0002174　17/8

孝經古今文傳註輯論一卷　（清）吳大廷撰　清同治十二年(1873)金陵刻本　一冊

430000－2401－0002175　17/11

古文孝經薈解八卷　（清）洪良品撰　清光緒十七年(1891)鉛印本　二冊

430000－2401－0002176　17/7－2

孝經本義一卷　（清）姜兆錫撰　清刻本　一冊

430000－2401－0002177　17/7

孝經本義一卷　（清）姜兆錫撰　清光緒三十年(1904)森記書局刻本　一冊

430000－2401－0002178　17/13

孝經易知一卷　（清）耿介輯註　清同治十一年(1872)邗江王氏槐陰書屋刻本　一冊

430000－2401－0002179　17/17

孝經質疑一卷　（清）徐紹楨撰　清光緒十年(1884)梧州刻本　一冊

430000－2401－0002180　17/17(1)

孝經質疑一卷　（清）徐紹楨撰　清光緒十年(1884)梧州刻本　一冊

430000－2401－0002181　17/27

孝經六藝大道錄一卷　（清）曹元弼撰　清光緒二十四年(1898)兩湖書院經學分教堂刻本　一冊

430000－2401－0002182　17/23

孝經學七卷　（清）曹元弼撰　清光緒三十四年(1908)江蘇存古學堂刻本　一冊

430000－2401－0002183　17/23－2

孝經學七卷　（清）曹元弼撰　清宣統元年(1909)刻本　一冊

430000－2401－0002184　17/23－3

孝經學七卷　（清）曹元弼撰　清存古學堂刻朱印本　一冊

430000－2401－0002185　17/21

孝經集義二卷孝經述言一卷　（清）曾世儀輯註　清同治十一年(1872)蘄水胡璧華刻本　二冊

430000－2401－0002186　17/14

孝經纂註一卷　（清）彭瓏纂　**小學纂註二卷**　（清）彭定求纂　清道光元年(1821)耕硯田齋刻本　二冊

430000－2401－0002187　△18/3

孝經衍義一百卷首二卷　（清）葉方藹等編　清康熙內府刻本　二十八冊

430000－2401－0002188　17/9

孝經存解四卷首一卷　（清）趙長庚撰　清光緒十年(1884)京都龍雲齋刻本　二冊

430000－2401－0002189　17/9(1)

孝經存解四卷首一卷　（清）趙長庚撰　清光緒十年(1884)京都龍雲齋刻本　一冊

430000－2401－0002190　17/20

孝經集註述疏一卷　（清）簡朝亮撰　清宣統刻本　二冊

430000－2401－0002191　17/28

讀書堂答問一卷 （清）簡朝亮撰 清光緒三十三年(1907)刻本 一冊

430000 - 2401 - 0002192 18/29

四書古註群義匯解 清光緒石印本 十六冊

430000 - 2401 - 0002193 18/1 - 3

監本四書十九卷 （宋）朱熹集註 清同治三年(1864)浙江撫署刻本 六冊

430000 - 2401 - 0002194 18/1 - 3(1)

監本四書十九卷 （宋）朱熹集註 清同治三年(1864)浙江撫署刻本 六冊

430000 - 2401 - 0002195 18/1 - 4

四書十九卷 （宋）朱熹集註 清同治六年(1867)湖北崇文書局刻本 六冊

430000 - 2401 - 0002196 18/1 - 5

四書十九卷 （宋）朱熹集註 清同治十年(1871)刻本 六冊

430000 - 2401 - 0002197 18/1 - 2

監本四書十九卷 （宋）朱熹集註 清同治十三年(1874)江西書局刻本 六冊

430000 - 2401 - 0002198 18/1

監本四書十九卷 （宋）朱熹集註 清光緒二十五年(1899)刻本 六冊

430000 - 2401 - 0002199 18/4

慎詒堂四書十九卷 （宋）朱熹集註 清慎詒堂刻本 六冊

430000 - 2401 - 0002200 18/5 - 2

四書二十六卷 （宋）朱熹集註 清刻本 九冊

430000 - 2401 - 0002201 18/5 - 2(1)

四書二十六卷 （宋）朱熹集註 清刻本 九冊

430000 - 2401 - 0002202 18/5 - 2(2)

四書二十六卷 （宋）朱熹集註 清刻本 九冊

430000 - 2401 - 0002203 18/17 - 18

四書集註十九卷 （宋）朱熹撰 明崇禎十四年(1641)虞山毛氏汲古閣刻本 六冊

430000 - 2401 - 0002204 18/17 - 17

四書集註十九卷 （宋）朱熹撰 清嘉慶二十三年(1818)一鑒齋刻光緒二年(1876)補刻本 六冊

430000 - 2401 - 0002205 18/17 - 10

四書集註十九卷 （宋）朱熹撰 清道光二十二年(1842)寶恕堂刻本 六冊

430000 - 2401 - 0002206 18/17 - 21

四書集註十九卷 （宋）朱熹撰 清光緒三年(1877)永康胡氏退補齋刻本 六冊

430000 - 2401 - 0002207 18/17 - 9

四書集註十九卷 （宋）朱熹撰 清光緒三十四年(1908)文星書局刻本 六冊

430000 - 2401 - 0002208 18/17 - 20

四書集註十九卷 （宋）朱熹撰 清宣統元年(1909)京口善化堂刻本 六冊

430000 - 2401 - 0002209 18/17 - 8

四書集註十九卷 （宋）朱熹撰 清金陵李氏狀元閣刻本 六冊

430000 - 2401 - 0002210 18/17 - 8(1)

四書集註十九卷 （宋）朱熹撰 清金陵李氏狀元閣刻本 六冊

430000 - 2401 - 0002211 18/17 - 11

四書集註十九卷 （宋）朱熹撰 （清）儲欣批 清臨桂毓蘭書屋謝氏家塾刻本 六冊

430000 - 2401 - 0002212 18/17 - 11(1)

四書集註十九卷 （宋）朱熹撰 （清）儲欣批 清臨桂毓蘭書屋謝氏家塾刻本 六冊

430000 - 2401 - 0002213 18/17 - 11(2)

四書集註十九卷 （宋）朱熹撰 （清）儲欣批 清臨桂毓蘭書屋謝氏家塾刻本 六冊

430000 - 2401 - 0002214 18/17 - 22

四書集註十九卷 （宋）朱熹撰 清愷元堂刻朱墨套印本 六冊

430000 - 2401 - 0002215 18/17 - 19

四書集註十九卷　(宋)朱熹撰　清集思堂刻本　六冊

430000－2401－0002216　△191.5/10

監本四書集註十九卷　(宋)朱熹撰　清嘉慶十年(1805)刻本　王寶淦過錄王言綸批註　四冊　缺十卷(論語十卷)

430000－2401－0002217　△191.5/4

四書章句集註二十八卷　(宋)朱熹撰　明末刻本　八冊　缺七卷(孟子集註八至十四)

430000－2401－0002218　18/17

四書章句集註十九卷　(宋)朱熹撰　清乾隆二十六年(1761)雅雨堂刻本　十二冊

430000－2401－0002219　18/16－2

四書章句集註二十六卷　(宋)朱熹撰　清嘉慶十六年(1811)璜川吳氏真意堂刻本　四冊

430000－2401－0002220　18/25

翼經堂四書章句集註十九卷　(宋)朱熹撰　清咸豐十年(1860)耕留堂刻本　六冊

430000－2401－0002221　18/17－5

四書章句集註十九卷　(宋)朱熹撰　清同治六年(1867)湖北崇文書局刻本　六冊

430000－2401－0002222　18/17－2

四書章句集註十九卷　(宋)朱熹撰　清同治十一年(1872)湖南尊經閣刻本　六冊

430000－2401－0002223　18/17－4

四書章句集註十九卷　(宋)朱熹撰　清同治十三年(1874)湖南書局刻本　六冊

430000－2401－0002224　18/17－4(1)

四書章句集註十九卷　(宋)朱熹撰　清同治十三年(1874)湖南書局刻本　六冊

430000－2401－0002225　18/17－4(2)

四書章句集註十九卷　(宋)朱熹撰　清同治十三年(1874)湖南書局刻本　六冊

430000－2401－0002226　18/17－4(3)

四書章句集註十九卷　(宋)朱熹撰　清同治十三年(1874)湖南書局刻本　六冊

430000－2401－0002227　18/17－4(4)

四書章句集註十九卷　(宋)朱熹撰　清同治十三年(1874)湖南書局刻本　六冊

430000－2401－0002228　18/16

四書章句集註二十六卷　(宋)朱熹撰　清光緒七年(1881)淮南書局刻本　七冊

430000－2401－0002229　18/16(1)

四書章句集註二十六卷　(宋)朱熹撰　清光緒七年(1881)淮南書局刻本　三冊

430000－2401－0002230　18/17－3

四書章句集註十九卷　(宋)朱熹撰　清光緒二十一年(1895)湖北官書處刻本　六冊

430000－2401－0002231　18/17－6

四書章句集註十九卷　(宋)朱熹撰　清稽古樓刻本　七冊　缺七卷(孟子七卷)

430000－2401－0002232　18/1－7

四書正本十九卷　(宋)朱熹集註　清同治四年(1865)童氏忠恕堂刻本　六冊

430000－2401－0002233　18/1－8

四書正本十九卷　(宋)朱熹集註　清同治十三年(1874)漵浦培根書局刻本　三冊　存五卷(大學一卷、中庸一卷、論語一至三)

430000－2401－0002234　18/33

四書或問三十九卷　(宋)朱熹撰　清同治十二年(1873)霍山劉氏五忠堂刻本　六冊

430000－2401－0002235　18/33(1)

四書或問三十九卷　(宋)朱熹撰　清同治十二年(1873)霍山劉氏五忠堂刻本　六冊

430000－2401－0002236　18/33(2)

四書或問三十九卷　(宋)朱熹撰　清同治十二年(1873)霍山劉氏五忠堂刻本　一冊　存四卷(大學或問一卷、中庸或問三卷)

430000－2401－0002237　18/75

四書便鈔十九卷　(宋)朱熹集註　清乾隆四十五年(1780)文盛堂刻本　六冊

430000－2401－0002238　18/101

國朝諸老先生論孟精義二十四卷　(宋)朱熹

輯　清同治十三年(1874)金陵公善堂刻本
八冊

430000 − 2401 − 0002239　18/6 − 2

北溪先生四書字義二卷首一卷附錄一卷
(宋)陳淳撰　(宋)王雋集編　清咸豐十一年
(1861)長沙余氏刻明辨齋叢書本　二冊

430000 − 2401 − 0002240　18/6

北溪先生四書字義二卷首一卷附錄一卷
(宋)陳淳撰　(宋)王雋集編　清光緒六年
(1880)寧鄉道林黃氏刻本　二冊

430000 − 2401 − 0002241　△191.5/6

四書管窺八卷　(元)史伯璿撰　清鈔本
八冊

430000 − 2401 − 0002242　18/53

四書小參一卷四書問答一卷　(明)朱斯行撰
　清光緒三年(1877)姑蘇刻經處刻本　一冊

430000 − 2401 − 0002243　△191.5/8

李氏說書九卷　(明)李載贄撰　明刻本
四冊

430000 − 2401 − 0002244　18/11

四書說約三十三卷　(明)胡廣等輯　朝鮮刻
本　十五冊　缺二卷(孟子集註大全十三至
十四)

430000 − 2401 − 0002245　△191.5/3

四書註疏大全合纂三十七卷　(明)張溥撰
明崇禎吳門寶翰樓刻本　十冊

430000 − 2401 − 0002246　18/18

新訂四書補註備旨十卷　(明)鄧林撰　(清)
杜定基增訂　清光緒七年(1881)壽春棣萼堂
刻本　六冊

430000 − 2401 − 0002247　18/18(1)

新訂四書補註備旨十卷　(明)鄧林撰　(清)
杜定基增訂　清光緒七年(1881)壽春棣萼堂
刻本　六冊

430000 − 2401 − 0002248　18/18 − 4

新訂四書補註備旨十卷　(明)鄧林撰　(清)
杜定基增訂　清宣統二年(1910)寶慶澹雅書

局刻本　六冊

430000 − 2401 − 0002249　18/42

蔡虛齋先生四書蒙引十五卷　(明)蔡清撰
清光緒十八年(1892)蔡群英刻本　十五冊

430000 − 2401 − 0002250　△191.5/9

陳明卿先生訂正四書人物備考四十卷　(明)
薛應旂輯　(明)朱焯註　補考八卷　(明)薛
寀輯　明末刻本　八冊

430000 − 2401 − 0002251　18/71

增補四書精繡圖像人物備考十二卷　(明)薛
應旂輯　(清)陳仁錫增定　清乾隆九年
(1744)古吳世德堂刻本　六冊

430000 − 2401 − 0002252　18/108

欽定化治四書文不分卷　(清)方苞等選　清
乾隆刻本　二十一冊　缺化治、中庸、孟子
上下

430000 − 2401 − 0002253　18/54

集虛齋四書口義十卷　(清)方棨如撰　(清)
于光華編　清乾隆五十三年(1788)刻本　十
二冊

430000 − 2401 − 0002254　△191.5/5

四書授義不分卷　(清)王夫之撰　清鈔本
五冊

430000 − 2401 − 0002255　18/79 − 2

四書稗疏二卷考異一卷　(清)王夫之撰　清
同治四年(1865)湘鄉曾氏金陵書局刻船山遺
書本　一冊

430000 − 2401 − 0002256　18/79

四書稗疏二卷考異一卷　(清)王夫之撰　清
光緒十三年(1887)潞河喛柘山房刻本　一冊

430000 − 2401 − 0002257　18/113

四書訓義三十六卷　(清)王夫之撰　清光緒
十三年(1887)潞河喛柘山房刻本　二十七冊

430000 − 2401 − 0002258　18/113 − 2

四書訓義三十六卷　(清)王夫之撰　清光緒
十九年(1893)湖南宏達書局刻本　二十八
冊:冠像

430000－2401－0002259　18/81

四書箋解十一卷　（清）王夫之撰　清光緒二
十年(1894)鄂藩官廨刻本　四冊

430000－2401－0002260　18/81(1)

四書箋解十一卷　（清）王夫之撰　清光緒二
十年(1894)鄂藩官廨刻本　四冊

430000－2401－0002261　18/81(2)

四書箋解十一卷　（清）王夫之撰　清光緒二
十年(1894)鄂藩官廨刻本　四冊

430000－2401－0002262　18/81(3)

四書箋解十一卷　（清）王夫之撰　清光緒二
十年(1894)鄂藩官廨刻本　四冊

430000－2401－0002263　18/81(4)

四書箋解十一卷　（清）王夫之撰　清光緒二
十年(1894)鄂藩官廨刻本　四冊

430000－2401－0002264　18/81(5)

四書箋解十一卷　（清）王夫之撰　清光緒二
十年(1894)鄂藩官廨刻本　四冊

430000－2401－0002265　18/81(6)

四書箋解十一卷　（清）王夫之撰　清光緒二
十年(1894)鄂藩官廨刻本　四冊

430000－2401－0002266　18/91

讀四書大全說十卷　（清）王夫之撰　清同治
四年(1865)湘鄉曾氏金陵刻本　十冊

430000－2401－0002267　18/8

四書心解五卷偶思錄一卷　（清）王吉相撰
清道光二十四年(1844)邠州儒學官署刻本
四冊

430000－2401－0002268　18/68－2

四書朱子本義彙參四十七卷發凡一卷　（清）
王步青輯　清乾隆十年(1745)敦復堂刻本
三十二冊

430000－2401－0002269　18/68－2(1)

四書朱子本義彙參四十七卷發凡一卷　（清）
王步青輯　清乾隆十年(1745)敦復堂刻本
二十四冊

430000－2401－0002270　18/68－2(2)

四書朱子本義彙參四十七卷發凡一卷　（清）
王步青輯　清乾隆十年(1745)敦復堂刻本
二十六冊

430000－2401－0002271　18/68－2(3)

四書朱子本義彙參四十七卷發凡一卷　（清）
王步青輯　清乾隆十年(1745)敦復堂刻本
二十冊

430000－2401－0002272　18/68

四書朱子本義彙參三十六卷　（清）王步青輯
清光緒十五年(1889)上海廣百宋齋鉛印本
十冊

430000－2401－0002273　18/68(1)

四書朱子本義彙參三十六卷　（清）王步青輯
清光緒十五年(1889)上海廣百宋齋鉛印本
十二冊

430000－2401－0002274　18/64

四書疑言十卷　（清）王廷植撰　清光緒八年
(1882)長沙退思齋刻本　八冊

430000－2401－0002275　18/64(1)

四書疑言十卷　（清）王廷植撰　清光緒八年
(1882)長沙退思齋刻本　八冊

430000－2401－0002276　18/117

王廣心稿一卷　（清）王廣心撰　（清）李靜齋
編　清光緒二十年(1894)共賞書局刻本
二冊

430000－2401－0002277　18/34

四書地理考十五卷　（清）王鎏撰　清道光十
五年(1835)刻本　二冊

430000－2401－0002278　18/31

四書正事括略七卷附錄一卷　（清）毛奇齡撰
清道光二十年(1840)蕭山沈氏刻西河合集
本　三冊

430000－2401－0002279　18/55

四書典林三十卷　（清）江永編　清雍正十三
年(1735)鋤經齋刻本　十六冊

430000－2401－0002280　18/14

呂晚村先生四書講義四十三卷　（清）呂留良

撰 （清）陳鏦編　清康熙二十五年(1686)刻本　六冊

430000－2401－0002281　△191.5/7

呂晚村四書講義不分卷 （清）呂留良撰　清藍格鈔本　二冊

430000－2401－0002282　△191.5/11

駁呂留良四書講義六卷 （清）朱軾撰　清雍正九年(1731)刻本　三冊

430000－2401－0002283　18/72

四書約旨十九卷孟子考略一卷 （清）任啟運撰　清乾隆五年(1740)刻本　六冊

430000－2401－0002284　18/72－2

四書約旨十九卷孟子考略一卷 （清）任啟運撰　清光緒九年(1883)筱里任一本堂刻本　十冊

430000－2401－0002285　18/72－3

四書約旨十九卷孟子考略一卷 （清）任啟運撰　清光緒二十一年(1895)刻本　九冊　缺大學一卷

430000－2401－0002286　18/10

四書詮義三十八卷 （清）汪烜纂　清道光六年(1826)一經堂刻本　十四冊

430000－2401－0002287　18/46－2

四書題鏡六卷 （清）汪鯉翔纂述　清乾隆九年(1744)刻本　五冊　缺上孟一卷

430000－2401－0002288　18/46

四書題鏡六卷 （清）汪鯉翔纂述　清乾隆三十年(1765)敦化堂刻本　十一冊

430000－2401－0002289　18/93

朱子不廢古訓說十六卷朱註引用文獻考略四卷 （清）李中培撰　清道光二十三年(1843)四謙堂刻本　九冊

430000－2401－0002290　18/85

四書纂言三十七卷 （清）宋翔鳳輯　清道光二十六年(1846)刻本　十七冊

430000－2401－0002291　18/85－2

四書纂言三十七卷 （清）宋翔鳳輯　清光緒

八年(1882)古吳茸蕚山房刻本　十六冊

430000－2401－0002292　18/82－2

四書經史摘證七卷 （清）宋繼種撰　清道光二十四年(1844)梅花書屋刻本　四冊

430000－2401－0002293　18/82－2(1)

四書經史摘證七卷 （清）宋繼種撰　清道光二十四年(1844)梅花書屋刻本　四冊

430000－2401－0002294　18/82

四書經史摘證七卷 （清）宋繼種撰　清光緒二十八年(1902)拜經精舍刻本　四冊

430000－2401－0002295　18/65－2

四書圖考十三卷 （清）杜炳撰　清道光七年(1827)刻本　六冊

430000－2401－0002296　18/65

四書圖考十三卷 （清）杜炳撰　清光緒十三年(1887)上海鴻文書局石印本　四冊

430000－2401－0002297　18/69

四書朱子異同條辨四十卷 （清）李沛霖（清）李禎訂　清康熙四十五年(1706)近譬堂刻本　四十冊

430000－2401－0002298　18/69(1)

四書朱子異同條辨四十卷 （清）李沛霖（清）李禎訂　清康熙四十五年(1706)近譬堂刻本　四十冊

430000－2401－0002299　18/7

四書旁訓釋義十九卷 （清）李沛霖撰　清道光十九年(1839)繡谷吳氏三讓堂刻本　六冊

430000－2401－0002300　18/121

涮嗳存愚二卷 （清）李清植撰　清乾隆三十一年(1766)武林試院刻本　一冊

430000－2401－0002301　18/73

四書備檢二十卷 （清）李揚華輯　清同治二年(1863)浣紅山館刻本　十冊

430000－2401－0002302　18/73(1)

四書備檢二十卷 （清）李揚華輯　清同治二年(1863)浣紅山館刻本　七冊　存十三卷(一至三、六至十五)

430000－2401－0002303　△191.5/2

四書反身錄六卷續補一卷蟄室錄感一卷
(清)李顒撰　(清)王心敬輯　清康熙刻本
八冊

430000－2401－0002304　18/67－5

四書反身錄七卷續錄一卷　(清)李顒撰
(清)王心敬輯　清光緒十一年(1885)四川鹽
務官舍刻本　二冊

430000－2401－0002305　18/67－4

四書反身錄五卷　(清)李顒撰　(清)王心敬
輯　清宣統二年(1910)成都國學研究會刻藍
印本　四冊

430000－2401－0002306　18/67－3

四書反身錄八卷讀四書說一卷　(清)李顒撰
清浙江書局刻本　四冊

430000－2401－0002307　18/67－3(1)

四書反身錄八卷讀四書說一卷　(清)李顒撰
清浙江書局刻本　四冊

430000－2401－0002308　18/67－3(2)

四書反身錄八卷讀四書說一卷　(清)李顒撰
清浙江書局刻本　四冊

430000－2401－0002309　18/67－2

四書反身錄八卷首一卷　(清)李顒撰　清小
瑯環山館刻本　四冊

430000－2401－0002310　18/112

經學質疑六種四十八卷　(清)狄子奇撰　清
道光刻本　八冊

430000－2401－0002311　18/76

四書貫珠講義十九卷　(清)林文竹輯　清同
治十一年(1872)兩廣運署刻本　十冊

430000－2401－0002312　18/76(1)

四書貫珠講義十九卷　(清)林文竹輯　清同
治十一年(1872)兩廣運署刻本　十冊

430000－2401－0002313　18/80

四書貫註捷解不分卷　(清)易堂倬校　清同
治十一年(1872)古羅易氏目耕齋刻本　六冊

430000－2401－0002314　18/83

四書經註集證十九卷　(清)吳昌宗輯　清同
治元年(1862)望三益齋刻本　十四冊

430000－2401－0002315　18/109

求自得之室四書說六卷　(清)吳嘉賓撰　清
同治元年(1862)家刻本　五冊

430000－2401－0002316　18/109(1)

求自得之室四書說六卷　(清)吳嘉賓撰　清
同治元年(1862)家刻本　一冊

430000－2401－0002317　18/70

增刪四書朱子大全精言四十一卷　(清)周大
璋纂輯　清康熙四十七年(1708)刻本　十
六冊

430000－2401－0002318　18/116

四書朱子大全精言四十一卷　(清)周大璋纂
輯　清康熙五十六年(1717)寶旭齋刻本　二
十一冊　缺二卷(中庸三至四)

430000－2401－0002319　18/51－2

四書典故辨正二十卷附錄一卷　(清)周柄中
撰　清嘉慶刻本　六冊

430000－2401－0002320　18/51

四書典故辨正二十卷附錄一卷　(清)周柄中
撰　清光緒十六年(1890)習靜齋刻本　六冊

430000－2401－0002321　18/39

四書拾義六卷　(清)胡紹勳撰　清道光十四
年(1834)吟經樓刻本　二冊

430000－2401－0002322　18/47

四書疏註撮言大全三十七卷　(清)胡蓉芝撰
清光緒十八年(1892)益元書局刻本　十八冊

430000－2401－0002323　18/47－3

四書疏註撮言大全三十七卷　(清)胡蓉芝撰
清清河主人家刻本　十四冊　缺中庸二卷

430000－2401－0002324　18/47－2

四書疏註撮言大全三十七卷　(清)胡蓉芝撰
清經國堂刻本　二十冊

430000－2401－0002325　18/50

四書味根錄三十七卷　(清)金澂輯　清咸豐
十一年(1861)刻本　十二冊

430000 – 2401 – 0002326   18/45

四書味根錄題鏡合編三十六卷   （清）金澄輯
清光緒十四年(1888)上海點石齋石印本
六冊

430000 – 2401 – 0002327   18/45 – 2

增廣四書題鏡味根錄四十八卷   （清）金澄輯
清光緒二十二年(1896)上海慎記書莊石印
本   八冊

430000 – 2401 – 0002328   18/77

皇朝四書彙解七十五卷   （清）凌廣揚輯   清
光緒二十九年(1903)上海鴻文書局石印本
十二冊

430000 – 2401 – 0002329   18/77(1)

皇朝四書彙解七十五卷   （清）凌廣揚輯   清
光緒二十九年(1903)上海鴻文書局石印本
十二冊

430000 – 2401 – 0002330   18/30 – 2

四書左國彙纂四卷   （清）高其名   （清）鄭師
成撰   清乾隆三十九年(1774)刻本   四冊

430000 – 2401 – 0002331   18/30

四書左國彙纂四卷   （清）高其名   （清）鄭師
成撰   清乾隆百尺樓刻本   四冊

430000 – 2401 – 0002332   18/105

經學質疑錄四書二十卷   （清）秦篤輝撰   清
道光六年(1826)墨緣館刻本   四冊

430000 – 2401 – 0002333   18/52

四書體註備旨合訂十三卷   （清）馬光編纂
清光緒二十三年(1897)邵陽經綸元記刻本
十二冊

430000 – 2401 – 0002334   18/9

四書訂疑六卷   （清）夏逢龍撰   清乾隆二十
年(1755)刻本   四冊

430000 – 2401 – 0002335   18/26

四書讀註提耳十九卷   （清）耿琛撰   清乾隆
元年(1736)屏山堂刻本   十三冊   缺二卷
（論語一至二）

430000 – 2401 – 0002336   18/27

四書益智錄二十卷   （清）桂含章輯   清光緒
八年(1882)石埭桂氏務本堂金陵刻本   二
十冊

430000 – 2401 – 0002337   18/115

四書講義補二卷   （清）孫景烈撰   清乾隆四
十三年(1778)滋樹堂刻本   佚名圈點   二冊

430000 – 2401 – 0002338   18/12

四書說苑十一卷首一卷補遺一卷續補一卷
（清）孫應科撰   清道光四年(1824)刻二十八
年(1848)補刻本   四冊

430000 – 2401 – 0002339   18/12(1)

四書說苑十一卷首一卷補遺一卷續補一卷
（清）孫應科撰   清道光四年(1824)刻二十八
年(1848)補刻本   四冊

430000 – 2401 – 0002340   18/78

四書質疑十九卷   （清）徐紹楨撰   清光緒九
年(1883)梧州刻本   二冊

430000 – 2401 – 0002341   18/78(1)

四書質疑十九卷   （清）徐紹楨撰   清光緒九
年(1883)梧州刻本   二冊

430000 – 2401 – 0002342   18/43

晚照山居參定四書酌言七卷   （清）寇慎撰
清道光二十三年(1843)刻本   十冊

430000 – 2401 – 0002343   18/22

新刻批點四書讀本十九卷   （清）商玲批點
清光緒二年(1876)愷元堂刻朱墨套印本
六冊

430000 – 2401 – 0002344   18/104

**論孟類次十八卷首一卷末一卷大學古本一卷
中庸會通一卷**   （清）許重炎輯   清道光二十
七年(1847)家刻本   八冊

430000 – 2401 – 0002345   18/89

說四書四卷   （清）郭善鄰撰   清乾隆四十二
年(1777)刻本   四冊

430000 – 2401 – 0002346   18/94

三魚堂四書集註大全四十卷   （清）陸隴其輯
清康熙三十七年(1698)刻本   二十冊

430000 - 2401 - 0002347　18/15

四書講義困勉錄三十七卷附錄一卷續六卷
（清）陸隴其纂　清康熙三十八年(1699)刻本
　十二冊

430000 - 2401 - 0002348　18/90 - 4

松陽講義十二卷　（清）陸隴其撰　清同治十
年(1871)公善堂刻本　四冊

430000 - 2401 - 0002349　18/90

松陽講義十二卷松陽鈔存二卷　（清）陸隴其
撰　清同治十三年(1874)湖南省城書局刻本
　六冊

430000 - 2401 - 0002350　18/90(1)

松陽講義十二卷松陽鈔存二卷　（清）陸隴其
撰　清同治十三年(1874)湖南省城書局刻本
　六冊

430000 - 2401 - 0002351　18/90 - 2

松陽講義十二卷　（清）陸隴其撰　清光緒十
三年(1887)固始張氏刻本　四冊

430000 - 2401 - 0002352　18/90 - 3

松陽講義十二卷　（清）陸隴其撰　清貴文堂
刻本　四冊

430000 - 2401 - 0002353　18/41

四書考輯要二十卷　（清）陳弘謀輯　清乾隆
三十六年(1771)培遠堂刻本　二冊　缺十一
卷(四至十四)

430000 - 2401 - 0002354　18/13

四書說一卷　（清）莊存與撰　清道光刻味經
齋遺書本　一冊

430000 - 2401 - 0002355　18/96

大學補釋一卷中庸補釋一卷　（清）張承華撰
　清同治三年(1864)刻本　二冊

430000 - 2401 - 0002356　18/96(1)

大學補釋一卷中庸補釋一卷　（清）張承華撰
　清同治三年(1864)刻本　二冊

430000 - 2401 - 0002357　18/74

新增四書備旨靈捷解八卷　（清）張素存撰
（清）鄒蒼崖輯　清三讓堂刻本　六冊

430000 - 2401 - 0002358　△191.5/1 - 2

四書　（清）張照篆書　清刻本　咠叢樓藥庵
主人題識　六冊

430000 - 2401 - 0002359　18/48

四知堂四書翼註三十卷　（清）張甄陶撰　清
乾隆五十三年(1788)刻本　八冊

430000 - 2401 - 0002360　18/99

大學義疏一卷中庸義疏二卷　（清）曾錫華撰
　清咸豐十年(1860)家刻本　二冊

430000 - 2401 - 0002361　18/57

四書異同商七卷　（清）黃鶴撰　清咸豐十年
(1860)寧鄉學署刻本　十冊

430000 - 2401 - 0002362　18/57(1)

四書異同商七卷　（清）黃鶴撰　清咸豐十年
(1860)寧鄉學署刻本　五冊

430000 - 2401 - 0002363　18/57 - 2

四書異同商七卷　（清）黃鶴撰　清光緒十八
年(1892)兩湖書院刻本　十二冊

430000 - 2401 - 0002364　18/58

四書異同商補訂七卷　（清）黃鶴撰　清光緒
二十八年(1902)湖南書局刻本　二冊

430000 - 2401 - 0002365　18/37

四書述義五卷續四卷　（清）單爲鏓撰　清同
治六年(1867)刻本　三冊

430000 - 2401 - 0002366　18/86

朱子四書纂要四十卷序說一卷　（清）楊丕復
撰　清光緒二十一年(1895)刻本　三十二冊

430000 - 2401 - 0002367　18/86(1)

朱子四書纂要四十卷序說一卷　（清）楊丕復
撰　清光緒二十一年(1895)刻本　三十二冊

430000 - 2401 - 0002368　18/36

四書改錯平十四卷　（清）楊希閔撰　清光緒
元年(1875)福州刻本　六冊

430000 - 2401 - 0002369　18/32

四書隨見錄四十一卷首一卷　（清）鄒鳳池
（清）陳作梅輯　清道光二十七年(1847)刻本
　十二冊

430000－2401－0002370　18/32（1）

四書隨見錄四十一卷首一卷 （清）鄒鳳池
（清）陳作梅輯　清道光二十七年（1847）刻本
　十三冊　缺二卷（孟子五至六）

430000－2401－0002371　18/32（2）

四書隨見錄四十一卷首一卷 （清）鄒鳳池
（清）陳作梅輯　清道光二十七年（1847）刻本
　六冊　存二十一卷（論語一至八、十二至十
四，孟子五至十四）

430000－2401－0002372　18/66

四書圖表就正一卷 （清）趙敬襄撰　清嘉慶
二十二年（1817）刻竹岡齋九種本　一冊

430000－2401－0002373　18/40

四書考異七十二卷 （清）翟灝撰　清乾隆三
十四年（1769）無不宜齋刻本　六冊

430000－2401－0002374　18/40（1）

四書考異七十二卷 （清）翟灝撰　清乾隆三
十四年（1769）無不宜齋刻本　八冊

430000－2401－0002375　18/110

續四書遺訓後集四卷 （清）鄧逢光撰　清道
光刻本　六冊

430000－2401－0002376　18/56

四書典制類聯三十三卷 （清）閻其淵輯　清
乾隆五十九年（1794）刻本　六冊　缺一卷
（十三）

430000－2401－0002377　18/88－3

四書釋地一卷續一卷又續一卷 （清）閻若璩
撰　清乾隆八年（1743）眷西堂刻本　二冊

430000－2401－0002378　18/88

四書釋地一卷續一卷又續一卷 （清）閻若璩
撰　清乾隆五十二年（1787）東浯王氏刻本
三冊

430000－2401－0002379　18/88（1）

四書釋地一卷續一卷又續一卷 （清）閻若璩
撰　清乾隆五十二年（1787）東浯王氏刻本
三冊

430000－2401－0002380　18/88－2

四書釋地一卷續一卷又續一卷 （清）閻若璩
撰　清乾隆五十三年（1788）聽雨齋刻本
六冊

430000－2401－0002381　18/88－4

四書釋地一卷續一卷又續一卷 （清）閻若璩
撰　清乾隆刻本　四冊

430000－2401－0002382　18/88－5

四書釋地一卷續一卷又續一卷 （清）閻若璩
撰　清刻本　三冊

430000－2401－0002383　18/87

四書釋地補一卷續補一卷又續補一卷 （清）
樊廷枚撰　清嘉慶二十一年（1816）梅陽海涵
堂刻本　四冊

430000－2401－0002384　18/87（1）

四書釋地補一卷續補一卷又續補一卷 （清）
樊廷枚撰　清嘉慶二十一年（1816）梅陽海涵
堂刻本　四冊

430000－2401－0002385　18/87（2）

四書釋地補一卷續補一卷又續補一卷 （清）
樊廷枚撰　清嘉慶二十一年（1816）梅陽海涵
堂刻本　五冊

430000－2401－0002386　18/87（3）

四書釋地補一卷續補一卷又續補一卷 （清）
樊廷枚撰　清嘉慶二十一年（1816）梅陽海涵
堂刻本　三冊（合訂一冊）　缺補一卷

430000－2401－0002387　18/21

增補四書義經義式不分卷 （清）學翼齋主人
編　清光緒二十七年（1901）還讀書屋刻本
一冊　存上冊

430000－2401－0002388　18/19

四書恆解十一卷 （清）劉沅撰　清咸豐十年
（1860）刻槐軒全書本　十冊

430000－2401－0002389　18/38

四書摭餘說七卷 （清）曹之升撰　清嘉慶三
年（1798）刻本　六冊

430000－2401－0002390　18/23

四書雜不分卷 （清）駱培撰　清光緒二十五

年(1899)慎記書莊石印本　二冊

430000 - 2401 - 0002391　18/114
程山遺書内集不分卷　(清)謝文洊撰　清康熙正誼堂刻本　二冊

430000 - 2401 - 0002392　18/35
駁毛西河四書改錯二十一卷　(清)戴大昌撰　清道光二十八年(1848)刻本　四冊

430000 - 2401 - 0002393　18/24
張謇批選四書義六卷續六卷　張謇輯　清光緒三十年(1904)上海文新書局石印本　十冊

430000 - 2401 - 0002394　18/44
四書小題題鏡二十卷　清光緒五年(1879)霽月山房刻本　十冊

430000 - 2401 - 0002395　181/4
唐卷子本論語十卷　(三國魏)何晏集解　清光緒十五年(1889)德清傅氏日本東京刻篋喜廬叢書本　二冊

430000 - 2401 - 0002396　181/10
論語註疏二十卷　(三國魏)何晏集解　(唐)陸德明音義　(宋)邢昺疏　清同治十年(1871)刻本　四冊

430000 - 2401 - 0002397　181/10(1)
論語註疏二十卷　(三國魏)何晏集解　(唐)陸德明音義　(宋)邢昺疏　清同治十年(1871)刻本　四冊

430000 - 2401 - 0002398　181/3 - 4
論語註疏解經二十卷　(三國魏)何晏集解　(宋)邢昺疏　(清)阮元校勘　清嘉慶二十年(1815)南昌府學刻道光六年(1826)南昌府學重校本　四冊

430000 - 2401 - 0002399　181/3 - 3
論語註疏解經二十卷　(三國魏)何晏集解　(宋)邢昺疏　(清)阮元校勘　清嘉慶二十年(1815)南昌府學刻道光六年(1826)重校本　四冊

430000 - 2401 - 0002400　181/3 - 2
論語註疏解經二十卷　(三國魏)何晏集解

(宋)邢昺疏　清同治十年(1871)長沙尊經閣刻本　四冊

430000 - 2401 - 0002401　181/3 - 5
論語註疏解經二十卷　(三國魏)何晏集解　(宋)邢昺疏　(清)阮元校勘　清同治十三年(1874)湖南書局刻本　四冊

430000 - 2401 - 0002402　181/3 - 5(1)
論語註疏解經二十卷　(三國魏)何晏集解　(宋)邢昺疏　(清)阮元校勘　清同治十三年(1874)湖南書局刻本　五冊

430000 - 2401 - 0002403　181/3
論語註疏解經四卷　(三國魏)何晏集解　(宋)邢昺疏　(清)阮元校勘　清光緒二十四年(1898)上海點石齋石印本　一冊

430000 - 2401 - 0002404　181/3 - 6
論語註疏解經十卷　(三國魏)何晏集解　(宋)邢昺疏　清光緒三十三年(1907)貴池劉氏玉海堂刻本　一冊

430000 - 2401 - 0002405　181/3 - 6(1)
論語註疏解經十卷　(三國魏)何晏集解　(宋)邢昺疏　清光緒三十三年(1907)貴池劉氏玉海堂刻本　二冊

430000 - 2401 - 0002406　181/44
覆正平本論語集解十卷　(三國魏)何晏集解　清光緒八年(1882)遵義黎氏刻古逸叢書本　二冊

430000 - 2401 - 0002407　181/42
論語集解義疏十卷　(三國魏)何晏集解　(南朝梁)皇侃義疏　清同治十二年(1873)粵東書局刻古經解彙函本　二冊

430000 - 2401 - 0002408　181/21
論語或問二十卷　(宋)朱熹撰　清刻本　三冊　缺六卷(十五至二十)

430000 - 2401 - 0002409　△191.1/1
朱子論語或問小註二十卷　(宋)朱熹撰　清刻本　一冊　存四卷(十七至二十)

430000 - 2401 - 0002410　181/32 - 2

論語集註十卷　（宋）朱熹撰　清南海羅瑞棠繕刻本　二冊

430000－2401－0002411　181/43

南軒先生論語解十卷　（宋）張栻撰　清咸豐四年(1854)錦邑南軒祠刻張宣公全集本　三冊

430000－2401－0002412　181/18－2

論語意原四卷　（宋）鄭汝諧撰　清道光十六年(1836)刻本　二冊

430000－2401－0002413　181/19

論語類考二十卷　（明）陳士元撰　清嘉慶二十四年(1819)湖海樓刻本　四冊

430000－2401－0002414　181/19－2

論語類考二十卷　（明）陳士元撰　清道光十三年(1833)應城吳毓梅刻歸雲別集本　二冊　存十三卷(八至二十)

430000－2401－0002415　181/19－3

論語類考二十卷　（明）陳士元撰　清刻本　二冊　存十卷(六至十五)

430000－2401－0002416　181/33

論語集註本義彙參二十卷首一卷　（清）王士青輯　（清）王士鰲編　清敦復堂刻本　九冊

430000－2401－0002417　181/9

論語註疏校勘記二十卷　（清）阮元撰　清同治十三年(1874)湖南書局刻本　二冊

430000－2401－0002418　181/9(1)

論語註疏校勘記二十卷　（清）阮元撰　清同治十三年(1874)湖南書局刻本　一冊　存十卷(一至十)

430000－2401－0002419　△191.1/4

論語鄭氏註十卷　（清）宋翔鳳輯　清嘉慶二十五年(1820)刻本　袁芳瑛題寫書衣　葉啟勳題識　一冊

430000－2401－0002420　181/6

吳愙齋籀書論語二卷　（清）吳大澂書　清光緒十一年(1885)上海同文書局石印本　二冊

430000－2401－0002421　181/48

三讓堂四書遵註合講：論語十卷　（清）翁復纂　清三讓堂刻兩節本　二冊

430000－2401－0002422　181/31

論語集註旁證二十卷　（清）梁章鉅撰　清光緒十二年(1886)鉛印本　四冊

430000－2401－0002423　181/11－2

論語話解十卷　（清）陳濬撰　清同治十三年(1874)刻本　五冊

430000－2401－0002424　181/11

論語話解十卷　（清）陳濬撰　清宣統元年(1909)上海鑄記書局石印本　一冊

430000－2401－0002425　△191.1/2

論語古訓十卷　（清）陳鱣撰　清乾隆六十年(1795)簡莊刻本　二冊

430000－2401－0002426　181/28

論語古訓十卷　（清）陳鱣撰　清光緒九年(1883)浙江書局刻本　二冊

430000－2401－0002427　181/28(1)

論語古訓十卷　（清）陳鱣撰　清光緒九年(1883)浙江書局刻本　二冊

430000－2401－0002428　△191.1/5

論語廣註二卷　（清）畢憲曾輯　清嘉慶八年(1803)培遠堂刻本　袁芳瑛題寫書衣　一冊

430000－2401－0002429　181/39

論語參註二十卷　（清）崔暕撰　清光緒二十至二十一年(1894－1895)刻本　六冊

430000－2401－0002430　181/36－2

論語後案二十卷　（清）黃式三撰　清道光二十三年(1843)魯岐峰木活字本　二冊　存七卷(一至七)

430000－2401－0002431　181/36

論語後案二十卷　（清）黃式三撰　清光緒九年(1883)浙江書局刻儆居遺書本　十冊

430000－2401－0002432　181/36(1)

論語後案二十卷　（清）黃式三撰　清光緒九年(1883)浙江書局刻儆居遺書本　十冊

430000－2401－0002433　181/34

朱子論語註訓詁考二卷　（清）潘衍桐輯　清光緒十六年(1890)刻本　一冊

430000－2401－0002434　181/34(1)

朱子論語註訓詁考二卷　（清）潘衍桐輯　清光緒十六年(1890)刻本　一冊

430000－2401－0002435　181/23

論語古註集箋十卷論語考一卷　（清）潘維城撰　清光緒七年(1881)江蘇書局刻本　六冊

430000－2401－0002436　181/23(1)

論語古註集箋十卷論語考一卷　（清）潘維城撰　清光緒七年(1881)江蘇書局刻本　六冊

430000－2401－0002437　181/23(2)

論語古註集箋十卷論語考一卷　（清）潘維城撰　清光緒七年(1881)江蘇書局刻本　六冊

430000－2401－0002438　181/1

劉氏家塾四書解論語二十卷　（清）豫師撰　清光緒二年(1876)劉氏家塾刻本　四冊

430000－2401－0002439　181/30－2

二論詳解四卷　（清）劉忠輯　清宣統元年(1909)寶慶益元堂刻本　二冊

430000－2401－0002440　181/30－4

增訂二論詳解四卷　（清）劉忠輯　民國四年(1915)上海天機書局石印本　一冊

430000－2401－0002441　181/30

講書註解論語四卷　（清）劉忠輯　清邵陽尚德堂刻本　二冊

430000－2401－0002442　181/24－2

論語正義二十四卷　（清）劉寶楠撰　清光緒十八年(1892)黃岡范氏嘯園刻本　四冊　缺六卷（十四至十九）

430000－2401－0002443　181/8

戴氏註論語二十卷　（清）戴望撰　清同治十年(1871)刻本　一冊

430000－2401－0002444　181/8(1)

戴氏註論語二十卷　（清）戴望撰　清同治十年(1871)刻本　一冊

430000－2401－0002445　181/12

論語訓不分卷　王闓運撰　清光緒十七年(1891)刻本　二冊

430000－2401－0002446　181/12(1)

論語訓不分卷　王闓運撰　清光緒十七年(1891)刻本　二冊

430000－2401－0002447　181/12(2)

論語訓不分卷　王闓運撰　清光緒十七年(1891)刻本　二冊

430000－2401－0002448　181/12(3)

論語訓不分卷　王闓運撰　清光緒十七年(1891)刻本　二冊

430000－2401－0002449　△191.2/5

孟子趙氏註十四卷音義二卷　（漢）趙岐註音義　（宋）孫奭撰　清乾隆四十六年(1781)刻本　葉德輝題跋　二冊

430000－2401－0002450　182/1－2

孟子七卷　（漢）趙岐註　（宋）朱熹集註　清稽古樓刻本　十冊

430000－2401－0002451　182/1－3

孟子註十四卷　（漢）趙岐撰　清光緒三十四年(1908)問經精舍刻本　三冊

430000－2401－0002452　182/5

孟子註疏十四卷附考證　（漢）趙岐註　（宋）孫奭音義并疏　清同治十年(1871)刻本　八冊

430000－2401－0002453　182/5－3

孟子註疏解經十四卷　（漢）趙岐註　（宋）孫奭疏　（清）阮元校勘　清嘉慶二十年(1815)南昌府學刻同治十年(1871)江西書局修本　六冊

430000－2401－0002454　182/5－2

孟子註疏解經十四卷音義二卷　（漢）趙岐註　（宋）孫奭音義并疏　清同治十三年(1874)湖南書局刻本　七冊

430000－2401－0002455　182/5－2(1)

孟子註疏解經十四卷音義二卷　（漢）趙岐註

（宋）孫奭音義并疏　清同治十三年（1874）湖南書局刻本　五冊

430000－2401－0002456　182/22－3

孟子要略五卷附錄一卷　（宋）朱熹撰　（清）劉傳瑩輯　（清）曾國藩按　清道光二十九年（1849）漢陽劉氏刻本　一冊

430000－2401－0002457　182/22－4

孟子要略五卷附錄一卷　（宋）朱熹撰　（清）劉傳瑩輯　（清）曾國藩按　清道光二十九年（1849）漢陽劉氏刻本　一冊

430000－2401－0002458　182/22－2

孟子要略五卷附錄一卷　（宋）朱熹撰　（清）劉傳瑩輯　（清）曾國藩按　清同治十二年（1873）傳忠書局刻朱子遺書本　一冊

430000－2401－0002459　182/22－2(1)

孟子要略五卷附錄一卷　（宋）朱熹撰　（清）劉傳瑩輯　（清）曾國藩按　清同治十二年（1873）傳忠書局刻朱子遺書本　一冊

430000－2401－0002460　182/22－2(2)

孟子要略五卷附錄一卷　（宋）朱熹撰　（清）劉傳瑩輯　（清）曾國藩按　清同治十二年（1873）傳忠書局刻朱子遺書本　一冊

430000－2401－0002461　182/22－2(3)

孟子要略五卷附錄一卷　（宋）朱熹撰　（清）劉傳瑩輯　（清）曾國藩按　清同治十二年（1873）傳忠書局刻朱子遺書本　一冊

430000－2401－0002462　△191.2/4

孟子集註十四卷　（宋）朱熹撰　明刻本　李祖蔭等批校　十一冊

430000－2401－0002463　△191.2/4－2

孟子集註十四卷　（宋）朱熹撰　明吳縣吳志忠校刻本　佚名批校　一冊　存六卷（七至十二）

430000－2401－0002464　182/11－3

孟子集註七卷　（宋）朱熹撰　清刻本　三冊

430000－2401－0002465　182/24

南軒先生孟子說七卷　（宋）張栻撰　清咸豐

四年（1854）錦邑南軒祠刻張宣公全集本　四冊

430000－2401－0002466　△191.2/1

孟子二卷　（宋）蘇洵評點　明刻本　佚名批校　二冊

430000－2401－0002467　182/3－2

載詠樓重鐫硃批孟子二卷　（宋）蘇洵評點　清嘉慶元年（1796）玉書樓刻朱墨套印本　二冊

430000－2401－0002468　△191/.2/7

載詠樓重鐫硃批孟子二卷　（宋）蘇洵評點　清嘉慶元年（1796）慎詒堂刻朱墨套印本　二冊

430000－2401－0002469　182/3

載詠樓重鐫硃批孟子二卷　（宋）蘇洵評點　清嘉慶八年（1803）慎怡堂刻朱墨套印本　二冊

430000－2401－0002470　182/2－4

增補蘇批孟子二卷　（宋）蘇洵評點　（清）趙大浣增補　清咸豐六年（1856）刻朱墨套印本　二冊

430000－2401－0002471　182/2－3

增補蘇批孟子二卷　（宋）蘇洵評點　（清）趙大浣增補　清聚祐堂刻朱墨套印本　二冊

430000－2401－0002472　182/2－2

增補蘇批孟子二卷　（宋）蘇洵評點　（清）趙大浣增補　清羊城五雲樓刻朱墨套印本　二冊

430000－2401－0002473　△191.2/6

附音傍訓句解孟子七卷　（元）李公凱撰　元刻本　四冊

430000－2401－0002474　182/4

王評孟子四卷　（清）王源評　清咸豐二年（1852）小琅環山館刻本　二冊

430000－2401－0002475　182/6

孟子註疏校勘記十四卷　（清）阮元撰　清同治十三年（1874）湖南書局刻本　二冊

430000 – 2401 – 0002476　182/23

孟子趙註補正六卷　（清）宋翔鳳輯　清光緒
十七年(1891)廣雅書局刻本　二冊

430000 – 2401 – 0002477　△191.2/8

孟子孝義發十三卷　（清）吳敏樹撰　清鈔本
七冊

430000 – 2401 – 0002478　182/14

孟子篇叙七卷孟子年表一卷　（清）姜兆翀撰
清嘉慶七年(1802)刻本　一冊

430000 – 2401 – 0002479　182/17

孟子時事考徵四卷　（清）陳寶泉編　清嘉慶
八年(1803)粹經堂刻本　一冊

430000 – 2401 – 0002480　182/18

孟子講義困勉錄十四卷　（清）陸隴其纂輯
清康熙三十八年(1699)刻本　三冊

430000 – 2401 – 0002481　182/25

讀孟子札記二卷　（清）羅澤南撰　清咸豐九
年(1859)長沙刻本　一冊

430000 – 2401 – 0002482　182/25(1)

讀孟子札記二卷　（清）羅澤南撰　清咸豐九
年(1859)長沙刻本　一冊

430000 – 2401 – 0002483　△191.3/1

戴記舊本大學一卷　（漢）鄭玄註　（唐）孔穎
達疏　明萬曆刻本　一冊

430000 – 2401 – 0002484　183/15

大學章句一卷大學或問二卷　（宋）朱熹撰
清光緒二十九年(1903)湖南尚志齋刻本
二冊

430000 – 2401 – 0002485　183/15(1)

大學章句一卷大學或問二卷　（宋）朱熹撰
清光緒二十九年(1903)湖南尚志齋刻本
二冊

430000 – 2401 – 0002486　183/15(2)

大學章句一卷大學或問二卷　（宋）朱熹撰
清光緒二十九年(1903)湖南尚志齋刻本
二冊

430000 – 2401 – 0002487　183/15(3)

大學章句一卷大學或問二卷　（宋）朱熹撰
清光緒二十九年(1903)湖南尚志齋刻本
二冊

430000 – 2401 – 0002488　183/15(4)

大學章句一卷大學或問二卷　（宋）朱熹撰
清光緒二十九年(1903)湖南尚志齋刻本
二冊

430000 – 2401 – 0002489　183/6

大學正說一卷　（明）趙南星撰　明萬曆四十
三年(1615)刻清順治遞修本　一冊

430000 – 2401 – 0002490　183/27

大學私訂本一卷　（清）易順鼎撰　清光緒刻
慕皋廬雜刻本　一冊

430000 – 2401 – 0002491　183/5

大學古本薈參一卷續編一卷　（清）胡泉輯
清咸豐七年(1857)刻本　二冊

430000 – 2401 – 0002492　183/9

大學古本釋一卷　（清）郭階撰　清光緒十五
年(1889)刻春輝雜稿本　一冊

430000 – 2401 – 0002493　183/13

大學章句質疑一卷　（清）郭嵩燾撰　清光緒
十六年(1890)湖南思賢講舍刻本　一冊

430000 – 2401 – 0002494　183/13(1)

大學章句質疑一卷　（清）郭嵩燾撰　清光緒
十六年(1890)湖南思賢講舍刻本　一冊

430000 – 2401 – 0002495　183/13(2)

大學章句質疑一卷　（清）郭嵩燾撰　清光緒
十六年(1890)湖南思賢講舍刻本　一冊

430000 – 2401 – 0002496　183/13(3)

大學章句質疑一卷　（清）郭嵩燾撰　清光緒
十六年(1890)湖南思賢講舍刻本　一冊

430000 – 2401 – 0002497　183/4 – 3

大學古本質言一卷　（清）劉沅撰　清光緒十
七年(1891)平遙李氏刻本　一冊

430000 – 2401 – 0002498　183/18

大學分條證史五十八卷首一卷　（清）戴瑴輯
清光緒七年(1881)聽鸝山館刻本　七冊

430000－2401－0002499　183/18(1)

大學分條證史五十八卷首一卷　(清)戴瞽輯
清光緒七年(1881)聽鸝山館刻本　十四冊

430000－2401－0002500　183/11－2

大學讀本一卷　清光緒三十年(1904)湖北學務處刻朱印湖北初等小學堂讀本本　一冊

430000－2401－0002501　183/11

大學讀本一卷　清光緒三十四年(1908)湖南學務公所刻本　一冊

430000－2401－0002502　184/9

十先生中庸集解二卷　(宋)石𡼯編　清道光二十九年(1849)莫氏影山草堂刻本　二冊

430000－2401－0002503　184/9(1)

十先生中庸集解二卷　(宋)石𡼯編　清道光二十九年(1849)莫氏影山草堂刻本　二冊

430000－2401－0002504　184/9(2)

十先生中庸集解二卷　(宋)石𡼯編　清道光二十九年(1849)莫氏影山草堂刻本　二冊

430000－2401－0002505　184/3

中庸章句一卷中庸或問三卷　(宋)朱熹撰
中庸輯略二卷　(宋)石𡼯輯　(宋)朱熹删定
清光緒二十九年(1903)湖南尚志齋刻本　四冊

430000－2401－0002506　184/3(1)

中庸章句一卷中庸或問三卷　(宋)朱熹撰
中庸輯略二卷　(宋)石𡼯輯　(宋)朱熹删定
清光緒二十九年(1903)湖南尚志齋刻本　四冊

430000－2401－0002507　184/3(2)

中庸章句一卷中庸或問三卷　(宋)朱熹撰
中庸輯略二卷　(宋)石𡼯輯　(宋)朱熹删定
清光緒二十九年(1903)湖南尚志齋刻本　四冊

430000－2401－0002508　184/3(3)

中庸章句一卷中庸或問三卷　(宋)朱熹撰　中庸輯略二卷**　(宋)石𡼯輯　(宋)朱熹删定　清光緒二十九年(1903)湖南尚志齋刻本　四冊

430000－2401－0002509　184/3(4)

中庸章句一卷中庸或問三卷　(宋)朱熹撰
中庸輯略二卷　(宋)石𡼯輯　(宋)朱熹删定
清光緒二十九年(1903)湖南尚志齋刻本　四冊

430000－2401－0002510　184/7

中庸直指一卷　(明)史德清撰　清光緒十年(1884)金陵刻經處刻本　一冊

430000－2401－0002511　184/10－2

中庸衍義十七卷　(明)夏良勝撰　清道光二十九年(1849)南城斗湖書院刻本　十冊

430000－2401－0002512　184/10

中庸衍義十七卷　(明)夏良勝撰　清同治十年(1871)刻本　八冊

430000－2401－0002513　184/10(1)

中庸衍義十七卷　(明)夏良勝撰　清同治十年(1871)刻本　八冊

430000－2401－0002514　184/5

朱柏廬先生中庸講義二卷　(清)朱用純撰
清刻本　二冊

430000－2401－0002515　184/1

中庸章句質疑二卷　(清)郭嵩燾撰　清光緒十六年(1890)湖南思賢講舍刻本　二冊

430000－2401－0002516　184/1(1)

中庸章句質疑二卷　(清)郭嵩燾撰　清光緒十六年(1890)湖南思賢講舍刻本　二冊

430000－2401－0002517　184/1(2)

中庸章句質疑二卷　(清)郭嵩燾撰　清光緒十六年(1890)湖南思賢講舍刻本　二冊

430000－2401－0002518　191/177

文選樓叢書經解三種六卷　(清)阮亨輯　清道光阮氏刻本　二冊

430000－2401－0002519　191/131

白虎通四卷　(漢)班固撰　清乾隆四十九年(1784)餘姚盧氏刻抱經堂叢書本　三冊

430000－2401－0002520　191/131(1)

白虎通四卷　(漢)班固撰　清乾隆四十九年

(1784)餘姚盧氏刻抱經堂叢書本　三冊

430000－2401－0002521　191/131(2)
白虎通四卷　(漢)班固撰　清乾隆四十九年(1784)餘姚盧氏刻抱經堂叢書本　二冊

430000－2401－0002522　191/131(3)
白虎通四卷　(漢)班固撰　清乾隆四十九年(1784)餘姚盧氏刻抱經堂叢書本　二冊

430000－2401－0002523　191/131－4
白虎通二卷　(漢)班固撰　清嘉慶新安汪氏刻秘書廿一種本　二冊

430000－2401－0002524　191/131－2
白虎通德論四卷　(漢)班固撰　(明)鍾惺評　清初刻本　二冊

430000－2401－0002525　191/131－2(1)
白虎通德論四卷　(漢)班固撰　(明)鍾惺評　清初刻本　一冊

430000－2401－0002526　191/131－3
白虎通德論四卷　(漢)班固撰　清光緒元年(1875)湖北崇文書局刻百子全書本　二冊

430000－2401－0002527　191/83
五經文字三卷　(唐)張參撰　清叢書樓刻本　四冊

430000－2401－0002528　191/39－3
經典釋文三十卷　(唐)陸德明撰　清康熙十九年(1680)通志堂刻通志堂經解本　十冊

430000－2401－0002529　191/39－3(1)
經典釋文三十卷　(唐)陸德明撰　清康熙十九年(1680)通志堂刻通志堂經解本　十二冊

430000－2401－0002530　191/39－3(2)
經典釋文三十卷　(唐)陸德明撰　清康熙十九年(1680)通志堂刻通志堂經解本　十二冊

430000－2401－0002531　△192/10
經典釋文三十卷　(唐)陸德明撰　清康熙十九年(1680)通志堂刻本　袁芳瑛　莊世驥　葉德輝批校題跋　黃運儀題款　十冊　存二十八卷(一至二十八)

430000－2401－0002532　191/39－4
經典釋文三十卷　(唐)陸德明撰　**考證三十卷**　(清)盧文弨撰　清乾隆五十六年(1791)抱經堂刻本　十六冊

430000－2401－0002533　191/39－4(1)
經典釋文三十卷　(唐)陸德明撰　**考證三十卷**　(清)盧文弨撰　清乾隆五十六年(1791)抱經堂刻本　十冊

430000－2401－0002534　191/39－4(2)
經典釋文三十卷　(唐)陸德明撰　**考證三十卷**　(清)盧文弨撰　清乾隆五十六年(1791)抱經堂刻本　十冊

430000－2401－0002535　191/39
經典釋文三十卷　(唐)陸德明撰　**考證三十卷**　(清)盧文弨撰　清同治八年(1869)湖北崇文書局刻本　十二冊

430000－2401－0002536　191/39(1)
經典釋文三十卷　(唐)陸德明撰　**考證三十卷**　(清)盧文弨撰　清同治八年(1869)湖北崇文書局刻本　十二冊

430000－2401－0002537　191/39(2)
經典釋文三十卷　(唐)陸德明撰　**考證三十卷**　(清)盧文弨撰　清同治八年(1869)湖北崇文書局刻本　十二冊

430000－2401－0002538　191/39－2
經典釋文三十卷　(唐)陸德明撰　**考證三十卷**　(清)盧文弨撰　清同治十年(1871)粵秀山文瀾閣刻本　十四冊

430000－2401－0002539　191/39－2(1)
經典釋文三十卷　(唐)陸德明撰　**考證三十卷**　(清)盧文弨撰　清同治十年(1871)粵秀山文瀾閣刻本　十二冊

430000－2401－0002540　191/39－2(2)
經典釋文三十卷　(唐)陸德明撰　**考證三十卷**　(清)盧文弨撰　清同治十年(1871)粵秀山文瀾閣刻本　十六冊

430000－2401－0002541　191/39－6

經典釋文三十卷 （唐）陸德明撰 **考證三十卷** （清）盧文弨撰 清同治十三年(1874)成都尊經書院刻本 十冊

430000－2401－0002542 191/39－5

經典釋文三十卷 （唐）陸德明撰 **考證三十卷** （清）盧文弨撰 清光緒十五年(1889)湖南書局刻本 十八冊

430000－2401－0002543 191/39－5(1)

經典釋文三十卷 （唐）陸德明撰 **考證三十卷** （清）盧文弨撰 清光緒十五年(1889)湖南書局刻本 十二冊

430000－2401－0002544 191/41

經典釋文序錄一卷 （唐）陸德明撰 清同治七年(1868)湖北崇文書局刻本 一冊

430000－2401－0002545 191/120

六經正誤六卷 （宋）毛居正撰 清康熙通志堂刻本 三冊

430000－2401－0002546 △192/4

相臺書塾刊正九經三傳沿革例一卷 （宋）岳珂撰 清刻本 戀琦題識批校 一冊

430000－2401－0002547 191/124

相臺書塾刊正九經三傳沿革例一卷 （宋）岳珂撰 清光緒元年(1875)湖北崇文書局刻崇文書局匯刻書本 一冊

430000－2401－0002548 191/124(1)

相臺書塾刊正九經三傳沿革例一卷 （宋）岳珂撰 清光緒元年(1875)湖北崇文書局刻崇文書局匯刻書本 一冊

430000－2401－0002549 191/124(2)

相臺書塾刊正九經三傳沿革例一卷 （宋）岳珂撰 清光緒元年(1875)湖北崇文書局刻崇文書局匯刻書本 一冊

430000－2401－0002550 191/80－2

群經音辨七卷 （宋）賈昌朝撰 清康熙五十三年(1714)吳郡張氏刻澤存堂五種本 一冊

430000－2401－0002551 191/80

群經音辨七卷 （宋）賈昌朝撰 清光緒十年(1884)茂苑蔣氏刻本 一冊

430000－2401－0002552 191/80(1)

群經音辨七卷 （宋）賈昌朝撰 清光緒十年(1884)茂苑蔣氏刻本 一冊

430000－2401－0002553 191/80－3

群經音辨七卷 （宋）賈昌朝撰 清刻本 一冊

430000－2401－0002554 191/80－4

群經音辨七卷 （宋）賈昌朝撰 清光緒十四年(1888)上海蜚英館石印本 一冊

430000－2401－0002555 191/118

六經圖考六卷 （宋）楊甲撰 （宋）毛邦翰補 清康熙六十一年(1722)禮耕堂重訂刻本 六冊

430000－2401－0002556 △192/1

六經奧論六卷首一卷 （宋）鄭樵撰 清初刻本 六冊

430000－2401－0002557 191/116

六經奧論六卷首一卷 （宋）鄭樵撰 （清）蔡熙曾校 清嘉慶九年(1804)刻本 四冊

430000－2401－0002558 191/117－4

六藝綱目二卷附六藝發原一卷字原一卷 （元）舒天民撰 清咸豐三年(1853)楊氏海源閣刻本 二冊

430000－2401－0002559 191/117－4(1)

六藝綱目二卷附六藝發原一卷字原一卷 （元）舒天民撰 清咸豐三年(1853)楊氏海源閣刻本 二冊

430000－2401－0002560 191/117－4(2)

六藝綱目二卷附六藝發原一卷字原一卷 （元）舒天民撰 清咸豐三年(1853)楊氏海源閣刻本 二冊

430000－2401－0002561 191/117

六藝綱目二卷附六藝發原一卷字原一卷 （元）舒天民撰 清光緒七年(1881)汪氏籀書籓刻本 二冊

430000－2401－0002562 191/117(1)

六藝綱目二卷附六藝發原一卷字原一卷

（元）舒天民撰　清光緒七年(1881)汪氏籕書
籑刻本　二冊

430000－2401－0002563　191/117(2)

六藝綱目二卷附六藝發原一卷字原一卷
（元）舒天民撰　清光緒七年(1881)汪氏籕書
籑刻本　二冊

430000－2401－0002564　191/117(3)

六藝綱目二卷附六藝發原一卷字原一卷
（元）舒天民撰　清光緒七年(1881)汪氏籕書
籑刻本　四冊

430000－2401－0002565　191/117－3

六藝綱目二卷附六藝發原一卷字原一卷
（元）舒天民撰　清光緒十一年(1885)湘陰郭
氏岵瞻堂刻本　二冊

430000－2401－0002566　191/183

授經圖四卷　（明）朱睦㮮撰　清三原李錫齡
刻惜陰軒叢書本　一冊

430000－2401－0002567　191/155

經史典奧六十七卷　（明）來斯行輯　明崇禎
刻本　二十六冊

430000－2401－0002568　191/135

古微書三十六卷　（明）孫瑴編　清嘉慶二十
一年(1816)對山問月樓刻本　六冊

430000－2401－0002569　191/135(1)

古微書三十六卷　（明）孫瑴編　清嘉慶二十
一年(1816)對山問月樓刻本　六冊

430000－2401－0002570　191/135(2)

古微書三十六卷　（明）孫瑴編　清嘉慶二十
一年(1816)對山問月樓刻本　四冊

430000－2401－0002571　191/135－4

古微書三十六卷　（明）孫瑴輯　（清）錢熙祚
附註　清光緒十五年(1889)鴻文書局石印守
山閣叢書本　四冊

430000－2401－0002572　191/135－3

古微書三十六卷　（明）孫瑴編　清光緒十四
年(1888)刻本　六冊

430000－2401－0002573　191/135－3(1)

古微書三十六卷　（明）孫瑴編　清光緒十四
年(1888)刻本　六冊

430000－2401－0002574　191/135－3(2)

古微書三十六卷　（明）孫瑴編　清光緒十四
年(1888)刻本　八冊

430000－2401－0002575　191/135－2

古微書三十六卷　（明）孫瑴編　清光緒二十
一年(1895)上海鴻文書局石印本　二冊

430000－2401－0002576　△192/5

柏堂經說十九卷　（清）方宗誠撰　清鈔本
十冊

430000－2401－0002577　191/32－21

經義述聞十五卷　（清）王引之撰　清嘉慶二
十二年(1817)刻本　十二冊

430000－2401－0002578　191/32－21(1)

經義述聞十五卷　（清）王引之撰　清嘉慶二
十二年(1817)刻本　六冊

430000－2401－0002579　191/32－21(2)

經義述聞十五卷　（清）王引之撰　清嘉慶二
十二年(1817)刻本　六冊

430000－2401－0002580　191/32

經義述聞三十二卷　（清）王引之撰　清道光七
年(1827)京師西江米巷壽藤書屋刻本　十六冊

430000－2401－0002581　191/32－3

經義述聞三十二卷　（清）王引之撰　清光緒
七年(1881)上海文瑞樓石印本　十六冊

430000－2401－0002582　191/32－3(1)

經義述聞三十二卷　（清）王引之撰　清光緒
七年(1881)上海文瑞樓石印本　三十冊

430000－2401－0002583　191/32－3(2)

經義述聞三十二卷　（清）王引之撰　清光緒
七年(1881)上海文瑞樓石印本　二十四冊

430000－2401－0002584　△192/8

經傳釋詞十卷　（清）王引之撰　清嘉慶二十
四年(1819)刻本　何紹基題寫書根　一冊

430000－2401－0002585　191/56－4

經傳釋詞十卷　（清）王引之撰　清道光二十一年(1841)錢熙祚刻守山閣叢書本　一冊

430000－2401－0002586　191/56－3

經傳釋詞十卷　（清）王引之撰　清道光二十七年(1847)錢熙祚刻本　壽湘批校　二冊

430000－2401－0002587　191/64

古經疑言八卷　（清）王廷植撰　清光緒刻本　四冊

430000－2401－0002588　191/101

十三經策案二十二卷首一卷　（清）王謨彙輯　（清）喻祥麟編次　清光緒四年(1878)刻本　六冊

430000－2401－0002589　191/113

十三經韻語一卷　（清）王謨撰　清光緒二十七年(1901)江夏陳氏刻本　一冊

430000－2401－0002590　191/49

經學歷史一卷　（清）皮錫瑞撰　清光緒三十二年(1906)思賢書局刻本　一冊

430000－2401－0002591　191/49(1)

經學歷史一卷　（清）皮錫瑞撰　清光緒三十二年(1906)思賢書局刻本　一冊

430000－2401－0002592　191/49(2)

經學歷史一卷　（清）皮錫瑞撰　清光緒三十二年(1906)思賢書局刻本　一冊

430000－2401－0002593　191/49(3)

經學歷史一卷　（清）皮錫瑞撰　清光緒三十二年(1906)思賢書局刻本　一冊

430000－2401－0002594　191/49(4)

經學歷史一卷　（清）皮錫瑞撰　清光緒三十二年(1906)思賢書局刻本　一冊

430000－2401－0002595　191/43

經學通論五卷　（清）皮錫瑞撰　清光緒三十三年(1907)湖南思賢書局刻本　五冊

430000－2401－0002596　191/43(1)

經學通論五卷　（清）皮錫瑞撰　清光緒三十三年(1907)湖南思賢書局刻本　五冊

430000－2401－0002597　191/43(2)

經學通論五卷　（清）皮錫瑞撰　清光緒三十三年(1907)湖南思賢書局刻本　五冊

430000－2401－0002598　191/43(3)

經學通論五卷　（清）皮錫瑞撰　清光緒三十三年(1907)湖南思賢書局刻本　五冊

430000－2401－0002599　191/43(4)

經學通論五卷　（清）皮錫瑞撰　清光緒三十三年(1907)湖南思賢書局刻本　五冊

430000－2401－0002600　191/136

聖證論補評二卷　（清）皮錫瑞撰　清光緒二十五年(1899)刻本　二冊

430000－2401－0002601　191/136(1)

聖證論補評二卷　（清）皮錫瑞撰　清光緒二十五年(1899)刻本　二冊

430000－2401－0002602　191/136(2)

聖證論補評二卷　（清）皮錫瑞撰　清光緒二十五年(1899)刻本　二冊

430000－2401－0002603　191/136(3)

聖證論補評二卷　（清）皮錫瑞撰　清光緒二十五年(1899)刻本　二冊

430000－2401－0002604　191/136(4)

聖證論補評二卷　（清）皮錫瑞撰　清光緒二十五年(1899)刻本　二冊

430000－2401－0002605　191/136(5)

聖證論補評二卷　（清）皮錫瑞撰　清光緒二十五年(1899)刻本　二冊

430000－2401－0002606　191/88

駁五經異義疏證十卷　（清）皮錫瑞撰　清光緒二十五年(1899)刻本　二冊　缺一卷(一)

430000－2401－0002607　191/129

鄭志疏證八卷鄭記考證一卷　（清）皮錫瑞撰　清光緒二十五年(1899)刻本　二冊

430000－2401－0002608　191/129(1)

鄭志疏證八卷鄭記考證一卷　（清）皮錫瑞撰　清光緒二十五年(1899)刻本　二冊

430000－2401－0002609　191/129(2)

鄭志疏證八卷鄭記考證一卷　（清）皮錫瑞撰
清光緒二十五年(1899)刻本　二冊

430000－2401－0002610　191/129(3)

鄭志疏證八卷鄭記考證一卷　（清）皮錫瑞撰
清光緒二十五年(1899)刻本　二冊

430000－2401－0002611　191/129(4)

鄭志疏證八卷鄭記考證一卷　（清）皮錫瑞撰
清光緒二十五年(1899)刻本　三冊

430000－2401－0002612　191/3－4

鄉黨圖考十卷　（清）江永撰　清乾隆三十九
年(1774)潛德堂刻本　四冊

430000－2401－0002613　191/3－5

鄉黨圖考十卷　（清）江永撰　清乾隆五十八
年(1793)金閶書業堂刻本　六冊

430000－2401－0002614　191/3－5(1)

鄉黨圖考十卷　（清）江永撰　清乾隆五十八
年(1793)金閶書業堂刻本　六冊

430000－2401－0002615　191/3－3

鄉黨圖考十卷　（清）江永撰　清嘉慶六年
(1801)三讓堂刻本　四冊

430000－2401－0002616　191/3－2

鄉黨圖考十卷　（清）江永撰　清三讓堂刻本
二冊

430000－2401－0002617　191/3

鄉黨圖考十卷　（清）江永撰　清尚德堂刻本
二冊

430000－2401－0002618　191/3－7

鄉黨圖考十卷　（清）江永撰　清刻本　五冊

430000－2401－0002619　191/3－6

鄉黨圖考十卷　（清）江永撰　清刻本　五冊
缺一卷(一)

430000－2401－0002620　191/71

隸經文四卷續隸經文一卷　（清）江藩撰　清
道光三年(1823)刻江氏叢書本　二冊

430000－2401－0002621　191/71(1)

隸經文四卷續隸經文一卷　（清）江藩撰　清
道光三年(1823)刻江氏叢書本　二冊

430000－2401－0002622　191/134

九經今義二十八卷　（清）成本璞撰　清長沙
刻通雅齋叢書本　四冊

430000－2401－0002623　191/35

實事求是之齋經義二卷　（清）朱大韶撰　清
光緒九年(1883)刻本　二冊

430000－2401－0002624　191/86

五經體註大全七十二卷　（清）朱建予　（清）
朱濬宗纂　清同治五年(1866)刻本　十八冊

430000－2401－0002625　191/29

經義分類萃珍十五卷首一卷　（清）朱炳南編
輯　清光緒元年(1875)簾青草堂刻本　八冊

430000－2401－0002626　191/57

經傳考證八卷　（清）朱彬撰　清道光二年
(1822)刻本　二冊

430000－2401－0002627　191/57(1)

經傳考證八卷　（清）朱彬撰　清道光二年
(1822)刻本　二冊

430000－2401－0002628　191/57(2)

經傳考證八卷　（清）朱彬撰　清道光二年
(1822)刻本　二冊

430000－2401－0002629　△192/12

經傳考證八卷　（清）朱彬撰　清道光十六年
(1836)宜祿堂刻本　二冊

430000－2401－0002630　△192/6

開有益齋經說二卷　（清）朱緒曾撰　清藍格
鈔本　二冊

430000－2401－0002631　191/53

經學質疑四卷　（清）朱霈撰　清嘉慶六年
(1801)望岳樓木活字本　一冊

430000－2401－0002632　191/53(1)

經學質疑四卷　（清）朱霈撰　清嘉慶六年
(1801)望岳樓木活字本　二冊

430000－2401－0002633　△192/14

經義考三百卷目錄二卷　（清）朱彝尊輯　清乾隆二十年(1755)刻本　四十八冊

430000－2401－0002634　191/119

六經圖六卷　（清）牟欽元編輯　清道光十一年(1831)汜南常定遠刻本　一冊

430000－2401－0002635　191/99

十三經註疏校勘記識語四卷　（清）汪文臺撰　清光緒三年(1877)江西書局刻本　二冊

430000－2401－0002636　191/92

五經圖十二卷　（清）汪岱　（清）王疇編錄　清雍正二年(1724)刻本　六冊

430000－2401－0002637　191/105

十三經西學通義十四卷　（清）李元音撰　清光緒三十二年(1906)刻本　六冊

430000－2401－0002638　191/105(1)

十三經西學通義十四卷　（清）李元音撰　清光緒三十二年(1906)刻本　六冊

430000－2401－0002639　191/105(2)

十三經西學通義十四卷　（清）李元音撰　清光緒三十二年(1906)刻本　六冊

430000－2401－0002640　191/105(3)

十三經西學通義十四卷　（清）李元音撰　清光緒三十二年(1906)刻本　六冊

430000－2401－0002641　191/146

觀聖編十卷經學微言大義錄一卷禹貢例表一卷　（清）李百煉撰　清光緒二十六年(1900)稿本　一冊

430000－2401－0002642　191/74

群經識小八卷　（清）李惇撰　清道光六年(1826)安愚堂刻本　二冊

430000－2401－0002643　191/161

經書源流歌訣一卷　（清）李鍾倫撰　清乾隆十三年(1748)刻本　一冊

430000－2401－0002644　191/108

重校十三經不貳字一卷　（清）李鴻藻撰　清光緒十六年(1890)刻本　一冊

430000－2401－0002645　191/4

詩書古訓六卷　（清）阮元撰　清道光二十一年(1841)刻本　十冊

430000－2401－0002646　191/42－3

經籍纂詁并補遺一百〇六卷首一卷　（清）阮元撰　清嘉慶十七年(1812)揚州阮氏瑯環仙館刻本　三十六冊

430000－2401－0002647　191/42－3(1)

經籍纂詁并補遺一百〇六卷首一卷　（清）阮元撰　清嘉慶十七年(1812)揚州阮氏瑯環仙館刻本　六十四冊

430000－2401－0002648　191/42－3(2)

經籍纂詁并補遺一百〇六卷首一卷　（清）阮元撰　清嘉慶十七年(1812)揚州阮氏瑯環仙館刻本　六十四冊

430000－2401－0002649　191/42－3(3)

經籍纂詁并補遺一百〇六卷首一卷　（清）阮元撰　清嘉慶十七年(1812)揚州阮氏瑯環仙館刻本　四十六冊

430000－2401－0002650　191/42－6

經籍纂詁并補遺一百〇六卷首一卷　（清）阮元撰　清光緒六年(1880)淮南書局補刻本　四十八冊

430000－2401－0002651　191/42－6(1)

經籍纂詁并補遺一百〇六卷首一卷　（清）阮元撰　清光緒六年(1880)淮南書局補刻本　四十冊

430000－2401－0002652　191/42－6(2)

經籍纂詁并補遺一百〇六卷首一卷　（清）阮元撰　清光緒六年(1880)淮南書局補刻本　四十八冊

430000－2401－0002653　191/42－4

經籍纂詁并補遺一百〇六卷首一卷　（清）阮元撰　清光緒十四年(1888)鴻文書局石印本　十六冊

430000－2401－0002654　191/42－4(1)

經籍纂詁并補遺一百〇六卷首一卷　（清）阮

元撰　清光緒十四年(1888)鴻文書局石印本
　十六冊

430000－2401－0002655　191/42－4(2)
經籍纂詁并補遺一百〇六卷首一卷　(清)阮
元撰　清光緒十四年(1888)鴻文書局石印
　十六冊

430000－2401－0002656　191/42－5
經籍纂詁并補遺一百〇六卷首一卷　(清)阮
元撰　清光緒十四年(1888)上海鴻寶齋石印
本　十二冊

430000－2401－0002657　191/42－5(1)
經籍纂詁并補遺一百〇六卷首一卷　(清)阮
元撰　清光緒十四年(1888)上海鴻寶齋石印
本　十二冊

430000－2401－0002658　191/42
經籍纂詁并補遺一百〇六卷首一卷　(清)阮
元撰　清光緒二十年(1894)上海鴻寶齋石印
本　十二冊

430000－2401－0002659　191/42(1)
經籍纂詁并補遺一百〇六卷首一卷　(清)阮
元撰　清光緒二十年(1894)上海鴻寶齋石印
本　十二冊

430000－2401－0002660　191/42－2
經籍纂詁并補遺一百〇六卷首一卷　(清)阮
元撰　清光緒二十年(1894)上海點石齋石印
本　十二冊

430000－2401－0002661　191/42－7
經籍纂詁并補遺一百〇六卷首一卷　(清)阮
元撰　上海漱六山莊石印本　十二冊

430000－2401－0002662　191/42－7(1)
經籍纂詁并補遺一百〇六卷首一卷　(清)阮
元撰　上海漱六山莊石印本　十二冊

430000－2401－0002663　191/22
經詞衍釋十卷補遺一卷　(清)吳昌瑩撰　成
都書局刻本　四冊

430000－2401－0002664　191/22(1)
經詞衍釋十卷補遺一卷　(清)吳昌瑩撰　成

都書局刻本　四冊

430000－2401－0002665　191/22(2)
經詞衍釋十卷補遺一卷　(清)吳昌瑩撰　成
都書局刻本　一冊

430000－2401－0002666　191/167
經史序二卷　(清)吳承漸輯　清康熙刻本
二冊

430000－2401－0002667　191/163
十三經不二字啟蒙句讀歌括三卷　(清)吳復
善撰　清光緒二十七年(1901)叢桂書屋刻本
　三冊

430000－2401－0002668　191/109
十三經舊學加商二卷　(清)吳修祜撰　清光
緒十五年(1889)活字印本　一冊

430000－2401－0002669　195/52－2
經學輯要二十四卷　(清)吳頴炎輯　清光緒
十四年(1888)上海點石齋石印本　三十二冊

430000－2401－0002670　191/52(1)
經學輯要二十四卷　(清)吳頴炎輯　清光緒
二十三年(1897)上海點石齋石印本　三十
二冊

430000－2401－0002671　191/59－2
古經解鉤沈三十卷　(清)余蕭客撰　清道光
京江魯氏補刻本　十二冊

430000－2401－0002672　191/59
古經解鉤沈三十卷　(清)余蕭客撰　清光緒
二十一年(1895)杭州竹簡齋石印本　十二冊

430000－2401－0002673　191/132
一鐙精舍甲部稿五卷　(清)何秋濤撰　清光
緒五年(1879)淮南書局刻本　一冊

430000－2401－0002674　191/132(1)
一鐙精舍甲部稿五卷　(清)何秋濤撰　清光
緒五年(1879)淮南書局刻本　一冊

430000－2401－0002675　191/132(2)
一鐙精舍甲部稿五卷　(清)何秋濤撰　清光
緒五年(1879)淮南書局刻本　一冊

430000－2401－0002676　191/76

群經義證八卷　（清）武億撰　清嘉慶二年
(1797)授堂刻本　二冊

430000－2401－0002677　191/24

經讀考異八卷補一卷句讀敘述二卷補一卷
（清）武億撰　清乾隆五十四年(1789)刻本
三冊

430000－2401－0002678　191/137

匏瓜錄十卷　（清）芮長恤撰　清光緒十年
(1884)毗陵惲氏懷永堂刻本　六冊

430000－2401－0002679　191/137(1)

匏瓜錄十卷　（清）芮長恤撰　清光緒十年
(1884)毗陵惲氏懷永堂刻本　五冊　缺二卷
(九至十)

430000－2401－0002680　191/174

温經日記六卷　（清）林昌彝撰　清光緒十六
年(1890)小石渠閣刻本　六冊

430000－2401－0002681　191/156

經史百家序錄不分卷　（清）邵伯藟輯　清光
緒二十八年(1902)石印本　十五冊

430000－2401－0002682　191/156(1)

經史百家序錄不分卷　（清）邵伯藟輯　清光
緒二十八年(1902)石印本　十四冊

430000－2401－0002683　191/156(2)

經史百家序錄不分卷　（清）邵伯藟輯　清光
緒二十八年(1902)石印本　四冊

430000－2401－0002684　191/17

韋庵經說一卷　（清）周象明撰　清同治十三
年(1874)虞山顧氏刻小石山房叢書本　一冊

430000－2401－0002685　191/28

經字韻編重俗辨一卷　（清）周廣詢編　石印
本　一冊

430000－2401－0002686　191/87

五經揭要二十六卷　（清）周蕙田輯　清乾隆
五十三年(1788)自怡軒刻本　十六冊

430000－2401－0002687　191/77

群經地釋十六卷　（清）周翼高撰　清光緒十

九年(1893)靜諳草堂刻本　五冊

430000－2401－0002688　191/77(1)

群經地釋十六卷　（清）周翼高撰　清光緒十
九年(1893)靜諳草堂刻本　六冊

430000－2401－0002689　191/77(2)

群經地釋十六卷　（清）周翼高撰　清光緒十
九年(1893)靜諳草堂刻本　五冊

430000－2401－0002690　191/77(3)

群經地釋十六卷　（清）周翼高撰　清光緒十
九年(1893)靜諳草堂刻本　一冊　存一卷
(十二)

430000－2401－0002691　△192/17

說文引經證例二十四卷　（清）承培元撰　王
先謙鈔本　五冊　缺六卷(十三至十八)

430000－2401－0002692　191/173

傳經表二卷　（清）洪亮吉撰　清光緒五年
(1879)授經堂刻本　一冊

430000－2401－0002693　191/81

通經表二卷傳經表二卷　（清）洪亮吉撰　清光
緒五年(1879)授經堂刻洪北江全集本　二冊

430000－2401－0002694　191/18

王陽明先生經說弟子記四卷　（清）胡泉輯
清咸豐八年(1858)刻本　二冊

430000－2401－0002695　191/153

一得錄三卷　（清）胡澤漳撰　清同治九年至
十年(1870－1871)稿本　二冊　存二卷(一
至二)

430000－2401－0002696　191/6

鄉黨義考七卷　（清）胡薰輯　清乾隆六十年
(1795)刻本　七冊

430000－2401－0002697　191/165

稽古日鈔八卷　（清）郁文等輯　清乾隆二十
九年(1764)秋曉山房刻本　二冊

430000－2401－0002698　191/165(1)

稽古日鈔八卷　（清）郁文等輯　清乾隆二十
九年(1764)秋曉山房刻本　四冊

430000 – 2401 – 0002699　191/126

四書五經義式二卷附一卷附補一卷　（清）俞樾撰　清光緒二十八年（1902）古餘書局刻本　二冊

430000 – 2401 – 0002700　191/7

茶香室經說十六卷　（清）俞樾撰　清光緒十四年（1888）刻本　四冊

430000 – 2401 – 0002701　191/7（1）

茶香室經說十六卷　（清）俞樾撰　清光緒十四年（1888）刻本　八冊

430000 – 2401 – 0002702　191/7（2）

茶香室經說十六卷　（清）俞樾撰　清光緒十四年（1888）刻本　四冊

430000 – 2401 – 0002703　191/72

群經平議三十五卷　（清）俞樾撰　清同治五年（1866）春在堂刻春在堂全書本　六冊

430000 – 2401 – 0002704　191/72（1）

群經平議三十五卷　（清）俞樾撰　清同治五年（1866）春在堂刻春在堂全書本　十六冊

430000 – 2401 – 0002705　191/72（2）

群經平議三十五卷　（清）俞樾撰　清同治五年（1866）春在堂刻春在堂全書本　十冊　缺三卷（三十三至三十五）

430000 – 2401 – 0002706　191/72 – 2

群經平議三十五卷　（清）俞樾撰　清光緒十七年（1891）兩儀堂刻本　十八冊

430000 – 2401 – 0002707　191/159

經課續編八卷　（清）俞樾撰　清光緒二十五年（1899）刻春在堂全書本　四冊

430000 – 2401 – 0002708　191/1

四書字詁七十八卷檢字一卷　（清）段諤廷撰　（清）黃本驥訂　清道光二十九年（1849）黔陽楊氏刻本　二十冊

430000 – 2401 – 0002709　191/1（1）

四書字詁七十八卷檢字一卷　（清）段諤廷撰　（清）黃本驥訂　清道光二十九年（1849）黔陽楊氏刻本　二十冊

430000 – 2401 – 0002710　191/1（2）

四書字詁七十八卷檢字一卷　（清）段諤廷撰　（清）黃本驥訂　清道光二十九年（1849）黔陽楊氏刻本　二十冊

430000 – 2401 – 0002711　191/1（3）

四書字詁七十八卷檢字一卷　（清）段諤廷撰　（清）黃本驥訂　清道光二十九年（1849）黔陽楊氏刻本　十六冊

430000 – 2401 – 0002712　191/1（4）

四書字詁七十八卷檢字一卷　（清）段諤廷撰　（清）黃本驥訂　清道光二十九年（1849）黔陽楊氏刻本　二十冊

430000 – 2401 – 0002713　191/1 – 2

四書字詁　（清）段諤廷撰　（清）黃本驥編　清鈔本　五冊

430000 – 2401 – 0002714　191/73

群經字詁七十二卷檢字一卷　（清）段諤廷撰　（清）黃本驥編訂　清道光二十九年（1849）黔陽楊氏刻本　十八冊

430000 – 2401 – 0002715　191/73（1）

群經字詁七十二卷檢字一卷　（清）段諤廷撰　（清）黃本驥編訂　清道光二十九年（1849）黔陽楊氏刻本　二十冊

430000 – 2401 – 0002716　191/73（2）

群經字詁七十二卷檢字一卷　（清）段諤廷撰　（清）黃本驥編訂　清道光二十九年（1849）黔陽楊氏刻本　二十冊

430000 – 2401 – 0002717　191/73（3）

群經字詁七十二卷檢字一卷　（清）段諤廷撰　（清）黃本驥編訂　清道光二十九年（1849）黔陽楊氏刻本　十八冊

430000 – 2401 – 0002718　191/73（4）

群經字詁七十二卷檢字一卷　（清）段諤廷撰　（清）黃本驥編訂　清道光二十九年（1849）黔陽楊氏刻本　十六冊

430000 – 2401 – 0002719　191/73（5）

群經字詁七十二卷檢字一卷　（清）段諤廷撰

（清）黃本驥編訂　清道光二十九年（1849）黔陽楊氏刻本　十八冊

430000－2401－0002720　191/73（6）

群經字詁七十二卷檢字一卷　（清）段諤廷撰（清）黃本驥編訂　清道光二十九年（1849）黔陽楊氏刻本　十七冊

430000－2401－0002721　191/158

邃雅堂學古錄七卷　（清）姚文田撰　清道光七年（1827）刻本　四冊

430000－2401－0002722　191/158（1）

邃雅堂學古錄七卷　（清）姚文田撰　清道光七年（1827）刻本　四冊

430000－2401－0002723　191/158（2）

邃雅堂學古錄七卷　（清）姚文田撰　清道光七年（1827）刻本　六冊

430000－2401－0002724　191/121

四經拾遺四卷　（清）唐鑑撰　清道光九年（1829）刻本　一冊

430000－2401－0002725　191/150

目耕帖三十一卷　（清）馬國翰輯　清光緒九年（1883）長沙琅環館刻本　二十冊

430000－2401－0002726　191/150（1）

目耕帖三十一卷　（清）馬國翰輯　清光緒九年（1883）長沙琅環館刻本　二十四冊

430000－2401－0002727　191/182

目耕帖續補十六卷附二卷　（清）馬國翰輯　清光緒十五年（1889）章丘李氏刻本　四冊

430000－2401－0002728　191/157

經典略訣不分卷　（清）夏明榮撰　清道光二十四年（1844）白巖山房刻本　四冊

430000－2401－0002729　191/8

許鄭經文異同詁九卷　（清）桑宣撰　清光緒三十年（1904）鐵研齋刻鐵研齋叢書本　三冊

430000－2401－0002730　191/138

磨庵雜存一卷　（清）桑宣撰　清光緒三十年（1904）鐵研齋刻鐵研齋叢書本　一冊

430000－2401－0002731　△192/13

經傳釋詞續編二卷　（清）孫經世撰　清道光二十三年（1843）刻本　何紹基題寫書根　一冊

430000－2401－0002732　△192/7

惕齋經說四卷讀經校語二卷　（清）孫經世撰　清道光二十三年（1843）刻本　二冊

430000－2401－0002733　191/21

經言拾遺十四卷　（清）徐文靖撰（清）毛大鵬訂　清乾隆二十一年（1756）刻本　二冊

430000－2401－0002734　191/31

經義未詳說十二卷　（清）徐卓撰　清道光七年（1827）讀未見書齋刻本　六冊

430000－2401－0002735　191/15

通介堂經說三十七卷　（清）徐灝撰　清咸豐四年（1854）番禺徐氏梧州刻學壽堂叢書本　十冊

430000－2401－0002736　191/16

通介堂經說十二卷　（清）徐灝撰　清刻本　六冊

430000－2401－0002737　191/122－2

九經古義十六卷　（清）惠棟撰　清光緒刻本　二冊

430000－2401－0002738　191/122－2（1）

九經古義十六卷　（清）惠棟撰　清光緒刻本　四冊

430000－2401－0002739　191/122

九經古義十六卷　（清）惠棟撰　清常熟蔣氏省吾堂刻本　三冊

430000－2401－0002740　191/122（1）

九經古義十六卷　（清）惠棟撰　清常熟蔣氏省吾堂刻本　二冊

430000－2401－0002741　191/20

經訓比義三卷　（清）黃以周撰　清光緒二十二年（1896）南菁講舍刻本　三冊

430000－2401－0002742　191/110

十三經集字音釋四卷照畫檢字一卷　（清）黃蕙田撰　清光緒十四年（1888）經裕書局刻本　六冊

430000－2401－0002743　191/110(1)

十三經集字音釋四卷照畫檢字一卷　（清）黃
蕙田撰　清光緒十四年(1888)經裕書局刻本
六冊

430000－2401－0002744　191/143

各經傳記小學十四卷附錄一卷　（清）莊有可
撰　民國二十四年(1935)上海商務印書館石
印本　七冊

430000－2401－0002745　191/143(1)

各經傳記小學十四卷附錄一卷　（清）莊有可
撰　民國二十四年(1935)上海商務印書館石
印本　五冊　缺四卷(十一至十四)

430000－2401－0002746　11/66

五經小學述二卷　（清）莊述祖撰　清光緒九
年(1883)刻本　一冊

430000－2401－0002747　191/54

經學備纂九卷　（清）張汝大　（清）張眉大纂
清星連堂刻本　三冊

430000－2401－0002748　191/54－2

經學備纂九卷　（清）張汝大　（清）張眉大纂
鈔本　一冊　存下冊

430000－2401－0002749　191/125

四書五經集字新增音義不分卷　（清）張德淳
撰　清道光二十八年(1848)存仁書屋刻本
四冊

430000－2401－0002750　191/152

白虎通疏證十二卷　（清）陳立撰　清光緒元
年(1875)淮南書局刻本　四冊

430000－2401－0002751　191/152(1)

白虎通疏證十二卷　（清）陳立撰　清光緒元
年(1875)淮南書局刻本　四冊

430000－2401－0002752　191/152(2)

白虎通疏證十二卷　（清）陳立撰　清光緒元
年(1875)淮南書局刻本　四冊

430000－2401－0002753　191/152(3)

白虎通疏證十二卷　（清）陳立撰　清光緒元
年(1875)淮南書局刻本　四冊

430000－2401－0002754　191/152(4)

白虎通疏證十二卷　（清）陳立撰　清光緒元
年(1875)淮南書局刻本　四冊

430000－2401－0002755　191/152(5)

白虎通疏證十二卷　（清）陳立撰　清光緒元
年(1875)淮南書局刻本　六冊

430000－2401－0002756　191/152(6)

白虎通疏證十二卷　（清）陳立撰　清光緒元
年(1875)淮南書局刻本　六冊

430000－2401－0002757　191/144－2

句溪雜著二卷續二卷　（清）陳立撰　清道光
二十三年(1843)刻本　二冊

430000－2401－0002758　191/144

句溪雜著四卷　（清）陳立撰　清光緒十六年
(1890)長沙思賢講舍刻本　一冊

430000－2401－0002759　191/144(1)

句溪雜著四卷　（清）陳立撰　清光緒十六年
(1890)長沙思賢講舍刻本　一冊

430000－2401－0002760　191/144(2)

句溪雜著四卷　（清）陳立撰　清光緒十六年
(1890)長沙思賢講舍刻本　一冊

430000－2401－0002761　191/144－3

句溪雜著六卷　（清）陳立撰　清刻本　二冊

430000－2401－0002762　191/14

求志居經說二十四卷　（清）陳世熔撰　清同
治四年(1865)脈望齋刻本　六冊

430000－2401－0002763　191/36

熹平石經殘字一卷　（清）陳宗彝編　石印本
一冊

430000－2401－0002764　191/36

經咫一卷　（清）陳祖范撰　清乾隆二十九年
(1764)刻本　一冊

430000－2401－0002765　191/36(1)

經咫一卷　（清）陳祖范撰　清乾隆二十九年
(1764)刻本　一冊

430000－2401－0002766　191/36－2

經咫一卷 （清）陳祖范撰 清光緒十七年(1891)廣雅書局刻廣雅書局叢書本 一冊

430000 – 2401 – 0002767 191/19
禮堂經說二卷 （清）陳喬樅撰 清道光十年(1830)小琅環館刻本 一冊

430000 – 2401 – 0002768 191/19(1)
禮堂經說二卷 （清）陳喬樅撰 清道光十年(1830)小琅環館刻本 一冊

430000 – 2401 – 0002769 191/19(2)
禮堂經說二卷 （清）陳喬樅撰 清道光十年(1830)小琅環館刻本 一冊

430000 – 2401 – 0002770 191/55
經傳繹義五十卷 （清）陳煒撰 清嘉慶九年(1804)校字齋刻本 二十冊

430000 – 2401 – 0002771 191/97
五經異義疏證三卷 （清）陳壽祺撰 清嘉慶十八年(1813)刻本 三冊

430000 – 2401 – 0002772 191/79
左海經辨二卷 （清）陳壽祺撰 清道光三年(1823)三山陳氏刻本 二冊

430000 – 2401 – 0002773 191/79(1)
左海經辨二卷 （清）陳壽祺撰 清道光三年(1823)三山陳氏刻本 二冊

430000 – 2401 – 0002774 △192/16
經學通論 （清）陳漢章撰 鈔本 一冊

430000 – 2401 – 0002775 191/44
經學通論 （清）陳漢章撰 鈔本 一冊

430000 – 2401 – 0002776 191/95
五經贊一卷 （清）陸榮秬纂 （清）徐堂註 清同治四年(1865)半畝園刻本 一冊

430000 – 2401 – 0002777 191/180
傳經表一卷 （清）畢沅撰 清光緒五年(1879)華陽宏達堂刻本 一冊

430000 – 2401 – 0002778 191/85
五經集解三十卷附錄三卷石經考辨二卷耕餘瑣錄十二卷 （清）馮世瀛撰 清同治十年(1871)刻本 三十八冊

430000 – 2401 – 0002779 191/60
雪樵經解三十卷附錄二卷 （清）馮世瀛輯 清光緒十五年(1889)邗江晉銅古齋石印本 八冊

430000 – 2401 – 0002780 191/60(1)
雪樵經解三十卷附錄二卷 （清）馮世瀛輯 清光緒十五年(1889)邗江晉銅古齋石印本 五冊 缺十二卷(一至八、二十五至二十八)

430000 – 2401 – 0002781 191/164
石經補考十二卷 （清）馮登府撰 清道光八年(1828)刻本 三冊

430000 – 2401 – 0002782 191/198
五經解義 （清）曾玉溪撰 清道光十一年(1831)鈔本 一冊

430000 – 2401 – 0002783 △14/28
詩書易札記不分卷 （清）曾紀鴻撰 清鈔本 二冊

430000 – 2401 – 0002784 △192/2
石經考一卷 （清）萬斯同撰 清常熟蔣氏省吾堂刻本 一冊

430000 – 2401 – 0002785 191/104 – 2
十三經集字摹本不分卷摘錄一卷分畫便查一卷 （清）彭玉雯纂 清刻本 十冊

430000 – 2401 – 0002786 191/104
十三經集字摹本不分卷摘錄一卷分畫便查一卷 （清）彭玉雯纂 清刻本 八冊

430000 – 2401 – 0002787 191/104(1)
十三經集字摹本不分卷摘錄一卷分畫便查一卷 （清）彭玉雯纂 清刻本 八冊

430000 – 2401 – 0002788 191/104(2)
十三經集字摹本不分卷摘錄一卷分畫便查一卷 （清）彭玉雯纂 清刻本 八冊

430000 – 2401 – 0002789 191/62
石經考文提要十三卷 （清）彭元瑞撰 清嘉慶四年(1799)刻本 一冊

430000 - 2401 - 0002790　191/26 - 2

經韻集字析解二卷　(清)彭良敞集註　清道光二年(1822)天津分司署刻本　二冊

430000 - 2401 - 0002791　191/26

經韻集字析解二卷　(清)彭良敞集註　清道光二十四年(1844)開封府署刻本　二冊

430000 - 2401 - 0002792　191/26 - 3

經韻集字析解二卷　(清)彭良敞集註　清刻本　四冊

430000 - 2401 - 0002793　191/26 - 3(1)

經韻集字析解二卷　(清)彭良敞集註　清刻本　二冊

430000 - 2401 - 0002794　191/25

經韻集字譜一卷　(清)彭良敞編　清道光三年(1823)天津分司署刻本　一冊

430000 - 2401 - 0002795　191/78

讀經札記四卷　(清)單爲總撰　清同治七年(1868)刻單氏全書本　四冊

430000 - 2401 - 0002796　△192/18

鄭志疏證三卷鄭志補遺疏證一卷　(清)雷雨人撰　稿本　四冊

430000 - 2401 - 0002797　393.1/189

睡餘偶筆二卷　(清)雷浚撰　清光緒二十年(1894)刻本　一冊

430000 - 2401 - 0002798　191/111

十三經證異七十九卷首一卷　(清)萬希槐輯　民國十二年(1823)鉛印本　三十二冊

430000 - 2401 - 0002799　191/111(1)

十三經證異七十九卷首一卷　(清)萬希槐輯　民國十二年(1823)鉛印本　三十二冊

430000 - 2401 - 0002800　191/111 - 2

十三經證異七十九卷首一卷　(清)萬希槐輯　鈔本　四冊　存十六卷(周易四卷、詩經四卷、儀禮四卷、孟子四卷)

430000 - 2401 - 0002801　191/111

石經考一卷　(清)萬斯同撰　清常熟蔣氏省吾堂刻省吾堂四種本　一冊

430000 - 2401 - 0002802　191/37

經書字音辨要九卷　(清)楊名揚輯　清道光二十五年(1845)掃葉山房刻本　二冊

430000 - 2401 - 0002803　191/102

十三經獨斷一卷　(清)趙曾望撰　清光緒十八年(1892)鉛印本　一冊

430000 - 2401 - 0002804　191/103

十三經考異摘要十三卷　(清)趙履和撰　清咸豐十一年(1861)家刻本　四冊

430000 - 2401 - 0002805　191/30

經義雜記三十卷　(清)臧琳撰　清嘉慶三年(1798)武進臧氏拜經堂刻本　八冊

430000 - 2401 - 0002806　191/30(1)

經義雜記三十卷　(清)臧琳撰　清嘉慶三年(1798)武進臧氏拜經堂刻本　六冊

430000 - 2401 - 0002807　191/100

御纂七經綱領不分卷　(清)潘任輯　清江楚書局刻本　二冊

430000 - 2401 - 0002808　191/114

六經圖十二卷　(清)鄭之僑輯　清乾隆八年(1743)述堂刻本　六冊

430000 - 2401 - 0002809　191/114(1)

六經圖十二卷　(清)鄭之僑輯　清乾隆八年(1743)述堂刻本　六冊

430000 - 2401 - 0002810　191/114 - 2

六經圖二十四卷　(清)鄭之僑輯　清乾隆九年(1744)述堂刻本　十六冊

430000 - 2401 - 0002811　191/114 - 2(1)

六經圖二十四卷　(清)鄭之僑輯　清乾隆九年(1744)述堂刻本　十二冊

430000 - 2401 - 0002812　191/114 - 2(2)

六經圖二十四卷　(清)鄭之僑輯　清乾隆九年(1744)述堂刻本　十二冊

430000 - 2401 - 0002813　△192/11

經稗十二卷　(清)鄭才坤撰　清鈔本　十二冊

430000 – 2401 – 0002814　191/142

愚一錄十二卷　（清）鄭獻甫撰　清光緒二年(1876)黔南刻本　六冊

430000 – 2401 – 0002815　191/142(1)

愚一錄十二卷　（清）鄭獻甫撰　清光緒二年(1876)黔南刻本　六冊

430000 – 2401 – 0002816　191/142 – 2

愚一錄十二卷　（清）鄭獻甫撰　清光緒四年(1878)刻本　六冊

430000 – 2401 – 0002817　191/142 – 2(1)

愚一錄十二卷　（清）鄭獻甫撰　清光緒四年(1878)刻本　六冊

430000 – 2401 – 0002818　191/50

經學提要十五卷　（清）蔡孔炘編　清道光五年至七年(1825 – 1827)刻本　六冊

430000 – 2401 – 0002819　191/33

經窺十六卷　（清）蔡啟盛撰　清光緒十七年(1891)刻本　四冊

430000 – 2401 – 0002820　191/33(1)

經窺十六卷　（清）蔡啟盛撰　清光緒十七年(1891)刻本　四冊

430000 – 2401 – 0002821　191/188

通經表一卷　（清）鄧承鼎編　鈔本　一冊

430000 – 2401 – 0002822　191/27

經史提綱十七卷　（清）魯之裕撰　清乾隆五年(1740)刻本　二冊

430000 – 2401 – 0002823　191/5

鄉黨輯要二卷圖一卷　（清）劉高閣輯　清嘉慶二十一年(1816)家刻本　二冊

430000 – 2401 – 0002824　191/65

石經考三卷　（清）劉傳瑩撰　清光緒十二年(1886)刻本　一冊

430000 – 2401 – 0002825　191/141

通義堂集二卷　（清）劉毓崧撰　清光緒十六年(1890)長沙思賢講舍刻本　一冊

430000 – 2401 – 0002826　191/141(1)

通義堂集二卷　（清）劉毓崧撰　清光緒十六年(1890)長沙思賢講舍刻本　一冊

430000 – 2401 – 0002827　191/141(2)

通義堂集二卷　（清）劉毓崧撰　清光緒十六年(1890)長沙思賢講舍刻本　一冊

430000 – 2401 – 0002828　191/13

常華館經說一卷　（清）劉鑫耀撰　清光緒三十二年(1906)長沙刻本　一冊

430000 – 2401 – 0002829　191/13(1)

常華館經說一卷　（清）劉鑫耀撰　清光緒三十二年(1906)長沙刻本　一冊

430000 – 2401 – 0002830　191/13(2)

常華館經說一卷　（清）劉鑫耀撰　清光緒三十二年(1906)長沙刻本　一冊

430000 – 2401 – 0002831　191/13(3)

常華館經說一卷　（清）劉鑫耀撰　清光緒三十二年(1906)長沙刻本　一冊

430000 – 2401 – 0002832　191/13(4)

常華館經說一卷　（清）劉鑫耀撰　清光緒三十二年(1906)長沙刻本　一冊

430000 – 2401 – 0002833　191/2

四書字辨全編一卷　（清）蕭貢林編　清光緒二十年(1894)星沙蕭氏刻本　一冊

430000 – 2401 – 0002834　191/40 – 2

經典釋文考證三十卷　（清）盧文弨撰　清同治八年(1869)湖北崇文書局刻本　二冊

430000 – 2401 – 0002835　191/40

經典釋文考證三十卷　（清）盧文弨撰　清常州龍城書院刻本　二冊

430000 – 2401 – 0002836　191/169

龍城札記三卷　（清）盧文弨撰　清嘉慶元年(1796)盧氏抱經堂刻抱經堂叢書本　一冊

430000 – 2401 – 0002837　191/112

十三經源流口訣一卷　（清）鮑東里撰　清刻本　一冊

430000 – 2401 – 0002838　191/98

十三經序不分卷 （清）鍾謙鈞輯 清同治十
年(1871)家刻本 三冊

430000－2401－0002839 191/154

娛親雅言六卷 （清）嚴元照撰 清光緒十一
年(1885)王氏韜園刻本 四冊

430000－2401－0002840 191/61

唐石經校文十卷 （清）嚴可均纂 清嘉慶九
年(1804)香山書院刻四錄堂類集本 三冊

430000－2401－0002841 191/61(1)

唐石經校文十卷 （清）嚴可均纂 清嘉慶九
年(1804)香山書院刻四錄堂類集本 三冊

430000－2401－0002842 191/11

西崖經說四卷 （清）顧成章撰 清光緒十八
年(1892)刻本 一冊

430000－2401－0002843 191/89

五經同異三卷 （清）顧炎武撰 清常熟蔣氏
省吾堂刻省吾堂四種本 三冊

430000－2401－0002844 191/89(1)

五經同異三卷 （清）顧炎武撰 清常熟蔣氏
省吾堂刻省吾堂四種本 三冊

430000－2401－0002845 191/140

隸經雜著甲編二卷乙編二卷 （清）顧震福撰
清光緒十八年(1892)刻本 二冊

430000－2401－0002846 191/82

五經味根錄三十八卷 （清）竹林館主人輯
清光緒十四年(1888)同文書局石印本 十
六冊

430000－2401－0002847 191/127

增廣四書五經典林十二卷 （清）求是書齋輯
清光緒十五年(1889)上海積山書局石印本
六冊

430000－2401－0002848 191/94

皇朝五經彙解二百七十卷 （清）抉經心室主
人輯 清光緒十四年(1888)上海鴻文書局石
印本 三十二冊

430000－2401－0002849 191/94(1)

皇朝五經彙解二百七十卷 （清）抉經心室主

人輯 清光緒十四年(1888)上海鴻文書局石
印本 三十二冊

430000－2401－0002850 191/94(2)

皇朝五經彙解二百七十卷 （清）抉經心室主
人輯 清光緒十四年(1888)上海鴻文書局石
印本 三十二冊

430000－2401－0002851 191/94－3

皇朝五經彙解二百七十卷 （清）抉經心室主
人輯 清光緒十九年(1893)上海同文書局石
印本 三十二冊

430000－2401－0002852 191/94－3(1)

皇朝五經彙解二百七十卷 （清）抉經心室主
人輯 清光緒十九年(1893)上海同文書局石
印本 十六冊

430000－2401－0002853 191/94－2

皇朝五經彙解二百七十卷 （清）抉經心室主
人輯 清光緒十九年(1893)上海寶文書局石
印本 三十二冊

430000－2401－0002854 191/93

經講類典合編 （清）奎璧齋主人編 清光緒
十五年(1889)蜚英館石印本 十二冊

430000－2401－0002855 191/94－2

五經合纂大成四十四卷 （清）慎記書莊纂
清光緒二十年(1894)慎記書莊石印本 十九
冊 缺二卷(禮記合纂大成七至八)

430000－2401－0002856 191/172

經史典制文林十二卷 （清）積書山房主人輯
清光緒二年(1876)國華堂刻本 八冊

430000－2401－0002857 191/128

四書五經大全五十六卷首一卷 （清）雙璞齋
主人輯 清光緒二十八年(1902)圖書集成局
鉛印本 二十冊

430000－2401－0002858 191/34

經義蓮撞四卷讀經瑣記一卷 易順鼎撰 清
光緒十年(1884)刻本 一冊

430000－2401－0002859 191/139

新學僞經考十四卷 康有爲撰 清光緒十七

年(1891)廣州康氏萬木草堂刻本　四冊

430000－2401－0002860　191/139(1)

新學偽經考十四卷　康有爲撰　清光緒十七
年(1891)廣州康氏萬木草堂刻本　六冊

430000－2401－0002861　191/139(2)

新學偽經考十四卷　康有爲撰　清光緒十七
年(1891)廣州康氏萬木草堂刻本　六冊

430000－2401－0002862　191/139(3)

新學偽經考十四卷　康有爲撰　清光緒十七
年(1891)廣州康氏萬木草堂刻本　八冊

430000－2401－0002863　191/139－3

新學偽經考十四卷　康有爲撰　清光緒十七
年(1891)武林望雲樓石印本　四冊

430000－2401－0002864　191/145－2

今古學考二卷　廖平撰　清光緒十二年
(1886)刻本　二冊

430000－2401－0002865　191/75

群經凡例不分卷　廖平撰　清光緒二十三年
(1897)成都尊經書局刻四益館叢書本　二冊

430000－2401－0002866　192/12

澤存堂五種　(清)張士俊輯　清光緒十四年
(1888)上海蜚英館石印本　八冊

430000－2401－0002867　192/12(1)

澤存堂五種　(清)張士俊輯　清光緒十四年
(1888)上海蜚英館石印本　八冊

430000－2401－0002868　192/12(2)

澤存堂五種　(清)張士俊輯　清光緒十四年
(1888)上海蜚英館石印本　八冊

430000－2401－0002869　192/10－2

小學彙函　(清)鍾謙鈞輯　清同治十二年
(1873)粵東書局刻本　三十三冊

430000－2401－0002870　192/10－2(1)

小學彙函　(清)鍾謙鈞輯　清同治十二年
(1873)粵東書局刻本　三十三冊

430000－2401－0002871　192/10(2)

小學彙函　(清)鍾謙鈞輯　清光緒十五年

(1889)湘南書局刻本　二十三冊

430000－2401－0002872　192/10(3)

小學彙函　(清)鍾謙鈞輯　清光緒十五年
(1889)湘南書局刻本　三十一冊

430000－2401－0002873　192/8

小學鈎沈十九卷　(清)任大椿撰　(清)王念
孫校正　清嘉慶二十二年(1817)刻本　四冊

430000－2401－0002874　192/8－2

小學鈎沈十九卷　(清)任大椿撰　(清)王念
孫校正　清光緒十年(1884)李氏半畝園刻本
　二冊

430000－2401－0002875　192/8－3

小學鈎沈十九卷　(清)任大椿撰　(清)王念
孫校正　清光緒十年(1884)龍氏刻本　二冊

430000－2401－0002876　192/8－3(1)

小學鈎沈十九卷　(清)任大椿撰　(清)王念
孫校正　清光緒十年(1884)龍氏刻本　二冊

430000－2401－0002877　192/8－3(2)

小學鈎沈十九卷　(清)任大椿撰　(清)王念
孫校正　清光緒十年(1884)龍氏刻本　四冊

430000－2401－0002878　192/8－3(3)

小學鈎沈十九卷　(清)任大椿撰　(清)王念
孫校正　清光緒十年(1884)龍氏刻本　四冊

430000－2401－0002879　192/4

小學考五十卷　(清)謝啟昆撰　清咸豐二年
(1852)樹經堂刻本　十六冊

430000－2401－0002880　192/4(1)

小學考五十卷　(清)謝啟昆撰　清咸豐二年
(1852)樹經堂刻本　二十四冊

430000－2401－0002881　192/4－2

小學考五十卷　(清)謝啟昆撰　清光緒十四
年(1888)浙江書局刻本　二十

430000－2401－0002882　192/4－2(1)

小學考五十卷　(清)謝啟昆撰　清光緒十四
年(1888)浙江書局刻本　十二冊

430000－2401－0002883　192/4－2(2)

小學考五十卷　（清）謝啟昆撰　清光緒十四年(1888)浙江書局刻本　十二冊

430000－2401－0002884　192/4－2(3)
小學考五十卷　（清）謝啟昆撰　清光緒十四年(1888)浙江書局刻本　二十冊

430000－2401－0002885　192/4－2(4)
小學考五十卷　（清）謝啟昆撰　清光緒十四年(1888)浙江書局刻本　二十冊

430000－2401－0002886　192/4－3
小學考五十卷　（清）謝啟昆撰　清光緒十五年(1889)上海書局石印本　六冊

430000－2401－0002887　192/4－3(1)
小學考五十卷　（清）謝啟昆撰　清光緒十五年(1889)上海書局石印本　六冊

430000－2401－0002888　192/4－3(2)
小學考五十卷　（清）謝啟昆撰　清光緒十五年(1889)上海書局石印本　六冊

430000－2401－0002889　192/9
小學鈎沈續編八卷　（清）顧震福撰集　清光緒十八年(1892)刻本　四冊

430000－2401－0002890　192/5
小學答問一卷　章炳麟撰　清宣統元年(1909)刻本　一冊

430000－2401－0002891　192/5(1)
小學答問一卷　章炳麟撰　清宣統元年(1909)刻本　一冊

430000－2401－0002892　192/5(2)
小學答問一卷　章炳麟撰　清宣統元年(1909)刻本　一冊

430000－2401－0002893　192.1/84
輶軒使者絕代語釋別國方言十三卷首一卷（漢）揚雄撰　（晉）郭璞註　清光緒十七年(1891)思賢講舍刻本　四冊

430000－2401－0002894　192.1/84(1)
輶軒使者絕代語釋別國方言十三卷首一卷（漢）揚雄撰　（晉）郭璞註　清光緒十七年(1891)思賢講舍刻本　四冊

430000－2401－0002895　192.1/84(2)
輶軒使者絕代語釋別國方言十三卷首一卷（漢）揚雄撰　（晉）郭璞註　清光緒十七年(1891)思賢講舍刻本　四冊

430000－2401－0002896　192.1/84(3)
輶軒使者絕代語釋別國方言十三卷首一卷（漢）揚雄撰　（晉）郭璞註　清光緒十七年(1891)思賢講舍刻本　二冊

430000－2401－0002897　192.1/84(4)
輶軒使者絕代語釋別國方言十三卷首一卷（漢）揚雄撰　（晉）郭璞註　清光緒十七年(1891)思賢講舍刻本　二冊

430000－2401－0002898　192.1/86
輶軒使者絕代語釋別國方言箋疏十三卷（清）錢繹撰　清光緒十六年(1890)紅蝠山房校刻本　六冊

430000－2401－0002899　192.1/86(1)
輶軒使者絕代語釋別國方言箋疏十三卷（清）錢繹撰　清光緒十六年(1890)紅蝠山房校刻本　六冊

430000－2401－0002900　192.1/86－2
輶軒使者絕代語釋別國方言箋疏十三卷（清）戴震撰　清乾隆微波榭刻微波榭叢書本　四冊

430000－2401－0002901　192.1/86－2(1)
輶軒使者絕代語釋別國方言箋疏十三卷（清）戴震撰　清乾隆微波榭刻微波榭叢書本　四冊

430000－2401－0002902　192.1/86－2(2)
輶軒使者絕代語釋別國方言箋疏十三卷（清）戴震撰　清乾隆微波榭刻微波榭叢書本　二冊

430000－2401－0002903　192.1/92
輶軒使者絕代語釋別國方言箋疏十三卷（清）戴震撰　清乾隆微波榭刻微波榭叢書本　一冊

430000－2401－0002904　192.1/92－2

輶軒使者絕代語釋別國方言疏證十三卷
（清）戴震撰　清光緒八年(1882)汗青簃刻本
　二冊

430000－2401－0002905　△193.2/1
方言校補十三卷方言佚文一卷　（清）顧震福
撰　清鈔本　二冊

430000－2401－0002906　△193.2/26
續方言二卷　（清）杭世駿撰　續方言補二卷
　（清）程際盛撰　清雍正刻本　一冊

430000－2401－0002907　192.1/91
續方言疏證二卷　（清）沈齡撰　清光緒十二
年(1886)刻本　二冊

430000－2401－0002908　△193.1/1
五雅四十一卷　（明）郎奎金編　明天啟六年
(1626)郎氏堂策檻刻本　佚名批校圈點
六冊

430000－2401－0002909　△193.1/1(1)
五雅四十一卷　（明）郎奎金編　明天啟六年
(1626)郎氏堂策檻刻本　十七冊

430000－2401－0002910　△193.2/10
逸雅八卷　（漢）劉熙撰　明天啟六年(1626)
郎氏堂策檻刻本　一冊

430000－2401－0002911　△193.2/17
爾雅三卷　（晉）郭璞註　明初刻本　佚名批
校　三冊

430000－2401－0002912　192.1/4
爾雅三卷　（晉）郭璞註　爾雅音義三卷
(唐)陸德明撰　清嘉慶十一年(1806)吳門顧
氏刻本　一冊

430000－2401－0002913　192.1/4(1)
爾雅三卷　（晉）郭璞註　爾雅音義三卷
(唐)陸德明撰　清嘉慶十一年(1806)吳門顧
氏刻本　一冊

430000－2401－0002914　192.1/4(2)
爾雅三卷　（晉）郭璞註　爾雅音義三卷
(唐)陸德明撰　清嘉慶十一年(1806)吳門顧
氏刻本　一冊　缺三卷(音義三卷)

430000－2401－0002915　192.1/2－2
爾雅三卷　（晉）郭璞註　（唐）陸德明音義
清嘉慶二十二年(1817)江南城狀元閣刻本
四冊

430000－2401－0002916　192.1/1－3
爾雅三卷　（晉）郭璞註　（唐）陸德明音釋
清同治七年(1868)湖北崇文書局刻本　三冊

430000－2401－0002917　192.1/2－3
爾雅三卷　（晉）郭璞註　（唐）陸德明音義
清同治十三年(1874)湖南書局刻本　三冊

430000－2401－0002918　192.1/2－3(1)
爾雅三卷　（晉）郭璞註　（唐）陸德明音義
清同治十三年(1874)湖南書局刻本　三冊

430000－2401－0002919　192.1/2－3(2)
爾雅三卷　（晉）郭璞註　（唐）陸德明音義
清同治十三年(1874)湖南書局刻本　三冊

430000－2401－0002920　192.1/2－3(3)
爾雅三卷　（晉）郭璞註　（唐）陸德明音義
清同治十三年(1874)湖南書局刻本　三冊

430000－2401－0002921　192.1/2－3(4)
爾雅三卷　（晉）郭璞註　（唐）陸德明音義
清同治十三年(1874)湖南書局刻本　三冊

430000－2401－0002922　192.1/2
爾雅三卷　（晉）郭璞註　（唐）陸德明音義
清同治十三年(1874)湖南尊經閣刻本　三冊

430000－2401－0002923　192.1/2(1)
爾雅三卷　（晉）郭璞註　（唐）陸德明音義
清同治十三年(1874)湖南尊經閣刻本　三冊

430000－2401－0002924　192.1/3
爾雅三卷　（晉）郭璞註　清光緒八年(1882)
巴陵方氏碧琳琅館刻本　一冊

430000－2401－0002925　192.1/2－6
爾雅三卷　（晉）郭璞註　（唐）陸德明音義
清光緒九年(1883)長沙經濟書局刻本　三冊

430000－2401－0002926　192.1/3－3
爾雅三卷　（晉）郭璞註　清光緒九年(1883)
遵義黎氏影印古逸叢書本　一冊

430000－2401－0002927　192.1/3－3（1）
爾雅三卷　（晉）郭璞註　清光緒九年(1883)
遵義黎氏影印古逸叢書本　一冊

430000－2401－0002928　192.1/3－3（2）
爾雅三卷　（晉）郭璞註　清光緒九年(1883)
遵義黎氏影印古逸叢書本　一冊

430000－2401－0002929　192.1/1－2
爾雅三卷　（晉）郭璞註　（唐）陸德明音釋
清光緒十二年(1886)湖北官書處刻本　三冊

430000－2401－0002930　192.1/1－2（1）
爾雅三卷　（晉）郭璞註　（唐）陸德明音釋
清光緒十二年(1886)湖北官書處刻本　三冊

430000－2401－0002931　192.1/1－2（2）
爾雅三卷　（晉）郭璞註　（唐）陸德明音釋
清光緒十二年(1886)湖北官書處刻本　三冊

430000－2401－0002932　192.1/1－2（3）
爾雅三卷　（晉）郭璞註　（唐）陸德明音釋
清光緒十二年(1886)湖北官書處刻本　三冊

430000－2401－0002933　192.1/2－5
爾雅三卷　（晉）郭璞註　（唐）陸德明音義　清
光緒二十一年(1895)金陵書局刻本　三冊

430000－2401－0002934　192.1/1－4
爾雅三卷　（晉）郭璞註　（唐）陸德明音釋
清光緒二十一年(1895)湖南書局刻本　三冊

430000－2401－0002935　192.1/1
爾雅三卷　（晉）郭璞註　（唐）陸德明音釋
清光緒二十二年(1896)湖南經緯元記刻本
三冊

430000－2401－0002936　192.1/1（1）
爾雅三卷　（晉）郭璞註　（唐）陸德明音釋
清光緒二十二年(1896)湖南經緯元記刻本
三冊

430000－2401－0002937　192.1/1（2）
爾雅三卷　（晉）郭璞註　（唐）陸德明音釋
清光緒二十二年(1896)湖南經緯元記刻本
三冊

430000－2401－0002938　192.1/1（3）

爾雅三卷　（晉）郭璞註　（唐）陸德明音釋
清光緒二十二年(1896)湖南經緯元記刻本
三冊

430000－2401－0002939　192.1/2－4
爾雅三卷　（晉）郭璞註　（唐）陸德明音義
清清芬閣刻本　三冊

430000－2401－0002940　192.1/2－4（1）
爾雅三卷　（晉）郭璞註　（唐）陸德明音義
清清芬閣刻本　三冊

430000－2401－0002941　192.1/2－4（2）
爾雅三卷　（晉）郭璞註　（唐）陸德明音義
清清芬閣刻本　三冊

430000－2401－0002942　192.1/5
爾雅十一卷　（晉）郭璞註　清稽古樓刻本
四冊

430000－2401－0002943　△193.2/18
爾雅三卷　（晉）郭璞註　爾雅補郭二卷
(清)翟灝撰　清潘戴興鈔本　四冊

430000－2401－0002944　△193.2/27
爾雅註疏十一卷　（晉）郭璞註　（宋）邢昺疏
　明萬曆二十一年(1593)北京國子監刻本
十冊

430000－2401－0002945　192.1/9－2
爾雅註疏十一卷　（晉）郭璞註　（唐）陸德
音義　（宋）邢昺疏　清乾隆六十年(1795)敦
化堂刻本　六冊

430000－2401－0002946　192.1/9
爾雅註疏十一卷　（晉）郭璞註　（唐）陸德明
音義　（宋）邢昺疏　爾雅註疏考證十一卷
(清)張照撰　清同治十年(1871)鍾謙鈞廣東
刻本　四冊

430000－2401－0002947　192.1/9（1）
爾雅註疏十一卷　（晉）郭璞註　（唐）陸德明
音義　（宋）邢昺疏　爾雅註疏考證十一卷
(清)張照撰　清同治十年(1871)鍾謙鈞廣東
刻本　六冊

430000－2401－0002948　192.1/6－7

爾雅註疏十一卷　（晉）郭璞註　（宋）邢昺疏
　爾雅音義二卷　（唐）陸德明撰　清同治十
三年(1874)湖南書局刻本　四冊

430000－2401－0002949　192.1/6－7(1)
爾雅註疏十一卷　（晉）郭璞註　（宋）邢昺疏
　爾雅音義二卷　（唐）陸德明撰　清同治十
三年(1874)湖南書局刻本　三冊

430000－2401－0002950　192.1/6－7(2)
爾雅註疏十一卷　（晉）郭璞註　（宋）邢昺疏
　爾雅音義二卷　（唐）陸德明撰　清同治十
三年(1874)湖南書局刻本　三冊

430000－2401－0002951　192.1/6－6
爾雅註疏十一卷　（晉）郭璞註　（宋）邢昺疏
　清寶華信刻本　四冊

430000－2401－0002952　192.1/6－4
爾雅註疏十一卷　（晉）郭璞註　（宋）邢昺疏
　清青雲樓刻本　四冊

430000－2401－0002953　192.1/6－4(1)
爾雅註疏十一卷　（晉）郭璞註　（宋）邢昺疏
　清青雲樓刻本　四冊

430000－2401－0002954　192.1/6－3
爾雅註疏十一卷　（晉）郭璞註　（宋）邢昺疏
　清經國堂刻本　三冊

430000－2401－0002955　192.1/6－3(1)
爾雅註疏十一卷　（晉）郭璞註　（宋）邢昺疏
　清經國堂刻本　四冊

430000－2401－0002956　192.1/6－3(2)
爾雅註疏十一卷　（晉）郭璞註　（宋）邢昺疏
　清經國堂刻本　五冊

430000－2401－0002957　192.1/6
爾雅註疏十一卷　（晉）郭璞註　（宋）邢昺疏
　清三讓堂刻本　三冊

430000－2401－0002958　192.1/6－5
爾雅註疏十一卷　（晉）郭璞註　（宋）邢昺疏
　清刻本　三冊

430000－2401－0002959　192.1/6－2
爾雅註疏十一卷　（晉）郭璞註　（宋）邢昺疏

清刻本　四冊

430000－2401－0002960　192.1/10
爾雅音圖三卷　（晉）郭璞註　清嘉慶六年
(1801)摹刻本　三冊

430000－2401－0002961　192.1/10(1)
爾雅音圖三卷　（晉）郭璞註　清嘉慶六年
(1801)摹刻本　三冊

430000－2401－0002962　192.1/10(2)
爾雅音圖三卷　（晉）郭璞註　清嘉慶六年
(1801)摹刻本　三冊

430000－2401－0002963　192.1/10(3)
爾雅音圖三卷　（晉）郭璞註　清嘉慶六年
(1801)摹刻本　三冊

430000－2401－0002964　192.1/10(4)
爾雅音圖三卷　（晉）郭璞註　清嘉慶六年
(1801)摹刻本　三冊

430000－2401－0002965　192.1/10－2
爾雅音圖三卷　（晉）郭璞註　清光緒十年
(1884)上海同文書局石印本　二冊

430000－2401－0002966　192.1/37
爾雅釋文三卷　（唐）陸德明撰　清刻本
一冊

430000－2401－0002967　192.1/34
爾雅疏十卷　（宋）邢昺撰　清光緒四年
(1878)吳興陸氏十萬卷樓刻本　二冊

430000－2401－0002968　192.1/34(1)
爾雅疏十卷　（宋）邢昺撰　清光緒四年
(1878)吳興陸氏十萬卷樓刻本　二冊

430000－2401－0002969　192.1/34(2)
爾雅疏十卷　（宋）邢昺撰　清光緒四年
(1878)吳興陸氏十萬卷樓刻本　二冊

430000－2401－0002970　192.1/17
爾雅三卷　（宋）鄭樵註　清初汲古閣刻本
一冊

430000－2401－0002971　△193.2/20
爾雅翼三十二卷　（宋）羅願撰　明畢效欽刻

本　十冊

430000－2401－0002972　△193.2/20－3

爾雅翼三十二卷　（宋）羅願撰　（元）洪焱祖音釋　明刻本　五冊　存二十六卷（一至二十六）

430000－2401－0002973　△193.2/20－3(1)

爾雅翼三十二卷　（宋）羅願撰　（元）洪焱祖音釋　明刻本　七冊　存九卷（一、六、十三至十五、十九至二十、二十四至二十五）

430000－2401－0002974　192.1/30

新刊爾雅翼三十二卷　（宋）羅願撰　明刻本　八冊

430000－2401－0002975　192.1/31

爾雅翼三十二卷　（宋）羅願撰　清光緒十年（1884）刻本　六冊

430000－2401－0002976　192.1/32－2

爾雅蒙求二卷　（清）李鴻逵撰　清嘉慶三年（1798）蟠根書屋刻本　二冊

430000－2401－0002977　192.1/32－2(1)

爾雅蒙求二卷　（清）李鴻逵撰　清嘉慶三年（1798）蟠根書屋刻本　二冊

430000－2401－0002978　192.1/32

爾雅蒙求二卷　（清）李鴻逵撰　清光緒十三年（1887）刻本　二冊

430000－2401－0002979　192.1/32－3

爾雅蒙求二卷　（清）李鴻逵撰　清深柳書屋刻本　二冊

430000－2401－0002980　192.1/35

皇清爾雅解五十四卷　（清）阮元輯　清光緒十六年（1890）刻皇清經解依經分訂本　十三冊

430000－2401－0002981　192.1/8

爾雅註疏校勘記十卷　（清）阮元撰　清同治十三年（1874）湖南書局刻本　二冊

430000－2401－0002982　192.1/8(1)

爾雅註疏校勘記十卷　（清）阮元撰　清同治十三年（1874）湖南書局刻本　二冊

430000－2401－0002983　192.1/8(2)

爾雅註疏校勘記十卷　（清）阮元撰　清同治十三年（1874）湖南書局刻本　二冊

430000－2401－0002984　192.1/18

爾雅補註四卷　（清）周春撰　清光緒三十四年（1908）長沙葉氏刻本　二冊

430000－2401－0002985　192.1/22

爾雅正義二十卷　（清）邵晉涵撰　**爾雅釋音三卷**　（唐）陸德明撰　清乾隆五十三年（1788）餘姚邵氏家塾刻本　四冊

430000－2401－0002986　192.1/22(1)

爾雅正義二十卷　（清）邵晉涵撰　**爾雅釋音三卷**　（唐）陸德明撰　清乾隆五十三年（1788）餘姚邵氏家塾刻本　六冊

430000－2401－0002987　192.1/22(2)

爾雅正義二十卷　（清）邵晉涵撰　**爾雅釋音三卷**　（唐）陸德明撰　清乾隆五十三年（1788）餘姚邵氏家塾刻本　八冊

430000－2401－0002988　192.1/22(3)

爾雅正義二十卷　（清）邵晉涵撰　**爾雅釋音三卷**　（唐）陸德明撰　清乾隆五十三年（1788）餘姚邵氏家塾刻本　六冊

430000－2401－0002989　192.1/22(4)

爾雅正義二十卷　（清）邵晉涵撰　**爾雅釋音三卷**　（唐）陸德明撰　清乾隆五十三年（1788）餘姚邵氏家塾刻本　八冊

430000－2401－0002990　192.1/25

爾雅古義二卷　（清）胡承珙撰　清道光十七年（1837）刻本　一冊

430000－2401－0002991　192.1/16－5

爾雅郭註義疏二十卷　（清）郝懿行撰　清道光三十年（1850）木犀香館刻本　七冊

430000－2401－0002992　192.1/16－5(1)

爾雅郭註義疏二十卷　（清）郝懿行撰　清道光三十年（1850）木犀香館刻本　七冊

430000－2401－0002993　192.1/16－5(2)

爾雅郭註義疏二十卷　（清）郝懿行撰　清道

光三十年（1850）木犀香館刻本　十冊

430000－2401－0002994　192.1/16

爾雅郭註義疏二十卷　（清）郝懿行撰　清同治四年（1865）沛上刻本　八冊

430000－2401－0002995　192.1/16（1）

爾雅郭註義疏二十卷　（清）郝懿行撰　清同治四年（1865）沛上刻本　八冊

430000－2401－0002996　192.1/16（2）

爾雅郭註義疏二十卷　（清）郝懿行撰　清同治四年（1865）沛上刻本　八冊

430000－2401－0002997　192.1/16－3

爾雅郭註義疏二十卷　（清）郝懿行撰　清光緒十年（1884）榮縣蜀南閣刻本　八冊

430000－2401－0002998　192.1/16－3（1）

爾雅郭註義疏二十卷　（清）郝懿行撰　清光緒十年（1884）榮縣蜀南閣刻本　八冊

430000－2401－0002999　192.1/16－4

爾雅郭註義疏二十卷　（清）郝懿行撰　清光緒十一年（1885）刻本　十冊

430000－2401－0003000　192.1/16－2

爾雅郭註義疏二十卷　（清）郝懿行撰　清光緒十四年（1888）湖北官書處刻本　八冊

430000－2401－0003001　192.1/16－2（1）

爾雅郭註義疏二十卷　（清）郝懿行撰　清光緒十四年（1888）湖北官書處刻本　八冊

430000－2401－0003002　192.1/16－2（2）

爾雅郭註義疏二十卷　（清）郝懿行撰　清光緒十四年（1888）湖北官書處刻本　八冊

430000－2401－0003003　192.1/27－2

爾雅直音二卷　（清）孫侃輯　清光緒六年（1880）福山王氏天壤閣刻本　二冊

430000－2401－0003004　192.1/27

爾雅直音二卷　（清）孫侃輯　清光緒十三年（1887）長沙經濟書局刻本　二冊

430000－2401－0003005　192.1/24

爾雅古註斠三卷蘭如詩鈔一卷　（清）葉蕙心

撰　清光緒二年（1876）李氏半畝園刻本　二冊

430000－2401－0003006　192.1/19

爾雅漢註三卷　（清）臧庸撰　清乾隆五十四年（1789）刻本　一冊

430000－2401－0003007　192.1/23

爾雅正郭三卷　（清）潘衍桐撰　清光緒十七年（1891）刻本　一冊

430000－2401－0003008　192.1/23（1）

爾雅正郭三卷　（清）潘衍桐撰　清光緒十七年（1891）刻本　二冊

430000－2401－0003009　192.1/23（2）

爾雅正郭三卷　（清）潘衍桐撰　清光緒十七年（1891）刻本　一冊

430000－2401－0003010　192.1/23（3）

爾雅正郭三卷　（清）潘衍桐撰　清光緒十七年（1891）刻本　一冊

430000－2401－0003011　192.1/20

爾雅補註殘本一卷　（清）劉玉麟撰　清光緒十四年（1888）廣雅書局刻本　一冊

430000－2401－0003012　192.1/15

爾雅郭註補正三卷　（清）戴鎣撰　清光緒十一年（1885）刻本　三冊

430000－2401－0003013　192.1/15（1）

爾雅郭註補正三卷　（清）戴鎣撰　清光緒十一年（1885）刻本　六冊

430000－2401－0003014　192.1/15（2）

爾雅郭註補正三卷　（清）戴鎣撰　清光緒十一年（1885）刻本　六冊

430000－2401－0003015　192.1/26

爾雅一切註音十卷　（清）嚴可均輯　**爾雅補郭二卷**　（清）翟灝撰　清光緒十三年（1887）刻木犀軒叢書本　三冊

430000－2401－0003016　192.1/28

爾雅匡名二十卷　（清）嚴元照撰　清光緒十六年（1890）廣雅書局刻本　四冊

430000－2401－0003017　192.1/28(1)

爾雅匡名二十卷 （清）嚴元照撰　清光緒十六年(1890)廣雅書局刻本　四冊

430000－2401－0003018　192.1/38

爾雅集解十九卷　王闓運撰　清光緒二十九年(1903)東洲刻本　四冊

430000－2401－0003019　192.1/38(1)

爾雅集解十九卷　王闓運撰　清光緒二十九年(1903)東洲刻本　四冊

430000－2401－0003020　192.1/38(2)

爾雅集解十九卷　王闓運撰　清光緒二十九年(1903)東洲刻本　四冊

430000－2401－0003021　192.1/13

爾雅郭註佚存補訂二十卷　王樹枬撰　清光緒十八年(1892)新城王樹枬文莫室資陽刻本　五冊

430000－2401－0003022　192.1/13(1)

爾雅郭註佚存補訂二十卷　王樹枬撰　清光緒十八年(1892)新城王樹枬文莫室資陽刻本　六冊

430000－2401－0003023　192.1/13(2)

爾雅郭註佚存補訂二十卷　王樹枬撰　清光緒十八年(1892)新城王樹枬文莫室資陽刻本　五冊

430000－2401－0003024　192.1/13(3)

爾雅郭註佚存補訂二十卷　王樹枬撰　清光緒十八年(1892)新城王樹枬文莫室資陽刻本　八冊

430000－2401－0003025　192.1/41

小爾雅疏八卷　（清）王煦撰　清光緒十一年(1885)邵武徐氏刻本　二冊

430000－2401－0003026　192.1/41(1)

小爾雅疏八卷　（清）王煦撰　清光緒十一年(1885)邵武徐氏刻本　二冊

430000－2401－0003027　192.1/45

小爾雅訓纂六卷　（清）宋翔鳳撰　清光緒十六年(1890)廣雅書局刻本　一冊

430000－2401－0003028　192.1/45(1)

小爾雅訓纂六卷　（清）宋翔鳳撰　清光緒十六年(1890)廣雅書局刻本　一冊

430000－2401－0003029　192.1/43

小爾雅義證十三卷補遺一卷　（清）胡承珙撰　清道光七年(1827)刻本　一冊

430000－2401－0003030　192.1/42

小爾雅疏證五卷　（清）葛其仁撰　清光緒九年(1883)歸安姚氏刻思進齋叢書本　一冊

430000－2401－0003031　△193.2/16

新爾雅二卷　（清）李文藻編　清稿本　二冊

430000－2401－0003032　192.1/44

新爾雅十四卷　（清）汪榮寶　（清）葉瀾編纂　清光緒三十年(1904)刻本　二冊

430000－2401－0003033　△193.2/11

埤雅二十卷　（宋）陸佃撰　明天啟六年(1626)堂策檻刻本　三冊

430000－2401－0003034　△93.2/11－2

埤雅二十卷　（宋）陸佃撰　明刻本　葉德輝、葉啟勳題跋　八冊

430000－2401－0003035　△93.2/11－2(1)

埤雅二十卷　（宋）陸佃撰　明刻本　五冊　存十六卷(一至十二、十七至二十)

430000－2401－0003036　△193.2/11－4

埤雅二十卷　（宋）陸佃撰　明顧棫校刻本　六冊

430000－2401－0003037　△193.2/11－3

重刊埤雅二十卷　（宋）陸佃撰　明畢效欽刻本　十冊

430000－2401－0003038　△193.2/11－3(1)

重刊埤雅二十卷　（宋）陸佃撰　明畢效欽刻本　八冊　缺二卷(十二至十三)

430000－2401－0003039　△193.2/11－5

新刊埤雅二十卷　（宋）陸佃撰　明刻本　六冊

430000－2401－0003040　192.1/53

埤雅二十卷 （宋）陸佃撰 明刻本 四冊

430000－2401－0003041 192.1/53(1)

埤雅二十卷 （宋）陸佃撰 明刻本 三冊

430000－2401－0003042 192.1/53(2)

埤雅二十卷 （宋）陸佃撰 明刻本 九冊
缺二卷(十三至十四)

430000－2401－0003043 192.1/50

駢雅七卷序目一卷訓纂十六卷 （明）朱謀㙔
撰 （清）魏茂林訓纂 清道光二十五年
(1845)刻本 九冊

430000－2401－0003044 192.1/50－2

駢雅七卷序目一卷訓纂十六卷 （明）朱謀㙔
撰 （清）魏茂林訓纂 清咸豐元年(1851)補
刻本 八冊

430000－2401－0003045 192.1/50－8

駢雅七卷序目一卷訓纂十六卷 （明）朱謀㙔
撰 （清）魏茂林訓纂 清同治十一年(1872)
經綸書室刻本 七冊

430000－2401－0003046 192.1/50－6

駢雅七卷序目一卷訓纂十六卷 （明）朱謀㙔
撰 （清）魏茂林訓纂 清光緒七年(1881)成
都瀹雅齋刻本 六冊

430000－2401－0003047 192.1/50－6(1)

駢雅七卷序目一卷訓纂十六卷 （明）朱謀㙔
撰 （清）魏茂林訓纂 清光緒七年(1881)成
都瀹雅齋刻本 八冊

430000－2401－0003048 192.1/50－6(2)

駢雅七卷序目一卷訓纂十六卷 （明）朱謀㙔
撰 （清）魏茂林訓纂 清光緒七年(1881)成
都瀹雅齋刻本 八冊

430000－2401－0003049 192.1/50－6(3)

駢雅七卷序目一卷訓纂十六卷 （明）朱謀㙔
撰 （清）魏茂林訓纂 清光緒七年(1881)成
都瀹雅齋刻本 八冊

430000－2401－0003050 192.1/50－6(4)

駢雅七卷序目一卷訓纂十六卷 （明）朱謀㙔
撰 （清）魏茂林訓纂 清光緒七年(1881)成

都瀹雅齋刻本 六冊

430000－2401－0003051 192.1/50－5

駢雅七卷序目一卷訓纂十六卷 （明）朱謀㙔
撰 （清）魏茂林訓纂 清光緒十二年(1886)
虞山後知不足齋刻本 六冊

430000－2401－0003052 192.1/50－3

駢雅七卷序目一卷訓纂十六卷 （明）朱謀㙔
撰 （清）魏茂林訓纂 清光緒二十年(1894)
上海積山書局石印本 六冊

430000－2401－0003053 192.1/50－4

駢雅七卷序目一卷訓纂十六卷 （明）朱謀㙔
撰 （清）魏茂林訓纂 清刻本 七冊 存二
卷(訓纂十五至十六)

430000－2401－0003054 △193.2/14

廣雅十卷 （三國魏）張揖撰 （隋）曹憲音釋
明畢效欽刻本 二冊

430000－2401－0003055 △193.2/14－2

新刻廣雅十卷 （三國魏）張揖撰 （隋）曹憲
音釋 明胡文煥刻格致叢書本 一冊

430000－2401－0003056 △193.2/15

廣雅疏證十卷 （清）王念孫撰 博雅音十卷
（隋）曹憲撰 （清）王念孫校 清嘉慶刻本
何紹基題寫書根 五冊

430000－2401－0003057 △193.2/15(1)

廣雅疏證十卷 （清）王念孫撰 博雅音十卷
（隋）曹憲撰 （清）王念孫校 清嘉慶刻本
七冊 存七卷(一至七)

430000－2401－0003058 192.1/46－2

廣雅疏證十卷 （清）王念孫撰 博雅音十卷
（隋）曹憲撰 （清）王念孫校 清光緒五年
(1879)淮南書局刻本 六冊

430000－2401－0003059 192.1/46－2(1)

廣雅疏證十卷 （清）王念孫撰 博雅音十卷
（隋）曹憲撰 （清）王念孫校 清光緒五年
(1879)淮南書局刻本 八冊

430000－2401－0003060 192.1/46－2(2)

廣雅疏證十卷 （清）王念孫撰 博雅音十卷

（隋）曹憲撰 （清）王念孫校 清光緒五年
(1879)淮南書局刻本 八冊

430000－2401－0003061 192.1/46－2(3)
廣雅疏證十卷 （清）王念孫撰 **博雅音十卷**
（隋）曹憲撰 （清）王念孫校 清光緒五年
(1879)淮南書局刻本 八冊

430000－2401－0003062 192.1/46
廣雅疏證十卷 （清）王念孫撰 **博雅音十卷**
（隋）曹憲撰 （清）王念孫校 清光緒十四
年(1888)上海鴻文書局石印本 四冊

430000－2401－0003063 192.1/46(1)
廣雅疏證十卷 （清）王念孫撰 **博雅音十卷**
（隋）曹憲撰 （清）王念孫校 清光緒十四
年(1888)上海鴻文書局石印本 四冊

430000－2401－0003064 192.1/46－3
廣雅疏證十卷 （清）王念孫撰 **博雅音十卷**
（隋）曹憲撰 （清）王念孫校 清刻本
十冊

430000－2401－0003065 192.1/46－3(1)
廣雅疏證十卷 （清）王念孫撰 **博雅音十卷**
（隋）曹憲撰 （清）王念孫校 清刻本
八冊

430000－2401－0003066 192.1/46－5
廣雅疏證十卷 （清）王念孫撰 清刻本
八冊

430000－2401－0003067 192.1/48
廣雅疏補四卷 王樹枬撰 清光緒十六年
(1890)文莫室刻本 一冊

430000－2401－0003068 192.1/48(1)
廣雅疏補四卷 王樹枬撰 清光緒十六年
(1890)文莫室刻本 一冊

430000－2401－0003069 192.1/52
疊雅十三卷 （清）史夢蘭撰 清同治四年
(1865)刻本 四冊

430000－2401－0003070 192.1/51(1)
別雅五卷 （清）吳玉搢輯 清道光二十九年
(1849)小蓬萊山館刻本 二冊 存二卷(一至二)

430000－2401－0003071 192.1/51
別雅五卷 （清）吳玉搢輯 清道光二十九年
(1849)小蓬萊山館刻本 五冊

430000－2401－0003072 △193.2/6
別雅五卷 （清）吳玉搢輯 清雪滄鈔本 四
冊 存四卷(一至四)

430000－2401－0003073 192.1/115
別雅訂五卷 （清）吳玉搢輯 （清）許瀚校
清光緒三年(1877)吳縣潘氏八喜齋刻滂喜齋
叢書本 一冊

430000－2401－0003074 192.1/54
比雅十卷 （清）洪亮吉撰 清光緒五年
(1879)授經堂校刻本 二冊

430000－2401－0003075 192.1/54(1)
比雅十卷 （清）洪亮吉撰 清光緒五年
(1879)授經堂校刻本 二冊

430000－2401－0003076 192.1/54(2)
比雅十卷 （清）洪亮吉撰 清光緒五年
(1879)授經堂校刻本 二冊

430000－2401－0003077 192.1/49
拾雅二十卷 （清）夏味堂撰 清嘉慶二十四
年(1819)刻本 十冊

430000－2401－0003078 192.1/49(1)
拾雅二十卷 （清）夏味堂撰 清嘉慶二十四
年(1819)刻本 十冊

430000－2401－0003079 192.1/49(8)
拾雅二十卷 （清）夏味堂撰 清嘉慶二十四
年(1819)刻本 十冊

430000－2401－0003080 192.1/49－2
拾雅二十卷 （清）夏味堂撰 清道光二年
(1822)刻本 八冊

430000－2401－0003081 192.1/49－2(1)
拾雅二十卷 （清）夏味堂撰 清道光二年
(1822)刻本 八冊

430000－2401－0003082 192.1/112
支雅二卷 （清）劉燦撰 清道光六年(1826)
刻本 一冊

430000 – 2401 – 0003083　192.1/57

釋名四卷　（漢）劉熙撰　明萬曆刻本　一冊

430000 – 2401 – 0003084　192.1/57（1）

釋名四卷　（漢）劉熙撰　明萬曆刻本　一冊

430000 – 2401 – 0003085　192.1/57 – 2

釋名四卷　（漢）劉熙撰　清乾隆刻本　二冊

430000 – 2401 – 0003086　△193.2/24

釋名八卷　（漢）劉熙撰　明刻本　三冊

430000 – 2401 – 0003087　△193.2/24（1）

釋名八卷　（漢）劉熙撰　明刻本　二冊

430000 – 2401 – 0003088　192.1/58

釋名八卷　（漢）劉熙撰　清長洲吳氏璜川書屋刻小學匯函本　一冊

430000 – 2401 – 0003089　△193.2/25

釋名疏證八卷補遺一卷續釋名一卷　（清）畢沅撰　清乾隆五十四年(1789)畢氏靈巖山館篆字刻本　四冊

430000 – 2401 – 0003090　△193.2/25（1）

釋名疏證八卷補遺一卷續釋名一卷　（清）畢沅撰　清乾隆五十四年(1789)畢氏靈巖山館篆字刻本　四冊

430000 – 2401 – 0003091　△193.2/25（2）

釋名疏證八卷補遺一卷續釋名一卷　（清）畢沅撰　清乾隆五十四年(1789)畢氏靈巖山館篆字刻本　四冊

430000 – 2401 – 0003092　192.1/56 – 2

釋名疏證八卷補遺一卷續釋名一卷　（清）畢沅撰　清乾隆五十五年（1790）刻篆字本　二冊

430000 – 2401 – 0003093　192.1/56 – 2（1）

釋名疏證八卷補遺一卷續釋名一卷　（清）畢沅撰　清乾隆五十五年（1790）刻篆字本　二冊

430000 – 2401 – 0003094　192.1/56 – 2（2）

釋名疏證八卷補遺一卷續釋名一卷　（清）畢沅撰　清乾隆五十五年(1790)刻篆字本　一冊　存四卷(一至四)

430000 – 2401 – 0003095　192.1/56

釋名疏證八卷補遺一卷續釋名一卷　（清）畢沅撰　清乾隆五十五年(1790)刻正字本　二冊

430000 – 2401 – 0003096　192.1/56 – 3

釋名疏證八卷補遺一卷續釋名一卷　（清）畢沅撰　清光緒二十年(1894)廣雅書局刻本　二冊

430000 – 2401 – 0003097　192.1/59

釋名疏證八卷續釋名一卷釋名補遺一卷疏證補附一卷　王先謙撰　清光緒二十二年(1896)刻本　三冊

430000 – 2401 – 0003098　192.1/59（1）

釋名疏證八卷續釋名一卷釋名補遺一卷疏證補附一卷　王先謙撰　清光緒二十二年(1896)刻本　四冊

430000 – 2401 – 0003099　192.1/59（2）

釋名疏證八卷續釋名一卷釋名補遺一卷疏證補附一卷　王先謙撰　清光緒二十二年(1896)刻本　三冊

430000 – 2401 – 0003100　192.1/59（3）

釋名疏證八卷續釋名一卷釋名補遺一卷疏證補附一卷　王先謙撰　清光緒二十二年(1896)刻本　三冊

430000 – 2401 – 0003101　192.1/59（4）

釋名疏證八卷續釋名一卷釋名補遺一卷疏證補附一卷　王先謙撰　清光緒二十二年(1896)刻本　三冊

430000 – 2401 – 0003102　192.1/61 – 2

釋穀四卷　（清）劉寶楠撰　清咸豐五年(1855)刻本　一冊

430000 – 2401 – 0003103　192.1/61

釋穀四卷　（清）劉寶楠撰　清光緒十四年(1888)廣雅書局刻本　一冊

430000 – 2401 – 0003104　192.1/61（1）

釋穀四卷　（清）劉寶楠撰　清光緒十四年(1888)廣雅書局刻本　二冊

430000 – 2401 – 0003105　192.1/83

名原二卷　（清）孫詒讓撰　清光緒三十一年(1905)刻本　一冊

430000－2401－0003106　192.1/83(1)

名原二卷　（清）孫詒讓撰　清光緒三十一年(1905)刻本　一冊

430000－2401－0003107　192.1/83(2)

名原二卷　（清）孫詒讓撰　清光緒三十一年(1905)刻本　一冊

430000－2401－0003108　192.1/83(3)

親屬記二卷　（清）鄭珍撰　清光緒十八年(1892)廣雅書局刻本　一冊

430000－2401－0003109　192.1/47

親屬記二卷　（清）鄭珍撰　清光緒十八年(1892)廣雅書局刻本　一冊

430000－2401－0003110　192.1/47(1)

匡謬正俗八卷　（唐）顏師古撰　清光緒元年(1875)湖北崇文書局刻本　一冊

430000－2401－0003111　192.1/72

匡謬正俗八卷　（唐）顏師古撰　清光緒元年(1875)湖北崇文書局刻本　一冊

430000－2401－0003112　192.1/72(1)

班馬字類二卷　（宋）婁機撰　清康熙揚州馬氏叢書樓刻本　二冊

430000－2401－0003113　192.1/108

班馬字類五卷班馬字類訂一卷　（宋）婁機撰　清光緒十七年(1891)思賢書局刻本　二冊

430000－2401－0003114　192.1/107

班馬字類五卷班馬字類訂一卷　（宋）婁機撰　清光緒十七年(1891)思賢書局刻本　二冊

430000－2401－0003115　192.1/107(1)

班馬字類五卷班馬字類訂一卷　（宋）婁機撰　清光緒十七年(1891)思賢書局刻本　二冊

430000－2401－0003116　192.1/107(2)

班馬字類五卷班馬字類訂一卷　（宋）婁機撰　清光緒十七年(1891)思賢書局刻本　二冊

430000－2401－0003117　192.1/107(3)

班馬字類五卷班馬字類訂一卷　（宋）婁機撰　清光緒十七年(1891)思賢書局刻本　二冊

430000－2401－0003118　192.1/107(4)

班馬字類五卷班馬字類訂一卷　（宋）婁機撰　清光緒十七年(1891)思賢書局刻本　二冊

430000－2401－0003119　△193.2/28

群經音辨七卷　（宋）賈昌朝撰　清刻本　二冊

430000－2401－0003120　△193.2/28－2

群經音辨七卷　（宋）賈昌朝撰　清康熙五十三年(1714)張士俊刻澤存堂五種本　一冊

430000－2401－0003121　192.1/121

通詁二卷　（清）李調元撰　王闓運校　梅花屋鈔本　一冊

430000－2401－0003122　192.1/79

證俗文十九卷　（清）郝懿行撰　清光緒十年(1884)東路廳署刻本　六冊

430000－2401－0003123　192.1/75

增訂金壺字考一集十九卷二集二十一卷補錄一卷補註一卷　（宋）釋適之撰　（清）田朝恆增訂　清初貽安堂刻本　六冊

430000－2401－0003124　192.1/75(1)

增訂金壺字考一集十九卷二集二十一卷補錄一卷補註一卷　（宋）釋適之撰　（清）田朝恆增訂　清初貽安堂刻本　六冊

430000－2401－0003125　192.1/75(2)

增訂金壺字考一集十九卷二集二十一卷補錄一卷補註一卷　（宋）釋適之撰　（清）田朝恆增訂　清初貽安堂刻本　六冊

430000－2401－0003126　192.1/74

增訂金壺字考一卷古體假借字一卷　（清）郝在田增訂　清同治十二年(1873)刻本　一冊

430000－2401－0003127　192.1/74－2

增訂金壺字考一卷古體假借字一卷　（清）郝在田增訂　清光緒四年(1878)嘯園刻本　一冊

430000－2401－0003128　192.1/74－3

增訂金壺字考一卷　（清）郝在田增訂　清光緒九年(1883)刻本　二冊

430000－2401－0003129　192.1/77

金壺精粹五卷　（清）郝在田　（清）張仰山編　清光緒二年(1876)京師松竹齋刻本　二冊

430000－2401－0003130　192.1/77(1)

金壺精粹五卷　（清）郝在田　（清）張仰山編　清光緒二年(1876)京師松竹齋刻本　二冊

430000－2401－0003131　192.1/77(2)

金壺精粹五卷　（清）郝在田　（清）張仰山編　清光緒二年(1876)京師松竹齋刻本　一冊

430000－2401－0003132　192.1/77(3)

金壺精粹五卷　（清）郝在田　（清）張仰山編　清光緒二年(1876)京師松竹齋刻本　二冊

430000－2401－0003133　192.1/63

釋字百韻一卷　（清）陳勵撰　清光緒十六年(1890)吳下刻本　一冊

430000－2401－0003134　192.1/65－2

辨字摘要四卷　（清）饒應召撰　清光緒二十一年(1895)澹雅書局刻本　一冊

430000－2401－0003135　192.1/65－3

辨字摘要四卷　（清）饒應召撰　清刻本　一冊

430000－2401－0003136　192.1/65

辨字摘要四卷　（清）饒應召撰　清刻本　一冊

430000－2401－0003137　192.1/114

引申義舉例二卷　（清）程先甲撰　清光緒二十八年(1902)千一齋刻千一齋全書本　一冊

430000－2401－0003138　192.1/78

問奇典註六卷　（清）唐英增釋　清嘉慶二十三年(1818)武昌刻本　六冊

430000－2401－0003139　192.1/69－2

虛字說一卷　（清）袁仁林撰　清光緒二十二年(1896)長沙刻惜陰軒叢書本　一冊

430000－2401－0003140　192.1/69

虛字說一卷　（清）袁仁林撰　清宣統豐城熊羅宿校刻本　一冊

430000－2401－0003141　192.1/64－3

助字辨略五卷　（清）劉淇撰　清咸豐五年(1855)刻本　五冊

430000－2401－0003142　192.1/64－3(1)

助字辨略五卷　（清）劉淇撰　清咸豐五年(1855)刻本　五冊

430000－2401－0003143　192.1/64－3(2)

助字辨略五卷　（清）劉淇撰　清咸豐五年(1855)刻本　五冊

430000－2401－0003144　192.1/68

虛字闡義三卷　（清）謝鼎卿撰　清光緒元年(1875)京都琉璃廠善成堂刻本　一冊

430000－2401－0003145　192.1/100

廣東新語二十八卷　（清）屈大均撰　清康熙三十九年(1700)水天閣刻本　十冊

430000－2401－0003146　192.1/100(1)

廣東新語二十八卷　（清）屈大均撰　清康熙三十九年(1700)水天閣刻本　十冊

430000－2401－0003147　192.1/100(2)

廣東新語二十八卷　（清）屈大均撰　清康熙三十九年(1700)水天閣刻本　十二冊

430000－2401－0003148　192.1/98－2

越諺三卷越諺勝語二卷　（清）范寅輯　清光緒八年(1882)谷應山房刻本　三冊

430000－2401－0003149　192.1/98－2(1)

越諺三卷越諺勝語二卷　（清）范寅輯　清光緒八年(1882)谷應山房刻本　三冊

430000－2401－0003150　192.1/93

越言釋二卷　（清）茹敦和撰　清道光二十九年(1849)刻本　二冊

430000－2401－0003151　192.1/99－2

里語徵實三卷　（清）唐訓方輯　清同治十二年(1873)觀稼書樓刻本　四冊

430000－2401－0003153　192.1/99
里語徵實三卷　（清）唐訓方輯　清光緒十七年(1891)歸吾廬刻本　四冊

430000－2401－0003154　192.1/14
恆言錄六卷　（清）錢大昕撰　清嘉慶十年(1805)阮氏琅環仙館刻本　二冊

430000－2401－0003155　△193.2/7
荊楚方言二卷茶鏡二卷曲牌分韻一卷　（清）周受禧輯　稿本　一冊

430000－2401－0003156　192.1/102
清文彙書十二卷　（清）李延基編　清嘉慶十一年(1806)京都琉璃廠文成堂刻本　十一冊　缺一卷(七)

430000－2401－0003157　192.1/105
御製增訂清文鑑三十卷總綱八卷補編四卷續人新語一卷　（清）傅恆等撰　清乾隆三十六年(1771)刻本　四十九冊

430000－2401－0003158　192.1/105－2
四體合璧文鑑三十二卷總綱八卷　（清）傅恆等撰　清刻本　十一冊

430000－2401－0003159　△193.3/24
御製滿珠蒙古漢字三合切音清文鑑三十三卷　（清）阿桂等編　清乾隆刻本　三十二冊

430000－2401－0003160　192.2/342
漢回合璧　（清）史文光　（清）張成基輯　清同治刻本　一冊

430000－2401－0003161　192.1/101
清文啟蒙四卷　（清）舞格撰　清雍正八年(1730)三槐堂刻本　四冊

430000－2401－0003162　192.1/101(1)
清文啟蒙四卷　（清）舞格撰　清雍正八年(1730)三槐堂刻本　四冊

430000－2401－0003163　192.1/103
欽定清漢對音字式一卷　清刻本　一冊

430000－2401－0003164　192.1/103(1)
欽定清漢對音字式一卷　清刻本　一冊

430000－2401－0003165　192.1/103(2)
欽定清漢對音字式一卷　清刻本　一冊

430000－2401－0003166　192.1/103(3)
欽定清漢對音字式一卷　清刻本　一冊

430000－2401－0003167　192.1/103(4)
欽定清漢對音字式一卷　清刻本　一冊

430000－2401－0003168　192/16
英語集全六卷　（清）唐廷樞撰　清同治元年(1862)緯經堂刻本　六冊

430000－2401－0003169　192.1/110
英字指南六卷　（清）楊勛輯譯　清光緒五年(1879)求志草堂鉛印本　六冊

430000－2401－0003170　192.1/111－2
商務印書館華英字典　商務印書館編　清光緒二十八年(1902)上海商務印書館鉛印本　一冊

430000－2401－0003171　192.1/111
商務印書館華英字典　商務印書館編　清光緒二十九年(1903)上海商務印書館鉛印本　一冊

430000－2401－0003172　192.1/111－3
商務印書館華英字典　商務印書館編　清宣統三年(1911)上海商務印書館鉛印本　一冊

430000－2401－0003173　192.1/116
德字初桄　（清）蔣熙纂譯　清光緒十三年(1887)鉛印本　一冊

430000－2401－0003174　192.1/66
重編摘註鄉音字彙一卷　清光緒十三年(1887)詹均元鈔本　三冊

430000－2401－0003175　192.1/76
和名類聚鈔十卷　（日本）源順撰　清光緒二十三年(1897)長沙龍氏刻本　二冊

430000－2401－0003176　192.1/76(1)
和名類聚鈔十卷　（日本）源順撰　清光緒二十三年(1897)長沙龍氏刻本　二冊

430000 – 2401 – 0003177　192.1/76(2)

和名類聚鈔十卷　（日本）源順撰　清光緒二十三年(1897)長沙龍氏刻本　二冊

430000 – 2401 – 0003178　192.2/292

小學類編　（清）李祖望編　清咸豐元年至二年(1851－1852)江都李氏半畝園刻本　八冊

430000 – 2401 – 0003179　192.2/292(1)

小學類編　（清）李祖望編　清咸豐元年至二年(1851－1852)江都李氏半畝園刻本　六冊

430000 – 2401 – 0003180　192.2/144

許學叢刻　（清）許頌鼎　（清）許溎祥輯　清光緒十三年(1887)海寧古均閣校刻本　四冊

430000 – 2401 – 0003181　192.2/144(1)

許學叢刻　（清）許頌鼎　（清）許溎祥輯　清光緒十三年(1887)海寧古均閣校刻本　四冊

430000 – 2401 – 0003182　192.2/144(2)

許學叢刻　（清）許頌鼎　（清）許溎祥輯　清光緒十三年(1887)海寧古均閣校刻本　五冊

430000 – 2401 – 0003183　192.2/144(3)

許學叢刻　（清）許頌鼎　（清）許溎祥輯　清光緒十三年(1887)海寧古均閣校刻本　四冊

430000 – 2401 – 0003184　192.2/306

許學叢書　（清）張炳翔輯　清光緒長洲張氏儀郴廬刻本　二十四冊

430000 – 2401 – 0003185　192.2/80

雷刻說文四種　（清）雷浚輯　清光緒十年(1884)刻本　四冊

430000 – 2401 – 0003186　192.2/89

說文段註校三種　劉肇隅編　清光緒二十八年(1902)長沙葉氏刻本　一冊

430000 – 2401 – 0003187　192.2/89(1)

說文段註校三種　劉肇隅編　清光緒二十八年(1902)長沙葉氏刻本　一冊

430000 – 2401 – 0003188　192.2/89(2)

說文段註校三種　劉肇隅編　清光緒二十八年(1902)長沙葉氏刻本　一冊

430000 – 2401 – 0003189　△193.3/42

說文解字十五卷　（漢）許慎撰　（宋）徐鉉等校定　宋刻元修本　葉啟勳、葉啟發題跋　六冊

430000 – 2401 – 0003190　△193.3/40

說文解字十二卷　（漢）許慎撰　（宋）李燾重明萬曆二十六年(1598)陳大科刻本　八冊

430000 – 2401 – 0003191　△193.3/40(1)

說文解字十二卷　（漢）許慎撰　（宋）李燾重明萬曆二十六年(1598)陳大科刻本　四冊

430000 – 2401 – 0003192　△193.3/40－2

說文解字十二卷　（漢）許慎撰　明毛氏汲古閣刻本　十二冊

430000 – 2401 – 0003193　△193.3/42－3

說文解字十五卷　（漢）許慎撰　（宋）徐鉉等校　清初毛氏汲古閣刻本　徐松、葉啟勳、葉啟發題跋　十冊

430000 – 2401 – 0003194　△193.3/42－3(1)

說文解字十五卷　（漢）許慎撰　（宋）徐鉉校　清初毛氏汲古閣刻本　八冊

430000 – 2401 – 0003195　192.2/110－12

說文解字十五卷　（漢）許慎撰　（宋）徐鉉等校定　清乾隆三十八年(1773)刻本　八冊

430000 – 2401 – 0003196　192.2/110－12(1)

說文解字十五卷　（漢）許慎撰　（宋）徐鉉等校定　清乾隆三十八年(1773)刻本　八冊

430000 – 2401 – 0003197　192.2/110－12(2)

說文解字十五卷　（漢）許慎撰　（宋）徐鉉等校定　清乾隆三十八年(1773)刻本　六冊

430000 – 2401 – 0003198　192.2/110－10

說文解字十五卷　（漢）許慎撰　（宋）徐鉉等校定　清嘉慶九年(1804)五松書屋仿宋刻本　四冊

430000 – 2401 – 0003199　192.2/110－10(1)

說文解字十五卷　（漢）許慎撰　（宋）徐鉉等校定　清嘉慶九年(1804)五松書屋仿宋刻本　四冊

430000－2401－0003200　192.2/110－10(2)
說文解字十五卷　（漢）許慎撰　（宋）徐鉉等
校定　清嘉慶九年(1804)五松書屋仿宋刻本
　四册

430000－2401－0003201　△193.3/42－2(1)
說文解字十五卷　（漢）許慎撰　（宋）徐鉉等
校定　清嘉慶十二年(1807)藤花榭刻本　佚
名批校　八册

430000－2401－0003202　192.2/110－11
說文解字十五卷　（漢）許慎撰　（宋)徐鉉等校
定　清嘉慶十二年(1807)瑯環仙館刻本　四册

430000－2401－0003203　192.2/110－11(1)
說文解字十五卷　（漢）許慎撰　（宋）徐鉉等
校定　清嘉慶十二年(1807)瑯環仙館刻本
四册

430000－2401－0003204　192.2/110－11(2)
說文解字十五卷　（漢）許慎撰　（宋）徐鉉等
校定　清嘉慶十二年(1807)瑯環仙館刻本
二册

430000－2401－0003205　192.2/110－11(3)
說文解字十五卷　（漢）許慎撰　（宋）徐鉉等
校定　清嘉慶十二年(1807)瑯環仙館刻本
八册

430000－2401－0003206　192.2/110－15
說文解字十五卷　（漢）許慎撰　（宋)徐鉉等
校定　清同治十年(1871)刻本　八册

430000－2401－0003207　192.2/110－15(1)
說文解字十五卷　（漢）許慎撰　（宋）徐鉉等
校定　清同治十年(1871)刻本　八册

430000－2401－0003208　192.2/110－15(2)
說文解字十五卷　（漢）許慎撰　（宋）徐鉉等
校定　清同治十年(1871)刻本　八册

430000－2401－0003209　192.2/111－2
說文解字十五卷　（漢）許慎撰　**說文通檢十**
四卷首一卷末一卷　（清）黎永椿編　清同治
十二年(1873)粤東省城富文齋刻陳昌治校刻
本　十册

430000－2401－0003210　192.2/110－9
說文解字十五卷　（漢）許慎撰　（宋）徐鉉等
校定　清同治十三年(1874)東吳浦氏刻本
四册

430000－2401－0003211　192.2/110－14
說文解字三十卷　（漢）許慎撰　（宋）徐鉉等
校定　清光緒二年(1876)川東官舍重修合州
書賈刻本　八册

430000－2401－0003212　192.2/110－14(1)
說文解字三十卷　（漢）許慎撰　（宋）徐鉉等
校定　清光緒二年(1876)川東官舍重修合州
書賈刻本　八册

430000－2401－0003213　192.2/110－14(2)
說文解字三十卷　（漢）許慎撰　（宋）徐鉉等
校定　清光緒二年(1876)川東官舍重修合州
書賈刻本　六册

430000－2401－0003214　192.2/111
說文解字十五卷　（漢）許慎撰　**說文通檢十**
四卷首一卷末一卷　（清）黎永椿編　清同治
十二年(1873)刻本　十册

430000－2401－0003215　192.2/111(1)
說文解字十五卷　（漢）許慎撰　**說文通檢十**
四卷首一卷末一卷　（清）黎永椿編　清同治
十二年(1873)刻本　十册

430000－2401－0003216　192.2/110－13
說文解字三十卷　（漢）許慎撰　（宋）徐鉉等
校定　清光緒五年(1879)刻本　三册

430000－2401－0003217　192.2/110－13(1)
說文解字三十卷　（漢）許慎撰　（宋）徐鉉等
校定　清光緒五年(1879)刻本　三册

430000－2401－0003218　192.2/110－16
說文解字十五卷　（漢）許慎撰　（宋）徐鉉等
校定　清光緒七年(1881)淮南書局刻本
六册

430000－2401－0003219　192.2/110－16(1)
說文解字十五卷　（漢）許慎撰　（宋）徐鉉等校
定　清光緒七年(1881)淮南書局刻本　五册

430000－2401－0003220　192.2/110－16(2)

說文解字十五卷　(漢)許慎撰　(宋)徐鉉等校定　清光緒七年(1881)淮南書局刻本　五冊

430000－2401－0003221　192.2/110－5

說文解字十五卷　(漢)許慎撰　(宋)徐鉉等校定　清光緒十一年(1885)蕉心室校刻本　八冊

430000－2401－0003222　192.2/110－5(1)

說文解字十五卷　(漢)許慎撰　(宋)徐鉉等校定　清光緒十一年(1885)蕉心室校刻本　八冊

430000－2401－0003223　192.2/110－5(2)

說文解字十五卷　(漢)許慎撰　(宋)徐鉉等校定　清光緒十一年(1885)蕉心室校刻本　八冊

430000－2401－0003224　192.2/110－4

說文解字十五卷　(漢)許慎撰　(宋)徐鉉等校定　清光緒十一年(1885)上海同文書局石印本　一冊

430000－2401－0003225　192.2/110－17

說文解字十五卷　(漢)許慎撰　(宋)徐鉉等校定　清刻本　七冊

430000－2401－0003226　192.2/110－17(1)

說文解字十五卷　(漢)許慎撰　(宋)徐鉉等校定　清刻本　八冊

430000－2401－0003227　192.2/110－17(2)

說文解字十五卷　(漢)許慎撰　(宋)徐鉉等校定　清刻本　四冊

430000－2401－0003228　192.2/110－17(3)

說文解字十五卷　(漢)許慎撰　(宋)徐鉉等校定　清刻本　七冊

430000－2401－0003229　△193.3/42－4

說文解字十五卷　(漢)許慎撰　(宋)徐鉉等校　清鈔汲古閣刻本　八冊

430000－2401－0003230　△193.3/41

說文解字十五卷　(漢)許慎撰　**說文解字部**

叙傳二卷　(南唐)徐鍇撰　清鈔本　佚名圈眯　十五冊

430000－2401－0003231　△193.3/47

說文解字通釋四十卷　(南唐)徐鍇撰　清道光十九年(1839)祁寯藻影宋刻本　六冊

430000－2401－0003232　△193.3/47(1)

說文解字通釋四十卷　(南唐)徐鍇撰　清道光十九年(1839)祁寯藻影宋刻本　七冊

430000－2401－0003233　△192.2/118

說文解字韻譜十卷　(南唐)徐鍇撰　清同治三年(1864)吳縣馮桂芬刻本　四冊

430000－2401－0003234　192.2/118(1)

說文解字韻譜十卷　(南唐)徐鍇撰　清同治三年(1864)吳縣馮桂芬刻本　四冊

430000－2401－0003235　192.2/118(2)

說文解字韻譜十卷　(南唐)徐鍇撰　清同治三年(1864)吳縣馮桂芬刻本　四冊

430000－2401－0003236　192.2/138－2

說文解字篆韻譜五卷附錄一卷　(南唐)徐鍇撰　清刻本　二冊　存四卷(一至四)

430000－2401－0003237　192.2/135

說文解字繫傳四十卷附錄一卷　(南唐)徐鍇撰　清乾隆四十七年(1782)古歙汪啟淑刻本　十二冊

430000－2401－0003238　192.2/135(1)

說文解字繫傳四十卷附錄一卷　(南唐)徐鍇撰　清乾隆四十七年(1782)古歙汪啟淑刻本　十二冊

430000－2401－0003239　192.2/135(2)

說文解字繫傳四十卷附錄一卷　(南唐)徐鍇撰　清乾隆四十七年(1782)古歙汪啟淑刻本　十冊

430000－2401－0003240　192.2/135(3)

說文解字繫傳四十卷附錄一卷　(南唐)徐鍇撰　清乾隆四十七年(1782)古歙汪啟淑刻本　八冊

430000－2401－0003241　192.2/135－6

說文解字繫傳四十卷附錄一卷 （南唐）徐鍇撰 清刻本 八冊

430000－2401－0003242 192.2/135－2

說文解字繫傳四十卷校勘記三卷 （南唐）徐鍇撰 （清）祁寯藻校勘 清道光十九年(1839)刻本 十冊

430000－2401－0003243 192.2/135－2(1)

說文解字繫傳四十卷校勘記三卷 （南唐）徐鍇撰 （清）祁寯藻校勘 清道光十九年(1839)刻本 八冊

430000－2401－0003244 192.2/135－2(2)

說文解字繫傳四十卷校勘記三卷 （南唐）徐鍇撰 （清）祁寯藻校勘 清道光十九年(1839)刻本 十二冊

430000－2401－0003245 192.2/135－3

說文解字繫傳四十卷校勘記三卷 （南唐）徐鍇撰 （清）祁寯藻校勘 清光緒二年(1876)平江吳氏刻本 八冊

430000－2401－0003246 192.2/135－3(1)

說文解字繫傳四十卷校勘記三卷 （南唐）徐鍇撰 （清）祁寯藻校勘 清光緒二年(1876)平江吳氏刻本 八冊

430000－2401－0003247 192.2/135－3(2)

說文解字繫傳四十卷校勘記三卷 （南唐）徐鍇撰 （清）祁寯藻校勘 清光緒二年(1876)平江吳氏刻本 八冊

430000－2401－0003248 192.2/135－5

說文解字繫傳四十卷校勘記三卷 （南唐）徐鍇撰 （清）祁寯藻校勘 清光緒十五年(1889)湘南書局刻小學匯函本 六冊

430000－2401－0003249 192.2/135－4

說文解字繫傳四十卷 （南唐）徐鍇撰 清光緒九年(1883)江蘇書局刻本 八冊

430000－2401－0003250 192.2/135－4(1)

說文解字繫傳四十卷 （南唐）徐鍇撰 清光緒九年(1883)江蘇書局刻本 八冊

430000－2401－0003251 192.2/135－4(2)

說文解字繫傳四十卷 （南唐）徐鍇撰 清光緒九年(1883)江蘇書局刻本 八冊

430000－2401－0003252 192.2/316

說文部叙一卷 （南唐）徐鍇撰 清光緒十八年(1892)古潭徐士謣鈔本 一冊

430000－2401－0003253 192.2/129

重刊許氏說文解字五音韻譜十二卷 （宋）李燾撰 明天啟七年(1627)世裕堂刻本 三冊

430000－2401－0003254 192.2/129(1)

重刊許氏說文解字五音韻譜十二卷 （宋）李燾撰 明天啟七年(1627)世裕堂刻本 六冊

430000－2401－0003255 192.2/129(2)

重刊許氏說文解字五音韻譜十二卷 （宋）李燾撰 明天啟七年(1627)世裕堂刻本 十二冊

430000－2401－0003256 △193.3/45

重刊許氏說文解字五音韻譜十二卷 （宋）李燾撰 明刻本 六冊

430000－2401－0003257 △193.3/36

說文長箋一百卷首二卷解題一卷 （明）趙宧光撰 明崇禎四年(1631)趙均小宛堂刻本 五十六冊

430000－2401－0003258 192.2/52

說文拈字七卷補遺三卷 （清）王玉樹撰 清嘉慶八年(1803)刻本 四冊

430000－2401－0003259 192.2/52(1)

說文拈字七卷補遺三卷 （清）王玉樹撰 清嘉慶八年(1803)刻本 四冊

430000－2401－0003260 192.2/52(2)

說文拈字七卷補遺三卷 （清）王玉樹撰 清嘉慶八年(1803)刻本 二冊 存四卷(一至四)

430000－2401－0003261 192.2/87－3

說文段註訂補十四卷 （清）王紹蘭撰 清光緒十四年(1888)胡燏芬刻本 八冊

430000－2401－0003262 192.2/87－3(1)

說文段註訂補十四卷　（清）王紹蘭撰　清光緒十四年(1888)胡燏芬刻本　八冊

430000－2401－0003263　192.2/37

王氏說文三種八十卷　（清）王筠撰　清同治四年(1865)王氏家刻本　二十七冊

430000－2401－0003264　192.2/32

說文五翼八卷　（清）王煦撰　清嘉慶十三年(1808)芮鞠山莊刻本　一冊

430000－2401－0003265　192.2/32－2

說文五翼八卷　（清）王煦撰　清光緒八年(1882)上虞觀海樓刻本　二冊

430000－2401－0003266　192.2/32－2(1)

說文五翼八卷　（清）王煦撰　清光緒八年(1882)上虞觀海樓刻本　二冊

430000－2401－0003267　192.2/140

說文解字句讀三十卷　（清）王筠撰　清同治四年(1865)家刻本　十六冊

430000－2401－0003268　192.2/140(1)

說文解字句讀三十卷　（清）王筠撰　清同治四年(1865)家刻本　十六冊

430000－2401－0003269　192.2/140(2)

說文解字句讀三十卷　（清）王筠撰　清同治四年(1865)家刻本　十六冊

430000－2401－0003270　192.2/140(3)

說文解字句讀三十卷　（清）王筠撰　清同治四年(1865)家刻本　十二冊

430000－2401－0003271　192.2/140(4)

說文解字句讀三十卷　（清）王筠撰　清同治四年(1865)家刻本　十二冊

430000－2401－0003272　192.2/140－2

說文解字句讀三十卷　（清）王筠撰　清光緒八年(1882)餘姚朱氏刻本　十四冊

430000－2401－0003273　192.2/140－2(1)

說文解字句讀三十卷　（清）王筠撰　清光緒八年(1882)餘姚朱氏刻本　十四冊

430000－2401－0003274　192.2/140－2(2)

說文解字句讀三十卷　（清）王筠撰　清光緒八年(1882)餘姚朱氏刻本　十六冊

430000－2401－0003275　△193.3/56

說文韻譜校五卷　（清）王筠撰　清鈔本　一冊

430000－2401－0003276　192.2/30

說文韻譜校五卷　（清）王筠撰　清光緒十六年(1890)濰縣劉氏刻本　二冊

430000－2401－0003277　192.2/30(1)

說文韻譜校五卷　（清）王筠撰　清光緒十六年(1890)濰縣劉氏刻本　二冊

430000－2401－0003278　192.2/30(2)

說文韻譜校五卷　（清）王筠撰　清光緒十六年(1890)濰縣劉氏刻本　二冊

430000－2401－0003279　192.2/62

說文繫傳校錄三十卷　（清）王筠撰　清咸豐七年(1857)刻本　四冊

430000－2401－0003280　192.2/62(1)

說文繫傳校錄三十卷　（清）王筠撰　清咸豐七年(1857)刻本　四冊

430000－2401－0003281　192.2/62(2)

說文繫傳校錄三十卷　（清）王筠撰　清咸豐七年(1857)刻本　二冊

430000－2401－0003282　192.2/62(3)

說文繫傳校錄三十卷　（清）王筠撰　清咸豐七年(1857)刻本　二冊

430000－2401－0003283　△193.3/70

說文釋例八卷　（清）王筠撰　稿本　張穆、何紹基批校圈點　葉啟勳、葉啟發題跋　八冊

430000－2401－0003284　192.2/108－6

說文釋例二十卷附補正　（清）王筠撰　清同治四年(1865)刻本　十冊

430000－2401－0003285　192.2/108－6(1)

說文釋例二十卷附補正　（清）王筠撰　清同治四年(1865)刻本　十冊

430000－2401－0003286　192.2/108－6(2)

說文釋例二十卷附補正　（清）王筠撰　清同治四年(1865)刻本　十冊

430000－2401－0003287　192.2/108－6(3)

說文釋例二十卷附補正　（清）王筠撰　清同治四年(1865)刻本　十冊

430000－2401－0003288　192.2/108－6(4)

說文釋例二十卷附補正　（清）王筠撰　清同治四年(1865)刻本　十冊

430000－2401－0003289　192.2/108－6(5)

說文釋例二十卷附補正　（清）王筠撰　清同治四年(1865)刻本　十冊

430000－2401－0003290　192.2/108－6(6)

說文釋例二十卷附補正　（清）王筠撰　清同治四年(1865)刻本　八冊

430000－2401－0003291　192.2/108

說文釋例二十卷附補正　（清）王筠撰　清光緒九年(1883)成都御風樓刻本　二十冊

430000－2401－0003292　192.2/108(1)

說文釋例二十卷附補正　（清）王筠撰　清光緒九年(1883)成都御風樓刻本　二十冊

430000－2401－0003293　192.2/108(2)

說文釋例二十卷附補正　（清）王筠撰　清光緒九年(1883)成都御風樓刻本　二十冊

430000－2401－0003294　192.2/108－5

說文釋例二十卷附補正　（清）王筠撰　清光緒十三年(1887)上海積山書局石印本　六冊

430000－2401－0003295　192.2/108－5(1)

說文釋例二十卷附補正　（清）王筠撰　清光緒十三年(1887)上海積山書局石印本　六冊

430000－2401－0003296　192.2/108－3

說文釋例二十卷附補正　（清）王筠撰　清光緒十八年(1892)上海五彩書局石印本　五冊　缺四卷(一至四)

430000－2401－0003297　△193.3/33

說文正字二卷說文原目一卷　（清）王瑜（清）孫馮翼撰　清嘉慶六年(1801)孫氏金陵

藩署刻本　佚名批校　二冊

430000－2401－0003298　△193.3/73

說文檢字二卷　（清）毛謨編　清移愚齋鈔本　一冊

430000－2401－0003299　192.2/66－2

說文檢字二卷　（清）毛謨輯　清嘉慶二十一年(1816)四川督學使署刻本　一冊

430000－2401－0003300　192.2/66

說文檢字二卷補遺一卷　（清）毛謨輯　清光緒元年(1875)歸安姚氏刻咫進齋叢書本　一冊

430000－2401－0003301　192.2/66(1)

說文檢字二卷補遺一卷　（清）毛謨輯　清光緒元年(1875)歸安姚氏刻咫進齋叢書本　一冊

430000－2401－0003302　192.2/66(2)

說文檢字二卷補遺一卷　（清）毛謨輯　清光緒元年(1875)歸安姚氏刻咫進齋叢書本　二冊

430000－2401－0003303　192.2/31

說文二徐箋異　（清）田吳炤撰　清宣統元年(1909)石印本　二冊

430000－2401－0003304　192.2/31(1)

說文二徐箋異　（清）田吳炤撰　清宣統元年(1909)石印本　二冊

430000－2401－0003305　192.2/31(2)

說文二徐箋異　（清）田吳炤撰　清宣統元年(1909)石印本　二冊

430000－2401－0003306　192.2/109

說文釋例二卷　（清）江沅撰　清咸豐元年(1851)李氏半畝園刻本　一冊

430000－2401－0003307　192.2/109(1)

說文釋例二卷　（清）江沅撰　清咸豐元年(1851)李氏半畝園刻本　一冊

430000－2401－0003308　192.2/54

說文校定本十五卷　（清）朱士端撰　清同治二年(1863)刻本　一冊

430000－2401－0003309　192.2/63－3

說文通訓定聲十八卷　（清）朱駿聲撰　清道光二十九年(1849)刻本　二十四冊

430000－2401－0003310　192.2/63

說文通訓定聲十八卷　（清）朱駿聲撰　清咸豐元年(1851)刻本　二十八冊

430000－2401－0003311　192.2/63(1)

說文通訓定聲十八卷　（清）朱駿聲撰　清咸豐元年(1851)刻本　二十四冊

430000－2401－0003312　192.2/63(2)

說文通訓定聲十八卷　（清）朱駿聲撰　清咸豐元年(1851)刻本　三十二冊

430000－2401－0003313　192.2/63－2

說文通訓定聲十八卷　（清）朱駿聲撰　清同治九年(1870)補刻本　二十八冊

430000－2401－0003314　192.2/63－2(1)

說文通訓定聲十八卷　（清）朱駿聲撰　清同治九年(1870)補刻本　二十六冊

430000－2401－0003315　192.2/63－4

說文通訓定聲十八卷　（清）朱駿聲撰　清光緒十三年(1887)上海積山書局石印本　八冊

430000－2401－0003316　192.2/63－4(1)

說文通訓定聲十八卷　（清）朱駿聲撰　清光緒十三年(1887)上海積山書局石印本　八冊

430000－2401－0003317　192.2/63－4(2)

說文通訓定聲十八卷　（清）朱駿聲撰　清光緒十三年(1887)上海積山書局石印本　八冊

430000－2401－0003318　192.2/63－5

說文通訓定聲十八卷　（清）朱駿聲撰　清光緒十九年(1893)上海鴻文書局石印本　十二冊

430000－2401－0003319　192.2/63－5(1)

說文通訓定聲十八卷　（清）朱駿聲撰　清光緒十九年(1893)上海鴻文書局石印本　十二冊

430000－2401－0003320　192.2/38

說文古本考十四卷　（清）沈濤纂　清光緒十年(1884)吳縣潘氏滂喜齋刻本　八冊

430000－2401－0003321　192.2/38(1)

說文古本考十四卷　（清）沈濤纂　清光緒十年(1884)吳縣潘氏滂喜齋刻本　八冊

430000－2401－0003322　△193.3/5－5

說文繫傳考異二十八卷　（清）汪憲撰　清鈔本　丁錦鴻、陳梅軒批校　葉啟勳題跋　二冊

430000－2401－0003323　192.2/67

說文繫傳考異四卷附錄一卷　（清）汪憲撰　清光緒八年(1882)徐氏八杉齋刻本　二冊

430000－2401－0003324　192.2/67(1)

說文繫傳考異四卷附錄一卷　（清）汪憲撰　清光緒八年(1882)徐氏八杉齋刻本　二冊

430000－2401－0003325　192.2/139

說文解字繫傳校勘記三卷　（清）祁寯藻撰　清道光十九年(1839)刻本　一冊

430000－2401－0003326　192.2/22

說文辨字正俗八卷　（清）李富孫撰　清嘉慶二十三年(1818)校經廎刻本　二冊

430000－2401－0003327　192.2/22(1)

說文辨字正俗八卷　（清）李富孫撰　清嘉慶二十三年(1818)校經廎刻本　四冊

430000－2401－0003328　192.2/22(2)

說文辨字正俗八卷　（清）李富孫撰　清嘉慶二十三年(1818)校經廎刻本　四冊

430000－2401－0003329　192.2/22(3)

說文辨字正俗八卷　（清）李富孫撰　清嘉慶二十三年(1818)校經廎刻本　四冊

430000－2401－0003330　192.2/85

說文逸字辨證一卷　（清）李楨撰　清光緒十一年(1885)畹蘭室刻本　二冊

430000－2401－0003331　192.2/85(1)

說文逸字辨證一卷　（清）李楨撰　清光緒十一年(1885)畹蘭室刻本　二冊

430000－2401－0003332　192.2/85(2)

說文逸字辨證一卷　（清）李楨撰　清光緒十一年(1885)畹蘭室刻本　二冊

430000－2401－0003333　192.2/85(3)

說文逸字辨證一卷　（清）李楨撰　清光緒十一年(1885)畹蘭室刻本　二冊

430000－2401－0003334　192.2/41－6

說文古籀補十四卷補遺一卷附錄一卷　（清）吳大澂撰　清光緒七年(1881)刻本　二冊

430000－2401－0003335　192.2/41－6(1)

說文古籀補十四卷補遺一卷附錄一卷　（清）吳大澂撰　清光緒七年(1881)刻本　二冊

430000－2401－0003336　192.2/41－6(2)

說文古籀補十四卷補遺一卷附錄一卷　（清）吳大澂撰　清光緒七年(1881)刻本　二冊

430000－2401－0003337　192.2/41－4

說文古籀補十四卷補遺一卷附錄一卷　（清）吳大澂撰　清光緒十年(1884)蘇州振新書社石印本　四冊

430000－2401－0003338　192.2/41

說文古籀補十四卷補遺一卷附錄一卷　（清）吳大澂撰　清光緒十二年(1886)上海點石齋石印本　二冊

430000－2401－0003339　192.2/41－5

說文古籀補十四卷補遺一卷附錄一卷　（清）吳大澂撰　清光緒二十四年(1898)刻本　四冊

430000－2401－0003340　192.2/41－5(1)

說文古籀補十四卷補遺一卷附錄一卷　（清）吳大澂撰　清光緒二十四年(1898)刻本　四冊

430000－2401－0003341　192.2/41－5(2)

說文古籀補十四卷補遺一卷附錄一卷　（清）吳大澂撰　清光緒二十四年(1898)刻本　二冊

430000－2401－0003342　192.2/33－2

說文引經考二卷　（清）吳玉搢撰　清道光元年(1821)刻本　二冊

430000－2401－0003343　192.2/33－3

說文引經考二卷　（清）吳玉搢撰　清光緒八年(1882)積玉山房刻本　二冊

430000－2401－0003344　192.2/33

說文引經考二卷　（清）吳玉搢撰　清光緒九年(1883)歸安姚氏刻咫進齋叢書本　二冊

430000－2401－0003345　192.2/33(1)

說文引經考二卷　（清）吳玉搢撰　清光緒九年(1883)歸安姚氏刻咫進齋叢書本　二冊

430000－2401－0003346　192.2/27

說文染指二編　（清）吳楚撰　清光緒十四年(1888)刻本　二冊

430000－2401－0003347　192.2/27(1)

說文染指二編　（清）吳楚撰　清光緒十四年(1888)刻本　二冊

430000－2401－0003348　△193.3/34

說文字原考略六卷　（清）吳照輯　清乾隆五十七年(1792)吳氏南昌寓館刻本　四冊

430000－2401－0003349　△193.3/39

說文偏旁考二卷　（清）吳照輯　清同治九年(1870)李楨鈔本　李楨題識　二冊

430000－2401－0003350　192.2/2

說文字辨十四卷　（清）林慶炳撰　清同治四年(1865)刻本　四冊

430000－2401－0003351　192.2/2(1)

說文字辨十四卷　（清）林慶炳撰　清同治四年(1865)刻本　四冊

430000－2401－0003352　192.2/3

說文字原一卷　（清）周震榮輯　清乾隆四十四年(1779)福禮堂刻本　一冊

430000－2401－0003353　192.2/3(1)

說文字原一卷　（清）周震榮輯　清乾隆四十四年(1779)福禮堂刻本　一冊

430000－2401－0003354　192.2/20

說文廣纂一卷　（清）周繪藻撰　清光緒三十一年(1905)百柱堂石印本　一冊

430000－2401－0003355　192.2/68

說文舊音補註三卷改錯一卷　（清）胡玉縉撰
清光緒十四年(1888)南菁書院刻南菁書院
叢書本　一冊

430000－2401－0003356　192.2/68(1)

說文舊音補註三卷改錯一卷　（清）胡玉縉撰
清光緒十四年(1888)南菁書院刻南菁書院
叢書本　一冊

430000－2401－0003357　192.2/105

說文管見三卷　（清）胡秉虔撰　清同治十二
年(1873)世澤樓刻本　一冊

430000－2401－0003358　192.2/105－2

說文管見三卷　（清）胡秉虔撰　清光緒貴池
劉氏刻聚學軒叢書本　一冊

430000－2401－0003359　192.2/4

說文字原韻表二卷　（清）胡重編　清嘉慶十
六年(1811)刻本　一冊

430000－2401－0003360　192.2/81

苗氏說文四種　（清）苗夔撰　清道光、咸豐
壽陽祁氏漢專亭刻本　四冊

430000－2401－0003361　192.2/81(1)

苗氏說文四種　（清）苗夔撰　清道光、咸豐
壽陽祁氏漢專亭刻本　四冊

430000－2401－0003362　192.2/81(2)

苗氏說文四種　（清）苗夔撰　清道光、咸豐
壽陽祁氏漢專亭刻本　六冊

430000－2401－0003363　192.2/81(3)

苗氏說文四種　（清）苗夔撰　清道光、咸豐
壽陽祁氏漢專亭刻本　四冊

430000－2401－0003364　192.2/75－2

說文聲讀表七卷　（清）苗夔撰　清同治、光
緒福山王氏刻天壤閣叢書本　二冊

430000－2401－0003365　192.2/75－2(1)

說文聲讀表七卷　（清）苗夔撰　清同治、光
緒福山王氏刻天壤閣叢書本　二冊

430000－2401－0003366　192.2/75－2(2)

說文聲讀表七卷　（清）苗夔撰　清同治、光

緒福山王氏刻天壤閣叢書本　二冊

430000－2401－0003367　192.2/34

說文引經考異十六卷　（清）柳榮宗撰　清咸
豐二年(1852)刻本　同治六年補跋　四冊

430000－2401－0003368　192.2/34(1)

說文引經考異十六卷　（清）柳榮宗撰　清咸
豐二年(1852)刻本　同治六年補跋　四冊

430000－2401－0003369　192.2/34(2)

說文引經考異十六卷　（清）柳榮宗撰　清咸
豐二年(1852)刻本　同治六年補跋　二冊

430000－2401－0003370　△193.3/17

汲古閣說文訂一卷　（清）段玉裁撰　清鈔本
　一冊

430000－2401－0003371　192.2/6

汲古閣說文訂一卷　（清）段玉裁撰　清同治
十一年(1872)湖北崇文書局重印本　一冊

430000－2401－0003372　192.2/6(1)

汲古閣說文訂一卷　（清）段玉裁撰　清同治
十一年(1872)湖北崇文書局重印本　一冊

430000－2401－0003373　192.2/6(2)

汲古閣說文訂一卷　（清）段玉裁撰　清同治
十一年(1872)湖北崇文書局重印本　一冊

430000－2401－0003374　△193.3/71

說文解字註三十卷六書音韻表五卷　（清）段
玉裁撰　**說文部目分韻一卷**　（清）陳煥撰
清乾隆、嘉慶段氏經韻樓刻本　徐松批校圈
點題識　十六冊

430000－2401－0003375　△193.3/71(1)

說文解字註三十卷六書音韻表五卷　（清）段
玉裁撰　**說文部目分韻一卷**　（清）陳煥撰
清乾隆、嘉慶段氏經韻樓刻本　何紹基、曹稼
生、葉德輝、葉啟勳題識批校　十六冊

430000－2401－0003376　△193.3/71(2)

說文解字註三十卷六書音韻表五卷　（清）段
玉裁撰　**說文部目分韻一卷**　（清）陳煥撰
清乾隆、嘉慶段氏經韻樓刻本　十六冊

430000－2401－0003377　192.2/112－3

說文解字註三十卷六書音韻表五卷　（清）段
玉裁撰　清嘉慶二十年(1815)刻本　二十冊

430000－2401－0003378　192.2/112－3(1)
說文解字註三十卷六書音韻表五卷　（清）段
玉裁撰　清嘉慶二十年(1815)刻本　十六冊

430000－2401－0003379　192.2/112－3(2)
說文解字註三十卷六書音韻表五卷　（清）段
玉裁撰　清嘉慶二十年（1815）刻本　二十
四冊

430000－2401－0003380　192.2/112－3(3)
說文解字註三十卷六書音韻表五卷　（清）段
玉裁撰　清嘉慶二十年（1815）刻本　四冊
存十五卷(一至十五)

430000－2401－0003381　192.2/112－3(4)
說文解字註三十卷六書音韻表五卷　（清）段
玉裁撰　清嘉慶二十年（1815）刻本　十五冊

430000－2401－0003382　192.2/112－3(5)
說文解字註三十卷六書音韻表五卷　（清）段
玉裁撰　清嘉慶二十年（1815）刻本　二十九
冊　缺六卷(十三至十八)

430000－2401－0003383　192.2/112－4
說文解字註三十卷六書音韻表五卷　（清）段
玉裁撰　清同治六年(1867)蘇州保息局補刻
本　十六冊

430000－2401－0003384　192.2/112－4(1)
說文解字註三十卷六書音韻表五卷　（清）段
玉裁撰　清同治六年(1867)蘇州保息局補刻
本　十六冊

430000－2401－0003385　192.2/112－4(2)
說文解字註三十卷六書音韻表五卷　（清）段
玉裁撰　清同治六年(1867)蘇州保息局補刻
本　二十四冊

430000－2401－0003386　192.2/112－4(3)
說文解字註三十卷六書音韻表五卷　（清）段
玉裁撰　清同治六年(1867)蘇州保息局補刻
本　十六冊

430000－2401－0003387　192.2/112

說文解字註三十卷六書音韻表五卷汲古閣說
文訂一卷　（清）段玉裁撰　清同治十一年
(1872)湖北崇文書局刻本　十八冊

430000－2401－0003388　192.2/112(1)
說文解字註三十卷六書音韻表五卷汲古閣說
文訂一卷　（清）段玉裁撰　清同治十一年
(1872)湖北崇文書局刻本　十八冊

430000－2401－0003389　192.2/112(2)
說文解字註三十卷六書音韻表五卷汲古閣說
文訂一卷　（清）段玉裁撰　清同治十一年
(1872)湖北崇文書局刻本　十八冊

430000－2401－0003390　192.2/112(3)
說文解字註三十卷六書音韻表五卷汲古閣說
文訂一卷　（清）段玉裁撰　清同治十一年
(1872)湖北崇文書局刻本　十八冊

430000－2401－0003391　△193.3/84
說文解字註三十卷　（清）段玉裁撰　清光緒
元年(1875)湖北崇文書局刻本　張舜徽批校
　十五冊

430000－2401－0003392　192.2/112－7
說文解字註三十卷六書音韻表五卷　（清）段
玉裁撰　清光緒三年(1877)成都尊經書院刻
本　十六冊

430000－2401－0003393　192.2/112－7(1)
說文解字註三十卷六書音韻表五卷　（清）段
玉裁撰　清光緒三年(1877)成都尊經書院刻
本　十五冊　缺五卷(六書音韻表五卷)

430000－2401－0003394　192.2/112－6
說文解字註三十卷六書音韻表五卷　（清）段
玉裁撰　清光緒十二年(1886)上海點石齋石
印本　八冊

430000－2401－0003395　192.2/113
說文解字註三十卷六書音韻表五卷　（清）段
玉裁撰　清光緒十四年(1888)上海蜚英館石
印本　八冊

430000－2401－0003396　192.2/113(1)
說文解字註三十卷六書音韻表五卷　（清）段

玉裁撰　清光緒十四年(1888)上海蜚英館石印本　八冊

430000－2401－0003397　192.2/113－5

說文解字註三十卷六書音韻表五卷　(清)段玉裁撰　清光緒十四年(1888)上海蜚英館石印本　八冊

430000－2401－0003398　192.2/113－4

說文解字註三十卷六書音韻表五卷　(清)段玉裁撰　清光緒三十四年(1908)上海江左書林石印本　八冊

430000－2401－0003399　192.2/113－3

說文解字註三十卷六書音韻表五卷　(清)段玉裁撰　清宣統二年(1910)上海江左書林石印本　八冊

430000－2401－0003400　192.2/113－3(1)

說文解字註三十卷六書音韻表五卷　(清)段玉裁撰　清宣統二年(1910)上海江左書林石印本　八冊

430000－2401－0003401　△193.3/38

說文校議十五卷　(清)姚文田　(清)嚴可均撰　清嘉慶二十三年(1818)冶城山館刻本莫友芝題識　二冊

430000－2401－0003402　192.2/53

說文校議十五卷　(清)姚文田　(清)嚴可均撰　清同治十三年(1874)歸安姚氏刻本　六冊

430000－2401－0003403　192.2/53(1)

說文校議十五卷　(清)姚文田　(清)嚴可均撰　清同治十三年(1874)歸安姚氏刻本六冊

430000－2401－0003404　192.2/53(2)

說文校議十五卷　(清)姚文田　(清)嚴可均撰　清同治十三年(1874)歸安姚氏刻本四冊

430000－2401－0003405　192.2/53(3)

說文校議十五卷　(清)姚文田　(清)嚴可均撰　清同治十三年(1874)歸安姚氏刻本五冊

430000－2401－0003406　192.2/77

說文聲系十四卷　(清)姚文田撰　清嘉慶九年(1804)粵東督學使署刻本　二冊

430000－2401－0003407　192.2/77(1)

說文聲系十四卷　(清)姚文田撰　清嘉慶九年(1804)粵東督學使署刻本　二冊

430000－2401－0003408　192.2/77(2)

說文聲系十四卷　(清)姚文田撰　清嘉慶九年(1804)粵東督學使署刻本　一冊

430000－2401－0003409　192.2/77(3)

說文聲系十四卷　(清)姚文田撰　清嘉慶九年(1804)粵東督學使署刻本　一冊

430000－2401－0003410　192.2/92

說文段註撰要九卷　(清)馬壽齡撰　清光緒九年(1883)金陵胡氏愚園刻本　四冊

430000－2401－0003411　△193.3/48

說文解字義證五十卷　(清)桂馥撰　清道光三十至咸豐二年(1850－1852)楊墨林刻連筠簃叢書本　何紹基題寫書根、書簽　葉德輝題識　十六冊

430000－2401－0003412　192.2/125－2

說文解字義證五十卷　(清)桂馥撰　清同治九年(1870)湖北崇文書局刻本　三十二冊

430000－2401－0003413　192.2/125－2(1)

說文解字義證五十卷　(清)桂馥撰　清同治九年(1870)湖北崇文書局刻本　二十五冊

430000－2401－0003414　192.2/125－2(2)

說文解字義證五十卷　(清)桂馥撰　清同治九年(1870)湖北崇文書局刻本　三十二冊

430000－2401－0003415　△193.3/46

說文解字註匡謬不分卷　(清)徐承慶撰　清鈔本　葉啓勳題跋　四冊

430000－2401－0003416　192.2/119

說文解字註匡謬八卷　(清)徐承慶撰　蘇州振新社重印清光緒九年(1883)歸安姚氏刻咫進齋叢書本　四冊

430000－2401－0003417　192.2/82

說文分畫易知錄一卷說文分韻易知錄十卷
（清）許巽行撰　清光緒五年(1879)杭州任有
容齋刻本　十冊

430000－2401－0003418　192.2/82(1)
說文分畫易知錄一卷說文分韻易知錄十卷
（清）許巽行撰　清光緒五年(1879)杭州任有
容齋刻本　十冊

430000－2401－0003419　192.2/82(2)
說文分畫易知錄一卷說文分韻易知錄十卷
（清）許巽行撰　清光緒五年(1879)杭州任有
容齋刻本　十冊

430000－2401－0003420　192.2/143
讀說文雜識一卷　（清）許棫撰　清光緒七年
(1881)刻本　十一冊

430000－2401－0003421　192.2/143(1)
讀說文雜識一卷　（清）許棫撰　清光緒七年
(1881)刻本　十一冊

430000－2401－0003422　192.2/143(2)
讀說文雜識一卷　（清）許棫撰　清光緒七年
(1881)刻本　十一冊

430000－2401－0003423　192.2/88
說文徐氏未詳說一卷　（清）許溎祥輯　清光
緒十六年(1890)海寧許氏古均閣刻本　一冊

430000－2401－0003424　192.2/1
說文字通十四卷說文經典異字說一卷　（清）
高翔麟撰　清道光十八年(1838)吳青霞齋局
刻本　五冊

430000－2401－0003425　192.2/1(1)
說文字通十四卷說文經典異字說一卷　（清）
高翔麟撰　清道光十八年(1838)吳青霞齋局
刻本　六冊

430000－2401－0003426　△193.3/50
說文經字正誼二卷　（清）郭慶藩撰　稿本
一冊　存一卷（上）

430000－2401－0003427　192.2/97
說文經字正誼二卷　（清）郭慶藩撰　清光緒
二十年(1894)湘陰郭氏揚州刻本　二冊

430000－2401－0003428　192.2/97(1)
說文經字正誼二卷　（清）郭慶藩撰　清光緒
二十年(1894)湘陰郭氏揚州刻本　二冊

430000－2401－0003429　192.2/97(2)
說文經字正誼二卷　（清）郭慶藩撰　清光緒
二十年(1894)湘陰郭氏揚州刻本　二冊

430000－2401－0003430　192.2/97(3)
說文經字正誼二卷　（清）郭慶藩撰　清光緒
二十年(1894)湘陰郭氏揚州刻本　二冊

430000－2401－0003431　192.2/97(4)
說文經字正誼二卷　（清）郭慶藩撰　清光緒
二十年(1894)湘陰郭氏揚州刻本　二冊

430000－2401－0003432　192.2/97(5)
說文經字正誼二卷　（清）郭慶藩撰　清光緒
二十年(1894)湘陰郭氏揚州刻本　二冊

430000－2401－0003433　△193.3/54
說文經字考辨證四卷　（清）郭慶藩撰　清稿
本　二冊　存二卷（一、四）

430000－2401－0003434　192.2/94
說文經字考辨證四卷　（清）郭慶藩撰　清光
緒二十一年(1895)郭氏岵瞻堂維揚刻本
二冊

430000－2401－0003435　192.2/94(1)
說文經字考辨證四卷　（清）郭慶藩撰　清光
緒二十一年(1895)郭氏岵瞻堂維揚刻本
二冊

430000－2401－0003436　192.2/94(2)
說文經字考辨證四卷　（清）郭慶藩撰　清光
緒二十一年(1895)郭氏岵瞻堂維揚刻本
二冊

430000－2401－0003437　192.2/94(3)
說文經字考辨證四卷　（清）郭慶藩撰　清光
緒二十一年(1895)郭氏岵瞻堂維揚刻本
二冊

430000－2401－0003438　192.2/94(4)
說文經字考辨證四卷　（清）郭慶藩撰　清光
緒二十一年(1895)郭氏岵瞻堂維揚刻本　二冊

430000－2401－0003439　192.2/128
唐寫本說文解字木部箋異一卷　（清）莫友芝撰　清同治二年(1863)刻本　五冊

430000－2401－0003440　192.2/128(1)
唐寫本說文解字木部箋異一卷　（清）莫友芝撰　清同治二年(1863)刻本　五冊

430000－2401－0003441　192.2/128(2)
唐寫本說文解字木部箋異一卷　（清）莫友芝撰　清同治二年(1863)刻本　五冊

430000－2401－0003442　192.2/128(3)
唐寫本說文解字木部箋異一卷　（清）莫友芝撰　清同治二年(1863)刻本　五冊

430000－2401－0003443　192.2/128(4)
唐寫本說文解字木部箋異一卷　（清）莫友芝撰　清同治二年(1863)刻本　五冊

430000－2401－0003444　192.2/128(5)
唐寫本說文解字木部箋異一卷　（清）莫友芝撰　清同治二年(1863)刻本　五冊

430000－2401－0003445　192.2/14
說文部首韻語一卷　（清）黃壽鳳編　（清）顧恩來書　清同治十一年(1872)湖州賴春士校刻本　一冊

430000－2401－0003446　192.2/60－2
說文提要一卷　（清）陳建侯撰　清同治十二年(1873)湖北崇文書局刻本　一冊

430000－2401－0003447　192.2/60－2(1)
說文提要一卷　（清）陳建侯撰　清同治十二年(1873)湖北崇文書局刻本　一冊

430000－2401－0003448　192.2/60－2(2)
說文提要一卷　（清）陳建侯撰　清同治十二年(1873)湖北崇文書局刻本　一冊

430000－2401－0003449　192.2/60－2(3)
說文提要一卷　（清）陳建侯撰　清同治十二年(1873)湖北崇文書局刻本　一冊

430000－2401－0003450　192.2/60
說文提要一卷　（清）陳建侯撰　清光緒元年(1875)湖北崇文書局刻本　一冊

430000－2401－0003451　192.2/60(1)
說文提要一卷　（清）陳建侯撰　清光緒元年(1875)湖北崇文書局刻本　一冊

430000－2401－0003452　192.2/60－3
說文提要一卷　（清）陳建侯撰　清光緒七年(1881)瀹雅齋刻本　一冊

430000－2401－0003453　192.2/35
說文引經考證八卷　（清）陳瑑撰　清同治十三年(1874)湖北崇文書局刻本　二冊

430000－2401－0003454　192.2/35(1)
說文引經考證八卷　（清）陳瑑撰　清同治十三年(1874)湖北崇文書局刻本　二冊

430000－2401－0003455　192.2/35(2)
說文引經考證八卷　（清）陳瑑撰　清同治十三年(1874)湖北崇文書局刻本　二冊

430000－2401－0003456　192.2/35(3)
說文引經考證八卷　（清）陳瑑撰　清同治十三年(1874)湖北崇文書局刻本　二冊

430000－2401－0003457　192.2/107
說文偏旁一卷　（清）張之洞撰　清光緒七年(1881)四川江津秘書堂刻本　一冊

430000－2401－0003458　192.2/50
說文楬原二卷　（清）張行孚撰　清光緒十一年(1885)維揚識川居刻本　二冊

430000－2401－0003459　192.2/50－2
說文楬原二卷　（清）張行孚撰　清光緒十一年(1885)揚州刻本　二冊

430000－2401－0003460　192.2/50－2(1)
說文楬原二卷　（清）張行孚撰　清光緒十一年(1885)揚州刻本　二冊

430000－2401－0003461　192.2/50－2(2)
說文楬原二卷　（清）張行孚撰　清光緒十一年(1885)揚州刻本　二冊

430000－2401－0003462　192.2/50－2(3)
說文楬原二卷　（清）張行孚撰　清光緒十一年(1885)揚州刻本　一冊

430000－2401－0003463　192.2/61

說文發疑六卷　（清）張行孚撰　清光緒九年
(1883)邗上寓廬刻本　二冊

430000－2401－0003464　192.2/61(1)

說文發疑六卷　（清）張行孚撰　清光緒九年
(1883)邗上寓廬刻本　二冊

430000－2401－0003465　192.2/61(2)

說文發疑六卷　（清）張行孚撰　清光緒九年
(1883)邗上寓廬刻本　二冊

430000－2401－0003466　192.2/61(3)

說文發疑六卷　（清）張行孚撰　清光緒九年
(1883)邗上寓廬刻本　二冊

430000－2401－0003467　192.2/61－2

說文發疑六卷　（清）張行孚撰　清澹雅書局
刻本　三冊

430000－2401－0003468　192.2/28

說文審音十六卷校記一卷　（清）張行孚撰
清光緒二十四年(1898)漸西村舍刻本　四冊

430000－2401－0003469　192.2/28(1)

說文審音十六卷校記一卷　（清）張行孚撰
清光緒二十四年(1898)漸西村舍刻本　四冊

430000－2401－0003470　192.2/124

說文解字補遺一卷　（清）張祖同撰　稿本
一冊

430000－2401－0003471　192.2/86

說文佚字考四卷　（清）張鳴珂撰　清光緒十
三年(1887)豫章刻本　一冊

430000－2401－0003472　192.2/86(1)

說文佚字考四卷　（清）張鳴珂撰　清光緒十
三年(1887)豫章刻本　一冊

430000－2401－0003473　192.2/308

說文解字舊音一卷　（清）畢沅輯　清御風樓
刻本　一冊

430000－2401－0003474　192.2/5－2

段氏說文註訂八卷　（清）鈕樹玉撰　清同治
五年(1866)碧螺山館補刻本　二冊

430000－2401－0003475　192.2/5－2(1)

段氏說文註訂八卷　（清）鈕樹玉撰　清同治
五年(1866)碧螺山館補刻本　二冊

430000－2401－0003476　192.2/5－2(2)

段氏說文註訂八卷　（清）鈕樹玉撰　清同治
五年(1866)碧螺山館補刻本　二冊

430000－2401－0003477　192.2/5－2(3)

段氏說文註訂八卷　（清）鈕樹玉撰　清同治
五年(1866)碧螺山館補刻本　二冊

430000－2401－0003478　192.2/5

段氏說文註訂八卷　（清）鈕樹玉撰　清同治
十三年(1874)湖北崇文書局刻本　二冊

430000－2401－0003479　192.2/5(1)

段氏說文註訂八卷　（清）鈕樹玉撰　清同治
十三年(1874)湖北崇文書局刻本　二冊

430000－2401－0003480　192.2/5(2)

段氏說文註訂八卷　（清）鈕樹玉撰　清同治
十三年(1874)湖北崇文書局刻本　二冊

430000－2401－0003481　192.2/19

說文新附考六卷續考一卷　（清）鈕樹玉撰
清同治七年(1868)碧螺山館補刻本　二冊

430000－2401－0003482　192.2/19(1)

說文新附考六卷續考一卷　（清）鈕樹玉撰
清同治七年(1868)碧螺山館補刻本　一冊

430000－2401－0003483　192.2/19(2)

說文新附考六卷續考一卷　（清）鈕樹玉撰
清同治七年(1868)碧螺山館補刻本　一冊

430000－2401－0003484　192.2/19(3)

說文新附考六卷續考一卷　（清）鈕樹玉撰
清同治七年(1868)碧螺山館補刻本　二冊

430000－2401－0003485　192.2/19(4)

說文新附考六卷續考一卷　（清）鈕樹玉撰
清同治七年(1868)碧螺山館補刻本　二冊

430000－2401－0003486　192.2/19(5)

說文新附考六卷續考一卷　（清）鈕樹玉撰
清同治七年(1868)碧螺山館補刻本　二冊

430000－2401－0003487　192.2/19(6)

說文新附考六卷續考一卷　（清）鈕樹玉撰
清同治七年(1868)碧螺山館補刻本　二冊

430000－2401－0003488　192.2/19－2

說文新附考六卷續考一卷　（清）鈕樹玉撰
清同治十三年(1874)湖北崇文書局刻本
二冊

430000－2401－0003489　192.2/19－2(1)

說文新附考六卷續考一卷　（清）鈕樹玉撰
清同治十三年(1874)湖北崇文書局刻本
二冊

430000－2401－0003490　192.2/19－2(2)

說文新附考六卷續考一卷　（清）鈕樹玉撰
清同治十三年(1874)湖北崇文書局刻本
二冊

430000－2401－0003491　192.2/19－2(3)

說文新附考六卷續考一卷　（清）鈕樹玉撰
清同治十三年(1874)湖北崇文書局刻本
二冊

430000－2401－0003492　192.2/133

說文解字校錄十五卷　（清）鈕樹玉撰　清光
緒十一年(1885)江蘇書局刻本　十二冊

430000－2401－0003493　192.2/133(1)

說文解字校錄十五卷　（清）鈕樹玉撰　清光
緒十一年(1885)江蘇書局刻本　十四冊

430000－2401－0003494　192.2/133(2)

說文解字校錄十五卷　（清）鈕樹玉撰　清光
緒十一年(1885)江蘇書局刻本　十四冊

430000－2401－0003495　192.2/36－2

說文引經例辨三卷　（清）雷浚撰　清光緒八
年(1882)刻本　一冊

430000－2401－0003496　192.2/83

說文外編十六卷　（清）雷浚撰　清光緒二年
(1876)刻本　四冊

430000－2401－0003497　192.2/83(1)

說文外編十六卷　（清）雷浚撰　清光緒二年
(1876)刻本　四冊

430000－2401－0003498　192.2/83(2)

說文外編十六卷　（清）雷浚撰　清光緒二年
(1876)刻本　五冊

430000－2401－0003499　192.2/83(3)

說文外編十六卷　（清）雷浚撰　清光緒二年
(1876)刻本　五冊

430000－2401－0003500　192.2/24

說文凝錦錄一卷　（清）萬光泰撰　清嘉慶二
年(1797)刻本　一冊

430000－2401－0003501　192.2/24(1)

說文凝錦錄一卷　（清）萬光泰撰　清嘉慶二
年(1797)刻本　一冊

430000－2401－0003502　192.2/24(2)

說文凝錦錄一卷　（清）萬光泰撰　清嘉慶二
年(1797)刻本　一冊

430000－2401－0003503　192.2/93

說文經斠十三卷補遺一卷說文正俗一卷
（清）楊廷瑞撰　清光緒十七年(1891)善化楊
氏澄園刻澄園叢書本　二冊

430000－2401－0003504　192.2/51

說文本經答問二卷　（清）鄭知同撰　清光緒
十六年(1890)廣雅書局刻本　一冊

430000－2401－0003505　192.2/51(1)

說文本經答問二卷　（清）鄭知同撰　清光緒
十六年(1890)廣雅書局刻本　一冊

430000－2401－0003506　192.2/51(2)

說文本經答問二卷　（清）鄭知同撰　清光緒
十六年(1890)廣雅書局刻本　一冊

430000－2401－0003507　192.2/51(3)

說文本經答問二卷　（清）鄭知同撰　清光緒
十六年(1890)廣雅書局刻本　一冊

430000－2401－0003508　192.2/17

說文新附考六卷說文逸字考二卷　（清）鄭珍
撰　清光緒七年(1881)刻本　六冊

430000－2401－0003509　192.2/84－3

說文逸字二卷　（清）鄭珍撰　清咸豐八年
(1858)望山堂刻本　一冊

430000 – 2401 – 0003510　192.2/84 – 2
說文逸字二卷　（清）鄭珍撰　清光緒八年（1882）成都御風樓刻本　二冊

430000 – 2401 – 0003511　192.2/84 – 4
說文逸字二卷　（清）鄭珍撰　清光緒福山王氏刻天壤閣叢書本　一冊

430000 – 2401 – 0003512　192.2/84 – 4（1）
說文逸字二卷　（清）鄭珍撰　清光緒福山王氏刻天壤閣叢書本　一冊

430000 – 2401 – 0003513　192.2/84 – 4（2）
說文逸字二卷　（清）鄭珍撰　清光緒福山王氏刻天壤閣叢書本　一冊

430000 – 2401 – 0003514　192.2/84
說文逸字二卷　（清）鄭珍撰　清湖南經濟書局刻本　二冊

430000 – 2401 – 0003515　192.2/84（1）
說文逸字二卷　（清）鄭珍撰　清湖南經濟書局刻本　二冊

430000 – 2401 – 0003516　192.2/84（2）
說文逸字二卷　（清）鄭珍撰　清湖南經濟書局刻本　二冊

430000 – 2401 – 0003517　192.2/84（3）
說文逸字二卷　（清）鄭珍撰　清湖南經濟書局刻本　二冊

430000 – 2401 – 0003518　△193.3/55
說文字原集註十六卷說文字原表一卷說文字原表說一卷　（清）蔣和撰　清乾隆五十三年（1788）刻本　六冊

430000 – 2401 – 0003519　192.2/136
許氏說文解字雙聲疊韻譜一卷　（清）鄧廷楨撰　清道光十九年（1839）刻本　一冊

430000 – 2401 – 0003520　192.2/136 – 2
許氏說文解字雙聲疊韻譜一卷　（清）鄧廷楨撰　清知足齋校刻本　一冊

430000 – 2401 – 0003521　192.2/136 – 3
許氏說文解字雙聲疊韻譜一卷　（清）鄧廷楨撰　清光緒七年（1881）後知不足齋校刻本　一冊

430000 – 2401 – 0003522　192.2/136 – 4
許氏說文解字雙聲疊韻譜一卷　（清）鄧廷楨撰　清光緒九年（1883）同文書局刻本　一冊

430000 – 2401 – 0003523　192.2/65 – 2
說文通檢十四卷首一卷末一卷　（清）黎永椿編　清同治十二年（1873）粵東省城富文齋刻本　二冊

430000 – 2401 – 0003524　192.2/65 – 4
說文通檢十四卷首一卷末一卷　（清）黎永椿編　清光緒元年（1875）湖北崇文書局刻本　二冊

430000 – 2401 – 0003525　192.2/65 – 4（1）
說文通檢十四卷首一卷末一卷　（清）黎永椿編　清光緒元年（1875）湖北崇文書局刻本　二冊

430000 – 2401 – 0003526　192.2/65 – 5
說文通檢十四卷首一卷末一卷　（清）黎永椿編　清光緒二年（1876）湖北崇文書局刻本　二冊

430000 – 2401 – 0003527　192.2/65 – 5（1）
說文通檢十四卷首一卷末一卷　（清）黎永椿編　清光緒二年（1876）湖北崇文書局刻本　二冊

430000 – 2401 – 0003528　192.2/65 – 5（2）
說文通檢十四卷首一卷末一卷　（清）黎永椿編　清光緒二年（1876）湖北崇文書局刻本　二冊

430000 – 2401 – 0003529　192.2/65 – 5（3）
說文通檢十四卷首一卷末一卷　（清）黎永椿編　清光緒二年（1876）湖北崇文書局刻本　二冊

430000 – 2401 – 0003530　192.2/65 – 3
說文通檢十四卷首一卷末一卷　（清）黎永椿編　清光緒二年（1876）文昌書局刻本　二冊

430000 – 2401 – 0003531　192.2/65 – 3（1）
說文通檢十四卷首一卷末一卷　（清）黎永椿編　清光緒二年（1876）文昌書局刻本　二冊

430000－2401－0003532　192.2/65－3（2）

說文通檢十四卷首一卷末一卷　（清）黎永椿
編　清光緒二年（1876）文昌書局刻本　二冊

430000－2401－0003533　192.2/65－6

說文通檢十四卷首一卷末一卷　（清）黎永椿
編　清光緒四年（1878）宏達堂刻宏達堂叢書
本　四冊

430000－2401－0003534　192.2/103

說文雙聲二卷　（清）劉熙載　（清）陳宗彝輯
　清光緒四年（1878）刻本　一冊

430000－2401－0003535　192.2/103（1）

說文雙聲二卷　（清）劉熙載　（清）陳宗彝輯
　清光緒四年（1878）刻本　一冊

430000－2401－0003536　192.2/9

說文部首讀本十四卷　（清）嘯雲主人編　清
武昌嘯雲書局刻本　一冊

430000－2401－0003537　192.2/9（1）

說文部首讀本十四卷　（清）嘯雲主人編　清
武昌嘯雲書局刻本　一冊

430000－2401－0003538　192.2/9（2）

說文部首讀本十四卷　（清）嘯雲主人編　清
武昌嘯雲書局刻本　一冊

430000－2401－0003539　192.2/9（3）

說文部首讀本十四卷　（清）嘯雲主人編　清
武昌嘯雲書局刻本　一冊

430000－2401－0003540　192.2/9（4）

說文部首讀本十四卷　（清）嘯雲主人編　清
武昌嘯雲書局刻本　一冊

430000－2401－0003541　192.2/134

說文解字斠詮十四卷　（清）錢坫撰　清嘉慶
十二年（1807）吉金樂石齋刻本　十四冊

430000－2401－0003542　192.2/134－2

說文解字斠詮十四卷　（清）錢坫撰　清光緒
九年（1883）淮南書局刻本　六冊

430000－2401－0003543　192.2/55－2

說文答問疏證六卷　（清）薛傳均撰　清道光
八年（1828）刻本　一冊

430000－2401－0003544　192.2/55－2（1）

說文答問疏證六卷　（清）薛傳均撰　清道光
八年（1828）刻本　一冊

430000－2401－0003545　192.2/55

說文答問疏證六卷　（清）薛傳均撰　清光緒
九年（1883）歸安姚氏刻咫進齋叢書本　一冊

430000－2401－0003546　192.2/55－4

說文答問疏證六卷　（清）薛傳均撰　清光緒
十年（1884）金峨山館刻本　一冊

430000－2401－0003547　192.2/76

說文聲類　（清）嚴可均撰　清嘉慶七年
（1802）刻四錄堂集本　一冊

430000－2401－0003548　192.2/76（1）

說文聲類　（清）嚴可均撰　清嘉慶七年
（1802）刻四錄堂集本　一冊

430000－2401－0003549　192.2/12

說文部目便讀一卷　（清）羅鎮嵩撰　清光緒
三十二年（1906）湘鄉羅氏家塾重刻本　一冊

430000－2401－0003550　192.2/12－2

說文部目便讀一卷　（清）羅鎮嵩撰　清光緒
湖南學務處校刻本　一冊

430000－2401－0003551　△193.3/37

說文部次便覽一卷　（清）顧元熙撰　清嘉慶
二十一年（1816）稿本　一冊

430000－2401－0003552　192.2/23－2

說文辨疑一卷　（清）顧廣圻撰　清同治十三
年（1874）蘇州謝文翰刻本　一冊

430000－2401－0003553　△193.3/74

湘綺先生校補許氏說文古籀釋　王闓運撰
清光緒稿本　二冊

430000－2401－0003554　△193.3/53

**說文辨似不分卷續編不分卷音義摘要不分卷
續編不分卷**　清鈔本　十冊

430000－2401－0003555　△193.3/51

說文經字正誼不分卷　清鈔本　三冊

430000－2401－0003556　192.2/265－4

六書正譌五卷　（元）周伯琦編註　明崇禎胡
正言十竹齋刻本　四冊

430000－2401－0003557　△193.3/8

六書正譌五卷　（元）周伯琦編註　明刻本
一冊　存三卷（一至三）

430000－2401－0003558　192.2/265

六書正譌五卷　（元）周伯琦編註　清咸豐五
年（1855）刻本　三冊

430000－2401－0003559　192.2/265－2

六書正譌五卷　（元）周伯琦編註　清同治五
年（1866）刻本　三冊

430000－2401－0003560　192.2/265－2（1）

六書正譌五卷　（元）周伯琦編註　清同治五
年（1866）刻本　四冊

430000－2401－0003561　192.2/265－2（2）

六書正譌五卷　（元）周伯琦編註　清同治五
年（1866）刻本　三冊

430000－2401－0003562　192.2/265－2（1）

六書正譌五卷　（元）周伯琦編註　清同治五
年（1866）刻本　三冊

430000－2401－0003563　192.2/265－3

六書正譌五卷　（元）周伯琦編註　清刻本
二冊

430000－2401－0003564　192.2/265－3（1）

六書正譌五卷　（元）周伯琦編註　清刻本
二冊

430000－2401－0003565　192.2/265－3（2）

六書正譌五卷　（元）周伯琦編註　清刻本
二冊

430000－2401－0003566　192.2/265－3（3）

六書正譌五卷　（元）周伯琦編註　清刻本
二冊

430000－2401－0003567　192.2/265－3（4）

六書正譌五卷　（元）周伯琦編註　清刻本
二冊

430000－2401－0003568　△193.3/9

六書故三十三卷六書通釋一卷　（元）戴侗撰
明刻本　二十二冊

430000－2401－0003569　192.2/268

六書故三十三卷六書通釋一卷　（元）戴侗撰
（清）李鼎元校　清乾隆四十九年（1784）刻
本　十六冊

430000－2401－0003570　192.2/268（1）

六書故三十三卷六書通釋一卷　（元）戴侗撰
（清）李鼎元校　清乾隆四十九年（1784）刻
本　二十冊

430000－2401－0003571　△193.3/10

六書通十卷　（明）閔齊伋撰　（清）畢弘述篆
訂　清康熙刻本　五冊

430000－2401－0003572　192.2/294

六書通十卷　（明）閔齊伋撰　（清）畢弘述篆訂
清康熙五十九年（1720）基閣堂刻本　六冊

430000－2401－0003573　192.2/294（1）

六書通十卷　（明）閔齊伋撰　（清）畢弘述篆
訂　清康熙五十九年（1720）基閣堂刻本
六冊

430000－2401－0003574　192.2/294（2）

六書通十卷　（明）閔齊伋撰　（清）畢弘述篆
訂　清康熙五十九年（1720）基閣堂刻本　三
冊　存四卷（一、四、七至八）

430000－2401－0003575　192.2/294－2

六書通十卷　（明）閔齊伋撰　（清）畢弘述篆
訂　清乾隆六十年（1795）刻本　六冊

430000－2401－0003576　192.2/294－2（1）

六書通十卷　（明）閔齊伋撰　（清）畢弘述篆
訂　清乾隆六十年（1795）刻本　六冊

430000－2401－0003577　192.2/294－2（2）

六書通十卷　（明）閔齊伋撰　（清）畢弘述篆
訂　清乾隆六十年（1795）刻本　六冊

430000－2401－0003578　192.2/294－2（3）

六書通十卷　（明）閔齊伋撰　（清）畢弘述篆
訂　清乾隆六十年（1795）刻本　六冊

430000－2401－0003579　192.2/294－2（4）

六書通十卷 （明）閔齊伋撰 （清）畢弘述篆
訂 清乾隆六十年(1795)刻本 十冊

430000－2401－0003580 192.2/294－2(5)
六書通十卷 （明）閔齊伋撰 （清）畢弘述篆
訂 清乾隆六十年(1795)刻本 五冊

430000－2401－0003581 192.2/294－2(6)
六書通十卷 （明）閔齊伋撰 （清）畢弘述篆
訂 清乾隆六十年(1795)刻本 十冊

430000－2401－0003582 192.2/294－3
六書通十卷 （明）閔齊伋撰 （清）畢弘述篆
訂 清光緒四年(1878)繡谷留耕堂刻本
六冊

430000－2401－0003583 192.2/294－3(1)
六書通十卷 （明）閔齊伋撰 （清）畢弘述篆
訂 清光緒四年(1878)繡谷留耕堂刻本
五冊

430000－2401－0003584 192.2/294－3(2)
六書通十卷 （明）閔齊伋撰 （清）畢弘述篆
訂 清光緒四年(1878)繡谷留耕堂刻本
六冊

430000－2401－0003585 192.2/294－4
六書通十卷 （明）閔齊伋撰 （清）畢弘述篆
訂 清光緒八年(1882)刻本 十冊

430000－2401－0003586 192.2/294－6
六書通十卷 （明）閔齊伋撰 （清）畢弘述篆
訂 清光緒十四年(1888)上海大同書局石印
本 十二冊

430000－2401－0003587 192.2/294－7
六書通十卷 （明）閔齊伋撰 （清）畢弘述篆
訂 清光緒十九年(1893)上海書局石印本
五冊

430000－2401－0003588 △193.3/10－2
六書通十卷 （明）閔齊伋撰 （清）畢弘述篆
訂 清刻本 二冊 存四卷(七至十)

430000－2401－0003589 192.2/294－5
六書通十卷 （明）閔齊伋撰 （清）畢弘述篆
訂 清刻本 五冊

430000－2401－0003590 192.2/294－5(1)
六書通十卷 （明）閔齊伋撰 （清）畢弘述篆
訂 清刻本 四冊

430000－2401－0003591 192.2/294－5(2)
六書通十卷 （明）閔齊伋撰 （清）畢弘述篆
訂 清刻本 十冊

430000－2401－0003592 △193.3/12
六書精蘊六卷 （明）魏校撰 **音釋舉要一卷**
 （明）徐官撰 明嘉靖十九年(1540)魏希明
刻本 六冊

430000－2401－0003593 192.2/278
六書精蘊六卷 （明）魏校撰 明嘉靖刻本
二冊 存二卷(一至二)

430000－2401－0003594 192.2/275
六書說一卷 （清）江聲撰 清光緒四年
(1878)宏達堂刻宏達堂叢書本 一冊

430000－2401－0003595 192.2/275－2
六書說一卷 （清）江聲撰 清光緒十五年
(1889)蔣氏求實齋刻本 一冊

430000－2401－0003596 192.2/275－2(1)
六書說一卷 （清）江聲撰 清光緒十五年
(1889)蔣氏求實齋刻本 一冊

430000－2401－0003597 192.2/274
六書糠秕三卷 （清）沈道寬撰 清光緒三年
(1877)江南潤州榷廨刻話山草堂雜著本
一冊

430000－2401－0003598 192.2/277
六書類纂八卷讀篆臆存雜說一卷字學尋源三
卷 （清）吳錦章撰 清光緒二十三年(1897)
崇雅精舍刻本 六冊

430000－2401－0003599 192.2/277(1)
六書類纂八卷讀篆臆存雜說一卷字學尋源三
卷 （清）吳錦章撰 清光緒二十三年(1897)
崇雅精舍刻本 六冊

430000－2401－0003600 192.2/277(2)
六書類纂八卷讀篆臆存雜說一卷字學尋源三
卷 （清）吳錦章撰 清光緒二十三年(1897)

崇雅精舍刻本　六冊

430000－2401－0003601　192.2/277（3）
六書類纂八卷讀篆臆存雜說一卷字學尋源三
卷　（清）吳錦章撰　清光緒二十三年（1897）
崇雅精舍刻本　六冊

430000－2401－0003602　192.2/277（4）
六書類纂八卷讀篆臆存雜說一卷字學尋源三
卷　（清）吳錦章撰　清光緒二十三年（1897）
崇雅精舍刻本　五冊

430000－2401－0003603　192.2/277（5）
六書類纂八卷讀篆臆存雜說一卷字學尋源三
卷　（清）吳錦章撰　清光緒二十三年（1897）
崇雅精舍刻本　五冊

430000－2401－0003604　192.2/272
六書轉註錄十卷　（清）洪亮吉撰　清光緒四
年（1878）授經堂刻本　四冊

430000－2401－0003605　192.2/272（1）
六書轉註錄十卷　（清）洪亮吉撰　清光緒四
年（1878）授經堂刻本　四冊

430000－2401－0003606　192.2/272（2）
六書轉註錄十卷　（清）洪亮吉撰　清光緒四
年（1878）授經堂刻本　四冊

430000－2401－0003607　192.2/264
六書分類十二卷辨疑一卷　（清）傅世堯輯
（清）傅世磊參訂　清康熙四十四年（1705）聽
松閣刻本　十四冊

430000－2401－0003608　192.2/264（1）
六書分類十二卷辨疑一卷　（清）傅世堯輯
（清）傅世磊參訂　清康熙四十四年（1705）聽
松閣刻本　十二冊

430000－2401－0003609　192.2/264（2）
六書分類十二卷辨疑一卷　（清）傅世堯輯
（清）傅世磊參訂　清康熙四十四年（1705）聽
松閣刻本　十四冊

430000－2401－0003610　192.2/264（3）
六書分類十二卷辨疑一卷　（清）傅世堯輯
（清）傅世磊參訂　清康熙四十四年（1705）聽

松閣刻本　十四冊

430000－2401－0003611　192.2/264（4）
六書分類十二卷辨疑一卷　（清）傅世堯輯
（清）傅世磊參訂　清康熙四十四年（1705）聽
松閣刻本　十三冊

430000－2401－0003612　192.2/264－2
六書分類十二卷辨疑一卷　（清）傅世堯輯
（清）傅世磊參訂　清刻本　十四冊

430000－2401－0003613　192.2/264－2（1）
六書分類十二卷辨疑一卷　（清）傅世堯輯
（清）傅世磊參訂　清刻本　十六冊

430000－2401－0003614　192.2/264－2（2）
六書分類十二卷辨疑一卷　（清）傅世堯輯
（清）傅世磊參訂　清刻本　十四冊

430000－2401－0003615　192.2/264－3
六書分類十二卷辨疑一卷　（清）傅世堯輯
（清）傅世磊參訂　清乾隆五十四年（1789）刻
本　十三冊

430000－2401－0003616　192.2/264－3（1）
六書分類十二卷辨疑一卷　（清）傅世堯輯
（清）傅世磊參訂　清乾隆五十四年（1789）刻
本　十三冊

430000－2401－0003617　192.2/264－3（2）
六書分類十二卷辨疑一卷　（清）傅世堯輯
（清）傅世磊參訂　清乾隆五十四年（1789）刻
本　十三冊

430000－2401－0003618　192.2/264－2
六書分類十二卷辨疑一卷　（清）傅世堯輯
（清）傅世磊參訂　清嘉慶元年（1796）刻本
十三冊

430000－2401－0003619　192.2/283
六書例解一卷六書雜說一卷八分書辨一卷
（清）楊錫觀撰　清雍正十三年（1735）刻本
一冊

430000－2401－0003620　192.2/283（1）
六書例解一卷六書雜說一卷八分書辨一卷
（清）楊錫觀撰　清雍正十三年（1735）刻本

一冊　缺二卷(文書集說一卷、八分書辯一卷)

430000－2401－0003621　△193.3/13

六書辨通五卷六書例解一卷六書雜說一卷八
分書辨一卷　(清)楊錫觀撰　清乾隆刻本
六冊

430000－2401－0003622　192.2/282

六書會原十卷首一卷　(清)潘肇豐撰　清嘉
慶六年(1801)刻本　四冊

430000－2401－0003623　192.2/271

六書舊義一卷　廖平撰　清光緒十三年
(1887)刻本　一冊

430000－2401－0003624　192.2/228

汗簡七卷目錄一卷　(五代)郭忠恕撰　清道
光二十八年(1848)一隅草堂刻本　一冊

430000－2401－0003625　192.2/228(1)

汗簡七卷目錄一卷　(五代)郭忠恕撰　清道
光二十八年(1848)一隅草堂刻本　一冊

430000－2401－0003626　192.2/228(2)

汗簡七卷目錄一卷　(五代)郭忠恕撰　清道
光二十八年(1848)一隅草堂刻本　一冊

430000－2401－0003627　192.2/227－2

汗簡箋正七卷目錄一卷　(清)鄭珍撰　清光
緒十六年(1890)石印本　二冊

430000－2401－0003628　192.2/226－2

佩觿三卷　(五代)郭忠恕撰　清康熙四十九
年(1710)張氏澤存堂刻本　一冊

430000－2401－0003629　192.2/226－3

佩觿三卷　(五代)郭忠恕撰　清光緒十一年
(1885)長洲蔣氏鐵華館刻本　一冊

430000－2401－0003630　192.2/226－3(1)

佩觿三卷　(五代)郭忠恕撰　清光緒十一年
(1885)長洲蔣氏鐵華館刻本　一冊

430000－2401－0003631　192.2/250

類篇十五卷　(宋)司馬光等撰　清康熙四十
五年(1706)揚州詩局刻本　七冊

430000－2401－0003632　192.2/250(1)

類篇十五卷　(宋)司馬光等撰　清康熙四十
五年(1706)揚州詩局刻本　七冊

430000－2401－0003633　192.2/250－2

類篇十五卷　(宋)司馬光等撰　清光緒二年
(1876)川東官舍刻本　十六冊

430000－2401－0003634　192.2/250－2(1)

類篇十五卷　(宋)司馬光等撰　清光緒二年
(1876)川東官舍刻本　十六冊

430000－2401－0003635　△193.3/30

漢隸字源五卷碑目一卷附字一卷　(宋)婁機
撰　明毛氏汲古閣仿宋刻本　六冊

430000－2401－0003636　△193.3/30(1)

漢隸字源五卷碑目一卷附字一卷　(宋)婁機
撰　明毛氏汲古閣仿宋刻本　二冊

430000－2401－0003637　△193.3/30－2

漢隸字源不分卷　(宋)婁機撰　清鈔汲古閣
刻本　六冊

430000－2401－0003638　192.2/255

漢隸字源五卷碑目一卷　(宋)婁機撰　清光
緒三年(1877)川東官舍刻本　六冊

430000－2401－0003639　192.2/255(1)

漢隸字源五卷碑目一卷　(宋)婁機撰　清光
緒三年(1877)川東官舍刻本　六冊

430000－2401－0003640　192.2/255－3

漢隸字源五卷碑目一卷　(宋)婁機撰　清光
緒九年(1883)歸安姚覲元刻本　四冊　存四
卷(二至五)

430000－2401－0003641　192.2/253

隸韻十卷碑目一卷考證二卷　(宋)劉球撰
(清)翁方綱考證　清嘉慶十五年(1810)刻本
六冊

430000－2401－0003642　192.2/253(1)

隸韻十卷碑目一卷考證二卷　(宋)劉球撰
(清)翁方綱考證　清嘉慶十五年(1810)刻本
六冊

430000－2401－0003643　192.2/253(2)

隸韻十卷碑目一卷考證二卷　(宋)劉球撰

(清)翁方綱考證　清嘉慶十五年(1810)刻本
十二冊

430000－2401－0003644　192.2/253(3)

隸韻十卷碑目一卷考證二卷　（宋）劉球撰
(清)翁方綱考證　清嘉慶十五年(1810)刻本
八冊

430000－2401－0003645　192.2/261

隸書正譌二卷　（明）吳元滿編　清刻本
二冊

430000－2401－0003646　△193.3/57

篆林肆考十五卷　（明）鄭大郁編　明崇禎十
四年(1641)劉肇麟文萃堂刻本　三冊　存九
卷(一至九)

430000－2401－0003647　△193.3/28

漢隸分韻七卷　明正德十一年(1516)刻本
六冊

430000－2401－0003648　192.2/179

字辨證篆十七卷　（清）易本烺纂　**字孳補二
卷**　（清）易鏡清輯　（清）易本烺補　清同治
八年(1869)刻本　八冊

430000－2401－0003649　192.2/179(1)

字辨證篆十七卷　（清）易本烺纂　**字孳補二
卷**　（清）易鏡清輯　（清）易本烺補　清同治
八年(1869)刻本　八冊

430000－2401－0003650　192.2/298

繆篆分韻五卷補一卷　（清）桂馥撰　清嘉慶
元年(1796)刻本　二冊

430000－2401－0003651　192.2/298(1)

繆篆分韻五卷補一卷　（清）桂馥撰　清嘉慶
元年(1796)刻本　五冊　缺第五冊

430000－2401－0003652　192.2/298(4)

繆篆分韻五卷補一卷　（清）桂馥撰　清嘉慶
元年(1796)刻本　四冊

430000－2401－0003653　△193.3/58

篆楷考異不分卷　（清）徐朝俊輯　清嘉慶十
三年(1808)雲間徐氏刻朱墨套印本　一冊

430000－2401－0003654　192.2/254

隸法彙纂十卷　（清）項懷述編　清乾隆四十
五年(1780)刻本　二冊

430000－2401－0003655　192.2/254(1)

隸法彙纂十卷　（清）項懷述編　清乾隆四十
五年(1780)刻本　四冊

430000－2401－0003656　192.2/254(2)

隸法彙纂十卷　（清）項懷述編　清乾隆四十
五年(1780)刻本　四冊

430000－2401－0003657　△193.3/59

隸法彙纂十卷　（清）項懷述編　清乾隆五十
一年(1786)小酉山房刻本　四冊

430000－2401－0003658　192.2/254－2

隸法彙纂十卷　（清）項懷述編　清同治九年
(1870)古渝汪氏刻本　四冊

430000－2401－0003659　192.2/252

隸篇十五卷續十五卷再續十五卷　（清）翟云
升撰　清道光十七年至十八年(1837－1838)
刻本　八冊

430000－2401－0003660　192.2/252(1)

隸篇十五卷續十五卷再續十五卷　（清）翟云
升撰　清道光十七年至十八年(1837－1838)
刻本　十冊

430000－2401－0003661　192.2/252(2)

隸篇十五卷續十五卷再續十五卷　（清）翟云
升撰　清道光十七年至十八年(1837－1838)
刻本　十冊

430000－2401－0003662　192.2/252(3)

隸篇十五卷續十五卷再續十五卷　（清）翟云
升撰　清道光十七年至十八年(1837－1838)
刻本　十冊

430000－2401－0003663　192.2/252(4)

隸篇十五卷續十五卷再續十五卷　（清）翟云
升撰　清道光十七年至十八年(1837－1838)
刻本　五冊

430000－2401－0003664　192.2/252(5)

隸篇十五卷續十五卷再續十五卷　（清）翟云
升撰　清道光十七年至十八年(1837－1838)

刻本　十冊

430000－2401－0003665　192.2/263
隸通二卷　（清）錢慶曾撰　清光緒南陵徐乃昌刻本　二冊

430000－2401－0003666　△193.3/60
隸辨八卷　（清）顧藹吉撰　清康熙五十七年（1718）項氏玉淵堂刻本　八冊

430000－2401－0003667　△193.3/60(1)
隸辨八卷　（清）顧藹吉撰　清康熙五十七年（1718）項氏玉淵堂刻本　八冊

430000－2401－0003668　△193.3/60(2)
隸辨八卷　（清）顧藹吉撰　清康熙五十七年（1718）項氏玉淵堂刻本　八冊

430000－2401－0003669　192.2/251－2
隸辨八卷　（清）顧藹吉撰　清乾隆八年（1743）刻本　八冊

430000－2401－0003670　192.2/251－2(1)
隸辨八卷　（清）顧藹吉撰　清乾隆八年（1743）刻本　八冊

430000－2401－0003671　192.2/251－2(2)
隸辨八卷　（清）顧藹吉撰　清乾隆八年（1743）刻本　八冊

430000－2401－0003672　192.2/251－2(3)
隸辨八卷　（清）顧藹吉撰　清乾隆八年（1743）刻本　八冊

430000－2401－0003673　192.2/251－2(4)
隸辨八卷　（清）顧藹吉撰　清乾隆八年（1743）刻本　八冊

430000－2401－0003674　192.2/251－3
隸辨八卷　（清）顧藹吉撰　清同治十二年（1873）漁古山房刻本　八冊

430000－2401－0003675　192.2/251－3(1)
隸辨八卷　（清）顧藹吉撰　清同治十二年（1873）漁古山房刻本　八冊

430000－2401－0003676　192.2/251－3(2)
隸辨八卷　（清）顧藹吉撰　清同治十二年

（1873）漁古山房刻本　八冊

430000－2401－0003677　192.2/251－4
隸辨八卷　（清）顧藹吉撰　清光緒十三年（1887）上海蜚英館石印本　八冊

430000－2401－0003678　192.2/286－2
復古編二卷校正一卷附錄一卷　（宋）張有撰　（清）葛鳴陽校正　清乾隆四十六年（1781）刻本　三冊

430000－2401－0003679　192.2/286－2(1)
復古編二卷校正一卷附錄一卷　（宋）張有撰　（清）葛鳴陽校正　清乾隆四十六年（1781）刻本　四冊　缺第一冊

430000－2401－0003680　192.2/286
復古編二卷校正一卷附錄一卷　（宋）張有撰　（清）葛鳴陽校正　清光緒八年（1882）淮南書局刻本　三冊

430000－2401－0003681　192.2/286(1)
復古編二卷校正一卷附錄一卷　（宋）張有撰　（清）葛鳴陽校正　清光緒八年（1882）淮南書局刻本　三冊

430000－2401－0003682　192.2/286(2)
復古編二卷校正一卷附錄一卷　（宋）張有撰　（清）葛鳴陽校正　清光緒八年（1882）淮南書局刻本　三冊

430000－2401－0003683　192.2/286(3)
復古編二卷校正一卷附錄一卷　（宋）張有撰　（清）葛鳴陽校正　清光緒八年（1882）淮南書局刻本　二冊

430000－2401－0003684　192.2/286(4)
復古編二卷校正一卷附錄一卷　（宋）張有撰　（清）葛鳴陽校正　清光緒八年（1882）淮南書局刻本　二冊

430000－2401－0003685　192.2/286(5)
復古編二卷校正一卷附錄一卷　（宋）張有撰　（清）葛鳴陽校正　清光緒八年（1882）淮南書局刻本　二冊

430000－2401－0003686　192.2/286－3

復古編二卷校正一卷附錄一卷　（宋）張有撰　（清）葛鳴陽校正　清光緒十八年（1892）香山劉氏小蘇齋刻本　四冊

430000－2401－0003687　192.2/196－2

字鑒五卷　（元）李文仲撰　清光緒十年（1884）長洲蔣氏刻本　一冊

430000－2401－0003688　192.2/196－2（1）

字鑒五卷　（元）李文仲撰　清光緒十年（1884）長洲蔣氏刻本　一冊

430000－2401－0003689　192.2/288

續復古編四卷　（元）曹本撰　清光緒十二年（1886）歸安姚氏咫進齋刻本　四冊

430000－2401－0003690　192.2/288（1）

續復古編四卷　（元）曹本撰　清光緒十二年（1886）歸安姚氏咫進齋刻本　四冊

430000－2401－0003691　192.2/142

重文二卷補遺一卷　（清）丁午輯　清光緒八年（1882）刻本　一冊

430000－2401－0003692　192.2/142（1）

重文二卷補遺一卷　（清）丁午輯　清光緒八年（1882）刻朱印本　一冊

430000－2401－0003693　192.2/191

正俗備用字解四卷附一卷補遺一卷　（清）王兆琛撰　清咸豐五年（1855）刻本　三冊

430000－2401－0003694　△193.3/7

文字蒙求四卷　（清）王筠撰　（清）陳山嵋輯　清道光十八年（1838）刻本　一冊

430000－2401－0003695　192.2/158

文字蒙求四卷　（清）王筠撰　清光緒五年（1879）會稽章氏刻本　一冊

430000－2401－0003696　192.2/158（1）

文字蒙求四卷　（清）王筠撰　清光緒五年（1879）會稽章氏刻本　一冊

430000－2401－0003697　192.2/158－2

文字蒙求四卷　（清）王筠撰　清刻本　一冊

430000－2401－0003698　192.2/158－2（1）

文字蒙求四卷　（清）王筠撰　清刻本　一冊

430000－2401－0003699　192.2/204

藤花榭舫字學藏本一卷　（清）王維珍輯　清光緒十一年（1885）長沙墨香簃刻本　二冊

430000－2401－0003700　192.2/193

草字彙不分卷　（清）石梁集　清康熙四十年（1701）芥子園刻本　四冊

430000－2401－0003701　192.2/193－10

草字彙不分卷　（清）石梁編　清乾隆五十二年（1787）刻本　六冊

430000－2401－0003702　192.2/193－2

草字彙不分卷　（清）石梁集　清乾隆五十三年（1788）刻本　十二冊

430000－2401－0003703　192.2/193－3

草字彙不分卷　（清）石梁集　清乾隆刻本　六冊

430000－2401－0003704　192.2/193－8

草字彙不分卷　（清）石梁集　清道光五年（1825）刻本　六冊

430000－2401－0003705　192.2/193－4

草字彙不分卷　（清）石梁集　清咸豐九年（1859）刻本　六冊

430000－2401－0003706　192.2/193－5

草字彙不分卷　（清）石梁集　清同治五年（1866）刻本　六冊

430000－2401－0003707　192.2/193－5（1）

草字彙不分卷　（清）石梁集　清同治五年（1866）刻本　六冊

430000－2401－0003708　192.2/193－5（2）

草字彙不分卷　（清）石梁集　清同治五年（1866）刻本　十二冊

430000－2401－0003709　192.2/193－6

草字彙不分卷　（清）石梁集　清同治八年（1869）刻本　六冊

430000－2401－0003710　192.2/157

古今文字通釋十四卷　（清）呂世宜撰　清光

緒五年(1879)龍溪林維沅校刻本　七冊

430000－2401－0003711　△193.3/3

小學鈎沈十九卷字林考逸八卷新字林一卷
(清)任大椿撰　(清)王念孫校　清光緒三年
(1877)雪滄鈔本　四冊

430000－2401－0003712　192.2/190

疊字編一卷　(清)汪汲編　清乾隆五十九年
(1794)刻本　一冊

430000－2401－0003713　△193.3/66

藝文備覽一百二十卷補詳字義十四篇　(清)
沙木撰　清嘉慶十一年(1806)刻本　二十
八冊

430000－2401－0003714　192.2/289

篆綆四十八卷　(清)杜大恆編　清光緒二十
二年(1896)儷峰書屋刻本　六冊

430000－2401－0003715　192.2/207

字學七種二卷　(清)李秘園輯　(清)周作揖
校刊　清道光九年(1829)刻本　二冊

430000－2401－0003716　192.2/207－2

字學七種二卷　(清)李秘園輯　(清)張邦泰
校刊　清光緒十二年(1886)京師松竹齋刻本
　二冊

430000－2401－0003717　192.2/174

字說一卷　(清)吳大澂撰　清光緒十九年
(1893)思賢講舍刻本　一冊

430000－2401－0003718　192.2/174(1)

字說一卷　(清)吳大澂撰　清光緒十九年
(1893)思賢講舍刻本　一冊

430000－2401－0003719　192.2/174(2)

字說一卷　(清)吳大澂撰　清光緒十九年
(1893)思賢講舍刻本　一冊

430000－2401－0003720　192.2/174(3)

字說一卷　(清)吳大澂撰　清光緒十九年
(1893)思賢講舍刻本　一冊

430000－2401－0003721　192.2/174(4)

字說一卷　(清)吳大澂撰　清光緒十九年
(1893)思賢講舍刻本　一冊

430000－2401－0003722　192.2/296

十三經文字偏旁考略二卷　(清)吳熙撰　清
道光二十五年(1845)刻本　二冊

430000－2401－0003723　192.2/198

字學尋原三卷　(清)吳錦章撰　清光緒二十
三年(1897)守愚齋刻本　一冊

430000－2401－0003724　192.2/198(1)

字學尋原三卷　(清)吳錦章撰　清光緒二十
三年(1897)守愚齋刻本　一冊

430000－2401－0003725　192.2/198(2)

字學尋原三卷　(清)吳錦章撰　清光緒二十
三年(1897)守愚齋刻本　一冊

430000－2401－0003726　192.2/206

字學彙海不分卷　(清)秀文齋編　清光緒
十五年(1889)京都琉璃廠秀文齋南紙店刻
本　四冊

430000－2401－0003727　192.2/206(1)

字學彙海不分卷　(清)秀文齋編　清光緒十
五年(1889)京都琉璃廠秀文齋南紙店刻本
一冊

430000－2401－0003728　192.2/331

略識字編一卷　(清)帥方蔚撰　清同治二年
(1863)刻本　一冊

430000－2401－0003729　192.2/225

偏旁舉略一卷　(清)姚文田輯　清杭州朱氏
抱經堂刻本　一冊

430000－2401－0003730　192.2/195

字繫十五卷附錄一卷　(清)夏日琖撰　民國
石印本　四冊

430000－2401－0003731　192.2/210

古籀拾遺三卷宋政和禮器文字考一卷　(清)
孫詒讓撰　清光緒十六年(1890)刻經微室著
書本　二冊

430000－2401－0003732　192.2/210(1)

古籀拾遺三卷宋政和禮器文字考一卷　(清)
孫詒讓撰　清光緒十六年(1890)刻經微室著
書本　二冊

430000－2401－0003733　192.2/210（2）

古籀拾遺三卷宋政和禮器文字考一卷　（清）孫詒讓撰　清光緒十六年（1890）刻經㣲室著書本　一冊

430000－2401－0003734　192.2/210（3）

古籀拾遺三卷宋政和禮器文字考一卷　（清）孫詒讓撰　清光緒十六年（1890）刻經㣲室著書本　一冊

430000－2401－0003735　192.2/212

古籀餘論三卷　（清）孫詒讓撰　清光緒二十九年（1903）籀經樓校刻本　二冊

430000－2401－0003736　192.2/205

字學舉隅補正不分卷　（清）徐文祥撰　清光緒二年（1876）省吾齋刻本　二冊

430000－2401－0003737　192.2/300

岵瞻堂自語　（清）郭慶藩撰　稿本　一冊

430000－2401－0003738　192.2/302

許書轉註說音學五書叙一卷　（清）郭慶藩撰　清光緒十一年（1885）岵瞻堂刻本　一冊

430000－2401－0003739　192.2/199

字學舉隅一卷　（清）黃本驥　（清）龍啟瑞輯　清咸豐十年（1860）刻本　一冊

430000－2401－0003740　192.2/199－3

字學舉隅一卷　（清）黃本驥　（清）龍啟瑞輯　清同治三年（1864）江南濮陽官舍刻本　一冊

430000－2401－0003741　192.2/199－7

字學舉隅一卷　（清）黃本驥　（清）龍啟瑞輯　清同治五年（1866）恭壽堂刻本　一冊

430000－2401－0003742　192.2/199－9

字學舉隅一卷　（清）黃本驥　（清）龍啟瑞輯　清同治七年（1868）刻本　一冊

430000－2401－0003743　192.2/199－4

字學舉隅一卷　（清）黃本驥　（清）龍啟瑞輯　清同治十三年（1874）湖北崇文書局刻本　一冊

430000－2401－0003744　192.2/199－4（1）

字學舉隅一卷　（清）黃本驥　（清）龍啟瑞輯　清同治十三年（1874）湖北崇文書局刻本　一冊

430000－2401－0003745　192.2/199－4（2）

字學舉隅一卷　（清）黃本驥　（清）龍啟瑞輯　清同治十三年（1874）湖北崇文書局刻本　一冊

430000－2401－0003746　192.2/199－2

字學舉隅一卷　（清）黃本驥　（清）龍啟瑞輯　清光緒二年（1876）刻本　一冊

430000－2401－0003747　192.2/199－5

字學舉隅一卷　（清）黃本驥　（清）龍啟瑞輯　清光緒十年（1884）益元堂刻本　一冊

430000－2401－0003748　192.2/199－5（1）

字學舉隅一卷　（清）黃本驥　（清）龍啟瑞輯　清光緒十年（1884）益元堂刻本　一冊

430000－2401－0003749　192.2/199－6

字學舉隅一卷　（清）黃本驥　（清）龍啟瑞輯　清龍山陳宗玖刻本　一冊

430000－2401－0003750　192.2/199－8

增訂字學舉隅一卷　（清）黃本驥　（清）龍啟瑞輯　清末石印本　一冊

430000－2401－0003751　192.2/297

新刊臨文便覽全集不分卷　（清）張仰山等編　清光緒元年至五年（1875－1879）京都琉璃廠名德堂刻本　四冊

430000－2401－0003752　192.2/202

臨文便覽二種二卷　（清）張仰山編　清光緒二年（1876）京都松竹齋刻本　二冊

430000－2401－0003753　192.2/322

字詁一卷　（清）黃生撰　鈔本　一冊

430000－2401－0003754　192.2/106

重文本部考一卷　（清）曾紀澤錄　清同治八年（1869）江都李氏半畝園刻本　一冊

430000－2401－0003755　192.2/106（1）

重文本部考一卷　（清）曾紀澤錄　清同治八年（1869）江都李氏半畝園刻本　一冊

430000－2401－0003756　192.2/180

字誼指歸二卷　（清）舒立淇輯　清光緒二十五年(1899)葵齋諶模熾校刻本　一冊

430000－2401－0003757　192.2/180(1)

字誼指歸二卷　（清）舒立淇輯　清光緒二十五年(1899)葵齋諶模熾校刻本　一冊

430000－2401－0003758　192.3/9

天籟字彙四卷　（清）楊唐撰　清宣統三年(1911)刻本　四冊

430000－2401－0003759　192.3/9(1)

天籟字彙四卷　（清）楊唐撰　清宣統三年(1911)刻本　四冊

430000－2401－0003760　192.2/159

文字蒙求廣義四卷　（清）蒯光典撰　清光緒二十七年(1901)江楚書局刻本　五冊

430000－2401－0003761　192.2/159(1)

文字蒙求廣義四卷　（清）蒯光典撰　清光緒二十七年(1901)江楚書局刻本　五冊

430000－2401－0003762　192.2/159(2)

文字蒙求廣義四卷　（清）蒯光典撰　清光緒二十七年(1901)江楚書局刻本　四冊　缺一卷(四)

430000－2401－0003763　192.2/173

古文審八卷首一卷　（清）劉心源撰　清光緒十七年(1891)嘉魚劉氏龍江樓刻本　四冊

430000－2401－0003764　192.2/173(1)

古文審八卷首一卷　（清）劉心源撰　清光緒十七年(1891)嘉魚劉氏龍江樓刻本　四冊

430000－2401－0003765　192.2/173(2)

古文審八卷首一卷　（清）劉心源撰　清光緒十七年(1891)嘉魚劉氏龍江樓刻本　四冊

430000－2401－0003766　192.2/259

楷體蒙求八卷　（清）劉廷玉編　清同治十年(1871)刻本　五冊

430000－2401－0003767　△193.3/18

周宣王石鼓文定本二卷　（清）劉凝撰　清康熙四十四年(1705)刻本　二冊

430000－2401－0003768　192.2/290

孳孖集十二卷　（清）戴瑬編註　清光緒二十二年(1896)思問堂刻本　六冊

430000－2401－0003769　192.2/290(1)

孳孖集十二卷　（清）戴瑬編註　清光緒二十二年(1896)思問堂刻本　六冊

430000－2401－0003770　192.2/290(2)

孳孖集十二卷　（清）戴瑬編註　清光緒二十二年(1896)思問堂刻本　六冊

430000－2401－0003771　192.2/189

芸香館重刊正字略一卷　（清）鍾文編并書　清同治十年(1871)芷署刻本　一冊

430000－2401－0003772　192.2/156

文字通釋略四卷　（清）鍾祖綏撰　清光緒三十四年(1908)木活字本　四冊

430000－2401－0003773　192.2/156(1)

文字通釋略四卷　（清）鍾祖綏撰　清光緒三十四年(1908)木活字本　四冊

430000－2401－0003774　192.2/156(2)

文字通釋略四卷　（清）鍾祖綏撰　清光緒三十四年(1908)木活字本　四冊

430000－2401－0003775　192.2/156(3)

文字通釋略四卷　（清）鍾祖綏撰　清光緒三十四年(1908)木活字本　四冊

430000－2401－0003776　192.2/181

碑別字五卷　（清）羅振鋆輯　清光緒二十年(1894)刻本　二冊

430000－2401－0003777　192.2/155

文字存真二種十五卷　（清）饒炯撰　清光緒三十年(1904)達古軒刻本　四冊

430000－2401－0003778　192.2/203

增廣字學舉隅四卷　（清）鐵珊輯　清同治十三年(1874)蘭州郡署刻本　四冊

430000－2401－0003779　192.2/203(1)

增廣字學舉隅四卷　（清）鐵珊輯　清同治十三年(1874)蘭州郡署刻本　四冊

430000－2401－0003780　192.2/203（2）

增廣字學舉隅四卷　（清）鐵珊輯　清同治十三年(1874)蘭州郡署刻本　四冊

430000－2401－0003781　192.2/203（3）

增廣字學舉隅四卷　（清）鐵珊輯　清同治十三年(1874)蘭州郡署刻本　四冊

430000－2401－0003782　△193.3/16

字說二十五卷　清鈔本　何紹基題識　五冊

430000－2401－0003783　△193.3/26

新集古文四聲韻五卷　（宋）夏竦編　清乾隆四十四年(1779)汪氏刻本　二冊

430000－2401－0003784　△192.3/93

新集古文四聲韻五卷　（宋）夏竦編　清光緒八年(1882)刻碧琳琅館叢書本　四冊

430000－2401－0003785　△193.3/76

新刻瑞樟軒訂正字韻合璧二十卷　（明）朱孔陽輯　明崇禎張氏瑞雲館刻本　十四冊

430000－2401－0003786　△193.3/19

金石韻府五卷　（明）朱雲撰　明嘉靖俞顯卿、俞顯謨刻朱印本　十冊

430000－2401－0003787　△193.3/20

重刊訂正篇海十卷　（明）李登撰　明崇禎七年(1634)刻本　十冊

430000－2401－0003788　△193.3/63

翰林重考字義韻律大板海篇心鏡二十卷首一卷　（明）劉孔當撰　明萬曆二十四年(1596)書林葉天熹刻本　八冊

430000－2401－0003789　192.3/62－2

廣金石韻府五卷玉篇字略一卷　（清）林尚葵輯　清康熙九年(1670)周亮工賴古堂刻朱墨套印本　三冊

430000－2401－0003790　192.3/62－2（1）

廣金石韻府五卷玉篇字略一卷　（清）林尚葵輯　清康熙九年(1670)周亮工賴古堂刻朱墨套印本　四冊　缺二卷(三、五)

430000－2401－0003791　192.3/62

廣金石韻府五卷玉篇字略一卷　（清）朱時望

編纂　（清）張鳳藻增訂　清咸豐七年(1857)巴郡張氏理董軒刻本　八冊

430000－2401－0003792　192.3/62（1）

廣金石韻府五卷玉篇字略一卷　（清）朱時望編纂　（清）張鳳藻增訂　清咸豐七年(1857)巴郡張氏理董軒刻本　六冊

430000－2401－0003793　△193.3/25

經韻集字析解二卷　（清）彭良敞集註　清道光十年(1830)刻本　二冊

430000－2401－0003794　192.3/8－2

字類標韻六卷　（清）華綱編　清光緒元年(1875)王氏刻本　二冊

430000－2401－0003795　192.3/8－2（1）

字類標韻六卷　（清）華綱編　清光緒元年(1875)王氏刻本　二冊

430000－2401－0003796　192.3/8

字類標韻六卷　（清）華綱編　（清）王庭楨重訂　清光緒八年(1882)湖北施南府署刻本　二冊

430000－2401－0003797　192.3/8（1）

字類標韻六卷　（清）華綱編　（清）王庭楨重訂　清光緒八年(1882)湖北施南府署刻本　二冊

430000－2401－0003798　192.3/8－3

字類標韻六卷　（清）華綱編　清光緒八年(1882)王氏刻本　二冊

430000－2401－0003799　△193.3/6

大廣益會玉篇三十卷　（南朝梁）顧野王撰（唐）孫強增字　（宋）陳彭年等重修　清康熙四十三年(1704)張士俊刻澤存堂五種本　三冊

430000－2401－0003800　192.2/241－3

大廣益會玉篇三十卷　（南朝梁）顧野王撰（唐）孫強增字　（宋）陳彭年等重修　清康熙四十五年(1706)揚州詩局刻本　四冊

430000－2401－0003801　192.2/241－2

玉篇三十卷　（南朝梁）顧野王撰　（唐）孫強

增字　（宋）陳彭年等重修　清道光三十年
(1850)新化鄧氏邵州東山精舍刻本　五冊

430000－2401－0003802　192.2/241－2(1)
玉篇三十卷　（南朝梁）顧野王撰　（唐）孫强
增字　（宋）陳彭年等重修　清道光三十年
(1850)新化鄧氏邵州東山精舍刻本　四冊

430000－2401－0003803　192.2/241－2(2)
玉篇三十卷　（南朝梁）顧野王撰　（唐）孫强
增字　（宋）陳彭年等重修　清道光三十年
(1850)新化鄧氏邵州東山精舍刻本　四冊

430000－2401－0003804　192.2/241－2(3)
玉篇三十卷　（南朝梁）顧野王撰　（唐）孫强
增字　（宋）陳彭年等重修　清道光三十年
(1850)新化鄧氏邵州東山精舍刻本　四冊

430000－2401－0003805　192.2/241－2(4)
玉篇三十卷　（南朝梁）顧野王撰　（唐）孫强
增字　（宋）陳彭年等重修　清道光三十年
(1850)新化鄧氏邵州東山精舍刻本　四冊

430000－2401－0003806　192.2/241－2(5)
玉篇三十卷　（南朝梁）顧野王撰　（唐）孫强
增字　（宋）陳彭年等重修　清道光三十年
(1850)新化鄧氏邵州東山精舍刻本　三冊

430000－2401－0003807　192.2/241－2(6)
玉篇三十卷　（南朝梁）顧野王撰　（唐）孫强
增字　（宋）陳彭年等重修　清道光三十年
(1850)新化鄧氏邵州東山精舍刻本　三冊

430000－2401－0003808　192.2/241－2(7)
玉篇三十卷　（南朝梁）顧野王撰　（唐）孫强
增字　（宋）陳彭年等重修　清道光三十年
(1850)新化鄧氏邵州東山精舍刻本　三冊

430000－2401－0003809　192.2/241－2(8)
玉篇三十卷　（南朝梁）顧野王撰　（唐）孫强
增字　（宋）陳彭年等重修　清道光三十年
(1850)新化鄧氏邵州東山精舍刻本　三冊

430000－2401－0003810　192.2/241－2(9)
玉篇三十卷　（南朝梁）顧野王撰　（唐）孫强
增字　（宋）陳彭年等重修　清道光三十年

(1850)新化鄧氏邵州東山精舍刻本　三冊

430000－2401－0003811　192.2/244
玉篇校刊札記一卷　（清）鄧顯鶴撰　清咸豐
元年(1851)刻本　一冊

430000－2401－0003812　192.2/244(1)
玉篇校刊札記一卷　（清）鄧顯鶴撰　清咸豐
元年(1851)刻本　一冊

430000－2401－0003813　192.2/244(2)
玉篇校刊札記一卷　（清）鄧顯鶴撰　清咸豐
元年(1851)刻本　一冊

430000－2401－0003814　192.2/243
唐卷子本玉篇引用書目一卷常華館經說一卷
　（清）劉鑫耀編　清光緒三十二年(1906)湘
潭劉氏家塾刻本　一冊

430000－2401－0003815　192.2/319
古本玉篇集錄不分卷　郭慶藩岵瞻堂鈔本
一冊

430000－2401－0003816　192.2/229－2
龍龕手鑒四卷　（遼）釋行均撰　清虛竹齋刻
本　三冊

430000－2401－0003817　192.2/192－2
字彙十二集首一卷末一卷　（明）梅膺祚音釋
　清刻本　十二冊　缺二卷(首、末)

430000－2401－0003818　192.2/192
字彙十二集首一卷末一卷　（明）梅膺祚音釋
　清刻本　十二冊　缺二卷(首、末)

430000－2401－0003819　192.2/233
康熙字典十二集附備考一卷補遺一卷　（清）
張玉書等撰　清康熙五十年(1711)内府刻本
四十冊

430000－2401－0003820　192.2/233－3
康熙字典十二集附備考一卷補遺一卷　（清）
張玉書等撰　清道光七年(1827)内府刻本
四十冊

430000－2401－0003821　192.2/233－6
康熙字典十二集附備考一卷補遺一卷　（清）
張玉書等撰　清光緒元年(1875)湖北崇文書

局刻本　三十六册

430000 – 2401 – 0003822　192.2/233 – 6(1)
康熙字典十二集附備考一卷補遺一卷　（清）
張玉書等撰　清光緒元年(1875)湖北崇文書
局刻本　四十册

430000 – 2401 – 0003823　192.2/233 – 6(2)
康熙字典十二集附備考一卷補遺一卷　（清）
張玉書等撰　清光緒元年(1875)湖北崇文書
局刻本　四十册

430000 – 2401 – 0003824　192.2/233 – 6(3)
康熙字典十二集附備考一卷補遺一卷　（清）
張玉書等撰　清光緒元年(1875)湖北崇文書
局刻本　三十六册

430000 – 2401 – 0003825　192.2/233 – 31
康熙字典十二集附備考一卷補遺一卷　（清）
張玉書等撰　清光緒六年(1880)上海點石齋
石印本　一册

430000 – 2401 – 0003826　192.2/233 – 31(1)
康熙字典十二集附備考一卷補遺一卷　（清）
張玉書等撰　清光緒六年(1880)上海點石齋
石印本　三册　缺三集(四至六)

430000 – 2401 – 0003827　192.2/233 – 9
康熙字典十二集附備考一卷補遺一卷　（清）
張玉書等撰　清光緒八年(1882)上海點石齋
石印本　二册

430000 – 2401 – 0003828　192.2/233 – 10
康熙字典十二集附備考一卷補遺一卷　（清）
張玉書等撰　清光緒十年(1884)上海點石齋
石印本　六册

430000 – 2401 – 0003829　192.2/233 – 11
康熙字典十二集附備考一卷補遺一卷　（清）
張玉書等撰　清光緒十一年(1885)上海點石
齋石印本　四册

430000 – 2401 – 0003830　192.2/233 – 11(1)
康熙字典十二集附備考一卷補遺一卷　（清）
張玉書等撰　清光緒十一年(1885)上海點石
齋石印本　四册

430000 – 2401 – 0003831　192.2/234
康熙字典十二集附備考一卷補遺一卷　（清）
張玉書等撰　清光緒十三年(1887)上海積山
書局石印本　七册

430000 – 2401 – 0003832　192.2/234(1)
康熙字典十二集附備考一卷補遺一卷　（清）
張玉書等撰　清光緒十三年(1887)上海積山
書局石印本　六册

430000 – 2401 – 0003833　192.2/233 – 12
康熙字典十二集附備考一卷補遺一卷　（清）
張玉書等撰　清光緒十三年(1887)上海同文
書局石印本　六册

430000 – 2401 – 0003834　192.2/233 – 14
康熙字典十二集附備考一卷補遺一卷　（清）
張玉書等撰　清光緒十六年(1890)上海鴻寶
書局石印本　六册

430000 – 2401 – 0003835　192.2/233 – 15
康熙字典十二集附備考一卷補遺一卷　（清）
張玉書等撰　清光緒十九年(1893)上海點石
齋石印本　六册

430000 – 2401 – 0003836　192.2/233 – 16
康熙字典十二集附備考一卷補遺一卷　（清）
張玉書等撰　清光緒二十年(1894)上海寶善
書局石印本　六册

430000 – 2401 – 0003837　192.2/233 – 19
康熙字典十二集附備考一卷補遺一卷　（清）
張玉書等撰　清宣統元年(1909)上海集成圖
書公司石印本　二册

430000 – 2401 – 0003838　192.2/233 – 18
康熙字典十二集附備考一卷補遺一卷　（清）
張玉書等撰　清宣統元年(1909)上海久敬齋
石印本　六册

430000 – 2401 – 0003839　192.2/233 – 20
康熙字典十二集附備考一卷補遺一卷　（清）
張玉書等撰　清宣統元年(1909)上海商務印
書館石印本　六册

430000 – 2401 – 0003840　192.2/233 – 20(1)

康熙字典十二集附備考一卷補遺一卷 （清）
張玉書等撰　清宣統元年(1909)上海商務印
書館石印本　六冊

430000－2401－0003841　192.2/233－21
康熙字典十二集附備考一卷補遺一卷 （清）
張玉書等撰　清宣統三年(1911)上海商務印
書館石印本　六冊

430000－2401－0003842　192.2/233－5
康熙字典十二集附備考一卷補遺一卷 （清）
張玉書等撰　清安定富記刻本　四十冊

430000－2401－0003843　192.2/233－5(1)
康熙字典十二集附備考一卷補遺一卷 （清）
張玉書等撰　清安定富記刻本　四十冊

430000－2401－0003844　192.2/233－5(2)
康熙字典十二集附備考一卷補遺一卷 （清）
張玉書等撰　清安定富記刻本　四十冊

430000－2401－0003845　192.2/233－2
康熙字典十二集附備考一卷補遺一卷 （清）
張玉書等撰　清刻本　三十二冊

430000－2401－0003846　192.2/233－4
康熙字典十二集附備考一卷補遺一卷 （清）
張玉書等撰　清刻本　四十冊

430000－2401－0003847　192.2/233－7
康熙字典十二集附備考一卷補遺一卷 （清）
張玉書等撰　清刻本　四十冊

430000－2401－0003848　192.2/233－13
康熙字典十二集附備考一卷補遺一卷 （清）
張玉書等撰　清同文書局石印本　六冊

430000－2401－0003849　192.2/233－8
康熙字典十二集附備考一卷補遺一卷 （清）
張玉書等撰　清刻本　十二冊　缺二卷(備
考一卷、補遺一卷)

430000－2401－0003850　192.2/232－2
字典考證　（清）王引之撰　清光緒二年
(1876)湖北崇文書局刻本　六冊

430000－2401－0003851　192.2/232－2(1)
字典考證　（清）王引之撰　清光緒二年

(1876)湖北崇文書局刻本　六冊

430000－2401－0003852　192.2/232－2(2)
字典考證　（清）王引之撰　清光緒二年
(1876)湖北崇文書局刻本　六冊

430000－2401－0003853　192.2/232－2(3)
字典考證　（清）王引之撰　清光緒二年
(1876)湖北崇文書局刻本　六冊

430000－2401－0003854　192.2/232
字典考證　（清）王引之撰　清愛日堂刻本
四冊

430000－2401－0003855　192.2/232(1)
字典考證　（清）王引之撰　清愛日堂刻本
六冊

430000－2401－0003856　192.2/184
字林考逸八卷附錄一卷 （清)任大椿撰　字
林考逸補本一卷附錄一卷 （清)陶方琦輯
清光緒十六年(1890)江蘇書局校刻本　四冊

430000－2401－0003857　192.2/184(1)
字林考逸八卷附錄一卷 （清)任大椿撰　字
林考逸補本一卷附錄一卷 （清)陶方琦輯
清光緒十六年(1890)江蘇書局校刻本　四冊

430000－2401－0003858　192.2/184(2)
字林考逸八卷附錄一卷 （清)任大椿撰　字
林考逸補本一卷附錄一卷 （清)陶方琦輯
清光緒十六年(1890)江蘇書局校刻本　四冊

430000－2401－0003859　192.2/185
字林考逸八卷附錄一卷 （清)任大椿撰　字
林考逸補本一卷附錄一卷 （清)陶方琦輯
清光緒二十三年(1897)成都龔氏校刻本
四冊

430000－2401－0003860　192.2/185(1)
字林考逸八卷附錄一卷 （清)任大椿撰　字
林考逸補本一卷附錄一卷 （清)陶方琦輯
清光緒二十三年(1897)成都龔氏校刻本
四冊

430000－2401－0003861　192.2/185(2)
字林考逸八卷附錄一卷 （清)任大椿撰　字

林考逸補本一卷附錄一卷 (清)陶方琦輯 清光緒二十三年(1897)成都龔氏校刻本 四冊

430000－2401－0003862 192.2/188
正字通十二卷首一卷 (清)張自烈 (清)廖文英輯 清康熙帶月樓刻本 三十六冊

430000－2401－0003863 192.2/188－2
正字通十二卷首一卷 (清)張自烈 (清)廖文英輯 清康熙弘文書院刻本 二十六冊

430000－2401－0003864 192.2/188－2(1)
正字通十二卷首一卷 (清)張自烈 (清)廖文英輯 清康熙弘文書院刻本 三十冊

430000－2401－0003865 192.2/220
急就篇四卷 (漢)史游撰 (唐)顏師古註 (宋)王應麟音釋 汲古閣刻本 一冊

430000－2401－0003866 192.2/219
急就篇四卷 (漢)史游撰 (唐)顏師古註 (宋)王應麟補註 清光緒九年(1883)浙江書局刻本 二冊

430000－2401－0003867 192.2/219－3
急就篇四卷 (漢)史游撰 (唐)顏師古註 (宋)王應麟補註 清光緒十年(1884)成都志古堂刻本 二冊

430000－2401－0003868 192.2/315
急就篇一卷 (漢)史游撰 清光緒十四年至三十四年(1888－1908)無學齋主人鈔本 一冊

430000－2401－0003869 192.2/221
急就章考異一卷 (清)莊世驥撰 清光緒十七年(1891)廣雅書局刻本 一冊

430000－2401－0003870 192.2/216
倉頡篇輯補斠證三卷說文解字引漢律考二卷 (清)王仁俊撰 清光緒三十二年(1906)吳縣王氏刻本 一冊

430000－2401－0003871 192.2/215
倉頡篇二卷三蒼二卷 (清)任大椿考逸 (清)任兆麟補正 清嘉慶刻本 一冊

430000－2401－0003872 192.2/213
倉頡篇三卷 (清)孫星衍輯 清光緒十六年(1890)江蘇書局刻本 二冊

430000－2401－0003873 192.2/213(1)
倉頡篇三卷 (清)孫星衍輯 清光緒十六年(1890)江蘇書局刻本 二冊

430000－2401－0003874 192.2/213(2)
倉頡篇三卷 (清)孫星衍輯 清光緒十六年(1890)江蘇書局刻本 二冊

430000－2401－0003875 192.2/213(3)
倉頡篇三卷 (清)孫星衍輯 清光緒十六年(1890)江蘇書局刻本 六冊

430000－2401－0003876 192.2/213－2
倉頡篇三卷 (清)孫星衍輯 清光緒二十三年(1897)成都龔氏刻本 二冊

430000－2401－0003877 192.2/214
倉頡篇三卷 (清)陳其榮輯 清光緒十八年(1892)石棣徐氏觀自得齋校刻本 一冊

430000－2401－0003878 192.2/217
倉頡篇校證三卷補遺一卷 (清)梁章鉅撰 清光緒五年(1879)刻本 二冊

430000－2401－0003879 △193.3/2
重續千字文二卷 (宋)葛剛正撰并篆註 明毛氏汲古閣影宋鈔本 葉啟勳題跋 二冊

430000－2401－0003880 192.2/330
三續千字文註一卷 (宋)葛剛正撰 清咸豐聊城楊氏海源閣刻本 一冊

430000－2401－0003881 △193.3/1
千字文義一卷 (明)周邦寓輯 明鈔本 一冊

430000－2401－0003882 192.2/336
百體千字文一卷 (清)孫枝秀輯 清攜雪軒刻本 一冊

430000－2401－0003883 192.2/177
環地福分類字課圖說八卷 (清)李節齋編 (清)王淦生繪 清光緒三十二年(1906)大文書局刻本 四冊

430000－2401－0003884　192.2/175－2

澄衷蒙學堂字課圖說四卷檢字一卷類字一卷
（清）劉樹屏編　（清）吳子城繪圖　清光緒
二十七年（1901）澄衷蒙學堂初次石印本
八冊

430000－2401－0003885　192.2/175－3

澄衷蒙學堂字課圖說四卷檢字一卷類字一卷
（清）劉樹屏編　（清）吳子城繪圖　清光緒
二十七年（1901）澄衷蒙學堂三次石印本
八冊

430000－2401－0003886　192.2/175－4

澄衷蒙學堂字課圖說四卷檢字一卷類字一卷
（清）劉樹屏編　（清）吳子城繪圖　清光緒
二十八年（1902）養正書塾石印本　八冊

430000－2401－0003887　192.2/175

澄衷蒙學堂字課圖說四卷檢字一卷類字一卷
（清）劉樹屏編　（清）吳子城繪圖　清光緒
三十年（1904）崇實書局校刻本　五冊

430000－2401－0003888　192.2/175（1）

澄衷蒙學堂字課圖說四卷檢字一卷類字一卷
（清）劉樹屏編　（清）吳子城繪圖　清光緒
三十年（1904）崇實書局校刻本　五冊

430000－2401－0003889　192.2/175（2）

澄衷蒙學堂字課圖說四卷檢字一卷類字一卷
（清）劉樹屏編　（清）吳子城繪圖　清光緒
三十年（1904）崇實書局校刻本　八冊

430000－2401－0003890　192.2/175－5

澄衷蒙學堂字課圖說四卷檢字一卷類字一卷
（清）劉樹屏編　（清）吳子城繪圖　清光緒
三十年（1904）澄衷蒙學堂石印本　八冊

430000－2401－0003891　192.2/175－5（1）

澄衷蒙學堂字課圖說四卷檢字一卷類字一卷
（清）劉樹屏編　（清）吳子城繪圖　清光緒
三十年（1904）澄衷蒙學堂石印本　八冊

430000－2401－0003892　192.3/20

唐寫本唐韻四十四頁　（唐）孫愐撰　清光緒
三十四年（1908）上海國粹學報館影印本
一冊

430000－2401－0003893　192.3/20（1）

唐寫本唐韻四十四頁　（唐）孫愐撰　清光緒
三十四年（1908）上海國粹學報館影印本
一冊

430000－2401－0003894　192.3/20（2）

唐寫本唐韻四十四頁　（唐）孫愐撰　清光緒
三十四年（1908）上海國粹學報館影印本
一冊

430000－2401－0003895　192.3/141

集韻十卷　（宋）丁度等撰　清嘉慶十九年
（1814）補刻本　十冊

430000－2401－0003896　192.3/141（1）

集韻十卷　（宋）丁度等撰　清嘉慶十九年
（1814）補刻本　十冊

430000－2401－0003897　192.3/141（2）

集韻十卷　（宋）丁度等撰　清嘉慶十九年
（1814）補刻本　五冊

430000－2401－0003898　△193.4/9

附釋文互註禮部韻略五卷　（宋）丁度撰　清
康熙四十五年（1706）揚州使院刻本　五冊

430000－2401－0003899　△193.4/9（1）

附釋文互註禮部韻略五卷　（宋）丁度撰　清
康熙四十五年（1706）揚州使院刻本　三冊

430000－2401－0003900　192.3/167

附釋文互註禮部韻略五卷　（宋）丁度撰　清
光緒二年（1876）川東官舍刻本　三冊

430000－2401－0003901　192.3/121

切韻指掌圖一卷　（宋）司馬光撰　清宣統二
年（1910）豐城熊氏舊補史堂刻本　一冊

430000－2401－0003902　192.3/121（1）

切韻指掌圖一卷　（宋）司馬光撰　清宣統二
年（1910）豐城熊氏舊補史堂刻本　一冊

430000－2401－0003903　△193.4/24

韻補五卷　（宋）吳棫撰　元刻本　葉啟勳、
葉啟發題跋　五冊

430000－2401－0003904　△193.4/24－2

韻補五卷　（宋）吳棫撰　明刻本　葉啟勳、

葉啟發題跋　四冊

430000－2401－0003905　192.3/46
韻補五卷　（宋）吳棫撰　**韻補正一卷**　（清）
顧炎武撰　清光緒九年(1883)邵武徐氏刻本
二冊

430000－2401－0003906　192.3/46(1)
韻補五卷　（宋）吳棫撰　**韻補正一卷**　（清）
顧炎武撰　清光緒九年(1883)邵武徐氏刻本
二冊

430000－2401－0003907　192.3/46(2)
韻補五卷　（宋）吳棫撰　**韻補正一卷**
（清）顧炎武撰　清光緒九年(1883)邵武徐
氏刻本　二冊

430000－2401－0003908　192.3/46(3)
韻補五卷　（宋）吳棫撰　**韻補正一卷**　（清）
顧炎武撰　清光緒九年(1883)邵武徐氏刻本
二冊

430000－2401－0003909　△193.4/21
廣韻五卷　（宋）陳彭年等撰　明刻本　五冊

430000－2401－0003910　△193.4/21－2
廣韻五卷　（宋）陳彭年等撰　明初刻本　三
冊　存三卷(二至三、五)

430000－2401－0003911　△193.4/21－3
廣韻五卷　（宋）陳彭年等撰　清康熙六年
(1667)陳上年張弨符山堂刻本　五冊

430000－2401－0003912　192.3/70－2
大宋重修廣韻五卷　（宋）陳彭年等撰　清康
熙四十三年(1704)吳郡張氏刻澤存堂五種本
三冊

430000－2401－0003913　192.3/70－2(1)
大宋重修廣韻五卷　（宋）陳彭年等撰　清康
熙四十三年(1704)吳郡張氏刻澤存堂五種本
九冊

430000－2401－0003914　192.3/70
大宋重修廣韻五卷　（宋）陳彭年等撰　清道
光三十年(1850)新化鄧氏邵州東山精舍刻本
二冊

430000－2401－0003915　192.3/70(1)
大宋重修廣韻五卷　（宋）陳彭年等撰　清道
光三十年(1850)新化鄧氏邵州東山精舍刻本
二冊

430000－2401－0003916　192.3/70(2)
大宋重修廣韻五卷　（宋）陳彭年等撰　清道
光三十年(1850)新化鄧氏邵州東山精舍刻本
二冊

430000－2401－0003917　192.3/70(3)
大宋重修廣韻五卷　（宋）陳彭年等撰　清道
光三十年(1850)新化鄧氏邵州東山精舍刻本
二冊

430000－2401－0003918　192.3/70(4)
大宋重修廣韻五卷　（宋）陳彭年等撰　清道
光三十年(1850)新化鄧氏邵州東山精舍刻本
二冊

430000－2401－0003919　192.3/70(5)
大宋重修廣韻五卷　（宋）陳彭年等撰　清道
光三十年(1850)新化鄧氏邵州東山精舍刻本
四冊

430000－2401－0003920　192.3/71－2
廣韻五卷　（宋）陳彭年等撰　清道光刻本
二冊

430000－2401－0003921　192.3/71－2(1)
廣韻五卷　（宋）陳彭年等撰　清道光刻本
五冊

430000－2401－0003922　192.3/71
廣韻五卷　（宋）陳彭年等撰　清光緒十五年
(1889)湘南書局刻小學匯函本　佚名眉批
五冊

430000－2401－0003923　192.3/71(1)
廣韻五卷　（宋）陳彭年等撰　清光緒十五年
(1889)湘南書局刻小學匯函本　佚名眉批
五冊

430000－2401－0003924　192.3/71－4
廣韻五卷　（宋）陳彭年等撰　清光緒遵義黎
氏日本東京使署刻古逸叢書本　二冊

430000－2401－0003925　192.3/70－3

大宋重修廣韻五卷　（宋）陳彭年等撰　清光緒涵芬樓影印本　五冊

430000－2401－0003926　△193.4/1－2

至元庚寅重刊改并五音集韻十五卷　（金）韓孝彥　（金）韓道昭撰　明崇禎二年至十年（1629－1637）金陵圓覺庵釋新仁刻本　五冊

430000－2401－0003927　△193.4/2

大明成化丁亥重刊改并五音類聚四聲篇十五卷　（金）韓道昭撰　明成化三年至七年（1467－1471）刻本　十二冊

430000－2401－0003928　△193.4/1

大明正德乙亥重刊改并五音類聚四聲篇十五卷五音集韻十五卷　（金）韓道昭撰　明正德十一年（1516）金臺衍法寺釋覺恆刻本　十八冊

430000－2401－0003929　△193.4/4－2

古今韻會舉要三十卷　（元）熊忠撰　明初刻本　二十四冊　缺一卷（一）

430000－2401－0003930　△193.4/4

古今韻會舉要三十卷禮部韻略七音三十六母通考一卷　（元）熊忠撰　明嘉靖十五年（1536）劉釴、李舜臣刻十七年（1538）劉儲秀補刻本　三十冊

430000－2401－0003931　192.3/92

古今韻會舉要三十卷禮部韻略七音三十六母通考一卷　（元）熊忠撰　清光緒九年（1883）淮南書局刻本　十冊

430000－2401－0003932　192.3/92（1）

古今韻會舉要三十卷禮部韻略七音三十六母通考一卷　（元）熊忠撰　清光緒九年（1883）淮南書局刻本　十冊

430000－2401－0003933　192.3/92（2）

古今韻會舉要三十卷禮部韻略七音三十六母通考一卷　（元）熊忠撰　清光緒九年（1883）淮南書局刻本　九冊　缺三卷（十一至十三）

430000－2401－0003934　△193.4/18

新編經史正音切韻指南一卷　（元）劉鑒撰　明正德十一年（1516）金臺衍法寺釋覺恆刻嘉靖三十八年（1559）釋本贊重修本　一冊

430000－2401－0003935　△193.4/17

經史正音切韻指南一卷　（元）劉鑒撰　明嘉靖四十三年（1564）金臺衍法寺釋本贊刻本　一冊

430000－2401－0003936　△193.4/5

古今韻會舉要小補三十卷　（明）方日升撰　明萬曆三十四年（1606）周士顯建陽刻本　二十冊

430000－2401－0003937　△193.4/25

韻譜本義十卷　（明）茅溱輯　明萬曆三十年（1602）刻本　十冊

430000－2401－0003938　△193.4/19

新編篇韻貫珠集八卷　（明）釋真空撰　明正德十一年（1516）金臺衍法寺釋覺恆刻本　一冊

430000－2401－0003939　192.3/37

詩韻釋略五卷　（明）梁應圻撰　清康熙十七年（1678）李希禹刻本　五冊

430000－2401－0003940　192.3/37－2

詩韻釋略五卷　（明）梁應圻撰　（清）吳允森校訂　清康熙刻本　五冊

430000－2401－0003941　192.3/49

韻法直圖一卷韻法橫圖一卷辨似一卷　（明）梅膺祚撰　清光緒三讓堂刻本　一冊

430000－2401－0003942　△14/6

毛詩古音考四卷　（明）陳第輯　清鈔本　張海鵬批校　一冊

430000－2401－0003943　14/148

毛詩古音考四卷讀詩拙言一卷　（明）陳第輯　清乾隆刻本　四冊

430000－2401－0003944　14/148－4

毛詩古音考四卷讀詩拙言一卷　（明）陳第輯　清同治二年（1863）古潭余氏明辨齋刻本　四冊

430000－2401－0003945　14/148－4(1)

毛詩古音考四卷讀詩拙言一卷　(明)陳第輯
清同治二年(1863)古潭余氏明辨齋刻本
四冊

430000－2401－0003946　14/148－4(2)

毛詩古音考四卷讀詩拙言一卷　(明)陳第輯
清同治二年(1863)古潭余氏明辨齋刻本
二冊

430000－2401－0003947　14/148－2

毛詩古音考四卷讀詩拙言一卷　(明)陳第輯
清武昌張氏刻本　四冊

430000－2401－0003948　14/148－2(1)

毛詩古音考四卷讀詩拙言一卷　(明)陳第輯
清武昌張氏刻本　四冊

430000－2401－0003949　192.3/94

屈宋古音義三卷　(明)陳第輯　清乾隆三十
二年(1767)刻本　二冊

430000－2401－0003950　192.3/94－3

屈宋古音義三卷　(明)陳第輯　清嘉慶十年
(1805)照曠閣刻本　三冊

430000－2401－0003951　192.3/95

屈宋古音考一卷附錄一卷　(明)陳第輯　清
同治二年(1863)古潭余氏明辨齋刻本　一冊

430000－2401－0003952　△193.4/10

重訂直音篇七卷　(明)章黼撰　(明)吳道長
重訂　明萬曆三十四年(1606)練川明德書院
刻本　五冊　存五卷(一至五)

430000－2401－0003953　192.3/140

元韻譜五十四卷首一卷　(明)喬中和撰　清
康熙三十年(1691)石渠閣刻本　七冊　缺十
五卷(五至十二、四十八至五十四)

430000－2401－0003954　192.3/57

韻藻四卷　(明)楊慎撰　清乾隆錦州李氏刻
函海本　二冊

430000－2401－0003955　192.3/58

韻藻述五卷　(明)楊慎撰　(清)福申校　清
道光七年(1827)刻本　四冊

430000－2401－0003956　192.3/58(1)

韻藻述五卷　(明)楊慎撰　(清)福申校　清
道光七年(1827)刻本　四冊

430000－2401－0003957　192.3/104

轉註古音略五卷　(明)楊慎撰　清乾隆刻函
海本　一冊

430000－2401－0003958　192.3/103

古音略例一卷古音駢字五卷　(明)楊慎撰
清乾隆刻函海本　一冊

430000－2401－0003959　192.3/102

古音餘五卷許字韻五卷　(明)楊慎撰　清乾
隆刻函海本　一冊

430000－2401－0003960　192.3/101

古音複字五卷希姓錄五卷　(明)楊慎撰　清
乾隆刻函海本　一冊

430000－2401－0003961　192.3/100

古音叢目五卷後語一卷　(明)楊慎撰　清乾
隆刻函海本　一冊

430000－2401－0003962　192.3/99

古音獵要五卷古音附錄一卷　(明)楊慎撰
清乾隆刻函海本　一冊

430000－2401－0003963　△193.4/12

洪武正韻補殘十卷　(明)楊時偉撰　明崇禎
四年(1631)刻本　六冊

430000－2401－0003964　192.3/32

詩韻釋略五卷　(明)潘恩撰　清順治九年
(1652)寧壽堂刻本　二冊

430000－2401－0003965　△193.4/11－3

洪武正韻十六卷　(明)樂韶鳳　(明)宋濂等
撰　明隆慶元年(1567)衡藩刻本　五冊

430000－2401－0003966　△193.4/11－4

洪武正韻十六卷　(明)樂韶鳳　(明)宋濂等
撰　明刻本　五冊

430000－2401－0003967　△193.4/11－4(1)

洪武正韻十六卷　(明)樂韶鳳　(明)宋濂等
撰　明刻本　一冊　存三卷(一至三)

430000－2401－0003968　△193.4/11－5

洪武正韻十六卷　（明）樂韶鳳　（明）宋濂等
撰　明刻本　二冊

430000－2401－0003969　△193.4/11－2

洪武正韻十六卷　（明）樂韶鳳　（明）宋濂等
撰　明刻本　五冊

430000－2401－0003970　△193.4/11

洪武正韻十六卷　（明）樂韶鳳　（明）宋濂等
撰　明劉以節刻本　五冊

430000－2401－0003971　△193.4/11－7

洪武正韻十六卷　（明）樂韶鳳　（明）宋濂等
撰　明刻本　六冊　存十三卷（一至十三）

430000－2401－0003972　192.3/112

形聲類篇五卷　（清）丁履恆撰　清光緒十四
年（1888）虎林刻大亭山館叢書本　一冊

430000－2401－0003973　192.3/112（1）

形聲類篇五卷　（清）丁履恆撰　清光緒十四
年（1888）虎林刻大亭山館叢書本　一冊

430000－2401－0003974　192.3/168

十三經諸家引書異字同聲考十三卷　（清）丁
顯撰　清光緒十七年（1891）刻本　五冊　存
五卷（一至四、九）

430000－2401－0003975　192.3/78

韻學蠡言舉要　（清）丁顯撰　清光緒二十六
年（1900）刻本　三冊

430000－2401－0003976　192.3/144

集韻考正十卷　（清）方成珪撰　清光緒五年
（1879）瑞安孫氏詒善祠塾刻本　十冊

430000－2401－0003977　192.3/144（1）

集韻考正十卷　（清）方成珪撰　清光緒五年
（1879）瑞安孫氏詒善祠塾刻本　五冊

430000－2401－0003978　192.3/44

韻詁五卷韻詁補遺一卷　（清）方濬頤撰　清
光緒四年（1878）淮南書局刻本　六冊

430000－2401－0003979　192.3/44（1）

韻詁五卷韻詁補遺一卷　（清）方濬頤撰　清
光緒四年（1878）淮南書局刻本　十冊

430000－2401－0003980　192.3/64

韻學五卷韻學臆說一卷　（清）王植撰　清雍
正八年（1730）刻本　六冊

430000－2401－0003981　△193.4/8

康熙甲子史館新刊古今通韻十二卷　（清）毛
奇齡撰　清康熙二十四年（1685）學者堂刻本
四冊

430000－2401－0003982　192.3/48

韻字略十二集　（清）毛謨撰　清嘉慶二十一
年（1816）刻本　二冊

430000－2401－0003983　192.3/48－2

韻字略十二集　（清）毛謨撰　清光緒元年
（1875）湖北崇文書局刻本　二冊

430000－2401－0003984　192.3/48－2（1）

韻字略十二集　（清）毛謨撰　清光緒元年
（1875）湖北崇文書局刻本　二冊

430000－2401－0003985　192.3/172

韻海大全不分卷　（清）仁壽室主人編　清光
緒十三年（1887）上海積山書局石印本　六冊

430000－2401－0003986　192.3/157－3

欽定同文韻統六卷　（清）允祿等纂　清鈔本
八冊

430000－2401－0003987　192.3/34

詩韻題解合璧十卷　（清）甘蘭友輯　清刻本
二冊

430000－2401－0003988　192.3/88－3

古韻標準四卷首一卷　（清）江永撰　清乾隆
三十六年（1771）潮陽縣衙刻本　二冊

430000－2401－0003989　192.3/88－3（1）

古韻標準四卷首一卷　（清）江永撰　清乾隆
三十六年（1771）潮陽縣衙刻本　二冊

430000－2401－0003990　192.3/88－3（2）

古韻標準四卷首一卷　（清）江永撰　清乾隆
三十六年（1771）潮陽縣衙刻本　三冊

430000－2401－0003991　192.3/88－5

古韻標準四卷首一卷　（清）江永撰　聲調前
譜一卷聲調後譜一卷　（清）趙執信撰　清乾

隆六十年(1795)安陽刻本　二冊

430000－2401－0003992　192.3/88－4

古韻標準四卷首一卷　（清）江永撰　清嘉慶
海虞張氏刻墨海金壺本　一冊

430000－2401－0003993　192.3/88－2

古韻標準四卷首一卷　（清）江永撰　清咸豐
二年(1852)刻粵雅堂叢書本　二冊

430000－2401－0003994　192.3/88－6

古韻標準四卷首一卷　（清）江永撰　清鈔本
二冊

430000－2401－0003995　192.3/161－4

四聲切韻表一卷凡例一卷　（清）江永撰　清
乾隆三十六年(1771)刻本　一冊

430000－2401－0003996　192.3/161－2

四聲切韻表一卷凡例一卷　（清）江永撰　清
乾隆五十四年(1789)歷城周氏重印貸園叢書
初集本　二冊

430000－2401－0003997　192.3/161－2(1)

四聲切韻表一卷凡例一卷　（清）江永撰　清
乾隆五十四年(1789)歷城周氏重印貸園叢書
初集本　一冊

430000－2401－0003998　192.3/161－2(2)

四聲切韻表一卷凡例一卷　（清）江永撰　清
乾隆五十四年(1789)歷城周氏重印貸園叢書
初集本　一冊　存上冊

430000－2401－0003999　192.3/161－3

四聲切韻表一卷凡例一卷　（清）江永撰　清
光緒二年(1876)漢皋権署刻本　一冊

430000－2401－0004000　192.3/163－2

四聲切韻表三卷首一卷末一卷　（清）江永撰
（清）汪曰楨補正　清光緒三年(1877)刻荔
墙叢書本　二冊

430000－2401－0004001　△193.4/7

江氏音學十書　（清）江有誥撰　清嘉慶、道
光刻本　何紹基題寫書根、書衣　三冊

430000－2401－0004002　192.3/56

韻岐五卷　（清）江昱撰　清光緒七年(1881)

刻本　二冊

430000－2401－0004003　192.3/56(1)

韻岐五卷　（清）江昱撰　清光緒七年(1881)
刻本　二冊

430000－2401－0004004　192.3/56(2)

韻岐五卷　（清）江昱撰　清光緒七年(1881)
刻本　二冊

430000－2401－0004005　192.3/2

韻微十六卷　（清）安吉纂　清道光十八年
(1838)刻本　四冊

430000－2401－0004006　192.3/2(1)

韻微十六卷　（清）安吉纂　清道光十八年
(1838)刻本　五冊

430000－2401－0004007　192.3/2(2)

韻微十六卷　（清）安吉纂　清道光十八年
(1838)刻本　八冊

430000－2401－0004008　192.3/2(3)

韻微十六卷　（清）安吉纂　清道光十八年
(1838)刻本　八冊

430000－2401－0004009　192.3/2(4)

韻微十六卷　（清）安吉纂　清道光十八年
(1838)刻本　六冊

430000－2401－0004010　192.3/84

古韻溯原八卷　（清）安念祖　（清）華謀恩輯
清道光十九年(1839)親仁堂刻本　四冊

430000－2401－0004011　192.3/4

六書十二聲傳十二卷解字贅言一卷　（清）呂
調陽撰　清光緒十四年(1888)葉長高刻觀象
廬叢書本　八冊

430000－2401－0004012　192.3/176

字音正謬二卷首一卷　（清）伍澤梁輯　清成
相堂刻本　二冊

430000－2401－0004013　192.3/55

韻辨附文五卷　（清）沈兆霖編　清同治十二
年(1873)東川書院刻本　五冊

430000－2401－0004014　192.3/55(1)

韻辨附文五卷 （清）沈兆霖編 清同治十二年(1873)東川書院刻本 五冊

430000－2401－0004015 192.3/55(2)

韻辨附文五卷 （清）沈兆霖編 清同治十二年(1873)東川書院刻本 五冊

430000－2401－0004016 192.3/55(3)

韻辨附文五卷 （清）沈兆霖編 清同治十二年(1873)東川書院刻本 四冊

430000－2401－0004017 192.3/55(4)

韻辨附文五卷 （清）沈兆霖編 清同治十二年(1873)東川書院刻本 五冊

430000－2401－0004018 192.3/177

鐘鼎字源五卷 （清）汪立名纂 清光緒洞庭秦氏麟慶堂刻本 二冊

430000－2401－0004019 192.3/177(1)

鐘鼎字源五卷 （清）汪立名纂 清光緒洞庭秦氏麟慶堂刻本 四冊

430000－2401－0004020 192.3/177(2)

鐘鼎字源五卷 （清）汪立名纂 清光緒洞庭秦氏麟慶堂刻本 三冊

430000－2401－0004021 192.3/177(3)

鐘鼎字源五卷 （清）汪立名纂 清光緒洞庭秦氏麟慶堂刻本 三冊

430000－2401－0004022 192.3/177(4)

鐘鼎字源五卷 （清）汪立名纂 清光緒洞庭秦氏麟慶堂刻本 三冊

430000－2401－0004023 192.3/177(5)

鐘鼎字源五卷 （清）汪立名纂 清光緒洞庭秦氏麟慶堂刻本 三冊

430000－2401－0004024 192.3/177(6)

鐘鼎字源五卷 （清）汪立名纂 清光緒洞庭秦氏麟慶堂刻本 三冊 缺二卷(四至五)

430000－2401－0004025 192.3/79

諧聲補逸十四卷 （清）宋保撰 清光緒十三年(1887)李氏木犀軒刻本 二冊

430000－2401－0004026 192.3/72

佩文廣韻彙編五卷 （清）李元祺編 清同治十一年(1872)金陵書局刻本 二冊

430000－2401－0004027 192.3/72(1)

佩文廣韻彙編五卷 （清）李元祺編 清同治十一年(1872)金陵書局刻本 二冊

430000－2401－0004028 192.3/72(2)

佩文廣韻彙編五卷 （清）李元祺編 清同治十一年(1872)金陵書局刻本 二冊

430000－2401－0004029 192.3/13－3

李氏音鑒六卷首一卷 （清）李汝珍撰 清嘉慶刻本 二冊 缺三卷(四至六)

430000－2401－0004030 192.3/13

李氏音鑒六卷 （清）李汝珍撰 清嘉慶十五年(1810)寶善堂刻本 六冊

430000－2401－0004031 192.3/13－2

李氏音鑒六卷 （清）李汝珍撰 清同治七年(1868)遞修清嘉慶十五年寶善堂刻本 二冊

430000－2401－0004032 192.3/12－2

音韻闡微十八卷韻譜一卷 （清）李光地等撰 清雍正六年(1728)內府刻本 五冊

430000－2401－0004033 192.3/12－2(1)

音韻闡微十八卷韻譜一卷 （清）李光地等撰 清雍正六年(1728)內府刻本 八冊

430000－2401－0004034 192.3/12

音韻闡微十八卷韻譜一卷 （清）李光地等撰 清光緒七年(1881)淮南書局刻本 五冊

430000－2401－0004035 192.3/12(1)

音韻闡微十八卷韻譜一卷 （清）李光地等撰 清光緒七年(1881)淮南書局刻本 五冊

430000－2401－0004036 192.3/12(2)

音韻闡微十八卷韻譜一卷 （清）李光地等撰 清光緒七年(1881)淮南書局刻本 五冊

430000－2401－0004037 192.3/89

古今韻考四卷 （清）李因篤撰 清光緒六年(1880)福山王氏天壤閣刻本 一冊

430000－2401－0004038 192.3/89(1)

古今韻考四卷 （清）李因篤撰 清光緒六年(1880)福山王氏天壤閣刻本 一冊

430000－2401－0004039 192.3/89－2

古今韻考四卷 （清）李因篤撰 清光緒九年(1883)歸安姚氏刻咫進齋叢書本 一冊

430000－2401－0004040 192.3/89－2(1)

古今韻考四卷 （清）李因篤撰 清光緒九年(1883)歸安姚氏刻咫進齋叢書本 一冊

430000－2401－0004041 192.3/5

六書繫韻二十四卷首一卷 （清）李貞撰 清光緒十六年(1890)刻本 二十六冊

430000－2401－0004042 192.3/5(1)

六書繫韻二十四卷首一卷 （清）李貞撰 清光緒十六年(1890)刻本 二十六冊

430000－2401－0004043 192.3/5(2)

六書繫韻二十四卷首一卷 （清）李貞撰 清光緒十六年(1890)刻本 二十六冊

430000－2401－0004044 192.3/5(3)

六書繫韻二十四卷首一卷 （清）李貞撰 清光緒十六年(1890)刻本 二十四冊

430000－2401－0004045 192.3/5(4)

六書繫韻二十四卷首一卷 （清）李貞撰 清光緒十六年(1890)刻本 二十四冊

430000－2401－0004046 192.3/74

問奇一覽二卷 （清）李書雲輯 清乾隆三十一年(1766)刻本 二冊

430000－2401－0004047 192.3/43

韻譜一卷 （清）李蘭生撰 清光緒三十一年(1905)許銘彝鈔本 一冊

430000－2401－0004048 192.3/114

蕭選韻繫二卷 （清）李麟閣輯 清光緒十年(1884)上海同文書局石印本 二冊

430000－2401－0004049 192.3/179－5

聲律啟蒙二卷 （清）車萬育撰 清宣統元年(1909)湖南寶慶府張太和書莊刻本 一冊

430000－2401－0004050 192.3/179

聲律啟蒙撮要三卷 （清）車萬育撰 （清）夏大觀刪補 （清）王之翰箋釋 清咸豐七年(1857)津門李氏寶華堂刻本 一冊

430000－2401－0004051 △193.4/22

韻切指歸二卷附宮商角徵羽五音編成句讀以便初學讀念法一卷 （清）吳遐齡撰 清康熙四十九年(1710)吳之玠刻本 四冊

430000－2401－0004052 192.3/67

韻切指歸二卷 （清）吳遐齡纂輯 清道光七年(1827)集古堂刻本 四冊

430000－2401－0004053 192.3/115

歌麻古韻考四卷 （清）吳樹聲撰 清同治八年(1869)刻本 四冊

430000－2401－0004054 192.3/115(1)

歌麻古韻考四卷 （清）吳樹聲撰 清同治八年(1869)刻本 四冊

430000－2401－0004055 192.3/115(2)

歌麻古韻考四卷 （清）吳樹聲撰 清同治八年(1869)刻本 四冊

430000－2401－0004056 192.3/23

漁古軒詩韻五卷 （清）余照撰 （清）朱德蕃增訂 清道光十七年(1837)漁古軒刻本 二冊

430000－2401－0004057 192.3/36

詩韻集成十卷 （清）余照輯 清同治三年(1864)善成堂刻本 四冊

430000－2401－0004058 192.3/36－2

詩韻集成十卷 （清）余照輯 清江南李光明莊刻本 四冊

430000－2401－0004059 192.3/36－2(1)

詩韻集成十卷 （清）余照輯 清江南李光明莊刻本 四冊

430000－2401－0004060 192.3/36－2(2)

詩韻集成十卷 （清）余照輯 清江南李光明莊刻本 四冊

430000－2401－0004061 48/168

詩韻珠璣五卷 （清）余照輯 清刻本 六冊

存四卷(一下、二、四上、五)

430000－2401－0004062　192.3/124
重增標射切韻要法全集一卷　(清)釋法輪撰
清光緒衡陽刻本　一冊

430000－2401－0004063　192.3/124(1)
重增標射切韻要法全集一卷　(清)釋法輪撰
清光緒衡陽刻本　一冊

430000－2401－0004064　192.3/124(2)
重增標射切韻要法全集一卷　(清)釋法輪撰
清光緒衡陽刻本　一冊

430000－2401－0004065　192.3/124(3)
重增標射切韻要法全集一卷　(清)釋法輪撰
清光緒衡陽刻本　一冊

430000－2401－0004066　192.3/105
伸顧氏分配入聲之說一卷　(清)易本烺撰
清同治八年(1869)刻本　一冊

430000－2401－0004067　192.3/39
佩文詩韻釋要五卷　(清)周兆基輯　(清)朱
蘭重輯　清同治三年(1864)皖城使院刻本
一冊

430000－2401－0004068　192.3/39－2
佩文詩韻釋要五卷　(清)周兆基輯　(清)朱
蘭重輯　清光緒元年(1875)湖北崇文書局刻
本　一冊

430000－2401－0004069　192.3/39－2(1)
佩文詩韻釋要五卷　(清)周兆基輯　(清)朱
蘭重輯　清光緒元年(1875)湖北崇文書局刻
本　一冊

430000－2401－0004070　192.3/39－2(2)
佩文詩韻釋要五卷　(清)周兆基輯　(清)朱
蘭重輯　清光緒元年(1875)湖北崇文書局刻
本　一冊

430000－2401－0004071　192.3/39－3
佩文詩韻釋要五卷　(清)周兆基輯　(清)朱蘭
重輯　清光緒三年(1877)粵東使署刻本　一冊

430000－2401－0004072　192.3/39－4
佩文詩韻釋要五卷　(清)周兆基輯　(清)朱

蘭重輯　清光緒三年(1877)粵東使署刻本
一冊

430000－2401－0004073　192.3/39－4(1)
佩文詩韻釋要五卷　(清)周兆基輯　(清)朱
蘭重輯　清光緒三年(1877)粵東使署刻本
一冊

430000－2401－0004074　192.3/39－6
佩文詩韻釋要五卷　(清)周兆基輯　(清)朱
蘭重輯　清光緒十五年(1889)旌德湯明林刻
本　二冊

430000－2401－0004075　192.3/39－5
佩文詩韻釋要五卷　(清)周兆基輯　(清)朱
蘭重輯　清宣統三年(1911)上海商務印書館
影印本　二冊

430000－2401－0004076　192.3/39－5(1)
佩文詩韻釋要五卷　(清)周兆基輯　(清)朱
蘭重輯　清宣統三年(1911)上海商務印書館
影印本　二冊

430000－2401－0004077　192.3/39－5(2)
佩文詩韻釋要五卷　(清)周兆基輯　(清)朱
蘭重輯　清宣統三年(1911)上海商務印書館
影印本　二冊

430000－2401－0004078　192.3/38
詩韻釋要五卷　(清)周兆基輯　(清)周玉麒
重輯　清同治十三年(1874)長沙刻本　一冊

430000－2401－0004079　192.3/91
古今韻略五卷　(清)邵長蘅撰　清康熙三十
五年(1696)宋犖刻本　五冊

430000－2401－0004080　192.3/91(1)
古今韻略五卷　(清)邵長蘅撰　清康熙三十
五年(1696)宋犖刻本　四冊

430000－2401－0004081　192.3/91－2
古今韻略五卷　(清)邵長蘅撰　清康熙刻本
五冊

430000－2401－0004082　192.3/91－2(1)
古今韻略五卷　(清)邵長蘅撰　清康熙刻本
五冊

430000－2401－0004083　192.3/91－2（2）

古今韻略五卷 （清）邵長蘅撰　清康熙刻本
　五冊

430000－2401－0004084　192.3/68

漢魏音四卷 （清）洪亮吉撰　清乾隆五十年
（1785）西安刻本　一冊

430000－2401－0004085　192.3/68（1）

漢魏音四卷 （清）洪亮吉撰　清乾隆五十年
（1785）西安刻本　一冊

430000－2401－0004086　192.3/68（2）

漢魏音四卷 （清）洪亮吉撰　清乾隆五十年
（1785）西安刻本　二冊

430000－2401－0004087　192.3/68－2

漢魏音四卷 （清）洪亮吉撰　清光緒三年
（1877）授經堂刻本　一冊

430000－2401－0004088　192.3/68－2（1）

漢魏音四卷 （清）洪亮吉撰　清光緒三年
（1877）授經堂刻本　一冊

430000－2401－0004089　192.3/83

古韻論三卷 （清）胡秉虔撰　清光緒二年
（1876）世澤樓刻本　一冊

430000－2401－0004090　192.3/98

古今中外音韻通例不分卷 （清）胡垣撰　清
光緒十四年（1888）刻本　二冊

430000－2401－0004091　14/142

詩古音繹一卷 （清）胡錫燕編　清同治長沙
胡氏刻本　一冊

430000－2401－0004092　192.3/174

六書音韻表五卷 （清）段玉裁撰　清同治十
一年（1872）湖北崇文書局刻本　二冊

430000－2401－0004093　192.3/174（1）

六書音韻表五卷 （清）段玉裁撰　清同治十
一年（1872）湖北崇文書局刻本　二冊

430000－2401－0004094　192.3/174（2）

六書音韻表五卷 （清）段玉裁撰　清同治十
一年（1872）湖北崇文書局刻本　二冊

430000－2401－0004095　192.3/97

古音諧八卷首一卷 （清）姚文田輯　清道光
刻本　四冊

430000－2401－0004096　192.3/164

四聲易知錄四卷 （清）姚文田輯　清道光十
年（1830）粵東羊城芸香堂刻本　二冊

430000－2401－0004097　192.3/17

初學檢韻袖珍十二集 （清）姚文登輯　清同
治十二年（1873）延禧堂刻本　四冊

430000－2401－0004098　192.3/17－4

初學檢韻袖珍十二集 （清）姚文登輯　**詩韻
全璧五卷** （清）湯文潞輯　清光緒二十一年
（1895）上海鴻寶齋石印本　六冊

430000－2401－0004099　192.3/17－2

初學檢韻袖珍十二集 （清）姚文登輯　清光
緒石印本　一冊

430000－2401－0004100　192.3/106－5

五方元音二卷 （清）凌虛樊撰　（清）年希堯
增補　清道光二十七年（1847）刻本　二冊

430000－2401－0004101　192.3/106－4

五方元音二卷 （清）凌虛樊撰　（清）年希堯
增補　清同治十二年（1873）同文堂刻本
四冊

430000－2401－0004102　192.3/35

詩韻辨字略五卷 （清）秦端崖輯　清道光十
四年（1834）刻本　一冊

430000－2401－0004103　192.3/35－2

詩韻辨字略五卷 （清）秦端崖輯　清光緒四
年（1878）浙江督學使者黃倬刻本　一冊

430000－2401－0004104　192.3/35－2（1）

詩韻辨字略五卷 （清）秦端崖輯　清光緒四
年（1878）浙江督學使者黃倬刻本　一冊

430000－2401－0004105　192.3/113（1）

述韻十卷 （清）夏燮撰　清咸豐五年（1855）
番陽官廨刻本　二冊

430000－2401－0004106　192.3/113（2）

述韻十卷 （清）夏燮撰　清咸豐五年（1855）

番陽官廨刻本　二冊

430000 – 2401 – 0004107　192.3/85

柴氏古韻通八卷古韻通雜說一卷正音切韻復古編一卷　(清)柴紹炳撰　清刻本　八冊

430000 – 2401 – 0004108　192.3/85(1)

柴氏古韻通八卷古韻通雜說一卷正音切韻復古編一卷　(清)柴紹炳撰　清刻本　七冊缺一卷(二)

430000 – 2401 – 0004109　192.3/139

今韻三辨二卷　(清)孫同元編　清道光二十七年(1847)寧鄉周氏刻本　二冊

430000 – 2401 – 0004110　192.3/139(1)

今韻三辨二卷　(清)孫同元編　清道光二十七年(1847)寧鄉周氏刻本　二冊

430000 – 2401 – 0004111　192.3/139(2)

今韻三辨二卷　(清)孫同元編　清道光二十七年(1847)寧鄉周氏刻本　二冊

430000 – 2401 – 0004112　192.3/138

今韻訓辨一卷　(清)孫同元編　清道光二十九年(1849)澧州學署刻本　一冊

430000 – 2401 – 0004113　192.3/138(1)

今韻訓辨一卷　(清)孫同元編　清道光二十九年(1849)澧州學署刻本　一冊

430000 – 2401 – 0004114　192.3/138(2)

今韻訓辨一卷　(清)孫同元編　清道光二十九年(1849)澧州學署刻本　一冊

430000 – 2401 – 0004115　192.3/138(3)

今韻訓辨一卷　(清)孫同元編　清道光二十九年(1849)澧州學署刻本　一冊

430000 – 2401 – 0004116　14/146

毛詩均譜八卷　(清)郭師古撰　清光緒十年(1884)玉屏山房刻本　六冊

430000 – 2401 – 0004117　192.3/150

傳音快字簡易編二卷續編一卷　(清)郭師古撰　清光緒三十四年(1908)清芬堂刻玉屏山房存稿本　二冊

430000 – 2401 – 0004118　192.3/153

傳音字譜一卷　(清)郭師古撰　清光緒三十三年(1907)玉屏山房刻本　一冊

430000 – 2401 – 0004119　192.3/52

韻府翼五卷　(清)郭鑒庚輯　清光緒元年(1875)刻本　一冊

430000 – 2401 – 0004120　192.3/31

詩韻檢字一卷附韻字辨似一卷　(清)黃本驥編　清刻三長物齋叢書本　一冊

430000 – 2401 – 0004121　192.3/33

詩韻萃珍十卷　(清)黃昌瑞輯　清同治五年(1866)刻本　五冊

430000 – 2401 – 0004122　192.3/33(1)

詩韻萃珍十卷　(清)黃昌瑞輯　清同治五年(1866)刻本　五冊

430000 – 2401 – 0004123　192.3/76

漢學諧聲二十四卷說文補考一卷　(清)戚學標撰　清嘉慶九年(1804)刻本　八冊

430000 – 2401 – 0004124　192.3/76(1)

漢學諧聲二十四卷說文補考一卷　(清)戚學標撰　清嘉慶九年(1804)刻本　四冊

430000 – 2401 – 0004125　192.3/30

詩韻分編五卷　(清)盛世儒編　清懷德堂刻本　二冊

430000 – 2401 – 0004126　192.3/63

正音咀華三卷續編一卷　(清)莎彝尊撰　清咸豐三年(1853)塵談軒刻本　二冊

430000 – 2401 – 0004127　192.3/60

佩文彙韻箋釋十卷　(清)張希西撰　清乾隆二十七年(1762)刻本　十冊

430000 – 2401 – 0004128　14/144

毛詩韻考八卷　(清)張映漢輯　清道光五年(1825)述敬堂刻本　四冊

430000 – 2401 – 0004129　192.3/66

韻學弟子訓四卷　(清)張映漢輯　清道光五年(1825)刻本　一冊

430000－2401－0004130　192.3/61

佩文韻篆六卷　（清）張家慶撰　清嘉慶二年
(1797)澤經堂刻本　四冊

430000－2401－0004131　192.3/123

切字肆考不分卷　（清）張耕撰　清道光三年
(1823)滕陽張氏藝心堂刻本　一冊

430000－2401－0004132　192.3/123(1)

切字肆考不分卷　（清）張耕撰　清道光三年
(1823)滕陽張氏藝心堂刻本　二冊

430000－2401－0004133　192.3/87

古韻發明不分卷　（清）張耕撰　清道光六年
(1826)刻本　三冊

430000－2401－0004134　192.3/87(1)

古韻發明不分卷　（清）張耕撰　清道光六年
(1826)刻本　三冊

430000－2401－0004135　192.3/87(2)

古韻發明不分卷　（清）張耕撰　清道光六年
(1826)刻本　三冊

430000－2401－0004136　192.3/65

經韻備字不分卷　（清）陳大醇編　清道光二
十八年(1848)碩果山房刻本　二冊

430000－2401－0004137　192.3/65(1)

經韻備字不分卷　（清）陳大醇編　清道光二
十八年(1848)碩果山房刻本　一冊　缺左
傳、爾雅

430000－2401－0004138　14/147

釋毛詩音四卷　（清）陳奐撰　清咸豐元年
(1851)蘇州漱芳齋刻本　一冊

430000－2401－0004139　192.3/59

韻綜不分卷　（清）陳詒厚撰　清嘉慶十七年
(1812)刻本　十二冊

430000－2401－0004140　192.3/122

切韻考六卷外篇三卷　（清）陳澧撰　清光緒
十年(1884)刻本　三冊

430000－2401－0004141　192.3/109

詩韻釋音五卷　（清）陳錦撰　清光緒十三年
(1887)橘蔭軒刻本　二冊

430000－2401－0004142　192.3/50

增訂韻辨摘要一卷　（清）陸潤庠錄　清光緒
六年(1880)蝶胎山館刻本　一冊

430000－2401－0004143　192.3/171－2

詩韻合璧五卷　（清）湯文潞編　清同治五年
(1866)本立堂刻本　五冊

430000－2401－0004144　192.3/171－5

詩韻合璧五卷　（清）湯文潞編　清同治十二
年(1873)刻本　二冊

430000－2401－0004145　192.3/171－3

詩韻合璧五卷　（清）湯文潞編　**虛字韻藪一
卷**　（清）潘維城輯　清光緒四年(1878)上海
淞隱閣鉛印本　五冊

430000－2401－0004146　192.3/171－3(1)

詩韻合璧五卷　（清）湯文潞編　**虛字韻藪一
卷**　（清）潘維城輯　清光緒四年(1878)上海
淞隱閣鉛印本　五冊

430000－2401－0004147　192.3/171－3(2)

詩韻合璧五卷　（清）湯文潞編　**虛字韻藪一
卷**　（清）潘維城輯　清光緒四年(1878)上海
淞隱閣鉛印本　五冊

430000－2401－0004148　192.3/110

五音韻譜正字二卷　（清）曾紀澤錄　清末刻
本　二冊

430000－2401－0004149　192.3/146

等韻一得二卷　勞乃宣撰　清光緒二十四年
(1898)吳橋官廨刻本　二冊

430000－2401－0004150　192.3/146(1)

等韻一得二卷　勞乃宣撰　清光緒二十四年
(1898)吳橋官廨刻本　二冊

430000－2401－0004151　192.3/19

音學質疑六卷　（清）彭焯南撰　清光緒二十
三年(1897)上海二玉山館刻本　四冊

430000－2401－0004152　192.3/19(1)

音學質疑六卷　（清）彭焯南撰　清光緒二十
三年(1897)上海二玉山館刻本　二冊　缺三
卷(二至四)

430000－2401－0004153　14/145

毛詩音韻考四卷略言一卷　（清）程以恬撰
清道光四年(1824)研經堂刻本　四冊

430000－2401－0004154　192.3/29

詩韻瑤林八卷　（清）程伊園輯　清乾隆五十
二年(1787)尋樂齋刻本　十六冊

430000－2401－0004155　192.3/96(1)

古音類表九卷首一卷　（清）傅壽彤撰　清光
緒二年(1876)大梁梟署刻本　四冊

430000－2401－0004156　192.3/96(2)

古音類表九卷首一卷　（清）傅壽彤撰　清光
緒二年(1876)大梁梟署刻本　四冊

430000－2401－0004157　192.3/96

古音類表九卷首一卷　（清）傅壽彤撰　清光
緒二年(1876)大梁梟署刻本　四冊

430000－2401－0004158　192.3/81

朱飲山三韻易知十卷　（清）朱燦撰　（清）楊
廷玆重纂　清乾隆三十七年(1772)刻本
二冊

430000－2401－0004159　192.3/69

漢字母音釋二卷　（清）楊敦頤纂　清光緒三
十年(1904)江蘇學務處石印本　二冊

430000－2401－0004160　192.3/69(1)

漢字母音釋二卷　（清）楊敦頤纂　清光緒三
十年(1904)江蘇學務處石印本　二冊

430000－2401－0004161　192.3/169

初學審音二卷　（清）葉庭巒輯　清光緒三年
(1877)武林刻本　一冊

430000－2401－0004162　192.3/51

韻府鈎沈五卷　（清）雷浚撰　清光緒十三年
(1887)刻本　五冊

430000－2401－0004163　192.3/51(1)

韻府鈎沈五卷　（清）雷浚撰　清光緒十三年
(1887)刻本　一冊

430000－2401－0004164　192.3/26

訓詁諧音四卷　（清）槐蔭主人編　（清）淡雲子
校　清光緒八年(1882)吟梅書室刻本　一冊

430000－2401－0004165　192.3/26(1)

訓詁諧音四卷　（清）槐蔭主人編　（清）淡雲
子校　清光緒八年(1882)吟梅書室刻本
二冊

430000－2401－0004166　192.3/26(2)

訓詁諧音四卷　（清）槐蔭主人編　（清）淡雲
子校　清光緒八年(1882)吟梅書室刻本
二冊

430000－2401－0004167　192.3/26－2

訓詁諧音四卷　（清）槐蔭主人編　（清）淡雲
子校　清宣統元年(1909)寶慶詳隆書局刻本
一冊

430000－2401－0004168　192.3/111

五韻論二卷　（清）鄒漢勛撰　清刻鄒叔子遺
書本　二冊

430000－2401－0004169　192.3/111(1)

五韻論二卷　（清）鄒漢勛撰　清刻鄒叔子遺
書本　一冊　缺一卷(下)

430000－2401－0004170　192.3/80

類音八卷　（清）潘耒撰　清雍正遂初堂刻本
四冊

430000－2401－0004171　14/149

毛詩古音參義五卷首一卷　（清）潘相撰　清
嘉慶五年(1800)刻本　二冊

430000－2401－0004172　192.3/159

四音辨要四卷　（清）駱成驤輯　清光緒三十
四年(1908)重慶文華堂刻本　四冊

430000－2401－0004173　192.3/151

傳音快字一卷　（清）蔡錫勇撰　清光緒二十
二年(1896)武昌刻本　一冊

430000－2401－0004174　192.3/151－2

傳音快字一卷　（清）蔡錫勇撰　清光緒三十
一年(1905)武昌刻本　一冊

430000－2401－0004175　192.3/25

詩韻含英六卷　（清）劉文蔚輯　清令德堂刻
本　二冊

430000－2401－0004176　192.3/28

詩韻指岐五卷首一卷　（清）劉光南輯　清刻本　三冊

430000－2401－0004177　192.3/137

晚香堂分韻標新八卷　（清）劉鳳苞輯　清光緒二十六年(1900)晚香堂刻本　六冊

430000－2401－0004178　△193.4/16

詩經叶音辨訛八卷　（清）劉維謙撰　清乾隆三年(1738)壽峰書屋刻本　四冊

430000－2401－0004179　14/151

詩雙聲疊韻譜一卷　（清）鄧廷楨撰　清道光十八年(1838)刻本　一冊

430000－2401－0004180　192.3/53

韻府萃音十二卷　（清）龍柏纂　清嘉慶十五年(1810)廣州心簡齋刻朱墨套印本　十二冊

430000－2401－0004181　192.3/86

古韻通說二十卷　（清）龍啟瑞撰　清同治六年(1867)粵東省城富文齋刻本　四冊

430000－2401－0004182　192.3/86(1)

古韻通說二十卷　（清）龍啟瑞撰　清同治六年(1867)粵東省城富文齋刻本　四冊

430000－2401－0004183　192.3/86－2

古韻通說二十卷　（清）龍啟瑞撰　清光緒九年(1883)四川尊經書局刻本　二冊

430000－2401－0004184　192.3/86－2(1)

古韻通說二十卷　（清）龍啟瑞撰　清光緒九年(1883)四川尊經書局刻本　二冊

430000－2401－0004185　192.3/86－2(2)

古韻通說二十卷　（清）龍啟瑞撰　清光緒九年(1883)四川尊經書局刻本　四冊

430000－2401－0004186　192.3/133

聲類四卷　（清）錢大昕撰　清光緒十年(1884)長沙龍氏家塾刻本　二冊

430000－2401－0004187　192.3/133

聲類四卷　（清）錢大昕撰　清光緒十年(1884)長沙龍氏家塾刻本　二冊

430000－2401－0004188　192.3/27

養默山房詩韻六卷　（清）謝元淮輯　清道光二十九年(1849)刻本　一冊

430000－2401－0004189　192.3/127－2

聲韻考四卷　（清）戴震撰　清乾隆四十一年(1776)西湖樓刻本　一冊

430000－2401－0004190　192.3/127－2(1)

聲韻考四卷　（清）戴震撰　清乾隆四十一年(1776)西湖樓刻本　一冊

430000－2401－0004191　192.3/127

聲韻考四卷　（清）戴震撰　清乾隆刻本　二冊

430000－2401－0004192　192.3/127(1)

聲韻考四卷　（清）戴震撰　清乾隆刻本　二冊

430000－2401－0004193　192.3/127(2)

聲韻考四卷　（清）戴震撰　清乾隆刻本　二冊

430000－2401－0004194　192.3/82

天籟新韻一卷字體存正一卷　（清）蕭承烜撰　清光緒十二年(1886)刻本　二冊

430000－2401－0004195　192.3/132

聲韻訂訛一卷　（清）曠敏本撰　清光緒刻本　一冊

430000－2401－0004196　192.3/132(1)

聲韻訂訛一卷　（清）曠敏本撰　清光緒刻本　一冊

430000－2401－0004197　192.3/158

岣嶁韻牋五卷　（清）曠敏本撰　清乾隆三十四年(1769)曠氏刻岣嶁叢書本　五冊

430000－2401－0004198　192.3/16－4

音學五書三十八卷　（清）顧炎武撰　清康熙六年(1667)山陽張弨符山堂刻本　十八冊

430000－2401－0004199　192.3/16－4(1)

音學五書三十八卷　（清）顧炎武撰　清康熙六年(1667)山陽張弨符山堂刻本　十二冊

430000－2401－0004200　192.3/16－4(2)

音學五書三十八卷　（清）顧炎武撰　清康熙
六年（1667）山陽張弨符山堂刻本　十二冊

430000－2401－0004201　192.3/16－4(3)

音學五書三十八卷　（清）顧炎武撰　清康熙
六年（1667）山陽張弨符山堂刻本　十二冊

430000－2401－0004202　192.3/16－4(4)

音學五書三十八卷　（清）顧炎武撰　清康熙
六年（1667）山陽張弨符山堂刻本　十冊

430000－2401－0004203　192.3/16

音學五書三十八卷　（清）顧炎武撰　清光緒
十六年（1890）思賢講舍刻本　十二冊

430000－2401－0004204　192.3/16(1)

音學五書三十八卷　（清）顧炎武撰　清光緒
十六年（1890）思賢講舍刻本　十四冊

430000－2401－0004205　192.3/16(2)

音學五書三十八卷　（清）顧炎武撰　清光緒
十六年（1890）思賢講舍刻本　十二冊

430000－2401－0004206　192.3/16－2

音學五書三十八卷　（清）顧炎武撰　清光緒
十一年（1885）四明觀稼樓刻本　十二冊

430000－2401－0004207　192.3/16－2(1)

音學五書三十八卷　（清）顧炎武撰　清光緒
十一年（1885）四明觀稼樓刻本　十二冊

430000－2401－0004208　192.3/16－2(2)

音學五書三十八卷　（清）顧炎武撰　清光緒
十一年（1885）四明觀稼樓刻本　十二冊

430000－2401－0004209　192.3/16－3

音學五書三十八卷　（清）顧炎武撰　清光緒
十一年（1885）湘陰郭氏岵瞻堂刻本　十二冊

430000－2401－0004210　192.3/16－3(1)

音學五書三十八卷　（清）顧炎武撰　清光緒
十一年（1885）湘陰郭氏岵瞻堂刻本　十二冊

430000－2401－0004211　192.3/16－3(2)

音學五書三十八卷　（清）顧炎武撰　清光緒
十一年（1885）湘陰郭氏岵瞻堂刻本　十二冊

430000－2401－0004212　192.3/136

八矢註字圖說一卷鍾律陳數一卷　（清）顧陳
垿撰　清味菜廬刻本　一冊

430000－2401－0004213　△211/1

十七史　（明）毛晉輯　明崇禎元年至十七年
（1628－1644）毛氏汲古閣刻本　佚名批校圈
點　二百二十二冊

430000－2401－0004214　△211/2

二十一史　明萬曆北京國子監刻清康熙二十
五年（1686）遞修本　五百二十二冊

430000－2401－0004215　△211/2(1)

二十一史　明萬曆北京國子監刻清康熙二十
五年（1686）遞修本　五百五十九冊

430000－2401－0004216　△211/3

二十四史　清乾隆四年至四十九年（1739－
1784）武英殿刻本　六百九十二冊

430000－2401－0004217　211/2－2

二十四史　清咸豐元年（1851）新會陳氏刻本
　八百二十六冊

430000－2401－0004218　211/2－2(1)

二十四史　清咸豐元年（1851）新會陳氏刻本
　八百五十八冊　缺二十一卷（北史八至十、
二十一至二十三、三十二至三十九、四十二至
四十四、五十六至五十九）

430000－2401－0004219　211/1－3

二十四史　清同治八年（1869）嶺南葄古堂刻
本　八百五十冊

430000－2401－0004220　211/1－3(1)

二十四史　清同治八年（1869）嶺南葄古堂刻
本　八百五十冊

430000－2401－0004221　211/1－3(2)

二十四史　清同治八年（1869）嶺南葄古堂刻
本　八百六十三冊

430000－2401－0004222　211/2

二十四史　清同治、光緒五省官書刻光緒五
年（1879）湖北書局彙印本　四百〇四冊

430000－2401－0004223　211/2(1)

二十四史　清同治、光緒五省官書刻光緒五

年(1879)湖北書局彙印本　五百九十冊

430000 – 2401 – 0004224　211/2(2)

二十四史　清同治、光緒五省官書刻光緒五年(1879)湖北書局彙印本　四百〇三冊

430000 – 2401 – 0004225　211/2(3)

二十四史　清同治、光緒五省官書刻光緒五年(1879)湖北書局彙印本　五百九十二冊

430000 – 2401 – 0004226　211/2(4)

二十四史　清同治、光緒五省官書刻光緒五年(1879)湖北書局彙印本　四百五十冊　漢書缺第三至五冊

430000 – 2401 – 0004227　211/2(5)

二十四史　清同治、光緒五省官書刻光緒五年(1879)湖北書局彙印本　五百四十二冊

430000 – 2401 – 0004228　211/2(6)

二十四史　清同治、光緒五省官書刻光緒五年(1879)湖北書局彙印本　五百七十一冊

430000 – 2401 – 0004229　211/1 – 10

二十四史　清光緒十年(1884)上海同文書局石印本　七百十一冊

430000 – 2401 – 0004230　211/1 – 10(1)

二十四史　清光緒十年(1884)上海同文書局石印本　六百九十三冊

430000 – 2401 – 0004231　211/1 – 10(2)

二十四史　清光緒十年(1884)上海同文書局石印本　七百七十一冊

430000 – 2401 – 0004232　211/1 – 10(3)

二十四史　清光緒十年(1884)上海同文書局石印本　七百〇三冊

430000 – 2401 – 0004233　211/1 – 7

二十四史　清光緒十八年(1892)武林竹簡齋石印本　二百冊

430000 – 2401 – 0004234　211/1 – 7(1)

二十四史　清光緒十八年(1892)武林竹簡齋石印本　一百九十八冊　缺前漢書七十二至一百

430000 – 2401 – 0004235　211/1 – 9

二十四史　清光緒二十七年(1901)上海華商集成圖書公司鉛印本　四百〇四冊

430000 – 2401 – 0004236　211/1 – 8

二十四史　清光緒二十八年(1902)武林竹簡齋第二次石印本　一百八十九冊　缺三國志、陳書、南史、明史一百九十二至三百三十二

430000 – 2401 – 0004237　211/1 – 11

二十四史　清光緒二十九年(1903)五洲同文局石印本　七百十冊

430000 – 2401 – 0004238　211/1 – 11(1)

二十四史　清光緒二十九年(1903)五洲同文局石印本　七百七十一冊

430000 – 2401 – 0004239　211/1 – 6

二十四史　清光緒三十四年(1908)上海集成圖書公司鉛印本　四百冊

430000 – 2401 – 0004240　211/1 – 6(1)

二十四史　清光緒三十四年(1908)上海集成圖書公司鉛印本　四百冊

430000 – 2401 – 0004241　211/6

思益堂史學三種　(清)周壽昌撰　清光緒十年(1884)長沙周氏小對竹軒刻本　十六冊

430000 – 2401 – 0004242　291/79

史學叢書　清光緒二十五年(1899)文瀾書局石印本　三十二冊

430000 – 2401 – 0004243　291/79 – 2

史學叢書　(清)□□輯　清光緒二十八年(1902)文瀾書局石印本　三十二冊

430000 – 2401 – 0004244　△212/2

史記一百三十卷　(漢)司馬遷撰　(南朝宋)裴駰集解　(唐)司馬貞索隱　明正德十二至十三年(1517 – 1518)邵宗園刻本　二十冊

430000 – 2401 – 0004245　△212/2 – 3

史記一百三十卷　(漢)司馬遷撰　(南朝宋)裴駰集解　(明)柯維熊校　明嘉靖四年(1525)臺灣汪諒氏刻本　三十冊

430000 – 2401 – 0004246　△212/2 – 2

史記一百三十卷　（漢）司馬遷撰　（南朝宋）
裴駰集解　（唐）司馬貞索隱　（唐）張守節正
義　明嘉靖四年至六年(1525 – 1527)王延喆
刻本　二十四冊

430000 – 2401 – 0004247　△212/2 – 2(1)

史記一百三十卷　（漢）司馬遷撰　（南朝宋）
裴駰集解　（唐）司馬貞索隱　（唐）張守節正
義　明嘉靖四年至六年(1525 – 1527)王延喆
刻本　三十冊

430000 – 2401 – 0004248　△212/2 – 2(2)

史記一百三十卷　（漢）司馬遷撰　（南朝宋）
裴駰集解　（唐）司馬貞索隱　（唐）張守節正
義　明嘉靖四年至六年(1525 – 1527)王延喆
刻本　清丁晏題識　佚名批校　三十冊

430000 – 2401 – 0004249　△212/2 – 2(3)

史記一百三十卷　（漢）司馬遷撰　（南朝宋）
裴駰集解　（唐）司馬貞索隱　（唐）張守節正
義　明嘉靖四年至六年(1525 – 1527)王延喆
刻本　葉啟發題識　三十冊

430000 – 2401 – 0004250　△212/2 – 4

史記一百三十卷　（漢）司馬遷撰　（南朝宋）
裴駰集解　（唐）司馬貞索隱　（唐）張守節正
義　明萬曆二十四年(1596)南京國子監刻明
清遞修本　清佚名錄明歸有光,清方苞、何
焯、王念孫、曾國藩批校　二十冊

430000 – 2401 – 0004251　△212/2 – 4(1)

史記一百三十卷　（漢）司馬遷撰　（南朝宋）
裴駰集解　（唐）司馬貞索隱　（唐）張守節正
義　明萬曆二十四年(1596)南京國子監刻明
清遞修本　二十四冊

430000 – 2401 – 0004252　212/12 – 34

史記一百三十卷　（漢）司馬遷撰　（南朝宋）
裴駰集解　（唐）司馬貞索隱　明萬曆二十六
年(1598)刻本　三冊　存十八卷(八至十二、
二十三至二十七、一百二十三至一百三十)

430000 – 2401 – 0004253　△212/2 – 6

史記一百三十卷　（漢）司馬遷撰　（明）陳仁

錫評　明崇禎七年(1634)刻本　佚名錄明歸
有光批校　二十四冊

430000 – 2401 – 0004254　△212/2 – 7

史記一百三十卷　（漢）司馬遷撰　（南朝宋）
裴駰集解　明崇禎十四年(1641)毛氏汲古閣
刻本　二十冊

430000 – 2401 – 0004255　△212/2 – 5

史記一百三十卷　（漢）司馬遷撰　（南朝宋）
裴駰集解　（唐）司馬貞索隱　（唐）張守節正
義　（明）陳子龍　（明）徐孚遠測議　明崇禎
刻本　佚名朱筆批校　二十四冊

430000 – 2401 – 0004256　△212/2 – 9

史記一百三十卷　（漢）司馬遷撰　（南朝宋）
裴駰集解　（唐）司馬貞索隱　（唐）張守節正
義　明柯維熊刻本　佚名批校　四冊　存十
二卷(四至七、二十六至二十七、一百十二至
一百十七)

430000 – 2401 – 0004257　△212/2 – 9(1)

史記一百三十卷　（漢）司馬遷撰　（南朝宋）
裴駰集解　（唐）司馬貞索隱　（唐）張守節正
義　明柯維熊刻本　七冊　存十七卷(二至
五、二十六至二十七、三十至四十)

430000 – 2401 – 0004258　△212/2 – 8

史記一百三十卷　（漢）司馬遷撰　（南朝宋）
裴駰集解　（唐）司馬貞索隱　（唐）張守節正
義　（明）鍾人傑輯評　明鍾人傑刻本　十
六冊

430000 – 2401 – 0004259　212/12 – 37

史記一百三十卷　（漢）司馬遷撰　（南朝宋）
裴駰集解　（唐）司馬貞索隱　（唐）張守節正
義　明吳勉學刻本　五冊　存二十卷(五至
二十四)

430000 – 2401 – 0004260　212/12 – 14

史記一百三十卷　（漢）司馬遷撰　（唐）司馬
貞索隱　（唐）張守節正義　（南朝宋）裴駰集
解　明刻本　十四冊

430000 – 2401 – 0004261　212/12 – 22

史記一百三十卷　（漢）司馬遷撰　（南朝宋）

裴駰集解　（唐）司馬貞索隱　（唐）張守節正
義　清乾隆四年(1739)刻本　二十六冊

430000－2401－0004262　212/12－22(1)

史記一百三十卷　（漢）司馬遷撰　（南朝宋）
裴駰集解　（唐）司馬貞索隱　（唐）張守節正
義　清乾隆四年(1739)刻本　十八冊　缺四
十九卷(八十二至一百三十)

430000－2401－0004263　212/12－8

史記一百三十卷　（漢）司馬遷撰　（南朝宋）
裴駰集解　（唐）司馬貞索隱　（唐）張守節正
義　清同治五年至九年(1866－1870)金陵書
局刻本　二十二冊

430000－2401－0004264　212/12－19

王本史記一百三十卷　（漢）司馬遷撰　（南
朝宋）裴駰集解　（唐）司馬貞索隱　（唐）張
守節正義　清同治九年(1870)楚北崇文書局
刻本　二十四冊

430000－2401－0004265　212/12－19(1)

王本史記一百三十卷　（漢）司馬遷撰　（南
朝宋）裴駰集解　（唐）司馬貞索隱　（唐）張
守節正義　清同治九年(1870)楚北崇文書局
刻本　二十四冊

430000－2401－0004266　212/12－19(2)

王本史記一百三十卷　（漢）司馬遷撰　（南
朝宋）裴駰集解　（唐）司馬貞索隱　（唐）張
守節正義　清同治九年(1870)楚北崇文書局
刻本　二十四冊

430000－2401－0004267　212/12－10

史記一百三十卷　（漢）司馬遷撰　（南朝宋）
裴駰集解　（唐）司馬貞索隱　（唐）張守節正
義　清同治十一年(1872)成都書局刻本　二
十六冊

430000－2401－0004268　212/12－10(1)

史記一百三十卷　（漢）司馬遷撰　（南朝宋）
裴駰集解　（唐）司馬貞索隱　（唐）張守節正
義　清同治十一年(1872)成都書局刻本　二
十六冊

430000－2401－0004269　212/12－10(2)

史記一百三十卷　（漢）司馬遷撰　（南朝宋）
裴駰集解　（唐）司馬貞索隱　（唐）張守節正
義　清同治十一年(1872)成都書局刻本　三
十二冊

430000－2401－0004270　212/12－10(3)

史記一百三十卷　（漢）司馬遷撰　（南朝宋）
裴駰集解　（唐）司馬貞索隱　（唐）張守節正
義　清同治十一年(1872)成都書局刻本　三
十二冊

430000－2401－0004271　212/12－10(4)

史記一百三十卷　（漢）司馬遷撰　（南朝宋）
裴駰集解　（唐）司馬貞索隱　（唐）張守節正
義　清同治十一年(1872)成都書局刻本　十
六冊　存七十四卷(一至七十四)

430000－2401－0004272　212/12－20

史記一百三十卷　（漢）司馬遷撰　（南朝宋）
裴駰集解　（唐）司馬貞索隱　（唐）張守節正
義　清光緒四年(1878)金陵書局刻本　二十
四冊

430000－2401－0004273　212/12－20(1)

史記一百三十卷　（漢）司馬遷撰　（南朝宋）
裴駰集解　（唐）司馬貞索隱　（唐）張守節正
義　清光緒四年(1878)金陵書局刻本　十
六冊

430000－2401－0004274　212/12－20(2)

史記一百三十卷　（漢）司馬遷撰　（南朝宋）
裴駰集解　（唐）司馬貞索隱　（唐）張守節正
義　清光緒四年(1878)金陵書局刻本　十
六冊

430000－2401－0004275　212/12－27

古香齋鑒賞袖珍史記一百三十卷　（漢）司馬
遷撰　（南朝宋）裴駰集解　（唐）司馬貞索隱
　（唐）張守節正義　清光緒八年(1882)古香
齋刻本　二十四冊

430000－2401－0004276　212/12－27(1)

古香齋鑒賞袖珍史記一百三十卷　（漢）司馬
遷撰　（南朝宋）裴駰集解　（唐）司馬貞索隱
　（唐）張守節正義　清光緒八年(1882)古香

齋刻本　三十冊　缺二十八卷(四十四至六十六、七十至七十四)

430000－2401－0004277　212/12－26
史記一百三十卷　(漢)司馬遷撰　(南朝宋)裴駰集解　(唐)司馬貞索隱　(唐)張守節正義　清光緒十年(1884)上海同文書局石印本　二十九冊

430000－2401－0004278　212/12－26(1)
史記一百三十卷　(漢)司馬遷撰　(南朝宋)裴駰集解　(唐)司馬貞索隱　(唐)張守節正義　清光緒十年(1884)上海同文書局石印本　二十二冊

430000－2401－0004279　212/12－26(2)
史記一百三十卷　(漢)司馬遷撰　(南朝宋)裴駰集解　(唐)司馬貞索隱　(唐)張守節正義　清光緒十年(1884)上海同文書局石印本　十八冊

430000－2401－0004280　212/12－9
史記一百三十卷　(漢)司馬遷撰　(南朝宋)裴駰集解　(唐)司馬貞索隱　(唐)張守節正義　清光緒十八年(1892)武林竹簡齋石印本　八冊

430000－2401－0004281　212/12－12
景百衲宋本史記一百三十卷　(漢)司馬遷撰　(南朝宋)裴駰集解　(唐)司馬貞索隱　(唐)張守節正義　清宣統三年至民國三年(1911－1914)貴池劉氏玉海堂刻本　二十四冊

430000－2401－0004282　212/12－12(1)
景百衲宋本史記一百三十卷　(漢)司馬遷撰　(南朝宋)裴駰集解　(唐)司馬貞索隱　(唐)張守節正義　清宣統三年至民國三年(1911－1914)貴池劉氏玉海堂刻本　二十四冊

430000－2401－0004283　212/12－6
史記一百三十卷　(漢)司馬遷撰　(明)徐孚遠　(明)陳子龍測議　清嘉慶十一年(1806)同人堂刻本　二十冊

430000－2401－0004284　212/12－6(1)
史記一百三十卷　(漢)司馬遷撰　(明)徐孚遠　(明)陳子龍測議　清嘉慶十一年(1806)同人堂刻本　二十八冊

430000－2401－0004285　212/12－32
史記一百三十卷　(漢)司馬遷撰　(明)徐孚遠　(明)陳子龍測議　清道光十四年(1834)三元堂刻本　二十一冊

430000－2401－0004286　212/12－7
史記一百三十卷　(漢)司馬遷撰　(明)徐孚遠　(明)陳子龍測議　清聚錦堂刻本　三十二冊

430000－2401－0004287　212/12－7(1)
史記一百三十卷　(漢)司馬遷撰　(明)徐孚遠　(明)陳子龍測議　清聚錦堂刻本　二十八冊

430000－2401－0004288　212/12－7(2)
史記一百三十卷　(漢)司馬遷撰　(明)徐孚遠　(明)陳子龍測議　清聚錦堂刻本　二十四冊

430000－2401－0004289　212/12
評點史記一百三十卷　(漢)司馬遷撰　(明)歸有光評　清光緒二年至四年(1876－1878)武昌張氏刻本　十六冊

430000－2401－0004290　212/50
史記索隱三十卷　(唐)司馬貞撰　明汲古閣刻本　二冊

430000－2401－0004291　212/50－2
史記索隱三十卷　(唐)司馬貞撰　清光緒十九年(1893)廣雅書局刻本　四冊

430000－2401－0004292　△212/3－2
史記評林一百三十卷　(明)凌稚隆輯　明萬曆二年至四年(1574－1576)凌稚隆刻本　四十冊

430000－2401－0004293　△212/3－2(1)
史記評林一百三十卷　(明)凌稚隆輯　明萬曆二年至四年(1574－1576)凌稚隆刻本　二十四冊

430000 – 2401 – 0004294　△212/3 – 2(2)

史記評林一百三十卷　（明）凌稚隆輯　明萬曆二年至四年(1574 – 1576)凌稚隆刻本　二十四冊

430000 – 2401 – 0004295　△212/3

史記評林一百三十卷　（明）凌稚隆輯　明萬曆致和堂刻本　四十七冊　缺十八卷(列傳五十三至七十)

430000 – 2401 – 0004296　212/18(1)

史記評林一百三十卷　（明）凌稚隆輯　清同治十三年(1874)長沙魏氏養融書屋校刻本　二十八冊

430000 – 2401 – 0004297　212/18(2)

史記評林一百三十卷　（明）凌稚隆輯　清同治十三年(1874)長沙魏氏養融書屋校刻本　二十七冊

430000 – 2401 – 0004298　212/18

史記評林一百三十卷　（明）凌稚隆輯　清同治十三年(1874)刻光緒十年(1884)湘鄉劉鴻年重印本　三十冊

430000 – 2401 – 0004299　212/17

史記毛本正誤一卷　（清）丁晏撰　清光緒十六年(1890)廣雅書局刻本　一冊

430000 – 2401 – 0004300　212/19

史記註補正一卷　（清）方苞撰　清光緒二十年(1894)廣雅書局刻本　一冊

430000 – 2401 – 0004301　212/14

史記正譌三卷　（清）王元啓撰　清光緒十六年(1890)廣雅書局刻本　一冊

430000 – 2401 – 0004302　212/14(1)

史記正譌三卷　（清）王元啓撰　清光緒十六年(1890)廣雅書局刻本　一冊

430000 – 2401 – 0004303　212/13

史記志疑三十六卷　（清）梁玉繩撰　清光緒十三年(1887)廣雅書局刻本　十四冊

430000 – 2401 – 0004304　212/13(1)

史記志疑三十六卷　（清）梁玉繩撰　清光緒

十三年(1887)廣雅書局刻本　十六冊

430000 – 2401 – 0004305　212/13(2)

史記志疑三十六卷　（清）梁玉繩撰　清光緒十三年(1887)廣雅書局刻本　十二冊

430000 – 2401 – 0004306　212/13(3)

史記志疑三十六卷　（清）梁玉繩撰　清光緒十三年(1887)廣雅書局刻本　十四冊

430000 – 2401 – 0004307　212/13 – 3

史記志疑三十六卷　（清）梁玉繩撰　清光緒十四年(1888)餘姚朱氏刻本　十六冊

430000 – 2401 – 0004308　212/13 – 2

史記志疑三十六卷　（清）梁玉繩撰　清光緒二十一年(1895)湘陰郭氏岵瞻精舍刻本　十四冊

430000 – 2401 – 0004309　212/63

史記志疑三十六卷　（清）梁玉繩撰　鈔本六冊　存十卷(一至二、八至十五)

430000 – 2401 – 0004310　212/20

校刊史記集解索隱正義札記五卷　（清）張文虎撰　清同治十一年(1872)金陵書局刻本　二冊

430000 – 2401 – 0004311　212/20(1)

校刊史記集解索隱正義札記五卷　（清）張文虎撰　清同治十一年(1872)金陵書局刻本　二冊

430000 – 2401 – 0004312　212/20(2)

校刊史記集解索隱正義札記五卷　（清）張文虎撰　清同治十一年(1872)金陵書局刻本　二冊

430000 – 2401 – 0004313　212/20(3)

校刊史記集解索隱正義札記五卷　（清）張文虎撰　清同治十一年(1872)金陵書局刻本　二冊

430000 – 2401 – 0004314　212/20(4)

校刊史記集解索隱正義札記五卷　（清）張文虎撰　清同治十一年(1872)金陵書局刻本　二冊

430000－2401－0004315 212/20(5)

校刊史記集解索隱正義札記五卷 （清）張文虎撰 清同治十一年(1872)金陵書局刻本 二冊

430000－2401－0004316 212/20(5)

校刊史記集解索隱正義札記五卷 （清）張文虎撰 清同治十一年(1872)金陵書局刻本 二冊

430000－2401－0004317 212/29

寰宇分合志八卷 （明）徐樞編輯 清光緒二十八年(1902)湘潭楊氏家塾刻本 二冊

430000－2401－0004318 212/29(1)

寰宇分合志八卷 （明）徐樞編輯 清光緒二十八年(1902)湘潭楊氏家塾刻本 八冊

430000－2401－0004319 212/29(2)

寰宇分合志八卷 （明）徐樞編輯 清光緒二十八年(1902)湘潭楊氏家塾刻本 八冊

430000－2401－0004320 212/29(3)

寰宇分合志八卷 （明）徐樞編輯 清光緒二十八年(1902)湘潭楊氏家塾刻本 八冊

430000－2401－0004321 212/2

增定二十一史韻四卷首一卷末一卷續編四卷 （明）趙南星編 （清）仲弘道續 清康熙蘭雪堂刻本 十冊

430000－2401－0004322 212/28

趙忠毅公儕鶴先生史韻補註四卷 （明）趙南星撰 清同治元年(1862)刻本 二冊

430000－2401－0004323 212/9

史學綱領四卷 （明）顧充撰 （清）蕭承煊註 清光緒十五年(1889)刻本 四冊

430000－2401－0004324 212/26

史要七卷 （清）任啟運輯 （清）吳兆慶註 清嘉慶二十二年(1817)經綸堂刻本 六冊

430000－2401－0004325 212/26(1)

史要七卷 （清）任啟運輯 （清）吳兆慶註 清嘉慶二十二年(1817)經綸堂刻本 六冊

430000－2401－0004326 212/27

史要便讀二卷 （清）李瀚昌撰 清光緒十九年(1893)澧陽學舍刻本 二冊

430000－2401－0004327 212/27(1)

史要便讀二卷 （清）李瀚昌撰 清光緒十九年(1893)澧陽學舍刻本 二冊

430000－2401－0004328 212/11

讀史筆記十卷 （清）吳煊撰 清鈔本 佚名批校圈點 八冊 存七卷(一、五至十)

430000－2401－0004329 212/45

四史發伏十卷 （清）洪亮吉撰 清光緒八年(1882)小石山房刻本 二冊

430000－2401－0004330 212/45(1)

四史發伏十卷 （清）洪亮吉撰 清光緒八年(1882)小石山房刻本 四冊

430000－2401－0004331 212/48

多識錄四卷 （清）練恕撰 清道光十八年(1838)連平練氏上海刻本 一冊 存二卷(一至二)

430000－2401－0004332 212/11

半窗史略四十二卷首一卷 （清）龍體剛纂輯 清雍正四年(1726)刻本 十六冊

430000－2401－0004333 212/34－3

三史拾遺五卷 （清）錢大昕撰 清嘉慶十二年(1807)嘉興郡齋刻潛研堂全書本 二冊

430000－2401－0004334 212/34－3(1)

三史拾遺五卷 （清）錢大昕撰 清嘉慶十二年(1807)嘉興郡齋刻潛研堂全書本 二冊

430000－2401－0004335 212/34－2

三史拾遺五卷 （清）錢大昕撰 清光緒十年(1884)長沙龍氏家塾刻潛研堂全書本 二冊

430000－2401－0004336 212/34－2(1)

三史拾遺五卷 （清）錢大昕撰 清光緒十年(1884)長沙龍氏家塾刻潛研堂全書本 二冊

430000－2401－0004337 212/34－2(2)

三史拾遺五卷 （清）錢大昕撰 清光緒十年(1884)長沙龍氏家塾刻潛研堂全書本 二冊

430000－2401－0004338　212/34－2(3)

三史拾遺五卷　（清）錢大昕撰　清光緒十年(1884)長沙龍氏家塾刻潛研堂全書本　二冊

430000－2401－0004339　212/34

三史拾遺五卷　（清）錢大昕撰　清光緒十七年(1891)廣雅書局刻本　一冊

430000－2401－0004340　212/34(1)

三史拾遺五卷　（清）錢大昕撰　清光緒十七年(1891)廣雅書局刻本　二冊

430000－2401－0004341　212/34(2)

三史拾遺五卷　（清）錢大昕撰　清光緒十七年(1891)廣雅書局刻本　二冊

430000－2401－0004342　212/58

二十一史指掌錄□□卷　鈔本　一冊　存一卷(三)

430000－2401－0004343　212/8

武英殿本二十三史考證不分卷　清刻本　二十冊

430000－2401－0004344　212/23

歷代史略六卷　（清）□□撰　清末江楚書局刻本　八冊

430000－2401－0004345　△213/37－5

前漢書一百卷　（漢）班固撰　（唐）顏師古註　明嘉靖刻本　十四冊　存六十卷(二十至七十九)

430000－2401－0004346　△213/37－7

前漢書一百卷　（漢）班固撰　（唐）顏師古註　明萬曆劉應秋等校刻本　十五冊　存五十四卷(二十一至四十三、四十六至四十九、七十四至一百)

430000－2401－0004347　△213/37－4

前漢書一百卷　（漢）班固撰　（唐）顏師古註　明崇禎十五年(1642)毛氏汲古閣刻本　十六冊

430000－2401－0004348　△213/37－4(1)

前漢書一百卷　（漢）班固撰　（唐）顏師古註　明崇禎十五年(1642)毛氏汲古閣刻本　佚名批校圈點　十六冊

430000－2401－0004349　△213/32

前漢書一百卷　（漢）班固撰　（唐）顏師古註　明刻本　清劉福豫等批校圈點　三十二冊

430000－2401－0004350　△213/37－2

前漢書一百卷　（漢）班固撰　明吳勉學刻本　二十冊

430000－2401－0004351　△213/37－2(1)

前漢書一百卷　（漢）班固撰　明吳勉學刻本　三十六冊

430000－2401－0004352　△213/37

前漢書一百卷　（漢）班固撰　明德藩最樂軒刻本　佚名批校　四十八冊

430000－2401－0004353　△213/37(1)

前漢書一百卷　（漢）班固撰　明德藩最樂軒刻本　二十冊

430000－2401－0004354　△213/37(2)

前漢書一百卷　（漢）班固撰　明德藩最樂軒刻本　一冊　存一卷(目錄與高帝紀)

430000－2401－0004355　△213/37－6

前漢書一百卷　（漢）班固撰　（唐）顏師古註　明刻本　十九冊　存五十二卷(一至十三、十五至十六、二十至二十三、二十五至三十四、三十九至五十、七十八至八十一、八十五至八十七、九十至九十三)

430000－2401－0004356　△213/37－8

前漢書一百卷　（漢）班固撰　（唐）顏師古註　明清遞修本　二十四冊

430000－2401－0004357　213/19－3

前漢書一百卷　（漢）班固撰　（唐）顏師古註　清乾隆四年(1739)武英殿刻本　三十二冊

430000－2401－0004358　213/19－3(1)

前漢書一百卷　（漢）班固撰　（唐）顏師古註　清乾隆四年(1739)武英殿刻本　三十二冊

430000－2401－0004359　213/19－10

前漢書一百卷　（漢）班固撰　（唐）顏師古註　清同治八年(1869)金溪三讓堂刻本　二十八冊

430000－2401－0004360　△213/37－3

前漢書一百卷　（漢）班固撰　（唐）顏師古註
　清同治八年(1869)金陵書局刻本　佚名錄
何焯批校并圈點　十六冊

430000－2401－0004361　213/19－12

前漢書一百卷　（漢）班固撰　（唐）顏師古註
　清同治十年(1871)成都書局刻本　三十
二冊

430000－2401－0004362　213/19－2

前漢書一百卷　（漢）班固撰　（唐）顏師古註
　清同治十二年(1873)嶺東使署刻本　十
六冊

430000－2401－0004363　213/19－2(1)

前漢書一百卷　（漢）班固撰　（唐）顏師古註
　清同治十二年(1873)嶺東使署刻本　十
六冊

430000－2401－0004364　213/19－2(2)

前漢書一百卷　（漢）班固撰　（唐）顏師古註
　清同治十二年(1873)嶺東使署刻本　十
六冊

430000－2401－0004365　213/19－16

前漢書一百卷　（漢）班固撰　（唐）顏師古註
　清光緒十年(1884)上海同文書局石印本
三十四冊

430000－2401－0004366　213/19－8

前漢書一百卷　（漢）班固撰　清光緒十三年
(1887)金陵書局刻本　二十二冊

430000－2401－0004367　213/19－11

前漢書一百卷　（漢）班固撰　（唐）顏師古註
　清光緒二十六年(1900)長沙王氏刻本　三
十二冊

430000－2401－0004368　213/125

註釋漢書纂要□□卷　（明）史起欽纂輯　明
刻本　三冊　存三卷(二至三、五)

430000－2401－0004369　△213/33－2

漢書評林一百卷　（明）凌稚隆輯　明萬曆十
一年(1583)刻本　三十二冊

430000－2401－0004370　△213/33－2(1)

漢書評林一百卷　（明）凌稚隆輯　明萬曆十
一年(1583)刻本　七十九冊　存九十八卷
(二至九十九)

430000－2401－0004371　△213/33(1)

漢書評林一百卷　（明）凌稚隆輯　明萬曆刻
本　二十冊

430000－2401－0004372　213/85

漢書評林一百卷　（明）凌稚隆輯　清同治十
三年(1874)長沙魏氏養翩書屋校刻本　三十
二冊

430000－2401－0004373　213/85(1)

漢書評林一百卷　（明）凌稚隆輯　清同治十
三年(1874)長沙魏氏養翩書屋校刻本　三十
二冊

430000－2401－0004374　213/85

漢書評林一百卷　（明）凌稚隆輯　清光緒十
年(1884)重印本　二十六冊

430000－2401－0004375　213/85－2

漢書評林一百卷　（明）凌稚隆輯　清光緒十
七年(1891)長沙魏氏養翩書齋刻本　三十冊

430000－2401－0004376　213/75

鍾伯敬先生批評漢書一百卷　（漢）班固撰
（明）鍾惺評　明崇禎刻本　六冊　存十五卷
(年表一至八、志一至七)

430000－2401－0004377　213/35

註補續漢書八志三十卷　（晉）司馬彪撰
（南朝梁）劉昭註　清金陵書局刻本　二冊

430000－2401－0004378　213/114

漢書疏證三十六卷　（清）沈欽韓撰　清光緒
二十六年(1900)浙江書局刻本　二十四冊

430000－2401－0004379　△213/36

漢書疏證四十卷　（清）沈欽韓撰　清鈔本
清江文煒批校圈點　十冊

430000－2401－0004380　213/76

漢書註校補五十六卷　（清）周壽昌撰　清光
緒十年(1884)長沙小對竹軒刻本　十六冊

430000－2401－0004381　213/76(1)

漢書註校補五十六卷　（清）周壽昌撰　清光緒十年(1884)長沙小對竹軒刻本　十四冊

430000－2401－0004382　213/76(2)

漢書註校補五十六卷　（清）周壽昌撰　清光緒十年(1884)長沙小對竹軒刻本　十三冊

430000－2401－0004383　213/76(3)

漢書註校補五十六卷　（清）周壽昌撰　清光緒十年(1884)長沙小對竹軒刻本　十四冊

430000－2401－0004384　213/76－2

漢書註校補五十六卷　（清）周壽昌撰　清廣雅書局刻廣雅書局叢書本　十冊

430000－2401－0004385　213/100

姚惜抱先生前漢書評點一卷　（清）姚鼐撰　清光緒十六年(1890)天津石印本　一冊

430000－2401－0004386　213/100(1)

姚惜抱先生前漢書評點一卷　（清）姚鼐撰　清光緒十六年(1890)天津石印本　一冊

430000－2401－0004387　213/34

漢書引經異文錄證六卷　（清）繆祐孫撰　清光緒十一年(1885)刻本　二冊

430000－2401－0004388　213/34(1)

漢書引經異文錄證六卷　（清）繆祐孫撰　清光緒十一年(1885)刻本　二冊

430000－2401－0004389　213/34(2)

漢書引經異文錄證六卷　（清）繆祐孫撰　清光緒十一年(1885)刻本　二冊

430000－2401－0004390　213/34(3)

漢書引經異文錄證六卷　（清）繆祐孫撰　清光緒十一年(1885)刻本　二冊

430000－2401－0004391　213/43

漢書辨疑二十二卷　（清）錢大昭撰　清光緒十三年(1887)廣雅書局刻廣雅書局叢書本　五冊

430000－2401－0004392　213/43(1)

漢書辨疑二十二卷　（清）錢大昭撰　清光緒十三年(1887)廣雅書局刻廣雅書局叢書本　四冊

430000－2401－0004393　213/43(2)

漢書辨疑二十二卷　（清）錢大昭撰　清光緒十三年(1887)廣雅書局刻廣雅書局叢書本　四冊　缺五卷(十八至二十二)

430000－2401－0004394　213/20－2

漢書補註一百卷　王先謙撰　清光緒二十六年(1900)長沙王氏刻本　三十二冊

430000－2401－0004395　213/20－2(1)

漢書補註一百卷　王先謙撰　清光緒二十六年(1900)長沙王氏刻本　三十二冊

430000－2401－0004396　213/20－2(2)

漢書補註一百卷　王先謙撰　清光緒二十六年(1900)長沙王氏刻本　三十二冊

430000－2401－0004397　213/20－2(3)

漢書補註一百卷　王先謙撰　清光緒二十六年(1900)長沙王氏刻本　三十二冊

430000－2401－0004398　213/20－2(4)

漢書補註一百卷　王先謙撰　清光緒二十六年(1900)長沙王氏刻本　三十二冊

430000－2401－0004399　213/20－2(5)

漢書補註一百卷　王先謙撰　清光緒二十六年(1900)長沙王氏刻本　三十二冊

430000－2401－0004400　△213/19

班馬異同三十五卷　（宋）倪思撰　（宋）劉辰翁評　明嘉靖十六年(1537)李元陽校刻本　葉啟勳題識　十二冊

430000－2401－0004401　△213/19－2

班馬異同三十五卷　（宋）倪思撰　（宋）劉辰翁評　明刻本　六冊

430000－2401－0004402　△213/38－7

後漢書九十卷　（南朝宋）范曄撰　（唐）李賢註　志三十卷　（晉）司馬彪撰　（南朝梁）劉昭註　明嘉靖七年至九年(1528－1530)南京國子監刻明清遞修本　二十四冊

430000－2401－0004403　△213/38－2

後漢書九十卷　（南朝宋）范曄撰　（唐）李賢註　志三十卷　（晉）司馬彪撰　（南朝梁）劉

昭註　明嘉靖汪文盛刻本　三十六冊

430000－2401－0004404　△213/38－3

後漢書九十卷　（南朝宋）范曄撰　（唐）李賢
註　志三十卷　（晉）司馬彪撰　（南朝梁）劉
昭註　明萬曆鍾人傑刻本　二十冊

430000－2401－0004405　213/23－12

後漢書九十卷　（南朝宋）范曄撰　（唐）李賢
註　志三十卷　（晉）司馬彪撰　（南朝梁）劉
昭註　明天啟七年(1627)雲林積秀堂刻本
二十八冊

430000－2401－0004406　△213/38

後漢書九十卷　（南朝宋）范曄撰　（唐）李賢
註　志三十卷　（晉）司馬彪撰　（南朝梁）劉
昭註　明崇禎十六年(1643)毛氏汲古閣刻本
清陳浩、劉召南、劉福豫批校圈點　二十
二冊

430000－2401－0004407　△213/38－4

後漢書九十卷　（南朝宋）范曄撰　（唐）李賢
註　志三十卷　（晉）司馬彪撰　（南朝梁）劉
昭註　明吳勉學校刻本　三十六冊

430000－2401－0004408　△213/38－6

後漢書九十卷　（南朝宋）范曄撰　（唐）李賢
註　志三十卷　（晉）司馬彪撰　（南朝梁）劉
昭註　明刻本　王禮培題識　十六冊　存四十
五卷(紀傳三十一至五十六、志六十二至八十)

430000－2401－0004409　213/23－7

後漢書一百二十卷　（南朝宋）范曄撰　（唐）李
賢註　**續志**　（晉）司馬彪撰　（南朝梁）劉昭註
清乾隆四年(1739)武英殿刻本　二十八冊

430000－2401－0004410　213/23－13

後漢書一百二十卷　（南朝宋）范曄撰　（唐）
李賢註　**續志**　（晉）司馬彪撰　（南朝梁）劉
昭註　清道光十六年(1836)刻本　三十四冊

430000－2401－0004411　△213/38－8

後漢書九十卷　（南朝宋）范曄撰　（唐）李賢
註　**志三十卷**　（晉）司馬彪撰　（南朝梁）劉
昭註　清同治八年(1869)金陵書局刻本　佚
名錄清何焯等人批校　十六冊

430000－2401－0004412　213/23－3

後漢書一百二十卷　（南朝宋）范曄撰　（唐）
李賢註　**續志**　（晉）司馬彪撰　（南朝梁）劉
昭註　清同治十年(1871)成都書局刻本　二
十八冊

430000－2401－0004413　213/23－5

後漢書一百二十卷　（南朝宋）范曄撰　（唐）
李賢註　**續志**　（晉）司馬彪撰　（南朝梁）劉
昭註　清同治十二年(1873)嶺東使署刻本
十六冊

430000－2401－0004414　213/23－5(1)

後漢書一百二十卷　（南朝宋）范曄撰　（唐）
李賢註　**續志**　（晉）司馬彪撰　（南朝梁）劉
昭註　清同治十二年(1873)嶺東使署刻本
十六冊

430000－2401－0004415　213/23－5(2)

後漢書一百二十卷　（南朝宋）范曄撰　（唐）
李賢註　**續志**　（晉）司馬彪撰　（南朝梁）劉
昭註　清同治十二年(1873)嶺東使署刻本
十六冊

430000－2401－0004416　213/23－5(3)

後漢書一百二十卷　（南朝宋）范曄撰　（唐）
李賢註　**續志**　（晉）司馬彪撰　（南朝梁）劉
昭註　清同治十二年(1873)嶺東使署刻本
十六冊

430000－2401－0004417　213/23－5(4)

後漢書一百二十卷　（南朝宋）范曄撰　（唐）
李賢註　**續志**　（晉）司馬彪撰　（南朝梁）劉
昭註　清同治十二年(1873)嶺東使署刻本
十六冊

430000－2401－0004418　213/23－6

後漢書一百二十卷　（南朝宋）范曄撰　（唐）
李賢註　**續志**　（晉）司馬彪撰　（南朝梁）劉
昭註　清光緒元年(1875)桂垣書局刻本　二
十二冊

430000－2401－0004419　213/23－20

後漢書一百二十卷　（南朝宋）范曄撰　（唐）
李賢註　清光緒十年(1884)上海同文書局石

印本　三十四冊

430000－2401－0004420　　213/23－20(1)

後漢書一百二十卷　（南朝宋）范曄撰　（唐）李賢註　清光緒十年(1884)上海同文書局石印本　二十六冊

430000－2401－0004421　　213/23－20(2)

後漢書一百二十卷　（南朝宋）范曄撰　（唐）李賢註　清光緒十年(1884)上海同文書局石印本　二十六冊

430000－2401－0004422　　213/23－20(3)

後漢書一百二十卷　（南朝宋）范曄撰　（唐）李賢註　清光緒十年(1884)上海同文書局石印本　二十冊

430000－2401－0004423　　213/23－14

後漢書一百二十卷　（南朝宋）范曄撰　（唐）李賢註　清光緒十三年(1887)金陵書局刻本　二十二冊

430000－2401－0004424　　213/23－14(1)

後漢書一百二十卷　（南朝宋）范曄撰　（唐）李賢註　清光緒十三年(1887)金陵書局刻本　二十冊

430000－2401－0004425　　213/23－14(2)

後漢書一百二十卷　（南朝宋）范曄撰　（唐）李賢註　清光緒十三年(1887)金陵書局刻本　二十冊

430000－2401－0004426　　213/23－14(3)

後漢書一百二十卷　（南朝宋）范曄撰　（唐）李賢註　清光緒十三年(1887)金陵書局刻本　十四冊　存九十卷(一至九十)

430000－2401－0004427　　213/23－2

後漢書一百二十卷　（南朝宋）范曄撰　（唐）李賢註　**續志**　（晉）司馬彪撰　（南朝梁）劉昭註　清光緒十八年(1892)武林竹簡齋石印本　八冊

430000－2401－0004428　　213/23－17

後漢書一百二十卷　（南朝宋）范曄撰　（唐）李賢註　清光緒三十四年(1908)上海集成圖

書公司鉛印本　十六冊

430000－2401－0004429　　△213/43

後漢書論贊不分卷　（南朝宋）范曄撰　清王代興鈔本　一冊

430000－2401－0004430　　△212/8

兩漢刊誤補遺十卷　（宋）吳仁傑撰　清四庫全書鈔本　三冊

430000－2401－0004431　　212/6

兩漢刊誤補遺十卷　（宋）吳仁傑撰　清同治七年(1868)金陵書局木活字本　四冊

430000－2401－0004432　　212/6(1)

兩漢刊誤補遺十卷　（宋）吳仁傑撰　清同治七年(1868)金陵書局木活字本　二冊

430000－2401－0004433　　212/6(2)

兩漢刊誤補遺十卷　（宋）吳仁傑撰　清同治七年(1868)金陵書局木活字本　二冊

430000－2401－0004434　　212/6(3)

兩漢刊誤補遺十卷　（宋）吳仁傑撰　清同治七年(1868)金陵書局木活字本　二冊

430000－2401－0004435　　212/6(4)

兩漢刊誤補遺十卷　（宋）吳仁傑撰　清同治七年(1868)金陵書局木活字本　二冊

430000－2401－0004436　　212/6(5)

兩漢刊誤補遺十卷　（宋）吳仁傑撰　清同治七年(1868)金陵書局木活字本　一冊　存六卷(五至十)

430000－2401－0004437　　△213/41

東漢書刊誤四卷　（宋）劉攽撰　清鈔本　四冊

430000－2401－0004438　　213/25

後漢書疏證三十卷　（清）沈欽韓撰　清光緒二十六年(1900)浙江書局刻本　十六冊

430000－2401－0004439　　213/25(1)

後漢書疏證三十卷　（清）沈欽韓撰　清光緒二十六年(1900)浙江書局刻本　十六冊

430000－2401－0004440　　213/29

後漢書註又補一卷　（清）沈銘彝撰　清光緒
十四年(1888)廣雅書局刻廣雅書局叢書本
一冊

430000－2401－0004441　213/29－2
後漢書註又補一卷　（清）沈銘彝撰　清道光
十七年(1837)刻本　一冊

430000－2401－0004442　213/65
漢書蒙拾三卷後漢書蒙拾二卷　（清）杭世駿
輯　清刻杭大宗七種叢書本　一冊

430000－2401－0004443　213/65(1)
漢書蒙拾三卷後漢書蒙拾二卷　（清）杭世駿
輯　清刻杭大宗七種叢書本　一冊

430000－2401－0004444　213/28
後漢書註補正八卷　（清）周壽昌撰　清光緒
八年(1882)長沙思益堂刻本　四冊

430000－2401－0004445　213/28(1)
後漢書註補正八卷　（清）周壽昌撰　清光緒
八年(1882)長沙思益堂刻本　一冊

430000－2401－0004446　213/28(2)
後漢書註補正八卷　（清）周壽昌撰　清光緒
八年(1882)長沙思益堂刻本　一冊

430000－2401－0004447　213/28(3)
後漢書註補正八卷　（清）周壽昌撰　清光緒
八年(1882)長沙思益堂刻本　二冊

430000－2401－0004448　213/28(4)
後漢書註補正八卷　（清）周壽昌撰　清光緒
八年(1882)長沙思益堂刻本　二冊

430000－2401－0004449　213/28(5)
後漢書註補正八卷　（清）周壽昌撰　清光緒
八年(1882)長沙思益堂刻本　四冊

430000－2401－0004450　213/28(6)
後漢書註補正八卷　（清）周壽昌撰　清光緒
八年(1882)長沙思益堂刻本　四冊

430000－2401－0004451　△213/40
後漢書郭太傳補註一卷　（清）郭振鏞撰　稿
本　一冊

430000－2401－0004452　213/26
後漢書補註二十四卷　（清）惠棟撰　清嘉慶
九年(1804)德裕堂刻本　六冊

430000－2401－0004453　213/26(1)
後漢書補註二十四卷　（清）惠棟撰　清嘉慶
九年(1804)德裕堂刻本　四冊

430000－2401－0004454　213/42
後漢書辨疑十一卷　（清）錢大昭撰　清光緒
十四年(1888)廣雅書局刻廣雅書局叢書本
一冊

430000－2401－0004455　213/42(1)
後漢書辨疑十一卷　（清）錢大昭撰　清光緒
十四年(1888)廣雅書局刻廣雅書局叢書本
二冊

430000－2401－0004456　213/42(2)
後漢書辨疑十一卷　（清）錢大昭撰　清光緒
十四年(1888)廣雅書局刻廣雅書局叢書本
二冊

430000－2401－0004457　213/42(3)
後漢書辨疑十一卷　（清）錢大昭撰　清光緒
十四年(1888)廣雅書局刻廣雅書局叢書本
一冊

430000－2401－0004458　213/42(4)
後漢書辨疑十一卷　（清）錢大昭撰　清光緒
十四年(1888)廣雅書局刻廣雅書局叢書本
二冊

430000－2401－0004459　213/42(5)
後漢書辨疑十一卷　（清）錢大昭撰　清光緒
十四年(1888)廣雅書局刻廣雅書局叢書本
二冊

430000－2401－0004460　213/41
續漢書辨疑九卷　（清）錢大昭撰　清光緒十
四年(1888)廣雅書局刻廣雅書局叢書本
一冊

430000－2401－0004461　213/41(1)
續漢書辨疑九卷　（清）錢大昭撰　清光緒十四
年(1888)廣雅書局刻廣雅書局叢書本　一冊

430000－2401－0004462　213/41(2)

續漢書辨疑九卷　(清)錢大昭撰　清光緒十四年(1888)廣雅書局刻廣雅書局叢書本　一冊

430000－2401－0004463　213/41(3)

續漢書辨疑九卷　(清)錢大昭撰　清光緒十四年(1888)廣雅書局刻廣雅書局叢書本　一冊

430000－2401－0004464　△213/16－2(1)

季漢書六十卷答問一卷正論一卷　(明)謝陛撰　(明)臧懋循訂　明萬曆刻本　十二冊　存三十一卷(二十一至四十二、五十二至六十)

430000－2401－0004465　△213/16

季漢書六十卷答問一卷正論一卷　(明)謝陛撰　明末鍾人傑刻本　十二冊

430000－2401－0004466　△213/16－2

季漢書六十卷答問一卷正論一卷　(明)謝陛撰　(明)臧懋循訂　明萬曆刻本　十二冊

430000－2401－0004467　213/106

季漢書六十卷答問一卷正論一卷　(明)謝陛撰　(明)臧懋循訂　清鈔本　七冊　缺二十三卷(一至二十三)

430000－2401－0004468　213/37

季漢書九十卷　(清)章陶撰　清道光九年(1829)青山環漪軒刻本　十六冊

430000－2401－0004469　△213/2

三國志六十五卷　(晉)陳壽撰　(南朝宋)裴松之註　元刻明嘉靖萬曆南京國子監遞修本　十冊

430000－2401－0004470　△213/2－9

三國志六十五卷　(晉)陳壽撰　(南朝宋)裴松之註　明萬曆二十四年(1596)南京國子監馮夢楨刻本　十二冊

430000－2401－0004471　△213/2－7

三國志六十五卷　(晉)陳壽撰　(南朝宋)裴松之註　明萬曆二十八年(1600)北京國子監

敖文禎蕭雲舉刻本　七冊

430000－2401－0004472　△213/2－4

三國志六十五卷　(晉)陳壽撰　(南朝宋)裴松之註　明萬曆吳氏西爽堂刻本　佚名圈點　十六冊

430000－2401－0004473　△213/2－6

三國志六十五卷　(晉)陳壽撰　(南朝宋)裴松之註　明萬曆刻清康熙二十五年(1686)重修本　十五冊

430000－2401－0004474　△213/2－8

三國志六十五卷　(晉)陳壽撰　(南朝宋)裴松之註　明萬曆刻清康熙二十五年(1686)國子監重修本　佚名批校圈點　十六冊

430000－2401－0004475　△213/2－3

三國志六十五卷　(晉)陳壽撰　(南朝宋)裴松之註　明天啟六年(1626)陳仁錫刻本　清張端木批校圈點　十四冊

430000－2401－0004476　△213/2－5

三國志六十五卷　(晉)陳壽撰　(南朝宋)裴松之註　明崇禎十七年(1644)毛氏汲古閣刻本　清何紹基批校圈點　八冊

430000－2401－0004477　△213/2－2

三國志六十五卷　(晉)陳壽撰　(南朝宋)裴松之註　(明)陳仁錫評　明雲林積秀堂刻本　二十冊

430000－2401－0004478　213/4－3

三國志六十五卷　(晉)陳壽撰　(南朝宋)裴松之註　清乾隆四年(1739)武英殿刻本　二十冊

430000－2401－0004479　213/4－3(1)

三國志六十五卷　(晉)陳壽撰　(南朝宋)裴松之註　清乾隆四年(1739)武英殿刻本　十四冊

430000－2401－0004480　△213/2－10

三國志六十五卷　(晉)陳壽撰　(南朝宋)裴松之註　清同治六年(1867)金陵書局木活字本　二十冊

430000－2401－0004481　△213/2－10(1)
三國志六十五卷　（晉）陳壽撰　（南朝宋）裴松之註　清同治六年(1867)金陵書局木活字本　二十冊

430000－2401－0004482　213/4－9
三國志六十五卷　（晉）陳壽撰　（南朝宋）裴松之註　清同治九年(1870)金陵書局刻本　八冊

430000－2401－0004483　213/4－9(1)
三國志六十五卷　（晉）陳壽撰　（南朝宋）裴松之註　清同治九年(1870)金陵書局刻本　八冊

430000－2401－0004484　213/4－9(2)
三國志六十五卷　（晉）陳壽撰　（南朝宋）裴松之註　清同治九年(1870)金陵書局刻本　八冊

430000－2401－0004485　213/4－9(3)
三國志六十五卷　（晉）陳壽撰　（南朝宋）裴松之註　清同治九年(1870)金陵書局刻本　八冊

430000－2401－0004486　213/4－9(4)
三國志六十五卷　（晉）陳壽撰　（南朝宋）裴松之註　清同治九年(1870)金陵書局刻本　十二冊

430000－2401－0004487　213/4－2
三國志六十五卷　（晉）陳壽撰　（南朝宋）裴松之註　清同治十年(1871)成都書局刻本　十四冊

430000－2401－0004488　213/4－2(1)
三國志六十五卷　（晉）陳壽撰　（南朝宋）裴松之註　清同治十年(1871)成都書局刻本　十二冊

430000－2401－0004489　213/4－2(2)
三國志六十五卷　（晉）陳壽撰　（南朝宋）裴松之註　清同治十年(1871)成都書局刻本　十二冊

430000－2401－0004490　213/4－11

430000－2401－0004490　213/4－11
三國志六十五卷　（晉）陳壽撰　（南朝宋）裴松之註　清光緒十年(1884)上海同文書局石印本　十六冊

430000－2401－0004491　213/4－13
三國志六十五卷　（晉）陳壽撰　（南朝宋）裴松之註　清光緒十一年(1885)上海同文書局石印本　十六冊

430000－2401－0004492　213/4－13(1)
三國志六十五卷　（晉）陳壽撰　（南朝宋）裴松之註　清光緒十一年(1885)上海同文書局石印本　十六冊

430000－2401－0004493　213/4－8
三國志六十五卷　（晉）陳壽撰　（南朝宋）裴松之註　清光緒十三年(1887)江南書局刻本　十二冊

430000－2401－0004494　213/4－12
三國志六十五卷　（晉）陳壽撰　（南朝宋）裴松之註　清光緒十八年(1892)武林竹簡齋石印本　四冊

430000－2401－0004495　213/4－14
三國志六十五卷　（晉）陳壽撰　（南朝宋）裴松之註　清光緒三十四年(1908)上海集成圖書公司鉛印本　八冊

430000－2401－0004496　213/4－17
三國志六十五卷　（晉）陳壽撰　（南朝宋）裴松之註　清刻本　十二冊

430000－2401－0004497　213/4－16
三國志六十五卷　（晉）陳壽撰　（南朝宋）裴松之註　清古吳書業趙氏刻本　八冊

430000－2401－0004498　213/3
三國志註證遺四卷補四卷　（清）周壽昌撰　清光緒八年(1882)長沙思益堂刻思益堂史學三種本　二冊

430000－2401－0004499　213/3(1)
三國志註證遺四卷補四卷　（清）周壽昌撰　清光緒八年(1882)長沙思益堂刻思益堂史學三種本　二冊

430000－2401－0004500　213/3(2)

三國志註證遺四卷補四卷　(清)周壽昌撰
清光緒八年(1882)長沙思益堂刻思益堂史學
三種本　一冊

430000－2401－0004501　213/3(3)

三國志註證遺四卷補四卷　(清)周壽昌撰
清光緒八年(1882)長沙思益堂刻思益堂史學
三種本　二冊

430000－2401－0004502　213/3－2

三國志註證遺四卷　(清)周壽昌撰　清光緒
十七年(1891)廣雅書局刻本　一冊

430000－2401－0004503　213/3－2(1)

三國志註證遺四卷　(清)周壽昌撰　清光緒
十七年(1891)廣雅書局刻本　一冊

430000－2401－0004504　213/5－3

補三國疆域志二卷　(清)洪亮吉撰　清乾隆
四十六年(1781)西安刻本　一冊

430000－2401－0004505　213/5－3(1)

補三國疆域志二卷　(清)洪亮吉撰　清乾隆
四十六年(1781)西安刻本　一冊

430000－2401－0004506　213/5－3(2)

補三國疆域志二卷　(清)洪亮吉撰　清乾隆
四十六年(1781)西安刻本　一冊

430000－2401－0004507　213/5－3(3)

補三國疆域志二卷　(清)洪亮吉撰　清乾隆
四十六年(1781)西安刻本　二冊

430000－2401－0004508　213/5

補三國疆域志二卷　(清)洪亮吉撰　清光緒
四年(1878)授經堂刻本　一冊

430000－2401－0004509　213/5(1)

補三國疆域志二卷　(清)洪亮吉撰　清光緒
四年(1878)授經堂刻本　一冊

430000－2401－0004510　213/5(2)

補三國疆域志二卷　(清)洪亮吉撰　清光緒
四年(1878)授經堂刻本　一冊

430000－2401－0004511　213/5(3)

補三國疆域志二卷　(清)洪亮吉撰　清光緒

四年(1878)授經堂刻本　一冊

430000－2401－0004512　213/5－2

補三國疆域志二卷　(清)洪亮吉撰　清光緒
十七年(1891)廣雅書局刻本　一冊

430000－2401－0004513　213/5－2(1)

補三國疆域志二卷　(清)洪亮吉撰　清光緒
十七年(1891)廣雅書局刻本　一冊

430000－2401－0004514　213/5－4

補三國疆域志二卷　(清)洪亮吉撰　清鈔本
一冊

430000－2401－0004515　213/6

三國志補註續一卷　(清)侯康撰　清光緒十
七年(1891)廣雅書局刻本　一冊

430000－2401－0004516　213/6(1)

三國志補註續一卷　(清)侯康撰　清光緒十
七年(1891)廣雅書局刻本　一冊

430000－2401－0004517　213/6(2)

三國志補註續一卷　(清)侯康撰　清光緒十
七年(1891)廣雅書局刻本　一冊

430000－2401－0004518　213/111

三國志質疑六卷　(清)徐紹楨撰　清光緒十
六年(1890)羊城刻本　二冊

430000－2401－0004519　213/7

三國志旁證三十卷　(清)梁章鉅撰　清光緒
十五年(1889)廣雅書局刻本　六冊

430000－2401－0004520　213/7(1)

三國志旁證三十卷　(清)梁章鉅撰　清光緒
十五年(1889)廣雅書局刻本　六冊

430000－2401－0004521　213/9

三國志考證八卷　(清)潘眉撰　清光緒十五
年(1889)廣雅書局刻本　二冊

430000－2401－0004522　213/9(1)

三國志考證八卷　(清)潘眉撰　清光緒十五
年(1889)廣雅書局刻本　二冊

430000－2401－0004523　213/10

三國志辨疑三卷　(清)錢大昕撰　清光緒十

五年(1889)廣雅書局刻廣雅書局叢書本
一冊

430000－2401－0004524　213/10(1)
三國志辨疑三卷　（清）錢大昕撰　清光緒十
五年(1889)廣雅書局刻廣雅書局叢書本
一冊

430000－2401－0004525　213/10(2)
三國志辨疑三卷　（清）錢大昕撰　清光緒十
五年(1889)廣雅書局刻廣雅書局叢書本
一冊

430000－2401－0004526　213/10(3)
三國志辨疑三卷　（清）錢大昕撰　清光緒十
五年(1889)廣雅書局刻廣雅書局叢書本
一冊

430000－2401－0004527　213/11
三國志證聞三卷　（清）錢儀吉撰　清光緒十
一年(1885)江蘇書局刻本　二冊

430000－2401－0004528　213/11(1)
三國志證聞三卷　（清）錢儀吉撰　清光緒十
一年(1885)江蘇書局刻本　二冊

430000－2401－0004529　213/11(2)
三國志證聞三卷　（清）錢儀吉撰　清光緒十
一年(1885)江蘇書局刻本　二冊

430000－2401－0004530　213/8
三國疆域志補註十九卷　（清）謝鍾英撰　清
光緒二十四年(1898)　八冊

430000－2401－0004531　△213/3
三國史辨誤一卷　題（清）何焯撰　清葉名澧
鈔本　葉德輝題跋　一冊

430000－2401－0004532　△213/20
晉書一百三十卷　（唐）房玄齡等撰　元刻明
正德十年(1515)司禮監嘉靖南京國子監遞修
本　三冊　存十六卷(三十三至三十四、一百
十一至一百二十、一百二十七至一百三十)

430000－2401－0004533　213/30－3
晉書一百三十卷　（唐）房玄齡等撰　明嘉
靖、萬曆刻清初補刻本　五十九冊

430000－2401－0004534　213/30－2
晉書一百三十卷　（唐）房玄齡等撰　明崇禎
汲古閣刻本　三十二冊

430000－2401－0004535　213/30－2(1)
晉書一百三十卷　（唐）房玄齡等撰　明崇禎
汲古閣刻本　二十冊

430000－2401－0004536　213/30－2(2)
晉書一百三十卷　（唐）房玄齡等撰　明崇禎
汲古閣刻本　二十二冊

430000－2401－0004537　△213/20－3
晉書一百三十卷　（唐）房玄齡等撰　明吳氏
西爽堂刻本　清王念曾題識　三十冊

430000－2401－0004538　△213/20－2
晉書一百三十卷　（唐）房玄齡等撰　清乾隆
四年(1739)武英殿刻本　佚名批校圈點　三
十冊

430000－2401－0004539　213/30－5
晉書一百三十卷　（唐）房玄齡等撰　清同治
十年(1871)金陵書局刻本　二十四冊

430000－2401－0004540　213/30
晉書一百三十卷　（唐）房玄齡等撰　清光緒
十八年(1892)武林竹簡齋石印本　八冊

430000－2401－0004541　213/30－10
晉書一百三十卷　（唐）房玄齡等撰　清光緒
三十四年(1908)上海集成圖書公司鉛印本
十六冊

430000－2401－0004542　213/30－10(1)
晉書一百三十卷　（唐）房玄齡等撰　清光緒
三十四年(1908)上海集成圖書公司鉛印本
十六冊

430000－2401－0004543　△213/20－4
晉書一百三十卷　（唐）房玄齡等撰　清鈔本
二十六冊

430000－2401－0004544　△213/21
晉書校文□□卷　（清）丁國鈞撰　清鈔本
一冊　存三卷(三至五)

430000－2401－0004545　213/32

晉書校勘記三卷 （清）勞格撰　清光緒十八年(1892)廣雅書局刻本　一冊

430000－2401－0004546　213/32(1)

晉書校勘記三卷 （清）勞格撰　清光緒十八年(1892)廣雅書局刻本　一冊

430000－2401－0004547　△213/9

宋書一百卷 （南朝梁）沈約撰　明萬曆二十二年(1594)南京國子監刻本　二十四冊

430000－2401－0004548　△213/9(1)

宋書一百卷 （南朝梁）沈約撰　明萬曆二十二年(1594)南京國子監刻本　十冊

430000－2401－0004549　213/62－2

宋書一百卷 （南朝梁）沈約撰　明崇禎七年(1634)琴川毛氏汲古閣刻本　二十四冊

430000－2401－0004550　213/62－2(1)

宋書一百卷 （南朝梁）沈約撰　明崇禎七年(1634)琴川毛氏汲古閣刻本　二十四冊

430000－2401－0004551　213/62－4

宋書一百卷 （南朝梁）沈約撰　清乾隆四年(1739)武英殿刻本　二十四冊

430000－2401－0004552　213/62－4(1)

宋書一百卷 （南朝梁）沈約撰　清乾隆四年(1739)武英殿刻本　二十四冊

430000－2401－0004553　213/62－12

宋書一百卷 （南朝梁）沈約撰　清同治八年(1869)嶺南菊古堂刻本　二十七冊

430000－2401－0004554　213/62－5

宋書一百卷 （南朝梁）沈約撰　清同治十一年(1872)金陵書局刻本　二十冊

430000－2401－0004555　213/62－5(1)

宋書一百卷 （南朝梁）沈約撰　清同治十一年(1872)金陵書局刻本　十二冊

430000－2401－0004556　213/62－5(2)

宋書一百卷 （南朝梁）沈約撰　清同治十一年(1872)金陵書局刻本　十六冊

430000－2401－0004557　213/62－6

宋書一百卷 （南朝梁）沈約撰　清光緒十八年(1892)武林竹簡齋石印本　六冊

430000－2401－0004558　213/62－8

宋書一百卷 （南朝梁）沈約撰　清光緒二十九年(1903)五洲同文局石印本　二十四冊

430000－2401－0004559　213/62－10

宋書一百卷 （南朝梁）沈約撰　清光緒三十四年(1908)上海集成圖書公司鉛印本　十二冊

430000－2401－0004560　△213/18

南齊書五十九卷 （南朝梁）蕭子顯撰　宋刻宋元明遞修本　二十冊

430000－2401－0004561　△213/18－2

南齊書五十九卷 （南朝梁）蕭子顯撰　明萬曆十六年(1588)南京國子監刻清順治、康熙遞修本　十冊

430000－2401－0004562　△213/18－2(1)

南齊書五十九卷 （南朝梁）蕭子顯撰　明萬曆十六年(1588)南京國子監刻清順治、康熙遞修本　二十冊

430000－2401－0004563　213/70－5

南齊書五十九卷 （南朝梁）蕭子顯撰　明崇禎十年(1637)琴川毛氏汲古閣刻清順治九年(1652)補緝本　六冊

430000－2401－0004564　213/70－2

南齊書五十九卷 （南朝梁）蕭子顯撰　清乾隆四年(1739)武英殿刻本　八冊

430000－2401－0004565　213/70－2(1)

南齊書五十九卷 （南朝梁）蕭子顯撰　清乾隆四年(1739)武英殿刻本　八冊

430000－2401－0004566　213/70－2(2)

南齊書五十九卷 （南朝梁）蕭子顯撰　清乾隆四年(1739)武英殿刻本　八冊

430000－2401－0004567　213/70－2(3)

南齊書五十九卷 （南朝梁）蕭子顯撰　清乾隆四年(1739)武英殿刻本　八冊

430000－2401－0004568　213/70－2(4)

南齊書五十九卷 （南朝梁）蕭子顯撰 清乾隆四年(1739)武英殿刻本 八冊

430000－2401－0004569 213/70－8

南齊書五十九卷 （南朝梁）蕭子顯撰 清同治十三年(1874)金陵書局刻本 六冊

430000－2401－0004570 213/70－8(1)

南齊書五十九卷 （南朝梁）蕭子顯撰 清同治十三年(1874)金陵書局刻本 六冊

430000－2401－0004571 213/70－8(2)

南齊書五十九卷 （南朝梁）蕭子顯撰 清同治十三年(1874)金陵書局刻本 四冊

430000－2401－0004572 213/70－9

南齊書五十九卷 （南朝梁）蕭子顯撰 清光緒十八年(1892)武林竹簡齋石印本 二冊

430000－2401－0004573 213/70－7

南齊書五十九卷 （南朝梁）蕭子顯撰 清光緒二十九年(1903)五洲同文局石印本 八冊

430000－2401－0004574 213/70－10

南齊書五十九卷 （南朝梁）蕭子顯撰 清光緒三十四年(1908)上海集成圖書公司鉛印本 六冊

430000－2401－0004575 △213/24－2

梁書五十六卷 （唐）姚思廉撰 明萬曆三年(1575)南京國子監刻清順治、康熙遞修本 十冊

430000－2401－0004576 △213/24

梁書五十六卷 （唐）姚思廉撰 明崇禎六年(1633)毛氏汲古閣刻本 佚名批校圈點 六冊

430000－2401－0004577 213/68－7

梁書五十六卷 （唐）姚思廉撰 清乾隆四年(1739)武英殿刻本 八冊

430000－2401－0004578 213/68－7(1)

梁書五十六卷 （唐）姚思廉撰 清乾隆四年(1739)武英殿刻本 八冊

430000－2401－0004579 213/68－7(2)

梁書五十六卷 （唐）姚思廉撰 清乾隆四年(1739)武英殿刻本 八冊

430000－2401－0004580 213/68－7(3)

梁書五十六卷 （唐）姚思廉撰 清乾隆四年(1739)武英殿刻本 七冊 缺四卷(一至四)

430000－2401－0004581 213/68－5

梁書五十六卷 （唐）姚思廉撰 清同治十三年(1874)金陵書局刻本 六冊

430000－2401－0004582 213/68－5(1)

梁書五十六卷 （唐）姚思廉撰 清同治十三年(1874)金陵書局刻本 六冊

430000－2401－0004583 213/68－5(2)

梁書五十六卷 （唐）姚思廉撰 清同治十三年(1874)金陵書局刻本 八冊

430000－2401－0004584 213/68－6

梁書五十六卷 （唐）姚思廉撰 清光緒十八年(1892)武林竹簡齋石印本 二冊

430000－2401－0004585 213/68－4

梁書五十六卷 （唐）姚思廉撰 清光緒二十九年(1903)五洲同文局石印本 八冊

430000－2401－0004586 213/68－9

梁書五十六卷 （唐）姚思廉撰 清光緒三十四年(1908)上海集成圖書公司鉛印本 四冊

430000－2401－0004587 213/68－8

梁書五十六卷 （唐）姚思廉撰 清古吳書業趙氏刻本 八冊

430000－2401－0004588 △213/23

陳書三十六卷 （唐）姚思廉撰 宋刻宋元明遞修本 葉啟勳題識 六冊

430000－2401－0004589 △213/23(1)

陳書三十六卷 （唐）姚思廉撰 宋刻宋元明遞修本 六冊 存二十二卷(十五至三十六)

430000－2401－0004590 △213/23－2

陳書三十六卷 （唐）姚思廉撰 明萬曆十六年(1588)刻清順治十六年(1659)補刻本 六冊

430000－2401－0004591 213/101－9

陳書三十六卷 （唐）姚思廉撰　明崇禎四年(1631)琴川毛氏汲古閣刻本　二冊

430000－2401－0004592　213/101－9(1)

陳書三十六卷 （唐）姚思廉撰　明崇禎四年(1631)琴川毛氏汲古閣刻本　六冊

430000－2401－0004593　213/101－5

陳書三十六卷 （唐）姚思廉撰　清乾隆四年(1739)武英殿刻本　六冊

430000－2401－0004594　213/101－5(1)

陳書三十六卷 （唐）姚思廉撰　清乾隆四年(1739)武英殿刻本　六冊

430000－2401－0004595　213/101－3

陳書三十六卷 （唐）姚思廉撰　清同治八年(1869)嶺南菊古堂刻本　五冊

430000－2401－0004596　213/101－3(1)

陳書三十六卷 （唐）姚思廉撰　清同治八年(1869)嶺南菊古堂刻本　五冊

430000－2401－0004597　213/101－4

陳書三十六卷 （唐）姚思廉撰　清同治十一年(1872)金陵書局刻本　四冊

430000－2401－0004598　213/101－4(1)

陳書三十六卷 （唐）姚思廉撰　清同治十一年(1872)金陵書局刻本　四冊

430000－2401－0004599　213/101－4(2)

陳書三十六卷 （唐）姚思廉撰　清同治十一年(1872)金陵書局刻本　四冊

430000－2401－0004600　213/101－4(3)

陳書三十六卷 （唐）姚思廉撰　清同治十一年(1872)金陵書局刻本　四冊

430000－2401－0004601　213/101－2

陳書三十六卷 （唐）姚思廉撰　清光緒十八年(1892)武林竹簡齋石印本　一冊

430000－2401－0004602　213/101

陳書三十六卷 （唐）姚思廉撰　清光緒二十九年(1903)五洲同文局石印本　六冊

430000－2401－0004603　213/101－7

陳書三十六卷 （唐）姚思廉撰　清光緒三十四年(1908)上海集成圖書公司鉛印本　四冊

430000－2401－0004604　213/101－7(1)

陳書三十六卷 （唐）姚思廉撰　清光緒三十四年(1908)上海集成圖書公司鉛印本　四冊

430000－2401－0004605　△213/47－4

魏書一百十四卷 （北齊）魏收撰　宋刻宋元明遞修本　一冊　存一卷(一百〇五)

430000－2401－0004606　△213/47

魏書一百十四卷 （北齊）魏收撰　明萬曆二十四年(1596)國子監李廷機等校刻本　三十冊

430000－2401－0004607　△213/47－2

魏書一百十四卷 （北齊）魏收撰　明萬曆二十四年(1596)南京國子監刻清順治、康熙遞修本　二十四冊

430000－2401－0004608　△213/47－3

魏書一百十四卷 （北齊）魏收撰　明崇禎九年(1636)毛氏汲古閣刻本　十冊

430000－2401－0004609　213/64－7

魏書一百十四卷 （北齊）魏收撰　清乾隆四年(1739)武英殿刻本　二十四冊

430000－2401－0004610　213/64－7(1)

魏書一百十四卷 （北齊）魏收撰　清乾隆四年(1739)武英殿刻本　二十四冊

430000－2401－0004611　213/64－7(2)

魏書一百十四卷 （北齊）魏收撰　清乾隆四年(1739)武英殿刻本　十八冊　存九十八卷(一至九十八)

430000－2401－0004612　213/64－7(3)

魏書一百十四卷 （北齊）魏收撰　清乾隆四年(1739)武英殿刻本　十六冊　存八十六卷(一至八十六)

430000－2401－0004613　213/64－5

魏書一百十四卷 （北齊）魏收撰　清同治十一年(1872)金陵書局刻本　二十冊

430000－2401－0004614　213/64－5(1)

魏書一百十四卷　（北齊）魏收撰　清同治十一年(1872)金陵書局刻本　二十冊

430000－2401－0004615　213/64－5(2)

魏書一百十四卷　（北齊）魏收撰　清同治十一年(1872)金陵書局刻本　二十冊

430000－2401－0004616　213/64－5(3)

魏書一百十四卷　（北齊）魏收撰　清同治十一年(1872)金陵書局刻本　二十五冊

430000－2401－0004617　213/64－6

魏書一百十四卷　（北齊）魏收撰　清光緒二十九年(1903)五洲同文局石印本　二十四冊

430000－2401－0004618　213/83－2

魏書校勘記一卷　王先謙撰　清光緒九年(1883)長沙王氏刻本　一冊

430000－2401－0004619　213/83－2(1)

魏書校勘記一卷　王先謙撰　清光緒九年(1883)長沙王氏刻本　一冊

430000－2401－0004620　213/83－2(2)

魏書校勘記一卷　王先謙撰　清光緒九年(1883)長沙王氏刻本　一冊

430000－2401－0004621　213/83－2(3)

魏書校勘記一卷　王先謙撰　清光緒九年(1883)長沙王氏刻本　一冊

430000－2401－0004622　213/83－2(4)

魏書校勘記一卷　王先謙撰　清光緒九年(1883)長沙王氏刻本　一冊

430000－2401－0004623　213/83－2(5)

魏書校勘記一卷　王先謙撰　清光緒九年(1883)長沙王氏刻本　一冊

430000－2401－0004624　213/83－2(6)

魏書校勘記一卷　王先謙撰　清光緒九年(1883)長沙王氏刻本　一冊

430000－2401－0004625　213/83

魏書校勘記一卷　王先謙撰　清光緒十七年(1891)廣雅書局刻廣雅書局叢書本　一冊

430000－2401－0004626　213/83(1)

魏書校勘記一卷　王先謙撰　清光緒十七年(1891)廣雅書局刻廣雅書局叢書本　一冊

430000－2401－0004627　213/91

魏書官氏志疏證一卷　陳毅撰　清光緒二十三年(1897)刻本　一冊

430000－2401－0004628　213/91(1)

魏書官氏志疏證一卷　陳毅撰　清光緒二十三年(1897)刻本　一冊

430000－2401－0004629　213/91(2)

魏書官氏志疏證一卷　陳毅撰　清光緒二十三年(1897)刻本　一冊

430000－2401－0004630　213/91(3)

魏書官氏志疏證一卷　陳毅撰　清光緒二十三年(1897)刻本　一冊

430000－2401－0004631　213/91(4)

魏書官氏志疏證一卷　陳毅撰　清光緒二十三年(1897)刻本　一冊

430000－2401－0004632　△213/8

北齊書五十卷　（唐）李百藥撰　明萬曆十六年(1588)南京國子監趙用賢、張一桂刻本　八冊

430000－2401－0004633　213/78－3

北齊書五十卷　（唐）李百藥撰　明崇禎十一年(1638)琴川毛氏汲古閣刻本　五冊

430000－2401－0004634　213/78－4

北齊書五十卷　（唐）李百藥撰　明刻清康熙修本　五冊

430000－2401－0004635　△213/78－5

北齊書五十卷　（唐）李百藥撰　清乾隆四年(1739)武英殿刻本　八冊

430000－2401－0004636　213/78－5(1)

北齊書五十卷　（唐）李百藥撰　清乾隆四年(1739)武英殿刻本　八冊

430000－2401－0004637　213/78－5(2)

北齊書五十卷　（唐）李百藥撰　清乾隆四年(1739)武英殿刻本　八冊

430000－2401－0004638　213/78－5(3)

北齊書五十卷　(唐)李百藥撰　清乾隆四年(1739)武英殿刻本　七冊　缺六卷(四十五至五十)

430000－2401－0004639　213/78

北齊書五十卷　(唐)李百藥撰　清同治十三年(1874)金陵書局刻本　四冊

430000－2401－0004640　213/78(1)

北齊書五十卷　(唐)李百藥撰　清同治十三年(1874)金陵書局刻本　四冊

430000－2401－0004641　213/78(2)

北齊書五十卷　(唐)李百藥撰　清同治十三年(1874)金陵書局刻本　六冊

430000－2401－0004642　213/78(3)

北齊書五十卷　(唐)李百藥撰　清同治十三年(1874)金陵書局刻本　四冊

430000－2401－0004643　213/78－8

北齊書五十卷　(唐)李百藥撰　清光緒十四年(1888)上海圖書集成印書局鉛印本　六冊

430000－2401－0004644　213/78－6

北齊書五十卷　(唐)李百藥撰　清光緒十八年(1892)武林竹簡齋石印本　二冊

430000－2401－0004645　213/78－7

北齊書五十卷　(唐)李百藥撰　清光緒二十九年(1903)五洲同文局石印本　八冊

430000－2401－0004646　213/102－6

周書四十二卷　(唐)令狐德棻等撰　明萬曆十六年(1588)刻本　八冊

430000－2401－0004647　△213/13－3

周書五十卷　(唐)令狐德棻等撰　明萬曆三十二年(1604)北京國子監蕭雲舉刻本　五冊

430000－2401－0004648　△213/13－2

周書五十卷　(唐)令狐德棻等撰　明萬曆三十二年至三十三年(1604－1605)南京國子監刻清康熙二十五年(1686)遞修本　三冊

430000－2401－0004649　213/102－9

周書五十卷　(唐)令狐德棻等撰　明崇禎五

年(1632)琴川毛氏汲古閣刻本　五冊

430000－2401－0004650　213/102－3

周書五十卷　(唐)令狐德棻等撰　清乾隆四年(1739)武英殿刻本　八冊

430000－2401－0004651　213/102－3

周書五十卷　(唐)令狐德棻等撰　清乾隆四年(1739)武英殿刻本　八冊

430000－2401－0004652　213/102－5

周書五十卷　(唐)令狐德棻等撰　清同治八年(1869)嶺南葄古堂刻本　八冊

430000－2401－0004653　213/102－2

周書五十卷　(唐)令狐德棻等撰　清同治十三年(1874)金陵書局刻本　六冊

430000－2401－0004654　213/102－2(1)

周書五十卷　(唐)令狐德棻等撰　清同治十三年(1874)金陵書局刻本　四冊

430000－2401－0004655　213/102－2(2)

周書五十卷　(唐)令狐德棻等撰　清同治十三年(1874)金陵書局刻本　四冊

430000－2401－0004656　213/102－4

周書五十卷　(唐)令狐德棻等撰　清光緒十八年(1892)武林竹簡齋石印本　二冊

430000－2401－0004657　213/102

周書五十卷　(唐)令狐德棻等撰　清光緒二十九年(1903)五洲同文局石印本　八冊

430000－2401－0004658　△213/28

隋書八十五卷　(唐)魏徵等撰　明萬曆二十二年至二十三年(1594－1595)南京國子監刻明清遞修本　二十四冊

430000－2401－0004659　213/69－2

隋書八十五卷　(唐)魏徵等撰　明崇禎八年(1635)琴川毛氏汲古閣刻清順治七年(1650)補緝本　二十冊

430000－2401－0004660　213/69

隋書八十五卷　(唐)魏徵等撰　清乾隆四年(1739)武英殿刻本　二十四冊

430000 – 2401 – 0004661   213/69 – 3

隋書八十五卷   (唐)魏徵等撰   清同治十年
(1871)淮南書局刻本   十六冊

430000 – 2401 – 0004662   213/69 – 3(1)

隋書八十五卷   (唐)魏徵等撰   清同治十年
(1871)淮南書局刻本   十六冊

430000 – 2401 – 0004663   213/69 – 3(2)

隋書八十五卷   (唐)魏徵等撰   清同治十年
(1871)淮南書局刻本   十二冊

430000 – 2401 – 0004664   213/69 – 7

隋書八十五卷   (唐)魏徵等撰   清光緒十八
年(1892)武林竹簡齋石印本   六冊

430000 – 2401 – 0004665   213/69 – 4

隋書八十五卷   (唐)魏徵等撰   清光緒二十
九年(1903)五洲同文局石印本   二十四冊

430000 – 2401 – 0004666   △212/9

南史八十卷   (唐)李延壽撰   明萬曆三十一
年(1603)北京國子監楊道賓刻本   二十冊

430000 – 2401 – 0004667   212/31 – 2

南史八十卷   (唐)李延壽撰   清乾隆四年
(1739)武英殿刻本   二十冊

430000 – 2401 – 0004668   212/31 – 2(1)

南史八十卷   (唐)李延壽撰   清乾隆四年
(1739)武英殿刻本   二十冊

430000 – 2401 – 0004669   212/31 – 5

南史八十卷   (唐)李延壽撰   清同治十一年
(1872)金陵書局刻本   十二冊

430000 – 2401 – 0004670   212/31 – 5(1)

南史八十卷   (唐)李延壽撰   清同治十一年
(1872)金陵書局刻本   十二冊

430000 – 2401 – 0004671   212/31 – 5(2)

南史八十卷   (唐)李延壽撰   清同治十一年
(1872)金陵書局刻本   十二冊

430000 – 2401 – 0004672   212/31 – 5(3)

南史八十卷   (唐)李延壽撰   清同治十一年
(1872)金陵書局刻本   十冊

430000 – 2401 – 0004673   212/31 – 5(4)

南史八十卷   (唐)李延壽撰   清同治十一年
(1872)金陵書局刻本   十二冊

430000 – 2401 – 0004674   212/31 – 9

南史八十卷   (唐)李延壽撰   清光緒十四年
(1888)上海圖書集成印書局鉛印本   七冊
存四十四卷(一至四十四)

430000 – 2401 – 0004675   213/31 – 7

南史八十卷   (唐)李延壽撰   清光緒十八年
(1892)武林竹簡齋石印本   六冊

430000 – 2401 – 0004676   212/31 – 6

南史八十卷   (唐)李延壽撰   清光緒二十九
年(1903)五洲同文局石印本   二十冊

430000 – 2401 – 0004677   212/31 – 3

南史八十卷   (唐)李延壽撰   清刻本   十冊

430000 – 2401 – 0004678   △212/15

北史一百卷   (唐)李延壽撰   明萬曆十九年
至二十年(1591 – 1592)南京國子監鄧以讚刻
本   三十冊

430000 – 2401 – 0004679   △212/15 – 2

北史一百卷   (唐)李延壽撰   明萬曆二十六
年(1598)北京國子監方從哲、黃汝良刻本
三十冊

430000 – 2401 – 0004680   212/30 – 3

北史一百卷   (唐)李延壽撰   明崇禎十二年
(1639)刻清順治十年(1653)補緝本   二十冊
缺四卷(一至四)

430000 – 2401 – 0004681   212/30 – 6

北史一百卷   (唐)李延壽撰   清乾隆四年
(1739)武英殿刻本   二十四冊

430000 – 2401 – 0004682   212/30 – 5

北史一百卷   (唐)李延壽撰   清同治十一年
(1872)金陵書局刻本   二十冊

430000 – 2401 – 0004683   212/30 – 5(1)

北史一百卷   (唐)李延壽撰   清同治十一年
(1872)金陵書局刻本   二十冊

430000 – 2401 – 0004684   212/30 – 9

北史一百卷　(唐)李延壽撰　清光緒十八年 (1892)武林竹簡齋石印本　八冊

430000－2401－0004685　212/30－7
北史一百卷　(唐)李延壽撰　清光緒二十九年(1903)五洲同文局石印本　二十四冊

430000－2401－0004686　212/30－2
北史一百卷　(唐)李延壽撰　清古吳書業趙氏刻本　三十二冊

430000－2401－0004687　213/92
南北史補志十四卷　(唐)汪士鐸撰　清光緒四年(1878)淮南書局刻本　八冊

430000－2401－0004688　213/92(1)
南北史補志十四卷　(唐)汪士鐸撰　清光緒四年(1878)淮南書局刻本　六冊

430000－2401－0004689　213/92(2)
南北史補志十四卷　(唐)汪士鐸撰　清光緒四年(1878)淮南書局刻本　六冊

430000－2401－0004690　213/92(3)
南北史補志十四卷　(唐)汪士鐸撰　清光緒四年(1878)淮南書局刻本　六冊

430000－2401－0004691　△213/22－2
唐書二百卷　(五代)劉昫等撰　明嘉靖十八年(1539)聞人詮刻本　三十二冊

430000－2401－0004692　△213/22－2(1)
唐書二百卷　(五代)劉昫等撰　明嘉靖十八年(1539)聞人詮刻本　清葉樹蓮校　葉德輝、葉啟發題識批校圈點　六十冊

430000－2401－0004693　△213/22－2(2)
唐書二百卷　(五代)劉昫等撰　明嘉靖十八年(1539)聞人詮刻本　清何紹基　周心如批校　葉啟勳、葉啟發題識批校圈點　二十冊

430000－2401－0004694　213/56－4
舊唐書二百卷　(五代)劉昫等撰　清乾隆四年(1739)武英殿刻本　六十四冊

430000－2401－0004695　213/56
舊唐書二百卷　(五代)劉昫等撰　清道光懼盈齋刻　三十冊

430000－2401－0004696　213/56(1)
舊唐書二百卷　(五代)劉昫等撰　清道光懼盈齋刻　五十冊

430000－2401－0004697　213/56(2)
舊唐書二百卷　(五代)劉昫等撰　清道光懼盈齋刻　四十八冊

430000－2401－0004698　213/56－2
舊唐書二百卷　(五代)劉昫等撰　清道光懼盈齋刻同治十一年(1872)定遠方氏補修本　三十六冊

430000－2401－0004699　213/56－2(1)
舊唐書二百卷　(五代)劉昫等撰　清道光懼盈齋刻同治十一年(1872)定遠方氏補修本　四十八冊

430000－2401－0004700　213/56－6
舊唐書二百卷　(五代)劉昫等撰　清光緒十四年(1888)上海圖書集成印書局鉛印本　三十冊

430000－2401－0004701　213/56－8
舊唐書二百卷　(五代)劉昫等撰　清光緒十八年(1892)武林竹簡齋石印本　十五冊

430000－2401－0004702　213/56－5
舊唐書二百卷　(五代)劉昫等撰　清光緒三十四年(1908)上海集成圖書公司鉛印本　三十冊

430000－2401－0004703　213/56－10
舊唐書二百卷　(五代)劉昫等撰　清古香書屋刻本　四十七冊　缺五卷(一至五)

430000－2401－0004704　213/16
舊唐書逸文十二卷　(清)岑建功輯　清道光二十九年(1849)懼盈齋刻本　四冊

430000－2401－0004705　213/16
舊唐書逸文十二卷　(清)岑建功輯　清同治十一年(1872)定遠方氏補修懼盈齋刻本　四冊

430000－2401－0004706　213/16(1)
舊唐書逸文十二卷　(清)岑建功輯　清道光

二十九年(1849)懼盈齋刻本　二冊

430000－2401－0004707　213/16(3)

舊唐書逸文十二卷　(清)岑建功輯　清道光
二十九年(1849)懼盈齋刻本　一冊　存二卷
(一至二)

430000－2401－0004708　213/104

舊唐書疑義四卷　(清)張道撰　清光緒崇文
書局刻正覺樓叢刻本　二冊

430000－2401－0004709　213/57

舊唐書校勘記六十六卷　(清)羅士琳等撰
清道光二十九年(1849)刻本　三十二冊

430000－2401－0004710　213/57(1)

舊唐書校勘記六十六卷　(清)羅士琳等撰
清道光二十九年(1849)刻本　二十八冊

430000－2401－0004711　213/57－2

舊唐書校勘記六十六卷　(清)羅士琳等撰
清道光二十九年(1849)懼盈齋刻同治十一年
(1872)定遠方氏補修本　二十二冊

430000－2401－0004712　△213/29－2

唐書二百二十五卷　(宋)歐陽修　(宋)宋祁
撰　釋音二十五卷　(宋)董沖撰　明嘉靖萬
曆刻清康熙遞修本　六十冊

430000－2401－0004713　△213/29

唐書二百二十五卷　(宋)歐陽修　(宋)宋祁
撰　釋音二十五卷　(宋)董沖撰　明萬曆二
十三年(1595)北京國子監蕭良有、葉向高校
刻本　三十一冊

430000－2401－0004714　△213/22

唐書二百二十五卷　(宋)歐陽修　(宋)宋祁
等撰　明崇禎二年(1629)毛氏汲古閣刻本
清咸豐汪允中題識　四十冊

430000－2401－0004715　213/65

新唐書二百二十五卷　(宋)歐陽修　(宋)宋
祁等撰　清乾隆四年(1739)武英殿刻本　五
十冊

430000－2401－0004716　213/65(1)

新唐書二百二十五卷　(宋)歐陽修　(宋)宋

祁等撰　清乾隆四年(1739)武英殿刻本　五
十冊

430000－2401－0004717　213/65－3

新唐書二百二十五卷　(宋)歐陽修　(宋)宋
祁等撰　清同治十二年(1873)浙江書局刻本
四十冊

430000－2401－0004718　213/65－3(1)

新唐書二百二十五卷　(宋)歐陽修　(宋)宋
祁等撰　清同治十二年(1873)浙江書局刻本
三十六冊

430000－2401－0004719　213/65－5

新唐書二百二十五卷　(宋)歐陽修　(宋)宋
祁等撰　清光緒十八年(1892)武林竹簡齋石
印本　十六冊

430000－2401－0004720　213/65－5(1)

新唐書二百二十五卷　(宋)歐陽修　(宋)宋
祁等撰　清光緒十八年(1892)武林竹簡齋石
印本　十六冊

430000－2401－0004721　213/65－4

新唐書二百二十五卷　(宋)歐陽修　(宋)宋
祁等撰　清光緒三十四年(1908)上海集成圖
書公司鉛印本　三十一冊

430000－2401－0004722　△213/30

新舊唐書互證二十卷　(清)趙紹祖撰　清嘉
慶十八年(1813)古墨齋刻本　五冊

430000－2401－0004723　213/15

新舊唐書互證二十卷　(清)趙紹祖撰　清光
緒十七年(1891)廣雅書局刻本　四冊

430000－2401－0004724　213/15(1)

新舊唐書互證二十卷　(清)趙紹祖撰　清光
緒十七年(1891)廣雅書局刻本　六冊

430000－2401－0004725　213/15(2)

新舊唐書互證二十卷　(清)趙紹祖撰　清光
緒十七年(1891)廣雅書局刻本　四冊

430000－2401－0004726　213/63

舊五代史一百五十卷目錄二卷　(宋)薛居正等
撰　清嘉慶元年(1796)掃葉山房刻本　十冊

430000－2401－0004727　213/63（1）

舊五代史一百五十卷目錄二卷　（宋）薛居正等撰　清嘉慶元年(1796)掃葉山房刻本　十二冊

430000－2401－0004728　213/63－4

舊五代史一百五十卷目錄二卷　（宋）薛居正等撰　清同治十一年(1872)湖北崇文書局刻本　十六冊

430000－2401－0004729　213/63－4（1）

舊五代史一百五十卷目錄二卷　（宋）薛居正等撰　清同治十一年(1872)湖北崇文書局刻本　十六冊

430000－2401－0004730　213/63－6

舊五代史一百五十卷目錄二卷　（宋）薛居正等撰　清光緒十八年(1892)武林竹簡齋石印本　六冊

430000－2401－0004731　213/63－2

舊五代史一百五十卷目錄二卷　（宋）薛居正等撰　清刻本　十六冊

430000－2401－0004732　213/63－2（1）

舊五代史一百五十卷目錄二卷　（宋）薛居正等撰　清刻本　十二冊

430000－2401－0004733　△212/7

五代史記七十四卷　（宋）歐陽修撰　（宋）徐無黨註　明萬曆四年(1576)南京國子監余有丁刻本　四冊

430000－2401－0004734　213/45－2

五代史記七十四卷　（宋）歐陽修撰　（清）彭元瑞註　明萬曆四年(1576)刻清康熙遞修本　十冊

430000－2401－0004735　△212/6

五代史記七十四卷　（宋）歐陽修撰　（宋）徐無黨註　（明）楊慎評　明刻本　十冊

430000－2401－0004736　213/45－3

五代史記七十四卷　（宋）歐陽修撰　（清）彭元瑞註　清嘉慶二十年(1815)雲牧書屋刻本　二十四冊

430000－2401－0004737　213/45

五代史記七十四卷　（宋）歐陽修撰　（清）彭元瑞註　清道光八年(1828)刻本　四十冊

430000－2401－0004738　213/45

五代史記七十四卷　（宋）歐陽修撰　（清）彭元瑞註　清道光八年(1828)刻民國十三年(1924)遞修本　四十冊

430000－2401－0004739　213/45（2）

五代史記七十四卷　（宋）歐陽修撰　（清）彭元瑞註　清道光八年(1828)刻本　四十冊

430000－2401－0004740　213/45（3）

五代史記七十四卷　（宋）歐陽修撰　（清）彭元瑞註　清道光八年(1828)刻本　二十冊

430000－2401－0004741　213/45（4）

五代史記七十四卷　（宋）歐陽修撰　（清）彭元瑞註　清道光八年(1828)刻本　四十冊

430000－2401－0004742　213/45（5）

五代史記七十四卷　（宋）歐陽修撰　（清）彭元瑞註　清道光八年(1828)刻本　四十冊

430000－2401－0004743　213/45（6）

五代史記七十四卷　（宋）歐陽修撰　（清）彭元瑞註　清道光八年(1828)刻本　三十二冊

430000－2401－0004744　213/46－3

五代史七十四卷　（宋）歐陽修撰　（宋）徐無黨註　清同治十一年(1872)湖北崇文書局刻本　八冊

430000－2401－0004745　213/46－3（1）

五代史七十四卷　（宋）歐陽修撰　（宋）徐無黨註　清同治十一年(1872)湖北崇文書局刻本　十二冊

430000－2401－0004746　213/46－3（2）

五代史七十四卷　（宋）歐陽修撰　（宋）徐無黨註　清同治十一年(1872)湖北崇文書局刻本　八冊

430000－2401－0004747　213/46－3（3）

五代史七十四卷　（宋）歐陽修撰　（宋）徐無黨註　清同治十一年(1872)湖北崇文書局刻

本　八冊

430000 - 2401 - 0004748　213/46 - 3(4)

五代史七十四卷　（宋）歐陽修撰　（宋）徐無
黨註　清同治十一年(1872)湖北崇文書局刻
本　八冊

430000 - 2401 - 0004749　213/46 - 3(5)

五代史七十四卷　（宋）歐陽修撰　（宋）徐無
黨註　清同治十一年(1872)湖北崇文書局刻
本　八冊

430000 - 2401 - 0004750　213/46

五代史七十四卷　（宋）歐陽修撰　（宋）徐無
黨註　清光緒元年(1875)成都書局刻本
十冊

430000 - 2401 - 0004751　213/46(1)

五代史七十四卷　（宋）歐陽修撰　（宋）徐無
黨註　清光緒元年(1875)成都書局刻本
十冊

430000 - 2401 - 0004752　213/46(2)

五代史七十四卷　（宋）歐陽修撰　（宋）徐無
黨註　清光緒元年(1875)成都書局刻本
十冊

430000 - 2401 - 0004753　213/46(3)

五代史七十四卷　（宋）歐陽修撰　（宋）徐無
黨註　清光緒元年(1875)成都書局刻本
十冊

430000 - 2401 - 0004754　213/40 - 6

五代史七十四卷　（宋）歐陽修撰　（宋）徐無
黨註　清光緒十五年(1889)湖南大同書局刻
本　六冊

430000 - 2401 - 0004755　213/46 - 9

五代史七十四卷　（宋）歐陽修撰　（宋）徐
無黨註　清光緒十八年(1892)武林竹簡齋
石印本　二冊

430000 - 2401 - 0004756　213/46 - 7

五代史七十四卷　（宋）歐陽修撰　（宋）徐無
黨註　清光緒三十三年(1907)上海華商集成
圖書公司鉛印本　六冊

430000 - 2401 - 0004757　213/40 - 5

五代史七十四卷　（宋）歐陽修撰　（宋）徐無
黨註　清宣統貴池劉氏玉海堂影宋刻本　十
二冊

430000 - 2401 - 0004758　△213/10 - 2

宋史四百九十六卷　（元）脫脫等撰　明成化
七年至十六年(1471 - 1480)朱英廣州刻明清
遞修本　九十九冊

430000 - 2401 - 0004759　213/61 - 3

宋史四百九十六卷　（元）脫脫等撰　明嘉靖
萬曆刻清順治、康熙遞修本　十冊　存三十
二卷(二百十至二百四十一)

430000 - 2401 - 0004760　△213/10

宋史四百九十六卷　（元）脫脫等撰　明萬曆
二十七年(1599)北京國子監方林哲刻本　一
百冊

430000 - 2401 - 0004761　213/61 - 4

宋史四百九十六卷　（元）脫脫等撰　清乾隆
四年(1739)武英殿刻本　一百冊

430000 - 2401 - 0004762　213/61 - 5

宋史四百九十六卷　（元）脫脫等撰　清光緒
十八年(1892)武林竹簡齋石印本　二十五冊

430000 - 2401 - 0004763　213/61 - 6

宋史四百九十六卷　（元）脫脫等撰　清光緒
浙江書局刻本　一百冊

430000 - 2401 - 0004764　△213/12

宋史新編二百卷　（明）柯維騏編　明嘉靖三
十六年(1557)刻本　五十四冊　存一百九十
三卷(一至一百二十四、一百三十二至二百)

430000 - 2401 - 0004765　213/17

宋史翼四十卷　（清）陸心源撰　清光緒三十
二年(1906)刻本　十冊

430000 - 2401 - 0004766　△213/44

遼史一百十六卷　（元）脫脫等撰　明嘉靖八
年(1529)南京國子監刻清順治十六年(1659)
遞修本　十二冊

430000 - 2401 - 0004767　△213/44 - 2

遼史一百十六卷　（元）脫脫等撰　明萬曆三十四年(1606)北京國子監沈灌刻本　十二冊

430000－2401－0004768　213/60

遼史一百十六卷　（元）脫脫等撰　清道光四年(1824)刻本　二十八冊

430000－2401－0004769　213/60(1)

遼史一百十六卷　（元）脫脫等撰　清道光四年(1824)刻本　三十二冊

430000－2401－0004770　213/60－3

遼史一百十六卷　（元）脫脫等撰　清同治十二年(1873)江蘇書局刻本　十二冊

430000－2401－0004771　213/60－3(1)

遼史一百十六卷　（元）脫脫等撰　清同治十二年(1873)江蘇書局刻本　二十四冊

430000－2401－0004772　213/60－2

遼史一百十六卷　（元）脫脫等撰　清光緒二十八年(1902)上海文瀾書局石印本　一冊

430000－2401－0004773　213/60－4

遼史一百十六卷　（元）脫脫等撰　清光緒三十三年(1907)上海華商集成圖書公司鉛印本　八冊

430000－2401－0004774　213/18－2

欽定遼史語解十卷　清道光四年(1824)刻遼金元三史語解本　四冊

430000－2401－0004775　213/18－2(1)

欽定遼史語解十卷　清道光四年(1824)刻遼金元三史語解本　四冊

430000－2401－0004776　213/18－2(2)

欽定遼史語解十卷　清道光四年(1824)刻遼金元三史語解本　三冊

430000－2401－0004777　213/52

遼史拾遺補五卷　（清）楊復吉輯　清光緒三年(1877)江蘇書局刻本　二冊

430000－2401－0004778　213/52(1)

遼史拾遺補五卷　（清）楊復吉輯　清光緒三年(1877)江蘇書局刻本　一冊

430000－2401－0004779　213/51

遼史拾遺二十四卷　（清）厲鶚撰　清道光元年(1821)錢塘汪氏振綺堂刻本　十冊

430000－2401－0004780　213/51－2

遼史拾遺二十四卷　（清）厲鶚撰　清光緒元年(1875)江蘇書局刻本　十冊

430000－2401－0004781　213/51－2(1)

遼史拾遺二十四卷　（清）厲鶚撰　清光緒元年(1875)江蘇書局刻本　六冊

430000－2401－0004782　213/51－2(2)

遼史拾遺二十四卷　（清）厲鶚撰　清光緒元年(1875)江蘇書局刻本　六冊

430000－2401－0004783　213/51－2(3)

遼史拾遺二十四卷　（清）厲鶚撰　清光緒元年(1875)江蘇書局刻本　六冊

430000－2401－0004784　213/51－2(4)

遼史拾遺二十四卷　（清）厲鶚撰　清光緒元年(1875)江蘇書局刻本　八冊

430000－2401－0004785　213/51－2(5)

遼史拾遺二十四卷　（清）厲鶚撰　清光緒元年(1875)江蘇書局刻本　六冊

430000－2401－0004786　213/51－2(6)

遼史拾遺二十四卷　（清）厲鶚撰　清光緒元年(1875)江蘇書局刻本　八冊

430000－2401－0004787　213/51－2(7)

遼史拾遺二十四卷　（清）厲鶚撰　清光緒元年(1875)江蘇書局刻本　八冊

430000－2401－0004788　213/51－2(8)

遼史拾遺二十四卷　（清）厲鶚撰　清光緒元年(1875)江蘇書局刻本　十冊

430000－2401－0004789　△213/14

金史一百三十五卷　（元）脫脫等撰　明嘉靖八年(1529)南京國子監張邦奇刻明崇禎清順治、康熙遞修本　三十冊

430000－2401－0004790　213/59

金史一百三十五卷　（元）脫脫等撰　清道光四年(1824)刻本　五十六冊

430000－2401－0004791　213/59－5

金史一百三十五卷　（元）脫脫等撰　清光緒
十四年(1888)上海圖書集成印書局鉛印本
十四冊　存八十三卷（一至四、十二至十九、
三十三至一百三）

430000－2401－0004792　213/59－6

金史一百三十五卷　（元）脫脫等撰　清光緒
三十四年(1908)上海集成圖書公司鉛印本
十六冊

430000－2401－0004793　213/59－3

金史一百三十五卷　（元）脫脫等撰　清光緒
十八年(1892)武林竹簡齋石印本　八冊

430000－2401－0004794　213/55－2

金史詳校十卷史論五答一卷　（清）施國祁撰
　清光緒二十年(1894)廣雅書局刻本　五冊

430000－2401－0004795　213/55－2(1)

金史詳校十卷史論五答一卷　（清）施國祁撰
　清光緒二十年(1894)廣雅書局刻本　九冊
缺二卷（九至十）

430000－2401－0004796　△213/6－3

元史二百十卷　（明）宋濂撰　明洪武三年
(1370)內府刻嘉靖九年至十年(1530－1531)
遞修本　四冊　存二十一卷（十七至二十一、
一百十四至一百十九、一百三十五至一百三
十九、一百五十九至一百六十三）

430000－2401－0004797　△213/6－4

元史二百十卷　（明）宋濂撰　明刻嘉靖至清
康熙遞修本　三十冊　存一百二十六卷（一
至九、十二至十六、二十二至五十九、七十五
至九十一、一百〇二至一百〇六、一百三十六
至一百七十八、一百八十六至一百九十四）

430000－2401－0004798　△213/6

元史二百十卷　（明）宋濂撰　明萬曆三十年
(1602)北京國子監蕭雲舉刻本　六十四冊

430000－2401－0004799　△213/6－2

元史二百十卷　（明）宋濂撰　明萬曆三十年
(1602)北京國子監吳士元重修本　二十冊
存八十三卷（一至七、二十七至三十一、四十

八至五十、五十四至五十六、六十三至六十
五、七十至八十三、八十六至九十一、一百〇
二至一百一十三、一百二十四至一百三十二、
一百五十二至一百〇六、一百八十三至一百八
十八、二百〇五至二百十）

430000－2401－0004800　213/58

元史二百十卷　（明）宋濂撰　清道光四年
(1824)刻本　三十冊

430000－2401－0004801　213/58－6

元史二百十卷　（明）宋濂撰　清同治八年
(1869)嶺南菉古堂刻本　五十五冊

430000－2401－0004802　213/58－2

元史二百十卷　（明）宋濂撰　清同治十三年
(1874)江蘇書局刻本　三十二冊

430000－2401－0004803　213/58－2(1)

元史二百十卷　（明）宋濂撰　清同治十三年
(1874)江蘇書局刻本　四十四冊

430000－2401－0004804　213/58－3

元史二百十卷　（明）宋濂撰　清光緒三十一
年(1905)邵陽魏氏慎微堂刻本　三十二冊

430000－2401－0004805　213/58－3(1)

元史二百十卷　（明）宋濂撰　清光緒三十一
年(1905)邵陽魏氏慎微堂刻本　三十二冊

430000－2401－0004806　213/58－3(2)

元史二百十卷　（明）宋濂撰　清光緒三十一
年(1905)邵陽魏氏慎微堂刻本　二十五冊

430000－2401－0004807　213/58－5

元史二百十卷　（明）宋濂撰　清光緒三十三
年(1907)上海華商集成圖書公司鉛印本　二
十四冊

430000－2401－0004808　213/58－5(1)

元史二百十卷　（明）宋濂撰　清光緒三十三
年(1907)上海華商集成圖書公司鉛印本　二
十四冊

430000－2401－0004809　213/58－5(2)

元史二百十卷　（明）宋濂撰　清光緒三十三
年(1907)上海華商集成圖書公司鉛印本　二

十冊　存一百七十卷(一至七、四十八至二百
十)

430000－2401－0004810　213/54－2
欽定元史語解二十四卷　清同治八年(1869)
嶺南萜古堂刻本　六冊

430000－2401－0004811　213/53－2
元史譯文證補三十卷　(清)黃鈞撰　清光緒
二十三年(1897)刻本　四冊

430000－2401－0004812　213/53－2(1)
元史譯文證補三十卷　(清)黃鈞撰　清光緒
二十三年(1897)刻本　四冊

430000－2401－0004813　213/53－2(2)
元史譯文證補三十卷　(清)黃鈞撰　清光緒
二十三年(1897)刻本　四冊

430000－2401－0004814　213/53－2(3)
元史譯文證補三十卷　(清)黃鈞撰　清光緒
二十三年(1897)刻本　四冊

430000－2401－0004815　213/53－2(4)
元史譯文證補三十卷　(清)黃鈞撰　清光緒
二十三年(1897)刻本　四冊

430000－2401－0004816　213/53
元史譯文證補三十卷　(清)黃鈞撰　清光緒
二十九年(1903)史學齋編譯印書局石印本
四冊

430000－2401－0004817　213/53(1)
元史譯文證補三十卷　(清)黃鈞撰　清光緒
二十九年(1903)史學齋編譯印書局石印本
四冊

430000－2401－0004818　213/103
遼金元三史語解　清光緒四年(1878)江蘇書
局刻本　十冊

430000－2401－0004819　213/50
元史新編九十五卷　(清)魏源撰　清光緒三
十一年(1905)邵陽魏氏慎微堂刻本　三十
二冊

430000－2401－0004820　213/50(1)
元史新編九十五卷　(清)魏源撰　清光緒三

十一年(1905)邵陽魏氏慎微堂刻本　三十
二冊

430000－2401－0004821　213/50(2)
元史新編九十五卷　(清)魏源撰　清光緒三
十一年(1905)邵陽魏氏慎微堂刻本　三十
二冊

430000－2401－0004822　213/49
元書一百〇二卷　曾廉撰　清宣統三年
(1911)層漪堂刻本　二十冊

430000－2401－0004823　213/49(1)
元書一百〇二卷　曾廉撰　清宣統三年
(1911)層漪堂刻本　二十冊

430000－2401－0004824　213/49(2)
元書一百〇二卷　曾廉撰　清宣統三年
(1911)層漪堂刻本　二十冊

430000－2401－0004825　213/49(3)
元書一百〇二卷　曾廉撰　清宣統三年
(1911)層漪堂刻本　二十冊

430000－2401－0004826　213/49(4)
元書一百〇二卷　曾廉撰　清宣統三年
(1911)層漪堂刻本　二十冊

430000－2401－0004827　△213/49
名山藏　(明)何喬遠撰　明崇禎曾櫻等福建
刻本　四十四冊

430000－2401－0004828　213/71
明史三百三十二卷目錄四卷　(清)張廷玉等
撰　清乾隆武英殿刻本　一百十二冊

430000－2401－0004829　213/71(1)
明史三百三十二卷目錄四卷　(清)張廷玉等
撰　清乾隆武英殿刻本　一百二十冊

430000－2401－0004830　213/71(2)
明史三百三十二卷目錄四卷　(清)張廷玉等
撰　清乾隆武英殿刻本　一百冊

430000－2401－0004831　213/71(3)
明史三百三十二卷目錄四卷　(清)張廷玉等
撰　清乾隆武英殿刻本　九十六冊

430000－2401－0004832　213/71（4）

明史三百三十二卷目錄四卷 （清）張廷玉等撰　清乾隆武英殿刻本　八十冊

430000－2401－0004833　213/71（5）

明史三百三十二卷目錄四卷 （清）張廷玉等撰　清乾隆武英殿刻本　九十一冊

430000－2401－0004834　213/71（6）

明史三百三十二卷目錄四卷 （清）張廷玉等撰　清乾隆武英殿刻本　八十冊

430000－2401－0004835　213/71－4

明史三百三十二卷目錄四卷 （清）張廷玉等撰　清光緒十四年（1888）上海圖書集成印書局鉛印本　二十五冊　存一百七十三卷（目錄、一至十二、二十五至三十六、六十三至九十、一百至一百〇二、一百〇六至一百六十、一百八十二至一百八十九、一百九十九至二百〇七、二百八十一至三百二十五）

430000－2401－0004836　213/71－6

明史三百三十二卷目錄四卷 （清）張廷玉等撰　清光緒三十四年（1908）上海集成圖書公司鉛印本　四十冊

430000－2401－0004837　213/71－3

明史三百三十二卷目錄四卷 （清）張廷玉等撰　清刻本　一百十二冊

430000－2401－0004838　213/71－3（1）

明史三百三十二卷目錄四卷 （清）張廷玉等撰　清刻本　九十三冊

430000－2401－0004839　△213/715

明史稿三百十卷目錄三卷 （清）王鴻緒撰　清乾隆敬慎堂刻本　六十冊

430000－2401－0004840　213/93

明史稿三百十卷目錄三卷史例議二卷 （清）王鴻緒撰　清乾隆敬慎堂刻光緒元年（1875）席氏掃葉山房補修本　八十冊

430000－2401－0004841　213/93（1）

明史稿三百十卷目錄三卷史例議二卷 （清）王鴻緒撰　清乾隆敬慎堂刻光緒元年（1875）

席氏掃葉山房補修本　八十冊

430000－2401－0004842　213/93（2）

明史稿三百十卷目錄三卷史例議二卷 （清）王鴻緒撰　清乾隆敬慎堂刻光緒元年（1875）席氏掃葉山房補修本　八十冊

430000－2401－0004843　213/93（3）

明史稿三百十卷目錄三卷史例議二卷 （清）王鴻緒撰　清乾隆敬慎堂刻光緒元年（1875）席氏掃葉山房補修本　四十八冊

430000－2401－0004844　213/93（4）

明史稿三百十卷目錄三卷史例議二卷 （清）王鴻緒撰　清乾隆敬慎堂刻光緒元年（1875）席氏掃葉山房補修本　七十四冊

430000－2401－0004845　213/93（5）

明史稿三百十卷目錄三卷史例議二卷 （清）王鴻緒撰　清乾隆敬慎堂刻光緒元年（1875）席氏掃葉山房補修本　八十八冊

430000－2401－0004846　213/93（6）

明史稿三百十卷目錄三卷史例議二卷 （清）王鴻緒撰　清乾隆敬慎堂刻光緒元年（1875）席氏掃葉山房補修本　七十一冊　缺二十七卷（志十五至二十二、五十九至七十七）

430000－2401－0004847　213/89

明史志三十六卷 （清）管幹珍撰　清刻松崖文鈔本　十二冊

430000－2401－0004848　△221/2－2

元經薛氏傳十卷 （隋）王通撰　（唐）薛收傳（宋）阮逸註　明刻本　八冊　存八卷（一至八）

430000－2401－0004849　△221/2

元經薛氏傳十卷 （隋）王通撰　（唐）薛收傳（宋）阮逸註　明末刻本　三冊

430000－2401－0004850　221/59

元經薛氏傳十卷 （隋）王通撰　（唐）薛收傳（宋）阮逸註　清嘉慶元年（1796）掃葉山房刻本　二冊（合訂一冊）

430000－2401－0004851　221/35－2

司馬温公稽古録二十卷 （宋）司馬光撰　清同治十一年(1872)湖北崇文書局刻本　四冊

430000－2401－0004852　221/35－2(1)

司馬温公稽古録二十卷 （宋）司馬光撰　清同治十一年(1872)湖北崇文書局刻本　四冊

430000－2401－0004853　221/35－2(2)

司馬温公稽古録二十卷 （宋）司馬光撰　清同治十一年(1872)湖北崇文書局刻本　四冊

430000－2401－0004854　221/35－2(3)

司馬温公稽古録二十卷 （宋）司馬光撰　清同治十一年(1872)湖北崇文書局刻本　四冊

430000－2401－0004855　221/35－2(4)

司馬温公稽古録二十卷 （宋）司馬光撰　清同治十一年(1872)湖北崇文書局刻本　四冊

430000－2401－0004856　221/35－2(5)

司馬温公稽古録二十卷 （宋）司馬光撰　清同治十一年(1872)湖北崇文書局刻本　四冊

430000－2401－0004857　221/35－2(6)

司馬温公稽古録二十卷 （宋）司馬光撰　清同治十一年(1872)湖北崇文書局刻本　四冊

430000－2401－0004858　221/35－2(7)

司馬温公稽古録二十卷 （宋）司馬光撰　清同治十一年(1872)湖北崇文書局刻本　四冊

430000－2401－0004859　221/35－2(8)

司馬温公稽古録二十卷 （宋）司馬光撰　清同治十一年(1872)湖北崇文書局刻本　四冊

430000－2401－0004860　221/35－2(9)

司馬温公稽古録二十卷 （宋）司馬光撰　清同治十一年(1872)湖北崇文書局刻本　四冊

430000－2401－0004861　221/35

司馬温公稽古録二十卷 （宋）司馬光撰　清光緒五年(1879)江蘇書局刻本　四冊

430000－2401－0004862　221/35(1)

司馬温公稽古録二十卷 （宋）司馬光撰　清光緒五年(1879)江蘇書局刻本　三冊

430000－2401－0004863　221/35(2)

司馬温公稽古録二十卷 （宋）司馬光撰　清光緒五年(1879)江蘇書局刻本　三冊

430000－2401－0004864　△221/16

資治通鑑二百九十四卷 （宋）司馬光撰　明嘉靖二十三年至二十四年(1544－1545)孔天胤刻本　一百二十冊

430000－2401－0004865　△221/16(1)

資治通鑑二百九十四卷 （宋）司馬光撰　明嘉靖二十三年至二十四年(1544－1545)孔天胤刻本　七十二冊　存二百三十四卷(一至三十一、三十四至一百十五、一百十九至一百三十四、一百三十九至一百八十六、一百八十九至一百九十四、二百〇一至二百二十一、二百二十八至二百五十二、二百九十至二百九十四)

430000－2401－0004866　△221/16－2

資治通鑑二百九十四卷 （宋）司馬光撰（元）胡三省音註　**通鑑釋文辯誤十二卷** （元）胡三省撰　明萬曆二十年(1592)吳勉學刻本　一百四十七冊

430000－2401－0004867　221/1－4

資治通鑑二百九十四卷 （宋）司馬光撰（元）胡三省音註　明陳仁錫刻本　八十冊

430000－2401－0004868　221/1－5

資治通鑑二百九十四卷 （宋）司馬光撰（元）胡三省音註　明新安俞允順刻本　一百冊

430000－2401－0004869　221/1－9

資治通鑑二百九十四卷 （宋）司馬光撰（元）胡三省音註　明匯賢齋刻本　八十六冊

430000－2401－0004870　221/1－6

資治通鑑二百九十四卷 （宋）司馬光撰（元）胡三省音註　清嘉慶二十一年(1816)胡克家刻本　一百二十八冊

430000－2401－0004871　221/1－6(1)

資治通鑑二百九十四卷 （宋）司馬光撰（元）胡三省音註　清嘉慶二十一年(1816)胡克家刻本　一百冊

430000－2401－0004872　221/1－6（2）

資治通鑑二百九十四卷　（宋）司馬光撰
（元）胡三省音註　清嘉慶二十一年（1816）胡
克家刻本　一百冊

430000－2401－0004873　221/1－6（3）

資治通鑑二百九十四卷　（宋）司馬光撰
（元）胡三省音註　清嘉慶二十一年（1816）胡
克家刻本　一百冊

430000－2401－0004874　221/1－6（4）

資治通鑑二百九十四卷　（宋）司馬光撰
（元）胡三省音註　清嘉慶二十一年（1816）胡
克家刻本　一百冊

430000－2401－0004875　221/1－6（5）

資治通鑑二百九十四卷　（宋）司馬光撰
（元）胡三省音註　清嘉慶二十一年（1816）胡
克家刻本　一百冊

430000－2401－0004876　221/1－6（6）

資治通鑑二百九十四卷　（宋）司馬光撰
（元）胡三省音註　清嘉慶二十一年（1816）胡
克家刻本　九十九冊

430000－2401－0004877　221/1－8

資治通鑑二百九十四卷　（宋）司馬光撰
（元）胡三省音註　清同治八年（1869）江蘇書
局修補胡克家刻本　一百冊

430000－2401－0004878　221/1－8（1）

資治通鑑二百九十四卷　（宋）司馬光撰
（元）胡三省音註　清同治八年（1869）江蘇書
局修補胡克家刻本　一百冊

430000－2401－0004879　221/1－8（2）

資治通鑑二百九十四卷　（宋）司馬光撰
（元）胡三省音註　清同治八年（1869）江蘇書
局修補胡克家刻本　一百冊

430000－2401－0004880　221/1－8（3）

資治通鑑二百九十四卷　（宋）司馬光撰
（元）胡三省音註　清同治八年（1869）江蘇書
局修補胡克家刻本　一百十冊

430000－2401－0004881　221/1－8（4）

資治通鑑二百九十四卷　（宋）司馬光撰
（元）胡三省音註　清同治八年（1869）江蘇書
局修補胡克家刻本　一百冊

430000－2401－0004882　221/1－3

資治通鑑二百九十四卷　（宋）司馬光撰
（元）胡三省音註　清同治十年（1871）湖北崇
文書局刻本　一百〇四冊

430000－2401－0004883　221/1－3（1）

資治通鑑二百九十四卷　（宋）司馬光撰
（元）胡三省音註　清同治十年（1871）湖北崇
文書局刻本　一百〇四冊

430000－2401－0004884　221/1－3（2）

資治通鑑二百九十四卷　（宋）司馬光撰
（元）胡三省音註　清同治十年（1871）湖北崇
文書局刻本　一百〇四冊

430000－2401－0004885　221/1－10

資治通鑑二百九十四卷　（宋）司馬光撰
（元）胡三省音註　清光緒元年（1875）崇文書
局刻本　一百〇四冊

430000－2401－0004886　221/1－2

**資治通鑑二百九十四卷目錄三十卷考異三十
卷釋例一卷**　（宋）司馬光撰　（元）胡三省音
註　清光緒十七年（1891）長沙楊氏刻本　一
百〇八冊

430000－2401－0004887　221/1－2（1）

**資治通鑑二百九十四卷目錄三十卷考異三十
卷釋例一卷**　（宋）司馬光撰　（元）胡三省音
註　清光緒十七年（1891）長沙楊氏刻本　一
百〇八冊

430000－2401－0004888　221/16－3

資治通鑑目錄三十卷　（宋）司馬光撰　明刻
本　二十冊

430000－2401－0004889　221/16－3（1）

資治通鑑目錄三十卷　（宋）司馬光撰　明刻
本　十六冊

430000－2401－0004890　221/16－3（2）

資治通鑑目錄三十卷　（宋）司馬光撰　明刻

本　十二冊

430000－2401－0004891　221/16－2
資治通鑑目錄三十卷　（宋）司馬光撰　清光
緒十四年(1888)上海蜚英館石印本　四冊

430000－2401－0004892　221/16－5
資治通鑑目錄三十卷　（宋）司馬光撰　清末
石印本　四冊

430000－2401－0004893　221/27
資治通鑑考異三十卷　（宋）司馬光撰　清光
緒十四年(1888)長沙胡元常刻通鑑全書本
八冊

430000－2401－0004894　221/27(1)
資治通鑑考異三十卷　（宋）司馬光撰　清光
緒十四年(1888)長沙胡元常刻通鑑全書本
十冊

430000－2401－0004895　221/27(2)
資治通鑑考異三十卷　（宋）司馬光撰　清光
緒十四年(1888)長沙胡元常刻通鑑全書本
十冊

430000－2401－0004896　221/27(3)
資治通鑑考異三十卷　（宋）司馬光撰　清光
緒十四年(1888)長沙胡元常刻通鑑全書本
九冊

430000－2401－0004897　221/27(4)
資治通鑑考異三十卷　（宋）司馬光撰　清光
緒十四年(1888)長沙胡元常刻通鑑全書本
六冊　存十九卷(一至三、十二至二十四、二
十八至三十)

430000－2401－0004898　221/54－2
通鑑地理通釋十四卷　（宋）王應麟撰　清道
光十一年(1831)六安晁氏木活字印學海類編
本　三冊

430000－2401－0004899　221/54－2(1)
通鑑地理通釋十四卷　（宋）王應麟撰　清道
光十一年(1831)六安晁氏木活字印學海類編
本　二冊

430000－2401－0004900　221/54

430000－2401－0004900　221/54
通鑑地理通釋十四卷　（宋）王應麟撰　清照
曠閣刻本　六冊

430000－2401－0004901　221/29
資治通鑑釋文三十卷　（宋）史炤撰　清光緒
十五年(1889)刻本　六冊

430000－2401－0004902　221/29(1)
資治通鑑釋文三十卷　（宋）史炤撰　清光緒
十五年(1889)刻本　七冊

430000－2401－0004903　221/29(2)
資治通鑑釋文三十卷　（宋）史炤撰　清光緒
十五年(1889)刻本　五冊　缺六卷(九至十
四)

430000－2401－0004904　221/29－2
資治通鑑釋文三十卷　（宋）史炤撰　清光緒
五年(1879)吳興陸氏十萬卷樓刻本　四冊

430000－2401－0004905　△221/14
通鑑釋文辯誤十二卷　（元）胡三省撰　明天
啟五年(1625)陳仁錫刻本　四冊

430000－2401－0004906　△221/14－2
通鑑釋文辯誤十二卷　（元）胡三省撰　明吳
勉學校刻本　四冊

430000－2401－0004907　221/18
通鑑釋文辯誤十二卷　（元）胡三省撰　清嘉
慶二十一年(1816)鄱陽胡氏刻本　三冊

430000－2401－0004908　221/18(1)
通鑑釋文辯誤十二卷　（元）胡三省撰　清嘉
慶二十一年(1816)鄱陽胡氏刻本　三冊

430000－2401－0004909　221/18(2)
通鑑釋文辯誤十二卷　（元）胡三省撰　清嘉
慶二十一年(1816)鄱陽胡氏刻本　四冊

430000－2401－0004910　221/18(3)
通鑑釋文辯誤十二卷　（元）胡三省撰　清嘉
慶二十一年(1816)鄱陽胡氏刻本　四冊

430000－2401－0004911　221/18(4)
通鑑釋文辯誤十二卷　（元）胡三省撰　清嘉
慶二十一年(1816)鄱陽胡氏刻本　四冊

430000－2401－0004912　221/18(5)
通鑑釋文辯誤十二卷　（元）胡三省撰　清嘉慶二十一年(1816)鄱陽胡氏刻本　四冊

430000－2401－0004913　221/18
通鑑釋文辯誤十二卷　（元）胡三省撰　清道光刻本　三冊

430000－2401－0004914　221/18－2
通鑑釋文辯誤十二卷　（元）胡三省撰　清光緒十五年(1889)刻本　二冊

430000－2401－0004915　△221/15
資治通鑑節要續編三十卷　（明）張光啓撰　明經廠本　二十六冊

430000－2401－0004916　△221/15(1)
資治通鑑節要續編三十卷　（明）張光啓撰　明經廠本　二十冊

430000－2401－0004917　221/72
新校資治通鑑叙錄三卷　（清）胡元常輯　清光緒十七年(1891)長沙楊氏刻通鑑全書本　一冊

430000－2401－0004918　221/19
資治通鑑地理今釋十六卷　（清）吳熙載撰　清光緒八年(1882)江蘇書局刻本　三冊

430000－2401－0004919　221/19(1)
資治通鑑地理今釋十六卷　（清）吳熙載撰　清光緒八年(1882)江蘇書局刻本　三冊

430000－2401－0004920　221/19(2)
資治通鑑地理今釋十六卷　（清）吳熙載撰　清光緒八年(1882)江蘇書局刻本　三冊

430000－2401－0004921　221/19(3)
資治通鑑地理今釋十六卷　（清）吳熙載撰　清光緒八年(1882)江蘇書局刻本　三冊

430000－2401－0004922　221/19(4)
資治通鑑地理今釋十六卷　（清）吳熙載撰　清光緒八年(1882)江蘇書局刻本　三冊

430000－2401－0004923　221/19(5)
資治通鑑地理今釋十六卷　（清）吳熙載撰　清光緒八年(1882)江蘇書局刻本　三冊

430000－2401－0004924　221/19(6)
資治通鑑地理今釋十六卷　（清）吳熙載撰　清光緒八年(1882)江蘇書局刻本　四冊

430000－2401－0004925　221/19(7)
資治通鑑地理今釋十六卷　（清）吳熙載撰　清光緒八年(1882)江蘇書局刻本　三冊

430000－2401－0004926　221/19－2
資治通鑑地理今釋十六卷　（清）吳熙載撰　清光緒二十三年(1897)廣東經史閣刻本　三冊

430000－2401－0004927　221/19－3
資治通鑑地理今釋十六卷　（清）吳熙載撰　清浙江書局刻本　三冊

430000－2401－0004928　221/19－3(1)
資治通鑑地理今釋十六卷　（清）吳熙載撰　清浙江書局刻本　三冊

430000－2401－0004929　221/30
資治通鑑刊本識誤三卷　（清）張敦仁撰　清道光七年(1827)三山陳氏刻本　三冊

430000－2401－0004930　221/30－2
資治通鑑刊本識誤三卷　（清）張敦仁撰　清光緒十二年(1886)新陽趙氏刻本　三冊

430000－2401－0004931　221/21
通鑑宋本校勘記五卷元本校勘記二卷　（清）張瑛撰　清光緒八年(1882)江蘇書局刻本　一冊

430000－2401－0004932　221/21(1)
通鑑宋本校勘記五卷元本校勘記二卷　（清）張瑛撰　清光緒八年(1882)江蘇書局刻本　一冊

430000－2401－0004933　221/21(2)
通鑑宋本校勘記五卷元本校勘記二卷　（清）張瑛撰　清光緒八年(1882)江蘇書局刻本　一冊

430000－2401－0004934　221/21(3)
通鑑宋本校勘記五卷元本校勘記二卷　（清）張瑛撰　清光緒八年(1882)江蘇書局刻本　一冊

430000 - 2401 - 0004935　221/21(4)

通鑑宋本校勘記五卷元本校勘記二卷　（清）
張瑛撰　清光緒八年(1882)江蘇書局刻本
一冊

430000 - 2401 - 0004936　221/21(5)

通鑑宋本校勘記五卷元本校勘記二卷　（清）
張瑛撰　清光緒八年(1882)江蘇書局刻本
二冊

430000 - 2401 - 0004937　221/20 - 2

通鑑註辯正二卷　（清）錢大昕撰　清乾隆五
十七年(1792)潛研堂刻本　二冊

430000 - 2401 - 0004938　221/20 - 2(1)

通鑑註辯正二卷　（清）錢大昕撰　清乾隆五
十七年(1792)潛研堂刻本　一冊

430000 - 2401 - 0004939　221/20 - 2(2)

通鑑註辯正二卷　（清）錢大昕撰　清乾隆五
十七年(1792)潛研堂刻本　一冊

430000 - 2401 - 0004940　221/20

通鑑註辯正二卷　（清）錢大昕撰　清光緒十
年(1884)長沙龍氏家塾刻嘉定錢氏潛研堂全
書本　一冊

430000 - 2401 - 0004941　221/20(1)

通鑑註辯正二卷　（清）錢大昕撰　清光緒十
年(1884)長沙龍氏家塾刻嘉定錢氏潛研堂全
書本　一冊

430000 - 2401 - 0004942　△221/21

續資治通鑑長編一百〇八卷　（宋）李燾撰
清鈔本　三十冊　存一百〇五卷(一至一百
〇五)

430000 - 2401 - 0004943　△221/20

續資治通鑑長編五百二十卷目錄二卷　（宋）
李燾撰　清嘉慶二十四年(1819)張氏愛日精
廬活字印本　一百二十冊

430000 - 2401 - 0004944　△221/20(1)

續資治通鑑長編五百二十卷目錄二卷　（宋）
李燾撰　清嘉慶二十四年(1819)張氏愛日精
廬活字印本　九十六冊

430000 - 2401 - 0004945　221/60

續資治通鑑長編五百二十卷　（宋）李燾撰
清光緒七年(1881)刻本　一百冊　缺八十七
卷(八十八至一百三十一、四百三十六至四百
七十八)

430000 - 2401 - 0004946　△221/20 - 2

續資治通鑑長編五百二十卷目錄二卷　（宋）
李燾撰　清鈔本　二百冊

430000 - 2401 - 0004947　△221/18

**御批資治通鑑綱目前編十八卷正編五十九卷
續編二十七卷三編二十卷**　（宋）朱熹等撰
清康熙四十六年(1707)宋犖校刻本　五十
四冊

430000 - 2401 - 0004948　221/8 - 3

御批資治通鑑綱目全書　（宋）朱熹等撰　清
康熙四十年(1701)王公行刻本　九十七冊
缺二十一卷(前編十八卷、舉要三卷)

430000 - 2401 - 0004949　221/8 - 3(1)

御批資治通鑑綱目全書　（宋）朱熹等撰　清
康熙四十年(1701)王公行刻本　一百十冊
缺前編

430000 - 2401 - 0004950　221/8 - 2

御批資治通鑑綱目全書　（宋）朱熹等撰　清
康熙刻本　五十冊

430000 - 2401 - 0004951　221/8 - 2(1)

御批資治通鑑綱目全書　（宋）朱熹等撰　清
康熙刻本　七十五冊　缺二卷(前編十七至
十八)

430000 - 2401 - 0004952　221/8 - 5

資治通鑑綱目全書　（宋）朱熹等撰　清康熙
刻本　一百十九冊

430000 - 2401 - 0004953　221/8 - 6

御批資治通鑑綱目全書　（宋）朱熹等撰　清
嘉慶十三年(1808)同人堂刻本　一百二十
八冊

430000 - 2401 - 0004954　221/8

御批資治通鑑綱目全書　（宋）朱熹等撰　清

光緒二年至三年（1876－1877）廣州富文齋刻
本　八十六冊

430000－2401－0004955　221/8（1）
御批資治通鑑綱目全書　（宋）朱熹等撰　清
光緒二年至三年（1876－1877）廣州富文齋刻
本　八十冊

430000－2401－0004956　221/8－4
御批資治通鑑綱目全書　（宋）朱熹等撰　清
宏道堂刻本　一百二十冊

430000－2401－0004957　△221/17－2
資治通鑑綱目五十九卷　（宋）朱熹等撰　明
成化九年（1473）内府刻本　二十八冊　存二
十七卷（一至四、十、十二至十三、十六至二十
一、二十四至二十七、三十二至三十四、三十
六至三十八、四十至四十三）

430000－2401－0004958　△221/17
資治通鑑綱目五十九卷　（宋）朱熹等撰　明
嘉靖三十五年（1556）趙府居敬堂　三十冊

430000－2401－0004959　221/10－3
錢陞園考訂資治通鑑綱目五十九卷　（宋）朱
熹撰　（清）錢選考訂　清康熙三十七年
（1698）刻本　六十冊

430000－2401－0004960　221/10－4
錢陞園考訂資治通鑑綱目五十九卷　（宋）朱
熹撰　（清）錢選考訂　清光緒八年（1882）滬
瀆惜物軒刻本　三十三冊　存三十二卷（一
至三十二）

430000－2401－0004961　221/10－2
資治通鑑綱目五十九卷　（宋）朱熹撰　清同
治三年（1864）漁古山房刻本　六十四冊

430000－2401－0004962　221/10－2（1）
資治通鑑綱目五十九卷　（宋）朱熹撰　清同
治三年（1864）漁古山房刻本　六十五冊　缺
二卷（五十八至五十九）

430000－2401－0004963　221/10－2（2）
資治通鑑綱目五十九卷　（宋）朱熹撰　清同
治三年（1864）漁古山房刻本　三十四冊　缺

十二卷（二十六至三十七）

430000－2401－0004964　221/10
資治通鑑綱目五十九卷　（宋）朱熹撰　清崇
道堂刻本　七十八冊

430000－2401－0004965　221/10（1）
資治通鑑綱目五十九卷　（宋）朱熹撰　清崇
道堂刻本　六十九冊

430000－2401－0004966　221/17
資治通鑑外紀十卷目錄五卷　（宋）劉恕撰
清同治十年（1871）江蘇書局刻本　五冊

430000－2401－0004967　221/17
資治通鑑外紀十卷目錄五卷　（宋）劉恕撰
清刻本　八冊

430000－2401－0004968　221/17（2）
資治通鑑外紀十卷目錄五卷　（宋）劉恕撰
清刻本　十冊

430000－2401－0004969　221/17（3）
資治通鑑外紀十卷目錄五卷　（宋）劉恕撰
清刻本　十冊

430000－2401－0004970　221/17（4）
資治通鑑外紀十卷目錄五卷　（宋）劉恕撰
清刻本　十冊

430000－2401－0004971　221/17（5）
資治通鑑外紀十卷目錄五卷　（宋）劉恕撰
清刻本　四冊　存五卷（一至五）

430000－2401－0004972　221/17（6）
資治通鑑外紀十卷目錄五卷　（宋）劉恕撰
清刻本　九冊　缺一卷（目錄五）

430000－2401－0004973　221/17－2
資治通鑑外紀十卷　（宋）劉恕撰　明刻本
三冊　缺一卷（五）

430000－2401－0004974　△221/19
資治通鑑綱目集覽五十九卷　（元）王幼學撰
（明）陳濟正誤　明内府刻本　十六冊

430000－2401－0004975　221/23
資治通鑑綱目發明五十九卷　（明）尹起莘撰

清同治十三年(1874)刻本　四冊

430000－2401－0004976　221/11

資治通鑑綱目前編二十五卷　(明)南軒撰
清同治三年(1864)漁古山房刻本　九冊

430000－2401－0004977　221/11－2

資治通鑑綱目前編二十五卷　(明)南軒撰
清宏道堂刻本　十二冊

430000－2401－0004978　△221/22

續資治通鑑綱目二十七卷　(明)商輅等撰
明成化十二年(1476)內府刻本　十冊

430000－2401－0004979　△221/22－2

續資治通鑑綱目二十七卷　(明)商輅等撰
明弘治十一年(1498)內府刻本　二十七冊

430000－2401－0004980　△221/23

續編資治宋元綱目大全二十七卷　(明)商輅
等撰　明嘉靖十年(1531)書林楊氏清江堂刻
本　二十六冊　存二十六卷(一至四、六至二
十七)

430000－2401－0004981　221/13

續資治通鑑綱目二十七卷末一卷　(明)商輅
等撰　清同治三年(1864)漁古山房刻本　二
十八冊

430000－2401－0004982　221/13(1)

續資治通鑑綱目二十七卷末一卷　(明)商輅
等撰　清同治三年(1864)漁古山房刻本　二
十八冊

430000－2401－0004983　221/13(2)

續資治通鑑綱目二十七卷末一卷　(明)商輅
等撰　清同治三年(1864)漁古山房刻本　二
十八冊　缺首二冊

430000－2401－0004984　221/13－2

續資治通鑑綱目二十七卷　(明)商輅等撰
清崇道堂刻本　二十七冊

430000－2401－0004985　221/13－2(1)

續資治通鑑綱目二十七卷　(明)商輅等撰
清崇道堂刻本　二十八冊

430000－2401－0004986　221/13－3

御批續資治通鑑綱目二十七卷　(明)商輅等
撰　清刻本　二十七冊

430000－2401－0004987　221/55

通鑑綱目分註補遺四卷書法存疑一卷　(清)
芮長恤撰　清光緒十八年(1892)小岯山館刻
本　四冊

430000－2401－0004988　221/57

讀通鑑綱目條記二十卷首一卷　(清)李述來
撰　清嘉慶七年(1802)刻本　六冊

430000－2401－0004989　221/24

讀通鑑綱目札記二十卷翰馨書屋賦餘二卷
(清)章振元輯　清光緒十三年至十八年
(1887－1892)銅陵章氏刻本　十冊

430000－2401－0004990　221/9

御撰資治通鑑綱目三編四十卷　(清)高宗弘
曆撰　清同治十一年(1872)江西書局刻本
十二冊

430000－2401－0004991　221/9(1)

御撰資治通鑑綱目三編四十卷　(清)高宗弘
曆撰　清同治十一年(1872)江西書局刻本
十二冊

430000－2401－0004992　221/9(1)

御撰資治通鑑綱目三編四十卷　(清)高宗弘
曆撰　清同治十一年(1872)江西書局刻本
十二冊

430000－2401－0004993　221/9－2

御撰資治通鑑綱目三編二十卷　(清)高宗弘
曆撰　清乾隆刻本　四冊

430000－2401－0004994　221/9－2(1)

御撰資治通鑑綱目三編二十卷　(清)高宗弘
曆撰　清乾隆刻本　六冊

430000－2401－0004995　221/9－3

御撰資治通鑑綱目三編二十卷　(清)高宗弘曆
撰　清光緒三十年(1904)經元書局刻本　四冊

430000－2401－0004996　△221/4

少微通鑑節要五十卷外記四卷　(宋)江贄撰
明正德九年(1514)司禮監刻本　二十

430000 - 2401 - 0004997　221/5
歷代通鑑纂要九十二卷　（明）李東陽等撰
清光緒二十三年(1897)廣雅書局刻本　四十八冊

430000 - 2401 - 0004998　221/5(1)
歷代通鑑纂要九十二卷　（明）李東陽等撰
清光緒二十三年(1897)廣雅書局刻本　四十八冊

430000 - 2401 - 0004999　221/5(2)
歷代通鑑纂要九十二卷　（明）李東陽等撰
清光緒二十三年(1897)廣雅書局刻本　四十七冊

430000 - 2401 - 0005000　221/5(3)
歷代通鑑纂要九十二卷　（明）李東陽等撰
清光緒二十三年(1897)廣雅書局刻本　四十八冊

430000 - 2401 - 0005001　221/5(4)
歷代通鑑纂要九十二卷　（明）李東陽等撰
清光緒二十三年(1897)廣雅書局刻本　四十九冊

430000 - 2401 - 0005002　221/66
袁王綱鑑合編三十九卷　（明）袁黃　（明）王
世貞編　清光緒三十年(1904)上海商務印書
館鉛印本　十六冊

430000 - 2401 - 0005003　221/66(1)
袁王綱鑑合編三十九卷　（明）袁黃　（明）王
世貞編　清光緒三十年(1904)上海商務印書
館鉛印本　十六冊

430000 - 2401 - 0005004　221/66(2)
袁王綱鑑合編三十九卷　（明）袁黃　（明）王
世貞編　清光緒三十年(1904)上海商務印書
館鉛印本　十六冊

430000 - 2401 - 0005005　221/66(3)
袁王綱鑑合編三十九卷　（明）袁黃　（明）王
世貞編　清光緒三十年(1904)上海商務印書
館鉛印本　十六冊

430000 - 2401 - 0005006　221/66(4)

袁王綱鑑合編三十九卷　（明）袁黃　（明）王
世貞編　清光緒三十年(1904)上海商務印書
館鉛印本　十六冊

430000 - 2401 - 0005007　221/44
增批歷史綱鑑補註三十九卷　（明）王世貞編
清宣統二年(1910)陳泳記書局石印本　十二冊

430000 - 2401 - 0005008　221/67 - 3
鼎鍥趙田了凡袁先生編纂古本历史大方綱鑑
補三十九卷首一卷　（明）袁黃編　清光緒三
十年(1904)富記書局刻本　二十七冊　缺一
卷(二十一)

430000 - 2401 - 0005009　221/67 - 2
鼎鍥趙田了凡袁先生編纂古本歷史大方綱鑑
補三十九卷首一卷　（明）袁黃編　清光緒三
十年(1904)維新書局刻本　三十六冊

430000 - 2401 - 0005010　221/67
鼎鍥趙田了凡袁先生編纂古本歷史大方綱鑑
補三十九卷首一卷　（明）袁黃編　清怡古堂
刻本　三十二冊

430000 - 2401 - 0005011　221/15 - 9
大文堂綱鑑易知錄九十二卷　（清）吳秉權等
輯　清乾隆刻本　三十七冊　存六十九卷
(二十四至九十二)

430000 - 2401 - 0005012　221/15 - 5
尺木堂綱鑑易知錄二十卷明鑑易知錄四卷附
一卷　（清）吳秉權等輯　清光緒十三年
(1887)上海點石齋石印民國十二年(1923)上
海鑄記書局增補石印本　十六冊

430000 - 2401 - 0005013　221/5 - 10
尺木堂綱鑑易知錄九十二卷明鑑易知錄十五
卷　（清）吳秉權等輯　清光緒三十年(1904)
上海圖書集成印書館石印本　十五冊　缺七
卷(五至十一)

430000 - 2401 - 0005014　221/15 - 2
綱鑑易知錄九十二卷　（清）吳秉權等輯　清
三讓堂刻本　三十四冊

430000 - 2401 - 0005015　221/15

玉山樓綱鑑易知錄九十二卷明鑑易知錄十五卷 （清）吳秉權等輯 清玉山樓刻本 四十冊

430000－2401－0005016 221/15－11
寶經堂綱鑑易知錄九十二卷明鑑易知錄十五卷 （清）吳秉權等輯 清寶文堂刻本 四十八冊

430000－2401－0005017 221/15－8
大文堂綱鑑易知錄九十二卷明鑑易知錄十五卷 （清）吳秉權等輯 清學庫山房刻本 五十冊

430000－2401－0005018 △221/12(1)
通鑑前編十八卷舉要二卷 （宋）金履祥撰首一卷 （明）陳檉撰 明吳勉學刻本 佚名圈點 十八冊

430000－2401－0005019 221/7
資治通鑑補二百九十四卷 （明）嚴衍撰 清光緒二年(1876)盛氏思補樓木活字本 八十冊

430000－2401－0005020 221/7(1)
資治通鑑補二百九十四卷 （明）嚴衍撰 清光緒二年(1876)盛氏思補樓木活字本 八十冊

430000－2401－0005021 221/14－4
綱鑑正史約三十六卷 （明）顧錫疇撰 （清）陳弘謀增訂 清道光十七年(1837)培遠堂刻本 四十四冊

430000－2401－0005022 221/14
綱鑑正史約三十六卷 （明）顧錫疇撰 （清）陳弘謀增訂 清同治八年(1869)浙江書局刻本 二十冊

430000－2401－0005023 221/14－2
綱鑑正史約三十六卷 （明）顧錫疇撰 （清）陳弘謀增訂 清光緒九年(1883)湖南書局刻本 二十冊

430000－2401－0005024 221/14－2(1)
綱鑑正史約三十六卷 （明）顧錫疇撰 （清）

陳弘謀增訂 清光緒九年(1883)湖南書局刻本 二十冊

430000－2401－0005025 221/14－2(2)
綱鑑正史約三十六卷 （明）顧錫疇撰 （清）陳弘謀增訂 清光緒九年(1883)湖南書局刻本 二十冊

430000－2401－0005026 221/14－2(3)
綱鑑正史約三十六卷 （明）顧錫疇撰 （清）陳弘謀增訂 清光緒九年(1883)湖南書局刻本 二十冊

430000－2401－0005027 221/41－2
綱鑑擇語十卷 （清）司徒修輯 清同治六年(1867)來鹿堂刻本 八冊

430000－2401－0005028 221/41－3
綱鑑擇語十卷 （清）司徒修輯 清同治七年(1868)光霽堂刻本 四冊

430000－2401－0005029 221/41
綱鑑擇語十卷 （清）司徒修輯 清同治八年(1869)刻本 六冊

430000－2401－0005030 221/41(1)
綱鑑擇語十卷 （清）司徒修輯 清同治八年(1869)刻本 六冊

430000－2401－0005031 221/77
通鑑韻書□□卷 （清）沈尚仁編 清玉極堂刻本 一冊 存四卷(二十九至三十二)

430000－2401－0005032 221/38－3
綱鑑總論不分卷 （清）周道卿編 清同治十一年(1872)小峿山房刻本 二冊

430000－2401－0005033 221/38－7
綱鑑總論二卷 （清）周道卿編 清光緒十年(1884)醴陵師古堂刻本 一冊 存一卷(上)

430000－2401－0005034 221/38－2
綱鑑總論不分卷 （清）周道卿編 清光緒二十四年(1898)益元書局刻本 有批點 二冊

430000－2401－0005035 221/38－2(1)
綱鑑總論不分卷 （清）周道卿編 清光緒二十四年(1898)益元書局刻本 二冊

430000－2401－0005036　221/38－4

綱鑑總論二卷　（清）周道卿編　清光緒二十
八年(1902)長沙英華書局刻本　二冊

430000－2401－0005037　221/38－5

綱鑑總論二卷　（清）周道卿編　清宣統二年
(1910)森記書局刻本　二冊

430000－2401－0005038　221/6

資治通鑑後編一百八十四卷　（清）徐乾學撰
清富陽夏氏刻本　四十八冊

430000－2401－0005039　221/56

資治通鑑後編校勘記十五卷　（清）夏震武撰
清光緒二十四年(1898)刻本　四冊

430000－2401－0005040　△221/9

宋元資治通鑑六十四卷　（明）王宗沐撰　明
萬曆吳勉學校刻本　佚名圈點　二十九冊

430000－2401－0005041　△221/9－2

宋元資治通鑑六十四卷　（明）王宗沐撰　明
路進刻本　十五冊　存六十卷(一至五十六、
六十一至六十四)

430000－2401－0005042　221/2

續資治通鑑二百二十卷　（清）畢沅撰　清嘉
慶二年(1797)刻同治江蘇書局補刻本　九十
二冊

430000－2401－0005043　221/2(1)

續資治通鑑二百二十卷　（清）畢沅撰　清嘉
慶二年(1797)刻同治江蘇書局補刻本　六
十冊

430000－2401－0005044　221/2(2)

續資治通鑑二百二十卷　（清）畢沅撰　清嘉
慶二年(1797)刻同治江蘇書局補刻本　六十
四冊

430000－2401－0005045　221/2(3)

續資治通鑑二百二十卷　（清）畢沅撰　清嘉
慶二年(1797)刻同治江蘇書局補刻本　六十
二冊

430000－2401－0005046　221/2(4)

續資治通鑑二百二十卷　（清）畢沅撰　清嘉
慶二年(1797)刻同治江蘇書局補刻本　六十
四冊

430000－2401－0005047　221/2(5)

續資治通鑑二百二十卷　（清）畢沅撰　清嘉
慶二年(1797)刻同治江蘇書局補刻本　六
十冊

430000－2401－0005048　221/2(6)

續資治通鑑二百二十卷　（清）畢沅撰　清嘉
慶二年(1797)刻同治江蘇書局補刻本　六十
六冊

430000－2401－0005049　221/2(7)

續資治通鑑二百二十卷　（清）畢沅撰　清嘉
慶二年(1797)刻同治江蘇書局補刻本　六
十冊

430000－2401－0005050　221/2(8)

續資治通鑑二百二十卷　（清）畢沅撰　清嘉
慶二年(1797)刻同治江蘇書局補刻本　六
十冊

430000－2401－0005051　221/2(9)

續資治通鑑二百二十卷　（清）畢沅撰　清嘉
慶二年(1797)刻同治江蘇書局補刻本　六
十冊

430000－2401－0005052　221/2(10)

續資治通鑑二百二十卷　（清）畢沅撰　清嘉
慶二年(1797)刻同治江蘇書局補刻本　六
十冊

430000－2401－0005053　221/2(11)

續資治通鑑二百二十卷　（清）畢沅撰　清嘉
慶二年(1797)刻同治江蘇書局補刻本　六
十冊

430000－2401－0005054　221/2(12)

續資治通鑑二百二十卷　（清）畢沅撰　清嘉
慶二年(1797)刻同治江蘇書局補刻本　六
十冊

430000－2401－0005055　221/2(13)

續資治通鑑二百二十卷　（清）畢沅撰　清嘉慶
二年(1797)刻同治江蘇書局補刻本　六十四冊

430000－2401－0005056　221/2－2

續資治通鑑二百二十卷　（清）畢沅撰　清光緒十四年(1888)上海蜚英館石印本　二十冊

430000－2401－0005057　221/2－2(1)

續資治通鑑二百二十卷　（清）畢沅撰　清光緒十四年(1888)上海蜚英館石印本　五冊　存四十一卷(一至四十一)

430000－2401－0005058　221/2－3

續資治通鑑二百二十卷　（清）畢沅撰　清光緒三十一年(1905)新化三味書局刻本　八十冊

430000－2401－0005059　221/43－2

通鑑註商十八卷　（清）趙紹祖撰　清嘉慶二十四年(1819)古墨齋刻本　四冊

430000－2401－0005060　221/3－12

御批歷代通鑑輯覽一百十六卷　（清）傅恆等撰　清乾隆三十三年(1768)武英殿刻大字朱墨套印本　五十四冊　缺十卷(三十一至三十四、四十一至四十四、五十七至五十八)

430000－2401－0005061　221/3－19

御批歷代通鑑輯覽一百二十卷　（清）傅恆等撰　清同治十年(1871)浙江書局刻本　四十八冊

430000－2401－0005062　221/3－9

御批歷代通鑑輯覽一百二十卷　（清）傅恆等撰　清同治十一年(1872)湖北崇文書局刻本　六十冊

430000－2401－0005063　221/3－9(1)

御批歷代通鑑輯覽一百二十卷　（清）傅恆等撰　清同治十一年(1872)湖北崇文書局刻本　六十冊

430000－2401－0005064　221/3－7

御批歷代通鑑輯覽一百二十卷　（清）傅恆等撰　清同治十三年(1874)湖南書局刻本　四十八冊

430000－2401－0005065　221/3－7(1)

御批歷代通鑑輯覽一百二十卷　（清）傅恆等撰　清同治十三年(1874)湖南書局刻本　五十六冊

430000－2401－0005066　221/3－7(2)

御批歷代通鑑輯覽一百二十卷　（清）傅恆等撰　清同治十三年(1874)湖南書局刻本　四十八冊

430000－2401－0005067　221/3－7(3)

御批歷代通鑑輯覽一百二十卷　（清）傅恆等撰　清同治十三年(1874)湖南書局刻本　五十六冊

430000－2401－0005068　221/3－7(4)

御批歷代通鑑輯覽一百二十卷　（清）傅恆等撰　清同治十三年(1874)湖南書局刻本　五十六冊

430000－2401－0005069　221/3－7(5)

御批歷代通鑑輯覽一百二十卷　（清）傅恆等撰　清同治十三年(1874)湖南書局刻本　六十冊

430000－2401－0005070　221/3－8

御批歷代通鑑輯覽一百二十卷　（清）傅恆等撰　清光緒五年(1879)刻本　五十八冊

430000－2401－0005071　221/3

御批歷代通鑑輯覽一百二十卷　（清）傅恆等撰　清光緒九年(1883)同文書局石印本　十六冊

430000－2401－0005072　221/3

御批歷代通鑑輯覽一百二十卷　（清）傅恆等撰　清光緒十三年(1887)上海同文書局石印本　二十冊

430000－2401－0005073　221/3

御批歷代通鑑輯覽一百二十卷　（清）傅恆等撰　清光緒二十三年(1897)同文書局石印本　二十冊

430000－2401－0005074　221/3(1)

御批歷代通鑑輯覽一百二十卷　（清）傅恆等撰　清光緒九年(1883)同文書局石印本　十六冊

430000－2401－0005075　221/3（2）

御批歷代通鑑輯覽一百二十卷　（清）傅恆等撰　清光緒九年(1883)同文書局石印本　十六冊

430000－2401－0005076　221/3（5）

御批歷代通鑑輯覽一百二十卷　（清）傅恆等撰　清光緒九年(1883)同文書局石印本　二十冊

430000－2401－0005077　221/3－18

御批歷代通鑑輯覽一百二十卷　（清）傅恆等撰　清光緒二十四年(1898)湖北書局刻本　六十冊

430000－2401－0005078　221/3－10

御批歷代通鑑輯覽一百二十卷　（清）傅恆等撰　清光緒二十五年(1899)新化三味堂刻本　六十冊

430000－2401－0005079　221/3－3

御批歷代通鑑輯覽一百二十卷　（清）傅恆等撰　清光緒二十七年(1901)慎記書莊石印本　二十冊

430000－2401－0005080　221/3－3（1）

御批歷代通鑑輯覽一百二十卷　（清）傅恆等撰　清光緒二十七年(1901)慎記書莊石印本　二十冊

430000－2401－0005081　221/3－3（2）

御批歷代通鑑輯覽一百二十卷　（清）傅恆等撰　清光緒二十七年(1901)慎記書莊石印本　十冊

430000－2401－0005082　221/3－3（3）

御批歷代通鑑輯覽一百二十卷　（清）傅恆等撰　清光緒二十七年(1901)慎記書莊石印本　二十冊

430000－2401－0005083　221/3－17

御批歷代通鑑輯覽一百二十卷　（清）傅恆等撰　清光緒二十八年(1902)上海文林書局石印本　十冊

430000－2401－0005084　221/3

御批歷代通鑑輯覽一百二十卷　（清）傅恆等撰　清光緒二十九年(1903)上海同文書局石印本　二十四冊

430000－2401－0005085　221/3－5

御批歷代通鑑輯覽一百二十卷　（清）傅恆等撰　清光緒三十年(1904)上海通元書局石印本　二十四冊

430000－2401－0005086　221/3－4

御批歷代通鑑輯覽一百二十卷　（清）傅恆等撰　清光緒三十年(1904)上海經藝書局石印本　二十四冊

430000－2401－0005087　221/3－2

御批歷代通鑑輯覽一百二十卷　（清）傅恆等撰　清光緒三十年(1904)上海美華書局石印本　二十四冊

430000－2401－0005088　221/3－22

御批歷代通鑑輯覽一百二十卷　（清）傅恆等撰　清光緒三十年(1904)上海鴻文書局石印本　二十八冊

430000－2401－0005089　221/3－16

御批歷代通鑑輯覽一百二十卷　（清）傅恆等撰　清光緒三十一年(1905)上海商務印書館鉛印本　二十四冊

430000－2401－0005090　221/3－15

御批歷代通鑑輯覽一百二十卷　（清）傅恆等撰　清光緒三十四年(1908)上海商務印書館鉛印本　四十冊

430000－2401－0005091　221/3－21

御批歷代通鑑輯覽一百二十卷　（清）傅恆等撰　清刻本　六十冊

430000－2401－0005092　221/3－20

御批歷代通鑑輯覽一百二十卷　（清）傅恆等撰　清末石印本　二十四冊

430000－2401－0005093　△221/10

改元考一卷　（明）朱當㴐撰　明鈔本　一冊

430000－2401－0005094　△221/25

歷代帝王曆祚考八卷音釋一卷　（明）程楊撰

明崇禎刻本　四冊

430000－2401－0005095　△221/5
甲子會紀五卷　(明)薛應旂撰　(明)陳仁錫
評　明陳仁錫刻本　二冊

430000－2401－0005096　△221/5(1)
甲子會紀五卷　(明)薛應旂撰　(明)陳仁錫
評　明陳仁錫刻本　三冊

430000－2401－0005097　△221/5(2)
甲子會紀五卷　(明)薛應旂撰　(明)陳仁錫
評　明陳仁錫刻本　二冊

430000－2401－0005098　△221/24
鼎鍥葉太史匯纂玉堂鑒綱七十二卷　(明)葉
向高撰　明萬曆三十年(1602)書林熊體忠刻
本　三十二冊

430000－2401－0005099　△221/26
紀元韻叙二卷　(清)萬光泰撰　清嘉慶六年
(1801)鈔本　清翁方綱批校題跋　葉啟勳題
識　一冊

430000－2401－0005100　221/71
新鍥歷朝古今綱鑑四卷　清末鈔本　一冊

430000－2401－0005101　△221/1－2
呂東萊先生大事記十二卷通釋三卷解題十二
卷　(宋)呂祖謙撰　(明)阮元聲　(明)吳
國琦訂　明末刻本　二十四冊

430000－2401－0005102　221/36－2
大事記十二卷通釋三卷解題十二卷　(宋)呂
祖謙撰　清乾隆武英殿活字本　十三冊　缺
一卷(解題十二)

430000－2401－0005103　△221/1
大事記十二卷通釋三卷解題十二卷　(宋)呂
祖謙撰　清道光四年(1824)活字本　二十冊

430000－2401－0005104　221/36
大事記十二卷通釋三卷解題十二卷　(宋)呂
祖謙撰　清同治十二年(1873)金華胡鳳丹退
補齋刻金華叢書本　十二冊

430000－2401－0005105　△221/3
新刻世史類編四十五卷首一卷　(明)李純卿

草創　(明)王守仁覆詳　(明)謝遷補遺
(明)王世貞會纂　(明)李槃增修　明萬曆三
十四年(1606)書林余彰德刻本　九冊　存二
十六卷(一、十四至十九、二十四至三十七、四
十一至四十五)

430000－2401－0005106　△221/3－2
新刻世史類編四十五卷首一卷　(明)李純卿
草創　(明)王守仁覆詳　(明)謝遷補遺
(明)王世貞會纂　(明)李槃增修　明刻本
十三冊　存二十七卷(十三至十七、二十四至
四十五)

430000－2401－0005107　221/37－3
史存三十卷　(清)劉沅撰　清同治十一年
(1872)西充鮮于氏特園刻本　二十四冊

430000－2401－0005108　221/37－2
史存三十卷　(清)劉沅撰　清光緒二年
(1876)樂善堂刻本　十六冊

430000－2401－0005109　212/25－3
益元堂增定課讀鑒略妥註讀本五卷　(明)李
廷機撰　清光緒二十年(1894)益元局刻本
二冊

430000－2401－0005110　212/25－5
太和局新增鑒略妥註讀本六卷　(明)李廷機
撰　清光緒二十九年(1903)太和局刻本
二冊

430000－2401－0005111　212/25－2
令德堂增定課兒鑒略妥註讀本五卷　(明)李
廷機撰　清三讓堂刻本　二冊

430000－2401－0005112　212/25－6
增定鑒略妥註善本五卷　(明)李廷機撰　清
刻本　一冊　存二卷(二至三)

430000－2401－0005113　20/18－2
京師大學堂中國通史講義　(清)王舟瑤撰
清末鉛印本　一冊

430000－2401－0005114　20/18
京師大學堂中國通史講義　(清)王舟瑤撰
京師大學堂掌故學講義　(清)楊道霖撰　清

末鉛印本　一册

430000－2401－0005115　20/10
中國歷史歌一卷　(清)袁桐撰　清光緒二十九年(1903)上海鏡今書局鉛印本　一册

430000－2401－0005116　20/8
中國歷史六卷　陳慶年編　清光緒三十二年(1906)武昌刻本　六册

430000－2401－0005117　25/140
中史綱要一卷　鄒桂生撰　清宣統二年(1910)湖南南路師範學堂木活字印清雋堂叢書本　一册

430000－2401－0005118　20/13
中國歷史□□卷　鄒桂生撰　清湖南南路師範學堂活字本　一册　存二卷(二至三)

430000－2401－0005119　20/14
新體中國歷史□□卷　長郡公立中學校編　民國長沙該校活字本　一册　存二卷(二、四)

430000－2401－0005120　20/19
京師大學堂中國史講義　陳敝宸撰　**京師大學堂萬國史講義**　(日本)服部宇之吉撰　清末鉛印本　一册

430000－2401－0005121　20/20
普通新歷史二卷首一卷　京師大學堂撰　清光緒二十九年(1903)寶慶勸學書舍校刻本　二册

430000－2401－0005122　△221/6
竹書紀年二卷　(南朝梁)沈約註　(明)吳琯校　明刻本　一册

430000－2401－0005123　221/45
竹書紀年二卷　(南朝梁)沈約註　(清)洪頤煊校　清嘉慶刻本　一册

430000－2401－0005124　221/45
竹書紀年二卷　(南朝梁)沈約註　清刻本　一册

430000－2401－0005125　221/45(2)
竹書紀年二卷　(南朝梁)沈約註　(清)洪頤煊校　清刻本　一册

430000－2401－0005126　221/45－3
竹書紀年二卷　(南朝梁)沈約註　(明)張遂辰閲　清鈔本　一册

430000－2401－0005127　221/45－4
竹書紀年六卷　(南朝梁)沈約註　(清)雷學淇校訂　清亦囂囂齋刻本　一册　存二卷(五至六)

430000－2401－0005128　221/46
竹書紀年集註二卷　(清)陳詩撰　清嘉慶六年(1801)蘄州陳氏家塾刻本　二册

430000－2401－0005129　△221/7
竹書紀年辨正四卷　(清)韓怡撰　清嘉慶十二年(1807)木存堂刻本　佚名批校　一册

430000－2401－0005130　221/48
竹書紀年考證一卷　(清)張九鐔撰　清嘉慶十六年(1811)張世浣等刻笙雅堂全集本　一册

430000－2401－0005131　221/47
竹書紀年集證三十五卷首一卷　(清)陳逢衡撰　清嘉慶十八年(1813)抱露軒刻本　十一册　缺三卷(三十至三十二)

430000－2401－0005132　221/50
校補竹書紀年二卷原委一卷　(清)趙紹祖校補　清嘉慶古墨齋刻本　一册

430000－2401－0005133　221/50(1)
校補竹書紀年二卷原委一卷　(清)趙紹祖校補　清嘉慶古墨齋刻本　一册

430000－2401－0005134　25/16
汲冢紀年存真二卷周年表一卷　(清)朱右曾撰　清道光二十六年(1846)歸硯齋刻本　一册

430000－2401－0005135　25/16(1)
汲冢紀年存真二卷周年表一卷　(清)朱右曾撰　清道光二十六年(1846)歸硯齋刻本　一册

430000－2401－0005136　222/3
周季編略九卷　(清)黃式三撰　清同治十二

年（1873）浙江書局刻儆居遺書本　四冊

430000－2401－0005137　221/52

竹書紀年統箋十二卷前編一卷雜述一卷
（清）徐文靖撰　清光緒三年（1877）浙江書局
刻本　四冊

430000－2401－0005138　221/52(1)

竹書紀年統箋十二卷前編一卷雜述一卷
（清）徐文靖撰　清光緒三年（1877）浙江書局
刻本　合訂冊

430000－2401－0005139　221/52(2)

竹書紀年統箋十二卷前編一卷雜述一卷
（清）徐文靖撰　清光緒三年（1877）浙江書局
刻本　四冊

430000－2401－0005140　221/52(3)

竹書紀年統箋十二卷前編一卷雜述一卷
（清）徐文靖撰　清光緒三年（1877）浙江書局
刻本　四冊

430000－2401－0005141　221/52(4)

竹書紀年統箋十二卷前編一卷雜述一卷
（清）徐文靖撰　清光緒三年（1877）浙江書局
刻本　四冊

430000－2401－0005142　221/52(5)

竹書紀年統箋十二卷前編一卷雜述一卷
（清）徐文靖撰　清光緒三年（1877）浙江書局
刻本　四冊

430000－2401－0005143　221/52(6)

竹書紀年統箋十二卷前編一卷雜述一卷
（清）徐文靖撰　清光緒三年（1877）浙江書局
刻本　四冊

430000－2401－0005144　221/52(7)

竹書紀年統箋十二卷前編一卷雜述一卷
（清）徐文靖撰　清光緒三年（1877）浙江書局
刻本　四冊

430000－2401－0005145　221/49

竹書紀年校正十四卷通考一卷　（清）郝懿行
撰　清光緒五年（1879）東路廳署刻郝氏遺書
本　二冊

430000－2401－0005146　221/49(1)

竹書紀年校正十四卷通考一卷　（清）郝懿行
撰　清光緒五年（1879）東路廳署刻郝氏遺書
本　二冊

430000－2401－0005147　△222/5

兩漢紀六十卷　（宋）王銍輯　明嘉靖二十七
年（1548）黃姬水刻本　清韓履卿、顧廣圻、黃
丕烈題識　葉啟發、葉啟勳題跋　二十冊

430000－2401－0005148　△222/5(1)

兩漢紀六十卷　（宋）王銍輯　明嘉靖二十七
年（1548）黃姬水刻本　二十冊

430000－2401－0005149　△222/6

兩漢紀六十卷　（宋）王銍輯　清康熙三十五
年（1696）蔣氏樂三堂刻本　十二冊

430000－2401－0005150　222/7－3

前漢紀三十卷　（漢）荀悅撰　清康熙刻本
八冊

430000－2401－0005151　222/7－2

前漢紀三十卷　（漢）荀悅撰　清光緒二年
（1876）嶺南學海堂刻本　七冊

430000－2401－0005152　222/18

西漢年紀三十卷　（宋）王益之撰　清嘉慶四
年（1799）掃葉山房刻本　四冊

430000－2401－0005153　222/2

後漢紀三十卷　（晉）袁宏撰　清康熙蔣國祥
刻本　八冊

430000－2401－0005154　222/2－2

後漢紀三十卷　（晉）袁宏撰　清光緒二年
（1876）嶺南學海堂刻本　七冊

430000－2401－0005155　222/2－2(1)

後漢紀三十卷　（晉）袁宏撰　清光緒二年
（1876）嶺南學海堂刻本　八冊

430000－2401－0005156　222/44

東漢紀　鈔本　一冊

430000－2401－0005157　23/63

建炎以來繫年要錄二百卷　（宋）李心傳撰
清光緒十一年（1885）仁壽蕭氏刻本　六十冊

430000－2401－0005158　23/63（1）

建炎以來繫年要錄二百卷　（宋）李心傳撰
清光緒十一年（1885）仁壽蕭氏刻本　五十
八冊

430000－2401－0005159　222/6

中興小紀四十卷　（宋）熊克撰　清光緒十七
年（1891）廣雅書局刻廣雅書局叢書本　六冊

430000－2401－0005160　222/6（1）

中興小紀四十卷　（宋）熊克撰　清光緒十七
年（1891）廣雅書局刻廣雅書局叢書本　六冊

430000－2401－0005161　△222/15

蒙古通鑑長編八卷補編一卷　王先謙撰　稿
本　四冊

430000－2401－0005162　△222/15－2

蒙古通鑑長編八卷　王先謙撰　稿本　三冊

430000－2401－0005163　△222/15－2（1）

蒙古通鑑長編八卷　王先謙撰　稿本　二冊
　存三卷（一至三）

430000－2401－0005164　△222/15－2（2）

蒙古通鑑長編八卷　王先謙撰　稿本　一冊
　存二卷（一至二）

430000－2401－0005165　△222/10

皇明大政記三十六卷　（明）朱國禎輯　明崇
禎五年（1632）尋溪朱氏刻本　六冊　存二十
八卷（九至三十六）

430000－2401－0005166　△222/10（1）

皇明大政記三十六卷　（明）朱國禎輯　明崇
禎五年（1632）尋溪朱氏刻本　五冊　存十九
卷（十八至三十六）

430000－2401－0005167　△222/8

兩朝從信錄三十五卷　（明）沈國元撰　明崇
禎刻本　十二冊

430000－2401－0005168　△222/11

皇明從信錄四十卷　（明）陳建輯　（明）沈國
元補訂　明末刻本　五冊　存十三卷（十九
至二十一、二十八至三十七）

430000－2401－0005169　△222/13

昭代典則二十八卷　（明）黃光升撰　明萬曆
二十八年（1600）周日校刻本　十一冊　存二
十六卷（一至七、十至二十八）

430000－2401－0005170　222/24

明大政纂要六十三卷　（明）譚希思撰　清光
緒二十一年（1895）湖南思賢書局刻本　二十
八冊

430000－2401－0005171　222/24（1）

明大政纂要六十三卷　（明）譚希思撰　清光
緒二十一年（1895）湖南思賢書局刻本　二十
八冊

430000－2401－0005172　222/24（2）

明大政纂要六十三卷　（明）譚希思撰　清光
緒二十一年（1895）湖南思賢書局刻本　二十
八冊

430000－2401－0005173　222/24（3）

明大政纂要六十三卷　（明）譚希思撰　清光
緒二十一年（1895）湖南思賢書局刻本　二十
八冊

430000－2401－0005174　222/24（4）

明大政纂要六十三卷　（明）譚希思撰　清光
緒二十一年（1895）湖南思賢書局刻本　二十
八冊

430000－2401－0005175　222/23

明鑑易知錄十五卷　（清）吳秉權等輯　清三
讓堂刻本　六冊

430000－2401－0005176　222/21

欽定明鑑二十四卷首一卷　（清）胡敬等撰
清同治九年（1870）湖北崇文書局刻本　十冊

430000－2401－0005177　222/21（1）

欽定明鑑二十四卷首一卷　（清）胡敬等撰
清同治九年（1870）湖北崇文書局刻本　十冊

430000－2401－0005178　222/21（2）

欽定明鑑二十四卷首一卷　（清）胡敬等撰
清同治九年（1870）湖北崇文書局刻本　十冊

430000－2401－0005179　222/21（3）

欽定明鑑二十四卷首一卷　（清）胡敬等撰

清同治九年(1870)湖北崇文書局刻本　十冊

430000 – 2401 – 0005180　222/21（4）

欽定明鑑二十四卷首一卷　（清）胡敬等撰
清同治九年(1870)湖北崇文書局刻本　十冊

430000 – 2401 – 0005181　222/21（5）

欽定明鑑二十四卷首一卷　（清）胡敬等撰
清同治九年(1870)湖北崇文書局刻本　十冊

430000 – 2401 – 0005182　222/21（6）

欽定明鑑二十四卷首一卷　（清）胡敬等撰
清同治九年(1870)湖北崇文書局刻本　十冊

430000 – 2401 – 0005183　222/21（7）

欽定明鑑二十四卷首一卷　（清）胡敬等撰
清同治九年(1870)湖北崇文書局刻本　十冊

430000 – 2401 – 0005184　222/21（8）

欽定明鑑二十四卷首一卷　（清）胡敬等撰
清同治九年(1870)湖北崇文書局刻本　十冊

430000 – 2401 – 0005185　222/21（9）

欽定明鑑二十四卷首一卷　（清）胡敬等撰
清同治九年(1870)湖北崇文書局刻本　八冊

430000 – 2401 – 0005186　222/26

**明通鑑九十卷首一卷前編四卷目錄二卷附編
六卷**　（清）夏燮撰　清同治十二年(1873)宜
黃官廨刻本　四十八冊

430000 – 2401 – 0005187　222/26 – 3

明通鑑九十卷首一卷前編四卷附編六卷
（清）夏燮撰　清光緒二十三年(1897)湖北官
書處刻本　四十冊

430000 – 2401 – 0005188　222/26 – 3（1）

明通鑑九十卷首一卷前編四卷附編六卷
（清）夏燮撰　清光緒二十三年(1897)湖北官
書處刻本　四十冊

430000 – 2401 – 0005189　222/26 – 3（2）

明通鑑九十卷首一卷前編四卷附編六卷
（清）夏燮撰　清光緒二十三年(1897)湖北官
書處刻本　四十冊

430000 – 2401 – 0005190　222/26 – 3（2）

明通鑑九十卷首一卷前編四卷附編六卷

236

（清）夏燮撰　清光緒二十三年(1897)湖北官
書處刻本　四十冊

430000 – 2401 – 0005191　222/26 – 6

明通鑑九十卷首一卷前編四卷附編六卷
（清）夏燮撰　清光緒二十六年(1900)上海掃
葉山房石印本　十六冊

430000 – 2401 – 0005192　222/26 – 6（1）

明通鑑九十卷首一卷前編四卷附編六卷
（清）夏燮撰　清光緒二十六年(1900)上海掃
葉山房石印本　十六冊

430000 – 2401 – 0005193　222/26 – 5

明通鑑九十卷首一卷前編四卷附編六卷
（清）夏燮撰　清光緒二十九年(1903)上海點
石齋書局石印本　十六冊

430000 – 2401 – 0005194　222/26 – 4

明通鑑九十卷首一卷前編四卷附編六卷
（清）夏燮撰　清光緒三十一年(1905)四川珠
江同聲書局刻本　四十冊

430000 – 2401 – 0005195　222/25

明紀六十卷　（清）陳鶴撰　清同治十年
(1871)江蘇書局刻本　二十冊

430000 – 2401 – 0005196　222/25（1）

明紀六十卷　（清）陳鶴撰　清同治十年
(1871)江蘇書局刻本　二十冊

430000 – 2401 – 0005197　222/25（2）

明紀六十卷　（清）陳鶴撰　清同治十年
(1871)江蘇書局刻本　二十冊

430000 – 2401 – 0005198　222/25（3）

明紀六十卷　（清）陳鶴撰　清同治十年
(1871)江蘇書局刻本　二十冊

430000 – 2401 – 0005199　222/25（4）

明紀六十卷　（清）陳鶴撰　清同治十年
(1871)江蘇書局刻本　二十冊

430000 – 2401 – 0005200　222/25（5）

明紀六十卷　（清）陳鶴撰　清同治十年
(1871)江蘇書局刻本　二十四冊

430000 – 2401 – 0005201　222/25（6）

明紀六十卷 （清）陳鶴撰　清同治十年(1871)江蘇書局刻本　十八冊

430000－2401－0005202　222/25－2

明紀六十卷 （清）陳鶴撰　清光緒二十八年(1902)新化三味書室刻本　二十四冊

430000－2401－0005203　222/10－5

東華錄六百二十四卷 王先謙撰　清光緒十三年(1887)京都琉璃廠義善書局刻本　一百七十三冊　缺一百三十一卷(咸豐朝七十至一百、同治朝一百卷)

430000－2401－0005204　222/10－2

東華錄六百二十四卷 王先謙撰　清光緒十三年(1887)上海圖書集成印書局鉛印本　八十四冊　缺一百卷(同治朝一百卷)

430000－2401－0005205　222/10(1/2)

東華錄六百二十四卷 王先謙撰　清光緒十三年(1887)上海廣百宋齋鉛印本　十六冊

430000－2401－0005206　222/10－3

東華錄六百二十四卷 王先謙撰　清光緒二十五年(1899)石印本　八十九冊

430000－2401－0005207　222/10－3(1)

東華錄六百二十四卷 王先謙撰　清光緒二十五年(1899)石印本　五十冊　存六百○二卷(順治朝一至三十六、康熙朝一至一百一十、雍正朝一至二十六、乾隆朝一至一百二十、嘉慶朝一至五十、道光朝一至六十、咸豐朝一至一百、同治朝一至一百)

430000－2401－0005208　222/10－6

東華錄六百二十四卷 王先謙撰　清光緒長沙王氏刻本　二百七十八冊

430000－2401－0005209　222/10－6(1)

東華錄六百二十四卷 王先謙撰　清光緒長沙王氏刻本　一百六十冊　缺二百卷(咸豐朝一至一百、同治朝一至一百)

430000－2401－0005210　222/10－6(2)

東華錄六百二十四卷 王先謙撰　清光緒長沙王氏刻本　一百六十冊　缺二百卷(咸豐

朝一至一百、同治朝一至一百)

430000－2401－0005211　222/10－6(3)

東華錄六百二十四卷 王先謙撰　清光緒長沙王氏刻本　一百十二冊　缺三百二十卷(乾隆一至一百二十、咸豐朝一至一百、同治朝一至一百)

430000－2401－0005212　222/10－6(4)

東華錄六百二十四卷 王先謙撰　清光緒長沙王氏刻本　四十冊　缺五百四十卷(康熙朝一至一百一十、乾隆期一至一百二十、嘉慶朝一至五十、道光朝一至六十、咸豐朝一至一百、同治朝一至一百)

430000－2401－0005213　222/10－6(5)

東華錄六百二十四卷 王先謙撰　清光緒長沙王氏刻本　二十八冊　存四十九卷(天命一至四、天聰一至十一、崇德一至八、雍正一至二十六)

430000－2401－0005214　222/10－4

東華錄一百二十卷 王先謙撰　清末鉛印本　六十冊

430000－2401－0005215　222/10－4(1)

東華錄一百二十卷 王先謙撰　清末鉛印本　六十冊

430000－2401－0005216　222/31

同治東華續錄一百卷 王先謙編　清光緒二十四年(1898)文瀾書局石印本　二十四冊

430000－2401－0005217　222/13

光緒東華續錄二百二十卷 （清）朱壽朋纂　清宣統元年(1909)上海集成圖書公司鉛印本　六十四冊

430000－2401－0005218　222/13(1)

光緒東華續錄二百二十卷 （清）朱壽朋纂　清宣統元年(1909)上海集成圖書公司鉛印本　六十三冊　缺三卷(一百十八至一百二十)

430000－2401－0005219　222/12－3

東華錄八卷 （清）蔣良騏撰　清京都琉璃廠文聚堂刻本　四冊

430000－2401－0005220　△222/4

東華錄十六卷　（清）蔣良騏撰　清鈔本
八冊

430000－2401－0005221　222/12

東華錄三十二卷　（清）蔣良騏撰　清刻本
十二冊

430000－2401－0005222　222/12－2

東華錄三十二卷　（清）蔣良騏撰　清刻本
八冊

430000－2401－0005223　222/12－3

東華錄三十二卷　（清）蔣良騏撰　清鈔本
二冊　存二卷（一、十三）

430000－2401－0005224　222/12－4

東華錄三十二卷　（清）蔣良騏撰　清鈔本
九冊　存九卷（三至十一）

430000－2401－0005225　222/11－2

咸豐東華續錄六十九卷　（清）潘頤福撰　清
光緒十三年(1887)京都欽文書局刻本　二十
四冊

430000－2401－0005226　222/11

咸豐東華續錄六十九卷　（清）潘頤福撰　清
光緒十八年(1892)上海圖書集成印書局鉛印
本　十六冊

430000－2401－0005227　222/11－3

咸豐東華續錄六十九卷　（清）潘頤福撰　清
光緒二十五年(1899)上海書局石印本　十
六冊

430000－2401－0005228　222/1

光緒政要三十四卷　（清）沈桐生等輯　清宣
統元年(1909)上海崇義堂石印本　三十冊

430000－2401－0005229　222/1(1)

光緒政要三十四卷　（清）沈桐生等輯　清宣
統元年(1909)上海崇義堂石印本　三十一冊

430000－2401－0005230　222/1(2)

光緒政要三十四卷　（清）沈桐生等輯　清宣
統元年(1909)上海崇義堂石印本　三十冊

430000－2401－0005231　222/22

國朝掌故輯要二十四卷　（清）林熙春編　清
光緒二十九年(1903)湖南官報局鉛印本
三冊

430000－2401－0005232　222/22(1)

國朝掌故輯要二十四卷　（清）林熙春編　清
光緒二十九年(1903)湖南官報局鉛印本
三冊

430000－2401－0005233　222/22(2)

國朝掌故輯要二十四卷　（清）林熙春編　清
光緒二十九年(1903)湖南官報局鉛印本
三冊

430000－2401－0005234　222/22(3)

國朝掌故輯要二十四卷　（清）林熙春編　清
光緒二十九年(1903)湖南官報局鉛印本
三冊

430000－2401－0005235　25/138

國朝事略六卷　（清）江楚編譯官書局編　清
光緒三十二年(1906)金陵江楚編譯官書局石
印本　二冊

430000－2401－0005236　25/138(1)

國朝事略六卷　（清）江楚編譯官書局編　清
光緒三十二年(1906)金陵江楚編譯官書局石
印本　二冊

430000－2401－0005237　25/138－2

國朝事略六卷　（清）江楚編譯官書局編　清
光緒三十四年(1908)湖南中學堂木活字本
二冊

430000－2401－0005238　23/36－4

支那新史攬要六卷　（日本）增田貢撰　清光
緒二十七年(1901)上海書局石印本　六冊

430000－2401－0005239　23/36

皇朝政典撮要八卷　（日本）增田貢撰　（清）
毛淦補編　清光緒二十八年(1902)刻本
二冊

430000－2401－0005240　23/36－2

皇朝政典撮要八卷　（日本）增田貢撰　（清）
毛淦補編　清光緒二十九年(1903)古餘書局

刻本　二册

430000－2401－0005241　23/36－2(1)
皇朝政典輯要八卷　（日本）增田貢撰　（清）
毛淦補編　清光緒二十九年(1903)古餘書局
刻本　二册

430000－2401－0005242　23/36－2(2)
皇朝政典輯要八卷　（日本）增田貢撰　（清）
毛淦補編　清光緒二十九年(1903)古餘書局
刻本　四册

430000－2401－0005243　23/36－3
皇朝政典輯要八卷　（日本）增田貢撰　清光
緒石印本　一册

430000－2401－0005244　222/14
清史攬要六卷　（日本）增田貢撰　清末石印
本　四册

430000－2401－0005245　222/15
增補清史攬要八卷　（日本）增田貢撰　（清）
毛淦補　清光緒二十八年(1902)上海鉛印本
二册

430000－2401－0005246　222/15(1)
增補清史攬要八卷　（日本）增田貢撰　（清）
毛淦補　清光緒二十八年(1902)上海鉛印本
三册　缺一卷(八)

430000－2401－0005247　23/1
紀事本末五種　清光緒二十四年(1898)湖南
思賢書局刻本　一百十九册

430000－2401－0005248　23/32
歷朝紀事本末　（清）陳如升　（清）朱記榮輯
清光緒二十五年(1899)上海慎記書莊石印
本　五十二册

430000－2401－0005249　23/32(1)
歷朝紀事本末　（清）陳如升　（清）朱記榮輯
清光緒二十五年(1899)上海慎記書莊石印
本　五十六册

430000－2401－0005250　23/32(2)
歷朝紀事本末　（清）陳如升　（清）朱記榮輯
清光緒二十五年(1899)上海慎記書莊石印

本　五十六册

430000－2401－0005251　△231/2
通鑑紀事本末四十二卷　（清）高士奇撰　清
朗潤堂刻本　八册

430000－2401－0005252　△231/2
通鑑紀事本末四十二卷　（宋）袁樞撰　宋寶
祐五年(1257)刻元明遞修本　十六册　存三
十八卷(二至十六、十八至三十四、三十六至
四十一)

430000－2401－0005253　△231/2－2
通鑑紀事本末四十二卷　（宋）袁樞撰　明萬
曆二年(1574)岳州府刻本　四十一册　存四
十一卷(一至十六、十八至四十二)

430000－2401－0005254　23/74
通鑑紀事本末四十二卷　（宋）袁樞撰　**通鑑
紀事本末前編十二卷**　（明）沈朝陽纂輯　明
崇禎郁岡山房刻本　五十四册

430000－2401－0005255　23/74(1)
通鑑紀事本末四十二卷　（宋）袁樞撰　**通鑑
紀事本末前編十二卷**　（明）沈朝陽纂輯　明
崇禎郁岡山房刻本　六册　存八卷(一、六至
十二)

430000－2401－0005256　23/20－3
通鑑紀事本末二百三十九卷　（宋）袁樞撰
（明）張溥論正　清同治十二年(1873)江西書
局刻本　八十册

430000－2401－0005257　23/20－3(1)
通鑑紀事本末二百三十九卷　（宋）袁樞撰
（明）張溥論正　清同治十二年(1873)江西書
局刻本　八十册

430000－2401－0005258　23/20－3(2)
通鑑紀事本末二百三十九卷　（宋）袁樞撰
（明）張溥論正　清同治十二年(1873)江西書
局刻本　四十四册

430000－2401－0005259　23/20－3(3)
通鑑紀事本末二百三十九卷　（宋）袁樞撰
（明）張溥論正　清同治十二年(1873)江西書

局刻本　四十八冊

430000－2401－0005260　23/20－3(4)

通鑑紀事本末二百三十九卷　（宋）袁樞撰
（明）張溥論正　清同治十二年(1873)江西書
局刻本　七十二冊　存二百二十卷（一至二
百二十）

430000－2401－0005261　23/20

通鑑紀事本末二百三十九卷　（宋）袁樞撰
（明）張溥論正　清光緒十三年(1887)廣雅書
局刻本　四十八冊

430000－2401－0005262　23/20－4

通鑑紀事本末二百三十九卷　（宋）袁樞撰
（明）張溥論正　清光緒十四年(1888)上海書
業公所崇德堂鉛印本　二十四冊

430000－2401－0005263　23/20－7

通鑑紀事本末二百三十九卷　（宋）袁樞撰
（明）張溥論正　清光緒二十一年(1895)上海
積山書局石印本　六冊　存六十六卷（九十
三至一百三十三、一百八十三至一百九十九、
二百三十二至二百三十九）

430000－2401－0005264　23/22

通鑑長編紀事本末一百五十卷　（宋）楊仲良撰
清光緒十九年(1893)廣雅書局刻本　十七冊
缺八卷（六至七、一百十四至一百十九）

430000－2401－0005265　△231/3

資治通鑑紀事本末補不分卷　（清）王延年輯
清光緒十六年(1890)廣雅書局刻本　四冊

430000－2401－0005266　23/23

通鑑紀事本末八十卷　（清）谷應泰撰　清順
治十五年(1658)刻本　十四冊

430000－2401－0005267　23/23(1)

通鑑紀事本末八十卷　（清）谷應泰撰　清順
治十五年(1658)刻本　十二冊

430000－2401－0005268　23/42－2

蜀鑑十卷　（宋）郭允蹈撰　清光緒五年
(1879)成都吳氏詒穀堂刻本　二冊

430000－2401－0005269　23/2

三朝北盟會編二百五十卷　（宋）徐夢莘撰
清光緒四年(1878)越東鉛印本　四十冊

430000－2401－0005270　23/2(1)

三朝北盟會編二百五十卷　（宋）徐夢莘撰
清光緒四年(1878)越東鉛印本　四十冊

430000－2401－0005271　23/2(2)

三朝北盟會編二百五十卷　（宋）徐夢莘撰
清光緒四年(1878)越東鉛印本　四十冊

430000－2401－0005272　23/2(3)

三朝北盟會編二百五十卷　（宋）徐夢莘撰
清光緒四年(1878)越東鉛印本　三十八冊

430000－2401－0005273　23/2－2

三朝北盟會編二百五十卷　（宋）徐夢莘撰
清光緒三十四年(1908)鉛印本　四十冊

430000－2401－0005274　△222/16

三朝北盟會編二百五十卷　（宋）徐夢莘撰
清鈔本　四十冊

430000－2401－0005275　23/17－6

宋史紀事本末一百○九卷　（明）馮琦撰
（明）陳邦瞻增訂　明萬曆三十三年(1605)郁
岡山房刻本　十六冊

430000－2401－0005276　△232/3

宋史紀事本末十卷　（明）馮琦撰　（明）陳邦
瞻補　明萬曆三十三年(1605)劉曰梧、徐申
刻本　十冊

430000－2401－0005277　△232/3(1)

宋史紀事本末十卷　（明）馮琦撰　（明）陳邦
瞻補　明萬曆刻本　十冊

430000－2401－0005278　23/17－2

宋史紀事本末一百○九卷　（明）馮琦撰
（明）陳邦瞻增訂　（明）張溥論正　清同治十
三年(1874)江西書局刻本　二十冊

430000－2401－0005279　23/17－2(1)

宋史紀事本末一百○九卷　（明）馮琦撰
（明）陳邦瞻增訂　（明）張溥論正　清同治十
三年(1874)江西書局刻本　二十冊

430000－2401－0005280　23/17－2(2)

宋史紀事本末一百〇九卷　（明）馮琦撰
（明）陳邦瞻增訂　（明）張溥論正　清同治十
三年(1874)江西書局刻本　二十冊

430000－2401－0005281　23/17－2(3)
宋史紀事本末一百〇九卷　（明）馮琦撰
（明）陳邦瞻增訂　（明）張溥論正　清同治十
三年(1874)江西書局刻本　二十冊

430000－2401－0005282　23/17－2(4)
宋史紀事本末一百〇九卷　（明）馮琦撰
（明）陳邦瞻增訂　（明）張溥論正　清同治十
三年(1874)江西書局刻本　十八冊

430000－2401－0005283　23/17－2(5)
宋史紀事本末一百〇九卷　（明）馮琦撰
（明）陳邦瞻增訂　（明）張溥論正　清同治十
三年(1874)江西書局刻本　十二冊　存七十
四卷(一至七十四)

430000－2401－0005284　23/17－5
宋史紀事本末一百〇九卷　（明）馮琦撰
（明）陳邦瞻增訂　（明）張溥論正　清光緒十
四年(1888)上海書業公所崇德堂鉛印本
八冊

430000－2401－0005285　23/17－7
宋史紀事本末一百〇九卷　（明）馮琦撰
（明）陳邦瞻增訂　（明）張溥論正　清光緒二
十一年(1895)上海積山書局石印本　二冊
缺九卷(七十二至八十)

430000－2401－0005286　△232/4
宋史紀事本末一百〇九卷　（明）馮琦撰
（明）陳邦瞻增訂　清朝宗書室木活字本　二
十四冊

430000－2401－0005287　23/73－5
遼史紀事本末四十卷首一卷　（清）李有棠撰
　清光緒十九年(1893)同文書局石印本
四冊

430000－2401－0005288　23/73－4
遼史紀事本末四十卷首一卷　（清）李有棠撰
　清光緒二十八年(1902)上海著易堂書局鉛
印本　二冊

430000－2401－0005289　23/73－2
遼史紀事本末四十卷首一卷　（清）李有棠撰
　清光緒二十九年(1903)李杅鄂樓刻本
八冊

430000－2401－0005290　23/73－2(1)
遼史紀事本末四十卷首一卷　（清）李有棠撰
　清光緒二十九年(1903)李杅鄂樓刻本
八冊

430000－2401－0005291　23/73－2(2)
遼史紀事本末四十卷首一卷　（清）李有棠撰
　清光緒二十九年(1903)李杅鄂樓刻本
八冊

430000－2401－0005292　23/73－2(3)
遼史紀事本末四十卷首一卷　（清）李有棠撰
　清光緒二十九年(1903)李杅鄂樓刻本
四冊

430000－2401－0005293　23/73－2(4)
遼史紀事本末四十卷首一卷　（清）李有棠撰
　清光緒二十九年(1903)李杅鄂樓刻本
四冊

430000－2401－0005294　23/73－2
遼史紀事本末四十卷首一卷　（清）李有棠撰
　清刻本　四冊

430000－2401－0005295　23/34－5
金史紀事本末五十二卷　（清）李有棠撰　清
光緒十九年(1893)李杅鄂樓刻本　六冊

430000－2401－0005296　23/34
金史紀事本末五十二卷　（清）李有棠撰　清
光緒二十八年(1902)上海著易堂書局鉛印本
四冊

430000－2401－0005297　23/34－6
金史紀事本末五十二卷　（清）李有棠撰　清
光緒二十九年(1903)李杅鄂樓刻本　十二冊

430000－2401－0005298　23/34－6(1)
金史紀事本末五十二卷　（清）李有棠撰　清
光緒二十九年(1903)李杅鄂樓刻本　六冊

430000－2401－0005299　23/34－6(2)

金史紀事本末五十二卷　(清)李有棠撰　清光緒二十九年(1903)李栘鄂樓刻本　十二册

430000－2401－0005300　23/34－6(3)
金史紀事本末五十二卷　(清)李有棠撰　清光緒二十九年(1903)李栘鄂樓刻本　十册

430000－2401－0005301　23/34－6(4)
金史紀事本末五十二卷　(清)李有棠撰　清光緒二十九年(1903)李栘鄂樓刻本　十一册　缺四卷(首、一至三)

430000－2401－0005302　23/34－2
金史紀事本末五十二卷　(清)李有棠撰　清末石印本　六册

430000－2401－0005303　23/57－5
西夏紀事本末三十六卷首二卷　(清)張鑒撰　清光緒十年(1884)江蘇書局刻本　四册

430000－2401－0005304　23/57－5(1)
西夏紀事本末三十六卷首二卷　(清)張鑒撰　清光緒十年(1884)江蘇書局刻本　二册

430000－2401－0005305　23/57－5(2)
西夏紀事本末三十六卷首二卷　(清)張鑒撰　清光緒十年(1884)江蘇書局刻本　四册

430000－2401－0005306　23/57－5(3)
西夏紀事本末三十六卷首二卷　(清)張鑒撰　清光緒十年(1884)江蘇書局刻本　三册

430000－2401－0005307　23/57－4
西夏紀事本末三十六卷首二卷　(清)張鑒撰　清光緒十一年(1885)金陵刻本　四册

430000－2401－0005308　23/57－4(1)
西夏紀事本末三十六卷首二卷　(清)張鑒撰　清光緒十一年(1885)金陵刻本　二册

430000－2401－0005309　23/57－4(2)
西夏紀事本末三十六卷首二卷　(清)張鑒撰　清光緒十一年(1885)金陵刻本　三册

430000－2401－0005310　23/57－3
西夏紀事本末三十六卷首二卷　(清)張鑒撰　清光緒十四年(1888)上海書業公所崇德堂鉛印本　二册

430000－2401－0005311　23/57－6
西夏紀事本末三十六卷首二卷　(清)張鑒撰　清光緒二十一年(1895)上海積山書局石印本　二册

430000－2401－0005312　△232/2
元史紀事本末四卷　(明)陳邦瞻撰　(明)臧懋循補　明萬曆三十四年(1606)徐申、劉曰梧刻本　二册

430000－2401－0005313　23/49－4
元史紀事本末二十七卷　(明)陳邦瞻撰　(明)張溥論正　清同治十三年(1874)江西書局刻本　四册

430000－2401－0005314　23/49－4(1)
元史紀事本末二十七卷　(明)陳邦瞻撰　(明)張溥論正　清同治十三年(1874)江西書局刻本　三册

430000－2401－0005315　23/49－4(2)
元史紀事本末二十七卷　(明)陳邦瞻撰　(明)張溥論正　清同治十三年(1874)江西書局刻本　四册

430000－2401－0005316　23/49－4(3)
元史紀事本末二十七卷　(明)陳邦瞻撰　(明)張溥論正　清同治十三年(1874)江西書局刻本　二册

430000－2401－0005317　23/49－4(4)
元史紀事本末二十七卷　(明)陳邦瞻撰　(明)張溥論正　清同治十三年(1874)江西書局刻本　四册

430000－2401－0005318　23/49－4(5)
元史紀事本末二十七卷　(明)陳邦瞻撰　(明)張溥論正　清同治十三年(1874)江西書局刻本　四册

430000－2401－0005319　23/49－6
元史紀事本末二十七卷　(明)陳邦瞻撰　(明)張溥論正　清光緒十三年(1887)廣雅書局刻本　三册

430000－2401－0005320　23/49－3

元史紀事本末二十七卷　（明）陳邦瞻撰
（明）張溥論正　清光緒十四年（1888）上海書
業公所崇德堂鉛印本　二冊

430000－2401－0005321　23/49－7

元史紀事本末二十七卷　（明）陳邦瞻撰
（明）張溥論正　清光緒二十一年（1895）上海
積山書局石印本　二冊

430000－2401－0005322　△221/8

宋元通鑑一百五十七卷　（明）薛應旂撰
（明）陳仁錫評　明天啟六年（1626）陳仁錫刻
本　二十冊

430000－2401－0005323　△221/8（1）

宋元通鑑一百五十七卷　（明）薛應旂撰
（明）陳仁錫評　明天啟六年（1626）陳仁錫刻
本　二十二冊

430000－2401－0005324　23/47

宋元通鑑一百五十七卷　（明）薛應旂撰
（明）陳仁錫評　明刻本　二十四冊

430000－2401－0005325　23/47（1）

宋元通鑑一百五十七卷　（明）薛應旂撰
（明）陳仁錫評　明刻本　二十冊

430000－2401－0005326　23/59

明末紀事補遺十卷　（清）三餘氏撰　清同治
刻本　六冊

430000－2401－0005327　23/59（1）

明末紀事補遺十卷　（清）三餘氏撰　清同治
刻本　六冊

430000－2401－0005328　△232/5

明朝紀事本末八十卷　（清）谷應泰撰　清順
治十五年（1658）刻本　十六冊

430000－2401－0005329　23/58

明史紀事本末八十卷　（清）谷應泰撰　清同
治十三年（1874）江西書局刻本　二十一冊

430000－2401－0005330　23/58（1）

明史紀事本末八十卷　（清）谷應泰撰　清同
治十三年（1874）江西書局刻本　十九冊

430000－2401－0005331　23/58（2）

明史紀事本末八十卷　（清）谷應泰撰　清同
治十三年（1874）江西書局刻本　二十冊

430000－2401－0005332　23/58（3）

明史紀事本末八十卷　（清）谷應泰撰　清同
治十三年（1874）江西書局刻本　二十冊

430000－2401－0005333　23/58（4）

明史紀事本末八十卷　（清）谷應泰撰　清同
治十三年（1874）江西書局刻本　十四冊

430000－2401－0005334　23/58（5）

明史紀事本末八十卷　（清）谷應泰撰　清同
治十三年（1874）江西書局刻本　十五冊

430000－2401－0005335　23/58－3

明史紀事本末八十卷　（清）谷應泰撰　清光
緒十三年（1887）廣雅書局刻本　十六冊

430000－2401－0005336　23/58－7

明史紀事本末八十卷　（清）谷應泰撰　清光
緒十四年（1888）上海書業公所崇德堂鉛印本
八冊

430000－2401－0005337　23/58－9

明史紀事本末八十卷　（清）谷應泰撰　清光
緒二十一年（1895）上海積山書局石印本　三
冊　存二十六卷（一至二十、六十七至七十
二）

430000－2401－0005338　△232/5－2

明朝紀事本末八十卷　（清）谷應泰撰　清朝
宗書室木活字本　二十冊

430000－2401－0005339　23/58－2

明史紀事本末八十卷　（清）谷應泰撰　清刻
本　十二冊

430000－2401－0005340　23/60

明史紀事本末詳節六卷　（清）谷應泰撰　林
紓重編　清光緒二十八年（1902）五城學堂鉛
印本　六冊

430000－2401－0005341　△24/23

皇清開國方略三十三卷首一卷　清鈔本　十
五冊

430000－2401－0005342　23/35

皇清開國方略三十二卷聯句詩一卷 （清）阿
桂等撰　清光緒十五年（1889）上海廣百宋齋
鉛印本　六冊

430000－2401－0005343　23/35(1)

皇清開國方略三十二卷聯句詩一卷 （清）阿
桂等撰　清光緒十五年（1889）上海廣百宋齋
鉛印本　六冊

430000－2401－0005344　23/35(2)

皇清開國方略三十二卷聯句詩一卷 （清）阿
桂等撰　清光緒十五年（1889）上海廣百宋齋
鉛印本　四冊　存二十卷(一至二十)

430000－2401－0005345　23/24

繹史一百六十卷世系圖一卷年表一卷 （清）
馬驌撰　清康熙九年（1670）汲古閣刻本　十
六冊

430000－2401－0005346　23/24(1)

繹史一百六十卷世系圖一卷年表一卷 （清）
馬驌撰　清康熙九年（1670）汲古閣刻本　四
十八冊

430000－2401－0005347　23/24(2)

繹史一百六十卷世系圖一卷年表一卷 （清）
馬驌撰　清康熙九年（1670）汲古閣刻本　二
十四冊

430000－2401－0005348　23/24(3)

繹史一百六十卷世系圖一卷年表一卷 （清）
馬驌撰　清康熙九年（1670）汲古閣刻本　四
十冊

430000－2401－0005349　23/24(4)

繹史一百六十卷世系圖一卷年表一卷 （清）
馬驌撰　清康熙九年（1670）汲古閣刻本　二
十六冊

430000－2401－0005350　23/24－4

繹史一百六十卷世系圖一卷年表一卷 （清）
馬驌撰　清同治七年（1868）姑蘇亦西齋刻本
四十冊

430000－2401－0005351　23/24－4(1)

繹史一百六十卷世系圖一卷年表一卷 （清）

馬驌撰　清同治七年（1868）姑蘇亦西齋刻本
四十三冊

430000－2401－0005352　23/24－4(2)

繹史一百六十卷世系圖一卷年表一卷 （清）
馬驌撰　清同治七年（1868）姑蘇亦西齋刻本
四十冊

430000－2401－0005353　23/24－4(3)

繹史一百六十卷世系圖一卷年表一卷 （清）
馬驌撰　清同治七年（1868）姑蘇亦西齋刻本
四十冊

430000－2401－0005354　23/24－4(4)

繹史一百六十卷世系圖一卷年表一卷 （清）
馬驌撰　清同治七年（1868）姑蘇亦西齋刻本
二十四冊

430000－2401－0005355　23/24－2

繹史一百六十卷世系圖一卷年表一卷 （清）
馬驌撰　清光緒十五年（1889）金匱浦氏刻本
四十冊

430000－2401－0005356　23/24－2(1)

繹史一百六十卷世系圖一卷年表一卷 （清）
馬驌撰　清光緒十五年（1889）金匱浦氏刻本
三十冊

430000－2401－0005357　23/24－2(2)

繹史一百六十卷世系圖一卷年表一卷 （清）
馬驌撰　清光緒十五年（1889）金匱浦氏刻本
三十二冊

430000－2401－0005358　23/24－2(3)

繹史一百六十卷世系圖一卷年表一卷 （清）
馬驌撰　清光緒十五年（1889）金匱浦氏刻本
四十八冊

430000－2401－0005359　23/24－3

繹史一百六十卷世系圖一卷年表一卷 （清）
馬驌撰　清光緒二十三年（1897）武林尚友齋
石印本　十二冊

430000－2401－0005360　23/24－3(1)

繹史一百六十卷世系圖一卷年表一卷 （清）
馬驌撰　清光緒二十三年（1897）武林尚友齋

244

石印本　二十四册

430000－2401－0005361　23/25

繹史摭遺十八卷　（清）李瑤撰　清道光十年
(1830)蕭山城南草堂刻本　四册

430000－2401－0005362　23/15－5

聖武記十四卷　（清）魏源撰　清道光二十二
年(1842)古微堂刻本　六册

430000－2401－0005363　23/15－5(1)

聖武記十四卷　（清）魏源撰　清道光二十二
年(1842)古微堂刻本　十二册

430000－2401－0005364　23/15－5(2)

聖武記十四卷　（清）魏源撰　清道光二十二
年(1842)古微堂刻本　十册

430000－2401－0005365　23/15－5(3)

聖武記十四卷　（清）魏源撰　清道光二十二
年(1842)古微堂刻本　十二册

430000－2401－0005366　23/15－5(4)

聖武記十四卷　（清）魏源撰　清道光二十二
年(1842)古微堂刻本　十册

430000－2401－0005367　23/15－5(5)

聖武記十四卷　（清）魏源撰　清道光二十二
年(1842)古微堂刻本　六册

430000－2401－0005368　23/15－5(6)

聖武記十四卷　（清）魏源撰　清道光二十二
年(1842)古微堂刻本　六册

430000－2401－0005369　23/15－5(7)

聖武記十四卷　（清）魏源撰　清道光二十二
年(1842)古微堂刻本　六册

430000－2401－0005370　23/15－5(8)

聖武記十四卷　（清）魏源撰　清道光二十二
年(1842)古微堂刻本　八册

430000－2401－0005371　23/15－5(9)

聖武記十四卷　（清）魏源撰　清道光二十二
年(1842)古微堂刻本　十二册

430000－2401－0005372　23/15－5(10)

聖武記十四卷　（清）魏源撰　清道光二十二

年(1842)古微堂刻本　八册

430000－2401－0005373　23/15－5(11)

聖武記十四卷　（清）魏源撰　清道光二十二
年(1842)古微堂刻本　十一册

430000－2401－0005374　23/15－5(12)

聖武記十四卷　（清）魏源撰　清道光二十二
年(1842)古微堂刻本　十二册

430000－2401－0005375　23/15－6

聖武記十四卷　（清）魏源撰　清道光二十四
年(1844)古微堂刻本　八册

430000－2401－0005376　23/15－6(1)

聖武記十四卷　（清）魏源撰　清道光二十四
年(1844)古微堂刻本　十二册

430000－2401－0005377　23/15－6(2)

聖武記十四卷　（清）魏源撰　清道光二十四
年(1844)古微堂刻本　十二册

430000－2401－0005378　23/15－6(3)

聖武記十四卷　（清）魏源撰　清道光二十四
年(1844)古微堂刻本　十二册

430000－2401－0005379　23/15－7

聖武記十四卷　（清）魏源撰　清道光二十六
年(1846)刻本　十二册

430000－2401－0005380　23/15－7(1)

聖武記十四卷　（清）魏源撰　清道光二十六
年(1846)刻本　十二册

430000－2401－0005381　23/15－7(2)

聖武記十四卷　（清）魏源撰　清道光二十六
年(1846)刻本　六册

430000－2401－0005382　23/15－7(3)

聖武記十四卷　（清）魏源撰　清道光二十六
年(1846)刻本　十二册

430000－2401－0005383　23/15－7(4)

聖武記十四卷　（清）魏源撰　清道光二十六
年(1846)刻本　十册

430000－2401－0005384　23/15－9

聖武記十四卷　（清）魏源撰　清光緒七年

(1881)粵垣權署刻本　十二冊

430000 – 2401 – 0005385　23/15
聖武記十四卷　（清）魏源撰　清光緒二十四
年(1898)上海書局石印本　四冊

430000 – 2401 – 0005386　23/15 – 8
聖武記十四卷　（清）魏源撰　清光緒上海申
報館鉛印本　十冊

430000 – 2401 – 0005387　23/15 – 3
聖武記十四卷　（清）魏源撰　清刻本　十冊

430000 – 2401 – 0005388　23/15 – 3（1）
聖武記十四卷　（清）魏源撰　清刻本　十冊

430000 – 2401 – 0005389　23/15 – 3（2）
聖武記十四卷　（清）魏源撰　清刻本　六冊

430000 – 2401 – 0005390　23/15 – 3（3）
聖武記十四卷　（清）魏源撰　清刻本　十冊

430000 – 2401 – 0005391　23/15 – 3（4）
聖武記十四卷　（清）魏源撰　清刻本　八冊

430000 – 2401 – 0005392　23/15 – 3（5）
聖武記十四卷　（清）魏源撰　清刻本　十冊

430000 – 2401 – 0005393　23/15 – 2
聖武記十四卷　（清）魏源撰　清末上海和記
書莊鉛印本　六冊

430000 – 2401 – 0005394　23/15 – 2（1）
聖武記十四卷　（清）魏源撰　清末上海和記
書莊鉛印本　六冊

430000 – 2401 – 0005395　23/43
綏寇紀略十二卷　（清）吳偉業撰　清康熙十
三年(1674)鄒氏刻本　四冊

430000 – 2401 – 0005396　23/44 – 2
綏寇紀略十二卷補遺三卷　（清）吳偉業撰
（清）張海鵬增訂　清嘉慶十四年(1809)張氏
照曠閣刻本　六冊

430000 – 2401 – 0005397　23/44 – 2（1）
綏寇紀略十二卷補遺三卷　（清）吳偉業撰
（清）張海鵬增訂　清嘉慶十四年(1809)張氏
照曠閣刻本　五冊

430000 – 2401 – 0005398　23/44 – 2（2）
綏寇紀略十二卷補遺三卷　（清）吳偉業撰
（清）張海鵬增訂　清嘉慶十四年(1809)張氏
照曠閣刻本　八冊

430000 – 2401 – 0005399　23/44 – 2（3）
綏寇紀略十二卷補遺三卷　（清）吳偉業撰
（清）張海鵬增訂　清嘉慶十四年(1809)張氏
照曠閣刻本　六冊

430000 – 2401 – 0005400　23/44 – 2（4）
綏寇紀略十二卷補遺三卷　（清）吳偉業撰
（清）張海鵬增訂　清嘉慶十四年(1809)張氏
照曠閣刻本　八冊

430000 – 2401 – 0005401　23/44 – 2（5）
綏寇紀略十二卷補遺三卷　（清）吳偉業撰
（清）張海鵬增訂　清嘉慶十四年(1809)張氏
照曠閣刻本　六冊

430000 – 2401 – 0005402　23/44 – 2（6）
綏寇紀略十二卷補遺三卷　（清）吳偉業撰
（清）張海鵬增訂　清嘉慶十四年(1809)張氏
照曠閣刻本　六冊

430000 – 2401 – 0005403　23/44 – 2（7）
綏寇紀略十二卷補遺三卷　（清）吳偉業撰
（清）張海鵬增訂　清嘉慶十四年(1809)張氏
照曠閣刻本　六冊

430000 – 2401 – 0005404　23/44 – 2（8）
綏寇紀略十二卷補遺三卷　（清）吳偉業撰
（清）張海鵬增訂　清嘉慶十四年(1809)張氏
照曠閣刻本　六冊

430000 – 2401 – 0005405　23/44
綏寇紀略十二卷補遺三卷　（清）吳偉業撰
（清）張海鵬增訂　清光緒三年(1877)上海申
報館鉛印本　四冊

430000 – 2401 – 0005406　23/12 – 5
三藩紀事本末四卷　（清）楊陸榮輯　清康熙
五十六年(1717)刻本　四冊

430000 – 2401 – 0005407　23/12
三藩紀事本末二十二卷　（清）楊陸榮輯　清

光緒十四年(1888)上海書業公所崇德堂鉛印本　一冊

430000－2401－0005408　23/12－4

三藩紀事本末二十二卷　（清）楊陸榮輯　清光緒二十一年(1895)上海積山書局石印本　一冊

430000－2401－0005409　23/12－4(1)

三藩紀事本末二十二卷　（清）楊陸榮輯　清光緒二十一年(1895)上海積山書局石印本　一冊

430000－2401－0005410　23/12－6

三藩紀事本末二十二卷　（清）楊陸榮輯　清光緒二十八年(1902)上海書局石印本　一冊

430000－2401－0005411　23/3

靖海紀事二卷　（清）施琅撰　清光緒元年(1875)刻本　一冊

430000－2401－0005412　23/13

平閩紀十三卷　（清）楊捷撰　清康熙二十二年(1683)世澤堂刻本　八冊

430000－2401－0005413　23/64

平臺紀略一卷　（清）藍鼎元撰　清雍正十年(1732)刻鹿洲全集本　一冊

430000－2401－0005414　23/64(1)

平臺紀略一卷　（清）藍鼎元撰　清雍正十年(1732)刻鹿洲全集本　一冊

430000－2401－0005415　23/51

欽定蘭州紀略二十卷首一卷　（清）阿桂等修撰　清乾隆武英殿木活字本　八冊

430000－2401－0005416　23/51(1)

欽定蘭州紀略二十卷首一卷　清乾隆武英殿木活字本　八冊

430000－2401－0005417　23/27

靖逆記六卷　（清）盛大士撰　清嘉慶二十五年(1820)正道堂刻本　二冊

430000－2401－0005418　23/27

靖逆記六卷　（清）盛大士撰　清嘉慶二十五年(1820)寶華樓刻本　一冊

430000－2401－0005419　23/27(1)

靖逆記六卷　（清）盛大士撰　清嘉慶二十五年(1820)正道堂刻本　一冊

430000－2401－0005420　23/27(3)

靖逆記六卷　（清）盛大士撰　清嘉慶二十五年(1820)正道堂刻本　一冊

430000－2401－0005421　23/27(4)

靖逆記六卷　（清）盛大士撰　清嘉慶二十五年(1820)正道堂刻本　一冊　存三卷(一至三)

430000－2401－0005422　△24/22

皇朝武功紀盛四卷　（清）趙翼撰　清鈔本佚名朱筆點讀　一冊

430000－2401－0005423　23/71

皇朝武功紀盛四卷　（清）趙翼撰　清咸豐壽考堂刻本　一冊

430000－2401－0005424　△24/21

皇朝武功續紀　清鈔本　一冊

430000－2401－0005425　23/65－2

平定瑤匪紀略二卷　（清）周存義撰　清道光十五年(1835)刻本　一冊　存一卷(上)

430000－2401－0005426　23/28－2

湘軍志十六卷　王闓運撰　清光緒十一年(1885)斠微齋刻本　四冊

430000－2401－0005427　23/28－2(1)

湘軍志十六卷　王闓運撰　清光緒十一年(1885)斠微齋刻本　四冊

430000－2401－0005428　23/28－2(2)

湘軍志十六卷　王闓運撰　清光緒十一年(1885)斠微齋刻本　六冊

430000－2401－0005429　23/28－2(3)

湘軍志十六卷　王闓運撰　清光緒十一年(1885)斠微齋刻本　二冊

430000－2401－0005430　23/28－2(4)

湘軍志十六卷　王闓運撰　清光緒十一年(1885)斠微齋刻本　四冊

430000－2401－0005431　23/28－6

湘軍志十六卷　王闓運撰　清光緒十一年
（1885）養翮齋刻本　四冊

430000－2401－0005432　23/28－7

湘軍志十六卷　王闓運撰　清光緒十二年
（1886）成都墨香書屋刻本　四冊

430000－2401－0005433　23/28－7（1）

湘軍志十六卷　王闓運撰　清光緒十二年
（1886）成都墨香書屋刻本　四冊

430000－2401－0005434　23/28－7（2）

湘軍志十六卷　王闓運撰　清光緒十二年
（1886）成都墨香書屋刻本　四冊

430000－2401－0005435　23/28－7（3）

湘軍志十六卷　王闓運撰　清光緒十二年
（1886）成都墨香書屋刻本　四冊

430000－2401－0005436　23/28

湘軍志十六卷　王闓運撰　清光緒二十八年
（1902）湖南書局刻本　四冊

430000－2401－0005437　23/28－5

湘軍志十六卷　王闓運撰　清光緒二十八年
（1902）長沙富記書局刻本　四冊

430000－2401－0005438　23/28－5（1）

湘軍志十六卷　王闓運撰　清光緒二十八年
（1902）長沙富記書局刻本　四冊

430000－2401－0005439　23/28－5（2）

湘軍志十六卷　王闓運撰　清光緒二十八年
（1902）長沙富記書局刻本　四冊

430000－2401－0005440　23/28－5（3）

湘軍志十六卷　王闓運撰　清光緒二十八年
（1902）長沙富記書局刻本　四冊

430000－2401－0005441　23/28－5（4）

湘軍志十六卷　王闓運撰　清光緒二十八年
（1902）長沙富記書局刻本　四冊

430000－2401－0005442　23/28－5（5）

湘軍志十六卷　王闓運撰　清光緒二十八年
（1902）長沙富記書局刻本　四冊

430000－2401－0005443　23/28－3

湘軍志十六卷　王闓運撰　清刻本　四冊

430000－2401－0005444　23/28－3（1）

湘軍志十六卷　王闓運撰　清末刻本　三冊

430000－2401－0005445　23/28－3（2）

湘軍志十六卷　王闓運撰　清末刻本　二冊

430000－2401－0005446　23/28－3（3）

湘軍志十六卷　王闓運撰　清末刻本　二冊

430000－2401－0005447　23/28－3（4）

湘軍志十六卷　王闓運撰　清末刻本　四冊

430000－2401－0005448　23/28－3（5）

湘軍志十六卷　王闓運撰　清末刻本　四冊

430000－2401－0005449　23/28－3（6）

湘軍志十六卷　王闓運撰　清末刻本　四冊

430000－2401－0005450　23/28－3（7）

湘軍志十六卷　王闓運撰　清末刻本　四冊

430000－2401－0005451　23/28－3（8）

湘軍志十六卷　王闓運撰　清末刻本　四冊

430000－2401－0005452　23/28－4

湘軍志十六卷　王闓運撰　清宣統元年
（1909）東洲刻本　四冊

430000－2401－0005453　23/28－4（1）

湘軍志十六卷　王闓運撰　清宣統元年
（1909）東洲刻本　四冊

430000－2401－0005454　23/28－4（2）

湘軍志十六卷　王闓運撰　清宣統元年
（1909）東洲刻本　四冊

430000－2401－0005455　23/81

先兵左公批湘軍志書眉　（清）郭嵩燾撰　郭
慶藩鈔本　一冊

430000－2401－0005456　△24/61

湘軍志平議不分卷　郭振墉撰　清稿本
五冊

430000－2401－0005457　23/29

湘軍記二十卷　（清）王定安撰　清光緒十五

年(1889)江南書局刻本　十二册

430000 - 2401 - 0005458　23/29(1)

湘軍記二十卷　(清)王定安撰　清光緒十五
年(1889)江南書局刻本　十二册

430000 - 2401 - 0005459　23/29(2)

湘軍記二十卷　(清)王定安撰　清光緒十五
年(1889)江南書局刻本　十二册

430000 - 2401 - 0005460　23/29(3)

湘軍記二十卷　(清)王定安撰　清光緒十五
年(1889)江南書局刻本　四册

430000 - 2401 - 0005461　23/29(4)

湘軍記二十卷　(清)王定安撰　清光緒十五
年(1889)江南書局刻本　十二册

430000 - 2401 - 0005462　23/29(5)

湘軍記二十卷　(清)王定安撰　清光緒十五
年(1889)江南書局刻本　十二册

430000 - 2401 - 0005463　23/29(6)

湘軍記二十卷　(清)王定安撰　清光緒十五
年(1889)江南書局刻本　十二册

430000 - 2401 - 0005464　23/29 - 2

湘軍記二十卷　(清)王定安撰　清光緒十六
年(1890)袖海山房石印本　四册

430000 - 2401 - 0005465　23/70

蕩平發逆圖記二十二卷首一卷　(清)古瀛蓼
花洲主人撰　清光緒十四年(1888)上海漱六
山莊石印本　四册

430000 - 2401 - 0005466　23/53

鶴陽新河紀略一卷　(清)朱洪章撰　清光緒
十八年(1892)梓文閣刻本　一册

430000 - 2401 - 0005467　23/9 - 2

平定粵匪紀略十八卷附記四卷　(清)杜文瀾
撰　清同治八年(1869)群玉齋刻本　十册

430000 - 2401 - 0005468　23/9 - 3

平定粵匪紀略十八卷附記四卷　(清)杜文瀾
撰　清同治十年(1871)京都聚珍齋木活字本
　四册

430000 - 2401 - 0005469　23/9 - 3(1)

平定粵匪紀略十八卷附記四卷　(清)杜文瀾
撰　清同治十年(1871)京都聚珍齋木活字本
　六册

430000 - 2401 - 0005470　23/9 - 3(2)

平定粵匪紀略十八卷附記四卷　(清)杜文瀾
撰　清同治十年(1871)京都聚珍齋木活字本
　六册

430000 - 2401 - 0005471　23/9 - 3(3)

平定粵匪紀略十八卷附記四卷　(清)杜文瀾
撰　清同治十年(1871)京都聚珍齋木活字本
　八册

430000 - 2401 - 0005472　23/9

平定粵匪紀略十八卷附記四卷　(清)杜文瀾
撰　清光緒七年(1881)刻本　六册

430000 - 2401 - 0005473　23/9(1)

平定粵匪紀略十八卷附記四卷　(清)杜文瀾
撰　清光緒七年(1881)刻本　六册

430000 - 2401 - 0005474　△24/9

平定粵匪紀略十八卷附記四卷　(清)杜文瀾
撰　清曼陀羅華閣鈔本　十册

430000 - 2401 - 0005475　△24/46

欽定剿平粵匪方略四百二十卷首一卷　(清)
奕訢等纂修　清同治十一年(1872)內府木活
字本　四百二十二册

430000 - 2401 - 0005476　△232/1

粵匪始末紀略二卷　杏花樵子編輯　鈔本
二册

430000 - 2401 - 0005477　△24/43

粵匪南北滋擾紀略一卷　(清)姚憲之撰　鈔
本　一册

430000 - 2401 - 0005478　23/10 - 2

平浙紀略十六卷　(清)秦緗業　(清)陳鍾英
撰　清同治十二年(1873)浙江書局刻本
四册

430000 - 2401 - 0005479　23/10 - 2(1)

平浙紀略十六卷　(清)秦緗業　(清)陳鍾英

撰　清同治十二年（1873）浙江書局刻本
四冊

430000－2401－0005480　23/10－2（2）

平浙紀略十六卷　（清）秦緗業　（清）陳鍾英
撰　清同治十二年（1873）浙江書局刻本
四冊

430000－2401－0005481　23/10

平浙紀略十六卷　（清）秦緗業　（清）陳鍾英
撰　清光緒元年（1875）申報館鉛印本　二冊

430000－2401－0005482　23/19

粵氛紀事十三卷　（清）謝山居士撰　清光緒
十五年（1889）刻本　一冊

430000－2401－0005483　23/69

平桂紀略四卷　（清）蘇鳳文撰　清光緒十五
年（1889）刻本　一冊

430000－2401－0005484　23/16

欽定剿平拈匪方略三百二十卷　（清）奕訢等
撰　清同治十一年（1872）鉛印本　三百二
十冊

430000－2401－0005485　23/16（1）

欽定剿平拈匪方略三百二十卷　（清）奕訢等
撰　清同治十一年（1872）鉛印本　七冊　存
四十一卷（四十一至八十、一百二十一）

430000－2401－0005486　23/18－2

淮軍平拈記十二卷　（清）周世澄撰　清同治
刻本　六冊

430000－2401－0005487　23/18－2（1）

淮軍平拈記十二卷　（清）周世澄撰　清同治
刻本　四冊

430000－2401－0005488　23/18

淮軍平拈記十二卷　（清）周世澄撰　清光緒
三年（1877）上海申報館鉛印本　二冊

430000－2401－0005489　23/37－2

豫軍紀略十二卷　（清）尹耕雲纂　清同治十
一年（1872）刻本　七冊　存五卷（二至三、
六、八至九）

430000－2401－0005490　23/37

豫軍紀略十二卷　（清）尹耕雲纂　清光緒三
年（1877）上海申報館鉛印本　三冊

430000－2401－0005491　23/38

武軍紀略二卷　（清）周達武撰　清光緒十八
年（1892）蛻園刻本　一冊

430000－2401－0005492　23/38（1）

武軍紀略二卷　（清）周達武撰　清光緒十八
年（1892）蛻園刻本　一冊

430000－2401－0005493　23/38（2）

武軍紀略二卷　（清）周達武撰　清光緒十八
年（1892）蛻園刻本　一冊

430000－2401－0005494　23/38（3）

武軍紀略二卷　（清）周達武撰　清光緒十八
年（1892）蛻園刻本　一冊

430000－2401－0005495　23/38（4）

武軍紀略二卷　（清）周達武撰　清光緒十八
年（1892）蛻園刻本　一冊

430000－2401－0005496　△24/10

平定關隴紀略十三卷　（清）易孔昭撰　稿本
五冊　存四卷（一至三、五）

430000－2401－0005497　23/5

平定關隴紀略十三卷　（清）易孔昭撰　清光
緒十三年（1887）刻本　十冊

430000－2401－0005498　23/5（1）

平定關隴紀略十三卷　（清）易孔昭撰　清光
緒十三年（1887）刻本　十冊

430000－2401－0005499　23/5（2）

平定關隴紀略十三卷　（清）易孔昭撰　清光
緒十三年（1887）刻本　十三冊

430000－2401－0005500　23/5（3）

平定關隴紀略十三卷　（清）易孔昭撰　清光
緒十三年（1887）刻本　十冊

430000－2401－0005501　23/5（4）

平定關隴紀略十三卷　（清）易孔昭撰　清光
緒十三年（1887）刻本　十三冊

430000－2401－0005502　23/14

欽定平定陝甘新疆回匪方略三百二十卷
（清）奕訢等撰　清光緒二十二年（1896）鉛印本　六十四冊

430000－2401－0005503　23/7

欽定平定雲南回匪方略五十卷　（清）奕訢等撰　清光緒二十二年（1896）鉛印本　十冊

430000－2401－0005504　23/6

欽定平定雲南回匪方略五十卷平定貴州苗匪紀略四十卷　（清）奕訢等撰　清光緒二十二年（1896）鉛印本　九十一冊

430000－2401－0005505　23/4（1）

平回志八卷　（清）楊毓秀撰　清光緒十五年（1889）劍南王氏紅杏山房刻本　四冊

430000－2401－0005506　23/4（2）

平回志八卷　（清）楊毓秀撰　清光緒十五年（1889）劍南王氏紅杏山房刻本　三冊　缺二卷（五至六）

430000－2401－0005507　23/4

平回志八卷　（清）楊毓秀撰　清光緒十五年（1889）劍南王氏紅杏山房刻本　四冊

430000－2401－0005508　23/75

平苗紀略一卷　（清）方顯撰　清同治十二年（1873）武昌郡廨刻本　一冊

430000－2401－0005509　23/75（1）

平苗紀略一卷　（清）方顯撰　清同治十二年（1873）武昌郡廨刻本　一冊

430000－2401－0005510　23/61

國朝柔遠記二十卷附圖一卷　（清）王之春編　清光緒十七年（1891）廣雅書局刻本　六冊

430000－2401－0005511　23/61（1）

國朝柔遠記二十卷附圖一卷　（清）王之春編　清光緒十七年（1891）廣雅書局刻本　六冊

430000－2401－0005512　23/61（2）

國朝柔遠記二十卷附圖一卷　（清）王之春編　清光緒十七年（1891）廣雅書局刻本　六冊

430000－2401－0005513　23/61（3）

國朝柔遠記二十卷附圖一卷　（清）王之春編　清光緒十七年（1891）廣雅書局刻本　八冊

430000－2401－0005514　23/61（4）

國朝柔遠記二十卷附圖一卷　（清）王之春編　清光緒十七年（1891）廣雅書局刻本　六冊　缺三卷（附編目錄一至二、十八）

430000－2401－0005515　23/61－2

國朝柔遠記十八卷附編二卷圖一卷　（清）王之春編　清光緒二十二年（1896）湖北書局刻本　六冊

430000－2401－0005516　23/61－2（1）

國朝柔遠記十八卷附編二卷圖一卷　（清）王之春編　清光緒二十二年（1896）湖北書局刻本　六冊

430000－2401－0005517　23/61－2（2）

國朝柔遠記十八卷附編二卷圖一卷　（清）王之春編　清光緒二十二年（1896）湖北書局刻本　八冊

430000－2401－0005518　23/61－2（3）

國朝柔遠記十八卷附編二卷圖一卷　（清）王之春編　清光緒二十二年（1896）湖北書局刻本　六冊

430000－2401－0005519　23/61－2（4）

國朝柔遠記十八卷附編二卷圖一卷　（清）王之春編　清光緒二十二年（1896）湖北書局刻本　六冊

430000－2401－0005520　23/62－2

中西紀事二十四卷首一卷　（清）夏燮撰　清同治七年（1868）刻本　八冊

430000－2401－0005521　23/62－2（1）

中西紀事二十四卷首一卷　（清）夏燮撰　清同治七年（1868）刻本　八冊

430000－2401－0005522　23/62－2（2）

中西紀事二十四卷首一卷　（清）夏燮撰　清同治七年（1868）刻本　六冊

430000－2401－0005523　23/62－2（3）

中西紀事二十四卷首一卷　（清）夏燮撰　清同治七年（1868）刻本　六冊

430000－2401－0005524　23/62－2(4)

中西紀事二十四卷首一卷　(清)夏燮撰　清同治七年(1868)刻本　六冊

430000－2401－0005525　23/62－2(5)

中西紀事二十四卷首一卷　(清)夏燮撰　清同治七年(1868)刻本　六冊

430000－2401－0005526　23/62－2(6)

中西紀事二十四卷首一卷　(清)夏燮撰　清同治七年(1868)刻本　六冊

430000－2401－0005527　23/62

中西紀事二十四卷首一卷　(清)夏燮撰　清光緒十一年(1885)京都琉璃廠活字本　六冊

430000－2401－0005528　23/62(1)

中西紀事二十四卷首一卷　(清)夏燮撰　清光緒十一年(1885)京都琉璃廠活字本　六冊

430000－2401－0005529　23/33

東方兵事紀略五卷　(清)姚錫光撰　清光緒二十四年(1898)京都琉璃廠得古歡室活字本　二冊

430000－2401－0005530　23/76

中日戰輯六卷　(清)王炳耀輯　清光緒二十二年(1896)上海青簡閣石印本　一冊　存三卷(一至三)

430000－2401－0005531　24/8

史學通論二卷　曹佐熙撰　清宣統元年(1909)湖南鴻飛印刷局鉛印本　二冊

430000－2401－0005532　△24/56

歷代小史一百〇五卷　(明)李栻輯　明刻本　三冊　存十二卷(一、三十三至三十九、一百至一百〇三)

430000－2401－0005533　25/38－13

戰國策三十三卷　(漢)高誘註　清乾隆二十一年(1756)雅雨堂刻本　四冊

430000－2401－0005534　25/38－13(1)

戰國策三十三卷　(漢)高誘註　清乾隆二十一年(1756)雅雨堂刻本　六冊

430000－2401－0005535　25/38－13(2)

戰國策三十三卷　(漢)高誘註　清乾隆二十一年(1756)雅雨堂刻本　三冊

430000－2401－0005536　25/38－13(3)

戰國策三十三卷　(漢)高誘註　清乾隆二十一年(1756)雅雨堂刻本　四冊

430000－2401－0005537　25/38－13(4)

戰國策三十三卷　(漢)高誘註　清乾隆二十一年(1756)雅雨堂刻本　六冊

430000－2401－0005538　25/38－13(5)

戰國策三十三卷　(漢)高誘註　清乾隆二十一年(1756)雅雨堂刻本　二冊

430000－2401－0005539　25/38－13(6)

戰國策三十三卷　(漢)高誘註　清乾隆二十一年(1756)雅雨堂刻本　四冊

430000－2401－0005540　25/38－13(7)

戰國策三十三卷　(漢)高誘註　清乾隆二十一年(1756)雅雨堂刻本　四冊

430000－2401－0005541　△24/71

戰國策三十三卷　(漢)高誘註　(宋)姚宏校正　**重刻剡川姚氏本戰國策札記三卷**　(清)黃丕烈撰　清嘉慶八年(1803)黃氏讀未見書齋刻本　佚名批校　四冊

430000－2401－0005542　△24/71(1)

戰國策三十三卷　(漢)高誘註　(宋)姚宏校正　**重刻剡川姚氏本戰國策札記三卷**　(清)黃丕烈撰　清嘉慶八年(1803)黃氏讀未見書齋刻本　四冊

430000－2401－0005543　25/38－5

戰國策三十三卷　(漢)高誘註　清同治八年(1869)湖北崇文書局刻本　五冊

430000－2401－0005544　25/318－5(1)

戰國策三十三卷　(漢)高誘註　清同治八年(1869)湖北崇文書局刻本　五冊

430000－2401－0005545　25/318－5(2)

戰國策三十三卷　(漢)高誘註　清同治八年(1869)湖北崇文書局刻本　五冊

430000－2401－0005546　25/318－5(3)

戰國策三十三卷 （漢）高誘註 清同治八年
（1869）湖北崇文書局刻本 五冊

430000－2401－0005547 25/318－5(4)

戰國策三十三卷 （漢）高誘註 清同治八年
（1869）湖北崇文書局刻本 五冊

430000－2401－0005548 25/318－5(5)

戰國策三十三卷 （漢）高誘註 清同治八年
（1869）湖北崇文書局刻本 五冊

430000－2401－0005549 25/318－5(6)

戰國策三十三卷 （漢）高誘註 清同治八年
（1869）湖北崇文書局刻本 五冊

430000－2401－0005550 25/318－5(7)

戰國策三十三卷 （漢）高誘註 清同治八年
（1869）湖北崇文書局刻本 五冊

430000－2401－0005551 25/318－5(8)

戰國策三十三卷 （漢）高誘註 清同治八年
（1869）湖北崇文書局刻本 五冊

430000－2401－0005552 25/318－5(9)

戰國策三十三卷 （漢）高誘註 清同治八年
（1869）湖北崇文書局刻本 五冊

430000－2401－0005553 25/318－5(10)

戰國策三十三卷 （漢）高誘註 清同治八年
（1869）湖北崇文書局刻本 五冊

430000－2401－0005554 25/318－5(11)

戰國策三十三卷 （漢）高誘註 清同治八年
（1869）湖北崇文書局刻本 五冊

430000－2401－0005555 25/318－5(12)

戰國策三十三卷 （漢）高誘註 清同治八年
（1869）湖北崇文書局刻本 五冊

430000－2401－0005556 25/318－5(13)

戰國策三十三卷 （漢）高誘註 清同治八年
（1869）湖北崇文書局刻本 五冊

430000－2401－0005557 25/318－5(14)

戰國策三十三卷 （漢）高誘註 清同治八年
（1869）湖北崇文書局刻本 五冊

430000－2401－0005558 25/318－5(15)

戰國策三十三卷 （漢）高誘註 清同治八年
（1869）湖北崇文書局刻本 五冊

430000－2401－0005559 25/38－3

戰國策三十三卷 （漢）高誘註 清光緒二年
（1876）尊經書院刻本 四冊

430000－2401－0005560 25/38－3(1)

戰國策三十三卷 （漢）高誘註 清光緒二年
（1876）尊經書院刻本 五冊

430000－2401－0005561 25/38－3(2)

戰國策三十三卷 （漢）高誘註 清光緒二年
（1876）尊經書院刻本 六冊

430000－2401－0005562 25/38

戰國策三十三卷 （漢）高誘註 清光緒三年
（1877）永康胡氏退補齋刻本 六冊

430000－2401－0005563 25/38(1)

戰國策三十三卷 （漢）高誘註 清光緒三年
（1877）永康胡氏退補齋刻本 六冊

430000－2401－0005564 25/38－17

戰國策三十三卷 （漢）高誘註 清光緒二十
二年（1896）上海鴻寶齋石印本 五冊

430000－2401－0005565 25/38－7

戰國策三十三卷 （漢）高誘註 清光緒二十
三年（1897）經綸元記刻本 七冊

430000－2401－0005566 25/38－8

戰國策三十三卷 （漢）高誘註 清光緒二十
七年（1901）上海鴻寶齋石印本 二冊

430000－2401－0005567 25/38－8(1)

戰國策三十三卷 （漢）高誘註 清光緒二十
七年（1901）上海鴻寶齋石印本 三冊

430000－2401－0005568 25/38－8(2)

戰國策三十三卷 （漢）高誘註 清光緒二十
七年（1901）上海鴻寶齋石印本 五冊

430000－2401－0005569 25/38－8(3)

戰國策三十三卷 （漢）高誘註 清光緒二十
七年（1901）上海鴻寶齋石印本 五冊

430000－2401－0005570 25/38－6

戰國策三十三卷 （漢）高誘註 清光緒二十八年(1902)新化三味書室刻本 四冊 存二十卷(一至二十)

430000－2401－0005571 25/38－16
戰國策三十三卷 （漢）高誘註 清刻本 四冊

430000－2401－0005572 25/38－2
戰國策三十三卷 （漢）高誘註 清刻本 四冊

430000－2401－0005573 25/38－2
戰國策三十三卷 （漢）高誘註 清刻本 六冊

430000－2401－0005574 25/38－2(1)
戰國策三十三卷 （漢）高誘註 清刻本 二冊

430000－2401－0005575 25/38－4
戰國策三十三卷 （漢）高誘註 民國元年(1912)湖北崇文書局刻本 五冊

430000－2401－0005576 25/38－4(1)
戰國策三十三卷 （漢）高誘註 民國元年(1912)湖北崇文書局刻本 五冊

430000－2401－0005577 25/38－4(2)
戰國策三十三卷 （漢）高誘註 民國元年(1912)湖北崇文書局刻本 五冊

430000－2401－0005578 25/38－4(3)
戰國策三十三卷 （漢）高誘註 民國元年(1912)湖北崇文書局刻本 五冊

430000－2401－0005579 △24/51－3
戰國策十卷 （宋）鮑彪註 （元）吳師道重校 明萬曆九年(1581)張一鯤刻本 三冊 存四卷(一至四)

430000－2401－0005580 △24/51
戰國策十卷 （宋）鮑彪註 （元）吳師道補正 （明）穆文熙輯評 明萬曆劉懷恕刻本 十二冊

430000－2401－0005581 △24/51－2
戰國策十卷 （宋）鮑彪註 （元）吳師道補正

明刻本 八冊

430000－2401－0005582 25/39－2
戰國策十卷 （宋）鮑彪註 清乾隆二十七年(1762)文盛堂刻本 六冊

430000－2401－0005583 25/39－2(1)
戰國策十卷 （宋）鮑彪註 清乾隆二十七年(1762)文盛堂刻本 六冊

430000－2401－0005584 25/39－3
戰國策十卷 （宋）鮑彪註 清武林二餘堂刻本 六冊

430000－2401－0005585 25/39
戰國策十卷 （宋）鮑彪註 清蘇州綠蔭堂刻本 六冊

430000－2401－0005586 25/39－4
戰國策十卷 （宋）鮑彪註 清刻本 六冊

430000－2401－0005587 △24/53
戰國策評苑十卷 （宋）鮑彪校註 （元）吳師道重校 （明）穆文熙輯 明萬曆二十年(1592)鄭以厚刻本 佚名圈點 八冊

430000－2401－0005588 △24/55
戰國策譚棷十卷 （宋）鮑彪校註 （元）吳師道重校 （明）張文燁校輯 明萬曆刻本 十四冊

430000－2401－0005589 25/43
戰國策校註十卷 （元）吳師道撰 清廣州登雲閣刻本 八冊

430000－2401－0005590 △24/54
戰國策裁註十二卷 （明）閔齊伋撰 明萬曆四十八年(1620)閔齊伋刻三色套印本 六冊 存五卷(一、三、五至七)

430000－2401－0005591 25/42
桐城吳先生點勘戰國策三十三卷 （清）吳汝綸批點 清光緒鉛印本 二冊

430000－2401－0005592 25/36
戰國策釋地二卷 （清）張琦撰 清道光陽湖張氏宛鄰書屋刻本 二冊

430000 – 2401 – 0005593　25/36 – 2

戰國策釋地二卷　(清)張琦撰　清光緒十一年(1885)新陽趙氏刻本　一冊

430000 – 2401 – 0005594　25/36 – 2(1)

戰國策釋地二卷　(清)張琦撰　清光緒十一年(1885)新陽趙氏刻本　一冊

430000 – 2401 – 0005595　25/37 – 2

戰國策去毒二卷編年一卷　(清)陸隴其撰　清康熙三十三年(1694)三魚堂刻本　二冊

430000 – 2401 – 0005596　25/37(1)

戰國策去毒二卷編年一卷　(清)陸隴其撰　清同治九年(1870)六安求我齋刻本　二冊

430000 – 2401 – 0005597　25/37(2)

戰國策去毒二卷編年一卷　(清)陸隴其撰　清同治九年(1870)六安求我齋刻本　二冊

430000 – 2401 – 0005598　25/37(3)

戰國策去毒二卷編年一卷　(清)陸隴其撰　清同治九年(1870)六安求我齋刻本　二冊

430000 – 2401 – 0005599　25/37(4)

戰國策去毒二卷編年一卷　(清)陸隴其撰　清同治九年(1870)六安求我齋刻本　二冊

430000 – 2401 – 0005600　25/37(5)

戰國策去毒二卷編年一卷　(清)陸隴其撰　清同治九年(1870)六安求我齋刻本　二冊

430000 – 2401 – 0005601　25/37(6)

戰國策去毒二卷編年一卷　(清)陸隴其撰　清同治九年(1870)六安求我齋刻本　二冊

430000 – 2401 – 0005602　25/37(7)

戰國策去毒二卷編年一卷　(清)陸隴其撰　清同治九年(1870)六安求我齋刻本　二冊

430000 – 2401 – 0005603　25/37

戰國策去毒二卷編年一卷　(清)陸隴其撰　清同治九年(1870)六安求我齋刻本　二冊

430000 – 2401 – 0005604　25/217

戰國策補註三十三卷　吳曾祺撰　清宣統元年(1909)上海商務印書館鉛印本　三冊　存七卷(一至七)

430000 – 2401 – 0005605　25/4

七家後漢書二十一卷　(清)汪文臺輯　清光緒八年(1882)刻本　六冊

430000 – 2401 – 0005606　25/4

七家後漢書二十一卷　(清)汪文臺輯　清光緒刻本　六冊

430000 – 2401 – 0005607　25/4(2)

七家後漢書二十一卷　(清)汪文臺輯　清光緒刻本　六冊

430000 – 2401 – 0005608　25/4(3)

七家後漢書二十一卷　(清)汪文臺輯　清光緒刻本　六冊

430000 – 2401 – 0005609　△24/30

國語二十一卷　(三國吳)韋昭註　明萬曆六年(1578)思泉童氏刻本　四冊

430000 – 2401 – 0005610　△24/31

國語九卷　(三國吳)韋昭註　(明)閔齊伋裁註　明萬曆四十七年(1619)閔齊伋刻本　六冊

430000 – 2401 – 0005611　△24/30 – 2

國語二十一卷　(三國吳)韋昭註　(宋)宋庠補音　明萬曆張一鯤刻本　佚名圈點　六冊

430000 – 2401 – 0005612　△24/30 – 2(1)

國語二十一卷　(三國吳)韋昭註　(宋)宋庠補音　明萬曆張一鯤刻本　六冊

430000 – 2401 – 0005613　△24/30 – 2(2)(1)

國語二十一卷　(三國吳)韋昭註　(宋)宋庠補音　明萬曆張一鯤刻本　六冊

430000 – 2401 – 0005614　△24/30 – 3

國語二十一卷　(三國吳)韋昭註　(宋)宋庠補音　明萬曆刻本　五冊　存十九卷(三至二十一)

430000 – 2401 – 0005615　25/110

重刊韋氏國語二十一卷　(三國吳)韋昭註　明刻本　六冊

430000 – 2401 – 0005616　25/112

國語二十一卷　（三國吳）韋昭註　（宋）宋庠
補音　明刻本　四冊

430000－2401－0005617　25/110－16
國語二十一卷　（三國吳）韋昭註　明刻本
一冊　存六卷(十至十五)

430000－2401－0005618　25/112－2
國語二十一卷　（三國吳）韋昭註　（宋）宋庠
補音　清乾隆二十七年(1762)文盛堂刻本
四冊

430000－2401－0005619　△24/30－4
國語二十一卷　（三國吳）韋昭註　校刊明道
本韋氏解國語札記一卷　（清）黃丕烈撰　清
嘉慶五年(1800)吳門黃氏讀未見書齋刻本
何紹基圈點并題書衣　二冊

430000－2401－0005620　△24/30－4(1)
國語二十一卷　（三國吳）韋昭註　校刊明道
本韋氏解國語札記一卷　（清）黃丕烈撰　清
嘉慶五年(1800)吳門黃氏讀未見書齋刻本
佚名批校　二冊

430000－2401－0005621　25/110－3
國語二十一卷　（三國吳）韋昭註　清同治八
年(1869)湖北崇文書局刻本　五冊

430000－2401－0005622　25/110－3(1)
國語二十一卷　（三國吳）韋昭註　清同治八
年(1869)湖北崇文書局刻本　五冊

430000－2401－0005623　25/110－3(2)
國語二十一卷　（三國吳）韋昭註　清同治八
年(1869)湖北崇文書局刻本　五冊

430000－2401－0005624　25/110－3(3)
國語二十一卷　（三國吳）韋昭註　清同治八
年(1869)湖北崇文書局刻本　五冊

430000－2401－0005625　25/110－3(4)
國語二十一卷　（三國吳）韋昭註　清同治八
年(1869)湖北崇文書局刻本　五冊

430000－2401－0005626　25/110－3(5)
國語二十一卷　（三國吳）韋昭註　清同治八
年(1869)湖北崇文書局刻本　五冊

430000－2401－0005627　25/110－3(6)
國語二十一卷　（三國吳）韋昭註　清同治八
年(1869)湖北崇文書局刻本　五冊

430000－2401－0005628　25/110－3(7)
國語二十一卷　（三國吳）韋昭註　清同治八
年(1869)湖北崇文書局刻本　五冊

430000－2401－0005629　25/110－3(8)
國語二十一卷　（三國吳）韋昭註　清同治八
年(1869)湖北崇文書局刻本　五冊

430000－2401－0005630　25/110－3(9)
國語二十一卷　（三國吳）韋昭註　清同治八
年(1869)湖北崇文書局刻本　五冊

430000－2401－0005631　25/110－3(10)
國語二十一卷　（三國吳）韋昭註　清同治八
年(1869)湖北崇文書局刻本　五冊

430000－2401－0005632　25/110－3(11)
國語二十一卷　（三國吳）韋昭註　清同治八
年(1869)湖北崇文書局刻本　五冊

430000－2401－0005633　25/110－3(12)
國語二十一卷　（三國吳）韋昭註　清同治八
年(1869)湖北崇文書局刻本　五冊

430000－2401－0005634　25/110－3(13)
國語二十一卷　（三國吳）韋昭註　清同治八
年(1869)湖北崇文書局刻本　五冊

430000－2401－0005635　25/110－6
國語二十一卷　（三國吳）韋昭註　清光緒二
年(1876)尊經書院刻本　五冊

430000－2401－0005636　25/110－6(1)
國語二十一卷　（三國吳）韋昭註　清光緒二
年(1876)尊經書院刻本　五冊

430000－2401－0005637　25/110－6(2)
國語二十一卷　（三國吳）韋昭註　清光緒二
年(1876)尊經書院刻本　六冊

430000－2401－0005638　25/110－5
國語二十一卷　（三國吳）韋昭註　清光緒三
年(1877)永康胡氏退補齋刻本　四冊

430000 – 2401 – 0005639　25/110 – 5(1)

國語二十一卷　（三國吳）韋昭註　清光緒三年(1877)永康胡氏退補齋刻本　四冊

430000 – 2401 – 0005640　25/110 – 15

國語二十一卷　（三國吳）韋昭註　清光緒二十一年(1895)寶善堂刻本　三冊

430000 – 2401 – 0005641　25/110 – 9

國語二十一卷　（三國吳）韋昭註　清光緒二十二年(1896)上海鴻寶齋石印本　三冊

430000 – 2401 – 0005642　25/110 – 9(1)

國語二十一卷　（三國吳）韋昭註　清光緒二十二年(1896)上海鴻寶齋石印本　三冊

430000 – 2401 – 0005643　25/110 – 4

國語二十一卷　（三國吳）韋昭註　清光緒二十三年(1897)經綸元記刻本　四冊

430000 – 2401 – 0005644　25/110 – 8

國語二十一卷　（三國吳）韋昭註　清光緒二十七年(1901)上海鴻寶齋石印本　一冊

430000 – 2401 – 0005645　25/110 – 7

國語二十一卷　（三國吳）韋昭註　清光緒上海錦章圖書局石印本　三冊

430000 – 2401 – 0005646　25/110 – 10

國語二十一卷　（三國吳）韋昭註　清光緒石印本　三冊

430000 – 2401 – 0005647　25/113

國語二十一卷　（三國吳）韋昭註　（清）吳汝綸點勘　清宣統二年(1910)桐城吳氏鉛印本　二冊

430000 – 2401 – 0005648　25/112 – 3

國語二十一卷　（三國吳）韋昭註　（宋）宋庠補音　清刻本　四冊

430000 – 2401 – 0005649　25/111

國語二十一卷　（明）葛鼐考正　明崇禎葛氏永懷堂刻本　二冊

430000 – 2401 – 0005650　25/298

重訂國語國策合註三十一卷　（三國吳）韋昭（宋）鮑彪註　清同治九年(1870)經綸堂刻

本　十二冊

430000 – 2401 – 0005651　25/116

國語補音三卷札記一卷　（宋）宋庠撰　清光緒二年(1876)成都尊經書院刻本　一冊

430000 – 2401 – 0005652　25/116(1)

國語補音三卷札記一卷　（宋）宋庠撰　清光緒二年(1876)成都尊經書院刻本　三冊

430000 – 2401 – 0005653　25/114

國語校註本三種　（清）汪遠孫撰　清道光二十六年(1846)汪氏振綺堂刻本　六冊

430000 – 2401 – 0005654　25/114(1)

國語校註本三種　（清）汪遠孫撰　清道光二十六年(1846)汪氏振綺堂刻本　五冊

430000 – 2401 – 0005655　25/114(2)

國語校註本三種　（清）汪遠孫撰　清道光二十六年(1846)汪氏振綺堂刻本　六冊

430000 – 2401 – 0005656　25/114(3)

國語校註本三種　（清）汪遠孫撰　清道光二十六年(1846)汪氏振綺堂刻本　六冊

430000 – 2401 – 0005657　25/114(4)

國語校註本三種　（清）汪遠孫撰　清道光二十六年(1846)汪氏振綺堂刻本　五冊

430000 – 2401 – 0005658　25/114(5)

國語校註本三種　（清）汪遠孫撰　清道光二十六年(1846)汪氏振綺堂刻本　五冊

430000 – 2401 – 0005659　25/114(6)

國語校註本三種　（清）汪遠孫撰　清道光二十六年(1846)汪氏振綺堂刻本　六冊

430000 – 2401 – 0005660　25/114(7)

國語校註本三種　（清）汪遠孫撰　清道光二十六年(1846)汪氏振綺堂刻本　五冊

430000 – 2401 – 0005661　25/114(8)

國語校註本三種　（清）汪遠孫撰　清道光二十六年(1846)汪氏振綺堂刻本　五冊

430000 – 2401 – 0005662　25/119

國語明道本考異四卷　（清）汪遠孫撰　清道

光二十六年(1846)汪氏振綺堂刻國語校註本
三種本　一冊

430000－2401－0005663　25/117
國語鈔二卷　(清)高塘集評　清乾隆五十三
年(1788)刻本　二冊

430000－2401－0005664　25/115
國語翼解六卷　(清)陳瑑撰　清光緒十八年
(1892)廣雅書局刻廣雅書局叢書本　二冊

430000－2401－0005665　25/120
國語正義二十一卷　(清)董增齡撰　清光緒
六年(1880)會稽章氏式訓堂刻本　八冊

430000－2401－0005666　25/120(1)
國語正義二十一卷　(清)董增齡撰　清光緒
六年(1880)會稽章氏式訓堂刻本　六冊

430000－2401－0005667　25/120(2)
國語正義二十一卷　(清)董增齡撰　清光緒
六年(1880)會稽章氏式訓堂刻本　三冊

430000－2401－0005668　25/12
王會篇箋釋三卷　(清)何秋濤撰　清光緒十
七年(1891)江蘇書局刻本　三冊

430000－2401－0005669　△24/24
貞觀政要十卷　(唐)吳兢撰　(元)戈直集論
　明成化刻本　佚名圈點　十冊

430000－2401－0005670　△24/24－2
貞觀政要十卷　(唐)吳兢撰　(元)戈直集論
　清康熙十八年(1679)徐惺大易閣刻本
四冊

430000－2401－0005671　25/23
貞觀政要十卷　(唐)吳兢撰　(元)戈直集論
　清嘉慶三年(1798)天游園刻本　六冊

430000－2401－0005672　25/23－2
貞觀政要十卷　(唐)吳兢撰　(元)戈直集論
　清光緒四年(1878)蘇城張有容堂刻本
四冊

430000－2401－0005673　25/281
中朝故事一卷　(五代)尉遲偓撰　清光緒南
陵徐氏刻隨庵徐氏叢書本　一冊

430000－2401－0005674　△24/66
唐語林八卷　(宋)王讜撰　清乾隆三十九年
(1774)武英殿木活字本　四冊

430000－2401－0005675　25/101
唐語林八卷　(宋)王讜撰　清光緒十九年
(1893)湖北官書局據守山閣本刻　四冊

430000－2401－0005676　25/101(1)
唐語林八卷　(宋)王讜撰　清光緒十九年
(1893)湖北官書局據守山閣本刻　四冊

430000－2401－0005677　25/101－2
唐語林八卷　(宋)王讜撰　清刻本　六冊

430000－2401－0005678　25/101－2(1)
唐語林八卷　(宋)王讜撰　清刻本　合訂
一冊

430000－2401－0005679　△394.11/1
玉泉子一卷　明商濬刻稗海本　一冊

430000－2401－0005680　25/293
五代史補五卷　(宋)陶岳撰　清刻本　二冊

430000－2401－0005681　25/85
宋遼金元別史　(清)席世臣輯　清乾隆、嘉
慶南沙席氏掃葉山房刻本　二十冊

430000－2401－0005682　△25/45
靖康紀聞一卷拾遺一卷　(宋)丁特起撰　清
鈔本　一冊

430000－2401－0005683　25/321
靖康孤臣泣血錄二卷　(宋)丁特起撰　清
光緒三十二年(1906)鉛印國粹叢書本
一冊

430000－2401－0005684　△24/63
靖康孤臣泣血錄不分卷　(宋)丁特起撰　清
鈔本　二冊

430000－2401－0005685　25/9
開禧德安守城錄一卷　(宋)王致遠撰　清同
治十一年(1872)瑞安孫氏刻永嘉叢書本
一冊

430000－2401－0005686　25/9(1)

開禧德安守城錄一卷 （宋）王致遠撰 清同治十一年（1872）瑞安孫氏刻永嘉叢書本 一冊

430000－2401－0005687 25/144

李忠定公別集十卷 （宋）李綱撰 清光緒十年（1884）刻邵武徐氏叢書本 四冊

430000－2401－0005688 △394.11/3

歸田錄二卷 （宋）歐陽修撰 （明）施惟中校閱 清順治初刻說郛本 一冊

430000－2401－0005689 461/182－4

南渡錄四卷 （宋）辛弃疾撰 清光緒六年（1880）刻本 一冊 存二卷（一至二）

430000－2401－0005690 461/182－3

南渡錄四卷 （宋）辛弃疾撰 鄧實校錄 清光緒三十二年（1906）國學保存會鉛印本 一冊

430000－2401－0005691 25/313

南渡錄大略一卷南燼紀聞錄一卷 （宋）辛弃疾撰 清鈔本 一冊

430000－2401－0005692 25/312

竊憤錄一卷續錄一卷 （宋）辛弃疾撰 清鈔本 一冊

430000－2401－0005693 △24/62

南燼紀聞一卷 （宋）周輝撰 清乾隆四十八年（1783）曹氏養怡書屋鈔本 曹松岩題識 一冊

430000－2401－0005694 △393.2/15

松漠紀聞二卷 （宋）洪皓撰 清乾隆五十五年（1790）三瑞堂刻本 一冊

430000－2401－0005695 25/61

松漠紀聞一卷續一卷補遺一卷 （宋）洪皓撰 清同治十二年（1873）涇縣洪氏三瑞堂刻本 一冊

430000－2401－0005696 25/61（1）

松漠紀聞一卷續一卷補遺一卷 （宋）洪皓撰 清同治十二年（1873）涇縣洪氏三瑞堂刻本 一冊

430000－2401－0005697 △24/57

錢塘遺事十卷 （元）劉一清撰 清鈔本 二冊 存五卷（一至二、六至八）

430000－2401－0005698 461/52－3

歸潛志十四卷 （元）劉祁撰 清刻武英殿聚珍版書本 四冊

430000－2401－0005699 461/52

歸潛志十四卷 （元）劉祁撰 清同治八年（1869）刻本 二冊

430000－2401－0005700 461/52（2）

歸潛志十四卷 （元）劉祁撰 清同治刻本 四冊

430000－2401－0005701 461/52

歸潛志十四卷 （元）劉祁撰 清末增補刻本 四冊

430000－2401－0005702 △24/35

野史無文二十一卷 （清）鄭達撰 清初鈔本 二冊 存九卷（十二至十八、二十至二十一）

430000－2401－0005703 25/241

元朝征緬錄一卷 （元）□□撰 清光緒二十五年（1899）番禺端溪書院刻朱印端溪叢書本 一冊

430000－2401－0005704 △24/28－2

校正元親征錄一卷 （清）何秋濤撰 清袁昶藍格鈔本 清洪鈞批校 清漸西村人題識 二冊

430000－2401－0005705 △24/28

校正元親征錄一卷 （清）何秋濤撰 王先謙紅格鈔本 一冊

430000－2401－0005706 25/11－2

校正元親征錄一卷 （清）何秋濤撰 清光緒二十年（1894）小漚巢刻本 一冊

430000－2401－0005707 25/11－2（1）

校正元親征錄一卷 （清）何秋濤撰 清光緒二十年（1894）小漚巢刻本 一冊

430000－2401－0005708 25/11－2（2）

校正元親征錄一卷 （清）何秋濤撰 清光緒

二十年(1894)小漚巢刻本　一冊

430000－2401－0005709　25/11
校正元親征錄一卷　（清）何秋濤撰　清光緒
二十三年(1897)蓮池書局刻本　一冊

430000－2401－0005710　25/81－3
元朝秘史十五卷首一卷　（清）李文田註　清
光緒二十二年(1896)通隱堂刻本　四冊

430000－2401－0005711　25/81－2
元朝秘史十五卷　（清）李文田註　清光緒二
十二年(1896)桐廬袁氏刻漸西村舍彙刊本
四冊

430000－2401－0005712　25/81－2(1)
元朝秘史十五卷　（清）李文田註　清光緒二
十二年(1896)桐廬袁氏刻漸西村舍彙刊本
四冊

430000－2401－0005713　25/81－2(2)
元朝秘史十五卷　（清）李文田註　清光緒二
十二年(1896)桐廬袁氏刻漸西村舍彙刊本
四冊

430000－2401－0005714　25/81
元朝秘史十五卷　（清）李文田註　清光緒二十
九年(1903)史學齋編譯石印書局石印本　六冊

430000－2401－0005715　25/81(1)
元朝秘史十五卷　（清）李文田註　清光緒二
十九年(1903)史學齋編譯石印書局石印本
六冊

430000－2401－0005716　25/81(2)
元朝秘史十五卷　（清）李文田註　清光緒二十
九年(1903)史學齋編譯石印書局石印本　六冊

430000－2401－0005717　25/81
元朝秘史十五卷　（清）李文田註　清石印本
四冊

430000－2401－0005718　25/13
元秘史李註補正十四卷　（清）高寶銓撰　清
光緒二十八年(1902)刻本　二冊

430000－2401－0005719　25/82
元朝秘史十卷續集二卷　清光緒三十四年

(1908)長沙葉氏觀古堂刻本　六冊

430000－2401－0005720　25/82(1)
元朝秘史十卷續集二卷　清光緒三十四年
(1908)長沙葉氏觀古堂刻本　六冊

430000－2401－0005721　25/82(2)
元朝秘史十卷續集二卷　清光緒三十四年
(1908)長沙葉氏觀古堂刻本　十二冊

430000－2401－0005722　25/82(3)
元朝秘史十卷續集二卷　清光緒三十四年
(1908)長沙葉氏觀古堂刻本　六冊

430000－2401－0005723　25/82(4)
元朝秘史十卷續集二卷　清光緒三十四年
(1908)長沙葉氏觀古堂刻本　七冊

430000－2401－0005724　25/82(5)
元朝秘史十卷續集二卷　清光緒三十四年
(1908)長沙葉氏觀古堂刻本　六冊

430000－2401－0005725　25/82(6)
元朝秘史十卷續集二卷　清光緒三十四年
(1908)長沙葉氏觀古堂刻本　六冊

430000－2401－0005726　25/82(7)
元朝秘史十卷續集二卷　清光緒三十四年
(1908)長沙葉氏觀古堂刻本　十二冊

430000－2401－0005727　25/82(8)
元朝秘史十卷續集二卷　清光緒三十四年
(1908)長沙葉氏觀古堂刻本　五冊　缺二卷
(續集二卷)

430000－2401－0005728　25/180
燕都日記一卷　（明）馮夢龍撰　（清）莫釐山
人增補　清刻本　一冊

430000－2401－0005729　213/48
元史類編四十二卷　（清）邵遠平撰　清乾隆
二十四年(1759)掃葉山房刻本　十五冊

430000－2401－0005730　213/48(1)
元史類編四十二卷　（清）邵遠平撰　清乾隆
二十四年(1759)掃葉山房刻本　十四冊

430000－2401－0005731　213/48(2)

元史類編四十二卷　（清）邵遠平撰　清乾隆
二十四年(1759)掃葉山房刻本　十六冊

430000－2401－0005732　213/48(3)

元史類編四十二卷　（清）邵遠平撰　清乾隆
二十四年(1759)掃葉山房刻本　十二冊

430000－2401－0005733　213/48(4)

元史類編四十二卷　（清）邵遠平撰　清乾隆
二十四年(1759)掃葉山房刻本　十七冊

430000－2401－0005734　25/189

欽定蒙古源流八卷　（清）小徹辰薩囊台吉撰
清刻本　四冊

430000－2401－0005735　△24/48

欽定蒙古源流八卷　（清）小徹辰薩囊台吉撰
王先謙鈔本　一冊

430000－2401－0005736　△291.2/23

蒙古史　王先謙撰　鈔本　一冊

430000－2401－0005737　296.2/4

蒙古史二卷　（日本）河野元三撰　（清）歐陽
瑞驊譯　清宣統三年(1911)江南圖書館鉛印
本　二冊

430000－2401－0005738　296.2/4(1)

蒙古史二卷　（日本）河野元三撰　（清）歐陽
瑞驊譯　清宣統三年(1911)江南圖書館鉛印
本　二冊

430000－2401－0005739　25/105

荆駝逸史　（清）陳湖逸士輯　清道光古槐山
房木活字本　二十四冊

430000－2401－0005740　25/105(1)

荆駝逸史　（清）陳湖逸士輯　清道光古槐山
房木活字本　二十二冊

430000－2401－0005741　25/105(2)

荆駝逸史　（清）陳湖逸士輯　清道光古槐山
房木活字本　二十冊

430000－2401－0005742　25/105(3)

荆駝逸史　（清）陳湖逸士輯　清道光古槐山
房木活字本　二十五冊

430000－2401－0005743　25/132

明季稗史彙編　（清）留雲居士輯　清都城琉
璃廠留雲居士木活字本　十六冊

430000－2401－0005744　25/132(1)

明季稗史彙編　（清）留雲居士輯　清都城琉
璃廠留雲居士木活字本　十六冊

430000－2401－0005745　25/132(2)

明季稗史彙編　（清）留雲居士輯　清都城琉
璃廠留雲居士木活字本　八冊

430000－2401－0005746　25/132(3)

明季稗史彙編　（清）留雲居士輯　清都城琉
璃廠留雲居士木活字本　十四冊

430000－2401－0005747　25/132(4)

明季稗史彙編　（清）留雲居士輯　清都城琉
璃廠留雲居士木活字本　十四冊

430000－2401－0005748　25/132(5)

明季稗史彙編　（清）留雲居士輯　清都城琉
璃廠留雲居士木活字本　十冊

430000－2401－0005749　25/132(6)

明季稗史彙編　（清）留雲居士輯　清都城琉
璃廠留雲居士木活字本　十四冊

430000－2401－0005750　25/132(7)

明季稗史彙編　（清）留雲居士輯　清都城琉
璃廠留雲居士木活字本　十五冊

430000－2401－0005751　25/132(8)

明季稗史彙編　（清）留雲居士輯　清都城琉
璃廠留雲居士木活字本　五冊

430000－2401－0005752　25/132(9)

明季稗史彙編　（清）留雲居士輯　清都城琉
璃廠留雲居士木活字本　九冊

430000－2401－0005753　25/132(10)

明季稗史彙編　（清）留雲居士輯　清都城琉
璃廠留雲居士木活字本　七冊

430000－2401－0005754　25/132－2

明季稗史彙編　（清）留雲居士輯　清光緒十
三年(1887)上海圖書集成印書局鉛印本
六冊

430000－2401－0005755　25/132－2（1）

明季稗史彙編　（清）留雲居士輯　清光緒十三年（1887）上海圖書集成印書局鉛印本　六冊

430000－2401－0005756　25/132－2（2）

明季稗史彙編　（清）留雲居士輯　清光緒十三年（1887）上海圖書集成印書局鉛印本　六冊

430000－2401－0005757　25/244

紀載彙編　清都城琉璃廠木活字本　四冊

430000－2401－0005758　25/287

痛史　樂天居士輯　清宣統三年（1911）商務印書館鉛印本　四十二冊

430000－2401－0005759　25/287（1）

痛史　樂天居士輯　清宣統三年（1911）商務印書館鉛印本　四十四冊

430000－2401－0005760　25/287（2）

痛史　樂天居士輯　清宣統三年（1911）商務印書館鉛印本　三十冊

430000－2401－0005761　25/287（3）

痛史　樂天居士輯　清宣統三年（1911）商務印書館鉛印本　三十冊

430000－2401－0005762　25/287（4）

痛史　樂天居士輯　清宣統三年（1911）商務印書館鉛印本　二十八冊

430000－2401－0005763　25/137

明朝國初事蹟一卷　（明）劉辰撰　清同治八年（1869）永康胡氏退補齋刻金華叢書本　一冊

430000－2401－0005764　25/297

世寶錄四卷　（明）胡宗憲撰　明嘉靖三十八年（1559）刻　四冊

430000－2401－0005765　△24/14

金文靖公北征錄二卷　（明）金幼孜撰　明成化二十三年（1487）刻弘治六年（1493）嘉靖四年（1525）補刻本　一冊

430000－2401－0005766　△252/2

天順日錄辨誣　（明）湯韶撰　清頤水室鈔本　一冊

430000－2401－0005767　25/245

平濠書□□卷　清刻本　一冊　存二卷（十至十一）

430000－2401－0005768　25/66

東林本末三卷　（明）吳應箕撰　清同治五年（1866）文江官廨刻樓山堂遺書本　一冊

430000－2401－0005769　△24/42

復社紀略四卷　（清）陸世儀撰　清鈔本　四冊

430000－2401－0005770　25/95－2

先撥志始二卷　（明）文秉撰　清道光二十七年（1847）讀未見書齋刻本　二冊

430000－2401－0005771　25/95

先撥志始二卷　（明）文秉撰　清同治二年（1863）南昌刻本　二冊

430000－2401－0005772　25/95（1）

先撥志始二卷　（明）文秉撰　清同治二年（1863）南昌刻本　二冊

430000－2401－0005773　25/95（2）

先撥志始二卷　（明）文秉撰　清同治二年（1863）南昌刻本　二冊

430000－2401－0005774　25/95（3）

先撥志始二卷　（明）文秉撰　清同治二年（1863）南昌刻本　二冊

430000－2401－0005775　25/95（4）

先撥志始二卷　（明）文秉撰　清同治二年（1863）南昌刻本　二冊

430000－2401－0005776　25/80

明史竊一百〇五卷　（明）尹守衡撰　清光緒十二年（1886）刻本　十八冊

430000－2401－0005777　25/80（1）

明史竊一百〇五卷　（明）尹守衡撰　清光緒十二年（1886）刻本　十八冊

430000－2401－0005778　25/45

野獲編三十卷補遺四卷 （明）沈德符撰　清
道光七年(1827)錢塘姚氏扶荔山房刻本　二
十冊

430000－2401－0005779　25/45(1)

野獲編三十卷補遺四卷 （明）沈德符撰　清
道光七年(1827)錢塘姚氏扶荔山房刻本　二
十冊

430000－2401－0005780　25/45(2)

野獲編三十卷補遺四卷 （明）沈德符撰　清
道光七年(1827)錢塘姚氏扶荔山房刻本　二
十冊

430000－2401－0005781　25/45(3)

野獲編三十卷補遺四卷 （明）沈德符撰　清
道光七年(1827)錢塘姚氏扶荔山房刻本　二
十冊

430000－2401－0005782　25/45(4)

野獲編三十卷補遺四卷 （明）沈德符撰　清
道光七年(1827)錢塘姚氏扶荔山房刻本　二
十冊

430000－2401－0005783　25/45(5)

野獲編三十卷補遺四卷 （明）沈德符撰　清
道光七年(1827)錢塘姚氏扶荔山房刻本　二
十冊

430000－2401－0005784　25/32

兩朝剝復錄六卷首一卷 （明）吳應箕撰　清
同治二年(1863)南昌刻本　四冊

430000－2401－0005785　25/32(1)

兩朝剝復錄六卷首一卷 （明）吳應箕撰　清
同治二年(1863)南昌刻本　四冊

430000－2401－0005786　25/32(2)

兩朝剝復錄六卷首一卷 （明）吳應箕撰　清
同治二年(1863)南昌刻本　四冊

430000－2401－0005787　25/32(3)

兩朝剝復錄六卷首一卷 （明）吳應箕撰　清
同治二年(1863)南昌刻本　四冊

430000－2401－0005788　25/32(4)

兩朝剝復錄六卷首一卷 （明）吳應箕撰　清

同治二年(1863)南昌刻本　四冊

野記四卷 （明）祝允明撰　清同治十三年
(1874)元和祝氏刻本　二冊

430000－2401－0005790　25/182(1)

野記四卷 （明）祝允明撰　清同治十三年
(1874)元和祝氏刻本　二冊

430000－2401－0005791　213/14

弘簡錄二百五十四卷 （明）邵經邦撰　清康
熙二十七年(1688)邵遠平刻本　八十冊

430000－2401－0005792　213/14(1)

弘簡錄二百五十四卷 （明）邵經邦撰　清康
熙二十七年(1688)邵遠平刻本　七十二冊

430000－2401－0005793　213/14(2)

弘簡錄二百五十四卷 （明）邵經邦撰　清康
熙二十七年(1688)邵遠平刻本　七十六冊

430000－2401－0005794　213/14(3)

弘簡錄二百五十四卷 （明）邵經邦撰　清康
熙二十七年(1688)邵遠平刻本　九十六冊

430000－2401－0005795　25/148－2

幸存錄 （明）夏允彝撰　鈔本　一冊

430000－2401－0005796　25/156

酌中志餘二卷 （明）劉若愚輯　清光緒七年
(1881)刻本　二冊

430000－2401－0005797　25/156(1)

酌中志餘二卷 （明）劉若愚輯　清光緒七年
(1881)刻本　二冊

430000－2401－0005798　△24/29

酌忠志四卷 （明）劉若愚撰　清初鈔本
二冊

430000－2401－0005799　25/44－2

甲申傳信錄十卷 （明）錢䵓撰　（清）鄧實校
　清光緒三十二年(1906)國學保存會鉛印國
粹叢書本　一冊

430000－2401－0005800　25/44

甲申傳信錄十卷 （明）錢䵓撰　清光緒上海

申報館鉛印本　二冊

430000－2401－0005801　△24/16

東明聞見錄一卷　（明）瞿共美撰　清鈔本
一冊

430000－2401－0005802　25/135

仁廟聖政記二卷　（明）□□撰　清宣統元年
(1909)番禺沈氏刻晨風閣叢書本　一冊

430000－2401－0005803　25/135(1)

仁廟聖政記二卷　（明）□□撰　清宣統元年
(1909)番禺沈氏刻晨風閣叢書本　一冊

430000－2401－0005804　△24/8

甲申朝事小紀初編八卷續編八卷三編七卷四
編八卷五編八卷　（清）抱陽生輯　清瘭鱺草
庵鈔本　三十九冊　缺一卷(初編二)

430000－2401－0005805　△24/2

二申野錄八卷　（清）孫之騄撰　清初刻本
六冊

430000－2401－0005806　25/26

二申野錄八卷　（清）孫之騄撰　清同治六年
(1867)吟香館刻本　四冊

430000－2401－0005807　25/26(1)

二申野錄八卷　（清）孫之騄撰　清同治六年
(1867)吟香館刻本　三冊　缺一卷(三)

430000－2401－0005808　25/7

小腆紀年附考二十卷　（清）徐鼒撰　清咸豐
刻本　十二冊

430000－2401－0005809　25/7(1)

小腆紀年附考二十卷　（清）徐鼒撰　清咸豐
刻本　十二冊

430000－2401－0005810　25/7(2)

小腆紀年附考二十卷　（清）徐鼒撰　清咸豐
刻本　十二冊

430000－2401－0005811　25/7

小腆紀年附考二十卷　（清）徐鼒撰　清光緒
六年(1880)京都龍威閣書坈刻本　十冊

430000－2401－0005812　257(4)

小腆紀年附考二十卷　（清）徐鼒撰　清咸豐
刻本　十六冊

430000－2401－0005813　25/7(5)

小腆紀年附考二十卷　（清）徐鼒撰　清咸豐
刻本　十六冊

430000－2401－0005814　25/7(6)

小腆紀年附考二十卷　（清）徐鼒撰　清咸豐
刻本　十二冊

430000－2401－0005815　25/7－2

小腆紀年附考二十卷　（清）徐鼒撰　清光緒
十二年(1886)扶桑使署鉛印本　二十冊

430000－2401－0005816　25/7－2(1)

小腆紀年附考二十卷　（清）徐鼒撰　清光緒
十二年(1886)扶桑使署鉛印本　二十冊

430000－2401－0005817　25/106

蜀碧四卷附一卷　（清）彭遵泗撰　清乾隆刻
本　一冊

430000－2401－0005818　25/106－2

蜀碧四卷附一卷　（清）彭遵泗撰　清嘉慶刻
本　二冊

430000－2401－0005819　25/106

蜀碧四卷附一卷　（清）彭遵泗撰　清肇經堂
刻本　一冊

430000－2401－0005820　25/106

蜀碧四卷附一卷　（清）彭遵泗撰　清刻本
二冊

430000－2401－0005821　25/278

永曆紀年一卷　（清）黃宗羲撰　清宣統二年
(1910)上海時中書局鉛印梨洲遺著本　一冊

430000－2401－0005822　25/279

子遺錄一卷　（清）戴名世撰　清刻本　一冊

430000－2401－0005823　△24/4

子遺錄一卷　（清）戴名世撰　清鈔本　一冊

430000－2401－0005824　△24/20

明季逸史四卷　（清）顧炎武輯　清鈔本
四冊

430000－2401－0005825　25/65－2

殘明紀事一卷　（清）□□撰　清宣統三年(1911)上海國學扶輪社鉛印張氏適園叢書本　一冊

430000－2401－0005826　25/65－2(1)

殘明紀事一卷　（清）□□撰　清宣統三年(1911)上海國學扶輪社鉛印張氏適園叢書本　一冊

430000－2401－0005827　25/142

明季續聞一卷　汪光復撰　清宣統三年(1911)上海商務印書館鉛印本　一冊

430000－2401－0005828　221/22

通鑑明紀全載輯略不分卷　□□輯　清鈔本　四冊

430000－2401－0005829　△213/48

南疆繹史勘本三十卷首二卷　（清）溫睿臨撰　（清）李瑤勘定　**繹史摭遺十卷**　（清）李瑤撰　清道光十年(1830)七寶轉輪藏定本仿宋膠泥版印活字本　十六冊

430000－2401－0005830　△213/48(1)

南疆繹史勘本三十卷首二卷　（清）溫睿臨撰　（清）李瑤勘定　**繹史摭遺十卷**　（清）李瑤撰　清道光十年(1830)七寶轉輪藏定本仿宋膠泥版印活字本　十六冊

430000－2401－0005831　25/171

南疆繹史勘本五十八卷　（清）溫睿臨撰（清）李瑤勘定　清道光十年(1830)都城琉璃廠半松居士刻本　十六冊

430000－2401－0005832　25/171(1)

南疆繹史勘本五十八卷　（清）溫睿臨撰（清）李瑤勘定　清道光十年(1830)都城琉璃廠半松居士刻本　十冊

430000－2401－0005833　25/171(2)

南疆繹史勘本五十八卷　（清）溫睿臨撰（清）李瑤勘定　清道光十年(1830)都城琉璃廠半松居士刻本　十二冊

430000－2401－0005834　25/171(3)

南疆繹史勘本五十八卷　（清）溫睿臨撰（清）李瑤勘定　清道光十年(1830)都城琉璃廠半松居士刻本　十二冊

430000－2401－0005835　25/171(4)

南疆繹史勘本五十八卷　（清）溫睿臨撰（清）李瑤勘定　清道光十年(1830)都城琉璃廠半松居士刻本　十四冊

430000－2401－0005836　25/171(5)

南疆繹史勘本五十八卷　（清）溫睿臨撰（清）李瑤勘定　清道光十年(1830)都城琉璃廠半松居士刻本　十六冊

430000－2401－0005837　25/51

西南紀事十二卷　（清）邵廷采撰　清光緒十年(1884)邵武徐氏刻邵武徐氏叢書初刻本　二冊

430000－2401－0005838　25/62

西志紀事十二卷　（清）邵廷采撰　清光緒刻邵武徐氏叢書初刻本　二冊

430000－2401－0005839　25/34

灩澦囊五卷　（清）李馥榮編　清道光二十年(1840)梅花書屋刻本　五冊

430000－2401－0005840　25/34(1)

灩澦囊五卷　（清）李馥榮編　清道光二十年(1840)梅花書屋刻本　二冊　存三卷(一至三)

430000－2401－0005841　275/49

揚州十日記一卷　（清）王秀楚撰　藻卿鈔本　一冊

430000－2401－0005842　25/49

洪文襄奏對筆記二卷　（清）洪承疇撰　清光緒十四年(1888)木活字本　一冊

430000－2401－0005843　25/49(1)

洪文襄奏對筆記二卷　（清）洪承疇撰　清光緒十四年(1888)木活字本　一冊

430000－2401－0005844　25/49(2)

洪文襄奏對筆記二卷　（清）洪承疇撰　清光緒十四年(1888)木活字本　一冊

430000－2401－0005845　25/49(3)

洪文襄奏對筆記二卷　(清)洪承疇撰　清光緒十四年(1888)木活字本　一冊

430000－2401－0005846　25/49(4)

洪文襄奏對筆記二卷　(清)洪承疇撰　清光緒十四年(1888)木活字本　一冊

430000－2401－0005847　25/49(5)

洪文襄奏對筆記二卷　(清)洪承疇撰　清光緒十四年(1888)木活字本　一冊

430000－2401－0005848　25/49(6)

洪文襄奏對筆記二卷　(清)洪承疇撰　清光緒十四年(1888)木活字本　一冊

430000－2401－0005849　25/49(7)

洪文襄奏對筆記二卷　(清)洪承疇撰　清光緒十四年(1888)木活字本　一冊

430000－2401－0005850　25/49－3

洪文襄奏對筆記二卷　(清)洪承疇撰　清四川官印刷局鉛印本　一冊

430000－2401－0005851　25/191

經略洪承疇奏對筆記二卷　(清)洪承疇撰　清光緒活字本　二冊

430000－2401－0005852　25/309

熙朝掌故紀略囗卷　(清)林熙春輯　鈔本　三冊　存二卷(五、十九)

430000－2401－0005853　25/259

熙朝新語十六卷　(清)徐錫麟　(清)錢泳撰　清道光二年(1822)三讓堂刻本　六冊

430000－2401－0005854　25/259(1)

熙朝新語十六卷　(清)徐錫麟　(清)錢泳撰　清道光二年(1822)三讓堂刻本　六冊

430000－2401－0005855　461/181

庭聞錄六卷附一卷　(清)劉健撰　清刻本　四冊

430000－2401－0005856　25/250－2

臺灣戰紀二卷　(清)洪棄父撰　清光緒三十二年(1906)鉛印本　二冊

430000－2401－0005857　25/247

東征集六卷　(清)藍鼎元撰　(清)王者輔評　清雍正十年(1732)刻鹿洲全集本　二冊

430000－2401－0005858　△24/58

永憲錄六卷　(清)蕭奭齡撰　清鈔本　二冊　存二卷(五至六)

430000－2401－0005859　25/190

南天痕二十六卷附錄一卷　(清)凌雪撰　清宣統二年(1910)復古社鉛印本　六冊

430000－2401－0005860　25/249

感遇錄一卷　(清)季芝昌撰　清咸豐刻本　一冊

430000－2401－0005861　24/59

英吉利夷舶入寇記二卷　(清)李鳳翎撰　清咸豐稿本　一冊

430000－2401－0005862　25/31

談浙四卷　(清)許瑤光撰　清光緒十四年(1888)刻本　二冊

430000－2401－0005863　25/31(1)

談浙四卷　(清)許瑤光撰　清光緒十四年(1888)刻本　二冊

430000－2401－0005864　25/31(2)

談浙四卷　(清)許瑤光撰　清光緒十四年(1888)刻本　二冊

430000－2401－0005865　25/31(3)

談浙四卷　(清)許瑤光撰　清光緒十四年(1888)刻本　二冊

430000－2401－0005866　25/5

金鷄談薈十四卷首一卷　(清)歐陽利見撰　清光緒十五年(1889)四明節署鉛印本　八冊

430000－2401－0005867　25/184

北行日記一卷　(清)薛寶田撰　清光緒六年(1880)刻本　一冊

430000－2401－0005868　25/337

東征紀略一卷　(清)劉坤一撰　清光緒元年(1875)鉛印本　一冊

430000－2401－0005869　25/50

勘定新疆記八卷　（清）魏光燾撰　清光緒二十五年（1899）鉛印本　四冊

430000－2401－0005870　25/57

求己錄三卷　（清）蘆涇遁士編　清光緒刻本　一冊

430000－2401－0005871　25/57(1)

求己錄三卷　（清）蘆涇遁士編　清光緒刻本　三冊

430000－2401－0005872　25/57(2)

求己錄三卷　（清）蘆涇遁士編　清光緒刻本　三冊

430000－2401－0005873　25/46

梅庵先生籌蜀記一卷　（清）蔡壽祺撰　清咸豐十一年（1861）刻本　一冊

430000－2401－0005874　25/159

四川打箭爐軍糧府所屬各土司紀略一卷（清）劉組曾纂　清乾隆刻本　一冊

430000－2401－0005875　25/96

蜀高抬貴手七卷首一卷　（清）劉景伯輯　清宣統三年（1911）裴氏刻本　四冊

430000－2401－0005876　25/52

從戎紀略一卷　（清）朱洪章撰　清光緒十九年（1893）紫陽堂刻本　一冊

430000－2401－0005877　25/52(1)

從戎紀略一卷　（清）朱洪章撰　清光緒十九年（1893）紫陽堂刻本　一冊

430000－2401－0005878　25/52(2)

從戎紀略一卷　（清）朱洪章撰　清光緒十九年（1893）紫陽堂刻本　一冊

430000－2401－0005879　25/52(3)

從戎紀略一卷　（清）朱洪章撰　清光緒十九年（1893）紫陽堂刻本　一冊

430000－2401－0005880　25/52(4)

從戎紀略一卷　（清）朱洪章撰　清光緒十九年（1893）紫陽堂刻本　一冊

430000－2401－0005881　25/52(5)

從戎紀略一卷　（清）朱洪章撰　清光緒十九年（1893）紫陽堂刻本　一冊

430000－2401－0005882　25/25

山東軍興紀略二十二卷　（清）管晏等撰　清光緒五年（1879）上海申報館鉛印本　五冊

430000－2401－0005883　25/25(1)

山東軍興紀略二十二卷　（清）管晏等撰　清光緒五年（1879）上海申報館鉛印本　十冊

430000－2401－0005884　25/236

潛山守禦志二卷外編一卷　（清）孫振銓輯　清同治四年（1865）刻本　一冊

430000－2401－0005885　25/60

克復金陵勛德記一卷　（清）劉毓崧撰　清同治五年（1866）曼陀羅華閣刻曼陀羅華閣叢書本　一冊

430000－2401－0005886　△293.4/4

馮宮保援越紀實四卷　（清）尹恭保撰　清鈔本　一冊

430000－2401－0005887　25/210

藏輶隨記一卷　陶思曾撰　清宣統三年（1911）鉛印本　一冊

430000－2401－0005888　25/210(1)

藏輶隨記一卷　陶思曾撰　清宣統三年（1911）鉛印本　一冊

430000－2401－0005889　25/210(2)

藏輶隨記一卷　陶思曾撰　清宣統三年（1911）鉛印本　一冊

430000－2401－0005890　25/210(3)

藏輶隨記一卷　陶思曾撰　清宣統三年（1911）鉛印本　一冊

430000－2401－0005891　25/79

覺迷要錄四卷　葉德輝輯　清光緒三十一年（1905）刻本　二冊

430000－2401－0005892　25/79(1)

覺迷要錄四卷　葉德輝輯　清光緒三十一年（1905）刻本　二冊

430000－2401－0005893　25/79(2)

覺迷要錄四卷　葉德輝輯　清光緒三十一年(1905)刻本　二冊

430000－2401－0005894　25/79(3)

覺迷要錄四卷　葉德輝輯　清光緒三十一年(1905)刻本　二冊

430000－2401－0005895　25/79(4)

覺迷要錄四卷　葉德輝輯　清光緒三十一年(1905)刻本　二冊

430000－2401－0005896　25/94

庚辛泣杭錄十六卷　(清)丁申撰　清光緒二十一年(1895)錢塘丁氏刻武林掌故叢編本六冊

430000－2401－0005897　25/348

時事匯鈔一卷　清光緒二十六年(1900)鈔本一冊

430000－2401－0005898　25/170

庚子北京事變紀略一卷　清光緒二十七年(1901)刻本　一冊

430000－2401－0005899　25/181

義和拳教門源流考一卷　勞乃宣撰　清光緒刻本　一冊

430000－2401－0005900　461/196

張文襄幕府紀聞二卷　辜鴻銘撰　清光緒鉛印本　一冊　存一卷(下)

430000－2401－0005901　296.1/75－2

圖史提綱三卷　(清)胡宣慶撰　清同治九年(1870)刻本　一冊

430000－2401－0005902　296.1/75

圖史提綱三卷　(清)胡宣慶撰　清光緒十七年(1891)長沙胡氏刻本　一冊

430000－2401－0005903　296.1/75(1)

圖史提綱三卷　(清)胡宣慶撰　清光緒十七年(1891)長沙胡氏刻本　一冊

430000－2401－0005904　296.1/75(2)

圖史提綱三卷　(清)胡宣慶撰　清光緒十七年(1891)長沙胡氏刻本　一冊

430000－2401－0005905　296.1/75(3)

圖史提綱三卷　(清)胡宣慶撰　清光緒十七年(1891)長沙胡氏刻本　一冊

430000－2401－0005906　296.1/75(4)

圖史提綱三卷　(清)胡宣慶撰　清光緒十七年(1891)長沙胡氏刻本　一冊

430000－2401－0005907　25/139

清史一卷　鄒桂生編　清宣統二年(1910)湖南南路師範學堂木活字本　一冊

430000－2401－0005908　25/257

支那瓜分之命運　(日本)中島端撰　(清)田雄飛譯　清末石印本　一冊

430000－2401－0005909　25/56

支那教案論一卷　(英國)宓克撰　嚴復譯　清末南洋公學譯書院鉛印本　一冊

430000－2401－0005910　25/223

保華全書四卷續編一卷　(英國)貝思福撰(美國)林樂知譯意　(清)蔡爾康　(清)任廷旭筆述　清光緒二十五年(1899)上海廣學會鉛印本　四冊

430000－2401－0005911　△24/39－2

楚紀六十卷　(明)廖道南撰　明萬曆三年(1575)刻本　二十六冊

430000－2401－0005912　△24/39－2(1)

楚紀六十卷　(明)廖道南撰　明萬曆三年(1575)刻本　六冊　存十卷(十一至十二、十六至十七、二十九至三十二、五十、五十五)

430000－2401－0005913　△24/39

楚紀六十卷　(明)廖道南撰　明萬曆二十四年(1596)刻本　二十冊

430000－2401－0005914　△24/40

楚南史贅二卷　(清)周康立輯　清道光十五年(1835)稿本　二冊

430000－2401－0005915　25/6

前守寶錄五卷後守寶錄二十卷　(清)魁聯撰　清咸豐三年(1853)寶慶府署刻本　六冊

430000－2401－0005916　25/6(1)

前守寶錄五卷後守寶錄二十卷　（清）魁聯撰
　　清咸豐三年(1853)寶慶府署刻本　六冊

430000－2401－0005917　25/6－2

前守寶錄五卷後守寶錄二十卷　（清）魁聯撰
　　清同治十三年(1874)廣州刻本　十三冊

430000－2401－0005918　25/6－2(1)

前守寶錄五卷後守寶錄二十卷　（清）魁聯撰
　　清同治十三年(1874)廣州刻本　六冊

430000－2401－0005919　25/76

續守寶錄四卷　（清）邵綏名撰　（清）莊予楨
編　清光緒二十三年(1897)湖南寶慶府署刻
本　二冊

430000－2401－0005920　292.63/7

宰湘節錄一卷　（清）劉倬雲輯　清同治十二
年(1873)長沙廣順堂刻本　一冊

430000－2401－0005921　292.63/7(1)

宰湘節錄一卷　（清）劉倬雲輯　清同治十二
年(1873)長沙廣順堂刻本　一冊

430000－2401－0005922　25/345

湖南巡撫懲辦會匪疏　（清）俞廉三撰　鈔本
　　一冊

430000－2401－0005923　△24/44

湘粵剿滅哥老會文稿一卷　雲叟輯　鈔本

430000－2401－0005924　416/710

湘難雜錄　（清）南荃逸史編　清宣統三年
(1911)長沙鉛印本　一冊

430000－2401－0005925　△24/13

吳越春秋十卷　（漢）趙曄撰　（元）徐天祜音
註　明嘉靖刻本　二冊

430000－2401－0005926　△24/13

吳越春秋十卷　（漢）趙曄撰　（元）徐天祜音
註　明刻本　四冊

430000－2401－0005927　△24/13－2(1)

吳越春秋十卷　（漢）趙曄撰　（元）徐天祜音
註　明刻本　二冊

430000－2401－0005928　△24/13－3

吳越春秋十卷　（漢）趙曄撰　（清）汪士漢考
校　清康熙七年(1668)刻本　一冊

430000－2401－0005929　25/163－3

吳越春秋十卷　（漢）趙曄撰　（元）徐天祜音
註　清光緒三十二年(1906)南陵徐氏刻隨庵
徐氏叢書本　六冊

430000－2401－0005930　25/163－2

吳越春秋六卷　（漢）趙曄撰　（元）徐天祜音
註　清刻本　二冊

430000－2401－0005931　25/87

越絕書十五卷　（漢）袁康撰　清乾隆五十六
年(1791)金溪王氏刻增訂漢魏叢書本　一冊

430000－2401－0005932　25/87(1)

越絕書十五卷　（漢）袁康撰　清乾隆五十六
年(1791)金溪王氏刻增訂漢魏叢書本　二冊

430000－2401－0005933　25/87(2)

越絕書十五卷　（漢）袁康撰　清乾隆五十六
年(1791)金溪王氏刻增訂漢魏叢書本　一冊

430000－2401－0005934　△24/1－2

十六國春秋一百卷　（北魏）崔鴻撰　清乾隆
四十六年(1781)汪氏欣託山房刻本　二十
四冊

430000－2401－0005935　△24/1

十六國春秋一百卷　（北魏）崔鴻撰　清木活
字本　四十冊

430000－2401－0005936　25/1

十六國春秋一百卷　（北魏）崔鴻撰　清光緒
元年(1875)湖北崇文書局刻本　十二冊

430000－2401－0005937　25/1

十六國春秋一百卷　（北魏）崔鴻撰　清光緒
十二年(1886)湖北官書處刻本　十二冊

430000－2401－0005938　25/1－4

十六國春秋一百卷　（北魏）崔鴻撰　清會稽
徐氏述史樓刻本　二十冊

430000－2401－0005939　25/1－4(1)

十六國春秋一百卷　（北魏）崔鴻撰　清會稽
徐氏述史樓刻本　十七冊　缺二卷(一至二)

430000－2401－0005940　25/1－5

十六國春秋一百卷　(北魏)崔鴻撰　清竹素山房刻本　二十冊

430000－2401－0005941　25/68

蠻書十卷　(唐)樊綽撰　清光緒桐廬袁氏刻漸西村舍彙刊本　一冊

430000－2401－0005942　25/68(1)

蠻書十卷　(唐)樊綽撰　清光緒桐廬袁氏刻漸西村舍彙刊本　一冊

430000－2401－0005943　25/3

十國春秋一百十六卷　(清)吳任臣撰　清乾隆五十八年(1793)刻海虞戴氏漱石山房重印本　十六冊

430000－2401－0005944　25/3(3)

十國春秋一百十六卷　(清)吳任臣撰　清乾隆五十八年(1793)此宜閣刻本　二十八冊

430000－2401－0005945　25/3(2)

十國春秋一百十六卷　(清)吳任臣撰　清乾隆五十八年(1793)刻本　二十四冊

430000－2401－0005946　25/3(1)

十國春秋一百十六卷　(清)吳任臣撰　清乾隆五十八年(1793)刻海虞顧氏小石山房重印本　十六冊

430000－2401－0005947　25/3－2

十國春秋一百十六卷　(清)吳任臣撰　清光緒十二年(1886)海虞陳氏刻本　十二冊　存六十卷(一至六十)

430000－2401－0005948　213/99

九國志十二卷　(宋)路振撰　清道光二十七年(1847)刻海山仙館叢書本　二冊

430000－2401－0005949　△24/3

九國志十卷　(宋)路振撰　(宋)張唐英補　清鈔本　一冊

430000－2401－0005950　461/185

釣磯立談一卷　(宋)史□撰　清宣統三年(1911)上海國學扶輪社鉛印張氏適園叢書本　一冊

430000－2401－0005951　213/95

南唐書三十卷　(宋)馬令撰　清同治十三年(1874)盱南三餘書屋刻南唐書合刻本　四冊

430000－2401－0005952　213/95(1)

南唐書三十卷　(宋)馬令撰　清同治十三年(1874)盱南三餘書屋刻南唐書合刻本　五冊

430000－2401－0005953　213/95(2)

南唐書三十卷　(宋)馬令撰　清同治十三年(1874)盱南三餘書屋刻南唐書合刻本　三冊

430000－2401－0005954　△213/17－3

南唐書十八卷家世舊聞一卷齊居紀事一卷　(宋)陸游撰　**音釋一卷**　(元)戚光撰　明毛氏汲古閣刻本　六冊

430000－2401－0005955　△213/17－3

南唐書十八卷　(宋)陸游撰　明汲古閣刻本　二冊

430000－2401－0005956　213/94－4

南唐書十八卷　(宋)陸游撰　清同治十三年(1874)盱南三餘書屋刻南唐書合刻本　二冊

430000－2401－0005957　213/94－4(1)

南唐書十八卷　(宋)陸游撰　清同治十三年(1874)盱南三餘書屋刻南唐書合刻本　三冊

430000－2401－0005958　213/94－3

南唐書十八卷　(宋)陸游撰　清養雲書屋木活字本　三冊

430000－2401－0005959　25/164

吳越備史四卷補遺一卷州考一卷　(宋)范坰　(宋)林禹撰　清嘉慶十年(1805)虞山張氏照曠閣刻學津討原本　二冊

430000－2401－0005960　25/164－3

吳越備史四卷首一卷　(宋)范坰　(宋)林禹撰　清道光二年(1822)埽葉山房刻本　二冊

430000－2401－0005961　25/164－2

吳越備史四卷首一卷　(宋)范坰　(宋)林禹撰　清道光九年(1829)埽葉山房刻本　三冊

430000－2401－0005962　25/174－2

南漢紀五卷　(清)吳蘭修撰　清道光十四年

(1834)鄭氏淳一堂刻本　二冊

430000－2401－0005963　25/91

**南漢書十八卷南漢書考略十八卷南漢文字略
四卷南治叢錄二卷**　（清）梁廷楠輯　清道光
刻藤花亭十七種本　八冊

430000－2401－0005964　25/91（1）

**南漢書十八卷南漢書考略十八卷南漢文字略
四卷南治叢錄二卷**　（清）梁廷楠輯　清道光
刻藤花亭十七種本　八冊

430000－2401－0005965　25/91（2）

**南漢書十八卷南漢書考略十八卷南漢文字略
四卷南治叢錄二卷**　（清）梁廷楠輯　清道光
刻藤花亭十七種本　八冊

430000－2401－0005966　25/324

南漢書考異十八卷　（清）梁廷楠輯　清刻本
　一冊　存七卷（一至七）

430000－2401－0005967　25/63

世本輯補十卷　（漢）應劭　（漢）宋忠　（三
國魏）宋均註　（清）秦嘉謨輯補　清嘉慶二
十三年（1818）琳琅仙館刻本　六冊

430000－2401－0005968　25/228

逸周書十卷　（晉）孔晁註　清刻本　二冊

430000－2401－0005969　25/228

逸周書十卷　（晉）孔晁註　清乾隆五十一年
（1786）抱經堂刻抱經堂叢書本　二冊

430000－2401－0005970　25/228（2）

逸周書十卷　（晉）孔晁註　清刻本　二冊

430000－2401－0005971　25/228（3）

逸周書十卷　（晉）孔晁註　清刻本　二冊

430000－2401－0005972　25/228（4）

逸周書十卷　（晉）孔晁註　清刻本　二冊

430000－2401－0005973　△24/69

逸周書集訓校釋十卷逸文一卷　（清）朱右曾
撰　清光緒三年（1877）崇文書局刻本　張舜
徽批校　一冊

430000－2401－0005974　25/310

周書王會一卷　（宋）王應麟撰　清刻玉海本
　一冊

430000－2401－0005975　25/27

周書斠補四卷　（清）孫詒讓撰　清光緒二十
六年（1900）刻本　一冊

430000－2401－0005976　25/27（1）

周書斠補四卷　（清）孫詒讓撰　清光緒二十
六年（1900）刻本　一冊

430000－2401－0005977　25/22

汲冢周書輯要一卷　（清）郝懿行輯　清光緒
八年（1882）東路廳署刻本　一冊

430000－2401－0005978　25/88－3

重訂路史四十五卷　（宋）羅泌撰　（宋）羅苹
註　明吳弘基刻本　六冊　存十六卷（發揮
一至六、餘論一至十）

430000－2401－0005979　25/88

路史四十五卷　（宋）羅泌撰　（宋）羅苹註
明萬曆三十九年（1611）喬可傳刻本　三冊
存十五卷（發揮五至六、餘論一至四、後紀九
至十三、國名紀一至三、七）

430000－2401－0005980　△24/41

路史後記十三卷　（宋）羅泌撰　（宋）羅苹註
　明刻本　四冊

430000－2401－0005981　25/88－5

重訂路史四十五卷　（宋）羅泌撰　（宋）羅苹
註　清乾隆元年（1736）羅氏刻本　十六冊

430000－2401－0005982　25/88－5（1）

重訂路史四十五卷　（宋）羅泌撰　（宋）羅苹
註　清乾隆元年（1736）羅氏刻本　六冊

430000－2401－0005983　25/88－4

重訂路史全本四十五卷　（宋）羅泌撰　（宋）
羅苹註　清嘉慶六年（1801）酉山堂刻本　十
二冊

430000－2401－0005984　25/88－7

路史四十五卷　（宋）羅泌撰　（宋）羅苹註
清嘉慶十三年（1808）謙益堂刻本　十六冊

430000－2401－0005985　25/88－7（1）

路史四十五卷 (宋)羅泌撰 (宋)羅苹註
清嘉慶十三年(1808)謙益堂刻本 十六冊

430000－2401－0005986 25/88－8

路史四十五卷 (宋)羅泌撰 (宋)羅苹註
清同治四年(1865)紅杏山房刻本 十二冊

430000－2401－0005987 25/88－10

路史四十五卷 (宋)羅泌撰 (宋)羅苹註
清光緒二十年(1894)文瑞樓石印本 六冊

430000－2401－0005988 25/88－9

路史十六卷 (宋)羅泌撰 (宋)羅苹註 清
敦化堂刻本 一冊 存九卷(一至九)

430000－2401－0005989 212/41

尚史七十卷 (清)李鍇撰 清乾隆三十八年
(1773)悅道樓刻本 二十八冊

430000－2401－0005990 212/41(1)

尚史七十卷 (清)李鍇撰 清乾隆三十八年
(1773)悅道樓刻本 二十四冊

430000－2401－0005991 212/41－2

尚史七十卷 (清)李鍇撰 清嘉慶十九年
(1814)晚香草堂刻本 二十冊

430000－2401－0005992 212/41－2(1)

尚史七十卷 (清)李鍇撰 清嘉慶十九年
(1814)晚香草堂刻本 三十冊

430000－2401－0005993 △212/10

古史六十卷 (宋)蘇轍撰 宋刻元明遞修本
清何紹基錄雁湖李氏題識 葉啟勳、葉啟
發題識 八冊

430000－2401－0005994 △212/10(1)

古史六十卷 (宋)蘇轍撰 宋刻元明遞修本
四冊 存三十七卷(二十四至六十)

430000－2401－0005995 △212/10－2

古史六十卷 (宋)蘇轍撰 明萬曆三十九年
(1611)南京國子監刻本 十六冊

430000－2401－0005996 △212/10－2(1)

古史六十卷 (宋)蘇轍撰 明萬曆三十九年
(1611)南京國子監刻本 八冊

430000－2401－0005997 25/18－2

東觀漢記二十四卷 (漢)劉珍等撰 清乾隆
六十年(1795)掃葉山房刻本 二冊

430000－2401－0005998 25/18－2(1)

東觀漢記二十四卷 (漢)劉珍等撰 清乾隆
六十年(1795)掃葉山房刻本 四冊

430000－2401－0005999 25/18－2(2)

東觀漢記二十四卷 (漢)劉珍等撰 清乾隆
六十年(1795)掃葉山房刻本 二冊

430000－2401－0006000 25/18

東觀漢記二十四卷 (漢)劉珍等撰 清道光
十年(1830)福建刻本 四冊

430000－2401－0006001 25/18(1)

東觀漢記二十四卷 (漢)劉珍等撰 清道光
十年(1830)福建刻本 六冊

430000－2401－0006002 25/18(2)

東觀漢記二十四卷 (漢)劉珍等撰 清道光
十年(1830)福建刻本 四冊

430000－2401－0006003 25/18(3)

東觀漢記二十四卷 (漢)劉珍等撰 清道光
十年(1830)福建刻本 四冊

430000－2401－0006004 25/18(4)

東觀漢記二十四卷 (漢)劉珍等撰 清道光
十年(1830)福建刻本 四冊

430000－2401－0006005 213/38

續後漢書四十二卷義例一卷音義四卷 (南
朝宋)蕭常撰 清同治八年(1869)歸古山房
刻本 六冊

430000－2401－0006006 213/38(1)

續後漢書四十二卷義例一卷音義四卷 (南
朝宋)蕭常撰 清同治八年(1869)歸古山房
刻本 六冊

430000－2401－0006007 213/38(2)

續後漢書四十二卷義例一卷音義四卷 (南
朝宋)蕭常撰 清同治八年(1869)歸古山房
刻本 六冊

430000－2401－0006008 213/38－2

續後漢書四十二卷義例一卷音義四卷 （南朝宋）蕭常撰　清道光二十一年(1841)郁氏宜稼堂刻宜稼堂叢書本　六冊

430000－2401－0006009　213/36

續後漢書九十卷 （元）郝經撰　清道光二十一年(1841)郁氏宜稼堂刻宜稼堂叢書本　二十四冊

430000－2401－0006010　213/36(1)

續後漢書九十卷 （元）郝經撰　清道光二十一年(1841)郁氏宜稼堂刻宜稼堂叢書本　二十六冊

430000－2401－0006011　213/36(2)

續後漢書九十卷 （元）郝經撰　清道光二十一年(1841)郁氏宜稼堂刻宜稼堂叢書本　二十冊　缺三十三卷(三、十至十六、二十五至二十七、四十至四十九、五十五至六十五,札記四)

430000－2401－0006012　213/36(3)

續後漢書九十卷 （元）郝經撰　清道光二十一年(1841)郁氏宜稼堂刻宜稼堂叢書本　十四冊　存六十六卷(一至六十六)

430000－2401－0006013　213/39

晉略六十五卷 （清）周濟撰　清光緒二年(1876)味雋齋刻本　十冊

430000－2401－0006014　213/39(1)

晉略六十五卷 （清）周濟撰　清光緒二年(1876)味雋齋刻本　十冊

430000－2401－0006015　213/39(2)

晉略六十五卷 （清）周濟撰　清光緒二年(1876)味雋齋刻本　十冊

430000－2401－0006016　213/39(3)

晉略六十五卷 （清）周濟撰　清光緒二年(1876)味雋齋刻本　十冊

430000－2401－0006017　213/39(4)

晉略六十五卷 （清）周濟撰　清光緒二年(1876)味雋齋刻本　十二冊

430000－2401－0006018　213/39(5)

晉略六十五卷 （清）周濟撰　清光緒二年(1876)味雋齋刻本　十冊

430000－2401－0006019　213/39(6)

晉略六十五卷 （清）周濟撰　清光緒二年(1876)味雋齋刻本　十冊

430000－2401－0006020　213/86

西魏書二十四卷 （清）謝啟昆撰　清乾隆六十年(1795)樹經堂刻樹經堂集本　六冊

430000－2401－0006021　213/86(1)

西魏書二十四卷 （清）謝啟昆撰　清乾隆六十年(1795)樹經堂刻樹經堂集本　六冊

430000－2401－0006022　213/86－3

西魏書二十四卷附錄一卷 （清）謝啟昆撰　清光緒二十一年(1895)廣雅書局刻廣雅書局叢書本　六冊

430000－2401－0006023　213/86－4

西魏書二十四卷附錄一卷 （清）謝啟昆撰　清光緒十八年(1892)刻本　四冊　缺二卷(一至二)

430000－2401－0006024　25/246

修史試筆二卷 （清）藍鼎元撰　（清）曠敏本評　清雍正十年(1732)刻鹿洲全集本　二冊

430000－2401－0006025　213/40－3

東都事略一百三十卷 （宋）王偁撰　清光緒九年(1883)淮南書局刻本　八冊

430000－2401－0006026　213/40－3(1)

東都事略一百三十卷 （宋）王偁撰　清光緒九年(1883)淮南書局刻本　八冊

430000－2401－0006027　213/40－3(2)

東都事略一百三十卷 （宋）王偁撰　清光緒九年(1883)淮南書局刻本　八冊

430000－2401－0006028　213/40－3(3)

東都事略一百三十卷 （宋）王偁撰　清光緒九年(1883)刻硃印本　十冊

430000－2401－0006029　213/40

東都事略一百三十卷 （宋）王偁撰　清刻本　十六冊

430000－2401－0006030　213/40－2

東都事略一百三十卷　（宋）王偁撰　清刻本
　　八冊

430000－2401－0006031　25/90

南宋書六十八卷　（明）錢士升撰　清掃葉山
　房刻本　八冊

430000－2401－0006032　25/90(1)

南宋書六十八卷　（明）錢士升撰　清掃葉山
　房刻本　十二冊

430000－2401－0006033　25/90(2)

南宋書六十八卷　（明）錢士升撰　清掃葉山
　房刻本　十冊

430000－2401－0006034　25/69

契丹國志二十七卷　（宋）葉隆禮撰　清嘉慶
　二年(1797)掃葉山房刻本　二冊

430000－2401－0006035　25/69(1)

契丹國志二十七卷　（宋）葉隆禮撰　清嘉慶
　二年(1797)掃葉山房刻本　二冊

430000－2401－0006036　△24/19

契丹國志二十七卷　（宋）葉隆禮撰　清鈔本
　　佚名批校　六冊

430000－2401－0006037　25/20

大金國志四十卷　（宋）宇文懋昭撰　清乾隆
　掃葉山房刻本　四冊

430000－2401－0006038　25/20(1)

大金國志四十卷　（宋）宇文懋昭撰　清乾隆
　掃葉山房刻本　四冊

430000－2401－0006039　25/214

金國南遷錄一卷　（金）張師顏撰　清中鈔本
　一冊

430000－2401－0006040　△24/25

弇州史料前集三十卷後集七十卷　（明）王世
　貞撰　（明）董復表輯　明萬曆四十二年
　(1614)刻本　三十八冊

430000－2401－0006041　△24/25(1)

弇州史料前集三十卷後集七十卷　（明）王世
　貞撰　（明）董復表輯　明萬曆四十二年

(1614)刻本　二冊　存十一卷(前集七至九、
後集三十八至四十五)

430000－2401－0006042　△24/11

吾學編六十九卷　（明）鄭曉撰　明嘉靖刻本
　七冊　存四十卷(同姓初王表二卷、皇明同
姓諸王傳三卷、皇明天文述一卷、皇明地理述
二卷、皇明三禮述二卷、皇明名臣記三十卷)

430000－2401－0006043　△24/11－2

吾學編六十九卷　（明）鄭曉撰　明刻本　十
四冊　存四十卷(皇明名臣記三十卷、建文遜
國記八卷、皇明直文淵閣諸臣表一卷、皇明異
姓諸侯傳一卷)

430000－2401－0006044　25/129

明季南略十八卷　（清）計六奇撰　清道光都
城琉璃廠半松居士木活字本　十冊

430000－2401－0006045　25/129(1)

明季南略十八卷　（清）計六奇撰　清道光都
城琉璃廠半松居士木活字本　十冊

430000－2401－0006046　25/129(2)

明季南略十八卷　（清）計六奇撰　清道光都
城琉璃廠半松居士木活字本　六冊

430000－2401－0006047　25/129(3)

明季南略十八卷　（清）計六奇撰　清道光都
城琉璃廠半松居士木活字本　六冊

430000－2401－0006048　25/129(4)

明季南略十八卷　（清）計六奇撰　清道光都
城琉璃廠半松居士木活字本　八冊

430000－2401－0006049　25/129(5)

明季南略十八卷　（清）計六奇撰　清道光都
城琉璃廠半松居士木活字本　十二冊

430000－2401－0006050　25/129(6)

明季南略十八卷　（清）計六奇撰　清道光都
城琉璃廠半松居士木活字本　八冊

430000－2401－0006051　25/129(7)

明季南略十八卷　（清）計六奇撰　清道光都
城琉璃廠半松居士木活字本　十二冊

430000－2401－0006052　25/129(8)

明季南略十八卷 （清）計六奇撰 清道光都城琉璃廠半松居士木活字本 七冊

430000－2401－0006053 25/129(9)
明季南略十八卷 （清）計六奇撰 清道光都城琉璃廠半松居士木活字本 十一冊

430000－2401－0006054 25/129－2
明季南略十八卷 （清）計六奇撰 清光緒十三年(1887)上海圖書集成印書局鉛印本 四冊

430000－2401－0006055 25/129－2(1)
明季南略十八卷 （清）計六奇撰 清光緒十三年(1887)上海圖書集成印書局鉛印本 四冊

430000－2401－0006056 25/130
明季北略二十四卷 （清）計六奇撰 清道光都城琉璃廠半松居士木活字本 八冊

430000－2401－0006057 25/130(1)
明季北略二十四卷 （清）計六奇撰 清道光都城琉璃廠半松居士木活字本 七冊

430000－2401－0006058 25/130(2)
明季北略二十四卷 （清）計六奇撰 清道光都城琉璃廠半松居士木活字本 十二冊

430000－2401－0006059 25/130(3)
明季北略二十四卷 （清）計六奇撰 清道光都城琉璃廠半松居士木活字本 十冊

430000－2401－0006060 25/130(4)
明季北略二十四卷 （清）計六奇撰 清道光都城琉璃廠半松居士木活字本 十冊

430000－2401－0006061 25/130(5)
明季北略二十四卷 （清）計六奇撰 清道光都城琉璃廠半松居士木活字本 十四冊

430000－2401－0006062 25/130(6)
明季北略二十四卷 （清）計六奇撰 清道光都城琉璃廠半松居士木活字本 十二冊

430000－2401－0006063 25/130(7)
明季北略二十四卷 （清）計六奇撰 清道光都城琉璃廠半松居士木活字本 十冊

430000－2401－0006064 25/130(8)
明季北略二十四卷 （清）計六奇撰 清道光都城琉璃廠半松居士木活字本 十二冊

430000－2401－0006065 25/130(9)
明季北略二十四卷 （清）計六奇撰 清道光都城琉璃廠半松居士木活字本 十三冊

430000－2401－0006066 25/130－2
明季北略二十四卷 （清）計六奇撰 清光緒十三年(1887)上海圖書集成印書局鉛印本 六冊

430000－2401－0006067 25/130－2(1)
明季北略二十四卷 （清）計六奇撰 清光緒十三年(1887)上海圖書集成印書局鉛印本 六冊

430000－2401－0006068 213/72－3
潛庵先生擬明史稿二十卷 （清）湯斌撰 (清)田蘭芳評 清康熙二十七年(1688)刻本 十冊

430000－2401－0006069 213/72
潛庵先生擬明史稿二十卷 （清）湯斌撰 (清)田蘭芳評 清道光二十七年(1847)刻本 十冊

430000－2401－0006070 213/72(1)
潛庵先生擬明史稿二十卷 （清）湯斌撰 (清)田蘭芳評 清道光二十七年(1847)刻本 十冊

430000－2401－0006071 213/72(2)
潛庵先生擬明史稿二十卷 （清）湯斌撰 (清)田蘭芳評 清道光二十七年(1847)刻本 八冊

430000－2401－0006072 213/72－2
潛庵先生擬明史稿二十卷 （清）湯斌撰 (清)田蘭芳評 清刻本 十二冊

430000－2401－0006073 213/72－2(1)
潛庵先生擬明史稿二十卷 （清）湯斌撰 (清)田蘭芳評 清刻本 十一冊 缺三卷(三至五)

430000－2401－0006074　25/15

韓南溪四種　（清）韓超撰　清宣統二年（1910）泉唐汪氏鉛印振綺堂叢書本　一冊

430000－2401－0006075　222/4

春秋列國表不分卷　（清）馬驌撰　清光緒二十八年（1902）兩湖書院刻朱印本　一冊

430000－2401－0006076　222/4（1）

春秋列國表不分卷　（清）馬驌撰　清光緒二十八年（1902）兩湖書院刻朱印本　一冊

430000－2401－0006077　222/4（2）

春秋列國表不分卷　（清）馬驌撰　清光緒二十八年（1902）兩湖書院刻朱印本　一冊

430000－2401－0006078　222/4（3）

春秋列國表不分卷　（清）馬驌撰　清光緒二十八年（1902）兩湖書院刻朱印本　一冊

430000－2401－0006079　26/18

前漢匈奴表二卷　（清）沈惟賢撰　清光緒刻本　一冊

430000－2401－0006080　△213/39

後漢書年表十卷　（宋）熊方撰　清乾隆盧文弨校刻本　葉啟勳題識　二冊

430000－2401－0006081　26/7－3

後漢書補表八卷　（清）錢大昭撰　清嘉慶四年（1799）秦氏汗筠齋刻汗筠齋叢書本　三冊

430000－2401－0006082　26/7－2

後漢書補表八卷　（清）錢大昭撰　清光緒十七年（1891）廣雅書局刻本　二冊

430000－2401－0006083　△213/42

後漢書補表八卷　（清）錢大昭撰　清鈔本　二冊

430000－2401－0006084　26/11

三國職官表三卷　（清）洪飴孫撰　清光緒十七年（1891）廣雅書局刻本　三冊

430000－2401－0006085　26/13

南北史年表一卷南北史世系表五卷南北史帝王世系表一卷　（清）周嘉猷撰　清光緒十八年（1892）廣雅書局刻廣雅書局叢書本　四冊

430000－2401－0006086　26/4

唐書宰相世系表訂譌十二卷　（清）沈炳震撰　清嘉慶十八年（1813）海昌查世倓刻同治十年（1871）吳氏清來堂補刻本　八冊

430000－2401－0006087　26/12－4

元史氏族表三卷　（清）錢大昕撰　清嘉慶十一年（1806）嘉定黃鐘刻潛研堂全書本　二冊

430000－2401－0006088　26/12－2

元史氏族表三卷　（清）錢大昕撰　清光緒二十年（1894）廣雅書局刻廣雅書局叢書本　二冊

430000－2401－0006089　26/12

元史氏族表三卷　（清）錢大昕撰　清江蘇書局刻本　二冊

430000－2401－0006090　26/12（1）

元史氏族表三卷　（清）錢大昕撰　清江蘇書局刻本　二冊

430000－2401－0006091　△24/47

蒙古回部表不分卷　王先謙撰　稿本　三冊

430000－2401－0006092　26/28

歷代紀事年表一百卷　（清）王之樞撰　清刻本　三十冊　缺七十卷（一至四十五、五十一至五十二、五十八至六十一、六十九至七十、七十六至七十九、八十一至八十八、九十至九十二、九十九至一百）

430000－2401－0006093　26/28（1）

歷代紀事年表一百卷　（清）王之樞撰　清刻本　三十一冊　缺十四卷（一至十、二十二、二十九至三十一）

430000－2401－0006094　26/1

廿一史四譜五十四卷　（清）沈炳震撰　清同治十年（1871）武林吳氏清來堂補刻本　十六冊

430000－2401－0006095　26/1（1）

廿一史四譜五十四卷　（清）沈炳震撰　清同治十年（1871）武林吳氏清來堂補刻本　十六冊

430000－2401－0006096　26/1（2）

廿一史四譜五十四卷　（清）沈炳震撰　清同治十年（1871）武林吳氏清來堂補刻本　十八冊

430000－2401－0006097　26/1（3）

廿一史四譜五十四卷　（清）沈炳震撰　清同治十年（1871）武林吳氏清來堂補刻本　十冊

430000－2401－0006098　26/1（4）

廿一史四譜五十四卷　（清）沈炳震撰　清同治十年（1871）武林吳氏清來堂補刻本　十六冊

430000－2401－0006099　26/1（5）

廿一史四譜五十四卷　（清）沈炳震撰　清同治十年（1871）武林吳氏清來堂補刻本　二十冊

430000－2401－0006100　26/1（6）

廿一史四譜五十四卷　（清）沈炳震撰　清同治十年（1871）武林吳氏清來堂補刻本　十六冊

430000－2401－0006101　26/1（7）

廿一史四譜五十四卷　（清）沈炳震撰　清同治十年（1871）武林吳氏清來堂補刻本　十冊

430000－2401－0006102　26/1（8）

廿一史四譜五十四卷　（清）沈炳震撰　清同治十年（1871）武林吳氏清來堂補刻本　二十冊

430000－2401－0006103　26/23

紀元編三卷末一卷　（清）李兆洛撰　（清）六承如集　清道光十一年（1831）董學齋刻本　三冊

430000－2401－0006104　26/23－2

紀元編三卷末一卷　（清）李兆洛撰　（清）六承如集　清咸豐二年（1852）漢陽常氏刻本　三冊

430000－2401－0006105　221/61－3

紀元編三卷末一卷　（清）李兆洛撰　清同治十年（1871）合肥李氏刻本　一冊

430000－2401－0006106　221/61－2

校增紀元編三卷末一卷　（清）李兆洛撰　清光緒十四年（1888）上海蜚英館石印本　三冊

430000－2401－0006107　221/61－4

紀元編三卷末一卷　（清）李兆洛撰　清光緒十八年（1892）長沙竹素書局刻本　三冊

430000－2401－0006108　221/61－4（1）

紀元編三卷末一卷　（清）李兆洛撰　清光緒十八年（1892）刻本　一冊

430000－2401－0006109　292.1/32

歷代政要表二卷　（清）胡子清編輯　清光緒二十九年（1903）長沙刻本　一冊

430000－2401－0006110　292.1/32（1）

歷代政要表二卷　（清）胡子清編輯　清光緒二十九年（1903）長沙刻本　二冊

430000－2401－0006111　292.1/32（2）

歷代政要表二卷　（清）胡子清編輯　清光緒二十九年（1903）長沙刻本　二冊

430000－2401－0006112　292.1/32（3）

歷代政要表二卷　（清）胡子清編輯　清光緒二十九年（1903）長沙刻本　二冊

430000－2401－0006113　292.1/32（4）

歷代政要表二卷　（清）胡子清編輯　清光緒二十九年（1903）長沙刻本　一冊

430000－2401－0006114　292.1/32（5）

歷代政要表二卷　（清）胡子清編輯　清光緒二十九年（1903）長沙刻本　一冊

430000－2401－0006115　292.1/32（6）

歷代政要表二卷　（清）胡子清編輯　清光緒二十九年（1903）長沙刻本　二冊

430000－2401－0006116　221/39

紀元通考十二卷　（清）葉維庚撰　清同治十年（1871）鍾秀山房刻本　四冊

430000－2401－0006117　221/39（1）

紀元通考十二卷　（清）葉維庚撰　清同治十年（1871）鍾秀山房刻本　四冊

430000－2401－0006118　221/39(2)

紀元通考十二卷　(清)葉維庚撰　清同治十年(1871)鍾秀山房刻本　八冊

430000－2401－0006119　26/2

廿四史三表　(清)段長基撰　(清)段縉書編　清光緒元年(1875)味古山房刻本　十九冊

430000－2401－0006120　26/30

歷代統紀表十三卷　(清)段長基撰　清小酉山房刻本　七冊　缺二卷(一至二)

430000－2401－0006121　292.1/30

古今法制表十五卷　(清)孫榮著　清光緒三十二年(1906)刻本　十冊

430000－2401－0006122　212/33

歷代統系錄六卷　(清)黃本驥編　清道光刻三長物齋叢書本　一冊

430000－2401－0006123　26/27

帝王廟謚年諱譜一卷　(清)陸費墀撰　清道光四年(1824)阮福刻文選樓叢書本　一冊

430000－2401－0006124　26/20

歷代紀年便覽一卷　(清)陳鍾珂輯　清嘉慶湘西黃氏刻本　一冊

430000－2401－0006125　26/9－2

歷代史表五十九卷　(清)萬斯同撰　清嘉慶元年(1796)留香閣刻本　八冊

430000－2401－0006126　26/9

歷代史表五十九卷　(清)萬斯同撰　清光緒十五年(1889)廣雅書局刻本　七冊

430000－2401－0006127　26/9(1)

歷代史表五十九卷　(清)萬斯同撰　清光緒十五年(1889)廣雅書局刻本　十二冊

430000－2401－0006128　221/64

歷代紀元匯考八卷續編一卷　(清)萬斯同編　清光緒二十三年(1897)瀛洲李氏刻本　二冊

430000－2401－0006129　221/34－4

歷代帝王年表不分卷　(清)齊召南編　(清)阮福續編　清道光四年(1824)小琅環仙館刻本　四冊

430000－2401－0006130　221/34－4(1)

歷代帝王年表不分卷　(清)齊召南編　(清)阮福續編　清道光四年(1824)刻本　四冊

430000－2401－0006131　221/34－4(2)

歷代帝王年表不分卷　(清)齊召南編　(清)阮福續編　清道光四年(1824)刻本　二冊

430000－2401－0006132　221/34－4(3)

歷代帝王年表不分卷　(清)齊召南編　(清)阮福續編　清道光四年(1824)刻本　三冊

430000－2401－0006133　221/34－4(4)

歷代帝王年表不分卷　(清)齊召南編　(清)阮福續編　清道光四年(1824)刻本　二冊

430000－2401－0006134　221/34－4(5)

歷代帝王年表不分卷　(清)齊召南編　(清)阮福續編　清道光四年(1824)刻本　四冊

430000－2401－0006135　221/34－8

歷代帝王年表不分卷　(清)齊召南編　清咸豐五年(1855)刻粵雅堂叢書本　三冊

430000－2401－0006136　221/34－4

歷代帝王年表不分卷　(清)齊召南編　(清)阮福續編　清同治二年(1863)武林葉敦怡堂刻本　四冊

430000－2401－0006137　221/34－5

歷代帝王年表不分卷　(清)齊召南編　(清)阮福續編　清光緒二十年(1894)桂垣書局刻本　四冊

430000－2401－0006138　221/34

歷代帝王年表四卷　(清)齊召南編　(清)阮福續編　清光緒二十八年(1902)上海石印本　四冊

430000－2401－0006139　221/34(1)

歷代帝王年表四卷　(清)齊召南編　(清)阮福續編　清光緒二十八年(1902)上海石印本　一冊

430000－2401－0006140　221/34－2

歷代帝王年表四卷 （清）齊召南編 （清）阮福續編 清光緒二十八年(1902)長沙省庵刻本 三冊

430000－2401－0006141 221/34－2(1)

歷代帝王年表四卷 （清）齊召南編 （清）阮福續編 清光緒二十八年(1902)長沙省庵刻本 三冊

430000－2401－0006142 221/34－2(2)

歷代帝王年表四卷 （清）齊召南編 （清）阮福續編 清光緒二十八年(1902)長沙省庵刻本 三冊

430000－2401－0006143 221/34－2(3)

歷代帝王年表四卷 （清）齊召南編 （清）阮福續編 清光緒二十八年(1902)長沙省庵刻本 二冊 缺一卷(四)

430000－2401－0006144 221/34－3

歷代帝王年表八卷 （清）齊召南編 （清）阮福續編 清光緒二十九年(1903)湖南勸學書舍刻本 三冊

430000－2401－0006145 221/34－6

歷代帝王年表不分卷 （清）齊召南編 清刻本 二冊

430000－2401－0006146 26/6

史鑑年表彙編十四卷 （清）蕭承笏輯 清光緒十年(1884)江右養雲書屋刻本 八冊

430000－2401－0006147 221/63

歷代紀元部表二卷 清乾隆二十年(1755)江永刻本 一冊

430000－2401－0006148 212/44

歷代帝王世系圖 清宣統二年(1910)陸軍部印刷處石印本 一冊

430000－2401－0006149 26/16－2

四裔編年表四卷 （美國）林樂知 （清）嚴良勳譯 （清）李鳳苞編 清同治江南製造局刻本 四冊

430000－2401－0006150 26/16－2(1)

四裔編年表四卷 （美國）林樂知 （清）嚴良勳譯 （清）李鳳苞編 清同治江南製造局刻本 四冊

430000－2401－0006151 26/16－2(2)

四裔編年表四卷 （美國）林樂知 （清）嚴良勳譯 （清）李鳳苞編 清同治江南製造局刻本 四冊

430000－2401－0006152 26/16－2(3)

四裔編年表四卷 （美國）林樂知 （清）嚴良勳譯 （清）李鳳苞編 清同治江南製造局刻本 四冊

430000－2401－0006153 26/16－2(4)

四裔編年表四卷 （美國）林樂知 （清）嚴良勳譯 （清）李鳳苞編 清同治江南製造局刻本 四冊

430000－2401－0006154 26/16－2(5)

四裔編年表四卷 （美國）林樂知 （清）嚴良勳譯 （清）李鳳苞編 清同治江南製造局刻本 四冊

430000－2401－0006155 26/16

四裔編年表四卷 （美國）林樂知 （清）嚴良勳譯 （清）李鳳苞編 清光緒二十三年(1897)石印本 二冊

430000－2401－0006156 26/16(1)

四裔編年表四卷 （美國）林樂知 （清）嚴良勳譯 （清）李鳳苞編 清光緒二十三年(1897)石印本 四冊

430000－2401－0006157 26/16(2)

四裔編年表四卷 （美國）林樂知 （清）嚴良勳譯 （清）李鳳苞編 清光緒二十三年(1897)石印本 四冊

430000－2401－0006158 △261/6

列女傳十六卷 （漢）劉向撰 （明）汪道昆輯 （明）仇英繪圖 明萬曆汪氏刻清乾隆四十四年(1779)鮑氏知不足齋印本 十六冊

430000－2401－0006159 △261/6－2

列女傳十六卷 （漢）劉向撰 （明）汪道昆輯 （明）仇英繪圖 清乾隆四十四年(1779)西

湖崇文書院刻本　十六冊

430000－2401－0006160　△261/4

古列女傳八卷　（漢）劉向撰　清嘉慶元年
(1796)顧氏小讀書堆刻本　民國雷愷識
一冊

430000－2401－0006161　271/14

新編古列女傳八卷　（漢）劉向撰　（晉）顧愷
之繪圖　清道光五年(1825)小琅環仙館刻本
二冊

430000－2401－0006162　271/14（1）

新編古列女傳八卷　（漢）劉向撰　（晉）顧愷
之繪圖　清道光五年(1825)小琅環仙館刻本
二冊

430000－2401－0006163　271/14（2）

新編古列女傳八卷　（漢）劉向撰　（晉）顧愷
之繪圖　清道光五年(1825)小琅環仙館刻本
二冊

430000－2401－0006164　271/12－2

列女傳八卷　（漢）劉向撰　（清）梁端註　清
道光十一年(1831)汪氏振綺堂刻本　四冊

430000－2401－0006165　271/12

列女傳八卷　（漢）劉向撰　（清）梁端註　清
道光十三年(1833)錢塘汪氏振綺堂刻同治十
三年(1874)補刻本　二冊

430000－2401－0006166　271/12（1）

列女傳八卷　（漢）劉向撰　（清）梁端註　清
道光十三年(1833)錢塘汪氏振綺堂刻同治十
三年(1874)補刻本　四冊

430000－2401－0006167　271/12（2）

列女傳八卷　（漢）劉向撰　（清）梁端註　清
道光十三年(1833)錢塘汪氏振綺堂刻同治十
三年(1874)補刻本　二冊

430000－2401－0006168　271/12（3）

列女傳八卷　（漢）劉向撰　（清）梁端註　清
道光十三年(1833)錢塘汪氏振綺堂刻同治十
三年(1874)補刻本　四冊

430000－2401－0006169　271/12（4）

列女傳八卷　（漢）劉向撰　（清）梁端註　清
道光十三年(1833)錢塘汪氏振綺堂刻同治十
三年(1874)補刻本　二冊

430000－2401－0006170　271/12（5）

列女傳八卷　（漢）劉向撰　（清）梁端註　清
道光十三年(1833)錢塘汪氏振綺堂刻同治十
三年(1874)補刻本　一冊　存四卷(一至四)

430000－2401－0006171　271/12（6）

列女傳八卷　（漢）劉向撰　（清）梁端註　清
道光十三年(1833)錢塘汪氏振綺堂刻同治十
三年(1874)補刻本　二冊

430000－2401－0006172　271/13－2

古列女傳八卷　（漢）劉向撰　（明）黃魯曾贊
清光緒元年(1875)崇文書局刻本　二冊

430000－2401－0006173　271/13－2（1）

古列女傳八卷　（漢）劉向撰　（明）黃魯曾贊
清光緒元年(1875)崇文書局刻本　二冊

430000－2401－0006174　271/13

古列女傳八卷　（漢）劉向撰　（明）黃魯曾贊
清光緒三年(1877)崇文書局刻本　四冊

430000－2401－0006175　271/13（1）

古列女傳八卷　（漢）劉向撰　（明）黃魯曾贊
清光緒三年(1877)崇文書局刻本　一冊

430000－2401－0006176　271/13（2）

古列女傳八卷　（漢）劉向撰　（明）黃魯曾贊
清光緒三年(1877)崇文書局刻本　四冊

430000－2401－0006177　271/13（3）

古列女傳八卷　（漢）劉向撰　（明）黃魯曾贊
清光緒三年(1877)崇文書局刻本　四冊

430000－2401－0006178　271/15

列女傳集註八卷補遺一卷　（清）蕭道管撰
清光緒刻本　四冊

430000－2401－0006179　271/15（1）

列女傳集註八卷補遺一卷　（清）蕭道管撰
清光緒刻本　四冊

430000－2401－0006180　271/206－3

高士傳三卷　（晉）皇甫謐撰　蓮社高賢傳一

卷 (晉)□□撰 清乾隆五十六年(1791)金溪王氏刻增訂漢魏叢書本 一冊

430000－2401－0006181 271/206

高士傳三卷 (晉)皇甫謐撰 清光緒三年(1877)湖北崇文書局重印本 一冊

430000－2401－0006182 271/206(1)

高士傳三卷 (晉)皇甫謐撰 清光緒三年(1877)湖北崇文書局重印本 一冊

430000－2401－0006183 271/42－2

伊洛淵源錄十四卷 (宋)朱熹撰 清同治福州正誼書院刻正誼堂全書本 二冊

430000－2401－0006184 271/42－2(1)

伊洛淵源錄十四卷 (宋)朱熹撰 清同治福州正誼書院刻正誼堂全書本 三冊

430000－2401－0006185 271/42

伊洛淵源錄十四卷 (宋)朱熹撰 清光緒四年(1878)瀏東獅山書院刻本 四冊

430000－2401－0006186 271/42(1)

伊洛淵源錄十四卷 (宋)朱熹撰 清光緒四年(1878)瀏東獅山書院刻本 四冊

430000－2401－0006187 271/42－4

伊洛淵源錄十四卷 (宋)朱熹撰 清傳經堂刻本 二冊

430000－2401－0006188 △261/2

重鋟纂集宋名臣言行錄前集十卷後集十四卷 (宋)朱熹纂 續集八卷別集二十六卷外集十七卷附一卷 (宋)李幼武纂 明萬曆三十七年(1609)林雲銘刻本 二十四冊

430000－2401－0006189 △261/9(1)

宋朱晦安先生名臣言行錄前集十卷後集十四卷 (宋)朱熹纂 (明)張采評 續集八卷別集十三卷外集十七卷 (宋)李幼武纂 (明)張采評 明崇禎十一年(1638)張采刻本 十八冊

430000－2401－0006190 271/45－5

宋名臣言行錄前集十卷後集十四卷 (宋)朱熹纂 續集八卷別集二十六卷外集十七卷 (宋)李幼武纂 明古吳聚錦堂刻本 二十冊

430000－2401－0006191 △261/2－2

重刊宋名臣言行錄前集十卷後集十四卷 (宋)朱熹纂 續集八卷別集二十六卷外集十七卷 (宋)李幼武纂 清道光元年(1821)汪氏仿宋刻本 二十四冊

430000－2401－0006192 271/45－4

宋名臣言行錄前集十卷後集十四卷 (宋)朱熹纂 續集八卷別集二十六卷外集十七卷 (宋)李幼武纂 清道光元年(1821)歙縣洪氏續學堂刻本 二十八冊

430000－2401－0006193 271/45－4(1)

宋名臣言行錄前集十卷後集十四卷 (宋)朱熹纂 續集八卷別集二十六卷外集十七卷 (宋)李幼武纂 清道光元年(1821)歙縣洪氏續學堂刻本 八冊 缺二十六卷(別集二十六卷)

430000－2401－0006194 271/45

重刊宋名臣言行錄前集十卷後集十四卷 (宋)朱熹纂 續集八卷別集二十六卷外集十七卷 (宋)李幼武纂 清道光元年(1821)洪氏刻道光二十二年(1842)丹徒包氏重修本 十二冊

430000－2401－0006195 271/45(1)

重刊宋名臣言行錄前集十卷後集十四卷 (宋)朱熹纂 續集八卷別集二十六卷外集十七卷 (宋)李幼武纂 清道光元年(1821)洪氏刻道光二十二年(1842)丹徒包氏重修本 十二冊

430000－2401－0006196 271/45(2)

重刊宋名臣言行錄前集十卷後集十四卷 (宋)朱熹纂 續集八卷別集二十六卷外集十七卷 (宋)李幼武纂 清道光元年(1821)洪氏刻道光二十二年(1842)丹徒包氏重修本 十二冊

430000－2401－0006197 271/45(3)

重刊宋名臣言行錄前集十卷後集十四卷

（宋）朱熹纂　續集八卷別集二十六卷外集十
七卷　（宋）李幼武纂　清道光元年(1821)洪
氏刻道光二十二年(1842)丹徒包氏重修本
十二冊

430000－2401－0006198　271/45(4)
重刊宋名臣言行錄前集十卷後集十四卷
（宋）朱熹纂　續集八卷別集二十六卷外集十
七卷　（宋）李幼武纂　清道光元年(1821)洪
氏刻道光二十二年(1842)丹徒包氏重修本
十二冊

430000－2401－0006199　271/45(5)
重刊宋名臣言行錄前集十卷後集十四卷
（宋）朱熹纂　續集八卷別集二十六卷外集十
七卷　（宋）李幼武纂　清道光元年(1821)洪
氏刻道光二十二年(1842)丹徒包氏重修本
十二冊

430000－2401－0006200　271/45(6)
重刊宋名臣言行錄前集十卷後集十四卷
（宋）朱熹纂　續集八卷別集二十六卷外集十
七卷　（宋）李幼武纂　清道光元年(1821)洪
氏刻道光二十二年(1842)丹徒包氏重修本
十二冊

430000－2401－0006201　271/45－2
宋名臣言行錄前集十卷後集十四卷　（宋）朱
熹纂　續集八卷別集二十六卷外集十七卷
（宋）李幼武纂　清道光元年(1821)洪氏刻道
光二十二年(1842)丹徒包氏重修同治七年
(1868)臨川桂氏再修本　十二冊

430000－2401－0006202　271/45
宋名臣言行錄前集十卷後集十四卷　（宋）朱
熹纂　續集八卷別集二十六卷外集十七卷
（宋）李幼武纂　清光緒十三年(1887)刻傳經
堂叢書本　十二冊

430000－2401－0006203　271/45－2(1)
宋名臣言行錄前集十卷後集十四卷　（宋）朱
熹纂　續集八卷別集二十六卷外集十七卷
（宋）李幼武纂　清光緒十三年(1887)刻本
十二冊

430000－2401－0006204　271/45－2(2)
宋名臣言行錄前集十卷後集十四卷　（宋）朱
熹纂　續集八卷別集二十六卷外集十七卷
（宋）李幼武纂　清光緒十三年(1887)刻本
十二冊

430000－2401－0006205　271/45－2(3)
宋名臣言行錄前集十卷後集十四卷　（宋）朱
熹纂　續集八卷別集二十六卷外集十七卷
（宋）李幼武纂　清光緒十三年(1887)刻本
十二冊

430000－2401－0006206　271/45－2(4)
宋名臣言行錄前集十卷後集十四卷　（宋）朱
熹纂　續集八卷別集二十六卷外集十七卷
（宋）李幼武纂　清光緒十三年(1887)刻本
十二冊

430000－2401－0006207　271/45－2(5)
宋名臣言行錄前集十卷後集十四卷　（宋）朱
熹纂　續集八卷別集二十六卷外集十七卷
（宋）李幼武纂　清光緒十三年(1887)刻本
十二冊

430000－2401－0006208　271/45－2(6)
宋名臣言行錄前集十卷後集十四卷　（宋）朱
熹纂　續集八卷別集二十六卷外集十七卷
（宋）李幼武纂　清光緒十三年(1887)刻本
十一冊　缺三卷(外集十五至十七)

430000－2401－0006209　271/45－3
宋名臣言行錄前集十卷後集十四卷　（宋）朱
熹纂　續集八卷別集二十六卷外集十七卷
（宋）李幼武纂　清木活字本　二十冊

430000－2401－0006210　△261/7
**新刊名臣碑傳琬琰之集上集二十七卷中集
五十五卷下集二十五卷**　（宋）杜大珪輯
宋刻元明遞修本(上集卷一至十三配清鈔
本)　十六冊

430000－2401－0006211　271/217－2
東坡烏臺詩案一卷　（宋）朋九萬撰　清光緒
七年(1881)廣漢鍾登甲樂道齋刻函海本
一冊

282

430000－2401－0006212　日261/1

唐才子傳十卷　（元）辛文房撰　日本正保四
年(1647)上村二郎衛門刻本　五冊

430000－2401－0006213　△213/11

宋史人物傳　（元）脫脫等撰　清靜觀齋鈔本
　佚名批校圈點　三十二冊

430000－2401－0006214　271/29

元朝名臣事略十五卷　（元）蘇天爵撰　清乾
隆武英殿木活字本　五冊

430000－2401－0006215　271/29(2)

元朝名臣事略十五卷　（元）蘇天爵撰　清乾
隆武英殿木活字本　五冊

430000－2401－0006216　271/29(3)

元朝名臣事略十五卷　（元）蘇天爵撰　清乾
隆武英殿木活字本　五冊

430000－2401－0006217　271/29(1)

元朝名臣事略十五卷　（元）蘇天爵撰　清乾
隆武英殿木活字本　五冊

430000－2401－0006218　271/280

姑蘇名賢小記二卷　（明）文震孟撰　清光緒
九年(1883)長洲蔣氏刻心矩齋叢書本　一冊

430000－2401－0006219　271/286

嘉靖以來首輔傳八卷　（明）王世貞撰　清光
緒中順德龍氏刻螺樹山房叢書本　三冊

430000－2401－0006220　271/286

嘉靖以來首輔傳八卷　（明）王世貞撰　清光
緒中順德龍氏刻螺樹山房叢書本　一冊　缺
六卷(一至六)

430000－2401－0006221　△261/26

蘇米志林三卷　（明）毛晉輯　明天啟五年
(1625)毛氏綠君亭刻本　三冊

430000－2401－0006222　△261/12

皇明遜國臣傳五卷首一卷　（明）朱國楨輯
明崇禎刻本　二冊

430000－2401－0006223　△261/12(1)

皇明遜國臣傳五卷首一卷　（明）朱國楨輯
明崇禎刻本　一冊　前後均殘破缺頁

430000－2401－0006224　271/283

道南源委六卷　（明）朱衡撰　清同治五年
(1866)福州正誼書院刻正誼堂全集本　三冊

430000－2401－0006225　271/283(1)

道南源委六卷　（明）朱衡撰　清同治五年
(1866)福州正誼書院刻正誼堂全集本　三冊

430000－2401－0006226　△212/13－3

藏書六十八卷　（明）李贄撰　明萬曆刻本
二十四冊　存四十五卷(世紀三至八,傳一至
三、十一至十四、二十九至六十)

430000－2401－0006227　△212/13－2

藏書六十八卷　（明）李贄撰　（明）陳仁錫評
　明天啟元年(1621)刻本　十二冊　存四十
二卷(一至四、七至八、十七至二十六、三十九
至四十二、四十七至六十八)

430000－2401－0006228　△212/13

藏書六十八卷　（明）李贄撰　明汪修熊刻本
　十六冊

430000－2401－0006229　△212/13－4

藏書六十八卷　（明）李贄撰　明刻本　二十
四冊　存四十一卷(世紀一至八,傳九至十
五、二十五至四十八,大臣傳一、三)

430000－2401－0006230　△212/13－5

藏書六十八卷　（明）李贄撰　明刻本　十三
冊　存二十九卷(一至二、七至十三、二十四
至三十五、四十五至四十九、五十五至五十
七)

430000－2401－0006231　△212/14－2

續藏書二十七卷　（明）李贄撰　（明）柴應槐
　（明）錢萬國重訂　明萬曆刻本　十冊

430000－2401－0006232　△212/14－4

續藏書二十七卷　（明）李贄撰　明萬曆三十
九年(1611)王若屏刻本　十二冊

430000－2401－0006233　△212/14－4(1)

續藏書二十七卷　（明）李贄撰　明萬曆三十
九年(1611)王若屏刻本　十一冊　存十五卷
(四至六、十一至二十二)

430000－2401－0006234　△212/14

續藏書二十七卷　（明）李贄撰　（明）陳仁錫評　明天啟三年(1623)刻本　十九冊

430000－2401－0006235　△261/22

歷代臣鑒三十七卷　（明）宣宗朱瞻基撰　明宣德元年(1426)内府刻本　十冊

430000－2401－0006236　△261/23

歷代君鑒五十卷　（明）代宗朱祁鈺撰　明景泰四年(1453)内府刻本　十冊

430000－2401－0006237　△261/8

孝順事實十卷　（明）成祖朱棣撰　明永樂十八年(1420)内府刻本　十冊

430000－2401－0006238　△261/18

聖學宗傳十八卷　（明）周汝登撰　明萬曆三十四年(1606)刻本　八冊

430000－2401－0006239　△261/18(1)

聖學宗傳十八卷　（明）周汝登撰　明萬曆三十四年(1606)刻本　八冊

430000－2401－0006240　271/72

楚寶四十卷外篇五卷　（明）周聖楷纂　清道光九年(1829)刻本　二十四冊

430000－2401－0006241　271/72(1)

楚寶四十卷外篇五卷　（明）周聖楷纂　清道光九年(1829)刻本　二十四冊

430000－2401－0006242　271/72(2)

楚寶四十卷外篇五卷　（明）周聖楷纂　清道光九年(1829)刻本　三十冊

430000－2401－0006243　271/72(3)

楚寶四十卷外篇五卷　（明）周聖楷纂　清道光九年(1829)刻本　二十四冊

430000－2401－0006244　271/72(4)

楚寶四十卷外篇五卷　（明）周聖楷纂　清道光九年(1829)刻本　二十四冊

430000－2401－0006245　271/72(5)

楚寶四十卷外篇五卷　（明）周聖楷纂　清道光九年(1829)刻本　二十六冊

430000－2401－0006246　271/72(6)

楚寶四十卷外篇五卷　（明）周聖楷纂　清道光九年(1829)刻本　十八冊　缺九卷(六、十一至十二、十七至二十、三十一至三十二)

430000－2401－0006247　△261/19

台諫寶鑒三卷　（明）耿楚侗輯　明隆慶五年(1571)刻藍印本　三冊

430000－2401－0006248　271/271

兩浙名賢錄六十二卷　（明）徐象梅撰　清光緒二十六年(1900)浙江書局刻本　三十二冊

430000－2401－0006249　△261/11

皇明名臣琬琰錄二十四卷　（明）徐紘輯　清鈔本　十六冊

430000－2401－0006250　271/245

草莽私乘一卷　（明）陶宗儀撰　清光緒十五年(1889)新陽趙氏刻本　一冊

430000－2401－0006251　271/245(1)

草莽私乘一卷　（明）陶宗儀撰　清光緒十五年(1889)新陽趙氏刻本　一冊

430000－2401－0006252　271/243

成仁譜二十六卷　（明）盛敬輯　清道光二十五年(1845)邗江木活字本　八冊

430000－2401－0006253　△261/21

廉吏傳十四卷廉蠹一卷　（明）黃汝亨撰　明萬曆刻本　六冊

430000－2401－0006254　271/277

廣名將傳二十卷　（明）黃道周撰　清道光二十九年(1849)刻本　二十冊

430000－2401－0006255　271/208

尚友錄二十二卷　（明）廖用賢纂　（清）張伯琮補輯　清初刻本　二十二冊

430000－2401－0006256　271/208－4

尚友錄二十二卷　（明）廖用賢纂　（清）張伯琮補輯　清初刻浙江蘭林天祿齋增刻本　十二冊

430000－2401－0006257　271/208－5

尚友錄二十二卷　（明）廖用賢纂　（清）張伯

琼補輯　清初古婺正業堂刻本　十六冊

430000－2401－0006258　271/208－5(1)

尚友錄二十二卷　(明)廖用賢纂　(清)張伯
琼補輯　清初古婺正業堂刻本　十二冊

430000－2401－0006259　271/208－7

尚友錄二十二卷　(明)廖用賢纂　清光緒十
二年(1886)暢懷書局鉛印本　六冊

430000－2401－0006260　271/208－3

校正尚友錄全集二十二卷　(明)廖用賢纂
(清)張伯琼補輯　清光緒二十八年(1902)通
文書局石印本　十二冊　缺五卷(十一至十
四、十七)

430000－2401－0006261　271/208－2

校正尚友錄全集二十二卷　(明)廖用賢纂
(清)張伯琼補輯　清光緒二十九年(1903)通
文書局石印本　十六冊

430000－2401－0006262　271/208－2(1)

校正尚友錄全集二十二卷　(明)廖用賢纂
(清)張伯琼補輯　清光緒二十九年(1903)通
文書局石印本　十三冊　缺三卷(十六至十
七、二十)

430000－2401－0006263　△261/24

歷代相臣傳一百六十八卷　(明)魏顯國撰
明萬曆三十四年(1606)刻本　十八冊　存一
百二十六卷(一至一百二十六)

430000－2401－0006264　271/233

百將傳略一卷　(清)丁日昌輯　清同治九年
(1870)刻本

430000－2401－0006265　271/105

蜀學編二卷　(清)方守道初輯　(清)高賡恩
覆輯　清光緒十四年(1888)刻本　一冊　存
一卷(二)

430000－2401－0006266　△261/3

古懽錄八卷　(清)王士禎撰　清康熙快宜堂
刻王漁洋遺書本　二冊

430000－2401－0006267　271/122

昭忠錄十一卷首一卷　(清)王大經等撰　清

同治四年(1865)蘇州忠義局刻本　二冊

430000－2401－0006268　271/122(1)

昭忠錄十一卷首一卷　(清)王大經等撰　清
同治四年(1865)蘇州忠義局刻本　二冊

430000－2401－0006269　271/122(2)

昭忠錄十一卷首一卷　(清)王大經等撰　清
同治四年(1865)蘇州忠義局刻本　二冊

430000－2401－0006270　271/123

昭忠錄補遺三十卷　(清)王大經等撰　清同
治十三年(1874)蘇州忠義局續刻本　八冊

430000－2401－0006271　271/224

正氣集十卷　(清)王式纂　清宣統三年
(1911)不讀非道書齋鉛印本　四冊

430000－2401－0006272　271/224(1)

正氣集十卷　(清)王式纂　清宣統三年
(1911)不讀非道書齋鉛印本　四冊

430000－2401－0006273　271/103

宗聖志二十卷　(清)王定安編輯　清光緒十
六年(1890)金陵刻本　八冊

430000－2401－0006274　271/103(1)

宗聖志二十卷　(清)王定安編輯　清光緒十
六年(1890)金陵刻本　八冊

430000－2401－0006275　271/103(2)

宗聖志二十卷　(清)王定安編輯　清光緒十
六年(1890)金陵刻本　六冊

430000－2401－0006276　271/103(3)

宗聖志二十卷　(清)王定安編輯　清光緒十
六年(1890)金陵刻本　八冊

430000－2401－0006277　271/103(4)

宗聖志二十卷　(清)王定安編輯　清光緒十
六年(1890)金陵刻本　六冊

430000－2401－0006278　271/103(5)

宗聖志二十卷　(清)王定安編輯　清光緒十
六年(1890)金陵刻本　五冊　存十二卷(一
至十二)

430000－2401－0006279　271/264

國朝名臣言行錄十六卷 （清）王炳燮撰 清
光緒十一年（1885）津河廣仁堂刻本 四冊
缺五卷（一至二、六至八）

430000－2401－0006280 271/211
金華徵獻略二十卷 （清）王崇炳撰 清雍正
十年（1732）金華金氏刻率祖堂叢書本 八冊

430000－2401－0006281 271/246
海岱史略一百四十卷 （清）王馭超編 清刻
本 二十六冊

430000－2401－0006282 271/258
道學淵源錄一卷 （清）王植纂 清木活字本
一冊

430000－2401－0006283 271/16
列女傳補註八卷叙錄一卷校正一卷 （清）王
照圓撰 清嘉慶十七年（1812）棲霞郝氏曬書
堂刻本 五冊

430000－2401－0006284 271/16（1）
列女傳補註八卷叙錄一卷校正一卷 （清）王
照圓撰 清嘉慶十七年（1812）棲霞郝氏曬書
堂刻本 五冊

430000－2401－0006285 271/16（2）
列女傳補註八卷叙錄一卷校正一卷 （清）王
照圓撰 清嘉慶十七年（1812）棲霞郝氏曬書
堂刻本 四冊

430000－2401－0006286 271/16（3）
列女傳補註八卷叙錄一卷校正一卷 （清）王
照圓撰 清嘉慶十七年（1812）棲霞郝氏曬書
堂刻本 四冊

430000－2401－0006287 271/158
明史擬稿六卷 （清）尤侗撰 清康熙刻西堂
全集本 一冊

430000－2401－0006288 271/86－2
關里文獻考一百卷末一卷 （清）孔繼汾撰
清乾隆二十七年（1762）刻本 八冊

430000－2401－0006289 271/86－2（1）
關里文獻考一百卷末一卷 （清）孔繼汾撰
清乾隆二十七年（1762）刻本 八冊

430000－2401－0006290 271/86－2（2）
關里文獻考一百卷末一卷 （清）孔繼汾撰
清乾隆二十七年（1762）刻本 八冊

430000－2401－0006291 271/86
關里文獻考一百卷末一卷 （清）孔繼汾撰
清光緒十七年（1891）湘陰李氏刻本 十二冊

430000－2401－0006292 271/86（1）
關里文獻考一百卷末一卷 （清）孔繼汾撰
清光緒十七年（1891）湘陰李氏刻本 十二冊

430000－2401－0006293 271/86（2）
關里文獻考一百卷末一卷 （清）孔繼汾撰
清光緒十七年（1891）湘陰李氏刻本 十二冊

430000－2401－0006294 271/86（3）
關里文獻考一百卷末一卷 （清）孔繼汾撰
清光緒十七年（1891）湘陰李氏刻本 十二冊

430000－2401－0006295 271/86（4）
關里文獻考一百卷末一卷 （清）孔繼汾撰
清光緒十七年（1891）湘陰李氏刻本 十二冊

430000－2401－0006296 271/86（5）
關里文獻考一百卷末一卷 （清）孔繼汾撰
清光緒十七年（1891）湘陰李氏刻本 十二冊

430000－2401－0006297 271/86（6）
關里文獻考一百卷末一卷 （清）孔繼汾撰
清光緒十七年（1891）湘陰李氏刻本 十二冊

430000－2401－0006298 271/232
歷代儒學存真錄十卷 （清）田俶輯 清咸豐
七年（1857）浚儀晚悔書屋刻本 四冊

430000－2401－0006299 271/232（1）
歷代儒學存真錄十卷 （清）田俶輯 清咸豐
七年（1857）浚儀晚悔書屋刻本 二冊 存四
卷（一至二、七至八）

430000－2401－0006300 271/167－4
國朝漢學師承記八卷國朝經師經義目錄一卷
國朝宋學淵源記二卷附記一卷 （清）江藩撰
　清道光九年（1829）刻本 二冊

430000－2401－0006301 271/167－4（1）
國朝漢學師承記八卷國朝經師經義目錄一卷

國朝宋學淵源記二卷附記一卷　（清）江藩撰
　清道光九年(1829)刻本　四冊

430000－2401－0006302　271/167－6
國朝漢學師承記八卷國朝經師經義目錄一卷
國朝宋學淵源記二卷附記一卷　（清）江藩撰
　清道光二十七年(1847)刻本　二冊

430000－2401－0006303　271/167－3
國朝漢學師承記八卷國朝經師經義目錄一卷
國朝宋學淵源記二卷附記一卷　（清）江藩撰
　清光緒十三年(1887)萬卷書室刻本　二冊

430000－2401－0006304　271/167－2
國朝漢學師承記八卷國朝經師經義目錄一卷
國朝宋學淵源記二卷附記一卷　（清）江藩撰
　清光緒二十二年(1896)長沙周大文堂刻本
　三冊

430000－2401－0006305　271/167－2(1)
國朝漢學師承記八卷國朝經師經義目錄一卷
國朝宋學淵源記二卷附記一卷　（清）江藩撰
　清光緒二十二年(1896)長沙周大文堂刻本
　二冊

430000－2401－0006306　271/167－2(2)
國朝漢學師承記八卷國朝經師經義目錄一卷
國朝宋學淵源記二卷附記一卷　（清）江藩撰
　清光緒二十二年(1896)長沙周大文堂刻本
　四冊

430000－2401－0006307　271/167－5
國朝漢學師承記八卷國朝經師經義目錄一卷
國朝宋學淵源記二卷附記一卷　（清）江藩撰
　清光緒二十二年(1896)成都志古堂刻本
　四冊

430000－2401－0006308　271/167－7
國朝漢學師承記八卷國朝經師經義目錄一卷
國朝宋學淵源記二卷附記一卷　（清）江藩撰
　清刻粵雅堂叢書本　三冊

430000－2401－0006309　271/167
國朝漢學師承記八卷國朝經師經義目錄一卷
國朝宋學淵源記二卷附記一卷　（清）江藩撰
　清刻本　六冊

430000－2401－0006310　271/167(1)
國朝漢學師承記八卷國朝經師經義目錄一卷
國朝宋學淵源記二卷附記一卷　（清）江藩撰
　清刻本　四冊

430000－2401－0006311　271/136
中興將帥別傳三十卷　（清）朱孔彰撰　清光
緒二十三年(1897)江寧刻本　十冊

430000－2401－0006312　271/136(1)
中興將帥別傳三十卷　（清）朱孔彰撰　清光
緒二十三年(1897)江寧刻本　八冊

430000－2401－0006313　271/136(2)
中興將帥別傳三十卷　（清）朱孔彰撰　清光
緒二十三年(1897)江寧刻本　八冊

430000－2401－0006314　271/136(3)
中興將帥別傳三十卷　（清）朱孔彰撰　清光
緒二十三年(1897)江寧刻本　十冊

430000－2401－0006315　271/163
中興名臣事略八卷　（清）朱孔彰撰　清光緒
二十七年(1901)上海書局石印本　一冊

430000－2401－0006316　271/163(1)
中興名臣事略八卷　（清）朱孔彰撰　清光緒
二十七年(1901)上海書局石印本　四冊

430000－2401－0006317　271/78
咸豐以來功臣別傳三十卷　（清）朱孔彰撰
　清光緒二十四年(1898)元和胡氏石印漸學廬
叢書本　四冊

430000－2401－0006318　271/282
儒林瑣記四卷　（清）朱克敬撰　清光緒五年
(1879)長沙刻本　二冊

430000－2401－0006319　271/282(1)
儒林瑣記四卷　（清）朱克敬撰　清光緒五年
(1879)長沙刻本　一冊

430000－2401－0006320　271/100－3
史略八十七卷　（清）朱坤輯　清同治五年
(1866)鄂城冷文秀堂書坊刻本　二十冊

430000－2401－0006321　271/100－2
史略八十七卷　（清）朱坤輯　清光緒十二年

（1886）上海積山書局石印本　六冊

430000－2401－0006322　271/100－2(1)
史略八十七卷　（清）朱坤輯　清光緒十二年（1886）上海積山書局石印本　六冊

430000－2401－0006323　271/100
史略八十七卷　（清）朱坤輯　清光緒二十四年（1898）上海蜚英館石印本　六冊

430000－2401－0006324　271/220
多識集類編六卷　（清）朱桓編　清嘉慶六年（1801）蔚齋刻本　四冊

430000－2401－0006325　271/96－9
歷代名臣言行錄二十四卷　（清）朱桓輯　清光緒元年（1875）湖北文源堂刻本　二十二冊

430000－2401－0006326　271/96－6
歷代名臣言行錄二十四卷　（清）朱桓輯　清光緒元年（1875）刻本　三十二冊

430000－2401－0006327　271/96－6(1)
歷代名臣言行錄二十四卷　（清）朱桓輯　清光緒元年（1875）刻本　三十二冊

430000－2401－0006328　271/96－6(2)
歷代名臣言行錄二十四卷　（清）朱桓輯　清光緒元年（1875）刻本　二十五冊

430000－2401－0006329　271/96
歷代名臣言行錄二十四卷　（清）朱桓輯　清光緒二十四年（1898）上海宏文閣石印本　八冊

430000－2401－0006330　271/96－12
歷代名臣言行錄二十四卷　（清）朱桓輯　清光緒二十五年（1899）求新書局石印本　八冊

430000－2401－0006331　271/96－4
歷代名臣言行錄二十四卷　（清）朱桓輯　清光緒二十六年（1900）湖南書局刻本　三十二冊

430000－2401－0006332　271/96－4(1)
歷代名臣言行錄二十四卷　（清）朱桓輯　清光緒二十六年（1900）湖南書局刻本　二十八冊

430000－2401－0006333　271/96－11
歷代名臣言行錄二十四卷　（清）朱桓輯　清光緒二十六年（1900）文瀾書局石印本　八冊

430000－2401－0006334　271/96－11(1)
歷代名臣言行錄二十四卷　（清）朱桓輯　清光緒二十六年（1900）文瀾書局石印本　八冊

430000－2401－0006335　271/96－11(2)
歷代名臣言行錄二十四卷　（清）朱桓輯　清光緒二十六年（1900）文瀾書局石印本　八冊

430000－2401－0006336　271/96－10
歷代名臣言行錄二十四卷　（清）朱桓輯　清光緒二十八年（1902）上海寶善書局石印本　八冊

430000－2401－0006337　271/96－10(1)
歷代名臣言行錄二十四卷　（清）朱桓輯　清光緒二十八年（1902）上海寶善書局石印本　八冊

430000－2401－0006338　271/96－10(2)
歷代名臣言行錄二十四卷　（清）朱桓輯　清光緒二十八年（1902）上海寶善書局石印本　八冊

430000－2401－0006339　271/96－3
歷代名臣言行錄二十四卷　（清）朱桓輯　清光緒二十八年（1902）上海寶善書局石印本　八冊

430000－2401－0006340　271/96－3(1)
歷代名臣言行錄二十四卷　（清）朱桓輯　清光緒二十八年（1902）上海寶善書局石印本　八冊

430000－2401－0006341　271/96－3(2)
歷代名臣言行錄二十四卷　（清）朱桓輯　清光緒二十八年（1902）上海寶善書局石印本　八冊

430000－2401－0006342　271/96－2
歷代名臣言行錄二十四卷　（清）朱桓輯　清光緒二十九年（1903）上海吳雲記鉛印本　十二冊

430000－2401－0006343　271/96－2(1)

歷代名臣言行錄二十四卷　（清）朱桓輯　清光緒二十九年(1903)上海吳雲記鉛印本　二十四冊

430000－2401－0006344　271/96－14

歷代名臣言行錄二十四卷　（清）朱桓輯　清光緒三十年(1904)上海錦章書局石印本　八冊

430000－2401－0006345　271/96－5

歷代名臣言行錄二十四卷　（清）朱桓輯　清聚賢堂刻本　三十二冊

430000－2401－0006346　271/96－7

歷代名臣言行錄二十四卷　（清）朱桓輯　清刻本　三十二冊

430000－2401－0006347　271/96－8

歷代名臣言行錄二十四卷　（清）朱桓輯　清刻本　四十冊

430000－2401－0006348　271/96－9

歷代名臣言行錄二十四卷　（清）朱桓輯　清末鉛印本　十一冊　缺二卷(一至二)

430000－2401－0006349　271/79－2

史外八卷　（清）汪有典撰　清同治三年(1864)廬陵尋樂山房刻本　八冊

430000－2401－0006350　271/79－2(1)

史外八卷　（清）汪有典撰　清同治三年(1864)廬陵尋樂山房刻本　八冊

430000－2401－0006351　271/79－2(2)

史外八卷　（清）汪有典撰　清同治三年(1864)廬陵尋樂山房刻本　八冊

430000－2401－0006352　271/79－2(3)

史外八卷　（清）汪有典撰　清同治三年(1864)廬陵尋樂山房刻本　七冊　缺一卷(八)

430000－2401－0006353　271/79－2(4)

史外八卷　（清）汪有典撰　清同治三年(1864)廬陵尋樂山房刻本　七冊　缺一卷(三)

430000－2401－0006354　271/79

史外八卷　（清）汪有典撰　清同治四年(1865)陝甘公所刻本　八冊

430000－2401－0006355　271/79(1)

史外八卷　（清）汪有典撰　清同治四年(1865)陝甘公所刻本　八冊

430000－2401－0006356　271/79(2)

史外八卷　（清）汪有典撰　清同治四年(1865)陝甘公所刻本　八冊

430000－2401－0006357　271/79(3)

史外八卷　（清）汪有典撰　清同治四年(1865)陝甘公所刻本　八冊

430000－2401－0006358　271/79(4)

史外八卷　（清）汪有典撰　清同治四年(1865)陝甘公所刻本　八冊

430000－2401－0006359　271/79－3

史外三十二卷　（清）汪有典撰　清家在江南罨畫溪紅格鈔本　十冊　缺三卷(九至十一、目錄殘)

430000－2401－0006360　271/116

九史同姓名略七十二卷補遺四卷　（清）汪輝祖撰　清光緒二十三年(1897)廣雅書局刻廣雅書局叢書本　十三冊

430000－2401－0006361　271/117

三史同名錄四十卷　（清）汪輝祖輯　（清）汪繼培補　清光緒二十三年(1897)廣雅書局刻廣雅書局叢書本　六冊

430000－2401－0006362　271/8－2

史姓韻編六十四卷　（清）汪輝祖輯　清乾隆五十五年(1790)湖南寧遠官舍刻本　二十四冊

430000－2401－0006363　271/8－4

史姓韻編六十四卷　（清）汪輝祖輯　清同治九年(1870)金陵書局木活字本　二十四冊

430000－2401－0006364　271/8－4(1)

史姓韻編六十四卷　（清）汪輝祖輯　清同治九年(1870)金陵書局木活字本　二十四冊

430000－2401－0006365　271/8－4(2)

史姓韻編六十四卷 （清）汪輝祖輯 清同治
九年（1870）金陵書局木活字本 二十四冊

430000－2401－0006366 271/8－5

史姓韻編六十四卷 （清）汪輝祖輯 清光緒
十年（1884）慈溪耕餘樓鉛印本 十六冊

430000－2401－0006367 271/8－5(1)

史姓韻編六十四卷 （清）汪輝祖輯 清光緒
十年（1884）慈溪耕餘樓鉛印本 十六冊

430000－2401－0006368 271/8

史姓韻編二十四卷 （清）汪輝祖輯 清光緒
二十九年（1903）上海文瀾書局石印本 八冊

430000－2401－0006369 271/8－3

史姓韻編六十四卷 （清）汪輝祖輯 清光緒
上海中西書局石印本 四冊

430000－2401－0006370 271/8－3(1)

史姓韻編六十四卷 （清）汪輝祖輯 清光緒
上海中西書局石印本 四冊

430000－2401－0006371 296.4/44

州乘餘聞一卷 （清）宋弼撰 清光緒十四年
（1888）養知堂刻本 一冊

430000－2401－0006372 271/266

擬峴臺醼賢醵士錄一卷 （清）李士棻輯 清
同治十二年（1873）刻本 一冊

430000－2401－0006373 271/165

國朝先正事略六十卷 （清）李元度撰 清同
治五年（1866）循陔草堂刻本 二十四冊

430000－2401－0006374 271/165

國朝先正事略六十卷 （清）李元度撰 清同
治循陔草堂刻本 二十六冊

430000－2401－0006375 271/165(1)

國朝先正事略六十卷 （清）李元度撰 清同
治五年（1866）循陔草堂刻本 二十四冊

430000－2401－0006376 271/165(2)

國朝先正事略六十卷 （清）李元度撰 清同
治五年（1866）循陔草堂刻本 二十四冊

430000－2401－0006377 271/165(3)

國朝先正事略六十卷 （清）李元度撰 清同
治五年（1866）循陔草堂刻本 二十四冊

430000－2401－0006378 271/165(4)

國朝先正事略六十卷 （清）李元度撰 清同
治五年（1866）循陔草堂刻本 二十四冊

430000－2401－0006379 271/165(5)

國朝先正事略六十卷 （清）李元度撰 清同
治五年（1866）循陔草堂刻本 二十四冊

430000－2401－0006380 271/165(6)

國朝先正事略六十卷 （清）李元度撰 清同
治五年（1866）循陔草堂刻本 二十四冊

430000－2401－0006381 271/165(7)

國朝先正事略六十卷 （清）李元度撰 清同
治五年（1866）循陔草堂刻本 三十二冊

430000－2401－0006382 271/165(8)

國朝先正事略六十卷 （清）李元度撰 清同
治五年（1866）循陔草堂刻本 二十四冊

430000－2401－0006383 271/165(9)

國朝先正事略六十卷 （清）李元度撰 清同
治五年（1866）循陔草堂刻本 二十四冊

430000－2401－0006384 271/165(10)

國朝先正事略六十卷 （清）李元度撰 清同
治五年（1866）循陔草堂刻本 二十四冊

430000－2401－0006385 271/165(11)

國朝先正事略六十卷 （清）李元度撰 清同
治五年（1866）循陔草堂刻本 二十四冊

430000－2401－0006386 271/165(12)

國朝先正事略六十卷 （清）李元度撰 清同
治五年（1866）循陔草堂刻本 二十四冊

430000－2401－0006387 271/165(13)

國朝先正事略六十卷 （清）李元度撰 清同
治五年（1866）循陔草堂刻本 二十四冊

430000－2401－0006388 271/165(14)

國朝先正事略六十卷 （清）李元度撰 清同
治五年（1866）循陔草堂刻本 二十四冊

430000－2401－0006389 271/165(17)

國朝先正事略六十卷 （清）李元度撰 清同
治五年（1866）循陔草堂刻本 二十四冊

430000－2401－0006390 271/165（18）
國朝先正事略六十卷 （清）李元度撰 清同
治五年（1866）循陔草堂刻本 二十四冊

430000－2401－0006391 271/165（19）
國朝先正事略六十卷 （清）李元度撰 清同
治五年（1866）循陔草堂刻本 二十四冊

430000－2401－0006392 271/165（20）
國朝先正事略六十卷 （清）李元度撰 清同
治五年（1866）循陔草堂刻本 二十四冊

430000－2401－0006393 271/165－6
國朝先正事略六十卷 （清）李元度撰 清光
緒十二年（1886）上浣鉛印本 十冊

430000－2401－0006394 271/165－6（1）
國朝先正事略六十卷 （清）李元度撰 清光
緒十二年（1886）上浣鉛印本 十冊

430000－2401－0006395 271/165－6（2）
國朝先正事略六十卷 （清）李元度撰 清光
緒十三年（1887）上海點石齋石印本 八冊

430000－2401－0006396 271/165－2（1）
國朝先正事略六十卷 （清）李元度撰 清光
緒十三年（1887）上海點石齋石印本 八冊

430000－2401－0006397 271/165－3
國朝先正事略六十卷 （清）李元度撰 清光
緒十五年（1889）上海廣百宋齋鉛印本 十冊

430000－2401－0006398 271/165－4
國朝先正事略六十卷 （清）李元度撰 清光
緒十六年（1890）上海廣百宋齋鉛印本 十冊

430000－2401－0006399 271/165－8
國朝先正事略六十卷 （清）李元度撰 清光
緒二十八年（1902）上海點石齋石印本 十冊

430000－2401－0006400 271/165
國朝先正事略六十卷 （清）李元度撰 清經
綸堂刻本 二十二冊

430000－2401－0006401 271/166

國朝先正事略續編四卷 （清）孔朱孔彰撰
清光緒二十八年（1902）廣雅書局石印本
二冊

430000－2401－0006402 271/143
國朝耆獻類徵初編總目十九卷 （清）李桓撰
清光緒七年（1881）縮印本 一冊

430000－2401－0006403 271/143（1）
國朝耆獻類徵初編總目十九卷 （清）李桓撰
清光緒七年（1881）縮印本 一冊

430000－2401－0006404 271/143（2）
國朝耆獻類徵初編總目十九卷 （清）李桓撰
清光緒七年（1881）縮印本 一冊

430000－2401－0006405 271/107
國朝耆獻類徵初編七百卷總目二十卷賢媛類
徵初編十二卷 （清）李桓輯 清光緒十年至
十七年（1884－1891）湘陰李氏刻本 三百冊

430000－2401－0006406 271/107（1）
國朝耆獻類徵初編七百卷總目二十卷賢媛類
徵初編十二卷 （清）李桓輯 清光緒十年至
十七年（1884－1891）湘陰李氏刻本 三百冊

430000－2401－0006407 271/107（2）
國朝耆獻類徵初編七百卷總目二十卷賢媛類
徵初編十二卷 （清）李桓輯 清光緒十年至
十七年（1884－1891）湘陰李氏刻本 二百九
十四冊

430000－2401－0006408 271/107（3）
國朝耆獻類徵初編七百卷總目二十卷賢媛類
徵初編十二卷 （清）李桓輯 清光緒十至十
七年（1884－1891）湘陰李氏刻本 二百九十
四冊

430000－2401－0006409 271/83
歷代名儒傳八卷 （清）李清植纂 歷代循吏
傳八卷 （清）張福昶纂 歷代名臣傳三十五
卷 （清）張江纂 清古唐朱氏古歡齋刻本
十六冊

430000－2401－0006410 271/83（1）
歷代名儒傳八卷 （清）李清植纂 歷代循吏

傳八卷　（清）張福昶纂　歷代名臣傳三十五卷　（清）張江纂　清古唐朱氏古歡齋刻本　八冊

430000－2401－0006411　271/83－2
歷代名儒傳八卷　（清）李清植纂　歷代循吏傳八卷　（清）張福昶纂　清刻本　八冊

430000－2401－0006412　271/83－2(2)
歷代名儒傳八卷　（清）李清植纂　歷代循吏傳八卷　（清）張福昶纂　清刻本　四冊

430000－2401－0006413　271/52
漢陽府忠節錄不分卷　（清）李國寶　（清）王粹忠編　清同治刻本　四冊

430000－2401－0006414　271/222
昭代名人尺牘小傳二十四卷　（清）吳修輯　清光緒七年(1881)杭州亦西齋刻本　四冊

430000－2401－0006415　271/222－2
昭代名人尺牘小傳二十四卷　（清）吳修輯　清光緒三十四年(1908)西泠印社石印本　二冊

430000－2401－0006416　271/106
復社姓氏錄一卷　（清）吳翿輯　復社姓氏傳略十卷首一卷續輯一卷　（清）吳山嘉輯　清道光十一年(1831)禾郡文蔚齋吳氏刻本　四冊

430000－2401－0006417　271/149
國史文苑傳二卷　（清）阮元撰　清同治刻本　一冊

430000－2401－0006418　271/149(1)
國史文苑傳二卷　（清）阮元撰　清同治刻本　二冊

430000－2401－0006419　271/149(2)
國史文苑傳二卷　（清）阮元撰　清同治刻本　一冊

430000－2401－0006420　271/149－2
國史文苑傳二卷　（清）阮元撰　清光緒十三年(1887)刻本　一冊

430000－2401－0006421　271/149－2(1)

國史文苑傳二卷　（清）阮元撰　清光緒十三年(1887)刻本　一冊

430000－2401－0006422　271/148
國史循吏傳一卷　（清）阮元撰　清同治刻本　一冊

430000－2401－0006423　271/148－2
國史循吏傳一卷　（清）阮元撰　清光緒十三年(1887)刻本　一冊

430000－2401－0006424　271/152
國史賢良祠王大臣小傳二卷　（清）阮元撰　清同治刻本　一冊

430000－2401－0006425　271/152(1)
國史賢良祠王大臣小傳二卷　（清）阮元撰　清同治刻本　一冊

430000－2401－0006426　271/152－2
國史賢良祠王大臣小傳二卷　（清）阮元撰　清光緒十三年(1887)刻本　一冊

430000－2401－0006427　271/152－2(2)
國史賢良祠王大臣小傳二卷　（清）阮元撰　清光緒十三年(1887)刻本　一冊

430000－2401－0006428　271/147
國史儒林傳二卷　（清）阮元撰　清同治刻本　二冊

430000－2401－0006429　271/147(1)
國史儒林傳二卷　（清）阮元撰　清同治刻本　一冊

430000－2401－0006430　271/147(2)
國史儒林傳二卷　（清）阮元撰　清同治刻本　一冊

430000－2401－0006431　271/147(3)
國史儒林傳二卷　（清）阮元撰　清同治刻本　二冊

430000－2401－0006432　271/147(4)
國史儒林傳二卷　（清）阮元撰　清同治刻本　一冊

430000－2401－0006433　271/147－2

國史儒林傳二卷　（清）阮元撰　清光緒十三年(1887)刻本　一冊

430000－2401－0006434　271/147－2(1)

國史儒林傳二卷　（清）阮元撰　清光緒十三年(1887)刻本　一冊

430000－2401－0006435　271/147－2(2)

國史儒林傳二卷　（清）阮元撰　清光緒十三年(1887)刻本　一冊

430000－2401－0006436　271/131

儒林傳擬稿不分卷　（清）阮元撰　清鈔本　二冊

430000－2401－0006437　△261/25

疇人傳四十六卷　（清）阮元撰　**續六卷**（清）羅士琳撰　清嘉慶、道光儀徵阮氏刻文選樓叢書本　五冊　存四十二卷(一至二十八、三十九至五十二)

430000－2401－0006438　271/73－3

疇人傳四十六卷　（清）阮元撰　清道光二十二年(1842)揚州阮氏琅環仙館刻本　八冊

430000－2401－0006439　271/73

疇人傳四十六卷　（清）阮元撰　**續六卷**（清）羅士琳撰　清光緒八年(1882)海鹽張氏常惺齋刻本　十二冊

430000－2401－0006440　271/73－2

疇人傳四十六卷　（清）阮元撰　**續六卷**（清）羅士琳撰　**三編七卷**（清）諸可寶撰清光緒二十二年(1896)上海璣衡堂石印本三冊

430000－2401－0006441　271/73－2(1)

疇人傳四十六卷　（清）阮元撰　**續六卷**（清）羅士琳撰　**三編七卷**（清）諸可寶撰清光緒二十二年(1896)上海璣衡堂石印本六冊

430000－2401－0006442　271/221

詞科掌錄十七卷餘話七卷　（清）杭世駿輯清乾隆道古堂刻本　七冊　缺二卷(餘話一至二)

430000－2401－0006443　271/221(1)

詞科掌錄十七卷餘話七卷　（清）杭世駿輯清乾隆道古堂刻本　二冊　缺八卷(一至八)

430000－2401－0006444　271/270

古品節錄六卷　（清）松筠撰　清嘉慶刻本六冊

430000－2401－0006445　271/99

歷代名賢齒譜九卷名媛齒譜三卷　（清）易宗涒輯　清雍正三年(1725)湘鄉易氏賜書堂刻本　二十一冊

430000－2401－0006446　271/99(1)

歷代名賢齒譜九卷名媛齒譜三卷　（清）易宗涒輯　清雍正三年(1725)湘鄉易氏賜書堂刻本　十五冊

430000－2401－0006447　271/99(2)

歷代名賢齒譜九卷名媛齒譜三卷　（清）易宗涒輯　清雍正三年(1725)湘鄉易氏賜書堂刻本　二十冊

430000－2401－0006448　271/99(3)

歷代名賢齒譜九卷名媛齒譜三卷　（清）易宗涒輯　清雍正三年(1725)湘鄉易氏賜書堂刻本　七冊　缺一卷(九)

430000－2401－0006449　271/5

孔門實錄十二卷　（清）丘慶善　（清）黎定攀輯　清道光二十二年(1842)養真園木活字本六冊

430000－2401－0006450　271/22

聖學宗傳十八卷　（明）周汝登輯　清同治三年(1864)南昌乙藜齋刻本　六冊

430000－2401－0006451　271/114

文廟賢儒景行錄六卷　（清）周家楣補輯　清光緒十一年(1885)順天府學刻本　六冊

430000－2401－0006452　271/23

聖學淵源錄二卷　（清）洪文治撰　清咸豐四年(1854)三閣堂刻本　二冊

430000－2401－0006453　32/452(2)

聖門名字纂詁二卷補遺一卷　（清）洪恩波撰

清光緒二十三年(1897)南京刻本　二冊

430000－2401－0006454　271/104

澤宮序次舉要二卷附錄一卷　（清）洪恩波編
清光緒二十三年(1897)刻本　二冊

430000－2401－0006455　271/102

讀史備忘八卷　（清）范理輯　清雍正九年
(1731)刻乾隆五十二年(1787)繼志堂補刻本
四冊

430000－2401－0006456　271/203

古孝子傳一卷　（清）茆泮林輯　清道光十四
年(1834)梅瑞軒刻十種古逸書本　一冊

430000－2401－0006457　271/315

忠孝節義錄四卷　（清）胡文炳輯　清光緒十
三年(1887)杭州竹簡齋刻本　四冊

430000－2401－0006458　271/235

晚翠堂信古集史傳五卷　（清）胡興秸撰　清
刻本　四冊

430000－2401－0006459　271/205

浙江忠義錄十卷　（清）浙江采訪忠義總局編
纂　清同治六年(1867)刻本　四冊

430000－2401－0006460　271/54－2

學案小識十四卷首一卷末一卷　（清）唐鑑撰
清光緒十年(1884)刻本　十二冊

430000－2401－0006461　271/54－2(1)

學案小識十四卷首一卷末一卷　（清）唐鑑撰
清光緒十年(1884)刻本　十二冊

430000－2401－0006462　271/54－2(2)

學案小識十四卷首一卷末一卷　（清）唐鑑撰
清光緒十年(1884)刻本　十二冊

430000－2401－0006463　271/54－2(3)

學案小識十四卷首一卷末一卷　（清）唐鑑撰
清光緒十年(1884)刻本　十二冊

430000－2401－0006464　271/54－2(4)

學案小識十四卷首一卷末一卷　（清）唐鑑撰
清光緒十年(1884)刻本　十二冊

430000－2401－0006465　271/54－2(5)

學案小識十四卷首一卷末一卷　（清）唐鑑撰
清光緒十年(1884)刻本　十二冊

430000－2401－0006466　271/54－2(6)

學案小識十四卷首一卷末一卷　（清）唐鑑撰
清光緒十年(1884)刻本　十二冊

430000－2401－0006467　271/54－2(7)

學案小識十四卷首一卷末一卷　（清）唐鑑撰
清光緒十年(1884)刻本　十二冊

430000－2401－0006468　271/54－2(8)

學案小識十四卷首一卷末一卷　（清）唐鑑撰
清光緒十年(1884)刻本　十二冊

430000－2401－0006469　271/54－2(9)

學案小識十四卷首一卷末一卷　（清）唐鑑撰
清光緒十年(1884)刻本　十二冊

430000－2401－0006470　271/54－2(10)

學案小識十四卷首一卷末一卷　（清）唐鑑撰
清光緒十年(1884)刻本　十二冊

430000－2401－0006471　271/196

南陽人物志十卷　（清）馬海峰撰　清同治九
年(1870)刻本　九冊　缺一卷(一)

430000－2401－0006472　271/51

漢名臣言行錄十二卷　（清）夏之芬輯　清乾
隆十六年(1751)刻本　八冊

430000－2401－0006473　271/6

小腆紀傳六十五卷補遺六卷　（清）徐鼒撰
清光緒十三年(1887)金陵刻本　十六冊

430000－2401－0006474　271/6(1)

小腆紀傳六十五卷補遺六卷　（清）徐鼒撰
清光緒十三年(1887)金陵刻本　十六冊

430000－2401－0006475　271/256

三續尚友錄二十四卷明史尚友錄八卷　（清）
退思主人編輯　清光緒二十八年(1902)上海
中西書會石印本　六冊

430000－2401－0006476　271/242

中州人物考八卷　（清）孫奇逢輯　（清）王元
鑣　（清）孫立雅編　清刻本　六冊

430000－2401－0006477　271/20－3

理學宗傳二十六卷　（清）孫奇逢輯　清康熙六年(1667)刻本　十二冊

430000－2401－0006478　271/20

理學宗傳二十六卷　（清）孫奇逢輯　清光緒六年(1880)浙江書局刻本　十二冊

430000－2401－0006479　271/20(1)

理學宗傳二十六卷　（清）孫奇逢輯　清光緒六年(1880)浙江書局刻本　十二冊

430000－2401－0006480　271/20(2)

理學宗傳二十六卷　（清）孫奇逢輯　清光緒六年(1880)浙江書局刻本　十二冊

430000－2401－0006481　271/20(3)

理學宗傳二十六卷　（清）孫奇逢輯　清光緒六年(1880)浙江書局刻本　十二冊

430000－2401－0006482　271/20(4)

理學宗傳二十六卷　（清）孫奇逢輯　清光緒六年(1880)浙江書局刻本　十二冊

430000－2401－0006483　271/20(5)

理學宗傳二十六卷　（清）孫奇逢輯　清光緒六年(1880)浙江書局刻本　十二冊

430000－2401－0006484　271/20(6)

理學宗傳二十六卷　（清）孫奇逢輯　清光緒六年(1880)浙江書局刻本　十二冊

430000－2401－0006485　271/20(7)

理學宗傳二十六卷　（清）孫奇逢輯　清光緒六年(1880)浙江書局刻本　十二冊

430000－2401－0006486　271/20(8)

理學宗傳二十六卷　（清）孫奇逢輯　清光緒六年(1880)浙江書局刻本　十二冊

430000－2401－0006487　271/20(9)

理學宗傳二十六卷　（清）孫奇逢輯　清光緒六年(1880)浙江書局刻本　十二冊

430000－2401－0006488　271/20－4

理學宗傳二十六卷　（清）孫奇逢輯　清粵東芸香堂刻本　十六冊

430000－2401－0006489　271/20－3(2)

理學宗傳二十六卷　（清）孫奇逢輯　清刻本　十六冊

430000－2401－0006490　271/20－3

理學宗傳二十六卷　（清）孫奇逢輯　清刻本　十二冊

430000－2401－0006491　271/118

畿輔人物考八卷　（清）孫奇逢輯　清同治八年(1869)刻本　十一冊　缺一卷(一)

430000－2401－0006492　271/118(1)

畿輔人物考八卷　（清）孫奇逢輯　清同治八年(1869)刻本　五冊　存五卷(一至五)

430000－2401－0006493　271/63

杭女表微錄十六卷首一卷　（清）孫樹禮纂　清光緒三十二年(1906)刻本　八冊

430000－2401－0006494　271/75

欽定勝朝殉節諸臣錄十二卷首一卷　（清）紀昀撰　清嘉慶二年(1797)刻本　五冊

430000－2401－0006495　271/75(1)

欽定勝朝殉節諸臣錄十二卷首一卷　（清）紀昀撰　清嘉慶二年(1797)刻本　六冊

430000－2401－0006496　△261/17

欽定勝朝殉節諸臣錄十二卷首一卷　（清）紀昀撰　清鈔本　四冊

430000－2401－0006497　271/285

人表考九卷　（清）梁玉繩撰　清嘉慶道光刻本　三冊　缺二卷(八至九)

430000－2401－0006498　271/259

庚辛之間亡友列傳一卷　（清）章學誠撰　清刻本　一冊

430000－2401－0006499　271/239

忠烈備考不分卷　（清）高德泰輯　清光緒二年至三年(1876－1877)刻本　八冊

430000－2401－0006500　271/49－2

碧血錄五卷　（清）莊仲方撰　清咸豐二年(1852)木活字本　四冊

430000－2401－0006501　271/49－2(1)

碧血錄五卷　（清）莊仲方撰　清咸豐二年(1852)木活字本　二冊

430000－2401－0006502　271/49

碧血錄五卷　（清）莊仲方撰　（清）夏鸞翔繪　清光緒八年(1882)上海同文書局石印本　五冊

430000－2401－0006503　271/49(1)

碧血錄五卷　（清）莊仲方撰　（清）夏鸞翔繪　清光緒八年(1882)上海同文書局石印本　五冊

430000－2401－0006504　271/49(2)

碧血錄五卷　（清）莊仲方撰　（清）夏鸞翔繪　清光緒八年(1882)上海同文書局石印本　五冊

430000－2401－0006505　271/49(3)

碧血錄五卷　（清）莊仲方撰　（清）夏鸞翔繪　清光緒八年(1882)上海同文書局石印本　五冊

430000－2401－0006506　271/49(4)

碧血錄五卷　（清）莊仲方撰　（清）夏鸞翔繪　清光緒八年(1882)上海同文書局石印本　五冊

430000－2401－0006507　271/33

崇禎五十宰相傳一卷　（清）曹溶撰　清宣統三年(1911)上海國學扶輪社鉛印張氏適園叢書本　一冊

430000－2401－0006508　271/33(1)

崇禎五十宰相傳一卷　（清）曹溶撰　清宣統三年(1911)上海國學扶輪社鉛印張氏適園叢書本　一冊

430000－2401－0006509　271/33(2)

崇禎五十宰相傳一卷　（清）曹溶撰　清宣統三年(1911)上海國學扶輪社鉛印張氏適園叢書本　一冊

430000－2401－0006510　271/50

欽定宗室王公功績表傳十二卷　（清）國史館撰　清刻本　十冊

430000－2401－0006511　271/61－2

逆臣傳四卷　（清）國史館纂　清京都琉璃廠半松居士木活字本　二冊

430000－2401－0006512　271/61

逆臣傳二卷　（清）國史館纂　清京都琉璃廠榮錦書坊木活字本　二冊

430000－2401－0006513　271/62－2

貳臣傳十二卷　（清）國史館纂　清京都琉璃廠半松居士木活字本　六冊

430000－2401－0006514　271/62－2(1)

貳臣傳十二卷　（清）國史館纂　清京都琉璃廠半松居士木活字本　四冊　存八卷(一至八)

430000－2401－0006515　271/62

貳臣傳八卷　（清）國史館纂　清京都琉璃廠榮錦書坊木活字本　八冊

430000－2401－0006516　271/62(1)

貳臣傳八卷　（清）國史館纂　清京都琉璃廠榮錦書坊木活字本　八冊

430000－2401－0006517　△261/15

清國史列傳殘本五卷　（清）國史館撰　鈔本　四冊　存五卷(孝友傳一卷、隱逸傳一卷、文苑傳二卷、循良傳一卷)

430000－2401－0006518　271/55

滿洲名臣傳四十八卷　（清）國史館撰　清北京琉璃廠榮錦書坊木活字本　四十八冊

430000－2401－0006519　271/55(1)

滿洲名臣傳四十八卷　（清）國史館撰　清北京琉璃廠榮錦書坊木活字本　四十八冊

430000－2401－0006520　271/55(2)

滿洲名臣傳四十八卷　（清）國史館撰　清北京琉璃廠榮錦書坊木活字本　四十七冊　缺一卷(三十三)

430000－2401－0006521　271/183

漢名臣傳三十二卷　（清）國史館纂　清京都琉璃廠榮錦書坊木活字本　三十二冊

430000－2401－0006522　271/183(1)

漢名臣傳三十二卷　（清）國史館纂　清京都
琉璃廠榮錦書坊木活字本　三十二冊

430000－2401－0006523　271/183－2
漢名臣傳三十二卷　（清）國史館纂　清木活
字本　三十二冊

430000－2401－0006524　271/273
廉吏傳續編一卷　（清）張丙哲撰　清光緒二
十二年(1896)蓮池書局刻本　一冊

430000－2401－0006525　271/87
歷代名臣傳三十五卷續編五卷　（清）張江纂
　清雍正刻本　八冊

430000－2401－0006526　271/87－2
歷代名臣傳三十五卷續編五卷　（清）張江纂
　清古唐朱氏古歡齋刻本　十七冊

430000－2401－0006527　271/81
錦里新編八卷首一卷　（清）張邦伸纂　清嘉
慶五年(1800)敦彝堂刻本　四冊

430000－2401－0006528　271/81－2
錦里新編十六卷　（清）張邦伸纂　清咸豐元
年(1851)重慶刻本　八冊

430000－2401－0006529　271/66
道統錄二卷附錄一卷　（清）張伯行撰　清同
治福州正誼書院刻正誼堂全書本　二冊

430000－2401－0006530　271/66(1)
道統錄二卷附錄一卷　（清）張伯行撰　清同
治福州正誼書院刻正誼堂全書本　三冊

430000－2401－0006531　413/300
國朝詩人徵略六十卷二編六十四卷　（清）張
維屏輯　清道光十至二十二年(1830－1842)
刻本　十六冊

430000－2401－0006532　413/300(1)
國朝詩人徵略六十卷二編六十四卷　（清）張
維屏輯　清道光十至二十二年(1830－1842)
刻本　十六冊

430000－2401－0006533　413/300(2)
國朝詩人徵略六十卷二編六十四卷　（清）張
維屏輯　清道光十至二十二年(1830－1842)

刻本　十冊

430000－2401－0006534　271/145
國朝詩人徵略二編六十四卷　（清）張維屏輯
　清道光二十二年(1842)刻本　六冊　缺十
一卷(十二、十四、十六、十八、二十四、二十
六、三十、三十二、四十二、五十四、六十)

430000－2401－0006535　271/34
元祐黨人傳十卷　（清）陸心源輯　清光緒十
五年(1889)刻潛園總集本　二冊

430000－2401－0006536　271/34(1)
元祐黨人傳十卷　（清）陸心源輯　清光緒十
五年(1889)刻潛園總集本　四冊

430000－2401－0006537　271/34(2)
元祐黨人傳十卷　（清）陸心源輯　清光緒十
五年(1889)刻潛園總集本　三冊

430000－2401－0006538　271/34(3)
元祐黨人傳十卷　（清）陸心源輯　清光緒十
五年(1889)刻潛園總集本　四冊

430000－2401－0006539　271/187
三續疑年錄十卷　（清）陸心源撰　清光緒五
年(1879)刻存齋雜撰本　二冊

430000－2401－0006540　271/187(4)
三續疑年錄十卷　（清）陸心源撰　清光緒五
年(1879)刻存齋雜撰本　二冊

430000－2401－0006541　271/230
咸同中興名將傳二卷　（清）陳文新撰　清宣
統元年(1909)養氣齋木活字本　四冊

430000－2401－0006542　271/268
陳玉成李秀成供狀　（清）陳玉成　（清）李秀
成撰　清光緒森寶書畫房曾穉鈔本　四冊

430000－2401－0006543　271/237
敏求軒述記十六卷　（清）陳世箴輯　清道光
二十八年(1848)刻本　八冊

430000－2401－0006544　271/10
金陵先正言行錄六卷　（清）陳作霖撰　清光
緒江楚書局刻本　一冊

430000－2401－0006545　271/82

歷代節義名臣錄十卷　（清）陳炳纂　清光緒
十二年(1886)金陵刻本　十冊

430000－2401－0006546　271/92

全閩道學總纂三十八卷　（清）陳祚康撰　清
光緒九年(1883)刻本　十冊

430000－2401－0006547　271/92(1)

全閩道學總纂三十八卷　（清）陳祚康撰　清
光緒九年(1883)刻本　十二冊

430000－2401－0006548　271/30－2

孟子弟子考補正一卷　（清）陳矩撰　清光緒
二十三年(1897)刻本　一冊

430000－2401－0006549　271/244

東林列傳二十四卷末二卷　（清）陳鼎撰　清
康熙刻本　十六冊

430000－2401－0006550　271/251

江表忠略二十卷　（清）陳淡然撰　清光緒二
十六年(1900)長沙刻本　六冊

430000－2401－0006551　271/251(1)

江表忠略二十卷　（清）陳淡然撰　清光緒二
十六年(1900)長沙刻本　四冊

430000－2401－0006552　271/308

斷金集一卷　（清）湯亦中撰　清咸豐六年
(1856)稿本　一冊

430000－2401－0006553　271/67

洛學編五卷　（清）湯斌輯　清同治九年
(1870)刻本　一冊

430000－2401－0006554　271/68

洛學編六卷　（清）湯斌　（清）尹會一
（清）郭程先輯　清光緒二年(1876)鉛印本
三冊

430000－2401－0006555　271/194

蘭閨寶錄六卷　（清）惲珠輯　清道光十一年
(1831)紅香館刻本　六冊

430000－2401－0006556　271/156

曾文正聖哲畫像記　（清）曾國藩撰　清末京
師國群鑄一社石印本　一冊

430000－2401－0006557　271/42

聖域述聞二十八卷　（清）黃本驥輯　清道光
二十六年(1846)寧鄉黃氏刻本　四冊

430000－2401－0006558　271/42(1)

聖域述聞二十八卷　（清）黃本驥輯　清道光
二十六年(1846)寧鄉黃氏刻本　四冊

430000－2401－0006559　271/24－2

聖域述聞二十八卷　（清）黃本驥輯　清道光
二十六年(1846)刻光緒四年(1878)古香書閣
印本　二冊　存十卷(一至十)

430000－2401－0006560　271/204

學宮景仰編八卷首一卷　（清）黃見三輯　清
同治十一年(1872)知足知不足齋刻本　四冊

430000－2401－0006561　271/108

宋元學案一百卷首一卷　（清）黃宗羲撰　清
光緒五年(1879)長沙寄廬刻本　四十冊

430000－2401－0006562　271/108(1)

宋元學案一百卷首一卷　（清）黃宗羲撰　清
光緒五年(1879)長沙寄廬刻本　四十冊

430000－2401－0006563　271/108(2)

宋元學案一百卷首一卷　（清）黃宗羲撰　清
光緒五年(1879)長沙寄廬刻本　四十冊

430000－2401－0006564　271/108(3)

宋元學案一百卷首一卷　（清）黃宗羲撰　清
光緒五年(1879)長沙寄廬刻本　四十冊

430000－2401－0006565　271/108(4)

宋元學案一百卷首一卷　（清）黃宗羲撰　清
光緒五年(1879)長沙寄廬刻本　四十冊

430000－2401－0006566　271/108(5)

宋元學案一百卷首一卷　（清）黃宗羲撰　清
光緒五年(1879)長沙寄廬刻本　四十冊

430000－2401－0006567　271/108(6)

宋元學案一百卷首一卷　（清）黃宗羲撰　清
光緒五年(1879)長沙寄廬刻本　三十二冊

430000－2401－0006568　271/108(7)

宋元學案一百卷首一卷　（清）黃宗羲撰　清
光緒五年(1879)長沙寄廬刻本　四十八冊

430000－2401－0006569　271/108（8）

宋元學案一百卷首一卷　（清）黃宗羲撰　清光緒五年(1879)長沙寄廬刻本　四十冊

430000－2401－0006570　271/108（9）

宋元學案一百卷首一卷　（清）黃宗羲撰　清光緒五年(1879)長沙寄廬刻本　四十冊

430000－2401－0006571　271/108（10）

宋元學案一百卷首一卷　（清）黃宗羲撰　清光緒五年(1879)長沙寄廬刻本　四十冊

430000－2401－0006572　271/108（11）

宋元學案一百卷首一卷　（清）黃宗羲撰　清光緒五年(1879)長沙寄廬刻本　四十冊

430000－2401－0006573　271/108（12）

宋元學案一百卷首一卷　（清）黃宗羲撰　清光緒五年(1879)長沙寄廬刻本　四十冊

430000－2401－0006574　271/108（13）

宋元學案一百卷首一卷　（清）黃宗羲撰　清光緒五年(1879)長沙寄廬刻本　三十四冊　缺五卷(十八至二十、五十一至五十二)

430000－2401－0006575　271/108－2

宋元學案一百卷首一卷　（清）黃宗羲撰　清末上海文瑞樓石印本　三十二冊

430000－2401－0006576　271/108－2（1）

宋元學案一百卷首一卷　（清）黃宗羲撰　清末上海文瑞樓石印本　三十一冊

430000－2401－0006577　△261/10

明儒學案六十二卷師說一卷　（清）黃宗羲撰　清康熙三十二年(1693)賈樸刻本　十二冊

430000－2401－0006578　271/141－2

明儒學案六十二卷師說一卷　（清）黃宗羲撰　清乾隆慈溪鄭氏二老閣刻本　二十四冊

430000－2401－0006579　271/141－2（1）

明儒學案六十二卷師說一卷　（清）黃宗羲撰　清乾隆慈溪鄭氏二老閣刻本　二十四冊

430000－2401－0006580　271/141－2（2）

明儒學案六十二卷師說一卷　（清）黃宗羲撰　清乾隆慈溪鄭氏二老閣刻本　二十四冊

430000－2401－0006581　271/141－2（3）

明儒學案六十二卷師說一卷　（清）黃宗羲撰　清乾隆慈溪鄭氏二老閣刻本　二十四冊

430000－2401－0006582　271/141－2（4）

明儒學案六十二卷師說一卷　（清）黃宗羲撰　清乾隆慈溪鄭氏二老閣刻本　十六冊

430000－2401－0006583　271/141－2（5）

明儒學案六十二卷師說一卷　（清）黃宗羲撰　清乾隆慈溪鄭氏二老閣刻本　二十四冊

430000－2401－0006584　271/141－3

明儒學案六十二卷師說一卷　（清）黃宗羲撰　清光緒十四年(1888)南昌刻本　二十八冊

430000－2401－0006585　271/141－3（1）

明儒學案六十二卷師說一卷　（清）黃宗羲撰　清光緒十四年(1888)南昌刻本　三十六冊

430000－2401－0006586　271/141－3（2）

明儒學案六十二卷師說一卷　（清）黃宗羲撰　清光緒十四年(1888)南昌刻本　三十一冊

430000－2401－0006587　271/141－3（3）

明儒學案六十二卷師說一卷　（清）黃宗羲撰　清光緒十四年(1888)南昌刻本　三十六冊

430000－2401－0006588　271/141－3（4）

明儒學案六十二卷師說一卷　（清）黃宗羲撰　清光緒十四年(1888)南昌刻本　二十三冊　缺一卷(六十二)

430000－2401－0006589　271/141－3（5）

明儒學案六十二卷師說一卷　（清）黃宗羲撰　清光緒十四年(1888)南昌刻本　二十四冊

430000－2401－0006590　271/141－3（6）

明儒學案六十二卷師說一卷　（清）黃宗羲撰　清光緒十四年(1888)南昌刻本　二十八冊

430000－2401－0006591　271/141－5

明儒學案十六卷　（清）黃宗羲撰　清光緒二十八年(1902)上海文瀾書局石印本　八冊

430000－2401－0006592　271/141－5（1）

明儒學案十六卷　（清）黃宗羲撰　清光緒二十八年(1902)上海文瀾書局石印本　八冊

430000－2401－0006593　271/141－4

明儒學案六十二卷師說一卷　（清）黃宗羲撰
清光緒三十年(1904)湘潭黃氏蘇山草堂校刻本　二十四冊

430000－2401－0006594　271/141－4(1)

明儒學案六十二卷師說一卷　（清）黃宗羲撰
清光緒三十年(1904)湘潭黃氏蘇山草堂校刻本　二十四冊

430000－2401－0006595　271/141－7

明儒學案六十二卷師說一卷　（清）黃宗羲撰
清光緒上海文瑞樓石印本　十六冊

430000－2401－0006596　271/141－8

明儒學案六十二卷師說一卷　（清）黃宗羲撰
清刻本　十六冊

430000－2401－0006597　271/60

湖北節義錄十二卷　（清）黃昌輔編　（清）陳瑞珍纂　清同治九年(1870)崇文書局刻本　十三冊

430000－2401－0006598　271/27

濂學前編三卷　（清）黃嗣東撰　清光緒二十二年(1896)漢中刻本　三冊

430000－2401－0006599　271/27(1)

濂學前編三卷　（清）黃嗣東撰　清光緒二十二年(1896)漢中刻本　三冊

430000－2401－0006600　271/27(2)

濂學前編三卷　（清）黃嗣東撰　清光緒二十二年(1896)漢中刻本　三冊

430000－2401－0006601　271/27(3)

濂學前編三卷　（清）黃嗣東撰　清光緒二十二年(1896)漢中刻本　三冊

430000－2401－0006602　271/27(4)

濂學前編三卷　（清）黃嗣東撰　清光緒二十二年(1896)漢中刻本　合訂一冊

430000－2401－0006603　271/64

道學淵源錄一百卷　（清）黃嗣東輯　清光緒三十四年(1908)鳳山學舍刻本　三十冊

430000－2401－0006604　271/64(1)

道學淵源錄一百卷　（清）黃嗣東輯　清光緒三十四年(1908)鳳山學舍刻本　三十冊

430000－2401－0006605　271/64(2)

道學淵源錄一百卷　（清）黃嗣東輯　清光緒三十四年(1908)鳳山學舍刻本　三十冊

430000－2401－0006606　271/74

疇人傳四編十一卷　（清）黃鍾駿　（清）黃伯瑛纂　清光緒二十四年(1898)澧陽黃氏刻留有餘齋叢書本　四冊

430000－2401－0006607　271/231

明賢蒙正錄二卷　（清）彭定求輯　清同治九年(1870)刻本　一冊

430000－2401－0006608　271/119

旌表事實姓氏錄不分卷　（清）彭福保纂　清同治七年至八年(1868－1869)采訪局刻本　四冊

430000－2401－0006609　271/192

海東逸史十八卷　（清）翁洲老民撰　清光緒邵武徐氏刻邵武徐氏叢書本　一冊

430000－2401－0006610　271/126

舊史內篇八卷　（清）楊世猷撰　清光緒二十八年(1902)刻本　六冊

430000－2401－0006611　271/32

儒林宗派十六卷　（清）萬斯同撰　清宣統三年(1911)浙江圖書館刻本　二冊

430000－2401－0006612　271/32(1)

儒林宗派十六卷　（清）萬斯同撰　清宣統三年(1911)浙江圖書館刻本　二冊

430000－2401－0006613　271/32(2)

儒林宗派十六卷　（清）萬斯同撰　清宣統三年(1911)浙江圖書館刻本　二冊

430000－2401－0006614　271/32－2

儒林宗派十六卷　（清）萬斯同撰　清宣統三年(1911)上海國學扶輪社鉛印張氏適園叢書本　二冊

430000－2401－0006615　271/32－2(1)

儒林宗派十六卷　（清）萬斯同撰　清宣統三

年(1911)上海國學扶輪社鉛印張氏適園叢書本　二冊

430000－2401－0006616　△261/20
儒林宗派十六卷　（清）萬斯同撰　清鈔本
一冊

430000－2401－0006617　271/65
道齊正軌二十卷　（清）鄒鳴鶴纂述　清道光三十年(1850)刻本　八冊

430000－2401－0006618　271/65(1)
道齊正軌二十卷　（清）鄒鳴鶴纂述　清道光三十年(1850)刻本　八冊

430000－2401－0006619　271/291
青樓小名錄六卷　（清）趙慶楨輯　清咸豐二年(1852)師竹書屋刻本　四冊

430000－2401－0006620　271/9
學統五十六卷　（清）熊賜履撰　清同治退補齋刻本　十六冊

430000－2401－0006621　271/9(1)
學統五十六卷　（清）熊賜履撰　清同治退補齋刻本　十六冊

430000－2401－0006622　271/9(2)
學統五十六卷　（清）熊賜履撰　清同治退補齋刻本　十六冊

430000－2401－0006623　271/9(3)
學統五十六卷　（清）熊賜履撰　清同治退補齋刻本　十六冊

430000－2401－0006624　271/48
俎豆集三十卷　（清）潘承焯輯　清乾隆四十三年(1778)汲古閣刻本　八冊

430000－2401－0006625　271/48(1)
俎豆集三十卷　（清）潘承焯輯　清乾隆四十三年(1778)汲古閣刻本　六冊

430000－2401－0006626　271/48(2)
俎豆集三十卷　（清）潘承焯輯　清乾隆四十三年(1778)汲古閣刻本　十冊

430000－2401－0006627　271/48(3)

俎豆集三十卷　（清）潘承焯輯　清乾隆四十三年(1778)汲古閣刻本　三冊　存十二卷（九至二十）

430000－2401－0006628　271/146－2
國朝名家詩鈔小傳二卷　（清）鄭方坤撰　清乾隆杞菊軒刻本　二冊

430000－2401－0006629　271/146
國朝名家詩鈔小傳四卷　（清）鄭方坤撰　清光緒十二年(1886)萬山草堂刻本　二冊

430000－2401－0006630　271/146(1)
國朝名家詩鈔小傳四卷　（清）鄭方坤撰　清光緒十二年(1886)萬山草堂刻本　二冊

430000－2401－0006631　271/94
闕里述聞十四卷補一卷　（清）鄭曉如撰　清同治七年(1868)廣州華文堂刻本　五冊　存八卷（一至八）

430000－2401－0006632　271/209
增廣尚友錄統編二十三卷　（清）應祖錫（清）韓卿甫編輯　清光緒二十八年(1902)上海鴻寶齋石印本　十四冊

430000－2401－0006633　271/209(1)
增廣尚友錄統編二十三卷　（清）應祖錫（清）韓卿甫編輯　清光緒二十八年(1902)上海鴻寶齋石印本　十二冊　缺五卷（四至五、十九至二十、二十二）

430000－2401－0006634　271/209(2)
增廣尚友錄統編二十三卷　（清）應祖錫（清）韓卿甫編輯　清光緒二十八年(1902)上海鴻寶齋石印本　九冊　缺二卷（三至四）

430000－2401－0006635　271/181
四史疑年錄七卷　（清）劉文如輯　清宣統元年(1909)刻本　二冊

430000－2401－0006636　271/304
閩縣忠義孝悌傳五卷　（清）劉存仁輯　清咸豐元年(1851)刻同治、光緒續修本　一冊

430000－2401－0006637　271/21
理學宗傳辨正十六卷　（清）劉廷詔撰　清同

治十一年(1872)六安求我齋刻本　六冊

430000－2401－0006638　271/21(1)

理學宗傳辨正十六卷　（清）劉廷詔撰　清同
治十一年(1872)六安求我齋刻本　六冊

430000－2401－0006639　271/21(2)

理學宗傳辨正十六卷　（清）劉廷詔撰　清同
治十一年(1872)六安求我齋刻本　六冊

430000－2401－0006640　271/197

南陽人物明志八卷　（清）劉沛然編　清同治
九年(1870)刻本　二冊

430000－2401－0006641　271/130

歷代升祔理學錄六卷　（清）劉振邦輯　清同
治五年(1866)豐城學署刻本　五冊

430000－2401－0006642　271/38－2

廣列女傳二十卷附錄一卷　（清）劉開纂　清同
治八年(1869)皖江撫署刻半畝園叢書本　六冊

430000－2401－0006643　271/38－2(1)

廣列女傳二十卷附錄一卷　（清）劉開纂　清
同治八年(1869)皖江撫署刻半畝園叢書本
六冊

430000－2401－0006644　271/38－2(2)

廣列女傳二十卷附錄一卷　（清）劉開纂　清
同治八年(1869)皖江撫署刻半畝園叢書本
六冊

430000－2401－0006645　271/38

廣列女傳二十卷附錄一卷　（清）劉開纂　清
光緒十年(1884)皖城刻本　六冊

430000－2401－0006646　271/38(1)

廣列女傳二十卷附錄一卷　（清）劉開纂　清
光緒十年(1884)皖城刻本　六冊

430000－2401－0006647　271/38(2)

廣列女傳二十卷附錄一卷　（清）劉開纂　清
光緒十年(1884)皖城刻本　三冊

430000－2401－0006648　271/38(3)

廣列女傳二十卷附錄一卷　（清）劉開纂　清
光緒十年(1884)皖城刻本　四冊

430000－2401－0006649　271/38－3

廣列女傳二十卷附錄一卷　（清）劉開纂　清
刻本　九冊

430000－2401－0006650　271/274

勝朝殉揚錄三卷　（清）劉寶楠輯　清同治十
年(1871)淮南書局刻本　二冊

430000－2401－0006651　271/3

漢書人表考校補一卷　（清）蔡雲撰　清光緒
廣雅書局刻本　一冊

430000－2401－0006652　271/85

歷代名臣傳節錄三十卷　（清）蕭培元節錄
（清）崇厚增輯　清同治九年(1870)雲蔭堂刻
本　十冊

430000－2401－0006653　271/101

歷代名賢列女氏姓譜一百五十七卷　（清）蕭
智漢輯　清乾隆五十七年(1792)聽濤山房刻
本　一百十冊

430000－2401－0006654　271/101(1)

歷代名賢列女氏姓譜一百五十七卷　（清）蕭
智漢輯　清乾隆五十七年(1792)聽濤山房刻
本　一百冊

430000－2401－0006655　271/101(2)

歷代名賢列女氏姓譜一百五十七卷　（清）蕭
智漢輯　清乾隆五十七年(1792)聽濤山房刻
本　一百二十冊

430000－2401－0006656　271/101(3)

歷代名賢列女氏姓譜一百五十七卷　（清）蕭
智漢輯　清乾隆五十七年(1792)聽濤山房刻
本　一百二十冊

430000－2401－0006657　271/101(4)

歷代名賢列女氏姓譜一百五十七卷　（清）蕭
智漢輯　清乾隆五十七年(1792)聽濤山房刻
本　一百冊

430000－2401－0006658　271/101(5)

歷代名賢列女氏姓譜一百五十七卷　（清）蕭
智漢輯　清乾隆五十七年(1792)聽濤山房刻
本　一百〇九冊

430000 – 2401 – 0006659　271/185

疑年録四卷 （清）錢大昕撰　**續疑年録四卷**
（清）吳修撰　清嘉慶刻小石山房叢書本
二冊

430000 – 2401 – 0006660　271/185（1）

疑年録四卷 （清）錢大昕撰　**續疑年録四卷**
（清）吳修撰　清嘉慶刻小石山房叢書本
二冊

430000 – 2401 – 0006661　271/185 – 2

疑年録四卷 （清）錢大昕撰　**續疑年録四卷**
（清）吳修撰　清同治元年（1862）福山王氏
天壤閣刻天壤閣叢書本　二冊

430000 – 2401 – 0006662　271/186

疑年録四卷 （清）錢大昕撰　清光緒十年
（1884）長沙龍氏家塾刻嘉定錢氏潛研堂全書
本　一冊

430000 – 2401 – 0006663　271/186（1）

疑年録四卷 （清）錢大昕撰　清光緒十年
（1884）長沙龍氏家塾刻嘉定錢氏潛研堂全書
本　一冊

430000 – 2401 – 0006664　271/40

文獻徵存録十卷 （清）錢林撰　清咸豐八年
（1858）有嘉樹軒刻本　十冊

430000 – 2401 – 0006665　271/40（1）

文獻徵存録十卷 （清）錢林撰　清咸豐八年
（1858）有嘉樹軒刻本　十冊

430000 – 2401 – 0006666　271/40（2）

文獻徵存録十卷 （清）錢林撰　清咸豐八年
（1858）有嘉樹軒刻本　十冊

430000 – 2401 – 0006667　271/40（3）

文獻徵存録十卷 （清）錢林撰　清咸豐八年
（1858）有嘉樹軒刻本　十冊

430000 – 2401 – 0006668　271/40（4）

文獻徵存録十卷 （清）錢林撰　清咸豐八年
（1858）有嘉樹軒刻本　十冊

430000 – 2401 – 0006669　271/40（5）

文獻徵存録十卷 （清）錢林撰　清咸豐八年

（1858）有嘉樹軒刻本　二冊　存二卷（一至二）

430000 – 2401 – 0006670　271/238

女英傳四卷 （清）錢保塘輯　清同治十年
（1871）海寧錢氏清風室刻清風室叢刊本
一冊

430000 – 2401 – 0006671　271/255

補疑年録四卷 （清）錢椒撰　清光緒六年
（1880）吳興陸氏刻潛園總集本　一冊

430000 – 2401 – 0006672　271/46

碑傳集一百六十卷首一卷末一卷 （清）錢儀
吉纂　清光緒十九年（1893）江蘇書局刻本
三十冊

430000 – 2401 – 0006673　271/46（1）

碑傳集一百六十卷首一卷末一卷 （清）錢儀
吉纂　清光緒十九年（1893）江蘇書局刻本
三十冊

430000 – 2401 – 0006674　271/46（2）

碑傳集一百六十卷首一卷末一卷 （清）錢儀
吉纂　清光緒十九年（1893）江蘇書局刻本
六十冊

430000 – 2401 – 0006675　271/46（3）

碑傳集一百六十卷首一卷末一卷 （清）錢儀
吉纂　清光緒十九年（1893）江蘇書局刻本
六十冊

430000 – 2401 – 0006676　271/46（4）

碑傳集一百六十卷首一卷末一卷 （清）錢儀
吉纂　清光緒十九年（1893）江蘇書局刻本
六十冊

430000 – 2401 – 0006677　271/46（5）

碑傳集一百六十卷首一卷末一卷 （清）錢儀
吉纂　清光緒十九年（1893）江蘇書局刻本
六十冊

430000 – 2401 – 0006678　271/46（6）

碑傳集一百六十卷首一卷末一卷 （清）錢儀
吉纂　清光緒十九年（1893）江蘇書局刻本
五十冊

430000 – 2401 – 0006679　271/223

列朝詩集小傳十卷 （清）錢謙益撰 清康熙
三十七年(1698)誦芬室刻本 七冊 缺第一
冊序

430000－2401－0006680 271/223(1)

列朝詩集小傳十卷 （清）錢謙益撰 清康熙
三十七年(1698)誦芬室刻本 一冊

430000－2401－0006681 271/31

[咸豐]壬癸志稿二十八卷 （清）錢寶琛撰
清光緒六年(1880)存素堂刻本 四冊

430000－2401－0006682 271/71

女士錄不分卷 （清）戴樾輯 清光緒十二年
(1886)刻本 二冊

430000－2401－0006683 271/1

北學編四卷 （清）魏一鰲輯 清同治七年
(1868)蓮池書院刻本 二冊

430000－2401－0006684 271/1－2

北學編四卷 （清）魏一鰲輯 清光緒十四年
(1888)刻本 二冊

430000－2401－0006685 271/1－2(1)

北學編四卷 （清）魏一鰲輯 清光緒十四年
(1888)刻本 一冊 存二卷(一至二)

430000－2401－0006686 271/28

繡像古今賢女傳九卷 （清）魏息園輯 清光
緒三十四年(1908)上海點石齋石印本 八冊

430000－2401－0006687 271/28(1)

繡像古今賢女傳九卷 （清）魏息園輯 清光
緒三十四年(1908)上海點石齋石印本 八冊

430000－2401－0006688 271/28(2)

繡像古今賢女傳九卷 （清）魏息園輯 清光
緒三十四年(1908)上海點石齋石印本 四冊

430000－2401－0006689 271/28(3)

繡像古今賢女傳九卷 （清）魏息園輯 清光
緒三十四年(1908)上海點石齋石印本 四冊

430000－2401－0006690 271/110

政譜五卷 （清）藍煦撰 清同治九年(1870)
忠恕堂刻本 四冊

430000－2401－0006691 271/287

歷朝人物志十七卷 （清）羅琳之撰 清同治
十三年(1874)刻本 三冊 存十四卷(一至
二、六至十七)

430000－2401－0006692 271/76

歷代賢儒景行錄二卷 （清）邊鳴珂輯 清道
光二十三年(1843)刻本 二冊

430000－2401－0006693 271/76

歷代賢儒景行錄二卷 （清）邊鳴珂輯 清咸
豐十年(1860)刻本 二冊

430000－2401－0006694 271/25

聖廟祀典圖考五卷首一卷附一卷 （清）顧沅
輯 清道光六年(1826)刻本 九冊

430000－2401－0006695 271/25

聖廟祀典圖考五卷首一卷附一卷 （清）顧沅
輯 清道光六年(1826)刻本 六冊

430000－2401－0006696 271/25

聖廟祀典圖考五卷首一卷附一卷 （清）顧沅
輯 清道光六年(1826)刻本 六冊

430000－2401－0006697 271/53

滇粹一卷 呂志伊 李根源輯 清宣統元年
(1909)鉛印本 一冊

430000－2401－0006698 271/151

國朝文苑傳一卷國朝孝子小傳一卷 易順鼎
撰 清光緒刻慕皋廬雜刻本 一冊

430000－2401－0006699 271/151(1)

國朝文苑傳一卷國朝孝子小傳一卷 易順鼎
撰 清光緒刻慕皋廬雜刻本 一冊

430000－2401－0006700 271/140

國朝孝子小傳一卷 易順鼎撰 清光緒刻慕
皋廬雜刻本 一冊

430000－2401－0006701 271/200

祖國女界文豪譜 咀雪子撰 清宣統元年
(1909)京師京華印書局鉛印本 一冊

430000－2401－0006702 271/200(1)

祖國女界文豪譜 咀雪子撰 清宣統元年
(1909)京師京華印書局鉛印本 一冊

430000－2401－0006703　271/276

桐城耆舊傳十二卷　馬其昶撰　清宣統三年(1911)安徽合肥張氏刻本　六冊

430000－2401－0006704　271/276(1)

桐城耆舊傳十二卷　馬其昶撰　清宣統三年(1911)安徽合肥張氏刻本　六冊

430000－2401－0006705　271/47

續碑傳集八十六卷　繆荃孫纂　清宣統江楚編譯書局刻本　二十四冊

430000－2401－0006706　271/47(1)

續碑傳集八十六卷　繆荃孫纂　清宣統江楚編譯書局刻本　三十冊

430000－2401－0006707　271/47(2)

續碑傳集八十六卷　繆荃孫纂　清宣統江楚編譯書局刻本　三十冊

430000－2401－0006708　271/47(3)

續碑傳集八十六卷　繆荃孫纂　清宣統江楚編譯書局刻本　二十一冊　缺十一卷(七十六至八十六)

430000－2401－0006709　271/155

國朝襄郡忠義錄一卷　(清)□□撰　清同治刻本　一冊

430000－2401－0006710　271/18－2

典故列女傳四卷　(清)□□撰　清光緒九年(1883)掃葉山房刻本　四冊

430000－2401－0006711　271/18

典故列女全傳四卷　(清)□□撰　清宣統元年(1909)仁記書局刻本　四冊

430000－2401－0006712　271/89

歷代名將事略二卷　(清)□□撰　清光緒三十三年(1907)鉛印本　二冊

430000－2401－0006713　271/89(1)

歷代名將事略二卷　(清)□□撰　清光緒三十三年(1907)鉛印本　二冊

430000－2401－0006714　271/89(2)

歷代名將事略二卷　(清)□□撰　清光緒三十三年(1907)鉛印本　二冊

430000－2401－0006715　271/305

史記列傳鈔一卷　清鈔本　一冊

430000－2401－0006716　△261/13

清代名臣墓志銘傳狀不分卷　清曾氏移愚齋鈔本　四冊

430000－2401－0006717　△261/14

清代武進諸人事略一卷　清鈔本　一冊

430000－2401－0006718　271/157

明各省人物考不分卷　清稿本　一冊

430000－2401－0006719　271/226

別號錄　清鈔本　一冊

430000－2401－0006720　271/216

宋平江九君子事略二卷　(清)李元度撰　清同治七年(1868)爽溪書院刻本　一冊

430000－2401－0006721　271/43

船山師友記十七卷首一卷　羅正鈞纂　清光緒三十三年(1907)刻本　四冊

430000－2401－0006722　271/43(1)

船山師友記十七卷首一卷　羅正鈞纂　清光緒三十三年(1907)刻本　四冊

430000－2401－0006723　271/43(2)

船山師友記十七卷首一卷　羅正鈞纂　清光緒三十三年(1907)刻本　四冊

430000－2401－0006724　271/43(3)

船山師友記十七卷首一卷　羅正鈞纂　清光緒三十三年(1907)刻本　四冊

430000－2401－0006725　271/43(4)

船山師友記十七卷首一卷　羅正鈞纂　清光緒三十三年(1907)刻本　四冊

430000－2401－0006726　271/43(5)

船山師友記十七卷首一卷　羅正鈞纂　清光緒三十三年(1907)刻本　四冊

430000－2401－0006727　271/43(6)

船山師友記十七卷首一卷　羅正鈞纂　清光緒三十三年(1907)刻本　四冊

430000－2401－0006728　271/43(7)

船山師友記十七卷首一卷　羅正鈞纂　清光緒三十三年(1907)刻本　二冊

430000－2401－0006729　271/26

湘軍陸師昭忠祠全錄三卷　（清）曾國藩撰　清同治七年(1868)刻本　二冊

430000－2401－0006730　271/26(1)

湘軍陸師昭忠祠全錄三卷　（清）曾國藩撰　清同治七年(1868)刻本　二冊

430000－2401－0006731　271/26(2)

湘軍陸師昭忠祠全錄三卷　（清）曾國藩撰　清同治七年(1868)刻本　二冊

430000－2401－0006732　271/26(3)

湘軍陸師昭忠祠全錄三卷　（清）曾國藩撰　清同治七年(1868)刻本　二冊

430000－2401－0006733　271/26(4)

湘軍陸師昭忠祠全錄三卷　（清）曾國藩撰　清同治七年(1868)刻本　二冊

430000－2401－0006734　271/26(5)

湘軍陸師昭忠祠全錄三卷　（清）曾國藩撰　清同治七年(1868)刻本　二冊

430000－2401－0006735　271/26(6)

湘軍陸師昭忠祠全錄三卷　（清）曾國藩撰　清同治七年(1868)刻本　二冊

430000－2401－0006736　271/59

湖南褒忠錄初稿四十卷　（清）郭嵩燾等纂　清同治十二年(1873)木活字本　十四冊

430000－2401－0006737　271/59(1)

湖南褒忠錄初稿四十卷　（清）郭嵩燾等纂　清同治十二年(1873)木活字本　十四冊

430000－2401－0006738　271/59(2)

湖南褒忠錄初稿四十卷　（清）郭嵩燾等纂　清同治十二年(1873)木活字本　十四冊

430000－2401－0006739　271/59(3)

湖南褒忠錄初稿四十卷　（清）郭嵩燾等纂　清同治十二年(1873)木活字本　十四冊

430000－2401－0006740　271/59(4)

湖南褒忠錄初稿四十卷　（清）郭嵩燾等纂　清同治十二年(1873)木活字本　十四冊

430000－2401－0006741　271/159

湘潭縣節孝錄三卷　（清）唐昭儉撰　清同治十三年(1874)湘潭縣節孝總祠刻本　四冊

430000－2401－0006742　271/159(1)

湘潭縣節孝錄三卷　（清）唐昭儉撰　清同治十三年(1874)湘潭縣節孝總祠刻本　四冊

430000－2401－0006743　271/159(2)

湘潭縣節孝錄三卷　（清）唐昭儉撰　清同治十三年(1874)湘潭縣節孝總祠刻本　二冊　缺二卷(三至四)

430000－2401－0006744　271/160

湘鄉縣節孝錄三卷　（清）□□撰　清光緒十八年(1892)湘鄉縣節孝祠刻本　二冊　缺一卷(三)

430000－2401－0006745　271/248

湘鄉節孝續錄二卷　（清）□□撰　清光緒刻本　一冊　缺一卷(上)

430000－2401－0006746　271/161

補訂湘鄉節孝錄十卷　（清）周廣詢撰　清光緒二十九年(1903)湘鄉學宮刻本　三冊

430000－2401－0006747　271/229

衡陽節婦傳略六卷　（清）周南甲等撰　清同治二年(1863)刻本　二冊

430000－2401－0006748　271/267

清泉縣節孝志一卷　（清）易坤元編　清道光木活字本　一冊

430000－2401－0006749　271/293

零陵列女傳三卷　（清）高懷禮撰　清道光十四年(1834)永城蔣文友堂刻本　一冊　存一卷(上)

430000－2401－0006750　271/11

巴陵人物志十五卷　（清）杜貴墀撰　清光緒二十八年(1902)長沙刻本　二冊

430000－2401－0006751　271/11(1)

巴陵人物志十五卷　（清）杜貴墀撰　清光緒

二十八年(1902)長沙刻本　二冊

430000－2401－0006752　271/11(2)

巴陵人物志十五卷　(清)杜貴墀撰　清光緒
二十八年(1902)長沙刻本　二冊

430000－2401－0006753　271/11(3)

巴陵人物志十五卷　(清)杜貴墀撰　清光緒
二十八年(1902)長沙刻本　二冊

430000－2401－0006754　271/11(4)

巴陵人物志十五卷　(清)杜貴墀撰　清光緒
二十八年(1902)長沙刻本　二冊

430000－2401－0006755　271/11(5)

巴陵人物志十五卷　(清)杜貴墀撰　清光緒
二十八年(1902)長沙刻本　二冊

430000－2401－0006756　271/11(6)

巴陵人物志十五卷　(清)杜貴墀撰　清光緒
二十八年(1902)長沙刻本　二冊

430000－2401－0006757　271/11(7)

巴陵人物志十五卷　(清)杜貴墀撰　清光緒
二十八年(1902)長沙刻本　二冊

430000－2401－0006758　271/11(8)

巴陵人物志十五卷　(清)杜貴墀撰　清光緒
二十八年(1902)長沙刻本　二冊

430000－2401－0006759　△262/4－2

晏子春秋二卷　(春秋)晏嬰撰　明萬曆五年
(1577)刻本　二冊

430000－2401－0006760　△262/4

晏子春秋六卷　(春秋)晏嬰撰　明凌澄初刻
朱墨套印本　六冊

430000－2401－0006761　32/246－5

晏子春秋七卷　(春秋)晏嬰撰　(清)孫星衍
校　清乾隆五十三年(1788)陽湖孫氏刻本
二冊

430000－2401－0006762　32/246－4

晏子春秋八卷　(春秋)晏嬰撰　(清)孫星衍
校　清嘉慶二十一年(1816)全椒吳氏刻本
四冊

430000－2401－0006763　32/246－4(1)

晏子春秋八卷　(春秋)晏嬰撰　(清)孫星衍
校　清嘉慶二十一年(1816)全椒吳氏刻本
四冊

430000－2401－0006764　32/246－4(2)

晏子春秋八卷　(春秋)晏嬰撰　(清)孫星衍
校　清嘉慶二十一年(1816)全椒吳氏刻本
四冊

430000－2401－0006765　32/246－2

晏子春秋七卷　(春秋)晏嬰撰　(清)孫星衍
校　清光緒元年(1875)浙江書局刻本　四冊

430000－2401－0006766　32/246－2(1)

晏子春秋七卷　(春秋)晏嬰撰　(清)孫星衍
校　清光緒元年(1875)浙江書局刻本　四冊

430000－2401－0006767　32/246－2(2)

晏子春秋七卷　(春秋)晏嬰撰　(清)孫星衍
校　清光緒元年(1875)浙江書局刻本　四冊

430000－2401－0006768　32/246－2(3)

晏子春秋七卷　(春秋)晏嬰撰　(清)孫星衍
校　清光緒元年(1875)浙江書局刻本　四冊

430000－2401－0006769　32/246－2(4)

晏子春秋七卷　(春秋)晏嬰撰　(清)孫星衍
校　清光緒元年(1875)浙江書局刻本　四冊

430000－2401－0006770　32/246－2(5)

晏子春秋七卷　(春秋)晏嬰撰　(清)孫星衍校
清光緒元年(1875)浙江書局刻本　四冊

430000－2401－0006771　32/246－2(6)

晏子春秋七卷　(春秋)晏嬰撰　(清)孫星衍
校　清光緒元年(1875)浙江書局刻本　三冊
　缺盲義二卷

430000－2401－0006772　32/246－2(7)

晏子春秋七卷　(春秋)晏嬰撰　(清)孫星衍
校　清光緒元年(1875)浙江書局刻本　三冊
　缺校勘記二卷

430000－2401－0006773　32/246

晏子春秋七卷　(春秋)晏嬰撰　清光緒十八
年(1892)湖南思賢講舍刻本　二冊

430000－2401－0006774　32/246（1）

晏子春秋七卷　（春秋）晏嬰撰　清光緒十八年(1892)湖南思賢講舍刻本　二冊

430000－2401－0006775　32/246（2）

晏子春秋七卷　（春秋）晏嬰撰　清光緒十八年(1892)湖南思賢講舍刻本　二冊

430000－2401－0006776　32/246（3）

晏子春秋七卷　（春秋）晏嬰撰　清光緒十八年(1892)湖南思賢講舍刻本　二冊

430000－2401－0006777　32/246（4）

晏子春秋七卷　（春秋）晏嬰撰　清光緒十八年(1892)湖南思賢講舍刻本　二冊

430000－2401－0006778　32/246（5）

晏子春秋七卷　（春秋）晏嬰撰　清光緒十八年(1892)湖南思賢講舍刻本　二冊

430000－2401－0006779　32/246（6）

晏子春秋七卷　（春秋）晏嬰撰　清光緒十八年(1892)湖南思賢講舍刻本　二冊

430000－2401－0006780　32/246（7）

晏子春秋七卷　（春秋）晏嬰撰　清光緒十八年(1892)湖南思賢講舍刻本　二冊

430000－2401－0006781　32/246（8）

晏子春秋七卷　（春秋）晏嬰撰　清光緒十八年(1892)湖南思賢講舍刻本　二冊

430000－2401－0006782　272/12

孔子世家考二卷　（清）鄭環輯　清嘉慶八年(1803)刻本　二冊

430000－2401－0006783　△262/7

諸葛忠武書十卷　（明）楊時偉編　明萬曆四十七年(1619)刻本　一冊　存五卷(一至五)

430000－2401－0006784　272/137

諸葛忠武侯故事五卷　（清）張澍纂　清嘉慶十七年(1812)刻本　二冊

430000－2401－0006785　272/39－2

忠武志八卷　（清）張鵬翮輯　清康熙五十一年(1712)冰雪堂刻本　八冊

430000－2401－0006786　272/39

忠武志十卷　（清）張鵬翮輯　清嘉慶十九年(1814)刻本　六冊

430000－2401－0006787　272/39（1）

忠武志十卷　（清）張鵬翮輯　清嘉慶十九年(1814)刻本　六冊

430000－2401－0006788　413/405

關帝文獻會要八卷　（清）孫苣輯　清東皋雪堂刻本　四冊　存五卷(四至八)

430000－2401－0006789　272/194

關帝心日編十卷　（清）陸初望編　清光緒三年(1877)刻本　二冊

430000－2401－0006790　272/22－3

關帝聖蹟圖志全集十卷　（清）盧湛輯　清嘉慶十二年(1807)廣東山陝會館刻本　四冊

430000－2401－0006791　272/22

關聖帝君聖蹟圖志全集五卷　（清）盧湛輯　清咸豐十年(1860)古幽申炯堂刻本　十冊

430000－2401－0006792　272/22－2

關聖帝君聖蹟圖志全集五卷　（清）盧湛輯　清長沙饒文會堂刻字店刻本　十冊

430000－2401－0006793　272/41

安祿山事蹟三卷　（唐）姚汝能撰　清宣統三年(1911)長沙葉氏刻本　一冊

430000－2401－0006794　272/41（1）

安祿山事蹟三卷　（唐）姚汝能撰　清宣統三年(1911)長沙葉氏刻本　一冊

430000－2401－0006795　△262/1

安祿山事蹟三卷　（唐）姚汝能撰　清陳氏闕慎室鈔本　清陳毅批校　一冊

430000－2401－0006796　△262/8

雲陽大師傳錄要一卷　（明）王世貞撰　清昆山鈔本　佚名朱筆批校圈點　一冊

430000－2401－0006797　272/271

唐武安節度使陳公墓道記　（清）陳寶箴撰　李瑞清書　清光緒二十三年(1897)陳鴻猷刻印本　一冊

430000－2401－0006798　272/10－2
魏鄭公諫續錄二卷　（元）翟思忠撰　清光緒
九年(1883)長沙王氏刻本　一冊

430000－2401－0006799　272/10－2(1)
魏鄭公諫續錄二卷　（元）翟思忠撰　清光緒
九年(1883)長沙王氏刻本　一冊

430000－2401－0006800　272/10－2(2)
魏鄭公諫續錄二卷　（元）翟思忠撰　清光緒
九年(1883)長沙王氏刻本　一冊

430000－2401－0006801　272/10－2(3)
魏鄭公諫續錄二卷　（元）翟思忠撰　清光緒
九年(1883)長沙王氏刻本　一冊

430000－2401－0006802　272/10－4
魏鄭公諫續錄二卷　（元）翟思忠撰　清刻本
　一冊

430000－2401－0006803　272/11
魏文貞公故事拾遺三卷　（清）王先恭輯　清
光緒九年(1883)長沙王氏刻本　二冊

430000－2401－0006804　272/11(1)
魏文貞公故事拾遺三卷　（清）王先恭輯　清
光緒九年(1883)長沙王氏刻本　二冊

430000－2401－0006805　272/11(2)
魏文貞公故事拾遺三卷　（清）王先恭輯　清
光緒九年(1883)長沙王氏刻本　二冊

430000－2401－0006806　272/11(3)
魏文貞公故事拾遺三卷　（清）王先恭輯　清
光緒九年(1883)長沙王氏刻本　二冊

430000－2401－0006807　272/11(4)
魏文貞公故事拾遺三卷　（清）王先恭輯　清
光緒九年(1883)長沙王氏刻本　二冊

430000－2401－0006808　272/11(5)
魏文貞公故事拾遺三卷　（清）王先恭輯　清
光緒九年(1883)長沙王氏刻本　二冊

430000－2401－0006809　272/9
魏鄭公諫錄校註五卷　（清）王先恭撰　清光
緒九年(1883)長沙王氏刻本　二冊

430000－2401－0006810　272/9(1)
魏鄭公諫錄校註五卷　（清）王先恭撰　清光
緒九年(1883)長沙王氏刻本　二冊

430000－2401－0006811　272/9(2)
魏鄭公諫錄校註五卷　（清）王先恭撰　清光
緒九年(1883)長沙王氏刻本　二冊

430000－2401－0006812　272/9(3)
魏鄭公諫錄校註五卷　（清）王先恭撰　清光
緒九年(1883)長沙王氏刻本　二冊

430000－2401－0006813　272/9(4)
魏鄭公諫錄校註五卷　（清）王先恭撰　清光
緒九年(1883)長沙王氏刻本　二冊

430000－2401－0006814　272/9(5)
魏鄭公諫錄校註五卷　（清）王先恭撰　清光
緒九年(1883)長沙王氏刻本　二冊

430000－2401－0006815　272/1
唐書魏鄭公傳註一卷　王先謙撰　清光緒九
年(1883)長沙王氏刻本　一冊

430000－2401－0006816　272/1(1)
唐書魏鄭公傳註一卷　王先謙撰　清光緒九
年(1883)長沙王氏刻本　一冊

430000－2401－0006817　272/1(2)
唐書魏鄭公傳註一卷　王先謙撰　清光緒九
年(1883)長沙王氏刻本　一冊

430000－2401－0006818　272/1(3)
唐書魏鄭公傳註一卷　王先謙撰　清光緒九
年(1883)長沙王氏刻本　一冊

430000－2401－0006819　272/1(4)
唐書魏鄭公傳註一卷　王先謙撰　清光緒九
年(1883)長沙王氏刻本　一冊

430000－2401－0006820　272/1(5)
唐書魏鄭公傳註一卷　王先謙撰　清光緒九
年(1883)長沙王氏刻本　一冊

430000－2401－0006821　272/275
考訂朱子世家一卷　（清）江永撰　清同治十
三年(1874)涇縣黃田朱氏刻本　一冊

430000－2401－0006822　272/3

鄂國金佗稡編二十八卷續編三十卷　（宋）岳珂撰　清光緒九年(1883)浙江書局刻本　十二冊

430000－2401－0006823　272/3(1)

鄂國金佗稡編二十八卷續編三十卷　（宋）岳珂撰　清光緒九年(1883)浙江書局刻本　十二冊

430000－2401－0006824　272/242

中國第一大偉人岳飛一卷　（日本）笹川種郎撰　（清）金鳴鑾譯　清光緒二十九年(1903)上海局石印本　一冊

430000－2401－0006825　272/200

道國元公濂溪周夫子志十五卷首一卷　（清）吳大熔主修　清康熙刻本　五冊

430000－2401－0006826　272/200(1)

道國元公濂溪周夫子志十五卷首一卷　（清）吳大熔主修　清康熙刻本　三冊　缺八卷（四至九、十六至十七）

430000－2401－0006827　272/103

希賢錄二卷　（清）彭玉麟輯　清光緒九年(1883)刻本　一冊

430000－2401－0006828　272/103(1)

希賢錄二卷　（清）彭玉麟輯　清光緒九年(1883)刻本　一冊

430000－2401－0006829　272/97

邵康節先生外紀四卷　（明）陳繼儒撰　明萬曆四十三年(1615)綉水沈氏刻陳眉公家藏廣秘笈本　一冊　缺二卷（三至四）

430000－2401－0006830　272/38

范文正公言行錄三卷年譜言行摘錄一卷韓魏公言行錄一卷　（清）崔廷璋編　清光緒十三年(1887)刻本　一冊

430000－2401－0006831　272/208

象台首末七卷附一卷　（宋）胡知柔編　（清）胡宗元重編　清同治八年(1869)刻本　四冊

430000－2401－0006832　272/269

宋丞相崔清獻公言行錄三卷　（宋）李肖龍撰　清刻本　一冊　存一卷（中）

430000－2401－0006833　272/30

東坡事類二十二卷　（清）梁廷楠撰　清光緒五年(1879)馬氏刻藤花亭十七種本　十二冊

430000－2401－0006834　272/30(1)

東坡事類二十二卷　（清）梁廷楠撰　清光緒五年(1879)馬氏刻藤花亭十七種本　十二冊

430000－2401－0006835　272/30(2)

東坡事類二十二卷　（清）梁廷楠撰　清光緒五年(1879)馬氏刻藤花亭十七種本　十冊

430000－2401－0006836　272/82

宋忠定趙周王別錄八卷　葉德輝輯　清光緒三十四年(1908)長沙葉氏刻本　四冊

430000－2401－0006837　272/82(1)

宋忠定趙周王別錄八卷　葉德輝輯　清光緒三十四年(1908)長沙葉氏刻本　四冊

430000－2401－0006838　272/82(2)

宋忠定趙周王別錄八卷　葉德輝輯　清光緒三十四年(1908)長沙葉氏刻本　四冊

430000－2401－0006839　272/82(3)

宋忠定趙周王別錄八卷　葉德輝輯　清光緒三十四年(1908)長沙葉氏刻本　四冊

430000－2401－0006840　272/82(4)

宋忠定趙周王別錄八卷　葉德輝輯　清光緒三十四年(1908)長沙葉氏刻本　四冊

430000－2401－0006841　272/82(5)

宋忠定趙周王別錄八卷　葉德輝輯　清光緒三十四年(1908)長沙葉氏刻本　四冊

430000－2401－0006842　272/82(6)

宋忠定趙周王別錄八卷　葉德輝輯　清光緒三十四年(1908)長沙葉氏刻本　四冊

430000－2401－0006843　△262/2

忠獻韓魏王君臣相遇別錄三卷　（宋）王巖叟撰　遺事一卷　（宋）強至撰　家傳十卷　明萬曆四十二年(1614)徐縉芳刻本　四冊

430000－2401－0006844　272/2

忠烈錄六卷　（清）青宗益　（清）青宗堯輯
清雍正十二年(1734)刻本　四冊

430000－2401－0006845　272/2（1）

忠烈錄六卷　（清）青宗益　（清）青宗堯輯
清雍正十二年(1734)刻本　四冊

430000－2401－0006846　272/117

明周端孝先生血疏題跋二卷　（清）萬福康輯
清光緒二十四年(1898)南昌萬氏刻本
一冊

430000－2401－0006847　272/202

子劉子行狀二卷　（清）黃宗羲撰　清刻本
一冊

430000－2401－0006848　272/7

皇明文清公薛先生行實錄五卷　（明）喬宇撰
明萬曆十六年(1588)吳達可刻本　一冊
存二卷(一至二)

430000－2401－0006849　271/257

忠義祠紀略一卷　（清）丁錦義編　清同治四
年(1865)白芙堂丁氏刻本　一冊

430000－2401－0006850　272/5

方柏堂先生事實考略五卷　（清）陳淡然等纂
清光緒十五年(1889)皖城刻本　四冊

430000－2401－0006851　416/347

湘烟小錄三卷　（清）陳斐之撰并輯　清光緒
十二年(1886)上海王氏刻本　一冊

430000－2401－0006852　272/183

王曰旦徽銘錄一卷　（清）王守靜輯　清道光
十七年(1837)刻本　一冊

430000－2401－0006853　272/150

王家勛行狀一卷　（清）王政懋　（清）王政慈
撰　清咸豐刻本　一冊

430000－2401－0006854　272/222

崇祀名宦錄一卷　（清）史佩瑄等撰　清咸豐
刻本　一冊

430000－2401－0006855　272/108

王繼穀潛孝錄一卷　（清）王繼香輯　清光緒

十年(1884)刻本　一冊

430000－2401－0006856　272/24

賢母錄一卷　（清）黃彭年輯　清同治二年
(1863)刻本　一冊

430000－2401－0006857　272/24（1）

賢母錄一卷　（清）黃彭年輯　清同治二年
(1863)刻本　一冊

430000－2401－0006858　272/297

知己辨一卷　（清）王□□撰　清光緒稿本
一冊

430000－2401－0006859　272/160

石清吉行狀一卷　（清）石成之撰　清光緒刻
本　一冊

430000－2401－0006860　272/47

新寧江公行狀一卷　（清）左宗棠　（清）郭嵩
燾撰　清同治刻本　一冊

430000－2401－0006861　272/47（1）

新寧江公行狀一卷　（清）左宗棠　（清）郭嵩
燾撰　清同治刻本　一冊

430000－2401－0006862　272/47（2）

新寧江公行狀一卷　（清）左宗棠　（清）郭嵩
燾撰　清同治刻本　一冊

430000－2401－0006863　272/47（3）

新寧江公行狀一卷　（清）左宗棠　（清）郭嵩
燾撰　清同治刻本　一冊

430000－2401－0006864　272/47（4）

新寧江公行狀一卷　（清）左宗棠　（清）郭嵩
燾撰　清同治刻本　一冊

430000－2401－0006865　272/47（5）

新寧江公行狀一卷　（清）左宗棠　（清）郭嵩
燾撰　清同治刻本　一冊

430000－2401－0006866　272/47（6）

新寧江公行狀一卷　（清）左宗棠　（清）郭嵩
燾撰　清同治刻本　一冊

430000－2401－0006867　272/47（7）

新寧江公行狀一卷　（清）左宗棠　（清）郭嵩

燾撰　清同治刻本　一冊

430000－2401－0006868　272/47（8）

新寧江公行狀一卷　（清）左宗棠　（清）郭嵩
燾撰　清同治刻本　一冊

430000－2401－0006869　272/47（9）

新寧江公行狀一卷　（清）左宗棠　（清）郭嵩
燾撰　清同治刻本　一冊

430000－2401－0006870　272/47（10）

新寧江公行狀一卷　（清）左宗棠　（清）郭嵩
燾撰　清同治刻本　一冊

430000－2401－0006871　272/47（11）

新寧江公行狀一卷　（清）左宗棠　（清）郭嵩
燾撰　清同治刻本　一冊

430000－2401－0006872　272/47（12）

新寧江公行狀一卷　（清）左宗棠　（清）郭嵩
燾撰　清同治刻本　一冊

430000－2401－0006873　272/47（13）

新寧江公行狀一卷　（清）左宗棠　（清）郭嵩
燾撰　清同治刻本　一冊

430000－2401－0006874　272/47（14）

新寧江公行狀一卷　（清）左宗棠　（清）郭嵩
燾撰　清同治刻本　一冊

430000－2401－0006875　272/47（15）

新寧江公行狀一卷　（清）左宗棠　（清）郭嵩
燾撰　清同治刻本　一冊

430000－2401－0006876　272/47（16）

新寧江公行狀一卷　（清）左宗棠　（清）郭嵩
燾撰　清同治刻本　一冊

430000－2401－0006877　272/258

朱孫詒去思錄一卷　（清）劉倬雲等撰　清光
緒二十二年（1896）木活字本　一冊

430000－2401－0006878　272/255

歐陽母朱太宜人往生事略　歐陽石芝編　清
宣統二年（1910）石印本　一冊

430000－2401－0006879　272/206

沈藎　（清）黃中黃撰　清光緒末鉛印本　一冊

430000－2401－0006880　272/127

稼門府君行述一卷　（清）汪正修撰　清嘉慶
刻本　一冊

430000－2401－0006881　272/139

汪蒓家傳一卷　（清）李桓撰　清同治刻本
一冊

430000－2401－0006882　272/90

杜貴墀傳一卷　（清）國史館撰　清光緒三十
二年（1906）刻本　一冊

430000－2401－0006883　272/197

李大令死事紀略一卷　（清）夏燮撰　清咸豐
刻本　一冊

430000－2401－0006884　272/31

李秀成口供一卷　（清）李秀成撰　清末刻本
一冊

430000－2401－0006885　272/223

李星沅家傳一卷　（清）何枚撰　清咸豐刻本
一冊

430000－2401－0006886　272/234

李剛烈公碧血錄二卷　（清）李鎮衡編　清光
緒刻本　一冊

430000－2401－0006887　272/13

李鴻章　梁啟超撰　清光緒二十七年（1901）
刻本　一冊

430000－2401－0006888　272/13－2

李鴻章　梁啟超撰　清光緒鉛印本　一冊

430000－2401－0006889　272/13－3

李鴻章　梁啟超撰　清光緒石印本　一冊

430000－2401－0006890　272/13－4

李鴻章　梁啟超撰　清光緒鉛印本　一冊

430000－2401－0006891　272/13－6

李鴻章　梁啟超撰　清活字本　一冊

430000－2401－0006892　272/301

李勇毅公行述　清鈔本　二冊

430000－2401－0006893　272/196－2

李續賓傳　清鈔本　三冊

430000－2401－0006894　272/196

李忠武公事實一卷　（清）方朔元等撰　清同治十二年(1873)江西糧署刻本　一冊

430000－2401－0006895　272/52

吳士邁傳一卷　（清）國史館纂　清光緒十七年(1891)景婁堂刻本　一冊

430000－2401－0006896　272/52(1)

吳士邁傳一卷　（清）國史館纂　清光緒十七年(1891)景婁堂刻本　一冊

430000－2401－0006897　272/14

平南王元功垂範二卷　（清）尹源進撰　清刻本　二冊

430000－2401－0006898　272/14(1)

平南王元功垂範二卷　（清）尹源進撰　清刻本　二冊

430000－2401－0006899　272/14(2)

平南王元功垂範二卷　（清）尹源進撰　清刻本　二冊

430000－2401－0006900　272/293

易孔昭事蹟　清光緒稿本　一冊

430000－2401－0006901　272/116

丘伯璜墓表一卷　（清）翁方綱撰并書　民國影印本　一冊

430000－2401－0006902　△261/11

周文忠公事狀一卷　（清）孔憲庚撰　**祭文一卷**　（清）臧紆青撰　清鈔本　一冊

430000－2401－0006903　272/144

湘陰周半帆先生崇禮鄉賢錄一卷　（清）□□輯　清同治二年(1863)刻本　一冊

430000－2401－0006904　272/263

周玉麒墓志銘　（清）夏同善撰　清宣統二年(1910)石印本　一冊

430000－2401－0006905　272/166

周鴻渠行述一卷　（清）周炳枝撰　清光緒刻本　一冊

430000－2401－0006906　272/80

胡林翼行狀一卷　（清）郭嵩燾撰　清同治刻本　一冊

430000－2401－0006907　272/112

枕幹錄一卷贈言一卷　（清）冒沅輯　清光緒五年(1879)水繪園刻本　二冊

430000－2401－0006908　272/169

紀慎齋先生行述一卷　（清）紀運鼇撰　清嘉慶十三年(1808)刻本　一冊

430000－2401－0006909　272/87

高給諫城南先生行狀一卷　（清）高楷撰　清光緒三十二年(1906)石印本　一冊

430000－2401－0006910　272/64

秦簧行狀一卷　（清）秦炳直撰　清光緒刻本　一冊

430000－2401－0006911　272/167

雲谷瑣錄一卷　（清）馬秉良撰　清咸豐三年(1853)懋雲山房刻本　一冊

430000－2401－0006912　272/247

湘鄉篤行袁君墓表一卷　（清）王龍文撰（清）王穀書　清宣統石印本　一冊

430000－2401－0006913　△262/9

袁西臺行述一卷　（清）袁愛存（清）袁樹存撰　清鈔本　一冊

430000－2401－0006914　272/155

桂涵行狀一卷　（清）桂文奎等撰　清道光十三年(1833)刻本　一冊

430000－2401－0006915　272/161

徐申遺囑一卷　（清）徐申撰　清光緒八年至九年(1882－1883)刻本　一冊

430000－2401－0006916　461/275

詒煒集五卷　（清）許振褘輯　清光緒十八年(1892)東河節署刻本　一冊

430000－2401－0006917　272/65

郭崑燾行述一卷　（清）郭慶藩撰　清光緒刻本　一冊

430000－2401－0006918　272/65

郭嵩燾行述一卷 （清）郭慶藩撰　郭慶藩行述一卷 （清）郭振墉撰　清光緒刻本　一冊

430000－2401－0006919　272/4

玉池老人自叙一卷 （清）郭嵩燾撰　清光緒十九年(1893)養知書屋刻本　一冊

430000－2401－0006920　272/4(1)

玉池老人自叙一卷 （清）郭嵩燾撰　清光緒十九年(1893)養知書屋刻本　一冊

430000－2401－0006921　272/4(2)

玉池老人自叙一卷 （清）郭嵩燾撰　清光緒十九年(1893)養知書屋刻本　一冊

430000－2401－0006922　272/4(3)

玉池老人自叙一卷 （清）郭嵩燾撰　清光緒十九年(1893)養知書屋刻本　一冊

430000－2401－0006923　272/4(4)

玉池老人自叙一卷 （清）郭嵩燾撰　清光緒十九年(1893)養知書屋刻本　一冊

430000－2401－0006924　272/4(5)

玉池老人自叙一卷 （清）郭嵩燾撰　清光緒十九年(1893)養知書屋刻本　一冊

430000－2401－0006925　272/4(6)

玉池老人自叙一卷 （清）郭嵩燾撰　清光緒十九年(1893)養知書屋刻本　一冊

430000－2401－0006926　272/4(7)

玉池老人自叙一卷 （清）郭嵩燾撰　清光緒十九年(1893)養知書屋刻本　一冊

430000－2401－0006927　272/4(8)

玉池老人自叙一卷 （清）郭嵩燾撰　清光緒十九年(1893)養知書屋刻本　一冊

430000－2401－0006928　272/4(9)

玉池老人自叙一卷 （清）郭嵩燾撰　清光緒十九年(1893)養知書屋刻本　一冊

430000－2401－0006929　272/4(10)

玉池老人自叙一卷 （清）郭嵩燾撰　清光緒十九年(1893)養知書屋刻本　一冊

430000－2401－0006930　272/4(11)

玉池老人自叙一卷 （清）郭嵩燾撰　清光緒十九年(1893)養知書屋刻本　一冊

430000－2401－0006931　272/4(12)

玉池老人自叙一卷 （清）郭嵩燾撰　清光緒十九年(1893)養知書屋刻本　一冊

430000－2401－0006932　272/4(13)

玉池老人自叙一卷 （清）郭嵩燾撰　清光緒十九年(1893)養知書屋刻本　一冊

430000－2401－0006933　272/85

郭沛霖事略一卷 （清）郭階撰　清光緒十五年(1889)刻本　一冊

430000－2401－0006934　272/216

莫友芝行述一卷 （清）莫祥芝撰　清同治十年(1871)刻本　一冊

430000－2401－0006935　272/216(1)

莫友芝行述一卷 （清）莫祥芝撰　清同治十年(1871)刻本　一冊

430000－2401－0006936　△262/10

梅伯言行述一卷 （清）梅紹箕撰　清鈔本　一冊

430000－2401－0006937　272/32

新出張文襄公事略 （清）聽雨樓主人編　清宣統元年(1909)春記書莊石印本　一冊

430000－2401－0006938　272/123

抱冰堂弟子記一卷 （清）張之洞撰　清末鉛印本　一冊

430000－2401－0006939　272/113

張勇烈公神道碑 （清）陳澧撰　（清）張裕釗書　清宣統二年(1910)湖北官刷印局石印本　一冊

430000－2401－0006940　272/113(1)

張勇烈公神道碑 （清）陳澧撰　（清）張裕釗書　清宣統二年(1910)湖北官刷印局石印本　一冊

430000－2401－0006941　272/189

陸清獻公菑嘉遺蹟三卷 （清）黄維玉輯　清同治六年(1867)上海道署刻本　一冊

430000－2401－0006942　272/189（1）

陸清獻公菣嘉遺蹟三卷　（清）黃維玉輯　清
同治六年（1867）上海道署刻本　一冊

430000－2401－0006943　272/189（2）

陸清獻公菣嘉遺蹟三卷　（清）黃維玉輯　清
同治六年（1867）上海道署刻本　一冊

430000－2401－0006944　272/71

陳士杰行狀一卷　王闓運撰　清光緒十九年
（1893）刻本　一冊

430000－2401－0006945　272/71

陳士杰行狀一卷　陳兆葵撰　清光緒十九年
（1893）刻本　一冊

430000－2401－0006946　272/224

陳忠潔公殉難錄四卷　（清）湯鎄桓編　清嘉
慶二十四年（1819）刻本　二冊

430000－2401－0006947　272/118

病榻述舊錄一卷　（清）陳湜撰　清光緒六年
（1880）願聞吾過之軒刻本　一冊

430000－2401－0006948　272/118（1）

病榻述舊錄一卷　（清）陳湜撰　清光緒六年
（1880）願聞吾過之軒刻本　一冊

430000－2401－0006949　272/261

陳公崇祀名宦鄉賢錄　清光緒末京師官書局
鉛印本　一冊

430000－2401－0006950　272/23

曾文正公事略四卷　（清）王定安撰　清光緒
元年（1875）京都琉璃廠龍文齋刻本　四冊

430000－2401－0006951　272/23（1）

曾文正公事略四卷　（清）王定安撰　清光緒
元年（1875）京都琉璃廠龍文齋刻本　二冊

430000－2401－0006952　272/73

曾文正公事略四卷　（清）王定安撰　清光緒
二年（1876）傳忠書局刻本　二冊

430000－2401－0006953　△261/27

求闕齋弟子記不分卷　（清）王定安撰　稿本
二十七冊

430000－2401－0006954　272/26

求闕齋弟子記三十二卷　（清）王定安撰　清
光緒二年（1876）都門琉璃廠龍文齋刻本　十
六冊

430000－2401－0006955　272/26（1）

求闕齋弟子記三十二卷　（清）王定安撰　清
光緒二年（1876）都門琉璃廠龍文齋刻本　十
六冊

430000－2401－0006956　272/26（2）

求闕齋弟子記三十二卷　（清）王定安撰　清
光緒二年（1876）都門琉璃廠龍文齋刻本　十
六冊

430000－2401－0006957　272/26（3）

求闕齋弟子記三十二卷　（清）王定安撰　清
光緒二年（1876）都門琉璃廠龍文齋刻本　十
六冊

430000－2401－0006958　272/26（4）

求闕齋弟子記三十二卷　（清）王定安撰　清
光緒二年（1876）都門琉璃廠龍文齋刻本　十
六冊

430000－2401－0006959　272/26（5）

求闕齋弟子記三十二卷　（清）王定安撰　清
光緒二年（1876）都門琉璃廠龍文齋刻本　十
五冊　缺二卷（一至二）

430000－2401－0006960　272/20

曾太傅毅勇侯傳略一卷　（清）黎庶昌撰　清
同治刻本　一冊

430000－2401－0006961　272/66

黃輔辰傳略四卷　（清）黃彭年等編　清同治
六年（1867）刻本　四冊

430000－2401－0006962　272/66（1）

黃輔辰傳略四卷　（清）黃彭年等編　清同治
六年（1867）刻本　一冊　缺行狀、祀、墓表、
碑陰記、崇祀鄉賢錄、賢母錄

430000－2401－0006963　272/66（2）

黃輔辰傳略四卷　（清）黃彭年等編　清同治
六年（1867）刻本　一冊　缺行狀、祀、墓表、

碑陰記、崇祀鄉賢錄、賢母錄

430000 - 2401 - 0006964　272/142

黃翼升行述一卷　(清)黃宗炎撰　清光緒二十年(1894)刻本　一冊

430000 - 2401 - 0006965　272/54

彭烈婦表揚錄一卷　清同治刻本　一冊

430000 - 2401 - 0006966　272/198

焦循事略一卷　(清)焦廷琥撰　清道光刻本　一冊

430000 - 2401 - 0006967　272/89

程伯翰行狀　程頌萬撰　清光緒十八年(1892)廣州刻本　一冊

430000 - 2401 - 0006968　272/259

賀長齡行狀　(清)賀詒令撰　清末刻本　一冊

430000 - 2401 - 0006969　437/426

楊昌浚墓碑廖含墓碑　王闓運撰　稿本　一冊

430000 - 2401 - 0006970　272/72

楊昌浚行狀一卷　(清)歐陽中鵠撰　清光緒刻本　一冊

430000 - 2401 - 0006971　272/168

陽穀殉難事實　趙文龍輯　清光緒三十四年(1908)襄平趙氏祠堂刻本　一冊

430000 - 2401 - 0006972　272/168(1)

陽穀殉難事實　趙文龍輯　清光緒三十四年(1908)襄平趙氏祠堂刻本　一冊

430000 - 2401 - 0006973　272/168(2)

陽穀殉難事實　趙文龍輯　清光緒三十四年(1908)襄平趙氏祠堂刻本　一冊

430000 - 2401 - 0006974　272/168(3)

陽穀殉難事實　趙文龍輯　清光緒三十四年(1908)襄平趙氏祠堂刻本　一冊

430000 - 2401 - 0006975　272/134

歸安孝女趙瓊卿事略一卷　(清)趙元鯤等撰　清光緒二十七年(1901)刻本　一冊

430000 - 2401 - 0006976　272/134(1)

歸安孝女趙瓊卿事略一卷　(清)趙元鯤等撰　清光緒二十七年(1901)刻本　一冊

430000 - 2401 - 0006977　272/126

鄭學錄四卷　(清)鄭珍撰　清同治五年(1866)成山唐氏刻本　二冊

430000 - 2401 - 0006978　272/36

蔣凝學行狀一卷　(清)蔣漸澤撰　清光緒刻本　一冊

430000 - 2401 - 0006979　272/277

黎墉墓志銘　王闓運撰　蕭邦懌書　清光緒三十年(1904)長沙余澤生刻石拓本　一冊

430000 - 2401 - 0006980　272/34

劉武慎公行狀一卷　(清)王定安撰　清光緒十六年(1890)金陵刻本　一冊

430000 - 2401 - 0006981　272/34(1)

劉武慎公行狀一卷　(清)王定安撰　清光緒十六年(1890)金陵刻本　一冊

430000 - 2401 - 0006982　272/34(2)

劉武慎公行狀一卷　(清)王定安撰　清光緒十六年(1890)金陵刻本　一冊

430000 - 2401 - 0006983　272/19

劉坤一　清光緒二十九年(1903)鉛印本　一冊

430000 - 2401 - 0006984　272/19

劉坤一　清末石印本　一冊

430000 - 2401 - 0006985　272/237

劉福堂軍門戰功紀略一卷　(清)龍聲洋撰　清光緒二年(1876)負米山房刻本　一冊

430000 - 2401 - 0006986　272/226

劉壯慤公行狀一卷　(清)龍湛霖撰　清光緒三十二年(1906)郁文書局鉛印本　一冊

430000 - 2401 - 0006987　272/121

劉襄勤史傳稿一卷　(清)何維樸撰　清宣統二年(1910)石印本　一冊

430000 - 2401 - 0006988　272/121(1)

劉襄勤史傳稿一卷 （清）何維樸撰 清宣統
二年（1910）石印本 一冊

430000－2401－0006989 272/121（2）

劉襄勤史傳稿一卷 （清）何維樸撰 清宣統
二年（1910）石印本 一冊

430000－2401－0006990 272/157

劉誼行述一卷 （清）劉兆璜等撰 清道光刻
本 一冊

430000－2401－0006991 272/233

劉太恭人行述一卷 （清）陳源兗撰 清道光
刻本 一冊

430000－2401－0006992 272/148

險異錄圖說合覽二卷 （清）豫師撰 清光緒
十四年（1888）石印本 二冊

430000－2401－0006993 272/148（1）

險異錄圖說合覽二卷 （清）豫師撰 清光緒
十四年（1888）石印本 二冊

430000－2401－0006994 272/203

乾州廳鄧君事狀一卷 （清）張聲樹撰 清光
緒刻本 一冊

430000－2401－0006995 272/143

駱文忠公行狀一卷 （清）李光廷撰 清同治
刻本 二冊

430000－2401－0006996 272/218

錢寶傳行述一卷 （清）錢紹楨撰 清光緒三
十三年（1907）刻本 一冊

430000－2401－0006997 272/6

邵陽魏府君事略一卷 （清）魏耆撰 清咸豐
刻本 一冊

430000－2401－0006998 272/6（1）

邵陽魏府君事略一卷 （清）魏耆撰 清咸豐
刻本 一冊

430000－2401－0006999 272/6（2）

邵陽魏府君事略一卷 （清）魏耆撰 清咸豐
刻本 一冊

430000－2401－0007000 272/6（3）

邵陽魏府君事略一卷 （清）魏耆撰 清咸豐
刻本 一冊

430000－2401－0007001 272/158

譚世馨行狀一卷 （清）譚世鼎撰 清光緒刻
本 一冊

430000－2401－0007002 △24/32

從征紀程七卷 （清）譚建宅撰 清鈔本 一
冊 存四卷（二至四、七）

430000－2401－0007003 272/53

國史羅閣學公列傳一卷 （清）□□撰 清光
緒刻本 一冊

430000－2401－0007004 272/81

譚鐘麟行狀一卷 譚延闓等撰 清光緒三十
一年（1905）刻朱印本 一冊

430000－2401－0007005 272/81（1）

譚鐘麟行狀一卷 譚延闓等撰 清光緒三十
一年（1905）刻朱印本 一冊

430000－2401－0007006 272/199

梅君行狀一卷 羅正鈞撰 清光緒刻本
一冊

430000－2401－0007007 272/159

羅信西墓表一卷 （清）羅鎮嵩撰 清光緒十
九年（1893）刻本 一冊

430000－2401－0007008 272/165

嚴正基行述一卷 （清）嚴咸撰 清同治刻本
一冊

430000－2401－0007009 272/165（1）

嚴正基行述一卷 （清）嚴咸撰 清同治刻本
一冊

430000－2401－0007010 273/1

十五家年譜叢書 （清）楊希閔撰 清光緒中
揚州書林陳履恆刻本 十六冊

430000－2401－0007011 273/105

四洪年譜 （清）洪汝奎輯 清宣統元年
（1909）晦木齋刻本 四冊

430000－2401－0007012 273/27－2

延平四先生年譜　（清）毛念恃輯　清康熙刻本　一冊

430000－2401－0007013　273/27

延平四先生年譜　（清）毛念恃輯　清刻本　二冊

430000－2401－0007014　273/89

豫章先賢九家年譜　（清）楊希閔編　清光緒三年（1877）刻本　四冊　存六卷（漢徐徵士年譜一卷、晉陶徵士年譜一卷、歐陽文忠公年譜一卷、吳聘君年譜一卷、胡文敬公年譜一卷、曾文定公年譜）

430000－2401－0007015　273/42

頤志齋四譜　（清）丁晏撰　清道光二十三年（1843）山陽丁氏六藝堂刻本　一冊

430000－2401－0007016　273/42（1）

頤志齋四譜　（清）丁晏撰　清道光二十三年（1843）山陽丁氏六藝堂刻本　一冊

430000－2401－0007017　273/44－2

歷代名人年譜十卷　（清）吳榮光撰　清光緒元年（1875）南海張蔭桓刻本　十冊

430000－2401－0007018　273/44

歷代名人年譜十卷　（清）吳榮光撰　清光緒二年（1876）京都寶經書坊刻本　十冊

430000－2401－0007019　273/44－3

歷代名人年譜十卷　（清）吳榮光撰　清光緒信都萬忍堂郭氏校刻本　十冊

430000－2401－0007020　△263/2

孔子編年五卷　（宋）胡仔撰　清乾隆四庫全書鈔本　一冊

430000－2401－0007021　273/15－2

孔子編年五卷　（宋）胡仔撰　清嘉慶二十三年（1818）刻本　一冊

430000－2401－0007022　273/15

孔子編年五卷　（宋）胡仔撰　清同治九年（1870）京都墨文齋刻本　一冊

430000－2401－0007023　273/15（1）

孔子編年五卷　（宋）胡仔撰　清同治九年

（1870）京都墨文齋刻本　一冊

430000－2401－0007024　273/15（2）

孔子編年五卷　（宋）胡仔撰　清同治九年（1870）京都墨文齋刻本　一冊

430000－2401－0007025　273/21

孔子編年四卷　（宋）狄子奇撰　清光緒十三年（1887）浙江書局刻本　一冊

430000－2401－0007026　273/128

聖賢年譜一卷或問一卷　（宋）王復禮撰　清龔駿聲等捐資刻本　二冊

430000－2401－0007027　273/92－2

先聖生卒年月日考二卷　（清）孔廣牧　清光緒十五年（1889）廣雅書局刻廣雅書局叢書本　一冊

430000－2401－0007028　273/92－2（1）

先聖生卒年月日考二卷　（清）孔廣牧　清光緒十五年（1889）廣雅書局刻廣雅書局叢書本　一冊

430000－2401－0007029　273/92－2（2）

先聖生卒年月日考二卷　（清）孔廣牧撰　清光緒十五年（1889）廣雅書局刻廣雅書局叢書本　一冊

430000－2401－0007030　273/92－2（3）

先聖生卒年月日考二卷　（清）孔廣牧撰　清光緒十五年（1889）廣雅書局刻廣雅書局叢書本　一冊

430000－2401－0007031　273/92－2（4）

先聖生卒年月日考二卷　（清）孔廣牧撰　清光緒十五年（1889）廣雅書局刻廣雅書局叢書本　一冊

430000－2401－0007032　273/92

先聖生卒年月日考二卷　（清）孔廣牧撰　清光緒十九年（1893）浙江書局刻本　一冊

430000－2401－0007033　273/92（1）

先聖生卒年月日考二卷　（清）孔廣牧撰　清光緒十九年（1893）浙江書局刻本　一冊

430000－2401－0007034　273/92（2）

先聖生卒年月日考二卷　（清）孔廣牧撰　清光緒十九年(1893)浙江書局刻本　一冊

430000－2401－0007035　△263/4

先聖生卒年月日考二卷　（清）孔廣牧撰　清鈔本　一冊

430000－2401－0007036　273/126

孔子年譜輯註一卷　（清）江永編　（清）黃定宜輯註　清道光二十七年(1847)安雅堂刻孔孟編年本　一冊

430000－2401－0007037　273/50

孔子年譜綱目一卷孔廟正位圖一卷　（清）夏洪基編輯　清同治刻本　二冊

430000－2401－0007038　273/20

至聖先師孔子年譜三卷首一卷末一卷　（清）楊方晃編　清雍正十三年至乾隆二年(1735－1737)存存齋刻本　四冊

430000－2401－0007039　273/23

孟子章句考年五卷首一卷　（清）蔣一鑒輯　清道光十七年(1837)謙吉堂刻本　二冊

430000－2401－0007040　273/2

孟子編年四卷　（清）狄子奇撰　清光緒十三年(1887)浙江書局刻本　一冊

430000－2401－0007041　273/2(1)

孟子編年四卷　（清）狄子奇撰　清光緒十三年(1887)浙江書局刻本　二冊

430000－2401－0007042　273/2(2)

孟子編年四卷　（清）狄子奇撰　清光緒十三年(1887)浙江書局刻本　一冊

430000－2401－0007043　273/52

漢鄭君年譜一卷　（清）丁晏撰　清道光二十三年(1843)刻頤志齋叢書本　一冊

430000－2401－0007044　273/118

右軍年譜一卷　（清）魯一同撰　清咸豐五年(1855)山陽魯氏刻魯氏遺著本　一冊

430000－2401－0007045　273/156

晉長沙郡公陶桓公年譜二卷附錄一卷　鈔本　一冊

430000－2401－0007046　273/41

韓柳年譜八卷　（宋）魏仲舉編　清雍正七年(1729)馬曰璐小玲瓏山館刻本　二冊

430000－2401－0007047　273/41(1)

韓柳年譜八卷　（宋）魏仲舉編　清雍正七年(1729)馬曰璐小玲瓏山館刻本　二冊

430000－2401－0007048　273/26

魏文貞公年譜二卷　（清）王先恭編　清光緒九年(1883)長沙王氏刻本　一冊

430000－2401－0007049　273/26(1)

魏文貞公年譜二卷　（清）王先恭編　清光緒九年(1883)長沙王氏刻本　一冊

430000－2401－0007050　273/4

王文公年譜考略節要四卷　（清）蔡上翔撰　（清）楊希閔節錄　清光緒四年(1878)福州刻本　五冊

430000－2401－0007051　273/97－2

朱子年譜四卷考異四卷附錄二卷　（清）王懋竑撰　清乾隆白田草堂刻本　四冊

430000－2401－0007052　273/97－2(1)

朱子年譜四卷考異四卷附錄二卷　（清）王懋竑撰　清乾隆白田草堂刻本　四冊

430000－2401－0007053　273/97－2(2)

朱子年譜四卷考異四卷附錄二卷　（清）王懋竑撰　清乾隆白田草堂刻本　四冊

430000－2401－0007054　273/97－4

朱子年譜四卷考異四卷附錄二卷　（清）王懋竑撰　清同治九年(1870)永康應氏刻本　四冊

430000－2401－0007055　273/97－4(1)

朱子年譜四卷考異四卷附錄二卷　（清）王懋竑撰　清同治九年(1870)永康應氏刻本　四冊

430000－2401－0007056　273/97－4(2)

朱子年譜四卷考異四卷附錄二卷　（清）王懋竑撰　清同治九年(1870)永康應氏刻本　四冊

430000－2401－0007057　273/97

朱子年譜四卷考異四卷附錄二卷　（清）王懋
竑撰　清光緒九年(1883)武昌書局校刻白田
草堂本　四冊

430000－2401－0007058　273/97(1)

朱子年譜四卷考異四卷附錄二卷　（清）王懋
竑撰　清光緒九年(1883)武昌書局校刻白田
草堂本　四冊

430000－2401－0007059　273/97(2)

朱子年譜四卷考異四卷附錄二卷　（清）王懋
竑撰　清光緒九年(1883)武昌書局校刻白田
草堂本　四冊

430000－2401－0007060　273/97(3)

朱子年譜四卷考異四卷附錄二卷　（清）王懋
竑撰　清光緒九年(1883)武昌書局校刻白田
草堂本　四冊

430000－2401－0007061　273/97(4)

朱子年譜四卷考異四卷附錄二卷　（清）王懋
竑撰　清光緒九年(1883)武昌書局校刻白田
草堂本　四冊

430000－2401－0007062　273/97(5)

朱子年譜四卷考異四卷附錄二卷　（清）王懋
竑撰　清光緒九年(1883)武昌書局校刻白田
草堂本　四冊

430000－2401－0007063　273/97(6)

朱子年譜四卷考異四卷附錄二卷　（清）王懋
竑撰　清光緒九年(1883)武昌書局校刻白田
草堂本　三冊　缺六卷(年譜考異四卷、附錄
二卷)

430000－2401－0007064　273/97－3

朱子年譜四卷考異四卷附錄二卷　（清）王懋
竑撰　清末浙江書局刻本　四冊

430000－2401－0007065　273/97－3(1)

朱子年譜四卷考異四卷附錄二卷　（清）王懋
竑撰　清末浙江書局刻本　二冊　存四卷
(一至四)

430000－2401－0007066　273/101

430000－2401－0007067　273/101(1)

朱子年譜綱目十二卷首一卷末一卷　（清）李
元祿編　清嘉慶七年(1802)敬修齋木活字本
五冊

430000－2401－0007067　273/101(1)

朱子年譜綱目十二卷首一卷末一卷　（清）李
元祿編　清嘉慶七年(1802)敬修齋木活字本
三冊

430000－2401－0007068　273/101(2)

朱子年譜綱目十二卷首一卷末一卷　（清）李
元祿編　清嘉慶七年(1802)敬修齋木活字本
四冊

430000－2401－0007069　273/34－2

李忠定公年譜一卷　（清）楊希閔撰　清同治
五年(1866)福州刻本　一冊

430000－2401－0007070　273/34－2(1)

李忠定公年譜一卷　（清）楊希閔撰　清同治
五年(1866)福州刻本　一冊

430000－2401－0007071　273/34－2(2)

李忠定公年譜一卷　（清）楊希閔撰　清同治
五年(1866)福州刻本　一冊

430000－2401－0007072　273/34－2(3)

李忠定公年譜一卷　（清）楊希閔撰　清同治
五年(1866)福州刻本　一冊

430000－2401－0007073　273/145

宋李忠定公年譜一卷　（清）楊希閔撰　清光
緒二十九年(1903)湖南愛日堂刻本　一冊

430000－2401－0007074　273/145(1)

宋李忠定公年譜一卷　（清）楊希閔撰　清光
緒二十九年(1903)湖南愛日堂刻本　一冊

430000－2401－0007075　273/145(2)

宋李忠定公年譜一卷　（清）楊希閔撰　清光
緒二十九年(1903)湖南愛日堂刻本　一冊

430000－2401－0007076　273/53

宋少保岳鄂王行實編年二卷　（宋）岳珂編
清同治二年(1863)古潭余氏明辨齋刻本
一冊

430000－2401－0007077　273/98

洪文惠公年譜一卷　（清）錢大昕撰　清光緒
十年(1884)長沙龍氏家塾刻嘉定錢氏潛研堂
全書本　一冊

430000－2401－0007078　273/98（1）

洪文惠公年譜一卷　（清）錢大昕撰　清光緒
十年(1884)長沙龍氏家塾刻嘉定錢氏潛研堂
全書本　一冊

430000－2401－0007079　273/98（2）

洪文惠公年譜一卷　（清）錢大昕撰　清光緒
十年(1884)長沙龍氏家塾刻嘉定錢氏潛研堂
全書本　一冊

430000－2401－0007080　273/112

淮海先生年譜一卷　（清）秦瀛編　清刻本
一冊

430000－2401－0007081　273/150

陸文安公年譜二卷　（清）楊希閔撰　清光緒
四年(1878)福州吳玉田刻本　一冊

430000－2401－0007082　273/155

陸放翁先生年譜一卷　（清）錢大昕撰　清光
緒十年(1884)刻嘉定錢氏潛研堂全書本
一冊

430000－2401－0007083　273/160

重刻山谷先生年譜十四卷　（宋）黃𤫉編　清
乾隆刻本　二冊

430000－2401－0007084　273/12

黃文節公年譜一卷　（清）楊希閔撰　清光緒
四年(1878)福州刻本　一冊

430000－2401－0007085　273/124

先儒宣公張子年譜一卷　（清）王開琫編　清
木活字本　一冊

430000－2401－0007086　273/54

廣元遺山年譜二卷　（清）李光廷編　清同治
五年(1866)忻縣陳氏鉛印本　二冊

430000－2401－0007087　273/109

元遺山先生年譜一卷墓詩一卷　（清）翁方綱
編　清道光刻本　一冊

430000－2401－0007088　273/6

許魯齋先生年譜一卷　（清）鄭士範編　清光
緒六年(1880)周氏正誼堂刻本　一冊

430000－2401－0007089　273/6（1）

許魯齋先生年譜一卷　（清）鄭士範編　清
緒六年(1880)周氏正誼堂刻本　一冊

430000－2401－0007090　273/83

王文肅公年譜二卷　（明）王衡撰　清光緒十
九年(1893)刻本　一冊

430000－2401－0007091　273/133

陽明先生年譜二卷　（清）陶㴋霍撰　清道光
六年(1826)刻本　二冊

430000－2401－0007092　273/133（1）

陽明先生年譜二卷　（清）陶㴋霍撰　清道光
六年(1826)刻本　一冊

430000－2401－0007093　25/193

建文年譜四卷　（清）趙士哲撰　清咸豐四年
(1854)古噩習勤堂刻本　四冊

430000－2401－0007094　273/76

明李文正公年譜五卷　（清）法式善撰　（清）
唐仲冕增補　清嘉慶八年(1803)樗園刻本
二冊

430000－2401－0007095　273/76－2

明李文正公年譜七卷　（清）法式善撰　（清）
唐仲冕增補　清嘉慶十四年(1809)刻本
二冊

430000－2401－0007096　273/82

忠節吳次尾先生年譜一卷遺事一卷　（清）夏
爕編　清刻本　一冊

430000－2401－0007097　273/137

周吏部年譜一卷　（明）殷獻臣撰　清光緒二
十九年(1903)唐文治刻本　三冊

430000－2401－0007098　273/22

高陽太傅孫文正公年譜五卷　（明）孫銓編輯
　清乾隆師儉堂刻本　四冊

430000－2401－0007099　273/22（1）

高陽太傅孫文正公年譜五卷　（明）孫銓編輯
　清乾隆師儉堂刻本　四冊

430000 - 2401 - 0007100　273/22(2)

高陽太傅孫文正公年譜五卷　（明）孫銓編輯
清乾隆師儉堂刻本　二冊　缺一卷(五)

430000 - 2401 - 0007101　273/115

鹿忠節公年譜二卷　（清）陳鈜編　清康熙尋
樂堂刻本　二冊

430000 - 2401 - 0007102　273/66

堵文忠公年譜一卷　（清）潘卓齋編　清光緒
十三年(1887)刻本　一冊

430000 - 2401 - 0007103　273/39

戚少保年譜耆編十二卷首一卷　（明）戚祚國
纂　清道光二十七年(1847)仙游崇勛祠刻本
十二冊

430000 - 2401 - 0007104　273/39(1)

戚少保年譜耆編十二卷首一卷　（明）戚祚國
纂　清道光二十七年(1847)仙游崇勛祠刻本
六冊

430000 - 2401 - 0007105　273/39(2)

戚少保年譜耆編十二卷首一卷　（明）戚祚國
纂　清道光二十七年(1847)仙游崇勛祠刻本
四冊

430000 - 2401 - 0007106　273/64

黃忠端公年譜四卷補遺一卷　（明）莊起儔編
清道光九年(1829)刻本　二冊

430000 - 2401 - 0007107　273/74

太師楊文貞公據說二卷　（明）楊守一編　清
鈔本　一冊

430000 - 2401 - 0007108　273/104

劉忠宣公年譜二卷　（清）劉世節撰　清乾隆
五十一年(1786)清刻本　一冊

430000 - 2401 - 0007109　273/121

先君子蕺山先生年譜一卷　（清）劉汋撰　清
乾隆三十九年(1774)證人堂刻本　二冊

430000 - 2401 - 0007110　273/68

鄭延平年譜一卷　（清）許浩基撰　清同治十
一年(1872)吳興許氏杏蔭堂刻本　一冊

430000 - 2401 - 0007111　273/40

430000 - 2401 - 0007112　273/57

戴東原先生年譜一卷　（清）段玉裁編　清乾
隆刻本　一冊

方望溪先生年譜一卷附錄一卷　（清）蘇惇元
撰　清咸豐元年(1851)刻本　一冊

430000 - 2401 - 0007113　273/11 - 2

王狀武公年譜二卷　羅正鈞撰　清光緒十八
年(1892)江寧刻本　一冊

430000 - 2401 - 0007114　273/11

王壯武公年譜二卷　羅正鈞撰　清光緒刻本
一冊

430000 - 2401 - 0007115　273/96

先船山公年譜前編一卷後編一卷　（清）王之
春撰　清光緒十九年(1893)刻本　二冊

430000 - 2401 - 0007116　273/96(1)

先船山公年譜前編一卷後編一卷　（清）王之
春撰　清光緒十九年(1893)刻本　二冊

430000 - 2401 - 0007117　273/96(2)

先船山公年譜前編一卷後編一卷　（清）王之
春撰　清光緒十九年(1893)刻本　二冊

430000 - 2401 - 0007118　273/96(3)

先船山公年譜前編一卷後編一卷　（清）王之
春撰　清光緒十九年(1893)刻本　二冊

430000 - 2401 - 0007119　273/96(4)

先船山公年譜前編一卷後編一卷　（清）王之
春撰　清光緒十九年(1893)刻本　二冊

430000 - 2401 - 0007120　273/96(5)

先船山公年譜前編一卷後編一卷　（清）王之
春撰　清光緒十九年(1893)刻本　二冊

430000 - 2401 - 0007121　273/96(6)

先船山公年譜前編一卷後編一卷　（清）王之
春撰　清光緒十九年(1893)刻本　二冊

430000 - 2401 - 0007122　273/95

王船山先生年譜二卷　（清）劉毓崧撰　清光
緒十二年(1886)江南書局刻本　二冊

430000 - 2401 - 0007123　273/95(1)

王船山先生年譜二卷　（清）劉毓崧撰　清光
緒十二年(1886)江南書局刻本　二冊

430000－2401－0007124　273/95(2)

王船山先生年譜二卷　（清）劉毓崧撰　清光
緒十二年(1886)江南書局刻本　二冊

430000－2401－0007125　273/95(3)

王船山先生年譜二卷　（清）劉毓崧撰　清光
緒十二年(1886)江南書局刻本　二冊

430000－2401－0007126　273/95(4)

王船山先生年譜二卷　（清）劉毓崧撰　清光
緒十二年(1886)江南書局刻本　二冊

430000－2401－0007127　273/95(5)

王船山先生年譜二卷　（清）劉毓崧撰　清光
緒十二年(1886)江南書局刻本　二冊

430000－2401－0007128　273/95(6)

王船山先生年譜二卷　（清）劉毓崧撰　清光
緒十二年(1886)江南書局刻本　二冊

430000－2401－0007129　273/95(7)

王船山先生年譜二卷　（清）劉毓崧撰　清光
緒十二年(1886)江南書局刻本　二冊

430000－2401－0007130　273/95(8)

王船山先生年譜二卷　（清）劉毓崧撰　清光
緒十二年(1886)江南書局刻本　二冊

430000－2401－0007131　273/95(9)

王船山先生年譜二卷　（清）劉毓崧撰　清光
緒十二年(1886)江南書局刻本　二冊

430000－2401－0007132　273/95(10)

王船山先生年譜二卷　（清）劉毓崧撰　清光
緒十二年(1886)江南書局刻本　一冊

430000－2401－0007133　273/95(11)

王船山先生年譜二卷　（清）劉毓崧撰　清光
緒十二年(1886)江南書局刻本　二冊

430000－2401－0007134　273/32

左文襄公年譜十卷　羅正鈞撰　清光緒二十
三年(1897)湘陰左氏刻本　十冊

430000－2401－0007135　273/32(1)

左文襄公年譜十卷　羅正鈞撰　清光緒二十
三年(1897)湘陰左氏刻本　十冊

430000－2401－0007136　273/32(2)

左文襄公年譜十卷　羅正鈞撰　清光緒二十
三年(1897)湘陰左氏刻本　十冊

430000－2401－0007137　273/32(3)

左文襄公年譜十卷　羅正鈞撰　清光緒二十
三年(1897)湘陰左氏刻本　十冊

430000－2401－0007138　273/32(4)

左文襄公年譜十卷　羅正鈞撰　清光緒二十
三年(1897)湘陰左氏刻本　十冊

430000－2401－0007139　273/32(5)

左文襄公年譜十卷　羅正鈞撰　清光緒二十
三年(1897)湘陰左氏刻本　十冊

430000－2401－0007140　273/32(6)

左文襄公年譜十卷　羅正鈞撰　清光緒二十
三年(1897)湘陰左氏刻本　十冊

430000－2401－0007141　273/32(7)

左文襄公年譜十卷　羅正鈞撰　清光緒二十
三年(1897)湘陰左氏刻本　十冊

430000－2401－0007142　273/51

閻潛邱先生年譜一卷　（清）張穆編　清道光
二十七年(1847)壽陽祁氏饅飢亭刻本　一冊

430000－2401－0007143　273/88

南崖府君年譜三卷　（清）朱錫經撰　清刻本
　一冊

430000－2401－0007144　△263/3

朱南崖年譜三卷　（清）朱錫經撰　清鈔本
三冊

430000－2401－0007145　273/71

雙池先生年譜四卷　（清）余龍光編　清同治
五年(1866)刻本　楊昌浚圈點　一冊　存一
卷(一)

430000－2401－0007146　272/181

夢痕錄餘一卷　（清）汪輝祖撰　清咸豐木活
字本　一冊

430000－2401－0007147　273/8

病榻夢痕錄二卷錄餘一卷　（清）汪輝祖撰
清同治十一年(1872)刻本　四冊

430000－2401－0007148　273/8－2

病榻夢痕錄二卷錄餘一卷　（清）汪輝祖撰
清刻本　二冊

430000－2401－0007149　273/18

雷塘庵主弟子記八卷　（清）張鑒撰　（清）阮
福續　清咸豐琅環仙館刻本　六冊

430000－2401－0007150　273/18(1)

雷塘庵主弟子記八卷　（清）張鑒撰　（清）阮
福續　清咸豐琅環仙館刻本　四冊

430000－2401－0007151　273/18(2)

雷塘庵主弟子記八卷　（清）張鑒撰　（清）阮
福續　清咸豐琅環仙館刻本　二冊

430000－2401－0007152　273/18(3)

雷塘庵主弟子記八卷　（清）張鑒撰　（清）阮
福續　清咸豐琅環仙館刻本　六冊

430000－2401－0007153　273/18(4)

雷塘庵主弟子記八卷　（清）張鑒撰　（清）阮
福續　清咸豐琅環仙館刻本　合訂一冊

430000－2401－0007154　273/132

武進李申耆先生年譜三卷小德錄一卷　（清）
蔣彤編　清光緒十三年(1887)刻本　二冊

430000－2401－0007155　273/168

榕村譜錄合考二卷　（清）李清馥撰　清道光
六年(1826)李維迪刻本　二冊

430000－2401－0007156　273/168－2

榕村譜錄合考二卷　（清）李清馥撰　清道光
李師洛刻本　二冊

430000－2401－0007157　273/158

文貞公年譜二卷　（清）李清植撰　清道光九
年(1829)李維迪刻本　二冊

430000－2401－0007158　273/153

李恕谷先生年譜五卷　（清）馮辰撰　清光緒
五年(1879)定州王氏謙德堂刻畿輔叢書本
四冊

430000－2401－0007159　273/86

文節府君年譜一卷　（清）吳養原撰　清吳氏
刻本　一冊

430000－2401－0007160　273/106

丹魁堂自訂年譜一卷　（清）季芝昌撰　清同
治三年(1864)崇川文成堂刻本　一冊

430000－2401－0007161　273/106(1)

丹魁堂自訂年譜一卷　（清）季芝昌撰　清同
治三年(1864)崇川文成堂刻本　一冊

430000－2401－0007162　273/147

周漁潢先生年譜一卷　（清）陳田編　清光緒
貴陽陳氏聽詩齋刻本　一冊

430000－2401－0007163　273/138

洪北江先生年譜一卷　（清）呂培等編　清光
緒三年(1877)授經堂刻本　一冊

430000－2401－0007164　273/138(1)

洪北江先生年譜一卷　（清）呂培等編　清光
緒三年(1877)授經堂刻本　一冊

430000－2401－0007165　273/37

胡文忠公年譜一卷　（清）嚴樹森編　清同治
刻本　一冊

430000－2401－0007166　△263/14

胡林翼年譜一卷　清稿本　一冊

430000－2401－0007167　273/79

泰舒胡先生年譜一卷　（清）王永祺編　清乾
隆刻本　一冊

430000－2401－0007168　273/28

姚惜抱年譜一卷　（清）鄭福照輯　清同治七
年(1868)刻本　一冊

430000－2401－0007169　△263/11

徽君孫先生年譜二卷　（清）趙禦眾等撰　清
乾隆刻本　二冊

430000－2401－0007170　273/94

郭光祿公年譜二卷　（清）郭階編　清光緒十
三年(1887)刻本　一冊

430000－2401－0007171　273/30－2

陸稼書先生年譜定本二卷附錄二卷　（清）吳
光西撰　清雍正三年(1725)刻本　二冊

430000－2401－0007172　273/30－2(1)

陸稼書先生年譜定本二卷附錄二卷　（清）吳
光西撰　清雍正三年(1725)刻本　二冊

430000－2401－0007173　273/166

陸稼書先生年譜定本二卷　（清）吳光西撰
清乾隆六年(1741)刻本　二冊

430000－2401－0007174　273/30

陸清獻公年譜足本二卷附錄一卷　（清）吳光
西撰　清光緒八年(1882)津河廣仁堂刻本
三冊

430000－2401－0007175　273/30(1)

陸清獻公年譜足本二卷附錄一卷　（清）吳光
西撰　清光緒八年(1882)津河廣仁堂刻本
三冊

430000－2401－0007176　273/31

陸清獻先生年譜原本一卷　（清）楊開基撰
清乾隆十七年(1752)居易齋刻本　一冊

430000－2401－0007177　273/87

稼書先生年譜一卷　（清）陸宸徵　（清）李鉉
輯　清同治十三年(1874)虞山顧氏刻小石山
房叢書本　一冊

430000－2401－0007178　273/29

陳文肅公年譜一卷　（清）陳輝祖等輯　清光
緒十六年(1890)素園刻本　一冊

430000－2401－0007179　273/29(1)

陳文肅公年譜一卷　（清）陳輝祖等輯　清光
緒十六年(1890)素園刻本　一冊

430000－2401－0007180　273/69

陳恪勤公年譜三卷　（清）唐祖價撰　清道光
二十六年(1846)刻本　一冊

430000－2401－0007181　273/67

安道公年譜二卷　（清）陳溥撰　陳安道先生
世系一卷　（清）繆朝荃撰　清光緒十八年
(1892)刻本　一冊

430000－2401－0007182　273/84

湯文正公年譜定本二卷　（清）楊椿重輯
（清）方苞考訂　清乾隆八年(1743)樹德堂刻
本　二冊

430000－2401－0007183　273/56

陶園年譜一卷　（清）戴熙　（清）何紹基撰
清光緒十五年(1889)湘潭張氏刻本　一冊

430000－2401－0007184　△263/8

曾文正公年譜不分卷　（清）曹耀湘輯　稿本
五冊

430000－2401－0007185　273/48

曾文正公年譜十二卷　（清）黎庶昌纂　清光
緒二年(1876)長沙傳忠書局刻本　四冊

430000－2401－0007186　273/48(1)

曾文正公年譜十二卷　（清）黎庶昌纂　清光
緒二年(1876)長沙傳忠書局刻本　五冊

430000－2401－0007187　273/48(2)

曾文正公年譜十二卷　（清）黎庶昌纂　清光
緒二年(1876)長沙傳忠書局刻本　五冊

430000－2401－0007188　273/48(3)

曾文正公年譜十二卷　（清）黎庶昌纂　清光
緒二年(1876)長沙傳忠書局刻本　四冊

430000－2401－0007189　△263/9

曾文正公年譜十二卷　（清）黎庶昌輯　鈔本
一冊　存二卷(五至六)

430000－2401－0007190　273/131

曾忠襄公年譜四卷　（清）王定安撰　蕭榮爵
增訂　清光緒二十九年(1903)刻本　二冊

430000－2401－0007191　273/117

張曲沃年譜一卷傳一卷　（清）張家杙編
（清）戴熙　（清）何紹基審定　清道光刻本
一冊

430000－2401－0007192　273/130

澄懷主人自訂年譜六卷　（清）張廷玉撰　清
光緒六年(1880)刻本　四冊

430000－2401－0007193　273/130(1)

澄懷主人自訂年譜六卷　（清）張廷玉撰　清
光緒六年(1880)刻本　二冊

430000－2401－0007194　273/110

先考雨生府君年譜編略一卷　（清）張惟雋
（清）張惟佶撰　清光緒刻本　一冊

430000－2401－0007195　273/107

一西自記年譜一卷附記一卷　（清）張師誠撰
（清）張應泰等附記　清同治八年（1869）刻
本　一冊

430000－2401－0007196　273/81

張楊園先生年譜五卷　（清）姚夏輯　清道光
十四年（1834）補讀書齋刻本　一冊

430000－2401－0007197　273/142

張楊園先生年譜一卷附錄一卷　（清）蘇惇元
編　清道光二十三年（1843）儀宋堂刻本
一冊

430000－2401－0007198　273/16

黃堯圃先生年譜二卷　（清）江標輯　清光緒
二十三年（1897）刻本　二冊

430000－2401－0007199　273/59

黃仲則先生年譜一卷附錄一卷　（清）毛慶善
撰　清道光二十七年（1847）尚友齋刻本
一冊

430000－2401－0007200　273/65

黃忠端公年譜二卷　（清）黃炳垕撰　清光緒
元年（1875）刻本　一冊

430000－2401－0007201　273/65（1）

黃忠端公年譜二卷　（清）黃炳垕撰　清光緒
元年（1875）刻本　一冊

430000－2401－0007202　273/55

程竹溪年譜一卷　（清）嚴實枝　（清）謝家樹
編　清光緒三年（1877）刻本　一冊

430000－2401－0007203　△263/10

楊文定公年譜一卷　（清）楊敦厚撰　鈔本
一冊

430000－2401－0007204　273/157

宮傅楊果勇侯自編年譜五卷　（清）楊芳撰
清道光二十年（1840）南海傅寶和堂刻本　三
冊　存三卷（一、三、五）

430000－2401－0007205　48/21（4）

甌北年譜一卷　清嘉慶湛貽堂刻甌北全集本
一冊

430000－2401－0007206　273/136

裴光祿年譜四卷　（清）徐嘉編　清光緒二十
五年（1899）刻本　二冊

430000－2401－0007207　273/140

潘世恩自訂年譜一卷　（清）潘世恩撰　清同
治二年（1863）蘇州甘朝士刻字鋪刻本　一冊

430000－2401－0007208　273/127

劉武慎公年譜二卷　（清）鄧輔綸　（清）王政
慈編　清末鉛印本　二冊

430000－2401－0007209　273/46

駱文忠公自訂年譜二卷　（清）駱秉章撰　清
光緒二十一年（1895）長沙思賢書局刻本
二冊

430000－2401－0007210　273/46（1）

駱文忠公自訂年譜二卷　（清）駱秉章撰　清
光緒二十一年（1895）長沙思賢書局刻本
二冊

430000－2401－0007211　273/45－2

駱文忠公年譜二卷　清同治六年（1867）刻本
二冊

430000－2401－0007212　273/45

駱文忠公年譜二卷　清光緒二十一年（1895）
都門刻本　二冊

430000－2401－0007213　273/141

德壯果公年譜三十二卷　（清）花沙納撰　清
咸豐六年（1856）致遠堂刻本　十六冊

430000－2401－0007214　273/85

警石府君年譜一卷　（清）錢應溥撰　清同治
三年（1864）刻本　一冊

430000－2401－0007215　273/85（1）

警石府君年譜一卷　（清）錢應溥撰　清同治
三年（1864）刻本　一冊

430000－2401－0007216　273/9

文瑞公年譜三卷　（清）錢儀吉編　（清）錢志

湖南圖書館古籍普查登記目錄

澄增訂　清光緒二十年(1894)刻本　三冊

430000－2401－0007217　273/9(1)

文瑞公年譜三卷　(清)錢儀吉編　(清)錢志
澄增訂　清光緒二十年(1894)刻本　三冊

430000－2401－0007218　273/9(2)

文瑞公年譜三卷　(清)錢儀吉編　(清)錢志
澄增訂　清光緒二十年(1894)刻本　三冊

430000－2401－0007219　273/9(3)

文瑞公年譜三卷　(清)錢儀吉編　(清)錢志
澄增訂　清光緒二十年(1894)刻本　三冊

430000－2401－0007220　273/36

程山謝明學先生年譜一卷　(清)謝鳴謙輯
清光緒十八年(1892)刻謝程山全書本　一冊

430000－2401－0007221　273/125

顏習齋年譜二卷　(清)李塨撰　(清)王源訂
清光緒三十四年(1908)上海國學保存會鉛
印國粹叢書本　一冊

430000－2401－0007222　273/125－2

顏習齋先生年譜二卷　(清)李塨撰　(清)王
源訂　清末四存學校鉛印本　一冊

430000－2401－0007223　273/35

羅忠節公年譜二卷　清同治二年(1863)長沙
刻本　一冊

430000－2401－0007224　273/35(1)

羅忠節公年譜二卷　清同治二年(1863)長沙
刻本　一冊

430000－2401－0007225　273/35(2)

羅忠節公年譜二卷　清同治二年(1863)長沙
刻本　一冊

430000－2401－0007226　273/35(3)

羅忠節公年譜二卷　清同治二年(1863)長沙
刻本　一冊

430000－2401－0007227　273/35(4)

羅忠節公年譜二卷　清同治二年(1863)長沙
刻本　一冊

430000－2401－0007228　273/35(5)

羅忠節公年譜二卷　清同治二年(1863)長沙
刻本　一冊

430000－2401－0007229　273/35(6)

羅忠節公年譜二卷　清同治二年(1863)長沙
刻本　一冊

430000－2401－0007230　273/35(7)

羅忠節公年譜二卷　清同治二年(1863)長沙
刻本　一冊

430000－2401－0007231　273/148

顧亭林先生年譜一卷　(清)吳映奎重輯
(清)車持謙增纂　清道光十九年(1839)上元
車氏刻本　一冊

430000－2401－0007232　273/7

顧亭林先生年譜一卷　(清)張穆撰　清道光
二十四年(1844)刻本　一冊

430000－2401－0007233　273/7(1)

顧亭林先生年譜一卷　(清)張穆撰　清道光
二十四年(1844)刻本　一冊

430000－2401－0007234　273/7(2)

顧亭林先生年譜一卷　(清)張穆撰　清道光
二十四年(1844)刻本　一冊

430000－2401－0007235　273/7(3)

顧亭林先生年譜一卷　(清)張穆撰　清道光
二十四年(1844)刻本　一冊

430000－2401－0007236　273/7(4)

顧亭林先生年譜一卷　(清)張穆撰　清道光
二十四年(1844)刻本　一冊

430000－2401－0007237　273/7(5)

顧亭林先生年譜一卷　(清)張穆撰　清道光
二十四年(1844)刻本　一冊

430000－2401－0007238　△263/5

亭林先生年譜一卷　馬光楣補錄　鈔本　潘
景鄭題識批校　葉德輝序　二冊

430000－2401－0007239　273/90

王先謙自定年譜二卷　王先謙撰　清光緒三
十四年(1908)長沙王氏初刻王葵園四種本
二冊

430000－2401－0007240　273/90－2
王先謙自定年譜三卷　王先謙撰　清光緒三十四年（1908）長沙王氏補刻王葵園四種本　三冊

430000－2401－0007241　273/90－2（1）
王先謙自定年譜三卷　王先謙撰　清光緒三十四年（1908）長沙王氏補刻王葵園四種本　三冊

430000－2401－0007242　273/90－2（2）
王先謙自定年譜三卷　王先謙撰　清光緒三十四年（1908）長沙王氏補刻王葵園四種本　三冊

430000－2401－0007243　273/90－2（3）
王先謙自定年譜三卷　王先謙撰　清光緒三十四年（1908）長沙王氏補刻王葵園四種本　三冊

430000－2401－0007244　273/90－2（4）
王先謙自定年譜三卷　王先謙撰　清光緒三十四年（1908）長沙王氏補刻王葵園四種本　三冊

430000－2401－0007245　273/90－2（5）
王先謙自定年譜三卷　王先謙撰　清光緒三十四年（1908）長沙王氏補刻王葵園四種本　三冊

430000－2401－0007246　273/90－2（6）
王先謙自定年譜三卷　王先謙撰　清光緒三十四年（1908）長沙王氏補刻王葵園四種本　三冊

430000－2401－0007247　273/90－2（7）
王先謙自定年譜三卷　王先謙撰　清光緒三十四年（1908）長沙王氏補刻王葵園四種本　三冊

430000－2401－0007248　273/90－2（8）
王先謙自定年譜三卷　王先謙撰　清光緒三十四年（1908）長沙王氏補刻王葵園四種本　三冊

430000－2401－0007249　273/90－2（9）
王先謙自定年譜三卷　王先謙撰　清光緒三

十四年（1908）長沙王氏補刻王葵園四種本　三冊

430000－2401－0007250　274/12
聖賢像贊三卷　（明）呂元善輯　明崇禎刻本　一冊

430000－2401－0007251　274/12－2
聖賢像贊三卷　（明）呂元善輯　清光緒四年（1878）曲阜會文堂刻本　四冊

430000－2401－0007252　274/12－2（1）
聖賢像贊三卷　（明）呂元善輯　清光緒四年（1878）曲阜會文堂刻本　四冊

430000－2401－0007253　274/12－2（2）
聖賢像贊三卷　（明）呂元善輯　清光緒四年（1878）曲阜會文堂刻本　四冊

430000－2401－0007254　274/26
歷代畫像傳四卷　（清）丁善長繪　清光緒二十二年（1896）刻本　四冊

430000－2401－0007255　274/3
晚笑堂竹莊畫傳一卷　（清）上官周撰并繪圖　清乾隆八年（1743）刻本　三冊

430000－2401－0007256　274/3（1）
晚笑堂竹莊畫傳一卷　（清）上官周撰并繪圖　清乾隆八年（1743）刻本　一冊

430000－2401－0007257　274/3（2）
晚笑堂竹莊畫傳一卷　（清）上官周撰并繪圖　清乾隆八年（1743）刻本　一冊　缺二卷（一至二）

430000－2401－0007258　274/3（3）
晚笑堂竹莊畫傳一卷　（清）上官周撰并繪圖　清乾隆八年（1743）刻本　一冊　缺二卷（一至二）

430000－2401－0007259　274/4
古聖賢像傳略十六卷　（明）顧沅輯　清道光十年（1830）刻本　十冊

430000－2401－0007260　274/9－2
聖蹟圖一卷　清同治十三年（1874）孔憲蘭刻本　一冊

430000－2401－0007261　274/9

聖蹟圖不分卷孟子聖蹟圖一卷　清刻本
三冊

430000－2401－0007262　274/7

歷代名媛圖說二卷　清光緒五年(1879)上海
點石齋石印本　二冊

430000－2401－0007263　274/13－2

百將圖傳二卷　(清)丁日昌輯　清同治八年
(1869)江蘇書局刻本　二冊

430000－2401－0007264　274/13

百將圖傳二卷　(清)丁日昌輯　清同治九年
(1870)刻本　二冊

430000－2401－0007265　274/1

紫光閣功臣小像并湘軍平定粵匪戰圖一卷
(清)彭鴻年輯并撰傳　(清)吳嘉猷等繪圖
清光緒二十七年(1901)上海點石齋石印本
一冊

430000－2401－0007266　274/1(1)

紫光閣功臣小像并湘軍平定粵匪戰圖一卷
(清)彭鴻年輯并撰傳　(清)吳嘉猷等繪圖
清光緒二十七年(1901)上海點石齋石印本
一冊

430000－2401－0007267　274/1(2)

紫光閣功臣小像并湘軍平定粵匪戰圖一卷
(清)彭鴻年輯并撰傳　(清)吳嘉猷等繪圖
清光緒二十七年(1901)上海點石齋石印本
一冊

430000－2401－0007268　274/1(3)

紫光閣功臣小像并湘軍平定粵匪戰圖一卷
(清)彭鴻年輯并撰傳　(清)吳嘉猷等繪圖
清光緒二十七年(1901)上海點石齋石印本
一冊

430000－2401－0007269　274/1(4)

紫光閣功臣小像并湘軍平定粵匪戰圖一卷
(清)彭鴻年輯并撰傳　(清)吳嘉猷等繪圖
清光緒二十七年(1901)上海點石齋石印本
一冊

430000－2401－0007270　274/14

于越先賢像傳贊二卷　(清)王錫齡撰　(清)
任熊繪像　清咸豐六年(1856)蕭山王氏養和
堂刻本　二冊

430000－2401－0007271　274/2

練川名人畫像四卷附二卷續編三卷　(清)程
祖慶輯　清道光二十九年至三十年(1849－
1850)程氏陔南草堂刻本　二冊

430000－2401－0007272　274/2(1)

練川名人畫像四卷附二卷續編三卷　(清)程
祖慶輯　清道光二十九年至三十年(1849－
1850)程氏陔南草堂刻本　二冊

430000－2401－0007273　274/2(2)

練川名人畫像四卷附二卷續編三卷　(清)程
祖慶輯　清道光二十九年至三十年(1849－
1850)程氏陔南草堂刻本　一冊　缺續編
三卷

430000－2401－0007274　274/2－2

練川名人畫像四卷附二卷續編三卷　(清)程
祖慶輯　清光緒四年(1878)刻本　三冊

430000－2401－0007275　274/10

東軒吟社畫像一卷　(清)費丹旭繪　(清)黃
士珣記　(清)諸可寶撰傳　清光緒二年
(1876)錢唐汪氏振綺堂刻本　一冊

430000－2401－0007276　274/10(1)

東軒吟社畫像一卷　(清)費丹旭繪　(清)黃
士珣記　(清)諸可寶撰傳　清光緒二年
(1876)錢唐汪氏振綺堂刻本　一冊

430000－2401－0007277　274/10(2)

東軒吟社畫像一卷　(清)費丹旭繪　(清)黃
士珣記　(清)諸可寶撰傳　清光緒二年
(1876)錢唐汪氏振綺堂刻本　一冊

430000－2401－0007278　274/16

吳郡名賢圖傳贊二十卷　(清)顧沅輯　清道
光長洲顧氏刻本　十冊

430000－2401－0007279　274/16(1)

吳郡名賢圖傳贊二十卷　(清)顧沅輯　清道

光長洲顧氏刻本　八冊

430000 - 2401 - 0007280　274/16(2)
吳郡名賢圖傳贊二十卷　(清)顧沅輯　清道光長洲顧氏刻本　十八冊

430000 - 2401 - 0007281　274/5
湘鄉蔣中丞頌德紀圖一卷　(清)吳恆等撰清同治五年(1866)粵東省城富文齋刻本一冊

430000 - 2401 - 0007282　274/5(1)
湘鄉蔣中丞頌德紀圖一卷　(清)吳恆等撰清同治五年(1866)粵東省城富文齋刻本一冊

430000 - 2401 - 0007283　274/20
岑襄勤公勛德介福圖一卷　(清)岑春榮等編　清光緒十七年(1891)石印本　一冊

430000 - 2401 - 0007284　274/22
水流雲在圖記二卷　陳夔龍撰　清宣統三年(1911)石印本　二冊

430000 - 2401 - 0007285　△264/6
半畝方塘日記不分卷　(清)半畝方塘主人撰　清稿本　二冊

430000 - 2401 - 0007286　△264/7
石礀日記不分卷　(清)石礀撰　清光緒稿本四冊

430000 - 2401 - 0007287　△264/47
鏡儀居日記不分卷　(清)左蓬生撰　稿本一冊

430000 - 2401 - 0007288　△264/13
求止齋日記　(清)求止齋主人撰　稿本八冊

430000 - 2401 - 0007289　△264/8
仕學館日記不分卷　(清)志克撰　稿本二冊

430000 - 2401 - 0007290　△264/46
邃庵日記不分卷　(清)李蔚然撰　稿本一冊

430000 - 2401 - 0007291　275/50
南行日記一卷　(清)吳廣霈撰　清光緒七年(1881)弢園鉛印本　一冊

430000 - 2401 - 0007292　△264/50
何紹基日記　(清)何紹基撰　稿本　一冊

430000 - 2401 - 0007293　△264/10
光緒元年由蘭州回湘奔喪路程日記　(清)易孔昭撰　稿本　二冊

430000 - 2401 - 0007294　△264/18
周壽昌日記　(清)周壽昌撰　稿本　徐崇立題識　四冊

430000 - 2401 - 0007295　△264/22
信天翁日記口卷　(清)周岜穀撰　稿本　一冊　存四卷(二至四、七)

430000 - 2401 - 0007296　275/32
請纓日記十卷　(清)唐景崧撰　清光緒十九年(1893)臺灣布政使刻本　四冊

430000 - 2401 - 0007297　275/15
孫徵君日譜錄存三十六卷　(清)孫奇逢撰清光緒十一年(1885)兼山堂刻本　二十四冊

430000 - 2401 - 0007298　△264/32
欲其自得之室學生日記四卷　(清)許伯翰撰　稿本　四冊

430000 - 2401 - 0007299　△264/41
養知書屋日記不分卷　(清)郭嵩燾撰　稿本四十冊

430000 - 2401 - 0007300　△264/27
桂游雜錄日記不分卷　(清)曹典植撰　稿本三冊

430000 - 2401 - 0007301　275/21
陸清獻公日記十卷首一卷　(清)陸隴其撰清道光二十一年(1841)吳江柳氏勝溪草堂刻本　四冊

430000 - 2401 - 0007302　32/235 - 2
三魚堂日記十卷　(清)陸隴其撰　清同治九年(1870)刻本　四冊

430000 – 2401 – 0007303　275/25

回驪日記一卷　（清）陳春瀛撰　清光緒二十
一年（1895）鉛印本　一冊

430000 – 2401 – 0007304　275/57

東瀛閱操日記一卷　（清）陶森甲撰　清光緒
二十四年（1898）刻本　一冊

430000 – 2401 – 0007305　△264/26

陶文毅公使蜀日記不分卷　（清）陶澍撰　稿
本　民國徐楨立題識　一冊

430000 – 2401 – 0007306　275/1

蜀輶日記四卷　（清）陶澍撰　清道光四年
（1824）刻本　一冊

430000 – 2401 – 0007307　275/1 – 2

蜀輶日記四卷　（清）陶澍撰　清道光七年
（1827）白門吳義董刻本　二冊

430000 – 2401 – 0007308　275/1 – 2（1）

蜀輶日記四卷　（清）陶澍撰　清道光七年
（1827）白門吳義董刻本　二冊

430000 – 2401 – 0007309　275/1 – 2（2）

蜀輶日記四卷　（清）陶澍撰　清道光七年
（1827）白門吳義董刻本　二冊

430000 – 2401 – 0007310　275/1 – 2（3）

蜀輶日記四卷　（清）陶澍撰　清道光七年
（1827）白門吳義董刻本　二冊

430000 – 2401 – 0007311　275/1 – 2（4）

蜀輶日記四卷　（清）陶澍撰　清道光七年
（1827）白門吳義董刻本　二冊

430000 – 2401 – 0007312　275/1 – 2（5）

蜀輶日記四卷　（清）陶澍撰　清道光七年
（1827）白門吳義董刻本　二冊

430000 – 2401 – 0007313　275/1 – 2（6）

蜀輶日記四卷　（清）陶澍撰　清道光七年
（1827）白門吳義董刻本　二冊

430000 – 2401 – 0007314　275/1 – 3

蜀輶日記四卷　（清）陶澍撰　清光緒七年
（1881）刻本　四冊

430000 – 2401 – 0007315　△264/34 – 2

曾文正公日記　（清）曾國藩撰　清鈔本
五冊

430000 – 2401 – 0007316　△264/34

曾文正公日記不分卷　（清）曾國藩撰　清鈔
本　一冊

430000 – 2401 – 0007317　275/13

曾文正公手書日記　（清）曾國藩撰　清宣統
元年（1909）上海中國圖書公司影印本　四
十冊

430000 – 2401 – 0007318　275/13（1）

曾文正公手書日記　（清）曾國藩撰　清宣統
元年（1909）上海中國圖書公司影印本　四
十冊

430000 – 2401 – 0007319　275/13（2）

曾文正公手書日記　（清）曾國藩撰　清宣統
元年（1909）上海中國圖書公司影印本　四
十冊

430000 – 2401 – 0007320　275/13（3）

曾文正公手書日記　（清）曾國藩撰　清宣統
元年（1909）上海中國圖書公司影印本　四
十冊

430000 – 2401 – 0007321　275/13（4）

曾文正公手書日記　（清）曾國藩撰　清宣
統元年（1909）上海中國圖書公司影印本
四十冊

430000 – 2401 – 0007322　275/13（5）

曾文正公手書日記　（清）曾國藩撰　清宣統
元年（1909）上海中國圖書公司影印本　四
十冊

430000 – 2401 – 0007323　275/13（6）

曾文正公手書日記　（清）曾國藩撰　清宣統
元年（1909）上海中國圖書公司影印本　四
十冊

430000 – 2401 – 0007324　275/13（7）

曾文正公手書日記　（清）曾國藩撰　清宣統元
年（1909）上海中國圖書公司影印本　三十六冊

430000 - 2401 - 0007325　275/68

綿綿穆穆之室日記　湘鄉曾氏撰　清光緒二十九年(1903)稿本　一冊

430000 - 2401 - 0007326　275/16

鈕非石日記鈔一卷　(清)鈕樹玉撰　清刻本　一冊

430000 - 2401 - 0007327　275/22

南還日記二卷癸卯北行日記一卷乙巳南還日記一卷北行日記一卷　(清)楊廷桂撰　清同治六年(1867)芸香堂鉛印本　三冊

430000 - 2401 - 0007328　275/39

歐陽述日記　(清)歐陽述撰　清稿本　一冊

430000 - 2401 - 0007329　△264/36

雲山讀書記不分卷　(清)鄧繹撰　稿本　一百八十二冊

430000 - 2401 - 0007330　△264/36 - 2

雲山讀書記不分卷　(清)鄧繹撰　清鈔本　八十八冊

430000 - 2401 - 0007331　275/36

東游日記不分卷　(清)黎錦彝撰　清光緒二十八年至二十九年(1902 - 1903)稿本　一冊

430000 - 2401 - 0007332　275/24

南平捍寇日記一卷　(清)鍾範撰　清光緒二十八年(1902)宜章學署刻本　一冊

430000 - 2401 - 0007333　275/24(1)

南平捍寇日記一卷　(清)鍾範撰　清光緒二十八年(1902)宜章學署刻本　一冊

430000 - 2401 - 0007334　275/24(2)

南平捍寇日記一卷　(清)鍾範撰　清光緒二十八年(1902)宜章學署刻本　一冊

430000 - 2401 - 0007335　△264/11

佚名刑部供職日記不分卷　稿本　二冊

430000 - 2401 - 0007336　△264/9

光緒癸巳資勤氏在京日記不分卷　稿本　一冊

430000 - 2401 - 0007337　275/53

瓊樵日記　清光緒二十五年至二十七年(1899 - 1901)稿本　一冊

430000 - 2401 - 0007338　275/62

春夢痕　清光緒稿本　三冊　存五至七冊

430000 - 2401 - 0007339　△264/4

佚名日記　清稿本　七冊

430000 - 2401 - 0007340　△264/19

郭慶藩日記不分卷　郭慶藩撰　稿本　二冊

430000 - 2401 - 0007341　276/27

鹿氏家傳　(明)方象瑛等撰　清刻本　一冊

430000 - 2401 - 0007342　△265/1

周元公世系遺芳集十五卷　(明)周與爵輯　明萬曆刻本　一冊　存五卷(十一至十五)

430000 - 2401 - 0007343　△265/2

汪氏學行記六卷　(清)汪喜孫撰　清道光六年(1826)刻本　一冊

430000 - 2401 - 0007344　276/23

湘鄉易氏世孝錄二卷　(清)易棠蔭　(清)易棣鄂輯　清光緒三十二年(1906)刻本　二冊

430000 - 2401 - 0007345　276/1

金氏世德紀二卷　(清)金應麟輯　清光緒二十二年(1896)嘉惠堂刻武林掌故叢編本　二冊

430000 - 2401 - 0007346　276/2

永康胡氏八烈合傳一卷　(清)胡鳳丹撰　清同治四年(1865)退補齋刻本　一冊

430000 - 2401 - 0007347　276/2(1)

永康胡氏八烈合傳一卷　(清)胡鳳丹撰　清同治四年(1865)退補齋刻本　一冊

430000 - 2401 - 0007348　276/12

姚氏先德傳六卷　(清)姚瑩撰　清同治刻中復堂全集本　一冊

430000 - 2401 - 0007349　276/12(1)

姚氏先德傳六卷　(清)姚瑩撰　清同治刻中復堂全集本　一冊

430000 - 2401 - 0007350　276/20

仰止錄□□卷 （清）陶默纂 清康熙二十五年(1686)刻本 一冊 存卷首

430000－2401－0007351 △24/34

仰止錄□□卷 （清）陶默撰 清鈔本 一冊 存次卷

430000－2401－0007352 △265/3

純德彙編七卷首一卷續刻一卷 （清）董華鈞輯 清嘉慶二十三年(1818)春暉堂刻本 四冊

430000－2401－0007353 276/4

楊氏先燆錄存四卷首一卷 （清）楊基善編 清光緒十七年(1891)善化楊益清堂刻本 四冊

430000－2401－0007354 276/4(1)

楊氏先燆錄存四卷首一卷 （清）楊基善編 清光緒十七年(1891)善化楊益清堂刻本 四冊

430000－2401－0007355 276/15

牧齋晚年家乘文一卷 （清）錢謙益撰 清宣統三年(1911)上海國學扶輪社鉛印本 一冊

430000－2401－0007356 276/11

紹衣錄一卷 （清）羅長裿撰 清光緒十九年(1893)刻本 一冊

430000－2401－0007357 276/11(1)

紹衣錄一卷 （清）羅長裿撰 清光緒十九年(1893)刻本 一冊

430000－2401－0007358 276/29

長沙嚴氏家行略一卷續一卷往事雜略一卷 （清）嚴家圝撰 清光緒二十五年(1899)無可名齋刻本 一冊

430000－2401－0007359 276/19

龍氏賢孝錄一卷 清光緒長沙龍氏家塾刻本 一冊

430000－2401－0007360 276/6

劉史三卷 （清）劉鳳紀纂 清光緒三十一年(1905)籣雲仙館刻本 三冊

430000－2401－0007361 277/202

[湖南寧鄉、湘鄉、湘潭]丁氏五修支譜□□卷 清光緒十九年(1893)應兆堂木活字本 四冊 存五卷(首、一至四)

430000－2401－0007362 277/203

[湖南寧鄉]潙寧丁氏五修家譜二十五卷首五卷 （清）丁剑孝等主修 清光緒二十一年(1895)濟陽堂木活字本 二冊 存二卷(首一至二)

430000－2401－0007363 277/533－1

[湖南湘鄉]上湘丁氏族譜四卷 （清）丁文仕修 清乾隆二十九年(1764)夢松堂木活字本 一冊

430000－2401－0007364 277/533

[湖南湘鄉]上湘北門丁氏續修族譜八卷首三卷 （清）丁仙姿主修 清光緒十八年(1892)夢松堂木活字本 一冊 存首卷

430000－2401－0007365 277/1519

[湖南瀏陽]朋斗卜氏族譜四卷 （清）卜宗鵬纂輯 清嘉慶四年(1799)二修西河堂木活字本 一冊 存二卷(三至四)

430000－2401－0007366 277/1520

[湖南瀏陽]卜氏重修族譜□□卷 （清）卜宗陵等續輯 清道光八年(1828)三修西河堂木活字本 一冊 存卷首、末

430000－2401－0007367 277/1024

[湖南益陽]卜氏族譜十四卷 （清）卜世科等纂修 清咸豐八年(1858)六修敦本堂木活字本 一冊 存世表一冊

430000－2401－0007368 277/1025

[湖南益陽]卜氏七修家譜二十一卷首一卷 （清）卜祚仁等纂修 清光緒十三年(1887)木活字本 一冊 存卷首

430000－2401－0007369 277/1751

[湖南瀏陽]于氏族譜不分卷 （清）于榮益主修 清乾隆三十一年(1766)篤本堂木活字本 一冊

430000－2401－0007370 277/1736

[湖南長沙]方氏支譜四卷　（清）方美玉纂修　清咸豐十一年(1861)河南堂木活字本　四冊

430000－2401－0007371　277/70

[湖南長沙]柞山方氏家譜十五卷首一卷　清光緒二十八年(1902)三修河南堂木活字本　三冊　存四卷(二至四、首一卷)

430000－2401－0007372　277/471

[湖南湘潭]中湘方氏重修族譜二十八卷（清)方大麓等纂修　清咸豐十一年(1861)三修敦倫堂木活字本　三冊　存三卷(一、二十六至二十七)

430000－2401－0007373　277/471－1

[湖南湘鄉]文氏重修族譜□□卷　清乾隆木活字本　六冊

430000－2401－0007374　277/556－1

[湖南湘鄉]高沖文衛重修族譜十七卷　（清)文加綉　(清)文應聰主修　清乾隆五十三年(1788)雁門堂木活字本　一冊　存一卷(一)

430000－2401－0007375　277/554

[湖南湘鄉]上湘高沖文氏四修家譜五十四卷首二卷　（清)文萬本主修　清道光二十九年(1849)雁門堂木活字本　一冊　存卷首上

430000－2401－0007376　277/555

[湖南湘鄉]高沖文氏支譜十四卷　（清)文德閣等主修　清光緒三十二年(1906)五修雙井堂木活字本　十四冊

430000－2401－0007377　277/551

[湖南湘鄉]上湘長田文氏家譜七卷　文惠才　文仙閣主修　文蘭芳等纂修　清宣統三年(1911)五修本源堂木活字本　二冊　存三卷(一、二十六至二十七)

430000－2401－0007378　277/550

[湖南湘鄉]茅田文氏續修支譜十二卷首一卷　清宣統三年(1911)敬睦堂木活字本　一冊　存二卷(一、首一卷)

430000－2401－0007379　277/1458

[湖南益陽]資陽文氏四修族譜□□卷　（清)文梧勝主修　清嘉慶二十三年(1818)印道光五年(1825)補印本　十六冊　存五卷(十一至十五)

430000－2401－0007380　277/209

[湖南益陽]文氏通房族譜□□卷　清光緒六修木活字本　一冊　存卷末

430000－2401－0007381　277/9

[湖南長沙]王氏星房支譜二卷　（清)王瑩纂修　清光緒二十一年(1895)編寶善堂鈔本　一冊　存首冊

430000－2401－0007382　277/1959

[湖南瀏陽]瀏南王氏續修族譜□□卷　清光緒二十年(1894)太原堂木活字本　八冊　存六卷(一至三、七至九)

430000－2401－0007383　277/224

[湖南寧鄉]太原王氏祠志十八卷　（清)王雨農等纂　清同治十三年(1874)太原堂木活字本　七冊　缺三卷(一至三)

430000－2401－0007384　277/225

[湖南寧鄉、益陽]王氏祠志續編二卷　清光緒三十一年(1905)太原堂木活字本　二冊

430000－2401－0007385　277/1477

[湖南寧鄉]王氏族譜□□卷　（清)王定援纂修　清嘉慶四年(1799)太原堂木活字本　二冊　存三卷(二至四)

430000－2401－0007386　277/222

[湖南寧鄉]王氏重修族譜四卷首一卷　清嘉慶十四年(1809)太原堂木活字本　一冊　存卷首

430000－2401－0007387　277/1415

[湖南寧鄉]王氏重修族譜七卷首一卷末一卷　（清)王定甲等纂修　清咸豐八年(1858)太原堂木活字本　七冊　缺一卷(四)

430000－2401－0007388　277/1476

[湖南寧鄉]太原王氏三修族譜十卷首一卷（清)王湘琳主修　清光緒十三年(1887)太原

堂木活字本　五冊　缺三卷(六至八)

430000－2401－0007389　277/211

[湖南寧鄉]王氏四修族譜二十四卷　(清)王繼義等主修　清光緒四年(1878)太原堂木活字本　四冊　存四卷(一、三、二十三至二十四)

430000－2401－0007390　277/212

[湖南寧鄉]東湖王氏族譜十四卷　(清)王定濂主修　清同治七年(1868)孝友堂木活字本　四冊　存四卷(一至二、十三至十四)

430000－2401－0007391　277/1794

[湖南寧鄉]東湖王氏五修族譜十八卷　(清)王澄等總修　清光緒二十八年(1902)孝友堂木活字本　十四冊　存八卷(一至三、六、八、十五、十七至十八)

430000－2401－0007392　277/219

[湖南寧鄉]大沖王氏續修族譜二十六卷首一卷　(清)王廷杰總纂　清光緒二十一年(1895)三白廬木活字本　三冊　存三卷(二十三至二十四、首一卷)

430000－2401－0007393　277/213

[湖南寧鄉]王氏續修支譜八卷　(清)王開瓅等主修　清同治六年(1867)太原堂木活字本　七冊

430000－2401－0007394　277/220

[湖南寧鄉]潙寧王氏續修支譜四卷　(清)王名理　(清)王名珠等修　(清)王湘浦纂　清嘉慶十二年(1807)三槐堂木活字本　一冊　存二卷(一至二)

430000－2401－0007395　277/474

[湖南湘潭]石浦王氏六修族譜二十卷首一卷末一卷　(清)王先哲主修　清光緒十八年(1892)植槐堂木活字本　四十八冊

430000－2401－0007396　277/1734

[湖南湘潭]王氏家乘十卷　(清)王良骰等主修　清道光二十九年(1849)冠南堂木活字本　十冊

430000－2401－0007397　277/1737

[湖南湘潭]王氏三修家乘二十卷　(清)王瑞昌等主修　清光緒六年(1880)冠南堂木活字本　二十冊

430000－2401－0007398　277/217

[湖南湘鄉]王誠物公裔合修族譜十二卷　(清)王浴庵纂修　清咸豐九年(1859)太原堂木活字本　二冊　存二卷(一至二)

430000－2401－0007399　277/547

[湖南湘鄉]王氏族譜五卷首一卷　(清)王國藩等纂修　清咸豐八年(1858)三槐堂木活字本　一冊　存卷首

430000－2401－0007400　277/546

[湖南湘鄉]灣頭王氏續修族譜六卷首一卷末一卷　(清)王爲美等主修　清咸豐九年(1859)三槐堂木活字本　一冊　存卷首

430000－2401－0007401　277/547－1

[湖南湘鄉]王氏四修族譜　清康熙四十九年(1710)木活字本　一冊　存首冊

430000－2401－0007402　277/544

[湖南湘鄉]安樂王氏七修家譜二十三卷　(清)王道銓等纂修　清光緒三十三年(1907)安樂堂木活字本　五冊　存十二卷(一至六、十八至二十三)

430000－2401－0007403　277/543

[湖南湘鄉]上湘王氏續修支譜六卷首一卷　(清)王隆峰主修　清光緒二十六年(1900)三槐堂木活字本　一冊　存卷首上

430000－2401－0007404　277/545

[湖南湘鄉]上湘品泉王管王氏續修族譜八卷首一卷　(清)王代桂主修　清嘉慶二十一年(1816)木活字本　三冊　存二卷(一、首一卷)

430000－2401－0007405　277/537

[湖南湘鄉]上湘城南王氏族譜□□卷　清末太原堂木活字本　一冊　存一卷(首二)

430000－2401－0007406　277/547－1

[湖南湘鄉]同德王氏族譜不分卷　(清)王步雲等主修　清乾隆二十五年(1760)敦倫堂木

活字本　一册　存首册

430000－2401－0007407　277/536

[湖南湘鄉]同德王氏三修族譜十五卷　（清）王永高等主修　清道光四年(1824)敦倫堂木活字本　十三册　缺三卷(十三至十五)

430000－2401－0007408　277/538

[湖南湘鄉]同德王氏四修族譜□□卷首一卷　（清）王運麟等主修　清光緒四年(1878)敦倫堂木活字本　一册　存卷首

430000－2401－0007409　277/542

[湖南湘鄉]同德王氏梓田房四修族譜五卷　（清）王升枝　（清）王平柏修　（清）王會煥　（清）王平采纂　清光緒四年(1878)敦倫堂木活字本　一册　存一卷(一)

430000－2401－0007410　277/541

[湖南湘鄉]同德王氏四修族譜鈞公支譜不分卷　（清）王運美　（清）王際從等纂　清光緒六年(1880)敦倫堂木活字本　一册

430000－2401－0007411　277/1940

[湖南平江]王氏族譜□□卷　（清）王德新等編輯　清同治四年(1865)三槐堂木活字本　十册　存七卷(首、十一至十六)

430000－2401－0007412　277/2088

[湖南常德]王氏族譜□□卷　（清）王方訓主修　清光緒三十一年(1905)三槐堂木活字本　五册　存五卷(首,一、三至五)

430000－2401－0007413　277/1477

[湖南益陽]王氏族譜□□卷　清嘉慶四年(1799)木活字本　二册　存三卷(二至四)

430000－2401－0007414　277/1328

[湖南益陽]王氏續修支譜七卷首一卷　（清）王安泰等主修　清光緒二十三年(1897)四修木活字本　七册　缺一卷(二)

430000－2401－0007415　277/1475

[湖南益陽]王氏重修族譜七卷首一卷末一卷　（清）王定甲等纂修　清咸豐八年(1858)太原堂木活字本　九册　缺一卷(末一卷)

430000－2401－0007416　277/1476

[湖南益陽]太原王氏三修族譜十卷首一卷　（清）王湘琳主修　（清）王南窗等纂修　清光緒十三年(1887)太原堂木活字本　五册　存六卷(一至三、九至十,首一卷)

430000－2401－0007417　277/1894

[湖南安化]王氏族譜　清同治六年(1867)太原堂木活字本　六册

430000－2401－0007418　277/210

[湖南寧鄉]元氏支譜二卷首二卷　（清）元光照纂修　清道光二十七年(1847)二修利貞堂木活字本　一册　存卷首

430000－2401－0007419　277/1254

[湖南長沙]孔子世家譜十六卷首一卷附二卷　（清）孔長長郡纂局編　清宣統三年(1911)木活字本　三册　存四卷(一至三、首一卷)

430000－2401－0007420　277/1270

[湖南湘鄉]闕里衍派湘鄉孔氏支譜八卷　（清）孔繼浩等主修　清乾隆六十年(1795)木活字本　八册

430000－2401－0007421　266/1

孔氏祖庭廣記十二卷　（金）孔元措撰　清影蒙古鈔本　佚名錄清錢大昕跋　四册

430000－2401－0007422　277/1269

山東曲阜孔子世家譜二十二卷首一卷末一卷　（清）孔昭煥纂　清乾隆十年(1745)刻本　十二册

430000－2401－0007423　277/815

[湖南常寧]尹氏家譜四卷　（清）尹五通　（清）尹五羲纂　清嘉慶二十三年(1818)繼述堂木活字本　二册

430000－2401－0007424　277/815－1

[湖南常寧]南塘尹氏宗譜□□卷首卷　（清）尹潔初纂修　清光緒二十九年(1903)齊家堂木活字本　三册　存二卷(一、首)

430000－2401－0007425　277/2443

[湖南邵東]井邊尹氏續修族譜十七卷首一卷

（清）尹遠讓主修　清光緒十八年（1892）四葉堂木活字本　十八冊

430000－2401－0007426　277/2692

[湖南邵陽]洞霞尹氏家譜十卷首一卷末一卷
尹榮員等主修　清穆清堂木活字本　十冊

430000－2401－0007427　277/478

[湖南湘潭]中湘韶山毛氏續修房譜□□卷
（清）毛祥吉等修　（清）毛祥鯤　（清）毛祥璠纂　清同治七年（1868）西河堂木活字本　一冊　存二卷（五至六）

430000－2401－0007428　277/479

[湖南湘潭]中湘韶山毛氏二修族譜九卷
（清）毛祥綱等主修　清光緒七年（1881）西河堂木活字本　九冊

430000－2401－0007429　277/480

[湖南湘潭]中湘韶山毛氏三修族譜八卷
（清）毛鴻賓等主修　清宣統三年（1911）西河堂木活字本　十冊

430000－2401－0007430　277/477

[湖南湘潭]韶山毛氏瑞公房譜六卷　（清）毛洪發主修　清同治七年（1868）西河堂木活字本　四冊

430000－2401－0007431　277/476

[湖南湘潭]韶山毛氏鑒公房譜六卷　（清）毛際膺等主修　清同治七年（1868）西河堂木活字本　二冊　存四卷（首、二至四）

430000－2401－0007432　277/548－1

[湖南湘鄉]上湘毛氏族譜三卷首一卷　（清）毛邦鳳等主修　清乾隆三十五年至三十六年（1770－1771）愛敬堂木活字本　五冊

430000－2401－0007433　277/908

[湖南岳陽]毛氏重修族譜　清咸豐二年（1852）榮陽堂木活字本　一冊　存一卷（九）

430000－2401－0007434　277/923－1

[湖南平江]毛氏族譜十五卷　（清）毛瓊等纂修　清乾隆三十九年（1774）榮陽堂木活字本　一冊　存一卷（一）

430000－2401－0007435　277/923

[湖南平江]毛氏重修族譜十一卷　（清）毛翔駿　（清）毛朝緻纂修　清嘉慶二十二年（1817）榮陽堂木活字本　一冊　存一卷（一）

430000－2401－0007436　277/1820

[湖南安化、新化]毛氏續修族譜九卷首一卷　（清）毛世發主修　清光緒八年（1882）西河堂木活字本　七冊　存七卷（一至四、七、九，首一卷）

430000－2401－0007437　277/1362

[湖南益陽]甘氏三修族譜□□卷　（清）甘榮春等纂修　清同治二年（1863）木活字本　一冊　存二卷（首、一）

430000－2401－0007438　277/1363

[湖南益陽]甘氏四修族譜□□卷　清光緒渤海堂木活字本　一冊　存一卷（十三）

430000－2401－0007439　277/926

[湖南平江]艾氏重修族譜□□卷末一卷　清光緒十年（1884）天水堂木活字本　五冊　存五卷（一至二、四、末上至下）

430000－2401－0007440　277/484

[湖南湘潭]長豐左氏宗譜□□卷　（清）左文鏜等纂修　清嘉慶十四年（1809）刻本　一冊　存卷首、末

430000－2401－0007441　277/458

[湖南醴陵]田氏鄉分五修族譜十八卷　（清）田泰富纂修　清光緒十九年（1893）萬卷堂木活字本　十三冊　缺六卷（二、六、十、十五至十六、十八）

430000－2401－0007442　277/557

[湖南湘鄉]田氏三修族譜四十二卷首三卷末二卷　（清）田德盥等主修　清光緒三十年（1904）紫荆堂木活字本　三冊　存三卷（首三卷）

430000－2401－0007443　277/833

[湖南邵陽]申受再續族譜□□卷　清嘉慶二十年（1815）木活字本　一冊　存卷首

430000－2401－0007444　277/832

[湖南邵陽]申氏受族三續譜□□卷　清宣統
大受堂木活字本　二冊　存卷首

430000－2401－0007445　277/1253

[江蘇]溧陽史氏譜錄合編　(清)史璞庵編
清光緒二十五年(1899)史濟珍鈔本　一冊

430000－2401－0007446　277/1508

[湖南平江]江氏廷系俊支二修族譜四思賢書
局　(清)江從岷等修　清道光二十二年
(1842)濟陽堂木活字本　九冊　存十卷(三
至七、十至十一、十三至十五)

430000－2401－0007447　277/1507

[湖南平江]江氏廷德兩系三修族譜□□卷首
一卷　(清)江從矩等纂修　清同治十年
(1871)濟陽堂木活字本　八冊　存九卷(首，
一至二、八至九、十一至十四)

430000－2401－0007448　277/228

[湖南益陽]江氏續修支譜□□卷首一卷
(清)江蘭芳主修　清同治六年(1867)濟陽堂
木活字本　一冊　存卷首

430000－2401－0007449　277/909

[湖北監利]江氏族譜□□卷首一卷　(清)江
世價總纂　清光緒十一年(1885)續修筆花堂
木活字本　一冊　存卷首

430000－2401－0007450　277/231

[湖南寧鄉]成氏續修族譜二十七卷　(清)成
管龍總修　清道光二十二年(1842)上穀堂木
活字本　二冊

430000－2401－0007451　277/2660

[湖南湘鄉]湘鄉成氏三修族譜□□卷　清宣
統三年(1911)敬愛堂木活字本　二十一冊
存二十卷(一至二、五至七、九、十一至十八、
二十至二十四、二十六)

430000－2401－0007452　277/560

[湖南湘鄉]白龍呂氏支譜十卷首二卷末一卷
(清)呂鴻福等主修　清同治三年(1864)四
約堂木活字本　二冊　存卷首

430000－2401－0007453　277/1417

[湖南邵陽]邵東橋頭村呂氏續修族譜九卷續一
卷　(清)呂增材等主修　清道光十三年(1833)
名儒堂木活字本　二冊　存二卷(首、一)

430000－2401－0007454　277/1418

[湖南邵陽]呂氏三修族譜□□卷　清光緒名
儒堂木活字本　七冊　存七卷(一至七)

430000－2401－0007455　277/1110

[湖南武岡]呂氏創修族譜□□卷　(清)呂正
祥等纂　清同治二年(1863)光裕堂木活字本
一冊　存卷首

430000－2401－0007456　277/1935

[江西萬載]呂氏族譜□□卷　(清)呂祖鑒等
輯修　清同治七年(1868)河東堂木活字本
五冊　存五卷(三至五、首、末)

430000－2401－0007457　277/1954

[湖南長沙]善化鵝洲朱氏族譜十四卷　(清)
朱振卿主修　清宣統元年(1909)敬修堂木活
字本　十四冊

430000－2401－0007458　277/20

[湖南長沙]朱氏族譜二十卷　清光緒二十七年
(1901)沛國堂木活字本　一冊　存一卷(一)

430000－2401－0007459　277/486－1

[湖南湘潭]渚頭橋朱氏族譜四卷　(清)朱世
訓等主修　清乾隆二十一年(1756)四字堂刻
本　八冊

430000－2401－0007460　277/1546

[湖南湘鄉]大石朱氏族譜十卷　清乾隆木活
字本　十冊

430000－2401－0007461　277/561

[湖南湘鄉]朱氏族譜三十五卷首一卷　(清)
朱建輔等主修　清光緒元年(1875)紫陽堂木
活字本　三冊　存四卷(一至三、首一卷)

430000－2401－0007462　277/1570

[湖南湘鄉]沙田朱氏族譜□□卷　(清)朱作
卿等纂修　清光緒二十二年(1896)篤敬堂木
活字本　一冊　存一卷(一)

430000 – 2401 – 0007463　277/1745

[湖南湘陰]朱氏族譜十二卷首二卷　（清)朱素夫等纂修　清同治十一年(1872)三修紫陽堂木活字本　十四冊

430000 – 2401 – 0007464　277/1945

[湖南平江]朱氏四修族譜□□卷　清同治七年(1868)沛國堂木活字本　二十七冊　存二十六卷(首、一至二十五)

430000 – 2401 – 0007465　277/1250

[安徽桐城]紫陽朱氏重修宗譜二十卷首一卷末二卷　（清)朱伯平等纂修　清同治六年(1867)木活字本　二十三冊

430000 – 2401 – 0007466　277/1917

[江西萬載][湖南瀏陽]朱氏族譜□□卷　(清)朱林森纂修　清道光紫陽堂木活字本　三冊　存三卷(首、歷代源流總圖一卷、齒錄一卷)

430000 – 2401 – 0007467　277/1027 – 1

[江西豐城]豐城穆湖朱氏重修族譜八卷首一卷　明萬曆刻本　一冊　存三卷(一至二、首一卷)

430000 – 2401 – 0007468　277/836

[湖南]危氏族譜八卷首一卷　（清)危光然等總修　清同治七年(1868)敦本堂木活字本九冊

430000 – 2401 – 0007469　277/562

[湖南湘鄉]上湘危氏三修家譜七卷首一卷　(清)危學海總修　清光緒十八年(1892)鑒賢堂木活字本　一冊　存卷首

430000 – 2401 – 0007470　277/837

[湖南邵陽]邵陵危氏續修族譜八卷首一卷　(清)危光然　(清)危國拔纂修　清同治七年(1868)敦本堂木活字本　六冊　存五卷(一至四、首一卷)

430000 – 2401 – 0007471　277/2350

中湘伍趙氏續修族譜三十卷　（清)伍趙世純纂修　清嘉慶十五年(1810)叙倫堂木活字本　二冊　存二卷(一至二)

430000 – 2401 – 0007472　277/2373

[湖南石門]伍氏族譜四十一卷　（清)伍積琛總纂　清宣統二年(1910)敦倫堂木活字本三十八冊

430000 – 2401 – 0007473　277/1779

[湖南新化]伍氏續修族譜□□卷　清道光木活字本　四十二冊

430000 – 2401 – 0007474　277/1119

[湖南]伍氏八修宗譜□□卷　（清)伍敦睦纂修　清咸豐元年(1851)木活字本　一冊　存卷首

430000 – 2401 – 0007475　277/1120

[湖南]伍氏九修宗譜□□卷首四卷　（清)伍發雁主修　清光緒十六年(1890)木活字本二冊　存一卷(首一)

430000 – 2401 – 0007476　277/974

[湖南湘鄉]任氏族譜□□卷首二卷　（清)任正等主修　清光緒八年(1882)樂安堂木活字本　一冊　存卷首上

430000 – 2401 – 0007477　277/974 – 1

[湖南湘陰]任氏三修族譜　清乾隆印本一冊

430000 – 2401 – 0007478　277/2327

[湖南湘潭]中湘白沙頭向氏六修族譜三十卷　（清)向盛安總修　清光緒三十四年(1908)一本堂木活字本　十四冊　存二十二卷(一至三、七至十六、二十至二十三、二十六至三十)

430000 – 2401 – 0007479　277/1494

[湖南平江、湘陰]向氏四修族譜一百十五卷首五卷向氏宗祠神主譜二卷　（清)向國鴻等纂　清光緒十年(1884)大耐堂木活字本　一百十九冊　缺八卷(一、十九、二十二、六十八、七十四、九十五、一百○三,首三)

430000 – 2401 – 0007480　277/563

[湖南湘鄉]湘西沈氏房譜□□卷　清光緒七年(1881)四支堂木活字本　三冊　存三冊(誥封一冊、禮儀一冊、祠圖墓圖一冊)

430000 – 2401 – 0007481　277/565

[湖南湘鄉]湘西沈氏三修族譜不分卷 （清）沈雲階等纂修　清嘉慶二十五年(1820)八韻堂木活字本　一冊　首冊

430000 – 2401 – 0007482　277/564

[湖南湘鄉]沈氏五修族譜六卷首三卷 （清）沈嗣馨主修　清咸豐十年(1860)吳興堂木活字本　二冊　存二卷(首上、下)

430000 – 2401 – 0007483　277/2148

[湖南]汪氏族譜二十二卷 （清）汪樹芳等主修　清同治六年(1867)平陽堂木活字本　二十四冊

430000 – 2401 – 0007484　277/839

[湖南新化、邵陽]況氏續修族譜□□卷 (清)況其綸總纂　清道光二十年(1840)恩榮堂木活字本　一冊　存一卷(一)

430000 – 2401 – 0007485　277/1970

[湖南瀏陽、醴陵][江西萍鄉]宋氏族譜七卷首一卷 （清）宋光昱等主修　清光緒四年(1878)續修雙元堂木活字本　五冊　存五卷(一、三、五至六,首一卷)

430000 – 2401 – 0007486　277/1972

[湖南瀏陽、醴陵][江西萍鄉]宋氏族譜□□卷 清宣統二年(1910)三修上公堂木活字本　十冊　存十卷(二至十一)

430000 – 2401 – 0007487　277/234

[湖南寧鄉、湘鄉]宋氏五修族譜二十一卷首一卷 （清）宋朝章等主修　清咸豐八年(1858)敦本堂木活字本　三冊　存三卷(一至二、首一卷)

430000 – 2401 – 0007488　277/236

[湖南寧鄉、湘鄉]宋氏六修族譜三十卷 (清)宋宗廣等主修　清光緒十四年(1888)敦本堂木活字本　一冊　存一卷(一)

430000 – 2401 – 0007489　277/1531

[湖南平江]宋氏族譜二十五卷首二卷 (清)宋兆梅等纂修　清光緒十二年(1886)四修京兆堂木活字本　二十四冊　缺三卷

(七、九,首下)

430000 – 2401 – 0007490　277/2132

[湖南湘潭]中湘長山谷氏三修族譜二十四卷 （清）谷家嶸等主修　清光緒二十九年(1903)聚斯堂木活字本　二十四冊

430000 – 2401 – 0007491　277/480 – 1

[湖南邵陽]邵陵車氏宗譜八卷　清嘉慶十八年(1813)木活字本　二冊　缺一卷(八)

430000 – 2401 – 0007492　277/39

[湖南長沙、湘潭]善潭軍營李氏族譜十四卷首一卷末一卷 （清）李心煌總修　清光緒六年(1880)甲秀堂木活字本　十冊　缺二卷(十一至十二)

430000 – 2401 – 0007493　277/37

[湖南長沙]尖山李氏宗譜二十五卷 （清）李光在主修　清嘉慶八年(1803)木活字本　二冊　存二卷(一、二十四)

430000 – 2401 – 0007494　277/2686

[湖南長沙]善邑曲江李氏族譜二十四卷首二卷末二卷 （清）李學岳等纂修　清光緒十九年(1893)著存堂木活字本　十六冊　缺二卷(十八至十九)

430000 – 2401 – 0007495　277/2021

[湖南瀏陽]李氏族譜九卷首一卷 （清）李進良等纂修　清光緒五年(1879)隴西堂木活字本　一冊

430000 – 2401 – 0007496　277/1823

[湖南瀏陽]李氏宗譜二十八卷 （清）李仲衡纂修　清光緒三十三年(1907)木活字本　六十九冊　缺卷二十六之四

430000 – 2401 – 0007497　277/1867

[湖南瀏陽]李氏族譜□□卷 （清）李朝帙等主修　清光緒三十四年(1908)六修隴西堂木活字本　七冊　存六卷(二至四、六至七,首下)

430000 – 2401 – 0007498　277/238

[湖南寧鄉]李氏族譜六卷首一卷 （清）李鳴

皋等纂修　清咸豐十年(1860)五修隴西堂木活字本　一冊　存卷首

430000－2401－0007499　277/240－1

[湖南寧鄉]李氏重修族譜不分卷　(清)李漢升主修　清乾隆十四年(1749)刻本　一冊　存首冊

430000－2401－0007500　277/239

[湖南寧鄉]李家壩李氏八修族譜二十卷首一卷末一卷　(清)李綸煜主修　清光緒八年(1882)思孝堂木活字本　二冊　存五卷(一至四、首一卷)

430000－2401－0007501　277/240

[湖南寧鄉]李氏八修族譜十八卷首三卷　(清)李祖輝等纂修　清光緒十五年(1889)木活字本　五冊　存卷首

430000－2401－0007502　277/587－1

[湖南湘鄉]李氏家譜　清乾隆鈔本　一冊

430000－2401－0007503　277/571

[湖南湘鄉]李氏族譜十四卷首一卷末一卷　(清)李慶諧等纂修　清道光三十年(1850)隴西堂木活字本　一冊　存首卷

430000－2401－0007504　277/582

[湖南湘鄉]天堂李氏族譜四十四卷首一卷　(清)李襄韜等主修　清咸豐十一年(1861)龍門堂木活字本　二十一冊　缺二卷(十二至十三)

430000－2401－0007505　277/577

[湖南湘鄉]天堂李氏續修族譜五十卷首二卷　(清)李策等主修　清光緒二十五年(1899)三修龍門堂木活字本　三十冊

430000－2401－0007506　277/584

[湖南湘鄉]上湘厚峰李氏族譜四卷　(清)李洪耀等主修　清同治九年(1870)隴西堂木活字本　二冊　存二卷(一至二)

430000－2401－0007507　277/587

[湖南湘鄉]上湘豐山李氏族譜四十二卷首一卷　(清)李克常等主修　清光緒二十九年

(1903)隴西堂木活字本　三冊　存十一卷(六至八、十九至二十五,首一卷)

430000－2401－0007508　277/2113

[湖南湘鄉]李氏續修族譜十卷首二卷　(清)李安乾主修　清同治七年(1868)迪德堂木活字本　十二冊

430000－2401－0007509　277/2397

[湖南湘鄉]李氏續修族譜二十四卷首二卷　(清)李祥浦等纂修　清光緒三年(1877)龍門堂木活字本　二十五冊　缺三卷(二、十、十六)

430000－2401－0007510　277/585

[湖南湘鄉]遙湖李氏重修族譜五卷　(清)李逸群等主修　清嘉慶二十五年(1820)西平堂木活字本　一冊　存一卷(一)

430000－2401－0007511　277/2114

[湖南湘鄉]李氏再續族譜十卷首二卷　(清)李邦貞等纂修　清光緒三十三年(1907)迪德堂木活字本　十冊　缺二卷(六、首下)

430000－2401－0007512　277/572

[湖南湘鄉]城澗李氏三修族譜二十九卷首二卷末一卷　(清)李長楠等主修　清光緒五年(1879)仁孝堂木活字本　二冊　存二卷(首二卷)

430000－2401－0007513　277/574

[湖南湘鄉]長塘李氏支譜九卷首一卷　(清)李定庠等主修　清光緒十五年(1889)隴西堂木活字本　五冊　存五卷(一至二、七至八,首一卷)

430000－2401－0007514　277/570

[湖南湘鄉]李肇龍家譜不分卷　(清)李肇龍纂修　清道光十三年(1833)鈔本　一冊

430000－2401－0007515　277/581

[湖南湘鄉]李氏續修族譜五卷首三卷　(清)李文鵠等主修　清咸豐五年(1855)三修鳴鳳堂木活字本　一冊　存一卷(首一)

430000－2401－0007516　277/575

[湖南湘鄉]湘南李氏四修族譜十卷首四卷

(清)李名仁等主修　清光緒二十年(1894)鳴鳳堂木活字本　二冊　存二卷(首一、首三)

430000－2401－0007517　277/1552
[湖南衡陽]李氏三修族譜八卷　(清)李誠甫等總修　清光緒九年(1883)青蓮堂木活字本　十三冊　存一卷(八)

430000－2401－0007518　277/841
[湖南邵陽]李氏族譜十卷首一卷末一卷　(清)李永昭等纂修　清道光二十七年(1847)文靖堂木活字本　一冊　存卷首

430000－2401－0007519　277/842
[湖南邵陽]李氏續修族譜□□卷　清同治八年(1869)二修木活字本　一冊　存卷首

430000－2401－0007520　277/1667
[湖南邵陽]邵陵李氏續修族譜五卷首一卷文望公房世系二卷文貫公房世系二卷文盛公房世系六卷　(清)李湜主修　清同治八年(1869)鄴架深圳木活字本　八冊　缺二卷(文貫公房世系二、文盛公房世系三)

430000－2401－0007521　277/2456
[湖南邵陽]李氏三修族譜□□卷首五卷　(清)李道德等主修　清宣統元年(1909)隴西堂木活字本　五冊　存八卷(一、五至六,首五卷)

430000－2401－0007522　277/2367
[湖南邵陽]城福李氏七修家乘□□卷人物集四卷　(清)李大術等纂修　清宣統三年(1911)望思堂木活字本　二冊　存四卷(人物集四卷)

430000－2401－0007523　277/1192
[湖南臨澧、石門]李氏合修族譜□□卷　清光緒十六年(1890)隴西堂木活字本　九冊　存九卷(一至九)

430000－2401－0007524　277/914
[湖南華容]李氏族譜□□卷　(清)李世友等編修　清咸豐六年(1856)隴西堂木活字本　十二冊　存十四卷(首,一至十一、十三、十七)

430000－2401－0007525　277/2189
[湖南平江]重修天岳李氏族譜三十卷　清嘉慶十九年(1814)隴西堂木活字本　二十四冊　存二十二卷(一、三、五、八至十、十二至二十六、三十)

430000－2401－0007526　277/1174
[湖南漢壽]隴西李氏重修族譜□□卷　(清)李詩炳　李忠堂等纂修　清嘉慶六年(1801)木活字印本　一冊　存二卷(首、一)

430000－2401－0007527　277/1029－1
[湖南益陽]西平李氏續譜一卷首一卷末一卷　(清)李繩捷編纂　清乾隆五十八年(1793)三修木活字本　一冊　存二卷(一、首一卷)

430000－2401－0007528　277/1029
[湖南益陽]西平李氏續譜□□卷　清道光八年(1828)四修木活字本　一冊　存一卷(卷終一卷)

430000－2401－0007529　277/1526
[湖南益陽]西平李氏續譜□□卷　(清)李度鴻等纂修　清光緒十七年(1891)忠武堂木活字本　二十八冊　存十九卷(恭房一至二,儉房二、四至五,川房一、三,智房一、四至五、七至九,信房一至二、五,文房二至三、六)

430000－2401－0007530　277/1073
[湖南沅江]李氏重修族譜十一卷首一卷末一卷　(清)李立言總修　清光緒六年(1880)雍睦堂木活字本　十一冊　缺二卷(十、末一卷)

430000－2401－0007531　277/1482
[湖南安化]常豐十甲李氏四修族譜二十四卷首三卷　(清)李樹梧等主修　清宣統三年(1911)隴西堂木活字本　二十二冊　缺五卷(九、二十一、二十三至二十四,二缺一至三十三頁)

430000－2401－0007532　277/1727
[湖南漣源]橋頭一甲李氏續修族譜十三卷首二卷　(清)李登勝總修　清同治元年(1862)報本堂木活字本　十三冊　缺二卷(七、十三)

430000－2401－0007533　277/1122

[湖南新化]李氏續修族譜□□卷　清同治木活字本　一冊　存首冊

430000－2401－0007534　277/1783

[湖南資興]李氏族譜不分卷　清道德堂木活字本　四冊

430000－2401－0007535　△266/3

[江西豐城]李氏族譜□□卷　明嘉靖刻本二冊　存(誥敕志、藝文志一冊、世系一冊)

430000－2401－0007536　277/1174

[江西遂川]隴西李氏族譜□□卷　(清)李詩炳編輯　清嘉慶三年(1798)龍泉石圍尚德堂木活字本　一冊　存一卷(一)

430000－2401－0007537　277/1885

[江西萬載]袁郡李氏續修支譜四卷　(清)李廷謀等纂修　清咸豐八年(1858)隴西堂木活字本　三冊　缺一卷(三)

430000－2401－0007538　277/1854

[湖南邵陽]阮氏續修族譜□□卷　清光緒十九年(1893)陳留堂木活字本　六冊　存六卷(首下,四、七至九、十一)

430000－2401－0007539　277/46

[湖南長沙]七封山吳氏四修族譜二十四卷(清)吳蔭本　(清)吳取鴻修　(清)吳耀藻纂　清光緒三十二年(1906)刻本　五冊　存五卷(四、十四、二十一至二十二、二十四)

430000－2401－0007540　277/1743

[湖南長沙]吳氏支譜六卷　(清)吳受汜主修　清咸豐十年(1860)雍睦堂木活字本　五冊

430000－2401－0007541　277/1906

[湖南瀏陽]瀏陽吳氏族譜二卷首一卷末一卷　清道光二十年(1840)延陵堂木活字本　二冊　存首卷

430000－2401－0007542　277/1879

[湖南瀏陽]吳氏族譜十卷首一卷終一卷(清)吳萬亭主修　清光緒二十四年(1898)四行堂木活字本　一冊　存首卷

430000－2401－0007543　277/244

[湖南寧鄉]吳氏續修族譜□□卷　清光緒三十一年(1905)延陵堂木活字本　一冊　存一卷(二)

430000－2401－0007544　277/243

[湖南寧鄉]吳氏六修家譜十七卷首一卷末一卷　(清)吳選鴻等纂修　清光緒二十九年(1903)三讓堂木活字本　二冊　存三卷(十七、首一卷、末一卷)

430000－2401－0007545　277/2155

[湖南湘潭]花石吳氏六修族譜十四卷　(清)吳孝熙等纂修　清光緒二十三年(1897)木活字本　十二冊

430000－2401－0007546　277/589－2

[湖南湘鄉]上湘望沖吳氏支譜八卷　(清)吳聯譁等主修　復印清同治九年(1870)延陵堂木活字本　六冊

430000－2401－0007547　277/1673

[湖南常寧]吳氏三修族譜□□卷　(清)吳德礦等纂修　清光緒十四年(1888)四修緒衍堂木活字本　一冊　存二卷(五至六)

430000－2401－0007548　277/844

[湖南邵陽]吳氏八輯通譜□□卷首二卷(清)吳芝園等纂修　清光緒三年(1877)木活字本　二冊　存一卷(首一)

430000－2401－0007549　277/845

[湖南邵陽]吳氏八修族譜六卷首二卷　(清)吳芝園修　(清)吳雲纂　清光緒四年(1878)木活字本　一冊　存二卷(首二卷)

430000－2401－0007550　277/910

[湖南岳陽、華容]吳氏族譜十卷　(清)吳美前纂修　清同治十一年(1872)至德堂木活字本　十冊

430000－2401－0007551　277/976－1

[湖南湘陰]吳氏族譜不分卷　(清)吳翼行等纂修　清乾隆二十五年(1760)木活字本一冊

430000－2401－0007552　277/976

[湖南湘陰]吳氏族譜□□卷　（清）吳啟瑛等
纂修　清嘉慶十一年(1806)世德堂木活字本
　一冊　存卷首

430000－2401－0007553　277/1545
[湖南平江]吳氏族譜□□卷　清咸豐十一年
(1861)渤海堂續修木活字本　二冊　存二卷
(首、一)

430000－2401－0007554　277/1028
[湖南益陽]吳氏五修族譜十四卷　（清）吳聲
畦等纂修　清光緒十六年(1890)木活字本
二冊　存二卷(首下、末下)

430000－2401－0007555　277/1849
[湖南沅江]吳氏續修家譜八卷　（清）吳堂燕
等纂修　清光緒二十五年(1899)渤海堂木活
字本　七冊　缺一卷(三)

430000－2401－0007556　277/2110
[湖南桃江]益陽泉峰吳氏家譜□□卷　清光
緒十七年(1891)木活字本　十冊　存十卷
(二至四、六至七、十一至十五)

430000－2401－0007557　277/1150－1
[湖南安化]吳氏重修族譜□□卷　（清）吳世
珍等纂修　清乾隆五十九年(1794)木活字本
　一冊

430000－2401－0007558　277/1913
[湖南安化]吳氏續修族譜八卷首一卷　（清）
吳篤儒等纂修　清光緒十四年(1888)延陵堂
木活字本　七冊　存五卷(一、三至五,首一
卷)

430000－2401－0007559　277/1447
[湖南新化]吳氏九修族譜四十五卷首三卷
（清）吳位三等纂修　清光緒十九年(1893)三
讓堂木活字本　三十二冊　存三十七卷(二
至六、八至九、十一、十三至十五、十七至十
九、二十一至二十六、二十八至三十、三十三
至四十三、四十五,首一、首三)

430000－2401－0007560　277/2233
[湖南宜章]吳氏族譜十二卷　（清）吳德一等
纂修　清光緒三年(1877)木活字本　十二冊

430000－2401－0007561　277/1257
[廣西西林]岑氏族譜□□卷　（清）岑毓英纂
修　清光緒十四年(1888)南陽堂木活字本
九冊　存八卷(首,一至二、四至六、九至十)

430000－2401－0007562　277/1290
[湖南瀏陽]何氏族譜不分卷　（清）何紹瞻等
主修　清乾隆二十七年(1762)木刻本　二冊

430000－2401－0007563　277/1291
[湖南瀏陽]何氏重修族譜二卷　（清）何開泰
主修　清道光三年(1823)廬江堂木活字本
二冊

430000－2401－0007564　277/1292
[湖南瀏陽]何氏三修族譜四卷　（清）何知士
等主修　清咸豐四年(1854)廬江堂木活字本
　四冊

430000－2401－0007565　277/1293
[湖南瀏陽]何氏四修族譜八卷　（清）何鎮離
等主修　清光緒二十九年(1903)廬江堂木活
字本　八冊

430000－2401－0007566　277/249
[湖南寧鄉]寧邑造鐘何氏族譜十二卷首一卷
末二卷　（清）何肯敏主修　清道光十五年
(1835)木活字本　一冊　存首卷

430000－2401－0007567　277/250
[湖南寧鄉]寧邑造鐘何氏八修族譜□□卷
清同治四年(1865)廬江堂木活字本　一冊
存一卷(十九)

430000－2401－0007568　277/252
[湖南寧鄉]寧邑黃材何氏續修族譜□□卷
（清）何有錦等纂修　清嘉慶十八年(1813)荷
花堂木活字本　一冊　存二卷(五至六)

430000－2401－0007569　277/468－1
[湖南醴陵]衙後何氏支譜□□卷　（清）何天
衢纂修　清雍正十二年(1734)二修敦倫堂木
活字本　一冊　存四卷(首、一至三)

430000－2401－0007570　277/2359
[湖南常寧]何氏宗譜十卷首二卷　何氏合族

纂修　清宣統二年(1910)五修賞梅堂木活字
本　三十二冊　缺卷首下

430000－2401－0007571　277/846－1

[湖南邵陽]何氏族譜六卷首一卷　(清)何綜
等主修　清乾隆五十五年(1790)木活字本
一冊　存首卷

430000－2401－0007572　277/1623

[湖南湘陰]何氏續修宗譜□□卷　清光緒十
七年(1891)廬江堂木活字本　一冊　存卷首

430000－2401－0007573　277/1031

[湖南常德]何氏族譜□□卷　(清)何志沛主
修　清咸豐十一年(1861)吟梅堂木活字本
一冊　存卷首

430000－2401－0007574　277/1032

[湖南常德]何氏續修族譜□□卷　(清)何遠
悟主修　清光緒二十四年(1898)吟梅堂木活
字本　九冊　存九卷(首、一至八)

430000－2401－0007575　277/1842

[湖南益陽]何氏五修族譜□□卷首二卷
(清)何俊秀等纂修　清光緒二十年(1894)木
活字本　一冊　存卷首上

430000－2401－0007576　277/1897

[江西萬載]萬載何氏族譜九卷　清光緒三十
一年(1905)廬江堂木活字本　六冊　存六卷
(一、三至四、七至九)

430000－2401－0007577　277/1383

[湖南平江]碧潭余氏族譜□□卷　清道光二
十三年(1843)新安堂木活字本　十冊　存十
卷(首、一至六、八至十)

430000－2401－0007578　277/1532

[湖南平江]碧潭余氏族譜十八卷首二卷附三
卷　清光緒二十三年(1897)木活字本　二十
二冊　缺卷首上

430000－2401－0007579　277/2206

[湖南平江]木瓜余氏宗譜□□卷　清光緒三
十三年(1907)新安堂木活字本　五冊　存四
卷(首、一至三)

430000－2401－0007580　277/2328

[湖南安化]邵氏族譜□□卷　(清)邵卿能主
修　清道光十一年(1831)明經堂木活字本
二冊　存三卷(首、一至二)

430000－2401－0007581　277/55

[湖南]林氏族譜四十卷末一卷　(清)林眉仲
等主修　清光緒十六年(1890)西河堂木活字
本　三冊　存四卷(一、三至五)

430000－2401－0007582　277/255

[湖南寧鄉]寧邑西河林氏續修族譜十卷
(清)林光祖等纂修　清咸豐九年(1859)西河
堂木活字本　二冊　存一卷(一)

430000－2401－0007583　277/1944

[湖南平江]林氏宗譜□□卷　清光緒二十五
年(1899)忠孝堂木活字本　三十一冊　存三
十六卷(五至六、八至十、十三至十五、十八、
二十二至二十六、三十至三十八、四十一至四
十四、四十七至五十三、五十五至五十六)

430000－2401－0007584　277/1095

[湖南安化]林氏續修族譜□□卷　清光緒二
十九年(1903)木活字本　一冊　存卷首

430000－2401－0007585　277/1599

[江西萬載]林氏支譜二卷首一卷　(清)林福
海等纂修　清宣統二年(1910)六興堂木活字
本　二冊　存二卷(二、首一卷)

430000－2401－0007586　277/270

[湖南寧鄉]溈源易氏歐公祠志　(清)易麓嘯
等纂修　清光緒二十六年(1900)木活字本
一冊

430000－2401－0007587　277/270－1

[湖南寧鄉]易氏族譜□□卷　(清)易芳輝等
主修　清乾隆五年(1740)木刻本　二冊

430000－2401－0007588　277/58

[湖南寧鄉]溈源易氏重修族譜九卷　(清)易
維祺等纂修　清嘉慶二十二年(1817)慶源堂
木活字本　八冊　存五卷(一至五)

430000－2401－0007589　277/289

[湖南寧鄉]溈寧易氏支譜七卷 （清）易培相等編修 清同治八年(1869)木活字本 一冊 存四卷(首、二至四)

430000 – 2401 – 0007590 277/269

[湖南寧鄉]溈寧易氏支譜七卷 （清）易振翔 （清）易振材 （清）易培相 （清）易培宇纂 清同治八年(1869)慶源堂活字本 一冊 存二卷(一至二)

430000 – 2401 – 0007591 277/268

[湖南寧鄉]溈源易氏支譜□□卷 （清）易自卑等主修 清木活字本 一冊 存一卷(二)

430000 – 2401 – 0007592 277/590 – 1

[湖南湘鄉]易氏族譜不分卷 （清）易宗湉纂修 清雍正二年(1724)木活字本 一冊

430000 – 2401 – 0007593 277/1123

[湖南新化]易氏四修宗譜□□卷 （清）易鋆等主修 清光緒二十二年(1896)木活字本 一冊 存卷首

430000 – 2401 – 0007594 277/1630

[湖南長沙]善化南村周氏族譜十卷 （清）周奇翰等纂修 清光緒二年(1876)三修月岩堂木活字本 九冊 存九卷(一、三至十)

430000 – 2401 – 0007595 277/60

[湖南長沙]周氏族譜□□卷 （清）周本性等纂修 清道光二十三年(1843)汝南堂木活字本 一冊 存卷首

430000 – 2401 – 0007596 277/61

[湖南長沙]澗山周氏四修族譜十二卷首一卷末一卷 （清）周運官等主修 清光緒二十六年(1900)敦倫堂木活字本 四冊 存第一本、第四至六本

430000 – 2401 – 0007597 277/2222

[湖南瀏陽]周氏族譜□□卷 清嘉慶十二年(1807)汝南堂木活字本 一冊 存首冊

430000 – 2401 – 0007598 277/1036

[湖南寧鄉、益陽]周氏續修族譜九卷首一卷末一卷 （清）周禮恆主修 清道光五年(1825)木活字本 一冊 存首卷

430000 – 2401 – 0007599 277/266 – 1

[湖南寧鄉]周氏族譜十卷 （清）周擇樞等修 清雍正十一年(1733)木活字本 二冊 存二卷(一、七)

430000 – 2401 – 0007600 277/266 – 3

[湖南寧鄉]周氏族譜□□卷 （清）周徽樞等纂修 清乾隆二十九年(1764)惇叙堂刻本 一冊 存二卷(八至九)

430000 – 2401 – 0007601 277/266 – 2

[湖南寧鄉]寧邑流沙周氏續修支譜四卷 （清）周慶臣等纂修 清乾隆五十四年(1789)刻本 一冊 存一卷(一)

430000 – 2401 – 0007602 277/259

[湖南寧鄉]寧邑周氏四修族譜□□卷 清光緒四年(1878)愛蓮堂木活字本 一冊 存一卷(十)

430000 – 2401 – 0007603 277/262

[湖南寧鄉]寧邑河塢周氏五修族譜十九卷首二卷 （清）周志宥等纂修 清光緒三十年(1904)愛蓮堂木活字本 一冊 存二卷(首二卷)

430000 – 2401 – 0007604 277/1034

[湖南寧鄉]周氏續修支譜九卷首二卷 （清）周鳴皐主修 清同治七年(1868)愛蓮堂木活字本 一冊 存二卷(首下、末下)

430000 – 2401 – 0007605 277/1759

[湖南湘潭]沙塘周氏五修族譜十八卷 （清）周裕杰等總修 清光緒二十年(1894)木活字本 三十四冊

430000 – 2401 – 0007606 277/595

[湖南湘鄉]周氏族譜十卷 清道光六年(1826)敦倫堂刻本 一冊 存二卷(一至二)

430000 – 2401 – 0007607 277/597

[湖南湘鄉]石柱周氏族譜□□卷 清道光十七年(1837)少溪堂木活字本 一冊 存一卷(一)

430000 – 2401 – 0007608 277/601

[湖南湘鄉]上湘周氏族譜五卷 （清）周建元
等纂修 清嘉慶四年(1799)明經堂刻本 一
冊 存卷首

430000 – 2401 – 0007609 277/600

[湖南湘鄉]上湘東陳周氏族譜二卷首一卷末
一卷 （清）周相維等總修 清咸豐十一年
(1861)汝南堂木活字本 四冊

430000 – 2401 – 0007610 277/602 – 1

[湖南湘鄉]周氏族譜四卷 （清）周貴訓主修
清乾隆五十四年(1789)忠厚堂木活字本
二冊 存二卷(一至二)

430000 – 2401 – 0007611 277/598

[湖南湘鄉]周氏先房支譜八卷 （清）周同道
等纂修 清光緒十三年(1887)少溪堂木活字
本 八冊

430000 – 2401 – 0007612 277/848

[湖南湘鄉]周氏續修族譜十卷 （清）周嗣彬
等纂修 清咸豐十年(1860)忠厚堂木活字本
一冊 存一卷(一)

430000 – 2401 – 0007613 277/602

[湖南湘鄉]周氏續修族譜八卷首一卷 （清）
周應淶主修 清同治七年(1868)明經堂木活
字本 一冊 存首卷

430000 – 2401 – 0007614 277/2757

[湖南湘鄉]士塘周氏續譜六卷首一卷 （清）
周玉明等主修 清光緒二十四年(1898)平園
堂木活字本 七冊

430000 – 2401 – 0007615 277/599

[湖南湘鄉]華夏周氏四修族譜十四卷 清光
緒二十九年(1903)敦倫堂木活字本 十四冊
缺一卷(三)

430000 – 2401 – 0007616 277/2311

[湖南衡山]周氏五修族譜□□卷 （清）周方
成纂修 清光緒三十年(1904)重厚堂木活字
本 九冊 存九卷(一至九)

430000 – 2401 – 0007617 277/2027

[湖南邵東]周氏支譜□□卷 清光霽堂木活

字本 三冊 存四卷(四、八、十七至十八)

430000 – 2401 – 0007618 277/911

[湖南岳陽]周氏族譜□□卷 清光緒三十一
年(1905)汝南堂木活字本 一冊 存卷首

430000 – 2401 – 0007619 277/962

[湖南臨湘]周氏族譜□□卷 （清）周光昶等
主修 清光緒十二年(1886)木活字本 一冊
存卷首

430000 – 2401 – 0007620 277/2566

[湖南湘陰]羅湘周氏支譜七卷 （清）周澤美
等主修 清光緒二十五年(1899)愛蓮堂木活
字本 六冊 缺二卷(七、十三)

430000 – 2401 – 0007621 277/1218 – 1

[湖南漢壽]周氏續修家譜十四卷首二卷
(清)周成章等纂修 清光緒十九年(1893)愛
蓮堂木活字本 一冊 存首二卷

430000 – 2401 – 0007622 277/266

[湖南益陽]周氏續修族譜□□卷 清同治十
年(1871)光霽堂木活字本 二冊 存二卷
(一、末)

430000 – 2401 – 0007623 △265/1

[湖南道縣]周元公世系遺芳集十五卷 （清）
周與爵編輯 明萬曆刻本 一冊

430000 – 2401 – 0007624 277/1990

[江西萬載]萬載大橋周氏族譜□□卷 （清）
周信龍纂修 清光緒三十三年(1907)汝南堂
木活字本 七冊 存六卷(首,三至五、七至
八)

430000 – 2401 – 0007625 277/1822

[湖南瀏陽]瀏南大遙段丘氏族譜□□卷
(清)丘先品纂修 清光緒十五年(1889)兩盛
堂木活字本 十冊 存五卷(一至二、四、十,
首下)

430000 – 2401 – 0007626 277/245

[湖南寧鄉]潙寧丘氏珂璽兩房三修支譜十卷
（清）丘世儀等主修 清同治八年(1869)忠
實堂木活字本 八冊

430000－2401－0007627　277/1094

[湖南安化]丘氏續修族譜不分卷　（清）丘泰翥等纂修　清咸豐五年(1855)木活字本　一冊　存卷首

430000－2401－0007628　277/258

[湖南益陽、寧鄉]濱湄岳氏族譜□□卷　（清）岳青炳主修　清嘉慶二十五年(1820)忠烈堂木活字本　一冊　存一卷(一)

430000－2401－0007629　277/271

[湖南寧鄉]金氏續修支譜□□卷　（清）金勝周等主修　清道光十三年(1833)孝友堂木活字本　一冊　存卷首

430000－2401－0007630　277/273

[湖南寧鄉]洪氏續修族譜十三卷首一卷　（清）洪尚祁主修　清光緒七年(1881)義居堂木活字本　二冊　存三卷(一至二、首一卷)

430000－2401－0007631　277/850

[湖南邵陽、隆回]姜姓族譜□□卷　（清）姜春城等纂修　清咸豐七年(1857)四修敦倫堂刻本　二冊　存二卷(一、末)

430000－2401－0007632　277/274

[湖南寧鄉]姜姓族譜□□卷　（清）姜清溟纂修　清道光十八年(1838)雲磬堂木活字本　三冊　存卷尾

430000－2401－0007633　277/275

[湖南寧鄉]姜氏重修族譜二十二卷首一卷　（清）姜光謨主修　清道光十四年(1834)熟樂堂刻本　二冊　存首卷

430000－2401－0007634　277/276

[湖南寧鄉]姜姓重修族譜二十七卷　姜曙春等人纂輯　清光緒二十三年(1897)熟樂堂木活字本　二冊　存三卷(一、二十六至二十七)

430000－2401－0007635　277/276－1

[湖南寧鄉]寧邑姜姓續修支譜□□卷　（清）姜虎山等編纂　清乾隆五十九年(1794)刻本　一冊　存一卷(二)

430000－2401－0007636　277/1344

[湖南寧鄉]姜深靜公房續修祠志一卷首一卷　（清）姜佑之等總修　清光緒三十四年(1908)深榮堂木活字本　一冊　存首卷

430000－2401－0007637　277/1078

[湖南沅江]祝氏五修族譜三十卷首一卷　（清）祝學山等纂修　清宣統三年(1911)太原堂木活字本　三冊　存三卷(一至二、首一卷)

430000－2401－0007638　276/5－2

胡氏世典十一卷附錄一卷　（清）胡元儀撰　清光緒十四年(1888)刻本　一冊

430000－2401－0007639　276/5

胡氏世典十二卷　（清）胡元儀撰　清光緒三十一年(1905)刻本　一冊

430000－2401－0007640　277/1866

[湖南瀏陽]瀏南墈里山上胡氏續修族譜□□卷　清安定堂木活字本　九冊　存九卷(一至九)

430000－2401－0007641　277/1374

[湖南瀏陽]高車胡氏三修族譜四卷　（清）胡興久等纂修　清光緒十一年(1885)安定堂木活字本　四冊　卷一缺頁

430000－2401－0007642　277/280

[湖南寧鄉、衡陽]胡氏六修族譜□□卷　（清）胡湘文等纂修　清光緒二十一年(1895)安定堂木活字本　一冊　存卷首

430000－2401－0007643　277/1451

[湖南寧鄉、益陽]胡氏續修族譜□□卷　（清）胡定吉等編修　清嘉慶元年(1796)刻本　七冊　存六卷(首、一至五)

430000－2401－0007644　277/277

[湖南寧鄉]寧邑胡氏族譜不分卷　（清）胡錦瑞等總修　清道光十七年(1837)安定堂木活字本　三冊　存首卷一冊、世系一冊

430000－2401－0007645　277/1204

[湖南寧鄉]柳林胡氏續修族譜十六卷末一卷　（清）胡尚森等纂修　清道光十二年(1832)敦本堂刻本　三冊　存三卷(一部卷首、二部

卷首、十部卷末）

430000－2401－0007646　277/1450

[湖南寧鄉]胡氏續修族譜十卷　（清）胡東里
等纂修　清道光二十五年(1845)錄賢堂木活
字本　三冊　存三卷(一至二、九)

430000－2401－0007647　277/609－1

[湖南寧鄉]安定胡氏重修族譜不分卷　（清）胡
康虞等主修　清雍正十二年(1734)刻本　一冊

430000－2401－0007648　277/278

[湖南寧鄉]柳林胡氏四修族譜十六卷首一卷
末一卷　（清）胡尚林　胡安訓等纂修　清道
光十二年(1832)敦本堂木活字本　一冊　存
卷首

430000－2401－0007649　277/279

[湖南寧鄉]柳林胡氏五修族譜十三卷首二卷
末三卷　清光緒六年(1880)敦本堂木活字本
一冊　存卷首

430000－2401－0007650　277/280

[湖南寧鄉]胡氏六修族譜□□卷首一卷
（清）胡培堅　（清）胡麓詢纂修　清光緒二十
一年(1895)安定堂木活字本　一冊　存首卷

430000－2401－0007651　277/1452

[湖南寧鄉]胡氏六修支譜十二卷　（清）胡敷
賁等纂修　清光緒二十六年(1900)安定堂木
活字本　十冊

430000－2401－0007652　277/607

[湖南湘鄉]桑林胡氏族譜□□卷　（清）胡若
皆主修　清道光十四年(1834)桑林堂木活字
本　一冊　存卷首

430000－2401－0007653　277/608

[湖南湘鄉]桑林胡氏族譜□□卷　（清）胡慶
源等總修　清宣統二年(1910)五修桑林堂木
活字本　一冊　存卷首

430000－2401－0007654　277/2562

[湖南湘鄉]桑林胡氏正房族譜二十五卷首二
卷附一卷　（清）胡嘉乾主修　清宣統二年
(1910)桑林堂木活字本　二十八冊

430000－2401－0007655　277/803

[湖南衡陽]胡氏續修族譜五卷首一卷　（清）
胡士晁　（清）胡亨樅修　（清）胡士梅等纂
清道光十七年(1837)桑林堂木活字本　一冊

430000－2401－0007656　277/609

[湖南安化、湘鄉]胡氏續修族譜九卷　（清）
胡正鰲主修　清嘉慶十七年(1812)刻本　七
冊　存七卷(首,二至三、五至八)

430000－2401－0007657　277/1125

[湖南新化]胡氏續修族譜十三卷　（清）胡秉
敬主修　清光緒九年(1883)木活字本　一冊
存卷首

430000－2401－0007658　277/611

[湖南湘鄉]婁氏柳氏續修族譜八卷首一卷
（清）柳後諤等總纂修　清同治八年(1869)河
東堂木活字本　十二冊

430000－2401－0007659　277/1951

[湖南華容、南縣]段氏族譜十五卷　（清）段
祖樂等纂修　清光緒三十一年(1905)四修酉
陽堂木活字本　八冊　存八卷(首上,三至
六、十下、十一、十三)

430000－2401－0007660　277/852

[湖南新化]段氏族譜三十三卷首二卷　（清）
段祥習等主修　清同治四年(1865)木活字本
一冊　存卷首上

430000－2401－0007661　277/603

[湖南邵陽]團山禹氏續譜二十卷首一卷末一
卷　（清）禹邦雲等主修　清咸豐九年(1859)
敦倫堂木活字本　一冊　存首卷

430000－2401－0007662　277/283

[湖南湘鄉]姚氏續修族譜□□卷　（清）姚宗
析等纂修　清同治十年(1871)吳興堂木活字
本　二冊　存首上下

430000－2401－0007663　277/1039

[湖南益陽]姚氏鹿山五修支譜十六卷首一卷
末一卷　（清）姚教源等纂修　清宣統三年
(1911)木活字本　一冊　存首卷

430000－2401－0007664　277/1197

[湖南新晃]姚氏族譜□□卷　（清）姚登高等
主修　清光緒十二年(1886)首修重華堂木活
字本　二冊　存卷首

430000－2401－0007665　277/614

[湖南湘鄉]上湘凌氏續修族譜十卷首二卷末
二卷　（清）凌上裕等主修　清道光二十七年
(1847)二修光裕堂木活字本　十四冊

430000－2401－0007666　277/1996－2

[湖南平江]凌氏族譜□□卷　（清）凌旭初等
纂修　清道光五年(1825)二修夢印堂木活字
本　七冊　存四卷(二至四、首)

430000－2401－0007667　277/939

[湖南平江]凌氏族譜十二卷首一卷末一卷
(清)凌起行等纂修　清光緒十一年(1885)木
活字本　五冊　存四卷(十一至十二、首一
卷、末一卷)

430000－2401－0007668　277/1997

[江西萬載]凌氏族譜五卷終一卷　（清）凌文
運等纂修　清道光八年(1828)續修敦睦堂木
活字本　一冊　存卷首

430000－2401－0007669　277/311

[湖南寧鄉]高氏族譜十四卷　（清）高耀庶等
纂修　清道光三年(1823)二修木活字本　一
冊　存一卷(一)

430000－2401－0007670　277/312－1

[湖南寧鄉]潙寧高氏族譜十六卷首二卷
(清)高名英主修　清同治二年(1863)三修木
活字本　二冊　存二卷(首二卷)

430000－2401－0007671　277/1560

[湖南寧鄉]高氏族譜二十一卷首二卷　（清）
高青珊等主修　清光緒十八年(1892)四修木
活字本　一冊　存二卷(首二卷)

430000－2401－0007672　277/1792

[湖南長沙]唐氏族譜十七卷首一卷上一卷後
一卷　（清）唐永蕃等總修　清光緒三十年
(1904)敦睦堂木活字本　十四冊　缺六卷
(三、五至六、八、十三至十四)

430000－2401－0007673　277/1398

[湖南長沙]長邑西鄉唐氏族譜二十三卷首一
卷末一卷又卷上一卷　（清）唐學上等總修
清光緒三十三年(1907)六修晉陽堂木活字本
二十五冊　缺二卷(二至三)

430000－2401－0007674　277/1566

[湖南長沙]善邑唐氏三修支譜十卷　（清）唐
啟孝等纂修　清光緒二十八年(1902)穀貽堂
木活字本　七冊　缺三卷(一至三)

430000－2401－0007675　277/286

[湖南寧鄉]晉陽唐氏重修族譜不分卷　（清）
唐啟煦等纂　清嘉慶十二年(1807)木活字本
三冊

430000－2401－0007676　277/285

[湖南寧鄉]潙寧唐氏續修支譜四卷　（清）唐
賢煥等總修　清同治五年(1866)晉陽堂木活
字本　二冊　存二卷(一至二)

430000－2401－0007677　277/495

[湖南湘潭]錦石唐氏四修族譜三十九卷首二
卷末一卷　（清）唐垂鑴等總纂　清光緒二十
一年(1895)九成堂木活字本　二十六冊

430000－2401－0007678　277/1817

[湖南湘潭]湘潭唐氏七修宗譜五十三卷
(清)唐先壽等纂修　清光緒二十八年(1902)
立本堂木活字本　四十七冊　存四十七卷(一
至二十六、二十八至三十五、三十七、三十九、四
十一至四十二、四十四至五十一、五十三)

430000－2401－0007679　277/616－1

[湖南湘鄉]唐氏族譜不分卷　清康熙五十九
年(1720)刻本　一冊

430000－2401－0007680　277/616

[湖南湘鄉]唐氏族譜十卷　（清）唐發培纂修
清咸豐三年(1853)二修淩烟堂木活字本
一冊　存一卷(一)

430000－2401－0007681　277/856

[湖南邵陽]唐氏四修族譜□□卷　（清）唐榮
朝主修　清光緒三年(1877)晉陽堂木活字本
一冊

430000－2401－0007682　277/857

[湖南邵陽]唐氏五修族譜□□卷　(清)唐吉光等纂修　清宣統元年(1909)晉陽堂木活字本　一冊　存序、家規、封蔭志、仕宦志

430000－2401－0007683　277/1006

[湖南東安]東安席氏三修譜□□卷　清末木活字本　一冊　存卷首

430000－2401－0007684　277/805

[湖南寧鄉]秦氏續修支譜□□卷　清道光十年(1830)二修淮海堂木活字本　一冊　存一卷(四)

430000－2401－0007685　277/289

[湖南寧鄉]秦氏三修支譜□□卷　清同治元年(1862)天水堂木活字本　一冊　存一卷(二)

430000－2401－0007686　277/290

[湖南寧鄉]秦氏四修支譜七卷首一卷　秦氏合族纂修　清光緒十八年(1892)天水堂木活字本　二冊　存二卷(五、首一卷)

430000－2401－0007687　277/2380

[湖南衡山]秦氏五修宗譜十三卷　清光緒九年(1883)木活字本　九冊　缺三卷(三、七、十三)

430000－2401－0007688　277/80

[江蘇吳縣]洞庭秦氏宗譜五卷首四卷末一卷　(清)秦錦等纂修　清同治十二年(1873)八修詠烈堂刻本　十六冊

430000－2401－0007689　277/859

[湖南邵陽]粟氏族譜□□卷　(清)粟永汪主修　清道光十二年(1832)木活字本　六冊　存六卷(首,九、十二、十四至十六)

430000－2401－0007690　277/83

[湖南長沙]袁氏支譜□□卷　清道光二十年(1840)汝南堂木活字本　一冊　存卷首

430000－2401－0007691　277/180

[湖南瀏陽]石圍袁氏族譜□□卷首二卷　(清)袁貴敬等主修　清道光二十八年(1848)五修汝南堂木活字本　一冊　存卷首

430000－2401－0007692　277/292

[湖南寧鄉]袁家河袁氏家譜□□卷　清光緒三十二年(1906)汝南堂木活字本　一冊　存一卷(二十二)

430000－2401－0007693　277/296

[湖南寧鄉]潙寧袁氏重修支譜三卷首一卷　(清)袁必魁等主修　清嘉慶十五年(1810)汝南堂木活字本　一冊　存首卷

430000－2401－0007694　277/297

[湖南寧鄉]袁氏重修支譜六卷　(清)袁妙生總纂　清同治九年(1870)汝南堂木活字本　六冊

430000－2401－0007695　277/293

[湖南寧鄉]潙寧袁氏上房四修族譜十卷　(清)袁恩怡等總修　清光緒四年(1878)汝南堂木活字本　十冊

430000－2401－0007696　277/498

[湖南湘潭]中湘百井袁氏七修族譜□□卷　(清)袁以和等主修　清同治八年(1869)仁風堂木活字本　四冊　存四卷(二上下、三上、四上)

430000－2401－0007697　277/499

[湖南湘潭]中湘百井袁氏八修族譜二十九卷首二卷　(清)袁以升等主修　清光緒二十四年(1898)仁風堂木活字本　三冊　存四卷(三下、四,首二卷)

430000－2401－0007698　277/631

[湖南湘鄉]袁氏續修族譜九卷末一卷　(清)袁忠信等主修　清道光二十八年(1848)宗臣堂木活字本　二冊　存卷首、末

430000－2401－0007699　277/632

[湖南湘鄉]湘鄉新窰袁氏四修族譜六卷首二卷滿二卷　(清)袁忠諦主修　清光緒七年(1881)叙倫堂木活字本　四冊　存卷首、末

430000－2401－0007700　277/1432

[江西萬載]白良袁氏族譜十卷首一卷末一卷
（清）袁定國總纂　清道光十年(1830)二修
汝南堂木活字本　一冊　存首卷

430000－2401－0007701　277/1433

[江西萬載]袁氏良公崇孝堂冊不分卷　清光
緒四年(1878)木活字本　一冊

430000－2401－0007702　277/327

[湖南邵陽]夏氏族譜□□卷　（清）夏繼虞總
修　清嘉慶八年(1803)會稽堂木活字本　一
冊　存卷首

430000－2401－0007703　277/998

[湖南桂陽]大灣夏氏宗譜九卷　（清）夏時纂
修　清光緒十年(1884)崇校堂刻本　五冊

430000－2401－0007704　277/287

[湖南寧鄉]馬氏三修族譜八卷首二卷　（清）
馬祖端主修　清光緒元年(1875)銅柱堂木活
字本　四冊　存五卷(一至二、八,首二卷)

430000－2401－0007705　277/2615

[湖南邵陽]馬氏重修族譜八卷首一卷　（清）
馬章棠等主修　清同治十二年(1873)絳帳堂
木活字本　一冊　存五卷(一至四、首一卷)

430000－2401－0007706　277/1641

[江西萬載][湖南瀏陽]馬氏宗譜□□卷　（清）
馬湘主修　清光緒二十五年(1899)一修扶風堂
木活字本　四冊　存三卷(一至二、四)

430000－2401－0007707　277/302－1

[湖南寧鄉]孫氏重修族譜　（清）孫有謙等主
修　清乾隆九年(1744)木活字本　一冊　存
序、家訓、族戒、傳贊、墓圖、禮儀等一冊

430000－2401－0007708　277/302

[湖南湘鄉]孫氏續修支譜九卷首三卷　（清）
孫枝茂等主修　清宣統三年(1911)江東堂木
活字本　四冊　存四卷(九、首三卷)

430000－2401－0007709　277/618

[湖南邵陽]孫氏四修族譜□□卷　（清）孫謀
幹等主修　清同治十年(1871)敦倫堂木活字
本　二冊　存卷首序、墳山、祠堂、傳

430000－2401－0007710　277/254－1

[湖南寧鄉]范氏三修族譜不分卷　（清）范日
冕等總修　清乾隆五十三年(1788)木活字本
　一冊

430000－2401－0007711　277/983

[湖南湘陰]范氏家譜四卷　（清）范景運等纂
修　清道光五年(1825)高平堂木活字本　一
冊　存一卷(一)

430000－2401－0007712　277/1019

[湖南祁陽]桂添富公家乘十卷　（清）桂棠主
纂　清宣統三年(1911)三修承啟堂木活字本
　一冊　存一卷(一)

430000－2401－0007713　277/84

[湖南湘鄉]泥灣晏氏族譜八卷　（清）晏大酉
等主修　清道光二十九年(1849)久敬堂木活
字本　二冊　存二卷(一、七)

430000－2401－0007714　277/865

[湖南邵陽]邵陵卿氏續修族譜六卷首一卷末
一卷　（清）卿獻策等主修　清同治十年
(1871)孝思堂木活字本　一冊　存首卷

430000－2401－0007715　277/89

[湖南益陽]殷氏續修族譜十四卷首一卷
（清）殷得垂等編修　清道光二十七年(1847)
木活字本　一冊　存首卷

430000－2401－0007716　277/88

[湖南長沙]徐氏族譜六卷　（清）徐芳等修
清同治二年(1863)二修東海堂木活字本　七
冊　存五卷(一至四,六之洪公世系一、三、五
至六)

430000－2401－0007717　277/305

[湖南寧鄉]徐氏四修族譜五卷首一卷末一卷
又一卷　（清）徐蘊齋等纂修　清光緒二十九
年(1903)奉先堂木活字本　一冊　存首卷

430000－2401－0007718　277/1869

[湖南瀏陽]徐氏續修族譜十二卷　（清）徐六
循纂修　清光緒二十六年(1900)東海堂木活
字本　一同冊　缺一卷(九)

430000－2401－0007719　277/633

[湖南湘鄉]上湘徐氏三修族譜□□卷　清東
海堂木活字本　一冊　存三卷(一至三)

430000－2401－0007720　277/985

[湖南湘陰]珊塘徐氏譜上編七卷中編五卷下
編五卷　(清)徐成炯等纂修　清光緒三十三
年(1907)東海堂木活字本　一冊　存五卷
(上編一至五)

430000－2401－0007721　277/1333

[湖南桃江]資陽徐氏族譜十卷　(清)徐昌興
等主修　清嘉慶十八年(1813)二修木活字本
　一冊　存卷首

430000－2401－0007722　277/643－1

[湖南湘鄉]翁氏世系祖譜一卷　(清)翁大林
等纂　清乾隆二十年(1755)鹽官堂鈔本
一冊

430000－2401－0007723　277/1589

[湖南湘陰]翁氏族譜七卷首一卷　翁氏合族
纂修　清道光七年(1827)三修鹽官堂木活字
本　八冊

430000－2401－0007724　277/2644

[湖南長沙]善邑梁氏纂修支譜□□卷　(清)
梁世譁主修　清道光二十八年(1848)安定堂
木活字本　二冊　存二卷(一、四)

430000－2401－0007725　277/636

[湖南湘鄉、善化、湘潭]湖南上湘下湘章氏三
修族譜十五卷首三卷　(清)章君龐等主修
清咸豐元年(1851)河間堂木活字本　三冊
存卷首

430000－2401－0007726　277/636－1

[湖南湘鄉]章氏重修支譜不分卷　(清)章國茂
主修　清乾隆十八年(1753)木活字本　一冊

430000－2401－0007727　△266/9

[江西安福]重刻濛潭康氏族譜不分卷　(明)
康元和　(明)康元黎纂修　明崇禎刻本
一冊

430000－2401－0007728　△266/6

[河北定興]安興鹿氏家譜十三卷　(清)鹿荃
纂修　清乾隆五十六年(1791)鹿氏世德堂刻
本　六冊　存九卷(一至九)

430000－2401－0007729　277/987

[湖南長沙]曹氏族譜四十卷　(清)曹基澍等
纂修　清同治四年(1865)譙國堂木活字本
四冊　存五卷(一、三、五至六,首一卷)

430000－2401－0007730　277/107

[湖南長沙]曹氏彥靖公支譜十八卷　(清)曹
英煦等纂修　清光緒二十六年(1900)譙國堂
木活字本　十八冊

430000－2401－0007731　277/2084

[湖南益陽]曹氏支譜十六卷首六卷　(清)曹
家權等總纂　清光緒六年(1880)三峰堂木活
字本　十七冊　存十五卷(一至五、七至八、
十至十一,首六卷)

430000－2401－0007732　277/1023

[湖南祁陽]三吾曹氏族譜二十一卷　(清)曹
宏英等主修　清光緒二十四年(1898)蔡侯堂
木活字本　一冊　存一卷(一)

430000－2401－0007733　277/1502

[湖南]義門陳氏族譜□□卷　(清)陳令望主
修　清嘉慶十二年(1807)德星堂木活字本
四冊　存四卷(首,一至二、八)

430000－2401－0007734　277/31

[湖南長沙]陳氏支譜四卷末一卷　(清)陳立
鸞等纂修　清宣統二年(1910)潁川堂木活字
本　三冊　存三卷(首,二、四)

430000－2401－0007735　277/940

[湖南寧鄉]義門陳氏族譜十二卷　(清)陳順
廷等纂修　清光緒二十九年(1903)德星堂木
活字本　一冊　存首冊

430000－2401－0007736　277/1126－1

[湖南寧鄉]陳氏續修房譜□□卷　清道光二
十二年(1842)潁川堂木活字本　三冊

430000－2401－0007737　277/1126

[湖南寧鄉]陳氏續修房譜三十一卷首三卷末

三卷附三卷　（清）陳明曦主修　清光緒三十二年（1906）德星堂木活字本　三十冊　存三十三卷（二至五、七至十三、十六至二十六、二十九至三十一，首三卷,末三卷,附二至三）

430000－2401－0007738　277/2640

[湖南醴陵]花麥田陳氏支譜四卷附一卷（清）陳述明等主修　清光緒二十四年（1898）聚星堂木活字本　五冊

430000－2401－0007739　277/1827

[湖南攸縣]搏上陳氏五修族譜不分卷　（清）陳兆鵬總修　清同治十年（1871）木活字本　二冊

430000－2401－0007740　277/497

[湖南湘潭]中湘陳氏族譜六卷　（清）陳添寶等纂修　清光緒八年（1882）二修聚星堂木活字本　六冊

430000－2401－0007741　277/863

[湖南湘潭]陳氏四修族譜十五卷　（清）陳秉國等纂修　清光緒十三年（1887）穎川堂木活字本　一冊　存卷首

430000－2401－0007742　277/623

[湖南湘鄉]船下橋陳氏族譜五卷首二卷（清）陳開昶等主修　清道光七年（1827）德星堂續修木活字本　四冊　存四卷（一、四至五,首一）

430000－2401－0007743　277/630－2

[湖南湘鄉]陳氏族譜□□卷　（清）陳自詩等主修　清乾隆四十八年（1783）聚星堂木活字本　二冊　存卷首

430000－2401－0007744　277/630

[湖南湘鄉]陳氏族譜五卷首一卷　（清）陳義明等主修　清同治二年（1863）德星堂木活字本　一冊　存首卷

430000－2401－0007745　277/626

[湖南湘鄉]湘南陳氏族譜□□卷　清光緒五年（1879）木活字本　一冊　存二卷（二十七至二十八）

430000－2401－0007746　277/625

[湖南湘鄉]黃塘陳氏續修族譜□□卷　（清）陳廷柏等主修　清道光十四年（1834）介福堂木活字本　二冊　存五卷（一、三至六）

430000－2401－0007747　277/2567

[湖南湘鄉]陳氏續修族譜□□卷首二卷（清）陳大忠等主修　清同治四年（1865）德星堂木活字本　七冊　存七卷（一至六、首下）

430000－2401－0007748　277/627

[湖南湘鄉]黃金陳氏續修族譜八卷首二卷（清）陳千倉主修　清光緒十一年（1885）聚星堂木活字本　五冊　存五卷（二、四、七至八,首上）

430000－2401－0007749　277/630－1

[湖南湘鄉]上湘靈羊陳氏續譜七卷首三卷末一卷　（清）陳徵壔總纂　清光緒十一年（1885）星聚堂木活字本　六冊　存七卷（二之一至之六、四至六,首三卷）

430000－2401－0007750　277/628

[湖南湘鄉]上湘石獅江陳氏家譜六卷　（清）陳德顯主修　清嘉慶十一年（1806）聚星堂刻本　六冊

430000－2401－0007751　277/2639

[湖南湘鄉]湘鄉陳氏三修支譜五卷　（清）陳啟試主修　清光緒三十三年（1907）義門堂木活字本　五冊

430000－2401－0007752　277/806

[湖南衡陽]陳氏續修宗譜□□卷　清道光敦倫堂木活字本　一冊　存首一冊

430000－2401－0007753　277/1128

[湖南邵陽]陳氏復修族譜不分卷　（清）陳代憲等總修　清道光四年（1824）敦本堂木活字本　一冊

430000－2401－0007754　277/912

[湖南岳陽]陳氏續修族譜五卷首一卷　（清）陳正方等纂修　清光緒十八年（1892）穎川堂木活字本　一冊　存首卷

430000－2401－0007755　277/1730

[湖南湘陰]羅湘陳氏宗譜三卷首一卷　（清）陳封雲主修　清同治七年(1868)義門堂木活字本　六冊

430000－2401－0007756　277/941

[湖南平江]義門陳氏族譜□□卷　清光緒十三年(1887)聚星堂木活字本　一冊　存卷首

430000－2401－0007757　277/1503

[湖南安化]義門陳氏續修族譜四卷首一卷（清）陳原韜總修　清咸豐五年(1855)德星堂木活字本　四冊

430000－2401－0007758　277/1504

[湖南安化]義門陳氏續修族譜二十卷首一卷　（清）陳紹桓主修　清光緒二十五年(1899)德星堂木活字本　十一冊

430000－2401－0007759　277/1127

[湖南新化]陳氏續修族譜□□卷　（清）陳時夏等纂修　清道光二十年(1840)木活字本　一冊　存卷首

430000－2401－0007760　277/1912

[湖南新化]陳氏永派十修族譜□□卷首六卷　（清）陳龍瑄等纂修　清光緒十八年(1892)木活字本　九冊　存七卷(一、七、三十四、三十六,首一、首四、首六)

430000－2401－0007761　277/984

[湖南湘陰]陶氏續修族譜□□卷　（清）陶達烈等總修　清道光八年(1828)潯陽堂木活字本　一冊　存二卷(首、一)

430000－2401－0007762　277/316

[湖南寧鄉]梅氏重修族譜十卷　（清）梅鍾麟等主修　清咸豐十一年(1861)悠承堂活字本　一冊　存卷首

430000－2401－0007763　277/505

[湖南湘潭]中湘雲湖盛氏五修族譜□□卷（清）盛先鏽纂修　清光緒十七年(1891)篤慶堂木活字本　二冊　存二卷(首二、末四)

430000－2401－0007764　277/1179

[湖南漢壽]盛氏族譜六卷首一卷　（清）盛元音纂修　清光緒二十七年(1901)廣陵堂木活字本　一冊　存首卷

430000－2401－0007765　277/303

[湖南寧鄉]婁氏族譜五卷末一卷　（清）婁耀樽纂修　清道光十三年(1833)木活字本　一冊　存二卷(五、末一卷)

430000－2401－0007766　277/320

[湖南寧鄉]崔氏博陵續修族譜□□卷　（清）崔尊五等主修　清光緒元年(1875)默蔭堂木活字本　一冊　存二卷(首上中)

430000－2401－0007767　277/318

[湖南益陽]崔氏五修族譜二十六卷首二卷末一卷　（清）崔松圃等主修　清光緒元年(1875)德星堂木活字本　五冊　存三卷(五、首一、末一卷)

430000－2401－0007768　277/322

[湖南]符氏續修通譜十六卷首一卷末一卷（清）符瑞等纂修　清光緒三年(1877)敦本堂木活字本　三冊　存二卷(首一卷、末一卷)

430000－2401－0007769　277/321

[湖南寧鄉]符氏續修支譜五卷　（清）符嵩雲等輯修　清咸豐七年(1857)琅琊堂木活字本　二冊　存二卷(一、五)

430000－2401－0007770　277/1472

[湖南益陽]符氏續修家譜七卷首一卷末二卷　（清）符毓霖等纂修　清光緒二年(1876)親睦堂木活字本　一冊　存首卷

430000－2401－0007771　277/1781

[湖南益陽]符氏續修支譜十卷首一卷末一卷　（清）符韜主修　清光緒十九年(1893)五修敦本堂木活字本　八冊　存八卷(一至二、五至八,首一卷、末一卷)

430000－2401－0007772　277/1131

[湖南新化]游氏續修族譜前編十卷首一卷末一卷後編二十八卷　（清）游純誥等總修　清宣統元年(1909)木活字本　十五冊　缺十四卷(後編一至二、四、六至十二、二十三至二十六)

430000－2401－0007773　277/323

[湖南寧鄉]兜潭湯氏五修族譜十一卷　（清）湯存公主修　清光緒三十三年(1907)敦本堂木活字本　二冊　存一卷(一)

430000－2401－0007774　277/324

[湖南寧鄉]麻山湯氏六修族譜八卷　（清）湯昌繼纂修　清咸豐九年(1859)雙桂堂木活字本　一冊　存一卷(二)

430000－2401－0007775　277/325

[湖南寧鄉]三湘湯氏七修族譜□□卷　清紫林雙桂堂木活字本　一冊　存一卷(二之一至二)

430000－2401－0007776　277/2342

[湖南邵陽]湯氏三修族譜十六卷首二卷末一卷　（清）湯紹禹等主修　清光緒三十年(1904)吞星堂木活字本　十六冊　存十一卷(一至三、十至十六,首上)

430000－2401－0007777　277/1438

[湖南平江]湯氏八修族譜□□卷　清光緒二十六年(1900)又新堂木活字本　四冊　存三卷(二、十、十八)

430000－2401－0007778　277/1050

[湖南益陽]湯氏四修族譜十七卷首二卷末一卷　（清）湯文郁等纂修　清光緒二十六年(1900)木活字本　十一冊　存十卷(一至二、七、九至十三、十六,首上)

430000－2401－0007779　277/500

[湖南湘潭]中湘石潭馮氏五修族譜三十六卷　（清）馮秩誠主修　清光緒二十一年(1895)大樹堂木活字本　一冊　存卷首

430000－2401－0007780　277/501

[湖南湘潭]中湘馮氏續修支譜八卷　（清）馮開本纂修　清同治元年(1862)凌雲堂木活字本　八冊

430000－2401－0007781　277/637

[湖南湘鄉]山田馮氏族譜十卷　（清）馮運開主修　清道光十二年(1832)三修百詠堂木活字本　一冊　存卷首

430000－2401－0007782　277/1895

[湖南芷江]馮氏族譜□□卷首一卷　（清）馮月龍等纂修　清同治元年(1862)凌雲堂木活字本　七冊　存六卷(一至二、四至六,首一卷)

430000－2401－0007783　277/1053

[湖南寧鄉]武城曾氏重修族譜十卷　（清）曾海樓等纂修　清光緒三十三年(1907)木活字本　二冊　存一卷(一)

430000－2401－0007784　277/655

[湖南湘鄉、益陽]武城曾氏重修族譜十卷　（清）曾連勝等主修　清光緒三十二年(1906)木活字本　四冊　存四卷(一至二、五、七)

430000－2401－0007785　277/658－3

[湖南湘鄉]曾氏族譜□□卷　（清）曾聞進等主修　清康熙四十九年(1710)刻本　一冊　存三卷(一至三)

430000－2401－0007786　277/658

[湖南湘鄉]武城曾氏續修族譜□□卷　（清）曾昭球等主修　清同治八年(1869)武城堂木活字本　五冊　存八卷(首、一至七)

430000－2401－0007787　277/658－2

[湖南湘鄉]曾氏重修族譜不分卷　（清）曾軏蒼等纂修　清乾隆二十年(1755)刻本　一冊

430000－2401－0007788　277/658－1

[湖南湘鄉]曾氏重修族譜□□卷　（清）曾嘉言等主修　清嘉慶木活字本　一冊　存二卷(一至二)

430000－2401－0007789　277/654

[湖南湘鄉]曾氏四修族譜□□卷　（清）曾傳著等主修　清光緒二十六年(1900)三省堂木活字本　一冊　存三卷(藝文一至二、九)

430000－2401－0007790　277/1413

[湖南邵陽]太平曾氏支譜□□卷　（清）曾廉等主修　清光緒三十三年(1907)木活字本　十五冊　存十二卷(首,一至六、八至十二)

430000－2401－0007791　277/1289

[湖南益陽]武城曾氏重修族譜□□卷　清光

緒木活字本　十五冊　存十四卷(首,二至三、五至十五)

430000－2401－0007792　277/1051

[湖南益陽]曾氏四修族譜□□卷　(清)曾昆山等纂修　清光緒十八年(1892)木活字本　七冊　存七卷(首一、三至四,四、八至十)

430000－2401－0007793　277/664

[湖南湘鄉]童氏族譜□□卷　(清)童定梅等主修　清嘉慶十八年(1813)雁門堂木活字本　三冊　存三卷(首、四、七)

430000－2401－0007794　277/662

[湖南湘鄉]童氏續修族譜□□卷　(清)童勝陞總修　清同治六年(1867)南城堂木活字本　三冊　存二卷(首、三)

430000－2401－0007795　277/307

[湖南寧鄉]許氏族譜十一卷　(清)許榮望主修　清道光十八年(1838)高陽堂木活字本　一冊　存卷首

430000－2401－0007796　277/308

[湖南寧鄉]寧邑許氏支譜十二卷　(清)許乃興主修　清同治十三年(1874)篤親堂木活字本　二冊　存卷一序、家訓等,十一傳

430000－2401－0007797　277/807

[湖南衡陽]零泉四甲許氏族譜不分卷　(清)許朝相等總修　清嘉慶二十五年(1820)紹魯堂木活字本　七冊

430000－2401－0007798　277/1083

[湖南沅江益陽]許氏族譜五卷首一卷末一卷　(清)許俊永主修　清咸豐八年(1858)高陽堂活字本　二冊　存三卷(一至二、首一卷)

430000－2401－0007799　277/1082

[湖南]郭氏族譜□□卷　清光緒二十九年(1903)木活字本　一冊　存卷首中

430000－2401－0007800　277/606

[湖南湘鄉]油榨鋪郭氏續譜十卷首一卷末一卷　(清)郭再中等主修　清道光二十三年(1843)雍睦堂續修木活字本　二冊　存四卷

(一、十,首一卷,末一卷)

430000－2401－0007801　277/494

[湖南湘潭]中湘金霞山沙頭郭氏七修族譜不分卷　清光緒點頷堂木活字本　七冊

430000－2401－0007802　277/1080

[湖南沅江]郭氏續修支譜十二卷　(清)郭樹鵠纂修　清光緒三年(1877)木活字本　一冊　存卷首

430000－2401－0007803　277/1081

[湖南沅江]沅邑汾陽郭氏四修支譜十二卷　(清)郭紫垣等主修　清光緒二十年(1894)汾陽堂木活字本　十一冊　存十一卷(一至七、九至十二)

430000－2401－0007804　277/1709

[湖南益陽]益陽郭氏族譜二十卷　(清)郭修遠等纂修　清光緒十八年(1892)四修全福堂木活字本　二十冊　缺一卷(四)

430000－2401－0007805　277/2388

[湖南安化]郭氏續修族譜□□卷　清光緒四年(1878)全福堂木活字本　二冊　存三卷(首,一、二十二)

430000－2401－0007806　277/605

[湖南安化]郭氏重修族譜十二卷　(清)郭萬盛等纂修　清道光四年(1824)木活字本　一冊　存五卷(一至五)

430000－2401－0007807　277/2013

[江西萬載]潭溪狗腦石郭氏支譜五卷　(清)郭來照主修　清光緒十年(1884)汾陽堂木活字本　三冊　存三卷(一、四至五)

430000－2401－0007808　277/675

[湖南]彭氏族譜□□卷　清述古堂木活字本　二冊　存二卷(二上、五)

430000－2401－0007809　277/328

[湖南長沙、寧鄉、益陽]彭氏重修族譜□□卷　清述古堂木活字本　一冊　存三卷(首、十七、末)

430000－2401－0007810　△266/5

[湖南長沙]青山彭氏會宗譜不分卷　（明）彭澤纂修　明正德十五年(1520)刻本　一冊

430000－2401－0007811　277/1752

[湖南長沙]高倉彭氏統宗譜□□卷　（清）彭毓洸等纂修　清乾隆二年(1737)刻本　一冊　存三卷(一至三)

430000－2401－0007812　277/118－1

[湖南長沙]彭氏大宗譜五卷　（清）彭景溪撰　清乾隆四年(1739)刻本　一冊

430000－2401－0007813　277/184

[湖南瀏陽]瀏陽沙溪河口彭氏支譜□□卷　（清）彭文馨主修　清咸豐五年(1855)三瑞堂木活字本　一冊　存一卷(一)

430000－2401－0007814　277/326－1

[湖南寧鄉]寧邑彭氏族譜六卷　彭會川等纂修　清乾隆二十四年(1759)刻本　一冊　存一卷(六)

430000－2401－0007815　277/680－1

[湖南湘鄉]彭氏族譜二卷首一卷　（清）彭秉焜纂修　清乾隆五十四年(1789)光裕堂刻本　二冊　存二卷(二上、首一卷)

430000－2401－0007816　277/673

[湖南湘鄉]上湘北門彭氏族譜八卷首二卷　（清）彭良瑄主修　清道光十一年(1831)光裕堂木活字本　十冊

430000－2401－0007817　277/680

[湖南湘鄉]彭氏族譜十三卷首二卷　（清）彭中浪等主修　清同治七年(1868)光裕堂木活字本　十五冊

430000－2401－0007818　277/679

[湖南湘鄉]彭氏族譜□□卷　清題虹堂木活字本　一冊　存卷首下

430000－2401－0007819　277/672

[湖南湘鄉]彭氏續修族譜十卷　（清）彭東海等主修　清道光三年(1823)孝睦堂木活字本　十冊

430000－2401－0007820　277/677

[湖南湘鄉]燕堂彭氏續修族譜□□卷　清道光二十七年(1847)敦倫堂木活字本　二冊　存卷首

430000－2401－0007821　277/678

[湖南湘鄉]上扶彭氏續修族譜二十卷首二卷　（清）彭春林等主修　清光緒十七年(1891)述古堂木活字本　八冊

430000－2401－0007822　277/326

[湖南湘鄉]約溪彭氏三修族譜□□卷　（清）彭宗玉等主修　清同治元年(1862)奇瑞堂木活字本　二冊　存二卷(一至二)

430000－2401－0007823　277/463

[湖南湘鄉]福亭彭氏三修族譜□□卷　（清）彭紹椿主修　清光緒三十一年(1905)淮陽堂木活字本　七冊　存九卷(首,一至三、五至八、十)

430000－2401－0007824　277/680－2

[湖南邵陽]大沖彭氏族譜七卷　（清）彭殿誠等主修　清乾隆五十七年(1792)誠敬堂刻本　六冊

430000－2401－0007825　277/870

[湖南邵陽]大沖彭氏續修族譜十五卷首一卷重修隱源老譜四卷　（清）彭敬齋等主修　清咸豐七年(1857)誠敬堂木活字本　十四冊

430000－2401－0007826　277/872

[湖南邵陽]林彭三修族譜十三卷首二卷　（清）彭武洸等纂修　清宣統雙桂堂木活字本　十五冊

430000－2401－0007827　277/947

[湖南平江]彭氏族譜□□卷首一卷　清同治五年(1866)述古堂木活字本　一冊　存二卷(一、首一卷)

430000－2401－0007828　277/2271

[湖南澧縣]彭氏族譜□□卷　（清）彭福宗等總纂　清光緒三十四年(1908)述古堂木活字本　十四冊　存十一卷(首下、一至十)

430000－2401－0007829　277/1536

[湖南益陽]資陽香爐山彭氏五修宗譜九卷首五卷末二卷補一卷 （清）彭友諒主修 清宣統二年(1910)愛敬堂木活字本 十五冊 缺五卷(首五卷)

430000－2401－0007830 277/506

[江西吉安]嚴溪彭氏三房二修支譜十卷 （清）彭飛熊纂修 清光緒二十二年(1896)叙倫堂木活字本 六冊

430000－2401－0007831 277/98

[湖南長沙]黃氏族譜四卷首二卷 （清）黃家粹等主修 清光緒十四年(1888)江夏堂木活字本 六冊

430000－2401－0007832 277/97

[湖南長沙]黃氏支譜二卷首二卷 （清）黃運賢等纂修 清道光十一年(1831)江夏堂刻本 三冊 存三卷(一、首二卷)

430000－2401－0007833 277/1852

[湖南長沙]黃氏支譜四卷首一卷次一卷 （清）黃進虎纂修 清宣統二年(1910)江夏堂木活字本 四冊 存五卷(一至三、首一卷、次一卷)

430000－2401－0007834 277/1957

[湖南瀏陽]瀏陽黃氏宗譜三卷首一卷 （清）黃盛萃總纂 清光緒二十八年(1902)江夏堂木活字本 十二冊

430000－2401－0007835 277/1877

[湖南瀏陽]黃氏族譜□□卷首一卷 （清）黃有升等主修 清同治二年(1863)江夏堂木活字本 八冊 存七卷(一至六、首一卷)

430000－2401－0007836 277/181

[湖南瀏陽]瀏西黃氏族譜二十卷首一卷末一卷 （清）黃坤雲等纂修 清光緒二十年(1894)三修江夏堂木活字本 一冊 存二卷(一、首一卷)

430000－2401－0007837 277/310

[湖南寧鄉]潙寧合續義城黃氏族譜十二卷 （清）黃克知主修 清咸豐八年(1858)永慶堂木活字本 一冊 存一卷(一)

430000－2401－0007838 277/640

[湖南寧鄉]塔田黃氏六修族譜三十二卷首四卷 （清）黃大得主修 清道光二十九年(1849)潨福堂活字本 三冊 存十七卷(九至十四、二十二至三十一,首上)

430000－2401－0007839 277/1746

[湖南湘潭]中湘黃氏四修族譜二十六卷 黃氏合族纂修 清同治五年(1866)敦睦堂木活字本 二十七冊

430000－2401－0007840 277/642

[湖南湘鄉]石門黃氏續譜十二卷首一卷 （清）黃甲名主修 清咸豐十一年(1861)第一堂木活字本 一冊 存首卷

430000－2401－0007841 277/641

[湖南湘鄉]黃氏三修宗譜七卷 （清）黃楷盛主修 清同治五年(1866)活字本 一冊 存一卷(一)

430000－2401－0007842 277/2221

[湖南耒陽]黃氏族譜□□卷 （清）黃秀翰等纂修 清光緒三十一年(1905)孝友堂木活字本 一冊 存一卷(一)

430000－2401－0007843 277/887

[湖南邵陽]黃氏續修族譜□□卷 （清）黃明杰主修 清光緒十九年(1893)昭穆堂木活字本 一冊 存卷首

430000－2401－0007844 277/2424

[湖南邵陽]楚邵墨溪黃氏族譜不分卷 清光緒二十五年(1899)木活字本 十冊

430000－2401－0007845 277/2363

[湖南永興]清江黃氏族譜二十八卷首二卷 （清）黃淩皋主修 清同治九年(1870)木活字本 八冊

430000－2401－0007846 277/1429

[江西萬載]潭溪黃氏族譜二十卷末一卷 清江夏堂木活字本 十六冊 存十九卷(一至七、九至十二、十四至二十,末一卷)

430000－2401－0007847 277/1873

[湖南長沙]張氏族譜二十三卷首三卷末二卷
　（清）張芳灝等纂修　清同治八年(1869)金
鑒堂木活字本　　十三冊　存二十四卷(一至
七、十二至二十三,首三卷,末二卷)

430000 - 2401 - 0007848　277/128
[湖南長沙]閩田張氏家譜八卷首編三卷末編
一卷　（清）張永言等纂修　清光緒二十八年
(1902)清河堂木活字本　　三冊　存三卷(首
編三卷)

430000 - 2401 - 0007849　277/127
[湖南長沙]洋湖張氏續修族譜十一卷末一卷
　（清）張爲贊等主修　清光緒十五年(1889)
清河堂木活字本　　十二冊

430000 - 2401 - 0007850　277/126
[湖南長沙]峽山張氏三修族譜八卷首一卷末
一卷　（清）張必枺等纂修　　清同治八年
(1869)木活字本　　一冊　存一卷(首一卷)

430000 - 2401 - 0007851　277/123
[湖南長沙]峽山張氏四修族譜八卷首一卷末
一卷　（清）張必鈺主修　清宣統三年(1911)
清河堂木活字本　　九冊　存九卷(一至七、首
一卷、末一卷)

430000 - 2401 - 0007852　277/185
[湖南瀏陽]瀏西張氏五修族譜十三卷末一卷
　（清）張珂益等倡修　清同治五年(1866)孝
友堂木活字本　　一冊　存一卷(一)

430000 - 2401 - 0007853　277/186
[湖南瀏陽]張氏八修族譜十卷　（清）張聲揚
等纂修　清嘉慶二十四年(1819)孝友堂木活
字本　　十二冊

430000 - 2401 - 0007854　277/1419
[湖南瀏陽]良源張氏九修支譜六卷首一卷
(清)張昌泮主修　清咸豐九年(1859)孝友堂木
活字本　　五冊　存五卷(二至四、六,首一卷)

430000 - 2401 - 0007855　277/1975
[湖南瀏陽]張氏九修族譜十六卷　（清）張聲
超主修　清同治五年(1866)孝友堂木活字本
　　一冊　存一卷(一)

430000 - 2401 - 0007856　277/1744
[湖南寧鄉、湘潭]先儒張氏族譜十二卷
(清)張錫瓊等纂修　清同治三年(1864)四益
堂木活字本　　十二冊

430000 - 2401 - 0007857　277/331
[湖南寧鄉]寧邑長橋張氏族譜八卷　（清）張
重山等主修　清道光元年(1821)清河堂木活
字本　　一冊　存一卷(一)

430000 - 2401 - 0007858　277/340
[湖南寧鄉]張氏族譜□□卷　（清）張竹溪等
纂修　清道光三年(1823)冠英堂木活字本
　　一冊　存一卷(八)

430000 - 2401 - 0007859　277/357
[湖南寧鄉]張公南軒族譜十二卷　（清）張錫
啟等主修　清道光八年(1828)清河堂木活字
本　　五冊　缺二卷(七至八)

430000 - 2401 - 0007860　277/351
[湖南寧鄉]張氏族譜十五卷首一卷　清同治
二年(1863)冠英堂木活字本　　一冊　存一卷
(首一卷)

430000 - 2401 - 0007861　277/332
[湖南寧鄉]溈寧山底張氏族譜十二卷　（清）
張澤超等纂修　清道光十年(1830)中和堂木
活字本　　二冊　存二卷(首、二)

430000 - 2401 - 0007862　277/355
[湖南寧鄉]溈寧山底張氏族譜十六卷　（清）
張新鼎等纂修　清同治三年(1864)五修中和
堂木活字本　　二冊　存二卷(首、二)

430000 - 2401 - 0007863　277/343
[湖南寧鄉]溈寧張氏續修支譜四卷　（清）張
主忠主修　清光緒二十二年(1896)三修清河
堂木活字本　　一冊　存一卷(一)

430000 - 2401 - 0007864　277/341
[湖南寧鄉]張氏續修族譜十五卷首一卷末一
卷　（清）張星瑞等主修　清道光七年(1827)
冠英堂木活字本　　六冊　存十三卷(一至二、
五至六、九至十五,首一卷,末一卷)

430000 – 2401 – 0007865　277/349

[湖南寧鄉]張氏續修族譜十二卷　（清）張德藻等纂修　清光緒十一年(1885)冠英堂木活字本　二冊　存二卷(一、十二)

430000 – 2401 – 0007866　277/1370

[湖南寧鄉]張氏三修族譜十卷　（清）張梓元主修　清光緒二十三年(1897)奉先堂木活字本　七冊　存七卷(一至六、九)

430000 – 2401 – 0007867　277/335

[湖南寧鄉]龍塘張氏六修支譜八卷　（清）張克明等纂修　清光緒二十四年(1898)冠英堂木活字本　二冊　存二卷(首、六)

430000 – 2401 – 0007868　277/347

[湖南寧鄉]張氏續修支譜□□卷　清咸豐八年(1858)冠英堂木活字本　一冊　存二卷(十五、末)

430000 – 2401 – 0007869　277/353

[湖南寧鄉]寧鄉長橋張氏支譜八卷　清光緒三十三年(1907)孝友堂木活字本　一冊　存卷首

430000 – 2401 – 0007870　277/690

[湖南湘鄉、湘潭]上湘赫名樓張氏三修族譜十二卷首一卷　（清）張宗葆等主修　清光緒十九年(1893)三修宗岳堂木活字本　十二冊

430000 – 2401 – 0007871　277/688

[湖南湘鄉]上湘大富張氏續修族譜六卷　張氏合族續修　清道光二十七年(1847)敦睦樓木活字本　二冊　存二卷(首、六)

430000 – 2401 – 0007872　277/695

[湖南湘鄉]上湘張氏家譜六卷　（清）張氏合族纂修　清咸豐七年(1857)二修宗岳堂木活字本　一冊　存一卷(一)

430000 – 2401 – 0007873　277/689

[湖南湘鄉]長嶺張氏族譜十四卷首一卷　（清）張吉英主修　清光緒十一年(1885)文星堂木活字本　一冊　存一卷(首一卷)

430000 – 2401 – 0007874　277/687

[湖南湘鄉]潭台張氏族譜二卷　（清）張輔臣

等纂修　清道光七年(1827)清河堂木活字本　一冊　存一卷(一)

430000 – 2401 – 0007875　277/694

[湖南湘鄉]張氏續修族譜□□卷　（清）張光渝纂修　清咸豐六年(1856)清河堂木活字本　一冊　存一卷(二)

430000 – 2401 – 0007876　277/693

[湖南湘鄉]北門張氏三修族譜□□卷　（清）張秋澐等纂修　清同治三年(1864)金鑒堂木活字本　一冊　存卷首

430000 – 2401 – 0007877　277/692

[湖南湘鄉]大湖張姓四修族譜十卷　（清）張高侑等主修　清光緒二十三年(1897)敬誼堂木活字本　三冊　存三卷(一、九至十)

430000 – 2401 – 0007878　277/691

[湖南湘鄉]湘鄉張氏五修族譜十卷　張氏合族纂修　清光緒三十二年(1906)清河堂木活字本　一冊　存一卷(一)

430000 – 2401 – 0007879　277/125

[湖南邵陽]張氏族譜五卷首一卷　（清）張秉中等纂修　清同治十二年(1873)怡忍堂木活字本　一冊　存首卷

430000 – 2401 – 0007880　277/874

[湖南邵陽]張氏三修族譜十卷首一卷末一卷　（清）張朝耀主修　清光緒十六年(1890)三修源流堂木活字本　五冊　存四卷(五、八、十一,首一卷)

430000 – 2401 – 0007881　277/1089

[湖南漢壽]張氏族譜六卷首一卷　（清）張香陔等主修　清同治十三年(1874)清河堂木活字本　八冊

430000 – 2401 – 0007882　277/342

[湖南安化]張氏續修族譜□□卷　清同治十二年(1873)兩銘堂木活字本　一冊　存卷首

430000 – 2401 – 0007883　277/695 – 1

[湖南新化]張氏族譜□□卷　（清）張卓五等主修　清乾隆四十年(1775)木活字本　一冊

430000 – 2401 – 0007884　277/1132

[湖南新化]張氏重修族譜不分卷　（清）張秉芹等纂修　清道光十一年(1831)木活字本
一冊

430000 – 2401 – 0007885　277/1936

[江西萬載]張氏族譜□□卷　清光緒孝友堂木活字本　五冊　存五卷(首,一、四至六)

430000 – 2401 – 0007886　277/1994

[江西萬載]郭山張氏重修族譜三卷首一卷末一卷　（清）張祥聚等纂修　清宣統元年(1909)文獻堂木活字本　三冊　存三卷(三、首一卷、末一卷)

430000 – 2401 – 0007887　277/1933

[江西萬載]萬載張氏六支族譜二卷首一卷　(清)張溁等纂修　清光緒三年(1877)木活字本　九冊

430000 – 2401 – 0007888　277/131

[湖南長沙]賀氏祠志一卷　(清)賀綠裳等纂修　清光緒二年(1876)廣平堂木活字本　一冊

430000 – 2401 – 0007889　277/358

[湖南寧鄉]賀氏族譜□□卷　(清)賀勺庵纂修　清嘉慶七年(1802)木活字本　一冊　存一卷(十六)

430000 – 2401 – 0007890　277/360

[湖南寧鄉]鵝山賀氏四修族譜三十卷　（清）賀炳沾等纂修　清光緒二十四年(1898)木活字本　二冊　存三卷(一、二十八至二十九)

430000 – 2401 – 0007891　277/1748

[湖南湘潭]中湘篁奇林賀氏三修譜十九卷又三卷首一卷末一卷　(清)賀翊安總纂　清光緒十六年(1890)鏡湖堂木活字本　二十四冊

430000 – 2401 – 0007892　277/2656

[湖南湘潭]中湘賀氏四修族譜十六卷　（清）賀厚梁等主修　清光緒二年(1876)務本堂木活字本　十三冊　缺三卷(六、十五至十六)

430000 – 2401 – 0007893　277/644

[湖南湘鄉]龍城賀氏家譜八卷首一卷末一卷　（清）賀才通等主修　清道光二十八年(1848)廣平堂木活字本　二冊　存二卷(首一卷、末一卷)

430000 – 2401 – 0007894　277/647

[湖南湘鄉]賀氏族譜□□卷　（清）賀宇聞等纂修　清嘉慶八年(1803)木活字本　一冊　存二卷(首、一)

430000 – 2401 – 0007895　277/646

[湖南湘鄉]漣湘賀氏族譜□□卷　（清）賀才臣等纂修　清嘉慶三年(1798)木活字本　一冊　存三卷(一、二十二,末)

430000 – 2401 – 0007896　277/1100

[湖南湘鄉]賀氏續修族譜三十四卷首十卷　清光緒二十四年(1898)儒宗堂木活字本　二冊　存十卷(三十四、首一至九)

430000 – 2401 – 0007897　277/645

[湖南湘鄉]梅塘賀氏復修族譜不分卷　（清）賀天衢纂修　清咸豐十年(1860)木活字本　一冊

430000 – 2401 – 0007898　277/648

[湖南湘鄉]賀氏有光公祠志一卷　清同治十年(1871)木活字本　一冊

430000 – 2401 – 0007899　277/867 – 1

[湖南]隆氏族譜不分卷　（清）隆德烈等主修　清乾隆四十年(1775)刻本　一冊

430000 – 2401 – 0007900　277/867

[湖南]隆氏族譜□□卷　（清）隆昌值等主修　清道光十七年(1837)敦本堂木活字本　三冊　存三卷(一至三)

430000 – 2401 – 0007901　277/362

[湖南寧鄉]泉田喻氏族譜□□卷　清知本堂木活字本　七冊　存七卷(四、四十五至四十六、五十、五十五、五十八至五十九)

430000 – 2401 – 0007902　277/368

[湖南寧鄉]泉田喻氏支譜八卷首二卷　（清）喻光蟑主修　清同治六年(1867)繹本堂篤本

堂木活字本　三冊　存三卷(七、首二卷)

430000－2401－0007903　277/365

[湖南寧鄉]潙寧喻氏十修支譜十卷首一卷末
一卷　(清)喻棣階等主修　清光緒二十六年
(1900)修薦堂木活字本　二冊　存二卷(首
一卷、末一卷)

430000－2401－0007904　277/183

[湖南瀏陽]瀏西傅氏族譜十卷首二卷　(清)
傅文鍔等纂修　清道光十三年(1833)金玉堂
木活字本　一冊　存卷首

430000－2401－0007905　277/618－1

[湖南湘鄉]上湘傅氏族譜□□卷　清乾隆霖
雨堂刻本　二冊　存二卷(二至三)

430000－2401－0007906　277/877

[湖南邵陽]邵陵傅氏宗譜五卷首一卷　(清)
傅祝豫主修　清光緒二十三年(1897)木活字
本　五冊

430000－2401－0007907　277/913－1

[湖南岳陽]傅氏族譜□□卷　(清)傅慶錦等
纂修　清乾隆六年(1741)版築堂刻本　一冊
存卷首

430000－2401－0007908　277/134

[湖南長沙]舒氏續修族譜□□卷舒氏另譜一
卷　清光緒二十四年(1898)平陽堂木活字本
十冊　存九卷(一至八、另譜一卷)

430000－2401－0007909　277/707

[湖南湘鄉]潭台舒氏族譜十四卷　(清)舒懋
輔等主修　清道光二十九年(1849)盧江堂木
活字本　六冊

430000－2401－0007910　277/708

[湖南湘鄉]湘上舒氏續譜十五卷首一卷
(清)舒炳等主修　清同治二年(1863)篤本堂
木活字本　一冊　存二卷(一、首一卷)

430000－2401－0007911　277/1569

[湖南湘鄉]石江舒氏族譜五卷首一卷　(清)
舒璘鳴等主修　清道光十二年(1832)佳賦堂
木活字本　三冊　存三卷(一、四,首一卷)

430000－2401－0007912　277/330－1

[湖南長沙]楚南葉氏族譜□□卷　(清)葉家
聲等主修　清乾隆十三年(1748)刻本　一冊
存一卷(一)

430000－2401－0007913　277/667

[湖南寧鄉]潙寧八仙石葉氏續修支譜八卷
(清)葉侶廊等纂修　清咸豐四年(1854)石林
堂木活字本　三冊　存三卷(一至二、七)

430000－2401－0007914　277/666

[湖南湘鄉]葉氏續修族譜十三卷首四卷
(清)葉筠岑等主修　清光緒十年(1884)石林
堂木活字本　四冊　存四卷(首四卷)

430000－2401－0007915　277/1690

[湖南平江]葉氏四修族譜十四卷首二卷
(清)葉世攀等纂修　清光緒三十三年(1907)
南陽堂木活字本　十五冊　缺一卷(十一)

430000－2401－0007916　277/6

[湖南長沙]萬氏三修譜十卷　清光緒三十三
年(1907)敦倫堂木活字本　四冊　存七卷
(一至二、六至十)

430000－2401－0007917　277/665－1

[湖南湘鄉、邵陽]萬氏重修族譜不分卷　清
乾隆木活字本　二冊　存安成永嘉萬氏族譜
總圖一冊、遷湘始祖用嘉公世系圖一冊

430000－2401－0007918　277/668

[湖南湘鄉、衡陽]上湘董氏續修族譜十三卷
(清)董繡棠纂修　清同治元年(1862)醇儒
堂木活字本　三冊　存三卷(一至三)

430000－2401－0007919　277/1757

[湖南長沙]楊氏族譜六卷首一卷　(清)楊國
理等纂修　清光緒二十五年(1899)宏農堂木
活字本　六冊

430000－2401－0007920　277/137－1

[湖南長沙]青山楊氏重修族譜四卷　(清)楊
彩輝等纂修　清乾隆二十三年(1758)木活字
本　一冊　存一卷(二)

430000－2401－0007921　277/376

[湖南寧鄉]碏子口楊氏四修紹綸譜□□卷
清宣統三年(1911)三鱣堂木活字本　二冊
存二卷(九、十一上)

430000－2401－0007922　277/377

[湖南寧鄉]靳江楊氏六修通譜三集二十二卷
　(清)楊炳綸等纂修　清咸豐八年(1858)木
活字本　二冊　存二卷(初集之一至二)

430000－2401－0007923　277/510

[湖南湘潭]下營楊氏支譜十六卷首一卷
(清)楊名聲等主修　清道光十四年(1834)清
白堂刻本　一冊　存三卷(一至二、首一卷)

430000－2401－0007924　277/509

[湖南湘潭]中湘蟬塘楊氏六修族譜三十卷
(清)楊亮庭纂修　清光緒二十七年(1901)道
直堂木活字本　三十冊

430000－2401－0007925　277/697

[湖南湘鄉]楊氏族譜□□卷　(清)楊居錫等
主修　清道光二十一年(1841)宏農堂木活字
本　七冊　存三卷(首、一至二)

430000－2401－0007926　277/699

[湖南湘鄉]楊氏原籍老譜□□卷　(清)楊仁
國等纂修　清道光二十六年(1846)宏農堂木
活字本　一冊　存卷首

430000－2401－0007927　277/704

[湖南湘鄉]草蘿巷楊氏族譜二十三卷首一卷
末一卷　(清)楊丕煦等主修　清同治十年
(1871)清白堂木活字本　一冊　存首卷

430000－2401－0007928　277/702

[湖南湘鄉]扶塘楊氏續修譜□□卷　(清)楊
福備等主修　清光緒十四年(1888)宏農堂木
活字本　二冊

430000－2401－0007929　277/880

[湖南邵陽]寧鄉楊氏續修族譜十四卷
(清)楊代美等主修　清道光九年(1829)四知
堂木活字本　一冊　存卷首

430000－2401－0007930　277/879

[湖南邵陽]楊氏支譜八卷　(清)楊宗沛等主

修　清光緒七年(1881)四知堂木活字本　一
冊　存卷首

430000－2401－0007931　277/1436

[湖南平江]楊氏族譜□□卷　(清)楊世鼎等
纂修　清嘉慶三年(1798)四知堂木活字本
五冊　存五卷(一至五)

430000－2401－0007932　277/1435

[湖南平江]楊氏族譜四卷首一卷　(清)楊俊
清纂修　清光緒二十三年(1897)宏農堂木活
字本　五冊　缺一卷(四)

430000－2401－0007933　277/1434

[湖南平江]西鄉中村花門樓楊氏續修族譜
清光緒二十四年(1898)宏農堂木活字本　四
冊　存四卷(首、一至三)

430000－2401－0007934　277/2287

[湖南漢壽]楊氏三修族譜□□卷　(清)楊培
元等編修　清道光五年(1825)木活字本　六
冊　存七卷(首、一至六)

430000－2401－0007935　277/1135

[湖南新化]楊氏族譜十三卷又世系五卷
(清)楊源懋等主修　清宣統元年(1909)木活
字本　一冊　存四卷(首、一至三)

430000－2401－0007936　277/1929

[江西萬載]楊氏族譜十卷首一卷　清同治五
年(1866)清白堂木活字本　五冊　存五卷
(五至六、九至十,首一卷)

430000－2401－0007937　277/705

[湖南湘鄉]上湘鄒氏三修族譜七卷首二卷
(清)鄒俊定等纂修　清宣統三年(1911)范陽
堂木活字本　六冊　缺一卷(四)

430000－2401－0007938　277/878

[湖南新化]鄒氏族譜□□卷　(清)鄒蓋臣等
纂修　清宣統三年(1911)木活字本　二冊
存二卷(首一至二)

430000－2401－0007939　277/1134－1

[湖南新化]鄒氏重修族譜□□卷　(清)鄒養
蒙主修　清康熙六十一年(1722)刻本　一冊

430000－2401－0007940　277/1134－2

[湖南新化]鄒氏慶戶家譜三卷首一卷　（清）鄒曉憲等纂修　清乾隆五十一年(1786)睦本堂刻本　一冊　存三卷(一至二、首一卷)

430000－2401－0007941　277/1134－3

[湖南新化]鄒氏慶戶族譜三卷首一卷　（清）鄒文蘇主修　清道光七年(1827)睦本堂刻本　二冊　存三卷(一、三,首一卷)

430000－2401－0007942　277/1133

[湖南新化]鄒氏慶戶家譜□□卷　清宣統元年(1909)睦本堂木活字本　三冊　存二卷(二十六至二十七)

430000－2401－0007943　277/1134

[湖南新化]鄒氏才戶族譜二十卷　（清）鄒煜南等纂修　清光緒二十六年(1900)愛敬堂木活字本　一冊　存卷首

430000－2401－0007944　277/808

[湖南新化]鄒氏世守續譜十一卷首二卷　（清）鄒聲馨纂修　清咸豐二年(1852)睦親堂木活字本　二冊　存二卷(首二卷)

430000－2401－0007945　277/1124

[湖南新化]鄔氏續修族譜不分卷　（清）烏振鐸主修　清光緒三十四年(1908)木活字本　一冊　存卷首

430000－2401－0007946　277/139

[湖南長沙]卯田甯氏二修族譜十四卷首一卷　（清）甯顯純主修　清光緒元年(1875)濟陽堂木活字本　八冊

430000－2401－0007947　277/142

[湖南長沙]星沙廖氏續修支譜七卷首一卷　（清）廖光澤等主修　清光緒三十二年(1906)武威堂木活字本　八冊

430000－2401－0007948　277/1740

[湖南長沙]廖氏三修族譜八卷　（清）廖開璋主修　清宣統三年(1911)武威堂木活字本　八冊

430000－2401－0007949　277/371

[湖南寧鄉]溈鄉廖氏重修支譜十二卷首一卷　（清）廖辛富等修　（清）廖燦珍總匯　清道光二十四年(1844)萬春堂木活字本　二冊　存八卷(一至二、八至十二,首一卷)

430000－2401－0007950　277/372

[湖南寧鄉]溈鄉廖氏重修族譜十六卷首一卷　（清）廖章煦等倡修　清同治十一年(1872)木活字本　五冊　存五卷(一至二、十五至十六,首一卷)

430000－2401－0007951　277/696

[湖南湘鄉]青陂廖氏四修族譜十卷　（清）廖必定等主修　清道光十一年(1831)世綵堂木活字本　三冊　存三卷(首,二、六)

430000－2401－0007952　277/1747

[湖南瀏陽、長沙]趙氏族譜二十二卷　（清）趙濟祐等纂修　清同治十年(1871)天水堂木活字本　十九冊　缺三卷(四至六)

430000－2401－0007953　277/381

[湖南寧鄉]趙氏六修族譜八卷　（清）趙槐卿等主修　清光緒二十年(1894)愛畏堂木活字本　二冊　存一卷(一上下)

430000－2401－0007954　277/729

[湖南湘鄉]界頭趙氏族譜四卷　（清）趙洪琛等主修　清嘉慶二十年(1815)愛日堂木活字本　三冊

430000－2401－0007955　277/882

[湖南邵陽]桐江趙氏續修族譜十五卷首一卷　清嘉慶二十一年(1816)木活字本　一冊　存首卷

430000－2401－0007956　277/1067

[湖南益陽]書堂趙氏四修族譜□□卷　（清）趙輝廷總修　清道光十七年(1837)琴鶴堂木活字本　二冊　存二卷(首、末)

430000－2401－0007957　377/379

[湖南新化、寧鄉]趙氏族譜八卷　（清）趙城璧等主修　清咸豐十一年(1861)愛畏堂木活字本　二冊

430000－2401－0007958　277/1200

[湖南新晃]蒲氏族譜□□卷 (清)蒲正卿等主修 清宣統二年(1910)帝師堂木活字本 一冊 存卷首

430000－2401－0007959 277/1090
[湖南]熊氏三修族譜□□卷 (清)熊開周纂修 清光緒二十二年(1896)江陵堂木活字本 二冊 存二卷(一至二)

430000－2401－0007960 277/144
[湖南長沙]熊氏族譜□□卷 清光緒十六年(1890)木活字本 三冊 存卷首

430000－2401－0007961 277/382
[湖南寧鄉]熊氏族譜十卷首一卷 (清)熊作齋主修 清道光二十年(1840)江陵堂木活字本 一冊 存首卷

430000－2401－0007962 277/730
[湖南湘鄉]熊氏四修族譜十七卷 (清)熊秀斐等主修 清道光八年(1828)江陵堂木活字本 二冊 存二卷(一至二)

430000－2401－0007963 277/996－1
[湖南湘陰]羅湘熊氏宗譜不分卷 (清)熊之森等纂修 清乾隆三十二年(1767)刻本 一冊

430000－2401－0007964 277/388
[湖南寧鄉]談氏五修族譜十四卷 (清)談錫增等纂修 清光緒二十年(1894)敦本堂木活字本 一冊 存一卷(一之一)

430000－2401－0007965 277/386
[湖南寧鄉]滎陽潘氏水南饒祖支譜□□卷 清光緒八年(1882)遐齡堂木活字本 一冊 存卷首

430000－2401－0007966 277/385
[湖南寧鄉]滎陽潘氏四修族譜不分卷 (清)潘應祥等修 清道光二十五年(1845)木活字本 二冊 存序、家規、墓圖、傳、禮儀

430000－2401－0007967 277/1859
[湖南邵陽]邵陵潘氏續修族譜□□卷 清敦本堂木活字本 四冊 存四卷(首,三、五、八)

430000－2401－0007968 277/952
[湖南平江]潘氏族譜□□卷 (清)潘峻德等纂修 清嘉慶十四年(1809)滎陽堂木活字本 一冊 存卷首

430000－2401－0007969 277/1540
[湖南平江]潘氏族譜□□卷 清光緒三十一年(1905)滎陽堂木活字本 四冊 存四卷(首下,十九、二十三、三十一)

430000－2401－0007970 277/2011
[江西萬載]潘氏重修族譜十二卷首一卷末一卷 清光緒三十年(1904)四修滎陽堂木活字本 四冊

430000－2401－0007971 277/1055
[湖南寧鄉]鄭姓續修族譜□□卷 清光緒二十二年(1842)攸叙堂木活字本 三冊 存七卷(十五至十八、二十至二十二)

430000－2401－0007972 277/369
[湖南寧鄉]鄭姓三修族譜十八卷 (清)鄭梅生主修 清光緒十一年(1885)攸叙堂木活字本 三冊 存三卷(一、十一、十七)

430000－2401－0007973 277/194－1
[湖南瀏陽]山田歐陽氏族譜□□卷 (清)歐陽志龐等修 清乾隆五十八年(1793)學士堂刻本 三冊 存六卷(首、一至五)

430000－2401－0007974 277/193
[湖南瀏陽]清瀏西北歐陽族譜十八卷末一卷 (清)歐陽學淮等總纂 清光緒三十一年(1905)六一堂木活字本 一冊 存一卷(一)

430000－2401－0007975 277/194
[湖南瀏陽]歐氏重修族譜□□卷首一卷 (清)歐新芬 (清)歐漢燧修 (清)歐顯和 (清)歐其鑌纂 清乾隆五十八年(1793)木活字本 三冊 存六卷(一至五、首一卷)

430000－2401－0007976 277/392
[湖南寧鄉、湘鄉]歐陽氏續修族譜十卷 (清)歐陽耘圃等纂修 清同治元年(1862)六一堂木活字本 一冊 存一卷(一)

430000－2401－0007977　277/395

[湖南寧鄉]歐陽族譜八卷首二卷　（清）歐陽
彩山等主修　清咸豐四年(1854)渤海堂刻本
一冊　存上部卷首

430000－2401－0007978　277/390

[湖南寧鄉]歐陽氏族譜四十二卷首一卷
（清）歐陽永昌等主修　清光緒二十年(1894)
渤海堂木活字本　一冊　存首卷

430000－2401－0007979　277/408

[湖南寧鄉]歐陽貴公支譜八卷首一卷末一卷
（清）歐陽南村等纂修　清嘉慶五年(1800)
渤海堂木活字本　一冊　存二卷(一、首一
卷)

430000－2401－0007980　277/393

[湖南寧鄉]寧邑歐陽氏續修族譜三十五卷首
一卷　（清）歐陽郴等纂修　清宣統元年
(1909)渤海堂木活字本　一冊　存首卷

430000－2401－0007981　277/558

[湖南湘鄉]上湘歐陽氏續修族譜二十四卷首
一卷末一卷　（清）歐陽主棠等纂　清咸豐十
年(1860)二修篤親堂木活字本　三冊　存三
卷(二十四、首一卷、末一卷)

430000－2401－0007982　277/1058

[湖南益陽]資江歐陽五修族譜□□卷　（清）
歐陽繹堂等纂修　清光緒十五年(1889)木活
字本　二十四冊　存十七卷(首、一至十六)

430000－2401－0007983　277/1137

[湖南新化]歐陽續修族譜□□卷　（清）歐陽
佑甫等主修　清光緒二十八年(1902)六一堂
木活字本　二冊　存卷首

430000－2401－0007984　277/1600

[湖南桂陽]歐陽氏族譜□□卷　（清）歐陽鳳
翥等主修　清同治九年(1870)文忠堂木活字
本　五冊　存四卷(首、十四至十五、十八)

430000－2401－0007985　△266/8

安福歐陽氏五修族譜□□卷　（清）歐陽廷躅
修　清順治七年(1650)木活字本　二冊　存
一卷(上之一)

430000－2401－0007986　277/421－1

[湖南寧鄉]寧邑蔡氏重修族譜□□卷　（清）
蔡清逵等主修　清乾隆六年(1741)刻本　一
冊　存二卷(一至二)

430000－2401－0007987　277/995

[湖南湘陰]羅湘蔡氏支譜七卷首一卷末一卷
（清）蔡光翰等主修　清道光十七年(1837)
洛陽堂刻本　二冊　存二卷(二、首一卷)

430000－2401－0007988　277/1059

[湖南益陽]蔡文忠公祠志一卷　（清）蔡澤均
等纂修　清同治十三年(1874)四修南鄉堂木
活字本　一冊

430000－2401－0007989　277/1061

[湖南益陽]蔡文忠公五修祠志二卷　（清）蔡
蕃等纂修　清宣統三年(1911)南鄉堂木活字
本　二冊

430000－2401－0007990　277/1984

[湖南湘鄉、衡陽]沙溪梅樹蔣氏四修族譜十
卷　（清）蔣德旺等主修　清宣統三年(1911)
百里堂木活字本　十冊

430000－2401－0007991　277/723

[湖南湘鄉]石龍蔣氏族譜十七卷首二卷附戴
家沖大旺公房三卷首一卷橫港大興公房三卷
首一卷橋頭大隆公房四卷首一卷　（清）蔣澤
寰　蔣德鈞總纂　清光緒二十六年(1900)五
修木活字本　二冊　存二卷(十七、首一卷)

430000－2401－0007992　277/813－1

[湖南衡陽]蔣氏宗譜□□卷　清乾隆木活字
本　一冊　存二卷(五至六)

430000－2401－0007993　277/1712

[湖南安化]蔣氏族譜不分卷　（清）蔣必餘等
主修　清光緒三十四年(1908)六修木活字本
二冊

430000－2401－0007994　277/1102

[湖南安化]蔣氏族譜六十二卷首一卷　（清）
蔣顧三等纂修　清光緒十一年(1885)木活字
本　一冊　存首卷

430000 – 2401 – 0007995　277/721

[湖南安化]蔣氏續修族譜□□卷首二卷
(清)蔣本模等纂修　清光緒三十四年(1908)
三徑堂木活字本　一冊　存二卷(首二卷)

430000 – 2401 – 0007996　277/1793

[湖南善化]鄧氏族譜五卷首一卷　(清)鄧名
彰主修　清道光二十四年(1844)南陽堂續修
木活字本　五冊　缺三卷(一至三)

430000 – 2401 – 0007997　277/420－1

[湖南寧鄉]寧邑鄧氏重修支譜不分卷　(清)
鄧祖永等主修　清雍正元年(1723)扶策堂木
活字本　一冊　存上冊

430000 – 2401 – 0007998　277/419

[湖南寧鄉]溈寧鄧氏三修族譜二十三卷首一
卷末一卷　(清)鄧松禮等纂修　清光緒五年
(1879)守藝堂木活字本　三冊　存十卷(一
至九、首一卷)

430000 – 2401 – 0007999　277/2560

[湖南湘潭]鄧氏五修支譜□□卷　鄧德芸等
纂修　清宣統三年(1911)愛政堂木活字本
十三冊　存十三卷(一至十三)

430000 – 2401 – 0008000　277/720

[湖南湘鄉]上湘茶沖鄧氏族譜□□卷首一卷
(清)鄧顯會纂修　清嘉慶十五年(1810)敦
睦堂木活字本　一冊　存二卷(一、首一卷)

430000 – 2401 – 0008001　277/712

[湖南湘鄉]江口鄧氏族譜五卷　(清)鄧廷甲
主修　清道光十年(1830)南陽堂木活字本
一冊　存一卷(一)

430000 – 2401 – 0008002　277/714

[湖南湘鄉]西溪鄧氏族譜□□卷首三卷
(清)鄧垂蒙　(清)鄧垂治纂修　清道光二十
一年(1841)孝思堂木活字本　十二冊　存十
二卷(一至七、九至十,首三卷)

430000 – 2401 – 0008003　277/713

[湖南湘鄉]板山鄧氏支譜□□卷　清道光高
密堂木活字本　一冊　存一卷(十)

430000 – 2401 – 0008004　277/716

[湖南湘鄉]上湘茶沖鄧氏續修族譜□□卷首二
卷　(清)鄧添信等主修　清光緒十七年(1891)
敦睦堂木活字本　一冊　存二卷(首二卷)

430000 – 2401 – 0008005　277/717

[湖南湘鄉]西溪鄧氏續修族譜二十卷首三卷
(清)鄧世慎等主修　清光緒二十年(1894)
孝思堂木活字本　二十四冊

430000 – 2401 – 0008006　277/1701

[湖南湘鄉]上湘長田鄧氏續修族譜十一卷首
二卷　(清)鄧俊一等主修　清光緒二十七年
(1901)二修思孝堂木活字本　十二冊　缺一
卷(八)

430000 – 2401 – 0008007　277/1113

[湖南武岡]鄧氏續修族譜□□卷首一卷　(清)
鄧彥臣等主修　清光緒三十二年(1906)兩秀堂
木活字本　一冊　存二卷(一、首一卷)

430000 – 2401 – 0008008　277/1941

[湖南漢壽]六甲鄧氏族譜□□卷　清光緒二
十七年(1901)遺經堂木活字本　三冊　存七
卷(首,四、九至十三)

430000 – 2401 – 0008009　277/1698

[湖南益陽、寧鄉]鄧氏三修家譜□□卷
(清)鄧佛阿等纂修　清咸豐十一年(1861)木
活字本　十五冊　存十三卷(一至七、九至十
三、十五)

430000 – 2401 – 0008010　277/420

[湖南益陽、寧鄉]鄧氏四修家譜□□卷　清
同治木活字本　一冊　存一卷(一)

430000 – 2401 – 0008011　277/1991

[湖南沅江]鄧氏續修族譜二十卷首四卷末一
卷　(清)鄧繡主修　清咸豐九年(1859)南陽
堂木活字本　二冊　存三卷(首一至三)

430000 – 2401 – 0008012　277/1931

[湖南沅江]鄧氏三修族譜二十卷首四卷末一
卷　(清)鄧亙本主修　清光緒二十六年
(1900)南陽堂木活字本　十一冊　存二十一
卷(一至六、十至二十,首四卷)

430000－2401－0008013　277/1596

[湖南桂陽]鄧氏宗譜六卷首三卷　（清）鄧馨
初等纂修　清光緒三十三年(1907)登秀堂木
活字本　二冊　存二卷(首上下)

430000－2401－0008014　277/740

[湖南湘鄉]樊氏續修族譜十卷　（清）樊祿儀
等主修　清咸豐七年(1857)三陽堂木活字本
九冊　缺一卷(二)

430000－2401－0008015　277/1856

[湖南長沙]高橋閻氏四修支譜□□卷　（清）
閻聲允主修　清光緒二十六年(1900)四美堂
木活字本　三冊　存三卷(首下、二至三)

430000－2401－0008016　277/428

[湖南寧鄉]潙寧大田坊黎氏續修支譜十三卷
（清）黎大器等主修　清嘉慶二十三年
(1818)經術堂刻本　一冊　存一卷(一)

430000－2401－0008017　277/427

[湖南寧鄉]大田坊黎氏續修家譜十七卷
（清）黎培堅等纂修　清咸豐元年(1851)經術
堂木活字本　一冊　存一卷(一)

430000－2401－0008018　277/425

[湖南寧鄉]魚潭黎氏五修族譜□□卷　清末
課讀堂木活字本　一冊　存一卷(二)

430000－2401－0008019　277/1741

[湖南湘潭]湘潭黎氏三修家譜十二卷　（清）
黎世綏等纂修　清咸豐九年(1859)敦本堂木
活字本　十二冊

430000－2401－0008020　277/524

[湖南湘潭]黎氏四修譜□□卷　清光緒十四
年(1888)敦本堂木活字本　一冊　存卷首

430000－2401－0008021　277/1187

[湖南漢壽]黎氏族譜□□卷　（清）黎魯如等
纂修　清光緒九年(1883)經術堂木活字本
一冊　存卷首

430000－2401－0008022　277/1196

[湖南]麻陽高村滕氏族譜五卷首三卷　（清）
滕代焜主修　清宣統三年(1911)南陽堂木活

字本　七十冊　存五卷(二至五、首一)

430000－2401－0008023　277/2159

[湖南寧鄉]魯氏續修族譜八卷　（清）魯運亨
等主修　清光緒二十年(1894)孝思堂木活字
本　八冊

430000－2401－0008024　277/150

[湖南長沙]河西劉氏族譜十卷首二卷　（清）
劉國斌主修　清光緒三十三年(1907)天祿堂
木活字本　十五冊　缺一卷(二下)

430000－2401－0008025　277/146

[湖南長沙]南坪劉氏四續族譜二十九卷首九
卷　（清）劉宣茂等主修　清光緒二十九年
(1903)校正堂木活字本　二冊　存二卷(首
一至二)

430000－2401－0008026　277/151

[湖南善化]田坪劉氏創修族譜□□卷首五卷
清光緒三十年(1904)中山堂木活字本　八
冊　存十二卷(一至二、四至九、十二、十四至
十五,首三至五)

430000－2401－0008027　277/191

[湖南瀏陽]鍾甲塘劉氏三修宗譜十四卷首一
卷末一卷　清宣統元年(1909)親睦堂木活字
本　九冊　存五卷(二之十五至之二十、六之
四十三至之五十三、十一之一、之十二至之十
六、之四十五至之五十四,首一至二,末一至
三)

430000－2401－0008028　277/401

[湖南寧鄉、益陽]劉氏四修族譜二十八卷首
二卷末二卷　（清）劉逢歲總纂　清光緒三十
三年(1907)木活字本　二冊　存二卷(首二
卷)

430000－2401－0008029　277/414

[湖南寧鄉]寧邑劉氏族譜□□卷　清康熙五
十三年(1714)木活字本　一冊　存卷首

430000－2401－0008030　277/415

[湖南寧鄉]寧邑劉氏族譜七卷首一卷　（清）
劉基樽等主修　清嘉慶三年(1798)木活字本
一冊　存首卷

430000－2401－0008031　277/411

[湖南寧鄉]劉氏族譜五卷　（清）劉光運等主修　清同治十年(1871)二修敦睦堂木活字本　一冊　存一卷(一)

430000－2401－0008032　277/403

[湖南寧鄉]潙寧古塘基劉氏重修族譜□□卷　（清）劉鉅崧等總纂　清同治十三年(1874)黎照堂木活字本　一冊　存卷末

430000－2401－0008033　277/412

[湖南寧鄉]田湖劉氏續修族譜十卷　（清）劉文沛總修　清嘉慶八年(1803)木活字本　一冊　存四卷(一至四)

430000－2401－0008034　277/753

[湖南寧鄉]石村劉氏二修族譜□□卷　清道光二十四年(1844)德馨堂木活字本　一冊　存一卷(十)

430000－2401－0008035　277/399

[湖南寧鄉]寧邑石村劉氏三修族譜十四卷首一卷　（清）劉彤昭等纂修　清光緒九年(1883)德馨堂木活字本　一冊　存首卷

430000－2401－0008036　277/515

[湖南寧鄉]楚南劉氏三修族譜八卷首二卷終二卷　（清）劉松林等纂修　清同治十年(1871)彭城堂木活字本　十二冊

430000－2401－0008037　277/404

[湖南寧鄉]古塘劉氏五修族譜□□卷　（清）劉煐益等纂修　清光緒二十七年(1901)黎照堂木活字本　一冊　存卷末

430000－2401－0008038　277/398

[湖南寧鄉]東岡高遷劉氏七修族譜十九卷首一卷　（清）劉厚香總修　清咸豐十一年(1861)彭城堂木活字本　一冊　存首卷

430000－2401－0008039　277/406

[湖南寧鄉]東岡高遷劉氏族譜三十卷首一卷　（清）劉教增等主修　清光緒二十三年(1897)永思堂木活字本　一冊　存首卷

430000－2401－0008040　277/1373

[湖南寧鄉]劉氏支譜四卷　（清）劉容五等纂修　清光緒元年(1875)彭城堂木活字本　一冊　存一卷(一)

430000－2401－0008041　277/410

[湖南寧鄉]前溪劉氏支譜七卷首一卷　（清）劉錫光主修　清光緒三年(1877)中山堂木活字本　一冊　存首卷

430000－2401－0008042　277/413

[湖南寧鄉]前溪劉氏續修支譜六卷首一卷　清道光二十年(1840)木活字本　一冊　存二卷(一、首一卷)

430000－2401－0008043　277/518

[湖南湘潭]中湘大嶺劉氏四修族譜九卷首一卷末一卷　（清）劉輝蔭等主修　清光緒二十二年(1896)黎照堂木活字本　十冊

430000－2401－0008044　277/769

[湖南湘鄉]水田劉氏族譜三卷　（清）劉民我等主修　清嘉慶二年(1797)刻本　一冊　存首卷

430000－2401－0008045　277/751

[湖南湘鄉]劉氏族譜十卷　（清）劉功良等主修　清道光十五年(1835)彭城堂木活字本二冊　存二卷(一至二)

430000－2401－0008046　277/1138－1

[湖南湘鄉]天堂劉氏族譜五部　（清）劉達浩主修　清乾隆四十一年(1776)黎光堂木活字本　一冊　存一部

430000－2401－0008047　277/2597

[湖南湘鄉]箭樓劉氏續修族譜二十一卷首二卷末一卷　（清）劉培讀等主纂　清同治十一年(1872)天祿堂木活字本　十冊

430000－2401－0008048　277/748

[湖南湘鄉]劉氏續修族譜十卷首二卷　（清）劉啟瑞等主修　清宣統三年(1911)務本堂鉛印本　十二冊

430000－2401－0008049　277/761

[湖南湘鄉]石磴劉氏少山房譜□□卷　（清）

劉悠仲等主修　清道光十九年(1839)彭城堂
木活字本　一冊　存一卷(二)

430000－2401－0008050　277/759
[湖南湘鄉]石礄劉氏少山房譜二十卷　(清)
劉遠岳等主修　清光緒八年(1882)二修藜閣
堂木活字本　一冊　存一卷(一)

430000－2401－0008051　277/770
[湖南湘鄉]上湘劉氏宗譜□□卷　清同治彭
城堂木活字本　六冊　存六卷(首,一至二、
五至七)

430000－2401－0008052　277/752
[湖南湘鄉]上湘劉氏族譜七十四卷首九卷又
二卷　(清)劉佰續等主修　清道光二十二年
(1842)校書堂木活字本　一冊　存卷首上

430000－2401－0008053　277/756
[湖南湘鄉]上湘坳頭劉氏族譜七卷首三卷
(清)劉季玉等主修　清光緒五年(1879)安成
堂木活字本　六冊

430000－2401－0008054　277/762
[湖南湘鄉]上湘劉氏家譜六卷首一卷　(清)
劉世瑞等主修　清光緒十年(1884)金蓮堂木
活字本　二冊　存三卷(一至二、首一卷)

430000－2401－0008055　277/763
[湖南湘鄉]上湘坦上劉氏房譜四十七卷首二
卷　(清)劉開治等主修　清光緒十四年
(1888)燃藜堂木活字本　一冊　存卷首上

430000－2401－0008056　277/768
[湖南湘鄉]上湘車灣劉氏支譜四卷　(清)劉
名世纂修　清咸豐八年(1858)彭城堂木活字
本　一冊　存一卷(一)

430000－2401－0008057　277/765
[湖南湘鄉]上湘車灣劉氏續修支譜五卷首在
　(清)劉師竹主修　清光緒三十一年(1905)
彭城堂木活字本　三冊　存三卷(首三卷)

430000－2401－0008058　277/757
[湖南湘鄉]櫧山劉氏續修族譜一百六十九卷
首三卷末一卷　(清)劉培基等主修　清光緒

七年(1881)傳經堂木活字本　五冊　存二卷
(首二冊齒錄二冊、末一冊)

430000－2401－0008059　277/758
[湖南湘鄉]櫧山劉氏續修族譜二十九卷首三
卷末一卷　(清)劉培基等主修　清光緒七年
(1881)傳經堂木活字本　三冊　存五卷(一
至二、首三卷)

430000－2401－0008060　277/749
[湖南湘鄉]櫧山劉氏三修族譜不分卷　(清)
劉常瑞等主修　清宣統三年(1911)傳經堂木
活字本　五冊　存五卷(一、三、五、七、十九)

430000－2401－0008061　277/764
[湖南湘鄉]湘鄉賓溪劉氏十修族譜四十卷
(清)劉庠榮等主修　清光緒十八年(1892)校
書堂木活字本　二冊　存二卷(一至二)

430000－2401－0008062　277/811
[湖南衡陽]劉氏五修族譜□□卷　(清)劉華
琨總修　清光緒二十九年(1903)藜照堂木活
字本　一冊　存卷首

430000－2401－0008063　277/891
[湖南邵陽]劉氏續修族譜不分卷　(清)劉冠
南主修　清同治二年(1863)敦本堂木活字本
　一冊　存首冊

430000－2401－0008064　277/892
[湖南邵陽]劉氏重修族譜十八卷首一卷末一
卷　(清)劉國泮等主修　清光緒十八年
(1892)小墨莊木活字本　二十一冊

430000－2401－0008065　277/1847
[湖南隆回]劉氏續修族譜□□卷　(清)劉守
轍主修　清光緒六年(1880)木活字本　十八
冊　存七卷(首、一至六)

430000－2401－0008066　277/1443
[湖南華容]劉氏族譜□□卷　(清)劉允漣等
纂修　清嘉慶二十五年(1820)木活字本　一
冊　存跋及二房世系一冊

430000－2401－0008067　277/919
[湖南華容]劉氏家乘三十卷首一卷　(清)劉

承孝纂修　清光绪三十二年(1906)木活字本
一册　存首卷

430000－2401－0008068　277/1156

[湖南汉寿]刘氏族谱三十一卷首一卷　（清）
刘春汀等纂修　清光绪十三年(1887)安成堂
木活字本　一册　存首卷

430000－2401－0008069　277/1976

[湖南益阳]刘氏续修族谱六卷首一卷末一卷
（清）刘华光等纂修　清光绪十五年(1889)
彭城堂木活字本　六册　存六卷(一至二、四
至五,首一卷,末一卷)

430000－2401－0008070　277/1899

[湖南益阳]刘氏四修支谱□□卷　（清）刘汉
亭主修　清咸丰十年(1860)彭城堂木活字本
四册　存四卷(首、二至四)

430000－2401－0008071　277/1840

[湖南益阳]碧田刘氏四修族谱六卷　（清）刘
方筹等总修　清咸丰十一年(1861)彭城堂木
活字本　四册　存四卷(一、三至五)

430000－2401－0008072　277/1982

[湖南安化]刘氏宗祠志二卷首一卷　（清）刘
春焕纂修　清光绪三十年(1904)彭城堂木活
字本　一册

430000－2401－0008073　277/1973

[湖南安化]刘氏续修族谱六卷首一卷　（清）
刘世锜主修　清光绪二十五年(1899)彭城堂
木活字本　五册　存六卷(二至六、首一卷)

430000－2401－0008074　277/1718

[湖南安化]刘氏六修族谱□□卷　清光绪木
活字本　二十四册　存二十四卷(一至二十、
二十二至二十五)

430000－2401－0008075　277/1138

[湖南新化]刘氏续修族谱不分卷　刘晓亭主
修　清嘉庆二十一年(1816)木活字本　一册

430000－2401－0008076　277/1903

[江西宜春]袁郡刘氏族谱三十卷　（清）刘士
魁等纂修　清道光二十三年(1843)彭城堂木

活字本　三十二册　缺七卷(十、十九至二十
四)

430000－2401－0008077　277/1904

[江西宜春]彭郡卫前刘祠主谱一卷　（清）刘
云亭等编辑　清光绪十一年(1885)木活字本
一册

430000－2401－0008078　277/1469

[江西安福]刘氏重修族谱□□卷　清同治三
年(1864)木活字本　二册　存卷首

430000－2401－0008079　277/2450

[江西吉安]重修刘氏族谱不分卷　（清）刘叙
本等纂修　清同治三年(1864)木活字本　二册

430000－2401－0008080　277/782

[湖南湘乡]龙氏族谱四卷首一卷　（清）龙柏
梓主修　清嘉庆三年(1798)三修敦周堂木活
字本　二册　缺一卷(四)

430000－2401－0008081　277/786－1

[湖南湘乡]上湘城南龙氏续修族谱十八卷首
六卷　（清）龙弼盛等主修　清乾隆三十六年
(1771)纳言堂木活字本　三册　存四卷(首
一至三、六)

430000－2401－0008082　277/783

[湖南湘乡]城南龙氏续修族谱八卷首一卷
(清)龙骧纂修　清嘉庆十三年(1808)三修纳
言堂木活字本　九册

430000－2401－0008083　277/785

[湖南湘乡]城南龙氏四修族谱五十三卷首四
卷　（清）龙汝弼等纂修　清同治四年(1865)
纳言堂木活字本　二十册　缺十三卷(一、六
至十六、二十二)

430000－2401－0008084　277/897

[湖南邵阳]邵陵龙氏续修族谱六卷首一卷
(清)龙惟远主修　清光绪三十三年(1907)敦
伦堂木活字本　八册

430000－2401－0008085　277/1157

[湖南武冈]龙氏族谱□□卷　（清）龙承先主
修　清光绪二十八年(1902)四修敦厚堂木活

字本 一册 存三卷(首、一至二)

430000 – 2401 – 0008086 277/1308

[湖南綏寧]龍氏宗譜十二卷 (清)龍懷治等
纂修 清宣統元年(1909)敦厚堂木活字本
十册

430000 – 2401 – 0008087 277/996

[湖南湘陰]龍氏族譜十二卷 (清)龍舒甲等
總纂 清光緒八年(1882)二修武陵堂木活字
本 一册 存一卷(一)

430000 – 2401 – 0008088 277/1283

霍氏世系二卷 (清)霍達纂修 清乾隆二十
三年(1758)燕翼堂木刻本 二册

430000 – 2401 – 0008089 277/1732

[湖南寧鄉、湘潭]蕭氏五修族譜十四卷
(清)蕭雲墀等纂修 清光緒三十一年(1905)
泉塘祠木活字本 十四册

430000 – 2401 – 0008090 277/105

[湖南湘潭]鰲山蕭氏續譜二十八卷首一卷
(清)蕭禮容等纂修 清道光二十二年(1842)
木活字本 四册 存六卷(二十一至二十四、
二十六,首一卷)

430000 – 2401 – 0008091 277/737

[湖南湘潭、湘鄉]鰲山蕭氏四修族譜三十九
卷首二卷 (清)蕭經綸纂修 清光緒三十年
(1904)木活字本 五册 存五卷(三十二至
三十四、三十七,首上)

430000 – 2401 – 0008092 277/738

[湖南湘潭]蕭氏五修族譜□□卷 (清)蕭昌
世等纂修 清光緒三十二年(1906)渭江祠木
活字本 一册 存卷首

430000 – 2401 – 0008093 277/739 – 1

[湖南湘鄉]蕭氏族譜不分卷 (清)蕭以贊等
纂修 清乾隆三十一年(1766)刻本 一册

430000 – 2401 – 0008094 277/739

[湖南湘鄉]蕭氏續修族譜十二卷首一卷
(清)蕭仁文等纂修 清道光二十五年(1845)
經術堂刻本 十四册

430000 – 2401 – 0008095 277/106

[湖南湘鄉]蕭氏續譜□□卷首一卷 (清)蕭
敢仁等主修 清光緒十九年(1893)經術堂木
活字本 一册 存首卷

430000 – 2401 – 0008096 277/734

[湖南湘鄉]蕭氏續修族譜不分卷首二卷
(清)蕭鍾侖等主修 清宣統二年(1910)敦本
堂活字本 二十八册

430000 – 2401 – 0008097 277/736

[湖南湘鄉]文山武障蕭氏三修族譜十五卷首
二卷 (清)蕭勛倬等主修 清光緒七年
(1881)敦本堂活字本 一册 存卷首上

430000 – 2401 – 0008098 277/887

[湖南邵陽]蕭氏續修族譜□□卷 (清)蕭明
杰主修 清光緒十九年(1893)昭穆堂木活字
本 一册 存卷首

430000 – 2401 – 0008099 277/889

[湖南邵陽]蕭氏七甲蕭留晚續修族譜一卷
(清)蕭仁英等主修 清道光八年(1828)麟閣
堂木活字本 一册

430000 – 2401 – 0008100 277/1145

[湖南新化]蕭氏續修族志八卷首一卷 (清)
蕭運乾等纂修 清宣統二年(1910)三瑞堂木
活字本 二册 存首卷

430000 – 2401 – 0008101 277/522

[湖南湘鄉、湘潭、益陽]賴氏續修族譜十五卷
首二卷 (清)賴國鉌主修 清光緒六年
(1880)松陽堂木活字本 二册 存二卷(十
二、首上)

430000 – 2401 – 0008102 277/2672

[湖南平江]賴氏族譜□□卷 賴氏合族纂修
清道光八年(1828)穎川堂木活字本 三册
存三卷(首、二至三)

430000 – 2401 – 0008103 277/2454

[湖南平江]賴氏族譜十卷首一卷 (清)賴吉
人等纂修 清光緒二十年(1894)四修穎川堂
木活字本 五册 存四卷(一至二、四,首一
卷)

430000 – 2401 – 0008104　277/1937

[湖南瀏陽]盧氏支譜□□卷　（清）盧爲高纂修　清光緒二十四年(1898)范陽堂木活字本　一冊　存一卷(一)

430000 – 2401 – 0008105　277/422

[湖南寧鄉]盧氏族譜八卷首一卷　（清）盧耀南等主修　清嘉慶二十五年(1820)范陽堂木活字本　三冊　存三卷(一、八,首一卷)

430000 – 2401 – 0008106　277/424

[湖南寧鄉]盧氏重修族譜十二卷首一卷　(清)盧朝亮等纂修　清咸豐七年(1857)范陽堂木活字本　一冊　存首卷

430000 – 2401 – 0008107　277/1758

[湖南湘鄉]盧氏族譜十八卷　(清)盧先泳等纂修　清咸豐四年(1854)三修友會堂木活字本　十九冊

430000 – 2401 – 0008108　277/1146

[湖南新化]盧氏重修族譜不分卷　(清)盧仁技等修　清嘉慶七年(1802)木活字本　一冊

430000 – 2401 – 0008109　277/1950

[湖南瀏陽]謝氏族譜□□卷　(清)謝承祖等編輯　清同治十年(1871)陳留堂木活字本　三冊　存卷首序、禮儀一冊、祠圖一冊、家傳一冊

430000 – 2401 – 0008110　277/1489

[湖南瀏陽]清瀏謝氏續修族譜十五卷首一卷　清宣統二年(1910)光裕堂木活字本　十五冊　缺一卷(八)

430000 – 2401 – 0008111　277/1886

[湖南瀏陽]瀏東謝列宗祠志八卷　(清)謝多才編輯　清光緒二十七年(1901)寶樹堂木活字本　二冊

430000 – 2401 – 0008112　277/1068 – 1

[湖南寧鄉、長沙]謝氏族譜四卷　(清)謝永泰等主修　清乾隆三十六年(1771)刻本　一冊　存一卷(一)

430000 – 2401 – 0008113　277/116

[湖南寧鄉]謝氏支譜五卷　（清）謝繼家主修　清同治四年(1865)蕃翰堂木活字本　一冊　存一卷(一)

430000 – 2401 – 0008114　277/443

[湖南寧鄉]謝氏續修支譜八卷首一卷　（清）謝太院等總修　清同治六年(1867)陳留堂木活字本　一冊　存首卷

430000 – 2401 – 0008115　277/440

[湖南寧鄉]謝氏五修族譜十四卷　（清）謝先震纂修　清光緒二十六年(1900)寶樹堂木活字本　一冊　存一卷(一)

430000 – 2401 – 0008116　277/446

[湖南寧鄉]南江謝氏續修祠志九卷末一卷　清宣統二年(1910)木活字本　一冊　存四卷(七下、八至九,末一卷)

430000 – 2401 – 0008117　277/1878

[湖南醴陵]醴陵北城謝氏族譜十二卷首一卷　謝氏合族纂修　清光緒十六年(1890)三修式南堂木活字本　一冊　存首卷

430000 – 2401 – 0008118　277/776 – 2

[湖南湘鄉]謝氏族譜四卷首一卷　（清）謝旅等纂修　清乾隆五十九年(1794)式南堂刻本　五冊

430000 – 2401 – 0008119　277/776

[湖南湘鄉]謝氏續修族譜十三卷首一卷末一卷　（清）謝吉隆等主修　清咸豐元年(1851)寶樹堂木活字本　二冊　存二卷(首一卷、末一卷)

430000 – 2401 – 0008120　277/775

[湖南湘鄉]謝氏續修族譜□□卷　（清）謝定綸等纂修　清同治三年(1864)寶樹堂木活字本　一冊　存卷首

430000 – 2401 – 0008121　277/773

[湖南湘鄉]謝氏續修族譜□□卷　清宣統元年(1909)寶樹堂木活字本　七冊　存七卷(首,五至六、八、十二、十四、十九)

430000 – 2401 – 0008122　277/774

[湖南湘鄉]謝氏續修族譜三十六卷首一卷中

一卷末一卷 （清）謝克齋等主修 清宣統三年(1911)三修寶樹堂木活字本 一冊 存卷首

430000－2401－0008123 277/447

[湖南湘鄉]謝氏小宗家傳一卷 （清）謝天墀撰 清乾隆五十九年(1794)藝蘭堂刻本 一冊

430000－2401－0008124 277/776－3

[湖南湘鄉]謝梁氏族譜□□卷 清乾隆二十九年(1764)寶樹堂刻本 一冊 存卷末

430000－2401－0008125 277/966

[湖南臨湘]謝氏九續族譜□□卷 （清）謝守琨纂修 清光緒二十二年(1896)寶樹堂木活字本 一冊 存一卷(一)

430000－2401－0008126 277/1627

[湖南安化]謝氏續修族譜 清光緒木活字本 四冊 存四卷(十、十五至十六、二十)

430000－2401－0008127 277/1981

[江西、湖南瀏陽]謝氏族譜五十三卷 （清）謝錫萬等編輯 清道光十八年(1838)陳留堂木活字本 二十三冊

430000－2401－0008128 277/155

[湖南]韓氏南渡支譜□□卷 （清）韓學志纂修 清木活字本 三冊 存三卷(末二至四)

430000－2401－0008129 277/2183

[湖南瀏陽]戴氏合族譜十九卷首一卷 （清）戴雲路等纂修 清道光十六年(1836)譙國堂木活字本 一冊 存卷首

430000－2401－0008130 277/437

[湖南寧鄉]唐市戴氏四修家乘□□卷 清光緒二十三年(1897)敦睦堂木活字本 一冊 存一卷(四十九)

430000－2401－0008131 277/787－1

[湖南湘鄉]上湘戴氏族譜二十二卷 （清）戴民祿等纂修 清乾隆二十三年(1758)敦睦堂木刻本 一冊 存十五卷(一至十五)

430000－2401－0008132 277/787

[湖南湘鄉]上湘戴氏續譜十八卷 （清）戴虛受等主修 清道光五年(1825)敦倫堂木刻本 一冊 存三卷(一至三)

430000－2401－0008133 277/1107

[湖南寧鄉]薛氏四修族譜□□卷 （清）薛修權主修 清光緒十一年(1885)三鳳堂木活字本 一冊 存四卷(四至七)

430000－2401－0008134 277/1166

[湖南桃源]薛氏家乘五卷首一卷 （清）薛新悅纂修 清光緒十五年(1889)三鳳堂木活字本 一冊 存首卷

430000－2401－0008135 277/448

[湖南寧鄉]魏氏五修族譜首六卷 清光緒三十年(1904)鉅鹿堂木活字本 二冊 存二卷(首一、首三)

430000－2401－0008136 277/451

[湖南寧鄉]鍾氏重修族譜□□卷 （清）鍾高軒等纂修 清嘉慶二十四年(1819)木活字本 一冊 存一卷(十)

430000－2401－0008137 277/449

[湖南寧鄉]寧邑鍾氏支譜八卷 （清）鍾明升等纂修 清同治十年(1871)木活字本 二冊 存一卷(一)

430000－2401－0008138 277/2186

[湖南湘鄉]鍾氏四修族譜二十卷 （清）鍾雅齋主修 清同治十三年(1874)萃煥堂木活字本 二十冊

430000－2401－0008139 277/895

[湖南邵陽]鍾氏三修族譜十卷 （清）鍾德勛（清）鍾成叔等修 清光緒十五年(1889)木活字本 九冊 缺一卷(五)

430000－2401－0008140 277/954

[湖南平江、瀏陽]鍾氏族譜□□卷首一卷 （清）鍾鎮楚等纂修 清光緒二年(1876)潁川堂木活字本 十九冊 存二十卷(一至五、七至二十,首一卷)

430000－2401－0008141 277/953

[湖南平江、瀏陽]鍾氏族譜　清光緒二十九年(1903)潁川堂木活字本　一冊　存一卷(三十)

430000－2401－0008142　277/196

[湖南平江、瀏陽]鍾氏重修族譜□□卷　(清)鍾達瑟纂修　清道光五年(1825)潁川堂木活字本　四冊　存四卷(一至四)

430000－2401－0008143　277/955

[湖南平江、瀏陽]鍾氏重修族譜□□卷　(清)族譜鍾達秦總理　清咸豐九年(1859)潁川堂木活字本　一冊　存一卷(一)

430000－2401－0008144　277/1892

[江西萬載]萬載鍾氏福房支譜十二卷首一卷　(清)鍾汝成纂修　清同治九年(1870)思孝堂木活字本　八冊　存七卷(一、三、五、七、九至十,首一卷)

430000－2401－0008145　277/430

[湖南]顏氏續通譜□□卷　(清)顏邦耀等主修　清嘉慶二十二年(1817)刻本　八冊

430000－2401－0008146　277/429

顏氏續修通譜□□卷陋巷志八卷顏氏家訓二卷　(清)顏克莊等纂修　清嘉慶二十五年(1820)木活字本　六冊

430000－2401－0008147　277/778

[湖南湘鄉]顏氏族譜三十二卷　(清)顏應祥等主修　清咸豐九年(1859)真樂堂木活字本　二冊　存二卷(一至二)

430000－2401－0008148　277/777

[湖南湘鄉]顏氏續修族譜三十三卷　(清)顏應第等主修　清光緒三十一年(1905)王度堂木活字本　一冊　存一卷(一)

430000－2401－0008149　277/1091

[湖南沅江]聶氏四修族譜十二卷首三卷又二卷　(清)聶正貽等主修　清宣統三年(1911)河東堂木活字本　六冊　缺十二卷(一至十二)

430000－2401－0008150　277/452

[湖南寧鄉]譚氏族譜□□卷　清同治五年(1866)雙桂堂木活字本　一冊　存一卷(二)

430000－2401－0008151　277/902

[湖南寧鄉]譚氏續修支譜六卷首一卷　(清)譚先緒等主修　清同治十年(1871)燕翼堂木活字本　一冊　存首卷

430000－2401－0008152　277/527

[湖南湘潭]學前譚氏三修支譜十一卷首一卷　(清)譚鶴亭等主修　清光緒四年(1878)篤親堂刻本　一冊　存卷首

430000－2401－0008153　277/790－1

[湖南湘鄉]湘西七星橋譚氏族譜十卷首四卷　(清)譚興平主修　清乾隆五十六年(1791)壹本堂刻本　一冊　存四卷(首四卷)

430000－2401－0008154　277/793

[湖南湘鄉]七星譚氏族譜十卷　(清)譚作沅等纂修　清同治十一年(1872)壹本堂木活字本　一冊　存二卷(一至二)

430000－2401－0008155　277/790

[湖南湘鄉]上湘橫塘譚氏支譜十六卷首一卷　(清)譚餘慶主修　清宣統元年(1909)餘慶堂木活字本　八冊　存十四卷(一至七、十一至十六,首一卷)

430000－2401－0008156　277/1108

[湖南安化]譚氏族譜□□卷首一卷　(清)譚梧軒等主修　清道光二十五年(1845)宏農堂木活字本　一冊　存二卷(一、首一卷)

430000－2401－0008157　277/2694

[湖南祁陽]譚氏富公支譜十卷首一卷　譚氏合族纂修　清光緒二十八年(1902)保合堂木活字本　七冊　存八卷(四下、五至七、九中下、十,首一卷)

430000－2401－0008158　277/453

[湖南長沙、寧鄉]羅氏八修族譜□□卷　(清)羅斐成等纂修　清光緒十二年(1886)木活字本　一冊　存卷首

430000－2401－0008159　277/200

[湖南瀏陽]羅氏族譜十二卷首二卷　（清）羅楠華等纂修　清光緒二十五年（1899）敦睦堂木活字本　二冊　存二卷（首二卷）

430000－2401－0008160　277/1612

[湖南瀏陽]羅氏族譜□□卷　（清）羅積堂纂修　清宣統元年（1909）三修豫章堂木活字本　一冊　存卷首

430000－2401－0008161　277/199

[湖南瀏陽]羅氏三修族譜八卷首二卷　羅運瑞等纂修　民國八年（1919）歸厚堂木活字本　九冊　存九卷（一至七、首二卷）

430000－2401－0008162　277/454

[湖南寧鄉、益陽、湘陰]羅氏續修宗譜□□卷　清咸豐七年（1857）豫章堂木活字本　一冊　存卷首

430000－2401－0008163　277/455

[湖南寧鄉、益陽、湘陰]羅氏重修族譜□□卷　（清）羅學繡等纂修　清道光七年（1827）豫章堂木活字本　一冊　存卷首

430000－2401－0008164　277/900

[湖南寧鄉、益陽、湘陰]羅氏重修族譜□□卷　（清）羅光黻等主修　清光緒二十二年（1896）豫章堂木活字本　一冊　存卷首

430000－2401－0008165　277/789－1

[湖南湘鄉]上湘田心羅氏族譜七卷首一卷　（清）羅荊溪纂修　清乾隆四十五年（1780）明德堂刻本　一冊　存二卷（一、首一卷）

430000－2401－0008166　277/789

[湖南湘鄉]羅氏支譜四卷　（清）羅匯唐纂修　清咸豐二年（1852）木活字本　四冊

430000－2401－0008167　277/899

[湖南邵陽]羅氏族譜三卷首一卷末一卷　（清）羅靜軒等主修　清嘉慶八年（1803）敦睦堂刻本　一冊

430000－2401－0008168　277/898

[湖南邵陽]邵陵羅氏族譜□□卷　（清）羅凌雲等主纂　清同治六年（1867）豫章郡木活字本　一冊　存卷首

430000－2401－0008169　277/1918

[湖南安化]羅氏四修族譜□□卷　（清）羅正沛等纂修　清光緒二十九年（1903）豫章堂木活字本　十二冊　存九卷（一至五、八、十二至十四）

430000－2401－0008170　277/1142

[湖南新化]羅氏重修族譜□□卷　清乾隆豫章堂木活字本　冊　存卷首

430000－2401－0008171　277/2307

[湖南新化]羅氏重修族譜不分卷　（清）羅鳳輝等纂修　清嘉慶五年（1800）木活字本　二冊

430000－2401－0008172　277/921

[湖南華容]嚴氏重修族譜不分卷　（清）嚴舞等纂　清道光二年（1822）木活字本　七冊

430000－2401－0008173　277/165

[廣西柳州]嚴氏家譜□□卷　清光緒二十三年（1897）長沙寄廬朱印本　一冊　存首卷

430000－2401－0008174　277/197

[湖南瀏陽]蘇氏次修族譜□□卷　（清）蘇榮桂等修　清同治三年（1864）四仲堂木活字本　一冊　存二卷（首、次）

430000－2401－0008175　277/2117

[湖南常德]蘇氏續修族譜二卷首三卷　（清）蘇宏喜等主修　清光緒三十年（1904）武功堂木活字本　四冊

430000－2401－0008176　277/2318

[湖南長沙]顧氏續修族譜十四卷首一卷末一卷　顧氏合族纂修　清光緒三十四年（1908）惇敘堂木活字本　六冊

430000－2401－0008177　277/2015

[湖南瀏陽]龔氏族譜□□卷　（清）龔卓華等纂修　清光緒七年（1881）武陵堂木活字本　二冊　存二卷（首、一）

430000－2401－0008178　277/530

[湖南湘潭]中湘龔氏族譜十三卷首一卷　（清）龔先法纂修　清光緒十五年（1889）光裕

堂木活字本　十四冊

430000－2401－0008179　277/794

[湖南湘鄉]上湘鵬山龔氏族譜□□卷　清道
光八年(1828)世科堂木活字本　一冊　存一
卷(十二)

430000－2401－0008180　277/1158

[湖南澧縣]龔氏族譜□□卷　(清)龔紹清撰
清道光十八年(1838)渤海堂木活字本
一冊

430000－2401－0008181　278/2

元和姓纂十卷　(唐)林寶撰　清光緒六年
(1880)金陵書局刻本　四冊

430000－2401－0008182　278/2(1)

元和姓纂十卷　(唐)林寶撰　清光緒六年
(1880)金陵書局刻本　四冊

430000－2401－0008183　278/2(2)

元和姓纂十卷　(唐)林寶撰　清光緒六年
(1880)金陵書局刻本　四冊

430000－2401－0008184　278/2(3)

元和姓纂十卷　(唐)林寶撰　清光緒六年
(1880)金陵書局刻本　四冊

430000－2401－0008185　278/2(4)

元和姓纂十卷　(唐)林寶撰　清光緒六年
(1880)金陵書局刻本　四冊

430000－2401－0008186　278/2(5)

元和姓纂十卷　(唐)林寶撰　清光緒六年
(1880)金陵書局刻本　四冊

430000－2401－0008187　278/2(6)

元和姓纂十卷　(唐)林寶撰　清光緒六年
(1880)金陵書局刻本　四冊

430000－2401－0008188　278/2(7)

元和姓纂十卷　(唐)林寶撰　清光緒六年
(1880)金陵書局刻本　四冊

430000－2401－0008189　278/2(8)

元和姓纂十卷　(唐)林寶撰　清光緒六年
(1880)金陵書局刻本　四冊

430000－2401－0008190　278/2(9)

元和姓纂十卷　(唐)林寶撰　清光緒六年
(1880)金陵書局刻本　四冊

430000－2401－0008191　278/2(10)

元和姓纂十卷　(唐)林寶撰　清光緒六年
(1880)金陵書局刻本　四冊

430000－2401－0008192　278/5

姓解三卷　(宋)邵思撰　清光緒遵義黎氏影
宋刻古逸叢書本　一冊

430000－2401－0008193　278/5(1)

姓解三卷　(宋)邵思撰　清光緒遵義黎氏影
宋刻古逸叢書本　一冊

430000－2401－0008194　278/5(2)

姓解三卷　(宋)邵思撰　清光緒遵義黎氏影
宋刻古逸叢書本　一冊

430000－2401－0008195　278/3

古今姓氏書辯證四十卷　(宋)鄧名世撰　清
道光二十四年(1844)金山錢氏刻守山閣叢書
本　五冊

430000－2401－0008196　278/6

姓觿十卷　(明)陳士元撰　清道光十三年
(1833)應城吳毓梅刻歸雲別集本　四冊

430000－2401－0008197　△266/4

代北姓譜二卷　(清)周春撰　清乾隆刻本
一冊

430000－2401－0008198　278/11

罕姓平西頌一卷　(清)郯志潮撰　清鈔本
一冊

430000－2401－0008199　278/4

百家姓考略一卷　(清)徐士業校　清文德堂
刻本　一冊

430000－2401－0008200　278/1－6

新纂氏族箋釋八卷　(清)熊峻運撰　清宣統
元年(1909)益元書局刻本　四冊

430000－2401－0008201　278/1－3

新纂氏族箋釋八卷　(清)熊峻運撰　清三讓
堂刻本　四冊

430000－2401－0008202　278/1－3(1)
新纂氏族箋釋八卷　(清)熊峻運撰　清三讓堂刻本　四冊

430000－2401－0008203　278/1－3(2)
新纂氏族箋釋八卷　(清)熊峻運撰　清三讓堂刻本　四冊

430000－2401－0008204　278/1－5
新纂氏族箋釋八卷　(清)熊峻運撰　清宏德堂刻本　四冊

430000－2401－0008205　278/1－2
新纂氏族箋釋八卷　(清)熊峻運撰　清經元堂刻本　六冊

430000－2401－0008206　278/1－2(1)
新纂氏族箋釋八卷　(清)熊峻運撰　清經元堂刻本　四冊

430000－2401－0008207　278/1－4
新纂氏族箋釋八卷　(清)熊峻運撰　清經綸堂刻本　二冊

430000－2401－0008208　278/1－4(1)
新纂氏族箋釋八卷　(清)熊峻運撰　清經綸堂刻本　三冊

430000－2401－0008209　278/1－4(2)
新纂氏族箋釋八卷　(清)熊峻運撰　清經綸堂刻本　二冊

430000－2401－0008210　278/1
新纂氏族箋釋八卷　(清)熊峻運撰　清寶翰樓刻本　五冊

430000－2401－0008211　278/7
百家姓帖一卷　清珠璣樓刻本　一冊

430000－2401－0008212　278/7(1)
百家姓帖一卷　清珠璣樓刻本　一冊

430000－2401－0008213　278/10
重訂排韻男女氏族合璧全譜　瀏南四香書屋刻本　二冊　存五卷(三至七)

430000－2401－0008214　△266/2
八旗滿洲氏族通譜八十卷　清乾隆九年(1744)內府刻本　二冊　存三卷(四、六至七之一至十頁)

430000－2401－0008215　△266/6
歷代三元考二卷　鈔本　二冊

430000－2401－0008216　△268/4
毗陵科第考八卷　(清)趙熙鴻輯　(清)錢人麟　(清)莊柱增訂　清乾隆十九年(1754)刻本　二冊

430000－2401－0008217　△268/3
南國賢書六卷　(明)張朝瑞輯　明崇禎五年(1632)陸問禮刻本　十冊

430000－2401－0008218　△268/2
皇明歷科狀元錄四卷元朝歷科狀元姓名一卷　(明)陳鎏輯　明隆慶刻本　葉啟勳、葉啟發題識　五冊

430000－2401－0008219　△268/7
歷科狀元圖考全書六卷　(明)顧鼎臣輯　(清)陳枚增訂　清康熙武林文治堂書坊刻本　三冊　存五卷(一至三、五至六)

430000－2401－0008220　279.1/16－2
明狀元圖考三卷　(明)顧鼎臣編　(明)吳承恩校　(明)黃應澄繪圖　清咸豐六年(1856)福元書室刻本　三冊

430000－2401－0008221　279.1/16
明狀元圖考二卷　(明)顧鼎臣編　(明)吳承恩校　(明)黃應澄繪圖　清光緒元年(1875)新泉饒氏雙峰書屋刻本　二冊

430000－2401－0008222　279.1/16(1)
明狀元圖考二卷　(明)顧鼎臣編　(明)吳承恩校　(明)黃應澄繪圖　清光緒元年(1875)新泉饒氏雙峰書屋刻本　一冊　存一卷(上)

430000－2401－0008223　279.1/16－3
明狀元圖考三卷　(明)顧鼎臣編　(明)吳承恩校　(明)黃應澄繪圖　清刻本　一冊　存一卷(一)

430000－2401－0008224　279.1/4
進士題名碑錄不分卷　(清)李周望等輯　清

歷朝遞刻本　十四冊

430000－2401－0008225　△269/7
明會試榜首暨鼎甲傳臚題名　鈔本　一冊

430000－2401－0008226　279.1/13
明貢舉考略三卷　（清）黃崇蘭輯　清道光十四年(1834)平河青雲齋刻本　一冊

430000－2401－0008227　279.1/13(1)
明貢舉考略三卷　（清）黃崇蘭輯　清道光十四年(1834)平河青雲齋刻本　一冊

430000－2401－0008228　279.1/13(2)
明貢舉考略三卷　（清）黃崇蘭輯　清道光十四年(1834)平河青雲齋刻本　一冊

430000－2401－0008229　279.1/13－2
明貢舉考略二卷　（清）黃崇蘭輯　清光緒五年(1879)金陵文英堂刻本　一冊

430000－2401－0008230　279.1/13－2(1)
明貢舉考略二卷　（清）黃崇蘭輯　清光緒五年(1879)金陵文英堂刻本　一冊

430000－2401－0008231　279.1/13－3
明貢舉考略二卷國朝貢舉考略四卷　（清）黃崇蘭輯　清光緒八年(1882)金陵文英堂刻本　二冊

430000－2401－0008232　279.1/14－2
國朝貢舉考略三卷　（清）黃崇蘭輯　清嘉慶八年(1803)刻本　二冊

430000－2401－0008233　279.1/14－2(1)
國朝貢舉考略三卷　（清）黃崇蘭輯　清嘉慶八年(1803)刻本　二冊　缺一卷(三)

430000－2401－0008234　279.1/14
國朝貢舉考略四卷　（清）黃崇蘭輯　清光緒五年(1879)金陵文英堂刻本　三冊

430000－2401－0008235　279.1/14(1)
國朝貢舉考略四卷　（清）黃崇蘭輯　清光緒五年(1879)金陵文英堂刻本　三冊

430000－2401－0008236　279.1/6
清朝歷科狀元策一卷歷科狀元事考一卷歷科

典試題名鼎甲錄清朝四卷明朝二卷　（清）黃崇蘭輯　（清）饒玉成續輯　清光緒二年(1876)雙峰書屋刻本　八冊

430000－2401－0008237　279.1/31
國朝館選錄不分卷　（清）沈廷芳輯　清光緒湖南思賢講舍刻本　二冊

430000－2401－0008238　279.1/15
國朝歷科館選錄:順治三年至光緒九年不分卷　（清）沈廷芳等輯　清光緒翰林院刻本　二冊

430000－2401－0008239　279.1/15－2
國朝歷科館選錄:順治三年至光緒二十年不分卷　（清）沈廷芳等輯　清光緒湖南思賢講舍刻本　二冊

430000－2401－0008240　279.1/54
嘉慶元年至光緒十五年館選錄一卷附特授改補館職一卷　清末刻本　一冊

430000－2401－0008241　279.1/12
嘉慶十年進士登科錄一卷　清嘉慶十年(1805)刻本　一冊

430000－2401－0008242　279.1/5
道光甲午科直省同年錄不分卷　清道光二十年(1840)刻本　十冊

430000－2401－0008243　279.1/27
道光六年丙戌科會試錄不分卷　（清）蔣攸銛編　清道光刻本　一冊

430000－2401－0008244　279.1/18
道光乙未科會試同年齒錄不分卷　（清）穆彰阿等訂　清京師文錦齋刻字鋪刻本　二冊

430000－2401－0008245　△268/5
道光戊戌科會試十八房同門姓氏一卷　清松竹齋鈔本　二冊

430000－2401－0008246　279.1/36
道光己酉科選十八省拔貢同年錄不分卷　清道光二十九年(1849)吳翰元齋等刻本　一冊

430000－2401－0008247　279.1/52
道光二十九年己酉科同年錄　清道光二十九

年(1849)刻本　一册

430000－2401－0008248　279.1/32

咸豐辛亥恩科十八省鄉試同年錄一卷道光庚
戌科殿試策一卷　清咸豐元年(1851)京師琉
璃廠韞寶齋刻本　一册

430000－2401－0008249　279.1/7

辛巳同年全錄不分卷　（清）史致蕃輯　清咸
豐元年(1851)文奎齋刻本　四册

430000－2401－0008250　279.1/23

同治壬戌科官本各省鄉試同年錄一卷　清同
治元年(1862)順天府刻本　一册

430000－2401－0008251　△269/6

同治十二年癸酉鄉試同年錄　清鈔本　三册
存浙江、湖南、四川鄉試同年錄

430000－2401－0008252　279.1/51

同治癸本科明經通譜　清同治十二年(1873)
刻本　一册

430000－2401－0008253　279.1/41

己未詞科錄十二卷　（清）秦瀛輯　清光緒十
四年(1888)刻本　六册

430000－2401－0008254　279.1/40

光緒壬午科陝西鄉試題名錄一卷　清光緒八
年(1882)刻本　一册

430000－2401－0008255　279.1/34

光緒乙酉科廣東鄉試錄一卷　清光緒十一年
(1885)刻本　一册

430000－2401－0008256　279.1/48

光緒十五年會試官職錄　清光緒十五年
(1889)刻本　二册

430000－2401－0008257　279.1/26

光緒十六年進士登科錄一卷　（清）孫毓汶編
　清光緒十六年(1890)刻本　一册

430000－2401－0008258　279.1/38

光緒辛卯科十八省正副榜同年全錄不分卷
清光緒十七年(1891)刻本　一册

430000－2401－0008259　279.1/24

癸巳恩科十八省正副榜同年全錄不分卷　清
光緒十九年(1893)刻本　一册

430000－2401－0008260　279.1/37

光緒甲午科十八省正副榜同年全錄不分卷
清光緒二十年(1894)刻本　一册

430000－2401－0008261　279.1/1

光緒丁酉科十八省選拔貢同年全錄一卷　清
光緒二十三年(1897)刻本　一册

430000－2401－0008262　279.1/39

光緒庚子辛丑恩正并科各省鄉試同年全錄不
分卷　清光緒二十七年至二十八年(1901－
1902)刻本　一册

430000－2401－0008263　279.1/25

癸卯恩科十八省正副榜同年全錄不分卷　清
光緒二十九年(1903)刻本　二册

430000－2401－0008264　279.1/53

光緒二十九年癸卯補行辛丑壬寅恩正并科會
試登科錄　清光緒二十九年(1903)刻本
一册

430000－2401－0008265　279.1/35

光緒辛丑補行庚子恩正并科廣東鄉試錄一卷
　清光緒二十七年(1901)刻本　一册

430000－2401－0008266　279.1/33

光緒辛丑補行庚子恩正并科甘肅鄉試題名錄
一卷　清光緒二十七年(1901)刻本　一册

430000－2401－0008267　△269/3

光緒癸卯鄉試同年錄　鈔本　三册

430000－2401－0008268　△269/4

光緒癸卯補行辛丑壬寅年恩正并科會試齒錄
　鈔本　一册

430000－2401－0008269　△269/5

光緒甲辰會試齒錄一卷　鈔本　一册

430000－2401－0008270　279.1/47

簡易明經通譜　清宣統元年(1909)刻本
三册

430000－2401－0008271　279.1/3

宣統己酉科各行省優貢全錄一卷　清宣統二
年(1910)京師刻本　一冊

430000－2401－0008272　279.1/9
湖廣湖南長沙府科甲題名不分卷長郡會館志
一卷　(清)胡達源編　清道光十五年(1835)
刻本　一冊

430000－2401－0008273　279.1/10
湖廣湖南長沙府科甲題名錄不分卷長郡仕宦
題名錄二卷　(清)徐樹鈞編　清光緒十一年
(1885)續修刻本　四冊

430000－2401－0008274　279.1/10(1)
湖廣湖南長沙府科甲題名錄不分卷長郡仕宦
題名錄二卷　(清)徐樹鈞編　清光緒十一年
(1885)續修刻本　四冊

430000－2401－0008275　279.1/10(2)
湖廣湖南長沙府科甲題名錄不分卷長郡仕宦
題名錄二卷　(清)徐樹鈞編　清光緒十一年
(1885)續修刻本　四冊

430000－2401－0008276　279.1/10(3)
湖廣湖南長沙府科甲題名錄不分卷長郡仕宦
題名錄二卷　(清)徐樹鈞編　清光緒十一年
(1885)續修刻本　四冊

430000－2401－0008277　279.1/10(4)
湖廣湖南長沙府科甲題名錄不分卷長郡仕宦
題名錄二卷　(清)徐樹鈞編　清光緒十一年
(1885)續修刻本　四冊

430000－2401－0008278　279.1/10(5)
湖廣湖南長沙府科甲題名錄不分卷長郡仕宦
題名錄二卷　(清)徐樹鈞編　清光緒十一年
(1885)續修刻本　四冊

430000－2401－0008279　279.1/10(6)
湖廣湖南長沙府科甲題名錄不分卷長郡仕宦
題名錄二卷　(清)徐樹鈞編　清光緒十一年
(1885)續修刻本　一冊　缺長郡會館志

430000－2401－0008280　279.1/10(7)
湖廣湖南長沙府科甲題名錄不分卷長郡仕宦
題名錄二卷　(清)徐樹鈞編　清光緒十一年

(1885)續修刻本　二冊　存長郡仕宦題名錄
卷上卷下,長郡會館志

430000－2401－0008281　279.1/8
道光己酉科湖南選拔同門譜一卷　(清)梁同
新輯　清道光二十九年(1849)刻本　一冊

430000－2401－0008282　279.1/45
同治癸酉科湖南同門齒錄一卷　清同治十二
年(1873)湖南學政刻本　一冊

430000－2401－0008283　279.1/44
光緒乙酉科湖南選拔同門齒錄一卷　清光緒
十一年(1885)刻本　一冊

430000－2401－0008284　279.1/17
光緒戊子科湖南鄉試同門錄一卷　清光緒十
四年(1888)刻本　一冊

430000－2401－0008285　279.1/11
光緒丁酉科湖南拔貢同門齒錄一卷　清光緒
二十三年(1897)刻本　一冊

430000－2401－0008286　279.1/11(1)
光緒丁酉科湖南拔貢同門齒錄一卷　清光緒
二十三年(1897)刻本　一冊

430000－2401－0008287　279.1/50
湖南孝廉方正同年錄一卷　清宣統三年
(1911)長沙刻本　一冊

430000－2401－0008288　279.1/46
清代湖南鄉試歷科題名錄不分卷　清鈔本
二冊

430000－2401－0008289　279.2/10－2
皇朝詞林典故六十四卷　(清)朱珪等撰　清
嘉慶十年(1805)武英殿刻本　三十四冊

430000－2401－0008290　279.2/10
皇朝詞林典故六十四卷　(清)朱珪等撰　清
光緒十三年(1887)刻本　十八冊

430000－2401－0008291　279.2/10(1)
皇朝詞林典故六十四卷　(清)朱珪等撰　清
光緒十三年(1887)刻本　三十四冊

430000－2401－0008292　279.2/10(2)

皇朝詞林典故六十四卷　（清）朱珪等撰　清
光緒十三年（1887）刻本　三十四冊

430000－2401－0008293　279.2/10（3）

皇朝詞林典故六十四卷　（清）朱珪等撰　清
光緒十三年（1887）刻本　三十四冊

430000－2401－0008294　279.2/10（4）

皇朝詞林典故六十四卷　（清）朱珪等撰　清
光緒十三年（1887）刻本　三十四冊

430000－2401－0008295　279.2/1－2

清秘述聞十六卷　（清）法式善撰　清嘉慶四
年（1799）刻本　八冊

430000－2401－0008296　279.2/1

清秘述聞十六卷槐廳載筆二十卷　（清）法式
善撰　清嘉慶四年（1799）刻本　十二冊

430000－2401－0008297　279.2/1（1）

清秘述聞十六卷槐廳載筆二十卷　（清）法式
善撰　清嘉慶四年（1799）刻本　八冊

430000－2401－0008298　279.2/1（2）

清秘述聞十六卷槐廳載筆二十卷　（清）法式
善撰　清嘉慶四年（1799）刻本　六冊

430000－2401－0008299　279.2/1（3）

清秘述聞續十六卷　（清）王家相撰　清光緒
十四年（1888）刻本　四冊

430000－2401－0008300　△24/36

清秘述聞再續三卷　許推輯　許氏鞠霜樓鈔
本　一冊

430000－2401－0008301　279.2/13－2

熙朝宰輔錄一卷　（清）潘世恩撰　清道光十
八年（1838）思補軒刻本　一冊

430000－2401－0008302　279.2/13

熙朝宰輔錄一卷　（清）潘世恩撰　（清）沈桂
芬補　清光緒三年（1877）刻本　一冊

430000－2401－0008303　279.2/13（1）

熙朝宰輔錄一卷　（清）潘世恩撰　（清）沈桂
芬補　清光緒三年（1877）刻本　一冊

430000－2401－0008305　279.2/28

樞垣題名一卷　（清）軍機處編　清光緒十年
（1884）刻本　一冊

430000－2401－0008306　279.2/19

爵秩全函二卷　清光緒三十年（1904）榮錄堂
刻本　二冊

430000－2401－0008307　279.2/4－4

大清縉紳全書四卷　清同治十二年（1873）斌
陞堂刻本　三冊　缺亨卷

430000－2401－0008308　279.2/3－6

大清縉紳全書四卷　清光緒十五年（1889）來
鹿堂刻本　四冊

430000－2401－0008309　279.2/3－8

大清縉紳全書四卷　清光緒十六年（1890）來
鹿堂刻本　四冊

430000－2401－0008310　279.2/3

大清縉紳全書四卷大清中樞備覽二卷　清光
緒榮錄堂刻本　六冊

430000－2401－0008311　279.2/3（1）

大清縉紳全書四卷大清中樞備覽二卷　清光
緒榮錄堂刻本　六冊

430000－2401－0008312　279.2/3（2）

大清縉紳全書四卷大清中樞備覽二卷　清光
緒榮錄堂刻本　四冊

430000－2401－0008313　279.2/3（3）

大清縉紳全書四卷大清中樞備覽二卷　清光
緒榮錄堂刻本　四冊

430000－2401－0008314　279.2/3（4）

大清縉紳全書四卷大清中樞備覽二卷　清光
緒榮錄堂刻本　四冊

430000－2401－0008315　279.2/3（5）

大清縉紳全書四卷大清中樞備覽二卷　清光
緒榮錄堂刻本　四冊

430000－2401－0008316　279.2/4－2

430000－2401－0008304　279.2/13（1）

大清縉紳全書四卷大清中樞備覽二卷 清光緒二十年(1894)北京松竹齋榮寶齋合刻本 五冊

430000－2401－0008317 279.2/3－5

大清縉紳全書四卷 清光緒二十年(1894)榮錄堂刻本 四冊

430000－2401－0008318 279.2/4－5

大清縉紳全書四卷 清光緒二十四年(1898)北京松竹齋榮寶齋合刻本 五冊 缺亨卷

430000－2401－0008319 279.2/3－4

大清縉紳全書四卷 清光緒二十七年(1901)榮錄堂刻本 四冊

430000－2401－0008320 279.2/3－3

大清縉紳全書四卷 清光緒二十八年(1902)榮錄堂刻本 四冊

430000－2401－0008321 279.2/3－2

大清縉紳全書四卷 清光緒三十年(1904)榮錄堂刻本 四冊

430000－2401－0008322 279.2/4－6

大清縉紳全書四卷增補一卷 清光緒三十三年(1907)榮寶齋刻本 五冊

430000－2401－0008323 279.2/4－3

大清縉紳全書四卷 清光緒三十四年(1908)琉璃廠榮寶齋刻本 五冊

430000－2401－0008324 279.2/4

大清縉紳全書四卷增一卷 清宣統元年(1909)榮寶齋刻本 五冊

430000－2401－0008325 279.2/3－7

大清縉紳全書四卷 清宣統三年(1911)榮錄堂刻本 四冊

430000－2401－0008326 279.2/30

咸豐二年縉紳錄不分卷 清咸豐刻本 五冊

430000－2401－0008327 279.2/31

新增光緒丙申爵秩全覽不分卷 清光緒二十二年(1896)刻本 五冊

430000－2401－0008328 279.2/15

光緒癸酉縉紳錄 清光緒崧慶堂鈔本 六冊

430000－2401－0008329 279.2/22

光緒乙酉爵秩全覽不分卷 清光緒十一年(1885)刻本 三冊

430000－2401－0008330 279.2/23

宣統庚戌爵秩全覽不分卷 清宣統二年(1910)刻本 六冊

430000－2401－0008331 279.2/12

大清最新百官錄不分卷 (清)彭汝疇編 清光緒三十三年(1907)京都琉璃廠槐蔭山房刻本 四冊

430000－2401－0008332 279.2/8

內閣漢票簽中書舍人題名一卷續編一卷 (清)孔憲彝 (清)鮑康輯 清咸豐十一年(1861)刻本 二冊

430000－2401－0008333 279.2/8(1)

內閣漢票簽中書舍人題名一卷續編一卷 (清)孔憲彝 (清)鮑康輯 清咸豐十一年(1861)刻本 一冊 缺續編

430000－2401－0008334 279.2/8(2)

內閣漢票簽中書舍人題名一卷續編一卷 (清)孔憲彝 (清)鮑康輯 清咸豐十一年(1861)刻本 一冊

430000－2401－0008335 279.2/8(3)

內閣漢票簽中書舍人題名一卷續編一卷 (清)孔憲彝 (清)鮑康輯 清咸豐十一年(1861)刻本 一冊

430000－2401－0008336 279.2/25－2

大清中樞備覽二卷 清光緒七年(1881)榮錄堂刻本 二冊

430000－2401－0008337 279.2/25

大清中樞備覽二卷 清光緒十七年(1891)榮錄堂刻本 二冊

430000－2401－0008338 279.2/16－2

國朝御史題名不分卷 (清)黃玉圃輯 清光緒刻本 四冊

430000－2401－0008339　279.2/16

國朝御史題名不分卷　（清）黃玉圃輯　清同治八年（1869）補刻本　三冊

430000－2401－0008340　279.2/27

名宦錄一卷　（清）端木埰等撰　清同治十二年（1873）江寧刻本　一冊

430000－2401－0008341　279.2/27（1）

名宦錄一卷　（清）端木埰等撰　清同治十二年（1873）江寧刻本　一冊

430000－2401－0008342　279.2/26

名宦鄉賢錄一卷　（清）屠元瑞等撰　清光緒十四年（1888）都門刻本　一冊

430000－2401－0008343　279.2/21

同官錄不分卷　清同治木活字本　五冊

430000－2401－0008344　△269/1

土官底簿二卷　清天尺樓鈔本　二冊

430000－2401－0008345　279.2/7

河北省楚南武職同官錄不分卷　清光緒十九年（1893）刻本　二冊

430000－2401－0008346　279.2/32

蘇省同官錄不分卷　清同治五年（1866）理問堂刻本　五冊

430000－2401－0008347　279.2/2

安徽同官錄二卷　（清）安徽藩經司輯　清光緒三十四年（1908）該司鉛印本　二冊

430000－2401－0008348　279.2/18

安徽職官表　清鈔本　一冊

430000－2401－0008349　279.2/37

陳州府太康縣已仕鄉宦清冊　（清）太康縣造　清同治五年（1866）稿本　二冊

430000－2401－0008350　279.2/35

湖北簡明官冊不分卷　清光緒鈔本　三冊

430000－2401－0008351　279.2/34

湖北縉紳錄不分卷　清鈔本　一冊

430000－2401－0008352　279.2/20

湖南候補簡明官冊　清宣統元年（1909）鉛印本　一冊

430000－2401－0008353　279.2/9

廣東同官錄一卷　清光緒二十三年（1897）廣州瑞元堂刻本　一冊

430000－2401－0008354　279.2/38

秋官司寇　易夢書鈔本　一冊

430000－2401－0008355　△267/1

序志一卷後語一卷　（晉）常璩撰　**江原常氏士女志一卷**　（明）張佳胤輯　明刻本　一冊

430000－2401－0008356　279.3/46

小字錄一卷　（宋）陳思撰　**小字錄補六卷**　（明）沈弘正撰　清鈔本　三冊

430000－2401－0008357　279.3/61

蘇黃門龍川別志二卷　（宋）蘇轍撰　**澠水燕談錄三卷**　（宋）王闢之撰　明萬曆會稽商氏半野堂刻本　一冊

430000－2401－0008358　279.3/1

安危註四卷　（明）吳甡輯　清初刻本　六冊

430000－2401－0008359　279.3/1（1）

安危註四卷　（明）吳甡輯　清初刻本　五冊

430000－2401－0008360　279.3/1（2）

安危註四卷　（明）吳甡輯　清初刻本　二冊

430000－2401－0008361　279.3/1（1）

安危註四卷　（明）吳甡輯　清初刻本　一冊

430000－2401－0008362　279.3/5

帝鑑圖說不分卷　（明）張居正撰　清刻本　四冊

430000－2401－0008363　279.3/5（1）

帝鑑圖說不分卷　（明）張居正撰　清刻本　四冊

430000－2401－0008364　279.3/5（2）

帝鑑圖說不分卷　（明）張居正撰　清刻本　四冊

430000－2401－0008365　279.3/32

花甲閑談十六卷　（清）張維屏撰　（清）葉夢草繪　清道光十九年（1839）刻本　四冊

430000－2401－0008366　279.3/32(1)

花甲閑談十六卷　（清）張維屛撰　（清）葉夢草繪　清道光十九年(1839)刻本　四冊

430000－2401－0008367　32/122

正學續四卷　（清）陳遇夫撰　清道光三十年(1850)南海伍氏粵雅堂刻嶺南遺書本　二冊

430000－2401－0008368　279.3/3

人壽金鑒二十二卷　（清）程得齡輯　清嘉慶二十五年(1820)刻本　六冊

430000－2401－0008369　279.3/3(1)

人壽金鑒二十二卷　（清）程得齡輯　清嘉慶二十五年(1820)刻本　四冊

430000－2401－0008370　279.3/3－2

人壽金鑒二十二卷　（清）程得齡輯　清光緒元年(1875)湖北崇文書局刻本　六冊

430000－2401－0008371　279.3/3－2(1)

人壽金鑒二十二卷　（清）程得齡輯　清光緒元年(1875)湖北崇文書局刻本　六冊

430000－2401－0008372　279.3/3－2(2)

人壽金鑒二十二卷　（清）程得齡輯　清光緒元年(1875)湖北崇文書局刻本　六冊

430000－2401－0008373　279.3/3－2(3)

人壽金鑒二十二卷　（清）程得齡輯　清光緒元年(1875)湖北崇文書局刻本　六冊

430000－2401－0008374　279.3/3－2(4)

人壽金鑒二十二卷　（清）程得齡輯　清光緒元年(1875)湖北崇文書局刻本　六冊

430000－2401－0008375　279.3/3－2(5)

人壽金鑒二十二卷　（清）程得齡輯　清光緒元年(1875)湖北崇文書局刻本　六冊

430000－2401－0008376　279.3/2

帝鑒圖詩二卷　（清）蔡紹洛撰　清道光二十四年(1844)刻本　一冊

430000－2401－0008377　279.3/25

復堂日記六卷　（清）譚獻撰　清光緒十三年(1887)刻半庵叢書初編本　二冊

430000－2401－0008378　279.3/29－3

凝香室鴻雪因緣圖記三集　（清）麟慶撰　清道光十九年(1839)揚州刻本　十八冊

430000－2401－0008379　279.3/29－3(1)

凝香室鴻雪因緣圖記三集　（清）麟慶撰　清道光十九年(1839)揚州刻本　六冊

430000－2401－0008380　279.3/29－3(2)

凝香室鴻雪因緣圖記三集　（清）麟慶撰　清道光十九年(1839)揚州刻本　六冊

430000－2401－0008381　279.3/29－2

鴻雪因緣圖記三集　（清）麟慶撰　清光緒十年(1884)上海點石齋石印本　六冊

430000－2401－0008382　279.3/29

鴻雪因緣圖記三集　（清）麟慶撰　清光緒十二年(1886)上海同文書局石印本　三冊

430000－2401－0008383　279.3/29－4

鴻雪因緣圖記三集　（清）麟慶撰　清光緒二十二年(1896)上海點石齋石印本　四冊　存三集(集一至三下)

430000－2401－0008384　279.3/60

筆夢一卷　據梧子撰　清光緒二十九年(1903)鈔本　一冊

430000－2401－0008385　△267/2

采訪兩江忠義請旌恤官紳士清單不分卷　清鈔本　二冊

430000－2401－0008386　279.3/44

京師法政學堂同學錄　（清）京師法政學堂編　清宣統元年(1909)鉛印本　一冊

430000－2401－0008387　279.3/59

廣雅書院同舍錄不分卷　清光緒二十三年(1897)刻本　三冊

430000－2401－0008388　279.3/19

湖南諮議局第二屆常年會議員一覽表　（清）湖南諮議局編輯　清宣統鉛印本　一冊

430000－2401－0008389　279.3/18

湖南諮議局議員通問錄　（清）湖南諮議局編輯　清宣統鉛印本　一冊

430000－2401－0008390　279.3/85

乙巳年終在省各學堂職員教員調查錄　清光緒三十一年(1905)湖南機器印刷局鉛印本　一冊

430000－2401－0008391　279.3/85－2

丁未年終在省各學堂職員調查錄　清光緒三十三年(1907)長沙湖南機器印刷局鉛印本　一冊

430000－2401－0008392　279.3/92

湖南中路師範學堂職員教員學生姓氏表　湖南中路師範學堂編　清光緒三十三年(1907)該校活字本　一冊

430000－2401－0008393　279.3/95

湖南高等學　(清)湖南高等學堂編　清光緒三十三年(1907)湖南機器印刷局鉛印本　一冊

430000－2401－0008394　279.3/21

湖南選送日本留學生名冊　清宣統鉛印本　一冊

430000－2401－0008395　279.3/50

求忠中學堂同學姓氏錄一卷　清光緒三十一年(1905)湖南機器印刷局鉛印本　一冊

430000－2401－0008396　279.4/9

萬國奇人傳四卷　(清)曾慶榜撰　清光緒三十年(1904)刻本　一冊

430000－2401－0008397　279.4/9(1)

萬國奇人傳四卷　(清)曾慶榜撰　清光緒三十年(1904)刻本　三冊　缺泰西名人傳鄭昭卷

430000－2401－0008398　279.4/6

大日本中興先覺志二卷　(日本)安績覺撰　日本明治十年(1877)東京剖厥四氏刻本　二冊

430000－2401－0008399　279.4/6(1)

大日本中興先覺志二卷　(日本)安績覺撰　日本明治十年(1877)東京剖厥四氏刻本　二冊

430000－2401－0008400　279.4/13

增補泰西名人傳六卷　(清)徐心鏡增補　清光緒二十九年(1903)鴻寶齋石印本　四冊

430000－2401－0008401　279.4/4

泰西各國名人言行錄十六卷　(清)張兆蓉編　清光緒石印本　六冊

430000－2401－0008402　279.4/16

泰西名人論傳不分卷　(清)鴻文編譯圖書局編譯　清光緒三十年(1904)上海鴻文印書局石印本　四冊

430000－2401－0008403　279.4/8

泰西政治學者列傳一卷　(日本)杉山藤次郎撰　(清)廣東青年譯　清光緒二十八年(1902)上海廣智書局鉛印傳記小叢書本　一冊

430000－2401－0008404　279.4/17

意將軍加里波的傳　(清)廣智書局編譯　清光緒二十九年(1903)上海廣智書局鉛印傳記小叢書本　一冊

430000－2401－0008405　279.4/2

拿破侖　(日本)土井林吉撰　(清)羅大維譯　清光緒二十九年(1903)益新譯社鉛印本　一冊

430000－2401－0008406　279.4/14

拿破侖本紀四卷　(英國)洛加德撰　林紓魏易譯　清光緒三十三年(1907)京師學務處官書局鉛印本　四冊

430000－2401－0008407　279.4/7

德相俾斯麥傳　廣智書局編譯　清光緒二十八年(1902)上海廣智書局鉛印傳記小叢書本　一冊

430000－2401－0008408　279.4/11

華盛頓傳八卷　(清)黎汝謙　(清)蔡國昭譯　清光緒十二年(1886)鉛印本　八冊

430000－2401－0008409　279.4/11(1)

華盛頓傳八卷　(清)黎汝謙　(清)蔡國昭譯　清光緒十二年(1886)鉛印本　八冊

430000－2401－0008410　279.4/11（2）

華盛頓傳八卷　（清）黎汝謙　（清）蔡國昭譯　清光緒十二年（1886）鉛印本　八冊

430000－2401－0008411　279.4/11（3）

華盛頓傳八卷　（清）黎汝謙　（清）蔡國昭譯　清光緒十二年（1886）鉛印本　八冊

430000－2401－0008412　279.4/11（4）

華盛頓傳八卷　（清）黎汝謙　（清）蔡國昭譯　清光緒十二年（1886）鉛印本　八冊

430000－2401－0008413　279.4/11（5）

華盛頓傳八卷　（清）黎汝謙　（清）蔡國昭譯　清光緒十二年（1886）鉛印本　三冊　存三卷（一至三）

430000－2401－0008414　279.4/1

開闢美洲閣龍航海家獨烈幾合傳二卷　（日本）橋本海關譯　清光緒鉛印本　一冊

430000－2401－0008415　△27/4－2

十七史詳節　（宋）呂祖謙輯　明正德十一年（1516）劉弘毅慎獨齋刻本　四十六冊　存八節（西漢書詳節四至三十，三國志詳節一至六、十三至二十，晉書詳節五至二十四，南史詳節二十五卷北史詳節一至十一，隋書詳節五至十六，唐書詳節一至六、十二至十四、十八至二十八、三十二至三十八、四十二至六十，五代史詳節一至六）

430000－2401－0008416　△27/4－2（1）

十七史詳節　（宋）呂祖謙輯　明正德十一年（1516）劉弘毅慎獨齋刻本　六冊

430000－2401－0008417　△27/4

十七史詳節　（宋）呂祖謙輯　明嘉靖四十五年至隆慶四年（1566－1570）陝西布政司刻本　六十冊

430000－2401－0008418　△27/4（1）

十七史詳節　（宋）呂祖謙輯　明嘉靖四十五年至隆慶四年（1566－1570）陝西布政司刻本　五十六冊

430000－2401－0008419　△27/16

通鑑總類二十卷　（宋）沈樞輯　明萬曆二十九年（1601）劉成刻本　二十冊

430000－2401－0008420　△27/16（1）

通鑑總類二十卷　（宋）沈樞輯　明萬曆二十九年（1601）劉成刻本　十四冊　存十四卷（二至十二、十六、十九至二十）

430000－2401－0008421　28/24

通鑑總類二十卷　（宋）沈樞輯　清光緒十七年（1891）讀我書齋刻本　二十冊

430000－2401－0008422　28/24（1）

通鑑總類二十卷　（宋）沈樞輯　清光緒十七年（1891）讀我書齋刻本　二十冊

430000－2401－0008423　212/10

史學提要十三卷　（宋）黃繼善撰　（清）張芸廚續編　（清）楊名錫箋釋　（清）朱紹禧校釋　清光緒五年（1879）雲谷堂刻本　十冊

430000－2401－0008424　212/10（1）

史學提要十三卷　（宋）黃繼善撰　（清）張芸廚續編　（清）楊名錫箋釋　（清）朱紹禧校釋　清光緒五年（1879）雲谷堂刻本　十冊

430000－2401－0008425　212/10（2）

史學提要十三卷　（宋）黃繼善撰　（清）張芸廚續編　（清）楊名錫箋釋　（清）朱紹禧校釋　清光緒五年（1879）雲谷堂刻本　十冊

430000－2401－0008426　212/10（3）

史學提要十三卷　（宋）黃繼善撰　（清）張芸廚續編　（清）楊名錫箋釋　（清）朱紹禧校釋　清光緒五年（1879）雲谷堂刻本　十冊

430000－2401－0008427　212/10（4）

史學提要十三卷　（宋）黃繼善撰　（清）張芸廚續編　（清）楊名錫箋釋　（清）朱紹禧校釋　清光緒五年（1879）雲谷堂刻本　十冊

430000－2401－0008428　△27/22

諸史提要十五卷　（宋）錢瑞禮撰　（清）張英補　清康熙五十二年（1713）內府刻本　六冊

430000－2401－0008429　28/25

史書纂略　（明）馬維銘撰　明刻本　十三冊

存五十八卷(列國傳一至五,列傳一,西漢書纂略一至五、十六至二十三,東漢書纂略一至二十五,晉列傳六至十、十六至十九,隋列傳一至五)

430000－2401－0008430　△27/23
歷代史纂左編一百四十二卷　(明)唐順之輯
　明嘉靖四十年(1561)胡宗憲刻本　一百冊

430000－2401－0008431　△27/23(1)
歷代史纂左編一百四十二卷　(明)唐順之輯
　明嘉靖四十年(1561)胡宗憲刻本　五十六冊　存五十二卷(一、十八至二十、二十三、三十一、三十九、四十四、五十至五十二、六十一至六十八、八十四至八十五、八十八至九十、九十三、九十五至九十六、一百至一百○六、一百十三至一百十四、一百十九至一百二十三、一百二十八至一百三十六、一百四十一至一百四十二)

430000－2401－0008432　△27/23－2
歷代史纂左編一百四十二卷　(明)唐順之編
　明萬曆刻本　清光緒炳臣批校圈點　六冊
　存三十五卷(七至三十、一百十九至一百二十九)

430000－2401－0008433　△27/7
竹香齋類書三十七卷　(明)張墉輯　明崇禎刻本　十冊

430000－2401－0008434　28/10
續刻讀史快編七十五卷　(明)趙維寰節錄
　清光緒七年(1881)渝州李承熏刻本　四十八冊

430000－2401－0008435　△27/14
雪廬讀史快編六十卷　(明)趙維寰選編　明刻本　一冊　存三卷(三至五)

430000－2401－0008436　△27/11
亮工雜鈔　明稿本　一冊

430000－2401－0008437　△27/26
史論策論逐錄不分卷　(清)王夫之等撰　清任庵鈔本　一冊

430000－2401－0008438　△27/2
二十一史精義二十一卷　(清)王南珍輯　清乾隆二十八年(1763)瓣香堂刻本　十冊

430000－2401－0008439　28/13
邊事匯鈔十二卷續鈔八卷　(清)朱克敬編輯
　清光緒六年(1880)長沙刻本　十冊

430000－2401－0008440　28/13(1)
邊事匯鈔十二卷續鈔八卷　(清)朱克敬編輯
　清光緒六年(1880)長沙刻本　十冊

430000－2401－0008441　28/13(2)
邊事匯鈔十二卷續鈔八卷　(清)朱克敬編輯
　清光緒六年(1880)長沙刻本　四冊

430000－2401－0008442　28/21－2
古品節錄六卷　(清)朱軾輯　清道光二年(1822)刻本　六冊

430000－2401－0008443　28/21
古品節錄六卷　(清)朱軾輯　清宣統二年(1910)守政書局刻本　六冊

430000－2401－0008444　28/31
槐廳載筆二十卷　(清)法式善輯　清嘉慶四年(1799)刻本　八冊

430000－2401－0008445　28/31(1)
槐廳載筆二十卷　(清)法式善輯　清嘉慶四年(1799)刻本　八冊

430000－2401－0008446　28/31(2)
槐廳載筆二十卷　(清)法式善輯　清嘉慶四年(1799)刻本　六冊

430000－2401－0008447　28/37
綺霞閣古書摘鈔不分卷　(清)吳熙錄　清鈔本　二冊

430000－2401－0008448　28/4
二十四史論海三十二卷　(清)知新子輯　清光緒三十一年(1905)美華鎰記石印本　三十二冊

430000－2401－0008449　△27/6
左策史漢約選四卷　(清)洪德常輯　清世綸堂刻本　二冊

430000－2401－0008450　28/16

史漢合鈔十卷　（清）高嶂集評　清乾隆五十三年(1788)刻本　十冊

430000－2401－0008451　28/1

廿二史文鈔二十二卷　（清）納蘭常安選評　清刻本　五十冊

430000－2401－0008452　28/15

十年讀書之廬重刊韻史二卷　（清）許逌翁撰　清咸豐十一年(1861)刻本　一冊

430000－2401－0008453　28/15－2

慕善近君子廬重刊韻史二卷　（清）許逌翁撰　清光緒二年(1876)刻本　二冊

430000－2401－0008454　28/15－2(1)

慕善近君子廬重刊韻史二卷　（清）許逌翁撰　清光緒二年(1876)刻本　二冊

430000－2401－0008455　28/15－2(2)

慕善近君子廬重刊韻史二卷　（清）許逌翁撰　清光緒二年(1876)刻本　二冊

430000－2401－0008456　28/15－3

韻史二卷　（清）許逌翁撰　清光緒十年(1884)上海同文書局石印本　一冊

430000－2401－0008457　28/20

史緯三百三十卷　（清）陳元錫撰　清康熙刻本　一百二十冊

430000－2401－0008458　28/20－2

史緯三百三十卷　（清）陳元錫撰　清康熙刻同治九年(1870)補刻本　一百二十冊

430000－2401－0008459　28/20－2(1)

史緯三百三十卷　（清）陳元錫撰　清康熙刻同治九年(1870)補刻本　一百三十冊

430000－2401－0008460　28/20－2(2)

史緯三百三十卷　（清）陳元錫撰　清康熙刻同治九年(1870)補刻本　一百二十冊

430000－2401－0008461　28/20－3

史緯三百三十卷　（清）陳元錫撰　清光緒二十九年(1903)上海英商順成書局石印本　五十二冊

430000－2401－0008462　28/6

二十四史論贊七十八卷　（清）陳闡輯　清光緒二十八年(1902)文淵山房石印本　六冊

430000－2401－0008463　28/7

二十二史感應錄二卷　（清）彭希涑輯　清道光二十七年(1847)粵西節署刻本　一冊

430000－2401－0008464　28/7－4

二十二史感應錄二卷　（清）彭希涑輯　清道光二十八年(1848)刻本　一冊

430000－2401－0008465　28/7－4(1)

二十二史感應錄二卷　（清）彭希涑輯　清道光二十八年(1848)刻本　一冊

430000－2401－0008466　28/7－4(2)

二十二史感應錄二卷　（清）彭希涑輯　清道光二十八年(1848)刻本　一冊

430000－2401－0008467　28/7－5

二十二史感應錄二卷　（清）彭希涑輯　清光緒八年(1882)刻本　一冊

430000－2401－0008468　28/7－2

二十二史感應錄二卷　（清）彭希涑輯　清宣統元年(1909)刻本　二冊

430000－2401－0008469　28/23

溯流史學鈔二十卷　（清）張沐撰　清康熙三十三年(1694)敦臨堂刻本　十冊

430000－2401－0008470　28/23(1)

溯流史學鈔二十卷　（清）張沐撰　清康熙三十三年(1694)敦臨堂刻本　十冊

430000－2401－0008471　221/40

綱鑑摘要不分卷　（清）張軒舉輯　清光緒二十七年(1901)刻本　四冊

430000－2401－0008472　28/2－3

廿一史約編八卷首一卷後編一卷　（清）鄭元慶撰　清光緒十三年(1887)上海積山書局石印本　八冊

430000－2401－0008473　28/2－2

廿一史約編八卷首一卷後編一卷　（清）鄭元慶撰　清漁古山房刻本　八冊

430000－2401－0008474　28/2－2（1）

廿一史約編八卷首一卷後編一卷　（清）鄭元慶撰　清漁古山房刻本　八冊

430000－2401－0008475　28/2－2（2）

廿一史約編八卷首一卷後編一卷　（清）鄭元慶撰　清漁古山房刻本　八冊

430000－2401－0008476　28/2

廿一史約編八卷首一卷後編一卷　（清）鄭元慶撰　清魚計亭刻本　八冊

430000－2401－0008477　28/2（1）

廿一史約編八卷首一卷後編一卷　（清）鄭元慶撰　清魚計亭刻本　八冊

430000－2401－0008478　28/2（2）

廿一史約編八卷首一卷後編一卷　（清）鄭元慶撰　清魚計亭刻本　八冊

430000－2401－0008479　28/2－5

廿一史約編八卷首一卷後編一卷　（清）鄭元慶撰　清刻本　八冊

430000－2401－0008480　28/12

同庵史匯十卷　（清）蔣善輯評　清思永堂刻本　六冊

430000－2401－0008481　28/17－3

史鑑節要便讀六卷　（清）鮑東里編　清同治十二年（1873）崇文書局刻本　二冊

430000－2401－0008482　28/17－3（1）

史鑑節要便讀六卷　（清）鮑東里編　清同治十二年（1873）崇文書局刻本　二冊

430000－2401－0008483　28/17－3（2）

史鑑節要便讀六卷　（清）鮑東里編　清同治十二年（1873）崇文書局刻本　二冊

430000－2401－0008484　28/17－4

史鑑節要便讀六卷　（清）鮑東里編　清光緒十一年（1885）藝芸山館刻本　二冊

430000－2401－0008485　28/17

史鑑節要便讀六卷　（清）鮑東里編　清光緒二十三年（1897）藝芸山館刻本　三冊

430000－2401－0008486　28/17（1）

史鑑節要便讀六卷　（清）鮑東里編　清光緒二十三年（1897）藝芸山館刻本　二冊

430000－2401－0008487　28/17（2）

史鑑節要便讀六卷　（清）鮑東里編　清光緒二十三年（1897）藝芸山館刻本　三冊

430000－2401－0008488　28/17（3）

史鑑節要便讀六卷　（清）鮑東里編　清光緒二十三年（1897）藝芸山館刻本　三冊

430000－2401－0008489　28/17－2

史鑑節要便讀六卷　（清）鮑東里編　清光緒二十九年（1903）湖北官書局刻本　二冊

430000－2401－0008490　28/33－3

峋嶁鑒撮四卷　（清）曠敏本輯　清乾隆四十年（1775）澄滓山房刻本　四冊

430000－2401－0008491　28/33

峋嶁鑒撮四卷　（清）曠敏本輯　清同治八年（1869）益和堂刻本　六冊

430000－2401－0008492　28/33（1）

峋嶁鑒撮四卷　（清）曠敏本輯　清同治八年（1869）益和堂刻本　三冊　存三卷（一、三至四）

430000－2401－0008493　28/33－2

峋嶁鑒撮四卷　（清）曠敏本輯　清光緒二十八年（1902）澹雅書局刻本　六冊

430000－2401－0008494　28/33－2（1）

峋嶁鑒撮四卷　（清）曠敏本輯　清光緒二十八年（1902）澹雅書局刻本　六冊

430000－2401－0008495　28/33－2（2）

峋嶁鑒撮四卷　（清）曠敏本輯　清光緒二十八年（1902）澹雅書局刻本　六冊

430000－2401－0008496　28/33－2（3）

峋嶁鑒撮四卷　（清）曠敏本輯　清光緒二十八年（1902）澹雅書局刻本　五冊

430000－2401－0008497　28/19－2

古史輯要六卷首一卷　清道光二十五年（1845）番禺潘氏刻海山仙館叢書本　三冊

430000 - 2401 - 0008498　△27/13

張陸二先生批語戰國策鈔四卷　（明）張居正　（明）陸深評　（明）阮宗孔刪註　明萬曆七年(1579)錢普刻本　佚名圈點批校四冊

430000 - 2401 - 0008499　28/260

戰國策選四卷　（清）儲欣評　清乾隆三十八年(1773)同文堂刻本　二冊

430000 - 2401 - 0008500　28/40

史記節鈔　（漢）司馬遷撰　清刻本　一冊　存一卷(上)

430000 - 2401 - 0008501　△27/2

茅鹿門先生批語史記鈔一百卷　（明）茅坤評　明天啟元年(1621)茅兆海刻本　清諸錦批校圈點　十六冊

430000 - 2401 - 0008502　△27/27

史記纂二十四卷　（明）凌稚隆輯　明萬曆凌稚隆套印本　十冊

430000 - 2401 - 0008503　△27/27(1)

史記纂二十四卷　（明）凌稚隆輯　明萬曆凌稚隆套印本　八冊　存十六卷(一至十六)

430000 - 2401 - 0008504　28/45

史記文鈔二十二卷　（明）戴羲摘鈔　清初刻本　六冊

430000 - 2401 - 0008505　212/24

史記別鈔二卷　（清）吳敏樹撰　清同治刻本　二冊

430000 - 2401 - 0008506　212/24(1)

史記別鈔二卷　（清）吳敏樹撰　清同治刻本　二冊

430000 - 2401 - 0008507　212/24(2)

史記別鈔二卷　（清）吳敏樹撰　清同治刻本　一冊

430000 - 2401 - 0008508　212/24(3)

史記別鈔二卷　（清）吳敏樹撰　清同治刻本　一冊

430000 - 2401 - 0008509　212/24(4)

史記別鈔二卷　（清）吳敏樹撰　清同治刻本　二冊

430000 - 2401 - 0008510　212/22 - 4

史記菁華錄六卷　（清）姚苧田輯　清道光四年(1824)扶荔山房刻朱墨套印本　六冊

430000 - 2401 - 0008511　212/22 - 4(1)

史記菁華錄六卷　（清）姚苧田輯　清道光四年(1824)扶荔山房刻朱墨套印本　六冊

430000 - 2401 - 0008512　212/22 - 4(2)

史記菁華錄六卷　（清）姚苧田輯　清道光四年(1824)扶荔山房刻朱墨套印本　六冊

430000 - 2401 - 0008513　212/22 - 4(3)

史記菁華錄六卷　（清）姚苧田輯　清道光四年(1824)扶荔山房刻朱墨套印本　六冊

430000 - 2401 - 0008514　212/22 - 4(4)

史記菁華錄六卷　（清）姚苧田輯　清道光四年(1824)扶荔山房刻朱墨套印本　六冊

430000 - 2401 - 0008515　212/22 - 4(5)

史記菁華錄六卷　（清）姚苧田輯　清道光四年(1824)扶荔山房刻朱墨套印本　六冊

430000 - 2401 - 0008516　212/22 - 9

史記菁華錄六卷　（清）姚苧田輯　清道光二十三年(1843)刻本　四冊　存四卷(一至四)

430000 - 2401 - 0008517　212/22 - 6

史記菁華錄六卷　（清）姚苧田輯　清同治十二年(1873)紅杏山房刻朱墨套印本　六冊

430000 - 2401 - 0008518　212/22 - 6(1)

史記菁華錄六卷　（清）姚苧田輯　清同治十二年(1873)紅杏山房刻朱墨套印本　六冊

430000 - 2401 - 0008519　212/22 - 6(2)

史記菁華錄六卷　（清）姚苧田輯　清同治十二年(1873)紅杏山房刻朱墨套印本　二冊

430000 - 2401 - 0008520　212/22 - 7

史記菁華錄六卷　（清）姚苧田輯　清光緒七年(1881)重刻本　六冊

430000 - 2401 - 0008521　212/22 - 7(1)

史記菁華録六卷　（清）姚苧田輯　清光緒七年(1881)重刻本　六冊

430000－2401－0008522　212/22－7(2)
史記菁華録六卷　（清）姚苧田輯　清光緒七年(1881)重刻本　六冊

430000－2401－0008523　212/22－5
史記菁華録六卷　（清）姚苧田輯　清光緒九年(1883)廣州翰墨園刻朱墨套印本　六冊

430000－2401－0008524　212/22－5(1)
史記菁華録六卷　（清）姚苧田輯　清光緒九年(1883)廣州翰墨園刻朱墨套印本　六冊

430000－2401－0008525　212/22－5(2)
史記菁華録六卷　（清）姚苧田輯　清光緒九年(1883)廣州翰墨園刻朱墨套印本　六冊

430000－2401－0008526　212/22－5(3)
史記菁華録六卷　（清）姚苧田輯　清光緒九年(1883)廣州翰墨園刻朱墨套印本　六冊

430000－2401－0008527　212/22－3
史記菁華録六卷　（清）姚苧田輯　清光緒二十二年(1896)新化三味堂刻本　六冊

430000－2401－0008528　212/22－10
史記菁華録六卷　（清）姚苧田輯　清光緒二十四年(1898)煥文書局石印本　六冊

430000－2401－0008529　212/22
史記菁華録六卷　（清）姚苧田輯　清光緒二十七年(1901)上海廣益書局石印本　二冊

430000－2401－0008530　213/13
前漢書菁華録四卷　（漢）班固撰　（清）□□輯　清光緒二十六年(1900)上海書局石印本　四冊

430000－2401－0008531　△27/18－2
漢雋十卷　（宋）林鉞撰　元刻本　葉德輝、葉啟勳、葉啟發題識　四冊

430000－2401－0008532　△27/18
漢雋十卷　（宋）林鉞輯　明萬曆十二年(1584)呂元刻本　四冊

430000－2401－0008533　28/18
漢雋十卷　（宋）林鉞撰　清嘉慶十七年(1812)固陵吳氏刻本　四冊

430000－2401－0008534　△27/8
兩漢雋言前集十卷　（宋）林鉞輯　後集六卷　（明）凌迪知輯　明萬曆四年(1576)刻本　四冊

430000－2401－0008535　△27/8(1)
兩漢雋言前集十卷　（宋）林鉞輯　後集六卷　（明）凌迪知輯　明萬曆四年(1576)刻本　六冊

430000－2401－0008536　△27/8(2)
兩漢雋言前集十卷　（宋）林鉞輯　後集六卷　（明）凌迪知輯　明萬曆四年(1576)刻本　六冊

430000－2401－0008537　28/44
兩漢雋言前集十卷　（宋）林鉞輯　後集六卷　（明）凌迪知輯　清光緒二十年(1894)上海鴻寶齋書局石印文林綺綉本　一冊

430000－2401－0008538　△27/10
東漢史刪三十三卷　（南朝宋）范曄撰　（明）茅國縉刪　明萬曆三十一年(1603)刻本　佚名批校　十六冊

430000－2401－0008539　△27/17
漢書鈔九十三卷　（明）茅坤選　明萬曆十七年(1589)刻本　三十冊

430000－2401－0008540　△27/28
漢書纂不分卷　（明）凌稚隆輯　明萬曆十一年(1583)凌稚隆刻本　八冊

430000－2401－0008541　△27/28－2
漢書纂不分卷　（明）凌稚隆輯　明刻本　八冊

430000－2401－0008542　28/35
兩漢書選不分卷　（明）趙南星選　清康熙五十九年(1720)刻本　三冊

430000－2401－0008543　213/12
前漢書文鈔二十六卷　（明）戴羲摘鈔　清刻

本　八冊

430000－2401－0008544　28/26

漢書蒙拾三卷　（清）杭世駿鈔　清光緒十年
(1884)上海同文書局石印本　一冊

430000－2401－0008545　28/11

後漢書鈔二卷　（清）高嵣集評　清乾隆五十
三年(1788)刻本　一冊

430000－2401－0008546　28/36

兩漢策要十二卷　清光緒十三年(1887)上海
同文書局石印本　八冊

430000－2401－0008547　△27/24

鄧太史評選三國策十二卷　（明）劉宣化撰
(明)鄧以讚評　明萬曆刻本　四冊

430000－2401－0008548　28/43

南朝史精語十卷　（宋）洪邁撰　清光緒三十
一年(1905)江陰繆氏影宋刻對雨樓叢書本
二冊

430000－2401－0008549　28/47

陳書文鈔六卷　（明）戴羲摘鈔　清初刻本
一冊

430000－2401－0008550　28/50

北齊書文鈔四卷　（明）戴羲摘鈔　清初刻本
一冊

430000－2401－0008551　28/46

魏書文鈔十八卷　（明）戴羲摘鈔　清初刻本
五冊

430000－2401－0008552　28/29

南史識小錄十四卷北史識小錄十四卷　（清）
沈名蓀　（清）朱昆田輯　（清）張應昌補正
清同治十年(1871)武林吳氏清來堂刻本
十冊

430000－2401－0008553　28/29(1)

南史識小錄十四卷北史識小錄十四卷　（清）
沈名蓀　（清）朱昆田輯　（清）張應昌補正
清同治十年(1871)武林吳氏清來堂刻本
十冊

430000－2401－0008554　28/29(2)

南史識小錄十四卷北史識小錄十四卷　（清）
沈名蓀　（清）朱昆田輯　（清）張應昌補正
清同治十年(1871)武林吳氏清來堂刻本
十冊

430000－2401－0008555　28/29(3)

南史識小錄十四卷北史識小錄十四卷　（清）
沈名蓀　（清）朱昆田輯　（清）張應昌補正
清同治十年(1871)武林吳氏清來堂刻本
六冊

430000－2401－0008556　28/30

南北史捃華八卷　（清）周嘉猷撰　清同治十
一年(1872)南園寄社木活字本　四冊

430000－2401－0008557　28/30－3

南北史捃華八卷　（清）周嘉猷撰　清光緒二
年(1876)退補齋刻本　二冊

430000－2401－0008558　28/30－2

南北史捃華八卷　（清）周嘉猷撰　清光緒十
年(1884)蕉心室刻本　四冊

430000－2401－0008559　28/30－2(1)

南北史捃華八卷　（清）周嘉猷撰　清光緒十
年(1884)蕉心室刻本　四冊

430000－2401－0008560　28/30－2(2)

南北史捃華八卷　（清）周嘉猷撰　清光緒十
年(1884)蕉心室刻本　四冊

430000－2401－0008561　28/30－2(3)

南北史捃華八卷　（清）周嘉猷撰　清光緒十
年(1884)蕉心室刻本　四冊

430000－2401－0008562　28/30－2(4)

南北史捃華八卷　（清）周嘉猷撰　清光緒十
年(1884)蕉心室刻本　四冊

430000－2401－0008563　28/30－2(5)

南北史捃華八卷　（清）周嘉猷撰　清光緒十
年(1884)蕉心室刻本　四冊

430000－2401－0008564　28/49

歐陽文忠公新唐書鈔二卷　（明）茅坤評　明
刻本　二冊

430000－2401－0008565　△27/21

歐陽文忠公新唐書鈔二卷五代史鈔二十卷
（明）茅坤輯　明末刻本　四冊

430000－2401－0008566　△27/21－2
歐陽文忠公新唐書鈔二卷五代史鈔二十卷
（明）茅坤輯　明末刻本　八冊

430000－2401－0008567　28/8
新舊唐書合鈔二百六十卷宰相世系表訂譌十
二卷　（清）沈炳震撰　補正六卷　（清）丁子
復撰　清嘉慶十八年(1813)海昌查世倓刻同
治十年(1871)吳氏清來堂補刻本　一百冊

430000－2401－0008568　28/8(1)
新舊唐書合鈔二百六十卷宰相世系表訂譌十
二卷　（清）沈炳震撰　補正六卷　（清）丁子
復撰　清嘉慶十八年(1813)海昌查世倓刻同
治十年(1871)吳氏清來堂補刻本　一百十冊

430000－2401－0008569　28/8(2)
新舊唐書合鈔二百六十卷宰相世系表訂譌十
二卷　（清）沈炳震撰　補正六卷　（清）丁子
復撰　清嘉慶十八年(1813)海昌查世倓刻同
治十年(1871)吳氏清來堂補刻本　八十八冊

430000－2401－0008570　28/8(3)
新舊唐書合鈔二百六十卷宰相世系表訂譌十
二卷　（清）沈炳震撰　補正六卷　（清）丁子
復撰　清嘉慶十八年(1813)海昌查世倓刻同
治十年(1871)吳氏清來堂補刻本　八十冊

430000－2401－0008571　28/8(4)
新舊唐書合鈔二百六十卷宰相世系表訂譌十
二卷　（清）沈炳震撰　補正六卷　（清）丁子
復撰　清嘉慶十八年(1813)海昌查世倓刻同
治十年(1871)吳氏清來堂補刻本　八十冊

430000－2401－0008572　28/9
唐書合鈔補正六卷　（清）丁子復撰　清嘉慶
十八年(1813)海昌查世倓刻同治十年(1871)
吳氏清來堂補刻本　二冊

430000－2401－0008573　△27/9
東萊先生五代史詳節十卷　（宋）呂祖謙輯
明正德十一年(1516)劉弘毅慎獨齋刻本
二冊

430000－2401－0008574　△27/20
歐陽文忠公五代史鈔二十卷　（明）茅坤輯
明末刻本　三冊

430000－2401－0008575　28/48
五代史文鈔四卷　（明）戴羲摘鈔　清初刻本
　一冊

430000－2401－0008576　28/38
摘鈔元明紀不分卷　清鈔本　一冊

430000－2401－0008577　291/41
史論匯函甲編　（清）述古齋編輯　清光緒二
十九年(1903)申江開文書局石印本　十六冊

430000－2401－0008578　△296/4
史通二十卷　（唐）劉知幾撰　（明）李維楨
（明）郭延年評釋　明刻本　六冊

430000－2401－0008579　291/48
通鑑答問五卷　（宋）王應麟撰　清江寧陶桂
亭刻本　一冊

430000－2401－0008580　291/48(1)
通鑑答問五卷　（宋）王應麟撰　清江寧陶桂
亭刻本　一冊

430000－2401－0008581　291/48(2)
通鑑答問五卷　（宋）王應麟撰　清江寧陶桂
亭刻本　二冊

430000－2401－0008582　291/11
司馬溫公通鑑論一卷　（宋）司馬光撰　清光
緒二十八年(1902)古餘書局刻本　一冊

430000－2401－0008583　△296/2
六朝通鑑博議十卷　（宋）李燾撰　清鈔本
二冊　存九卷(一至五、七至十)

430000－2401－0008584　291/72
五代史纂誤三卷　（宋）吳縝撰　清刻本
一冊

430000－2401－0008585　291/72(1)
五代史纂誤三卷　（宋）吳縝撰　清刻本
一冊

430000－2401－0008586　△296/11

東萊呂先生左氏博議句解一卷仁集一卷義集一卷禮集一卷智集四卷 （宋）呂祖謙撰 明建寧書鋪熊文沖刻本 四冊

430000－2401－0008587 291/103－2

唐書直筆四卷 （宋）呂夏卿撰 清刻本 一冊

430000－2401－0008588 291/103－2(1)

唐書直筆四卷 （宋）呂夏卿撰 清刻本 二冊

430000－2401－0008589 291/103

唐書直筆四卷 （宋）呂夏卿撰 清同治八年(1869)刻武英殿聚珍版書本 一冊

430000－2401－0008590 △296/10

東萊先生音註唐鑑二十四卷 （宋）范祖禹撰 （明）呂祖謙註 明弘治十年(1497)呂鐘刻本 清嘉慶周錫瓚批校 六冊

430000－2401－0008591 291/61

東萊先生音註唐鑑二十四卷 （宋）范祖禹撰 （明）呂祖謙註 明刻本 二冊

430000－2401－0008592 291/61(1)

東萊先生音註唐鑑二十四卷 （宋）范祖禹撰 （明）呂祖謙註 明刻本 二冊

430000－2401－0008593 291/61(2)

東萊先生音註唐鑑二十四卷 （宋）范祖禹撰 （明）呂祖謙註 明刻本 十二冊

430000－2401－0008594 291/61(3)

東萊先生音註唐鑑二十四卷 （宋）范祖禹撰 （明）呂祖謙註 明刻本 二冊

430000－2401－0008595 291/61－4

東萊先生音註唐鑑二十四卷 （宋）范祖禹撰 （明）呂祖謙註 清同治十三年(1874)刻本 四冊

430000－2401－0008596 291/61－4(1)

東萊先生音註唐鑑二十四卷 （宋）范祖禹撰 （明）呂祖謙註 清同治十三年(1874)刻本 六冊

430000－2401－0008597 291/61－4(2)

東萊先生音註唐鑑二十四卷 （宋）范祖禹撰 （明）呂祖謙註 清同治十三年(1874)刻本 四冊

430000－2401－0008598 291/61－3

東萊先生音註唐鑑二十四卷 （宋）范祖禹撰 （明）呂祖謙註 清光緒十八年(1892)浙江書局影刻本 四冊

430000－2401－0008599 291/61－2

唐鑑十二卷 （宋）范祖禹撰 （明）呂祖謙註 清末解梁書院刻本 四冊

430000－2401－0008600 291/61－2(1)

唐鑑十二卷 （宋）范祖禹撰 （明）呂祖謙註 清末解梁書院刻本 一冊 存二卷(三至四)

430000－2401－0008601 291/122

讀史管見三十卷目錄二卷 （宋）胡寅撰 明崇禎八年(1635)刻本 十六冊

430000－2401－0008602 291/107

坡山小學史斷四卷 （宋）南宮靖一撰 清道光五年(1825)刻本 二冊

430000－2401－0008603 291/102

唐史論斷三卷 （宋）孫甫撰 清光緒二十年(1894)刻本 一冊

430000－2401－0008604 291/58

讀史漫錄十四卷 （明）于慎行撰 清光緒二十一年(1895)刻本 六冊

430000－2401－0008605 △296/6

史統二十卷 （明）宋大朋撰 明崇禎刻本 佚名批校 八冊

430000－2401－0008606 △296/7

史綱要領三十六卷 （明）姚舜牧撰 明萬曆三十八年(1610)刻本 佚名圈點 八冊

430000－2401－0008607 △296/13

唐荊川批選史記十二卷 （明）唐順之輯 明天啟刻本 十冊

430000－2401－0008608 △296/21

元史纂略□□卷 （明）馬維銘撰 明陸基忠

刻本　一冊　存六卷(一至六)

430000－2401－0008609　291/86

古今治統二十卷　(明)徐奮鵬撰　(清)陳肇元編　清雍正刻本　十八冊

430000－2401－0008610　291/86－2

古今治統二十卷　(明)徐奮鵬撰　清刻本
一冊　存三卷(十四至十六)

430000－2401－0008611　291/12－3

歷代史論十二卷宋史論三卷元史論一卷
(明)張溥撰　清光緒二年(1876)龍翼堂刻朱
墨套印本　十冊

430000－2401－0008612　291/12－5

歷代史論十二卷宋史論三卷元史論一卷
(明)張溥撰　清光緒五年(1879)西江裴氏刻
本　六冊

430000－2401－0008613　291/12－5(1)

歷代史論十二卷宋史論三卷元史論一卷
(明)張溥撰　清光緒五年(1879)西江裴氏刻
本　十冊

430000－2401－0008614　291/12－5(2)

歷代史論十二卷宋史論三卷元史論一卷
(明)張溥撰　清光緒五年(1879)西江裴氏刻
本　八冊

430000－2401－0008615　291/12－5(3)

歷代史論十二卷宋史論三卷元史論一卷
(明)張溥撰　清光緒五年(1879)西江裴氏刻
本　十冊

430000－2401－0008616　291/12－8

歷代史論十二卷宋史論三卷元史論一卷
(明)張溥撰　清光緒八年(1882)西江裴氏刻
本　六冊

430000－2401－0008617　291/12－4

歷代史論十二卷宋史論三卷元史論一卷
(明)張溥撰　清光緒九年(1883)都城蒼松山
房刻朱墨套印本　八冊

430000－2401－0008618　291/12－4(1)

歷代史論十二卷宋史論三卷元史論一卷

(明)張溥撰　清光緒九年(1883)都城蒼松山
房刻朱墨套印本　四冊

430000－2401－0008619　291/12－4(2)

歷代史論十二卷宋史論三卷元史論一卷
(明)張溥撰　清光緒九年(1883)都城蒼松山
房刻朱墨套印本　十冊

430000－2401－0008620　291/12－4(3)

歷代史論十二卷宋史論三卷元史論一卷
(明)張溥撰　清光緒九年(1883)都城蒼松山
房刻朱墨套印本　八冊

430000－2401－0008621　291/12－2

歷代史論十二卷宋史論三卷元史論一卷
(明)張溥撰　清光緒十一年(1885)粵東文陞
閣刻朱墨套印本　八冊

430000－2401－0008622　291/12－2(1)

歷代史論十二卷宋史論三卷元史論一卷
(明)張溥撰　清光緒十一年(1885)粵東文陞
閣刻朱墨套印本　十冊

430000－2401－0008623　291/12－6

歷代史論十二卷宋史論三卷元史論一卷
(明)張溥撰　清光緒十八年(1892)紫文書局
刻本　八冊

430000－2401－0008624　291/12－7

歷代史論十二卷宋史論三卷元史論一卷
(明)張溥撰　清光緒二十四年(1898)上海書
局石印本　六冊

430000－2401－0008625　291/13

歷代史論四卷　(明)張溥撰　清光緒二十四
年(1898)皖城刻本　二冊

430000－2401－0008626　△27/3

二十一史論贊輯要三十六卷　(明)彭以明輯　明
萬曆三十七年(1609)彭惟成、彭惟直刻本　十冊

430000－2401－0008627　291/97

國史考異六卷　(明)潘檉章撰　清光緒刻本
三冊

430000－2401－0008628　291/87

增廣古今人物論三十六卷　(明)鄭元直輯

清光緒二十八年(1902)富文書局石印本　十二冊

430000－2401－0008629　291/128

宋史論三卷　(明)劉定之撰　清桂山堂刻本　一冊

430000－2401－0008630　△296/15

歷朝捷錄百家評林八卷　(明)顧充撰　(明)劉應秋輯評　明刻本　四冊

430000－2401－0008631　△296/8

宋史詳節□卷　明藍格鈔本　一冊　存一卷(三十五)

430000－2401－0008632　291/94

四史餘論六卷　(清)丁晏撰　清咸豐八年(1858)鈔本　三冊

430000－2401－0008633　291/54

方望溪評點史記四卷　(清)方苞撰　清末刻本　一冊

430000－2401－0008634　291/54(1)

方望溪評點史記四卷　(清)方苞撰　清末刻本　一冊

430000－2401－0008635　291/54(2)

方望溪評點史記四卷　(清)方苞撰　清末刻本　一冊

430000－2401－0008636　291/140

精選廿四史政治新論二十四卷　(清)文盛堂編　清光緒二十八年(1902)上海該書坊石印本　十冊　缺三卷(二十二至二十四)

430000－2401－0008637　291/43

王船山經史論　(清)王夫之撰　清光緒二十五年(1899)上海慎記書莊石印本　十一冊

430000－2401－0008638　291/44(2)

船山史論　(清)王夫之撰　清光緒二十六年(1900)湖南經元書局刻船山遺書本　十八冊

430000－2401－0008639　291/44－2

船山史論　(清)王夫之撰　清光緒二十七年(1901)湖南書局刻船山遺書本　二十冊

430000－2401－0008640　291/44－2(1)

船山史論　(清)王夫之撰　清光緒二十七年(1901)湖南書局刻船山遺書本　九冊　缺三十卷(讀通鑑論三十卷)

430000－2401－0008641　291/21－4

宋論十五卷　(清)王夫之撰　清道光二十七年(1847)聽雨軒刻船山史論本　三冊

430000－2401－0008642　291/21

宋論十五卷　(清)王夫之撰　清光緒二十六年(1900)湖南經元書局刻本　四冊

430000－2401－0008643　291/21(1)

宋論十五卷　(清)王夫之撰　清光緒二十六年(1900)湖南經元書局刻本　四冊

430000－2401－0008644　291/21(1)

宋論十五卷　(清)王夫之撰　清光緒二十六年(1900)湖南經元書局刻本　四冊

430000－2401－0008645　291/63

讀通鑑論三十卷末一卷　(清)王夫之撰　清同治四年(1865)湘鄉曾氏金陵節署刻船山遺書本　十六冊

430000－2401－0008646　291/63(1)

讀通鑑論三十卷末一卷　(清)王夫之撰　清同治四年(1865)湘鄉曾氏金陵節署刻船山遺書本　九冊

430000－2401－0008647　291/63(2)

讀通鑑論三十卷末一卷　(清)王夫之撰　清同治四年(1865)湘鄉曾氏金陵節署刻船山遺書本　十二冊

430000－2401－0008648　291/63(3)

讀通鑑論三十卷末一卷　(清)王夫之撰　清同治四年(1865)湘鄉曾氏金陵節署刻船山遺書本　十二冊

430000－2401－0008649　291/63－6

讀通鑑論十六卷末一卷宋論十五卷　(清)王夫之撰　清光緒二十五年(1899)武昌刻本　九冊　缺二卷(通鑑一至二)

430000－2401－0008650　291/63－7

讀通鑑論三十卷　（清）王夫之撰　清光緒二十六年(1900)湖南中興書局刻本　十冊　缺九卷(二十二至三十)

430000－2401－0008651　291/126

歸方評點史記合筆六卷　（清）王拯纂　清同治五年(1866)廣州刻本　四冊

430000－2401－0008652　291/126(1)

歸方評點史記合筆六卷　（清）王拯纂　清同治五年(1866)廣州刻本　一冊　存二卷(三至四)

430000－2401－0008653　291/20－2

歸方評點史記合筆六卷　（清）王拯纂　清光緒元年(1875)錦城節署刻本　四冊

430000－2401－0008654　291/20－2(1)

歸方評點史記合筆六卷　（清）王拯纂　清光緒元年(1875)錦城節署刻本　四冊

430000－2401－0008655　291/139

震川大全集載評點史記例意一卷劉海峰論文偶記一卷　（清）王拯纂　清光緒元年(1875)望三益齋刻本　一冊

430000－2401－0008656　212/3－2

廿二史策案十二卷　（清）王鎏撰　清同治八年(1869)刻本　六冊

430000－2401－0008657　212/3

廿四史策案十二卷　（清）王鎏撰　清光緒十三年(1887)上海積山書局石印本　二冊

430000－2401－0008658　291/74

十七史商榷一百卷　（清）王鳴盛撰　清乾隆五十二年(1787)洞涇草堂刻本　十一冊

430000－2401－0008659　291/74(1)

十七史商榷一百卷　（清）王鳴盛撰　清乾隆五十二年(1787)洞涇草堂刻本　十四冊

430000－2401－0008660　291/74(2)

十七史商榷一百卷　（清）王鳴盛撰　清乾隆五十二年(1787)洞涇草堂刻本　八冊

430000－2401－0008661　291/74(3)

十七史商榷一百卷　（清）王鳴盛撰　清乾隆五十二年(1787)洞涇草堂刻本　二十冊

430000－2401－0008662　291/74(4)

十七史商榷一百卷　（清）王鳴盛撰　清乾隆五十二年(1787)洞涇草堂刻本　二十冊

430000－2401－0008663　291/74(5)

十七史商榷一百卷　（清）王鳴盛撰　清乾隆五十二年(1787)洞涇草堂刻本　二十冊

430000－2401－0008664　291/74－6

十七史商榷一百卷　（清）王鳴盛撰　清乾隆五十二年(1787)紫陽書舍刻本　二十冊

430000－2401－0008665　291/74－6(1)

十七史商榷一百卷　（清）王鳴盛撰　清乾隆五十二年(1787)紫陽書舍刻本　二十四冊

430000－2401－0008666　291/74－6(2)

十七史商榷一百卷　（清）王鳴盛撰　清乾隆五十二年(1787)紫陽書舍刻本　十四冊　存三十二卷(八至二十、三十六至五十四)

430000－2401－0008667　291/74－2

十七史商榷一百卷　（清）王鳴盛撰　清光緒六年(1880)太原王氏刻本　十八冊

430000－2401－0008668　291/74－2

十七史商榷一百卷　（清）王鳴盛撰　清光緒六年(1880)太原王氏刻本　十四冊　缺四十一卷(三十一至五十三、五十六至五十九、七十四至七十八、八十七至九十五)

430000－2401－0008669　291/74－3

十七史商榷一百卷　（清）王鳴盛撰　清光緒十九年(1893)廣雅書局刻本　十四冊

430000－2401－0008670　291/74－3(1)

十七史商榷一百卷　（清）王鳴盛撰　清光緒十九年(1893)廣雅書局刻本　十四冊

430000－2401－0008671　291/74－5

十七史商榷一百卷　（清）王鳴盛撰　清光緒二十六年(1900)上海點石齋石印本　四冊

430000－2401－0008672　291/74－4

十七史商榷一百卷　（清）王鳴盛撰　清刻本　二十四冊

430000－2401－0008673　291/74－4(1)

十七史商榷一百卷　（清）王鳴盛撰　清刻本
　二十冊

430000－2401－0008674　△296/12

南史合宋齊梁陳書商榷五卷　（清）王鳴盛撰
　清鈔本　一冊

430000－2401－0008675　291/119

分類史事政治論海十六集百九十二門　（清）
王樹編輯　清光緒三十年(1904)海陵鑒古齋
石印本　二十九冊　缺職官部一冊

430000－2401－0008676　291/114

史論正鵠四集八卷　（清）王樹敏輯評　清光
緒三十年(1904)上海久敬齋石印本　七冊
缺二卷(一、三)

430000－2401－0008677　291/85

空山堂史記評註十二卷　（清）牛運震撰　清
乾隆五十八年(1793)刻空山堂全集本　八冊

430000－2401－0008678　291/84

讀史糾謬十五卷　（清）牛運震撰　清嘉慶二
十三年(1818)空山堂刻空山堂全集本　八冊

430000－2401－0008679　291/98

四史剿說十六卷　（清）史珥撰　清乾隆二十
五年(1760)清風堂刻本　八冊

430000－2401－0008680　291/62－2

讀史大略六十卷　（清）沙張白撰　清道光二
十五年(1845)刻本　十二冊

430000－2401－0008681　291/62－2(1)

讀史大略六十卷　（清）沙張白撰　清道光二
十五年(1845)刻本　十二冊

430000－2401－0008682　291/62－2(2)

讀史大略六十卷　（清）沙張白撰　清道光二
十五年(1845)刻本　十冊

430000－2401－0008683　291/62－2(3)

讀史大略六十卷　（清）沙張白撰　清道光二
十五年(1845)刻本　四冊　存二十三卷(一
至二十、五十八至六十)

430000－2401－0008684　291/62－3

讀史大略六十卷　（清）沙張白撰　清道光二
十六年(1846)刻本　十六冊

430000－2401－0008685　291/62－5

讀史大略六十卷　（清）沙張白撰　清咸豐七
年(1857)刻本　十二冊

430000－2401－0008686　291/62

讀史大略六十卷首一卷　（清）沙張白撰　清
光緒二十六年(1900)石印本　六冊

430000－2401－0008687　291/62－4

讀史大略六十卷　（清）沙張白撰　清光緒二
十六年(1900)刻本　十二冊

430000－2401－0008688　291/96

明史論四卷　（清）谷應泰撰　清光緒九年
(1883)都城蒼松山房刻歷代史論本　一冊

430000－2401－0008689　291/96－2

明史論四卷　（清）谷應泰撰　清末刻本
一冊

430000－2401－0008690　291/50

史筏二卷　（清）杜詔撰　（清）張承恩輯註
清道光十八年(1838)刻本　二冊

430000－2401－0008691　291/106－2

讀史論略二卷　（清）杜詔撰　清刻本　二冊

430000－2401－0008692　△296/18

讀書筆記一卷　（清）杜焯繪撰　稿本　一冊

430000－2401－0008693　291/135

史論初階一卷　（清）李牧芳撰　清光緒二十
九年(1903)瓊賢堂刻本　一冊

430000－2401－0008694　291/136

達材校士館日記不分卷　（清）李銘鼎撰　清
光緒三十一年(1905)稿本　二冊

430000－2401－0008695　291/129

通鑑觸緒　（清）易佩紳撰　清刻本　四冊
存八卷(四至十一)

430000－2401－0008696　291/115

史論鉤沈八卷　（清）呂景端輯　清光緒二十
八年(1902)困學齋刻本　四冊

430000－2401－0008697 291/42

史論觀止正集十卷 （清）河秉誠輯 清光緒
二十九年(1903)上海美華石印本 十冊

430000－2401－0008698 291/88

諸史然疑一卷 （清）杭世駿撰 清乾隆五十
七年(1792)杭賓仁廣州刻本 一冊

430000－2401－0008699 291/70

五代史記纂誤續補六卷 （清）吳光耀撰 清
光緒十四年(1888)江夏吳氏刻本 六冊

430000－2401－0008700 291/70(1)

五代史記纂誤續補六卷 （清）吳光耀撰 清
光緒十四年(1888)江夏吳氏刻本 三冊

430000－2401－0008701 291/70(2)

五代史記纂誤續補六卷 （清）吳光耀撰 清
光緒十四年(1888)江夏吳氏刻本 六冊

430000－2401－0008702 291/70(3)

五代史記纂誤續補六卷 （清）吳光耀撰 清
光緒十四年(1888)江夏吳氏刻本 六冊

430000－2401－0008703 291/70(4)

五代史記纂誤續補六卷 （清）吳光耀撰 清
光緒十四年(1888)江夏吳氏刻本 六冊

430000－2401－0008704 291/70(5)

五代史記纂誤續補六卷 （清）吳光耀撰 清
光緒十四年(1888)江夏吳氏刻本 五冊 存
五卷(一至五)

430000－2401－0008705 291/55

歷代史案二十卷 （清）吳裕垂撰 （清）洪亮
吉編 清咸豐刻本 六冊

430000－2401－0008706 △296/1

乙部隨筆四卷 （清）吳養原撰 鈔本 一冊

430000－2401－0008707 291/137

鄃學齋諸史札記不分卷 （清）吳熙錄 清鈔
本 一冊

430000－2401－0008708 △296/9

何義門讀五代史筆記一卷 （清）何焯撰 清
鈔本 一冊

430000－2401－0008709 291/64

史貫十一卷 （清）周士儀撰 清康熙刻本
二冊

430000－2401－0008710 291/93

史論啟蒙一卷 （清）周雪樵評選 （清）嵇銓
註釋 清光緒三十年(1904)木活字本 一冊

430000－2401－0008711 291/76

五代史記纂誤補續一卷 （清）周壽昌撰 清
光緒八年(1882)思益堂刻本 一冊

430000－2401－0008712 291/7－3

史目表二卷 （清）洪飴孫撰 清光緒三年
(1877)授經堂刻本 一冊

430000－2401－0008713 291/7－3(1)

史目表二卷 （清）洪飴孫撰 清光緒三年
(1877)授經堂刻本 一冊

430000－2401－0008714 291/7－3(2)

史目表二卷 （清）洪飴孫撰 清光緒三年
(1877)授經堂刻本 一冊

430000－2401－0008715 291/7

史目表二卷 （清）洪飴孫撰 清光緒四年
(1878)宏達堂刻宏達堂叢書本 一冊

430000－2401－0008716 291/7－2

史目表二卷 （清）洪飴孫撰 清光緒四年
(1878)戩秀山房刻本 一冊

430000－2401－0008717 291/6

諸史考異十八卷 （清）洪頤煊撰 清光緒十
五年(1889)廣雅書局刻本 三冊

430000－2401－0008718 291/6(1)

諸史考異十八卷 （清）洪頤煊撰 清光緒十
五年(1889)廣雅書局刻本 二冊

430000－2401－0008719 291/68

讀史碎金六卷 （清）胡文炳撰 清光緒元年
(1875)蘭石齋刻本 四冊

430000－2401－0008720 291/68(1)

讀史碎金六卷 （清）胡文炳撰 清光緒元年
(1875)蘭石齋刻本 六冊

430000－2401－0008721　291/69

讀史碎金註八十卷　（清）胡文炳輯　清光緒二年(1876)蘭石齋刻本　八十一冊

430000－2401－0008722　291/69(1)

讀史碎金註八十卷　（清）胡文炳輯　清光緒二年(1876)蘭石齋刻本　六十五冊

430000－2401－0008723　291/92

國朝史論萃編甲集四卷　（清）昭文桂村蒙學堂編　清光緒二十八年(1902)鉛印本　四冊

430000－2401－0008724　291/92(1)

國朝史論萃編甲集四卷　（清）昭文桂村蒙學堂編　清光緒二十八年(1902)鉛印本　四冊

430000－2401－0008725　291/14－5

史通削繁四卷　（清）紀昀撰　清道光十三年(1833)兩廣節署刻朱墨套印本　四冊

430000－2401－0008726　291/14－5(1)

史通削繁四卷　（清）紀昀撰　清道光十三年(1833)兩廣節署刻朱墨套印本　四冊

430000－2401－0008727　291/14－5(2)

史通削繁四卷　（清）紀昀撰　清道光十三年(1833)兩廣節署刻朱墨套印本　四冊

430000－2401－0008728　291/14－5(3)

史通削繁四卷　（清）紀昀撰　清道光十三年(1833)兩廣節署刻朱墨套印本　四冊

430000－2401－0008729　291/14－5(4)

史通削繁四卷　（清）紀昀撰　清道光十三年(1833)兩廣節署刻朱墨套印本　四冊

430000－2401－0008730　291/14－5(5)

史通削繁四卷　（清）紀昀撰　清道光十三年(1833)兩廣節署刻朱墨套印本　四冊

430000－2401－0008731　291/14－5(6)

史通削繁四卷　（清）紀昀撰　清道光十三年(1833)兩廣節署刻朱墨套印本　四冊

430000－2401－0008732　291/14－5(7)

史通削繁四卷　（清）紀昀撰　清道光十三年(1833)兩廣節署刻朱墨套印本　四冊

430000－2401－0008733　291/14－5(8)

史通削繁四卷　（清）紀昀撰　清道光十三年(1833)兩廣節署刻朱墨套印本　四冊

430000－2401－0008734　291/14－5(9)

史通削繁四卷　（清）紀昀撰　清道光十三年(1833)兩廣節署刻朱墨套印本　四冊

430000－2401－0008735　291/14－5(10)

史通削繁四卷　（清）紀昀撰　清道光十三年(1833)兩廣節署刻朱墨套印本　四冊

430000－2401－0008736　291/14－5(11)

史通削繁四卷　（清）紀昀撰　清道光十三年(1833)兩廣節署刻朱墨套印本　四冊

430000－2401－0008737　291/14－5(12)

史通削繁四卷　（清）紀昀撰　清道光十三年(1833)兩廣節署刻朱墨套印本　四冊

430000－2401－0008738　291/14－5(13)

史通削繁四卷　（清）紀昀撰　清道光十三年(1833)兩廣節署刻朱墨套印本　四冊

430000－2401－0008739　291/14－5(14)

史通削繁四卷　（清）紀昀撰　清道光十三年(1833)兩廣節署刻朱墨套印本　四冊

430000－2401－0008740　291/14－5(15)

史通削繁四卷　（清）紀昀撰　清道光十三年(1833)兩廣節署刻朱墨套印本　四冊

430000－2401－0008741　291/14－5(16)

史通削繁四卷　（清）紀昀撰　清道光十三年(1833)兩廣節署刻朱墨套印本　四冊

430000－2401－0008742　291/14－5(17)

史通削繁四卷　（清）紀昀撰　清道光十三年(1833)兩廣節署刻朱墨套印本　四冊

430000－2401－0008743　291/14－5(18)

史通削繁四卷　（清）紀昀撰　清道光十三年(1833)兩廣節署刻朱墨套印本　四冊

430000－2401－0008744　291/14－5(19)

史通削繁四卷　（清）紀昀撰　清道光十三年(1833)兩廣節署刻朱墨套印本　四冊

430000－2401－0008745　291/14－5(20)

史通削繁四卷　（清）紀昀撰　清道光十三年(1833)兩廣節署刻朱墨套印本　四冊

430000－2401－0008746　291/14－5(21)

史通削繁四卷　（清）紀昀撰　清道光十三年(1833)兩廣節署刻朱墨套印本　四冊

430000－2401－0008747　291/14－5(22)

史通削繁四卷　（清）紀昀撰　清道光十三年(1833)兩廣節署刻朱墨套印本　四冊

430000－2401－0008748　291/14－4

史通削繁四卷　（清）紀昀撰　清光緒元年(1875)刻本　四冊

430000－2401－0008749　291/14－4(1)

史通削繁四卷　（清）紀昀撰　清光緒元年(1875)刻本　四冊

430000－2401－0008750　291/14－6

史通削繁四卷　（清）紀昀撰　清光緒元年(1875)湖北崇文書局刻本　四冊

430000－2401－0008751　291/14－6(1)

史通削繁四卷　（清）紀昀撰　清光緒元年(1875)湖北崇文書局刻本　四冊

430000－2401－0008752　291/14－3

史通削繁四卷　（清）紀昀撰　清光緒二十一年(1895)寶慶澹雅書局刻本　四冊

430000－2401－0008753　291/14－2

史通削繁四卷　（清）紀昀撰　清光緒二十二年(1896)新化三味堂刻本　四冊

430000－2401－0008754　291/14－2(1)

史通削繁四卷　（清）紀昀撰　清光緒二十二年(1896)新化三味堂刻本　一冊　存一卷(三)

430000－2401－0008755　△296/5

史通通釋二十卷附錄一卷　（清）浦起龍撰　清乾隆十七年(1752)浦氏求放心齋刻本　六冊

430000－2401－0008756　△296/5(1)

史通通釋二十卷附錄一卷　（清）浦起龍撰

清乾隆十七年(1752)浦氏求放心齋刻本　六冊

430000－2401－0008757　291/16－7

史通通釋二十卷　（清）浦起龍撰　清光緒二十年(1894)金匱浦氏上海積山書局石印本　八冊

430000－2401－0008758　291/16

史通通釋二十卷　（清）浦起龍撰　清光緒二十五年(1899)金匱浦氏上海寶文書局石印本　八冊

430000－2401－0008759　291/16(1)

史通通釋二十卷　（清）浦起龍撰　清光緒二十五年(1899)金匱浦氏上海寶文書局石印本　八冊

430000－2401－0008760　△296/5－2

史通通釋二十卷　（清）浦起龍撰　清翰墨園刻本　張舜徽批識　六冊

430000－2401－0008761　291/49

左傳史論二卷　（清）高士奇撰　清末刻本　一冊

430000－2401－0008762　291/89

評鑑闡要十二卷　（清）高宗弘曆撰　（清）劉統勛等輯　清乾隆刻本　四冊

430000－2401－0008763　291/73

讀史提要錄十二卷　（清）夏之蓉編　清乾隆三十七年(1772)刻同治十一年(1872)補刻本　二冊

430000－2401－0008764　291/8－2

晉宋書故一卷　（清）郝懿行撰　清嘉慶二十一年(1816)刻本　一冊

430000－2401－0008765　291/8

晉宋書故一卷　（清）郝懿行撰　清光緒十七年(1891)廣雅書局刻本　一冊

430000－2401－0008766　291/8(1)

晉宋書故一卷　（清）郝懿行撰　清光緒十七年(1891)廣雅書局刻本　一冊

430000－2401－0008767　291/8(2)

晉宋書故一卷 （清）郝懿行撰 清光緒十七
年(1891)廣雅書局刻本 一冊

430000－2401－0008768 291/15

豐鎬考信錄四卷 （清）崔述撰 清嘉慶二十
二年(1817)太谷縣署刻本 二冊

430000－2401－0008769 291/112

考信錄提要二卷 （清）崔述撰 清道光二年
(1822)刻本 一冊

430000－2401－0008770 291/138

各省書院課藝史論新編□卷 （清）姚潤編
清光緒二十八年(1902)清泉縣刻本 一冊
存一卷(一)

430000－2401－0008771 291/59

姚惜抱先生前漢書評點一卷 （清）姚鼐撰
清光緒十六年(1890)天津石印本 一冊

430000－2401－0008772 291/17－6

文史通義八卷校讎通義三卷 （清）章學誠撰
　清道光十三年(1833)刻章氏遺書本 五冊

430000－2401－0008773 291/17－6(1)

文史通義八卷校讎通義三卷 （清）章學誠撰
　清道光十三年(1833)刻章氏遺書本 五冊

430000－2401－0008774 291/17－6(2)

文史通義八卷校讎通義三卷 （清）章學誠撰
　清道光十三年(1833)刻章氏遺書本 八冊

430000－2401－0008775 291/17－6(3)

文史通義八卷校讎通義三卷 （清）章學誠撰
　清道光十三年(1833)刻章氏遺書本 五冊

430000－2401－0008776 291/17－6(4)

文史通義八卷校讎通義三卷 （清）章學誠撰
　清道光十三年(1833)刻章氏遺書本 五冊

430000－2401－0008777 291/17－10

文史通義八卷校讎通義三卷 （清）章學誠撰
　清光緒三年(1877)刻本 四冊

430000－2401－0008778 291/17－10(1)

文史通義八卷校讎通義三卷 （清）章學誠撰
　清光緒三年(1877)刻本 二冊

430000－2401－0008779 291/17－7

文史通義八卷校讎通義三卷 （清）章學誠撰
　清光緒四年(1878)刻本 八冊

430000－2401－0008780 291/17－7(1)

文史通義八卷校讎通義三卷 （清）章學誠撰
　清光緒四年(1878)刻本 五冊

430000－2401－0008781 291/17－7(2)

文史通義八卷校讎通義三卷 （清）章學誠撰
　清光緒四年(1878)刻本 三冊

430000－2401－0008782 291/17－5

文史通義八卷校讎通義三卷 （清）章學誠撰
　清光緒十九年(1893)刻本 六冊

430000－2401－0008783 291/17－3

文史通義八卷校讎通義三卷 （清）章學誠撰
　清光緒十九年(1893)粵東菁華閣刻本
八冊

430000－2401－0008784 291/17－3(1)

文史通義八卷校讎通義三卷 （清）章學誠撰
　清光緒十九年(1893)粵東菁華閣刻本 四冊

430000－2401－0008785 291/17－9

文史通義八卷校讎通義三卷 （清）章學誠撰
　清光緒二十三年(1897)豐城余氏寶墨齋刻
本 六冊

430000－2401－0008786 291/17－9(1)

文史通義八卷校讎通義三卷 （清）章學誠撰
　清光緒二十三年(1897)豐城余氏寶墨齋刻
本 五冊

430000－2401－0008787 291/17－9(2)

文史通義八卷校讎通義三卷 （清）章學誠撰
　清光緒二十三年(1897)豐城余氏寶墨齋刻
本 四冊

430000－2401－0008788 291/17－9(3)

文史通義八卷校讎通義三卷 （清）章學誠撰
　清光緒二十三年(1897)豐城余氏寶墨齋刻
本 五冊

430000－2401－0008789 291/17－9(4)

文史通義八卷校讎通義三卷 （清）章學誠撰

清光緒二十三年(1897)豐城余氏寶墨齋刻本　五冊

430000－2401－0008790　291/17－2
文史通義八卷校讎通義三卷　（清）章學誠撰　清光緒二十四年(1898)長沙經文書局刻本　四冊

430000－2401－0008791　291/17－2(1)
文史通義八卷校讎通義三卷　（清）章學誠撰　清光緒二十四年(1898)長沙經文書局刻本　五冊

430000－2401－0008792　291/17－4
文史通義八卷校讎通義三卷　（清）章學誠撰　清光緒二十五年(1899)新化陳氏三昧堂刻本　八冊

430000－2401－0008793　291/17－4(1)
文史通義八卷校讎通義三卷　（清）章學誠撰　清光緒二十五年(1899)新化陳氏三昧堂刻本　八冊

430000－2401－0008794　291/17－4(2)
文史通義八卷校讎通義三卷　（清）章學誠撰　清光緒二十五年(1899)新化陳氏三昧堂刻本　七冊

430000－2401－0008795　291/17－8
文史通義八卷校讎通義三卷　（清）章學誠撰　清宣統三年(1911)上海廣益書局鉛印本　四冊

430000－2401－0008796　291/19
文史通義補一卷　（清）章學誠撰　清光緒二十三年(1897)元和江氏靈鶼閣刻本　一冊

430000－2401－0008797　291/19－2
文史通義補一卷　（清）章學誠撰　清鈔本　一冊

430000－2401－0008798　291/22
讀史瑣言八卷　（清）盛慶紱撰　清光緒二十四年(1898)刻本　二冊

430000－2401－0008799　291/127－2
史餘二十卷　（清）陳堯松撰　（清）陳慶揚註

清光緒二十七年(1901)刻本　二冊　存七卷(一至七)

430000－2401－0008800　291/53
鑑古齋日記四卷　（清）陳紹箕撰　（清）皮錫瑞評　清光緒二十八年(1902)長沙刻本　四冊

430000－2401－0008801　291/53(1)
鑑古齋日記四卷　（清）陳紹箕撰　（清）皮錫瑞評　清光緒二十八年(1902)長沙刻本　二冊

430000－2401－0008802　291/53(2)
鑑古齋日記四卷　（清）陳紹箕撰　（清）皮錫瑞評　清光緒二十八年(1902)長沙刻本　四冊

430000－2401－0008803　291/53(3)
鑑古齋日記四卷　（清）陳紹箕撰　（清）皮錫瑞評　清光緒二十八年(1902)長沙刻本　四冊

430000－2401－0008804　291/53(4)
鑑古齋日記四卷　（清）陳紹箕撰　（清）皮錫瑞評　清光緒二十八年(1902)長沙刻本　一冊

430000－2401－0008805　291/53(5)
鑑古齋日記四卷　（清）陳紹箕撰　（清）皮錫瑞評　清光緒二十八年(1902)長沙刻本　二冊　缺二卷(三至四)

430000－2401－0008806　291/90
明史論略六卷　（清）彭焯南撰　清光緒二年(1876)新化彭氏古梅草廬刻本　四冊

430000－2401－0008807　291/90(1)
明史論略六卷　（清）彭焯南撰　清光緒二年(1876)新化彭氏古梅草廬刻本　三冊

430000－2401－0008808　291/90(2)
明史論略六卷　（清）彭焯南撰　清光緒二年(1876)新化彭氏古梅草廬刻本　三冊

430000－2401－0008809　291/82
史闕十四卷附錄一卷　（清）張岱撰　清道光

刻本　四册

430000－2401－0008810　291/65

國策評林十八卷　（清）張星徽撰　清雍正七
年(1729)塞翁亭刻本　八册

430000－2401－0008811　291/47

讀鑒繹義三十二卷　（清）張鵬展撰　清道光
十七年(1837)刻本　八册

430000－2401－0008812　291/104

史漢發明五卷　（清）傅澤鴻撰　清光緒十八
年(1892)刻本　一册

430000－2401－0008813　291/104(1)

史漢發明五卷　（清）傅澤鴻撰　清光緒十八
年(1892)刻本　一册

430000－2401－0008814　291/67

讀史四集四卷　（清）楊以任輯　清道光三十
年(1850)豐城萬氏防未然齋刻本　四册

430000－2401－0008815　291/109

史漢求是五十五卷附尚書文義一卷　（清）楊
琪光撰　清光緒十一年(1885)刻本　一册

430000－2401－0008816　291/124

古今史論大觀前編十五卷後編十七卷　（清）
雷瑨編輯　清光緒二十七年(1901)硯耕山莊
石印本　八册

430000－2401－0008817　291/1－2

廿二史札記三十六卷　（清）趙翼撰　清嘉慶
五年(1800)湛貽堂刻本　十册

430000－2401－0008818　291/1－2(1)

廿二史札記三十六卷　（清）趙翼撰　清嘉慶
五年(1800)湛貽堂刻本　十一册

430000－2401－0008819　291/1－2(2)

廿二史札記三十六卷　（清）趙翼撰　清嘉慶
五年(1800)湛貽堂刻本　八册

430000－2401－0008820　291/1

廿二史札記三十六卷補遺一卷　（清）趙翼撰
清光緒三年(1877)刻甌北全集本　十二册

430000－2401－0008821　291/1(1)

廿二史札記三十六卷補遺一卷　（清）趙翼撰
清光緒三年(1877)刻甌北全集本　十二册

430000－2401－0008822　291/1(2)

廿二史札記三十六卷補遺一卷　（清）趙翼撰
清光緒三年(1877)刻甌北全集本　十二册

430000－2401－0008823　291/1－3

廿二史札記三十六卷補遺一卷　（清）趙翼撰
清光緒二十年(1894)廣雅書局刻廣雅書局
叢書本　十册

430000－2401－0008824　291/1－4

廿二史札記三十六卷補遺一卷　（清）趙翼撰
清光緒二十四年(1898)上海文瑞樓石印本
六册

430000－2401－0008825　291/1－6

廿二史札記三十六卷補遺一卷　（清）趙翼撰
清光緒二十四年(1898)集益學社刻本　十
四册

430000－2401－0008826　291/1－10

廿二史札記三十六卷補遺一卷　（清）趙翼撰
清光緒二十五年(1899)湖南書局刻本　四
册　存九卷(一至九)

430000－2401－0008827　291/1－7

廿二史札記三十六卷補遺一卷　（清）趙翼撰
清光緒二十六年(1900)上海書局石印本
八册

430000－2401－0008828　291/1－7(1)

廿二史札記三十六卷補遺一卷　（清）趙翼撰
清光緒二十六年(1900)上海書局石印本
六册　存二十八卷(一至二十八)

430000－2401－0008829　291/1－5

廿二史札記三十六卷補遺一卷　（清）趙翼撰
清光緒二十六年(1900)新化西佘山館刻本
十册

430000－2401－0008830　291/1－9

廿二史札記三十六卷補遺一卷　（清）趙翼撰
清光緒二十七年(1901)長沙扶輪書局刻本
十五册　缺三卷(七至九)

430000－2401－0008831　291/80

讀史鏡古編三十二卷　（清）潘世恩撰　清同治十三年(1874)冶城飛霞閣刻本　六冊

430000－2401－0008832　291/80(1)

讀史鏡古編三十二卷　（清）潘世恩撰　清同治十三年(1874)冶城飛霞閣刻本　六冊

430000－2401－0008833　291/80(2)

讀史鏡古編三十二卷　（清）潘世恩撰　清同治十三年(1874)冶城飛霞閣刻本　六冊

430000－2401－0008834　291/80(3)

讀史鏡古編三十二卷　（清）潘世恩撰　清同治十三年(1874)冶城飛霞閣刻本　六冊

430000－2401－0008835　291/80(4)

讀史鏡古編三十二卷　（清）潘世恩撰　清同治十三年(1874)冶城飛霞閣刻本　六冊

430000－2401－0008836　291/80(5)

讀史鏡古編三十二卷　（清）潘世恩撰　清同治十三年(1874)冶城飛霞閣刻本　六冊

430000－2401－0008837　291/80(6)

讀史鏡古編三十二卷　（清）潘世恩撰　清同治十三年(1874)冶城飛霞閣刻本　六冊

430000－2401－0008838　291/80(7)

讀史鏡古編三十二卷　（清）潘世恩撰　清同治十三年(1874)冶城飛霞閣刻本　六冊

430000－2401－0008839　291/80－2

讀史鏡古編三十二卷　（清）潘世恩撰　清鳳池園刻本　六冊

430000－2401－0008840　291/80－2(1)

讀史鏡古編三十二卷　（清）潘世恩撰　清鳳池園刻本　八冊

430000－2401－0008841　291/83－2

東社讀史隨筆二卷　（清）獨醒主人撰　清光緒太和堂刻本　二冊

430000－2401－0008842　291/83－2(1)

東社讀史隨筆二卷　（清）獨醒主人撰　清光緒太和堂刻本　二冊

430000－2401－0008843　291/2

廿三史評口訣一卷聖門諸賢述略一卷　（清）鮑東里撰　清刻本　一冊

430000－2401－0008844　△296/3

廿二史考異一百卷　（清）錢大昕撰　清乾隆四十五年(1780)錢氏潛研堂刻本　二十二冊

430000－2401－0008845　212/1－4

廿二史考異一百卷　（清）錢大昕撰　清光緒十年(1884)長沙龍氏家塾刻嘉定錢氏潛研堂叢書本　十八冊

430000－2401－0008846　212/1－4(1)

廿二史考異一百卷　（清）錢大昕撰　清光緒十年(1884)長沙龍氏家塾刻嘉定錢氏潛研堂叢書本　十九冊　缺十二卷(十四至十七、二十五至二十七、五十二至五十六)

430000－2401－0008847　212/1－4(2)

廿二史考異一百卷　（清）錢大昕撰　清光緒十年(1884)長沙龍氏家塾刻嘉定錢氏潛研堂叢書本　十二冊　存六十一卷(十一至七十一)

430000－2401－0008848　212/1－4(3)

廿二史考異一百卷　（清）錢大昕撰　清光緒十年(1884)長沙龍氏家塾刻嘉定錢氏潛研堂叢書本　二十八冊

430000－2401－0008849　212/1－3

廿二史考異二十三卷　（清）錢大昕撰　清光緒二十六年(1900)上海鴻寶齋石印本　四冊

430000－2401－0008850　291/4－4

諸史拾遺五卷　（清）錢大昕撰　清嘉慶十二年(1807)嘉興郡齋刻潛研堂全書本　二冊

430000－2401－0008851　291/4

諸史拾遺五卷　（清）錢大昕撰　清嘉慶十二年(1807)稻香吟館刻本　二冊

430000－2401－0008852　291/4－3

諸史拾遺五卷　（清）錢大昕撰　清光緒十年(1884)長沙龍氏家塾刻潛研堂全書本　二冊

430000－2401－0008853　291/4－3(1)

諸史拾遺五卷 （清）錢大昕撰　清光緒十年
(1884)長沙龍氏家塾刻潛研堂全書本　二冊

430000－2401－0008854　291/4－3(2)

諸史拾遺五卷 （清）錢大昕撰　清光緒十年
(1884)長沙龍氏家塾刻潛研堂全書本　二冊

430000－2401－0008855　291/4－2

諸史拾遺五卷 （清）錢大昕撰　清光緒十七
年(1891)廣雅書局刻本　一冊

430000－2401－0008856　291/4－2(1)

諸史拾遺五卷 （清）錢大昕撰　清光緒十七
年(1891)廣雅書局刻本　一冊

430000－2401－0008857　291/4－2(2)

諸史拾遺五卷 （清）錢大昕撰　清光緒十七
年(1891)廣雅書局刻本　一冊

430000－2401－0008858　△296/17

讀史筆記不分卷 清稿本　王闓運批校
二冊

430000－2401－0008859　△296/20

史論不分卷 清鈔本　五冊　存五冊(一至
二、四、六、八)

430000－2401－0008860　291/123

讀書雜錄一卷 清鈔本　錢大昕批校　一冊

430000－2401－0008861　291/117

史論捃華前編□□卷後編十五卷 清光緒刻
本　十三冊　缺五卷(前編一至五)

430000－2401－0008862　△437/306

通道集不分卷 王闓運撰　稿本　一冊

430000－2401－0008863　291/24

評選船山史論二卷 林紓撰　清宣統二年
(1910)上海商務印書館鉛印本　二冊

430000－2401－0008864　292.1/19

三通 清咸豐九年(1859)崇仁謝氏刻本　二
十冊

430000－2401－0008865　292.1/82

欽定續三通 清光緒十二年至十三年(1886
－1887)浙江書局刻本　三百六十冊

430000－2401－0008866　292.1/81

九通 清光緒二十七年(1901)上海圖書集成
局鉛印本　三百〇七冊

430000－2401－0008867　△293.1/7

杜氏通典二百卷 （唐）杜佑撰　明嘉靖十八
年(1539)王德溢、吳鵬刻本　清何紹基題寫
書衣、書根　二十五冊　存一百七十卷(一至
一百、一百〇五至一百十六、一百二十六至一
百三十、一百四十八至二百)

430000－2401－0008868　△293.1/7－2

杜氏通典二百卷 （唐）杜佑撰　明嘉靖李元
陽刻本　二十四冊　存七十卷(一至十、十七
至二十二、三十至四十、四十二至四十三、五
十二至五十五、五十七至六十、六十八至六十
九、七十八至八十五、九十二至九十五、一百
至一百〇三、一百〇五、一百二十一至一百二
十二、一百三十二至一百三十五、一百五十五
至一百五十七、一百八十七至一百九十一)

430000－2401－0008869　△293.1/8

通典二百卷 （唐）杜佑撰　明刻本　八十冊

430000－2401－0008870　△293.1/8(1)

通典二百卷 （唐）杜佑撰　明刻本　四十
八冊

430000－2401－0008871　△293.1/8－2

通典二百卷 （唐）杜佑撰　清武英殿刻本
六十冊

430000－2401－0008872　△293.1/8－2(1)

通典二百卷 （唐）杜佑撰　清武英殿刻本
十六冊

430000－2401－0008873　292.1/41－6

通典二百卷 （唐）杜佑撰　清咸豐九年
(1859)崇仁謝氏刻本　四十冊

430000－2401－0008874　292.1/41－6(1)

通典二百卷 （唐）杜佑撰　清咸豐九年
(1859)崇仁謝氏刻本　三十二冊

430000－2401－0008875　292.1/41－6(2)

通典二百卷 （唐）杜佑撰　清咸豐九年

(1859)崇仁謝氏刻本　四十冊

430000－2401－0008876　292.1/41－6(3)

通典二百卷　（唐）杜佑撰　清咸豐九年
(1859)崇仁謝氏刻本　四十八冊

430000－2401－0008877　292.1/41－6(4)

通典二百卷　（唐）杜佑撰　清咸豐九年
(1859)崇仁謝氏刻本　四十冊

430000－2401－0008878　292.1/41－6(5)

通典二百卷　（唐）杜佑撰　清咸豐九年
(1859)崇仁謝氏刻本　四十冊

430000－2401－0008879　292.1/41－6(6)

通典二百卷　（唐）杜佑撰　清咸豐九年
(1859)崇仁謝氏刻本　三十二冊

430000－2401－0008880　292.1/41－6(7)

通典二百卷　（唐）杜佑撰　清咸豐九年
(1859)崇仁謝氏刻本　四十三冊

430000－2401－0008881　292.1/41－6(8)

通典二百卷　（唐）杜佑撰　清咸豐九年
(1859)崇仁謝氏刻本　二十冊

430000－2401－0008882　292.1/41－6(9)

通典二百卷　（唐）杜佑撰　清光緒二十二年
(1896)浙江書局刻本　四十九冊

430000－2401－0008883　292.1/41－7

通典二百卷　（唐）杜佑撰　清光緒二十二年
(1896)浙江書局刻本　五十冊

430000－2401－0008884　292.1/41－7(1)

通典二百卷　（唐）杜佑撰　清光緒二十二年
(1896)浙江書局刻本　五十冊

430000－2401－0008885　292.1/41－7(2)

通典二百卷　（唐）杜佑撰　清光緒二十二年
(1896)浙江書局刻本　五十冊

430000－2401－0008886　292.1/41－7(3)

通典二百卷　（唐）杜佑撰　清光緒二十二年

430000－2401－0008887　292.1/41－7(4)

(1896)浙江書局刻本　四十七冊

430000－2401－0008888　292.1/41－3

通典二百卷附考證一卷　（唐）杜佑撰　清光緒二十七年(1901)上海圖書集成局鉛印本
八冊

430000－2401－0008889　292.1/41－3(1)

通典二百卷附考證一卷　（唐）杜佑撰　清光緒二十七年(1901)上海圖書集成局鉛印本
十六冊

430000－2401－0008890　292.1/41－3(2)

通典二百卷附考證一卷　（唐）杜佑撰　清光緒二十七年(1901)上海圖書集成局鉛印本
十六冊

430000－2401－0008891　292.1/41－3(3)

通典二百卷附考證一卷　（唐）杜佑撰　清光緒二十七年(1901)上海圖書集成局鉛印本
十六冊

430000－2401－0008892　292.1/41－3(4)

通典二百卷附考證一卷　（唐）杜佑撰　清光緒二十七年(1901)上海圖書集成局鉛印本
十六冊

430000－2401－0008893　292.1/41－3(5)

通典二百卷附考證一卷　（唐）杜佑撰　清光緒二十七年(1901)上海圖書集成局鉛印本
十六冊

430000－2401－0008894　292.1/41－3(6)

通典二百卷附考證一卷　（唐）杜佑撰　清光緒二十七年(1901)上海圖書集成局鉛印本
十六冊

430000－2401－0008895　292.1/41－4

通典二百卷　（唐）杜佑撰　清光緒二十七年(1901)貫吾齋石印縮印本　八冊　缺二十卷(一百八十一至二百)

430000－2401－0008896　292.1/41－2

通典二百卷附考證一卷　（唐）杜佑撰　清光緒二十八年(1902)上海鴻寶書局石印本　十二冊

430000－2401－0008897　292.1/41

通典二百卷　（唐）杜佑撰　清刻本　五十册

430000－2401－0008898　292.1/41(1)

通典二百卷　（唐）杜佑撰　清刻本　六十册

430000－2401－0008899　292.1/43－5

欽定續通典一百五十卷　（清）嵇璜等纂　清乾隆武英殿刻本　四十册　缺二卷（一百〇七至一百〇八）

430000－2401－0008900　292.1/43－5(1)

欽定續通典一百五十卷　（清）嵇璜等纂　清乾隆武英殿刻本　三十九册　缺二卷（一百〇七至一百〇八）

430000－2401－0008901　292.1/43－3

欽定續通典一百五十卷附考證一卷　（清）嵇璜等纂　清光緒十二年(1886)浙江書局刻本　四十一册

430000－2401－0008902　292.1/43－3(1)

欽定續通典一百五十卷附考證一卷　（清）嵇璜等纂　清光緒十二年(1886)浙江書局刻本　四十册

430000－2401－0008903　292.1/43－3(2)

欽定續通典一百五十卷附考證一卷　（清）嵇璜等纂　清光緒十二年(1886)浙江書局刻本　四十册

430000－2401－0008904　292.1/43－3(3)

欽定續通典一百五十卷附考證一卷　（清）嵇璜等纂　清光緒十二年(1886)浙江書局刻本　四十册

430000－2401－0008905　292.1/43－2

欽定續通典一百五十卷　（清）嵇璜等纂　清光緒二十七年(1901)上海圖書集成局鉛印本　八册

430000－2401－0008906　292.1/43－2(1)

欽定續通典一百五十卷　（清）嵇璜等纂　清光緒二十七年(1901)上海圖書集成局鉛印本　十二册

430000－2401－0008907　292.1/43－2(2)

欽定續通典一百五十卷　（清）嵇璜等纂　清光緒二十七年(1901)上海圖書集成局鉛印本　十二册

430000－2401－0008908　292.1/43－2(3)

欽定續通典一百五十卷　（清）嵇璜等纂　清光緒二十七年(1901)上海圖書集成局鉛印本　十二册

430000－2401－0008909　292.1/43－2(4)

欽定續通典一百五十卷　（清）嵇璜等纂　清光緒二十七年(1901)上海圖書集成局鉛印本　十二册

430000－2401－0008910　292.1/43－2(5)

欽定續通典一百五十卷　（清）嵇璜等纂　清光緒二十七年(1901)上海圖書集成局鉛印本　十二册

430000－2401－0008911　292.1/43

欽定續通典一百五十卷　（清）嵇璜等纂　清光緒二十八年(1902)上海鴻寶書局石印本　八册

430000－2401－0008912　292.1/43－4

欽定續通典一百五十卷　（清）嵇璜等纂　清光緒貫吾齋石印縮印本　六册

430000－2401－0008913　292.1/91

欽定通典考證一卷　（清）丁立誠等校　清光緒二十二年(1896)浙江書局刻本　一册

430000－2401－0008914　292.1/91(1)

欽定通典考證一卷　（清）丁立誠等校　清光緒二十二年(1896)浙江書局刻本　一册

430000－2401－0008915　292.1/42－4

皇朝通典一百卷　（清）嵇璜等纂　清光緒元年(1875)學海堂刻本　三十二册

430000－2401－0008916　292.1/42

皇朝通典一百卷　（清）嵇璜等纂　清光緒八年(1882)浙江書局刻本　四十册

430000－2401－0008917　292.1/42(1)

皇朝通典一百卷　（清）嵇璜等纂　清光緒八年(1882)浙江書局刻本　四十册

430000－2401－0008918　292.1/42（2）

皇朝通典一百卷　（清）嵇璜等纂　清光緒八年(1882)浙江書局刻本　四十冊

430000－2401－0008919　292.1/42（3）

皇朝通典一百卷　（清）嵇璜等纂　清光緒八年(1882)浙江書局刻本　四十冊

430000－2401－0008920　292.1/42（6）

皇朝通典一百卷　（清）嵇璜等纂　清光緒八年(1882)浙江書局刻本　四十冊

430000－2401－0008921　292.1/42（4）

皇朝通典一百卷　（清）嵇璜等纂　清光緒八年(1882)浙江書局刻本　四十冊

430000－2401－0008922　292.1/42（5）

皇朝通典一百卷　（清）嵇璜等纂　清光緒八年(1882)浙江書局刻本　三十一冊　缺九卷（一至九）

430000－2401－0008923　292.1/42－2

皇朝通典一百卷　（清）嵇璜等纂　清光緒二十七年(1901)上海圖書集成局鉛印本　十冊

430000－2401－0008924　292.1/42－2（1）

皇朝通典一百卷　（清）嵇璜等纂　清光緒二十七年(1901)上海圖書集成局鉛印本　十二冊

430000－2401－0008925　292.1/42－2（2）

皇朝通典一百卷　（清）嵇璜等纂　清光緒二十七年(1901)上海圖書集成局鉛印本　六冊

430000－2401－0008926　292.1/42－2（3）

皇朝通典一百卷　（清）嵇璜等纂　清光緒二十七年(1901)上海圖書集成局鉛印本　十二冊

430000－2401－0008927　292.1/42－2（4）

皇朝通典一百卷　（清）嵇璜等纂　清光緒二十七年(1901)上海圖書集成局鉛印本　十二冊

430000－2401－0008928　292.1/42－2（5）

皇朝通典一百卷　（清）嵇璜等纂　清光緒二十七年(1901)上海圖書集成局鉛印本　十二冊

430000－2401－0008929　292.1/42－2（6）

皇朝通典一百卷　（清）嵇璜等纂　清光緒二十七年(1901)上海圖書集成局鉛印本　十二冊

430000－2401－0008930　292.1/42－2（7）

皇朝通典一百卷　（清）嵇璜等纂　清光緒二十七年(1901)上海圖書集成局鉛印本　十二冊

430000－2401－0008931　292.1/42－3

皇朝通典一百卷　（清）嵇璜等纂　清光緒二十八年(1902)上海鴻寶書局石印本　八冊

430000－2401－0008932　292.1/44－3

通志二百卷　（宋）鄭樵撰　清乾隆十二年(1747)武英殿刻本　一百十一冊

430000－2401－0008933　292.1/44－3（1）

通志二百卷　（宋）鄭樵撰　清乾隆十二年(1747)武英殿刻本　九十六冊

430000－2401－0008934　292.1/44－3（2）

通志二百卷　（宋）鄭樵撰　清乾隆十二年(1747)武英殿刻本　一百十八冊

430000－2401－0008935　292.1/44

通志二百卷　（宋）鄭樵撰　清咸豐九年(1859)崇仁謝氏刻本　一百六十冊

430000－2401－0008936　292.1/44－2

通志二百卷附考證三卷　（宋）鄭樵撰　清光緒二十二年(1896)浙江書局刻本　一百八十六冊

430000－2401－0008937　292.1/44－5

通志二百卷附考證三卷　（宋）鄭樵撰　清光緒二十七年(1901)上海圖書集成局鉛印本　六十冊

430000－2401－0008938　292.1/44－5（1）

通志二百卷附考證三卷　（宋）鄭樵撰　清光緒二十七年(1901)上海圖書集成局鉛印本　六十冊

430000－2401－0008939　292.1/44－5（2）

通志二百卷附考證三卷　（宋）鄭樵撰　清光

緒二十七年(1901)上海圖書集成局鉛印本
三十冊

430000－2401－0008940　292.1/44－5(3)
通志二百卷附考證三卷　(宋)鄭樵撰　清光
緒二十七年(1901)上海圖書集成局鉛印本
六十冊

430000－2401－0008941　292.1/44－5(4)
通志二百卷附考證三卷　(宋)鄭樵撰　清光
緒二十七年(1901)上海圖書集成局鉛印本
六十冊

430000－2401－0008942　292.1/44－5(5)
通志二百卷附考證三卷　(宋)鄭樵撰　清光
緒二十七年(1901)上海圖書集成局鉛印本
四十五冊　缺四十九卷(九至二十四、一百三
十九至一百四十五、一百五十七至一百五十
九、一百六十二至一百六十四、一百八十一至
二百)

430000－2401－0008943　292.1/44－6
通志二百卷附考證三卷　(宋)鄭樵撰　清光
緒二十七年(1901)貫吾齋石印縮印本　二十
四冊

430000－2401－0008944　292.1/44－7
通志二百卷附考證三卷　(宋)鄭樵撰　清光
緒二十八年(1902)上海鴻寶書局石印本　四
十冊

430000－2401－0008945　292.1/44－4
通志二百卷　(宋)鄭樵撰　清刻本　五十五
冊　存七十三卷(一至十九、七十六至九十
二、一百六十四至二百)

430000－2401－0008946　△212/12
通志略五十二卷　(宋)鄭樵撰　明嘉靖二十
九年(1550)陳宗夔刻本　二十冊

430000－2401－0008947　292.1/47
通志略五十二卷　(宋)鄭樵撰　明嘉靖二十
九年(1550)陳宗夔刻清金匱山房印本　二十
四冊

430000－2401－0008948　292.1/47－2

通志略五十二卷　(宋)鄭樵撰　清喻義堂刻
本　十冊　缺二十六卷(一至二十六)

430000－2401－0008949　292.1/45－5
欽定續通志六百四十卷　(清)嵇璜等修　清
乾隆武英殿刻本　一百五十九冊

430000－2401－0008950　292.1/45
欽定續通志六百四十卷附考證三卷　(清)嵇
璜等修　清光緒十二年(1886)浙江書局刻本
一百九十八冊

430000－2401－0008951　292.1/45(1)
欽定續通志六百四十卷附考證三卷　(清)嵇
璜等修　清光緒十二年(1886)浙江書局刻本
二百冊

430000－2401－0008952　292.1/45(2)
欽定續通志六百四十卷附考證三卷　(清)嵇
璜等修　清光緒十二年(1886)浙江書局刻本
二百冊

430000－2401－0008953　292.1/45(3)
欽定續通志六百四十卷附考證三卷　(清)嵇
璜等修　清光緒十二年(1886)浙江書局刻本
二百冊

430000－2401－0008954　292.1/45(4)
欽定續通志六百四十卷附考證三卷　(清)嵇
璜等修　清光緒十二年(1886)浙江書局刻本
二百冊

430000－2401－0008955　292.1/45(5)
欽定續通志六百四十卷附考證三卷　(清)嵇
璜等修　清光緒十二年(1886)浙江書局刻本
一百九十八冊

430000－2401－0008956　292.1/45－2
欽定續通志六百四十卷　(清)嵇璜等修　清
光緒二十七年(1901)上海圖書集成局鉛印本
六十冊

430000－2401－0008957　292.1/45－2(1)
欽定續通志六百四十卷　(清)嵇璜等修　清
光緒二十七年(1901)上海圖書集成局鉛印本
六十冊

430000 - 2401 - 0008958　292.1/45 - 2(2)
欽定續通志六百四十卷　（清）嵇璜等修　清
光緒二十七年(1901)上海圖書集成局鉛印本
三十冊

430000 - 2401 - 0008959　292.1/45 - 2(3)
欽定續通志六百四十卷　（清）嵇璜等修　清
光緒二十七年(1901)上海圖書集成局鉛印本
六十冊

430000 - 2401 - 0008960　292.1/45 - 3
欽定續通志六百四十卷　（清）嵇璜等修　清
光緒二十八年(1902)上海鴻寶書局石印本
四十冊

430000 - 2401 - 0008961　292.1/45 - 4
欽定續通志六百四十卷　（清）嵇璜等修　清
光緒二十八年(1902)貫吾齋石印縮印本　二
十四冊

430000 - 2401 - 0008962　292.1/46
皇朝通志一百二十六卷　（清）嵇璜等修　清
光緒八年(1882)浙江書局刻本　四十冊

430000 - 2401 - 0008963　292.1/46(1)
皇朝通志一百二十六卷　（清）嵇璜等修　清
光緒八年(1882)浙江書局刻本　四十冊

430000 - 2401 - 0008964　292.1/46(2)
皇朝通志一百二十六卷　（清）嵇璜等修　清
光緒八年(1882)浙江書局刻本　四十冊

430000 - 2401 - 0008965　292.1/46(3)
皇朝通志一百二十六卷　（清）嵇璜等修　清
光緒八年(1882)浙江書局刻本　四十冊

430000 - 2401 - 0008966　292.1/46(4)
皇朝通志一百二十六卷　（清）嵇璜等修　清
光緒八年(1882)浙江書局刻本　四十冊

430000 - 2401 - 0008967　292.1/46(5)
皇朝通志一百二十六卷　（清）嵇璜等修　清
光緒八年(1882)浙江書局刻本　四十冊

430000 - 2401 - 0008968　292.1/46(6)
皇朝通志一百二十六卷　（清）嵇璜等修　清
光緒八年(1882)浙江書局刻本　四十冊

430000 - 2401 - 0008969　292.1/46(7)
皇朝通志一百二十六卷　（清）嵇璜等修　清
光緒八年(1882)浙江書局刻本　四十冊

430000 - 2401 - 0008970　292.1/46 - 2
皇朝通志一百二十六卷　（清）嵇璜等修　清
光緒二十七年(1901)上海圖書集成局鉛印本
十二冊

430000 - 2401 - 0008971　292.1/46 - 2(1)
皇朝通志一百二十六卷　（清）嵇璜等修　清
光緒二十七年(1901)上海圖書集成局鉛印本
十二冊

430000 - 2401 - 0008972　292.1/46 - 2(2)
皇朝通志一百二十六卷　（清）嵇璜等修　清
光緒二十七年(1901)上海圖書集成局鉛印本
十二冊

430000 - 2401 - 0008973　292.1/46 - 2(3)
皇朝通志一百二十六卷　（清）嵇璜等修　清
光緒二十七年(1901)上海圖書集成局鉛印本
六冊

430000 - 2401 - 0008974　292.1/46 - 2(4)
皇朝通志一百二十六卷　（清）嵇璜等修　清
光緒二十七年(1901)上海圖書集成局鉛印本
十二冊

430000 - 2401 - 0008975　292.1/46 - 2(5)
皇朝通志一百二十六卷　（清）嵇璜等修　清
光緒二十七年(1901)上海圖書集成局鉛印本
十二冊

430000 - 2401 - 0008976　292.1/46 - 2(6)
皇朝通志一百二十六卷　（清）嵇璜等修　清
光緒二十七年(1901)上海圖書集成局鉛印本
九冊

430000 - 2401 - 0008977　292.1/46 - 2(7)
皇朝通志一百二十六卷　（清）嵇璜等修　清
光緒二十七年(1901)上海圖書集成局鉛印本
十一冊　缺八卷(四十八至五十五)

430000 - 2401 - 0008978　292.1/46 - 2(8)
皇朝通志一百二十六卷　（清）嵇璜等修　清

光緒二十七年(1901)上海圖書集成局鉛印本
　十二冊

430000－2401－0008979　292.1/46－3
皇朝通志一百二十六卷　(清)嵆璜等修　清
光緒二十八年(1902)浙江書局刻本　二冊

430000－2401－0008980　292.1/92
欽定通志考證三卷　(清)丁立誠等校　清光
緒二十二年(1896)浙江書局刻本　二冊

430000－2401－0008981　292.1/92(1)
欽定通志考證三卷　(清)丁立誠等校　清光
緒二十二年(1896)浙江書局刻本　二冊

430000－2401－0008982　△293.1/2
文獻通考三百四十八卷　(元)馬端臨撰　明
嘉靖三年(1524)司禮監刻本　一百二十冊

430000－2401－0008983　292.1/18－4
文獻通考三百四十八卷　(元)馬端臨撰　明
刻本　八十冊

430000－2401－0008984　292.1/18－4(1)
文獻通考三百四十八卷　(元)馬端臨撰　明
刻本　六十冊

430000－2401－0008985　292.1/18－4(2)
文獻通考三百四十八卷　(元)馬端臨撰　明
刻本　八十冊

430000－2401－0008986　292.1/18－4(3)
文獻通考三百四十八卷　(元)馬端臨撰　明
刻本　一百二十冊

430000－2401－0008987　△293.1/2－4
文獻通考三百四十八卷首一卷　(元)馬端臨
撰　明嘉靖馮天馭刻本　八十四冊

430000－2401－0008988　△293.1/2－4(1)
文獻通考三百四十八卷首一卷　(元)馬端臨
撰　明嘉靖馮天馭刻本　八十冊

430000－2401－0008989　△293.1/2－2
文獻通考三百四十八卷　(元)馬端臨撰　明
末刻本　一百二十冊

430000－2401－0008990　△293.1/2－3

文獻通考三百四十八卷　(元)馬端臨撰　清
活字本　一百二十冊

430000－2401－0008991　292.1/18－7
文獻通考三百四十八卷　(元)馬端臨撰　清
乾隆十二年(1747)武英殿刻本　八十七冊

430000－2401－0008992　292.1/18－8
文獻通考三百四十八卷　(元)馬端臨撰　清
乾隆刻本　八十七冊　存一百六十八卷(一
至一百六十八)

430000－2401－0008993　292.1/18－2
文獻通考三百四十八卷　(元)馬端臨撰　清
咸豐九年(1859)崇仁謝氏刻本　一百二十冊

430000－2401－0008994　292.1/18－2(1)
文獻通考三百四十八卷　(元)馬端臨撰　清
咸豐九年(1859)崇仁謝氏刻本　九十六冊

430000－2401－0008995　292.1/18－2(2)
文獻通考三百四十八卷　(元)馬端臨撰　清
咸豐九年(1859)崇仁謝氏刻本　一百冊

430000－2401－0008996　292.1/18－2(3)
文獻通考三百四十八卷　(元)馬端臨撰　清
咸豐九年(1859)崇仁謝氏刻本　一百二十冊

430000－2401－0008997　292.1/18－2(4)
文獻通考三百四十八卷　(元)馬端臨撰　清
咸豐九年(1859)崇仁謝氏刻本　一百三十
一冊

430000－2401－0008998　292.1/18－2(5)
文獻通考三百四十八卷　(元)馬端臨撰　清
咸豐九年(1859)崇仁謝氏刻本　一百二十冊

430000－2401－0008999　292.1/18－2(6)
文獻通考三百四十八卷　(元)馬端臨撰　清
咸豐九年(1859)崇仁謝氏刻本　九十六冊

430000－2401－0009000　292.1/18－2(7)
文獻通考三百四十八卷　(元)馬端臨撰　清
咸豐九年(1859)崇仁謝氏刻本　一百十六冊

430000－2401－0009001　292.1/18－2(8)
文獻通考三百四十八卷　(元)馬端臨撰　清
咸豐九年(1859)崇仁謝氏刻本　一百二十冊

430000－2401－0009002　292.1/18－10

文獻通考三百四十八卷　（元）馬端臨撰　清光緒十一年(1885)上海點石齋石印本　二十冊

430000－2401－0009003　292.1/18

文獻通考三百四十八卷　（元）馬端臨撰　清光緒二十二年(1896)浙江書局刻本　一百五十冊

430000－2401－0009004　292.1/18(1)

文獻通考三百四十八卷　（元）馬端臨撰　清光緒二十二年(1896)浙江書局刻本　一百五十冊

430000－2401－0009005　292.1/18(2)

文獻通考三百四十八卷　（元）馬端臨撰　清光緒二十二年(1896)浙江書局刻本　一百四十八冊

430000－2401－0009006　292.1/18(3)

文獻通考三百四十八卷　（元）馬端臨撰　清光緒二十二年(1896)浙江書局刻本　一百四十六冊

430000－2401－0009007　292.1/18(4)

文獻通考三百四十八卷　（元）馬端臨撰　清光緒二十二年(1896)浙江書局刻本　一百五十冊

430000－2401－0009008　292.1/18－6

文獻通考三百四十八卷　（元）馬端臨撰　清光緒二十五年(1899)上海點石齋石印本　二十四冊

430000－2401－0009009　292.1/18－6(1)

文獻通考三百四十八卷　（元）馬端臨撰　清光緒二十五年(1899)上海點石齋石印本　二十四冊

430000－2401－0009010　292.1/18－6(2)

文獻通考三百四十八卷　（元）馬端臨撰　清光緒二十五年(1899)上海點石齋石印本　二十四冊

430000－2401－0009011　292.1/18－5

文獻通考三百四十八卷　（元）馬端臨撰　清光緒二十七年(1901)上海圖書集成局鉛印本　四十四冊

430000－2401－0009012　292.1/18－5(1)

文獻通考三百四十八卷　（元）馬端臨撰　清光緒二十七年(1901)上海圖書集成局鉛印本　四十四冊

430000－2401－0009013　292.1/18－5(2)

文獻通考三百四十八卷　（元）馬端臨撰　清光緒二十七年(1901)上海圖書集成局鉛印本　二十二冊

430000－2401－0009014　292.1/18－5(3)

文獻通考三百四十八卷　（元）馬端臨撰　清光緒二十七年(1901)上海圖書集成局鉛印本　四十四冊

430000－2401－0009015　292.1/18－5(4)

文獻通考三百四十八卷　（元）馬端臨撰　清光緒二十七年(1901)上海圖書集成局鉛印本　四十四冊

430000－2401－0009016　292.1/18－3

文獻通考三百四十八卷　（元）馬端臨撰　清光緒二十八年(1902)上海鴻寶書局石印本　三十二冊

430000－2401－0009017　△293.1/4

文獻通考纂二十四卷　（元）馬端臨撰　（明）胡震亨輯　明天啟崇禎十六年(1643)朱彝叙鶴洲草堂重修本　清汪文柏批校圈點　十冊　存十九卷(一至七、十至十一、十四至十五、十七至十八上、十九至二十四)

430000－2401－0009018　△293.1/3

文獻通考詳節二十四卷　（元）馬端臨撰　(清)嚴虞惇錄　清嚴虞惇鈔本　一冊　存二卷(十二至十三)

430000－2401－0009019　292.1/25－8

文獻通考詳節二十四卷　（元）馬端臨撰　(清)嚴虞惇錄　清光緒元年(1875)江左書林刻本　十冊

430000－2401－0009020　292.1/25－6

文獻通考詳節二十四卷　（元）馬端臨撰
（清）嚴虞惇錄　清光緒十五年（1889）上海珍
藝書局鉛印本　六冊

430000－2401－0009021　292.1/25－4

文獻通考詳節二十四卷　（元）馬端臨撰
（清）嚴虞惇錄　清光緒二十四年（1898）匯文
書局鉛印本　八冊

430000－2401－0009022　292.1/25－5

文獻通考詳節二十四卷　（元）馬端臨撰
（清）嚴虞惇錄　清光緒二十四年（1898）浙江
紹興墨潤堂書莊石印本　六冊

430000－2401－0009023　292.1/25－2

文獻通考詳節二十四卷　　（元）馬端臨撰
（清）嚴虞惇錄　清光緒二十八年（1902）湖南
益友書社刻本　十冊

430000－2401－0009024　292.1/25

文獻通考詳節二十四卷　（元）馬端臨撰
（清）嚴虞惇錄　清乾隆二十九年（1764）刻本
十冊

430000－2401－0009025　292.1/25(1)

文獻通考詳節二十四卷　（元）馬端臨撰
（清）嚴虞惇錄　清乾隆二十九年（1764）刻本
八冊

430000－2401－0009026　292.1/25(2)

文獻通考詳節二十四卷　（元）馬端臨撰
（清）嚴虞惇錄　清乾隆二十九年（1764）刻本
十冊

430000－2401－0009027　292.1/25－7

文獻通考詳節二十四卷　（元）馬端臨撰
（清）嚴虞惇錄　清刻本　八冊

430000－2401－0009028　292.1/25－3

文獻通考詳節二十四卷　（元）馬端臨撰
（清）嚴虞惇錄　清末刻本　十一冊

430000－2401－0009029　292.1/25－3(1)

文獻通考詳節二十四卷　（元）馬端臨撰
（清）嚴虞惇錄　清末刻本　十二冊

430000－2401－0009030　292.1/83

文獻通考纂二十三卷　（元）馬端臨撰　**續文
獻通考纂二十二卷**　（明）王圻撰　清金匱山
房刻本　十六冊

430000－2401－0009031　△293.1/13

續文獻通考二百五十四卷　（明）王圻撰　明
末刻本　九冊　存三十三卷（九至十三、三十
四至三十六、五十五至五十八、一百四十八至
一百五十六、二百二十九至二百三十三、二百
四十四至二百四十七、二百五十二至二百五
十四）

430000－2401－0009032　292.1/80

文獻通考紀要二卷　清乾隆四年（1739）刻本
二冊

430000－2401－0009033　292.1/26

文獻通考節貫十卷　（清）周宗濂編　清乾隆
十五年（1750）刻本　四冊

430000－2401－0009034　292.1/52

文獻通考正續合編三十二卷　（清）盧宣旬編
清嘉慶十年（1805）略識字齋刻本　三十
二冊

430000－2401－0009035　292.1/52(1)

文獻通考正續合編三十二卷　（清）盧宣旬編
清嘉慶十年（1805）略識字齋刻本　二十七
冊　缺四卷（二、六、十二、二十三）

430000－2401－0009036　292.1/16

正續文獻通考識大編二十四卷　（清）方若珽
編　清刻本　十二冊

430000－2401－0009037　292.1/20－5

欽定續文獻通考二百五十卷　（清）嵇璜等纂
清乾隆武英殿刻本　六十七冊　缺六十三
卷（二十四至二十八、五十一至五十九、八十
二至九十一、九十五至九十九、一百〇九、一
百十、一百五十一至一百七十四、二百三十四
至二百三十八、二百四十八至二百五十）

430000－2401－0009038　292.1/20－2

欽定續文獻通考二百五十卷　（清）嵇璜等纂
清光緒二十七年（1901）上海圖書集成局鉛

印本　三十六冊

430000－2401－0009039　292.1/20－2(1)

欽定續文獻通考二百五十卷　（清）嵇璜等纂
清光緒二十七年(1901)上海圖書集成局鉛
印本　三十六冊

430000－2401－0009040　292.1/20－2(2)

欽定續文獻通考二百五十卷　（清）嵇璜等纂
清光緒二十七年(1901)上海圖書集成局鉛
印本　三十六冊

430000－2401－0009041　292.1/20－2(3)

欽定續文獻通考二百五十卷　（清）嵇璜等纂
清光緒二十七年(1901)上海圖書集成局鉛
印本　三十六冊

430000－2401－0009042　292.1/20－2(4)

欽定續文獻通考二百五十卷　（清）嵇璜等纂
清光緒二十七年(1901)上海圖書集成局鉛
印本　十八冊

430000－2401－0009043　292.1/20－2(5)

欽定續文獻通考二百五十卷　（清）嵇璜等纂
清光緒二十七年(1901)上海圖書集成局鉛
印本　三十一冊　缺二十四卷(一至二十四)

430000－2401－0009044　292.1/20

欽定續文獻通考二百五十卷　（清）嵇璜等纂
清光緒十三年(1887)浙江書局刻本　一百
二十冊

430000－2401－0009045　292.1/20(1)

欽定續文獻通考二百五十卷　（清）嵇璜等纂
清光緒十三年(1887)浙江書局刻本　一百
二十冊

430000－2401－0009046　292.1/20(2)

欽定續文獻通考二百五十卷　（清）嵇璜等纂
清光緒十三年(1887)浙江書局刻本　一百
二十冊

430000－2401－0009047　292.1/20(3)

欽定續文獻通考二百五十卷　（清）嵇璜等纂
清光緒十三年(1887)浙江書局刻本　一百
十六冊

430000－2401－0009048　292.1/20(4)

欽定續文獻通考二百五十卷　（清）嵇璜等纂
清光緒十三年(1887)浙江書局刻本　一百
二十冊

430000－2401－0009049　292.1/20－4

欽定續文獻通考二百五十卷　（清）嵇璜等纂
清光緒二十八年(1902)上海鴻寶書局石印
本　二十四冊

430000－2401－0009050　292.1/20－3

欽定續文獻通考二百五十卷　（清）嵇璜等纂
清光緒二十八年(1902)石印縮印本　十
四冊

430000－2401－0009051　292.1/87

欽定續文獻通考輯要二十六卷　湯壽潛輯
清末通雅堂鉛印本　十冊

430000－2401－0009052　△293.1/9

皇朝文獻通考三百卷　（清）嵇璜等纂　清鈔
本　十冊　存二十五卷(二百十四至二百三
十八)

430000－2401－0009053　292.1/21

皇朝文獻通考三百卷　（清）嵇璜等纂　清光
緒八年(1882)浙江書局刻本　一百六十冊

430000－2401－0009054　292.1/21(1)

皇朝文獻通考三百卷　（清）嵇璜等纂　清光
緒八年(1882)浙江書局刻本　一百六十冊

430000－2401－0009055　292.1/21(2)

皇朝文獻通考三百卷　（清）嵇璜等纂　清光
緒八年(1882)浙江書局刻本　一百六十冊

430000－2401－0009056　292.1/21(3)

皇朝文獻通考三百卷　（清）嵇璜等纂　清光
緒八年(1882)浙江書局刻本　一百六十冊

430000－2401－0009057　292.1/21(4)

皇朝文獻通考三百卷　（清）嵇璜等纂　清光
緒八年(1882)浙江書局刻本　一百六十冊

430000－2401－0009058　292.1/21(5)

皇朝文獻通考三百卷　（清）嵇璜等纂　清光
緒八年(1882)浙江書局刻本　一百六十冊

430000 – 2401 – 0009059　292.1/21 – 4

皇朝文獻通考三百卷　(清)嵇璜等纂　清光緒二十八年(1902)上海鴻寶書局石印本　四十八冊

430000 – 2401 – 0009060　292.1/21 – 4(1)

皇朝文獻通考三百卷　(清)嵇璜等纂　清光緒二十八年(1902)上海鴻寶書局石印本　四十八冊

430000 – 2401 – 0009061　292.1/21 – 4(2)

皇朝文獻通考三百卷　(清)嵇璜等纂　清光緒二十八年(1902)上海鴻寶書局石印本　四十冊

430000 – 2401 – 0009062　292.1/21 – 4(3)

皇朝文獻通考三百卷　(清)嵇璜等纂　清光緒二十八年(1902)上海鴻寶書局石印本　二十冊

430000 – 2401 – 0009063　292.1/21 – 4(4)

皇朝文獻通考三百卷　(清)嵇璜等纂　清光緒二十八年(1902)上海鴻寶書局石印本　二十六冊　存一百六十六卷(一至三十七、四十七至五十四、六十三至一百八十三)

430000 – 2401 – 0009064　292.1/21 – 4(5)

皇朝文獻通考三百卷　(清)嵇璜等纂　清光緒二十八年(1902)上海鴻寶書局石印本　二十四冊　存一百七十六卷(三十九至二百〇一、二百〇六至二百十、二百九十三至三百)

430000 – 2401 – 0009065　292.1/21 – 4(6)

皇朝文獻通考三百卷　(清)嵇璜等纂　清光緒二十八年(1902)上海鴻寶書局石印本　十四冊　存八十八卷(一百三十四至一百九十九、二百二十四至二百四十五)

430000 – 2401 – 0009066　292.1/21 – 2

皇朝文獻通考三百卷　(清)嵇璜等纂　清刻本　七十二冊

430000 – 2401 – 0009067　292.1/88 – 2

皇朝文獻通考輯要二十六卷　湯壽潛輯　清末刻本　十冊

430000 – 2401 – 0009068　292.1/88

皇朝文獻通考輯要二十六卷　湯壽潛輯　清末通雅堂鉛印本　十冊

430000 – 2401 – 0009069　292.1/88(1)

皇朝文獻通考輯要二十六卷　湯壽潛輯　清末通雅堂鉛印本　十一冊

430000 – 2401 – 0009070　292.1/76

欽定通考考證三卷　(清)丁立誠等撰　清光緒二十二年(1896)浙江書局刻本　二冊

430000 – 2401 – 0009071　292.1/101

三通序目一卷　(清)陳弘謀錄　清道光刻本　一冊

430000 – 2401 – 0009072　292.1/14

三通序不分卷　(清)康蘿芸原輯　(清)周恭壽增輯　清道光十三年(1833)刻本　四冊

430000 – 2401 – 0009073　292.1/23

三通考輯要七十六卷　湯壽潛輯　清光緒二十五年(1899)上海圖書集成局鉛印本　三十二冊

430000 – 2401 – 0009074　292.1/23 – 2

三通考輯要七十六卷　湯壽潛輯　清光緒二十八年(1902)新化三味書局刻本　三十冊

430000 – 2401 – 0009075　292.1/23 – 2(1)

三通考輯要七十六卷　湯壽潛輯　清光緒二十八年(1902)新化三味書局刻本　二十冊

430000 – 2401 – 0009076　292.1/13

三通序一卷　蔣德鈞輯　清光緒十四年(1888)湘鄉蔣氏求實齋刻求實齋叢書本　一冊

430000 – 2401 – 0009077　292.1/13(1)

三通序一卷　蔣德鈞輯　清光緒十四年(1888)湘鄉蔣氏求實齋刻求實齋叢書本　一冊

430000 – 2401 – 0009078　292.1/13(2)

三通序一卷　蔣德鈞輯　清光緒十四年(1888)湘鄉蔣氏求實齋刻求實齋叢書本　三冊

430000 – 2401 – 0009079　292.1/13(3)

三通序一卷　蔣德鈞輯　清光緒十四年
(1888)湘鄉蔣氏求實齋刻求實齋叢書本
二冊

430000－2401－0009080　292.1/13(4)

三通序一卷　蔣德鈞輯　清光緒十四年
(1888)湘鄉蔣氏求實齋刻求實齋叢書本
一冊

430000－2401－0009081　292.1/13(5)

三通序一卷　蔣德鈞輯　清光緒十四年
(1888)湘鄉蔣氏求實齋刻求實齋叢書本
一冊

430000－2401－0009082　292.1/13(6)

三通序一卷　蔣德鈞輯　清光緒十四年
(1888)湘鄉蔣氏求實齋刻求實齋叢書本
二冊

430000－2401－0009083　292.1/13(7)

三通序一卷　蔣德鈞輯　清光緒十四年
(1888)湘鄉蔣氏求實齋刻求實齋叢書本
二冊

430000－2401－0009084　292.1/13(8)

三通序一卷　蔣德鈞輯　清光緒十四年
(1888)湘鄉蔣氏求實齋刻求實齋叢書本
一冊

430000－2401－0009085　292.1/153

六通訂誤六卷　(清)席裕福編　清末上海圖
書集成局鉛印本　一冊

430000－2401－0009086　292.1/77

九通分類總纂二百四十卷　(清)汪鍾霖纂
清光緒二十八年(1902)上海文瀾書局石印本
三十六冊

430000－2401－0009087　292.1/2

九通提要十二卷　(清)柴紹炳纂　清光緒二
十八年(1902)鴻寶齋石印本　三冊

430000－2401－0009088　292.1/4

九通通二百四十八卷　(清)劉可毅輯　清光
緒二十八年(1902)武進劉氏石印本　六十冊

430000－2401－0009089　292.1/12

九通序不分卷　清光緒二十八年(1902)新學
書社鉛印本　三冊

430000－2401－0009090　292.1/10

二十四史通政典類要合編三百二十卷　(清)
黃書霖纂　清光緒二十八年(1902)約雅堂石
印本　六十冊

430000－2401－0009091　292.1/33

秦會要二十六卷　(清)孫楷撰　清光緒三十
一年(1905)湘潭孫氏刻本　四冊

430000－2401－0009092　292.1/33(1)

秦會要二十六卷　(清)孫楷撰　清光緒三十
一年(1905)湘潭孫氏刻本　四冊

430000－2401－0009093　292.1/33(2)

秦會要二十六卷　(清)孫楷撰　清光緒三十
一年(1905)湘潭孫氏刻本　四冊

430000－2401－0009094　292.1/33(3)

秦會要二十六卷　(清)孫楷撰　清光緒三十
一年(1905)湘潭孫氏刻本　一冊　存六卷
(一至六)

430000－2401－0009095　292.1/24－3

漢制考四卷　(宋)王應麟撰　明崇禎虞山毛
氏汲古閣刻本　一冊

430000－2401－0009096　292.1/24

漢制考四卷　(宋)王應麟撰　清光緒九年
(1883)浙江書局刻本　一冊

430000－2401－0009097　292.1/24－2

漢制考四卷　(宋)王應麟撰　清刻本　一冊

430000－2401－0009098　292.1/57

西漢會要七十卷　(宋)徐天麟撰　清光緒五
年(1879)嶺南學海堂刻本　十冊

430000－2401－0009099　292.1/57－2

西漢會要七十卷　(宋)徐天麟撰　清光緒十
年(1884)江蘇書局刻本　十冊

430000－2401－0009100　292.1/57－2(1)

西漢會要七十卷　(宋)徐天麟撰　清光緒十
年(1884)江蘇書局刻本　十冊

430000 – 2401 – 0009101　292.1/70 – 3

東漢會要四十卷　（宋）徐天麟撰　清道光二
十七年(1847)福建遞修武英殿聚珍版本
八冊

430000 – 2401 – 0009102　292.1/70 – 3(1)

東漢會要四十卷　（宋）徐天麟撰　清道光二
十七年(1847)福建遞修武英殿聚珍版本
四冊

430000 – 2401 – 0009103　292.1/70 – 3(2)

東漢會要四十卷　（宋）徐天麟撰　清道光二
十七年(1847)福建遞修武英殿聚珍版本
八冊

430000 – 2401 – 0009104　292.1/70

東漢會要四十卷　（宋）徐天麟撰　清光緒五
年(1879)嶺南學海堂刻本　八冊

430000 – 2401 – 0009105　292.1/70 – 5

東漢會要四十卷　（宋）徐天麟撰　清光緒十
年(1884)江蘇書局刻本　八冊

430000 – 2401 – 0009106　292.1/70 – 5(1)

東漢會要四十卷　（宋）徐天麟撰　清光緒十
年(1884)江蘇書局刻本　八冊

430000 – 2401 – 0009107　292.1/70 – 5(1)

東漢會要四十卷　（宋）徐天麟撰　清光緒十
年(1884)江蘇書局刻本　八冊

430000 – 2401 – 0009108　292.1/70 – 2

東漢會要四十卷　（宋）徐天麟撰　清刻本
八冊

430000 – 2401 – 0009109　292.1/70 – 4

東漢會要四十卷　（宋）徐天麟撰　清鈔本
四冊

430000 – 2401 – 0009110　292.1/71 – 2

三國會要二十二卷首一卷　（清）楊晨撰　清
光緒二十六年(1900)江蘇書局刻本　六冊

430000 – 2401 – 0009111　292.1/71 – 2(1)

三國會要二十二卷首一卷　（清）楊晨撰　清
光緒二十六年(1900)江蘇書局刻本　三冊
存二卷(十一至十二)

430000 – 2401 – 0009112　292.1/53

唐會要一百卷　（宋）王溥撰　清光緒十年
(1884)江蘇書局刻本　二十四冊

430000 – 2401 – 0009113　292.1/53(1)

唐會要一百卷　（宋）王溥撰　清光緒十年
(1884)江蘇書局刻本　二十四冊

430000 – 2401 – 0009114　292.1/53(2)

唐會要一百卷　（宋）王溥撰　清光緒十年
(1884)江蘇書局刻本　二十四冊

430000 – 2401 – 0009115　292.1/53(3)

唐會要一百卷　（宋）王溥撰　清光緒十年
(1884)江蘇書局刻本　二十四冊

430000 – 2401 – 0009116　△293.1/5

五代會要三十卷　（宋）王溥撰　清鈔本　清
朱彝尊題跋　六冊

430000 – 2401 – 0009117　292.1/9 – 2

五代會要三十卷　（宋）王溥撰　清刻本
六冊

430000 – 2401 – 0009118　292.1/9

五代會要三十卷　（宋）王溥撰　清光緒十二
年(1886)江蘇書局刻本　六冊

430000 – 2401 – 0009119　292.1/99

宋朝事實二十卷　（宋）李攸撰　清乾隆浙江
刻武英殿聚珍版書本　八冊

430000 – 2401 – 0009120　292.1/31 – 2

朝野類要五卷　（宋）趙升撰　清刻武英殿聚
珍版書本　一冊

430000 – 2401 – 0009121　292.1/31 – 2(1)

朝野類要五卷　（宋）趙升撰　清刻武英殿聚
珍版書本　一冊

430000 – 2401 – 0009122　292.1/31

朝野類要五卷　（宋）趙升撰　清道光知不足
齋刻知不足齋叢書本　一冊

430000 – 2401 – 0009123　292.1/60

**大元聖政國朝典章六十卷新集至治條例不分
卷**　（元）□□撰　清光緒三十四年(1908)修
訂法律館刻本　二十五冊

430000 - 2401 - 0009124　292.1/60(1)

大元聖政國朝典章六十卷新集至治條例不分
卷　(元)□□撰　清光緒三十四年(1908)修
訂法律館刻本　二十四冊

430000 - 2401 - 0009125　292.1/60(2)

大元聖政國朝典章六十卷新集至治條例不分
卷　(元)□□撰　清光緒三十四年(1908)修
訂法律館刻本　三十冊

430000 - 2401 - 0009126　292.1/67

元朝典故編年考十卷　(清)孫承澤撰　清光
緒順德龍氏刻螺樹山房叢書本　四冊

430000 - 2401 - 0009127　△293.1/1 - 2

大明會典二百二十八卷　(明)申時行　(明)
趙用賢等纂修　明萬曆十五年(1587)刻本
八十冊

430000 - 2401 - 0009128　△293.1/1

大明會典二百二十八卷　(明)申時行　(明)
趙用賢等纂修　明刻本　十二冊

430000 - 2401 - 0009129　292.1/54

明會要八十卷　(清)龍文彬纂　清光緒十三
年(1887)永懷堂刻本　二十冊

430000 - 2401 - 0009130　292.1/50

大清會典四卷　清同治十一年(1872)崇文書
局刻本　四冊

430000 - 2401 - 0009131　292.1/48

欽定大清會典八十卷事例九百二十卷圖一百
三十二卷　清嘉慶刻本　三百三十冊

430000 - 2401 - 0009132　292.1/48(1)

欽定大清會典八十卷事例九百二十卷圖一百
三十二卷　(清)托津等修　清嘉慶刻本　四
百三十八冊

430000 - 2401 - 0009133　292.1/48(2)

欽定大清會典八十卷事例九百二十卷圖一百
三十二卷　(清)托津等修　清嘉慶刻本　三
百四十六冊

430000 - 2401 - 0009134　292.1/48(3)

欽定大清會典八十卷事例九百二十卷圖一百

三十二卷　(清)托津等修　清嘉慶刻本　三
十冊

430000 - 2401 - 0009135　292.1/48(4)

欽定大清會典八十卷事例九百二十卷圖一百
三十二卷　(清)托津等修　清嘉慶刻本　二
百四十二冊

430000 - 2401 - 0009136　292.1/48(5)

欽定大清會典八十卷事例九百二十卷圖一百
三十二卷　(清)托津等修　清嘉慶刻本　十
八冊

430000 - 2401 - 0009137　292.1/49 - 4

欽定大清會典一百卷　(清)崑岡等修　清光
緒十九年(1893)上海圖書集成印書局鉛印本
八冊

430000 - 2401 - 0009138　292.1/49

欽定大清會典一百卷　(清)崑岡等修　清光
緒二十七年(1901)上海文林石印本　六冊

430000 - 2401 - 0009139　292.1/49 - 3

欽定大清會典一百卷　(清)崑岡等修　清琉
璃廠刻本　二十四冊

430000 - 2401 - 0009140　292.1/49 - 2

欽定大清會典一百卷　(清)崑岡等修　清刻
本　十冊

430000 - 2401 - 0009141　292.1/49 - 2(1)

欽定大清會典一百卷　(清)崑岡等修　清刻
本　十六冊

430000 - 2401 - 0009142　292.1/49 - 2(2)

欽定大清會典一百卷　(清)崑岡等修　清刻
本　十八冊

430000 - 2401 - 0009143　292.1/49 - 5

欽定大清會典一百卷　(清)崑岡等修　清坊
刻本　二十三冊　缺一卷(一)

430000 - 2401 - 0009144　292.1/51

欽定大清會典事例一千二百二十卷　清光緒
三十四年(1908)商務印書館石印本　一百六
十冊

430000 - 2401 - 0009145　292.1/93

會典簡明錄一卷　（清）張祥河輯　清光緒刻本　一冊

430000－2401－0009146　292.1/134

欽定台規四十二卷首一卷　（清）延煦等纂　清光緒十八年(1892)刻本　四冊　存六卷(首,一至二、四、十二至十三)

430000－2401－0009147　292.1/36

欽定中樞政考三十二卷續纂四卷　（清）納蘇泰等纂　清道光五年(1825)刻本　三十冊

430000－2401－0009148　292.1/35

欽定中樞政考四十卷續纂四卷總目二卷　（清）納蘇泰等纂　清道光十二年(1832)刻本　四十六冊

430000－2401－0009149　292.1/35(1)

欽定中樞政考四十卷續纂四卷總目二卷　（清）納蘇泰等纂　清道光十二年(1832)刻本　四十六冊

430000－2401－0009150　292.1/35(2)

欽定中樞政考四十卷續纂四卷總目二卷　（清）納蘇泰等纂　清道光十二年(1832)刻本　三十三冊　三十三卷(一至三十三)

430000－2401－0009151　292.1/35(3)

欽定中樞政考四十卷續纂四卷總目二卷　（清）納蘇泰等纂　清道光十二年(1832)刻本　二十九冊　存三十八卷(一至三十四、續纂四卷)

430000－2401－0009152　292.1/35－2

欽定中樞政考四十卷續纂四卷　（清）納蘇泰等纂　清刻本　四十二冊

430000－2401－0009153　292.1/37

欽定中樞政考四十卷續纂四卷　（清）明達等纂　清道光九年(1829)刻本　四十二冊

430000－2401－0009154　292.1/38

欽定中樞政考十六卷　清雍正刻本　十冊

430000－2401－0009155　292.1/133

欽定行政綱目一卷　清末石印本　一冊

430000－2401－0009156　292.1/154

奏摺條件輯覽四卷　（清）張守誠編　清光緒十六年(1890)皖江節署刻本　一冊　存一卷(一)

430000－2401－0009157　292.1/28

皇朝政典類纂五百卷　湯壽潛纂　清光緒上海圖書集成局鉛印本　一百二十冊

430000－2401－0009158　△24/50

歷代建元類考不分卷歷代建元考前編不分卷外編不分卷　（清）鍾淵映撰　清鈔本　二冊

430000－2401－0009159　293.1/6

古今平略三十三卷　（明）朱健撰　明崇禎十一年(1638)鍾鈜刻本　葉啟勳題識　三十冊

430000－2401－0009160　292.1/8

石渠餘紀六卷　（清）王慶雲撰　清光緒十四年(1888)寧鄉黃氏刻本　六冊

430000－2401－0009161　292.1/8－2

石渠餘紀六卷　（清）王慶雲撰　清光緒十六年(1890)龍氏刻本　六冊

430000－2401－0009162　292.1/8－3

石渠餘紀六卷　（清）王慶雲撰　清光緒刻本　六冊

430000－2401－0009163　292.1/6

熙朝紀政八卷　（清）王慶雲撰　清光緒二十八年(1902)上海書局鉛印本　一冊

430000－2401－0009164　292.1/6－2

熙朝紀政八卷　（清）王慶雲撰　清末石印本　三冊　缺二卷(一至二)

430000－2401－0009165　292.1/122

政務處開辦條議明辨　（清）李希聖擬　清光緒刻本　一冊

430000－2401－0009166　292.1/124

開縣李尚書政書八卷　（清）李宗義撰　清光緒刻本　一冊　存四卷(一至四)

430000－2401－0009167　292.1/3－4

資治新書十四卷二集二十卷　（清）李漁輯　清光緒八年(1882)經綸堂刻本　十九冊　缺二卷(二集十一至十二)

430000－2401－0009168　292.1/3

資治新書十四卷二集二十卷　（清）李漁輯
清光緒二十年(1894)上海圖書集成印書局鉛
印本　十二冊

430000－2401－0009169　292.1/3(1)

資治新書十四卷二集二十卷　（清）李漁輯
清光緒二十年(1894)上海圖書集成印書局鉛
印本　十二冊

430000－2401－0009170　292.1/3－4

資治新書十四卷二集二十卷　（清）李漁輯
清三讓堂刻本　二十冊

430000－2401－0009171　292.1/3－2

資治新書十四卷　（清）李漁輯　清寶文堂刻
本　八冊

430000－2401－0009172　292.1/3－3

資治新書二集二十卷　（清）李漁輯　清寶文
堂刻本　十冊

430000－2401－0009173　32/186－2

得一錄十六卷　（清）余治輯　清同治八年
(1869)刻本　八冊

430000－2401－0009174　32/186

得一錄十六卷　（清）余治輯　清同治十年
(1871)味經堂刻本　六冊

430000－2401－0009175　32/186(1)

得一錄十六卷　（清）余治輯　清同治十一年
(1872)汴省刻本　八冊

430000－2401－0009176　32/186(2)

得一錄十六卷　（清）余治輯　清同治刻本
七冊　存二卷(一至二)

430000－2401－0009177　32/186－3

得一錄八卷　（清）余治輯　清光緒十一年
(1885)長沙寶善堂刻本　八冊

430000－2401－0009178　32/186－3(1)

得一錄八卷　（清）余治輯　清光緒十一年
(1885)長沙寶善堂刻本　八冊

430000－2401－0009179　292.7/222

普天忠憤全集十四卷首一卷　（清）魯陽生編

清光緒二十一年(1895)上海宏章書局石印
本　六冊

430000－2401－0009180　292.7/222(1)

普天忠憤全集十四卷首一卷　（清）魯陽生編
清光緒二十一年(1895)上海宏章書局石印
本　十二冊

430000－2401－0009181　292.7/222(2)

普天忠憤全集十四卷首一卷　（清）魯陽生編
清光緒二十一年(1895)上海宏章書局石印
本　十一冊　存十二卷(一至十二)

430000－2401－0009182　296.1/138

地球政要通考三十六帙　（清）丁日昌編輯
清光緒上海著易堂鉛印本　十二冊

430000－2401－0009183　292.1/96

歷代政治類編十二卷　（清）柴紹炳纂　清光
緒二十七年(1901)上海自強書局石印本
一冊

430000－2401－0009184　292.1/27

**皇朝掌故彙編內編六十卷首一卷外編四十卷
首一卷**　張壽鏞等編　清光緒二十八年
(1902)上海求實書社鉛印本　六十冊

430000－2401－0009185　292.1/27(1)

**皇朝掌故彙編內編六十卷首一卷外編四十卷
首一卷**　張壽鏞等編　清光緒二十八年
(1902)上海求實書社鉛印本　五十七冊　缺
六卷(內編二十一至二十四、外編二十七至二
十八)

430000－2401－0009186　292.1/27(2)

**皇朝掌故彙編內編六十卷首一卷外編四十卷
首一卷**　張壽鏞等編　清光緒二十八年
(1902)上海求實書社鉛印本　六十冊

430000－2401－0009187　292.1/111

時務通考三十一卷　（清）杞廬主人等編　清
光緒二十三年(1897)點石齋石印本　二十冊

430000－2401－0009188　292.1/111(1)

時務通考三十一卷　（清）杞廬主人等編　清光
緒二十三年(1897)點石齋石印本　二十四冊

430000－2401－0009189　292.1/111(2)

時務通考三十一卷　(清)杞廬主人等編　清光緒二十三年(1897)點石齋石印本　二十冊

430000－2401－0009190　292.1/112

時務通考八十二卷　(清)陳驥編　清光緒二十三年(1897)湖南求賢書院刻本　二十四冊

430000－2401－0009191　292.1/110

時務通藝錄掌故二卷　清光緒二十四年(1898)刻本　一冊

430000－2401－0009192　292.1/39

精選中外時務文編四十四卷　(清)古堇養晦生輯　清光緒二十三年(1897)寶善書店石印本　十九冊

430000－2401－0009193　292.1/39(1)

精選中外時務文編四十四卷　(清)古堇養晦生輯　清光緒二十三年(1897)寶善書店石印本　十四冊　缺五卷(三十二至三十六)

430000－2401－0009194　292.1/132

中外時務新政策不分卷　(清)張之洞編　清光緒二十八年(1902)詠梅書局刻本　二冊

430000－2401－0009195　416/460

醒世要錄四卷　(清)張之洞等撰　(清)具婆心人輯　清光緒三十四年(1908)溪口育嬰局刻本　二冊

430000－2401－0009196　292.1/150

國民讀本二卷　(清)朱樹人撰　清光緒二十九年(1903)上海文明書局鉛印本　一冊　存一卷(下)

430000－2401－0009197　292.1/85

世界最古之憲政　但燾撰　清宣統元年(1909)鉛印本　一冊

430000－2401－0009198　24/16

中外政治史要二卷　(日本)桑原騭藏撰　(清)樊炳清譯　清光緒二十八年(1902)湖南書局刻本　一冊

430000－2401－0009199　292.1/1

歐美政治要義不分卷　(清)戴鴻慈　(清)端

方撰　清光緒三十四年(1908)商務印書館石印本　四冊

430000－2401－0009200　292.1/152

英國樞政志十四卷　(英國)雷爾撰　南洋公學師範院譯　清光緒二十八年(1902)鉛印本　一冊

430000－2401－0009201　292.1/130

國家學綱領　(德國)伯倫知理撰　梁啟超譯　清光緒二十八年(1902)上海廣智書局鉛印政治小叢書本　一冊

430000－2401－0009202　292.1/125

聯邦志略一卷　(美國)裨治文撰　清光緒湖南振興薪學書局刻本　一冊

430000－2401－0009203　299/184

新輯各國政治藝學全書　(清)東山書局輯　清光緒二十八年(1902)上海東山書局石印西學政教工藝分類叢書本　八冊　存學校、政治、財賦兵制、商務(富國策)

430000－2401－0009204　292.2/98－2

漢官儀三卷　(宋)劉攽撰　民國十一年(1922)上海商務印書館景印續古逸叢書本　一冊

430000－2401－0009205　292.2/98－2(1)

漢官儀三卷　(宋)劉攽撰　民國十一年(1922)上海商務印書館景印續古逸叢書本　一冊

430000－2401－0009206　292.2/98－2(2)

漢官儀三卷　(宋)劉攽撰　民國十一年(1922)上海商務印書館景印續古逸叢書本　一冊

430000－2401－0009207　292.2/98－2(3)

漢官儀三卷　(宋)劉攽撰　民國十一年(1922)上海商務印書館景印續古逸叢書本　一冊

430000－2401－0009208　292.1/7

大唐開元禮一百五十卷　(唐)蕭嵩等撰　清光緒十二年(1886)公善堂刻本　十六冊

430000－2401－0009209　292.2/28

大金集禮四十卷　（金）張瑋等撰　（清）許之旋等校　清光緒二十一年(1895)廣雅書局刻廣雅書局叢書本　四冊

430000－2401－0009210　292.2/28(1)

大金集禮四十卷　（金）張瑋等撰　（清）許之旋等校　清光緒二十一年(1895)廣雅書局刻廣雅書局叢書本　四冊

430000－2401－0009211　292.2/110

明宮史五卷　（明）呂毖撰　清鈔本　二冊

430000－2401－0009212　292.2/111

明宮史八卷　（明）劉若愚撰　清宣統二年(1910)國學扶輪社鉛印本　二冊

430000－2401－0009213　292.2/111(1)

明宮史八卷　（明）劉若愚撰　清宣統二年(1910)國學扶輪社鉛印本　一冊　存二卷(一至二)

430000－2401－0009214　△293.2/2

明代祀典紀實不分卷　（明）□□編　明鈔本　一冊

430000－2401－0009215　△293.2/3

皇朝禮器圖式十八卷　（清）允祿等撰　清乾隆三十一年(1766)武英殿刻本　十六冊

430000－2401－0009216　292.2/100

御製律呂正義一卷　（清）文宗奕詝編　清咸豐刻本　一冊

430000－2401－0009217　292.2/191

同治帝大婚典禮檔案一卷　（清）内務府撰　清同治刻本　一冊

430000－2401－0009218　292.2/35

文廟禮器圖式一卷　（清）孔繼汾編　清同治六年(1867)刻朱墨套印本　一冊

430000－2401－0009219　292.2/294

聖門樂志一卷　（清）孔尚任纂　清光緒十三年(1887)刻本　一冊

430000－2401－0009220　292.2/295

聖門禮志一卷　（清）孔尚任纂　（清）孔慶輔

（清）孔祥霖續纂　清光緒十三年(1887)刻本　一冊

430000－2401－0009221　△293.2/1

幸魯盛典四十卷　（清）孔毓圻等撰　清康熙二十八年(1689)刻本　二十四冊

430000－2401－0009222　292.2/29

典禮質疑六卷　（清）杜貴墀撰　清光緒二十六年(1900)刻桐華閣叢書本　三冊

430000－2401－0009223　292.2/29(1)

典禮質疑六卷　（清）杜貴墀撰　清光緒二十六年(1900)刻桐華閣叢書本　二冊

430000－2401－0009224　292.2/29(2)

典禮質疑六卷　（清）杜貴墀撰　清光緒二十六年(1900)刻桐華閣叢書本　二冊

430000－2401－0009225　292.2/29(3)

典禮質疑六卷　（清）杜貴墀撰　清光緒二十六年(1900)刻桐華閣叢書本　二冊

430000－2401－0009226　32/244

師鑒五卷　（清）李庚乾輯　清光緒二十六年(1900)成都刻本　一冊　存二卷(一至二)

430000－2401－0009227　292.2/206

湘陰李氏家廟祀規一卷　（清）李輅撰　清光緒九年(1883)刻本　一冊

430000－2401－0009228　292.2/33

文廟上丁禮樂備考四卷　（清）吳祖昌等編　清同治九年(1870)江右乙藜齋董氏刻本　四冊

430000－2401－0009229　292.2/33(1)

文廟上丁禮樂備考四卷　（清）吳祖昌等編　清同治九年(1870)江右乙藜齋董氏刻本　四冊

430000－2401－0009230　292.2/33(2)

文廟上丁禮樂備考四卷　（清）吳祖昌等編　清同治九年(1870)江右乙藜齋董氏刻本　四冊

430000－2401－0009231　292.2/106－2

吾學錄初編二十四卷　（清）吳榮光撰　清道

光十二年(1832)南海吳氏筠清閣刻本　八冊

430000－2401－0009232　292.2/106－3

吾學錄初編二十四卷　（清）吳榮光撰　清道光十五年(1835)陟慕居刻本　八冊

430000－2401－0009233　292.2/106－4

吾學錄初編二十四卷　（清）吳榮光撰　清道光二十九年(1849)刻本　八冊

430000－2401－0009234　292.2/106－4(1)

吾學錄初編二十四卷　（清）吳榮光撰　清道光二十九年(1849)刻本　八冊

430000－2401－0009235　292.2/106－4(2)

吾學錄初編二十四卷　（清）吳榮光撰　清道光二十九年(1849)刻本　八冊

430000－2401－0009236　292.2/106－4(3)

吾學錄初編二十四卷　（清）吳榮光撰　清道光二十九年(1849)刻本　八冊

430000－2401－0009237　292.2/106－4(4)

吾學錄初編二十四卷　（清）吳榮光撰　清道光二十九年(1849)刻本　八冊

430000－2401－0009238　292.2/106－4(5)

吾學錄初編二十四卷　（清）吳榮光撰　清道光二十九年(1849)刻本　六冊

430000－2401－0009239　292.2/106－4(6)

吾學錄初編二十四卷　（清）吳榮光撰　清道光二十九年(1849)刻本　六冊

430000－2401－0009240　292.2/106－4(7)

吾學錄初編二十四卷　（清）吳榮光撰　清道光二十九年(1849)刻本　六冊

430000－2401－0009241　292.2/106－4(8)

吾學錄初編二十四卷　（清）吳榮光撰　清道光二十九年(1849)刻本　七冊　缺三卷(一至三)

430000－2401－0009242　292.2/106－5

吾學錄初編二十四卷　（清）吳榮光撰　清同治七年(1868)金陵書局刻本　八冊

430000－2401－0009243　292.2/106

吾學錄初編二十四卷　（清）吳榮光撰　清光緒十年(1884)刻本　六冊

430000－2401－0009244　292.2/106(1)

吾學錄初編二十四卷　（清）吳榮光撰　清光緒十年(1884)刻本　八冊

430000－2401－0009245　292.2/106(2)

吾學錄初編二十四卷　（清）吳榮光撰　清光緒十年(1884)刻本　八冊

430000－2401－0009246　292.2/106(3)

吾學錄初編二十四卷　（清）吳榮光撰　清光緒十年(1884)刻本　四冊

430000－2401－0009247　292.2/2－3

大清通禮五十卷　（清）來保等纂　清乾隆刻本　八冊

430000－2401－0009248　292.2/2－3(1)

大清通禮五十卷　（清）來保等纂　清乾隆刻本　八冊

430000－2401－0009249　292.2/2－3(2)

大清通禮五十卷　（清）來保等纂　清乾隆刻本　八冊

430000－2401－0009250　292.2/2－4

大清通禮五十卷　（清）來保等纂　清乾隆刻本　十二冊

430000－2401－0009251　292.2/2－2

大清通禮五十四卷　（清）來保等纂　（清）穆克登額等續纂　清道光刻本　二十冊

430000－2401－0009252　292.2/2－2(1)

大清通禮五十四卷　（清）來保等纂　（清）穆克登額等續纂　清道光刻本　十二冊

430000－2401－0009253　292.2/2－2(2)

大清通禮五十四卷　（清）來保等纂　（清）穆克登額等續纂　清道光刻本　十二冊

430000－2401－0009254　292.2/2

大清通禮五十四卷　（清）來保等纂　（清）穆克登額等續纂　清光緒九年(1883)江蘇書局刻本　十二冊

430000－2401－0009255　292.2/2(1)

大清通禮五十四卷　（清）來保等纂　（清）穆克登額等續纂　清光緒九年(1883)江蘇書局刻本　六冊

430000－2401－0009256　292.2/2(2)

大清通禮五十四卷　（清）來保等纂　（清）穆克登額等續纂　清光緒九年(1883)江蘇書局刻本　十二冊

430000－2401－0009257　292.2/2(3)

大清通禮五十四卷　（清）來保等纂　（清）穆克登額等續纂　清光緒九年(1883)江蘇書局刻本　十二冊

430000－2401－0009258　292.2/34

丁祭禮樂備考三卷　（清）邱之稑編　清道光二十年(1840)刻本　一冊

430000－2401－0009259　292.2/34(1)

丁祭禮樂備考三卷　（清）邱之稑編　清道光二十年(1840)刻本　一冊

430000－2401－0009260　292.2/160

曾廟從祀議薈二卷鄒縣孟廟祀位考一卷（清）洪恩波編　清光緒二十九年(1903)金陵何陋居刻本　二冊

430000－2401－0009261　292.2/160(1)

曾廟從祀議薈二卷鄒縣孟廟祀位考一卷（清）洪恩波編　清光緒二十九年(1903)金陵何陋居刻本　二冊

430000－2401－0009262　292.2/70

南巡盛典一百二十卷　（清）高晉等撰　清光緒八年(1882)上海點石齋石印本　八冊

430000－2401－0009263　292.2/70(1)

南巡盛典一百二十卷　（清）高晉等撰　清光緒八年(1882)上海點石齋石印本　八冊

430000－2401－0009264　292.2/70(2)

南巡盛典一百二十卷　（清）高晉等撰　清光緒八年(1882)上海點石齋石印本　八冊

430000－2401－0009265　292.2/17

盛京典制備考八卷　（清）特慎庵撰　（清）崇厚增輯　清光緒刻本　四冊　存六卷(二至七)

430000－2401－0009266　292.2/10

皇朝祭器樂舞錄二卷　（清）徐錫達編　清同治十年(1871)楚北崇文書局刻本　三冊

430000－2401－0009267　292.2/10(1)

皇朝祭器樂舞錄二卷　（清）徐錫達編　清同治十年(1871)楚北崇文書局刻本　二冊

430000－2401－0009268　292.2/10(2)

皇朝祭器樂舞錄二卷　（清）徐錫達編　清同治十年(1871)楚北崇文書局刻本　二冊

430000－2401－0009269　292.2/10(3)

皇朝祭器樂舞錄二卷　（清）徐錫達編　清同治十年(1871)楚北崇文書局刻本　二冊

430000－2401－0009270　292.2/125

避諱錄五卷　（清）黃本驥撰　清道光二十六年(1846)刻三長物齋叢書本　一冊

430000－2401－0009271　292.2/161

禮俗權衡二卷　（清）趙執信撰　清康熙四十八年(1709)刻本　一冊

430000－2401－0009272　292.2/20

歷代服制考原二卷圖一卷　（清）蔡子嘉撰　清光緒十四年(1888)石印本　二冊

430000－2401－0009273　279.2/17

國朝館選爵里謚法考六卷　（清）吳鼎雯輯　（清）勞崇光等續修　清道光二十八年(1848)刻本　二冊

430000－2401－0009274　279.2/24

南疆繹史恤謚考八卷　（清）李瑤輯　清道光十年(1830)琉璃廠半松居士活字本　一冊

430000－2401－0009275　292.2/6

文廟祀位考略六卷　（清）劉矩撰　清同治九年(1870)刻本　四冊

430000－2401－0009276　292.2/4

皇朝謚法考五卷續編一卷補編一卷續補編一卷　（清）鮑康輯　清同治三年(1864)刻本　二冊

430000 - 2401 - 0009277　292.2/4（1）

皇朝謚法考五卷續編一卷補編一卷續補編一卷　（清）鮑康輯　清同治三年（1864）刻本　一冊

430000 - 2401 - 0009278　292.2/4（2）

皇朝謚法考五卷續編一卷補編一卷續補編一卷　（清）鮑康輯　清同治三年（1864）刻本　二冊

430000 - 2401 - 0009279　292.2/4（3）

皇朝謚法考五卷續編一卷補編一卷續補編一卷　（清）鮑康輯　清同治三年（1864）刻本　二冊

430000 - 2401 - 0009280　292.2/4（4）

皇朝謚法考五卷續編一卷補編一卷續補編一卷　（清）鮑康輯　清同治三年（1864）刻本　一冊

430000 - 2401 - 0009281　292.2/4（5）

皇朝謚法考五卷續編一卷補編一卷續補編一卷　（清）鮑康輯　清同治三年（1864）刻本　一冊

430000 - 2401 - 0009282　292.2/4（6）

皇朝謚法考五卷續編一卷補編一卷續補編一卷　（清）鮑康輯　清同治三年（1864）刻本　一冊

430000 - 2401 - 0009283　292.2/4（7）

皇朝謚法考五卷續編一卷補編一卷續補編一卷　（清）鮑康輯　清同治三年（1864）刻本　一冊

430000 - 2401 - 0009284　292.2/4（8）

皇朝謚法考五卷續編一卷補編一卷續補編一卷　（清）鮑康輯　清同治三年（1864）刻本　二冊

430000 - 2401 - 0009285　292.2/4（9）

皇朝謚法考五卷續編一卷補編一卷續補編一卷　（清）鮑康輯　清同治三年（1864）刻本　一冊

430000 - 2401 - 0009286　292.2/4（10）

皇朝謚法考五卷續編一卷補編一卷續補編一

卷　（清）鮑康輯　清同治三年（1864）刻本　四冊

430000 - 2401 - 0009287　292.2/31

大清通禮品官士庶儀纂六卷　（清）劉師陸輯　清道光十一年（1831）大梁書院刻本　一冊

430000 - 2401 - 0009288　292.2/15

大清通禮品官士庶儀纂六卷　（清）謝蘭生輯　清道光二十三年（1843）楞伽山館木活字本　一冊

430000 - 2401 - 0009289　292.2/15（1）

大清通禮品官士庶儀纂六卷　（清）謝蘭生輯　清道光二十三年（1843）楞伽山館木活字本　一冊

430000 - 2401 - 0009290　292.2/9 - 2

省直釋奠禮樂記六卷首一卷　（清）應寶時輯　清同治十二年（1873）刻本　五冊　缺三卷（三至五）

430000 - 2401 - 0009291　292.2/9 - 2（1）

省直釋奠禮樂記六卷首一卷　（清）應寶時輯　清同治十二年（1873）刻本　一冊　存一卷（二下）

430000 - 2401 - 0009292　292.2/9

省直釋奠禮樂記六卷首一卷末一卷　（清）應寶時輯　清光緒十七年（1891）廣東藩署刻本　四冊

430000 - 2401 - 0009293　292.2/9（1）

省直釋奠禮樂記六卷首一卷末一卷　（清）應寶時輯　清光緒十七年（1891）廣東藩署刻本　四冊

430000 - 2401 - 0009294　292.2/9（2）

省直釋奠禮樂記六卷首一卷末一卷　（清）應寶時輯　清光緒十七年（1891）廣東藩署刻本　四冊

430000 - 2401 - 0009295　292.2/9（3）

省直釋奠禮樂記六卷首一卷末一卷　（清）應寶時輯　清光緒十七年（1891）廣東藩署刻本　四冊

430000－2401－0009296　292.2/9（4）
省直釋奠禮樂記六卷首一卷末一卷　（清）應
寶時輯　清光緒十七年（1891）廣東藩署刻本
四冊

430000－2401－0009297　292.2/9（5）
省直釋奠禮樂記六卷首一卷末一卷　（清）應
寶時輯　清光緒十七年（1891）廣東藩署刻本
四冊

430000－2401－0009298　292.2/9（6）
省直釋奠禮樂記六卷首一卷末一卷　（清）應
寶時輯　清光緒十七年（1891）廣東藩署刻本
四冊

430000－2401－0009299　292.2/9（7）
省直釋奠禮樂記六卷首一卷末一卷　（清）應
寶時輯　清光緒十七年（1891）廣東藩署刻本
四冊

430000－2401－0009300　292.2/9（8）
省直釋奠禮樂記六卷首一卷末一卷　（清）應
寶時輯　清光緒十七年（1891）廣東藩署刻本
三冊　缺一卷（一）

430000－2401－0009301　292.2/117
瀏陽文廟丁祭禮樂局規條一卷　（清）瀏陽禮
樂局撰　清咸豐三年（1853）禮樂局刻本
一冊

430000－2401－0009302　292.2/8
文廟丁祭譜四卷首一卷　（清）藍鍾瑞等輯　清
道光二十五年（1845）醴陵縣尊經閣刻本　八冊

430000－2401－0009303　292.2/8（1）
文廟丁祭譜四卷首一卷　（清）藍鍾瑞等輯
清道光二十五年（1845）醴陵縣尊經閣刻本
八冊

430000－2401－0009304　292.2/8（2）
文廟丁祭譜四卷首一卷　（清）藍鍾瑞等輯
清道光二十五年（1845）醴陵縣尊經閣刻本
八冊

430000－2401－0009305　292.2/8（3）
文廟丁祭譜四卷首一卷　（清）藍鍾瑞等輯

清道光二十五年（1845）醴陵縣尊經閣刻本
八冊

430000－2401－0009306　292.2/8（4）
文廟丁祭譜四卷首一卷　（清）藍鍾瑞等輯
清道光二十五年（1845）醴陵縣尊經閣刻本
八冊

430000－2401－0009307　292.2/8（5）
文廟丁祭譜四卷首一卷　（清）藍鍾瑞等輯
清道光二十五年（1845）醴陵縣尊經閣刻本
八冊

430000－2401－0009308　292.2/8（6）
文廟丁祭譜四卷首一卷　（清）藍鍾瑞等輯
清道光二十五年（1845）醴陵縣尊經閣刻本
八冊

430000－2401－0009309　292.2/8（7）
文廟丁祭譜四卷首一卷　（清）藍鍾瑞等輯
清道光二十五年（1845）醴陵縣尊經閣刻本
八冊

430000－2401－0009310　292.2/8（8）
文廟丁祭譜四卷首一卷　（清）藍鍾瑞等輯
清道光二十五年（1845）醴陵縣尊經閣刻本
八冊

430000－2401－0009311　292.2/8－2
文廟丁祭譜十卷首一卷附錄三卷　（清）藍鍾
瑞等輯　清同治八年（1869）醴陵縣尊經閣刻
本　十二冊

430000－2401－0009312　271/57
文廟祀典考五十卷首一卷　（清）龐鍾璐輯
清光緒四年（1878）刻本　八冊

430000－2401－0009313　271/57（1）
文廟祀典考五十卷首一卷　（清）龐鍾璐輯
清光緒四年（1878）刻本　八冊

430000－2401－0009314　271/57（2）
文廟祀典考五十卷首一卷　（清）龐鍾璐輯
清光緒四年（1878）刻本　八冊

430000－2401－0009315　271/57（3）
文廟祀典考五十卷首一卷　（清）龐鍾璐輯

清光緒四年(1878)刻本　六冊

430000－2401－0009316　271/57(4)

文廟祀典考五十卷首一卷　(清)龐鍾璐輯
清光緒四年(1878)刻本　八冊

430000－2401－0009317　292.2/103

典禮備考八卷　清同治五年(1866)萬縣縣志
局刻本　二冊

430000－2401－0009318　292.2/103－2

典禮備考八卷　清同治鄞都縣志局刻本
二冊

430000－2401－0009319　292.2/21

文廟丁祭譜一卷　清同治七年(1868)江蘇書
局刻本　一冊

430000－2401－0009320　292.2/21(1)

文廟丁祭譜一卷　清同治七年(1868)江蘇書
局刻本　一冊

430000－2401－0009321　292.2/179

文廟祀位一卷　清同治八年(1869)楚北崇文
書局刻本　二冊

430000－2401－0009322　292.2/179－2

續刊文廟祀位一卷　清孝感知縣李觀濤刻本
一冊

430000－2401－0009323　292.2/179－2(1)

續刊文廟祀位一卷　清孝感知縣李觀濤刻本
一冊

430000－2401－0009324　292.2/30

文廟佾舞儀式一卷　(清)孔繼汾輯錄　清光
緒四年(1878)梧州府學署刻本　一冊

430000－2401－0009325　292.2/32

文廟大成祀譜八卷首一卷末一卷　清宣統三
年(1911)醴陵縣刻本　六冊

430000－2401－0009326　292.2/143

萬壽盛典初集百二十卷　清刻本　三冊　存
十六卷(四十八至五十、八十三至八十九、九
十八至一百○三)

430000－2401－0009327　292.2/101

摭言十五卷　(唐)王定保撰　清乾隆二十一
年(1756)盧氏雅雨堂刻本　二冊

430000－2401－0009328　292.2/102

淡墨錄十六卷　(清)李調元撰　清乾隆綿州
李氏萬卷樓刻函海本　二冊

430000－2401－0009329　△293.8/2

學典三十卷　(清)孫承澤撰　清鈔本　一冊
　存二卷(十七、二十一)

430000－2401－0009330　△293.1/12

學制統述二卷　(清)夏炘撰　清光緒三十年
(1904)楊樹達鈔本　楊樹達批校　一冊

430000－2401－0009331　292.2/239

藍鹿洲先生學規一卷　(清)藍鼎元編　清同
治元年(1862)刻本　一冊

430000－2401－0009332　292.2/296

欽定磨勘條例五卷續增磨勘條例一卷　清道
光八年(1828)刻本　一冊

430000－2401－0009333　292.2/1

欽定學政全書八十六卷　(清)恭阿拉等纂
清嘉慶刻本　十冊

430000－2401－0009334　292.2/1－2

欽定學政全書八十六卷　(清)恭阿拉等纂
清嘉慶刻本　十六冊

430000－2401－0009335　292.2/1－2(1)

欽定學政全書八十六卷　(清)恭阿拉等纂
清嘉慶刻本　二十四冊

430000－2401－0009336　292.2/1－2(2)

欽定學政全書八十六卷　(清)恭阿拉等纂
清嘉慶刻本　十六冊

430000－2401－0009337　292.2/1－3

欽定學政全書八十六卷　(清)恭阿拉等纂
清嘉慶刻本　二十一冊

430000－2401－0009338　292.2.1－4

欽定學政全書八十六卷　(清)恭阿拉等纂
清刻本　二十四冊

430000－2401－0009339　292.2/241

欽定學堂章程 （清）張百熙擬 清光緒刻本
二冊

430000－2401－0009340 292.2/232

欽定學堂章程一卷 （清）張百熙撰 清光緒
鉛印本 一冊

430000－2401－0009341 292.2/150－2

欽定大學堂章程一卷 （清）張百熙撰 清光
緒鉛印本 一冊

430000－2401－0009342 292.2/150

欽定大學堂章程一卷 （清）張百熙撰 清光
緒石印本 一冊

430000－2401－0009343 292.2/151

欽定高等學堂章程一卷 （清）張百熙撰 清
光緒石印本 一冊

430000－2401－0009344 292.2/152

欽定中學堂章程一卷 （清）張百熙撰 清光
緒石印本 一冊

430000－2401－0009345 292.2/154

欽定蒙學堂章程一卷 （清）張百熙撰 清光
緒石印本 一冊

430000－2401－0009346 292.2/154－2

奏定學堂章程不分卷 （清）張百熙撰 清光
緒瀏陽小學堂重刻本 一冊

430000－2401－0009347 292.2/66

奏定高等學堂章程 （清）張百熙撰 清宣統
元年(1909)湖南高等學堂鉛印本 一冊

430000－2401－0009348 292.2/201－2

欽定小學堂章程一卷 （清）張百熙撰 清光
緒石印本 一冊

430000－2401－0009349 292.2/201

管學大臣張奏定小學堂章程一卷 （清）張百
熙撰 清光緒活字本 一冊

430000－2401－0009350 292.2/200

暫定小學堂章程一卷 清學部編 清光緒鉛
印本 一冊

430000－2401－0009351 292.2/200(1)

暫定小學堂章程一卷 清學部編 清光緒鉛
印本 一冊

430000－2401－0009352 292.2/200(2)

暫定小學堂章程一卷 清學部編 清光緒鉛
印本 一冊

430000－2401－0009353 293.2/52

出洋游學章程 （清）張之洞撰 清光緒刻本
一冊

430000－2401－0009354 293.2/127

張宮保奏約束出洋游學章程并鼓勵游學生章
程摺一卷 （清）張之洞撰 清光緒刻本
一冊

430000－2401－0009355 293.2/2

籌辦湖北各學堂摺一卷 （清）張之洞 （清）
端方撰 清光緒二十八年(1902)刻本 一冊

430000－2401－0009356 293.2/2(1)

籌辦湖北各學堂摺一卷 （清）張之洞 （清）
端方撰 清光緒二十八年(1902)刻本 一冊

430000－2401－0009357 293.2/2(2)

籌辦湖北各學堂摺一卷 （清）張之洞 （清）
端方撰 清光緒二十八年(1902)刻本 一冊

430000－2401－0009358 293.2/2(3)

籌辦湖北各學堂摺一卷 （清）張之洞 （清）
端方撰 清光緒二十八年(1902)刻本 一冊

430000－2401－0009359 292.2/163

湖北試辦學堂冠服章程一卷 （清）張之洞撰
清光緒末鉛印本 一冊

430000－2401－0009360 292.2/163(1)

湖北試辦學堂冠服章程一卷 （清）張之洞撰
清光緒末鉛印本 一冊

430000－2401－0009361 292.2/149

學堂歌一卷 （清）張之洞撰 清光緒末刻本
一冊

430000－2401－0009362 292.2/235

學部奏酌量變通初等小學堂章程 清學部奏
清宣統木活字本 一冊

430000 – 2401 – 0009363　292.2/288

學部奏定簡易識字學塾章程一卷　清學部奏　清活字本　一冊

430000 – 2401 – 0009364　292.2/311

上學務大臣張冶秋條議　（清）李鍾奇撰　清光緒末鈔本　一冊

430000 – 2401 – 0009365　292.2/260

申明條教以挽陋習而振文風　（清）冼雪耕撰　清光緒十九年(1893)祁陽安陵書院刻本　一冊

430000 – 2401 – 0009366　293.2/53

試辦遞減科舉註重學堂折　（清）榮慶等撰　清光緒刻本　一冊

430000 – 2401 – 0009367　292.2/246

擬請試辦遞減科舉註重學堂俾經費易籌學堂早設以造真才而濟時艱摺　（清）榮慶等撰　清光緒刻本　一冊

430000 – 2401 – 0009368　292.2/319

停科舉以廣學校等諭摺鈔　清宣統湖南常備新軍第一標第一營課本紙鈔本　一冊

430000 – 2401 – 0009369　292.2/25

學程十二條一卷　（清）張錫嶸撰　清同治元年(1862)刻本　一冊

430000 – 2401 – 0009370　292.2/164

重訂堂舍條規一卷　清光緒二十九年（1903）鉛印本　一冊

430000 – 2401 – 0009371　292.2/308

學堂規程　清光緒刻本　四幅

430000 – 2401 – 0009372　292.2/310

家塾學規一卷　清末汨羅李氏刻本　一冊

430000 – 2401 – 0009373　292.2/305

癸卯甲辰各省大小科場題目并附各種新學書目　清光緒鈔本　一冊

430000 – 2401 – 0009374　292.2/26

學部奏諮輯要　清學部總務司案牘科輯　清宣統元年(1909)鉛印本　一冊

430000 – 2401 – 0009375　292.2/134

劉徵君查學案要一卷　（清）劉鳴博撰　清光緒三十一年(1905)惠愛四約文茂印務局鉛印本　一冊

430000 – 2401 – 0009376　292.2/134(1)

劉徵君查學案要一卷　（清）劉鳴博撰　清光緒三十一年(1905)惠愛四約文茂印務局鉛印本　一冊

430000 – 2401 – 0009377　292.2/18

倡設女學堂啟一卷女學堂試辦略章一卷　梁啟超撰　清光緒二十三年(1897)石印本　一冊

430000 – 2401 – 0009378　292.2/18(1)

倡設女學堂啟一卷女學堂試辦略章一卷　梁啟超撰　清光緒二十三年(1897)石印本　一冊

430000 – 2401 – 0009379　292.2/234

私塾改良會章程　清光緒鉛印本　一冊

430000 – 2401 – 0009380　32/29

鵝湖講學會編十二卷　（清）鄭之僑輯　清乾隆九年(1744)述堂刻本　四冊

430000 – 2401 – 0009381　292.2/265

長沙師範教育學講義　瞿方梅撰　清光緒三十二年(1906)油印本　一冊

430000 – 2401 – 0009382　292.2/24

最新國文教科書不分卷　（清）莊俞等編　清光緒三十一年(1905)商務印書館鉛印本　一冊　存第三冊

430000 – 2401 – 0009383　292.2/107

日游彙編一卷　繆荃孫編　清光緒二十九年(1903)刻本　一冊

430000 – 2401 – 0009384　292.2/38

光緒甲辰學報彙編　（清）北洋官報局編　清光緒三十年（1904）北洋官報局鉛印本　十七冊

430000 – 2401 – 0009385　292.2/39

光緒乙巳學報彙編　（清）北洋官報局編　清

光緒三十一年(1905)北洋官報局鉛印本　十三冊

430000－2401－0009386　292.2/39－2
光緒丙午學報彙編　（清）北洋官報局編　清光緒三十二年(1906)北洋官報局鉛印本　六冊

430000－2401－0009387　292.2/40
湖南學政觀風題目一卷　（清）江標撰　清光緒二十年(1894)刻本　一冊

430000－2401－0009388　292.2/188
湘省各校一律改辦通學草案議決改辦通學交議案　清末鉛印本　一冊

430000－2401－0009389　292.2/90
湖南諮議局議決簡易小學普及辦法并籌經費案　（清）湖南諮議局起草　清末長沙鴻飛機器局鉛印本　一冊

430000－2401－0009390　292.2/159
湘學堂章程一卷　（清）北京湘學堂編　清光緒末鉛印本　一冊

430000－2401－0009391　292.2/43
湖南官立初等小學堂紀略　俞誥慶撰　清光緒三十二年(1906)鉛印本　一冊

430000－2401－0009392　292.2/43(1)
湖南官立初等小學堂紀略　俞誥慶撰　清光緒三十二年(1906)鉛印本　一冊

430000－2401－0009393　292.2/298
崇實學堂章程　（清）崇實學堂編　清光緒長沙該學堂刻本　一冊

430000－2401－0009394　292.2/317
監造高等學堂工程公牘二卷　（清）許方春撰　清活字本　一冊

430000－2401－0009395　292.2/316
監造求忠學堂工程公牘二卷　（清）許方春撰　清活字本　一冊

430000－2401－0009396　292.2/315
監造中路師範學堂工程公牘二卷　（清）許方春撰　清活字本　一冊

430000－2401－0009397　292.2/216
湖南民立第一女學堂紀略一卷　（清）湖南民立第一女學撰　清光緒二十九年(1903)刻本　一冊

430000－2401－0009398　292.2/217
湖南第一女學堂規則一卷　（清）湖南第一女學撰　清光緒刻本　一冊

430000－2401－0009399　292.2/169
湖南明德學堂規則一卷　（清）明德學堂編　清光緒末湖南機器印刷局鉛印本　一冊

430000－2401－0009400　292.2/157
慶應義塾紀略一卷規則一卷　（清）王泰鍾譯　清光緒三十一年(1905)長沙明德學堂鉛印明德學堂叢書本　二冊

430000－2401－0009401　292.2/113
善化師範第一次卒業紀念品　（清）善化師範傳習所編　清光緒三十二年(1906)木活字本　一冊

430000－2401－0009402　292.2/300
許氏育材學堂章程　許方亮等擬　清光緒善化縣許氏刻本　一冊

430000－2401－0009403　292.2/245
新化不纏足會草籍一卷　曾繼輝擬　清光緒二十四年(1898)梅城公會局刻本　一冊

430000－2401－0009404　292.2/119
湖南旅京公立學堂鐵路專修科章程　（清）湖南旅京公立學堂鐵路專修科撰　清光緒京華書局鉛印本　一冊

430000－2401－0009405　292.2/237
南省學堂附屬高等小學堂丙午年終甲班第四學期乙班第三學期試驗時日及規則題目　南省學堂擬　清光緒三十二年(1906)鈔本　一冊

430000－2401－0009406　292.2/237.2
南堂師範中學小學帳簿　南省學堂編　清光緒鈔本　一冊

430000－2401－0009407　292.2/237.3

南省師範學堂畢業試驗題目 曾廣熔擬 鈔本 一冊

430000－2401－0009408 292.2/224
京師譯學館規章 京師譯學館撰 清光緒鉛印本 一冊

430000－2401－0009409 292.7/10
北洋師範學堂試辦章程 清末鉛印本 一冊

430000－2401－0009410 292.2/176
直隸高等工業學堂試辦章程一卷 （清）直隸高等工業學堂編 清末鉛印本 一冊

430000－2401－0009411 292.2/168
江南儲材學堂學規 （清）江南儲材學堂編 清光緒刻本 一冊

430000－2401－0009412 292.2/178
兩江師範學堂輿地試驗成績一卷 （清）兩江師範編 清光緒三十四年（1908）石印本 一冊

430000－2401－0009413 292.2/166
浙江大學堂試辦章程 （清）浙江大學堂編 清光緒末刻本 一冊

430000－2401－0009414 293.2/126
書張相國奏立湖北存古學堂摺後一卷 （清）張之洞撰 清光緒末鉛印本 一冊

430000－2401－0009415 292.2/19
湖北學議一卷 （清）湖北自强學堂輯 清光緒二十八年（1902）自强學堂鉛印本 一冊

430000－2401－0009416 292.2/19(1)
湖北學議一卷 （清）湖北自强學堂輯 清光緒二十八年（1902）自强學堂鉛印本 一冊

430000－2401－0009417 292.2/291
兩湖書院課程：正學堂面問功課題目等 （清）兩湖書院擬 清光緒二十八年（1902）刻本 端方題簽 一冊

430000－2401－0009418 292.2/293
兩湖師範學堂簡易科師生姓名冊 （清）兩湖師範學堂編 清光緒末活字印本 一冊

430000－2401－0009419 292.2/292
武昌道師範學堂第二次畢業學生成績表 （清）武昌道師範學堂編 清光緒三十三年（1907）印本 一冊

430000－2401－0009420 292.2/155
文華附屬學堂章程 （清）文華附屬學堂編 清光緒三十二年（1906）漢口維新印書館鉛印本 一冊

430000－2401－0009421 292.2/88
創辦荊南中學堂情形一卷 （清）戴新授等撰 清光緒刻本 一冊

430000－2401－0009422 292.2/165
湖北自强學堂己亥年終大課題目錄一卷 程頌萬編 清光緒二十五年（1899）湖北自强學堂刻本 一冊

430000－2401－0009423 292.2/148
湖北自强學堂成績錄一卷 程頌萬撰 清光緒二十八年（1902）朱印本 一冊

430000－2401－0009424 292.2/141
湖北法政學堂章程 （清）湖北法政學堂擬 清光緒三十四年（1908）湖北官報局鉛印本 一冊

430000－2401－0009425 292.2/139
川南經緯學堂學律一卷 （清）經緯學堂撰 清末刻本 一冊

430000－2401－0009426 292.2/236
支郡師範丁堂丙午年四月考試學生各門功課分數名次清冊 支郡師範編 清光緒三十二年（1906）填寫本 一冊

430000－2401－0009427 292.2/236.2
支郡師範丁堂丙午年第一學期考試分數及各月考試分數合定等第清冊 支郡師範編 清填寫本 一冊

430000－2401－0009428 292.2/174
梁祠圖書館章程一卷 （清）梁鼎芬撰 清宣統三年（1911）粵東編譯公司鉛印本 一冊

430000－2401－0009429 292.2/173

湘鄉羅氏設立財團法人和州圖書館稟稿一卷
　　羅春駬編　清光緒三十三年(1907)鉛印本
　　一冊

430000－2401－0009430　292.2/177
教育品陳列館試辦章程一卷　（清）直隸工藝
總局編　清光緒末鉛印本　一冊

430000－2401－0009431　292.2/153
中國女學集議初編一卷　（清）經元善等輯
清光緒二十四年(1898)鉛印本　一冊

430000－2401－0009432　24/34
東西洋教育史　清光緒湖南南路師範學堂鉛
印本　一冊

430000－2401－0009433　292.2/214
教育叢書初集　（清）□□輯　清光緒二十七
年(1901)教育世界出版所石印本　十冊

430000－2401－0009434　292.2/128
日本各校紀略一卷附存一卷　（清）張大鏞撰
　清光緒二十五年(1899)浙江書局刻本
一冊

430000－2401－0009435　292.2/109
日本小學教育制度　（清）戢翼翬編　清光緒
二十七年(1901)鉛印本　一冊

430000－2401－0009436　292.2/225
實驗小學管理術　（日本）山高幾之丞撰
（清）胡家熙譯　清光緒二十八年(1902)廣智
書局鉛印本　一冊

430000－2401－0009437　292.2/97
教育行政　（日本）木場貞長撰　陳毅譯　清
光緒二十八年(1902)鉛印本　二冊

430000－2401－0009438　292.2/218
日本教育制度　（日本）古城貞吉譯　中國工
商業考　（日本）緒方南溟撰　（日本）古城貞
吉譯　清光緒二十四年(1898)時務報館石印
本　一冊

430000－2401－0009439　292.2/223
東京高等工業學校規則　（日本）東京高等工
業學校編　（清）湖北工業學堂譯　清光緒三

十年(1904)洋務局鉛印本　一冊

430000－2401－0009440　292.2/5
支那教學史略三卷　（日本）狩野良知撰　清
光緒二十九年(1903)上海商務印書館鉛印本
　一冊

430000－2401－0009441　292.2/108
日本學校源流　（美國）路義思撰　（美國）衛
理譯　（清）范熙庸筆述　清光緒二十五年
(1899)江南製造局刻本　一冊

430000－2401－0009442　292.2/108(1)
日本學校源流　（美國）路義思撰　（美國）衛
理譯　（清）范熙庸筆述　清光緒二十五年
(1899)江南製造局刻本　一冊

430000－2401－0009443　299/104
各國學校制度　（日本）寺田勇吉撰　（清）白
作霖譯　清光緒二十七年(1901)上海海上譯
社鉛印本　佚名圈點　二冊

430000－2401－0009444　292.2/222
養蒙正軌一卷　（英國）秀耀春　（清）汪振聲
譯　清光緒鉛印本　一冊

430000－2401－0009445　292.2/147
教育準繩　（美國）卜舫濟輯譯　（清）徐雅用
筆述　清光緒三十三年(1907)上海美華書館
鉛印本　一冊

430000－2401－0009446　292.2/36
實力教育論　（美國）埃黎禾撰　清末木活字
本　一冊

430000－2401－0009447　292.3/31－3
漢官六種　（清）孫星衍輯校　清光緒六年
(1880)誦芬閣刻誦芬閣叢書本　二冊

430000－2401－0009448　292.3/31－3(1)
漢官六種　（清）孫星衍輯校　清光緒六年
(1880)誦芬閣刻誦芬閣叢書本　二冊

430000－2401－0009449　292.3/34
漢官舊儀二卷補遺一卷　（漢）衛宏撰　清同
治十三年(1874)江西書局刻武英殿聚珍版書
本　一冊

430000－2401－0009450　292.3/34－2
漢官舊儀二卷補遺一卷　（漢）衛宏撰　清刻本　一冊

430000－2401－0009451　292.3/34－3
漢官舊儀二卷補遺一卷　（漢）衛宏撰　清刻本　一冊

430000－2401－0009452　292.3/14
唐六典三十卷　（唐）玄宗李隆基撰　（唐）李林甫註　清嘉慶五年(1800)掃葉山房刻本　六冊

430000－2401－0009453　292.3/14(1)
唐六典三十卷　（唐）玄宗李隆基撰　（唐）李林甫註　清嘉慶五年(1800)掃葉山房刻本　六冊

430000－2401－0009454　292.3/14(2)
唐六典三十卷　（唐）玄宗李隆基撰　（唐）李林甫註　清嘉慶五年(1800)掃葉山房刻本　六冊

430000－2401－0009455　292.3/14(3)
唐六典三十卷　（唐）玄宗李隆基撰　（唐）李林甫註　清嘉慶五年(1800)掃葉山房刻本　四冊

430000－2401－0009456　292.3/14－2
唐六典三十卷　（唐）玄宗李隆基撰　（唐）李林甫註　清光緒二十一年(1895)廣雅書局刻本　四冊

430000－2401－0009457　292.3/6
唐御史台精舍題名考三卷附錄一卷　（清）趙鉞　（清）勞格撰　清光緒六年(1880)苕溪丁氏刻月河精舍叢鈔本　三冊

430000－2401－0009458　292.3/6(1)
唐御史台精舍題名考三卷附錄一卷　（清）趙鉞　（清）勞格撰　清光緒六年(1880)苕溪丁氏刻月河精舍叢鈔本　二冊

430000－2401－0009459　△292.1/1
翰苑群書十三卷　（宋）洪遵輯　清尚友館鈔本　五冊

430000－2401－0009460　292.3/16
州縣提綱四卷　（宋）陳襄撰　清光緒四年(1878)長沙梁家鈺刻本　一冊

430000－2401－0009461　292.3/7
麟臺故事五卷　（宋）程俱撰　清刻本　一冊

430000－2401－0009462　292.3/7(1)
麟臺故事五卷　（宋）程俱撰　清刻本　一冊

430000－2401－0009463　292.3/7－2
麟臺故事五卷　（宋）程俱撰　清刻本　一冊

430000－2401－0009464　292.3/29－2
三事忠告　（元）張養浩撰　清康熙二十四年(1685)刻本　一冊

430000－2401－0009465　292.3/29－2
三事忠告　（元）張養浩撰　清康熙二十四年(1685)王世杰刻本　一冊

430000－2401－0009466　292.3/29
元張文忠公忠告全書附元史列傳一卷　（元）張養浩撰　清道光三十年(1850)楊梅會文齋刻本　一冊

430000－2401－0009467　292.3/29－3
元張文忠公三事忠告　（元）張養浩撰　清芸葉軒刻本　四冊

430000－2401－0009468　292.3/49
牧民忠告二卷　（元）張養浩撰　清同治十年(1871)黔陽官署刻元張文忠公爲政忠告三種本　一冊

430000－2401－0009469　292.3/12－5
實政錄七卷　（明）呂坤撰　清嘉慶二年(1797)刻本　十冊

430000－2401－0009470　292.3/12－3
實政錄七卷　（明）呂坤撰　清道光七年(1827)開封府署刻本　六冊

430000－2401－0009471　292.3/12
實政錄七卷　（明）呂坤撰　清同治七年(1868)湖北崇文書局刻本　四冊

430000－2401－0009472　292.3/12(1)

實政錄七卷　（明）呂坤撰　清同治七年
(1868)湖北崇文書局刻本　四冊

430000－2401－0009473　292.3/12(2)

實政錄七卷　（明）呂坤撰　清同治七年
(1868)湖北崇文書局刻本　四冊

430000－2401－0009474　292.3/12(3)

實政錄七卷　（明）呂坤撰　清同治七年
(1868)湖北崇文書局刻本　四冊

430000－2401－0009475　292.3/12－2

實政錄七卷　（明）呂坤撰　清同治十一年
(1872)江蘇書局刻本　六冊

430000－2401－0009476　292.3/12－2(1)

實政錄七卷　（明）呂坤撰　清同治十一年
(1872)江蘇書局刻本　二冊　缺二卷(六至
七)

430000－2401－0009477　292.3/12－4

實政錄七卷　（明）呂坤撰　清同治十一年
(1872)浙江書局刻本　六冊

430000－2401－0009478　292.3/12－4(1)

實政錄七卷　（明）呂坤撰　清同治十一年
(1872)浙江書局刻本　六冊

430000－2401－0009479　292.3/12－4(2)

實政錄七卷　（明）呂坤撰　清同治十一年
(1872)浙江書局刻本　五冊　缺二卷(六至
七)

430000－2401－0009480　292.3/32

明職參評合編二卷　（明）呂坤　（明）海瑞撰
　清同治九年(1870)刻本　一冊

430000－2401－0009481　292.3/3

入幕須知　（清）張廷驤輯　清光緒十八年
(1892)浙江書局刻本　六冊

430000－2401－0009482　△265/4

平平言四卷　（清）方大湜撰　清鈔本　四冊

430000－2401－0009483　292.3/33

嘗試語一卷　（清）王植撰　清乾隆二十七年
(1762)木活字本　一冊

430000－2401－0009484　292.3/42－2

欽頒州縣事宜一卷　（清）田文鏡撰　清咸豐
九年(1859)刻宦海指南五種本　一冊

430000－2401－0009485　292.3/42

欽頒州縣事宜一卷　（清）田文鏡撰　清同治
十年(1871)黔陽官署刻本　一冊

430000－2401－0009486　292.3/20

欽定訓飭州縣規條一卷　（清）田文鏡　（清）
李衛撰　清光緒元年(1875)長沙荷池書局刻
本　一冊

430000－2401－0009487　292.3/38

佐治藥言一卷續一卷　（清）汪輝祖撰　清乾
隆刻本　一冊

430000－2401－0009488　292.3/38－2

佐治藥言一卷續一卷　（清）汪輝祖撰　清光
緒刻本　一冊

430000－2401－0009489　292.3/2－5

學治臆說二卷　（清）汪輝祖撰　清嘉慶四年
(1799)桐川顧氏刻讀畫齋叢書本　一冊

430000－2401－0009490　292.3/2－2

學治臆說二卷續說一卷說贅一卷　（清）汪輝
祖撰　清嘉慶十八年(1813)刻本　一冊

430000－2401－0009491　292.3/2－4

學治臆說二卷續說一卷說贅一卷　（清）汪輝
祖撰　清同治三年(1864)刻本　一冊　缺一
卷(上)

430000－2401－0009492　292.3/2－3

學治臆說二卷續說一卷說贅一卷　（清）汪輝
祖撰　清同治七年(1868)湖北崇文書局刻本
　二冊

430000－2401－0009493　292.3/2

學治臆說二卷續說一卷說贅一卷　（清）汪輝
祖撰　清光緒十六年(1890)刻本　二冊

430000－2401－0009494　292.3/2－6

學治臆說二卷續說一卷說贅一卷　（清）汪輝
祖撰　清光緒江蘇書局刻本　一冊

430000－2401－0009495　292.3/2－6(1)

學治臆說二卷續說一卷說贅一卷 （清）汪輝祖撰　清光緒江蘇書局刻本　一冊

430000－2401－0009496　292.3/27

宦游紀實二卷 （清）周樂撰　清光緒二十三年(1897)刻本　二冊

430000－2401－0009497　292.3/27(1)

宦游紀實二卷 （清）周樂撰　清光緒二十三年(1897)刻本　二冊

430000－2401－0009498　292.3/27(2)

宦游紀實二卷 （清）周樂撰　清光緒二十三年(1897)刻本　二冊

430000－2401－0009499　292.3/55

作吏要言一卷 （清）葉鎮撰　清刻三色套印本　一冊

430000－2401－0009500　292.3/52

除弊說 （清）俞兆慶撰　清光緒三十三年(1907)上海商務印書館鉛印本　一冊

430000－2401－0009501　292.3/18

宦游紀略二卷 （清）高廷瑤撰　清同治十二年(1873)成都刻本　一冊

430000－2401－0009502　292.3/18－2

宦游紀略二卷 （清）高廷瑤撰　清光緒九年(1883)資中官廨刻本　一冊

430000－2401－0009503　292.3/18－2(1)

宦游紀略二卷 （清）高廷瑤撰　清光緒九年(1883)資中官廨刻本　一冊

430000－2401－0009504　292.3/21－2

圖民錄四卷 （清）袁守定撰　清道光袁氏刻本　二冊

430000－2401－0009505　292.3/21－3

圖民錄四卷 （清）袁守定撰　清咸豐七年(1857)錦官城刻本　二冊

430000－2401－0009506　292.3/21－4

圖民錄四卷 （清）袁守定撰　清同治十一年(1872)江西書局刻本　二冊

430000－2401－0009507　292.3/21

袁易齋先生圖民錄四卷 （清）袁守定撰　清同治十二年(1873)湘鄉楊氏刻本　二冊

430000－2401－0009508　292.3/21－5

袁易齋先生圖民錄四卷 （清）袁守定撰　清光緒十二年(1886)刻本　二冊

430000－2401－0009509　292.2/16

居官必要二卷 （清）馬雲松編　清同治四年(1865)刻本　一冊

430000－2401－0009510　292.3/28

宦游紀略四卷續六卷 （清）桂超萬撰　清同治三年(1864)養浩齋刻本　四冊

430000－2401－0009511　292.3/25

居官鏡一卷 （清）剛毅撰　清光緒十八年(1892)刻本　一冊

430000－2401－0009512　292.3/11

牧令書二十三卷保甲書四卷 （清）徐棟輯　清道光二十八年(1848)刻本　二十一冊

430000－2401－0009513　292.3/11(1)

牧令書二十三卷保甲書四卷 （清）徐棟輯　清道光二十八年(1848)刻本　十四冊　缺四卷(二十至二十三)

430000－2401－0009514　292.3/11－2

牧令書二十三卷保甲書四卷 （清）徐棟輯　清同治四年(1865)成都刻本　十六冊

430000－2401－0009515　292.3/11－2(1)

牧令書二十三卷保甲書四卷 （清）徐棟輯　清同治四年(1865)成都刻本　二十冊

430000－2401－0009516　292.3/9－2

牧令書十卷 （清）徐棟編　（清）丁日昌選評　清同治七年(1868)江蘇書局刻本　十二冊

430000－2401－0009517　292.3/9－2(1)

牧令書十卷 （清）徐棟編　（清）丁日昌選評　清同治七年(1868)江蘇書局刻本　十冊

430000－2401－0009518　292.3/9－3

牧令書十卷 （清）徐棟編　（清）丁日昌選評　清同治八年(1869)湖北崇文書局刻牧令書四種本　十二冊

430000 – 2401 – 0009519　292.3/9 – 3(1)

牧令書十卷　（清）徐棟編　（清）丁日昌選評
　清同治八年(1869)湖北崇文書局刻牧令書
四種本　十二冊

430000 – 2401 – 0009520　292.3/9 – 3(2)

牧令書十卷　（清）徐棟編　（清）丁日昌選評
　清同治八年(1869)湖北崇文書局刻牧令書
四種本　十二冊

430000 – 2401 – 0009521　292.3/9 – 3(3)

牧令書十卷　（清）徐棟編　（清）丁日昌選評
　清同治八年(1869)湖北崇文書局刻牧令書
四種本　十二冊

430000 – 2401 – 0009522　292.3/9 – 3(4)

牧令書十卷　（清）徐棟編　（清）丁日昌選評
　清同治八年(1869)湖北崇文書局刻牧令書
四種本　八冊

430000 – 2401 – 0009523　292.3/9 – 3(5)

牧令書十卷　（清）徐棟編　（清）丁日昌選評
　清同治八年(1869)湖北崇文書局刻牧令書
四種本　十二冊

430000 – 2401 – 0009524　292.3/9 – 3(6)

牧令書十卷　（清）徐棟編　（清）丁日昌選評
　清同治八年(1869)湖北崇文書局刻牧令書
四種本　十二冊

430000 – 2401 – 0009525　292.3/9 – 3(7)

牧令書十卷　（清）徐棟編　（清）丁日昌選評
　清同治八年(1869)湖北崇文書局刻牧令書
四種本　十二冊

430000 – 2401 – 0009526　292.3/9

牧令書十卷　（清）徐棟編　（清）丁日昌選評
　清同治十年(1871)黔陽官署刻牧令全書本
十四冊

430000 – 2401 – 0009527　292.3/9(1)

牧令書十卷　（清）徐棟編　（清）丁日昌選評
　清同治十年(1871)黔陽官署刻牧令全書本
十冊

430000 – 2401 – 0009528　292.3/9(2)

牧令書十卷　（清）徐棟編　（清）丁日昌選評
　清同治十年(1871)黔陽官署刻牧令全書本
六冊　存六卷(二、五、七至十)

430000 – 2401 – 0009529　292.3/36

樞垣記略二十八卷　（清）梁章鉅撰　（清）朱
智補撰　清光緒元年(1875)刻本　六冊

430000 – 2401 – 0009530　292.3/36(1)

樞垣記略二十八卷　（清）梁章鉅撰　（清）朱
智補撰　清光緒元年(1875)刻本　六冊

430000 – 2401 – 0009531　292.3/36(2)

樞垣記略二十八卷　（清）梁章鉅撰　（清）朱
智補撰　清光緒元年(1875)刻本　六冊

430000 – 2401 – 0009532　292.3/23

南省公餘錄八卷　（清）梁章鉅撰　清光緒元
年(1875)福州梁氏刻二思堂叢書本　二冊

430000 – 2401 – 0009533　292.3/30

福惠全書三十二卷　（清）黃六鴻撰　清康熙
三十八年(1699)刻本　十二冊

430000 – 2401 – 0009534　292.3/17 – 2

在官法戒錄摘鈔四卷　（清）陳弘謀輯　清道
光十六年(1836)存素堂刻本　二冊

430000 – 2401 – 0009535　292.3/17

在官法戒錄摘鈔四卷　（清）陳弘謀輯　清同
治七年(1868)楚北崇文書局刻本　二冊

430000 – 2401 – 0009536　292.3/17(1)

在官法戒錄摘鈔四卷　（清）陳弘謀輯　清同
治七年(1868)楚北崇文書局刻本　二冊

430000 – 2401 – 0009537　292.3/17(2)

在官法戒錄摘鈔四卷　（清）陳弘謀輯　清同
治七年(1868)楚北崇文書局刻本　二冊

430000 – 2401 – 0009538　292.3/45

從政遺規二卷　（清）陳弘謀編　清乾隆七年
(1742)培遠堂刻本　二冊

430000 – 2401 – 0009539　292.3/45 – 3

從政遺規二卷　（清）陳弘謀編　清嘉慶十四
年(1809)友益堂刻四種遺規本　二冊

430000 - 2401 - 0009540　292.3/45 - 2

從政遺規二卷　（清）陳弘謀編　清道光十年
(1830)補刻五種遺規本　二冊

430000 - 2401 - 0009541　292.3/46 - 2

從政遺規摘鈔二卷　（清）陳弘謀編　清道光
十九年(1839)與善堂刻本　二冊

430000 - 2401 - 0009542　292.3/46

從政遺規摘鈔二卷　（清）陳弘謀編　清同治
七年(1868)湖北崇文書局刻本　二冊

430000 - 2401 - 0009543　292.3/46(1)

從政遺規摘鈔二卷　（清）陳弘謀編　清同治
七年(1868)湖北崇文書局刻本　二冊

430000 - 2401 - 0009544　292.3/46(2)

從政遺規摘鈔二卷　（清）陳弘謀編　清同治
七年(1868)湖北崇文書局刻本　二冊

430000 - 2401 - 0009545　△292.2/1

學仕遺規四卷　（清）陳弘謀輯　清乾隆三十
四年(1769)陳氏培遠堂刻本　四冊

430000 - 2401 - 0009546　292.3/24 - 2

學仕遺規四卷補四卷　（清）陳弘謀輯　清同
治七年(1868)福州正誼書院刻本　十冊

430000 - 2401 - 0009547　292.3/24

學仕遺規四卷補四卷　（清）陳弘謀輯　清光
緒五年(1879)江蘇書局刻本　五冊

430000 - 2401 - 0009548　292.3/24(1)

學仕遺規四卷補四卷　（清）陳弘謀輯　清光
緒五年(1879)江蘇書局刻本　四冊

430000 - 2401 - 0009549　292.3/24(2)

學仕遺規四卷補四卷　（清）陳弘謀輯　清光
緒五年(1879)江蘇書局刻本　五冊

430000 - 2401 - 0009550　292.3/24(3)

學仕遺規四卷補四卷　（清）陳弘謀輯　清光
緒五年(1879)江蘇書局刻本　四冊

430000 - 2401 - 0009551　292.3/47

居官要訣一卷　（清）陳慶滋撰　清光緒刻本
一冊

430000 - 2401 - 0009552　292.3/40

聞政新編四卷　（清）曾紀元撰　清光緒二十
三年(1897)刻本　一冊　存二卷(一至二)

430000 - 2401 - 0009553　292.3/43

欽定國子監志八十二卷首二卷　（清）梁國治
等撰　清道光十六年(1836)補刻本　三十
二冊

430000 - 2401 - 0009554　292.3/43(1)

欽定國子監志八十二卷首二卷　（清）梁國治
等撰　清道光十六年(1836)補刻本　十九冊

430000 - 2401 - 0009555　292.3/43(2)

欽定國子監志八十二卷首二卷　（清）梁國治
等撰　清道光十六年(1836)補刻本　三十一
冊　缺二卷(三十九至四十)

430000 - 2401 - 0009556　292.3/44

欽定國子監則例四十五卷　（清）瑞慶等纂
清道光刻本　六冊

430000 - 2401 - 0009557　△393.3/2

內閣小識不分卷　（清）葉鳳毛撰　清光緒三
十四年(1908)徐崇立鈔本　一冊

430000 - 2401 - 0009558　292.3/51

州縣須知不分卷　（清）劉衡撰　清乾隆刻本
二冊

430000 - 2401 - 0009559　292.8/32 - 3

讀律心得三卷　（清）劉衡撰　清道光十六年
(1836)刻本　一冊

430000 - 2401 - 0009560　292.7/5 - 5

劉廉舫先生吏治三書　（清）劉衡撰　清同治
七年(1868)江蘇書局刻本　一冊

430000 - 2401 - 0009561　292.7/5 - 4

劉廉舫先生吏治三書　（清）劉衡撰　清同治
十年(1871)黔陽官署刻本　一冊

430000 - 2401 - 0009562　292.7/5 - 4(1)

劉廉舫先生吏治三書　（清）劉衡撰　清同治
十年(1871)黔陽官署刻本　一冊

430000 - 2401 - 0009563　292.7/5

廉舫先生四種　（清）劉衡撰　清咸豐三年

（1853）雲海樓刻本　三冊

430000－2401－0009564　292.7/5（1）

廉舫先生四種　（清）劉衡撰　清咸豐三年
（1853）雲海樓刻本　二冊

430000－2401－0009565　292.7/5－3

庸吏庸言二卷庸吏餘談一卷　（清）劉衡撰
清道光十九年（1839）刻本　一冊

430000－2401－0009566　292.7/5－6

庸吏庸言二卷　（清）劉衡撰　清同治九年
（1870）湖南省藩署刻本　一冊　存上卷

430000－2401－0009567　292.3/15

蜀僚問答二卷　（清）劉衡撰　清光緒二十
年（1894）雲南釐金總局刻牧民寶鑒本
一冊

430000－2401－0009568　292.3/1

學仕錄十六卷　（清）戴肇辰輯　清同治六年
（1867）刻本　八冊

430000－2401－0009569　292.3/1（1）

學仕錄十六卷　（清）戴肇辰輯　清同治六年
（1867）刻本　八冊

430000－2401－0009570　292.3/56

州縣須知四卷　（清）□□撰　增删佐雜須知
四卷　（清）臥牛山人編　清道光二十九年
（1849）掃葉山房刻本　四冊

430000－2401－0009571　292.3/58

增删佐雜須知一卷　清光緒鈔本　一冊

430000－2401－0009572　292.3/57

候補人員要緊事略　舊鈔本　一冊

430000－2401－0009573　292.3/50

侯度錄三卷通侯雜述一卷　黃鳳岐撰　清光
緒二十一年（1895）京都刻本　一冊

430000－2401－0009574　292.3/10－2

欽定歷代職官表七十二卷　（清）永瑢等纂
清乾隆武英殿刻本　三十六冊

430000－2401－0009575　292.3/10

欽定歷代職官表七十二卷　（清）永瑢等纂

清光緒二十二年（1896）廣雅書局刻本　二十
四冊

430000－2401－0009576　292.3/5－4

歷代職官表六卷　（清）黃本驥撰　清道光二
十六年（1846）寧鄉黃氏三長物齋刻本　二冊

430000－2401－0009577　292.3/5－4（1）

歷代職官表六卷　（清）黃本驥撰　清道光二
十六年（1846）寧鄉黃氏三長物齋刻本　二冊

430000－2401－0009578　292.3/5－4（2）

歷代職官表六卷　（清）黃本驥撰　清道光二
十六年（1846）寧鄉黃氏三長物齋刻本　二冊

430000－2401－0009579　292.3/5－4（3）

歷代職官表六卷　（清）黃本驥撰　清道光二
十六年（1846）寧鄉黃氏三長物齋刻本　二冊

430000－2401－0009580　292.3/5－4（4）

歷代職官表六卷　（清）黃本驥撰　清道光二
十六年（1846）寧鄉黃氏三長物齋刻本　一冊
存二卷（一至二）

430000－2401－0009581　292.3/5－2

歷代職官表六卷　（清）黃本驥撰　清光緒六
年（1880）膺詁齋刻本　二冊

430000－2401－0009582　292.3/5－2（1）

歷代職官表六卷　（清）黃本驥撰　清光緒六
年（1880）膺詁齋刻本　四冊

430000－2401－0009583　292.3/5－2（2）

歷代職官表六卷　（清）黃本驥撰　清光緒六
年（1880）膺詁齋刻本　二冊

430000－2401－0009584　292.3/5－2（3）

歷代職官表六卷　（清）黃本驥撰　清光緒六
年（1880）膺詁齋刻本　三冊

430000－2401－0009585　292.3/5－2（4）

歷代職官表六卷　（清）黃本驥撰　清光緒六
年（1880）膺詁齋刻本　二冊

430000－2401－0009586　292.3/5

歷代職官表六卷　（清）黃本驥撰　清光緒八
年（1882）上海王氏刻本　三冊

430000－2401－0009587　292.3/5(1)

歷代職官表六卷　（清）黃本驥撰　清光緒八年(1882)上海王氏刻本　三冊

430000－2401－0009588　292.3/5-3

歷代職官表六卷　（清）黃本驥撰　清光緒二十二年(1896)廣州新寧明善社刻本　三冊

430000－2401－0009589　△292.1/2

皇朝職官志略不分卷　王先謙鈔本

430000－2401－0009590　292.3/39

欽定漢品極考□□卷　清刻本　五冊　存五卷(一至五)

430000－2401－0009591　292.3/8

文武職官世爵品級出身表　（清）憲政館編　清宣統鉛印本　一冊

430000－2401－0009592　292.3/8(1)

文武職官世爵品級出身表　（清）憲政館編　清宣統鉛印本　一冊

430000－2401－0009593　292.7/70

預備立憲京內官制全案　清光緒開智圖書公司鉛印本　一冊

430000－2401－0009594　292.7/12

詳定各官辦事勤惰分別獎勵懲儆一案原詳章程　清宣統二年(1910)湖北官刷印局鉛印本　一冊

430000－2401－0009595　292.7/111

銓敘部湘粵桂銓敘處兩周年紀念特刊　彭漢懷纂　民國三十一年(1942)鉛印本　一冊

430000－2401－0009596　292.7/111(1)

銓敘部湘粵桂銓敘處兩周年紀念特刊　彭漢懷纂　民國三十一年(1942)鉛印本　一冊

430000－2401－0009597　△293.92/8

太平天國官印清冊　鈔本　一冊

430000－2401－0009598　△293.92/8(1)

太平天國官印清冊　鈔本　一冊

430000－2401－0009599　△293.92/7

太平天國銜官執照清冊不分卷　清末鈔本　一冊

430000－2401－0009600　292.41/13

影唐寫本漢書食貨志一卷　（漢）班固撰　（唐）顏師古註　清光緒八年(1882)遵義黎氏日本東京使署影刻古逸叢書本　一冊

430000－2401－0009601　393.11/2

清食貨志四卷　清鈔本　四冊

430000－2401－0009602　292.41/40

中衢一勺三卷　（清）包世臣撰　（清）包世榮　（清）包慎言註　清道光三十年(1850)金山錢氏漱石軒刻藝海珠塵本　一冊

430000－2401－0009603　292.41/39

中外政俗異同考二卷　（清）杜坫撰　清光緒二十四年(1898)石印本　一冊

430000－2401－0009604　292.41/37

救時要策萬言書二卷　（清）吳廣霈撰　清光緒二十八年(1902)誠記書莊刻本　四冊

430000－2401－0009605　292.41/37(1)

救時要策萬言書二卷　（清）吳廣霈撰　清光緒二十八年(1902)誠記書莊刻本　四冊

430000－2401－0009606　292.41/45

共城從政錄一卷　（清）周際華撰　清道光十九年(1839)刻本　一冊

430000－2401－0009607　292.41/32

芻論二卷　（清）孫鼎臣撰　清咸豐十年(1860)武昌節署刻本　二冊

430000－2401－0009608　292.41/32(1)

芻論二卷　（清）孫鼎臣撰　清咸豐十年(1860)武昌節署刻本　二冊

430000－2401－0009609　292.41/32(2)

芻論二卷　（清）孫鼎臣撰　清咸豐十年(1860)武昌節署刻本　二冊

430000－2401－0009610　292.41/22

山東黃河南岸十三州縣遷民圖說一卷　（清）黃璟撰　清光緒二十二年(1896)上海點石齋石印本　一冊

430000－2401－0009611　292.41/34

國朝政治通論六卷　（清）張之洞輯　清光緒二十八年(1902)兩湖書院刻本　一冊

430000－2401－0009612　292.41/34－2

國朝政治通論十六卷　（清）張之洞輯　清光緒二十八年(1902)詠梅書局刻本　六冊

430000－2401－0009613　38/17－2

續富國策四卷　（清）陳熾撰　清光緒二十三年(1897)豫寧余氏刻本　四冊

430000－2401－0009614　38/17

續富國策四卷　（清）陳熾撰　清光緒二十三年(1897)上海慎記書莊石印本　四冊

430000－2401－0009615　38/17(1)

續富國策四卷　（清）陳熾撰　清光緒二十七年(1901)石印本　一冊

430000－2401－0009616　△293.1/15

增訂盛世危言新編十四卷　（清）鄭觀應撰　清光緒二十年(1894)成都刻本　十冊

430000－2401－0009617　292.1/58－5

盛世危言五卷　（清）鄭觀應撰　清光緒二十年(1894)鉛印本　五冊

430000－2401－0009618　292.1/58－3

盛世危言五卷　（清）鄭觀應撰　清光緒二十一年(1895)鉛印本　八冊

430000－2401－0009619　292.1/58－3(1)

盛世危言五卷　（清）鄭觀應撰　清光緒二十一年(1895)鉛印本　八冊

430000－2401－0009620　292.1/58－2

盛世危言五卷　（清）鄭觀應撰　清光緒二十四年(1898)石印本　九冊　缺一卷(十三)

430000－2401－0009621　292.1/58

盛世危言五卷　（清）鄭觀應撰　清光緒二十八年(1902)書業德記刻本　八冊

430000－2401－0009622　292.1/58－4

盛世危言五卷　（清）鄭觀應撰　續編四卷　（清）杞憂生撰　清光緒三十二年(1906)上海書局石印本　九冊　缺一(續編四)

430000－2401－0009623　296.2/1

籌蜀篇二卷　（清）黃英撰　清光緒二十八年(1902)榮縣旭川書院刻本　二冊

430000－2401－0009624　292.41/43

天台治略十卷　（清）戴兆佳撰　清嘉慶九年(1804)木活字本　六冊

430000－2401－0009625　292.1/128

湘鄉茆致某官論時弊書一卷　□□撰　清光緒十一年(1885)不杞堂刻本　一冊

430000－2401－0009626　292.41/4

皇朝經世文編一百二十卷姓名總目二卷　（清）賀長齡輯　清道光七年(1827)刻本　八十冊

430000－2401－0009627　292.41/4(1)

皇朝經世文編一百二十卷姓名總目二卷　（清）賀長齡輯　清道光七年(1827)刻本　八十冊

430000－2401－0009628　292.41/4(2)

皇朝經世文編一百二十卷姓名總目二卷　（清）賀長齡輯　清道光七年(1827)刻本　八十冊

430000－2401－0009629　292.41/4(3)

皇朝經世文編一百二十卷姓名總目二卷　（清）賀長齡輯　清道光七年(1827)刻本　八十冊

430000－2401－0009630　292.41/4(4)

皇朝經世文編一百二十卷姓名總目二卷　（清）賀長齡輯　清道光七年(1827)刻本　四十冊

430000－2401－0009631　292.41/4(5)

皇朝經世文編一百二十卷姓名總目二卷　（清）賀長齡輯　清道光七年(1827)刻本　八十冊

430000－2401－0009632　292.41/4(6)

皇朝經世文編一百二十卷姓名總目二卷　（清）賀長齡輯　清道光七年(1827)刻本　六十冊

430000－2401－0009633　292.41/4(7)

皇朝經世文編一百二十卷姓名總目二卷

（清）賀長齡輯　清道光七年（1827）刻本　八十冊

430000－2401－0009634　292.41/4－5

皇朝經世文編一百二十卷姓名總目二卷

（清）賀長齡輯　清光緒十二年（1886）思補樓石印本　六十冊

430000－2401－0009635　292.41/4－5(1)

皇朝經世文編一百二十卷姓名總目二卷

（清）賀長齡輯　清光緒十二年（1886）思補樓石印本　五十八冊

430000－2401－0009636　292.41/4－5(2)

皇朝經世文編一百二十卷姓名總目二卷

（清）賀長齡輯　清光緒十二年（1886）思補樓石印本　十五冊　存三十一卷（八十八至一百十八）

430000－2401－0009637　292.41/4－8

皇朝經世文編一百二十卷姓名總目二卷

（清）賀長齡輯　清光緒十三年（1887）上海點石齋石印本　十二冊

430000－2401－0009638　292.41/4－3

皇朝經世文編一百二十卷姓名總目二卷

（清）賀長齡輯　清光緒十三年（1887）廣百宋齋鉛印本　二十四冊

430000－2401－0009639　292.41/4－3(1)

皇朝經世文編一百二十卷姓名總目二卷

（清）賀長齡輯　清光緒十三年（1887）廣百宋齋鉛印本　二十四冊

430000－2401－0009640　292.41/4－3(2)

皇朝經世文編一百二十卷姓名總目二卷

（清）賀長齡輯　清光緒十三年（1887）廣百宋齋鉛印本　二十四冊

430000－2401－0009641　292.41/4－10

皇朝經世文編一百二十卷姓名總目二卷

（清）賀長齡輯　清光緒十四年（1888）上海廣百宋齋石印本　二十四冊

430000－2401－0009642　292.41/4－7

皇朝經世文編一百二十卷姓名總目二卷

（清）賀長齡輯　續編一百二十卷姓名總目一卷目錄一卷　（清）管窺居士輯　清光緒十四年至十七年（1888－1891）邵州經綸書局刻本　八十冊

430000－2401－0009643　292.41/4－6

皇朝經世文編一百二十卷姓名總目二卷

（清）賀長齡輯　清光緒二十一年（1895）上海積山書局石印本　十二冊

430000－2401－0009644　292.41/4－2

皇朝經世文編一百二十卷姓名總目二卷

（清）賀長齡輯　清光緒二十二年（1896）掃葉山房鉛印本　二十四冊

430000－2401－0009645　292.41/4－2(1)

皇朝經世文編一百二十卷姓名總目二卷

（清）賀長齡輯　清光緒二十二年（1896）掃葉山房鉛印本　二十四冊

430000－2401－0009646　292.41/4－9

皇朝經世文編一百二十卷姓名總目二卷

（清）賀長齡輯　清刻本　八十冊

430000－2401－0009647　292.41/4－11

皇朝經世文編一百二十卷姓名總目二卷

（清）賀長齡輯　（清）張鵬飛評　清咸豐元年（1851）來鹿堂刻本　一百冊

430000－2401－0009648　292.41/11

皇朝經世文新增時務續編四十卷洋務續編八卷　（清）三魚堂主人輯　清光緒二十三年（1897）掃葉山房鉛印本　六冊

430000－2401－0009649　292.41/11(1)

皇朝經世文新增時務續編四十卷洋務續編八卷　（清）三魚堂主人輯　清光緒二十三年（1897）掃葉山房鉛印本　六冊

430000－2401－0009650　292.41/6

皇朝經世文編二十一卷　（清）麥仲華輯　清光緒二十四年（1898）上海大同譯書局石印本　二十四冊

430000－2401－0009651　292.41/6（1）

皇朝經世文編二十一卷　（清）麥仲華輯　清光緒二十四年(1898)上海大同譯書局石印本　十四冊

430000－2401－0009652　292.41/6（2）

皇朝經世文編二十一卷　（清）麥仲華輯　清光緒二十四年(1898)上海大同譯書局石印本　十八冊

430000－2401－0009653　292.41/6－3

皇朝經世文編二十一卷　（清）麥仲華輯　清光緒二十七年(1901)上海日新社石印本　十冊

430000－2401－0009654　292.41/6－2

皇朝經世文新編二十一卷　（清）麥仲華輯　清光緒二十七年(1901)上海寶善書局石印本　八冊

430000－2401－0009655　292.41/5

皇朝經世文續編一百二十卷　（清）葛士濬輯　清光緒十四年(1888)圖書集成局鉛印本　三十二冊

430000－2401－0009656　292.41/5（1）

皇朝經世文續編一百二十卷　（清）葛士濬輯　清光緒十四年(1888)圖書集成局鉛印本　三十二冊

430000－2401－0009657　292.41/5（2）

皇朝經世文續編一百二十卷　（清）葛士濬輯　清光緒十四年(1888)圖書集成局鉛印本　三十二冊

430000－2401－0009658　292.41/5（3）

皇朝經世文續編一百二十卷　（清）葛士濬輯　清光緒十四年(1888)圖書集成局鉛印本　三十二冊

430000－2401－0009659　292.41/5（4）

皇朝經世文續編一百二十卷　（清）葛士濬輯　清光緒十四年(1888)圖書集成局鉛印本　三十二冊

430000－2401－0009660　292.41/5（5）

皇朝經世文續編一百二十卷　（清）葛士濬輯　清光緒十四年(1888)圖書集成局鉛印本　三十二冊

430000－2401－0009661　292.41/5－5

皇朝經世文續編一百二十卷　（清）葛士濬輯　清光緒二十二年(1896)寶善書局石印本　二十冊

430000－2401－0009662　292.41/5－2

皇朝經世文續編一百二十卷　（清）葛士濬輯　清光緒二十三年(1897)思補樓刻本　八十冊

430000－2401－0009663　292.41/5－2（1）

皇朝經世文續編一百二十卷　（清）葛士濬輯　清光緒二十三年(1897)思補樓刻本　八十冊

430000－2401－0009664　292.41/5－4

皇朝經世文續編一百二十卷　（清）葛士濬輯　清光緒二十四年(1898)上海文盛書局石印本　十冊

430000－2401－0009665　292.41/5－6

皇朝經世文續編一百二十卷　（清）葛士濬輯　清光緒二十七年(1901)上海久敬齋鉛印本　十八冊　缺二十九卷(二十五至二十九、六十二至七十一、七十六至八十、一百○三至一百○五、一百十至一百十五)

430000－2401－0009666　292.41/10

皇朝經世文新編續集二十一卷　（清）甘韓輯　清光緒二十八年(1902)絳雪齋石印本　六冊

430000－2401－0009667　292.41/7

皇朝經世文三編八十卷　（清）陳忠倚輯　清光緒二十七年(1901)上海書局石印本　十六冊

430000－2401－0009668　292.41/8

皇朝經世文四編五十三卷　（清）何良棟輯　清光緒二十八年(1902)上海書局石印本　十二冊

430000 – 2401 – 0009669　292.41/9

皇朝經世文統編一百十七卷　（清）邵之棠輯
清光緒二十七年（1901）上海寶善齋石印本
五十二冊

430000 – 2401 – 0009670　292.41/38

皇朝蓄艾文編八十卷　（清）于寶軒編　清光
緒二十九年（1903）上海官書局鉛印本　四
十冊

430000 – 2401 – 0009671　34/1

盛世危言續編五卷時務叢編二卷　（清）杞憂
生輯　清光緒二十一年（1895）上海賜書堂石
印本　五冊

430000 – 2401 – 0009672　34/1(1)

時務叢編二卷　（清）何啟　（清）胡翼南撰
清光緒二十一年（1895）上海書局石印洋務叢
書本　三冊

430000 – 2401 – 0009673　292.41/46

洋務經濟通考十六卷　（清）邵友濂纂　清光
緒二十四年（1898）上海鴻寶齋石印本　九冊
存十三卷（一、三、六至十六）

430000 – 2401 – 0009674　292.41/35

強學彙編十九卷　（清）馬冠群輯　清光緒二
十三年（1897）上海文瑞樓石印本　八冊

430000 – 2401 – 0009675　292.1/86

時務報類編十六卷二集十六卷　（清）時務報
編　清光緒二十四年（1898）淪新廬刻本　十
九冊　缺第一冊

430000 – 2401 – 0009676　292.1/113

時務撮要四卷　（清）鄧繹輯　清光緒二十二
年（1896）刻本　二冊

430000 – 2401 – 0009677　292.1/89

分類時務通纂三百卷　（清）陳昌紳編　清光
緒二十八年（1902）上海文瀾書局石印本　四
十七冊　缺八卷（一百十四至一百二十一）

430000 – 2401 – 0009678　292.1/89(1)

分類時務通纂三百卷　（清）陳昌紳編　清光
緒二十八年（1902）上海文瀾書局石印本　二

十四冊　存一百四十卷（一至一百四十）

430000 – 2401 – 0009679　292.1/69

時務彙編第一集　湖南時務彙編館編　清光
緒二十七年（1901）湖南時務彙編館刻本　七
冊　缺格致篇

430000 – 2401 – 0009680　292.1/68

新輯時務匯通一百〇八卷　（清）李作棟輯
清光緒二十九年（1903）上海崇新書局石印本
三十二冊

430000 – 2401 – 0009681　292.1/109

時務通藝錄□□卷　清光緒二十四年（1898）
長沙刻本　三冊　存四卷（一至四）

430000 – 2401 – 0009682　292.1/108

時事新編初集六卷　（清）陳耀卿編　清光緒
二十一年（1895）鉛印本　六冊

430000 – 2401 – 0009683　292.1/107

癸卯新民叢報彙編　（清）新民叢報社編輯
清光緒三十二年（1906）東京譯新書社石印本
四冊

430000 – 2401 – 0009684　292.1/105

新民叢報選編　（清）新民叢報社編輯　清光
緒石印本　二冊

430000 – 2401 – 0009685　292.1/106

新民叢報彙編　（清）新民叢報社編輯　清光
緒、宣統上海普新瑞記書局石印本　十四冊
存十四冊（甲辰年三冊、乙巳年六冊、丙午
年五冊）

430000 – 2401 – 0009686　292.41/16

江西農工商礦紀略不分卷　（清）傅春官編
清光緒三十四年（1908）石印本　五冊

430000 – 2401 – 0009687　292.7/17

華容地方自治研究所講義　（清）華容地方自
治研究所編　清末鉛印本　一冊

430000 – 2401 – 0009688　292.41/15

保富述要不分卷　（英國）布來德撰　（英國）
傅蘭雅口譯　（清）徐家寶筆述　清江南製造
總局刻本　二冊

430000－2401－0009689　292.41/15（1）

保富述要不分卷　（英國)布來德撰　（英國)
傅蘭雅口譯　（清)徐家寶筆述　清江南製造
總局刻本　二冊

430000－2401－0009690　292.41/20

工業與國政相關論二卷　（英國)司旦離遮風
司撰　（美國)衛理　（清)王汝騶譯　清光緒
二十六年(1900)鉛印本　二冊

430000－2401－0009691　292.42/6

通漕類編九卷　（明)王在晉編　明萬曆刻本
四冊

430000－2401－0009692　292.42/3

欽定戶部漕運全書九十二卷首一卷　清戶部
纂　清道光二十四年(1844)刻本　四十八冊

430000－2401－0009693　292.42/3（1）

欽定戶部漕運全書九十二卷首一卷　清戶部
纂　清道光二十四年(1844)刻本　四十六冊

430000－2401－0009694　292.42/3（2）

欽定戶部漕運全書九十二卷首一卷　清戶部
纂　清道光二十四年(1844)刻本　二十二冊
缺四卷(八十九至九十二)

430000－2401－0009695　292.42/8

湖北漕務積弊已久現擬革除冗費減定漕章摺
（清)胡林翼等撰　清鈔本　一冊

430000－2401－0009696　292.42/2

山東運河備覽十二卷圖說一卷　（清)陸燿撰
清同治十年(1871)刻本　六冊

430000－2401－0009697　292.42/2（1）

山東運河備覽十二卷圖說一卷　（清)陸燿撰
清同治十年(1871)刻本　六冊

430000－2401－0009698　292.42/7

江北運程四十卷首一卷　（清)董恂輯　清同
治六年(1867)琉璃廠龍文齋刻本　四十一冊

430000－2401－0009699　292.42/1

江蘇海運全案十二卷　（清)賀長齡等撰　清
道光六年(1826)刻本　十二冊

430000－2401－0009700　292.42/1

江蘇海運全案十二卷　（清)賀長齡等撰　清
道光六年(1826)刻本　八冊　缺四卷(二至
三、七、十一)

430000－2401－0009701　292.42/4

浙江海運全案初編十卷續編四卷　（清)椿壽
等編　清咸豐四年(1854)刻本　十四冊

430000－2401－0009702　292.42/5

浙江海運全案重編初編八卷續編四卷新編八
卷　（清)蔣益澧等編　清同治六年(1867)刻
本　十二冊

430000－2401－0009703　293.2/84

道光至同治朝漕運奏議不分卷　清鈔本
一冊

430000－2401－0009704　292.42/9

請設官漕局以輔食儲而絕商局書　清鈔本
一冊

430000－2401－0009705　292.43/3

兩淮鹽法志二十八卷　（清)謝開寵等修　清
康熙三十二年(1693)刻本　十六冊

430000－2401－0009706　292.43/30－2

欽定重修兩浙鹽法志三十卷首二卷　（清)馮
培等修　清嘉慶七年(1802)刻本　二十一冊
　存二十六卷(一至十六、二十二至三十,首
一)

430000－2401－0009707　292.43/2－2

兩淮鹽法志五十六卷首四卷　（清)單渠等纂
修　清嘉慶十一年(1806)刻本　三十二冊

430000－2401－0009708　292.43/2

兩淮鹽法志五十六卷首四卷　（清)單渠等纂
修　清同治九年(1870)揚州書局刻本　三十
二冊

430000－2401－0009709　292.43/2（1）

兩淮鹽法志五十六卷首四卷　（清)單渠等纂
修　清同治九年(1870)揚州書局刻本　三十
二冊

430000－2401－0009710　292.43/2（2）

兩淮鹽法志五十六卷首四卷　（清)單渠等纂

修　清同治九年(1870)揚州書局刻本　三十
二冊

430000－2401－0009711　292.43/2（3）
兩淮鹽法志五十六卷首四卷　（清）單渠等纂
修　清同治九年(1870)揚州書局刻本　三十
二冊

430000－2401－0009712　292.43/2（4）
兩淮鹽法志五十六卷首四卷　（清）單渠等纂
修　清同治九年(1870)揚州書局刻本　三十
二冊

430000－2401－0009713　292.43/2（5）
兩淮鹽法志五十六卷首四卷　（清）單渠等纂
修　清同治九年(1870)揚州書局刻本　二
十冊

430000－2401－0009714　292.43/2（6）
兩淮鹽法志五十六卷首四卷　（清）單渠等纂
修　清同治九年(1870)揚州書局刻本　十九
冊　缺二十六卷(首四,五、八、二十一至二十
二、二十七至三十四、四十一至四十七、四十
九至五十四)

430000－2401－0009715　292.43/4
兩淮鹽法志一百六十卷首一卷　（清）王定安
等纂　清光緒三十一年(1905)金陵刻本　六
十四冊

430000－2401－0009716　292.43/4（1）
兩淮鹽法志一百六十卷首一卷　（清）王定安
等纂　清光緒三十一年(1905)金陵刻本　六
十四冊

430000－2401－0009717　292.43/6
兩淮鹽法撰要二卷　（清）陳慶年撰　清光緒
金陵湯明林聚珍書局木活字本　一冊

430000－2401－0009718　292.43/6（1）
兩淮鹽法撰要二卷　（清）陳慶年撰　清光緒
金陵湯明林聚珍書局木活字本　二冊

430000－2401－0009719　292.43/14
淮鹽備要十卷　（清）李澄輯　清道光三年
(1823)刻本　四冊

430000－2401－0009720　292.43/14（1）
淮鹽備要十卷　（清）李澄輯　清道光三年
(1823)刻本　二冊

430000－2401－0009721　292.43/14（2）
淮鹽備要十卷　（清）李澄輯　清道光三年
(1823)刻本　二冊

430000－2401－0009722　292.43/35
淮鹽新綱章程　（清）陸建瀛訂　清道光三十
年(1850)刻本　一冊

430000－2401－0009723　292.43/13
淮鹺駁案類編八卷　（清）陳方坦輯　清光緒
十八年(1892)金陵刻本　六冊

430000－2401－0009724　292.43/13（1）
淮鹺駁案類編八卷　（清）陳方坦輯　清光緒
十八年(1892)金陵刻本　六冊

430000－2401－0009725　292.43/10
淮南鹽法紀略十卷　（清）方濬頤編　清同治
十二年(1873)刻本　五冊

430000－2401－0009726　292.43/10（1）
淮南鹽法紀略十卷　（清）方濬頤編　清同治
十二年(1873)刻本　四冊

430000－2401－0009727　292.43/10（2）
淮南鹽法紀略十卷　（清）方濬頤編　清同治
十二年(1873)刻本　十冊

430000－2401－0009728　292.43/11－2
淮北票鹽志略十五卷　（清）童濂編　清同治
七年(1868)刻本　六冊

430000－2401－0009729　292.43/11－2（1）
淮北票鹽志略十五卷　（清）童濂編　清同治
七年(1868)刻本　六冊

430000－2401－0009730　292.43/11－2（2）
淮北票鹽志略十五卷　（清）童濂編　清同治
七年(1868)刻本　二冊　存七卷(九至十五)

430000－2401－0009731　292.43/12
淮北票鹽續略十二卷　（清）許寶書編　清同
治九年(1870)刻本　四冊

430000 – 2401 – 0009732　292.43/12(1)

淮北票鹽續略十二卷　（清）許寶書編　清同
治九年(1870)刻本　四冊

430000 – 2401 – 0009733　292.7/227

兩淮案牘鈔存不分卷　程德全輯　清宣統中
鉛印程中丞全集本　二冊

430000 – 2401 – 0009734　292.43/40

兩淮鹽法紀略一卷　清鈔本　一冊

430000 – 2401 – 0009735　△293.36/1

兩淮根窩考一卷國朝兵額一卷　清鈔本
一冊

430000 – 2401 – 0009736　292.43/18

敕修河東鹽法志十二卷　（清）朱一鳳等纂
清乾隆五十五年(1790)刻本　八冊

430000 – 2401 – 0009737　292.43/17

河東鹽法備覽十二卷　（清）蔣兆奎輯　敕修
河東鹽法志十二卷　（清）朱一鳳纂　清乾隆
五十五年(1790)刻本　十六冊

430000 – 2401 – 0009738　292.43/15

溫處鹽務紀要一卷　（清）趙舒翹輯　清光緒
十九年(1893)甌江官舍刻本　一冊

430000 – 2401 – 0009739　292.43/15(1)

溫處鹽務紀要一卷　（清）趙舒翹輯　清光緒
十九年(1893)甌江官舍刻本　一冊

430000 – 2401 – 0009740　292.43/16

溫處鹽務紀要續編一卷　（清）沈壽銘輯　清
光緒二十一年(1895)甌江官舍刻本　二冊

430000 – 2401 – 0009741　292.43/1

東三省鹽法志十四卷　陳爲鎰等纂　清宣統
三年(1911)鉛印本　六冊

430000 – 2401 – 0009742　292.43/5

山東鹽法志十四卷圖一卷首一卷　（清）莽鵠
立等纂　清雍正十二年(1734)刻本　十冊

430000 – 2401 – 0009743　292.43/22

長蘆鹽法志二十卷附編十卷　（清）黃掌綸等
纂修　清嘉慶十年(1805)刻本　二十四冊

430000 – 2401 – 0009744　292.43/22(1)

長蘆鹽法志二十卷附編十卷　（清）黃掌綸等
纂修　清嘉慶十年(1805)刻本　二十四冊

430000 – 2401 – 0009745　292.43/22(2)

長蘆鹽法志二十卷附編十卷　（清）黃掌綸等
纂修　清嘉慶十年(1805)刻本　二十三冊

430000 – 2401 – 0009746　292.43/22(3)

長蘆鹽法志二十卷附編十卷　（清）黃掌綸等
纂修　清嘉慶十年(1805)刻本　一冊　存
附稿

430000 – 2401 – 0009747　292.43/38

增修河東鹽法備覽八卷首一卷　（清）張元鼎
等纂　清光緒八年(1882)刻本　二冊　存二
卷(二、八)

430000 – 2401 – 0009748　292.43/30

兩浙鹽法志三十卷首二卷　（清）馮培等纂
兩浙鹽法續纂備考十二卷　（清）楊昌浚纂
清同治十三年(1874)刻本　三十五冊　缺一
卷(續纂備考十二)

430000 – 2401 – 0009749　292.43/19

兩廣鹽法志二十四卷　（清）□□等纂　兩廣
鹽法外志六卷　（清）梁國治等纂　清乾隆二
十八年(1763)刻本　二十二冊

430000 – 2401 – 0009750　292.43/20

兩廣鹽法志三十卷　清光緒刻本　十三冊
缺九卷(一至七、十至十一)

430000 – 2401 – 0009751　292.43/37

六櫃運道冊不分卷　（清）兩廣鹽運使司撰
清咸豐七年(1857)刻本　四冊

430000 – 2401 – 0009752　292.43/7

福建票鹽志略一卷　（清）吳大廷撰　清同治
五年(1866)福建鹽局刻本　一冊

430000 – 2401 – 0009753　292.43/32

福建鹽法志二十二卷首一卷　清道光刻本
八冊

430000 – 2401 – 0009754　292.43/27

四川鹽法志四十卷首一卷　（清）丁寶楨等纂

清光緒八年(1882)刻本　二十冊

430000－2401－0009755　292.43/27(1)

四川鹽法志四十卷首一卷　（清）丁寶楨等纂
清光緒八年(1882)刻本　二十冊

430000－2401－0009756　292.43/28

四川鹽道計岸官運鹽案匯輯十卷　（清）四川
鹽道計岸官運總局文案所纂　清光緒三十年
(1904)總局刻本　八冊

430000－2401－0009757　292.43/8

四川官運鹽案類編二十七卷　（清）唐炯編
清光緒七年(1881)成都總局刻本　十冊

430000－2401－0009758　292.43/26

四川官運鹽案續編十五卷　（清）唐炯編　清
光緒七年(1881)成都總局刻本　五冊

430000－2401－0009759　292.43/33

鹽法隅說一卷　（清）孫玉庭撰　清同治十一
年(1872)孫毓漢刻延釐堂集本　一冊

430000－2401－0009760　292.43/41

財政局整頓鹽務情形等　（清）財政局撰　清
宣統二年(1910)鈔本　一冊

430000－2401－0009761　292.41/33

光緒財政通纂五十四卷　（清）杜翰藩輯　清
光緒三十一年(1905)蓉城文倫書局鉛印本
二十冊

430000－2401－0009762　292.44/34

光緒會計錄三卷　（清）李希聖撰　清光緒上
海時務報館石印本　二冊

430000－2401－0009763　292.44/26

度支部議清理財政辦法章程摺　（清）度支部
起草　清末鉛印本　一冊

430000－2401－0009764　293.2/81

覆陳妥酌清理財政章程折　（清）度支部起草
清宣統安徽官紙印刷局鉛印本　一冊

430000－2401－0009765　△293.92/3

清照例例外各項支款清冊不分卷　清光緒內
府鈔本　二冊

430000－2401－0009766　292.44/2

中外財經研究書　鍾彤澐撰　清宣統三年
(1911)原鈔本　二冊

430000－2401－0009767　292.44/1

中國財政紀略　（日本）東邦協會撰　（清）吳
銘譯　清光緒二十九年(1903)上海廣智書局
鉛印本　一冊

430000－2401－0009768　292.44/40

理財新義三卷　（法國）戈利編　清光緒三十
三年(1907)上海商務印書館鉛印本　一冊

430000－2401－0009769　292.44/9

連環帳譜五卷　（清）蔡錫勇撰　清光緒三十
一年(1905)湖北官書局刻本　一冊

430000－2401－0009770　292.44/75

華洋人壽保險有限公司章程　（清）華洋人壽
保險有限公司編　清光緒三十一年(1905)鉛
印本　一冊

430000－2401－0009771　292.74/349

**光緒九年四月分辦理陝甘後路糧台收支銀兩
清冊**　辦理陝甘後路糧台編　清光緒鈔本
一冊

430000－2401－0009772　292.44/25

陝西清理財政說明書　陝西清理財政局編
清宣統元年(1909)鉛印本　六冊

430000－2401－0009773　292.44/31

山西藩庫內外銷收支各款說明書　清宣統山
西清理財政局鉛印本　一冊

430000－2401－0009774　292.44/24

河南財政說明書:地方行政經費　清光緒石
印本　一冊

430000－2401－0009775　292.44/23

河南財政說明書:歲出部　清光緒石印本
一冊　存一卷(一)

430000－2401－0009776　292.44/28

安徽財政沿革利弊說明書　清宣統安徽官紙
印刷局鉛印本　一冊　存六編(七至十二編)

430000－2401－0009777　292.44/29

福建財政沿革利弊說明書:糧米類 清宣統
鉛印本 一冊

430000－2401－0009778 292.44/30
雲南清理財政局調查全省財政說明書初稿
雲南清理財政局編 清宣統鉛印本 一冊
存三至六類

430000－2401－0009779 292.44/19
湖南財政款目說明書二十卷又四卷 （清）湖
南清理財政局編 清宣統三年(1911)鉛印本
五冊 缺三卷(十一至十三)

430000－2401－0009780 292.44/19－3
湖南財政款目說明書二十卷 （清）湖南清理
財政局編 清宣統石印本 三冊 存十三卷
(一至十三)

430000－2401－0009781 292.44/41
撫院札行宣統三年預算案報部冊二卷 （清）
湖南諮議局編 清宣統三年(1911)鉛印本
二冊

430000－2401－0009782 292.44/42
覆諮議局增減全省宣統三年預算總冊 （清）
湖南諮議局編 清宣統三年(1911)鉛印本
一冊

430000－2401－0009783 292.7/98
**湖南諮議局議決宣統三年地方行政經費預算
案** （清）湖南諮議局撰 清宣統鉛印本
一冊

430000－2401－0009784 292.45/19
各國通商始末記十九卷 （清）王之春撰 清
光緒二十一年(1895)寶善書局石印本 四冊

430000－2401－0009785 292.45/16
通商始末記二十卷 （清）王之春撰 清光緒
二十七年(1901)上海申昌社石印本 六冊

430000－2401－0009786 292.45/15
通商條約章程成案彙編三十卷 （清）李瀚等
編 清光緒鐵城廣百宋齋鉛印本 十二冊

430000－2401－0009787 292.45/15(1)
通商條約章程成案彙編三十卷 （清）李瀚等

編 清光緒鐵城廣百宋齋鉛印本 十一冊
缺卷三十

430000－2401－0009788 292.45/15－2
通商條約章程成案彙編三十卷 （清）李瀚等
編 清光緒鉛印本 十冊

430000－2401－0009789 292.45/2
通商約章類纂三十五卷 （清）徐宏亮編 清
光緒十二年(1886)天津官書局刻本 二十冊

430000－2401－0009790 292.45/2－2
通商約章類纂三十五卷 （清）徐宏亮編 清
光緒十八年(1892)廣東善後局刻本 二十冊

430000－2401－0009791 292.45/5
光緒二十五年通商各關華洋貿易總冊二卷
（清）上海通商海關造冊處稅務司編 清光緒
二十六年(1900)上海通商海關造冊處鉛印本
一冊

430000－2401－0009792 292.45/6
光緒二十六年通商各關華洋貿易總冊二卷
（清）上海通商海關造冊處稅務司編 清光緒
二十七年(1901)上海通商海關造冊處鉛印本
一冊

430000－2401－0009793 292.45/7
光緒二十八年通商各關華洋貿易總冊二卷
（清）上海通商海關造冊處稅務司編 清光緒
二十九(1903)上海通商海關造冊處鉛印本
一冊

430000－2401－0009794 292.45/7(1)
光緒二十八年通商各關華洋貿易總冊二卷
（清）上海通商海關造冊處稅務司編 清光緒
二十九(1903)上海通商海關造冊處鉛印本
一冊

430000－2401－0009795 292.45/8
光緒二十九年通商各關華洋貿易總冊二卷
（清）上海通商海關造冊處稅務司編 清光緒
三十(1904)上海通商海關造冊處鉛印本
一冊

430000－2401－0009796 292.45/9

光緒三十年通商各關華洋貿易總冊二卷 （清）上海通商海關造冊處稅務司編　清光緒三十一（1905）上海通商海關造冊處鉛印本 二冊

430000－2401－0009797　292.45/10

光緒三十二年通商各關華洋貿易總冊二卷 （清）上海通商海關造冊處稅務司編　清光緒三十三（1907）上海通商海關造冊處鉛印本 二冊

430000－2401－0009798　292.45/11

光緒三十四年通商各關華洋貿易總冊二卷 （清）上海通商海關造冊處稅務司編　清宣統元年（1909）上海通商海關造冊處鉛印本　一冊　缺一卷（下）

430000－2401－0009799　292.45/11(1)

光緒三十四年通商各關華洋貿易總冊二卷 （清）上海通商海關造冊處稅務司編　清宣統元年（1909）上海通商海關造冊處鉛印本　一冊　缺一卷（下）

430000－2401－0009800　292.45/12

宣統元年通商各關華洋貿易總冊二卷　（清）上海通商海關造冊處稅務司編　清宣統二年（1910）上海通商海關造冊處鉛印本　二冊

430000－2401－0009801　292.45/33

長江各口通商暫訂章程　清咸豐十一年（1861）訂　清刻本　一冊

430000－2401－0009802　292.45/34

長江通商條款　清光緒元年（1875）刻本 一冊

430000－2401－0009803　292.45/31

丹國通商條約稅則章程　清同治二年（1863）訂　清刻本　一冊

430000－2401－0009804　292.45/30

荷蘭國通商和約章程　清同治二年（1863）訂 清刻本　一冊

430000－2401－0009805　292.45/41

比國通商條約稅則章程　清同治四年（1865）

訂　清刻本　一冊

430000－2401－0009806　292.45/32

義國條約稅則章程　清同治五年（1866）訂 清刻本　一冊

430000－2401－0009807　292.45/29

布國條款稅則一卷　清光緒刻本　一冊

430000－2401－0009808　292.45/38

奧國通商稅則條款章程一卷　清光緒刻本 一冊

430000－2401－0009809　292.45/37

美國稅則條款一卷　清末刻本　一冊

430000－2401－0009810　292.45/36

通商稅則善後條約未分卷　清刻本　十冊

430000－2401－0009811　292.45/35

奏准天津新議各國通商條款　清末刻本 一冊

430000－2401－0009812　292.45/13

通商志一卷　清光緒六年（1880）長沙刻本 一冊

430000－2401－0009813　292.45/13(1)

通商志一卷　清光緒六年（1880）長沙刻本 一冊

430000－2401－0009814　292.45/23

中國商務志十章附錄一卷　（日本）織田一撰 （清）蔣箓方譯　清光緒二十八年（1902）上海廣智書局鉛印本　一冊

430000－2401－0009815　292.45/17

國政貿易相關書二卷　（英國）法拉撰　（英國）傅蘭雅譯　（清）徐家寶筆述　清光緒九年（1883）刻本　二冊

430000－2401－0009816　292.45/17(1)

國政貿易相關書二卷　（英國）法拉撰　（英國）傅蘭雅譯　（清）徐家寶筆述　清光緒九年（1883）刻本　二冊

430000－2401－0009817　292.45/28

重慶商會公報　重慶商會編　清光緒三十一

年(1905)重慶廣益書局鉛印本　一冊　存第
十二冊

430000－2401－0009818　292.45/18
湖南商務總會試辦章程　(清)湖南商務總會
擬　清光緒刻本　一冊

430000－2401－0009819　292.45/3
湖南商事習慣報告書　(清)湖南調查局編
清宣統三年(1911)湖南調查局鉛印本　六冊

430000－2401－0009820　292.45/3(1)
湖南商事習慣報告書　(清)湖南調查局編
清宣統三年(1911)湖南調查局鉛印本　四冊

430000－2401－0009821　292.45/3(2)
湖南商事習慣報告書　(清)湖南調查局編
清宣統三年(1911)湖南調查局鉛印本　五冊

430000－2401－0009822　292.45/26
湖南出口協會說明書　龍璋編　清宣統二年
(1910)湖南機器印刷局鉛印本　一冊

430000－2401－0009823　292.45/14
日本商務視察書四卷附錄一卷　(清)袁思永
編　清光緒三十年(1904)日本橫濱吉本印刷
所鉛印本　四冊

430000－2401－0009824　292.45/14(1)
日本商務視察書四卷附錄一卷　(清)袁思永
編　清光緒三十年(1904)日本橫濱吉本印刷
所鉛印本　四冊

430000－2401－0009825　292.45/22
中法全年生意情形　(清)□□撰　增删佐雜
須知四卷　(清)臥牛山人編　清光緒三十年
(1904)鉛印本　一冊

430000－2401－0009826　292.45/40
英國印花稅章程　(清)沈鑒譯　清光緒二十
五年(1899)上海印書公會石印本　二冊

430000－2401－0009827　292.45/39
英國印花稅章程續編　劉鏡人譯述　清光緒
十七年(1891)吳興陸氏石印本　一冊

430000－2401－0009828　292.46/7
印花稅則十五條　(清)度支部起草　清末學

務公所鉛印本　一冊

430000－2401－0009829　292.46/7(1)
印花稅則十五條　(清)度支部起草　清末學
務公所鉛印本　一冊

430000－2401－0009830　292.46/5
江蘇省賦額原科斗則表一卷　清同治二年
(1863)刻本　一冊

430000－2401－0009831　292.46/3
江蘇省減賦全案八卷　(清)劉郇膏等撰　清
同治五年(1866)刻本　八冊

430000－2401－0009832　292.46/3(1)
江蘇省減賦全案八卷　(清)劉郇膏等撰　清
同治五年(1866)刻本　八冊

430000－2401－0009833　292.46/3(2)
江蘇省減賦全案八卷　(清)劉郇膏等撰　清
同治五年(1866)刻本　八冊

430000－2401－0009834　292.46/3(3)
江蘇省減賦全案八卷　(清)劉郇膏等撰　清
同治五年(1866)刻本　八冊

430000－2401－0009835　292.46/3(4)
江蘇省減賦全案八卷　(清)劉郇膏等撰　清
同治五年(1866)刻本　八冊

430000－2401－0009836　292.46/3(5)
江蘇省減賦全案八卷　(清)劉郇膏等撰　清
同治五年(1866)刻本　八冊

430000－2401－0009837　292.46/11
安徽釐金章程　(清)安徽牙釐總局起草　清
同治元年(1862)刻本　一冊

430000－2401－0009838　292.7/36
督辦安徽牙釐總局公牘一卷　(清)安徽牙釐
總局起草　清同治刻本　一冊

430000－2401－0009839　292.46/4
江西統捐章程　(清)江西牙釐局起草　清石
印本　一冊

430000－2401－0009840　292.46/25
程安德三縣賦考一卷　(清)凌介禧輯　清同

治三年(1864)刻本　一冊

430000－2401－0009841　292.46/18
四川款目説明書　清宣統鉛印本　一冊

430000－2401－0009842　292.46/51
甘肅省統捐總局兼辦籌賑局公文　(清)甘肅
省統捐局撰　清宣統元年(1909)鈔本　一冊

430000－2401－0009843　292.46/10
釐定茶釐章程　(清)湖北省牙釐總局起草
清光緒十三年(1887)刻本　一冊

430000－2401－0009844　292.46/36
釐定湖北通省税契章程　(清)湖北省布政使
司起草　清光緒刻本　一冊

430000－2401－0009845　292.46/8
奏定湖北通省税契章程十三條　(清)湖北省
布政使司起草　清光緒刻本　一冊

430000－2401－0009846　292.46/32
奏定續增湖北通省税契章程　(清)湖北省布
政使司起草　清光緒刻本　一冊

430000－2401－0009847　292.46/9
奏定湖北籌餉徵收烟酒糖三項出産落地税章
　(清)湖北善後總局起草　清石印本　一冊

430000－2401－0009848　292.46/33
呈造湖北通省牙釐各局卡委員銜名籍貫收支
額數冊一卷　(清)總辦湖北通省鹽茶牙釐總
局編　清光緒刻本　一冊

430000－2401－0009849　292.46/42
湖南釐務匯纂十八卷首一卷　(清)但湘良纂
　清光緒十五年(1889)朱印本　九冊　存十
卷(一、六至八、十至十一、十四、十六至十七，
首一卷)

430000－2401－0009850　292.46/19
湖南諮議局議決整頓田房税契案　湖南諮議
局擬　清宣統鉛印本　一冊

430000－2401－0009851　292.46/21
湖南諮議局議決提出改釐税爲統捐案　湖南
諮議局擬　清宣統鉛印本　一冊

430000－2401－0009852　292.46/39
益陽縣催徵光緒十二年漕米民欠未完散數徵
信冊　清光緒十四年(1888)刻本　一冊

430000－2401－0009853　292.46/13
益陽縣光緒十三年帶徵節年災緩南驢徵信錄
　清光緒十四年(1888)刻本　一冊

430000－2401－0009854　292.46/23
南洲廳釐金案稿　(清)左記言等纂　清刻本
　一冊

430000－2401－0009855　292.492/20
查辦南洲善後事宜□□卷　(清)文丞煒編
清光緒刻本　一冊　存卷四

430000－2401－0009856　292.46/29
永綏廳屯防倉田冊不分卷　(清)永綏廳同知
編　清道光鈔本　四冊

430000－2401－0009857　292.46/30
湖南魚鱗冊　舊繪本　五冊

430000－2401－0009858　292.46/28
沅州府麻陽縣均田魚鱗圖冊不分卷　清填寫
本　一冊

430000－2401－0009859　292.46/47
湖南直隸乾州廳均田魚鱗圖冊　清填寫本
一冊

430000－2401－0009860　292.46/48
湖南直隸乾州廳復丈占土圖冊　清填寫本
六冊

430000－2401－0009861　△293.32/2
清嘉慶至光緒黔陽縣徵收地丁執照　稿本
一冊

430000－2401－0009862　△293.32/3
明萬曆九年丈量魚鱗清冊　明萬曆九年
(1581)填寫本　一冊

430000－2401－0009863　△291.3/15
順治歙縣三拾陸都丈量魚鱗清冊　清順治填
寫本　二冊

430000－2401－0009864　△293.32/4

清康熙三年東陽縣丈量魚鱗冊　清康熙填寫本　一冊

430000 – 2401 – 0009865　292.46/45

完正米冊名數目一卷　清光緒十三年(1887)亦政堂鈔本　一冊

430000 – 2401 – 0009866　292.46/31

呈造光緒三十四年四月份收支牙釐銀錢各款數目表冊　清光緒三十四年(1908)稿本　一冊

430000 – 2401 – 0009867　292.46/53

漕川宦蹟　清光緒鈔本　一冊

430000 – 2401 – 0009868　292.47/1

增修籌餉事例條款不分卷　清戶部纂　清同治五年(1866)刻本　二冊

430000 – 2401 – 0009869　292.47/1 – 2

增修籌餉事例條款不分卷籌餉事例不分卷增修現行常例一卷　清戶部纂　清同治刻本　四冊

430000 – 2401 – 0009870　292.47/1 – 2(1)

增修籌餉事例條款不分卷籌餉事例不分卷增修現行常例一卷　清戶部纂　清同治刻本　四冊

430000 – 2401 – 0009871　292.47/6

增修籌餉事例并現行常例不分卷　清戶部纂　清同治刻本　六冊

430000 – 2401 – 0009872　292.47/6 – 2

增修籌餉事例并現行常例不分卷　清戶部纂　清同治刻本　四冊

430000 – 2401 – 0009873　292.7/29

增修現行常例未分卷　清戶部纂　清刻本　二冊

430000 – 2401 – 0009874　292.62/25

海防事例一卷　清戶部纂　清末刻本　一冊

430000 – 2401 – 0009875　292.62/26

海防事例一卷　清戶部纂　清末活字本　一冊

430000 – 2401 – 0009876　292.47/4

度支部軍餉司奏案彙編　(清)度支部起草清末鉛印本　一冊　存一卷(第一編三)

430000 – 2401 – 0009877　292.47/12

江南賑捐援照直隸等省推廣請獎捐例一卷清鈔本　一冊

430000 – 2401 – 0009878　292.47/5

江寧籌餉捐輸按照新海防事例請獎章程一卷　清光緒刻本　一冊

430000 – 2401 – 0009879　292.47/9

豫東事例不分卷　(清)曹振鏞等擬　清嘉慶刻本　一冊

430000 – 2401 – 0009880　292.47/13

協黔新捐總局章程　(清)協黔新捐總局起草清木活字本　一冊

430000 – 2401 – 0009881　292.47/8

貴州籌餉捐章程一卷　清光緒刻本　一冊

430000 – 2401 – 0009882　292.47/7

湖北捐餉章程一卷　清同治木活字本　一冊

430000 – 2401 – 0009883　292.47/14

湖南賑捐例章　湖南籌賑總局撰　清光緒三十二年(1906)刻本　一冊

430000 – 2401 – 0009884　292.47/11

長沙籌備印卷初捐各戶花名冊口卷　清末刻本　二冊

430000 – 2401 – 0009885　292.47/10

捐官職銜一卷　清活字本　一冊

430000 – 2401 – 0009886　293.92/2

光緒十三年湘鄉三十七都一區編牌戶口冊清鈔本　一冊

430000 – 2401 – 0009887　292.491/9

荒政叢書十卷附錄二卷　(清)俞森輯　清道光二十四年(1844)金山錢氏刻守山閣叢書本　一冊

430000 – 2401 – 0009888　292.491/7

重刊救荒補遺二卷　(宋)董煟撰　(元)張光

大增　（明）朱熊補　清同治八年(1869)崇文
書局刻本　二冊

430000－2401－0009889　292.491/7(1)
重刊救荒補遺二卷　（宋）董煟撰　（元）張光
大增　（明）朱熊補　清同治八年(1869)崇文
書局刻本　二冊

430000－2401－0009890　292.491/7(2)
重刊救荒補遺二卷　（宋）董煟撰　（元）張光
大增　（明）朱熊補　清同治八年(1869)崇文
書局刻本　二冊

430000－2401－0009891　292.491/7(3)
重刊救荒補遺二卷　（宋）董煟撰　（元）張光
大增　（明）朱熊補　清同治八年(1869)崇文
書局刻本　二冊

430000－2401－0009892　292.491/7(4)
重刊救荒補遺二卷　（宋）董煟撰　（元）張光
大增　（明）朱熊補　清同治八年(1869)崇文
書局刻本　二冊

430000－2401－0009893　292.491/7(5)
重刊救荒補遺二卷　（宋）董煟撰　（元）張光
大增　（明）朱熊補　清同治八年(1869)崇文
書局刻本　二冊

430000－2401－0009894　292.491/7(6)
重刊救荒補遺二卷　（宋）董煟撰　（元）張光
大增　（明）朱熊補　清同治八年(1869)崇文
書局刻本　二冊

430000－2401－0009895　292.491/7(7)
重刊救荒補遺二卷　（宋）董煟撰　（元）張光
大增　（明）朱熊補　清同治八年(1869)崇文
書局刻本　二冊

430000－2401－0009896　292.491/7(8)
重刊救荒補遺二卷　（宋）董煟撰　（元）張光
大增　（明）朱熊補　清同治八年(1869)崇文
書局刻本　二冊

430000－2401－0009897　292.491/7(9)
重刊救荒補遺二卷　（宋）董煟撰　（元）張光
大增　（明）朱熊補　清同治八年(1869)崇文

書局刻本　二冊

430000－2401－0009898　292.491/7(10)
重刊救荒補遺二卷　（宋）董煟撰　（元）張光
大增　（明）朱熊補　清同治八年(1869)崇文
書局刻本　二冊

430000－2401－0009899　292.491/32
賑紀八卷　（清）方觀承輯　清乾隆刻本
八冊

430000－2401－0009900　△291.3/3
畿輔義倉圖不分卷　（清）方觀承撰　清乾隆
刻本　六冊

430000－2401－0009901　292.491/3－2
荒政輯要九卷首一卷　（清）汪志伊纂　清嘉
慶江寧布政司衙門刻本　二冊

430000－2401－0009902　292.491/3－3
荒政輯要九卷首一卷　（清）汪志伊纂　清嘉
慶刻本　二冊

430000－2401－0009903　292.491/3－3(1)
荒政輯要九卷首一卷　（清）汪志伊纂　清嘉
慶刻本　二冊

430000－2401－0009904　292.491/3－4
荒政輯要九卷首一卷　（清）汪志伊纂　清道
光二十一年(1841)河南聚文齋刻敏果齋七種
本　三冊

430000－2401－0009905　292.491/3
荒政輯要九卷首一卷　（清）汪志伊纂　清同
治八年(1869)崇文書局刻本　二冊

430000－2401－0009906　292.491/3(1)
荒政輯要九卷首一卷　（清）汪志伊纂　清同
治八年(1869)崇文書局刻本　二冊

430000－2401－0009907　292.491/3(2)
荒政輯要九卷首一卷　（清）汪志伊纂　清同
治八年(1869)崇文書局刻本　二冊

430000－2401－0009908　292.491/3(3)
荒政輯要九卷首一卷　（清）汪志伊纂　清同
治八年(1869)崇文書局刻本　二冊

430000－2401－0009909　292.491/3（4）

荒政輯要九卷首一卷　（清）汪志伊纂　清同治八年（1869）崇文書局刻本　二冊

430000－2401－0009910　32/155

救溺管見錄二卷　（清）志范居士輯　清咸豐十年（1860）湖南常德刻本　一冊

430000－2401－0009911　292.491/30

酌時急務一卷捕蝗要略一卷　（清）周玉衡撰　清咸豐八年（1858）邵陽縣署刻本　一冊

430000－2401－0009912　292.491/5

欽定康濟錄四卷　（清）陸曾禹撰　（清）倪國璉續撰　清同治三年（1864）浙江撫署左氏刻本　三冊

430000－2401－0009913　292.491/5（1）

欽定康濟錄四卷　（清）陸曾禹撰　（清）倪國璉續撰　清同治三年（1864）浙江撫署左氏刻本　三冊

430000－2401－0009914　292.491/5（2）

欽定康濟錄四卷　（清）陸曾禹撰　（清）倪國璉續撰　清同治三年（1864）浙江撫署左氏刻本　三冊

430000－2401－0009915　292.491/5－2

欽定康濟錄四卷　（清）陸曾禹撰　（清）倪國璉續撰　清同治八年（1869）崇文書局刻本　四冊

430000－2401－0009916　292.491/5－2（1）

欽定康濟錄四卷　（清）陸曾禹撰　（清）倪國璉續撰　清同治八年（1869）崇文書局刻本　四冊

430000－2401－0009917　292.491/5－2（2）

欽定康濟錄四卷　（清）陸曾禹撰　（清）倪國璉續撰　清同治八年（1869）崇文書局刻本　四冊

430000－2401－0009918　292.491/5－2（3）

欽定康濟錄四卷　（清）陸曾禹撰　（清）倪國璉續撰　清同治八年（1869）崇文書局刻本　四冊

430000－2401－0009919　292.491/5－2（4）

欽定康濟錄四卷　（清）陸曾禹撰　（清）倪國璉續撰　清同治八年（1869）崇文書局刻本　四冊

430000－2401－0009920　292.491/5－2（5）

欽定康濟錄四卷　（清）陸曾禹撰　（清）倪國璉續撰　清同治八年（1869）崇文書局刻本　四冊

430000－2401－0009921　292.491/5－2（6）

欽定康濟錄四卷　（清）陸曾禹撰　（清）倪國璉續撰　清同治八年（1869）崇文書局刻本　四冊

430000－2401－0009922　292.491/5－2（7）

欽定康濟錄四卷　（清）陸曾禹撰　（清）倪國璉續撰　清同治八年（1869）崇文書局刻本　四冊

430000－2401－0009923　292.491/6

救荒百策一卷　（清）寄湘漁父撰　清光緒二十七年（1901）長沙寶善堂刻本　一冊

430000－2401－0009924　292.491/1

籌濟編三十二卷首一卷　（清）楊景仁輯　清道光六年（1826）詒研齋刻本　八冊

430000－2401－0009925　292.491/1－5

籌濟編三十二卷首一卷　（清）楊景仁輯　清道光九年（1829）刻本　六冊

430000－2401－0009926　292.491/1－4

籌濟編三十二卷首一卷　（清）楊景仁輯　清光緒五年（1879）江蘇書局刻本　八冊

430000－2401－0009927　292.491/1－4（1）

籌濟編三十二卷首一卷　（清）楊景仁輯　清光緒五年（1879）江蘇書局刻本　八冊

430000－2401－0009928　292.491/1－2

籌濟編三十二卷首一卷　（清）楊景仁輯　清光緒五年（1879）河南藩署刻本　八冊

430000－2401－0009929　292.491/1－3

籌濟編三十二卷首一卷　（清）楊景仁輯　清光緒九年（1883）武昌書局刻本　八冊

430000－2401－0009930　292.491/1－3(1)

籌濟編三十二卷首一卷　(清)楊景仁輯　清光緒九年(1883)武昌書局刻本　八冊

430000－2401－0009931　292.491/1－3(2)

籌濟編三十二卷首一卷　(清)楊景仁輯　清光緒九年(1883)武昌書局刻本　八冊

430000－2401－0009932　292.491/1－3(3)

籌濟編三十二卷首一卷　(清)楊景仁輯　清光緒九年(1883)武昌書局刻本　八冊

430000－2401－0009933　292.491/1－3(4)

籌濟編三十二卷首一卷　(清)楊景仁輯　清光緒九年(1883)武昌書局刻本　八冊

430000－2401－0009934　292.491/20

救荒先事策一卷　(清)歐陽學鳳撰　清宣統三年(1911)瀏陽奎文閣刻本　一冊

430000－2401－0009935　292.491/33

直省各屬水災圖一卷　清末刻本　一冊

430000－2401－0009936　292.491/49

江西省乾隆五十八年被水情形　清鈔本　一冊

430000－2401－0009937　292.491/17

桐邑辦賑錄二卷　(清)嚴辰撰　清同治石印本　一冊

430000－2401－0009938　293.91/14

瓜濠平糶義捐分局公牘　清鈔本　一冊

430000－2401－0009939　292.491/25

湖南賑捐例章　湖南籌賑總局撰　清光緒三十二年(1906)刻本　一冊

430000－2401－0009940　292.492/27

茶絲條陳　(清)蕭文昭撰　清光緒二十四年(1898)刻本　一冊

430000－2401－0009941　292.492/16

湘陰縣迎皮村堤畝冊　清木活字本　一冊

430000－2401－0009942　292.492/10

衡山縣丈量冊　清康熙五十六年(1717)登記本　一冊

430000－2401－0009943　292.492/13

常寧忠字一團義田記一卷　(清)廖樹蘅撰　清光緒刻本　一冊

430000－2401－0009944　292.492/5

餘姚沙地應行清丈理由書一卷　曾廣鍾編　清宣統三年(1911)鉛印本　一冊

430000－2401－0009945　292.492/5(1)

餘姚沙地應行清丈理由書一卷　曾廣鍾編　清宣統三年(1911)鉛印本　一冊

430000－2401－0009946　292.46/1

浙江省餘姚六倉沙地清丈升科理由質問書　曾廣鍾撰　清宣統三年(1911)鉛印本　一冊

430000－2401－0009947　292.46/1(1)

浙江省餘姚六倉沙地清丈升科理由質問書　曾廣鍾撰　清宣統三年(1911)鉛印本　一冊

430000－2401－0009948　292.493/10

工部局衛生清冊一卷　(清)工部局醫官編　清光緒三十四年(1908)上海商務印書館鉛印本　一冊

430000－2401－0009949　292.494/10

江南製造全案一卷　(清)江南製造局輯　清同治該局鉛印本　一冊

430000－2401－0009950　292.494/47

礦業條規六種　(清)農商部編　清末鉛印本　一冊

430000－2401－0009951　292.494/14

大清礦務章程　(清)張之洞擬　清光緒三十三年(1907)鉛印本　二冊

430000－2401－0009952　292.494/44

奏辦商立溥利呢革公司章程　(清)陸軍部擬　清光緒三十三年(1907)石印本　一冊

430000－2401－0009953　292.7/11

奏辦京師華商電燈有限公司章程　(清)商部起草　清光緒三十年(1904)活字本　一冊

430000－2401－0009954　292.7/11(1)

奏辦京師華商電燈有限公司章程　(清)商部起草　清光緒三十年(1904)活字本　一冊

430000－2401－0009955　292.494/70

考察南洋勸業會紀略　（清）韓葆忠撰　清宣統二年(1910)鉛印本　一冊

430000－2401－0009956　292.494/8

印刷局問答　（清）王銘忠撰　清光緒三十年(1904)學務處鉛印本　一冊

430000－2401－0009957　292.494/43

更定萍鄉礦路大概辦法　（清）張贊宸擬　清光緒三十年(1904)刻本　一冊

430000－2401－0009958　292.494/31

粵垣源源水局議　（清）何獻墀撰　清光緒八年(1882)香港文裕堂鉛印本　一冊

430000－2401－0009959　292.494/15

商辦廣西梧州錦煉廠寶大有限公司章程　（清）王宏佑等擬　清宣統元年(1909)南寧維新鉛印本　一冊

430000－2401－0009960　292.494/21

商辦漢鎮既濟水電有限公司章程　（清）武漢既濟水電有限公司擬　清末鉛印本　一冊

430000－2401－0009961　292.494/41

武昌制皮廠進貨報單　清光緒三十三年(1907)呈　一冊

430000－2401－0009962　292.494/37

奏辦湖北鐵釘廠章程事要　（清）湖北鐵釘廠編　清光緒三十四年(1908)鉛印本　一冊

430000－2401－0009963　292.494/9

湖南全省礦務總公司章程　（清）湖南全省礦務總公司起草　清光緒刻本　一冊

430000－2401－0009964　292.494/9(1)

湖南全省礦務總公司章程　（清）湖南全省礦務總公司起草　清光緒刻本　一冊

430000－2401－0009965　292.494/9(2)

湖南全省礦務總公司章程　（清）湖南全省礦務總公司起草　清光緒刻本　一冊

430000－2401－0009966　292.494/9(3)

湖南全省礦務總公司章程　（清）湖南全省礦務總公司起草　清光緒刻本　一冊

430000－2401－0009967　292.494/13

奏辦湖南礦務簡明章程　（清）湖南礦務總局擬　清光緒刻本　一冊

430000－2401－0009968　292.7/92

湖南諮議局議決改良礦務案　（清）湖南諮議局起草　清末鉛印本　一冊

430000－2401－0009969　292.494/30

湖南諮議局議決振興工業大宗案　（清）湖南諮議局擬　清宣統鉛印本　一冊

430000－2401－0009970　292.494/35

湘商與英商所訂采鎳合約　清宣統油印本　一冊

430000－2401－0009971　292.494/34

湖南全省工業總會第一期報告書　湖南農工商部編　清宣統二年(1910)木活字本　一冊

430000－2401－0009972　296.38/56

菱源銀場錄一卷　（清）廖樹蘅撰　清光緒活字本　一冊　存一卷(一)

430000－2401－0009973　292.494/11

上鐵星使湘省礦務現在辦法覆端午帥水口山歷年開辦情形說帖　（清）廖基植撰　清光緒三十一年(1905)學務處鉛印本　一冊

430000－2401－0009974　292.494/11(1)

上鐵星使湘省礦務現在辦法覆端午帥水口山歷年開辦情形說帖　（清）廖基植撰　清光緒三十一年(1905)學務處鉛印本　一冊

430000－2401－0009975　292.494/16

湖南安化楚善鎳礦分公司章程　曾廣鈞等擬　清光緒三十二年(1906)鉛印本　一冊

430000－2401－0009976　292.494/20

湘陰墾牧公司稟批一卷附預算表一卷　曾廣鈞撰　清末刻本　一冊

430000－2401－0009977　292.495/29

郵傳部奏議類編不分卷　（清）郵傳部參議廳編核科編　清光緒三十四年(1908)鉛印本　六冊

430000－2401－0009978　279.3/45

郵傳部住址單 （清）郵傳部編 清宣統二年
（1910）鉛印本 一冊

430000－2401－0009979 292.495/79
蘆漢鐵路借款合同 盛宣懷 （比利時）俞貝
德訂 清光緒二十四年（1898）鉛印本 一冊

430000－2401－0009980 292.495/39
正太鐵路華俄銀行借款條議 盛宣懷等訂
清光緒二十九年（1903）鉛印本 一冊

430000－2401－0009981 292.495/37
汴洛鐵路比商借款條議 盛宣懷等訂 清光
緒二十九年（1903）鉛印本 一冊

430000－2401－0009982 292.495/36
滬寧鐵路英商借款條議 盛宣懷等訂 清光
緒二十九年（1903）長沙裕湘印書局鉛印本
一冊

430000－2401－0009983 292.495/36（1）
滬寧鐵路英商借款條議 盛宣懷等訂 清光
緒二十九年（1903）長沙裕湘印書局鉛印本
一冊

430000－2401－0009984 292.495/35
蘆漢鐵路比商借款條議 盛宣懷等訂 清光
緒鉛印本 一冊

430000－2401－0009985 292.495/78
粵漢鐵路美商借款條議 伍廷芳 （美國）美
華合興公司訂 清光緒二十六年（1900）鉛印
本 一冊

430000－2401－0009986 292.495/94
商辦廣西鐵路辦事公所簡章 （清）梁廷棟擬
清光緒三十三年（1907）鈔本 一冊

430000－2401－0009987 292.495/43
奉委稽查粵路公司收支所歷年進出銀數編造
簡明四柱清冊 （清）商辦粵漢鐵路有限公司
纂 清宣統元年（1909）廣州總商會報鉛印本
一冊

430000－2401－0009988 292.495/34
奏准粵漢川漢鐵路供款合同 （清）郵傳部擬
清宣統三年（1911）鉛印本 一冊

430000－2401－0009989 292.495/76
奏遵旨收回粵漢鐵路照繕美國合興公司售讓
合同進呈并瀝陳籌辦情形摺 （清）張之洞撰
清光緒三十二年（1906）鉛印本 一冊

430000－2401－0009990 292.495/30
奏遵旨查明湖南商會請將湘省鐵路歸商籌辦
窒礙難行并已勸諭該商會所招股分歸入奏設
公司并舉總理協理各員摺 （清）張之洞撰
清光緒三十二年（1906）鉛印本 一冊

430000－2401－0009991 292.495/30（1）
奏遵旨查明湖南商會請將湘省鐵路歸商籌辦
窒礙難行并已勸諭該商會所招股分歸入奏設
公司并舉總理協理各員摺 （清）張之洞撰
清光緒三十二年（1906）鉛印本 一冊

430000－2401－0009992 292.495/30（2）
奏遵旨查明湖南商會請將湘省鐵路歸商籌辦
窒礙難行并已勸諭該商會所招股分歸入奏設
公司并舉總理協理各員摺 （清）張之洞撰
清光緒三十二年（1906）鉛印本 一冊

430000－2401－0009993 292.495/30（3）
奏遵旨查明湖南商會請將湘省鐵路歸商籌辦
窒礙難行并已勸諭該商會所招股分歸入奏設
公司并舉總理協理各員摺 （清）張之洞撰
清光緒三十二年（1906）鉛印本 一冊

430000－2401－0009994 292.495/30（4）
奏遵旨查明湖南商會請將湘省鐵路歸商籌辦
窒礙難行并已勸諭該商會所招股分歸入奏設
公司并舉總理協理各員摺 （清）張之洞撰
清光緒三十二年（1906）鉛印本 一冊

430000－2401－0009995 292.495/76
奏遵旨將御史黃昌年所奏收回粵漢鐵路各節
據實覆陳摺 （清）張之洞撰 清光緒三十二
年（1906）鉛印本 一冊

430000－2401－0009996 292.495/76
鄂湘粵會奏三省會議粵漢鐵路修路公共條款
十四條豫議路成後條款四條摺 （清）張之洞
等擬 清光緒三十二年（1906）鉛印本 一冊

430000－2401－0009997 292.495/56

陳陳楊三家代理派回粵路股銀始末記　陳廣
虞等撰　清光緒三十四年(1908)鉛印本
一冊

430000－2401－0009998　389/12

星軺考轍四卷　(清)劉啟彤撰　清光緒十五
年(1889)同文書局石印本　四冊

430000－2401－0009999　389/12(1)

星軺考轍四卷　(清)劉啟彤撰　清光緒十五
年(1889)同文書局石印本　六冊

430000－2401－0010000　289/12(2)

星軺考轍四卷　(清)劉啟彤撰　清光緒十五
年(1889)同文書局石印本　五冊　缺卷四

430000－2401－0010001　292.495/17

各國鐵路圖考四卷　(清)劉啟彤譯　清光緒
二十二年(1896)倉山書局石印本　八冊

430000－2401－0010002　292.495/17

各國鐵路圖考四卷　(清)劉啟彤譯　清光緒
二十二年(1896)倉山書局石印本　八冊

430000－2401－0010003　292.495/77

浙江全省鐵路講略　湯壽潛　劉錦藻撰　清
宣統京師官書局鉛印本　一冊

430000－2401－0010004　292.495/12

鐵路紀要三卷　(美國)柯理編　(清)潘松譯
　清光緒二十年(1894)江南機器製造總局鉛
印本　一冊

430000－2401－0010005　292.495/12(1)

鐵路紀要三卷　(美國)柯理編　(清)潘松譯
　清光緒二十年(1894)江南機器製造總局鉛
印本　一冊

430000－2401－0010006　292.495/31

美國鐵路匯考十三卷　(美國)柯理輯　(英
國)傅蘭雅口譯　(清)潘松筆述　清光緒二
十五年(1899)江南製造局刻本　二冊

430000－2401－0010007　389/16

航海通書一卷　(清)江南製造局譯　清光緒
三十年(1904)江南製造局鉛印本　一冊

430000－2401－0010008　389/16(1)

航海通書一卷　(清)江南製造局譯　清光緒
三十年(1904)江南製造局鉛印本　一冊

430000－2401－0010009　292.495/80

行舟要覽二卷名言借鏡一卷　(清)任鄂撰
清光緒刻本　一冊

430000－2401－0010010　389/1

行船免撞章程一卷附一卷　(英國)傅蘭雅
(清)鍾天緯譯　清光緒二十一年(1895)江南
製造總局鉛印本　一冊

430000－2401－0010011　389/1(1)

行船免撞章程一卷附一卷　(英國)傅蘭雅
(清)鍾天緯譯　清光緒二十一年(1895)江南
製造總局鉛印本　一冊

430000－2401－0010012　389/8

航海簡法四卷　(英國)那麗撰　(美國)金楷
理口譯　(清)王德均筆述　清光緒上海江南
機器製造總局刻本　二冊

430000－2401－0010013　389/8(1)

航海簡法四卷　(英國)那麗撰　(美國)金楷
理口譯　(清)王德均筆述　清光緒上海江南
機器製造總局刻本　二冊

430000－2401－0010014　389/8(2)

航海簡法四卷　(英國)那麗撰　(美國)金楷
理口譯　(清)王德均筆述　清光緒上海江南
機器製造總局刻本　二冊

430000－2401－0010015　389/8(3)

航海簡法四卷　(英國)那麗撰　(美國)金楷
理口譯　(清)王德均筆述　清光緒上海江南
機器製造總局刻本　二冊

430000－2401－0010016　389/8(4)

航海簡法四卷　(英國)那麗撰　(美國)金楷
理口譯　(清)王德均筆述　清光緒上海江南
機器製造總局刻本　二冊

430000－2401－0010017　389/8(5)

航海簡法四卷　(英國)那麗撰　(美國)金楷
理口譯　(清)王德均筆述　清光緒上海江南
機器製造總局刻本　二冊

430000－2401－0010018　389/8（6）

航海簡法四卷　（英國）那麗撰　（美國）金楷
理口譯　（清）王德均筆述　清光緒上海江南
機器製造總局刻本　二冊

430000－2401－0010019　389/8（7）

航海簡法四卷　（英國）那麗撰　（美國）金楷
理口譯　（清）王德均筆述　清光緒上海江南
機器製造總局刻本　二冊

430000－2401－0010020　389/29

航海章程一卷　（美國）弗蘭克林纂　（清）鳳
儀口譯　（清）徐家寶筆述　**航海章程初議紀
錄一卷**　（美國）航海公會撰　（清）鳳儀口譯
（清）徐家寶筆述　清江南機器製造總局刻
本　一冊

430000－2401－0010021　292.495/10

東亞各港口岸志　（日本）參謀本部編輯　廣
智書局譯　清光緒上海廣智書局鉛印本　一冊

430000－2401－0010022　292.495/10（1）

東亞各港口岸志　（日本）參謀本部編輯　廣
智書局譯　清光緒上海廣智書局鉛印本
一冊

430000－2401－0010023　292.495/49

大清郵政章程　（清）總郵政司訂　清光緒三
十四年（1908）北京日報鉛印本　一冊

430000－2401－0010024　292.495/88

萬國電報通例一卷　（清）胡禮垣譯　清光緒
七年（1881）鉛印本　一冊

430000－2401－0010025　292.495/14

萬家密電　（清）郵傳部編　清光緒二十八年
（1902）湖南大學堂刻本　一冊

430000－2401－0010026　292.495/41

湖南撫部院岑札覆湘路議決案并摺稿　（清）
岑春蓂撰　清宣統元年（1909）湖南機器印刷
局鉛印本　一冊

430000－2401－0010027　292.495/41（1）

湖南撫部院岑札覆湘路議決案并摺稿　（清）
岑春蓂撰　清宣統元年（1909）湖南機器印刷

局鉛印本　一冊

430000－2401－0010028　292.495/40

湖南諮議局議決湘路限年趕修案　（清）湖南
諮議局擬　清宣統鉛印本　一冊

430000－2401－0010029　292.495/33

湖南粵漢鐵路章程草案　湖南粵漢鐵路總公
司擬　清光緒鉛印本　一冊

430000－2401－0010030　292.495/33（1）

湖南粵漢鐵路章程草案　湖南粵漢鐵路總公
司擬　清光緒鉛印本　一冊

430000－2401－0010031　292.495/42

湖南鐵路公司報告書　余肇康撰　清宣統三
年（1911）鉛印本　一冊

430000－2401－0010032　292.495/42（1）

湖南鐵路公司報告書　余肇康撰　清宣統三
年（1911）鉛印本　一冊

430000－2401－0010033　292.495/19

湖南諮議局議決提出湘漢航業案　（清）湖南
諮議局起草　清末鉛印本　一冊

430000－2401－0010034　292.495/19（1）

湖南諮議局議決提出湘漢航業案　（清）湖南
諮議局起草　清末鉛印本　一冊

430000－2401－0010035　292.495/9

湖南疆域驛傳總纂十卷　（清）慳磒山館輯
清刻本　十冊

430000－2401－0010036　292.495/9（1）

湖南疆域驛傳總纂十卷　（清）慳磒山館輯
清刻本　十冊

430000－2401－0010037　292.495/9（2）

湖南疆域驛傳總纂十卷　（清）慳磒山館輯
清刻本　十冊

430000－2401－0010038　292.495/9（3）

湖南疆域驛傳總纂十卷　（清）慳磒山館輯
清刻本　九冊　缺二卷（四至五）

430000－2401－0010039　292.495/9（4）

湖南疆域驛傳總纂十卷　（清）慳磒山館輯

清刻本　四冊　缺六卷(三至五,八至十)

430000－2401－0010040　292.495/15

湖南鋪遞程途冊　(清)湖南按察使司撰　清鈔本　一冊

430000－2401－0010041　292.495/16

湖南省至鄰省接壤限行程途冊　(清)湖南按察使司撰　清鈔本　二冊

430000－2401－0010042　△291.3/12

湖南四至水陸程途冊不分卷　(清)湖南按察使司輯　鈔本

430000－2401－0010043　292.495/24

湖南四至水陸程途總略不分卷　清末刻本　二冊

430000－2401－0010044　292.495/55

湖北省至各省程途里數排單公文限期四卷　(清)湖北布政按察使司編　清嘉慶刻本　二冊

430000－2401－0010045　292.495/54

廣東各府州相距里數四至八到限程二卷　(清)廣東省布政使司編　清咸豐二年(1852)刻本　四冊

430000－2401－0010046　292.495/92

貴州清平縣夫馬章程　(清)吳廷輝擬　清光緒五年(1879)鈔本　一冊

430000－2401－0010047　292.496/5

錢幣論一卷　(清)許楣撰　清道光二十六年(1846)海昌許氏刻本　一冊

430000－2401－0010048　△392.2/5

錢志新編二十卷　(清)張崇懿輯　清傳鈔道光十年(1830)酌春堂本　二冊

430000－2401－0010049　383/58

復利表一卷　清光緒二十六年(1900)兩湖書院刻本　一冊

430000－2401－0010050　292.496/1

鑄錢工藝三卷附圖一卷　(英國)傅蘭雅(清)鍾天緯譯　清光緒江南製造局鉛印本二冊

430000－2401－0010051　292.496/1(1)

鑄錢工藝三卷附圖一卷　(英國)傅蘭雅(清)鍾天緯譯　清光緒江南製造局鉛印本二冊

430000－2401－0010052　292.496/1(2)

鑄錢工藝三卷附圖一卷　(英國)傅蘭雅(清)鍾天緯譯　清光緒江南製造局鉛印本二冊

430000－2401－0010053　292.5/7

使俄草八卷　(清)王之春撰　清光緒二十一年(1895)上海文藝齋刻本　四冊

430000－2401－0010054　292.5/7(1)

使俄草八卷　(清)王之春撰　清光緒二十一年(1895)上海文藝齋刻本　四冊

430000－2401－0010055　292.5/7(2)

使俄草八卷　(清)王之春撰　清光緒二十一年(1895)上海文藝齋刻本　四冊

430000－2401－0010056　292.5/7(3)

使俄草八卷　(清)王之春撰　清光緒二十一年(1895)上海文藝齋刻本　四冊

430000－2401－0010057　292.5/7(4)

使俄草八卷　(清)王之春撰　清光緒二十一年(1895)上海文藝齋刻本　四冊

430000－2401－0010058　292.5/7－2

使俄草八卷　(清)王之春撰　清光緒二十一年(1895)上海石印本　六冊

430000－2401－0010059　32/401

柔遠新書四卷　(清)朱克敬輯　清光緒十年(1884)上海刻本　四冊

430000－2401－0010060　292.5/18

隨軺筆記四卷　吳宗濂撰　清光緒二十八年(1902)上海著易堂鉛印本　四冊

430000－2401－0010061　292.5/18(1)

隨軺筆記四卷　吳宗濂撰　清光緒二十八年(1902)上海著易堂鉛印本　四冊

430000－2401－0010062　292.5/14

英人強賣鴉片記八卷附一卷　湯睿譯　清光

緒二十四年(1898)上海大同譯書局石印本
二冊

430000 - 2401 - 0010063　292.5/15
出使公牘十卷　(清)薛福成撰　清光緒二十
四年(1898)傳經樓校刻本　八冊

430000 - 2401 - 0010064　292.5/13
星軺指掌三卷續一卷　(清)聯芳　(清)慶常
譯　清光緒二年(1876)同文館鉛印本　四冊

430000 - 2401 - 0010065　292.5/13(1)
星軺指掌三卷續一卷　(清)聯芳　(清)慶常
譯　清光緒二年(1876)同文館鉛印本　四冊

430000 - 2401 - 0010066　292.5/5
金軺籌筆四卷和約二卷陸路通商章程一卷
清光緒長沙刻挹秀山房叢書本　二冊

430000 - 2401 - 0010067　292.5/5(1)
金軺籌筆四卷和約二卷陸路通商章程一卷
清光緒長沙刻挹秀山房叢書本　二冊

430000 - 2401 - 0010068　292.5/11 - 2
雲南初勘緬界記一卷　姚文棟撰　清光緒十
八年(1892)初刻本　一冊

430000 - 2401 - 0010069　292.5/11
雲南勘界籌邊記二卷　姚文棟撰　清光緒二
十三年(1897)湖南新學書局刻本　一冊

430000 - 2401 - 0010070　292.5/11(1)
雲南勘界籌邊記二卷　姚文棟撰　清光緒二
十三年(1897)湖南新學書局刻本　一冊　存
上卷

430000 - 2401 - 0010071　292.5/11 - 3
雲南勘界籌邊記二卷　姚文棟撰　清光緒刻
滇南四種本　一冊

430000 - 2401 - 0010072　292.5/56
東三省交涉輯要四卷　清宣統鉛印本　一冊

430000 - 2401 - 0010073　292.5/9
現今東方大勢論一卷　梁啟超撰　清光緒三
十一年(1905)石印本　一冊

430000 - 2401 - 0010074　292.5/19

極東外交感慨史　(日)武田源次郎撰
(清)覺海浮漚譯　清光緒二十九年(1903)鉛
印本　一冊

430000 - 2401 - 0010075　292.5/27
現今中俄大勢論一卷　(日)渡邊千春撰
梁公武譯　清光緒二十九年(1903)上海廣智
書局鉛印本　一冊

430000 - 2401 - 0010076　292.5/72
出使須知一卷　(清)蔡鈞撰　清光緒十一年
(1885)甈園王氏刻本　一冊

430000 - 2401 - 0010077　292.5/71
外務統計表式解說二卷　(清)外務部堂司編
清末鉛印本　一冊

430000 - 2401 - 0010078　292.5/31
五千年中外交涉史九十七卷　(清)屯廬主人
輯　清光緒二十九年(1903)上海蜚英書局鉛
印本　八冊

430000 - 2401 - 0010079　△293.6/2
道光朝籌辦夷務始末八十卷　(清)文慶等輯
咸豐朝籌辦夷務始末八十卷　(清)賈楨等
纂輯　**同治朝籌辦夷務始末一百卷**　(清)寶
鋆等纂輯　清進呈鈔本　二百五十九冊

430000 - 2401 - 0010080　292.5/2
丁未和會類要四卷　清光緒三十三年(1907)
鉛印本　三冊

430000 - 2401 - 0010081　292.5/2(1)
丁未和會類要四卷　清光緒三十三年(1907)
鉛印本　二冊　存二卷(一至二)

430000 - 2401 - 0010082　292.5/32
各國立約始末記三十卷首二卷　(清)陸元鼎
編　清光緒三十二年(1906)上海商務印書館
鉛印本　十八冊　缺六卷(六至七、二十三至
二十四、二十七至二十八)

430000 - 2401 - 0010083　292.5/1
光緒乙巳年交涉要覽上編二卷下編三卷
(清)北洋洋務局纂輯　清光緒三十三年
(1907)北洋官報局鉛印本　五冊

430000 - 2401 - 0010084　292.5/1(1)

光緒乙巳年交涉要覽上編二卷下編三卷　（清）北洋洋務局纂輯　清光緒三十三年(1907)北洋官報局鉛印本　四冊　缺一卷(下編三)

430000 - 2401 - 0010085　292.5/1(2)

光緒乙巳年交涉要覽上編二卷下編三卷（清）北洋洋務局纂輯　清光緒三十三年(1907)北洋官報局鉛印本　一冊　存一卷(下編一)

430000 - 2401 - 0010086　292.5/8

光緒丙午年交涉要覽一編一卷中篇二卷下編四卷　（清）北洋洋務局纂　清光緒三十四年(1908)北洋官報局鉛印本　六冊

430000 - 2401 - 0010087　292.5/8(1)

光緒丙午年交涉要覽一編一卷中篇二卷下編四卷　（清）北洋洋務局纂　清光緒三十四年(1908)北洋官報局鉛印本　三冊　缺三卷(中篇二、下篇三至四)

430000 - 2401 - 0010088　292.5/54

丙午年交涉要覽下編三卷　（清）北洋洋務局纂輯　清光緒鉛印本　三冊

430000 - 2401 - 0010089　292.5/16

第二次保和會文件彙編　清宣統二年(1910)鉛印本　一冊

430000 - 2401 - 0010090　292.5/35

十九世紀外交史不分卷　（日本）平田外撰　張相譯　清光緒二十八年(1902)杭州史學齋木活字本　四冊

430000 - 2401 - 0010091　292.5/25 - 3

各國交涉公法論初集十六卷　（英國）費利摩羅巴德撰　（英國）傅蘭雅口譯　（清）俞世爵筆述　清光緒二十年(1894)江南製造局鉛印本　八冊

430000 - 2401 - 0010092　292.5/25 - 2

各國交涉公法論初集十六卷　（英國）費利摩羅巴德撰　（英國）傅蘭雅口譯　（清）俞世爵筆述　清光緒二十一年(1895)鉛印本　十六冊

430000 - 2401 - 0010093　292.5/25 - 2(1)

各國交涉公法論初集十六卷　（英國）費利摩羅巴德撰　（英國）傅蘭雅口譯　（清）俞世爵筆述　清光緒二十一年(1895)鉛印本　十六冊

430000 - 2401 - 0010094　292.5/25 - 2(2)

各國交涉公法論初集十六卷　（英國）費利摩羅巴德撰　（英國）傅蘭雅口譯　（清）俞世爵筆述　清光緒二十一年(1895)鉛印本　十六冊

430000 - 2401 - 0010095　292.5/25

各國交涉公法論初集十六卷　（英國）費利摩羅巴德撰　（英國）傅蘭雅口譯　（清）俞世爵筆述　清光緒二十二年(1896)慎記書莊鉛印本　八冊

430000 - 2401 - 0010096　292.5/25(1)

各國交涉公法論初集十六卷　（英國）費利摩羅巴德撰　（英國）傅蘭雅口譯　（清）俞世爵筆述　清光緒二十二年(1896)慎記書莊鉛印本　八冊

430000 - 2401 - 0010097　292.5/25(2)

各國交涉公法論初集十六卷　（英國）費利摩羅巴德撰　（英國）傅蘭雅口譯　（清）俞世爵筆述　清光緒二十二年(1896)慎記書莊鉛印本　八冊

430000 - 2401 - 0010098　292.5/26

各國交涉便法論六卷　（英國）費利摩羅巴德撰　（英國）傅蘭雅譯　清光緒江南製造總局鉛印本　六冊

430000 - 2401 - 0010099　292.5/47

中西關係略論四卷續編一卷　（美國）林樂知撰　清光緒十八年(1892)上海格致書室鉛印本　一冊

430000 - 2401 - 0010100　292.5/47(1)

中西關係略論四卷續編一卷　（美國）林樂知撰　清光緒十八年(1892)上海格致書室鉛印本　一冊

430000 - 2401 - 0010101　292.5/40

約章成案匯覽甲篇十卷乙篇四十二卷　（清）
北洋洋務局纂輯　清光緒三十一年（1905）上
海點石齋石印本　四十六冊

430000－2401－0010102　292.5/40（1）

約章成案匯覽甲篇十卷乙篇四十二卷　（清）
北洋洋務局纂輯　清光緒三十一年（1905）上
海點石齋石印本　四十六冊

430000－2401－0010103　292.5/40－2

約章成案匯覽甲篇十卷乙篇四十二卷　（清）
北洋洋務局纂輯　清光緒石印本　四十冊

430000－2401－0010104　292.5/57

新纂約章大全　（清）陸鳳石編輯　清宣統元
年（1909）南洋官書局石印本　三十九冊　原
書四十八冊

430000－2401－0010105　292.5/36

光緒條約不分卷　清宣統元年（1909）鉛印本
四冊　存光緒三十一至三十四年（1905－
1908）

430000－2401－0010106　292.5/23

各國條約不分卷　（清）奕訢輯　清光緒二年
（1876）刻本　八冊

430000－2401－0010107　292.5/52

和約匯鈔六卷首一卷　（清）望炊先生輯　清
光緒四年（1878）上海申報館鉛印申報館叢書
本　五冊

430000－2401－0010108　292.5/42

中外新舊條約匯刻不分卷　（清）咫遠社編
清光緒石印本　十四冊

430000－2401－0010109　292.5/24

各國約章纂要六卷首一卷附一卷　勞乃宣等
輯　清光緒二十三年（1897）湖南善後局刻本
一冊

430000－2401－0010110　292.5/39

約章分類輯要三十八卷首一卷　蔡乃煌等輯
清光緒二十六年（1900）湖南商務局刻本
三十冊

430000－2401－0010111　292.5/39（1）

約章分類輯要三十八卷首一卷　蔡乃煌等輯
清光緒二十六年（1900）湖南商務局刻本
三十冊

430000－2401－0010112　292.5/39（2）

約章分類輯要三十八卷首一卷　蔡乃煌等輯
清光緒二十六年（1900）湖南商務局刻本
三十冊

430000－2401－0010113　292.5/39（3）

約章分類輯要三十八卷首一卷　蔡乃煌等輯
清光緒二十六年（1900）湖南商務局刻本
三十冊

430000－2401－0010114　292.5/39（4）

約章分類輯要三十八卷首一卷　蔡乃煌等輯
清光緒二十六年（1900）湖南商務局刻本
三十冊

430000－2401－0010115　292.5/39（5）

約章分類輯要三十八卷首一卷　蔡乃煌等輯
清光緒二十六年（1900）湖南商務局刻本
三十冊

430000－2401－0010116　292.5/39（6）

約章分類輯要三十八卷首一卷　蔡乃煌等輯
清光緒二十六年（1900）湖南商務局刻本
二十七冊　存三十五卷（一至三十五）

430000－2401－0010117　292.5/41

中俄約章會要三卷續編一卷　（清）總理衙門
編　清光緒八年（1882）同文館鉛印本　四冊

430000－2401－0010118　292.5/70

俄國條約　清光緒元年（1875）刻本　一冊

430000－2401－0010119　292.5/60

瑞典國挪威國條約　清道光二十七年（1847）
訂　清光緒元年（1875）刻本　一冊

430000－2401－0010120　292.5/60－2

瑞典國挪威國條約　清道光二十七年（1847）
訂　清刻本　一冊

430000－2401－0010121　292.5/59

日斯巴尼亞國條款　清同治六年（1867）訂
清光緒元年（1875）刻本　一冊

430000 – 2401 – 0010122　292.5/59 – 2

日斯巴尼亞國條款　清同治六年(1867)訂
清刻本　一冊

430000 – 2401 – 0010123　292.5/20

荷蘭國條約一卷　清光緒元年(1875)刻本
一冊

430000 – 2401 – 0010124　292.5/20(1)

荷蘭國條約一卷　清光緒元年(1875)刻本
一冊

430000 – 2401 – 0010125　292.5/64

法國條款一卷　清光緒元年(1875)廣西藩署
刻本　一冊

430000 – 2401 – 0010126　292.5/73

大清國與英美條款　清末刻本　一冊

430000 – 2401 – 0010127　292.5/37

美國和約稅則一卷　清光緒刻本　一冊

430000 – 2401 – 0010128　292.5/37(1)

美國和約稅則一卷　清光緒刻本　一冊

430000 – 2401 – 0010129　292.5/48

國際條約大全五卷　清光緒石印本　五冊

430000 – 2401 – 0010130　△293.4/1

**欽定八旗通志三百四十二卷首十二卷目錄二
卷**　清嘉慶武英殿刻本　一百三十二冊

430000 – 2401 – 0010131　292.6/1

駐粵八旗志二十四卷首一卷　(清)樊封等纂
清光緒五年(1879)刻本　十六冊

430000 – 2401 – 0010132　292.6/1(1)

駐粵八旗志二十四卷首一卷　(清)樊封等纂
清光緒五年(1879)刻本　十六冊

430000 – 2401 – 0010133　292.6/1(2)

駐粵八旗志二十四卷首一卷　(清)樊封等纂
清光緒五年(1879)刻本　十二冊　缺五卷
(五、十一至十二、十四至十五)

430000 – 2401 – 0010134　292.6/6

洋務用軍必讀三卷　(清)朱克敬撰　清光緒
十年(1884)挹秀山房刻本　一冊

430000 – 2401 – 0010135　292.6/4

陸軍第三十三混成協第一次報告書　(清)陸
軍第三十三混成協編　清宣統二年(1910)鉛
印本　三冊

430000 – 2401 – 0010136　292.61/12

歷代兵制八卷　(宋)陳傅良撰　清光緒二十
九年(1903)湖南尚志齋刻本　二冊

430000 – 2401 – 0010137　292.61/12(1)

歷代兵制八卷　(宋)陳傅良撰　清光緒二十
九年(1903)湖南尚志齋刻本　二冊

430000 – 2401 – 0010138　292.61/12(2)

歷代兵制八卷　(宋)陳傅良撰　清光緒二十
九年(1903)湖南尚志齋刻本　一冊

430000 – 2401 – 0010139　292.61/12(3)

歷代兵制八卷　(宋)陳傅良撰　清光緒二十
九年(1903)湖南尚志齋刻本　一冊　存三卷
(一至三)

430000 – 2401 – 0010140　292.61/12(4)

歷代兵制八卷　(宋)陳傅良撰　清光緒二十
九年(1903)湖南尚志齋刻本　一冊

430000 – 2401 – 0010141　△269/2

十八省綠營官數表不分卷　清鈔本　一冊

430000 – 2401 – 0010142　292.61/55

道光二十二年匯總條例:軍政　(清)湖廣總
督部編　清道光二十二年(1842)刻本　一冊

430000 – 2401 – 0010143　292.61/66

道光年間滿漢官兵馬數冊　清道光刻本
二冊

430000 – 2401 – 0010144　292.61/11

練勇芻言五卷　(清)王鑫撰　清咸豐七年
(1857)長沙曾郁文堂刻本　一冊

430000 – 2401 – 0010145　292.61/29

金吾事例不分卷　(清)多羅定纂　清咸豐刻
本　十二冊

430000 – 2401 – 0010146　292.61/27

自強軍創制公言二卷　沈敦和編　清光緒二
十三年(1897)石印本　一冊

430000－2401－0010147　292.61/57

剔除長江水師利弊通飭示諭一百條　（清）彭
玉麟撰　清光緒二十六年(1900)刻本　一冊

430000－2401－0010148　△293.5/4

剔除長江水師利弊通飭示諭一百條　（清）彭
玉麟撰　清鈔本　一冊

430000－2401－0010149　292.61/58

長江水師全案三卷　（清）曾國藩等擬　清同
治刻本　二冊

430000－2401－0010150　292.61/28

長江水師定章并酌增遵辦事宜　（清）黃翼升
撰　清刻本　一冊

430000－2401－0010151　292.61/14

長江水師條例及岳州鎮標公札　清光緒二十
九年(1903)鈔本　一冊

430000－2401－0010152　292.61/31

江口巡船章程一卷　杜俞撰　清光緒二十六
年(1900)申江鉛印本　一冊

430000－2401－0010153　292.61/6

吳船日記一卷　杜俞撰　清光緒二十六年
(1900)申江鉛印海嶽軒叢刻本　一冊

430000－2401－0010154　292.61/54

陸軍營制餉章不分卷　奕劻等奏　清光緒三
十年(1904)鉛印本　一冊

430000－2401－0010155　292.61/67

奏定陸軍小學章程　奕劻等奏　清光緒三十
一年(1905)鉛印本　一冊

430000－2401－0010156　292.61/47

濟南府製造發放軍械清冊　清同治元年
(1862)鈔本　一冊

430000－2401－0010157　△293.4/7

皖江武備考略一卷　（清）袁青綬撰　清稿本
　一冊

430000－2401－0010158　292.61/62

江蘇綠營官弁兵摺　清同治十年(1871)鈔本
　一冊

430000－2401－0010159　292.61/56

浙江防軍局所收楚軍公文匯鈔　（清）浙江防
軍局輯　清光緒鈔本　一冊

430000－2401－0010160　292.61/23

四川通省武職營分官兵數目便覽　（清）劉培
生纂　清末鈔本　一冊

430000－2401－0010161　292.61/9

雲南省額設官兵數目　（清）威遠營編　清光
緒十八年(1892)鈔本　一冊

430000－2401－0010162　△293.4/6

湘楚軍營制不分卷　清末鈔本　一冊

430000－2401－0010163　△293.4/5

清同治三年吉中先字營名冊不分卷　稿本
三冊

430000－2401－0010164　△24/37

湘軍定武營探報簿　清同治二年至四年
(1863－1865)稿本　二冊

430000－2401－0010165　△295.7/6

曾國藩新頒發各種關防鈐記存案簿　（清）曾
國藩頒發　鉛印本　一冊

430000－2401－0010166　292.61/20

日本武學兵隊紀略一卷　（清）張大鏞撰　清
光緒二十五年(1899)浙江書局刻本　一冊

430000－2401－0010167　292.61/30

外國師船圖表十二卷　（清）許景澄輯　清光
緒十四年(1888)上海蜚英館石印　四冊

430000－2401－0010168　292.61/30－2

外國師船圖表十二卷　（清）許景澄輯　清光
緒二十二年(1896)浙江官書局石印本　四冊

430000－2401－0010169　292.61/25

俄國水師考一卷　（英國）百拉西撰　（英國）
傅紹蘭　（清）李嶽蘅合譯　清光緒江南製造
總局鉛印本　一冊

430000－2401－0010170　292.61/25(1)

俄國水師考一卷　（英國）百拉西撰　（英國）
傅紹蘭　（清）李嶽蘅合譯　清光緒江南製造
總局鉛印本　一冊

430000－2401－0010171　292.61/17

英國水師考未分卷　（英國）巴那比　（美國）克理撰　（英國）傅蘭雅　（清）鍾天緯譯　清光緒十二年(1886)上海機器製造局鉛印本　二冊

430000－2401－0010172　292.61/16

英國水師律例四卷　（英國）德麟　（英國）極福德纂　舒高第　（清）鄭昌棪譯　清光緒三年(1877)江南機器製造局鉛印本　二冊

430000－2401－0010173　292.61/53

法國海軍職要一卷　（清）適可居士纂　清刻本　一冊

430000－2401－0010174　292.61/19

法國水師考　（美國）杜默能撰　（美國）羅亨利　（清）瞿昂來同譯　清末江南製造總局鉛印本　一冊

430000－2401－0010175　292.61/19（1）

法國水師考　（美國）杜默能撰　（美國）羅亨利　（清）瞿昂來同譯　清末江南製造總局鉛印本　一冊

430000－2401－0010176　292.61/19（2）

法國水師考　（美國）杜默能撰　（美國）羅亨利　（清）瞿昂來同譯　清末江南製造總局鉛印本　一冊

430000－2401－0010177　292.61/19（3）

法國水師考　（美國）杜默能撰　（美國）羅亨利　（清）瞿昂來同譯　清末江南製造總局鉛印本　一冊

430000－2401－0010178　292.61/19（4）

法國水師考　（美國）杜默能撰　（美國）羅亨利　（清）瞿昂來同譯　清末江南製造總局鉛印本　一冊

430000－2401－0010179　292.61/15

德國陸軍考四卷　（法國）歐盟撰　吳宗濂譯　（清）潘元善筆錄　清光緒二十七年至二十八年(1901－1902)江南製造局鉛印本　四冊

430000－2401－0010180　292.61/24

德國軍制述要一卷　（德國）來春日泰撰　沈敦和　（德國）錫樂巴譯　清光緒二十四年(1898)成都志古堂刻本　一冊

430000－2401－0010181　292.61/18

美國水師考一卷　（英國）巴那比　（美國）克理撰　（英國）傅蘭雅　（清）鍾天緯譯　清光緒上海機器製造局鉛印本　一冊

430000－2401－0010182　292.61/18（1）

美國水師考一卷　（英國）巴那比　（美國）克理撰　（英國）傅蘭雅　（清）鍾天緯譯　清光緒上海機器製造局鉛印本　一冊

430000－2401－0010183　292.61/18（2）

美國水師考一卷　（英國）巴那比　（美國）克理撰　（英國）傅蘭雅　（清）鍾天緯譯　清光緒上海機器製造局鉛印本　一冊

430000－2401－0010184　292.61/18（3）

美國水師考一卷　（英國）巴那比　（美國）克理撰　（英國）傅蘭雅　（清）鍾天緯譯　清光緒上海機器製造局鉛印本　一冊

430000－2401－0010185　292.61/18（4）

美國水師考一卷　（英國）巴那比　（美國）克理撰　（英國）傅蘭雅　（清）鍾天緯譯　清光緒上海機器製造局鉛印本　一冊

430000－2401－0010186　292.61/18（5）

美國水師考一卷　（英國）巴那比　（美國）克理撰　（英國）傅蘭雅　（清）鍾天緯譯　清光緒上海機器製造局鉛印本　一冊

430000－2401－0010187　292.61/26

美國師船表補二卷　（清）謝希傅纂　清光緒二十五年(1899)刻本　一冊

430000－2401－0010188　△291.3/1

籌海圖編十三卷　（明）胡宗憲撰　明天啟四年(1624)胡維極刻本　十六冊

430000－2401－0010189　△291.3/1（1）

籌海圖編十三卷　（明）胡宗憲撰　明天啟四年(1624)胡維極刻本　八冊

430000－2401－0010190　△291.3/2

籌海圖志四卷　(明)胡宗憲撰　清乾隆六年
(1741)胡燈鈔本　清周振瓊題識　四冊

430000－2401－0010191　292.62/12－2

朔方備乘札記一卷　(清)李文田撰　清光緒
二十一年(1895)元和江氏湖南使院刻靈鶼閣
叢書本　一冊

430000－2401－0010192　292.62/12

朔方備乘札記一卷　(清)李文田撰　清光緒
二十三年(1897)會稽施氏鼉鄭學廬刻本
一冊

430000－2401－0010193　292.62/11－4

朔方備乘六十八卷首十二卷　(清)何秋濤撰
　清光緒七年(1881)刻本　二十四冊

430000－2401－0010194　292.62/11－4(1)

朔方備乘六十八卷首十二卷　(清)何秋濤撰
　清光緒七年(1881)刻本　二十四冊

430000－2401－0010195　292.62/11－4(2)

朔方備乘六十八卷首十二卷　(清)何秋濤撰
　清光緒七年(1881)刻本　二十四冊

430000－2401－0010196　292.62/11－4(3)

朔方備乘六十八卷首十二卷　(清)何秋濤撰
　清光緒七年(1881)刻本　二十四冊

430000－2401－0010197　292.62/11

朔方備乘六十八卷首十二卷　(清)何秋濤撰
　清光緒寶善書局石印本　八冊

430000－2401－0010198　292.62/11－2(1)

朔方備乘六十八卷首十二卷　(清)何秋濤撰
　清光緒石印本　八冊

430000－2401－0010199　292.62/11－2(2)

朔方備乘六十八卷首十二卷　(清)何秋濤撰
　清光緒石印本　八冊

430000－2401－0010200　292.62/11－2

朔方備乘六十八卷首十二卷　(清)何秋濤撰
　清光緒石印本　八冊

430000－2401－0010201　292.62/11－3

朔方備乘六十八卷首十二卷　(清)何秋濤撰
　清光緒石印本　八冊

430000－2401－0010202　292.62/31

調查延吉邊務報告書　(清)周維楨編　清光緒
三十四年(1908)吉林官書刷印局鉛印本　五冊

430000－2401－0010203　296.9/1

籌蒙芻議二卷　(清)姚錫光撰　清光緒三十
四年(1908)京師刻本　二冊

430000－2401－0010204　296.9/1(1)

籌蒙芻議二卷　(清)姚錫光撰　清光緒三十
四年(1908)京師刻本　二冊

430000－2401－0010205　296.9/1(2)

籌蒙芻議二卷　(清)姚錫光撰　清光緒三十
四年(1908)京師刻本　二冊

430000－2401－0010206　296.9/1(3)

籌蒙芻議二卷　(清)姚錫光撰　清光緒三十
四年(1908)京師刻本　二冊

430000－2401－0010207　292.62/28

西北邊界圖地名譯漢考證二卷　(清)許景澄
撰　清光緒二十二年(1896)刻本　二冊

430000－2401－0010208　292.62/37

防禦纂要一卷　(清)游閎撰　清咸豐元年
(1851)崇仁陳炘煜校刻本　一冊

430000－2401－0010209　292.62/37(1)

防禦纂要一卷　(清)游閎撰　清咸豐元年
(1851)崇仁陳炘煜校刻本　一冊

430000－2401－0010210　292.62/29

邊備九籌一卷　(清)蔣肇齡撰　清光緒十三
年(1887)廣州刻灼犀樓邊略本　一冊

430000－2401－0010211　292.62/32－2

中俄界約斠註七卷首一卷　(清)錢恂撰　清光緒
二十年(1894)刻本　一冊　缺四卷(四至七)

430000－2401－0010212　292.62/32

中俄界約斠註七卷首一卷　(清)錢恂撰　清
末上海書局影印本　二冊

430000－2401－0010213　292.62/35

守邊輯要一卷　(清)璧昌撰　清刻本　一冊

430000－2401－0010214　△293.4/9

籌防十二卷　清鈔本　佚名批註　十冊

430000－2401－0010215　292.62/41
鄭工新例一卷　清刻本　一冊

430000－2401－0010216　292.62/14
防海紀略二卷　(清)芍唐居士編　清光緒六年(1880)上洋文藝齋刻本　二冊

430000－2401－0010217　292.62/14(1)
防海紀略二卷　(清)芍唐居士編　清光緒六年(1880)上洋文藝齋刻本　一冊

430000－2401－0010218　292.62/14(2)
防海紀略二卷　(清)芍唐居士編　清光緒六年(1880)上洋文藝齋刻本　二冊

430000－2401－0010219　292.62/22
挹江軒防浦紀略六卷　(清)周士拔撰　清嘉慶二年(1797)挹江軒刻本　六冊

430000－2401－0010220　292.62/15
防海論略一卷　(清)林之楠撰　清宣統元年(1909)刻本　一冊

430000－2401－0010221　292.62/13
防海輯要十八卷首一卷　(清)俞昌會撰　清道光二十二年(1842)百甓山房刻本　十冊

430000－2401－0010222　292.62/13(1)
防海輯要十八卷首一卷　(清)俞昌會撰　清道光二十二年(1842)百甓山房刻本　十冊

430000－2401－0010223　292.62/13(2)
防海輯要十八卷首一卷　(清)俞昌會撰　清道光二十二年(1842)百甓山房刻本　十冊

430000－2401－0010224　292.62/13(3)
防海輯要十八卷首一卷　(清)俞昌會撰　清道光二十二年(1842)百甓山房刻本　十冊

430000－2401－0010225　292.62/13(4)
防海輯要十八卷首一卷　(清)俞昌會撰　清道光二十二年(1842)百甓山房刻本　十冊

430000－2401－0010226　292.62/34
洋防說略一卷　(清)徐家幹撰　清光緒鈔本　一冊

430000－2401－0010227　292.62/23
浙東籌防錄四卷　(清)薛福成撰　清光緒十三年(1887)刻本　四冊

430000－2401－0010228　292.62/18
籌海初集四卷　(清)關天培撰　清道光十六年(1836)刻本　四冊

430000－2401－0010229　292.62/5
洋防輯要二十四卷　(清)嚴如熤輯　清道光二年(1822)刻本　十六冊

430000－2401－0010230　292.62/5(1)
洋防輯要二十四卷　(清)嚴如熤輯　清道光二年(1822)刻本　十二冊

430000－2401－0010231　292.62/5(2)
洋防輯要二十四卷　(清)嚴如熤輯　清道光二年(1822)刻本　十二冊

430000－2401－0010232　292.62/5(3)
洋防輯要二十四卷　(清)嚴如熤輯　清道光二年(1822)刻本　十二冊

430000－2401－0010233　292.62/5(4)
洋防輯要二十四卷　(清)嚴如熤輯　清道光二年(1822)刻本　十二冊

430000－2401－0010234　292.62/5(5)
洋防輯要二十四卷　(清)嚴如熤輯　清道光二年(1822)刻本　十四冊　缺三卷(二十一至二十三)

430000－2401－0010235　292.62/5(6)
洋防輯要二十四卷　(清)嚴如熤輯　清道光二年(1822)刻本　十冊

430000－2401－0010236　292.62/5－2
洋防輯要二十四卷　(清)嚴如熤輯　清道光十八年(1838)來鹿堂刻本　十六冊

430000－2401－0010237　292.62/5－2(1)
洋防輯要二十四卷　(清)嚴如熤輯　清道光十八年(1838)來鹿堂刻本　十二冊

430000－2401－0010238　292.62/5－2(2)
洋防輯要二十四卷　(清)嚴如熤輯　清道光十八年(1838)來鹿堂刻本　十冊

430000－2401－0010239　292.62/33

羅景山臺灣海防并開山日記一卷　（清）羅景山撰　清末石印堅多節齋文鈔本　一冊

430000－2401－0010240　292.62/33（1）

羅景山臺灣海防并開山日記一卷　（清）羅景山撰　清末石印堅多節齋文鈔本　一冊

430000－2401－0010241　292.62/33（2）

羅景山臺灣海防并開山日記一卷　（清）羅景山撰　清末石印堅多節齋文鈔本　一冊

430000－2401－0010242　292.62/33（3）

羅景山臺灣海防并開山日記一卷　（清）羅景山撰　清末石印堅多節齋文鈔本　一冊

430000－2401－0010243　292.62/33（4）

羅景山臺灣海防并開山日記一卷　（清）羅景山撰　清末石印堅多節齋文鈔本　一冊

430000－2401－0010244　292.62/2

海防策要四卷　清光緒十四年（1888）上海蜚英館石印本　一冊

430000－2401－0010245　292.62/42

左中堂洋防條議一卷　（清）左宗棠撰　民國鈔本　一冊

430000－2401－0010246　292.62/16

防海新論十八卷　（布）希理哈撰　（英國）傅蘭雅口譯　（清）華蘅芳筆述　清光緒刻本　六冊

430000－2401－0010247　292.62/16（1）

防海新論十八卷　（布）希理哈撰　（英國）傅蘭雅口譯　（清）華蘅芳筆述　清光緒刻本　六冊

430000－2401－0010248　292.62/16（2）

防海新論十八卷　（布）希理哈撰　（英國）傅蘭雅口譯　（清）華蘅芳筆述　清光緒刻本　六冊

430000－2401－0010249　292.62/16（3）

防海新論十八卷　（布）希理哈撰　（英國）傅蘭雅口譯　（清）華蘅芳筆述　清光緒刻本　六冊

430000－2401－0010250　292.62/16（4）

防海新論十八卷　（布）希理哈撰　（英國）傅蘭雅口譯　（清）華蘅芳筆述　清光緒刻本　六冊

430000－2401－0010251　292.62/17

中國江海險要圖志二十二卷首一卷補編五卷圖五卷　（英國）海軍海圖官局撰　（清）陳壽彭譯　清光緒二十七年（1901）經世文社石印本　十五冊

430000－2401－0010252　292.62/17（1）

中國江海險要圖志二十二卷首一卷補編五卷圖五卷　（英國）海軍海圖官局撰　（清）陳壽彭譯　清光緒二十七年（1901）經世文社石印本　十五冊

430000－2401－0010253　292.62/17（2）

中國江海險要圖志二十二卷首一卷補編五卷圖五卷　（英國）海軍海圖官局撰　（清）陳壽彭譯　清光緒二十七年（1901）經世文社石印本　九冊　缺六卷（七至十二）

430000－2401－0010254　292.62/17－2

中國江海險要圖志二十二卷首一卷補編五卷圖五卷　（英國）海軍海圖官局撰　（清）陳壽彭譯　清光緒三十三年（1907）廣雅書局石印本　十冊

430000－2401－0010255　292.62/3

湖南苗防屯政考十五卷首一卷　（清）但湘良纂　清光緒九年（1883）蒲圻但氏刻本　十六冊

430000－2401－0010256　292.62/3（1）

湖南苗防屯政考十五卷首一卷　（清）但湘良纂　清光緒九年（1883）蒲圻但氏刻本　十八冊

430000－2401－0010257　292.62/3（2）

湖南苗防屯政考十五卷首一卷　（清）但湘良纂　清光緒九年（1883）蒲圻但氏刻本　十六冊

430000－2401－0010258　292.62/3（3）

湖南苗防屯政考十五卷首一卷　（清）但湘良纂　清光緒九年（1883）蒲圻但氏刻本　七冊　存七卷（八至十四）

430000－2401－0010259　292.62/3(4)

湖南苗防屯政考十五卷首一卷　（清）但湘良
纂　清光緒九年(1883)蒲圻但氏刻本　十五
冊　缺卷二

430000－2401－0010260　292.62/21

楚黔防苗四卷　（清）胡先蓉撰　清同治七年
(1868)刻本　四冊

430000－2401－0010261　292.62/4

三省邊防備覽十四卷　（清）嚴如熤輯　清道
光二年(1822)刻本　六冊

430000－2401－0010262　292.62/4(1)

三省邊防備覽十四卷　（清）嚴如熤輯　清道
光二年(1822)刻本　六冊

430000－2401－0010263　292.62/4(2)

三省邊防備覽十四卷　（清）嚴如熤輯　清道
光二年(1822)刻本　八冊

430000－2401－0010264　292.62/4(3)

三省邊防備覽十四卷　（清）嚴如熤輯　清道
光二年(1822)刻本　六冊

430000－2401－0010265　292.62/4(4)

三省邊防備覽十四卷　（清）嚴如熤輯　清道
光二年(1822)刻本　六冊

430000－2401－0010266　292.62/4(5)

三省邊防備覽十四卷　（清）嚴如熤輯　清道
光二年(1822)刻本　七冊

430000－2401－0010267　292.62/4(6)

三省邊防備覽十四卷　（清）嚴如熤輯　清道
光二年(1822)刻本　四冊

430000－2401－0010268　292.62/4(7)

三省邊防備覽十四卷　（清）嚴如熤輯　清道
光二年(1822)刻本　四冊

430000－2401－0010269　292.62/4(8)

三省邊防備覽十四卷　（清）嚴如熤輯　清道
光二年(1822)刻本　八冊

430000－2401－0010270　292.62/4(9)

三省邊防備覽十四卷　（清）嚴如熤輯　清道
光二年(1822)刻本　六冊

430000－2401－0010271　292.62/4(10)

三省邊防備覽十四卷　（清）嚴如熤輯　清道
光二年(1822)刻本　六冊

430000－2401－0010272　292.62/4(11)

三省邊防備覽十四卷　（清）嚴如熤輯　清道
光二年(1822)刻本　六冊

430000－2401－0010273　292.62/4－2

三省邊防備覽十八卷　（清）嚴如熤輯　清道
光十年(1830)來鹿堂刻本　七冊

430000－2401－0010274　292.62/4－2(1)

三省邊防備覽十八卷　（清）嚴如熤輯　清道
光十年(1830)來鹿堂刻本　八冊

430000－2401－0010275　292.62/4－2(2)

三省邊防備覽十八卷　（清）嚴如熤輯　清道
光十年(1830)來鹿堂刻本　十二冊

430000－2401－0010276　292.62/4－2(3)

三省邊防備覽十八卷　（清）嚴如熤輯　清道
光十年(1830)來鹿堂刻本　八冊

430000－2401－0010277　292.62/4－3

三省邊防備覽十四卷　（清）嚴如熤輯　清光
緒八年(1882)漵浦嚴氏三魚書屋刻本　八冊

430000－2401－0010278　292.62/6－2

苗防備覽二十二卷　（清）嚴如熤輯　清道光
二年(1822)刻本　六冊

430000－2401－0010279　292.62/6－2(1)

苗防備覽二十二卷　（清）嚴如熤輯　清道光
二年(1822)刻本　八冊

430000－2401－0010280　292.62/6

苗防備覽二十二卷　（清）嚴如熤輯　清道光
二十三年(1843)紹義堂刻本　六冊

430000－2401－0010281　292.62/6(1)

苗防備覽二十二卷　（清）嚴如熤輯　清道光
二十三年(1843)紹義堂刻本　九冊

430000－2401－0010282　292.62/6(2)

苗防備覽二十二卷　（清）嚴如熤輯　清道光
二十三年(1843)紹義堂刻本　十二冊

430000－2401－0010283 292.62/6(3)

苗防備覽二十二卷 （清）嚴如熤輯 清道光二十三年(1843)紹義堂刻本 六冊

430000－2401－0010284 292.62/6(4)

苗防備覽二十二卷 （清）嚴如熤輯 清道光二十三年(1843)紹義堂刻本 八冊

430000－2401－0010285 292.62/6(5)

苗防備覽二十二卷 （清）嚴如熤輯 清道光二十三年(1843)紹義堂刻本 八冊

430000－2401－0010286 292.62/6(6)

苗防備覽二十二卷 （清）嚴如熤輯 清道光二十三年(1843)紹義堂刻本 六冊

430000－2401－0010287 292.62/6(7)

苗防備覽二十二卷 （清）嚴如熤輯 清道光二十三年(1843)紹義堂刻本 六冊

430000－2401－0010288 292.62/6－3

苗防備覽二十二卷 （清）嚴如熤輯 清光緒八年(1882)漵浦嚴氏三魚書屋刻本 六冊

430000－2401－0010289 292.62/6－3(1)

苗防備覽二十二卷 （清）嚴如熤輯 清光緒八年(1882)漵浦嚴氏三魚書屋刻本 九冊

430000－2401－0010290 292.62/6－3(2)

苗防備覽二十二卷 （清）嚴如熤輯 清光緒八年(1882)漵浦嚴氏三魚書屋刻本 九冊

430000－2401－0010291 292.62/6－3(3)

苗防備覽二十二卷 （清）嚴如熤輯 清光緒八年(1882)漵浦嚴氏三魚書屋刻本 四冊

430000－2401－0010292 292.62/6－3(4)

苗防備覽二十二卷 （清）嚴如熤輯 清光緒八年(1882)漵浦嚴氏三魚書屋刻本 六冊

430000－2401－0010293 292.63/3－2

保甲書輯要四卷 （清）徐棟編 （清）丁日昌選評 清同治七年(1868)江蘇書局刻本 一冊

430000－2401－0010294 292.63/3－3

保甲書輯要四卷 （清）徐棟編 清同治十年(1871)黔陽官署刻本 一冊

430000－2401－0010295 292.63/3－3(1)

保甲書輯要四卷 （清）徐棟編 清同治十年(1871)黔陽官署刻本 一冊

430000－2401－0010296 292.63/3

保甲書輯要四卷 （清）徐棟編 清同治十二年(1873)羊城書局刻本 一冊

430000－2401－0010297 292.63/3(1)

保甲書輯要四卷 （清）徐棟編 清同治十二年(1873)羊城書局刻本 二冊

430000－2401－0010298 292.63/14

酌擬巡警部官制并變通工巡局舊章改設實缺摺 （清）巡警部撰 清光緒三十一年(1905)鉛印本 一冊

430000－2401－0010299 292.63/19

釐定整頓捕務章程八條 清刻本 一冊

430000－2401－0010300 292.7/220

戊巳廣東警務公牘錄存不分卷 清宣統元年(1909)鉛印本 三冊

430000－2401－0010301 292.63/18

貴州警務章程 清末貴州調查局鉛印本 一冊

430000－2401－0010302 292.63/9

湖南團練私議二篇 （清）左欽敏撰 清光緒二十五年(1899)刻本 一冊

430000－2401－0010303 292.63/9(1)

湖南團練私議二篇 （清）左欽敏撰 清光緒二十五年(1899)刻本 一冊

430000－2401－0010304 292.63/17

奏辦湖南全省保甲章程一卷 清光緒十四年(1888)瀏邑團防局刻本 一冊

430000－2401－0010305 292.7/91

湖南諮議局議決組織混同消防案 （清）湖南諮議局起草 清末鉛印本 一冊

430000－2401－0010306 292.63/10

湖南警務文件雜存 （清）湖南警務公所編輯 清宣統三年(1911)鉛印本 一冊

430000 – 2401 – 0010307　292.63/22

湖南管理妓戶章程　清末鉛印本　一冊

430000 – 2401 – 0010308　292.7/90

湖南諮議局議決實行禁烟辦法案　（清）湖南
諮議局起草　清宣統鉛印本　一冊

430000 – 2401 – 0010309　292.63/16

醴陵縣詳定清查保甲章程一卷　清光緒刻本
一冊

430000 – 2401 – 0010310　292.7/145

撫吳公牘五十卷　（清）丁日昌撰　清光緒三
年(1877)鉛印本　六冊

430000 – 2401 – 0010311　292.7/7

于清端公政書八卷　（清）于成龍撰　清乾隆
二十六年(1761)刻本　六冊

430000 – 2401 – 0010312　292.7/7(1)

于清端公政書八卷　（清）于成龍撰　清乾隆
二十六年(1761)刻本　四冊　存四卷(三至
四、八,外集一卷)

430000 – 2401 – 0010313　292.7/20

撫湘公牘二卷　（清）卞寶第撰　清光緒刻本
二冊

430000 – 2401 – 0010314　292.7/20(1)

撫湘公牘二卷　（清）卞寶第撰　清光緒刻本
二冊

430000 – 2401 – 0010315　292.7/27

北洋公牘類纂二十五卷　（清）甘厚慈輯　清
光緒三十三年(1907)京城益森印刷有限公司
鉛印本　二十冊

430000 – 2401 – 0010316　292.7/174

敬慎堂公牘六卷　（清）沈秉坤撰　清光緒二
十五年(1899)江陽官署刻本　六冊

430000 – 2401 – 0010317　292.7/229

槐卿政蹟六卷附一卷　（清）沈衍慶撰　清同
治元年(1862)刻本　二冊

430000 – 2401 – 0010318　292.7/150

賜福樓啟事二卷　（清）宋小濂等編輯　清宣
統鉛印本　二冊

430000 – 2401 – 0010319　292.7/22

牧沔紀略二卷　（清）李翰撰　清光緒刻本
二冊

430000 – 2401 – 0010320　292.7/127

李文忠公函稿　（清）李鴻章撰　（清）吳汝綸
編輯　清光緒二十八年(1902)蓮池書社鉛印
本　十七冊

430000 – 2401 – 0010321　△293.91/2

伊犁軍幕稿件　（清）長庚撰　清稿本　一冊

430000 – 2401 – 0010322　292.7/117

滇牘偶存一卷　（清）何紹祺撰　清道光五年
(1825)刻本　一冊

430000 – 2401 – 0010323　437/1095

頤情館聞過集守湖稿十二卷　（清）宗源瀚撰
清光緒三年(1877)刻本　八冊

430000 – 2401 – 0010324　437/1095(1)

頤情館聞過集守湖稿十二卷　（清）宗源瀚撰
清光緒三年(1877)刻本　八冊

430000 – 2401 – 0010325　437/1095(2)

頤情館聞過集守湖稿十二卷　（清）宗源瀚撰
清光緒三年(1877)刻本　四冊

430000 – 2401 – 0010326　292.7/122

安順書牘摘鈔三卷貴東書牘節鈔四卷　（清）
易佩紳撰　清光緒十八年(1892)刻本　二冊

430000 – 2401 – 0010327　292.7/140

痰氣集一卷　金蓉鏡撰　清光緒三十四年
(1908)刻本　一冊

430000 – 2401 – 0010328　292.7/158

援黔錄十二卷　（清）唐炯撰　清同治貴州刻
本　二冊　存八卷(五至十二)

430000 – 2401 – 0010329　292.7/206

涇陽張公歷任岳長衡三郡風行錄四卷續二卷
（清）張百齡撰　清嘉慶九年(1804)刻本
六冊

430000 – 2401 – 0010330　292.7/238

陽山叢牘一卷　（清）符翕撰　清光緒十五年
(1889)陽山縣署刻本　一冊

430000－2401－0010331　292.7/179

東征要電佚存五卷　(清)陳湜輯　清光緒二十五年(1899)刻本　五冊

430000－2401－0010332　△293.91/15

清巡漕察院安徽巡撫公牘　(清)陶澍撰　清鈔本　一冊

430000－2401－0010333　292.7/120

湯子遺書四卷首一卷　(清)湯斌撰　清光緒五年(1879)鉛印三賢政書本　八冊

430000－2401－0010334　292.7/31

出山草譜八卷　(清)湯肇熙撰　清光緒十年(1884)昆陽縣署刻本　四冊

430000－2401－0010335　292.7/31(1)

出山草譜八卷　(清)湯肇熙撰　清光緒十年(1884)昆陽縣署刻本　二冊　存四卷(一至四)

430000－2401－0010336　292.7/31(2)

出山草譜八卷　(清)湯肇熙撰　清光緒十年(1884)昆陽縣署刻本　二冊

430000－2401－0010337　292.7/33

惲中丞官書摘鈔一卷　(清)惲世臨撰　清同治四年(1865)刻本　一冊

430000－2401－0010338　292.7/33(1)

惲中丞官書摘鈔一卷　(清)惲世臨撰　清同治四年(1865)刻本　一冊

430000－2401－0010339　292.7/16

疆恕齋公牘　(清)惲祖翼撰　清光緒二十年(1894)刻本　三冊

430000－2401－0010340　292.7/16(1)

疆恕齋公牘　(清)惲祖翼撰　清光緒二十年(1894)刻本　三冊

430000－2401－0010341　292.7/16(2)

疆恕齋公牘　(清)惲祖翼撰　清光緒二十年(1894)刻本　三冊

430000－2401－0010342　△293.91/7

清閩浙爵督部堂營務處公牘　(清)虞紹南等撰　稿本　二冊

430000－2401－0010343　△293.91/6

清兩江總督批示　(清)曾國藩撰　清鈔本　四冊

430000－2401－0010344　△293.91/5

清同治元年至五年軍機處飭令兩江總督文件　(清)曾國藩輯　稿本　三百二十封

430000－2401－0010345　△293.91/16

曾文正公批稟　(清)曾國藩撰　清鈔本　十四冊

430000－2401－0010346　292.7/126

曾文正公批牘六卷　(清)曾國藩撰　清光緒二年(1876)傳忠書局刻本　六冊

430000－2401－0010347　292.7/126(1)

曾文正公批牘六卷　(清)曾國藩撰　清光緒二年(1876)傳忠書局刻本　四冊　缺二卷(一至二)

430000－2401－0010348　292.7/23

曾忠襄公批牘五卷　(清)曾國荃撰　清光緒二十九年(1903)刻本　六冊

430000－2401－0010349　292.7/9

便宜小效略存二卷　(清)賀宗章撰　清光緒二十七年(1901)雲南書局刻本　二冊

430000－2401－0010350　292.7/119

趙恭毅公自治官書二十四卷　(清)趙申喬撰　(清)何祖柱輯　清雍正三年(1725)刻本　七冊　存十四卷(一至十四)

430000－2401－0010351　292.7/118

黎文肅公公牘十卷　(清)黎培敬撰　清光緒十七年(1891)湘潭黎氏刻黎文肅公遺書本　二冊

430000－2401－0010352　292.7/72

閩政領要三卷　(清)德福撰　清刻本　一冊

430000－2401－0010353　292.7/72(1)

閩政領要三卷　(清)德福撰　清刻本　一冊

430000－2401－0010354　292.7/72(2)

閩政領要三卷　(清)德福撰　清刻本　一冊

430000－2401－0010355　292.7/72（3）

閩政領要三卷　（清）德福撰　清刻本　二冊

430000－2401－0010356　292.7/132

自治官書偶存三卷　（清）劉如玉撰　清光緒
二十四年(1898)刻本　三冊

430000－2401－0010357　292.7/132（1）

自治官書偶存三卷　（清）劉如玉撰　清光緒
二十四年(1898)刻本　三冊

430000－2401－0010358　292.7/132（2）

自治官書偶存三卷　（清）劉如玉撰　清光緒
二十四年(1898)刻本　三冊

430000－2401－0010359　△293.91/11

劉麒祥書牘　（清）劉麟祥撰　清光緒稿本
二冊

430000－2401－0010360　292.7/134

岡州公牘不分卷再牘四卷　（清）聶爾康撰
清同治六年(1867)粵東高涼官廨刻本　二十
二冊

430000－2401－0010361　292.7/134（1）

岡州公牘不分卷再牘四卷　（清）聶爾康撰
清同治六年(1867)粵東高涼官廨刻本　十
九冊

430000－2401－0010362　292.7/3

高涼公牘一卷　（清）聶爾康撰　清末刻本
一冊

430000－2401－0010363　292.7/149

守嚴雜志十二卷　（清）聶鎬敏撰　清道光刻
本　六冊

430000－2401－0010364　292.7/124

慎獨處公牘不分卷　（清）鍾英撰　清光緒二
十一年(1895)刻本　二冊

430000－2401－0010365　292.7/26

西江政要六卷　清乾隆至道光刻本　六冊

430000－2401－0010366　292.7/355

巡台退思錄□□卷　清光緒木活字本　三冊

430000－2401－0010367　292.7/13

龍州雜俎二卷附錄一卷　易順鼎撰　清末鉛
印本　一冊

430000－2401－0010368　292.7/24

樊山公牘三卷　樊增祥撰　清光緒二十年
(1894)刻本　三冊

430000－2401－0010369　292.7/24（1）

樊山公牘三卷　樊增祥撰　清光緒二十年
(1894)刻本　二冊

430000－2401－0010370　292.7/28

樊山政書二十卷　樊增祥撰　清宣統二年
(1910)上海政學社石印本　十冊

430000－2401－0010371　292.7/28（1）

樊山政書二十卷　樊增祥撰　清宣統二年
(1910)上海政學社石印本　六冊　存十二卷
（五至十四、十七至十八）

430000－2401－0010372　292.7/28－2

樊山政書二十卷　樊增祥撰　清宣統二年
(1910)金陵湯明林聚珍書局鉛印本　十冊

430000－2401－0010373　292.7/28－2（1）

樊山政書二十卷　樊增祥撰　清宣統二年
(1910)金陵湯明林聚珍書局鉛印本　十冊

430000－2401－0010374　292.7/25

樊山批判十四卷　樊增祥撰　清光緒二十三
年(1897)刻本　七冊

430000－2401－0010375　292.7/25（1）

樊山批判十四卷　樊增祥撰　清光緒二十三
年(1897)刻本　六冊

430000－2401－0010376　292.7/25（2）

樊山批判十四卷　樊增祥撰　清光緒二十三
年(1897)刻本　八冊

430000－2401－0010377　292.7/137－2

樊山判牘四卷　樊增祥撰　清宣統三年
(1911)法政學習所石印本　四冊

430000－2401－0010378　292.7/15

東三省蒙務公牘彙編五卷　朱啟鈐編　清宣
統元年(1909)鉛印本　二冊

430000－2401－0010379　292.7/15（1）

東三省蒙務公牘彙編五卷　朱啟鈐編　清宣統元年（1909）鉛印本　二冊

430000－2401－0010380　292.7/166

吉林官運總局第一次報告書　（清）吉林官運總局編　清宣統元年（1909）吉林官書刷印局鉛印本　一冊

430000－2401－0010381　292.7/207

山東諮議局會議第一期報告書　（清）山東諮議局編　清宣統元年（1909）石印本　二冊

430000－2401－0010382　292.7/344

管帶鎮夏前旗聶邦光告示　（清）聶邦光擬　清光緒鈔本　一冊

430000－2401－0010383　292.7/306

安徽省公文　清鈔本　一冊

430000－2401－0010384　△293.91/9

宿州知州公牘　（清）蘇元璐撰　清稿本　一冊

430000－2401－0010385　△293.91/10

寧波知府公牘　清鈔本　一冊

430000－2401－0010386　292.7/332

廣東省電白縣公文　（清）電白縣知縣撰　清鈔本　一冊

430000－2401－0010387　△293.91/8

清廣西按察使司浙江布政使司公牘不分卷　（清）蔣上治撰　稿本　三冊

430000－2401－0010388　292.7/62

廣西諮議局第三次報告書　（清）廣西諮議局編　清宣統鉛印本　一冊　存丁編

430000－2401－0010389　292.7/338

廣西省西林縣貴州省安義鎮民教衝突公文　清光緒三十二年（1906）鈔本　一冊

430000－2401－0010390　292.7/169

四川諮議局籌辦處第一次報告書　（清）四川諮議局籌辦處編　清宣統成都印書公司鉛印本　一冊

430000－2401－0010391　292.7/170

四川諮議局籌辦處第二次報告書　（清）四川諮議局籌辦處編　清宣統成都印書公司鉛印本　一冊

430000－2401－0010392　292.7/171

四川諮議局籌辦處第三次報告書　（清）四川諮議局籌辦處編　清宣統成都印書公司鉛印本　一冊

430000－2401－0010393　292.7/354

貴州省平遠州公文　（清）周守正撰　清道光鈔本　二冊

430000－2401－0010394　25/349

平定雲南倮黑公牘　清光緒鈔本　一冊

430000－2401－0010395　292.7/74

湖南地方自治籌辦處第一次報告書　（清）湖南地方自治籌辦處編　清宣統鉛印本　一冊

430000－2401－0010396　292.7/74（1）

湖南地方自治籌辦處第一次報告書　（清）湖南地方自治籌辦處編　清宣統鉛印本　一冊

430000－2401－0010397　292.7/71

湖南地方自治籌辦處第二次報告書　（清）湖南地方自治籌辦處編　清宣統三年（1911）鉛印本　一冊

430000－2401－0010398　292.7/46

湖南地方自治籌辦處第三次報告書　（清）湖南地方自治籌辦處編　清宣統鉛印本　一冊

430000－2401－0010399　292.7/310

湖南地方自治籌辦處代擬鄉董辦事規則　（清）湖南地方自治籌辦處擬　清宣統活字本　一冊

430000－2401－0010400　292.7/73

湖南調查局調查地方紳士辦事各類問題　（清）湖南調查局撰　清末鉛印本　一冊

430000－2401－0010401　292.7/138

湖南諮議局己酉議決案　（清）湖南諮議局編輯　清末刻本　一冊

430000－2401－0010402　292.7/105

湖南諮議局己酉議決案 （清）湖南諮議局編輯　清宣統元年（1909）鉛印本　二冊

430000－2401－0010403　292.7/105－2

湖南諮議局己酉議決案一卷 （清）湖南諮議局編輯　清末刻本　一冊

430000－2401－0010404　292.7/95

湖南諮議局己酉議事錄一卷 （清）湖南諮議局編輯　清宣統元年（1909）長沙振華機器印書局鉛印本　一冊

430000－2401－0010405　292.7/95（1）

湖南諮議局己酉議事錄一卷 （清）湖南諮議局編輯　清宣統元年（1909）長沙振華機器印書局鉛印本　一冊

430000－2401－0010406　292.7/95（2）

湖南諮議局己酉議事錄一卷 （清）湖南諮議局編輯　清宣統元年（1909）長沙振華機器印書局鉛印本　一冊

430000－2401－0010407　292.7/95（3）

湖南諮議局己酉議事錄一卷 （清）湖南諮議局編輯　清宣統元年（1909）長沙振華機器印書局鉛印本　一冊

430000－2401－0010408　292.7/95（4）

湖南諮議局己酉議事錄一卷 （清）湖南諮議局編輯　清宣統元年（1909）長沙振華機器印書局鉛印本　一冊

430000－2401－0010409　292.7/95（5）

湖南諮議局己酉議事錄一卷 （清）湖南諮議局編輯　清宣統元年（1909）長沙振華機器印書局鉛印本　一冊

430000－2401－0010410　292.7/41

湖南諮議局第一屆報告書五卷 （清）湖南諮議局編　清宣統鉛印本　五冊

430000－2401－0010411　292.7/41（1）

湖南諮議局第一屆報告書五卷 （清）湖南諮議局編　清宣統鉛印本　五冊

430000－2401－0010412　292.7/41（2）

湖南諮議局第一屆報告書五卷 （清）湖南諮議局編　清宣統鉛印本　三冊　存三卷（一、三至四）

430000－2401－0010413　292.7/41（3）

湖南諮議局第一屆報告書五卷 （清）湖南諮議局編　清宣統鉛印本　四冊　存四卷（一至四）

430000－2401－0010414　292.7/41（4）

湖南諮議局第一屆報告書五卷 （清）湖南諮議局編　清宣統鉛印本　五冊

430000－2401－0010415　292.7/42

湖南諮議局議決案 （清）湖南諮議局編　清宣統湖南機器印刷局鉛印本　一冊

430000－2401－0010416　292.7/42（1）

湖南諮議局議決案 （清）湖南諮議局編　清宣統湖南機器印刷局鉛印本　一冊

430000－2401－0010417　292.7/42（2）

湖南諮議局議決案 （清）湖南諮議局編　清宣統湖南機器印刷局鉛印本　一冊

430000－2401－0010418　292.7/42（3）

湖南諮議局議決案 （清）湖南諮議局編　清宣統湖南機器印刷局鉛印本　二冊

430000－2401－0010419　292.7/42（4）

湖南諮議局議決案 （清）湖南諮議局編　清宣統湖南機器印刷局鉛印本　一冊

430000－2401－0010420　292.7/130

會及培禁森林案 （清）湖南諮議局編　清末鉛印本　一冊

430000－2401－0010421　292.7/89

湖南諮議局議決提出禁止婦女纏足章程案 （清）湖南諮議局起草　清宣統鉛印本　一冊

430000－2401－0010422　292.7/99

湖南諮議局籌辦處報告書 （清）湖南諮議局籌辦處編輯　清宣統元年（1909）鉛印本　一冊

430000－2401－0010423　292.7/279

湖南議案研究會調查子目 湖南議案研究會編　清宣統長沙振華機器印書局鉛印本　一冊

430000－2401－0010424 292.7/181

湘鄉縣自治會并合邑紳民請議書一卷 蕭伯章等撰 清宣統二年(1910)長沙南陽街振華機器印刷局鉛印本 一冊

430000－2401－0010425 292.7/181(1)

湘鄉縣自治會并合邑紳民請議書一卷 蕭伯章等撰 清宣統二年(1910)長沙南陽街振華機器印刷局鉛印本 一冊

430000－2401－0010426 △24/60

明安化縣禁碑錄□□撰 (明)林之蘭輯 清初木活字本 一冊 存一卷(一)

430000－2401－0010427 292.7/312

公文程式 清同治五年(1866)安徽寧國糧捕府署鈔本 一冊

430000－2401－0010428 293.5/3

漢律輯證六卷 (清)杜貴墀撰 清光緒二十五年(1899)湘水校經堂刻朱印本 一冊

430000－2401－0010429 292.8/63－2

故唐律疏議三十卷 (唐)長孫無忌等撰 清嘉慶十二年(1807)蘭陵孫氏刻岱南閣叢書本 八冊

430000－2401－0010430 292.8/63

故唐律疏議三十卷 (唐)長孫無忌等撰 清光緒十六年(1890)京師刻本 十二冊

430000－2401－0010431 △293.5/2

皇明世法錄九十卷 (明)陳仁錫輯 明崇禎刻本 十九冊 存三十八卷(五至三十八、五十九至六十、六十六至六十七)

430000－2401－0010432 △293.5/2(1)

皇明世法錄九十卷 (明)陳仁錫輯 明崇禎刻本 九卷 存三十八卷(五至三十八、五十九至六十、六十六至六十七)

430000－2401－0010433 292.8/67

律例館校正洗冤錄四卷 (宋)宋慈撰 清乾隆武英殿刻本 二冊

430000－2401－0010434 292.8/68

洗冤錄集證匯纂五卷 (清)王又槐增輯

(清)李觀瀾補輯 清道光三年(1823)刻本 二冊

430000－2401－0010435 292.8/64－7

重刊補註洗冤錄集證五卷附刊一卷 (清)阮其新撰 清道光二十二年(1842)刻三色套印本 四冊

430000－2401－0010436 292.8/64－3

重刊補註洗冤錄集證六卷 (清)阮其新撰 清道光二十四年(1844)刻三色套印本 五冊

430000－2401－0010437 292.8/64－3(1)

重刊補註洗冤錄集證六卷 (清)阮其新撰 清道光二十四年(1844)刻三色套印本 五冊

430000－2401－0010438 292.8/64－3(2)

重刊補註洗冤錄集證六卷 (清)阮其新撰 清道光二十四年(1844)刻三色套印本 五冊

430000－2401－0010439 292.8/64－3(3)

重刊補註洗冤錄集證六卷 (清)阮其新撰 清道光二十四年(1844)刻三色套印本 五冊

430000－2401－0010440 292.8/64－3(4)

重刊補註洗冤錄集證六卷 (清)阮其新撰 清道光二十四年(1844)刻三色套印本 六冊

430000－2401－0010441 292.8/64－3(5)

重刊補註洗冤錄集證六卷 (清)阮其新撰 清道光二十四年(1844)刻三色套印本 二冊

430000－2401－0010442 292.8/64－3(6)

重刊補註洗冤錄集證六卷 (清)阮其新撰 清道光二十四年(1844)刻三色套印本 五冊

430000－2401－0010443 292.8/64－3(7)

重刊補註洗冤錄集證六卷 (清)阮其新撰 清道光二十四年(1844)刻三色套印本 五冊

430000－2401－0010444 292.8/64－3(8)

重刊補註洗冤錄集證六卷 (清)阮其新撰 清道光二十四年(1844)刻三色套印本 五冊

430000－2401－0010445 292.8/64

重刊補註洗冤錄集證六卷 (清)阮其新撰 清光緒三年(1877)浙江書局刻三色套印本 五冊

430000－2401－0010446　292.8/64－6

重刊補註洗冤錄集證六卷　（清）阮其新撰
清光緒八年(1882)刻三色套印本　五冊

430000－2401－0010447　292.8/64－6(1)

重刊補註洗冤錄集證六卷　（清）阮其新撰
清光緒八年(1882)刻三色套印本　五冊

430000－2401－0010448　292.8/64－4

補註洗冤錄集證四卷附刊一卷　（清）阮其新
撰　清刻三色套印本　二冊

430000－2401－0010449　292.8/64－4(1)

補註洗冤錄集證四卷附刊一卷　（清）阮其新
撰　清刻三色套印本　二冊

430000－2401－0010450　292.8/64－4(2)

補註洗冤錄集證四卷附刊一卷　（清）阮其新
撰　清刻三色套印本　四冊

430000－2401－0010451　292.8/64－4(3)

補註洗冤錄集證四卷附刊一卷　（清）阮其新
撰　清刻三色套印本　四冊

430000－2401－0010452　292.8/64－4(4)

補註洗冤錄集證四卷附刊一卷　（清）阮其新
撰　清刻三色套印本　二冊

430000－2401－0010453　292.8/64－4(5)

補註洗冤錄集證四卷附刊一卷　（清）阮其新
撰　清刻三色套印本　四冊

430000－2401－0010454　292.8/64－4(6)

補註洗冤錄集證四卷附刊一卷　（清）阮其新
撰　清刻三色套印本　二冊

430000－2401－0010455　292.8/64－5

重刊補註洗冤錄集證五卷附刊一卷　（清）阮
其新撰　清刻本　四冊

430000－2401－0010456　292.8/66

洗冤錄義證四卷附錄一卷　（清）剛毅輯　清
光緒十七年(1891)江蘇書局刻本　二冊

430000－2401－0010457　292.8/66(1)

洗冤錄義證四卷附錄一卷　（清）剛毅輯　清
光緒十七年(1891)江蘇書局刻本　一冊　存
四卷(二至四、附錄)

430000－2401－0010458　292.8/65

洗冤錄詳義四卷首一卷　（清）許槤撰　清咸
豐六年(1856)京都琉璃廠文萃堂刻本　四冊

430000－2401－0010459　292.8/65(1)

洗冤錄詳義四卷首一卷　（清）許槤撰　清咸
豐六年(1856)京都琉璃廠文萃堂刻本　四冊

430000－2401－0010460　292.8/65(2)

洗冤錄詳義四卷首一卷　（清）許槤撰　清咸
豐六年(1856)京都琉璃廠文萃堂刻本　二冊

430000－2401－0010461　292.8/65－5

洗冤錄詳義四卷首一卷　（清）許槤撰　清光
緒元年(1875)湖北崇文書局刻本　六冊

430000－2401－0010462　292.8/65－6

洗冤錄詳義四卷首一卷　（清）許槤撰　**洗冤
錄摭遺二卷**　（清）葛元煦撰　清光緒二年至
三年(1876－1877)泉唐葛氏嘯園刻本　五冊

430000－2401－0010463　292.8/65－2

洗冤錄詳義四卷首一卷　（清）許槤撰　**洗冤
錄摭遺二卷**　（清）葛元煦撰　清光緒三年
(1877)湖北藩署刻本　六冊

430000－2401－0010464　292.8/65－3

洗冤錄詳義四卷首一卷　（清）許槤撰　**洗冤
錄摭遺二卷**　（清）葛元煦撰　清光緒十六年
(1890)湖北官書處刻本　六冊

430000－2401－0010465　292.8/65－3(1)

洗冤錄詳義四卷首一卷　（清）許槤撰　**洗冤
錄摭遺二卷**　（清）葛元煦撰　清光緒十六年
(1890)湖北官書處刻本　六冊

430000－2401－0010466　292.8/65－4

洗冤錄詳義四卷首一卷　（清）許槤撰　**洗冤
錄摭遺二卷**　（清）葛元煦撰　清光緒二十二
年(1896)湖北藩署刻本　八冊

430000－2401－0010467　292.8/115－3

棠陰比事一卷　（宋）桂萬榮撰　清道光二十
九年(1849)上元朱氏影宋刻本　一冊

430000－2401－0010468　292.8/115－2

棠陰比事一卷　（宋）桂萬榮撰　清同治六年

(1867)木樨山房木活字本　一册

430000－2401－0010469　292.8/115－5

棠陰比事一卷　(宋)桂萬榮撰　清同治十三年(1874)海昌陳氏刻本　一册

430000－2401－0010470　292.8/115

棠陰比事一卷　(宋)桂萬榮撰　清光緒三十四年(1908)刻本　一册

430000－2401－0010471　292.8/51

折獄高抬貴手八卷　(宋)鄭克撰　清光緒四年(1878)武昌府發審局刻本　四册

430000－2401－0010472　292.8/51－2

折獄高抬貴手八卷　(宋)鄭克撰　清光緒八年(1882)刻本　二册

430000－2401－0010473　292.8/51－2(1)

折獄高抬貴手八卷　(宋)鄭克撰　清光緒八年(1882)刻本　二册

430000－2401－0010474　292.8/56

詳刑要覽四卷　(明)吳訥編纂　(明)陳察附錄　清道光十四年(1834)粵東撫署刻本　二册

430000－2401－0010475　292.8/56(1)

詳刑要覽四卷　(明)吳訥編纂　(明)陳察附錄　清道光十四年(1834)粵東撫署刻本　二册

430000－2401－0010476　292.8/243

風憲約不分卷　(明)呂坤撰　清光緒十九年(1893)長沙臬署刻本　一册

430000－2401－0010477　292.8/7

詳刑古鑒二卷　(清)宋邦億輯　清同治三年(1864)刻本　二册

430000－2401－0010478　292.8/36

名法指掌新例增訂四卷　(清)沈莘田撰　清道光四年(1824)刻本　四册

430000－2401－0010479　292.8/36(1)

名法指掌新例增訂四卷　(清)沈莘田撰　清道光四年(1824)刻本　四册

430000－2401－0010480　292.8/180

名法指掌新纂四卷　(清)黃魯溪編　清同治五年(1866)刻本　四册

430000－2401－0010481　292.8/30

重修名法指掌圖四卷　(清)徐灝輯　清同治九年(1870)湖南藩署刻本　四册

430000－2401－0010482　292.8/30(1)

重修名法指掌圖四卷　(清)徐灝輯　清同治九年(1870)湖南藩署刻本　四册

430000－2401－0010483　292.8/30(2)

重修名法指掌圖四卷　(清)徐灝輯　清同治九年(1870)湖南藩署刻本　四册

430000－2401－0010484　292.8/30(3)

重修名法指掌圖四卷　(清)徐灝輯　清同治九年(1870)湖南藩署刻本　四册

430000－2401－0010485　292.8/30(4)

重修名法指掌圖四卷　(清)徐灝輯　清同治九年(1870)湖南藩署刻本　四册

430000－2401－0010486　292.8/30－2

重修名法指掌圖四卷　(清)徐灝輯　清同治九年(1870)湖北崇文書局刻本　四册

430000－2401－0010487　292.8/30－2(1)

重修名法指掌圖四卷　(清)徐灝輯　清同治九年(1870)湖北崇文書局刻本　四册

430000－2401－0010488　292.8/118

讀法圖存四卷　(清)邵繩清繪編　清道光十六年(1836)虞山邵氏刻道光二十六年(1846)增修道光三十年(1850)續修本　四册

430000－2401－0010489　292.8/34

律例臆說辨偽十卷幕學舉要一卷　(清)萬維翰纂　清乾隆三十九年(1774)雲輝堂刻本　八册

430000－2401－0010490　292.7/37

秋讞輯要六卷　(清)子良氏輯　清光緒十年(1884)刻本　八册

430000－2401－0010491　292.7/37－2

秋讞輯要六卷首一卷　(清)子良氏輯　清光

緒十五年(1889)江蘇書局刻本　八冊

430000 – 2401 – 0010492　292.7/37 – 2(1)

秋讞輯要六卷首一卷　(清)子良氏輯　清光
緒十五年(1889)江蘇書局刻本　八冊

430000 – 2401 – 0010493　292.8/47

秋審實緩比較成案二十四卷　(清)林恩綬輯
　清光緒二年(1876)京都琉璃廠刻本　二十
四冊

430000 – 2401 – 0010494　292.8/47 – 2

秋審實緩比較成案二十四卷　(清)林恩綬輯
　清光緒七年(1881)四川增刻本四川臬署存
板　二十四冊

430000 – 2401 – 0010495　292.8/46

秋審實緩比較匯案十六卷　(清)桑春榮輯
清光緒十二年(1886)安省聚文堂刻本　九冊
　缺一卷(八)

430000 – 2401 – 0010496　292.7/10

審判要略三十則　(清)吉同鈞輯　清光緒三
十四年(1908)安徽法政學堂鉛印本　一冊

430000 – 2401 – 0010497　292.7/93

案事編一卷　(清)沈祖燕撰　清光緒活字印
本　一冊

430000 – 2401 – 0010498　292.8/117

學治一得錄一卷　(清)何耿繩撰　清同治十
三年(1874)湖北崇文書局刻本　一冊

430000 – 2401 – 0010499　292.8/117(1)

學治一得錄一卷　(清)何耿繩撰　清同治十
三年(1874)湖北崇文書局刻本　一冊

430000 – 2401 – 0010500　292.8/4

柏垣瑣志一卷　(清)李佳繼昌撰　清光緒二
十九年(1903)刻本　一冊

430000 – 2401 – 0010501　292.8/38

審看擬式四卷首一卷末一卷　(清)剛毅撰
清光緒十五年(1889)江蘇書局刻本　二冊

430000 – 2401 – 0010502　292.7/216

學治偶存二卷　(清)孫翹澤撰　清光緒二年
(1876)刻本　二冊

430000 – 2401 – 0010503　292.8/183

拙吏臆說不分卷　(清)符翕撰　清光緒十五
年(1889)陽山縣署刻本　二冊

430000 – 2401 – 0010504　292.8/2

問心齋學治雜錄二卷續錄四卷　(清)張聯桂
撰　清光緒十一年(1885)刻本　六冊

430000 – 2401 – 0010505　292.8/2(1)

問心齋學治雜錄二卷續錄四卷　(清)張聯桂
撰　清光緒十一年(1885)刻本　六冊

430000 – 2401 – 0010506　292.8/2(2)

問心齋學治雜錄二卷續錄四卷　(清)張聯桂
撰　清光緒十一年(1885)刻本　三冊　存三
卷(一至二、附錄一)

430000 – 2401 – 0010507　292.8/41

提牢備考四卷　(清)趙舒翹撰　清光緒十九
年(1893)東甌官舍刻本　二冊

430000 – 2401 – 0010508　292.8/41 – 2

提牢備考四卷　(清)趙舒翹撰　清光緒刻本
　二冊

430000 – 2401 – 0010509　292.8/41 – 2(1)

提牢備考四卷　(清)趙舒翹撰　清光緒刻本
　二冊

430000 – 2401 – 0010510　292.8/41 – 2(2)

提牢備考四卷　(清)趙舒翹撰　清光緒刻本
　二冊

430000 – 2401 – 0010511　292.7/21

敬簡堂學治雜錄四卷　(清)戴杰撰　清光緒
十四年(1888)刻本　四冊

430000 – 2401 – 0010512　292.8/50

督捕則例二卷　(清)徐本等撰　清乾隆刻本
　二冊

430000 – 2401 – 0010513　292.8/188

清訟事宜十條一卷　(清)曾國藩核定　清同
治八年(1869)黎培敬貴州刻本　一冊

430000 – 2401 – 0010514　292.8/162

說帖辯例新編□□卷　(清)律例館編　清刻
本　三十五冊　存三十五卷(十四至四十八)

430000－2401－0010515　292.8/29

刑案匯覽八十八卷　（清）祝慶祺編　清光緒八年(1882)廣州藏珍閣刻本　八十冊

430000－2401－0010516　292.8/29－2

刑案匯覽八十八卷末一卷續增十六卷　（清）祝慶祺編　清道光二十年(1840)棠越慎思堂刻本　二十九冊　存二十九卷(八、十至十四、十六至十九、三十至三十二、三十四、四十五至四十六、四十八、五十一至五十二、五十八至六十、末一卷,續增一至六)

430000－2401－0010517　292.8/35

續增刑案匯覽十六卷　（清）祝慶祺輯　清道光二十年(1840)棠越慎思堂刻本　十二冊

430000－2401－0010518　292.8/166

刑案匯覽續編八卷　（清）吳潮　（清）何錫儼匯纂　清光緒十三年(1887)退思軒刻本　八冊

430000－2401－0010519　292.8/165

刑部比照加減成案三十二卷　（清）許槤（清）熊莪編　清道光十四年(1834)刻本　十六冊

430000－2401－0010520　292.8/172

刺字集四卷　沈家本　郭安仁輯　清光緒十二年(1886)京師刻本　一冊

430000－2401－0010521　292.8/198

刺字條款不分卷　清光緒二十年(1894)鈔本　一冊

430000－2401－0010522　292.8/110

三流道里表不分卷　（清）唐紹祖等纂　清嘉慶刻本　四冊

430000－2401－0010523　292.8/110－3

三流道里表不分卷　（清）唐紹祖等纂　清同治十一年(1872)江蘇書局刻本　二冊

430000－2401－0010524　292.8/110－2

三流道里表不分卷　（清）唐紹祖等纂　清同治十一年(1872)湖北讞局刻本　二冊

430000－2401－0010525　292.8/110－2(1)

三流道里表不分卷　（清）唐紹祖等纂　清同治十一年(1872)湖北讞局刻本　二冊

430000－2401－0010526　292.8/110－2(2)

三流道里表不分卷　（清）唐紹祖等纂　清同治十一年(1872)湖北讞局刻本　二冊

430000－2401－0010527　△293.4/2

欽定五軍道里表十八卷　（清）常泰等撰　清乾隆四十四年(1779)武英殿刻本　十冊

430000－2401－0010528　292.8/190

欽定五軍道里表十八卷　（清）常泰等撰　清同治十二年(1873)江蘇書局刻本　十八冊

430000－2401－0010529　292.8/189

五軍道里表不分卷　（清）□□編　清同治十一年(1872)湖北讞局刻本　二冊

430000－2401－0010530　292.8/189(1)

五軍道里表不分卷　（清）□□編　清同治十一年(1872)湖北讞局刻本　二冊

430000－2401－0010531　292.8/187

聖諭十六條附律易解一卷　（清）夏炘撰　清同治七年(1868)景紫堂刻本　一冊

430000－2401－0010532　292.8/163

大清律例四十七卷　（清）律例館撰　清乾隆刻本　七冊　存十卷(一至八、十一至十二)

430000－2401－0010533　292.8/12－2

大清律例匯輯便覽四十卷　（清）律例館纂　清同治十一年(1872)湖北讞局刻本　三十二冊

430000－2401－0010534　292.8/12－2(1)

大清律例匯輯便覽四十卷　（清）律例館纂　清同治十一年(1872)湖北讞局刻本　三十二冊

430000－2401－0010535　292.8/12－2(2)

大清律例匯輯便覽四十卷　（清）律例館纂　清同治十一年(1872)湖北讞局刻本　三十二冊

430000－2401－0010536　292.8/12－2(3)

大清律例匯輯便覽四十卷　（清）律例館纂
清同治十一年(1872)湖北讞局刻本　二十冊
　　存二十八卷(一至二十八)

430000－2401－0010537　292.8/12－2(4)

大清律例匯輯便覽四十卷　（清）律例館纂
清同治十一年(1872)湖北讞局刻本　十四冊
　　存六卷(二十三至二十六、三十三、四十)

430000－2401－0010538　292.8/12－2(5)

大清律例匯輯便覽四十卷　（清）律例館纂
清同治十一年(1872)湖北讞局刻本　二十五
冊　存三十卷(一至二十三、二十九至三十、
三十三至三十七)

430000－2401－0010539　292.8/12

大清律例匯輯便覽四十卷　（清）律例館纂
清光緒三年(1877)刑部刻本　四十冊

430000－2401－0010540　292.8/12(1)

大清律例匯輯便覽四十卷　（清）律例館纂
清光緒三年(1877)刑部刻本　十六冊　存十
八卷(一至十五、二十四至二十五,附錄)

430000－2401－0010541　292.8/17－2

大清律例總類不分卷　（清）刑部撰　清光緒
十五年(1889)江蘇書局刻本　四冊

430000－2401－0010542　292.8/17

大清律例總類不分卷　（清）刑部撰　清光緒
刻本　七冊

430000－2401－0010543　292.8/14

大清律例根源一百二十四卷　（清）吳坤修編
清同治十年(1871)安徽敷文書局木活字本
八十冊

430000－2401－0010544　292.8/16

大清律例統纂集成四十卷　（清）姚雨薌纂輯
（清）胡璋增修　清同治七年(1868)刻本
二十三冊　缺三卷(三十八至四十)

430000－2401－0010545　292.8/13

大清律例三十九卷　（清）徐本等撰　清道光
刻本　二十六冊

430000－2401－0010546　292.8/13(1)

大清律例三十九卷　（清）徐本等撰　清道光
刻本　二十冊

430000－2401－0010547　292.8/13(2)

大清律例三十九卷　（清）徐本等撰　清道光
刻本　二十六冊

430000－2401－0010548　292.8/111

大清律例增修統纂集成四十卷　（清）陶東皋
增修正　清宣統元年(1909)鉛印本　十四冊
　　存二十四卷(一至二十四)

430000－2401－0010549　292.8/18

大清律例按語一百〇四卷　（清）黃恩彤纂
清道光二十七年(1847)海山仙館刻本　一百
十一冊　存八十五卷(一至八十五)

430000－2401－0010550　292.8/33

律例便覽八卷諸圖一卷　（清）蔡嵩年　（清）
蔡逢年編輯　清同治四年(1865)刻本　四冊

430000－2401－0010551　292.8/31

比例摘要便覽四卷　（清）劉若璿輯　清光緒
九年(1883)寄螺齋刻本　二冊

430000－2401－0010552　292.8/70

大清光緒新法令　（清）商務印書館編　清宣
統元年(1909)上海商務印書館鉛印本　二
十冊

430000－2401－0010553　292.8/70(1)

大清光緒新法令　（清）商務印書館編　清宣
統元年(1909)上海商務印書館鉛印本　二十
一冊

430000－2401－0010554　292.8/19

大清宣統新法令　（清）商務印書館編　清宣
統二年(1910)上海商務印書館鉛印本　十冊

430000－2401－0010555　292.8/19(1)

大清宣統新法令　（清）商務印書館編　清宣
統二年(1910)上海商務印書館鉛印本　八冊

430000－2401－0010556　292.8/84

大清宣統新法令　（清）商務印書館編　清宣
統三年(1911)上海廣益書局鉛印本　三十
二冊

430000－2401－0010557　292.8/20

删除律例　沈家本纂　清光绪三十一年
(1905)铅印本　一册

430000－2401－0010558　292.8/61

定例彙编不分卷　沈家本　伍廷芳起草　清
刻本　一册

430000－2401－0010559　292.8/121

大清法规大全續编　清宣统二年(1910)政學
社石印本　二十一册

430000－2401－0010560　292.8/175

大清律講義　(清)吉同钧纂　清光绪三十四
年(1908)石印本　一册

430000－2401－0010561　292.8/15

大清律講義　(清)徐象先编　清末铅印本
一册

430000－2401－0010562　292.8/15－2

大清律講義　(清)徐象先编　清末京師京華
印書局铅印本　一册　存册上

430000－2401－0010563　292.8/276

讀律大要　清鈔本　二册

430000－2401－0010564　292.8/60

大清刑律草案　沈家本起草　清光绪三十三
年(1907)法律館铅印本　二册

430000－2401－0010565　292.8/11

大清現行刑律案語不分卷　沈家本　俞廉三
撰　清宣统元年(1909)法律館铅印本　四十
七册

430000－2401－0010566　292.8/179

大清現行刑律　沈家本　俞廉三编　清宣统
二年(1910)長沙維新機器印刷局铅印本
二册

430000－2401－0010567　292.8/82

核定現行刑律　沈家本撰　清宣统元年
(1909)铅印本　四册

430000－2401－0010568　292.8/82(1)

核定現行刑律　沈家本撰　清宣统元年
(1909)铅印本　一册

430000－2401－0010569　292.8/80

清朝刑律雜鈔不分卷　清鈔本　四册

430000－2401－0010570　292.8/199

刑部說帖　清嘉慶道光鈔本　十七册

430000－2401－0010571　292.8/192

大清教育新法令　(清)商務印書館编譯所编
清宣统二年(1910)上海商務印書館铅印本
六册　缺二册(四、五册)

430000－2401－0010572　292.8/120

通行章程二卷　清光绪十三年(1887)京都琉
璃廠欽文書局刻本　二册

430000－2401－0010573　292.8/240

通行條例不分卷　清光绪十四年(1888)江蘇
書局刻本　四册

430000－2401－0010574　292.8/191

欽定六部處分則例一卷　清宣宗敕撰　清咸
豐六年(1856)刻本　二十四册　存五十二卷
(一至五十二)

430000－2401－0010575　292.8/52－2

處分則例圖要六卷　(清)蔡逢年撰　清咸豐
九年(1859)德又德齋刻本　二册

430000－2401－0010576　292.8/52

處分則例圖要六卷　(清)蔡逢年撰　清同治
四年(1865)刻本　二册

430000－2401－0010577　292.8/158

欽定戶部則例一卷　(清)戶部輯　清刻本
一册

430000－2401－0010578　292.8/151

欽定戶部則例九十九卷　(清)戶部輯　清道
光十一年(1831)刻本　二十三册

430000－2401－0010579　292.8/152

欽定戶部續纂則例十五卷　(清)戶部輯　清
道光十八年(1838)刻本　一册

430000－2401－0010580　292.8/153

欽定戶部軍需則例九卷續一卷　(清)高宗弘
曆纂　清刻本　二册

430000－2401－0010581　292.8/153－2

欽定戶部軍需則例九卷續纂一卷　（清）宣宗旻寧纂　清刻本　二冊

430000－2401－0010582　292.8/156

欽定禮部則例二百〇二卷　清道光二十四年（1844）刻本　二十四冊

430000－2401－0010583　292.8/71

欽定工部則例一百四十二卷　（清）潤德撰　清嘉慶二十年（1815）刻本　二十冊　缺九卷（一百三十四至一百四十二）

430000－2401－0010584　292.8/72

欽定工部續增則例一百三十六卷保固則例四卷　（清）保亮撰　清嘉慶二十年（1815）刻本　二十八冊

430000－2401－0010585　292.8/154

欽定工部軍需則例一卷　（清）高宗弘曆撰　清刻本　一冊

430000－2401－0010586　292.8/154－2

欽定工部軍需則例一卷　（清）高宗弘曆撰　清刻本　一冊

430000－2401－0010587　292.8/157

欽定兵部處分則例七十六卷續四卷　（清）仁宗顒琰撰　清道光刻本　三十六冊

430000－2401－0010588　292.8/157（1）

欽定兵部處分則例七十六卷續四卷　（清）仁宗顒琰撰　清道光刻本　十四冊

430000－2401－0010589　292.8/155

欽定兵部軍需則例五卷　（清）高宗弘曆撰　清刻本　一冊

430000－2401－0010590　292.8/155－2

欽定兵部軍需則例五卷　（清）高宗弘曆撰　清刻本　一冊

430000－2401－0010591　292.8/44

奏定懲治陸軍漏泄機密等項章程　（清）陸軍部起草　清光緒三十四年（1908）陸軍部編譯局印刷處鉛印本　一冊

430000－2401－0010592　292.8/76

欽定吏部則例　（清）宣宗旻寧撰　清道光刻本　一冊

430000－2401－0010593　292.8/150

欽定吏部處分則例五十二卷　（清）宣宗旻寧撰　清道光二十三年（1843）刻本　二十冊

430000－2401－0010594　292.8/150（1）

欽定吏部處分則例五十二卷　（清）宣宗旻寧撰　清道光二十三年（1843）刻本　二十冊

430000－2401－0010595　292.8/150（2）

欽定吏部處分則例五十二卷　（清）宣宗旻寧撰　清道光二十三年（1843）刻本　十九冊　缺二卷（一至二）

430000－2401－0010596　292.8/74

欽定吏部稽勳司則例八卷　（清）宣宗旻寧撰　清道光刻本　四冊

430000－2401－0010597　292.8/73

欽定吏部驗封司則例六卷　（清）宣宗旻寧撰　清道光刻本　四冊

430000－2401－0010598　292.8/150－2

欽定吏部處分則例五十二卷　（清）宣宗旻寧撰　清同治十二年（1873）刻本　十一冊　缺二十二卷（三十一至五十二）

430000－2401－0010599　292.8/75

欽定吏部銓選則例　（清）宣宗旻寧撰　清道光刻本　二十一冊

430000－2401－0010600　292.8/148

欽定吏部銓選章程三十二卷　（清）穆宗載淳撰　清同治十二年（1873）刻本　六冊

430000－2401－0010601　292.8/147

欽定吏部銓選滿洲官員則例五卷　（清）穆宗載淳撰　清同治十二年（1873）刻本　五冊

430000－2401－0010602　292.8/149

欽定吏部銓選滿洲官員品級考□卷　（清）穆宗載淳撰　清光緒十二年（1886）刻本　一冊　存卷一

430000－2401－0010603　292.8/77

欽定道光科場條例六十卷首一卷　（清）麟桂

等纂修　清咸豐元年(1851)刻本　三十冊

430000－2401－0010604　292.8/77－2

欽定道光科場條例六十卷　(清)麟桂等纂修　清同治六年(1867)江寧藩署木活字本　二十八冊

430000－2401－0010605　292.8/78

欽定咸豐科場條例六十卷首一卷　(清)英匯等纂修　清咸豐二年(1852)刻本　二十四冊

430000－2401－0010606　292.8/54

咸豐續增科場條例不分卷　清咸豐刻本　四冊

430000－2401－0010607　292.8/79

欽定光緒科場條例六十卷首一卷　(清)文濟等纂修　清光緒十三年(1887)刻本　三十九冊

430000－2401－0010608　292.8/54－2

光緒續增科場條例不分卷　清光緒刻本　一冊

430000－2401－0010609　292.7/2

咸豐元年至十一年同治元年至二年部例不分卷　清同治刻本　二十四冊

430000－2401－0010610　292.7/294

江蘇省例:同治六年　清同治六年(1867)刻本　一冊

430000－2401－0010611　292.7/205

江蘇處例續編:同治八年至光緒元年　清光緒十六年(1890)江蘇書局刻本　二冊

430000－2401－0010612　292.7/69

江蘇省例三編不分卷　清光緒九年(1883)江蘇書局刻本　二冊

430000－2401－0010613　292.8/62

駁案新編三十二卷　(清)全士潮撰　清光緒九年(1883)圖書集成局鉛印本　八冊

430000－2401－0010614　292.8/194

駁案續編七卷　清光緒圖書集成局鉛印本　四冊

430000－2401－0010615　292.8/181

培遠堂存稿摘鈔四卷　(清)陳弘謀撰　清光緒六年(1880)蜀垣柏署刻本　四冊

430000－2401－0010616　292.8/171

琴堂判事錄八卷　(清)劉鎮寰撰　清光緒三十三年(1907)抱雲山館刻本　四冊

430000－2401－0010617　292.8/160

鹿洲公案二卷　(清)藍鼎元撰　(清)曠敏本譯　清雍正十年(1732)刻鹿洲全集本　二冊

430000－2401－0010618　292.8/227

不用刑審判書三卷　(清)息園輯　清光緒三十三年(1907)鉛印本　一冊

430000－2401－0010619　292.8/146

憲法精理二卷　(清)周逵編譯　清光緒二十八年(1902)上海廣智書局鉛印本　一冊

430000－2401－0010620　292.8/113

憲法法政要義二卷　(清)王鴻年撰　清光緒二十八年(1902)鉛印本　一冊　存一卷(上)

430000－2401－0010621　292.7/296

奏定諮議局章程并按語及議員選舉章程釋義　(清)憲政編查館擬　清光緒末湖南木活字本　二冊

430000－2401－0010622　292.7/10

諮議局章程暨諮議局議員選舉章程　(清)憲政編查館起草　清宣統鉛印本　一冊

430000－2401－0010623　292.7/10－2

諮議局章程暨諮議局議員選舉章程　(清)憲政編查館起草　清宣統木活字本　一冊

430000－2401－0010624　292.7/10－2(1)

諮議局章程暨諮議局議員選舉章程　(清)憲政編查館起草　清宣統木活字本　一冊

430000－2401－0010625　292.7/10－2(2)

諮議局章程暨諮議局議員選舉章程　(清)憲政編查館起草　清宣統木活字本　一冊

430000－2401－0010626　292.7/10－3

諮議局章程　(清)憲政編查館起草　清宣統瀏陽地方自治研究所木活字本　一冊

430000 – 2401 – 0010627　292.7/10 – 4

諮議局章程　（清）憲政編查館起草　清宣統刻本　一冊

430000 – 2401 – 0010628　292.1/138

憲政編查館奏城鎮鄉地方自治章程并選舉章程摺　奕劻等撰　清宣統元年(1909)鉛印本　一冊

430000 – 2401 – 0010629　292.7/142

自治籌辦處所訂各項籌辦方法　周榮袞編　清宣統二年(1910)龍城鉛印本　一冊

430000 – 2401 – 0010630　292.8/53

河北省城模範監獄規則　（清）張之洞撰　清光緒三十三年(1907)鉛印本　一冊

430000 – 2401 – 0010631　292.7/10

試辦天津縣地方自治章程試辦天津縣地方自治章程理由書　清末同文官印書館鉛印本　一冊

430000 – 2401 – 0010632　292.8/130

國際私法　清宣統三年(1911)公記印刷公司鉛印本　一冊

430000 – 2401 – 0010633　292.8/264

求是集　清鈔本　一冊

430000 – 2401 – 0010634　292.8/259

湖南各縣案狀公文　清光緒鈔本　一冊

430000 – 2401 – 0010635　292.8/250

湖南各縣配犯病故承緝報竊集鈔　清咸豐鈔本　一冊

430000 – 2401 – 0010636　292.8/295

長善蘿碼頭因挑各善倉谷石稟詞　清鈔本　一冊

430000 – 2401 – 0010637　292.8/275

善化縣雷定衡狀告黃元吉案牘　清嘉慶鈔本　一冊

430000 – 2401 – 0010638　292.8/263

瀏陽縣尋楊二姓墳山糾紛案牘　尋麓明鈔清道光鈔本　一冊

430000 – 2401 – 0010639　292.8/257

瀏陽縣仙女山墳山糾紛案本印據稿　清鈔本　一冊

430000 – 2401 – 0010640　292.8/6265

瀏陽縣附生陳謙張星煥聚賭案牘　清光緒鈔本　一冊

430000 – 2401 – 0010641　292.8/268

瀏陽縣尋姓債務糾紛案卷　清光緒三十年(1904)鈔本　三冊

430000 – 2401 – 0010642　292.7/67

湘潭縣船行訟案稿一卷　（清）張元善　（清）李逢譜輯　清光緒三十年(1904)漢益商號船幫刻本　一冊

430000 – 2401 – 0010643　292.8/274

湘潭縣黃公益等經銷藥士案牘　清光緒鈔本　一冊

430000 – 2401 – 0010644　292.8/160

湘鄉縣赫門樓琥形山案據一卷　（清）張□□輯　清同治赫門樓存本堂刻本　一冊

430000 – 2401 – 0010645　292.8/267

湘鄉檀山沖毛姓墳山糾紛案卷　清道光三十年(1850)鈔本　一冊

430000 – 2401 – 0010646　292.8/260

益陽縣龍會寺墳山案稿一卷　清光緒二十八年(1902)益陽陳氏珪璋兩房木活字本　一冊

430000 – 2401 – 0010647　292.8/272

益陽縣徐姓案卷　（清）徐維濱編　清道光鈔本　二冊

430000 – 2401 – 0010648　292.8/262

澧州直隸州安福縣爲造齋事上控自理詞訟分造四柱清冊　（清）李湘撰　清光緒二十七年(1901)鈔本　一冊

430000 – 2401 – 0010649　△293.91/13

清巴陵縣正堂公牘　（清）劉肇隅撰　稿本　一冊

430000 – 2401 – 0010650　292.8/271

平江縣案卷　清宣統鈔本　一冊

430000－2401－0010651　292.8/94

新編日本簡明刑法四卷　（清）鄭世焯編　清光緒三十四年(1908)鉛印本　一冊

430000－2401－0010652　292.8/94(1)

新編日本簡明刑法四卷　（清）鄭世焯編　清光緒三十四年(1908)鉛印本　一冊

430000－2401－0010653　292.8/193

日本法規大全　（清）劉崇杰等譯校　清光緒三十三年(1907)上海商務印書館鉛印本　八十一冊

430000－2401－0010654　292.8/3

監獄訪問錄　（日本）小河滋次郎講演　清光緒三十三年(1907)鉛印本　二冊

430000－2401－0010655　292.8/170

法學通論九卷　（日本）岡田朝太郎撰　（清）張孝移譯　清光緒三十四年(1908)鉛印本　四冊

430000－2401－0010656　292.8/126

日本憲法說明書　（日本）穗積八束撰　清光緒三十三年(1907)政治官報局鉛印本　一冊

430000－2401－0010657　292.8/176

公法總論一卷　（英國）羅柏村撰　（英國）傅蘭雅　（清）汪振聲譯　清末江南製造局鉛印本　一冊

430000－2401－0010658　292.8/176(1)

公法總論一卷　（英國）羅柏村撰　（英國）傅蘭雅　（清）汪振聲譯　清末江南製造局鉛印本　一冊

430000－2401－0010659　292.8/24

法國律例民律二十二卷　（法國）畢利幹口譯　（清）時雨化筆述　清末同文館鉛印本　二十二冊

430000－2401－0010660　292.8/25

法國律例民律指掌八卷　（法國）畢利幹口譯　（清）時雨化筆述　清末同文館鉛印本　八冊

430000－2401－0010661　292.8/23

法國律例刑律四卷　（法國）畢利幹口譯　（清）時雨化筆述　清末同文館鉛印本　四冊

430000－2401－0010662　292.8/22

法國律例刑名定範二卷　（法國）畢利幹口譯　（清）時雨化筆述　清末同文館鉛印本　四冊

430000－2401－0010663　292.8/26

法國律例貿易定律四卷　（法國）畢利幹口譯　（清）時雨化筆述　清末同文館鉛印本　六冊

430000－2401－0010664　292.8/27

法國律例園林則律二卷　（法國）畢利幹口譯　（清）時雨化筆述　清末同文館鉛印本　二冊

430000－2401－0010665　292.8/95

法蘭西刑法一卷　清光緒三十三年(1907)法律館鉛印本　一冊

430000－2401－0010666　292.8/96

德國新刑律草案　德國司法部編　（清）魏理慈譯　清宣統二年(1910)青島德華特別高等專門學堂鉛印本　三冊

430000－2401－0010667　292.8/92

德意志刑法　清光緒三十三年(1907)法律館鉛印本　一冊

430000－2401－0010668　292.8/242

瑞士刑法典案　清光緒三十三年(1907)法律館鉛印本　一冊

430000－2401－0010669　292.8/122

和蘭刑法　清光緒三十三年(1907)鉛印本　一冊

430000－2401－0010670　292.8/210

美國議會條例：美國原定律例初編　（美國）科興氏著　（清）戴克敬譯　清光緒二十九年(1903)浙江官書局刻本　一冊

430000－2401－0010671　292.8/93

美國憲法纂釋二十一卷附一卷　（美國）海麗生撰　（清）鄭昌棪筆述　舒高第口譯　清光

緒三十三年(1907)江南製造局刻本　二冊

430000－2401－0010672　292.8/21
公法會通四卷續一卷　(德國)步倫撰　(美國)
丁韙良譯　清光緒三年(1877)同文館鉛印本
六冊

430000－2401－0010673　292.8/21－8
公法會通四卷　(德國)步倫撰　(美國)丁韙
良譯　清光緒三年(1877)鉛印本　四冊

430000－2401－0010674　292.8/21－4
公法會通四卷　(德國)步倫撰　(美國)丁韙
良譯　清光緒二十一年(1895)湖南實學書局
刻本　四冊

430000－2401－0010675　292.8/21－5
公法會通四卷　(德國)步倫撰　(美國)丁韙
良譯　清光緒二十四年(1898)湘西怡怡書室
刻本　六冊

430000－2401－0010676　292.8/21－7
萬國公法會通十卷　(德國)步倫撰　(美國)
丁韙良譯　清光緒二十四年(1898)上海書局
石印本　四冊

430000－2401－0010677　292.8/21－6
公法會通十卷　(德國)步倫撰　(美國)丁韙
良譯　清光緒二十五年(1899)上海美華書館
鉛印本　二冊

430000－2401－0010678　292.8/21－2
公法會通十卷　(德國)步倫撰　(美國)丁韙
良譯　清光緒三十四年(1908)北洋書局鉛印
本　五冊

430000－2401－0010679　292.8/21－3
公法會通十卷　(德國)步倫撰　(美國)丁韙
良譯　清光緒刻本　四冊

430000－2401－0010680　292.8/224
公法便覽四卷續一卷　(美國)丁韙良撰　清
光緒三年(1877)同文館鉛印本　二冊　存二
卷(目錄、四)

430000－2401－0010681　292.8/224－2
公法便覽四卷續一卷　(美國)丁韙良撰　清

光緒鉛印本　一冊　存一卷(續)

430000－2401－0010682　292.8/45－3
萬國公法四卷　(美國)丁韙良等編譯　清同
治二年(1863)江南官書局刻本　四冊

430000－2401－0010683　292.8/45－4
萬國公法四卷　(美國)丁韙良等編譯　清同
治三年(1864)京都崇實館刻本　四冊

430000－2401－0010684　292.8/45－4(1)
萬國公法四卷　(美國)丁韙良等編譯　清同
治三年(1864)京都崇實館刻本　四冊

430000－2401－0010685　292.8/45－4(2)
萬國公法四卷　(美國)丁韙良等編譯　清同
治三年(1864)京都崇實館刻本　四冊

430000－2401－0010686　292.8/45－4(3)
萬國公法四卷　(美國)丁韙良等編譯　清同
治三年(1864)京都崇實館刻本　四冊

430000－2401－0010687　292.8/45－4(4)
萬國公法四卷　(美國)丁韙良等編譯　清同
治三年(1864)京都崇實館刻本　一冊

430000－2401－0010688　292.8/45－2
萬國公法四卷　(美國)丁韙良等編譯　清光
緒二十二年(1896)儲英館刻本　四冊

430000－2401－0010689　292.8/45
萬國公法四卷　(美國)丁韙良等編譯　清光
緒天津同文仁記鉛印本　四冊

430000－2401－0010690　292.8/45(1)
萬國公法四卷　(美國)丁韙良等編譯　清光
緒天津同文仁記鉛印本　四冊

430000－2401－0010691　292.7/316
湘軍錢糧帳簿　清同治稿本　一冊

430000－2401－0010692　292.7/320
長沙常氏契據　(清)常道功等纂　清光緒鈔
本　三冊

430000－2401－0010693　292.7/249
善化縣彭氏西湖大屋灣産業老據存稿一卷
(清)彭松樹堂輯　清光緒鈔本　一冊

430000 - 2401 - 0010694   292.7/247
瀏陽尋氏契簿   清鈔本   一冊

430000 - 2401 - 0010695   292.7/325
瀏陽尋顯邦帳簿   清同治鈔本   一冊

430000 - 2401 - 0010696   292.7/321
顏氏克復堂帳簿   (清)顏克復堂記   清咸豐
年記錄   五冊

430000 - 2401 - 0010697   292.7/240
湘鄉曾氏八本堂鈔契   (清)曾八本堂輯   清
末鈔本   一冊

430000 - 2401 - 0010698   292.7/340
湘鄉曾氏各莊地名佃戶姓名總目   填寫本
一冊

430000 - 2401 - 0010699   292.7/245
湘鄉縣顏氏應麟堂田契   清鈔本   一冊

430000 - 2401 - 0010700   292.7/254
湘鄉縣龍嘉謨分關契據鈔   清鈔本   一冊

430000 - 2401 - 0010701   292.7/300
衡陽縣錢糧冊一卷   清乾隆鈔本   一冊

430000 - 2401 - 0010702   292.7/309
鹽武縣紳士耆民公呈桂陽直隸州稟   清刻本
一冊

430000 - 2401 - 0010703   292.7/329
寶慶府黃草壩土藥統稅局公事持號   (清)梁
祝釐訂   清光緒三十三年(1907)鈔本   一冊

430000 - 2401 - 0010704   △293.32/1
遺經堂租簿   明藍印填寫本   二冊

430000 - 2401 - 0010705   292.7/337
易氏經管重陽會錢數簿   清道光鈔本   一冊

430000 - 2401 - 0010706   292.7/348
張晉康買田契約   清道光鈔本   一冊

430000 - 2401 - 0010707   292.7/347
九都祀總簿   清道光二十五年(1845)木活字
本   一冊

430000 - 2401 - 0010708   292.7/318

文星堂出入總錄   (清)張翔南記   清道光鈔
本   一冊

430000 - 2401 - 0010709   292.7/323
謝氏之會公三房公簿   (清)謝東漢公房訂
清咸豐十年至民國十二年(1860 - 1923)鈔本
一冊

430000 - 2401 - 0010710   292.7/333
千工橋帳簿   清同治九年至光緒二十八年
(1870 - 1902)鈔本   一冊

430000 - 2401 - 0010711   292.7/339
福華堂主人己丑日記   清光緒十五年(1889)
稿本   一冊

430000 - 2401 - 0010712   292.7/319
種芝堂帳簿   (清)種芝堂記   清光緒十九年
(1893)鈔本   二冊

430000 - 2401 - 0010713   292.7/256
周仙甫分關契約   (清)周仙甫編   清光緒二
十年(1894)鈔本   一冊

430000 - 2401 - 0010714   292.7/328
厚生堂帳簿   清光緒二十六年至二十七年
(1900 - 1901)鈔本   一冊

430000 - 2401 - 0010715   292.7/353
梁氏癸卯糧冊簿   清光緒二十九年(1903)鈔
本   一冊

430000 - 2401 - 0010716   292.7/330
易祖錫公祭會帳簿   清光緒二十九年至民國
二十七年(1903 - 1938)鈔本   一冊

430000 - 2401 - 0010717   292.7/322
石六團契簿   石福祠訂   清光緒三十二年至
民國九年(1906 - 1920)鈔本   一冊

430000 - 2401 - 0010718   292.7/242
松萃資記契簿   清鈔本   一冊

430000 - 2401 - 0010719   292.7/326
施鶴道署宣統二年來往總目   曾廣熔記   清
宣統鈔本   一冊

430000 - 2401 - 0010720   24/65 - 2

皇明大訓記十六卷　（明）朱國禎輯　明崇禎五年（1632）尋溪朱氏刻本　六冊

430000－2401－0010721　24/65

皇明大訓記十六卷　（明）朱國禎輯　明崇禎朱氏皇明史概五種叢書本　三冊　存十卷（一至七、十四至十六）

430000－2401－0010722　293.1/4

清十朝聖訓九百二十二卷　清光緒刻本　二百四十六冊

430000－2401－0010723　293.1/4（1）

清十朝聖訓九百二十二卷　清光緒刻本　二百五十冊

430000－2401－0010724　293.1/4（2）

清十朝聖訓九百二十二卷　清光緒刻本　二十八冊

430000－2401－0010725　293.1/4－3

清十朝聖訓九百二十二卷　清石印本　九十八冊

430000－2401－0010726　293.1/4－2

太祖高皇帝聖訓四卷　清乾隆刻本　四冊

430000－2401－0010727　293.1/4－2

太宗文皇帝聖訓六卷　清乾隆刻本　六冊

430000－2401－0010728　293.1/4－2

世祖章皇帝聖訓六卷　清乾隆刻本　六冊

430000－2401－0010729　293.1/4－2

聖祖仁皇帝聖訓六十卷　清乾隆刻本

430000－2401－0010730　293.1/4－2

世宗憲皇帝聖訓三十六卷　清乾隆刻本　三十六冊

430000－2401－0010731　293.1/3

世宗憲皇帝上諭不分卷　清乾隆刻本　三十二冊

430000－2401－0010732　293.1/3（1）

世宗憲皇帝上諭不分卷　清乾隆刻本　二十六冊

430000－2401－0010733　293.1/3（2）

世宗憲皇帝上諭不分卷　清乾隆刻本　四十八冊　存雍正元年至七年（1723－1729）

430000－2401－0010734　293.1/3（3）

世宗憲皇帝上諭不分卷　清乾隆刻本　二十四冊

430000－2401－0010735　293.1/2－2

世宗憲皇帝朱批諭旨不分卷　清乾隆二色刻本　一百十二冊

430000－2401－0010736　293.1/2－2（1）

世宗憲皇帝朱批諭旨不分卷　清二色刻本　一百十二冊

430000－2401－0010737　293.1/2－2（2）

世宗憲皇帝朱批諭旨不分卷　清二色刻本　一百十二冊

430000－2401－0010738　293.1/2－2（3）

世宗憲皇帝朱批諭旨不分卷　清二色刻本　一百冊

430000－2401－0010739　293.1/2－2（4）

世宗憲皇帝朱批諭旨不分卷　清二色刻本　一百〇五冊

430000－2401－0010740　293.1/2

世宗憲皇帝朱批諭旨不分卷　清末朱墨二色石印本　六十冊

430000－2401－0010741　293.1/2（1）

世宗憲皇帝朱批諭旨不分卷　清末朱墨二色石印本　六十冊

430000－2401－0010742　293.1/2－3

憲廟朱批諭旨不分卷　清末鉛印本　二十冊

430000－2401－0010743　△251/3

雍正朝上諭　清雍正九年至乾隆六年（1731－1741）內府刻本　二十六冊

430000－2401－0010744　△251/2

朱批諭旨不分卷　清乾隆三年（1738）內府套印本　一百十二冊

430000－2401－0010745　293.1/6

文宗顯皇帝聖訓一百十卷　清同治刻本

一百十冊

430000－2401－0010746　293.1/7

諭摺匯存:光緒戊戌、己亥、庚子、辛丑　清光緒鉛印本　四十冊

430000－2401－0010747　293.1/10

諭旨:光緒九至十年　（清）德宗戴湉撰　清光緒鉛印本　二冊

430000－2401－0010748　293.1/5

康熙政要二十四卷　章梫纂　清光緒鉛印本　十二冊

430000－2401－0010749　293.1/8

大義覺迷錄四卷　（清）世宗胤禛撰　清雍正刻本　四冊

430000－2401－0010750　293.1/1

內閣撰擬文字二卷　（清）鮑康輯　清同治七年(1868)刻本　三冊

430000－2401－0010751　293.1/1(1)

內閣撰擬文字二卷　（清）鮑康輯　清同治七年(1868)刻本　二冊

430000－2401－0010752　293.1/1(2)

內閣撰擬文字二卷　（清）鮑康輯　清同治七年(1868)刻本　二冊

430000－2401－0010753　293.1/9

恩綸必誦一卷　（清）向葵輯　清光緒十三年(1887)長沙陳聚德堂刻本　一冊

430000－2401－0010754　293.1/13

曾國藩接收諭旨目錄:同治八年至十年　（清）曾國藩編　清同治十一年(1872)鈔本　一冊

430000－2401－0010755　△252/46

歷代名臣奏議三百五十卷　（明）黃淮　（明）楊士奇等輯　明永樂內府刻本　五十六冊　缺一百九十卷(四至十七、三十一至三十二、三十八至四十三、四十七、五十五、六十八至七十、七十六至八十五、八十八至九十二、九十六至九十九、一百十一至一百十四、一百二十六至一百三十八、一百五十四至一百五十

九、一百七十一至一百九十八、二百〇二、二百〇六至二百〇七、二百十五至二百二十、二百二十三至二百五十一、二百五十四至二百五十九、二百六十一至二百六十二、二百六十五至二百七十三、二百七十四至二百八十六、二百八十八至二百八十九、二百九十四至二百九十七、三百十四、三百十九至三百二十三、三百二十七至三百三十三、三百四十一至三百四十三、三百四十八至三百五十)

430000－2401－0010756　△252/46(1)

歷代名臣奏議三百五十卷　（明）黃淮　（明）楊士奇等輯　明永樂內府刻本　十五冊　存三十九卷(一至三、五十六至五十八、一百十三至一百十八、一百二十至一百二十五、一百三十九至一百四十二、一百四十六至一百四十八、一百五十二、一百六十八至一百七十、二百十至二百十二、二百七十四至二百七十五、三百〇一至三百〇四、三百三十九)

430000－2401－0010757　△252/46－2

歷代名臣奏議三百五十卷　（明）黃淮　（明）楊士奇等輯　（明）張溥刪正　明崇禎八年(1635)東觀閣刻本　六十五冊

430000－2401－0010758　△252/46－2(1)

歷代名臣奏議三百五十卷　（明）黃淮　（明）楊士奇等輯　（明）張溥刪正　明崇禎八年(1635)東觀閣刻本　七十冊

430000－2401－0010759　293.2/47

歷代名臣奏議選三十二卷　（清）趙承恩輯　清同治十三年(1874)紅杏山房刻本　二十四冊

430000－2401－0010760　293.2/47－2

歷代名臣奏議選三十二卷　（清）趙承恩輯　清光緒二十七年(1901)掃葉山房石印本　六冊

430000－2401－0010761　△252/40

秦漢書疏十八卷　明隆慶六年(1572)刻本　九冊　存十五卷(秦書疏三卷、西漢書疏六卷、東漢書疏一至六)

430000－2401－0010762　△252/25

西漢奏疏八卷東漢奏疏八卷　（明）陳禹子輯
（明）唐順之　（明）茅坤評　明崇禎九年
(1636)刻本　六冊

430000－2401－0010763　△252/39

國朝諸臣奏議一百五十卷　（宋）趙汝愚輯
清鈔本　四十冊

430000－2401－0010764　△252/31

皇明名臣經濟錄十八卷　（明）陳九德輯　明
嘉靖二十八年(1549)羅鴻刻本　二十冊

430000－2401－0010765　△252/32

皇明奏疏類鈔三十二卷　（明）孫維城等輯
明天啟刻本　一冊　存三卷(五至七)

430000－2401－0010766　293.2/78

明臣奏議十二卷首一卷　（清）孫桐生編　清
光緒十七年(1891)四影閣刻本　八冊

430000－2401－0010767　293.2/78(1)

明臣奏議十二卷首一卷　（清）孫桐生編　清
光緒十七年(1891)四影閣刻本　十冊

430000－2401－0010768　293.2/78(2)

明臣奏議十二卷首一卷　（清）孫桐生編　清
光緒十七年(1891)四影閣刻本　十二冊

430000－2401－0010769　293.2/143

清康熙朝政績士子所擬謝表匯鈔　清乾隆鈔
本　一冊

430000－2401－0010770　△252/12

清雍正乾隆朝文武大臣奏議不分卷　清鈔本
七冊

430000－2401－0010771　△252/13

諫止和議奏疏四卷　（清）江文藻等撰　清光
緒二十二年(1896)上海申報館木活字本
二冊

430000－2401－0010772　293.2/116

忠憤藎言四卷　（清）同文館編　清光緒二十
六年(1900)同文館鉛印本　一冊

430000－2401－0010773　293.2/57

皇朝文典七十四卷　（清）李兆洛編　清嘉慶

二十年(1815)刻本　二十冊

430000－2401－0010774　293.2/57(1)

皇朝文典七十四卷　（清）李兆洛編　清嘉慶
二十年(1815)刻本　二十冊

430000－2401－0010775　293.2/57(2)

皇朝文典七十四卷　（清）李兆洛編　清嘉慶
二十年(1815)刻本　十六冊

430000－2401－0010776　293.2/108

盾墨留芬八卷　（清）胡傳釗編輯　清光緒二
十三年(1897)梧州西稅總局刻本　四冊

430000－2401－0010777　293.2/108－2

盾墨留芬八卷　（清）胡傳釗編輯　清鈔本
二冊　存四卷(一至四)

430000－2401－0010778　293.2/85

同治中興京外奏議約編八卷　（清）陳弢編
清光緒元年(1875)篋劍囊琴之室刻本　八冊

430000－2401－0010779　293.2/85－2

同治中興京外奏議約編八卷　（清）陳弢編
清光緒京都小酉山房刻本　六冊

430000－2401－0010780　△252/42

清江西撫院奏議不分卷　（清）張芾　（清）沈
葆楨等撰　清咸豐至同治鈔本　八冊

430000－2401－0010781　293.2/120

皇清奏議六十八卷首一卷　（清）琴川居士編
輯　清國史館琴川居士木活字本　四十八冊

430000－2401－0010782　293.2/122

奏疏條陳擇要二卷　清光緒二十一年(1895)
上海書局石印本　二冊

430000－2401－0010783　293.2/134

船政奏議彙編五十卷　清光緒十四年(1888)
刻本　二十冊　存三十八卷(一至三十八)

430000－2401－0010784　293.2/55

變法奏議叢鈔不分卷　清光緒石印本　二冊

430000－2401－0010785　293.2/125

華制存考不分卷　清光緒三十四年(1908)鉛
印本　四冊

430000－2401－0010786　293.2/67

漢賈誼政事疏考補一卷　（清）夏炘撰　清咸
豐三年(1853)刻景紫堂全書本　一冊

430000－2401－0010787　293.2/67(1)

漢賈誼政事疏考補一卷　（清）夏炘撰　清咸
豐三年(1853)刻景紫堂全書本　一冊

430000－2401－0010788　△252/37

陸宣公奏議二十四卷　（唐）陸贄撰　（明）湯
賓尹評　（明）馬元訂　明刻本　四冊　存十
一卷(十一至十三、十七至二十四)

430000－2401－0010789　293.2/61

註陸宣公奏議十五卷首一卷　（唐）陸贄撰
（宋）郎煜註　清光緒七年(1881)歸安姚氏咫
進齋刻本　四冊

430000－2401－0010790　293.2/61－2(1)

註陸宣公奏議十五卷首一卷　（唐）陸贄撰
（宋）郎煜註　清光緒十一年至十二年(1885
－1886)淮南書局刻本　四冊

430000－2401－0010791　293.2/61－2(2)

註陸宣公奏議十五卷首一卷　（唐）陸贄撰
（宋）郎煜註　清光緒十一年至十二年(1885
－1886)淮南書局刻本　四冊

430000－2401－0010792　293.2/61－2

註陸宣公奏議十五卷制誥十卷　（唐）陸贄撰
（宋）郎煜註　清光緒十一年至十二年
(1885－1886)淮南書局刻本　四冊

430000－2401－0010793　293.2/59

唐陸宣公奏議四卷首一卷制誥續集十卷
（唐）陸贄撰　清同治五年(1866)刻本　四冊

430000－2401－0010794　293.2/58－2

唐陸宣公奏議讀本四卷首一卷　（唐）陸贄撰
（清）汪銘謙編　（清）馬傳庚評點　清宣統
元年(1909)石印本　二冊

430000－2401－0010795　293.2/58－2(1)

唐陸宣公奏議讀本四卷首一卷　（唐）陸贄撰
（清）汪銘謙編　（清）馬傳庚評點　清宣統
元年(1909)石印本　二冊

430000－2401－0010796　293.2/58－2(2)

唐陸宣公奏議讀本四卷首一卷　（唐）陸贄撰
（清）汪銘謙編　（清）馬傳庚評點　清宣統
元年(1909)石印本　二冊

430000－2401－0010797　293.2/58－2(3)

唐陸宣公奏議讀本四卷首一卷　（唐）陸贄撰
（清）汪銘謙編　（清）馬傳庚評點　清宣統
元年(1909)石印本　二冊

430000－2401－0010798　293.2/58－2(4)

唐陸宣公奏議讀本四卷首一卷　（唐）陸贄撰
（清）汪銘謙編　（清）馬傳庚評點　清宣統
元年(1909)石印本　二冊

430000－2401－0010799　293.2/58－2(5)

唐陸宣公奏議讀本四卷首一卷　（唐）陸贄撰
（清）汪銘謙編　（清）馬傳庚評點　清宣統
元年(1909)石印本　二冊

430000－2401－0010800　293.2/60

陸宣公奏議四卷　（唐）陸贄撰　（清）蔡方炳
評　清乾隆十一年(1746)經畬堂刻本

430000－2401－0010801　293.2/124

陸宣公奏議願學編二卷　（唐）陸贄撰　（清）
蔡方炳評輯　清刻本　二冊

430000－2401－0010802　△252/5

郭汾陽奏議纂校一卷　（清）郭振鏞撰　清稿
本　一冊

430000－2401－0010803　△252/29

孝肅包公奏議集十卷　（宋）包拯撰　明嘉靖
二十二年(1543)崇藩刻本　六冊

430000－2401－0010804　△252/29－2

孝肅包公奏議十卷　（宋）包拯撰　（明）張純
修輯　清康熙三十六年(1697)刻本　一冊
存六卷(五至十)

430000－2401－0010805　293.2/20－3

孝肅包公奏議十卷　（宋）包拯撰　清道光二
十年(1840)問經堂刻本　四冊

430000－2401－0010806　293.2/21

包肅公奏議十卷　（宋）包拯撰　清同治二年

（1863）省心閣刻本　四冊

430000－2401－0010807　293.2/21（1）
包肅公奏議十卷　（宋）包拯撰　清同治二年
（1863）省心閣刻本　四冊

430000－2401－0010808　293.2/21（2）
包肅公奏議十卷　（宋）包拯撰　清同治二年
（1863）省心閣刻本　四冊

430000－2401－0010809　293.2/21（3）
包肅公奏議十卷　（宋）包拯撰　清同治二年
（1863）省心閣刻本　二冊

430000－2401－0010810　293.2/21（4）
包肅公奏議十卷　（宋）包拯撰　清同治二年
（1863）省心閣刻本　四冊

430000－2401－0010811　293.2/21（5）
包肅公奏議十卷　（宋）包拯撰　清同治二年
（1863）省心閣刻本　四冊

430000－2401－0010812　293.2/21（6）
包肅公奏議十卷　（宋）包拯撰　清同治二年
（1863）省心閣刻本　四冊

430000－2401－0010813　293.2/20
包孝肅奏議十卷　（宋）包拯撰　清光緒元年
（1875）合肥張氏毓秀堂刻廬陽三賢集本
二冊

430000－2401－0010814　293.2/20（1）
包孝肅奏議十卷　（宋）包拯撰　清光緒元年
（1875）合肥張氏毓秀堂刻廬陽三賢集本
二冊

430000－2401－0010815　293.2/20（2）
包孝肅奏議十卷　（宋）包拯撰　清光緒元年
（1875）合肥張氏毓秀堂刻廬陽三賢集本
四冊

430000－2401－0010816　293.2/20（3）
包孝肅奏議十卷　（宋）包拯撰　清光緒元年
（1875）合肥張氏毓秀堂刻廬陽三賢集本
二冊

430000－2401－0010817　293.2/20（4）
包孝肅奏議十卷　（宋）包拯撰　清光緒元年

（1875）合肥張氏毓秀堂刻廬陽三賢集本　二冊

430000－2401－0010818　293.2/20（5）
包孝肅奏議十卷　（宋）包拯撰　清光緒元年
（1875）合肥張氏毓秀堂刻廬陽三賢集本
二冊

430000－2401－0010819　293.2/20（6）
包孝肅奏議十卷　（宋）包拯撰　清光緒元年
（1875）合肥張氏毓秀堂刻廬陽三賢集本
二冊

430000－2401－0010820　293.2/20－2
宋包孝肅公奏議十卷　（宋）包拯撰　清朝宗
書屋木活字本　四冊

430000－2401－0010821　293.2/20－2（1）
宋包孝肅公奏議十卷　（宋）包拯撰　清朝宗
書屋木活字本　四冊

430000－2401－0010822　293.2/20－2（2）
宋包孝肅公奏議十卷　（宋）包拯撰　清朝宗
書屋木活字本　四冊

430000－2401－0010823　293.2/20－2（3）
宋包孝肅公奏議十卷　（宋）包拯撰　清朝宗
書屋木活字本　四冊

430000－2401－0010824　293.2/20－2（4）
宋包孝肅公奏議十卷　（宋）包拯撰　清朝宗
書屋木活字本　四冊

430000－2401－0010825　293.2/27－2
宋李忠定公奏議選十五卷文集二十九卷
（宋）李綱撰　清雍正五年（1727）刻本　十冊
　　存二十二卷（奏議一至十五、文集二十三至
二十九）

430000－2401－0010826　293.2/19
宋李忠定公奏議選十五卷　（宋）李綱撰
（明）左光先撰　清朝宗書屋木活字本　六冊

430000－2401－0010827　293.2/19（1）
宋李忠定公奏議選十五卷　（宋）李綱撰
（明）左光先撰　清朝宗書屋木活字本　六冊

430000－2401－0010828　293.2/19（2）
宋李忠定公奏議選十五卷　（宋）李綱撰

（明）左光先撰　清朝宗書屋木活字本　六冊

430000－2401－0010829　293.2/19（3）

宋李忠定公奏議選十五卷　（宋）李綱撰
（明）左光先撰　清朝宗書屋木活字本　六冊

430000－2401－0010830　293.2/77

趙忠定奏議四卷　（宋）趙汝愚撰　葉德輝輯
清宣統二年（1910）葉氏觀古堂刻本　二冊

430000－2401－0010831　293.2/77（1）

趙忠定奏議四卷　（宋）趙汝愚撰　葉德輝輯
清宣統二年（1910）葉氏觀古堂刻本　二冊

430000－2401－0010832　293.2/77（2）

趙忠定奏議四卷　（宋）趙汝愚撰　葉德輝輯
清宣統二年（1910）葉氏觀古堂刻本　二冊

430000－2401－0010833　293.2/77（3）

趙忠定奏議四卷　（宋）趙汝愚撰　葉德輝輯
清宣統二年（1910）葉氏觀古堂刻本　二冊

430000－2401－0010834　293.2/77（4）

趙忠定奏議四卷　（宋）趙汝愚撰　葉德輝輯
清宣統二年（1910）葉氏觀古堂刻本　二冊

430000－2401－0010835　293.2/99

石林奏議十五卷　（宋）葉夢得撰　（宋）葉模
編　清光緒十一年（1885）歸安陸氏皕宋樓影
宋刻本　二冊

430000－2401－0010836　△252/24

少保于公奏議十卷　（明）于謙撰　明嘉靖二
十年（1541）杭州府刻本　四冊　存五卷（一、
四、六至八）

430000－2401－0010837　293.2/115

朱文懿公奏疏十二卷　（明）朱賡撰　清刻本
六冊

430000－2401－0010838　△252/28

余肅敏公奏議六卷　（明）余子俊撰　明嘉靖
二年（1523）李充嗣刻本　一冊　存五卷（一、
四、六至八）

430000－2401－0010839　△252/27

李襄敏公奏議十四卷　（明）李遂撰　明刻本
五冊　存十二卷（三至十四）

430000－2401－0010840　293.2/107

何文毅公春曹疏草三卷　（明）何宗彥撰　清
道光二十九年（1849）刻本　四冊

430000－2401－0010841　293.2/56－2

治河奏疏二卷　（明）周堪賡撰　清乾隆二十
四年（1759）念慈堂刻本　二冊

430000－2401－0010842　293.2/56

治河奏疏二卷五峰遺文一卷　（明）周堪賡撰
清光緒十八年（1892）潙水校經書院刻本
二冊

430000－2401－0010843　293.2/56（1）

治河奏疏二卷五峰遺文一卷　（明）周堪賡撰
清光緒十八年（1892）潙水校經書院刻本
二冊

430000－2401－0010844　293.2/56（2）

治河奏疏二卷五峰遺文一卷　（明）周堪賡撰
清光緒十八年（1892）潙水校經書院刻本
二冊

430000－2401－0010845　293.2/56（3）

治河奏疏二卷五峰遺文一卷　（明）周堪賡撰
清光緒十八年（1892）潙水校經書院刻本
二冊

430000－2401－0010846　293.2/56（4）

治河奏疏二卷五峰遺文一卷　（明）周堪賡撰
清光緒十八年（1892）潙水校經書院刻本
二冊

430000－2401－0010847　293.2/94

周給事垂光集一卷附錄一卷　（明）周璽撰
清光緒元年（1875）合肥張氏毓秀堂刻廬陽三
賢集本　一冊

430000－2401－0010848　293.2/94（1）

周給事垂光集一卷附錄一卷　（明）周璽撰
清光緒元年（1875）合肥張氏毓秀堂刻廬陽三
賢集本　一冊

430000－2401－0010849　△252/38

荊川先生右編四十卷　（明）唐順之輯　（明）
劉日寧補遺　明萬曆三十三年（1605）南京國

子監刻本　三十二冊

430000－2401－0010850　293.2/17
桐城馬太僕奏略二卷　（明）馬孟貞撰　清嘉慶十七年(1812)慎餘堂刻本　二冊

430000－2401－0010851　293.2/17(1)
桐城馬太僕奏略二卷　（明）馬孟貞撰　清嘉慶十七年(1812)慎餘堂刻本　二冊

430000－2401－0010852　293.2/39
留垣疏草不分卷　（明）徐憲卿撰　清徐元潤刻本　二冊

430000－2401－0010853　293.2/105
郭給諫疏稿二卷　（明）郭尚賓撰　清道光二十五年(1845)南海伍氏粵雅堂刻嶺南遺書本　二冊

430000－2401－0010854　293.2/113
關中奏議十二卷　（明）楊一清撰　清嘉慶二十一年(1816)刻本　十一冊　缺二卷(一、十二)

430000－2401－0010855　293.2/62
經遼疏牘十卷　（明）熊廷弼撰　清湖北通志局刻本　八冊

430000－2401－0010856　293.2/62(1)
經遼疏牘十卷　（明）熊廷弼撰　清湖北通志局刻本　十冊

430000－2401－0010857　△252/51
譚襄敏公奏議十卷　（明）譚綸撰　明萬曆二十八年(1600)顧所有刻本　十六冊

430000－2401－0010858　293.2/149
譚襄敏公奏議十卷　（明）譚綸撰　（明）顧所有纂修　清嘉慶刻本　八冊

430000－2401－0010859　△252/23
于清端公政書八卷首編一卷外集一卷　（清）于成龍撰　（清）蔡方炳　（清）諸匡鼎輯（清）于准錄　清康熙四十六年(1707)刻本　十冊

430000－2401－0010860　293.2/4
椒生奏議五卷　（清）王之春撰　清光緒三十

年(1904)長沙通俗報館刻本　五冊

430000－2401－0010861　292.7/6
卞制軍書四卷　（清）卞寶第撰　清光緒刻本　四冊

430000－2401－0010862　293.2/51
台垣疏稿一卷　（清）丁壽昌撰　清同治四年(1865)刻本　一冊

430000－2401－0010863　293.2/51(1)
台垣疏稿一卷　（清）丁壽昌撰　清同治四年(1865)刻本　一冊

430000－2401－0010864　293.2/51(2)
台垣疏稿一卷　（清）丁壽昌撰　清同治四年(1865)刻本　一冊

430000－2401－0010865　293.2/51(3)
台垣疏稿一卷　（清）丁壽昌撰　清同治四年(1865)刻本　一冊

430000－2401－0010866　293.2/51(4)
台垣疏稿一卷　（清）丁壽昌撰　清同治四年(1865)刻本　一冊

430000－2401－0010867　293.2/51(5)
台垣疏稿一卷　（清）丁壽昌撰　清同治四年(1865)刻本　一冊

430000－2401－0010868　293.2/51(6)
台垣疏稿一卷　（清）丁壽昌撰　清同治四年(1865)刻本　一冊

430000－2401－0010869　293.2/1
丁文誠公奏議二十六卷　（清）丁寶楨撰　清光緒二十二年(1896)南海羅氏成都刻本　二十六冊

430000－2401－0010870　293.2/16
左恪靖伯奏稿三十八卷　（清）左宗棠撰　清同治七年(1868)刻本　十六冊

430000－2401－0010871　293.2/135－2
左文襄公奏疏初編三十八卷續編七十六卷三編六卷　（清）左宗棠撰　清光緒十六年(1890)上海圖書集成局鉛印本　二十冊

430000－2401－0010872　293.2/135

左恪靖侯奏稿初編三十八卷續編七十六卷三編六卷　（清）左宗棠撰　清光緒刻本　六十冊

430000－2401－0010873　293.2/153

左文襄公謫札：咸豐十年至光緒六年左文襄公謝摺二卷　（清）左宗棠撰　清刻本　三冊

430000－2401－0010874　293.2/92

大中丞靜齋朱公奏疏一卷詩文遺稿一卷　（清）朱理撰　清光緒十五年(1889)三餘堂刻本　一冊

430000－2401－0010875　293.2/23

沈文肅公政書七卷首一卷　（清）沈葆楨撰　清光緒六年(1880)吳門節署木活字本　七冊

430000－2401－0010876　293.2/23(1)

沈文肅公政書七卷首一卷　（清）沈葆楨撰　清光緒六年(1880)吳門節署木活字本　七冊

430000－2401－0010877　293.2/23(2)

沈文肅公政書七卷首一卷　（清）沈葆楨撰　清光緒六年(1880)吳門節署木活字本　七冊

430000－2401－0010878　293.2/29

李文襄公奏議十卷別錄六卷　（清）李之芳撰　清康熙四十一年(1702)刻本　十二冊

430000－2401－0010879　293.2/29(1)

李文襄公奏議十卷別錄六卷　（清）李之芳撰　清康熙四十一年(1702)刻本　十二冊

430000－2401－0010880　293.2/29(2)

李文襄公奏議十卷別錄六卷　（清）李之芳撰　清康熙四十一年(1702)刻本　十冊

430000－2401－0010881　293.2/28

李文恭公奏議二十二卷行述一卷　（清）李星沅撰　清同治四年(1865)芋香山館刻李文恭公遺集本　二十四冊

430000－2401－0010882　293.2/28(1)

李文恭公奏議二十二卷行述一卷　（清）李星沅撰　清同治四年(1865)芋香山館刻李文恭公遺集本　二十三冊

430000－2401－0010883　293.2/28(2)

李文恭公奏議二十二卷行述一卷　（清）李星沅撰　清同治四年(1865)芋香山館刻李文恭公遺集本　二十四冊

430000－2401－0010884　293.2/28(3)

李文恭公奏議二十二卷行述一卷　（清）李星沅撰　清同治四年(1865)芋香山館刻李文恭公遺集本　十冊　缺十四卷(一至十三、二十二)

430000－2401－0010885　293.2/26

李肅毅伯奏議二十卷　（清）李鴻章撰　清光緒二十五年(1899)上海鴻文書局石印本　二十冊

430000－2401－0010886　293.2/26(1)

李肅毅伯奏議二十卷　（清）李鴻章撰　清光緒二十五年(1899)上海鴻文書局石印本　二十冊

430000－2401－0010887　293.2/26(2)

李肅毅伯奏議二十卷　（清）李鴻章撰　清光緒二十五年(1899)上海鴻文書局石印本　二十冊

430000－2401－0010888　293.2/26－2

李肅毅伯奏議二十卷　（清）李鴻章撰　清光緒石印本　十三冊　缺七卷(十四至二十)

430000－2401－0010889　293.2/95

合肥李勤恪公政書十卷首一卷　（清）李瀚章撰　清光緒石印本　十冊

430000－2401－0010890　293.2/83

李忠武公奏疏一卷　（清）李續賓撰　清光緒十七年(1891)甌江巡署刻本　一冊

430000－2401－0010891　293.2/76

岑襄勤公奏稿三十卷首一卷　（清）岑毓英撰　清光緒二十三年(1897)武昌督糧官署刻本

430000－2401－0010892　293.2/54

撫滇奏疏四卷　（清）岑毓英等撰　清光緒十九年(1893)張氏益齋刻本　四冊

430000－2401－0010893　293.2/93

呂文節公奏議二卷　（清）呂賢基撰　清光緒
淳福堂刻本　二冊

430000－2401－0010894　272/174

孤忠錄二卷　（清）吳可讀撰　（清）袁祖志編
輯　清光緒十二年(1886)萬選樓木活字本
二冊

430000－2401－0010895　293.2/148

吳光祿使閩奏稿匯存口卷　（清）吳贊誠撰
清光緒十二年(1886)潛川吳氏刻本　二冊

430000－2401－0010896　293.2/14

那文毅公奏議八十卷　（清）那彥成撰　清道
光十四年(1834)刻本　四十八冊

430000－2401－0010897　293.2/14(1)

那文毅公奏議八十卷　（清）那彥成撰　清道
光十四年(1834)刻本　四十八冊

430000－2401－0010898　293.2/14(2)

那文毅公奏議八十卷　（清）那彥成撰　清道
光十四年(1834)刻本　四十八冊

430000－2401－0010899　293.2/15

那文毅公平番奏議四卷　（清）那彥成撰　清
咸豐三年(1853)刻本　四冊

430000－2401－0010900　293.2/139

三公奏議　盛宣懷輯　清光緒二年(1876)武
進盛氏思補樓刻本　二十冊

430000－2401－0010901　293.2/35

林文忠公政書三十七卷滇軺紀程一卷荷戈紀
程一卷政書蒐遺一卷畿輔水利議一卷　（清）
林則徐撰　清光緒二年至五年(1876－1879)
刻本　十二冊

430000－2401－0010902　293.2/35(1)

林文忠公政書三十七卷滇軺紀程一卷荷戈紀
程一卷政書蒐遺一卷畿輔水利議一卷　（清）
林則徐撰　清光緒二年至五年(1876－1879)
刻本　十二冊

430000－2401－0010903　293.2/35(2)

林文忠公政書三十七卷滇軺紀程一卷荷戈紀
程一卷政書蒐遺一卷畿輔水利議一卷　（清）

林則徐撰　清光緒二年至五年(1876－1879)
刻本　十冊

430000－2401－0010904　293.2/35(3)

林文忠公政書三十七卷滇軺紀程一卷荷戈紀
程一卷政書蒐遺一卷畿輔水利議一卷　（清）
林則徐撰　清光緒二年至五年(1876－1879)
刻本　十八冊

430000－2401－0010905　293.2/35(4)

林文忠公政書三十七卷滇軺紀程一卷荷戈紀
程一卷政書蒐遺一卷畿輔水利議一卷　（清）
林則徐撰　清光緒二年至五年(1876－1879)
刻本　十八冊

430000－2401－0010906　293.2/35(5)

林文忠公政書三十七卷滇軺紀程一卷荷戈紀
程一卷政書蒐遺一卷畿輔水利議一卷　（清）
林則徐撰　清光緒二年至五年(1876－1879)
刻本　十冊

430000－2401－0010907　293.2/35(6)

林文忠公政書三十七卷滇軺紀程一卷荷戈紀
程一卷政書蒐遺一卷畿輔水利議一卷　（清）
林則徐撰　清光緒二年至五年(1876－1879)
刻本　十六冊

430000－2401－0010908　293.2/35(7)

林文忠公政書三十七卷滇軺紀程一卷荷戈紀
程一卷政書蒐遺一卷畿輔水利議一卷　（清）
林則徐撰　清光緒二年至五年(1876－1879)
刻本　十六冊

430000－2401－0010909　293.2/35(8)

林文忠公政書三十七卷滇軺紀程一卷荷戈紀
程一卷政書蒐遺一卷畿輔水利議一卷　（清）
林則徐撰　清光緒二年至五年(1876－1879)
刻本　十二冊

430000－2401－0010910　293.2/35(9)

林文忠公政書三十七卷滇軺紀程一卷荷戈紀
程一卷政書蒐遺一卷畿輔水利議一卷　（清）
林則徐撰　清光緒二年至五年(1876－1879)
刻本　十二冊

430000－2401－0010911　293.2/35(10)

林文忠公政書三十七卷滇軺紀程一卷荷戈紀程一卷政書蒐遺一卷畿輔水利議一卷　（清）林則徐撰　清光緒二年至五年(1876－1879)刻本　十冊

430000－2401－0010912　293.2/35(11)

林文忠公政書三十七卷滇軺紀程一卷荷戈紀程一卷政書蒐遺一卷畿輔水利議一卷　（清）林則徐撰　清光緒二年至五年(1876－1879)刻本　十六冊

430000－2401－0010913　293.2/35－3

林文忠公政書三十七卷滇軺紀程一卷荷戈紀程一卷政書蒐遺一卷畿輔水利議一卷　（清）林則徐撰　清光緒十一年(1885)刻本　十四冊

430000－2401－0010914　293.2/35－2

林文忠公政書三十七卷滇軺紀程一卷荷戈紀程一卷政書蒐遺一卷畿輔水利議一卷　（清）林則徐撰　清光緒二十四年(1898)天津文德堂石印本　六冊

430000－2401－0010915　293.2/75

胡文忠公政書十四卷　（清）胡林翼撰　（清）但湘良編　清光緒二十五年(1899)湖南糧儲道署刻本　九冊

430000－2401－0010916　293.2/75(1)

胡文忠公政書十四卷　（清）胡林翼撰　（清）但湘良編　清光緒二十五年(1899)湖南糧儲道署刻本　八冊

430000－2401－0010917　293.2/75(2)

胡文忠公政書十四卷　（清）胡林翼撰　（清）但湘良編　清光緒二十五年(1899)湖南糧儲道署刻本　十六冊

430000－2401－0010918　293.2/75(3)

胡文忠公政書十四卷　（清）胡林翼撰　（清）但湘良編　清光緒二十五年(1899)湖南糧儲道署刻本　十六冊

430000－2401－0010919　293.2/75(4)

胡文忠公政書十四卷　（清）胡林翼撰　（清）但湘良編　清光緒二十五年(1899)湖南糧儲

道署刻本　八冊

430000－2401－0010920　293.2/75(5)

胡文忠公政書十四卷　（清）胡林翼撰　（清）但湘良編　清光緒二十五年(1899)湖南糧儲道署刻本　十六冊

430000－2401－0010921　293.2/75(6)

胡文忠公政書十四卷　（清）胡林翼撰　（清）但湘良編　清光緒二十五年(1899)湖南糧儲道署刻本　十六冊

430000－2401－0010922　293.2/75(7)

胡文忠公政書十四卷　（清）胡林翼撰　（清）但湘良編　清光緒二十五年(1899)湖南糧儲道署刻本　十六冊

430000－2401－0010923　293.2/75(8)

胡文忠公政書十四卷　（清）胡林翼撰　（清）但湘良編　清光緒二十五年(1899)湖南糧儲道署刻本　九冊

430000－2401－0010924　293.2/75(9)

胡文忠公政書十四卷　（清）胡林翼撰　（清）但湘良編　清光緒二十五年(1899)湖南糧儲道署刻本　十冊

430000－2401－0010925　293.2/75(10)

胡文忠公政書十四卷　（清）胡林翼撰　（清）但湘良編　清光緒二十五年(1899)湖南糧儲道署刻本　八冊

430000－2401－0010926　293.2/75(11)

胡文忠公政書十四卷　（清）胡林翼撰　（清）但湘良編　清光緒二十五年(1899)湖南糧儲道署刻本　十五冊

430000－2401－0010927　293.2/111

馬端敏公奏議八卷　（清）馬新貽撰　清光緒二十年(1894)閩浙督署刻本　五冊　缺三卷(六至八)

430000－2401－0010928　293.2/64

督河奏疏十卷　（清）許振禕撰　清光緒二十五年(1899)廣州刻本　四冊

430000－2401－0010929　293.2/109

許尚書奏摺一卷 （清）許應騤撰　文御史奏摺一卷 （清）文悌撰　清光緒刻本　一冊

430000－2401－0010930　293.2/88

郭華野先生疏稿五卷 （清）郭琇撰　清雍正郭氏刻本　八冊

430000－2401－0010931　293.2/142

罪言存略一卷 （清）郭嵩燾撰　清光緒十四年(1888)時報館鉛印本　一冊

430000－2401－0010932　293.2/70

郭侍郎奏疏十二卷 （清）郭嵩燾撰　清光緒十八年(1892)刻本　十二冊

430000－2401－0010933　293.2/70(1)

郭侍郎奏疏十二卷 （清）郭嵩燾撰　清光緒十八年(1892)刻本　十二冊

430000－2401－0010934　293.2/70(2)

郭侍郎奏疏十二卷 （清）郭嵩燾撰　清光緒十八年(1892)刻本　十二冊

430000－2401－0010935　293.2/70(3)

郭侍郎奏疏十二卷 （清）郭嵩燾撰　清光緒十八年(1892)刻本　十二冊

430000－2401－0010936　293.2/70(4)

郭侍郎奏疏十二卷 （清）郭嵩燾撰　清光緒十八年(1892)刻本　十二冊

430000－2401－0010937　293.2/70(5)

郭侍郎奏疏十二卷 （清）郭嵩燾撰　清光緒十八年(1892)刻本　十二冊

430000－2401－0010938　293.2/70(6)

郭侍郎奏疏十二卷 （清）郭嵩燾撰　清光緒十八年(1892)刻本　十二冊

430000－2401－0010939　293.2/96

南皮張宮保政書十二卷 （清）張之洞撰 （清）仰正盧輯　清光緒二十七年(1901)上海圖書集成局鉛印本　六冊

430000－2401－0010940　293.2/33

南皮張宮保奏議初編十二卷 （清）張之洞撰　清光緒二十七年(1901)上海圖書集成局鉛印本　二冊

430000－2401－0010941　293.2/12

張文毅公奏稿八卷 （清）張芾撰　清光緒二年(1876)刻本　四冊

430000－2401－0010942　293.2/12(1)

張文毅公奏稿八卷 （清）張芾撰　清光緒二年(1876)刻本　四冊

430000－2401－0010943　293.2/12(2)

張文毅公奏稿八卷 （清）張芾撰　清光緒二年(1876)刻本　四冊

430000－2401－0010944　293.2/12(3)

張文毅公奏稿八卷 （清）張芾撰　清光緒二年(1876)刻本　四冊

430000－2401－0010945　293.2/12(4)

張文毅公奏稿八卷 （清）張芾撰　清光緒二年(1876)刻本　四冊

430000－2401－0010946　293.2/8

張廷玉奏疏十卷 （清）張廷玉撰　清乾隆敦和堂刻本　十冊

430000－2401－0010947　293.2/10

張大司馬奏稿四卷 （清）張亮基撰　清光緒十七年(1891)刻本　四冊

430000－2401－0010948　293.2/10(1)

張大司馬奏稿四卷 （清）張亮基撰　清光緒十七年(1891)刻本　四冊

430000－2401－0010949　293.2/10(2)

張大司馬奏稿四卷 （清）張亮基撰　清光緒十七年(1891)刻本　四冊

430000－2401－0010950　293.2/10(3)

張大司馬奏稿四卷 （清）張亮基撰　清光緒十七年(1891)刻本　四冊

430000－2401－0010951　293.2/10(4)

張大司馬奏稿四卷 （清）張亮基撰　清光緒十七年(1891)刻本　四冊

430000－2401－0010952　293.2/10－2

張大司馬奏稿四卷 （清）張亮基撰　清末刻本　四冊

430000 – 2401 – 0010953　293.2/101

寸草廬奏稿一卷　（清）張嘉祿撰　清宣統二年(1910)四明張氏刻本　一冊

430000 – 2401 – 0010954　293.2/5

張中丞奏議四卷　（清）張聯桂撰　清光緒二十五年至二十六年(1899 – 1900)揚州刻本　四冊

430000 – 2401 – 0010955　293.2/71

陳侍郎奏稿八卷書札八卷　（清）陳士杰撰　清光緒三十二年(1906)衡陽刻本　八冊

430000 – 2401 – 0010956　△252/3

陳啟泰奏議不分卷　（清）陳啟泰撰　清光緒三十三年至宣統元年(1907 – 1909)稿本　十六冊

430000 – 2401 – 0010957　△252/35

陶文毅公奏議不分卷　（清）陶澍撰　稿本　九冊

430000 – 2401 – 0010958　△252/45

清安徽江蘇巡撫奏議不分卷　（清）陶澍撰　清道光鈔本　五冊

430000 – 2401 – 0010959　293.2/128

陶雲汀先生奏議七十六卷　（清）陶澍撰　清道光刻本　三十八冊

430000 – 2401 – 0010960　293.2/128(1)

陶雲汀先生奏議七十六卷　（清）陶澍撰　清道光刻本　三十一冊　缺二卷(一至二)

430000 – 2401 – 0010961　293.2/130

陶雲汀先生題稿八卷　（清）陶澍撰　清道光九年(1829)刻本　八冊

430000 – 2401 – 0010962　293.2/129

陶雲汀先生奏疏補遺十六卷　（清）陶澍撰　（清）沈基庶編輯　清同治二年(1863)廣東正文堂刻本　八冊

430000 – 2401 – 0010963　△252/50

靈岩奏稿不分卷　（清）畢沅撰　清鈔本　四冊

430000 – 2401 – 0010964　△252/34

校邠廬稿二卷　（清）馮桂芬撰　清同治元年(1862)稿本　一冊

430000 – 2401 – 0010965　△252/15

曾文正公奏議公牘不分卷　（清）曾國藩撰　清鈔本　一百〇七冊

430000 – 2401 – 0010966　△252/11

曾國藩奏議公牘不分卷　（清）曾國藩撰　鈔本　三十八冊

430000 – 2401 – 0010967　△252/13

曾文正公奏議公牘不分卷　（清）曾國藩撰　清藍格鈔本　五冊

430000 – 2401 – 0010968　△252/16

曾文正公奏議不分卷　（清）曾國藩撰　清鈔本　六冊

430000 – 2401 – 0010969　△252/14

曾文正公奏稿三十卷　（清）曾國藩撰　清鈔本　三十冊

430000 – 2401 – 0010970　△252/19

曾文正公奏稿不分卷　（清）曾國藩撰　清咸豐藍格鈔本　十二冊

430000 – 2401 – 0010971　△252/18

曾文正公奏摺稿不分卷　（清）曾國藩撰　清咸豐藍格鈔本　三冊

430000 – 2401 – 0010972　△252/17

曾文正公奏章補鈔不分卷　（清）曾國藩撰　清鈔本　一冊

430000 – 2401 – 0010973　293.2/42

曾文正公奏議十卷　（清）曾國藩撰　（清）薛福成編　清同治十三年(1874)上海醉六堂刻本　十冊

430000 – 2401 – 0010974　293.2/42(1)

曾文正公奏議十卷　（清）曾國藩撰　（清）薛福成編　清同治十三年(1874)上海醉六堂刻本　十冊

430000 – 2401 – 0010975　293.2/42 – 2

曾文正公奏議十卷續四卷　（清）曾國藩撰　清同治十三年(1874)寶慶經訓堂刻本　十四冊

430000－2401－0010976　293.2/42－3

曾文正公奏議十卷補編四卷　（清）曾國藩撰
清光緒二十二年(1896)上海圖書集成書局
鉛印本　四冊

430000－2401－0010977　293.2/41

曾文正公奏稿三十卷　（清）曾國藩撰　清光
緒二年(1876)傳忠書局刻本　三十冊

430000－2401－0010978　293.2/41(1)

曾文正公奏稿三十卷　（清）曾國藩撰　清光
緒二年(1876)傳忠書局刻本　三十冊

430000－2401－0010979　293.2/41(2)

曾文正公奏稿三十卷　（清）曾國藩撰　清光
緒二年(1876)傳忠書局刻本　三十冊

430000－2401－0010980　293.2/41(3)

曾文正公奏稿三十卷　（清）曾國藩撰　清光
緒二年(1876)傳忠書局刻本　三十冊

430000－2401－0010981　293.2/40

曾文正公奏稿三十六卷　（清）曾國藩撰　清
光緒二年(1876)傳忠書局刻本　十八冊

430000－2401－0010982　293.2/40(1)

曾文正公奏稿三十六卷　（清）曾國藩撰　清
光緒二年(1876)傳忠書局刻本　三十一冊

430000－2401－0010983　△252/20

湘軍克復吉安府城詳情奏稿　（清）曾國藩撰
清鈔本　一冊

430000－2401－0010984　△252/4

直隸總督府奏摺不分卷　（清）曾國藩撰　清
同治鈔本　一冊

430000－2401－0010985　△252/1

曾國藩收上諭廷寄目錄一卷　清鈔本　一冊

430000－2401－0010986　293.2/121

曾國藩奏摺目錄　清同治鈔本　三冊

430000－2401－0010987　△252/9

清宣宗成皇帝大事奏疏六卷　（清）曾國藩撰
鈔本　六冊

430000－2401－0010988　△252/33

奏請爲曾國藩建立專祠摺一卷　（清）何璟
（清）劉坤一等撰　清同治鈔本　一冊

430000－2401－0010989　293.2/43

曾忠襄公奏議三十二卷　（清）曾國荃撰　清
光緒二十九年(1903)刻本　三十冊

430000－2401－0010990　△252/10

清欽差出使大臣諮文不分卷　（清）曾紀澤撰
清光緒十年(1884)鈔本　一冊

430000－2401－0010991　293.2/97

曾惠敏公奏疏六卷　（清）曾紀澤撰　清光緒
十九年(1893)江南製造總局鉛印曾惠敏公遺
集本　三冊

430000－2401－0010992　293.2/49

彭剛直公奏稿八卷詩集八卷　（清）彭玉麟撰
清光緒十七年(1891)吳氏刻本　八冊

430000－2401－0010993　293.2/49(1)

彭剛直公奏稿八卷詩集八卷　（清）彭玉麟撰
清光緒十七年(1891)吳氏刻本　八冊

430000－2401－0010994　293.2/49(2)

彭剛直公奏稿八卷詩集八卷　（清）彭玉麟撰
清光緒十七年(1891)吳氏刻本　八冊

430000－2401－0010995　293.2/49(3)

彭剛直公奏稿八卷詩集八卷　（清）彭玉麟撰
清光緒十七年(1891)吳氏刻本　八冊

430000－2401－0010996　293.2/49(4)

彭剛直公奏稿八卷詩集八卷　（清）彭玉麟撰
清光緒十七年(1891)吳氏刻本　八冊

430000－2401－0010997　293.2/49(5)

彭剛直公奏稿八卷詩集八卷　（清）彭玉麟撰
清光緒十七年(1891)吳氏刻本　八冊

430000－2401－0010998　293.2/49(6)

彭剛直公奏稿八卷詩集八卷　（清）彭玉麟撰
清光緒十七年(1891)吳氏刻本　八冊

430000－2401－0010999　293.2/103

防河奏議十卷　（清）嵇曾筠撰　清雍正十一
年(1733)刻本　五冊

430000－2401－0011000　293.2/9

**耐庵奏議存稿十二卷公牘存稿四卷文存六卷
詩存三卷**　　（清）賀長齡撰　清光緒八年
(1882)刻本　十二冊

430000－2401－0011001　293.2/9(1)

**耐庵奏議存稿十二卷公牘存稿四卷文存六卷
詩存三卷**　　（清）賀長齡撰　清光緒八年
(1882)刻本　十二冊

430000－2401－0011002　293.2/86

楊勇愨公奏議十六卷首一卷　　（清）楊岳斌撰
　清光緒二十一年(1895)問竹軒刻本　十
七冊

430000－2401－0011003　293.2/86(1)

楊勇愨公奏議十六卷首一卷　　（清）楊岳斌撰
　清光緒二十一年(1895)問竹軒刻本　十
七冊

430000－2401－0011004　293.2/86(2)

楊勇愨公奏議十六卷首一卷　　（清）楊岳斌撰
　清光緒二十一年(1895)問竹軒刻本　十六
冊　缺卷首

430000－2401－0011005　293.2/86(3)

楊勇愨公奏議十六卷首一卷　　（清）楊岳斌撰
　清光緒二十一年(1895)問竹軒刻本　十六
冊　缺卷首

430000－2401－0011006　293.2/86(4)

楊勇愨公奏議十六卷首一卷　　（清）楊岳斌撰
　清光緒二十一年(1895)問竹軒刻本　十六
冊　缺卷首

430000－2401－0011007　293.2/102

楊中丞遺稿不分卷　　（清）楊健撰　清光緒二
十七年(1901)蔬香別墅刻本　二冊

430000－2401－0011008　293.2/102(1)

楊中丞遺稿不分卷　　（清）楊健撰　清光緒二
十七年(1901)蔬香別墅刻本　二冊

430000－2401－0011009　△252/21

楊莘伯奏議二卷　　（清）楊崇伊撰　清光緒鈔
本　二冊

430000－2401－0011010　293.2/6

端忠敏公奏稿十六卷　　（清）端方撰　民國七
年(1918)鉛印本　十五冊　缺一卷(四)

430000－2401－0011011　293.2/114

蔣給諫奏稿一卷　　（清）蔣雲寬撰　清道光十
六年(1836)刻本　一冊

430000－2401－0011012　293.2/22

江楚會奏變法摺一卷　　（清）劉坤一　（清）張
之洞撰　清光緒二十七年(1901)兩湖書院刻
本　一冊

430000－2401－0011013　293.2/22－2

江楚會奏變法摺一卷　　（清）劉坤一　（清）張
之洞撰　清光緒二十七年(1901)彭覺先刻本
　一冊

430000－2401－0011014　293.2/46

滇黔奏議十卷　　（清）劉岳昭撰　清光緒十四
年(1888)刻本　六冊

430000－2401－0011015　293.2/46(1)

滇黔奏議十卷　　（清）劉岳昭撰　清光緒十四
年(1888)刻本　六冊

430000－2401－0011016　293.2/46(2)

滇黔奏議十卷　　（清）劉岳昭撰　清光緒十四
年(1888)刻本　六冊

430000－2401－0011017　293.2/46(3)

滇黔奏議十卷　　（清）劉岳昭撰　清光緒十四
年(1888)刻本　六冊

430000－2401－0011018　293.2/46(4)

滇黔奏議十卷　　（清）劉岳昭撰　清光緒十四
年(1888)刻本　五冊　缺卷一

430000－2401－0011019　293.2/31

劉中丞奏稿八卷　　（清）劉昆撰　清光緒二十
一年(1895)上海鉛印本　八冊

430000－2401－0011020　293.2/22

養晦書堂奏疏八卷　　（清）劉蓉撰　清同治藍
格鈔本　七冊　存七卷(二至八)

430000－2401－0011021　293.2/32

劉中丞奏議二十卷　　（清）劉蓉撰　清光緒十

一年(1885)思賢講舍刻本　十冊

430000 - 2401 - 0011022　293.2/32(1)
劉中丞奏議二十卷　(清)劉蓉撰　清光緒十
一年(1885)思賢講舍刻本　十冊

430000 - 2401 - 0011023　293.2/32(2)
劉中丞奏議二十卷　(清)劉蓉撰　清光緒十
一年(1885)思賢講舍刻本　十冊

430000 - 2401 - 0011024　293.2/32(3)
劉中丞奏議二十卷　(清)劉蓉撰　清光緒十
一年(1885)思賢講舍刻本　十冊

430000 - 2401 - 0011025　293.2/32(4)
劉中丞奏議二十卷　(清)劉蓉撰　清光緒十
一年(1885)思賢講舍刻本　十冊

430000 - 2401 - 0011026　293.2/32(5)
劉中丞奏議二十卷　(清)劉蓉撰　清光緒十
一年(1885)思賢講舍刻本　十冊

430000 - 2401 - 0011027　293.2/32(6)
劉中丞奏議二十卷　(清)劉蓉撰　清光緒十
一年(1885)思賢講舍刻本　十冊

430000 - 2401 - 0011028　293.2/118
劉壯肅公奏議十卷首一卷　(清)劉銘傳撰
清光緒鉛印本　六冊

430000 - 2401 - 0011029　293.2/163
劉坤一奏諮　(清)劉坤一撰　清同治鈔本
一冊

430000 - 2401 - 0011030　293.2/117
龍侍郎奏稿二卷　(清)龍湛霖撰　民國張仲
甫鈔本　二冊

430000 - 2401 - 0011031　293.2/37
駱文忠公奏議十六卷續刻四川奏議十一卷
(清)駱秉章撰　清光緒四年(1878)刻本　二
十六冊

430000 - 2401 - 0011032　293.2/37(1)
駱文忠公奏議十六卷續刻四川奏議十一卷
(清)駱秉章撰　清光緒四年(1878)刻本　二
十八冊

430000 - 2401 - 0011033　293.2/37(2)
駱文忠公奏議十六卷續刻四川奏議十一卷
(清)駱秉章撰　清光緒四年(1878)刻本　十
八冊

430000 - 2401 - 0011034　293.2/37(3)
駱文忠公奏議十六卷續刻四川奏議十一卷
(清)駱秉章撰　清光緒四年(1878)刻本　十
八冊

430000 - 2401 - 0011035　293.2/37(4)
駱文忠公奏議十六卷續刻四川奏議十一卷
(清)駱秉章撰　清光緒四年(1878)刻本　二
十六冊

430000 - 2401 - 0011036　293.2/38
駱文忠公奏稿十卷　(清)駱秉章撰　清光緒
十七年(1891)刻本　十冊

430000 - 2401 - 0011037　293.2/38(1)
駱文忠公奏稿十卷　(清)駱秉章撰　清光緒
十七年(1891)刻本　十冊

430000 - 2401 - 0011038　293.2/38(2)
駱文忠公奏稿十卷　(清)駱秉章撰　清光緒
十七年(1891)刻本　十冊

430000 - 2401 - 0011039　293.2/37 - 2
駱大司馬奏稿十六卷　(清)駱秉章撰　清光
緒刻本　十六冊

430000 - 2401 - 0011040　293.2/44
錢敏肅公奏疏七卷　(清)錢鼎銘撰　清光緒
六年(1880)存素堂刻本　四冊

430000 - 2401 - 0011041　293.2/45
竹坡侍郎奏議二卷　(清)寶廷撰　清光緒二
十七年(1901)刻本　二冊

430000 - 2401 - 0011042　293.2/7
譚中丞奏稿十二卷　(清)譚鈞培撰　清光緒
二十八年(1902)湖北糧署刻本　十六冊

430000 - 2401 - 0011043　293.2/11
譚文勤公奏稿二十卷首一卷　(清)譚鐘麟撰
清宣統三年(1911)刻本　十冊

430000 - 2401 - 0011044　293.2/11(1)

譚文勤公奏稿二十卷首一卷　（清）譚鐘麟撰
清宣統三年（1911）刻本　十冊

430000－2401－0011045　293.2/11（2）
譚文勤公奏稿二十卷首一卷　（清）譚鐘麟撰
清宣統三年（1911）刻本　十冊

430000－2401－0011046　293.2/11（3）
譚文勤公奏稿二十卷首一卷　（清）譚鐘麟撰
清宣統三年（1911）刻本　十冊

430000－2401－0011047　293.2/11（4）
譚文勤公奏稿二十卷首一卷　（清）譚鐘麟撰
清宣統三年（1911）刻本　十冊

430000－2401－0011048　293.2/11（5）
譚文勤公奏稿二十卷首一卷　（清）譚鐘麟撰
清宣統三年（1911）刻本　十冊

430000－2401－0011049　293.2/11（6）
譚文勤公奏稿二十卷首一卷　（清）譚鐘麟撰
清宣統三年（1911）刻本　十冊

430000－2401－0011050　293.2/11（7）
譚文勤公奏稿二十卷首一卷　（清）譚鐘麟撰
清宣統三年（1911）刻本　十冊

430000－2401－0011051　293.2/91
隨槎錄三卷　（清）羅鎮嵩撰　清光緒十八年
（1892）南屏山館刻本　一冊

430000－2401－0011052　293.2/91（1）
隨槎錄三卷　（清）羅鎮嵩撰　清光緒十八年
（1892）南屏山館刻本　一冊

430000－2401－0011053　293.2/91（2）
隨槎錄三卷　（清）羅鎮嵩撰　清光緒十八年
（1892）南屏山館刻本　一冊

430000－2401－0011054　293.2/100
龔端毅公奏疏八卷附一卷附錄浠川政譜一卷
（清）龔鼎孳撰　清光緒九年（1883）聖彝書
屋刻本　五冊

430000－2401－0011055　293.2/90
南海先生四上書記　康有爲撰　清光緒上海
時務報館石印本　一冊

430000－2401－0011056　293.2/69
南海先生戊戌奏稿一卷　康有爲撰　麥仲華
輯　清宣統三年（1911）鉛印本　一冊

430000－2401－0011057　293.2/69（1）
南海先生戊戌奏稿一卷　康有爲撰　麥仲華
輯　清宣統三年（1911）鉛印本　一冊

430000－2401－0011058　293.2/69（2）
南海先生戊戌奏稿一卷　康有爲撰　麥仲華
輯　清宣統三年（1911）鉛印本　二冊

430000－2401－0011059　293.2/132
庸庵尚書奏議十六卷　陳夔龍撰　清宣統三
年（1911）鉛印本　八冊

430000－2401－0011060　293.2/65
會議禁革買賣人口舊習酌擬辦法摺　（清）憲
政編查館擬　清宣統元年（1909）鉛印本
一冊

430000－2401－0011061　△293.7/1
工程做法七十四卷附物料價值四卷　（清）允
禮　（清）允祿等編　清雍正十二年（1734）刻
本　二十冊

430000－2401－0011062　294.1/8
正陽門工程匯案　袁世凱　陳璧編　清光緒
二十九年（1903）北京工藝官局鉛印本　四冊

430000－2401－0011063　△293.7/3
圓明園內工則例不分卷　清青芝堂鈔本
八冊

430000－2401－0011064　△293.7/2
湖北制皮廠各項清冊不分卷　曾廣熔纂　清
光緒三十二年至三十四年（1906－1908）稿本
五十冊

430000－2401－0011065　294.1/7
修建宜昌鎮署各案　（清）羅繼紳編　清光緒
十一年（1885）刻本　一冊

430000－2401－0011066　294.1/10
湖南各縣物料價值則例　清刻本　二冊

430000－2401－0011067　△28/4
歲華紀麗四卷　（唐）韓鄂撰　益部方物略記

一卷　(宋)宋祁撰　明萬曆胡震亨秘冊匯函
叢書本　一冊

430000－2401－0011068　△28/1
日涉編十二卷　(明)陳階輯　(清)白輝補輯
　明萬曆三十九年(1611)徐養量刻清康熙六
年(1667)白輝、康熙十七年(1678)紀元遞修
本　十二冊

430000－2401－0011069　△28/1(1)
日涉編十二卷　(明)陳階輯　(清)白輝補輯
　明萬曆三十九年(1611)徐養量刻清康熙六
年(1667)白輝、康熙十七年(1678)紀元遞修
本　六冊　存六卷(一至三、九至十、十二)

430000－2401－0011070　△28/2
月令廣義二十四卷首一卷　(明)馮應京輯
(明)戴任增釋　明萬曆三十年(1602)刻麟瑞
堂印本　八冊

430000－2401－0011071　△28/2－2
月令廣義二十四卷首一卷　(明)馮應京輯
(明)戴任增釋　明萬曆三十年(1602)刻梅墅
石渠閣刻本　十四冊

430000－2401－0011072　△28/2－3
月令廣義二十四卷首一卷　(明)馮應京輯
(明)戴任增釋　明萬曆三十年(1602)刻聚文
堂張心所印本　十二冊

430000－2401－0011073　△28/3
月令輯要二十四卷首一卷　(清)李光地
(清)吳廷楨等輯　清康熙五十四年(1715)內
府刻本　十二冊

430000－2401－0011074　△28/3(1)
月令輯要二十四卷首一卷　(清)李光地
(清)吳廷楨等輯　清康熙五十四年(1715)內
府刻本　十四冊

430000－2401－0011075　295/5
月令粹編二十四卷圖一卷　(清)秦嘉謨撰
清嘉慶十七年(1812)琳琅仙館刻本　四冊

430000－2401－0011076　295/5(1)
月令粹編二十四卷圖一卷　(清)秦嘉謨撰

清嘉慶十七年(1812)琳琅仙館刻本　六冊

430000－2401－0011077　295/5(2)
月令粹編二十四卷圖一卷　(清)秦嘉謨撰
清嘉慶十七年(1812)琳琅仙館刻本　十二冊

430000－2401－0011078　295/5(3)
月令粹編二十四卷圖一卷　(清)秦嘉謨撰
清嘉慶十七年(1812)琳琅仙館刻本　六冊

430000－2401－0011079　295/5(4)
月令粹編二十四卷圖一卷　(清)秦嘉謨撰
清嘉慶十七年(1812)琳琅仙館刻本　四冊

430000－2401－0011080　295/5(5)
月令粹編二十四卷圖一卷　(清)秦嘉謨撰
清嘉慶十七年(1812)琳琅仙館刻本　六冊
缺三卷(二十二至二十四)

430000－2401－0011081　295/5－3
月令粹編二十四卷圖一卷　(清)秦嘉謨撰
清光緒九年(1883)皖省聚文書坊刻本　八冊

430000－2401－0011082　295/5－2
月令粹編二十四卷　(清)秦嘉謨撰　舊精鈔
本　一冊

430000－2401－0011083　295/9
古今類傳四卷　(清)董穀士　(清)董炳文輯
　清康熙三十一年(1692)未學齋刻本　四冊

430000－2401－0011084　295/4
月日紀古十二卷　(清)蕭智漢撰　清乾隆五
十九年(1794)聽濤山房刻本　十二冊

430000－2401－0011085　295/4(1)
月日紀古十二卷　(清)蕭智漢撰　清乾隆五
十九年(1794)聽濤山房刻本　十二冊

430000－2401－0011086　295/4(2)
月日紀古十二卷　(清)蕭智漢撰　清乾隆五
十九年(1794)聽濤山房刻本　十二冊

430000－2401－0011087　295/4(3)
月日紀古十二卷　(清)蕭智漢撰　清乾隆五
十九年(1794)聽濤山房刻本　十二冊

430000－2401－0011088　295/4(4)

月日紀古十二卷 （清）蕭智漢撰 清乾隆五十九年(1794)聽濤山房刻本 六冊

430000－2401－0011089 295/4(5)

月日紀古十二卷 （清）蕭智漢撰 清乾隆五十九年(1794)聽濤山房刻本 十二冊

430000－2401－0011090 295/4－2

新增月日紀古十二卷 （清）蕭智漢撰 清道光十四年(1834)刻本 三十六冊

430000－2401－0011091 295/4－3

月日紀古十二卷 （清）蕭智漢撰 清道光二十八年(1848)經元堂刻本 十二冊

430000－2401－0011092 296.1/141

小方壺齋輿地叢鈔十二帙 （清）王錫祺輯 清光緒十七年(1891)上海著易堂鉛印本 五十六冊

430000－2401－0011093 296.1/141(1)

小方壺齋輿地叢鈔十二帙 （清）王錫祺輯 清光緒十七年(1891)上海著易堂鉛印本 六十四冊

430000－2401－0011094 296.1/141(2)

小方壺齋輿地叢鈔十二帙 （清）王錫祺輯 清光緒十七年(1891)上海著易堂鉛印本 六十四冊

430000－2401－0011095 296.1/141(3)

小方壺齋輿地叢鈔十二帙 （清）王錫祺輯 清光緒十七年(1891)上海著易堂鉛印本 六十三冊

430000－2401－0011096 296.1/141(4)

小方壺齋輿地叢鈔十二帙 （清）王錫祺輯 清光緒十七年(1891)上海著易堂鉛印本 四十八冊

430000－2401－0011097 296.1/142

小方壺齋輿地叢鈔再補編十二帙 （清）王錫祺輯 清光緒二十三年(1897)上海著易堂鉛印本 十六冊

430000－2401－0011098 296.1/130

麓山精舍叢書 （清）陳運溶輯 清光緒、宣統湘西陳氏刻本 五冊

430000－2401－0011099 296.1/130(1)

麓山精舍叢書 （清）陳運溶輯 清光緒、宣統湘西陳氏刻本 六冊

430000－2401－0011100 296.1/130(2)

麓山精舍叢書 （清）陳運溶輯 清光緒、宣統湘西陳氏刻本 八冊

430000－2401－0011101 296.1/130(3)

麓山精舍叢書 （清）陳運溶輯 清光緒、宣統湘西陳氏刻本 十二冊

430000－2401－0011102 296.1/130(4)

麓山精舍叢書 （清）陳運溶輯 清光緒、宣統湘西陳氏刻本 十二冊

430000－2401－0011103 296.1/130(5)

麓山精舍叢書 （清）陳運溶輯 清光緒、宣統湘西陳氏刻本 十二冊

430000－2401－0011104 296.1/130(6)

麓山精舍叢書 （清）陳運溶輯 清光緒、宣統湘西陳氏刻本 十二冊

430000－2401－0011105 296.1/130(7)

麓山精舍叢書 （清）陳運溶輯 清光緒、宣統湘西陳氏刻本 二冊

430000－2401－0011106 296.1/130(8)

麓山精舍叢書 （清）陳運溶輯 清光緒、宣統湘西陳氏刻本 十一冊

430000－2401－0011107 296.1/143

問影樓輿地叢書第一集 胡思敬輯 清光緒三十四年(1908)新昌胡氏京師鉛印本 十冊

430000－2401－0011108 △394.12/1

山海經十八卷 （晉）郭璞傳 明嘉靖十三年(1534)黃省曾刻本 六冊

430000－2401－0011109 25/75－3

山海經十八卷 （晉）郭璞傳 清乾隆四十八年(1783)經訓堂刻本 八冊

430000－2401－0011110 25/75－2

山海經十八卷 （晉）郭璞傳 清乾隆槐蔭草

堂刻本　三冊

430000－2401－0011111　25/75－2(1)
山海經十八卷　（晉）郭璞傳　清乾隆槐蔭草
堂刻本　四冊

430000－2401－0011112　25/75－2(2)
山海經十八卷　（晉）郭璞傳　清乾隆槐蔭草
堂刻本　二冊

430000－2401－0011113　25/75－2(3)
山海經十八卷　（晉）郭璞傳　清乾隆槐蔭草
堂刻本　三冊

430000－2401－0011114　25/75－2(4)
山海經十八卷　（晉）郭璞傳　清乾隆槐蔭草
堂刻本　二冊

430000－2401－0011115　25/75－4
山海經十八卷圖一卷　（晉）郭璞傳　（清）畢
沅校　清光緒三年(1877)浙江書局刻本
四冊

430000－2401－0011116　25/75－4(1)
山海經十八卷圖一卷　（晉）郭璞傳　（清）畢沅
校　清光緒三年(1877)浙江書局刻本　三冊

430000－2401－0011117　25/75－4(2)
山海經十八卷圖一卷　（晉）郭璞傳　（清）畢
沅校　清光緒三年(1877)浙江書局刻本
三冊

430000－2401－0011118　25/75－4(3)
山海經十八卷圖一卷　（晉）郭璞傳　（清）畢
沅校　清光緒三年(1877)浙江書局刻本
三冊

430000－2401－0011119　25/75－4(4)
山海經十八卷圖一卷　（晉）郭璞傳　（清）畢
沅校　清光緒三年(1877)浙江書局刻本
三冊

430000－2401－0011120　25/75－4(5)
山海經十八卷圖一卷　（晉）郭璞傳　（清）畢
沅校　清光緒三年(1877)浙江書局刻本
三冊

430000－2401－0011121　25/75－4(6)

山海經十八卷圖一卷　（晉）郭璞傳　（清）畢
沅校　清光緒三年(1877)浙江書局刻本
三冊

430000－2401－0011122　25/75－4(7)
山海經十八卷圖一卷　（晉）郭璞傳　（清）畢
沅校　清光緒三年(1877)浙江書局刻本
三冊

430000－2401－0011123　25/75－4(8)
山海經十八卷圖一卷　（晉）郭璞傳　（清）畢
沅校　清光緒三年(1877)浙江書局刻本
二冊

430000－2401－0011124　25/75－4(9)
山海經十八卷圖一卷　（晉）郭璞傳　（清）畢
沅校　清光緒三年(1877)浙江書局刻本
四冊

430000－2401－0011125　25/75－7
山海經十八卷圖一卷　（晉）郭璞傳　清光緒
十六年(1890)學庫山房刻本　四冊

430000－2401－0011126　25/75－6
山海經十八卷圖一卷　（晉）郭璞傳　清光緒
二十年(1894)澹雅書局刻本　四冊

430000－2401－0011127　25/75
山海經十八卷　（晉）郭璞傳　清歙縣項群玉
書堂刻本　一冊

430000－2401－0011128　25/75(1)
山海經十八卷　（晉）郭璞傳　清歙縣項群玉
書堂刻本　三冊

430000－2401－0011129　△394.12/2
山海經釋義十八卷　（明）王崇慶撰　明刻本
　一冊　存十五卷(二至十六)

430000－2401－0011130　25/97
山海經存九卷　（清）汪紱釋　清光緒二十一
年(1895)石印本　四冊

430000－2401－0011131　25/97(1)
山海經存九卷　（清）汪紱釋　清光緒二十一
年(1895)石印本　四冊

430000－2401－0011132　25/98

山海經廣註十八卷　（清）吳任臣撰　清康熙
刻本　二冊　缺八卷（十一至十八）

430000－2401－0011133　25/98－2
山海經廣註十八卷　（清）吳任臣撰　清乾隆
五十一年(1786)金閶書業堂刻本　四冊

430000－2401－0011134　25/74－3
山海經箋疏十八卷圖贊一卷訂譌一卷叙錄一
卷　（清）郝懿行撰　清嘉慶十四年(1809)揚
州阮氏琅環仙館刻本　四冊

430000－2401－0011135　25/74－3(1)
山海經箋疏十八卷圖贊一卷訂譌一卷叙錄一
卷　（清）郝懿行撰　清嘉慶十四年(1809)揚
州阮氏琅環仙館刻本　四冊

430000－2401－0011136　25/74－3(2)
山海經箋疏十八卷圖贊一卷訂譌一卷叙錄一
卷　（清）郝懿行撰　清嘉慶十四年(1809)揚
州阮氏琅環仙館刻本　四冊

430000－2401－0011137　25/74－3(3)
山海經箋疏十八卷圖贊一卷訂譌一卷叙錄一
卷　（清）郝懿行撰　清嘉慶十四年(1809)揚
州阮氏琅環仙館刻本　四冊

430000－2401－0011138　25/74－3(4)
山海經箋疏十八卷圖贊一卷訂譌一卷叙錄一
卷　（清）郝懿行撰　清嘉慶十四年(1809)揚
州阮氏琅環仙館刻本　四冊

430000－2401－0011139　25/74－3(5)
山海經箋疏十八卷圖贊一卷訂譌一卷叙錄一
卷　（清）郝懿行撰　清嘉慶十四年(1809)揚
州阮氏琅環仙館刻本　四冊

430000－2401－0011140　25/74－3(6)
山海經箋疏十八卷圖贊一卷訂譌一卷叙錄一
卷　（清）郝懿行撰　清嘉慶十四年(1809)揚
州阮氏琅環仙館刻本　四冊

430000－2401－0011141　25/74－2
山海經箋疏十八卷圖贊一卷訂譌一卷叙錄一
卷　（清）郝懿行撰　清光緒十二年(1886)上
海還讀樓刻本　四冊

430000－2401－0011142　25/74－2(1)
山海經箋疏十八卷圖贊一卷訂譌一卷叙錄一
卷　（清）郝懿行撰　清光緒十二年(1886)上
海還讀樓刻本　四冊

430000－2401－0011143　25/74－2(2)
山海經箋疏十八卷圖贊一卷訂譌一卷叙錄一
卷　（清）郝懿行撰　清光緒十二年(1886)上
海還讀樓刻本　四冊

430000－2401－0011144　25/74
山海經箋疏十八卷圖贊一卷訂譌一卷叙錄一
卷　（清）郝懿行撰　清光緒十九年(1893)上
海仿古齋五彩石印本　六冊

430000－2401－0011145　25/74(1)
山海經箋疏十八卷圖贊一卷訂譌一卷叙錄一
卷　（清）郝懿行撰　清光緒十九年(1893)上
海仿古齋五彩石印本　六冊

430000－2401－0011146　25/74－3
山海經箋疏十八卷圖贊一卷訂譌一卷叙錄一
卷　（清）郝懿行撰　清刻本　四冊

430000－2401－0011147　296.4/52
海語三卷　（明）黃衷撰　清道光浦江周氏刻
紛欣閣叢書本　一冊

430000－2401－0011148　296.1/137
輿地經緯度里表不分卷　（清）丁取忠撰　清
咸豐十一年(1861)刻本　一冊

430000－2401－0011149　296.1/137(1)
輿地經緯度里表不分卷　（清）丁取忠撰　清
咸豐十一年(1861)刻本　一冊

430000－2401－0011150　296.1/137(2)
輿地經緯度里表不分卷　（清）丁取忠撰　清
咸豐十一年(1861)刻本　一冊

430000－2401－0011151　296.1/89
今古地理述十八卷首三卷末一卷　（清）王子
音撰　清嘉慶十二年(1807)京師文會堂刻本
二十冊

430000－2401－0011152　296.1/103
地理問答二卷　（清）王蓮溪撰　清光緒二十

八年(1902)美華書館鉛印本　一册　存一卷
(一)

430000－2401－0011153　296.1/43
瀛寰譯音異名記十二卷　(清)杜宗預編　清
光緒三十年(1904)鄂城刻本　六册

430000－2401－0011154　296.1/16
李氏五種　(清)李兆洛撰　清同治九年
(1870)合肥李鴻章刻本　十二册

430000－2401－0011155　296.1/16(1)
李氏五種　(清)李兆洛撰　清同治九年
(1870)合肥李鴻章刻本　十二册

430000－2401－0011156　296.1/16(2)
李氏五種　(清)李兆洛撰　清同治九年
(1870)合肥李鴻章刻本　六册

430000－2401－0011157　296.1/16(3)
李氏五種　(清)李兆洛撰　清同治九年
(1870)合肥李鴻章刻本　十二册

430000－2401－0011158　296.1/16(4)
李氏五種　(清)李兆洛撰　清同治九年
(1870)合肥李鴻章刻本　十四册

430000－2401－0011159　296.1/16(5)
李氏五種　(清)李兆洛撰　清同治九年
(1870)合肥李鴻章刻本　八册

430000－2401－0011160　296.1/16－2
李氏五種　(清)李兆洛撰　清光緒十八年
(1892)長沙竹素書局刻本　十六册

430000－2401－0011161　296.1/16－2(1)
李氏五種　(清)李兆洛撰　清光緒十八年
(1892)長沙竹素書局刻本　十六册

430000－2401－0011162　296.1/16－2(2)
李氏五種　(清)李兆洛撰　清光緒十八年
(1892)長沙竹素書局刻本　十六册

430000－2401－0011163　296.1/16－2(3)
李氏五種　(清)李兆洛撰　清光緒十八年
(1892)長沙竹素書局刻本　十二册

430000－2401－0011164　296.1/16－2(4)

李氏五種　(清)李兆洛撰　清光緒十八年
(1892)長沙竹素書局刻本　八册

430000－2401－0011165　296.1/16－2(5)
李氏五種　(清)李兆洛撰　清光緒十八年
(1892)長沙竹素書局刻本　十六册

430000－2401－0011166　296.1/16－2(6)
李氏五種　(清)李兆洛撰　清光緒十八年
(1892)長沙竹素書局刻本　十四册

430000－2401－0011167　296.1/16－3
李氏五種　(清)李兆洛撰　清光緒十八年
(1892)金陵書局刻本　十六册

430000－2401－0011168　296.1/16－3(1)
李氏五種　(清)李兆洛撰　清光緒十八年
(1892)金陵書局刻本　五册

430000－2401－0011169　296.1/16－4
李氏五種　(清)李兆洛撰　清光緒二十四年
(1898)掃葉山房石印本　八册

430000－2401－0011170　296.1/16－4(1)
李氏五種　(清)李兆洛撰　清光緒二十四年
(1898)掃葉山房石印本　八册

430000－2401－0011171　296.1/16－4(2)
李氏五種　(清)李兆洛撰　清光緒二十四年
(1898)掃葉山房石印本　八册

430000－2401－0011172　296.1/16－4(3)
李氏五種　(清)李兆洛撰　清光緒二十四年
(1898)掃葉山房石印本　四册　缺七卷(十
一至十七)

430000－2401－0011173　296.1/20－3
**歷代地理志韻編今釋二十卷皇朝輿地韻編二
卷**　(清)李兆洛撰　清道光十七年(1837)葄
學齋木活字本　八册

430000－2401－0011174　296.1/20－3(1)
**歷代地理志韻編今釋二十卷皇朝輿地韻編二
卷**　(清)李兆洛撰　清道光十七年(1837)葄
學齋木活字本　十册

430000－2401－0011175　296.1/20－3(2)
歷代地理志韻編今釋二十卷皇朝輿地韻編二

卷 （清）李兆洛撰 清道光十七年(1837)董
學齋木活字本 五冊

430000－2401－0011176 296.1/20－4
歷代地理志韻編今釋二十卷 （清）李兆洛輯
清咸豐十一年(1861)憶蒼山館刻本 七冊

430000－2401－0011177 296.1/20－4(1)
歷代地理志韻編今釋二十卷 （清）李兆洛輯
清咸豐十一年(1861)憶蒼山館刻本 七冊

430000－2401－0011178 296.1/20－4(2)
歷代地理志韻編今釋二十卷 （清）李兆洛輯
清咸豐十一年(1861)憶蒼山館刻本 八冊

430000－2401－0011179 296.1/20
**歷代地理志韻編今釋二十卷皇朝輿地韻編二
卷圖一卷** （清）李兆洛輯 清上海蜚英館石
印本 四冊

430000－2401－0011180 296.1/20(1)
**歷代地理志韻編今釋二十卷皇朝輿地韻編二
卷圖一卷** （清）李兆洛輯 清上海蜚英館石
印本 四冊

430000－2401－0011181 296.1/20(2)
**歷代地理志韻編今釋二十卷皇朝輿地韻編二
卷圖一卷** （清）李兆洛輯 清上海蜚英館石
印本 四冊

430000－2401－0011182 296.4/34
國地異名錄一卷 （清）林謙纂 清同治十年
(1871)無所住齋刻本 一冊

430000－2401－0011183 296.4/64
峒溪纖志三卷纖志志餘一卷 （清）陸次雲撰
清蓉江懷古堂刻本 一冊

430000－2401－0011184 296.4/87
經世學引初編一卷 （清）陳鴻文編 清光緒
二十二年(1896)刻本 一冊

430000－2401－0011185 296.4/87(1)
經世學引初編一卷 （清）陳鴻文編 清光緒
二十二年(1896)刻本 一冊

430000－2401－0011186 296.1/95
李氏歷代輿地沿革圖校勘記十六卷 （清）惲

毓嘉等撰 清光緒十四年(1888)毗陵惲氏家
塾刻本 二冊

430000－2401－0011187 296.1/49
灰畫集十九卷 （清）李培輯 清雍正六年
(1728)稿本 五冊 存五卷(一、五、九、十
四、十九)

430000－2401－0011188 296.1/76
圖史通義一卷 （清）林傳甲撰 清光緒二十
九年(1903)長沙督學使署刻本 一冊

430000－2401－0011189 296.1/60
歷代沿革表三卷 （清）段長基編 （清）段摺
書註 清嘉慶二十年(1815)小酉山房刻本
三冊

430000－2401－0011190 296.1/61
歷代疆域表三卷 （清）段長基編 （清）段肇
基 （清）段望基註 清嘉慶二十四年(1819)
小酉山房刻本 三冊

430000－2401－0011191 296.1/70
中外輿地匯鈔十四卷 （清）馬冠群輯 清光
緒二十年(1894)蘇州文瑞樓石印本 三冊
缺五卷(十至十四)

430000－2401－0011192 296.1/98
地略十三卷圖二卷 （清）馬冠群撰 清光緒
二十年(1894)蘇州文瑞樓石印本 四冊

430000－2401－0011193 296.4/23
坤輿撮要問答五卷 （清）孫文楨撰 清光緒
二十八年(1902)上海土山灣鉛印本 一冊

430000－2401－0011194 296.4/23(1)
坤輿撮要問答五卷 （清）孫文楨撰 清光緒
二十八年(1902)上海土山灣鉛印本 一冊

430000－2401－0011195 296.1/85
地理志略 （清）學部編書局纂 清光緒三十
四年(1908)武昌刻本 四冊

430000－2401－0011196 296.1/85(1)
地理志略 （清）學部編書局纂 清光緒三十
四年(1908)武昌刻本 四冊

430000－2401－0011197 296.1/35

歷代地理沿革表四十七卷圖一卷　（清）陳芳績編輯　清道光十三年(1833)虞山清河張氏刻本　二十四冊

430000－2401－0011198　296.1/35－2
歷代地理沿革表四十七卷　（清）陳芳績編輯　清光緒二十一年(1895)廣雅書局刻本　二十冊

430000－2401－0011199　296.1/112
地圖志便覽一卷地志便覽二卷附志一卷附錄一卷　（清）崔暕撰　清咸豐十年(1860)長沙守真道齋刻本　二冊

430000－2401－0011200　296.1/112－2
地志便覽二卷　（清）崔暕撰　據清咸豐長沙守真道齋刻本鈔　一冊　存一卷(下)

430000－2401－0011201　296.1/92
方輿類纂二十八卷首圖一卷　（清）溫汝能撰　清嘉慶十三年(1808)文佘堂校刻本　十五冊　缺二卷(二十七至二十八)

430000－2401－0011202　296.1/92(1)
方輿類纂二十八卷首圖一卷　（清）溫汝能撰　清嘉慶十三年(1808)文佘堂校刻本　二十七冊　缺三卷(一至三)

430000－2401－0011203　296.1/113
地球韻言四卷　（清）張士瀛撰　清光緒二十四年(1898)益冢學會木活字本　二冊

430000－2401－0011204　296.1/113(1)
地球韻言四卷　（清）張士瀛撰　清光緒二十四年(1898)益冢學會木活字本　二冊

430000－2401－0011205　296.1/113－4
地球韻言四卷　（清）張士瀛撰　清光緒二十五年(1899)三味堂刻本　四冊

430000－2401－0011206　296.1/113－2
地球韻言四卷　（清）張士瀛撰　清光緒二十八年(1902)刻本　二冊

430000－2401－0011207　296.1/113－3
地球韻言四卷　（清）張士瀛撰　清光緒二十八年(1902)古餘書室刻本　二冊

430000－2401－0011208　296.1/113－3(1)
地球韻言四卷　（清）張士瀛撰　清光緒二十八年(1902)古餘書室刻本　一冊

430000－2401－0011209　296.1/100
廣輿古今鈔二卷　（清）程晴川纂　（清）陳撰訂　清乾隆十二年(1747)歙縣臨河有誠堂刻本　四冊

430000－2401－0011210　296.1/100(1)
廣輿古今鈔二卷　（清）程晴川纂　（清）陳撰訂　清乾隆十二年(1747)歙縣臨河有誠堂刻本　一冊　存一卷(上)

430000－2401－0011211　296.1/19
輿地沿革表四十卷　（清）楊丕復撰　清光緒十四年(1888)刻本　十五冊

430000－2401－0011212　296.1/19(1)
輿地沿革表四十卷　（清）楊丕復撰　清光緒十四年(1888)刻本　二十三冊

430000－2401－0011213　296.1/19(2)
輿地沿革表四十卷　（清）楊丕復撰　清光緒十四年(1888)刻本　二十四冊

430000－2401－0011214　296.1/19(3)
輿地沿革表四十卷　（清）楊丕復撰　清光緒十四年(1888)刻本　二十冊

430000－2401－0011215　296.1/19(4)
輿地沿革表四十卷　（清）楊丕復撰　清光緒十四年(1888)刻本　二十冊

430000－2401－0011216　296.1/19(5)
輿地沿革表四十卷　（清）楊丕復撰　清光緒十四年(1888)刻本　二十冊

430000－2401－0011217　296.1/119
中俄界記　（清）鄒代鈞編　清宣統三年(1911)武昌亞新地學社鉛印本　二冊

430000－2401－0011218　296.1/97
五洲括地歌一卷　（清）蔣升撰　清光緒二十四年(1898)上海慈母堂印書局鉛印本　一冊

430000－2401－0011219　296.1/97(1)
五洲括地歌一卷　（清）蔣升撰　清光緒二十

四年(1898)上海慈母堂印書局鉛印本　一冊

430000－2401－0011220　296.1/58－2

廣輿記二十四卷圖一卷　（清）蔡方炳輯　清康熙五十六年(1717)聚錦堂刻本　十冊

430000－2401－0011221　296.1/58

廣輿記二十四卷圖一卷　（清）蔡方炳輯　清嘉慶七年(1802)聚文堂刻本　十二冊

430000－2401－0011222　296.1/58(1)

廣輿記二十四卷圖一卷　（清）蔡方炳輯　清嘉慶七年(1802)聚文堂刻本　十二冊

430000－2401－0011223　296.1/127

新斠註地理志十六卷　（清）錢坫撰　（清）徐松集釋　清同治十三年(1874)會稽章氏刻本　六冊

430000－2401－0011224　296.1/127(1)

新斠註地理志十六卷　（清）錢坫撰　（清）徐松集釋　清同治十三年(1874)會稽章氏刻本　六冊

430000－2401－0011225　296.1/71

非園中外地輿歌不分卷　（清）瞿方梅撰　清光緒三十二年(1906)刻本　一冊

430000－2401－0011226　296.1/71(1)

非園中外地輿歌不分卷　（清）瞿方梅撰　清光緒三十二年(1906)刻本　一冊

430000－2401－0011227　296.1/71(2)

非園中外地輿歌不分卷　（清）瞿方梅撰　清光緒三十二年(1906)刻本　一冊

430000－2401－0011228　296.1/71(3)

非園中外地輿歌不分卷　（清）瞿方梅撰　清光緒三十二年(1906)刻本　一冊

430000－2401－0011229　296.1/71(4)

非園中外地輿歌不分卷　（清）瞿方梅撰　清光緒三十二年(1906)刻本　一冊

430000－2401－0011230　296.1/71(5)

非園中外地輿歌不分卷　（清）瞿方梅撰　清光緒三十二年(1906)刻本　一冊

430000－2401－0011231　296.1/81

輿圖總論註釋一卷　（清）謝蘭生撰　清光緒六年(1880)刻酌古準今本　一冊

430000－2401－0011232　296.4/5

歷代宅京記二十卷　（清）顧炎武撰　清嘉慶十三年(1808)來賢堂刻本　四冊

430000－2401－0011233　296.4/5(1)

歷代宅京記二十卷　（清）顧炎武撰　清嘉慶十三年(1808)來賢堂刻本　四冊

430000－2401－0011234　296.4/5(2)

歷代宅京記二十卷　（清）顧炎武撰　清嘉慶十三年(1808)來賢堂刻本　四冊

430000－2401－0011235　296.1/27

鮮虞中山國事表疆域圖說一卷　王先謙撰　清光緒九年(1883)長沙王氏刻本　一冊

430000－2401－0011236　296.1/27(1)

鮮虞中山國事表疆域圖說一卷　王先謙撰　清光緒九年(1883)長沙王氏刻本　一冊

430000－2401－0011237　296.1/27(2)

鮮虞中山國事表疆域圖說一卷　王先謙撰　清光緒九年(1883)長沙王氏刻本　一冊

430000－2401－0011238　296.1/96

五洲地理志略三十六卷首一卷　王先謙撰　清宣統二年(1910)湖南學務公所刻本　十二冊

430000－2401－0011239　296.1/96(1)

五洲地理志略三十六卷首一卷　王先謙撰　清宣統二年(1910)湖南學務公所刻本　十二冊

430000－2401－0011240　296.1/96(2)

五洲地理志略三十六卷首一卷　王先謙撰　清宣統二年(1910)湖南學務公所刻本　十冊

430000－2401－0011241　296.1/96(3)

五洲地理志略三十六卷首一卷　王先謙撰　清宣統二年(1910)湖南學務公所刻本　十冊

430000－2401－0011242　296.1/96(4)

五洲地理志略三十六卷首一卷　王先謙撰

清宣統二年（1910）湖南學務公所刻本 十二冊

430000 - 2401 - 0011243 296.1/96（5）
五洲地理志略三十六卷首一卷 王先謙撰
清宣統二年（1910）湖南學務公所刻本 十冊

430000 - 2401 - 0011244 296.1/31
禹貢九州今地考二卷 曾廉撰 清光緒刻邵陽曾氏三種本 一冊

430000 - 2401 - 0011245 296.1/108
地理學之三才說一卷 譚鳳梧撰 清光緒三十二年（1906）安化駐省學堂刻本 一冊

430000 - 2401 - 0011246 296.1/108（1）
地理學之三才說一卷 譚鳳梧撰 清光緒三十二年（1906）安化駐省學堂刻本 一冊

430000 - 2401 - 0011247 296.1/78
地理通考志略 清光緒二十四年（1898）時務學堂鉛印本 四冊

430000 - 2401 - 0011248 296.1/133
三才紀要不分卷 清江南機器製造局鉛印本 一冊

430000 - 2401 - 0011249 △291.1/10
國策地名考證二十卷首一卷 （清）程恩澤撰 （清）狄子奇箋 清鈔本 郭崑燾批校 三冊 存十五卷（一至十五）

430000 - 2401 - 0011250 296.1/2
七國地理考七卷 （清）顧觀光撰 清光緒五年（1879）刻本 二冊

430000 - 2401 - 0011251 296.1/2（1）
七國地理考七卷 （清）顧觀光撰 清光緒五年（1879）刻本 四冊

430000 - 2401 - 0011252 296.1/11 - 2
漢書地理志校本二卷 （清）汪遠孫撰 清道光二十八年（1848）振綺堂刻本 一冊

430000 - 2401 - 0011253 296.1/11 - 2（1）
漢書地理志校本二卷 （清）汪遠孫撰 清道光二十八年（1848）振綺堂刻本 一冊

430000 - 2401 - 0011254 296.1/11 - 2（2）
漢書地理志校本二卷 （清）汪遠孫撰 清道光二十八年（1848）振綺堂刻本 二冊

430000 - 2401 - 0011255 296.1/11 - 2（3）
漢書地理志校本二卷 （清）汪遠孫撰 清道光二十八年（1848）振綺堂刻本 二冊

430000 - 2401 - 0011256 296.1/11 - 2（4）
漢書地理志校本二卷 （清）汪遠孫撰 清道光二十八年（1848）振綺堂刻本 二冊

430000 - 2401 - 0011257 296.1/11
漢書地理志校本二卷 （清）汪遠孫撰 清同治十年（1871）退補齋刻本 一冊

430000 - 2401 - 0011258 296.1/11（1）
漢書地理志校本二卷 （清）汪遠孫撰 清同治十年（1871）退補齋刻本 一冊

430000 - 2401 - 0011259 296.1/10
漢書地理志校註二卷 （清）王紹蘭撰 清光緒二十二年（1896）蕭山陳氏遺經樓刻本 二冊

430000 - 2401 - 0011260 296.1/3
楚漢諸侯疆域志三卷 （清）劉文淇撰 清光緒二年（1876）金陵刻本 一冊

430000 - 2401 - 0011261 296.1/3（1）
楚漢諸侯疆域志三卷 （清）劉文淇撰 清光緒二年（1876）金陵刻本 一冊

430000 - 2401 - 0011262 296.1/3（2）
楚漢諸侯疆域志三卷 （清）劉文淇撰 清光緒二年（1876）金陵刻本 一冊

430000 - 2401 - 0011263 296.1/3（3）
楚漢諸侯疆域志三卷 （清）劉文淇撰 清光緒二年（1876）金陵刻本 一冊

430000 - 2401 - 0011264 296.1/3（4）
楚漢諸侯疆域志三卷 （清）劉文淇撰 清光緒二年（1876）金陵刻本 一冊

430000 - 2401 - 0011265 296.1/3（5）
楚漢諸侯疆域志三卷 （清）劉文淇撰 清光緒二年（1876）金陵刻本 一冊

430000－2401－0011266　296.1/3(6)

楚漢諸侯疆域志三卷　（清）劉文淇撰　清光緒二年(1876)金陵刻本　一冊

430000－2401－0011267　296.1/3－2

楚漢諸侯疆域志三卷　（清）劉文淇撰　清光緒十五年(1889)廣雅書局刻本　一冊

430000－2401－0011268　296.1/8－3

漢西域圖考七卷首一卷　（清）李光廷撰　清同治九年(1870)陽湖趙氏壽諼草堂刻本　四冊

430000－2401－0011269　296.1/8－5

漢西域圖考七卷首一卷　（清）李光廷撰　清同治九年(1870)上海鴻文書局石印本　三冊　缺三卷(三至五)

430000－2401－0011270　296.1/8－4

漢西域圖考七卷　（清）李光廷撰　清同治刻本　四冊

430000－2401－0011271　296.1/8－4(1)

漢西域圖考七卷　（清）李光廷撰　清同治刻本　四冊

430000－2401－0011272　296.1/8－4(2)

漢西域圖考七卷　（清）李光廷撰　清同治刻本　四冊

430000－2401－0011273　296.1/8－2

漢西域圖考七卷首一卷　（清）李光廷撰　清光緒九年(1883)寶善書局石印本　四冊

430000－2401－0011274　296.1/8－2(1)

漢西域圖考七卷首一卷　（清）李光廷撰　清光緒九年(1883)寶善書局石印本　七冊

430000－2401－0011275　296.1/8

漢西域圖考七卷首一卷　（清）李光廷撰　清光緒上海鴻文書局石印本　四冊

430000－2401－0011276　296.1/8(1)

漢西域圖考七卷首一卷　（清）李光廷撰　清光緒上海鴻文書局石印本　三冊　缺三卷(三至五)

430000－2401－0011277　296.1/82

三國郡縣表八卷　（清）吳增僅撰　清光緒二十一年(1895)木活字本　四冊

430000－2401－0011278　296.1/82(1)

三國郡縣表八卷　（清）吳增僅撰　清光緒二十一年(1895)木活字本　四冊

430000－2401－0011279　296.1/82(2)

三國郡縣表八卷　（清）吳增僅撰　清光緒二十一年(1895)木活字本　四冊

430000－2401－0011280　296.1/5

晉太康三年地記一卷晉書地道記一卷　（清）畢沅撰　清光緒十七年(1891)長沙思賢講舍刻本　一冊

430000－2401－0011281　296.1/5(1)

晉太康三年地記一卷晉書地道記一卷　（清）畢沅撰　清光緒十七年(1891)長沙思賢講舍刻本　一冊

430000－2401－0011282　296.1/5(2)

晉太康三年地記一卷晉書地道記一卷　（清）畢沅撰　清光緒十七年(1891)長沙思賢講舍刻本　一冊

430000－2401－0011283　296.1/5(3)

晉太康三年地記一卷晉書地道記一卷　（清）畢沅撰　清光緒十七年(1891)長沙思賢講舍刻本　一冊

430000－2401－0011284　296.1/4－2

晉書地理志新補正五卷　（清）畢沅撰　清乾隆四十八年(1783)經訓堂刻本　一冊

430000－2401－0011285　296.1/4－2(1)

晉書地理志新補正五卷　（清）畢沅撰　清乾隆四十八年(1783)經訓堂刻本　一冊

430000－2401－0011286　296.1/4－2(2)

晉書地理志新補正五卷　（清）畢沅撰　清乾隆四十八年(1783)經訓堂刻本　一冊

430000－2401－0011287　296.1/4

晉書地理志新補正五卷　（清）畢沅撰　清光緒十八年(1892)長沙思賢講舍刻本　一冊

430000－2401－0011288　296.1/4(1)

晉書地理志新補正五卷 （清）畢沅撰 清光緒十八年（1892）長沙思賢講舍刻本 一冊

430000－2401－0011289 296.1/4－3

晉書地理志新補正五卷 （清）畢沅撰 清光緒二十年（1894）廣雅書局刻廣雅書局叢書本 一冊

430000－2401－0011290 296.1/4－2

晉書地理志新補正五卷 （清）畢沅撰 清刻本 一冊

430000－2401－0011291 296.1/9

東晉疆域志四卷 （清）洪亮吉撰 清嘉慶元年（1796）京師刻本 三冊

430000－2401－0011292 296.1/9（1）

東晉疆域志四卷 （清）洪亮吉撰 清嘉慶元年（1796）京師刻本 二冊

430000－2401－0011293 296.1/9（2）

東晉疆域志四卷 （清）洪亮吉撰 清嘉慶元年（1796）京師刻本 二冊

430000－2401－0011294 296.1/9－3

東晉疆域志四卷 （清）洪亮吉撰 清光緒四年（1878）洪氏授經堂刻洪北江全集本 二冊

430000－2401－0011295 296.1/9－2

東晉疆域志四卷 （清）洪亮吉撰 清光緒十七年（1891）廣雅書局刻廣雅書局叢書本 三冊

430000－2401－0011296 296.1/42

東晉南北朝輿地表二十八卷 （清）徐文範撰 清光緒二十四年（1898）廣雅書局刻廣雅書局叢書本 十冊

430000－2401－0011297 25/2

十六國疆域志十六卷 （清）洪亮吉撰 清嘉慶三年（1798）京師刻本 五冊

430000－2401－0011298 25/2（1）

十六國疆域志十六卷 （清）洪亮吉撰 清嘉慶三年（1798）京師刻本 六冊

430000－2401－0011299 25/2（2）

十六國疆域志十六卷 （清）洪亮吉撰 清嘉慶三年（1798）京師刻本 五冊

430000－2401－0011300 25/2（3）

十六國疆域志十六卷 （清）洪亮吉撰 清嘉慶三年（1798）京師刻本 五冊

430000－2401－0011301 25/2（4）

十六國疆域志十六卷 （清）洪亮吉撰 清嘉慶三年（1798）京師刻本 四冊

430000－2401－0011302 25/2－2

十六國疆域志十六卷 （清）洪亮吉撰 清光緒四年（1878）授經堂刻本 六冊

430000－2401－0011303 25/2－2（1）

十六國疆域志十六卷 （清）洪亮吉撰 清光緒四年（1878）授經堂刻本 六冊

430000－2401－0011304 25/2－2（2）

十六國疆域志十六卷 （清）洪亮吉撰 清光緒四年（1878）授經堂刻本 四冊

430000－2401－0011305 25/2－3

十六國疆域志十六卷 （清）洪亮吉撰 清光緒十七年（1891）廣雅書局刻廣雅書局叢書本 四冊

430000－2401－0011306 25/2－3（1）

十六國疆域志十六卷 （清）洪亮吉撰 清光緒十七年（1891）廣雅書局刻廣雅書局叢書本 三冊 存十四卷（三至十六）

430000－2401－0011307 296.1/48

補梁疆域志四卷 （清）洪齮孫撰 清光緒十七年（1891）廣雅書局刻廣雅書局叢書本 二冊

430000－2401－0011308 296.1/48（1）

補梁疆域志四卷 （清）洪齮孫撰 清光緒十七年（1891）廣雅書局刻廣雅書局叢書本 一冊 存二卷（三至四）

430000－2401－0011309 296.1/47

隋書地理志考證九卷 楊守敬撰 清光緒二十二年（1896）鄰蘇園刻本 六冊

430000－2401－0011310 296.1/47－2

隋書地理志考證九卷補一卷 楊守敬撰 清

光緒二十七年(1901)第三次校改本　六冊

430000－2401－0011311　296.1/47－2(1)

隋書地理志考證九卷補一卷　楊守敬撰　清光緒二十七年(1901)第三次校改本　六冊

430000－2401－0011312　296.1/13

元和郡縣志四十卷　(唐)李吉甫撰　清乾隆刻本　十六冊

430000－2401－0011313　296.1/13－2

元和郡縣志四十卷　(唐)李吉甫撰　清乾隆木活字印武英殿聚珍版書本　八冊

430000－2401－0011314　296.1/13－3

元和郡縣志四十卷　(唐)李吉甫撰　清道光二十七年(1847)福建遞修武英殿聚珍版書本　八冊

430000－2401－0011315　296.1/13－3(1)

元和郡縣志四十卷　(唐)李吉甫撰　清道光二十七年(1847)福建遞修武英殿聚珍版書本　八冊

430000－2401－0011316　296.1/13－3(2)

元和郡縣志四十卷　(唐)李吉甫撰　清道光二十七年(1847)福建遞修武英殿聚珍版書本　十六冊

430000－2401－0011317　296.1/14－2

元和郡縣圖志四十卷　(唐)李吉甫撰　清嘉慶元年(1796)蘭陵孫氏刻岱南閣叢書本　八冊

430000－2401－0011318　296.1/14－2(1)

元和郡縣圖志四十卷　(唐)李吉甫撰　清嘉慶元年(1796)蘭陵孫氏刻岱南閣叢書本　八冊

430000－2401－0011319　296.1/14

元和郡縣圖志四十卷　(唐)李吉甫撰　清光緒六年(1880)金陵書局刻本　六冊

430000－2401－0011320　296.1/14(1)

元和郡縣圖志四十卷　(唐)李吉甫撰　清光緒六年(1880)金陵書局刻本　六冊

430000－2401－0011321　296.1/14(2)

元和郡縣圖志四十卷　(唐)李吉甫撰　清光緒六年(1880)金陵書局刻本　十冊

430000－2401－0011322　296.1/14(3)

元和郡縣圖志四十卷　(唐)李吉甫撰　清光緒六年(1880)金陵書局刻本　十冊

430000－2401－0011323　296.1/14(4)

元和郡縣圖志四十卷　(唐)李吉甫撰　清光緒六年(1880)金陵書局刻本　八冊

430000－2401－0011324　296.1/14((5))

元和郡縣圖志四十卷　(唐)李吉甫撰　清光緒六年(1880)金陵書局刻本　十冊

430000－2401－0011325　296.1/14(6)

元和郡縣圖志四十卷　(唐)李吉甫撰　清光緒六年(1880)金陵書局刻本　八冊

430000－2401－0011326　296.1/17

元和郡縣志闕卷逸文三卷　(唐)李吉甫撰　繆荃孫輯　清光緒七年(1881)雲自在龕刻雲自在龕叢書本　一冊

430000－2401－0011327　296.1/17(1)

元和郡縣志闕卷逸文三卷　(唐)李吉甫撰　繆荃孫輯　清光緒七年(1881)雲自在龕刻雲自在龕叢書本　一冊

430000－2401－0011328　296.1/15

元和郡縣補志九卷　(清)嚴觀撰　清光緒八年(1882)金陵書局刻本　二冊

430000－2401－0011329　296.1/15(1)

元和郡縣補志九卷　(清)嚴觀撰　清光緒八年(1882)金陵書局刻本　二冊

430000－2401－0011330　296.1/15(2)

元和郡縣補志九卷　(清)嚴觀撰　清光緒八年(1882)金陵書局刻本　二冊

430000－2401－0011331　296.1/15(3)

元和郡縣補志九卷　(清)嚴觀撰　清光緒八年(1882)金陵書局刻本　二冊

430000－2401－0011332　296.1/15(4)

元和郡縣補志九卷　(清)嚴觀撰　清光緒八年(1882)金陵書局刻本　二冊

430000－2401－0011333　296.1/15(5)

元和郡縣補志九卷　（清）嚴觀撰　清光緒八年(1882)金陵書局刻本　二冊

430000－2401－0011334　296.1/87

補元和郡縣志四十七鎮圖說一卷　（清）龐鴻書撰　清光緒三十一年(1905)湖南學務處鉛印本　一冊

430000－2401－0011335　296.1/91－2

括地志八卷　（唐）李泰等撰　（清）孫星衍輯　清嘉慶二年(1797)刻本　二冊

430000－2401－0011336　296.1/91

括地志八卷補遺一卷　（唐）李泰等撰　（清）孫星衍輯　（清）陳其榮重訂　清光緒十二年(1886)吳縣朱氏刻槐廬叢書本　二冊

430000－2401－0011337　△291.1/3

元豐九域志十卷　（宋）王存等纂修　（清）馮集梧校訂　清乾隆五十三年(1788)德聚堂刻本　五冊

430000－2401－0011338　296.1/12

元豐九域志十卷　（宋）王存等纂　清乾隆木活字印武英殿聚珍版書本　五冊

430000－2401－0011339　296.1/12(1)

元豐九域志十卷　（宋）王存等纂　清乾隆木活字印武英殿聚珍版書本　八冊

430000－2401－0011340　296.1/12－2

元豐九域志十卷　（宋）王存等纂　清乾隆刻本　四冊

430000－2401－0011341　296.1/12－2

元豐九域志十卷　（宋）王存等纂　清乾隆刻本　八冊

430000－2401－0011342　296.1/12－4(1)

元豐九域志十卷　（宋）王存等纂　清光緒八年(1882)金陵書局刻本　四冊

430000－2401－0011343　296.1/12－4(8)

元豐九域志十卷　（宋）王存等纂　清光緒八年(1882)金陵書局刻本　四冊

430000－2401－0011344　296.1/12－4(2)

430000－2401－0011345　296.1/12－4(3)

元豐九域志十卷　（宋）王存等纂　清光緒八年(1882)金陵書局刻本　四冊

430000－2401－0011346　296.1/12－4(4)

元豐九域志十卷　（宋）王存等纂　清光緒八年(1882)金陵書局刻本　四冊

430000－2401－0011347　296.1/12－4(5)

元豐九域志十卷　（宋）王存等纂　清光緒八年(1882)金陵書局刻本　四冊

430000－2401－0011348　296.1/12－4(6)

元豐九域志十卷　（宋）王存等纂　清光緒八年(1882)金陵書局刻本　四冊

430000－2401－0011349　296.1/12－4(7)

元豐九域志十卷　（宋）王存等纂　清光緒八年(1882)金陵書局刻本　四冊

430000－2401－0011350　296.1/12－3

元豐九域志十卷　（宋）王存等纂　清德聚堂刻本　六冊

430000－2401－0011351　296.1/12－3

元豐九域志十卷　（宋）王存等纂　清德聚堂刻本　二冊

430000－2401－0011352　296.1/59

輿地紀勝二百卷　（宋）王象之撰　清咸豐五年(1855)南海伍氏粵雅堂刻本　三十二冊　缺二卷(一百九十九至二百)

430000－2401－0011353　296.1/59(1)

輿地紀勝二百卷　（宋）王象之撰　清咸豐五年(1855)南海伍氏粵雅堂刻本　二十四冊

430000－2401－0011354　296.1/59(2)

輿地紀勝二百卷　（宋）王象之撰　清咸豐五年(1855)南海伍氏粵雅堂刻本　二十四冊

430000－2401－0011355　296.1/59(3)

輿地紀勝二百卷　（宋）王象之撰　清咸豐五年(1855)南海伍氏粵雅堂刻本　二十四冊

430000－2401－0011356　296.1/59(4)

輿地紀勝二百卷　(宋)王象之撰　清咸豐五年(1855)南海伍氏粵雅堂刻本　二十二冊　缺二卷(一百九十九、二百)

430000－2401－0011357　△291.1/12

輿地紀勝二百卷　(宋)王象之撰　清影宋鈔本　清張穆校　葉啟勳、葉啟發題識　二十四冊　存一百六十八卷(一至十二、十七至四十九、五十五至一百三十五、一百四十五至一百六十七、一百七十四至一百九十二)

430000－2401－0011358　△291.1/6

太平寰宇記二百卷目錄二卷　(宋)樂史撰　清初鈔本　清何紹基題寫封面及書根。民國葉啟發、葉啟勳題跋　十四冊　存一百九十二卷(一至三、五至一百一十二、一百二十至二百)

430000－2401－0011359　296.1/126－2

太平寰宇記二百卷目錄二卷　(宋)樂史撰　清乾隆五十八年(1793)南昌萬氏刻本　三十冊

430000－2401－0011360　296.1/126－2(1)

太平寰宇記二百卷目錄二卷　(宋)樂史撰　清乾隆五十八年(1793)南昌萬氏刻本　二十八冊

430000－2401－0011361　296.1/126－3

太平寰宇記二百卷目錄二卷　(宋)樂史撰　清嘉慶八年(1803)刻本　三十二冊

430000－2401－0011362　296.1/126－3(1)

太平寰宇記二百卷目錄二卷　(宋)樂史撰　清嘉慶八年(1803)刻本　四十四冊　缺七卷(一百十三至一百十九)

430000－2401－0011363　296.1/126－3(1)

太平寰宇記二百卷目錄二卷　(宋)樂史撰　清嘉慶八年(1803)刻本　三十冊　存一百五十八卷(一至一百五十八)

430000－2401－0011364　296.1/126

太平寰宇記二百卷目錄二卷校例一卷　(宋)樂史撰　清光緒八年(1882)金陵書局刻本

三十六冊

430000－2401－0011365　296.1/126(1)

太平寰宇記二百卷目錄二卷校例一卷　(宋)樂史撰　清光緒八年(1882)金陵書局刻本　三十六冊

430000－2401－0011366　296.1/126－4

太平寰宇記二百卷目錄二卷　(宋)樂史撰　清紅杏山房刻本　四十冊

430000－2401－0011367　296.1/126－4(1)

太平寰宇記二百卷目錄二卷　(宋)樂史撰　清紅杏山房刻本　二十四冊

430000－2401－0011368　296.1/126－5

太平寰宇記殘六卷　(宋)樂史撰　清光緒九年(1883)影宋刻本　一冊　存六卷(一百十三至一百十八)

430000－2401－0011369　296.1/32－3

輿地廣記三十八卷　(宋)歐陽忞撰　清光緒六年(1880)金陵書局刻本　四冊

430000－2401－0011370　296.1/32－3(1)

輿地廣記三十八卷　(宋)歐陽忞撰　清光緒六年(1880)金陵書局刻本　四冊

430000－2401－0011371　296.1/32－3(2)

輿地廣記三十八卷　(宋)歐陽忞撰　清光緒六年(1880)金陵書局刻本　四冊

430000－2401－0011372　296.1/32－3(3)

輿地廣記三十八卷　(宋)歐陽忞撰　清光緒六年(1880)金陵書局刻本　四冊

430000－2401－0011373　296.1/6

宋州郡志校勘記一卷　(清)成孺撰　清光緒十四年(1888)廣雅書局刻本　一冊

430000－2401－0011374　296.1/6(1)

宋州郡志校勘記一卷　(清)成孺撰　清光緒十四年(1888)廣雅書局刻本　一冊

430000－2401－0011375　296.1/33

遼史地理志考五卷　(清)李慎儒撰　清光緒二十八年(1902)丹徒李氏刻本　二冊

430000 − 2401 − 0011376　296.1/131

元秘史山川地名考十二卷　（清）施世杰撰
清光緒二十三年(1897)刻西北地理五種本
二冊

430000 − 2401 − 0011377　296.1/131(1)

元秘史山川地名考十二卷　（清）施世杰撰
清光緒二十三年(1897)刻西北地理五種本
一冊

430000 − 2401 − 0011378　296.1/1

天下一統志九十卷　（明）李賢等撰　明天順
五年(1461)萬壽堂刻本　三十二冊

430000 − 2401 − 0011379　296.1/1(1)

天下一統志九十卷　（明）李賢等撰　明天順
五年(1461)萬壽堂刻本　五十七冊

430000 − 2401 − 0011380　296.1/1(2)

天下一統志九十卷　（明）李賢等撰　明天順
五年(1461)萬壽堂刻本　六十冊

430000 − 2401 − 0011381　296.1/1(3)

天下一統志九十卷　（明）李賢等撰　明天順
五年(1461)萬壽堂刻本　四十冊

430000 − 2401 − 0011382　296.1/1(4)

天下一統志九十卷　（明）李賢等撰　明天順
五年(1461)萬壽堂刻本　七十七冊

430000 − 2401 − 0011383　△291.1/4

天下一統志九十卷　（明）李賢等撰　明天順
五年(1461)萬壽堂刻清遞修本　四十四冊

430000 − 2401 − 0011384　△291.1/4(1)

天下一統志九十卷　（明）李賢等撰　明天順
五年(1461)萬壽堂刻清遞修本　四冊　存七
卷(十至十一、二十九、三十六至三十七、八十
九至九十)

430000 − 2401 − 0011385　296.1/155

大清一統志三百五十六卷　（清）蔣廷錫等修
撰　清乾隆刻本　一百二十冊　存三百四十
八卷(一至三百二十一、三百二十八至三百二
十九、三百三十二至三百五十六)

430000 − 2401 − 0011386　296.1/45 − 2

大清一統志五百卷　（清）和珅等修　清光緒
二十三年(1897)杭州竹簡齋石印本　六十冊

430000 − 2401 − 0011387　296.1/45 − 2(1)

大清一統志五百卷　（清）和珅等修　清光緒
二十三年(1897)杭州竹簡齋石印本　五十八
冊　缺二十一卷(二百七十五至二百九十、四
百十一至四百十五)

430000 − 2401 − 0011388　296.1/45

大清一統志五百卷　（清）和珅等修　清光
緒二十七年(1901)上海寶善齋石印本　六
十冊

430000 − 2401 − 0011389　296.1/7

大清一統志表不分卷　（清）徐午輯校　清乾
隆刻本　六冊

430000 − 2401 − 0011390　296.1/7(1)

大清一統志表不分卷　（清）徐午輯校　清乾
隆刻本　六冊

430000 − 2401 − 0011391　296.1/7(2)

大清一統志表不分卷　（清）徐午輯校　清乾
隆刻本　六冊

430000 − 2401 − 0011392　296.1/7(3)

大清一統志表不分卷　（清）徐午輯校　清乾
隆刻本　六冊

430000 − 2401 − 0011393　296.1/7(4)

大清一統志表不分卷　（清）徐午輯校　清乾
隆刻本　六冊

430000 − 2401 − 0011394　296.1/7(5)

大清一統志表不分卷　（清）徐午輯校　清乾
隆刻本　八冊

430000 − 2401 − 0011395　296.1/7(6)

大清一統志表不分卷　（清）徐午輯校　清乾
隆刻本　六冊

430000 − 2401 − 0011396　296.1/7 − 2

大清一統志表不分卷　（清）徐午輯校　清刻
本　十冊

430000 − 2401 − 0011397　296.1/7 − 2(1)

大清一統志表不分卷　（清）徐午輯校　清刻

本 十冊

430000－2401－0011398 296.1/54
乾隆府廳州縣圖志五十卷 （清）洪亮吉撰
清乾隆五十三年至嘉慶八年(1788－1803)刻
本 十四冊

430000－2401－0011399 296.1/54(1)
乾隆府廳州縣圖志五十卷 （清）洪亮吉撰
清乾隆五十三年至嘉慶八年(1788－1803)刻
本 十四冊

430000－2401－0011400 296.1/54(2)
乾隆府廳州縣圖志五十卷 （清）洪亮吉撰
清乾隆五十三年至嘉慶八年(1788－1803)刻
本 十六冊

430000－2401－0011401 296.1/54－3
乾隆府廳州縣圖志五十卷 （清）洪亮吉撰
清光緒二十三年(1897)新化三味書室刻本
十六冊

430000－2401－0011402 296.1/54－3(1)
乾隆府廳州縣圖志五十卷 （清）洪亮吉撰
清光緒二十三年(1897)新化三味書室刻本
十六冊

430000－2401－0011403 296.1/54－3(2)
乾隆府廳州縣圖志五十卷 （清）洪亮吉撰
清光緒二十三年(1897)新化三味書室刻本
十六冊

430000－2401－0011404 296.1/54－3(3)
乾隆府廳州縣圖志五十卷 （清）洪亮吉撰
清光緒二十三年(1897)新化三味書室刻本
十六冊

430000－2401－0011405 296.1/54－3(4)
乾隆府廳州縣圖志五十卷 （清）洪亮吉撰
清光緒二十三年(1897)新化三味書室刻本
十六冊

430000－2401－0011406 296.1/54－3(5)
乾隆府廳州縣圖志五十卷 （清）洪亮吉撰
清光緒二十三年(1897)新化三味書室刻本
十六冊

430000－2401－0011407 296.1/54－3(6)
乾隆府廳州縣圖志五十卷 （清）洪亮吉撰
清光緒二十三年(1897)新化三味書室刻本
十六冊

430000－2401－0011408 296.1/54－3(7)
乾隆府廳州縣圖志五十卷 （清）洪亮吉撰
清光緒二十三年(1897)新化三味書室刻本
十六冊

430000－2401－0011409 296.1/54－3(8)
乾隆府廳州縣圖志五十卷 （清）洪亮吉撰
清光緒二十三年(1897)新化三味書室刻本
十九冊

430000－2401－0011410 296.1/54－3(9)
乾隆府廳州縣圖志五十卷 （清）洪亮吉撰
清光緒二十三年(1897)新化三味書室刻本
二十冊

430000－2401－0011411 296.1/54－3(10)
乾隆府廳州縣圖志五十卷 （清）洪亮吉撰
清光緒二十三年(1897)新化三味書室刻本
二十冊

430000－2401－0011412 296.1/54－3(11)
乾隆府廳州縣圖志五十卷 （清）洪亮吉撰
清光緒二十三年(1897)新化三味書室刻本
二十冊

430000－2401－0011413 296.1/54－2
乾隆府廳州縣圖志五十卷 （清）洪亮吉撰
清光緒五年(1879)授經堂刻本 二十冊

430000－2401－0011414 296.1/54－2(1)
乾隆府廳州縣圖志五十卷 （清）洪亮吉撰
清光緒五年(1879)授經堂刻本 十四冊

430000－2401－0011415 296.1/54－2(2)
乾隆府廳州縣圖志五十卷 （清）洪亮吉撰
清光緒五年(1879)授經堂刻本 二十冊

430000－2401－0011416 296.1/54－2(3)
乾隆府廳州縣圖志五十卷 （清）洪亮吉撰
清光緒五年(1879)授經堂刻本 十六冊

430000－2401－0011417 296.1/37

皇朝直省府廳州縣歌括一卷　（清）石贊鈞撰
　　清光緒二十七年(1901)寶慶刻本　一冊

430000－2401－0011418　296.1/34
皇朝直省府廳州縣歌括一卷五洲括地歌一卷
　　（清）蔣升撰　清光緒二十四年(1898)上海
慈母堂印書局鉛印本　一冊

430000－2401－0011419　296.1/40
皇朝輿地韻編二卷　（清）李兆洛撰　清憶蒼
山館刻本　一冊

430000－2401－0011420　296.1/40(1)
皇朝輿地韻編二卷　（清）李兆洛撰　清憶蒼
山館刻本　一冊

430000－2401－0011421　296.1/40－2
皇朝輿地韻編二卷　（清）李兆洛撰　清刻本
　　一冊

430000－2401－0011422　296.1/176
光緒府廳州縣歌一卷　（清）金粟主人編　清
光緒八年(1882)刻本　一冊

430000－2401－0011423　296.1/164
皇朝直省輿地歌括二卷　清尚古齋刻本
二冊

430000－2401－0011424　296.1/26
天下山河兩戒考十四卷　（清）徐文靖撰　清
雍正元年(1723)刻本　四冊

430000－2401－0011425　296.1/26(1)
天下山河兩戒考十四卷　（清）徐文靖撰　清
雍正元年(1723)刻本　六冊

430000－2401－0011426　296.1/26(2)
天下山河兩戒考十四卷　（清）徐文靖撰　清
雍正元年(1723)刻本　四冊

430000－2401－0011427　296.1/80
陳資齋天下沿海形勢錄一卷圖一卷　（清）陳
資齋撰　清咸豐三年(1853)侯官林氏銅活字
印水陸攻守戰略秘書七種本　一冊

430000－2401－0011428　296.1/39－2
皇朝輿地略一卷　（清）馮焌光撰　清道光十
四年(1834)崇仁謝氏刻本　一冊

430000－2401－0011429　296.1/39
皇朝輿地略一卷　（清）馮焌光撰　清咸豐十
年(1860)長沙刻本　一冊

430000－2401－0011430　296.1/39(1)
皇朝輿地略一卷　（清）馮焌光撰　清咸豐十
年(1860)長沙刻本　一冊

430000－2401－0011431　296.1/39(2)
皇朝輿地略一卷　（清）馮焌光撰　清咸豐十
年(1860)長沙刻本　一冊

430000－2401－0011432　296.1/39(3)
皇朝輿地略一卷　（清）馮焌光撰　清咸豐十
年(1860)長沙刻本　一冊

430000－2401－0011433　296.1/39(4)
皇朝輿地略一卷　（清）馮焌光撰　清咸豐十
年(1860)長沙刻本　一冊

430000－2401－0011434　296.1/39(5)
皇朝輿地略一卷　（清）馮焌光撰　清咸豐十
年(1860)長沙刻本　一冊

430000－2401－0011435　296.1/39(6)
皇朝輿地略一卷　（清）馮焌光撰　清咸豐十
年(1860)長沙刻本　一冊

430000－2401－0011436　296.1/39(7)
皇朝輿地略一卷　（清）馮焌光撰　清咸豐十
年(1860)長沙刻本　一冊

430000－2401－0011437　296.1/39(8)
皇朝輿地略一卷　（清）馮焌光撰　清咸豐十
年(1860)長沙刻本　一冊

430000－2401－0011438　296.1/39(9)
皇朝輿地略一卷　（清）馮焌光撰　清咸豐十
年(1860)長沙刻本　一冊

430000－2401－0011439　296.1/39(10)
皇朝輿地略一卷　（清）馮焌光撰　清咸豐十
年(1860)長沙刻本　一冊

430000－2401－0011440　296.1/39(11)
皇朝輿地略一卷　（清）馮焌光撰　清咸豐十
年(1860)長沙刻本　一冊

430000－2401－0011441　296.1/39－4

皇朝輿地略一卷　（清）馮焌光撰　清同治二年(1863)廣州寶華坊刻本　二冊

430000－2401－0011442　296.1/39－3

皇朝輿地略一卷　（清）馮焌光撰　清光緒五年(1879)羊城王氏聽雨樓刻本　一冊

430000－2401－0011443　296.1/90

皇朝輿地沿革考一卷　（清）遁天撰　清光緒二十八年(1902)上海廣智書局鉛印本　一冊

430000－2401－0011444　296.1/132

皇輿統部釋名一卷　（清）譚紹袁纂　清光緒三十年(1904)刻本　一冊

430000－2401－0011445　296.1/84

皇輿要覽九卷　（清）羅澤南撰　清咸豐元年(1851)羅澤南稿本　四冊　缺二卷(八至九)

430000－2401－0011446　296.1/93－3

天下郡國利病書一百二十卷　（清）顧炎武撰　清嘉慶十二年(1807)四川龍氏敷文閣木活字本　七十六冊

430000－2401－0011447　296.1/93－2

天下郡國利病書一百二十卷　（清）顧炎武撰　清道光十一年(1831)成都龍氏敷文閣木活字本　五十七冊

430000－2401－0011448　296.1/93－2(1)

天下郡國利病書一百二十卷　（清）顧炎武撰　清道光十一年(1831)成都龍氏敷文閣木活字本　一百二十冊

430000－2401－0011449　296.1/93－2(2)

天下郡國利病書一百二十卷　（清）顧炎武撰　清道光十一年(1831)成都龍氏敷文閣木活字本　六十冊

430000－2401－0011450　296.1/93－2(3)

天下郡國利病書一百二十卷　（清）顧炎武撰　清道光十一年(1831)成都龍氏敷文閣木活字本　二十二冊　存四十四卷(七十七至一百二十)

430000－2401－0011451　296.1/93

天下郡國利病書一百二十卷　（清）顧炎武撰　清光緒五年(1879)蜀南桐華書屋薛氏家塾刻本　五十冊

430000－2401－0011452　296.1/93(1)

天下郡國利病書一百二十卷　（清）顧炎武撰　清光緒五年(1879)蜀南桐華書屋薛氏家塾刻本　五十冊

430000－2401－0011453　296.1/93(2)

天下郡國利病書一百二十卷　（清）顧炎武撰　清光緒五年(1879)蜀南桐華書屋薛氏家塾刻本　五十冊

430000－2401－0011454　296.1/93(3)

天下郡國利病書一百二十卷　（清）顧炎武撰　清光緒五年(1879)蜀南桐華書屋薛氏家塾刻本　五十四冊

430000－2401－0011455　296.1/93(4)

天下郡國利病書一百二十卷　（清）顧炎武撰　清光緒五年(1879)蜀南桐華書屋薛氏家塾刻本　五十六冊

430000－2401－0011456　296.1/93(5)

天下郡國利病書一百二十卷　（清）顧炎武撰　清光緒五年(1879)蜀南桐華書屋薛氏家塾刻本　三十二冊

430000－2401－0011457　296.1/93－4

天下郡國利病書一百二十卷　（清）顧炎武撰　清光緒上海慎記書莊石印本　二十四冊

430000－2401－0011458　296.1/93－4(1)

天下郡國利病書一百二十卷　（清）顧炎武撰　清光緒上海慎記書莊石印本　二十四冊

430000－2401－0011459　296.1/93－4(2)

天下郡國利病書一百二十卷　（清）顧炎武撰　清光緒上海慎記書莊石印本　二十四冊

430000－2401－0011460　296.1/23

讀史方輿紀要一百三十卷圖四卷　（清）顧祖禹撰　清嘉慶十七年(1812)敷文閣刻本　六十四冊

430000－2401－0011461　296.1/23（1）

讀史方輿紀要一百三十卷圖四卷　（清）顧祖禹撰　清嘉慶十七年（1812）敷文閣刻光緒五年（1879）蜀南薛氏桐華書屋修補本　七十冊

430000－2401－0011462　296.1/23（2）

讀史方輿紀要一百三十卷圖四卷　（清）顧祖禹撰　清嘉慶十七年（1812）敷文閣刻本　五十冊

430000－2401－0011463　296.1/23（3）

讀史方輿紀要一百三十卷圖四卷　（清）顧祖禹撰　清嘉慶十七年（1812）敷文閣刻本　四十五冊

430000－2401－0011464　296.1/23（4）

讀史方輿紀要一百三十卷圖四卷　（清）顧祖禹撰　清嘉慶十七年（1812）敷文閣刻本　五十冊

430000－2401－0011465　296.1/23（5）

讀史方輿紀要一百三十卷圖四卷　（清）顧祖禹撰　清嘉慶十七年（1812）敷文閣刻本　五十冊

430000－2401－0011466　296.1/23（6）

讀史方輿紀要一百三十卷圖四卷　（清）顧祖禹撰　清嘉慶十七年（1812）敷文閣刻本　六十四冊

430000－2401－0011467　296.1/23（7）

讀史方輿紀要一百三十卷圖四卷　（清）顧祖禹撰　清嘉慶十七年（1812）敷文閣刻本　六十冊

430000－2401－0011468　296.1/23－2

讀史方輿紀要一百三十卷圖四卷　（清）顧祖禹撰　清道光三年（1823）宏道堂刻本　八十冊

430000－2401－0011469　296.1/23－3

讀史方輿紀要一百三十卷圖四卷　（清）顧祖禹撰　清光緒二十五年（1899）新化三味書室刻本　六十冊

430000－2401－0011470　296.1/23－3（1）

讀史方輿紀要一百三十卷圖四卷　（清）顧祖禹撰　清光緒二十五年（1899）新化三味書室刻本　五十三冊　缺十三卷（四、十七至十八、八十三至八十五、一百〇九至一百十二、一百二十至一百二十二）

430000－2401－0011471　296.1/23－3（2）

讀史方輿紀要一百三十卷圖四卷　（清）顧祖禹撰　清光緒二十五年（1899）新化三味書室刻本　六十冊

430000－2401－0011472　296.1/23－4

讀史方輿紀要一百三十卷　（清）顧祖禹撰　清光緒二十五年（1899）慎記書莊石印本　十六冊

430000－2401－0011473　296.1/23－4（1）

讀史方輿紀要一百三十卷　（清）顧祖禹撰　清光緒二十五年（1899）慎記書莊石印本　三十二冊

430000－2401－0011474　296.1/23－5

讀史方輿紀要一百三十卷圖四卷　（清）顧祖禹撰　清光緒二十七年（1901）石印本　三十二冊

430000－2401－0011475　296.1/23－6

讀史方輿紀要一百三十卷圖一卷　（清）顧祖禹撰　清光緒二十九年（1903）上海益吾齋石印本　九冊　存五十九卷（一至五十九）

430000－2401－0011476　296.1/23－7

讀史方輿紀要一百三十卷圖四卷　（清）顧祖禹撰　清萬育燮堂刻本　六十七冊

430000－2401－0011477　△291.1/14

讀史方輿紀要一百三十卷　（清）顧祖禹撰　清鈔本　三十四冊　存七十卷（十至十一、十七至二十、二十三至二十四、三十四至三十六、三十九至四十二、四十四至四十九、五十三至五十六、五十九至六十、六十六至七十四、八十一至九十二、九十九、一百〇二至一百〇七、一百十三至一百二十七）

430000－2401－0011478　△291.1/14－2

讀史方輿紀要一百三十卷　（清）顧祖禹撰

清鈔本　四冊　存八卷(十九至二十六)

430000－2401－0011479　△291.1/14－3
讀史方輿紀要一百三十卷　（清）顧祖禹撰
清鈔本　佚名批校　八十冊

430000－2401－0011480　296.1/24－2
讀史方輿紀要一百三十卷　（清）顧祖禹撰
清道光三十年(1850)長沙黃氏刻本　十冊

430000－2401－0011481　296.1/24－2(1)
讀史方輿紀要一百三十卷　（清）顧祖禹撰
清道光三十年(1850)長沙黃氏刻本　六冊

430000－2401－0011482　296.1/24－2(2)
讀史方輿紀要一百三十卷　（清）顧祖禹撰
清道光三十年(1850)長沙黃氏刻本　八冊

430000－2401－0011483　296.1/24－2(3)
讀史方輿紀要一百三十卷　（清）顧祖禹撰
清道光三十年(1850)長沙黃氏刻本　十冊

430000－2401－0011484　296.1/24－2(4)
讀史方輿紀要一百三十卷　（清）顧祖禹撰
清道光三十年(1850)長沙黃氏刻本　八冊

430000－2401－0011485　296.1/24－2(5)
讀史方輿紀要一百三十卷　（清）顧祖禹撰
清道光三十年(1850)長沙黃氏刻本　十冊

430000－2401－0011486　296.1/24
讀史方輿紀要十卷　（清）顧祖禹撰　清光緒
十五年(1889)長沙傳忠書局刻本　十冊

430000－2401－0011487　296.1/24(1)
讀史方輿紀要十卷　（清）顧祖禹撰　清光緒
十五年(1889)長沙傳忠書局刻本　十冊

430000－2401－0011488　296.1/24(2)
讀史方輿紀要十卷　（清）顧祖禹撰　清光緒
十五年(1889)長沙傳忠書局刻本　十冊

430000－2401－0011489　296.1/24(3)
讀史方輿紀要十卷　（清）顧祖禹撰　清光緒
十五年(1889)長沙傳忠書局刻本　十冊

430000－2401－0011490　296.1/24(4)
讀史方輿紀要十卷　（清）顧祖禹撰　清光緒

十五年(1889)長沙傳忠書局刻本　六冊

430000－2401－0011491　296.1/24(5)
讀史方輿紀要十卷　（清）顧祖禹撰　清光緒
十五年(1889)長沙傳忠書局刻本　十冊

430000－2401－0011492　296.1/24(6)
讀史方輿紀要十卷　（清）顧祖禹撰　清光緒
十五年(1889)長沙傳忠書局刻本　八冊

430000－2401－0011493　296.1/24(7)
讀史方輿紀要十卷　（清）顧祖禹撰　清光緒
十五年(1889)長沙傳忠書局刻本　十冊

430000－2401－0011494　296.1/24－3
讀史方輿紀要十卷　（清）顧祖禹撰　清光緒
二十二年(1896)澹雅書局刻本　六冊

430000－2401－0011495　296.1/24－4
讀史方輿紀要十卷　（清）顧祖禹撰　清光緒
二十五年(1899)新化三味書室刻本　五冊

430000－2401－0011496　296.1/24－5
讀史方輿紀要十卷　（清）顧祖禹撰　清光緒
二十八年(1902)湖南書局刻本　五冊

430000－2401－0011497　296.1/24－5(1)
讀史方輿紀要十卷　（清）顧祖禹撰　清光緒
二十八年(1902)湖南書局刻本　六冊

430000－2401－0011498　296.1/24－5(2)
讀史方輿紀要十卷　（清）顧祖禹撰　清光緒
二十八年(1902)湖南書局刻本　八冊

430000－2401－0011499　296.1/24－5(3)
讀史方輿紀要十卷　（清）顧祖禹撰　清光緒
二十八年(1902)湖南書局刻本　六冊

430000－2401－0011500　296.1/24－5(4)
讀史方輿紀要十卷　（清）顧祖禹撰　清光緒
二十八年(1902)湖南書局刻本　八冊

430000－2401－0011501　296.1/24－6
讀史方輿紀要節本不分卷　（清）顧祖禹撰
鈔本　六冊

430000－2401－0011502　296.1/51
方輿紀要形勢論略二卷　（清）顧祖禹撰

（清）杜文瀾錄　清同治六年（1867）曼陀羅華
閣刻曼陀羅華閣叢書本　一冊

430000－2401－0011503　296.1/25
方輿紀要簡覽三十四卷　（清）顧祖禹撰
（清）潘鐸輯錄　清光緒二十八年（1902）經元
書室刻本　十六冊

430000－2401－0011504　296.1/25（1）
方輿紀要簡覽三十四卷　（清）顧祖禹撰
（清）潘鐸輯錄　清光緒二十八年（1902）經元
書室刻本　十二冊

430000－2401－0011505　296.1/25（2）
方輿紀要簡覽三十四卷　（清）顧祖禹撰
（清）潘鐸輯錄　清光緒二十八年（1902）經元
書室刻本　十六冊

430000－2401－0011506　2961./25－2
方輿紀要簡覽三十四卷　（清）顧祖禹撰
（清）潘鐸輯錄　清紅杏書屋刻本　十六冊

430000－2401－0011507　2961./25－2（1）
方輿紀要簡覽三十四卷　（清）顧祖禹撰
（清）潘鐸輯錄　清紅杏書屋刻本　十六冊

430000－2401－0011508　296.1/158
大清直省府州縣錄不分卷　清鈔本　一冊

430000－2401－0011509　296.1/169
清歷代郡縣各名　清鈔本　二冊

430000－2401－0011510　296.1/136－2
東亞三國地志三卷　（日本）辻武雄撰　清光
緒二十八年（1902）湖南勸學書舍刻本　二冊

430000－2401－0011511　296.1/107
地理學講義一卷　（日本）志賀重昂撰　（清）
薩端譯　清光緒二十九年（1903）上海金粟齋
譯書社鉛印本　一冊

430000－2401－0011512　296.1/56
支那疆域沿革略說　（日本）重野安繹　（日
本）河田羆撰　清光緒輿地學會刻本　一冊

430000－2401－0011513　296.1/56（1）
支那疆域沿革略說　（日本）重野安繹　（日
本）河田羆撰　清光緒輿地學會刻本　一冊

430000－2401－0011514　296.1/56（2）
支那疆域沿革略說　（日本）重野安繹　（日
本）河田羆撰　清光緒輿地學會刻本　一冊

430000－2401－0011515　296.1/56（3）
支那疆域沿革略說　（日本）重野安繹　（日
本）河田羆撰　清光緒輿地學會刻本　一冊

430000－2401－0011516　296.1/56（4）
支那疆域沿革略說　（日本）重野安繹　（日
本）河田羆撰　清光緒輿地學會刻本　一冊

430000－2401－0011517　296.1/109
地理全志未分卷　（英國）慕維廉撰　清光緒
二十五年（1899）上海美華書館鉛印本　二冊

430000－2401－0011518　296.1/57
蒙學地文教科書　（清）文明書局纂　清光緒
三十年（1904）大文書局刻本　一冊

430000－2401－0011519　296.1/38
蒙學中國地理教科書　（清）文明書局纂　清
光緒三十年（1904）文明書局刻本　一冊

430000－2401－0011520　296.7/386
中國地理教科書附圖　（清）黃傳絢摹　清宣
統元年（1909）三色影摹繪本　一冊

430000－2401－0011521　296.1/67
中國地理教科書四卷　（清）王達編　清光緒
三十年（1904）明德學堂刻本　四冊

430000－2401－0011522　296.1/67（1）
中國地理教科書四卷　（清）王達編　清光緒
三十年（1904）明德學堂刻本　四冊

430000－2401－0011523　296.1/67（2）
中國地理教科書四卷　（清）王達編　清光緒
三十年（1904）明德學堂刻本　二冊　存二卷
（一至二）

430000－2401－0011524　296.1/67－2
訂正增補中國地理教科書四卷　（清）王達編
　清光緒三十二年（1906）刻本　四冊

430000－2401－0011525　296.1/67－2（1）
訂正增補中國地理教科書四卷　（清）王達編
　清光緒三十二年（1906）刻本　四冊

430000－2401－0011526　296.1/67－3
第四版中國地理教科書四卷　（清）王達編
清宣統元年(1909)刻本　四冊

430000－2401－0011527　296.1/67－3(1)
第四版中國地理教科書四卷　（清）王達編
清宣統元年(1909)刻本　四冊

430000－2401－0011528　296.1/67－3(2)
第四版中國地理教科書四卷　（清）王達編
清宣統元年(1909)刻本　四冊

430000－2401－0011529　296.1/67－3(3)
第四版中國地理教科書四卷　（清）王達編
清宣統元年(1909)刻本　四冊

430000－2401－0011530　296.1/102
地理課程一卷　（清）王達編　清光緒三十四
年(1908)湖南長沙南陽街拾雅書局刻本
一冊

430000－2401－0011531　△291.7/9
武昌學堂地理講義五卷　（清）馬貞榆　（清）
鄒代鈞等述　清長沙徐氏盍簪館鈔本　徐崇
立題識　二冊

430000－2401－0011532　△291.1/8
地理蒙求四卷　鈔本　一冊

430000－2401－0011533　296.1/125
輿地學　（清）經心書院撰　清光緒二十九年
(1903)經心書院刻本　九冊

430000－2401－0011534　△291.1/13
輿地講義一卷　（清）鄒代鈞編　清鈔本
一冊

430000－2401－0011535　296.1/68
京師大學堂中國地理講義　（清）鄒代鈞編
清末石印本　一冊

430000－2401－0011536　296.1/68－2
京師大學堂中國地理志講義　（清）鄒代鈞編
清末鉛印本　一冊

430000－2401－0011537　296.1/68－2(1)
京師大學堂中國地理志講義　（清）鄒代鈞編
清末鉛印本　一冊

430000－2401－0011538　△291.1/5
本國政治地理課程一卷　（清）譚君華輯　清
末鈔本　一冊

430000－2401－0011539　△291.1/9
京畿控制形勢藩部邊防界務口授略存一卷
（清）譚君華輯　清末鈔本　一冊

430000－2401－0011540　△291.1/7
古今疆理沿革編一卷　（清）譚君華輯　清末
鈔本　一冊

430000－2401－0011541　296.1/86
普通地理講義四卷皇輿統部釋名一卷　（清）
譚紹衮編　清光緒三十三年(1907)海存山館
刻海存山館叢刊本　二冊

430000－2401－0011542　296.1/86(1)
普通地理講義四卷皇輿統部釋名一卷　（清）
譚紹衮編　清光緒三十三年(1907)海存山館
刻海存山館叢刊本　二冊

430000－2401－0011543　296.1/117
京師譯學館輿地學講義一卷　韓樸存編　清
光緒三十一年(1905)京師官書局鉛印本
一冊

430000－2401－0011544　296.1/181
兩湖書院地理學課程　清光緒鈔本　一冊

430000－2401－0011545　296.1/180
兩湖書院地理學課程　清末武昌兩湖書院鉛
印本　一冊　存一卷(一)

430000－2401－0011546　294.2/1066
[康熙]畿輔通志四十六卷　（清）于成龍修
（清）郭棻纂　清康熙十年(1671)修二十二年
(1683)刻本　十六冊

430000－2401－0011547　294.2/1067
[雍正]畿輔通志一百二十卷　（清）唐執玉
（清）李衛修　（清）陳儀　（清）田易纂　清
雍正十三年(1735)刻本　四十八冊

430000－2401－0011548　294.2/1068
[光緒]畿輔通志三百卷首一卷　（清）李鴻章
（清）張樹聲主修　（清）黃彭年纂　清光緒

十年(1884)刻本　二百四十冊

430000－2401－0011549　294.2/1069

[光緒]畿輔通志三百卷　（清）李鴻章
（清）張樹聲主修　（清）黃彭年纂　清光緒十
年(1884)刻宣統二年(1910)北洋官報兼印局
石印本　二百四十冊

430000－2401－0011550　294.2/1002

[光緒]順天府志一百三十卷　（清）周家楣等
主修　（清）張之洞　繆荃孫纂　清光緒十二
年(1886)刻本　六十四冊

430000－2401－0011551　294.2/1004

[光緒]順天府志一百三十卷　（清）周家楣等
主修　（清）張之洞　繆荃孫纂　清光緒十二
年(1886)刻本　三十九冊　存八十卷(二至
十八、三十四至三十五、五十二至八十五、一
百○二至一百二十八)

430000－2401－0011552　294.2/1005

[光緒]通州志十卷首一卷末一卷　（清）英良
等主修　（清）王維珍纂　清光緒五年(1879)
刻本　十二冊

430000－2401－0011553　294.2/1008

[乾隆]延慶州志十卷首一卷　（清）李鍾俾主
修　（清）方世熙　（清）穆元肇纂　清乾隆七
年(1742)刻本　四冊　存九卷(二至十)

430000－2401－0011554　294.2/1009

[紹熙]雲間志三卷　（宋）朱端常　（宋）楊
潛纂　清嘉慶十九年(1814)華亭沈氏古倪園
刻本　一冊

430000－2401－0011555　294.2/1060

[乾隆]天津縣志二十四卷　（清）張志奇
（清）朱奎揚主修　（清）吳廷華纂　清乾隆四
年(1739)刻本　八冊

430000－2401－0011556　294.2/1061

[同治]續天津縣志二十卷首一卷　（清）李鴻
章　（清）崇厚主修　（清）吳惠元　（清）蔣
玉虹　（清）俞樾纂　清同治九年(1870)刻本
八冊

430000－2401－0011557　294.2/1065

[乾隆]武清縣志十二卷首一卷末一卷　（清）
吳翀纂修　清乾隆七年(1742)刻本　四冊
存六卷(五至六、十至十二,末一卷)

430000－2401－0011558　294.2/1076

[康熙]靈壽縣志十卷末一卷　（清）陸隴其主
修　（清）傅維橒纂　清康熙二十四年(1685)
刻本　四冊

430000－2401－0011559　294.2/1080

[雍正]井陘縣志八卷　（清）鍾文英纂修　清
雍正八年(1730)刻本　四冊

430000－2401－0011560　294.2/1081

[光緒]獲鹿縣志十四卷首一卷末一卷　（清）
俞錫綱主修　（清）曹鑠纂　清光緒七年
(1881)刻本　一冊　存二卷(九至十)

430000－2401－0011561　294.2/1082

[光緒]正定縣志四十六卷首一卷末一卷
（清）慶之金　（清）賈孝彰主修　（清）趙文
濂纂　清光緒元年(1875)刻本　十四冊

430000－2401－0011562　294.2/1083

[光緒]元氏縣志十四卷首一卷末一卷　（清）
胡岳主修　（清）趙文濂　（清）王鈞如纂　清
光緒元年(1875)刻本　八冊

430000－2401－0011563　294.2/1084

[同治]欒城縣志十四卷首一卷末一卷　（清）
陳詠主修　（清）張惇德纂　清同治十二年
(1873)刻本　六冊

430000－2401－0011564　294.2/1089

察哈爾省通志二十八卷首一卷　宋哲元主修
梁建章纂　民國二十四年(1935)鉛印本
十二冊

430000－2401－0011565　294.2/1092

[乾隆]赤城縣志八卷首一卷　（清）孟思誼纂
修　清乾隆十二年(1747)刻二十四年(1759)
黃紹七補刻本　三冊　存七卷(二至八)

430000－2401－0011566　294.2/1093

[康熙]龍門縣志十六卷　（清）章惇纂修　清

康熙五十一年(1712)刻本　二冊　存四卷
(十三至十六)

430000－2401－0011567　294.2/1094
[康熙]懷來縣志十八卷首一卷　(清)許隆遠
纂修　清康熙五十一年(1712)刻本　六冊

430000－2401－0011568　294.2/1095
[乾隆]蔚縣志三十一卷　(清)王育槤修
(清)李舜臣纂　清乾隆四年(1739)刻本
四冊

430000－2401－0011569　294.2/1096
[乾隆]蔚州志補十二卷首一卷　(清)楊世昌
主修　(清)吳廷華　(清)楊大猷纂　清乾隆
十年(1745)刻本　五冊

430000－2401－0011570　294.2/1097
[光緒]蔚州志二十卷首一卷　(清)慶之金修
(清)楊篤纂　清光緒三年(1877)刻本
八冊

430000－2401－0011571　294.2/1099
[乾隆]宣化府志四十二卷首一卷　(清)王者
輔　(清)王畹主修　(清)吳廷華纂　(清)
張志奇補修　(清)黃可潤補纂　清乾隆八年
(1743)刻二十三年(1758)補刻本　十六冊

430000－2401－0011572　294.2/1100
[康熙]宣化縣志三十卷　(清)陳坦纂修　清
康熙五十年(1711)刻本　六冊

430000－2401－0011573　294.2/1103
[道光]保安州志八卷　(清)楊桂森纂　清道
光十五年(1835)刻本　四冊

430000－2401－0011574　294.2/1104
[康熙]西寧縣志八卷首一卷　(清)張充國纂
修　清康熙五十一年(1712)刻本　二卷(七
至八)

430000－2401－0011575　294.2/1105
[同治]西寧縣新志十卷首一卷　(清)韓志超
(清)王蘭修　(清)楊篤纂　清同治十二年
(1873)修清光緒元年(1875)宏州書院校刻本
三冊　存八卷(三至十)

430000－2401－0011576　294.2/1106
[乾隆]懷安縣志二十三卷　(清)楊大昆主修
(清)錢戢曾纂　清乾隆六年(1741)刻本
四冊

430000－2401－0011577　294.2/1107
[光緒]懷安縣志八卷首一卷末一卷　(清)蔭祿
修　(清)程燨奎纂　清光緒二年(1876)刻本
四冊

430000－2401－0011578　294.2/1109
[乾隆]萬全縣志十卷首一卷　(清)左承業纂
修　(清)施彥士補修　(清)李暐補纂本　清
乾隆十年(1745)刻道光十四年(1834)補修刻
本　四冊

430000－2401－0011579　294.2/1111
[乾隆]欽定熱河志一百二十卷　(清)和珅
(清)梁國治纂修　清乾隆四十六年(1781)修
民國二十三年(1934)大連右文閣據遼海叢書
本重印本　二十四冊

430000－2401－0011580　294.2/1112
[道光]承德府志六十卷首二十六卷　(清)海
忠纂修　(清)廷杰重訂　(清)李世寅重纂
清道光九年(1829)修清光緒十三年(1887)重
訂刻本　二十四冊

430000－2401－0011581　294.2/1114
[光緒]承德縣志十類　(清)都林布主修
(清)李世源纂　(清)金正元補修　(清)張
子瀛等補纂　清光緒三十四年(1908)修清宣
統二年(1910)石印本　二冊

430000－2401－0011582　294.2/1115
[乾隆]永平府志二十四卷首一卷末一卷
(清)李奉瀚　(清)顧學潮主修　(清)王金
英纂　清乾隆三十九年(1774)刻本　十二冊

430000－2401－0011583　294.2/1117
[光緒]永平府志七十二卷首一卷末一卷
(清)游智開主修　(清)史夢蘭纂　清光緒二
年(1876)敬勝書院刻本　三十二冊

430000－2401－0011584　294.2/1119
[同治]遷安縣志十八卷首一卷末一卷　(清)

韓耀光　（清）史夢蘭主修　（清）韓玉城
（清）張檢纂　清同治十二年(1873)刻本
八冊

430000－2401－0011585　294.2/1120
[同治]昌黎縣志十卷　（清）何崧泰主修
（清）馬恂　（清）何爾泰纂　清同治十年
(1871)刻本　四冊

430000－2401－0011586　294.2/1121
[光緒]玉田縣志三十卷首一卷　（清）夏子鎏
修　（清）李昌時纂　（清）丁維續纂　清光緒
十年(1884)修十五年(1889)刻本　一冊　存
三卷(一至三)

430000－2401－0011587　294.2/1122
[乾隆]臨榆縣志十四卷首一卷　（清）鍾和梅
纂修　清乾隆二十一年(1756)刻本　六冊

430000－2401－0011588　294.2/1123
[光緒]臨榆縣志二十四卷首一卷　（清）趙允
祐主修　（清）高錫疇纂　清光緒四年(1878)
刻本　十二冊

430000－2401－0011589　294.2/1124
[乾隆]直隸遵化州志二十卷　（清）傅修纂修
　清乾隆五十九年(1794)刻本　四冊

430000－2401－0011590　294.2/1125
[光緒]撫寧縣志十六卷首一卷　（清）張上龢
（清）史夢蘭纂修　清光緒三年(1877)刻本
六冊

430000－2401－0011591　294.2/1126
[乾隆]樂亭縣志十四卷首一卷末一卷　（清）
陳金駿纂修　清乾隆二十年(1755)刻本　五
冊　存十二卷(一至二、五至十四)

430000－2401－0011592　294.2/1127
[同治]樂亭縣志十五卷首一卷末一卷　（清）
游智開　（清）蔡志修等主修　（清）史夢蘭纂
清同治修清光緒三年(1877)刻本　六冊

430000－2401－0011593　294.2/1130
[嘉慶]灤州志八卷首一卷末一卷　（清）吳士
鴻主修　（清）孫學恆纂　清嘉慶十五年

(1810)刻本　八冊

430000－2401－0011594　294.2/1132
[光緒]豐潤縣志十二卷　（清）牛昶煦
（清）郝增祐主修　（清）周晉坤續纂　清光緒
十四年(1888)修清光緒十七年(1891)補刻本
　十二冊

430000－2401－0011595　294.2/1135
[咸豐]固安縣志八卷　（清）陳崇砥修
（清）陳福嘉　（清）吳三峰等纂　清咸豐五年
(1855)修九年(1859)刻本　六冊

430000－2401－0011596　294.2/1138
[乾隆]永清縣志二十五篇　（清）周震榮修
（清）章學誠纂　清乾隆四十四年(1779)刻嘉
慶十八年(1813)補刻本　四冊

430000－2401－0011597　294.2/1141
[康熙]保定府志二十九卷　（清）紀宏謨主修
　（清）郭棻纂　清康熙十九年(1680)刻本
八冊

430000－2401－0011598　294.2/1142
[乾隆]涿州志二十二卷首一卷　（清）吳山鳳
纂修　（清）石衡等續修　（清）盧端衡續纂
清乾隆三十年(1765)刻同治十二年(1873)續
修本　十二冊

430000－2401－0011599　294.2/1143
[道光]直隸定州志二十二卷首一卷　（清）寶
琳　（清）勞沅恩纂修　清道光二十九年
(1849)刻本　十二冊

430000－2401－0011600　294.2/1144
[咸豐]直隸定州續志四卷　（清）王榕吉等主
修　（清）張樸纂　清咸豐十年(1860)刻本
二冊

430000－2401－0011601　294.2/1148
[同治]阜平縣志四卷首一卷　（清）勞輔芝主
修　（清）張錫三纂　清同治十三年(1874)刻
本　六冊

430000－2401－0011602　294.2/1149
[光緒]唐縣志十二卷首一卷　（清）陳詠主修

（清）張惇德纂　清光緒四年(1878)刻本
六冊

430000 – 2401 – 0011603　294.2/1150
[乾隆]廣昌縣志八卷首一卷　（清）趙田仁纂
修　清乾隆二十五年(1760)刻本　四冊

430000 – 2401 – 0011604　294.2/1153
[乾隆]直隸易州志十八卷首一卷　（清）張登
高纂修　清乾隆十二年(1747)刻本　八冊

430000 – 2401 – 0011605　294.2/1154
[光緒]雄縣鄉土志十五卷　（清）劉崇本編
清光緒三十一年(1905)鉛印本　一冊

430000 – 2401 – 0011606　294.2/1155
[康熙]清苑縣志十二卷首一卷　（清）時來敏
主修　（清）郭棻等纂　清康熙十六年(1677)
刻本　四冊

430000 – 2401 – 0011607　294.2/1156
[同治]清苑縣志十八卷首一卷　（清）李逢源
主修　（清）諸崇儉纂　清同治十二年(1873)
刻本　八冊

430000 – 2401 – 0011608　294.2/1158
[同治]鹽山縣志十六卷首一卷末一卷　（清）
江毓秀主修　（清）潘震乙纂　清同治七年
(1868)北京文采齋刻本　八冊

430000 – 2401 – 0011609　294.2/1164
[乾隆]任丘縣志十二卷首一卷　（清）劉統主
修　（清）劉炳等纂　清乾隆二十七年(1762)
刻本　十冊

430000 – 2401 – 0011610　294.2/1166
[雍正]阜城縣志二十二卷首一卷　（清）陸福
宜修　（清）多時珍纂　清雍正十二年(1734)
修清光緒三十四年(1908)鉛印本　四冊

430000 – 2401 – 0011611　294.2/1167
[乾隆]景州志六卷首一卷　（清）屈成霖修
（清）趙移纂　清乾隆十年(1745)刻本　四冊

430000 – 2401 – 0011612　294.2/1168
[道光]深州直隸州志十卷首一卷末一卷
（清）張范東主修　（清）李廣滋纂　清道光七

年(1827)刻本　四冊

430000 – 2401 – 0011613　294.2/1169
深州風土記二十二卷　（清）朱璋達等主修
（清）吳汝綸纂　清光緒二十六年(1900)文瑞
書院刻本　八冊

430000 – 2401 – 0011614　294.2/1171
[道光]武強縣新志十二卷　（清）翟慎行主修
（清）翟慎典纂　清道光十一年(1831)刻本
六冊

430000 – 2401 – 0011615　294.2/1172
[同治]故城縣志十卷首一卷　（清）丁燦主修
（清）王塤德纂　（清）張煥續修　（清）范
翰文等總纂　清同治十一年(1872)刻清光緒
十一年(1885)續修民國十年(1921)重印本
八冊

430000 – 2401 – 0011616　294.2/1175
[乾隆]廣平府志二十四卷　（清）吳毂纂修
清乾隆二年(1737)修十年(1745)刻本　十冊

430000 – 2401 – 0011617　294.2/1176
[光緒]廣平府志六十三卷首一卷　（清）吳中
彥主修　（清）胡景桂纂　清光緒二十年
(1894)刻本　二十四冊

430000 – 2401 – 0011618　294.2/1177
[康熙]廣平縣志五卷　（清）夏顯煜主修
（清）王俞巽纂　清康熙十五年(1676)刻本
五冊

430000 – 2401 – 0011619　294.2/1180
[咸豐]大名府志二十二卷首一卷續志六卷末
一卷　（清）何俊　（清）毛永柏等主修
（清）郭程先纂　（清）高繼珩補纂　清咸豐三
年(1853)刻四年(1854)補刻本　二十一冊

430000 – 2401 – 0011620　294.2/1181
[乾隆]邯鄲縣志十二卷首一卷　（清）王炯纂
清乾隆二十一年(1756)刻本　六冊

430000 – 2401 – 0011621　294.2/1182
[嘉慶]涉縣志八卷　（清）戚學標纂修　清嘉
慶四年(1799)刻本　四冊

430000－2401－0011622　294.2/1183

[光緒]臨漳縣志十八卷首一卷　（清）周秉彝
主修　（清）周壽梓　（清）李耀中纂　清光緒
三十年(1904)刻本　十二冊

430000－2401－0011623　294.2/1184

[乾隆]武安縣志二十卷圖一卷　（清）蔣光祖
主修　（清）夏兆豐纂　清乾隆四年(1739)刻
本　八冊

430000－2401－0011624　294.2/1185

[乾隆]順德府志十六卷　（清）徐景曾纂修
清乾隆十五年(1750)刻本　八冊

430000－2401－0011625　294.2/1186

[乾隆]柏鄉縣志十卷首一卷　（清）鍾賡華纂
修　清乾隆三十一年(1766)刻本　六冊

430000－2401－0011626　294.2/1187

[光緒]唐山縣志十二卷首一卷末一卷　（清）
蘇玉主修　（清）杜靄　（清）李飛鳴纂　清光
緒七年(1881)刻本　八冊

430000－2401－0011627　294.2/1188

[道光]南宮縣志十六卷　（清）周杕主修
（清）陳柱纂　清道光十一年(1831)刻本
八冊

430000－2401－0011628　294.2/1193

[同治]平鄉縣志十二卷首一卷　（清）蘇性纂
修　清同治七年(1868)刻本　四冊

430000－2401－0011629　△291.2/29

[康熙]安平縣志十卷　（清）陳宗石纂修　清
康熙二十六年(1687)患立堂刻本　五冊

430000－2401－0011630　△291.2/25

[乾隆]望都縣新志八卷　（清）陳洪書撰
（清）王錫侯等纂修　清乾隆三十八年(1773)
刻本　八冊

430000－2401－0011631　294.2/1194

[雍正]山西通志二百三十卷　（清）覺羅石麟
主修　（清）儲大文纂　清雍正十二年(1734)
刻本　九十五冊

430000－2401－0011632　294.2/1196

[雍正]山西通志二百三十卷　（清）覺羅石麟
主修　（清）儲大文纂　清嘉慶十五年(1810)
衡齡刻本　一百冊

430000－2401－0011633　294.2/1197

[光緒]山西通志一百八十四卷首一卷　（清）
曾國荃　（清）張煦等主修　（清）王軒纂　清
光緒十八年(1892)刻本　九十六冊

430000－2401－0011634　294.2/1200

[乾隆]山西志輯要十卷首一卷清涼山志一卷
　（清）雅德纂　清乾隆四十五年(1780)刻本
十二冊

430000－2401－0011635　294.2/1202

[嘉慶]晉乘搜略三十二卷　（清）康基田纂
清嘉慶十六年(1811)霞蔭堂刻本　三十五冊

430000－2401－0011636　294.2/1203

[道光]陽曲縣志十六卷　（清）李培謙主修
（清）閻士驤纂　清道光二十三年(1843)省城
文興齋葛英繁刻本　四冊　存七卷(四至八、
十五至十六)

430000－2401－0011637　△291.2/1

[正德]大同府志十八卷　（明）張欽纂修　明
正德十年(1515)刻本　八冊

430000－2401－0011638　294.2/1205

[乾隆]大同府志三十二卷首一卷　（清）吳輔
宏主修　（清）王飛藻纂　清乾隆四十一年
(1776)刻四十七年(1782)文光重校刻本　十
六冊

430000－2401－0011639　294.2/1206

[道光]大同縣志二十卷首一卷末一卷　（清）
黎中輔纂修　清道光十年(1830)刻本　八冊

430000－2401－0011640　294.2/1207

[乾隆]渾源州志十卷　（清）桂敬順纂修　清
乾隆二十八年(1763)刻本　五冊

430000－2401－0011641　294.2/1208

[雍正]朔州志十二卷　（清）汪嗣聖主修
（清）王霨纂　清雍正十三年(1735)刻本
十冊

430000－2401－0011642　294.2/1209

[乾隆]忻州志六卷　（清）竇容邃纂修　清乾隆十二年(1747)刻本　六冊

430000－2401－0011643　294.2/1210

[乾隆]直隸代州志六卷　（清）吳重光纂修　清乾隆四十九年(1784)刻本　八冊

430000－2401－0011644　294.2/1212

[光緒]代州志十二卷　（清）俞廉三　（清）楊篤主修　（清）蔣模纂　清光緒八年(1882)刻本　一冊　存二卷(十一至十二)

430000－2401－0011645　294.2/1213

[乾隆]五臺縣志八卷首一卷　（清）王秉韜纂修　清乾隆四十五年(1780)刻本　四冊

430000－2401－0011646　294.2/1214

[康熙]保德州志十二卷首一卷　（清）王克昌主修　（清）白君琳　（清）殷夢高纂　（清）王秉韜增修　（清）姜廷銘補纂　清康熙四十九年(1710)刻乾隆五十年(1785)增刻本　十冊

430000－2401－0011647　294.2/1215

[道光]河曲縣志四卷　（清）曹春曉纂修　清道光十年(1830)刻本　二冊　存二卷(一至二)

430000－2401－0011648　294.2/1216

[乾隆]崞縣志八卷　（清）邵豐鍭　（清）顧弼主修　（清）賈瀛等纂　清乾隆二十二年(1757)刻本　四冊

430000－2401－0011649　294.2/1218

[乾隆]寧武府志十二卷首一卷　（清）周景柱主修　（清）李維梓纂　清乾隆十五年(1750)刻本　六冊

430000－2401－0011650　294.2/1219

[咸豐]續寧武府志一卷　（清）常文遴纂修　清咸豐七年(1857)刻本　一冊

430000－2401－0011651　294.2/1220

[同治]榆次縣志十六卷首一卷末一卷　（清）俞世銓　（清）陶良駿主修　（清）王平格

536

（清）王序賓纂　清同治二年(1863)鳳鳴書院刻本　八冊

430000－2401－0011652　294.2/1221

[光緒]榆次縣續志四卷　（清）吳師祁（清）張承熊主修　（清）黃汝梅　（清）王效纂　清光緒十一年(1885)省城會元齋葛世廷刻本　二冊

430000－2401－0011653　294.2/1222

[雍正]遼州志八卷　（清）徐三俊纂修　清雍正十一年(1733)刻本　四冊

430000－2401－0011654　294.2/1224

[咸豐]太谷縣志八卷首一卷末一卷　（清）章青選　（清）汪和主修　（清）章嗣衡纂　清咸豐五年(1855)刻本　八冊

430000－2401－0011655　294.2/1225

[光緒]太谷縣志八卷首一卷末一卷　（清）恩浚等主修　（清）王效尊纂　清光緒十二年(1886)刻本　八冊

430000－2401－0011656　294.2/1226

[光緒]平遙縣志十二卷首一卷　（清）恩端達主修　（清）武達材纂　清光緒八年(1882)刻本　六冊　存十一卷(一至十一)

430000－2401－0011657　294.2/1227

[光緒]壽陽縣志十三卷首一卷　（清）馬家鼎等主修　（清）張嘉言纂　清光緒八年(1882)刻本　五冊　存十一卷(一至十一)

430000－2401－0011658　294.2/1228

[乾隆]平定州志十卷　（清）金明源纂修　清乾隆五十五年(1790)刻本　十冊

430000－2401－0011659　294.2/1229

[乾隆]和順縣志八卷首一卷　（清）黃玉衡主修　（清）賈訒纂　清乾隆三十三年(1768)刻本　四冊

430000－2401－0011660　294.2/1230

[乾隆]榆社縣志十二卷　（清）費映奎主修（清）孟濤纂　清乾隆八年(1743)刻本　四冊

430000－2401－0011661　294.2/1232

[嘉慶]介休縣志十四卷　（清）徐品山
（清）陸元鏐纂修　清嘉慶二十四年（1819）刻
本　八冊

430000－2401－0011662　294.2/1233

[乾隆]興縣志十八卷　（清）藍山纂修　清乾
隆二十八年（1763）刻本　一冊　存四卷（十
五至十八）

430000－2401－0011663　294.2/1234

[乾隆]汾州府志三十四卷首一卷　（清）孫和
相纂修　（清）戴震纂　清乾隆三十六年
（1771）刻本　十六冊

430000－2401－0011664　294.2/1236

[咸豐]汾陽縣志十四卷首一卷　（清）周貽纍
修　（清）曹樹穀纂　清咸豐元年（1851）刻本
八冊

430000－2401－0011665　294.2/1237

[乾隆]孝義縣志二十卷首一卷　（清）鄧必安
修　（清）鄧常纂　清乾隆三十五年（1770）刻
本　四冊

430000－2401－0011666　294.2/1238

[光緒]孝義縣續志二卷首一卷末一卷　（清）
孔廣熙主修　（清）何之煌纂　清光緒六年
（1880）刻本　二冊

430000－2401－0011667　294.2/1239

[乾隆]潞安府志四十卷首一卷　（清）張淑渠
等主修　（清）姚學甲纂　清乾隆三十五年
（1770）刻本　二十四冊

430000－2401－0011668　294.2/1240

[乾隆]長治縣志二十八卷首一卷末一卷
（清）吳九齡主修　（清）蔡履豫纂　清乾隆二
十八年（1763）刻本　十冊

430000－2401－0011669　294.2/1242

[雍正]澤州府志五十二卷　（清）朱樟纂修
（清）田嘉穀補輯　清雍正十三年（1735）刻本
十六冊

430000－2401－0011670　294.2/1244

[同治]高平縣志八卷　（清）龍汝霖纂修　清

同治六年（1867）刻本　六冊

430000－2401－0011671　294.2/1246

[乾隆]陽城縣志十六卷　（清）楊善慶主修
（清）田懋纂　清乾隆二十年（1755）刻本
八冊

430000－2401－0011672　294.2/1247

[乾隆]長子縣志二十卷　（清）紀在謙主修
（清）黃立世纂　清乾隆四十三年（1778）刻本
四冊　存十一卷（五至九、十五至二十）

430000－2401－0011673　294.2/1248

[乾隆]沁州志十卷首一卷　（清）葉士寬等主
修　（清）吳正纂　清乾隆三十六年（1771）增
刻本　十冊

430000－2401－0011674　294.2/1249

[乾隆]武鄉縣志六卷首一卷　（清）白鶴主修
（清）史傳遠纂　清乾隆五十五年（1790）刻
本　六冊

430000－2401－0011675　294.2/1250

[乾隆]武鄉縣志六卷首一卷　（清）白鶴主
修　（清）史傳遠纂　清乾隆五十五年
（1790）刻光緒五年（1879）補刻本　四冊
存五卷（一至四）

430000－2401－0011676　294.2/1251

[光緒]武鄉縣續志四卷　（清）吳匡主修
（清）鈕增堯纂　清光緒五年（1879）刻本　一
冊　存一卷（二）

430000－2401－0011677　294.2/1252

[乾隆]平陽府志三十六卷附平陽府憲綱七卷
（清）章廷珪修　（清）范安治　（清）鄭維
綱纂　清乾隆元年（1736）刻本　十九冊

430000－2401－0011678　294.2/1253

[乾隆]臨汾縣志十卷首一卷末一卷　（清）
高墉　（清）吳士淳主修　（清）呂淙　（清）
吳克元纂　清乾隆四十四年（1779）刻本
八冊

430000－2401－0011679　294.2/1255

[光緒]臨汾縣志續編十卷　（清）潘如海主修

(清)寶文藻纂　清光緒六年(1880)刻本
五冊

430000－2401－0011680　294.2/1257

[乾隆]新修曲沃縣志四十卷　(清)張坊主修
(清)胡元琢　(清)徐儲纂　清乾隆二十三
年(1758)刻本　二冊　存四卷(一至三、三十
八)

430000－2401－0011681　294.2/1258

[雍正]洪洞縣志九卷　(清)余世堂主修
(清)蔡行仁纂　清雍正八年(1730)刻本
八冊

430000－2401－0011682　294.2/1259

[乾隆]鳳台縣志二十卷首一卷　(清)林荔主
修　(清)姚學甲纂　清乾隆四十九年(1784)
刻本　十冊

430000－2401－0011683　294.2/1260

[乾隆]鳳台縣志二十卷首一卷　(清)林荔主
修　(清)姚學甲纂　刻清光緒十八年(1892)
刻本　七冊　存十二卷(一至六、九至十四)

430000－2401－0011684　294.2/1261

[光緒]鳳台縣續志四卷　(清)陳繼三
(清)張貽琯修　(清)郭維恆纂　清光緒八年
(1882)刻本　二冊　存二卷(二、四)

430000－2401－0011685　294.2/1262

[道光]直隸霍州志二十五卷首一卷　(清)崔
允昭纂修　清道光六年(1826)刻本　七冊
存二十二卷(一、三至二十三)

430000－2401－0011686　294.2/1263

[道光]太平縣志十六卷首一卷　(清)李炳彥
主修　(清)梁棲鸞纂　清道光五年(1825)刻
本　八冊

430000－2401－0011687　294.2/1264

[光緒]太平縣志十四卷首一卷　(清)勞文慶
(清)朱光綬主修　(清)婁道南纂　清光緒
八年(1882)刻本　十冊

430000－2401－0011688　294.2/1265

[光緒]襄陵縣志二十四卷　(清)錢墉主修

(清)郝登雲纂　清光緒七年(1881)刻本
八冊

430000－2401－0011689　294.2/1266

[乾隆]解州全志十八卷首一卷　(清)言如泗
修　(清)呂瀏等纂　清乾隆二十九年(1764)
刻本　四冊

430000－2401－0011690　294.2/1267

[乾隆]虞鄉縣志十二卷　(清)周大儒纂修
清乾隆五十四年(1789)刻本　四冊

430000－2401－0011691　294.2/1268

[乾隆]安邑縣志十六卷首一卷　(清)言如泗
修　(清)呂瀏等纂　清乾隆二十九年(1764)
刻解州全志本　四冊

430000－2401－0011692　294.2/1269

[乾隆]安邑縣運城志十六卷首一卷　(清)言
如泗　(清)熊名相主修　(清)呂瀏等纂　清
乾隆二十九年(1764)刻解州全志本　四冊

430000－2401－0011693　294.2/1270

[乾隆]聞喜縣志十二卷　(清)李遵唐纂修
清乾隆三十一年(1766)刻本　一冊　存二卷
(七至八)

430000－2401－0011694　294.2/1271

[光緒]聞喜縣志斠三卷首一卷　(清)陳作哲
主修　(清)楊深秀纂　清光緒六年(1880)刻
本　一冊

430000－2401－0011695　294.2/1272

[光緒]聞喜縣志補四卷　(清)陳作哲主修
(清)楊深秀纂　清光緒六年(1880)刻本
一冊

430000－2401－0011696　294.2/1273

[乾隆]直隸絳州志二十卷首一卷　(清)張成
德主修　(清)李友洙纂　清乾隆三十年
(1765)刻本　八冊

430000－2401－0011697　294.2/1275

[光緒]直隸絳州志二十卷首一卷　(清)李煥
楊主修　(清)張于鑄纂　清光緒五年(1879)
刻本　十冊

430000－2401－0011698　294.2/1276

[光緒]絳縣志十四卷　（清）劉斌主修
（清）張于鑄纂　清光緒六年（1880）刻本
六冊

430000－2401－0011699　294.2/1277

[光緒]絳縣志二十一卷　（清）胡延纂修　清
光緒二十五年（1899）刻本　二冊　存十二卷
（八至十九）

430000－2401－0011700　294.2/1278

[乾隆]平陸縣志十六卷首一卷　（清）言如泗
（清）韓藜典主修　（清）杜若拙纂　清乾隆
二十九年（1764）刻解州全志本　一冊　存四
卷（一至四）

430000－2401－0011701　294.2/1279

[乾隆]蒲州府志二十四卷　（清）周景柱纂修
清乾隆十九年（1754）刻本　十冊

430000－2401－0011702　△291.2/33

[康熙]岢嵐州志四卷　（清）何顯祖　（清）
袁鏘珩纂修　清康熙十一年（1672）刻本
二冊

430000－2401－0011703　294.2/1280

蒙古游牧記十六卷　（清）張穆纂　（清）何秋
濤補纂　（清）閻汝弼復校　清同治六年
（1867）壽陽祁氏刻本　八冊

430000－2401－0011704　294.2/1284

蒙古游牧記十六卷　（清）張穆纂　（清）何秋
濤補纂　（清）李汝鈞復校　清光緒二十九年
（1903）上海書局石印本　六冊

430000－2401－0011705　294.2/1285

[光緒]綏遠志十卷首一卷　（清）貽穀主修
（清）高賡恩纂　清光緒三十四年（1908）活字
本　六冊

430000－2401－0011706　294.2/1293

[乾隆]盛京通志四十八卷首一卷　（清）呂耀
曾等主修　（清）魏樞纂　清乾隆元年（1736）
刻本　二十冊

430000－2401－0011707　294.2/1295

[乾隆]盛京通志三十二卷　清乾隆十二年
（1747）重修武英殿刻本　六冊

430000－2401－0011708　294.2/1296

[乾隆]盛京通志一百三十卷　（清）阿桂主修
（清）劉謹之　（清）程維岳纂　清乾隆四十
九年（1784）刻本　二冊　存四卷（三十六至
三十七、九十五至九十六）

430000－2401－0011709　294.2/304

[光緒]懷仁縣鄉土志　（清）景霖纂修　清光
緒三十四年（1908）鈔本　一冊

430000－2401－0011710　294.2/1312

[光緒]吉林通志一百二十二卷輿圖十四幅
（清）長順　（清）訥欽主修　（清）李桂林
（清）顧雲纂　清光緒十七年（1891）刻本　四
十九冊

430000－2401－0011711　294.2/1314

[光緒]吉林外紀十卷　（清）薩英額纂修　清
光緒二十一年（1895）桐廬袁氏刻漸西村舍彙
刊本　四冊

430000－2401－0011712　294.2/1319

[宣統]西安縣志略十三卷　雷飛鵬主修　段
盛梓纂　清宣統三年（1911）石印本　二冊

430000－2401－0011713　294.2/1329

[嘉慶]黑龍江外記八卷　（清）西清纂　清嘉
慶十五年（1810）修清光緒二十四年（1898）漸
西村舍彙刻本　二冊

430000－2401－0011714　294.2/1333

[光緒]黑龍江述略六卷　（清）徐宗亮纂　清
光緒十七年（1891）觀自得齋刻本　一冊

430000－2401－0011715　294.2/1347

[雍正]陝西通志一百卷首一卷　（清）劉於義
（清）史貽直等主修　（清）沈青崖纂　清雍
正十三年（1735）刻本　一百冊

430000－2401－0011716　294.2/1352

[道光]陝西志輯要六卷首一卷　（清）王志沂
纂　清道光七年（1827）西安賜書堂刻本
六冊

430000－2401－0011717　294.2/1354

[咸豐]陝西從政錄四十二卷　清咸豐四年
(1854)清稿本　十五冊　存二十一卷(一至
二、十五至十九、二十六至三十八、四十)

430000－2401－0011718　294.2/1355

[乾隆]西安府志八十卷　(清)舒其紳主修
(清)嚴長明纂　清乾隆四十四年(1779)刻本
一冊　存四卷(七至十)

430000－2401－0011719　294.2/1356

[熙寧]長安志二十卷圖三卷　(宋)宋敏求撰
(元)李好文製圖　宋熙寧九年(1076)修元
至正二年(1342)刊圖清乾隆五十二年(1787)
靈巖山館合刊　四冊

430000－2401－0011720　294.2/1359

[熙寧]長安志二十卷圖三卷　(宋)宋敏求撰
(元)李好文製圖　宋熙寧九年(1076)修元
至正二年(1342)刊圖清乾隆五十二年(1787)
靈巖山館合刊光緒十七年(1891)長沙思賢書
局校刊本　五冊

430000－2401－0011721　△291.2/22

[元貞]元貞類編長安志十卷　(元)駱天驤纂
清張蓉鏡小琅環室鈔本　四冊

430000－2401－0011722　294.2/1365

[乾隆]興平縣志二十五卷　(清)顧聲雷主修
(清)張塤纂　清乾隆四十二年(1777)刻本
二冊　存八卷(一至八)

430000－2401－0011723　294.2/1367

[嘉靖]高陵縣志七卷　(明)呂楠纂修　明嘉
靖二十年(1541)刻本　六冊

430000－2401－0011724　294.2/1368

[乾隆]鄠縣新志六卷　(清)孫景烈纂修　清
乾隆四十二年(1777)刻本　一冊

430000－2401－0011725　294.2/1372

[光緒]三原縣新志八卷　(清)焦雲龍主修
(清)賀瑞麟纂　清光緒六年(1880)刻本
六冊

430000－2401－0011726　294.2/1374

[雍正]重修陝西乾州志六卷　(清)拜斯呼朗
纂修　清雍正五年(1727)刻本　二冊　存四
卷(三至六)

430000－2401－0011727　294.2/1375

[乾隆]臨潼縣志九卷圖一卷　(清)史傳遠纂
修　清乾隆四十一年(1776)刻本　六冊

430000－2401－0011728　294.2/1376

[道光]輞州志六卷　(清)胡元煐纂　清道光
十七年(1837)刻本　一冊

430000－2401－0011729　△291.2/7

[正德]朝邑縣志二卷　(明)王道　(明)韓
邦靖纂修　明正德十四年(1519)王道刻本
葉啟勳、葉啟發題識　一冊

430000－2401－0011730　294.2/1378

[正德]朝邑縣志二卷　(明)王道主修
(明)韓邦靖纂　明正德十四年(1519)修清嘉
慶元年(1796)刻本　一冊

430000－2401－0011731　294.2/1380

[正德]朝邑縣志二卷　(明)王道主修
(明)韓邦靖纂　明正德十四年(1519)修清道
光十五年(1835)山陰汪能肅用上海李松林校
本重刊嘉興吳懋堂刻本　一冊

430000－2401－0011732　294.2/1383

[正德]朝邑縣志二卷　(明)王道主修
(明)韓邦靖纂　明正德十四年(1519)修清同
治十三年(1874)彭城唐定奎刻本　一冊

430000－2401－0011733　294.2/1385

[正德]朝邑縣志二卷附志註二卷　(明)王道
修　(明)韓邦靖纂　(清)張我華註　明正德
十四年(1519)修清嘉慶元年(1796)是政堂張
我華校本　三冊

430000－2401－0011734　294.2/1381

[乾隆]朝邑縣志十一卷首一卷　(清)金嘉炎
(清)朱延模主修　(清)錢坫纂　清乾隆四
十五年(1780)刻本　四冊

430000－2401－0011735　294.2/1389

[乾隆]郃陽縣全志四卷　(清)席奉乾主修

(清)孫景烈纂　清乾隆三十四年(1769)刻本
四冊

430000 – 2401 – 0011736　294.2/1391
[乾隆]澄城縣志二十卷首一卷　(清)戴治主
修　(清)洪亮吉　(清)孫星衍纂　清乾隆四
十九年(1784)刻本　四冊

430000 – 2401 – 0011737　294.2/1394
[乾隆]韓城縣志十六卷首一卷　(清)傅應奎
主修　(清)錢坫等纂　清乾隆四十九年
(1784)刻本　四冊　存十一卷(一至三、九至
十六)

430000 – 2401 – 0011738　294.2/1395
[嘉慶]韓城縣續志五卷　(清)冀蘭泰纂修
清嘉慶二十三年(1818)刻本　一冊

430000 – 2401 – 0011739　294.2/1396
[隆慶]華州志二十四卷　(明)李可久修
(明)張光孝纂　明隆慶六年(1572)刻本清光
緒八年(1882)合刻華州志本　四冊

430000 – 2401 – 0011740　294.2/1398
[光緒]三續華州志十二卷　(清)吳炳南主修
(清)劉域纂　清光緒八年(1882)刻本　二
冊　存五卷(一至四、十二)

430000 – 2401 – 0011741　294.2/1401
[乾隆]華陰縣志二十二卷首一卷　(清)張曾
墀　(清)許光基等主修　(清)李天秀
(清)李汝榛纂　清乾隆五十九年(1794)刻本
二冊　存二卷(一、首一卷)

430000 – 2401 – 0011742　294.2/1402
[光緒]蒲城縣新志十三卷首一卷　李體仁修
王學禮纂　清光緒三十一年(1905)刻本
四冊

430000 – 2401 – 0011743　294.2/1403
[嘉靖]耀州志十一卷　(明)李廷寶主修
(明)喬世寧纂　明嘉靖三十六年(1557)刻本
一冊

430000 – 2401 – 0011744　294.2/1404
[乾隆]同官縣志十卷　(清)袁文觀纂修　清

乾隆三十年(1765)刻本　二冊　存二卷(一
至二)

430000 – 2401 – 0011745　294.2/1406
[乾隆]鳳翔府志十二卷首一卷　(清)達靈阿
主修　(清)周方炯纂　清乾隆三十一年
(1766)刻本　二十四冊

430000 – 2401 – 0011746　294.2/1407
[乾隆]鳳翔縣志八卷首一卷　(清)羅鰲主修
(清)周方炯纂　清乾隆三十二年(1767)刻
本　二冊　存二卷(三、七)

430000 – 2401 – 0011747　294.2/1408
[光緒]鳳縣志十卷首一卷　(清)朱子春纂修
清光緒十八年(1892)刻本　二冊　存四卷
(一至二、十,首一卷)

430000 – 2401 – 0011748　294.2/1409
[乾隆]岐山縣志八卷　(清)平世增　(清)
郭履恆主修　(清)蔣兆甲纂　清乾隆四十四
年(1779)刻本　四冊

430000 – 2401 – 0011749　294.2/1414
[乾隆]郿縣志十八卷首一卷　(清)李帶雙主
修　(清)張若纂　清乾隆四十三年(1778)刻
本　二冊　存九卷(一至四、十至十四)

430000 – 2401 – 0011750　294.2/1415
[光緒]麟游縣新志草十卷首一卷　(清)彭洵
纂修　清光緒九年(1883)刻本　三冊　存九
卷(首至八)

430000 – 2401 – 0011751　294.2/1416
[康熙]隴州志八卷首一卷　(清)羅彰彝纂修
清康熙五十二年(1713)刻本　一冊　存三
卷(一至三)

430000 – 2401 – 0011752　294.2/1417
[乾隆]隴州續志八卷　(清)吳炳纂修　清乾
隆三十一年(1766)刻本　一冊　存五卷(三
至七)

430000 – 2401 – 0011753　294.2/1418
[正德]武功縣志三卷首一卷　(明)康海纂
(清)孫景烈評註　清乾隆二十六年(1761)刻

本 一冊

430000－2401－0011754　294.2/1424

[正德]武功縣志四卷首一卷　（明）康海纂
（清）孫景烈評註　清道光八年(1828)浙江黨
金衡刻本　四冊

430000－2401－0011755　294.2/1425

[正德]武功縣志三卷　（明）康海纂　清同治
十三年(1874)彭城唐定奎刻本　一冊

430000－2401－0011756　294.2/1426

[正德]武功縣志三卷首一卷　（明）康海纂
（清）孫景烈評註　清同治十二年(1873)湖北
崇文書局刻本　一冊

430000－2401－0011757　294.2/1429

[正德]武功縣志三卷首一卷　（明）康海纂
（清）孫景烈評註　清光緒十三年(1887)刻本
　一冊

430000－2401－0011758　294.2/1430

[正德]校正武功縣志三卷　（明）康海纂
（清）孫景烈評註　清道光十一年(1831)得月
簃刊本　一冊

430000－2401－0011759　294.2/1431

[道光]榆林府志五十卷首一卷　（清）李熙齡
纂修　清道光二十一年(1841)刻本　六冊
存二十六卷(二十五至五十)

430000－2401－0011760　294.2/1435

[康熙]延綏鎮志六卷　（清）許占魁等主修
（清）譚吉璁纂　清康熙十二年(1673)刻本
六冊

430000－2401－0011761　294.2/1440

[嘉慶]延安府志八十卷　（清）洪蕙纂修　清
嘉慶七年(1802)刻本　一冊　存二卷(六至
七)

430000－2401－0011762　294.2/1448

[道光]鄜州志五卷首一卷　（清）吳鳴捷纂修
　清道光十三年(1833)刻本　五冊

430000－2401－0011763　294.2/1457

[乾隆]南鄭縣志十六卷　（清）王行儉纂修

清乾隆五十九年(1794)刻本　八冊

430000－2401－0011764　294.2/1458

[康熙]城固縣志十卷　（清）王穆纂修　清光
緒四年(1878)徐德懷刻本　二冊　存六卷
(三至七、十)

430000－2401－0011765　294.2/1462

[光緒]寧羌州志五卷　（清）馬毓華主修
（清）鄭書香　（清）曹良模纂　清光緒十四年
(1888)刻本　五冊

430000－2401－0011766　294.2/1467

[光緒]沔縣新志四卷　（清）孫銘鐘主修
（清）彭齡纂　清光緒九年(1883)刻本　四冊

430000－2401－0011767　294.2/1468

[雍正]略陽縣志二卷　（清）范昉纂修　清雍
正九年(1731)刻本　一冊　存人物、藝文

430000－2401－0011768　294.2/1470

[光緒]定遠廳志二十六卷首一卷補遺一卷
（清）余修鳳纂修　清光緒五年(1879)刻本
六冊

430000－2401－0011769　294.2/1473

[光緒]佛坪廳志二卷　（清）劉瑛纂修　清光
緒九年(1883)刻本　一冊

430000－2401－0011770　294.2/1474

[道光]留壩廳志十卷附足徵錄四卷　（清）賀
仲瑊主修　（清）蔣湘南纂　清道光二十二年
(1842)刻本　六冊

430000－2401－0011771　294.2/1476

[乾隆]興安府志三十卷　（清）李國麒纂　清
乾隆五十三年(1788)刻本　五冊　存二十三
卷(一至八、十一至二十五)

430000－2401－0011772　294.2/1478

[嘉慶]續興安府志八卷　（清）葉世倬主修
（清）董樸園纂　清嘉慶十七年(1812)刻本
三冊

430000－2401－0011773　294.2/1479

[嘉慶]漢陰廳志十卷首一卷　（清）錢鶴年主
修　（清）董詔纂　清嘉慶二十三年(1818)刻

本　六冊

430000－2401－0011774　294.2/1480

[道光]石泉縣志四卷　（清）舒鈞纂修　清道
光二十九年(1849)刻本　二冊

430000－2401－0011775　294.2/1481/2

[乾隆]涇陽縣志十卷　（清）葛晨纂修　清乾
隆四十三年(1778)刻本　四冊　存五卷(一
至二、七至九)

430000－2401－0011776　294.2/1481/3

[光緒]洋縣志八卷　（清）張鵬翼纂修　清光
緒二十四年(1898)青門寓廬刻本　一冊　存
一卷(一)

430000－2401－0011777　294.2/1481/4

[嘉慶]續修潼關廳志三卷　（清）向淮修
（清）王森文纂　清嘉慶二十二年(1817)刻本
　一冊　存二卷(上中)

430000－2401－0011778　294.2/1482

[乾隆]甘肅通志五十卷首一卷　（清）許容等
主修　（清）李迪等纂　清乾隆元年(1736)刻
本　二十八冊

430000－2401－0011779　294.2/1485

[宣統]甘肅新通志一百卷首三卷　（清）昇允
　（清）長庚主修　（清）安維峻等纂　清宣統
元年(1909)刻本　六十七冊　存九十四卷
(一至二十六、二十八至五十三、五十五至六
十七、七十至七十四、七十六至八十四、八十
六至一百)

430000－2401－0011780　294.2/1486

[康熙]臨洮府志二十二卷　（清）高錫爵修
（清）郭巍纂　清康熙二十六年(1687)刻本
一冊

430000－2401－0011781　294.2/1487

[道光]蘭州府志十二卷　（清）陳士楨主修
（清）涂鴻儀纂　清道光十三年(1833)刻本
三冊　存四卷(二至三、十一至十二)

430000－2401－0011782　294.2/1488

[乾隆]皋蘭縣志二十卷　（清）黃建中纂修

清乾隆四十三年(1778)刻本　三冊　存十六
卷(五至二十)

430000－2401－0011783　294.2/1490

[道光]金縣志十三卷首一卷　（清）恩福主修
　（清）冒葉纂　清道光二十二年(1842)刻本
　二冊

430000－2401－0011784　294.2/1491

[乾隆]平番縣志一卷　（清）張珮美修
（清）曾鈞纂　清乾隆十五年(1750)刻本
一冊

430000－2401－0011785　294.2/1493

[光緒]重修通渭縣新志十二卷首一卷補遺一
卷　（清）高蔚霞修　（清）苟廷誠纂　清光緒
十九年(1893)刻本　四冊

430000－2401－0011786　294.2/1494

[道光]會寧縣志十二卷首一卷　（清）畢光堯
纂修　清道光十一年(1831)刻光緒末年官報
局鉛印本　二冊

430000－2401－0011787　294.2/1497

[順治]靈台志四卷　（清）黃居中修　（清）
楊淳纂　清順治十五年(1658)刻本　三冊

430000－2401－0011788　294.2/1498

[乾隆]正寧縣志十八卷　（清）折遇蘭纂修
清乾隆二十八年(1763)刻本　二冊　存五卷
(四至五、八至十)

430000－2401－0011789　294.2/1499

[乾隆]直隸秦州新志十二卷首一卷補遺一卷
　（清）費廷珍主修　（清）胡鈊纂　清乾隆二
十九年(1764)刻本　十五冊　存十三卷(一
至十二、補遺一卷)

430000－2401－0011790　294.2/1502

[光緒]秦州直隸州新志二十四卷首一卷
（清）余澤春主修　（清）王權纂　清光緒十五
年(1889)刻本　十六冊

430000－2401－0011791　△291.2/6

[嘉靖]秦安志九卷　（明）亢世英　（明）胡
纘宗纂修　明嘉靖十四年(1535)刻本　四
冊

430000－2401－0011792　294.2/1504

[道光]秦安縣志十四卷　(清)嚴長宧主修
(清)劉德熙纂　清道光十八年(1838)刻本
四冊

430000－2401－0011793　294.2/1505

[乾隆]清水縣志十六卷　(清)朱超纂修　清
乾隆六十年(1795)刻本　四冊

430000－2401－0011794　294.2/1508

[乾隆]禮縣志十九卷首一卷　(清)方嘉發纂
修　清乾隆二十一年(1756)刻本　二冊

430000－2401－0011795　294.2/1509

[光緒]重纂禮縣新志四卷首一卷　(清)雷文
淵修　(清)王思温纂　清光緒十六年(1890)
刻本　三冊　存三卷(二至四)

430000－2401－0011796　294.2/1510

[康熙]寧遠縣志六卷　(清)馮同憲纂修　清
康熙四十八年(1709)刻本　二冊

430000－2401－0011797　294.2/1511

[乾隆]寧遠縣志續略八卷　(清)胡奠域主修
(清)于纘周纂　清乾隆二十七年(1762)刻
本　一冊

430000－2401－0011798　294.2/1512

[乾隆]伏羌縣志十四卷　(清)周詵主修
(清)葉芝纂　清乾隆三十五年(1770)刻本
四冊

430000－2401－0011799　294.2/1513

[同治]續伏羌縣志六卷　(清)侯新嚴主修
(清)方承宣纂　清同治十一年(1872)刻本
二冊

430000－2401－0011800　294.2/1514

[乾隆]西和縣志四卷　(清)丘大英纂修　清
乾隆三十六年(1771)修三十九年(1774)刻本
四冊

430000－2401－0011801　294.2/1515

[嘉慶]徽縣志八卷　(清)張伯魁纂修　清嘉
慶十四年(1809)刻本　八冊

430000－2401－0011802　294.2/1516

[光緒]階州直隸州續志三十三卷首一卷
(清)葉恩沛主修　(清)呂震南纂　清光緒十
二年(1886)刻本　十冊

430000－2401－0011803　294.2/1517

[康熙]文縣志八卷　(清)江景瑞纂修　清康
熙四十一年(1702)刻本　一冊　存一卷(八)

430000－2401－0011804　294.2/1518

[光緒]文縣志八卷　(清)長贇纂修　清光緒
二年(1876)刻本　五冊　存七卷(二至八)

430000－2401－0011805　294.2/1519

[乾隆]成縣新志四卷　(清)黃泳纂修　清乾
隆六年(1741)修十七年(1752)刻本　四冊

430000－2401－0011806　294.2/1521

[康熙]岷州志二十卷　(清)汪元絅主修
(清)田而穟纂　清康熙四十一年(1702)刻本
一冊　存四卷(十一至十四)

430000－2401－0011807　294.2/1522

[光緒]洮州廳志十八卷首一卷　(清)張彥篤
修　(清)包永昌纂　清光緒三十三年(1907)
刻本　五冊

430000－2401－0011808　294.2/1523

[乾隆]武威縣志一卷　(清)張玿美修　(清)曾
鈞　(清)蘇璟纂　清乾隆十四年(1749)刻本
二冊

430000－2401－0011809　294.2/1525

[乾隆]鎮番縣志一卷　(清)張玿美修
(清)曾鈞　(清)魏奎光纂　清乾隆十四年
(1749)刻本　一冊

430000－2401－0011810　294.2/1526

[道光]鎮番縣志十卷首一卷　(清)許協修
(清)謝集成纂　清道光五年(1825)刻本　四
冊　存十卷(一至七、九至十)

430000－2401－0011811　294.2/1527

[乾隆]永昌縣志一卷　(清)張玿美修
(清)沈紹祖　(清)謝謹纂　清乾隆十四年
(1749)刻本　一冊

430000－2401－0011812　294.2/1530

[乾隆]古浪縣志一卷　（清）張珆美修
（清）趙璘　（清）郭建文纂　清乾隆十四年
(1749)刻本　一冊

430000－2401－0011813　294.2/1532

[乾隆]甘州府志十六卷首一卷　（清）鍾賡起
纂修　清乾隆四十四年(1779)刻本　十冊

430000－2401－0011814　294.2/1535

[道光]敦煌縣志七卷首一卷　（清）蘇履吉修
（清）曾誠纂　清道光十年(1830)鈔本　四冊

430000－2401－0011815　294.2/1537

沙州記一卷　（南朝宋）段國纂　（清）張澍輯
　清道光元年(1821)武威張氏刻二酉堂叢書
本　一冊

430000－2401－0011816　1537/2

天水通志□□卷　清刻本　一冊　存二卷
（六至七）

430000－2401－0011817　294.2/1538

[乾隆]寧夏府志二十二卷首一卷　（清）張金
城主修　（清）楊浣雨纂　清乾隆四十五年
(1780)刻本　十五冊　存二十二卷（一至二
十二）

430000－2401－0011818　294.2/1542

[乾隆]西寧府新志四十卷　（清）楊應琚纂修
　清乾隆十二年(1747)刻本　十二冊

430000－2401－0011819　294.2/1545

[乾隆]丹噶爾廳志八卷　（清）楊景升纂修
清宣統二年(1910)官報書局鉛印本　二冊
存二卷（六、八）

430000－2401－0011820　294.2/1547

[乾隆]欽定皇輿西域圖志四十八卷首四卷
（清）傅恆　（清）于敏中等修　（清）褚廷璋
等纂　清乾隆四十七年(1782)武英殿聚珍本
　二十四冊

430000－2401－0011821　294.2/1548

欽定新疆識略十二卷首一卷　（清）松筠纂修
　清道光元年(1821)武英殿修書處刻本
十冊

430000－2401－0011822　294.2/1549

新疆識略十二卷首一卷　（清）松筠纂修　清
光緒二十年(1894)上海積山書局刻本　十冊

430000－2401－0011823　294.2/1551

新疆紀略　（清）珠克登纂　清道光纂精鈔本
佚名校記　二冊

430000－2401－0011824　294.2/1560

喀什噶爾英吉沙爾事宜　（清）永保主修
（清）范建中纂　清乾隆五十九年(1794)修舊
鈔本　四冊

430000－2401－0011825　294.2/1561

塔爾巴哈台事宜四卷　（清）永保纂　（清）興
肇增補　清乾隆五十七年(1792)原編清嘉慶
七年(1802)續編清嘉慶十年(1805)補編鈔本
　四冊

430000－2401－0011826　294.2/1565

[乾隆]山東通志三十六卷首一卷　（清）岳浚
　（清）法敏主修　（清）杜詔等纂　清乾隆元
年(1736)刻本　三十四冊

430000－2401－0011827　294.2/1568

[乾隆]山東通志三十六卷首一卷　（清）岳浚
　（清）法敏主修　（清）杜詔等纂　清乾隆元
年(1736)刻道光十七年(1837)補刻本　四十
三冊

430000－2401－0011828　294.2/1569

[宣統]山東通志二百卷首一卷　（清）楊士驤
等主修　（清）孫葆田等纂　清宣統三年
(1911)山東印刷公司鉛印本　三冊　存八卷
（一百○八至一百○九、一百十六至一百十
七、一百二十三至一百二十六）

430000－2401－0011829　294.2/1572

[道光]濟南府志七十二卷首一卷　（清）王贈
芳等主修　（清）成瓘等纂　清道光二十年
(1840)刻本　四十冊

430000－2401－0011830　294.2/1575

[乾隆]歷城縣志五十卷首一卷　（清）胡德琳
主修　（清）李文藻等纂　清乾隆三十八年
(1773)刻本　十六冊　存四十九卷（一至四

十六、四十八至五十）

430000 – 2401 – 0011831　294.2/1576

[乾隆]德州志十二卷　（清）王道亨主修
（清）張慶源纂　清乾隆五十三年(1788)刻本
　　三冊　存八卷(一至六、十至十一)

430000 – 2401 – 0011832　294.2/1578

[嘉慶]德平縣志十卷首一卷　（清）鍾大受纂
修　清嘉慶元年(1796)刻本　四冊

430000 – 2401 – 0011833　294/1579

[道光]陵縣志二十二卷首一卷　（清）沈淮纂
修　清道光二十五年(1845)刻本　八冊

430000 – 2401 – 0011834　294.2/1580

[乾隆]齊河縣志十卷　（清）上官有儀主修
（清）許琰纂　清乾隆二年(1737)刻本　三冊
　　存六卷(五至十)

430000 – 2401 – 0011835　294.2/1581

[乾隆]齊河縣志四十卷首一卷　（清）萬綿前
等主修　（清）吳徵士等纂　清乾隆三十九年
(1774)刻本　一冊　存十卷(一至十)

430000 – 2401 – 0011836　294.2/1582

[乾隆]濟陽縣志十四卷首一卷　（清）胡德琳
主修　（清）何明禮　（清）章承茂纂　清乾隆
三十年(1765)刻本　八冊

430000 – 2401 – 0011837　294.2/1583

[乾隆]泰安府志三十卷前一卷首三卷　（清）
顏希深主修　（清）成城纂　清乾隆二十五年
(1760)刻本　二十冊

430000 – 2401 – 0011838　294.2/1585

[道光]長清縣志十六卷首一卷末一卷　（清）
舒化民主修　（清）徐德城纂　清道光十三年
(1833)刻本　八冊

430000 – 2401 – 0011839　294.2/1586

[乾隆]新泰縣志二十卷首一卷　（清）江乾達
纂修　清乾隆四十九年(1784)刻本　六冊

430000 – 2401 – 0011840　294.2/1589

[道光]章丘縣志十六卷首一卷末一卷　（清）
吳璋主修　（清）曹楝堅纂　清道光十三年

(1833)刻本　八冊

430000 – 2401 – 0011841　294.2/1590

[乾隆]東平州志二十卷　（清）沈維基主修
（清）胡彥升纂　清乾隆三十六年(1771)刻本
　　三冊　存八卷(五至九、十四至十六)

430000 – 2401 – 0011842　294.2/1591

[道光]東平州志三十卷　（清）周雲鳳主修
（清）唐鑑纂　清道光五年(1825)刻本　二冊
　　存二卷(十四、十六)

430000 – 2401 – 0011843　294.2/1592

[光緒]東平州志二十七卷首一卷　（清）左宜
似主修　（清）盧崟纂　清光緒七年(1881)刻
本　十六冊　存二十二卷(一至十三、十五至
二十、二十二至二十三、二十七)

430000 – 2401 – 0011844　294.2/1593

[康熙]袞州府志四十卷　（清）張鵬翮主修
（清）葉鳴鑾纂　清康熙二十四年(1685)刻本
　　二冊　存三卷(十二、二十七至二十八)

430000 – 2401 – 0011845　294.2/1594

[乾隆]曲阜縣志一百卷　（清）潘相纂修　清
乾隆三十九年(1774)刊聖化堂藏版本　十
二冊

430000 – 2401 – 0011846　294.2/1598

[康熙]鄒縣志三卷　（清）婁一均主修
（清）周翼　（清）張琨纂　清康熙五十四年
(1715)刻本　四冊

430000 – 2401 – 0011847　294.2/1599

[道光]滕縣志十四卷首一卷　（清）王政主修
　（清）王庸立　（清）黃來麟纂　清道光十二
年(1832)修二十六年(1846)刻本　八冊

430000 – 2401 – 0011848　294.2/1600

[乾隆]濟寧直隸州志三十四卷首一卷　（清）
胡德琳　（清）藍應桂主修　（清）周永年
（清）盛百二纂　清乾隆四十三年(1778)刻本
　　二十冊

430000 – 2401 – 0011849　294.2/1601

[道光]濟寧直隸州志十卷首一卷末一卷

（清）徐宗幹主修　（清）許瀚等纂　（清）盧朝安等補訂　清道光二十年(1840)修咸豐九年(1859)刻本　二十冊

430000－2401－0011850　294.2/1602

，[咸豐]濟寧直隸州續志四卷　（清）盧朝安纂修　清咸豐九年(1859)尊經閣刻本　四冊

430000－2401－0011851　294.2/1603

[乾隆]嶧縣志十卷首一卷　（清）忠璉纂修　清乾隆二十六年(1761)刻本　三冊

430000－2401－0011852　△291.2/26

[康熙]金鄉縣志十六卷首一卷　（清）沈淵纂修　清康熙五十一年(1712)刻本　六冊

430000－2401－0011853　294.2/1606

[咸豐]金鄉縣志略十二卷首一卷　（清）李壂纂修　清咸豐十年(1860)修同治元年(1862)刻本　四冊

430000－2401－0011854　294.2/1607

[道光]城武縣志十四卷首一卷　（清）袁章華主修　（清）劉士瀛纂　清道光十年(1830)刻本　七冊

430000－2401－0011855　294.2/1608

[光緒]荷澤縣志十八卷首一卷　（清）凌壽柏主修　（清）葉道源纂　清光緒六年(1880)刻本　六冊

430000－2401－0011856　294.2/1609

[宣統]聯城縣志十二卷首一卷　（清）豫咸等主修　（清）葉錫麟纂　清宣統二年(1910)刻本　七冊

430000－2401－0011857　294.2/1610

[康熙]茌平縣志五卷　（清）王畫一主修　（清）張翕纂　（清）王世臣續修　（清）孫克緒續纂　清康熙二年(1663)刻四十九年(1710)續增刻本　五冊

430000－2401－0011858　294.2/1611

[道光]東阿縣志二十四卷首一卷　（清）李賢書主修　（清）吳怡纂　清道光九年(1829)刻本　十冊

430000－2401－0011859　294.2/1612

[光緒]壽張縣志十卷首一卷　（清）莊洪烈主修　（清）劉文煜　（清）王守謙纂　清光緒二十六年(1900)刻本　六冊

430000－2401－0011860　294.2/1613

[乾隆]臨清直隸州志十一卷首一卷　（清）張度　（清）張光照纂修　清乾隆五十年(1785)刻本　十冊

430000－2401－0011861　294.2/1617

[咸豐]武定府志三十八卷首一卷　（清）李熙齡主修　（清）鄒恆纂　清咸豐九年(1859)刻本　二十四冊

430000－2401－0011862　294.2/1618

[光緒]利津縣志十卷　（清）盛贊熙修　（清）周溥纂　清光緒九年(1883)刻本　四冊

430000－2401－0011863　294.2/1622

[乾隆]淄川縣志十卷　（清）張鳴鐸主修　（清）張廷泉纂　方作霖續修　王敬鑄續纂　清乾隆四十一年(1776)修宣統三年(1911)續修民國九年(1920)藝林石印局石印本　十冊

430000－2401－0011864　294.2/1623

[道光]博興縣志十三卷　（清）周壬福主修　（清）李同纂　清道光二十年(1840)刻本　四冊

430000－2401－0011865　294.2/1624

[嘉慶]長山縣志十六卷首一卷末一卷　（清）倪企望主修　（清）鍾廷瑛　（清）徐果行纂　清嘉慶六年(1801)刻本　十冊

430000－2401－0011866　294.2/1625

[康熙]新城縣志十四卷首一卷附新城縣續志二卷　（清）崔懋纂修　（清）孫元衡續修　清康熙三十二年(1693)刻本　六冊

430000－2401－0011867　294.2/1628

[雍正]樂安縣志二十卷　（清）李方膺纂修　清雍正十一年(1733)刻本　四冊

430000－2401－0011868　294.2/1629

[乾隆]沂州府志三十六卷首一卷　（清）李希

賢主修　(清)潘遇莘　(清)丁愷曾纂　清乾隆二十五年(1760)刻本　五冊　存九卷(三至十一)

430000－2401－0011869　294.2/1630

[乾隆]郯城縣志十二卷　(清)王植主修　(清)張金城纂　清乾隆二十八年(1763)刻本　五冊　存十卷(三至十二)

430000－2401－0011870　294.2/1631

[光緒]費縣志十六卷首一卷　(清)李敬修修　清光緒二十二年(1896)刻本　十冊

430000－2401－0011871　294.2/1632

[嘉慶]莒州志十六卷首一卷　(清)許紹錦纂修　清嘉慶元年(1796)刻本　六冊

430000－2401－0011872　294.2/1633

[宣統]蒙陰縣志八卷首一卷　(清)沈巘清修　(清)陳尚仁纂　清宣統三年(1911)修據上海市歷史文獻圖書館藏鈔本曬印　四冊

430000－2401－0011873　294.2/1635

[咸豐]青州府志六十四卷　(清)崇恩等主修　(清)李圖　(清)劉耀椿纂　清咸豐九年(1859)刻本　十六冊

430000－2401－0011874　294.2/1638

[嘉慶]昌樂縣志三十二卷首一卷　(清)魏禮焯主修　(清)閻學夏等纂　清嘉慶三年(1798)修十四年(1809)刻本　八冊

430000－2401－0011875　294.2/1640

[光緒]臨朐縣志十六卷　(清)姚廷福主修　(清)鄧嘉緝　(清)蔣師轍纂　清光緒十年(1884)刻本　六冊

430000－2401－0011876　294.2/1641

[道光]諸城縣續志十三卷　(清)劉光斗主修　(清)朱學海纂　清道光十四年(1834)刻本　四冊

430000－2401－0011877　294.2/1642

[乾隆]濰縣志六卷首一卷末一卷　(清)張耀璧主修　(清)王誦芬纂　清乾隆二十五年(1760)刻本　六冊

430000－2401－0011878　294.2/1644

[道光]膠州志四十卷　(清)張同聲主修　(清)李圖纂　清道光二十五年(1845)刻本　二冊　存十三卷(一至六、十四至二十)

430000－2401－0011879　294.2/1649

[道光]平度州志二十七卷　(清)保忠等主修　(清)李圖　(清)王大鑰纂　清道光二十九年(1849)刻本　八冊

430000－2401－0011880　294.2/1651

[乾隆]掖縣志八卷首一卷　(清)張思勉主修　(清)于始瞻纂　清嘉慶十二年(1807)刻本　八冊

430000－2401－0011881　294.2/1652

[嘉慶]續掖縣志四卷　(清)張彤主修　(清)張栩纂　清嘉慶十二年(1807)刻本　四冊

430000－2401－0011882　294.2/1654

[乾隆]即墨縣志十二卷首一卷　(清)尤淑孝主修　(清)李元正纂　清乾隆二十八年(1763)刻本　一冊　存三卷(首、一至二)

430000－2401－0011883　294.2/1655

[同治]黃縣志十四卷首一卷　(清)尹繼美主修　(清)王索纂　清同治十一年(1872)刻本　四冊

430000－2401－0011884　294.2/1660

[乾隆]江南通志二百卷首四卷　(清)尹繼善等主修　(清)黃之雋等纂　清乾隆元年(1736)刻本　八十冊

430000－2401－0011885　294.2/1665

[嘉慶]江寧府志五十六卷　(清)呂燕昭主修　(清)姚鼐纂　清嘉慶十六年(1811)刻本　十六冊

430000－2401－0011886　294.2/1666

[嘉慶]江寧府志五十卷　(清)呂燕昭主修　(清)姚鼐纂　清光緒六年(1880)刻本　十二冊

430000－2401－0011887　294.2/1668

[同治]續纂江寧府志十五卷　(清)蔣啟勳
(清)趙佑宸主修　(清)汪士鐸纂　清同治十
三年(1874)修光緒六年(1880)刻本　十二冊

430000－2401－0011889　294.2/1677

[乾隆]上元縣志二十七卷首一卷末一卷
(清)藍應襲主修　(清)何夢篆等纂　清乾隆
十六年(1751)刻本　七冊　存十五卷(一至
十五)

430000－2401－0011890　294.2/1678

[同治]上江兩縣志二十九卷首一卷　(清)莫
祥芝　(清)甘紹盤等主修　(清)劉壽曾等纂
清同治十三年(1874)刻本　十二冊

430000－2401－0011891　294.2/1681

[宣統]上元江寧鄉土合志六卷　(清)陳作霖
編　清宣統二年(1910)江楚編譯書局鉛印本
一冊

430000－2401－0011892　294.2/1682

[光緒]六合縣志八卷　(清)謝延庚等主修
(清)賀廷壽等纂　清光緒九年(1883)刻本
八冊

430000－2401－0011893　294.2/1683

吳地記一卷後集一卷　題(唐)陸廣微撰　清
同治十二年(1873)江蘇書局刻本　一冊

430000－2401－0011894　294.2/1684

[元豐]吳郡圖經續記三卷　(宋)朱長文纂
清同治十二年(1873)江蘇書局刻本　二冊

430000－2401－0011895　294.2/1685

[紹熙]吳郡志五十卷　(宋)范成大纂修　清
嘉慶海虞張氏刻墨海金壺本　二冊　存十二
卷(七至十二、二十四至二十九)

430000－2401－0011896　△291.2/5

[正德]姑蘇志六十卷　(明)林世遠　(明)
王鏊等纂修　明正德元年(1506)刻嘉靖增修
本　二十冊

430000－2401－0011897　294.2/1686

[乾隆]蘇州府志八十卷首一卷　(清)雅爾哈
善等修　(清)習雋纂　清乾隆十三年(1748)

刻本　四十冊

430000－2401－0011898　294.2/1688

[道光]蘇州府志一百五十卷首十卷　(清)宋
如林等主修　(清)石韞玉纂　清道光四年
(1824)刻本　八十一冊

430000－2401－0011899　294.2/1690

[同治]蘇州府志一百五十卷首三卷　(清)李
銘皖等主修　(清)馮桂芬纂　清同治十三年
(1874)修清光緒八年(1882)江蘇書局刻本
八十冊

430000－2401－0011900　294.2/1696

[光緒]昆新兩縣續修合志五十二卷首一卷末
一卷　(清)金吳瀾　(清)丁建鸞主修
(清)汪坤　(清)朱成熙纂　清光緒六年
(1880)刻本　三十冊

430000－2401－0011901　294.2/1697

[嘉慶]直隸太倉州志六十五卷　(清)王昶纂
修　清嘉慶七年(1802)刻本　九冊　存二十
三卷(一至十五、十八至二十五)

430000－2401－0011902　294.2/1698

[咸豐]壬癸志稿二十八卷　(清)錢寶琛纂
清咸豐三年(1853)修光緒六年(1880)太倉錢
氏武昌刻本　四冊

430000－2401－0011903　294.2/1699

[道光]琴川志註草十二卷首一卷續志十卷補
志二卷　(清)陳揆纂　鈔本　十二冊

430000－2401－0011904　294.2/1700

[光緒]常昭合志稿四十八卷首一卷末一卷
(清)鄭鍾祥　(清)張瀛主修　(清)龐鴻文
纂　清光緒三十年(1904)活字本　二十冊

430000－2401－0011905　294.2/1706

[嘉慶]黎里志十六卷首一卷　(清)徐達源纂
清嘉慶十年(1805)吳江徐氏孚遠堂刻本
四冊

430000－2401－0011906　294.2/1707

[道光]平望志十八卷首一卷　(清)翁廣平纂
清光緒十二年(1886)刻本　六冊

430000－2401－0011907　294.2/1708

[光緒]平望續志十二卷首一卷　（清）黃兆樫纂　清光緒十三年(1887)刻本　四冊

430000－2401－0011908　294.2/1709

[乾隆]無錫縣志四十二卷　（清）王鎬主修（清）華希閔纂　清乾隆十六年(1751)刻本一冊　存四卷(十至十三)

430000－2401－0011909　294.2/1711

[嘉慶]無錫金匱縣志四十卷首一卷　（清）韓履寵等主修　（清）秦瀛纂　清嘉慶十八年(1813)刻本　十六冊

430000－2401－0011910　294.2/1712

[光緒]無錫金匱縣志四十卷首一卷　（清）裴大中修　（清）秦緗業纂　清光緒二十九年(1903)刻本　二十冊

430000－2401－0011911　294.2/1714

[道光]無錫金匱續志十卷首一卷　（清）李彭齡等主修　（清）楊熙之等纂　清道光二十年(1840)刻本　四冊

430000－2401－0011912　294.2/1715

錫金考乘十四卷首一卷　（清）周有壬纂　清同治九年(1870)世瑞堂活字本　四冊

430000－2401－0011913　294.2/1716

錫金鄉土歷史二卷　（清）侯鴻鑒編　清光緒三十二年(1906)無錫藝文齋活字本　一冊

430000－2401－0011914　294.2/1717

錫金鄉土地理二卷　（清）侯鴻鑒編　清光緒三十二年(1906)梁溪文苑閣活字本　一冊

430000－2401－0011915　294.2/1718

[雍正]梅里志四卷首一卷附一卷　（清）吳存禮纂　清雍正二年(1724)修道光四年(1824)刻本　三冊　存四卷(一至三、三十八)

430000－2401－0011916　294.2/1722

[雍正]揚州府志四十卷　（清）尹會一主修（清）程夢星等纂　清雍正十一年(1733)刻本十二冊

430000－2401－0011917　294.2/1723

[嘉慶]重修揚州府志七十二卷首一卷　（清）張世浣　（清）嵩年主修　（清）姚文田等纂清嘉慶十五年(1810)刻本　四十七冊　存七十一卷(一至三十、三十二至七十二)

430000－2401－0011918　294.2/1725

[同治]續纂揚州府志二十四卷　（清）英杰主修　（清）晏端之纂　清同治十三年(1874)刻本　八冊

430000－2401－0011919　294.2/1731

[乾隆]江都縣志三十二卷　（清）五格（清）黃湘主修　（清）程夢星等纂　清光緒七年(1881)刻本　十

430000－2401－0011920　294.2/1733

[嘉慶]江都縣續志十二卷首一卷　（清）王逢源主修　（清）李保泰纂　清光緒七年(1881)刻本　四冊

430000－2401－0011921　294.2/1735

[光緒]江都縣續志三十六卷首一卷　（清）謝延庚主修　（清）劉壽曾纂　清光緒十年(1884)刻本　八冊

430000－2401－0011922　294.2/1738

[嘉慶]揚州北湖小志六卷首一卷　（清）焦循纂　清嘉慶十三年(1808)刻本　二冊

430000－2401－0011923　294.2/1739

[光緒]增修甘泉縣志二十四卷首一卷　（清）徐成敟等主修　（清）陳浩恩等纂　清光緒六年(1880)活字本　九冊　存十一卷(三、七至八、十至十五、十八至十九)

430000－2401－0011924　294.2/1740

[光緒]增修甘泉縣志二十四卷首一卷　（清）徐成敟等主修　（清）陳浩恩等纂　（清）朱公純補修　（清）范且賓重纂　清光緒十年(1884)重纂刻本　二十冊

430000－2401－0011925　294.2/1742

[康熙]儀徵縣志二十二卷　（清）陸師纂修清康熙五十七年(1718)碧山堂精刻本　二冊存十卷(一至十)

430000－2401－0011926　294.2/1744

[嘉慶]儀徵縣續志十卷　（清）顏希源等纂修
　清嘉慶十三年(1808)刻本　一冊　存四卷
(一至四)

430000－2401－0011927　294.2/1746

[乾隆]高郵州志十二卷首一卷　（清）楊宜侖
主修　（清）夏之蓉　（清）沈之本纂　（清）
馮馨補修　（清）王念孫補纂　清乾隆四十八
年(1783)刻嘉慶十八年(1813)修補刻本　十
五冊　缺卷十中之列女方會仙釋增補

430000－2401－0011928　294.2/1745

[乾隆]高郵州志十二卷首一卷　（清）楊宜侖
主修　（清）夏之蓉　（清）沈之本纂　（清）
馮馨增修　（清）王念孫增纂　清乾隆四十八
年(1783)刻嘉慶十八年(1813)修補道光二十
五年(1845)重刻本　四十二冊

430000－2401－0011929　294.2/1747

[乾隆]高郵州志十二卷首一卷　（清）楊宜侖
主修　（清）夏之蓉　（清）沈之本纂　（清）
馮馨增修　（清）王念孫增纂　（清）張建勛重
修　（清）宋茂初重校　清乾隆四十八年
(1783)刻嘉慶十八年(1813)補修道光二十五
年(1845)重校刻本　十八冊

430000－2401－0011930　294.2/1748

[道光]續增高郵州志不分卷　（清）左輝春
（清）張用熙修　（清）宋茂初　（清）高鴻飛
纂　清道光二十三年(1843)刻本　六冊

430000－2401－0011931　294.2/1749

[光緒]再續高郵州志八卷首一卷　（清）金元
烺　（清）龔定瀛主修　（清）夏子錫纂　清光
緒九年(1883)刻本　八冊

430000－2401－0011932　294.2/1752

[康熙]興化縣志十四卷　（清）張可立纂修　清
康熙二十三年(1684)刻本　一冊　存二卷(一至
二)

430000－2401－0011933　294.2/1753

[咸豐]重修興化縣志十卷　（清）梁園棣
（清）鄭之僑　（清）趙彥俞纂　清咸豐二年

(1852)刻本　八冊

430000－2401－0011934　294.2/1758

[道光]重修寶應縣志二十八卷首一卷　（清）
孟毓蘭主修　（清）范士齡纂　清道光二十年
(1840)湯氏沐華堂刻本　十冊

430000－2401－0011935　294.2/1760

[道光]寶應圖經六卷首二卷　（清）劉寶楠纂
　清道光三年(1823)刻本　四冊

430000－2401－0011936　294.2/1761

[雍正]泰州志十卷首一卷　（清）褚世暄纂修
　清雍正六年(1728)刻本　十冊

430000－2401－0011937　294.2/1762

[道光]泰州志三十卷首一卷附泰州新志刊誤
二卷　（清）王有慶等主修　（清）陳世熔等纂
　（清）儲紹書等刊誤　清道光七年(1827)刻
十年(1830)刊刊誤　十六冊

430000－2401－0011938　294.2/1763

[道光]泰州志三十六卷首一卷　（清）王有慶
等主修　（清）陳世熔等纂　（清）吳維藩
（清）朱枚補訂　清道光七年(1827)刻光緒三
十四年(1908)補訂重刻本　十冊

430000－2401－0011939　294.2/1766

[光緒]泰興縣志二十六卷首一卷末一卷
（清）楊激雲主修　（清）顧曾烜纂　清光緒十
二年(1886)刻本　十冊

430000－2401－0011940　294.2/1769

[康熙]靖江縣志十八卷　（清）胡必藩主修
（清）金敞纂　清康熙二十二年(1683)刻本
五冊

430000－2401－0011941　294.2/1772

[光緒]通州直隸州志十六卷首一卷末一卷
（清）梁悅聲　（清）莫祥芝修　（清）季念詒
　（清）沈鍠纂　清光緒元年(1875)刻本　十
六冊

430000－2401－0011942　294.2/1776

[嘉慶]如皋縣志二十四卷　（清）楊受廷
（清）左元鑌修　（清）馮汝舟　（清）江大鍵

纂　清嘉慶九年(1804)修十三年(1808)刻本
　　十冊

430000－2401－0011943　294.2/1779
[道光]如皋縣續志十二卷　(清)范仕義主修
　　(清)吳鎧纂　清道光十七年(1837)刻本
　　四冊

430000－2401－0011944　294.2/1781
[同治]如皋縣續志十六卷　(清)周際霖
(清)胡維藩主修　(清)周頊　(清)吳開陽
纂　清同治十二年(1873)刻本　六冊

430000－2401－0011945　294.2/1786
[康熙]淮安府志十三卷　(清)高成美主修
(清)胡從中纂　清康熙二十四年(1685)刻本
　　一冊　存一卷(十)

430000－2401－0011946　294.2/1787
[光緒]淮安府志四十卷首一卷　(清)孫雲錦
等主修　(清)吳昆田　(清)高延第纂　清光
緒十年(1884)刻本　十六冊

430000－2401－0011947　294.2/1790
[道光]淮城信今錄十卷　(清)曹鑛編　清道
光元年(1821)甘白齋刻本　一冊　存二卷
(一至二)

430000－2401－0011948　294.2/1791
[同治]重修山陽縣志二十一卷圖一卷　(清)
孫雲等主修　(清)何紹基　(清)丁晏纂　清
同治十二年(1873)刻本　八冊

430000－2401－0011949　294.2/1794
[光緒]清河縣志二十六卷　(清)胡裕燕
(清)萬青選主修　(清)吳昆田　(清)魯賁
纂　清光緒二年(1876)刻本　六冊

430000－2401－0011950　294.2/1795
[咸豐]清河縣志二十四卷首一卷附編一卷
(清)楊以增主修　(清)魯一同纂　(清)吳
棠補修　附編　(清)魯一同補纂　清咸豐四
年(1854)刻同治四年(1865)補修刻本　六冊

430000－2401－0011951　294.2/1797
[光緒]安東縣志十五卷首一卷　(清)金元烺

主修　(清)吳昆田纂　清光緒元年(1875)刻
本　四冊

430000－2401－0011952　294.2/1799
[同治]宿遷縣志十九卷　(清)李德溥
(清)游春澤主修　(清)方駿謨纂　清同治十
三年(1874)刻本　十二冊

430000－2401－0011953　294.2/1800
[光緒]盱眙縣志稿十七卷首一卷　(清)王錫
元主修　(清)高延第等纂　清光緒十七年
(1891)刻本　八冊

430000－2401－0011954　294.2/1801
[光緒]鹽城縣志十七卷首一卷　(清)劉崇照
修　(清)龍繼棟　(清)陳玉樹纂　清光緒二
十一年(1895)刻本　八冊

430000－2401－0011955　294.2/1804
[光緒]阜寧縣志二十四卷　(清)阮本焱主修
　　(清)陳肇初纂　清光緒十二年(1886)刻本
　　九冊　缺一卷(一)

430000－2401－0011956　294.2/1805
[嘉慶]東台縣志四十卷　(清)周右纂修　清
嘉慶二十一年(1816)刻本　十冊

430000－2401－0011957　294.2/1806
[同治]徐州府志二十五卷　(清)吳世熊
(清)宋忻主修　(清)劉庠　(清)方駿謨纂
　　清同治十三年(1874)刻本　二十冊

430000－2401－0011958　294.2/1809
[道光]銅山縣志二十四卷首一卷　(清)崔志
元主修　(清)金左泉纂　清道光十年(1830)
刻本　二十冊

430000－2401－0011959　294.2/1811
[乾隆]豐縣志十六卷首一卷　(清)盧世昌纂
修　清乾隆二十四年(1759)刻本　六冊

430000－2401－0011960　294.2/1812
[光緒]豐縣志十六卷首一卷　(清)姚鴻杰主
修　(清)李運昌纂　清光緒二十年(1894)刻
本　八冊

430000－2401－0011961　294.2/1815

[咸豐]邳州志二十卷首一卷 （清）董用威 （清）馬軼群修 （清）魯一同纂 清咸豐元年(1851)刻本 八冊

430000－2401－0011962 294.2/1818

[咸豐]邳州志二十卷首一卷 （清）董用威 （清）馬軼群修 （清）魯一同纂 清光緒二十一年(1895)刻本 四冊

430000－2401－0011963 294.2/1821

[光緒]睢寧縣志稿十八卷 （清）侯紹瀛主修 （清）丁顯纂 清光緒十三年(1887)刻本 六冊

430000－2401－0011964 294.2/1823

[嘉慶]海州直隸州志三十二卷首一卷 （清）唐仲冕 （清）師承祖主修 （清）汪梅鼎等纂 清嘉慶十六年(1811)刻本 十冊

430000－2401－0011965 294.2/1825

[光緒]贛榆縣志十八卷 （清）王豫熙主修 張謇纂 清光緒十四年(1888)刻本 四冊

430000－2401－0011966 294.2/1826

[康熙]鎮江府志五十五卷首一卷 （清）高龍光修 （清）朱霖纂 清康熙二十四年(1685)刻乾隆十五年(1750)增補刻本 二十冊

430000－2401－0011967 294.2/1827

[光緒]丹徒縣志六十卷首四卷 （清）何紹章 （清）馮壽鏡修 （清）呂耀斗纂 清光緒五年(1879)重修刻本 四十八冊

430000－2401－0011968 294.2/1830

[乾隆]丹陽縣志二十二卷首一卷 （清）周廷模等主修 （清）荊澤永 （清）賀沈采纂 清乾隆十五年(1750)刻本 八冊

430000－2401－0011969 294.2/1831

[光緒]丹陽縣志三十六卷首一卷 （清）凌焯 （清）陳炳泰修 （清）徐錫麟 （清）姜璘纂 清光緒十一年(1885)鳴鳳書院刻本 十六冊

430000－2401－0011970 294.2/1833

[光緒]溧水縣志二十二卷首一卷 （清）傅觀光 （清）施春膏主修 （清）丁維誠纂 清光緒九年(1883)刻十五年(1889)譚日襄重印本 十二冊

430000－2401－0011971 294.2/1834

[光緒]金壇縣志十六卷 （清）丁兆基 （清）陳子蘭修 （清）汪國鳳纂 清光緒十一年(1885)活字本 二冊 存二卷(二至三)

430000－2401－0011972 294.2/1836

[光緒]高淳縣志二十八卷首一卷 （清）楊福鼎修 （清）陳嘉謀纂 清光緒七年(1881)刻本 十冊

430000－2401－0011973 294.2/1838

[咸淳]毗陵志三十卷 （宋）史能之修 （宋）朱昱纂 清嘉慶二十五年(1820)趙懷玉刻本 一冊 存五卷(二十六至三十)

430000－2401－0011974 △291.2/34

[乾隆]武進縣志十四卷首一卷 （清）王祖肅 （清）虞鳴球等纂修 清乾隆刻本 十二冊

430000－2401－0011975 294.2/1840

[光緒]武進陽湖縣志三十卷首一卷 （清）張球 （清）吳康壽修 （清）湯成烈纂 清光緒五年(1879)刻本 二十冊

430000－2401－0011976 294.2/1841

[康熙]增修宜興縣舊志十卷首一卷末一卷 （清）李先榮主修 （清）徐喈鳳纂 （清）阮升基 （清）唐仲冕補修 （清）甯楷補纂 清康熙二十五年(1686)修清嘉慶二年(1797)增補刻本 七冊 存六卷(四至五、八至末)

430000－2401－0011977 294.2/1842

[康熙]重刊宜興縣舊志十卷首一卷末一卷 （清）李先榮主修 （清）徐喈鳳纂 （清）阮升基 （清）唐仲冕補修 （清）甯楷補纂 清光緒八年(1882)刻本 十冊

430000－2401－0011978 294.2/1843

[嘉慶]宜興縣志四卷首一卷 （清）阮升基修 （清）甯楷纂 清嘉慶二年(1797)刻本 一冊 存二卷(三至四)